Chronik der Marienkirche in Danzig
Kronika kościoła Mariackiego w Gdańsku

VERÖFFENTLICHUNGEN
AUS DEN
ARCHIVEN PREUSSISCHER KULTURBESITZ

Herausgegeben von
Jürgen Kloosterhuis und Dieter Heckmann

Band 67

Chronik der Marienkirche in Danzig

Das »Historische Kirchen Register«
von Eberhard Bötticher (1616).
Transkription und Auswertung

Bearbeitet von
Christofer Herrmann
und Edmund Kizik

Kronika kościoła Mariackiego w Gdańsku

»Historisches Kirchen Register«
Eberharda Böttichera (1616).
Transkrypcja i analiza

Opracowanie
Christofer Herrmann
i Edmund Kizik

2013

BÖHLAU VERLAG KÖLN WEIMAR WIEN

Diese Publikation wurde gefördert aus Mitteln der Fritz Thyssen Stiftung,
durch das Geheime Staatsarchiv Preußischer Kulturbesitz
und durch die Historische Fakultät der Universität Danzig/Uniwersytet Gdański

Bibliografische Information der Deutschen Nationalbibliothek:
Die Deutsche Nationalbibliothek verzeichnet diese Publikation in der
Deutschen Nationalbibliografie; detaillierte bibliografische Daten
sind im Internet über http://dnb.d-nb.de abrufbar.

Umschlagabbildung:
Ausschnitt aus der Stadtansicht Danzigs von Aegidius Dickmann (1617)

© 2013 by Böhlau Verlag GmbH & Cie, Köln Weimar Wien
Ursulaplatz 1, D–50668 Köln, www.boehlau-verlag.com

Alle Rechte vorbehalten. Dieses Werk ist urheberrechtlich geschützt.
Jede Verwertung außerhalb der engen Grenzen
des Urheberrechtsgesetzes ist unzulässig.

Gesamtherstellung: WBD Wissenschaftlicher Bücherdienst, Köln
Gedruckt auf chlor- und säurefreiem Papier

ISBN 978-3-412-20868-4

Inhaltsverzeichnis / Spis treści

Vorwort 7
Przedmowa 11

Edmund Kizik
    Danzig in der Zeit Eberhard Bötticher
    (zweite Hälfte 16. und Anfang 17. Jahrhundert) 15
    Gdańsk w czasach Eberharda Böttichera
    (w drugiej połowie XVI i początkach XVII w.) 43

Edmund Kizik
    Eberhard Bötticher (1554–1617) Kaufmann, Chronist
    und Kirchenvater der Marienkirche in Danzig 69
    Eberhard Bötticher (1554–1617) kupiec, kronikarz,
    witryk kościoła Mariackiego w Gdańsku 93

Christofer Herrmann
    Die Kirchenväter der Danziger Marienkirche. Stellung, Aufgaben
    und Wirken vom 14. bis zum Anfang des 17. Jahrhunderts 115
    Witrycy kościoła Mariackiego w Gdańsku.
    Pozycja, zadania i działalność od XIV do początku XVII w. 151
    Anhang/aneks 1: Liste der Kirchenväter und Inspektoren /
    Lista witryków i inspektorów 185
    Anhang/aneks 2: Kirchenordnung der Danziger Marienkirche
    von 1389 / Ordynacja kościoła NMP w Gdańsku z 1389 r. 195

Christofer Herrmann
    „Zur Zier geputzett und rein gemacht"
    Das Verhältnis der Kirchenväter zu den Kunstwerken der Marienkirche   205
    „Zur Zier geputzett und rein gemacht"
    Stosunek witryków do dzieł sztuki w kościele Mariackim 215

Edmund Kizik
    Werkverzeichnis der Schriften Eberhard Böttichers
    (Chroniken, Dokumentensammlungen, Tagebücher, Amtsbücher –
    Autographen, Abschriften und Fortsetzungen, erhaltene und
    verschwundene Arbeiten) 225
    Zestawienie dorobku pisarskiego Eberharda Böttichera.
    Kroniki, zbiory dokumentów, pamiętniki i księgi urzędowe,
    autografy, odpisy i kontynuacje, prace zachowane i zaginione 241

Edmund Kizik
- Das *Historische Kirchen Register* – Werkbeschreibung und Quellen . 257
- *Historisches Kirchen Register* – opis autografu oraz jego źródeł 287

Edition
- Historisches Kirchen Register von Eberhard Bötticher
  Editionsrichtlinien 337
- Historisches Kirchen Register Eberharda Böttichera
  Zasady edytorskie 339

Eberhard Bötticher
Historisch Kirchen Register der grossen Pfarkirchen in der Rechten Stad Dantzig S. Marien oder von alters Unser Lieben Frawen genant, auß allen derselben Kirchen Büchern und andern Chroniken und alten Schriften zusamen getragen 341

Anhang
- Währungen und Maße in Danzig im Zeitalter Eberhard Böttichers (2. Hälfte 16. Jahrhundert bis um 1620) 715
- Monety i miary w Gdańsku w okresie Eberharda Böttichera 2 poł. XVI – ok. 1620 r. 719

Bibliographie (Abkürzungsverzeichnis) 723
Bibliografia (wykaz skrótów) 723
Ortsverzeichnis / spis miejscowości 727
Personenverzeichnis / spis osobowy 737
Abbildungsverzeichnis / spis ilustracji 773

Vorwort

Das *Historische Kirchen Register* – die 1616 verfasste Chronik der Marienkirche – ist, obwohl niemals im Druck publiziert, seit seiner Entstehung am Beginn des 17. Jahrhunderts immer wieder von Historikern, die sich mit der Geschichte Danzigs beschäftigt haben, benutzt und zitiert worden. Von dieser erstaunlichen Rezeption des Werks zeugen sowohl die zahlreichen Abschriften des 17.–19. Jahrhunderts als auch die recht häufigen Bezugnahmen auf Bötticher Schrift in der Forschungsliteratur zu Danzig. Dabei war der Autor der Chronik, Eberhard Bötticher (1554–1617), eigentlich kein gelehrter Mensch, sondern ein Kaufmannsohn ohne akademische Ausbildung; er hatte nicht einmal das Danziger Gymnasium abgeschlossen. Diesen Mangel an höherer Schulbildung machte Bötticher jedoch durch ein schon in jungen Jahren vorhandenes leidenschaftliches Interesse an Geschichte und Politik wett. Er eignete sich autodidaktisch umfangreiches historisches Wissen an, indem er in großem Umfang Geschichtsquellen und Literatur sammelte, abschrieb und kompilierte. Ein gewisses Maß an Welterfahrung erwarb Bötticher auf seinen Handelsreisen, von denen die weiteste ihn nach Portugal führte, wovon er in seinen erhaltenen Tagebüchern anschaulich erzählte. Obwohl Eberhard Bötticher über seine Großmutter verwandtschaftliche Beziehungen zum städtischen Patriziat besaß, gehörte seine Familie nur zur mittleren Danziger Bürgerschicht. Durch Fleiß, gesellschaftliches Engagement und selbstbewusstes Auftreten gelang es ihm jedoch, eine durchaus ansehnliche Stellung innerhalb der städtischen Hierarchie zu erlangen. Bötticher war Vertreter der Dritten Ordnung (Hundertmänner), die die Interessen der Handwerker und einfachen Kaufleute gegenüber der Stadtregierung vertrat, und 1602 wurde er in das Gremium der Kirchenväter der Marienkirche gewählt, das er ab 1611 bis zu seinem Tod als ältester Kirchenvater vertrat. In dieser Funktion erhielt Bötticher auch Zugang zum umfangreichen Archiv der Marienkirche, welches er mit großem Eifer durchstöberte und erforschte. Im Alter von 61 Jahren beschloss er, sozusagen als Quintessenz seiner historischen Tätigkeit sowie seines Engagements im religiösen Leben der Stadt, eine Chronik der Marienkirche zu verfassen, die er innerhalb eines guten Jahres niederschrieb, am Ende schon von Krankheit und dem nahenden Tod gezeichnet, wie man auch an der Veränderung des Charakters seiner Handschrift erkennen kann.

Bötticher hat offenbar nie beabsichtigt, das *Historische Kirchen Register* im Druck publizieren zu lassen. Die vielen kritischen Bemerkungen zur Politik des Danziger Rats sowie manche sarkastischen bis bösartigen Anwürfe gegenüber den Calvinisten hätte die städtische Zensur nicht durchgehen lassen, was dem Autor zweifellos bewusst gewesen ist. Vielleicht war es gerade der Ruf einer ‚heimlichen Geschichtsschreibung', die sich nicht verbiegen musste, um durch die Zensur zu gelangen, die dem Werk Böttichers eine größere Glaubwürdigkeit verlieh und seine Verbreitung durch Abschriften beförderte.

Warum legen wir nun nach fast 400 Jahren eine gedruckte Version von Böttichers Originalmanuskript des *Historischen Kirchen Registers* vor? Von Bedeutung sind nicht so sehr die vordergründigen historischen Mitteilungen, die dem Leser vermittelt werden. Vieles hat der Autor, wie es damals üblich war, aus anderen Werken (hier vor allem bei Caspar Schütz) abgeschrieben und kompiliert. Zahlreiche Einzelinformationen sind in den vergangenen zwei Jahrhunderten von den Danziger Geschichtsforschern aus der Chronik herausgezogen und mitgeteilt worden. Es finden sich dort aber immer noch zahlreiche bisher wenig beachtete Auszüge aus inzwischen verschwundenen Quellen. Die Bearbeiter haben sich bei der Auswertung des Textes auf einige ausgewählte Aspekte konzentriert. Von besonderem Interesse war vor allem das Nachvollziehen des Entstehungsprozesses der Chronik und die Entdeckung der historischen Persönlichkeit Eberhard Böttichers vor dem Hintergrund der gesellschaftlichen, politischen und konfessionellen Verhältnisse Danzigs an der Wende zum 17. Jahrhundert. Ein weiteres Interessenfeld bestand in der vertieften Auseinandersetzung mit der Institution der Kirchenväter, denn das *Historische Kirchen Register* ist in weiten Teilen eine Art Rechenschaftsbericht über die Tätigkeit der Kirchenväter der Danziger Marienkirche vom 14. Jahrhundert bis zur Zeit Böttichers. Die bedeutende Rolle der Institution der Kirchenfabrik (*fabrica ecclesiae*) und der sie repräsentierenden Kirchenväter für den Bau, die Ausstattung und den Betrieb der Kirche ist von den historischen Wissenschaften bislang noch viel zu wenig beachtet worden.

Die Bearbeiter haben die vollständige Edition des Originalmanuskripts des *Historischen Kirchen Registers* durch mehrere Beiträge ergänzt, die die oben genannten Aspekte behandeln. Damit sind noch längst nicht alle Fragen angesprochen, geschweige denn beantwortet, die sich im Zusammenhang mit dieser Chronik stellen. Die Textedition bietet hoffentlich einen Anstoß für weitere Forschungen. Manche für die Entstehungsgeschichte der Chronik wichtige Quelle wurde bei den Archivrecherchen zufällig entdeckt und vermutlich blieb uns noch das ein oder andere verborgen. Ein Forscher sollte seine Erkenntnisse jedoch auch zum richtigen Zeitpunkt der Öffentlichkeit zugänglich machen und nicht endlos warten, bis das Werk absolut ‚perfekt' ist, was sich in den meisten Fällen doch nie wirklich erreichen lässt. Die vorliegende Publikation ist sicherlich nicht endgültig und fehlerfrei. Die Autoren werden daher für konstruktive Kritik und anregende Diskussionsbeiträge dankbar sein.

Dankbar sind wir schon jetzt allen Personen und Institutionen, die uns das Gelingen des Werkes erst möglich gemacht haben. An erster Stelle steht das Geheime Staatsarchiv Preußischer Kulturbesitz, dessen Direktor Prof. Dr. Jürgen Kloosterhuis das Editionsvorhaben von Anfang an tatkräftig unterstützt hat und als offizieller Projektpartner die Finanzierung durch die Thyssen-Stiftung und Eigenanteile erst möglich gemacht hat. Im Geheimen Staatsarchiv stand uns mit Dr. Dieter Heckmann außerdem ein Kollege zur Seite, der das Manuskript kritisch geprüft und auf dem Weg zur Drucklegung begleitet hat. Ein herzlicher Dank gilt auch der Universität Danzig, vertreten durch den Prorektor für wissenschaftliche Angelegenheiten, Prof. Dr. Grzegorz Węgrzyn, sowie den Dekan der historischen Fakultät, Prof. Dr. Zbigniew Opacki, für die Unterstützung des Projekts. Dankend erwähnt werden muss auch die gute Zusammenarbeit mit der Danziger Bibliothek der Polnischen Akademie der Wissenschaften (Biblioteka Gdańska PAN) und deren Direktorin Dr. Maria Pelczar, die uns in großzügiger Weise die Forschung am Originalmanuskript des *Historischen Kirchen Registers* gestattete. Zahlreiche Hinweise und Ergänzungen für die Anmerkungen zum Editionstext erhielten wir von Dr. Marcin Grulkowski von der Danziger Abteilung des Historischen Instituts der Polnischen Akademie der Wissenschaften. Ihm gilt ebenso unser Dank wie Dr. habil. Radosław Grześkowiak und Prof. Dr. Camilla Badstübner-Kizik für die kritische Durchsicht der Manuskripte. Dankbar erwähnen möchten wir auch die gute Zusammenarbeit mit Izabella Brzostowska bei der Übersetzung der deutschen Aufsätze ins Polnische. Ein weiterer Dank gilt den heutigen Repräsentanten der Danziger Marienkirche, Pfarrer Stanisław Bogdanowicz sowie dem Dombaumeister Tomasz Korzeniowski für die erste Anregung zur Projektidee.

Schließlich möchten wir der Fritz-Thyssen-Stiftung einen besonderen Dank aussprechen für die großzügige und recht unbürokratische finanzielle Förderung des Projekts.

Christofer Herrmann
Edmund Kizik

Przedmowa

Historisches Kirchen Register – kronika kościoła Mariackiego z 1616 r., choć nigdy nie ukazała się drukiem, to od swego powstania w początkach XVII w. raz po raz była wykorzystywana i cytowana przez historyków zajmujących się dziejami Gdańska. Bujną recepcję tego dzieła poświadczają zarówno liczne odpisy z XVII, XVIII i XIX w., jak i stosunkowo częste odwoływanie się do niego w gdańskiej literaturze badawczej. A przecież autor kroniki, Eberhard Bötticher (1554–1617), nie był uczonym mężem, lecz tylko kupieckim synem bez wykształcenia akademickiego, który nie ukończył nawet gdańskiego Gimnazjum. Dzięki przejawianemu od najmłodszych lat zamiłowaniu do historii i polityki udało mu się nadrobić braki wyższego wykształcenia. Był samoukiem, który zbierając, odpisując i kompilując liczne dokumenty i dzieła literackie, przyswoił sobie obszerną wiedzę historyczną. Pewną znajomość świata pozyskał również w trakcie podróży kupieckich, m.in. tej najdłuższej do Portugalii, którą obszernie zrelacjonował w swoich pamiętnikach. Chociaż dzięki pochodzeniu babci Bötticher mógł się chwalić pewnymi powiązaniami z miejscowym patrycjatem, to jego rodzina wywodziła się środowiska średniego mieszczaństwa gdańskiego. Tylko dzięki swojej pilności, społecznemu zaangażowaniu oraz publicznym wystąpieniom udało mu się zająć istotną pozycję w miejskiej hierarchii. Bötticher był centumwirem, czyli przedstawicielem Trzeciego Ordynku, ciała, które we władzach miejskich reprezentowało interesy rzemieślników i średnich kupców. W 1602 wybrano go do gremium witryków (zarządców) kościoła Mariackiego, w którym od 1611 r. aż do śmierci pełnił funkcję najstarszego zarządcy. Dzięki swojej pozycji Bötticher uzyskał dostęp do obszernego archiwum kościoła Mariackiego, które z wielką pilnością zgłębiał i badał. Spisywaną w wieku 61 lat kroniką kościoła Mariackiego ukoronował swoje historyczne zainteresowania oraz dotychczasowe zaangażowanie w bieżące życie religijne miasta. Spisywał ją ponad rok. Koniec pracy był już naznaczony chorobą i zbliżającą się śmiercią, co uwidoczniło się w zmienionym charakterze pisma.

Dzieło *Historisches Kirchen Register* nie było przez Böttichera przeznaczone do druku. Zbyt wiele tam krytycznych uwag o polityce gdańskiej rady miejskiej, jak również sarkastycznych, bez mała złośliwych wycieczek pod adresem kalwinistów, aby zostało zaakceptowane przez miejscową cenzurę. Autor bez wątpienia miał tego świadomość, dlatego jego praca docierała do czytelników jedynie w odpisach. Nie można wykluczyć, że to właśnie opinia niepoddanego cenzurze dzieła – tworu „tajemnej historiografii", które nie musiało się ugiąć przed naciskami, nadała pracy Böttichera większej wiarygodności i zjednała mu tak duże zainteresowanie.

Dlaczego po upływie bez mała 400 lat przedstawiamy drukowaną edycję autografu *Historisches Kirchen Register* Böttichera? Znaczenie mają nie tyle wyeksponowane przez autora historyczne relacje. Wiele z nich to zgodne z ówczesnym uzusem wypisy lub kompilacje prac innych autorów (m.in. dzieła Caspra Schütza). Ponadto część informacji i pojedynczych wzmianek kroniki w przeciągu ostatnich dwustu lat zostało już ogłoszonych przez badaczy dziejów Gdańska. Jednak w dziele znajdują się odniesienia do licznych dokumentów zaginionych oraz kwestii słabo dotychczas zgłębionych badawczo. Pozwoliło to wydawcom niniejszej edycji skupić się na kilku wybranych zagadnieniach. Między innymi poświęcili wiele uwagi odtworzeniu samego procesu powstania kroniki oraz określeniu znaczenia postaci jej autora, Eberharda Böttichera, na tle społecznych, politycznych oraz konfesyjnych stosunków panujących w Gdańsku na przełomie XVI i XVII w. Kronika dała również możliwość pogłębienia wiedzy na temat instytucji kościelnych zarządów, albowiem *Historisches Kirchen Register* stanowi relację z działalności witryków kościoła Mariackiego od XIV w. aż do czasów współczesnych Bötticherowi. Warto podkreślić, że dotychczas w naukach historycznych znaczeniu witryków, którzy reprezentowali i nadzorowali *fabrica ecclesiae*, decydowali o budowie, wyposażeniu oraz bieżącej działalności kościołów, poświęcono zdecydowanie zbyt mało uwagi.

 Wydawcy, poza krytycznym opublikowaniem pełnego tekstu autografu *Historisches Kirchen Register*, uzupełnili edycję o kilka opracowań, omawiających wymienione zagadnienia. Nie udało się nam ustosunkować do wszystkich problemów, nie wspominając o licznych kwestiach, które pojawiły się w związku z treścią samej kroniki. Trzeba mieć nadzieję, że edycja źródła stanie się bodźcem do dalszych. Mimo szeroko zakrojonej kwerendy archiwalnej niektóre ważne źródła zostały odkryte przypadkowo, do innych dotrzeć się do tej pory udało. Jednak badacz w końcu zmuszony jest opublikować dotychczasowe ustalenia, rezygnując z realizacji niziszczalnych na ogół oczekiwań, że jego praca osiągnie kiedyś pożądaną pełnię i doskonałość. Dlatego przedkładana publikacja z pewnością nie jest ani dziełem ostatecznym, ani pozbawionym usterek. Tym bardziej jej autorzy będą wdzięczni za konstruktywną krytykę oraz badawcze przyczynki zachęcające do dyskusji.

 Chcielibyśmy wyrazić wdzięczność wszelkim instytucjom i osobom, które przyczyniły się do ukończenia niniejszej pracy. Przede wszystkim jest to Geheimes Staatsarchiv Preußischer Kulturbesitz oraz jego dyrektor, prof. dr hab. Jürgen Kloosterhuis. Profesor Kloosterhuis nie tylko od samego początku wspierał niniejsze przedsięwzięcie, lecz również jako oficjalny uczestnik projektu umożliwił jego sfinansowanie przez Fundację Thyssena. Serdecznie dziękujemy również za wsparcie udzielone nam przez władze Uniwersytetu Gdańskiego, prorektora do spraw nauki prof. dr. hab. Grzegorza Węgrzyna oraz dziekana Wydziału Historycznego UG prof. dr. hab. Zbigniewa Opackiego. Z grona pracowników Geheimes Staatsarchiv koleżeńsko wspomógł nas dr Dieter Heckmann, który krytycznie ocenił rękopis, przyczyniając się do jego ostatecznego przygotowania do druku. Nieskrępowaną możliwość pracy z autografem *Historisches Kirchen Register* umożliwiła dr Maria Pelczar, dyrektor Biblioteki Gdańskiej PAN – zachowamy to w naszej życzliwej pamięci. Wiele wskazówek oraz źródłowych uzupełnień edytorskich zawdzięczamy uczynności dr. Marcina Grulkowskiego z gdańskiej filii Instytutu Historii Polskiej Akademii Nauk. Równie serdeczne podziękowania za krytyczną lekturę maszynopisu składamy dr. hab. Radosławowi Grześkowiakowi z Uniwersytetu Gdańskiego oraz prof. dr hab. Camilli Badstübner-Kizik z Uniwersytetu Adama Mickiewicza w Poznaniu. Wyrazy wdzięczności za trud przekładu niemieckich artykułów na język polski zechce przyjąć pani Izabella Brzostowska. Za pomysł i zachęty do zajęcia się krytycznym wydaniem dzieła Böttichera nasze podziękowania należą się również dzisiejszemu gospodarzowi gdańskiego kościoła Mariackiego, księdzu infułatowi Stanisławowi Bogdanowiczowi, i Tomaszowi Korzeniowskiemu, konserwatorowi zbiorów kościoła.

Na zakończenie specjalne wyrazy wdzięczności kierujmy pod adresem Fundacji Fritza Thyssena (Fritz-Thyssen-Stiftung) za hojne i pozbawione zbędnej biurokracji finansowe wsparcie niniejszego projektu.

Christofer Herrmann
Edmund Kizik

Edmund Kizik

Danzig in der Zeit Eberhard Böttichers (zweite Hälfte 16. und Anfang 17. Jahrhundert)

Das Leben und die öffentliche Tätigkeit Eberhard Böttichers (1554–1617) fiel in eine kritische Phase der Geschichte Danzigs sowie der polnischen Adelsrepublik – der Staat im Rahmen dessen die Stadt einen besonderen Rang einnahm. Danzig erfreute sich einer großen politischen und wirtschaftlichen Autonomie, die ihr *de facto* – bei allen formaljuristischen Unterschieden und Vorbehalten – den einer freien Reichsstadt vergleichbaren Status gab. Danzig profitierte entschieden von der Schwächung des Zentralstaats, die in der Folge des kinderlosen Todes König Sigismund Augusts am 7. Juli 1572 einsetzte. Dem Aussterben der seit 1386 Polen und das Großfürstentum Litauen regierenden Jagiellonendynastie folgte die Umgestaltung des polnisch-litauischen Staates in eine Wahlmonarchie, deren König durch das Parlament (Sejm) in seinen Kompetenzen beschnitten war. Zur Teilnahme an der Königswahl war der gesamte Adel (Szlachta) berechtigt, der sich am Wahlort traf (*electio viritim*).

In den Jahren 1573–1585 kam es in Polen dreimal zum Interregnum. In dieser Zeit wurde der polnische Thron von Vertretern fremder Dynastien besetzt. Jede Wahlperiode spaltete den Adel in sich bekämpfende Parteien und führten das multikonfessionelle (Katholiken, Protestanten (Calvinisten, Lutheraner), Orthodoxe) und multinationale (Polen, ruthenisierte Litauer[1], Deutsche) Land an den Rand des Bürgerkriegs. Am 12. Mai 1573 erfolgte die Wahl des französischen Prinzen Heinrich Valois (Gegenkandidat war u.a. Kaiser Maximilian II.). Nach seiner kurzen Herrschaft und der heimlichen Flucht aus Polen (18./19. Juni 1574) mit dem Ziel, nach dem Tod von Karl IX. den französischen Thron zu übernehmen, wurde er schließlich offiziell der polnischen Krone enthoben. Nach einer insgesamt anderthalb Jahre dauernden politischen Krise erfolgte durch die zerstrittenen Parteien eine Doppelwahl: Kaiser Maximilian II. von Habsburg (12. Dezember 1575) sowie der Ungar und Siebenbürger Wojewode Stephan Báthory (14. Dezember), der schließlich König wurde, was die Danziger anfangs nicht akzeptierten. Nach dem Tod Báthorys kam es wiederum zu einer Doppelwahl. Erneut strebten die Habsburger nach dem Thron: Es kandidierten Maxi-

---

[1] Der Begriff „Litauer" bezeichnet im frühneuzeitlichen Sinn nicht eine ethnische Zugehörigkeit, sondern Bewohner des Territoriums des Großfürstentums Litauen. Die litauische Elite war im Spätmittelalter vollständig ruthenisiert – der litauische Adel des 16. Jahrhunderts sprach altrussisch und war häufig orthodox bzw. calvinistisch. Erst im 17. Jahrhundert erfolgten die Polonisierung und der Übertritt zum Katholizismus.

milian III., der Sohn des Kaisers, sowie der schwedische Thronfolger Sigismund Wasa. Letzterer war als Sohn Johanns III. und Katharina Jagiellonkas Enkel des polnischen Königs Sigismund des Alten, was ihm das natürliche Recht verlieh, sich um die Nachfolge der Jagiellonendynastie zu bewerben. In einer bewaffneten Konfrontation wurden die Truppen des Habsburger Kandidaten und seiner polnischen Parteigänger geschlagen und Sigismund III. am 27. Dezember 1588 zum König gekrönt.

Das Fehlen der politischen Stabilität im Staat, der gleichzeitig einen auszehrenden Krieg mit dem Moskau Iwans des Schrecklichen führte, verstärkte die Partikularinteressen verschiedener Gruppen. Dazu gehörten etwa die starken litauischen Magnaten, die sich darum bemühten, die bisherige Stellung des Großfürstentums Litauen zu bewahren sowie das protestantische Danzig und allgemein die großen preußischen Städte (Thorn und Elbing), was u.a. konkrete ökonomische und konfessionelle Gründe hatte. Die städtischen Regierungen nutzten die Gelegenheit, um die Folgen der Entscheidungen des Lubliner Sejms von 1569 abzuschwächen, deren Ziel (außer der Frage der Union mit Litauen) eine engere Verbindung des Königlichen Preußens mit dem Rest des Staates war. Danzig fürchtete, sich der staatlichen Zentralpolitik unterordnen zu müssen, wozu die Beschränkung der wirtschaftlichen Privilegien diente (*Statuta Karnkoviana*). Der rechtlich-politische Konflikt wurde begleitet von einer Sanktionierung des Übertritts der Stadt zum Luthertum, was neben den Mentalitätsfragen einen Streit um das katholische Kirchenvermögen innerhalb der Stadt hervorrief. Wie zu sehen, betraf der Konflikt vor allem politische Fragen und die mit ihnen verbundenen Konfessionsprobleme, die durch die gegenreformatorischen Tendenzen noch verstärkt wurden. Dies zeigte sich insbesondere bei den Verfahren um die Rückgewinnung von Kirchenvermögen durch die Leslauer Bischöfe Stanislaus Karnkowski (1567–1580) und Hieronymus Rozrażewski (um 1581–1600)[2].

Politische Fragen verknüpften sich eng mit Konfessions- und Finanzproblemen; nicht ohne Bedeutung war auch das ausgeprägte Gefühle eines ethnisch-kulturellen Selbstbewusstseins der Danziger, was von der älteren Historiographie stark betont wurde. Die Widersprüche sowohl innerhalb der Bürgerschaft als auch zwischen den königlichen Beamten und bei den Kirchenvertretern wurden von den verfeindeten Parteien gegenseitig ausgespielt. Auch die Rolle einzelner Persönlichkeiten – Vertreter der protestantischen und katholischen Geistlichkeit, Mitglieder der städtischen Regierung, staatliche Beamte – war nicht zu unter-

---

[2] Einen Überblick zur politischen Situation aus Sicht der alten deutschen Historiographie, orientiert vor allem an der Analyse der politischen Ereignisse, gibt Simson: Geschichte Danzig 2, S. 206–447. Die polnische Geschichtsschreibung konzentrierte sich auf gesellschaftlich-wirtschaftliche Fragen und überging einen gewichtigen Teil der konfessionellen Aspekte, vgl. Cieślak: Historia Gdańska 2, S. 556–601. Siehe auch die Übersicht zu den Forschungspositionen bei Müller: Zweite Reformation, S. 50ff. sowie Sławomir Kościelak: Katolicy w protestanckim Gdańsku od drugiej połowy XVI do końca XVIII wieku, Gdańsk 2012, S. 101ff.

schätzen. Es ist schwierig, die einzelnen Problemfelder genau voneinander zu trennen, im Allgemeinen können aber folgende Konfliktthemen genannt werden:

1. Der Bereich der politischen, rechtlichen und militärischen Abhängigkeit Danzigs vom polnischen König:
   - Kampf um die Erhaltung der Autonomie des Königlichen Preußens, eingeschränkt durch den Reichstag von Lublin 1569.
   - Ablehnung der Pläne einer Seepolitik der polnischen Könige, etwa der Versuch der Organisation einer von Danzig unabhängigen königlichen Kaperflotte durch König Sigismund August im Rahmen des Krieges um Livland (1563–1570) oder die Haltung gegenüber der Schwedenpolitik Sigismunds III.
   - Die Haltung Danzigs gegenüber den polnischen Königswahlen: der Konflikt um die Nichtanerkennung der Wahl Stephan Báthorys und die Bestätigung der alten Privilegien Danzigs – Krieg mit dem König (1576–1577).
   - Der Kampf um die Annullierung der 67 Bestimmungen der *Statuta Karnkoviana* – vom 20. Juli 1570 (1570–1585).
   - Der Kampf gegen die vom König begünstigte Elbinger Konkurrenz (englische Kaufleute, Versuch der Umleitung des polnischen Handels über den Elbinger Hafen).

2. Das Verhältnis zwischen Danzig und den katholischen Institutionen:
   - Die rechtlich-materielle Grundlage für die Anwesenheit der katholischen Minderheit in Danzig (Abmachungen über die Tätigkeit und den Besitz der katholischen Klöster in der Stadt: Dominikaner, Brigitten und Karmeliter).
   - Der rechtlich-konfessionelle Charakter der Stadtpfarrkirchen (*ius patronatus*); die Marienkirche als Simultankirche.
   - Die Kontroverse um die Rückforderungsansprüche der Leslauer Bischöfe im Gebiet der Stadt und deren Umgebung.
   - Das Verhältnis mit dem Zisterzienserkloster in Oliva.
   - Die Frage der vor der Stadt liegenden katholischen Siedlungen.
   - Der Versuch der Gründung einer Jesuitenniederlassung in der Stadt.

3. Der Konfessionskonflikt der Danziger Protestanten zwischen Lutheranern und Calvinisten:
   - Kampf um die Besetzung einzelner Kirchen sowie der Professorenstellen am Akademischen Gymnasium.
   - Die Rolle des Geistlichen Ministeriums.
   - Innerlutherische doktrinäre Streitigkeiten.

4. Die Finanzpolitik der polnischen Könige und der Adelsrepublik in Verbindung mit den schon erwähnten *Statuta Karnkoviana*, d.h. die Teilhabe der Könige an den Gewinnen Danzigs aus dem Auslandshandel Polens. Ebenfalls die finanziellen Aspekte der oben erwähnten strittigen Fragen um die Rechte der Klöster und das Kircheneigentum.

Neben der strategischen Lage Danzigs an der Mündung der Weichsel waren für die Bedeutung der Stadt einige andere Faktoren von Belang (die Größe des städtischen Territoriums, das demographische Potenzial, die finanzielle Situation).

Territorium und Bevölkerung

Das Territorium und die Bevölkerung des neuzeitlichen Danzigs beschränkten sich nicht nur auf das engere Stadtgebiet. Dank der Schenkungen König Kasimirs II. Jagiellończyk befand sich innerhalb des Danziger Jurisdiktionsdistrikts ein ländlicher Bezirk in der Größe von 643 km², zu dem ein Teil des fruchtbaren Weichselwerders gehörte (das intensiv durch Landwirtschaft und Viehzucht genutzte Danziger oder Stüblauer Werder), verbunden mit Scharpau und der Frischen Nehrung (Fischerei, Viehzucht und Bernsteinsammlung) sowie das Gebiet der Danziger Höhe (Land- und Waldwirtschaft). In den Grenzen des Stadtterritoriums lagen auch einige kleine Enklaven katholischen Besitzes, die Stadt konnte jedoch die administrative Kontrolle über die dem Kloster der Brigitten gehörenden Siedlungen gewinnen. Zu Danzig gehörte außerdem noch eine Exklave, die kleine Fischerstadt Hela mit einem Teil der Halbinsel. Dank des gesicherten Zugangs zur See (Errichtung der Feste Weichselmünde) sowie der fruchtbaren Acker- und Waldgebiete besaß die Stadt eine ausgezeichnete Basis für die Versorgung mit Lebensmitteln und Rohstoffen (Brenn- und Baumaterial). Hungersnot kannte Danzig nicht einmal in Zeiten der Kriegsgefahr.

Die Bedeutung Danzigs zeigte sich auch an der hohen Einwohnerzahl, was unter den Bedingungen einer Wehrpflicht in den Bürgerrotten unmittelbare Folgen für die militärischen Möglichkeiten der Stadt hatte, die darauf bedacht war, in ihren Arsenalen genügend Vorrat an Waffen und Munition für den Kriegsfall zu lagern. Dank der recht präzisen Statistiken, für die seit dem Anfang des 17. Jahrhunderts die Glöckner der Danziger Kirchen verantwortlich waren, verfügen wir über die grundlegenden Daten zu den Taufen, Eheschließungen und Beisetzungen in der Stadt. Das für die großen Städte der damaligen Zeit typische Übergewicht der Sterbefälle gegenüber den Neugeborenen wurde in Danzig durch einen ständigen Zuzug neuer Bewohner von außerhalb mehr als ausgeglichen und führte zu einem dynamischen Bevölkerungswachstum, was sich u.a. in den Aufnahmeregistern für das Bürgerrecht widerspiegelte[3]. Danzig war als bürgerliches Zentrum so attraktiv, dass sogar die Verluste infolge der verheerenden Pestkatastrophen, die Eberhard Böttiche selbst 1564 und 1601/02 überlebte (während der Pest 1602 starben seine Frau und zwei seiner Kinder), sehr schnell

---

[3] Siehe die Herkunftsstruktur der Bürger sowie die Aufnahmeregeln zum Bürgerrecht bei Hedwig Penners-Ellwart: Die Danziger Bürgerschaft nach Herkunft und Beruf 1536–1709, Marburg/Lahn 1954, sowie Rolf Walther: Die Danziger Bürgerschaft im 18. Jahrhundert nach Herkunft und Beruf, Zeitschrift des Westpreußischen Geschichtsvereins 73 (1937), S. 63–170; Jan Baszanowski: Statistics of religious denominations and ethnic problems in Gdańsk in XVII–XVIII centuries, Studia Maritima 7 (1987), S. 49–72.

durch den Bevölkerungszuzug aus den kleineren Städten Königlich Preußens und dem Ausland rekompensiert werden konnten. 1564 starben nach glaubwürdigen Angaben von Bötticher 23 899 Personen[4], im Zeitraum zwischen der 22. und 53. Woche zählte man 19 369 Opfer, während es in den davor liegenden Wochen 4 530 Menschen waren. Dies bedeutet, dass die Seuche von 1564 etwa die Hälfte der Stadtbevölkerung dahingerafft hatte. Im Vergleich dazu fielen 1602 der Pest 16 916 Personen zum Opfer[5]. Die Einwohnerzahl der Stadt wuchs nach Schätzungen auf Grundlage von Quellen zur Bevölkerungsentwicklung in den ersten Dekaden des 17. Jahrhunderts von etwa 52 400 in den Jahren 1601–1605 bis auf 61 200 Personen am Beginn des Krieges mit Schweden (1626–1629) – siehe Tabelle 1.

Tab. 1. Einwohnerzahl Danzigs in den Jahren 1601–1625

Jahre	Geschätzte Einwohnerzahl (ohne die ländlichen Territorien)
1601–1605	52 400
1606–1610	54 800
1611–1615	56 100
1616–1620	58 800
1621–1625	61 200

Quelle: Jan Baszanowski: Przemiany demograficzne w Gdańsku w latach 1601–1845 w świetle tabel ruchu naturalnego, Gdańsk 1995, S. 142f, Tab. 2.9

Zu dieser Bevölkerungsgröße muss noch die wegen fehlender Datengrundlagen schwer zu schätzende Zahl der Landbewohner in den Grenzen des Danziger Jurisdiktionsbezirks gerechnet werden. Es handelte sich um mehrere tausend Personen, für die genauere Statistiken leider erst aus dem Beginn der preußischen Herrschaftszeit vorliegen: 1793 hatte das Danziger Werder 7115 Bewohner[6]. Przemysław

---

[4] Bötticher: Memorial (1577–1583), Bl. 151v–152v. Bötticher gibt an, dass von Karneval bis Pfingsten 4530 Menschen starben. Die früheste systematische jährliche Bevölkerungsstatistik für ganz Danzig stammt aus den 1590er Jahren (siehe die summarischen Einträge im Taufregister der Marienkirche, APGd. 354/311). Bislang waren erst Angaben ab 1601 bekannt. Wahrscheinlich waren systematische Datenerhebungen über die Zahl der wöchentlichen Taufen, Eheschließungen und Beisetzungen durch die Stadtregierung schon ab der Mitte des 16. Jahrhunderts erhoben worden; siehe Jan Baszanowski: Tabele ruchu naturalnego ludności Gdańska z lat 1601–1846, Przeszłość Demograficzna Polski 13 (1981), S. 74–75.
[5] Jan Baszanowski: Przemiany demograficzne w Gdańsku w latach 1601–1845 w świetle tabel ruchu naturalnego, Gdańsk 1995, S. 263, Tab. 3.14; siehe S. 132, Tab. 2.4; S. 142, Tab. 2.9.
[6] Georg Dabbinus: Die ländliche Bevölkerung Pommerellens im Jahre 1772 mit Einschluss des Danziger Landgebietes im Jahre 1793, Marburg/Lahn 1953, S. 153.

Szafran, der die Geschichte des Danziger Werders im 17. Jahrhundert erforscht hat, geht nach einer vorsichtigen Schätzung für diese ländliche Region in der Jahrhundertmitte von etwa 5200 Personen aus (4,8 Personen pro bewirtschafteter Hufe)[7]. Zusammen mit den anderen ländlichen Gebieten sowie mit dem Städtchen Hela (250–300 Einwohner) dürfte die gesamte Einwohnerzahl der Danziger Stadtrepublik in den ersten Dekaden des 17. Jahrhunderts bei etwa 70 000–75 000 Personen gelegen haben[8]. In Zeiten der militärischen Bedrohung konnte die Bevölkerungszahl innerhalb der Stadt, zählt man die schutzsuchende Landbevölkerung sowie die Söldner hinzu, noch um einige tausend steigen. Die Einwohnerzahl Danzigs und der zur Stadt gehörenden Territorien betrug etwa ein Viertel der Bewohner des Königlichen Preußens und war größer als die Bevölkerung aller preußischen Städte zusammen: Thorn zählte in dieser Zeit zirka 17 500 und Elbing 15 000 Einwohner. Anderer Städte der Adelsrepublik, etwa Lemberg, Posen oder Krakau, überschrit-ten nicht die Zahl von 20 000 Einwohnern und Warschau hatte gerade um die 12 000 Bewohner[9]. Aus demographischer Sicht konnte sich Danzig mit den größten urbanen Zentren im Reich vergleichen: Hamburg, Köln, Augsburg, Nürnberg, Wien oder Prag, die alle über 40 000 Einwohner zählten[10]. An der Wende vom 16. zum 17. Jahrhundert war Danzig die größte europäische Stadt mit deutscher Bevölkerung. Im Ostseeraum war ihre Position unangefochten.

Danzig (die Stadt und das ländliche Territorium) war in die Struktur der polnischen Adelsrepublik eingebunden, blieb jedoch (ähnlich wie die anderen großen Städte im Königlichen Preußen Thorn und Elbing) in ethnischer und kultureller Beziehung eine deutsche Stadt. Der Zuzug bedeutender Gruppen von Holländern, Schotten und anderer Nationen sowie die Anwesenheit größerer Gruppen von Polen und Kaschuben veränderte diese Situation nicht, denn die Gemeinschaft der Immigranten erlag relativ schnell der Assimilation. Das Recht zur Teilnahme am politischen Leben sowie der Inanspruchnahme der vollen wirtschaftlichen Freiheiten (z.B. die Aufnahme in die Zünfte, die Ausübung handwerklicher Tätigkeiten, das Recht zum Handeln oder zur Einführung von Waren, etc.) auf dem Gebiet der städtischen Gerichtsbarkeit erhielten nur diejenigen Personen, die das Bürgerrecht besaßen. Die Bürger waren mehrheitlich deutscher Herkunft und ausschließlich Lutheraner, Calvinisten oder Katholiken. Nach Stanisław Gierszewski hatten an der Wende vom 16. zum 17. Jahrhundert die *cives* einen Anteil von etwa 25–28 % an der männlichen Bevölkerung in

---

[7] Przemysław Szafran: Żuławy Gdańskie w XVII wieku. Studium z dziejów społecznych i gospodarczych, Gdańsk 1981, S. 71–72.
[8] Nach statistischen Angaben von Leman: Provinzialrecht, S. XXII, lebten in den 138 Ortschaften auf dem ländlichen Territorium Danzigs 29 335 Personen (3492 Haushalte). Zusammen mit den Städten Danzig und Hela lag die gesamte Einwohnerzahl bei 77 550.
[9] Cezary Kuklo: Demografia Rzeczpospolitej przedrozbiorowej, Warszawa 2009, S. 233, Tab. 42.
[10] Hans-Jürgen Goerz: Deutschland 1500–1646. Eine zertrennte Welt, Paderborn 2004, S. 55.

Danzig (ähnlich waren die Verhältnisse in Thorn)[11]. Das Bürgerrecht konnte nur ein Mann erlangen, der ehelich geboren und persönlich frei war. Das Bürgerrecht war vererbbar, der Sohn eines Bürgers musste allerdings vor der Eheschließung eine Art Aufnahmeprozedur absolvieren. Die Aufnahme in den Adelsstand durch einzelne Bürger gab diesen auf dem Territorium Danzigs keine ersichtlichen Privilegien. Nach der Zahlung einer bestimmten Geldsumme, dem Vorzeigen der eigenen Waffen und der Ableistung eines Treueids auf die Stadt und die königliche Majestät hatte jeder Bürger das Recht, Grundbesitz in der Stadt zu erwerben, es in das Grundbuch eintragen und schützen zu lassen. Nach dem Prinzip der Gegenseitigkeit bestand das Recht auf den Erwerb von Grundbesitz einzig für preußische Indigenaten[12]. Anhänger von Konfessionen, die als sektiererisch betrachtet wurden, etwa Mennoniten, Arianer oder Quäker, konnten das Bürgerrecht nicht erhalten. Juden blieb nicht nur das Bürgerrecht versagt, auch der Aufenthalt im Stadtgebiet war lediglich mit einem namentlichen und zeitlich begrenzten Passierschein (sog. „Judengeleit") erlaubt oder – für ausgewählte Personen – mit einer speziellen Konzession[13]. Die Annahme des Bürgerrechts war jedoch auch mit zahlreichen Pflichten verbunden, zu denen die weniger beschwerliche die Notwendigkeit einer Eheschließung im Laufe eines Jahres war. Hinzu kam die Verpflichtung zur regelmäßigen Teilnahme an militärischen Übungen. Für das Verlassen der Stadt unter Mitnahme des Vermögens sowie die Flucht in Kriegszeiten drohte der Entzug des Bürgerrechts.

Das Wohlergehen aller Einwohner des neuzeitlichen Danzig war verknüpft mit der Erhaltung der Monopolstellung der Stadt und ihrer dominierenden Rolle im Reexport des polnischen Getreides und von Waldprodukten sowie der Zwischenhandel beim Verkauf von importierten Waren aus dem Westen nach Polen. Der Handel mit Massenwaren wie Getreide, Holz, Asche und Teer erfolgte über die Weichsel, deren unterer Hauptabschnitt (vom Danziger Haupt bis zur Mündung in die Danziger Bucht) von den Danzigern kontrolliert wurde. Die Aufrechterhaltung der Monopolistenposition über alle polnischen Landwirtschafts- und Waldprodukte brachten der Stadt an der Mottlau sogar in den Jahren von Missernten ausreichend Gewinne. Dies hatte seine Ursache darin, dass die lokalen Märkte in Polen die Produktionsüberschüsse nicht aufnehmen konnten und oft gezwungen waren, die Ware unter den faktischen Produktionskosten, versteckt in den schwierig abzuschätzenden Arbeitskosten der fronpflichtigen Bauern, zu exportieren. Das benach-

---

[11] Stanisław Gierszewski: Obywatele miast Polski przedrozbiorowej, Warszawa 1973, S. 31f.
[12] Auch der Grundstückskauf außerhalb des Stadtgebiets durch Bürger, preußische Indigenaten oder Strohmänner im Auftrag von Nichtbürgern verursachte zahlreiche Konflikte, vgl. Maria Bogucka: Przemiany społeczne i ustrojowe (1570–1655), in: Cieślak: Historia Gdańska 2, S. 549–552; siehe John Muhl: Danziger Bürgergeschlechter in ländlichem Besitz, Zeitschrift des Westpreußischen Geschichtsvereins 71 (1934), S. 89–114.
[13] Maria Bogucka: Kupcy żydowscy w Gdańsku w pierwszej połowie XVII wieku, Przegląd Historyczny 80 (1989), 4, S. 791–799; Edmund Kizik: Mieszczaństwo gdańskie wobec Żydów w XVII–XVIII wieku, Kwartalnik Historii Żydów 3 (2003), S. 416–434; ders.: Jews before the Danzig Court in the mid-eighteenth century, in: Acta Poloniae Historica 97 (2008), S. 147–165.

barte Elbing (etwa 60 km entfernt) nutzte die zeitweisen Konflikte Danzigs mit den polnischen Königen aus, um während einiger Jahre einen Teil des Danziger Handels mit der Adelsrepublik an sich zu reißen. Die von Maria Bogucka[14] und Andrzej Groth[15] veröffentlichten Handelsstatistiken lassen jedoch keinen Zweifel daran, dass hier zwei Städte mit ungleichen Chancen miteinander konkurrierten: Die Umsätze des Elbinger Hafens vor 1577, dem Jahr des Krieges zwischen Danzig und König Stephan Báthory, überstiegen nicht einmal 7 % des in Danzig erwirtschafteten Wertes. Die Bedeutung Elbings stieg nach der 1579 erfolgten Ansiedlung einer Niederlassung der englischen *Eastland Company* an. Die Anwesenheit der Engländer trug zu einem vorübergehenden wirtschaftlichen Bedeutungszuwachs Elbings bei, was seinen Niederschlag in den erhaltenen Handelsregistern fand. So stieg der Umsatz des Elbinger Hafens in den Jahren 1585–1625 von 17 % bis in einigen Jahren sogar 77 % der in Danzig erzielten Werte. In Anbetracht der schwierigen Schifffahrtsverhältnisse im Hafen von Elbing (flacher, von Versandung bedrohter Wasserweg) war dies ein beachtliches Ergebnis.

Die Konkurrenz zwischen Danzig und Elbing an der Wende zum und in den ersten Dekaden des 17. Jahrhunderts (u.a. die Frage der Aufteilung der Weichselfahrwasser) schrieb sich ein in den scharfen Kampf zwischen Holland und England um die Beherrschung des Ostseehandels. Den Holländern gelang es schließlich, unter Ausnutzung ihrer Kontakte mit Danzig sowie einer zahlenmäßig hohen Einwanderung in die Stadt (Frage des calvinistischen Einflusses), während des gesamten 17. Jahrhunderts den Westhandel mit der Adelsrepublik (sowie anderer Staaten im Ostseeraum) zu dominieren. Dies führte auch zu einem Bedeutungsverlust der *Eastland Company* und der Rolle Elbings beim Warenaustausch. Das Primat Danzigs bezüglich des Außenhandels der Adelsrepublik blieb nach der Schließung des englischen Kontors in Elbing unangefochten.

Die Getreideausfuhr des Danziger Hafens am Ende des 16. und in der ersten Hälfte des 17. Jahrhunderts erreichte folgende Werte: 62 781 Last im Jahr 1583, 87 378 Last im Jahr 1608, 102 981 Last im Jahr 1619 (1 Last entspricht ca. 2 200 kg)[16]. Die Rekordausfuhr der Jahre 1618/19 war verbunden mit Spekulationen auf die Erhöhung der Lebensmittelpreise infolge des Ausbruchs des 30-jährigen Kriegs. Der Anteil des Getreides an den Ausfuhren Danzigs betrug durchschnittlich zwei Drittel. Neben dem Getreide spielten andere Waren beim Danziger Reexport eine deutlich geringere Rolle. Handwerksprodukte hatten nur einen Anteil von wenigen Prozent am gesamten Handel, doch fanden solche Waren einen guten Absatz auf dem polnischen Markt.

---

[14] Maria Bogucka: Handel zagraniczny Gdańska w pierwszej połowie XVII wieku, Wrocław 1970, S. 30–47.
[15] Andrzej Groth: Handel, in: Historia Elbląga, Red. A. Groth, Bd. 2,1, Gdańsk 1996, S. 54–60, Tab.1, 3; ders.: Kryzys i regres handlu, in: Historia Elbląga, Red. A. Groth, Bd. 2, T. 2, Gdańsk 1997, S. 82–85, 97–98, Tab. 5.
[16] Bogucka: Handel zagraniczny (wie Anm. 14), S. 38, Schaubild A und Kommentar; die Unterschiede in den Angaben resultieren aus verschiedenen Umrechnungsmethoden der Daten.

Danzig betrieb eine selbstständige Finanzpolitik und besaß das Recht zum Schlagen eigener Münzen nach Sätzen, die durch den polnischen Sejm festgelegt wurden. Dies ermöglichte es der Stadt, Krisen zu vermeiden, die aus der Geldverschlechterung resultierten. Bis 1676 wurde in Danzig und von der polnischen Krone Geld nach dem gleichen Münzfuß geschlagen. Im behandelten Zeitraum waren für die Danziger Münze die Ordnungen gültig, die der Sejm während der Herrschaft der Könige Stephan Báthory (1578, 1580) und Sigismund III. (1604, 1627) erlassen hatte. Die Ordnungen von 1578 und 1580 basierten hinsichtlich der grundlegenden Münzeinheit auf der durch die Ordnung Sigismunds I. des Alten eingeführten Krakauer Mark (*marca ponderis cracoviensis*) mit einem Gewicht von 197,684 g. Nach der Ordnung von 1580, die bis 1601 gültig war, wurden außer den Dukaten aus einer Mark 7 Taler, 14 Halbtaler, 42 Sechslinge, 82 Dreilinge, 106 Groschen, 212 Halbgroschen, 178 Schillinge und 540 Denare geschlagen. Unter den Wasa-Königen erfolgte eine Erhöhung des Münzgewichtes der Mark auf 201,802 und 201,86 g. Zur Erleichterung der städtischen und privaten Rechnungsführung bediente man sich im Allgemeinen Abrechungseinheiten, d.h. Gulden (Złoty, Floren) sowie der Mark. Diese Einheiten standen während der gesamten Neuzeit bis zu den polnischen Teilungen in einem festen Wechselverhältnis: 1 Gulden (Złoty, Floren) = 1½ Mark (20 Groschen) = 30 Groschen = 90 Schillinge = 540 Denare. Man muss sich jedoch darüber bewusst sein, dass eine stufenweise Wertveränderung des Rechnungsfloren erfolgte. Der Silberwert eines Gulden fiel in der ersten Hälfte des 17. Jahrhunderts von 19,86 g (1601) auf 8,1 g (1630) und behielt diesen Wert bis 1663 (8,01 g)[17].

Kulmer Recht/Willküren

In den Grenzen des Danziger Territoriums hatte das städtische Recht Vorrang vor dem Recht der Adelsrepublik und auch die Privilegien des polnischen Adels galten nicht im Bereich der städtischen Jurisdiktion. Die Stadt und das gesamte Königliche Preußen gehörten zum Kulturkreis des Kulmer Rechts (*ius culmense*), eine Abwandlung des Magdeburger Rechts, verfasst um 1233 in Kulm und Thorn. Die während der Ordenszeit gestaltete Rechtspraxis sicherte verhältnismäßig gut die Interessen des preußischen Bürgertums und nach der Inkorporation eines Teils Preußens in die polnische Krone erkannte König Kasimir II. am 26. Juli 1476 das Kulmer Recht[18] als allgemeine Rechtsgrundlage in Königlich

---

[17] Nach Julian Pelc: Ceny w Gdańsku w XVI i XVII wieku, Lwów 1937, Tab. 1, S. 2–6; siehe Leman: Provinzialrecht, S. 22–32.
[18] Witold Meisel: Wstęp, in: Prawo starochełmińskie 1584 (1394), Hg. Witold Meisel, Zbigniew Zdrójkowski, Übersetzung A. Bzdęga, A. Gaca, Toruń 1985. Vgl. Zbigniew Zdrójkowski: Korektura pruska – jej powstanie, dzieje oraz jej rola w historii polskiej jurysdykcji i myśli prawniczej (1598–1830), Czasopismo Prawno-historyczne 13 (1961), S. 109–157.

Preußen an (außer im Ermland, das seine rechtlich-administrative Autonomie bewahrte).

Es erwies sich bald, dass die praktische Anwendung des *ius culmense* in der Provinz mit einer Reihe von Schwierigkeiten verbunden war. Anfangs resultierte dies aus der ungenügenden Kenntnis und der fehlenden Kodifizierung der verwendeten lokalen Abschriften. Der allgemeinen Akzeptanz des Rechts standen vor allem gesellschaftliche Gründe im Weg, denn der preußische Adel betrachtete, nicht ohne eine gewisse Berechtigung, das *ius culmense* als eine Art des Stadtrechts, das nicht auf die Ritterschaft angewendet werden sollte. Im Gefühl der rechtlichen und ökonomischen Benachteiligung gegenüber den großen preußischen Städten forderte der preußische Adel die Abschaffung der für seine wirtschaftlichen Interessen ungünstigen Vorschriften. Es ging vor allem um die starke Stellung der Witwen und der weiblichen Nachkommen, die das gleiche Erbrecht wie die männlichen Erben besaßen, sowie um die Sicherung der Gläubigerrechte. Die das gesamte 16. Jahrhundert andauernden Bemühungen um eine Rechtsvereinheitlichung führten schließlich zu einer Gesetzesrevision mit abweichenden Vorschriften, die separat von der Stadt und dem Adel akzeptiert wurden. Im neuzeitlichen Danzig wurde die Thorner Revision von 1594 angewandt (*Ius Culmense Revisum*), allgemein bekannt aus Abschriften und Kommentaren in der gedruckten Edition von Michael Ch. Hanow, Professor am Danziger Gymnasium (1745, 1767)[19]. Der unzufriedene preußische Adel beschloss 1598 eine eigene Version des Kulmer Rechts, die sog. preußische Korrektur, die sich den Bestimmungen annährte, die auch für den Adel im Reich galten[20].

Eingehende Bestimmungen zur Anpassung des *ius culmense* an die lokalen Danziger Bedingungen wurden durch den Breiten Rat in einzelnen Edikten und Ausführungsbestimmungen[21] verkündet oder allgemein in Rechtssammlungen, d.h. in den Willküren. Festgelegt wurden dort der Bereich der gerichtlichen Handlungen, im beschränkten Rahmen auch das Straf- und Zivilrecht sowie die Regeln der Prozessführung, vor allem aber die Verwaltungs- und Ordnungsvorschriften, die u.a. die Bürgerpflichten, das Bau-, Wirtschafts- und Handelsrecht betrafen. Im uns interessierenden Zeitraum galt die 1597 revidierte Willkür[22],

---

[19] Michael Hanow: Jus culmense ex ultima revisione, Danzig 1767 (2. Auflage); eine Faksimileausgabe ist online zugänglich: http://www.ub.uni-bielefeld.de/diglib/rara/; Nachdruck bei: Leman: Provinzialrecht, S. 185–274.

[20] Karin Friedrich, Inne Prusy. Prusy Królewskie i Polska między wolnością a wolnościami (1569–1772), Poznań 2005, S. 67–73 (Übersetzung aus dem Englischen: The Other Prussia. Royal Prussia, Poland and Liberty, 1569–1772, Cambridge 2000).

[21] Eine Zusammenstellung der gedruckten Erlässe, Edikte und Ordnungen bei: Maria Babnis, Ewa Penkalla (Bearb.): Katalog norm prawnych władz miasta Gdańska (XV–XVIII wiek), Gdańsk 2005, S. 7–151, der Band wurde publiziert zusammen mit einem Katalogteil: Katalog przepisów prawnych władz miejskich Gdańska z lata 1807–1814, bearb. von Roman Dzięgielewski, Gdańsk 2005, S. 155–194.

[22] Siehe Übersicht zu den Inhalten der Willküren: Tadeusz Maciejewski: Zbiory wilkierzy w miastach państwa zakonnego do 1454 r. i Prus Królewskich lokowane na prawie chełmińskim, Gdańsk 1989, S. 54- 60; ders., Prawo sądowe w ustawodawstwie gdańskim w XVIII wieku,

die in einzelnen Vorschriften stufenweise modifiziert wurde. Trotz verschiedener Novellierungsversuche in den letzten Dekaden des 17. Jahrhunderts[23] erfolgte eine Kodifizierung der Willkür erst 1761[24].

Die städtische Regierung griff tief in das Alltagsleben der Einwohner in der Stadt und den zu Danzig gehörenden Dörfern ein. Sie legte in den entsprechenden Ordnungen und Edikten die für die Mitglieder der verschiedenen gesellschaftlichen Gruppen erlaubten Normen fest, so bei Kleidung und Schmuck, den Festgesellschaften (Hochzeit, Taufe und Beerdigung), der Pflicht zu religiösen Praktiken, den Feiertagen usw.[25] Vergehen wurden verfolgt und mit der ganzen Härte des Gesetzes bestraft. Das Recht der öffentlichen Meinungsäußerung sowie der Druck von Satiren und Polemiken mit politischem oder religiösem Inhalt unterlagen einer strengen Zensur. Die Willkür verpflichtete die Stadtbürger auch dazu, Personen zu melden, die Gerüchte verbreiteten, in denen der Stadtrat verleumdet wurde.

Das Kirchenrecht

Die politischen Umstände sowie der langdauernde Gestaltungsprozess der protestantischen Kirche in Danzig und Königlich Preußen, verbunden mit der ständigen Kompromisssuche mit der die Katholiken unterstützenden königlichen Macht, schlug sich im Charakter des städtischen Kirchenrechts nieder. Die Danziger Kirchenordnungen der Jahre 1557 und 1567 unterscheiden sich inhaltlich von den relativ einheitlichen gedruckten Ordnungen des benachbarten Herzogtums Preußen (1526, 1544, 1558, 1568)[26] oder deutscher Reichsterritorien, etwa den von Johannes Bugenhagen verfassten Kirchenordnungen für die hansischen Städte Niederdeutschlands, wie beispielsweise Braunschweig (1528), Hamburg

---

Wrocław 1984, S. 28–30. Der Text der Willkür wurde im Druck veröffentlicht im September 1732 (siehe Christian Friedrich Wutstrack: Historisch-topographisch-statistische Nachrichten von der Königl. Westpreußischen See und Handels-Stadt Danzig... Danzig 1807; Handschrift, APGd. 300, R/ Ll 96, S. 556 [657]). Kopie des Exemplars im Geheimen Staatsarchiv Preußischer Kulturbesitz, Berlin-Dahlem, XX. HA, Westpr. Fol. 1088.

[23] Die grundlegende Arbeit zu dieser Fragestellung ist: Edmund Cieślak: Walki społeczno--polityczne w Gdańsku w drugiej połowie XVII wieku, Gdańsk 1962.

[24] *Neu-revidirte Willkühr der Stadt Danzig, aus Schluß Sämtlicher Ordnungen publiciret Anno 1761*, Danzig 1783, S. 115–124; allgemein zum Thema des öffentlichen Rechts und Verwaltung in der Stadt siehe: Ius publicum, S. 341–353 („Vom Wettegericht und von der Willkühr") sowie Leman: Provinzialrecht.

[25] Edmund Kizik: Gdańskie ordynacje o weselach, chrztach i pogrzebach w XVI–XVIII wieku, in: Barok 7 (2000), S. 187–207; ders., „Ungehorsam, hochmut, frevel und bosheit des gesindes". Służba domowa w świetle gdańskich ustaw przeciwko zbytkowi z połowy XVI – XVII wieku, in: Dorota Michaluk, Krzysztof Mikulski (Red.): Miasta i mieszczaństwo w Europie Środkowowschodniej do połowy XIX w., Toruń 2003, S. 347–370.

[26] Neumeyer: Kirchengeschichte, Bd. 1, S. 111; siehe Einführung von Emil Sehling zu den Danziger Kirchenordnungen, Sehling: Kirchenordnungen, S. 160–175; zum Vergleich siehe Tadeusz Wojak: Ustawy kościelne w Prusach Książęcych w XVI w., Warszawa 1993.

(1529) und Lübeck (1531), sowie für das Herzogtum Pommern (1535)[27]. Dies verwundert, weil z.B. Thorn (1575)[28] und Elbing (1612)[29] Kirchenordnungen verabschiedeten, bei denen die Autoren sich ziemlich eng an Texten aus anderen Städten und Regionen orientierten[30]. So bezogen sich etwa die Thorner in ihrer Kirchenordnung direkt auf Vorbilder aus Wittenberg, Nürnberg, Breslau, Preußen „und anderen guten kirchenordnungen"[31]. Infolge der Reformation war der Stadtrat zum Gesetzgeber in Kirchenangelegenheiten avanciert. Aufgrund aktueller innenpolitischer Gründe, zunächst angesichts innerer Streitigkeiten und danach, weil man Konflikten mit den Katholiken ausweichen wollte, vermied der Rat eine eindeutige Definition des inneren Zuständigkeitsbereichs der lutherischen Kirche. Stattdessen bevorzugte man vorläufige anstatt klare und eindeutige Rechtsauslegungen. Aus diesem Grund lehnte der Rat einen von Johann Kittelius, Seniorpastor der Marienkirche, vorgeschlagenen Entwurf für eine *Kirchen-Ordinantz* (1570)[32] ab und begnügte sich weiterhin mit der Interpretation des Gewohnheitsrechts, basierend auf der Tradition und auf Präzedenzfällen, welche von den Lösungen in den freien Reichsstädten oder den benachbarten Regionen (Königliches Preußen, Herzogtum Pommern) abwichen. Mit Nachdruck hat dies der preußische Jurist Christian Karl Leman in einem Überblick zum Danziger Recht (1832) betont: „Wirkliche kirchliche Gesetze sind daher für Danzig nicht vorhanden [...] Das Kirchenrecht hat sich in Danzig und dessen Gebiete nach und nach ganz eigenthümlich als Gewohnheitsrecht ausgebildet [...]"[33].

Aufgrund dieser Umstände verteilten sich die Regelungen des Kirchenrechts für Danzig und seine ländlichen Gemeinden über verschiedene Rechtsakte, angefangen von der Armenordnung (1525), über die Kirchenordnungen

---

[27] Norbert Buske (Hg.): Die pommersche Kirchenordnung von Johannes Bugenhagen 1535, Berlin 1985 (Übersetzung aus dem Niederdeutschen). Die wichtigste Übersicht zur Geschichte der lutherischen Kirche im Herzogtum Pommern bietet die umfangreiche Arbeit von Maciej Paszyński: Narodziny zawodu. Duchowni luterańscy i proces budowania konfesji w Księstwach Pomorskich XVI/XVII w., Warszawa 2011.

[28] Sehling: Kirchenordnungen, S. 225–244.

[29] *Kirchenordnung: Wie es mit den gemeinen Gebeten, Handlung der hochwürdigen Sacrament und trawung der Eheleute zu Elbing in der Pfarr- unnd andern in der Stadt unnd auff dem Lande einverleibten Kirchen gehalten wirdt*, Elbing 1612 (Exemplar BGPAN, Sign. Oc 2946 8°).

[30] Die Kirchenagenda für Danzig wurde im Druck erst 1708 veröffentlicht: *Verordnung E.E. Rahts Die Einrichtung Der geistlichen Ampts-Geschäffte und Kirchen Gebethe, Bey der Evangelisch-Lutherischen Gemeinde der Stadt Dantzig 1708* (BGPAN, Sign. Od 5717 8° adl. 42), in der polnischen Version als: *Postanowienie szlachetnej Rady względem rozporządzenia spraw urzędu duchownego i modlitw kościelnych w kościołach ewangelickich luterskich miasta Gdańska, publikowane w marcu roku 1708 we Gdańsku*, [Gdańsk] 1714 (Exemplar BGPAN, Sign. Nl 83 8° adl. 18). Eine Übersicht zum Konfessionsrecht in Danzig bei Leman: Provinzialrecht, S. 162–165.

[31] Neumeyer: Kirchengeschichte, S. 112; Sehling: Kirchenordnungen, S. 233.

[32] Neumeyer: Kirchengeschichte, S. 106.

[33] Leman: Provinzialrecht, S. 164.

einzelner Kirchen bis hin zu Ratsedikten in laufenden Angelegenheiten[34]. Diese Situation erlaubte es dem Breiten Rat, sich in alle streitigen Angelegenheiten einzumischen, die die ihm unterstehenden kirchlichen Institutionen betrafen. Es verwundert daher nicht, dass es bei der Interpretation des örtlichen Konfessionsrechts zu Verwirrungen kam[35].

Es ist auch daran zu erinnern, dass die Eheangelegenheiten (u.a. Scheidungsverfahren) außerhalb der Kompetenz des Stadtrates lagen, sie blieben unter der Jurisdiktion der katholischen Kirche, die innerhalb der Stadt durch den Offizial repräsentiert wurde, dem Vertreter des Leslauer Bischofs[36]. In Hinblick auf den relativ einheitlichen lutherischen Charakter der ländlichen Pfarreien konnte der Rat ohne großen Schaden gedruckte Kirchenordnungen für die einzelnen Verwaltungsgebiete des Danziger Territoriums publizieren, etwa für das Werder, die Nehrung, Scharpau (1582) der Stadt Hela (1583)[37]; die 1698 verkündete Ordnung für die Danziger Höhe blieb ungedruckt[38]. Es ist zu beachten, dass das kirchliche Verwaltungsrecht uneinheitlich blieb, denn es wurde keine gemeinsame Ordnung für alle Lutheraner geschaffen, die in den zur Stadt gehörenden Dörfern wohnten.

Da der erste Pastor der Marienkirche dem Geistlichen Ministerium vorstand, sollte die Aufmerksamkeit auch auf die neue Ordnung der Marienkirche von 1612 gerichtet werden, die mit Sicherheit stabilisierend auf die kirchlichen Gewohnheiten in der Stadt wirkte[39]. Diese Ordnung, eine erneuerte Fassung der älteren Kirchenordnung von 1567, enthielt u.a. Bestimmungen zu den Gottesdienstpflichten, den kirchlichen Feiertagen (volle, ganztätige und Halbfeiertage)[40] sowie eine genaue Aufstellung über die Gebühren für liturgische Dienstleistungen[41].

---

[34] Siehe die Übersicht zur Gesetzgebung aus der Arbeit von Lengnich zu den Ratsbeschlüssen des 17. und 18. Jahrhunderts: Leman: Provinzialrecht, S. 106–171.
[35] Eine gewisse Verwirrung in der Frage des örtlichen Konfessionsrechts erkennt man daran, dass Heinz Neumeyer (Neumeyer: Kirchengeschichte, S. 111) nach Emil Sehling: Kirchenordnungen, auch die Ratsordnungen zu den Hochzeiten, Taufen und Beerdigungen des 17. Jahrhunderts dem Kirchenrecht zuordnete, obwohl diese einen deutlichen Charakter als Ordnungsrecht im Zuständigkeitsbereich des Wettgerichts besaßen; vgl. Kizik: Gdańskie ordynacje (wie Anm. 25).
[36] Für die Angelegenheiten des Danziger Offizials haben sich ebenfalls umfangreiche Materialien in den Beständen des Danziger Burggrafen erhalten (APGd., Sign. 300, 3), die auf einen geduldigen Bearbeiter warten.
[37] Sehling: Kirchenordnungen, S. 218–222; Kizik: Gdańskie ordynacje (wie Anm. 25).
[38] John Muhl, Kirchen auf der Danziger Höhe, S. 72 (APGd., Sign. 300, 4/69, S. 387–390 – unpublizierter Text).
[39] Sehling: Kirchenordnungen, S. 197–218.
[40] Edmund Kizik: Dekalog III. Niedziela w miastach hanzeatyckich w XVI–XVIII wieku, in: Jacek Staszewski, Krzystof Mikulski, Jarosław Dumanowski (Red.): Między wschodem a zachodem. Studia z dziejów Rzeczypospolitej w epoce nowożytnej, Toruń 2002, S. 160–174.
[41] Zu den Bestimmungen der Kirchenordnung siehe auch den Beitrag von Christofer Herrmann „Die Kirchenväter der Danziger Marienkirche" in diesem Band.

Der formale Aufbau des Danziger Luthertums entwickelte sich, im Vergleich zum Herzogtum Preußen oder zu Hinterpommern, relativ spät und brachte vielerlei organisatorische Probleme bei der Einrichtung der städtischen Kirchenstrukturen mit sich, was der Stadtregierung mancherlei Schwierigkeiten bereitete. Als ein Beispiel hierfür kann genannt werden, dass die Danziger gezwungen waren, für die geistlichen Stadtämter Kandidaten aus Stolp oder Königsberg zu ordinieren, die in diesen Angelegenheiten nicht nur eine längere Tradition aufweisen konnten, sondern deren Tätigkeit auch eine rechtliche Grundlage in Form von Kirchenordnungen besaß, die im ganzen Land (Herzogtum Pommern sowie Preußen) gültig waren.

Der Wille, sich in Zeiten von doktrinären Richtungsstreitigkeiten innerhalb der lutherischen Kirche von den Entscheidungen auswärtiger Zentren unabhängig zu machen, führte 1567 zur Einrichtung des sog. Geistlichen Ministeriums durch den Stadtrat[42]. Bei diesem Amt handelte es sich um eine Art Kollegium, dessen Aufgabe es war, die Kandidaten zu prüfen, die sich um eine Danziger Kirchenstelle bewarben, sich um die Reinheit der Doktrin zu kümmern und in strittigen Fragen der geistlichen Ämter Urteile zu fällen. Um eine Einheit mit der politischen Linie der Stadt zu bewahren, mussten sogar die Texte der wichtigen Predigten durch die städtischen Ordnungen genehmigt werden. Das Geistliche Ministerium setzte sich zusammen aus allen lutherischen Geistlichen (Pastoren, Diakone und Prediger), die an einer der städtischen Kirchen tätig waren (Pfarrkirchen, Spital- oder Gefängniskirchen)[43]. Das Kollegium zählte im 17. Jahrhundert bis zu 25 Mitglieder, bei Abstimmungen über Entscheidungen, die den Ordnungen zur Genehmigung vorgelegt werden sollten, musste mindestens die Hälfte des Gremiums anwesend sein. Die Beratungen leitete der *Senior Ministerii*, der Hauptpastor der Marienkirche, üblicherweise ein Doktor der Theologie.

Der erste Amtsinhaber wurde 1576 ordiniert, es handelte sich um Michael Coletus aus der Marienkirche[44]. Jedoch schon bald danach, während eines scharfen doktrinären Streits unter den Danziger Geistlichen[45], legte der Stadtrat 1586

---

[42] Siehe Leman: Provinzialrecht, S. 162–165.
[43] Sehling: Kirchenordnungen, S. 172–173. Den Zuständigkeitsbereich des Ministeriums hat Lengnich (Ius publicum, S. 512–515) umrissen.
[44] „[...] nicht zu Pommern oder in Königsberg [...] sondern allzeit hieselbst zur Danzig bey E.E. Ministerio" (E. Praetorius: Das Evangelisch Danzig, Handschrift BGPAN, Sign. Ms 428, Bl. 85v). Siehe die Liste der Ordinierten aus dem Ende des 16. Jahrhunderts: HKR, S. <544–547> (*Von Ordinirung der Predicanten in S. Marien Kirchen der Rechten Stadt Dantzig*). Vgl. Ludwig Rhesa: Kurzgefaßte Nachrichten von allen seit der Reformation an den evangelischen Kirchen in Westpreußen angestellten Predigern, Königsberg 1834.
[45] Der Konflikt war verbunden mit der Ablehnung des als Calvinist verdächtigen Samuel Lindemann zum Diakon der altstädtischen Pfarrkirche St. Katharinen durch den Senior Johann Kittelius, Pastor der Marienkirche; siehe HKR, S. <274–276>; ders. *Historische Declaration* (zusammen mit Abschriften von Dokumenten in dieser Angelegenheit);

die Examinierung und Ordinierung der Pastoren wieder in die Hände fremder Konsistorialräte[46]. Die Berechtigung zur Ordinierung erhielten die Danziger Geistlichen erst 1629 unter dem Seniorat von Johann Corvinus (Raabe)[47] wieder zurück, als nach dem Tod des Gymnasiumsdirektors Jacob Fabritius[48] das orthodoxe Luthertum nicht mehr gefährdet war[49]. Trotz einer späteren Bedeutungszunahme erhielt das Geistliche Ministerium nie die volle Selbstständigkeit, es hatte eher die Funktion eines Beratungsgremiums sowie eines Vollzugsorgans des Rates und der übrigen städtischen Ordnungen[50].

Die politische Autorität Danzigs führte dazu, dass sich kleinere lutherische Gemeinden aus dem Königlichen Preußen an das Geistliche Ministerium wandten mit der Bitte um die Ordinierung der lokalen Prediger. Lediglich Elbing[51] und Thorn erkannten während dieser Zeit das Primat Danzigs nicht an, sie appellierten stattdessen nach Saalfeld im Herzogtum Preußen, wo sich seit 1587 das evangelische Konsistorium für Oberpreußen befand. Gelegentlich, wie dies einige Male für Thorn nachgewiesen ist, holte man auch die Meinung von schlesischen Konsistorialräten ein.

Die Geistlichen der ländlichen lutherischen Kirchen waren nicht dem Ministerium unterstellt, sondern direkt dem Danziger Stadtrat, der das Patronat über die dortigen Kirchen durch den Bürgermeister wahrnahm, der für den jeweiligen Verwaltungsbezirk zuständig war. Eine eventuelle Abhängigkeit der ländlichen Geistlichen vom Ministerium hatte lediglich einen ehrenamtlichen

---

Schnaase: Geschichte evangelische Kirche, S. 548–500; Müller: Zweite Reformation, passim; ders.: Protestant confessionalisation in the towns of Royal Prussia and the practice of religious toleration in Poland – Lithuania, in: Tolerance and intolerance in the European Reformation, ed. by Ole Grell, Bob Scribner, Cambridge 1996, S. 262–281.

[46] Es sei daran erinnert, dass viele Ratsmänner den Calvinisten nahe standen und die Aberkennung von Befugnissen des Geistlichen Ministeriums diese Institution als ein Organ der Lutheraner schwächte.

[47] Neumeyer: Kirchengeschichte, S. 133.

[48] Jacob Fabricius (1551–1629), erster Direktor des Akademischen Gymnasiums, war ein Anhänger des Calvinismus.

[49] Schon früher, im Jahr 1626, hatte er aus Altersgründen auf das Pastorenamt der Trinitatis-Kirche verzichtet; siehe Ludwig Rhesa: Kurzgefaßte Nachrichten (wie Anm. 43), S. 56.

[50] Vgl. Ius publicum, S. 513f. In ähnlichem Geist äußerst sich Agathon Harnoch (Chronik und Statistik der evangelischen Kirchen in den Ost- und Westpreußen, Neidenburg 1890, S. XXVII): „eine vorgesetzte Behörde mit gesetzlicher Kraft ist aber das danziger Ministerium in der danziger Jurisdiction nicht gewesen"). Auf der anderen Seite belegen von Schnaase gesammelte Beispiele, dass sich das Ministerium seit der zweiten Hälfte des 17. und im 18. Jahrhundert einer großen Autorität unter den Lutheranern in Polen und außerhalb der Landesgrenzen erfreute; siehe Schnaase: Geschichte evangelische Kirche, S. 419–529.

[51] Anfangs nahm auch Elbing die Autorität des Danziger Ministeriums in Anspruch. Dank Eberhard Bötticher (HKR, S. <544–547>) kennen wir die Ordinationsdaten einiger Prediger.

Charakter und beschränkte sich auf die theologische Beratung[52]. Daher finden sich alle Vermerke zu Fragen, die die Kirchen und ihr Rechnungswesen betreffen, in Übereinstimmung mit der verwaltungsmäßigen Zuständigkeit in den Amtsbüchern der Bürgermeister[53].

Auf dem Stadtgebiet Danzigs besaß der rechtsstädtische Bürgermeister das Patronat über die St. Trinitatis, St. Johann, St. Peter und Paul sowie die Erlöserkirche (Salvator). Die Kontrolle über die Marienkirche blieb eine strittige Angelegenheit zwischen dem König und dem Danziger Stadtrat. Das Patronat über St. Katharina und St. Bartholomäus lag in den Händen der Altstädter Ratsherren. Neben dem Senior der Marienkirche war die wichtigste Person der Danziger Lutheraner (seit den Zeiten von Johann Botsack) der Pastor von St. Trinitatis, der gleichzeitig die Funktion des Rektors am Akademischen Gymnasium und eines Professors für Theologie innehatte. Die offizielle Rangfolge in der lutherischen Kirchen in Danzig gestaltete sich folgendermaßen: Verbunden mit den Pfarrspielen der Rechtsstadt waren die Marienkirche und St. Johann, in der Altstadt St. Katharina und St. Bartholomäus. Die niederstädtische Spitalkirche St. Barbara bildete ebenfalls eine Pfarrei. Die übrigen Kirchen (St. Jakob, Heilig Leichnam, Erlöserkirche, St. Gertrud) erfüllten die Funktion von Spitalkirchen. Die Heilig-Geist-Kirche und St. Annen waren als Pfarreien für die polnische Bevölkerung bestimmt und wurden mit Pastoren besetzt, die die polnische Sprache beherrschten. St. Trinitatis wurde zeitweise als Simultankirche benutzt, in der Mitte des 17. Jahrhunderts jedoch den Calvinisten wieder abgenommen. Im 17. Jahrhundert entstanden weitere Predigerstellen, so am Lazarett (1642)[54] und

---

[52] Vielleicht war die Schwäche des Ministeriums und seine Unterstellung unter den Stadtrat ein Grund für die Nichtdurchführung von Kirchenvisitationen auf dem Gebiet des Danziger Territoriums. So wurde die für den 29.3.1648 beschlossene Visitation niemals durchgeführt (Gotthilf Löschin: Einiges zur Geschichte des danziger Religions- und Kirchenwesens, in: ders., Beiträge zur Geschichte Danzigs und seiner Umgebungen, Danzig 1837, Th. 3, S. 49–52) nach Ius publicum, S. 513–514). Das Fehlen dieses Rechtsinstruments verwundert umso mehr, als im benachbarten Herzogtum Preußen wie auch – als Folge des Tridentinums – in den katholischen Gebieten Visitationen regelmäßig stattfanden. Siehe für die benachbarten protestantischen Regionen: Jacek Wijaczka (Hg.): Wizytacja biskupstwa sambijskiego z 1569 roku. Visitatio episcopatus Sambiensis 1569, Toruń 2001, S. VIII–XIII; Jacek Wijaczka (Hg.): Wizytacja biskupstwa sambijskiego z 1570 roku. Visitatio episcopatus Sambiensis 1570, Toruń 2005; für die katholischen Gebiete Königlich Preußens: Paweł Czapiewski: Księdza Biskupa Rozdrażewskiego itineraria czyli rozkład podróży wizytacyjnych po Pomorzu, Zapiski TNT 3 (1914–1916), 7–8, S. 106 – 122; Visitationes archidiaconatus Pomeraniae Hieronymo Rozrażewski Vladislaviensi et Pomeraniae episcopo factae, hg. von S. Kujot, Bd. 1–3, Toruń 1897–1900 (Fontes TNT, Bd. 1–3).
[53] Für die Kirchen der Danziger Höhe siehe APGd., Sign. 300, 4, für die Nehrung und Scharpau APGd., Sign. 300, 2.
[54] Rhesa erwähnt die Pastoren ab 1620 (Rhesa: Kurzgefaßte Nachrichten, S. 73). Nach Neumeyer: Kirchengeschichte, S. 134, richtete man die Kirchen 1642 ein, im gleichen Jahr wurde der Pastor des Lazaretts in das Geistliche Ministerium aufgenommen.

nach 1700 am Spendhaus[55]. Im Zeitraum zwischen 1641 und 1657 gab es eine eigene Predigerstelle im Gefängnis, in den späteren Jahren wurde diese Funktion jedoch von Geistlichen anderer Kirchen übernommen[56]. Insgesamt zählte der geistliche Stand in Danzig bis zu 25 lutherische Prediger. Die auf dem Gebiet der früheren Jungstadt gelegene Spitalkirche zu Allen Engeln (in den Quellen früher auch als St. Michael erwähnt) war dem für die Danziger Höhe zuständigen Bürgermeister unterstellt, der dortige Prediger saß jedoch nicht im Kollegium des Geistlichen Ministeriums.

Die Stadtregierung übte eine ständige Kontrolle über die einzelnen Kirchen und Hospitäler aus, indem sie durch die Ordnungen bestätigte weltliche Verwalter (Kirchenväter) einsetzte. Bei den Stadtkirchen gab es üblicherweise jeweils vier (Marienkirche, St. Johann, St. Bartholomäus, St. Jakob, Heilig Leichnam, Lazarett) oder drei (St. Katharina, St. Trinitatis und St. Annen, St. Getrud und Salvator, Spendhaus) Kirchenväter. Die Arbeiten an den Kirchen St. Elisabeth und St. Barbara leiteten sechs und an der Kirche des Waisenhauses fünf Kirchenväter[57]. Lediglich bei der calvinistischen St. Peter-und-Paul-Kirche wurde die Arbeit der drei Geistlichen und das Finanzwesen durch ein Kollegium von dreizehn Gemeindevertretern überwacht[58]. Die Aufsicht über das Kirchenvermögen hatte bei den ländlichen Kirchen gewöhnlich ein aus drei Personen bestehendes Gremium, meist handelte es sich um wohlhabende Bauern, dazu gehörte häufig der örtliche Schulze. Dabei ist zu bedenken, dass ein drei oder vier Hufen umfassender Hof in einem Werderdorf so viel wert war wie ein gutes Bürgerhaus an einer der Hauptstraßen der Stadt. Die Kirchenväter verfügten über umfangreiche Kompetenzen in Bezug auf die Verwaltung der Kirchenvermögen und für ihre Entscheidungen waren sie nur dem verwaltenden Bürgermeister oder dem Stadtrat Rechenschaft schuldig. Für ihre Tätigkeit hatten die Kirchenväter und ihre Familienangehörigen Anspruch auf einen ehrenvollen Platz im herausgehobenen Kirchenvätergestühl, das Recht auf die Befreiung von gewissen kirchlichen Gebühren sowie einen besonderen Begräbnisplatz. Über den Verwaltern der Danziger Hauptkirchen – der Marienkirche in der Rechtstadt und St. Katharina in der Altstadt – standen gewöhnlich die ältesten Bürgermeister (oder Ratsherren) des jeweiligen Rats als Vorsitzende. Im Fall einer Vakanz aufgrund des Todes oder der Wahl eines Kirchenvaters in ein Stadtamt

---

[55] Das Spendhaus wurde 1703 eingeweiht (Rhesa: Kurzgefaßte Nachrichten, S. 75); nach Neumeyer: Kirchengeschichte, S. 134, bestand die Kirche schon ab 1700, d.h. ab dem Moment der Errichtung des Gebäudes. Siehe Adam Szarszewski, M. Bogutko-Szarszewska: Imago mundi pauperum. Dom Dobroczynności w Gdańsku według Johanna Jacoba Feyerbenta i Samuela Donneta, Toruń 2006, S. 25–27, Zeichnung 17–19.
[56] Rhesa: Kurzgefaßte Nachrichten, S. 74–75.
[57] Ius publicum, S. 511; Wutstrack: Historisch-topographisch-statistische Nachrichten (wie Anm. 22), S. 108 [210].
[58] Erwin Pritzel: Geschichte der reformierten Gemeinde St. Petri-Pauli in Danzig 1570–1940, Danzig 1940, S. 40. Nach Wutstrack: Historisch-topographisch-statistische Nachrichten (wie Anm. 22), waren es jedoch vier Kirchenväter.

präsentierten die übriggebliebenen Verwalter mehrere neue Kandidaten, aus denen der Stadtrat dann eine Wahl traf[59].

Die Stadtregierung

Die ausführende, gesetzgebende und gerichtliche Gewalt in Danzig lag bei den Räten und Schöffen der Rechtstadt und Altstadt. Die faktische Macht hielten jedoch die rechtstädtischen Ratsherren in ihren Händen (Erste Ordnung), die aus ihrem 18-köpfigen Gremium vier Bürgermeister wählten, die im jährlichen Wechsel folgende Ämter bekleideten: Präsident, Vizepräsident, Kriegspräsident und Aufseher[60]. Jeder der Bürgermeister war zuständig für eines der zu Danzig gehörenden ländlichen Gebiete (Ländereienfunktionen): Werder, Nehrung mit Scharpau, Danziger Höhe sowie Hela. In der Altstadt gab es lediglich fünf Ratsherren, die zusammen nur über eine Stimme verfügten, ihr Einfluss auf die Stadtpolitik war demnach ganz unbedeutend. Einer der Bürgermeister übte auch das Amt des Burggrafen aus[61], er verrichtete somit Hilfsfunktionen in der Gerichtsbarkeit, repräsentierte die königlichen Vorrechte in der Stadt (z.B. übernahm er heimgefallene städtische Güter) und er hatte das Ehrenamt des ersten Bürgermeisters inne. Der älteste Bürgermeister wiederum beaufsichtigte die vier Kirchenväter der Marienkirche, des wichtigsten Gotteshauses in der Stadt, sowie von St. Trinitatis. Der stellvertretende präsidierende Bürgermeister überwachte die Kirchen St. Johann und St. Peter. Die Ratsherren teilten unter sich die Verantwortung für die einzelnen Ämter auf, so dass sie die volle Kontrolle über die Verwaltung, Gerichtsbarkeit, Finanzen, Zünfte, Stadtwehr, das Schulwesen etc. besaßen. Sie entschieden auch über die Besetzung des Wettgerichts, d.h. des städtischen Wirtschafts- und Verwaltungsgerichts[62].

---

[59] Zu den Vorschriften über die Wahl der Kirchenväter der Marienkirche bis zum Beginn des 17. Jahrhunderts siehe HKR pass. (insgesamt 44 Wahlen, Verzeichnis bei Christofer Herrmann: Liste der Kirchenväter (in diesem Band). Eine Aufstellung der Kirchenväter der Spitäler in der Neuzeit findet sich in: APGd., Sign. 300, R/M,q,2.

[60] Zum Wahlvorgang sowie den Kompetenzbereichen siehe Zdrenka: Spisy, S. 12–16; Edward Cyrson: Ustrój Gdańska w latach 1793–1807, Czasopismo Prawno-historyczne 19 (1967), 1, S. 110–115; ein kurzer Überblick bei Otto Günther: Die Verfassung der Stadt Danzig in polnischer Zeit (1454–1793) und als Freistadt (1807–1814), Danzig 1919.

[61] Zdrenka: Spisy, S. 13. Unter den Beamten in Königlich Preußen wird auch das 1467 eingerichtete Amt des Danziger Kastellans genannt. Dieses von einem preußischen Adligen besetzte Amt hatte jedoch keine Befugnisse in denen zu Danzig gehörenden Territorien. Aufgrund seines Titel saß der Kastellan im Oberhaus der preußischen Generalstände, siehe Krzysztof Mikulski (Bearb.): Urzędnicy Prus Królewskich XV–XVIII wieku. Spisy, 1990, S. 89–92.

[62] Das Wettgericht bestrafte Personen, die wegen geringerer Vergehen gegen die Wirtschaftsordnung und alle öffentlichen Ordnungen angeklagt waren (Ordnungen gegen Luxus), sowie Personen, die gegen die Festtagsordnung, die Nachtruhe etc. verstoßen hatten. Zu den Zuständigkeitsbereichen des Wettgericht siehe: Dantzker Wette Gericht, ersther Theil, APGd., 300, R/Z, 1, Bl. 84r–87r; Sachen so die Wette angehen und zum ersten Theil des

Nach 1577, gleichzeitig mit der Anerkennung der lutherischen Ordnung in der Stadt, erhielt der Stadtrat auch die uneingeschränkte Entscheidungsgewalt für die Besetzung der geistlichen Ämter bei den Kirchen und Hospitäler der Stadt sowie in den ländlichen Gemeinden. Die Vertretung der Geistlichen der Danziger lutherischen Kirchen (Geistliches Ministerium) stand unter der weitgehenden Kontrolle des Stadtrats und besaß nur ziemlich eingeschränkte Kompetenzen. Nach einem scharfen Konflikt innerhalb des protestantischen Lagers wurde den Calvinisten auf Grundlage der Edikte König Sigismunds III. (1612, 1616) schrittweise das Recht zur Teilhabe in den höchsten Machtinstanzen genommen, in die nur noch Lutheraner und Katholiken aufsteigen konnten. Tatsächlich beschränkte sich der Kreis der privilegierten Personen aber auf die Gruppe der Lutheraner. Seit den 1630er Jahren entwickelte sich Danzig zu einem Zentrum des orthodoxen Luthertums. Während dieser Zeit wurden die höchsten Positionen innerhalb der Stadt durch die Mitglieder einer Gruppe von 62 Familien besetzt[63], daneben benötigte man für die Teilhabe an der Macht aber auch ein angemessenes hohes Einkommen.

Die Ratsbeschlüsse wurden mit den Vertretern der richterlichen Gewalt konsultiert, d.h. mit den jeweils 12 Schöffen der Rechtstadt und Altstadt. Einen gewissen Einfluss auf die Macht gestand man auch den Volksvertretern (sog. Dritte Ordnung) zu, die die übrigen Stadtbürger repräsentierten und in vier Quartiere eingeteilt waren (Breites, Fischer, Hohes und Koggen-Quartier[64], denen jeweils ein Quartiermeister vorstand). Diese letzte Vertretungskörperschaft setzte sich aus Bürgern der Rechtstadt zusammen und wurde berufen auf Grundlage der *Statuta Sigismundi* vom 20. Juli 1526 (*Constitutiones regis Sigismundi*). Sie zählte 100 Mitglieder (sog. Hundertmänner), darunter acht Zunftälteste (Schmiede, Bäcker, Fleischer und Scheider)[65].

Die Stadträte und die Hundertmänner bildeten eine gemeinsame Kommission, die die Aufsicht über einzelne Zuständigkeitsbereiche der Stadt ausübte[66]. Aus Gründen des Wahlverfahrens der Hundertmänner, die Mitglieder der Dritten Ordnung wurden auf Lebenszeit vom Rat berufen, blieb der Einfluss dieses Gremiums auf die Stadtpolitik eher gering und war stark abhängig von den Ent-

---

Wett Gericht gehören, *pars secunda*, APGd., 300, R/Z, 2, Bl. 87r; Teresa Węsierska-Biernatowa: Gdański Urząd Wetowy, Archeion 34 (1961), S. 115–122; Tadeusz Maciejewski: Prawo sądowe w ustawodawstwie miasta Gdańska w XVIII wieku, Wrocław 1984, S. 66ff.

[63] Maria Bogucka: Przemiany społeczne i walki społeczno-polityczne w XV i XVI w., in: E. Cieślaka: Historia Gdańska 2, S. 543; siehe Verzeichnis der städtischen Beamten, zusammengestellt von Zdrenka: spisy, S. 96–115 (für die 1. Hälfte des 17. Jahrhunderts).
[64] Die Grenzen der einzelnen Quartiere sind verzeichnet im Plananhang der Arbeit von Czesław Biernat: Recesy gdańskich ordynków 1545–1814, Gdańsk 1958.
[65] Die Vertreter dieser Zünfte waren von Amts wegen Mitglieder in der Dritten Ordnung.
[66] Eine Zusammenstellung der Zuständigkeiten und Funktionen bei: Günther: Verfassung (wie Anm. 60), S. 34.

scheidungen der beiden ersten Ordnungen (Räte und Schöffen)[67]. Umgekehrt war für die Zustimmung zur Besetzung eines Ratspostens die Befürwortung durch nur zwei Quartiere der Dritten Ordnung ausreichend. Erst in der Zeit der politischen und finanziellen Stagnation und Krise gewann die Dritte Ordnung, unterstützt durch die Zünfte, schrittweise an Bedeutung, wobei man auch Unterstützung am königlichen Hof suchte. Zu einer merklichen Einschränkung der Befugnisse des Rats zugunsten der Volksvertretung kam es jedoch erst in den Jahren 1658/59.

Überblick der politischen Ereignisse

Das Verhältnis Danzigs zum polnischen König und den Machtorganen der Adelsrepublik war ein Problem, welches seit langem die Gemüter der deutschen und polnischen Forscher bewegte. Die Emotionen der Wende vom 16. zum 17. Jahrhundert wurden gerne auf die Erfahrungen des 20. Jahrhunderts übertragen und sollten in gesonderten rechtshistorischen Studien, auf Grundlage erneuter Quellenanalysen zu den Positionen beider Seiten, untersucht werden[68]. Ohne näher in die Materie einzudringen, möchte ich lediglich eine Übersicht zu Fragen vorstellen, die Bötticher in seiner Chronik aufwarf und von denen er selbst auf das Lebhafteste berührt wurde.

Während des sieben Jahre dauernden Kriegs (1563–1570) um die Herrschaft in Livland zwischen der aus Polen, Dänemark, Lübeck bestehenden Koalition und Schweden kam es zu einem politischen und militärischen Bedeutungszuwachs Danzigs. Für seine Kriegsziele organisierte König Sigismund August von Danzig aus eine Kaperflotte, die aus ortsansässigen Seeleuten bestand. Die Tätigkeit dieser königlichen Flotte, die den Seehandel über den Hafen in Narwa blockierte, betrachtete Danzig jedoch mit Unwillen. Auch die unrechtmäßigen Durchsuchungen und Konfiszierungen von englischen, dänischen und niederländischen Schiffen führten zu zahlreichen Beschwerden, die an König Sigismund August weitergeleitet wurden. Gleichzeitig machten die Geschädigten die Danziger Regierung zum Teil für die entstandenen Schäden mitverantwortlich. Um diese Spannungen zu mindern, wurde die Flotte 1567 nach Putzig verlegt. In der Nacht vom 17./18. Juni des darauf folgenden Jahres verübte jedoch eine Gruppe von Seeleuten von einem im Danziger Hafen stationierten Schiff aus

---

[67] Edmund Cieślak: Walki społeczno-polityczne w Gdańsku w drugiej połowie XVII wieku. Interwencja Jana III Sobieskiego, Gdańsk 1962, S. 14–20.
[68] Vor dem Hintergrund Königlich Preußens wird das Problem behandelt bei: Friedrich: Inne Prusy (wie Anm. 20), S. 74–107; siehe auch Michael G. Müller: Wielkie miasta Prus Królewskich wobec parlamentaryzmu polskiego po Unii Lubelskiej, Czasopismo Prawnohistoryczne 45 (1993), S. 257–268. Eine ältere Analyse des Problems gibt Simson: Geschichte Danzig 2, S. 206–447, aus deutscher sowie Cieślak: Historia Gdańska 2, S. 585–601, aus polnischer Sicht.

einen Raub. Auf Anordnung der Stadtregierung wurden die Schuldigen inhaftiert und als Räuber hingerichtet. Die Köpfe der elf Piraten stellte man öffentlich aus, was vom Hof und dem Adel als Provokation gegen das königliche Ansehens aufgefasst wurde.

Sigismund August berief eine Sonderkommission ein, die die Konfessionsfrage untersuchen sollte und an deren Spitze der Leslauer Bischof Stanislaus Karnkowski stand. Zugleich erweiterte der König die Kompetenzen der Kommission, so dass diese außer in Kriminalangelegenheiten auch noch die Vollmacht erhielt, den gesamten Komplex zu untersuchen, der die Fragen nach den Verpflichtungen Königlich Preußens innerhalb der Struktur der Adelsrepublik betraf. Die preußische Sache sollte aus Anlass der Vorbereitungen zur Staatsreform im Vorfeld der Lubliner Union untersucht werden.

Der Stadtrat entschied sich zunächst für die Beibehaltung einer harten Linie gegenüber der königlichen Seite und demütigte die Kommissare dadurch, dass sie nicht in die Stadt gelassen wurden (29. November). Gleichzeitig versetzte man die Bürgerwehr in Bereitschaft und begann mit der Verkündung der Anwerbung von Söldnertruppen für den Fall der Eskalation des Konflikts. Auch ein Darlehn, das der König von Danzig erbeten hatte, wurde von der Stadt abgelehnt. Die Kommission forderte die Stadt daraufhin auf, vor dem Sejm zu erscheinen (das Parlament hatte auch Gerichtsfunktion) und warf ihr Rebellion und Majestätsbeleidigung vor. Am 18. März wurde das sog. Lubliner Dekret verkündet, das die Eingliederung von Königlich Preußen in die Adelsrepublik bestimmte. Die öffentliche Meinung war sehr negativ gegenüber Danzig eingestellt, und die auf dem Sejm anwesenden Vertreter des Stadtrats wurden angeklagt und am 12. August inhaftiert.

Nach dem Abschluss der Beratungen Ende November begaben sich die Kommissare erneut nach Danzig. Die Stadtregierung bemühte sich diesmal, den Konflikt nicht auf die Spitze zu treiben und ließ Karnkowski mit seinen Begleitern schließlich in die Stadt einziehen. Die Kommissare stellten nach vier Monaten einen Beschluss vor, der die inneren Angelegenheiten Danzigs regeln sollte, die sog. *Statuta Karncoviana*. Am 20. Juni 1570 bestätigte der in Warschau versammelte Sejm die Statuten. Am 24. Juli 1570 wurde eine Amnestie für die Danziger Delegation erlassen, jedoch kamen die Abgesandten erst am 2. Dezember aus dem Gefängnis frei.

Es sollte jedoch schon bald zu einer völligen Veränderung der politischen Situation kommen, denn Sigismund August, der letzte Jagiellone auf dem polnischen Thron, starb kinderlos am 7. Juli 1572. Während des Interregnums entwickelten sich Wahlkämpfe zwischen den verschiedenen Parteien, die die einzelnen Kandidaten um die polnische Krone repräsentierten. Gleichzeitig einigte man sich aus Furcht vor dem Absolutismus auf Einschränkungen der herrschaftlichen Macht, die dem neuen König aufgezwungen werden sollten (Heinrichs-Artikel, *pacta conventa*) und schließlich kam es zu einer Vereinbarung zwischen Katholiken, Protestanten und Orthodoxen über einen konfessionellen Kompromiss (Warschauer Konföderationsakt von 1573).

Die Verwirrungen um die unglückliche Wahl des Franzosen Heinrich von Valois sowie die Streitigkeiten in Verbindung mit der Wahl des Ungarn und Fürsten von Siebenbürgen Stephan Báthory erlaubten es dem Danziger Rat, seine politische Stärke früherer Jahre zurück zu gewinnen. Die polnische Doppelwahl (Maximilian von Habsburg am 12. Dezember 1575 und drei Tage später Stephan Báthory) ermöglichte den Danzigern ein riskantes politisches Spiel, dessen Ziel es war, die königlichen Pläne zur Einschränkung der Danziger Privilegien zu durchkreuzen. Der Danziger Rat sprach sich, gemeinsam mit den Ständen des Königlichen Preußens, einem Teil des polnischen Adels und der Bürgerschaft Krakaus, für den Habsburger Kandidaten aus.

Dank der Unterstützung des außergewöhnlich einflussreichen Unterkanzlers Jan Zamoyski gewann Stephan Báthory die Mehrheit, und die meisten seiner bisherigen Gegner liefen in sein Lager über. Danzig blieb jedoch hartnäckig bei seiner Wahl, bestätigt durch eine Treueerklärung an den Kaiser (4. Juni 1576), was als offene Herausforderung an König Stephan Báthory gewertet wurde. Sogar der Tod Kaiser Maximilians (12. Oktober 1576) führte nicht zu einer Meinungsänderung der Stadt, die im Tausch für die Anerkennung des Königs eine Rücknahme der Einschränkungen ihrer Rechte verlangte (Bestätigung der bisherigen Rechte, Verzicht auf die Karnkowski-Statuten). Die Vertreter Danzigs erschienen nicht in Thorn, wo im August und September 1576 die preußischen Stände dem neuen König huldigten. Nach der Anklage wegen Majestätsbeleidigung lehnten sie das Erscheinen vor dem für den 20. September angesetzten Gerichtstermin ab.

Im Angesicht des öffentlichen Ungehorsams ordnete der König eine Handelsblockade gegen Danzig an und leitete den polnischen Handel auf den rechten Weichselarm nach Elbing um. Nach dem Tod des bisherigen Habsburger Kandidaten schien der Widerstand Danzigs hoffnungslos zu sein. Daher forderte der König u.a. die Übergabe der die Einfahrt zur Weichsel kontrollierenden Festung Weichselmünde, die Herausgabe schwerer Geschütze, die Abgabe der Hälfte der Einnahmen aus den Pfahlgeldern sowie zusätzlich die Summe von 300 000 Gulden. Im Falle einer Annahme dieser harten Bedingungen fürchteten die Bürger den Verlust der ökonomischen Unabhängigkeit der Stadt. In der Hoffnung auf ausländische Hilfe sowie den fehlenden Konsequenzwillen und das mangelnde Durchhaltevermögen des Königs verzögerten die Danziger die Verhandlungen und steuerten auf eine offene Konfrontation zu. Dabei nutzte man auch geschickt die antikatholische Stimmung und erlaubte die Plünderung und Beschädigung der katholischen Klöster in der Stadt sowie des Klosters in Oliva (15. Februar 1576).

Beide Seiten präsentierten ihre Standpunkte in zahlreichen Propagandaschriften[69], die zu den interessantesten Quellen der Geschichte dieses Konfliktes zählen. Auch Eberhard Böttcher hat diese Schriften reichlich genutzt, obwohl er selbst Augenzeuge vieler der beschriebenen Ereignisse war.

---

[69] Siehe die bibliographische Aufstellung in: Historia Gdańska 5, S. 120–137.

Um die Kosten der Söldneraushebung finanzieren zu können, ließ die Stadt große Silberwerke aus den Schatzkammern der Kirchen, Zünfte und Stiftungen requirieren und einschmelzen. Der König beantwortete die städtischen Kriegsvorbereitungen mit der Verhaftung der Danziger Gesandten (darunter Constantin Ferber), erneuerte den im September ausgesprochenen Bann über die Stadt und verkündete am 7. März 1577 das vollständige Handelsverbot mit Danzig. Von nun an sollten alle Waren aus dem Königreich über das königstreue Elbing gehandelt werden.

Einige kleinere Abteilungen königlicher Truppen führten erste Kriegsaktionen im Danziger Vorfeld durch. In Danzig selbst war die antikönigliche Stimmung so stark, dass am 17. April (ein erster Feldzug war am 7. April wegen schlechten Wetters abgebrochen worden) die bürgerlichen Rotten schlecht vorbereitet gegen die zahlenmäßig unterlegenen polnischen Abteilungen bei Dirschau loszogen. Dort erlitten die Danziger am Liebschauer See eine katastrophale Niederlage, bei der schätzungsweise 4000 Menschen den Tod fanden. In der Schlacht offenbarte sich auch der tief liegende Hass des örtlichen preußischen Adels (überwiegend deutscher Herkunft) gegenüber den Danzigern. Er lehnte jegliche Hilfe für die vom Schlachtfeld flüchtenden Danziger ab, häufig nahmen die Adligen sogar an der Verfolgung der Übriggebliebenen teil. Der recht verarmte Adel aus der pommerellischen Wojwodschaft, der seit der Wende zum 16. Jahrhundert ohnmächtig dem Besitz- und Machtzuwachs der Bürger zusehen musste (viele Mitglieder der Danziger elitären Kreise ließen sich adeln), nahm grausame Rache an den reichen Emporkömmlingen.

Die königliche Partei war jedoch nicht imstande, den Sieg und den kurzen Moment der Danziger Verzagtheit auszunutzen, und erst am 12. Juni zeigten sich vor Danzig größere polnische Truppenverbände. Diese waren jedoch zu schwach, um einen effektiven Belagerungsring um die Stadt zu legen. Daher konzentrierten sich die Angriffe auf erfolglose Versuche zur Eroberung der Festung Weichselmünde. Zur Überraschung der Polen trat der dänische König Friedrich II. offen auf Seiten Danzigs in den Krieg ein, was der Stadt die Versorgung über den Seeweg sicherte. Im August 1577 lief ein dänischer Schiffsverband in Danzig ein und verstärkte die städtische Flotte. Nach einem misslungenem Sturm auf die Festung Weichselmünde, bei dem etwa 600 polnische Söldner niedergemetzelt wurden (die Kämpfe dauerten vom 23. August bis zum 1. September), gab der König nach einigem Zögern die Belagerung auf und ließ sich auf Verhandlungen mit den Danzigern ein. Zur Verständigung trug auch bei, dass im Osten der Adelsrepublik Angriffe von Seiten der russischen Armee Iwans des Schrecklichen drohten.

Vor dem endgültigen Vertragsschluss mit dem König wollten die Danziger jedoch noch ihre Rechnung mit Elbing begleichen. Der Septemberfeldzug der Danziger und Dänen gegen Elbing war der letzte militärische Akkord im Konflikt zwischen Danzig und König Báthory. Am 10. September brach eine Flotte nach Elbing auf, bestehend aus über 20 Schiffen, darunter fünf Galeonen, sowie mehreren Transportschiffen mit 2500 Soldaten an Bord. Die Flottille begab sich in das Frische Haff und blockierte dort Braunsberg, Tolkemit, Frauenburg und andere örtliche königstreue Häfen. Unter Androhung der Plünderung wurden die kleinen Städte gezwungen, Kontributionen zu bezahlen und die feindlichen Truppen zu versorgen. Nach der Erfüllung dieser Forderungen blockierten die Schiffe am 16. September die Nogatmündung und am 18. September erfolgte der Angriff auf die Stadt Elbing von der Land- und Flussseite (Nogat und Elbing) her. Bei ihrem Rückzug brannten die Danziger die Vorstadt nieder und versenkten vier mit Steinen beladene Schiffe, die danach noch längere Zeit die Schifffahrt auf Nogat und Elbing blockierten. Bis Ende September plünderten die Danziger Truppen in der Umgebung von Elbing. Sie griffen sogar Königsberg an, wo sie etwa 60 Schiffe, die zum Teil holländischen Reedern gehörten, versenkten oder entführten.

Der Konflikt wurde am 12. Dezember mit einem Kompromiss beigelegt, der de facto ein Sieg der Danziger war. Die Stadt erhielt die Bestätigung ihrer Privilegien, musste allerdings eine hohe Entschädigung zahlen (200 000 Gulden für den König und 20 000 Gulden an das Kloster Oliva). Für den hartnäckigen Widerstand Danzigs drängt sich ein Vergleich mit der politischen Situation der französischen Hafenstadt La Rochelle auf, dem am Atlantik gelegenen Zentrum der hugenottischen Opposition. Die im Vergleich zu Danzig halb so große Stadt widerstand 1573 siegreich einer halbjährigen Belagerung durch die katholische Seite. Erst 1627/28 konnte Kardinal Richelieu den Widerstand der Stadt nach einer über einjährigen mörderischen Belagerung brechen. Die allgemeinen Bedingungen in Polen erlaubten es den kommenden Königen jedoch nicht, die Zentralgewalt zu stärken. Am Ende der Herrschaft von Stephan Báthory schlossen der König und Danzig einen Vertrag über die Zahlungen des Pfahlgeldes, d.h. eine Beteiligung an den Seehandelsumsätzen der Stadt (*tractatus portorii* am 26. Februar 1585). Das Abkommen sah eine Verdopplung der Hafengebühren von zwei auf vier Denare von der Mark (20 Gr.) des Warenwertes vor, die dem König zustanden. Die Zollverwaltung, die Aufsicht über den Schiffsverkehr sowie die Entscheidung über die Öffnung und Schließung des Hafens blieb jedoch unter der Kontrolle Danzigs. Dies bedeutete de facto die Aufhebung aller Beschränkungen der *Statuta Karnkoviana* – die Stadt blieb damit einer der wichtigsten politischen Faktoren im Ostseeraum.

Dies zeigte sich insbesondere als nach dem unerwarteten Tod Stephan Báthorys (12. Dezember 1586) der schwedische Prinz Sigismund III. Wasa am 19. August 1587 zum neuen König gewählt wurde. Aufgrund seiner engen Kontakte mit Schweden hielt der König sich häufig in Danzig auf, was Eberhard Bötticher in seinem Tagebuch und der Chronik fleißig beschrieben hat. Auch dieses Mal war es zu einer Doppelwahl gekommen, denn ein Teil der Wähler hatte am 22. August den Erzherzog Maximilian III. von Habsburg zum König ausgerufen. Der österreichische Konkurrent um die polnische Krone und seine polnischen Parteigänger wurden jedoch bei Pitschen (Schlesien) durch die polnische Armee geschlagen (24. Januar 1588) und der Erzherzog selbst und viele seiner Anhänger gerieten dabei in Gefangenschaft.

Danzig hatte in diesem Konflikt nicht den Habsburger Kandidaten unterstützt, offensichtlich war der Stadtrat völlig zufrieden mit den Zugeständnissen der polnischen Seite und sah keinen Anlass dafür, sich in diesem Konflikt zu engagieren. Daher hatte man sich recht schnell für die schwedische Kandidatur ausgesprochen. Schließlich kam es bald nach der Krönung von Sigismund III. zu einer Beilegung des Streites mit Habsburg und zu einer Annäherung der Beziehungen zwischen der Adelsrepublik und Österreich (Sigismund III. heiratete die Habsburger Erzherzogin Anna und der Kaiser verpflichtete sich zur Nichteinmischung in die polnischen Angelegenheiten). Dies hinderte Erzherzog Maximilian jedoch nicht daran, den Titel des erwählten polnischen Königs (*rex electus*) zu tragen und als Hochmeister des Deutschen Ordens den Anspruch der Oberhoheit über Königlich Preußen zu erheben.

Das Verhältnis Sigismunds III. zu Danzig wurde vor allem bestimmt durch die politischen Angelegenheiten Schwedens sowie die Anfänge der Gegenreformation, deren einflussreiche Anhänger mit dem Hof des Leslauer Bischofs verbunden waren, in deren Diözese auch Danzig lag. Nach dem Tod seines Vaters Johann III. 1592 wurde Sigismund 1594 durch Erbfolge König von Schweden. Die Stadt war an einer wirkungsvollen polnisch-schwedischen Personalunion interessiert, insbesondere auch deshalb, weil Danzig intensive Handelbeziehungen mit Stockholm pflegte (u.a. Eisenimport) und die politische Stabilität als wichtiger Faktor zur Beförderung der Handelskontakte gewünscht wurde. Um eine bessere Kontrolle über die schwedischen Angelegenheiten zu erhalten, verlegte der König seinen Hof von Krakau nach Warschau und war auch häufig Gast in Danzig.

Er musste sich deshalb mit den Problemen auseinandersetzen, die für sein Verhältnis zur Stadt von Bedeutung waren. Obwohl sich Danzig beim ersten Besuch des Königs sichtlich bemühte, dem Aufenthalt des Monarchen einen sehr feierlichen Rahmen zu geben, verweigerte ihm der Stadtrat unter einem belanglosen Vorwand die Abhaltung eines Gottesdienstes in der Marienkirche (5. Oktober 1587)[70]. Erst am 11. Januar 1588 wurden die Religionsprivilegien der Stadt bestätigt und am 28. März die übrigen Privilegien. Während des nächsten Besuchs lehnte die Stadt die Forderung nach Rückgabe der Marienkirche an die Katholiken ab, gleichzeitig kam es zu einer Schlägerei zwischen polnischen Höflingen und den Danzigern. Um den König zu besänftigen und den ungünstigen Eindruck etwas zu verwischen, schenkte die Stadt dem Monarchen die in der Marienkirche noch vorhandenen Reliquien und zahlte ihm 30 000 Mark als Abschlag auf die Einnahmen des Pfahlgelds.

Dem König lag sehr an der Unterstützung durch die Stadt, besonders deshalb, weil die protestantische Opposition in Schweden unter der Führung des Reichsverwesers Karl eine Rebellion herbeiführte. In Verbindung mit der politischen Entwicklung in Schweden begann Sigismund III. ab 1598 mit der Vorbe-

---

[70] Die Prozesse um die Kirche sind kürzlich bearbeitet worden von Sławomir Kościelak: Katolicy w protestanckim Gdańsku (wie Anm. 2), S. 106–114.

reitung zur Aufstellung einer königlichen Flotte in Danzig. Obwohl dies den Stadtrat natürlich beunruhigte, ließ er dem König hierfür alle notwendige Hilfe zukommen. Die schwedische Opposition erreichte schließlich die Absetzung Sigismunds III., dessen Versuch einer militärischen Intervention mit einer schmerzhaften Niederlage in der Schlacht bei Linköping endete, so dass der König gedemütigt nach Danzig zurückkehrte. Schließlich verlor Sigismund 1599 durch einen Reichtagsbeschluss endgültig die schwedische Krone.

Die unnachgiebige Haltung des Königs, der seine Absetzung nicht akzeptierte, sowie der Konflikt in der Livlandfrage bezahlte die Adelsrepublik mit mehreren, den Staat ruinierenden Kriegen gegen Schweden (1600–1611, 1626–1629, 1655–1660), die erst durch den Frieden von Oliva (1660) beendet wurden. Die Haltung Danzigs in diesem internationalen Konflikt war mehrfach von entscheidender Bedeutung.

Der von Jesuiten im katholischen Glauben erzogene Sigismund III. schaltete sich unter dem Einfluss von Bischof Hieronymus Rozrażewski in den Streit um die Rückgabe der Marienkirche an die Katholiken ein und unterstützte den Versuch, den Jesuiten das Danziger Brigittenkloster zu übergeben. 1593 wurde die Stadt angeklagt unter dem Vorwurf der unrechtmäßigen Aneignung der Kirche und Einsetzung des Pfarrers. Der König weigerte sich, das Anrecht des Stadtrats auf die Marienkirche anzuerkennen und forderte die Herausgabe der Kirche. Der Rat wandte sich an die breitere Öffentlichkeit, insbesondere an die Volksvertreter der Dritten Ordnung (wodurch dieses Gremium an Bedeutung gewann), die entschieden gegen die Rückgabe der Kirche an die Katholiken war. Andererseits wollte der König keine Gewalt anwenden und bemühte sich, die Angelegenheit nicht eskalieren zu lassen.

Daher beschränkte er sich darauf, die Rechtsansprüche der Stadt auf die Kirchen abzulehnen und die Sache auf gerichtlichem Weg klären zu lassen. Am 17. Dezember 1594 verpflichtete das Assesorengericht die Stadt zur Rückgabe der Kirche unter Androhung einer Strafe in Höhe von 100 000 polnischen Zloty[71]. Die Stadt ging vor dem Sejm in Berufung, der auch Gerichtsbefugnisse besaß, und klagte ihrerseits den Bischof von Leslau mit dem Vorwurf an, dass dieser den durch den Warschauer Konföderationsakt von 1573 garantierten Religionsfrieden gebrochen hätte. Danzig zählte auf die Unterstützung der polnisch-litauischen Adelsopposition gegen den König und die Bischöfe u.a. der Radziwill. Der allgemeine Sejm von 1595 griff die Danziger Frage auf und trotz einer anfangs ungünstigen Haltung der Abgeordneten wurde der Standpunkt der Stadt unerwartet von der protestantischen Partei und dem päpstlichen Nuntius in Polen, Germanicus Malaspina, gebilligt. Der Nuntius wollte auf diese Weise für die Hilfe danken, die Danzig der Stadt Rom während der Zeit der Missernten gewährt hatte. Dieser Sachstand erlaubte es dem Rat, die Angelegenheit zu verzögern und später die Forderungen des Bischofs zu ignorieren. Außerdem war

---

[71] Gottfried Lengnich: Geschichte der preußischen Lande königlich-polnischen Antheils seit dem Jahre 1526, Danzig 1726, Bd. 4, S. 195.

das politische Interesse eines Teils des Adels mehr auf die Situation in der Ukraine gerichtet (Aufstände 1591–1593 und 1594–1595).

Schließlich machte Danzig 1595 dem Bischof ein Vergleichsangebot: Im Tausch für die Abtretung der Marienkirche sollte dem Bischof das Recht über die Brigittenkirche eingeräumt werden. Der Bischof, dessen Bemühungen das Ziel hatten, in Danzig die Jesuiten anzusiedeln, lehnte diesen Vorschlag kategorisch ab und der König wies den Wojewoden Ludwig von Mortangen an, die Strafe von 100 000 Gulden aus dem Vermögen der Stadt einzuziehen. Dieser zögerte jedoch mit der Ausführung des Urteils und schließlich kam es nicht zur Vollstreckung. Stattdessen fand die Stadt eine starke Unterstützung beim königlichen Unterkanzler, dem Posener Bischof Jan Tarnowski, der für seine Dienste eine angemessene finanzielle Entschädigung erhielt. Danzig konnte ebenfalls auf die Fürsprache der Schwester des Königs, Anna Wazówna, rechnen, die Lutheranerin war. Sogar eine persönliche Intervention des Königs im Herbst 1598 konnte in dieser Frage nichts mehr ausrichten, denn nach dem Fehlschlag der Schwedenpolitik hatte seine Autorität stark gelitten, und die Frage der Katholiken in Danzig trat in den Hintergrund.

Die Zeit der Unsicherheit dauerte bis zum 9. Februar, als Rozrażewski in Rom während der Feiern zum Jubiläumsjahr starb. Sein Nachfolger, es war ausgerechnet Tarnowski, milderte seinen Standpunkt, so dass die Stadt – trotz einer Vorladung vor das königliche Gericht – die Angelegenheit mit Einverständnis des Bischofs verzögern konnte. Der 1600 ausbrechende Krieg zwischen Polen und Schweden veranlasste die königliche Seite, einen stillschweigenden Kompromiss einzugehen: Die Existenz der Klöster in der Stadt wurde toleriert, dafür blieb die Marienkirche lutherisch.

Der Konflikt zwischen Lutheranern und Calvinisten wurde durch königliche Edikte von 1612 und 1619 beendet. Danach war es den Calvinisten nicht mehr erlaubt, städtische Ämter zu bekleiden, was mit der Zeit zu einer entscheidenden Schwächung dieses Bekenntnisses in der Stadt führte. Die Entwicklung erstreckte sich über eine gewisse Zeit hinweg und wurde gefördert durch das allmähliche Aussterben der herausragendsten Vertreter der Calvinismus im Kreis der Stadtelite (was von Bötticher mit Genugtuung kommentiert wurde) sowie dem allgemeinem Erfolg der Gegenreformation in der Adelsrepublik, was zu einem Bedeutungsverlust der calvinistischen Opposition in den 1620er Jahren führte.

In Danzig erfolgte eine schrittweise Verdrängung der Calvinisten aus den Professorenstellen des Akademischen Gymnasiums und aus der Mitbenutzung der Kirche St. Trinitatis in den Jahren um 1620/30. Dies führte schließlich zu einem Sieg des orthodoxen Luthertums in der Stadt, das sich einer breiten Unterstützung im mittleren Bürgertum erfreute, welches den zum Calvinismus tendierenden städtischen Eliten abgeneigt war. Die Präsenz einer calvinistischen Gemeinde in Danzig wurde beschränkt auf die Kirchen St. Peter und Paul sowie St. Elisabeth. Die lutherische Partei, zu deren Repräsentanten Eberhard Bötticher zählte, konnte ihre Ziele durchsetzen. Die konfessionelle Situation, wie sie sich am Beginn des 17. Jahrhunderts herausgebildet hatte, blieb bis zum Ende der Danziger Republik an der Wende vom 18. zum 19. Jahrhundert bestehen und auch darüber hinaus nach der Inbesitznahme der Stadt durch Preußen infolge der zweiten polnischen Teilung (1793) und den napoleonischen Kriegen (1814).

Übersetzung: Christofer Herrmann

Edmund Kizik

Gdańsk w czasach Eberharda Böttichera (w drugiej połowie XVI i początkach XVII w.)

Życie i działalność publiczna Eberharda Böttichera (1554–1617) przypadła na trudny okres w dziejach Gdańska oraz Rzeczpospolitej – państwowości, w ramach której miasto osiągnęło szczególną pozycję, ciesząc się szeroką autonomią polityczną i gospodarczą, upodabniającą je *de facto* – przy wszystkich różnicach i zastrzeżeniach formalnoprawnych – do sytuacji wolnych miast Rzeszy. Gdańsk zdecydowanie skorzystał na osłabieniu władzy centralnej, które nastąpiło w związku z bezpotomną śmiercią króla Zygmunta Augusta 7 lipca 1572 r. i wygaśnięciem panującej w Polsce i Wielkim Księstwie Litewskim od 1386 r. dynastii Jagiellonów oraz przekształceniem polsko-litewskiego państwa w monarchię elekcyjną, rządzoną przez króla ograniczonego w swych kompetencjach przez dwuizbowy parlament (Sejm). Prawo do wyboru władcy miała cała szlachta przybyła na miejsce elekcji (*electio viritim*).

W latach 1573–1585 aż trzykrotnie doszło w Polsce do interregnum, po których na tronie polskim zasiadali przedstawiciele obcych dynastii. Każdorazowe okresy wyborcze dzieliły szlachtę na zwalczające się partie i prowadziły wielowyznaniowy (katolicy, protestanci kalwini i luteranie, prawosławni) i wielonarodowościowy (Polacy, zrutynizowani Litwini[1], Niemcy) kraj na skraj wojny domowej. 12 maja 1573 r. dokonano wyboru na tron polski księcia francuskiego Henryka Walezego (kontrkandydatem był m.in. cesarz Maksymilian II). Po jego krótkim panowaniu i potajemnym opuszczeniu Polski, celem objęcia tronu francuskiego po zmarłym Karolu IX (18/19 czerwca 1574), został on oficjalnie pozbawiony korony polskiej. Po półtorarocznym kryzysie politycznym skłócone stronnictwa dokonały podwójnej elekcji: cesarza Maksymiliana II Habsburga (12 grudnia 1575) oraz Węgra, siedmiogrodzkiego wojewody Stefana Batorego (14 grudnia), który został ostatecznie królem mimo początkowego braku akceptacji Gdańska.

---

[1] Termin „Litwin" w okresie wczesnonowożytnym używany był nie na określenie etnicznej przynależności, lecz zamieszkania na terenie Wielkiego Księstwa Litewskiego. Elity litewskie w późnym średniowieczu uległy całkowitemu zrutynizowaniu – szlachta litewska w XVI w. posługiwała się językiem ruskim, była często prawosławna, kalwinistyczna i dopiero w XVII w. uległa spolonizowaniu i katolizacji.

Po śmierci Batorego ponownie doszło do podwójnej elekcji: na tron obrano syna cesarza, Maksymiliana III Habsburga, oraz szwedzkiego następcę tronu, Zygmunta Wazę. Ten ostatni był synem Jana III i Katarzyny Jagiellonki, wnukiem króla polskiego Zygmunta Starego, co dawało mu poniekąd naturalne prawo do ubiegania się o dziedzictwo dynastii Jagiellonów. W konfrontacji zbrojnej wojska kandydata habsburskiego oraz jego polskich stronników zostały rozbite i ostatecznie na króla 27 grudnia 1588 r. koronował się Zygmunt III.

Brak stabilizacji politycznej w państwie, które równocześnie prowadziło wyczerpująca wojnę z Moskwą Iwana Groźnego, wzmocniło partykularne interesy m.in. silnej magnaterii litewskiej, która starała się zachować dotychczasową pozycję Wielkiego Księstwa Litewskiego, oraz protestanckiego Gdańska i generalnie wielkich miast pruskich (Torunia i Elbląga). Władze miejskie skorzystały z okazji, aby osłabić skutki decyzji podjętych w czasie Sejmu Lubelskiego z 1569 r., których celem (poza kwestią unii z Litwą) było również ściślejsze powiązanie Prus Królewskich z resztą państwa. Gdańsk obawiał się podporządkowania polityce centralnej, czemu służyły ograniczające przywileje ekonomiczne (Statuty Karnkowskiego). Konfliktowi prawno-politycznemu towarzyszyło usankcjonowanie przejścia miasta na luteranizm, co poza kwestiami mentalnymi skutkowało konfliktem o majątek kościelny katolików. Jak widać, konflikty dotyczyły przede wszystkim kwestii politycznych oraz powiązanych z nimi zatargów wyznaniowych, które uległy nasileniu wraz z tendencjami kontrreformacyjnymi, co było szczególnie widoczne w postępowaniu rewindykacyjnym biskupów włocławskich, Stanisława Karnkowskiego (1567–1580) oraz Hieronima Rozrażewskiego (około 1581–1600)[2].

Kwestie polityczne ściśle zazębiały się z zagadnieniami wyznaniowymi i fiskalnymi. Nie bez znaczenia było silne poczucie odrębności etniczno-kulturowe gdańszczan, co silnie podkreślała dawna historiografia niemiecka. Sprzeczności wewnętrzne wśród mieszczaństwa oraz po stronie urzędników królewskich i hierarchów kościelnych były stale rozgrywane przez obie strony. Również rola poszczególnych osobistości – duchownych protestanckich i katolickich, członków władz miejskich, urzędników państwowych – była nie do przecenienia. Chociaż trudno precyzyjnie porozdzielać poszczególne zagadnienia, uznać można, iż konflikty najogólniej rozwijały się wokół:

---

[2] Przegląd sytuacji politycznej z punktu starszej niemieckiej historiografii daje zorientowana przede wszystkim na analizę wydarzeń politycznych praca Paula Simsona (Simson: *Geschichte Danzig* 2, s. 206–447). Dla historiografii polskiej, koncentrującej się na kwestiach społeczno-gospodarczych i pomijających znaczną część kwestii wyznaniowych, reprezentatywna jest zespołowa praca: Cieślak: *Historia Gdańska* 2, s. 556–585. Przegląd stanowisk badawczych w: Müller: *Zweite Reformation*, s. 50 i nn oraz Sławomir Kościelak: Katolicy w protestanckim Gdańsku od drugiej połowy XVI do końca XVIII wieku, Gdańsk 2012, s. 101- passim.

1) zakresu zależności politycznej, prawnej oraz militarnej Gdańska od króla polskiego:
   – walka o utrzymanie autonomii Prus Królewskich ograniczonej przez Sejm Lubelski 1569 r.;
   – odrzucenie planów związanych z polityką morską królów polskich, m.in. próbą zorganizowania na cele prowadzenia wojny o Inflanty, a niezależnej od Gdańska, królewskiej floty kaperskiej przez króla Zygmunta Augusta (1563–1570), a następnie stosunek do polityki szwedzkiej króla Zygmunta III;
   – stanowisko Gdańska wobec elekcji królów polskich; konflikt o nieuznanie wyboru Stefana Batorego i konfirmację dawnych przywilejów Gdańska – wojna z królem (1576–1577);
   – walka o anulowanie postanowień 67 Statutów Karnkowskiego (*Statuta Karnkoviana*) – konstytucji Karnkowskiego z 20 lipca 1570 r. (1570–1585);
   – walka z popieraną przez stronę królewską konkurencją Elbląga (kupcy angielscy, próby kierowania handlu polskiego przez port elbląski);

2) stosunków pomiędzy Gdańskiem a instytucjami katolickimi:
   – prawno-materialne podstawy obecności mniejszości katolickiej w Gdańsku (zasady działania i posiadłości klasztorów katolickich na terenie miasta – dominikanie, brygidki, karmelici);
   – charakter prawno-wyznaniowy fary miejskiej (*ius patronatus*); symultaniczność wyznaniowa kościoła Mariackiego;
   – kontrowersje na tle działalności rewindykacyjnej na terenie miasta i okolic biskupów włocławskich;
   – stosunki z klasztorem cysterskim w Oliwie;
   – kwestia przedmiejskim osad należących do katolików;
   – próba zorganizowania placówki jezuickiej w Gdańsku;

3) konfliktów wyznaniowych w środowisku gdańskich protestantów pomiędzy luteranami i kalwinami:
   – walka o obsadę poszczególnych kościołów oraz stanowisk profesorskich w Gimnazjum Akademickim;
   – rola Ministerium Duchownego (Geistliches Ministerium);
   – wewnątrzluterańskie spory doktrynalne;

4) polityki fiskalnej królów polskich i Rzeczpospolitej związanych ze Statutami Karnkowskiego, czyli udziału królów polskich w zyskach Gdańska płynących z zagranicznego handlu Polski (również większość wyżej wymienionych kwestii spornych w zakresie praw klasztorów, posiadłości kościelnych miało wymierne skutki finansowe).

Poza strategicznym położeniem Gdańska u ujścia Wisły o znaczeniu miasta decydowało kilka czynników (wielkość terytorium miejskiego, potencjał demograficzny, pozycja finansowa).

Obszar i ludność miasta

Gdańsk nowożytny to nie tylko samo miasto. Dzięki nadaniom króla Kazimierza Jagiellończyka w granicach jurysdykcji Gdańska znalazły się zamożne obszary wiejskie o wielkości 643 km^2, w skład których wchodziła część urodzajnej Żuławy Wiślanej (rolniczo-hodowlane Żuławy Gdańskie lub Steblewskie), związane Szkarpawą wraz z Mierzeją Wiślaną (rybołówstwo, hodowla i zbieractwo bursztynu) oraz obszar Wyżyny (rolnictwo, gospodarka leśna). W granicach terytorium miasta leżały niewielkie enklawy dóbr katolickich, jednak miasto wywalczyło sobie administracyjną kontrolę nad przedmiejskimi Siedlcami należącymi do gdańskiego klasztoru Brygidek. Do Gdańska należało również niewielka eksklawa – rybackie miasto Hel wraz z częścią półwyspu. Dzięki zabezpieczonemu dostępowi do morza (wzniesienie twierdzy Wisłoujście) oraz żyznym obszarom rolnym i leśnym miasto dysponowało doskonałym zapleczem żywnościowym i surowcowym (opał, budulec): klęski głodu nie zaznawano tu nawet w okresie zagrożeń wojennych.

O znaczeniu Gdańska stanowiła też duża liczba mieszkańców, co w warunkach obowiązkowego świadczenia służby wojskowej w oddziałach rot mieszczańskich przekładało się bezpośrednio na militarne możliwości miasta, które dbało, aby zgromadzone w arsenałach zapasy broni i amunicji starczyły na wypadek wojny. Dzięki dość precyzyjnym statystykom, za które odpowiedzialni byli dzwonnicy w gdańskich kościołach od początku XVII w., dysponujemy podstawowymi danymi na temat mających miejsce w Gdańsku chrztów, wesel i pogrzebów. Z uwagi typową dla dużych miast ówczesnej Europy znaczącą przewagę umierających nad nowonarodzonymi, miasto swój prężny rozwój demograficzny zawdzięczało przede wszystkim stałemu napływowi ludności z zewnątrz, znajdujemy odzwierciedlenie m.in. w księgach przyjęcia do prawa miejskiego[3]. Gdański ośrodek miejski pozostawał na tyle atrakcyjny, że nawet spustoszenia powodowane katastrofalnymi nawrotami dżumy, której przeżył sam Eberhard Bötticher w latach 1564 i 1601–1602 (w 1602 r. na dżumę zmarła jego żona i dwoje dzieci) były szybko rekompensowane poprzez migrację ludności z mniejszych ośrodków Prus Królewskich oraz z zagranicy. Według wiarygodnych danych zebranych przez Böttichera, w 1564 r. zmarło aż 23.899 osób[4], w tym w okresie od 22 do

---

[3] Zob. strukturę pochodzenia obywateli oraz zasady przyjęć do prawa miejskiego: Hedwig Penners-Ellwart: *Die Danziger Bürgerschaft nach Herkunft und Beruf 1536–1709*, Marburg/Lahn 1954; Rolf Walther: *Die Danziger Bürgerschaft im 18. Jahrhundert nach Herkunft und Beruf*, „Zeitschrift des Westpreußischen Geschichtsvereins" 73 (1937), s. 63–170; Jan Baszanowski, *Statistics of religious denominations and ethnic problems in Gdańsk in XVII – XVIII centuries*, „Studia maritima" 7 (1987), s. 49–72

[4] Bötticher: Memorial (1577–1583), k. 151v–152v. Bötticher podaje, że od karnawału do Zielonych Świątek zmarło 4530 osób. Najwcześniejsze systematyczne roczne zestawienia demograficzne dla całego Gdańska pochodzą z lat dziewięćdziesiątych XVI w. (sumaryczne wpisy w księdze chrztów kościoła NMPanny, rkps APGd., sygn. 354/311). Dotychczas znane były jedynie materiały od 1601 r. Zapewne jednak systematyczne dane o liczbie chrztów, małżeństw i pogrzebów były gromadzone przez władze miejskie już od połowy

53 tygodnia zarazy było to 19.369 ofiar, zaś we wcześniejszych tygodniach – 4.530 osób. Oznacza to, że zaraza 1564 r. mogła pochłonąć aż połowę populacji miasta. Dla porównania, w czasie dżumy w 1602 r. zmarło 16.916 osób[5]. Liczbę mieszkańców samego miasta w pierwszych dekadach XVII w. na podstawie szacunków źródeł dotyczących ruchu naturalnego oblicza się na 52.400 w latach 1601–1605 i 61.200 w przededniu wybuchu wojny ze Szwecją z 1626–1629 r. (zob. tab. 1).

Tabela 1. Liczba mieszkańców Gdańska w latach 1601–1625

Lata	Szacowana liczba mieszkańców (bez terytorium wiejskiego)
1601–1605	52.400
1606–1610	54.800
1611–1615	56.100
1616–1620	58.800
1621–1625	61.200

Źródło: Jan Baszanowski, Przemiany *demograficzne w Gdańsku w latach 1601–1845 w świetle tabel ruchu naturalnego*, Gdańsk 1995, s. 142–143, tab. 2.9.

Do tych wielkości należy dodać – trudną do ustalenia z powodu braku danych – kilkutysięczną liczbę mieszkańców wsi leżących w granicach jurysdykcji Gdańska. Niestety, dokładniejsze statystyki urzędowe pochodzą dopiero z początku panowania pruskiego – z 1793 r. Żuławy Gdańskie zamieszkiwało wtedy 7 115 mieszkańców[6]. Przemysław Szafran, monografista siedemnastowiecznych Żuław Gdańskich, ostrożnie wyliczył zaludnienie tego regionu wiejskiego w połowie XVII w. na około 5 200 osób (4,8 osoby na włókę ziemi uprawnej)[7]. Wraz z innymi obszarami wiejskimi oraz miasteczkiem Hel (250–300 osób) stała ludność gdańskiej republiki mieszczańskiej liczyć mogła w pierwszych dekadach XVII około 70–75 tys. osób[8]. W okresach zagrożenia (ludność szukająca schronienia w

---

XVI stulecia. Zob. Jan Baszanowski: *Tabele ruchu naturalnego ludności Gdańska z lat 1601–1846*, „Przeszłość Demograficzna Polski" 13 (1981), s. 74–75.
[5] Jan Baszanowski: *Przemiany demograficzne w Gdańsku w latach 1601–1845 w świetle tabel ruchu naturalnego*, Gdańsk 1995, s. 263: tab.3.14; zob. też s. 132: tab. 2.4, s. 142: tab. 2.9.
[6] Georg Dabbinus: *Die ländliche Bevölkerung Pommerellens im Jahre 1772 mit Einschluss der Danziger Landesgebietes im Jahre 1793*, Marburg/Lahn 1953, s. 153.
[7] Przemysław Szafran: *Żuławy Gdańskie w XVII wieku. Studium z dziejów społecznych i gospodarczych*, Gdańsk 1981, s. 71–72.
[8] Według statystyki podanej przez Christiana Karla Lemana (Leman: *Provinzialrecht*, s. XXII) w 138 miejscowościach na terytorium wiejskim Gdańska poza samym miastem oraz Helem, zamieszkiwało 29.335 osób (3492 dymów). Wraz z miastami daje to w sumie 77.550 osób.

mieście wraz z rotami żołnierzy zaciężnych) liczba ta wzrastała o kolejne kilka tysięcy osób. Liczba mieszkańców Gdańska i należącego do miasta terytorium stanowiła około ¼ mieszkańców Prus Królewskich i była wyższa od ludności wszystkich miast pruskich razem wziętych – Toruń w tym czasie liczył około 17,5, a Elbląg około 15 tys. mieszkańców. Inne miasta Rzeczpospolitej, Lwów, Poznań i Kraków, nie przekroczyły 20 tys. mieszkańców, zaś Warszawa liczyła ich około 12 tys.[9] Z demograficznego punktu widzenia Gdańska należał do tej samej grupy miast, co największe ośrodki Rzeszy: Hamburg, Kolonia, Augsburg, Norymberga, Wiedeń czy Praga, które liczyły ponad 40 tys. mieszkańców[10]; zapewne pod względem ludności był od schyłku XVI do poł. XVII w. był w ogóle największym europejskim miastem zamieszkałym przez ludność niemiecką. W regionie nadbałtyckim pozycja Gdańska była najsilniejsza.

Gdańsk (miasto oraz terytorium wiejskie) w strukturze Rzeczpospolitej – podobnie jak inne wielkie miasta Prus Królewskich, Toruń i Elbląg – zarówno z etnicznego, jak i kulturowego punktu widzenia pozostawał miastem niemieckim. Napływ do miasta znaczących grup Holendrów, Szkotów i innych narodowości, podobnie jak obecność dużych skupisk Polaków i Kaszubów nie wpływała na zmianę tej sytuacji, albowiem społeczności imigrantów stosunkowo szybko ulegały asymilacji. Prawo uczestniczenia w życiu politycznym oraz korzystania z pełni swobód gospodarczych (np. przyjęcie do cechu, prawo wykonywania pracy rzemieślniczej czy handlowania, wwożenia towaru itp.) na terenie jurysdykcji miasta miały jedynie osoby, które zostały przyjęte do prawa miejskiego (wyłącznie luteranie, kalwini, katolicy). Większość przyjętych była pochodzenia niemieckiego. Za Stanisławem Gierszewskim zakłada się w literaturze, że na przełomie XVI i XVII w. *cives* stanowili około 25–28 % dorosłych mężczyzn zamieszkałych w Gdańsku (podobnie było w Toruniu)[11]. Obywatelstwo mógł uzyskać człowiek dorosły urodzony w legalnym związku i wolny. Prawa obywatelstwa były dziedziczone, lecz synowie obywateli przed zwarciem związku małżeńskiego musieli również przejść odpowiednią procedurę. Posiadanie szlachectwa przez poszczególnych mieszczan nie dawało im na terenie Gdańska widocznego uprzywilejowania. Wszyscy po opłaceniu odpowiedniej sumy, zaprezentowania własnej broni oraz złożenia przysięgi na wierność miastu oraz królewskiemu majestatowi, mieli prawo do nabywania nieruchomości na terenie miasta, wpisania jej do ksiąg gruntowych i ochrony swojej własności. Na zasadzie wzajemności wyjątek do nabywania dóbr czyniono jedynie wobec indygenów pruskich[12]. Do obywatel-

---

[9] Cezary Kuklo: *Demografia Rzeczpospolitej przedrozbiorowej*, Warszawa 2009, s. 233: tab. 42.
[10] Hans-Jürgen Goerz: *Deutschland 1500–1646. Eine zertrennte Welt*, Paderborn 2004, s. 55.
[11] Stanisław Gierszewski: *Obywatele miast Polski przedrozbiorowej*, Warszawa 1973, s. 31–32.
[12] Zarówno wykupywanie ziemi poza obszarem miasta przez mieszczan, jak i nabywanie nieruchomości przez pruskich indygenów czy przez nieobywateli na podstawione osoby powodowało liczne konflikty. Zob. Maria Bogucka: *Przemiany społeczne i ustrojowe (1570–1655)*, w: Cieślak: *Historia Gdańska* 2, s. 549- 552; John Muhl: *Danziger Bürgerge-*

stwa nie przyjmowano członków wyznań uznawanych za sekciarskie, np. mennonitów, arian czy kwakrów. Żydzi nie tylko nie mogli uzyskać prawa miejskiego, ale wręcz ich pobyt na terenie miasta odbywał się na podstawie imiennych, terminowych przepustek pobytowych (tzw. „Judengeleit") lub – dla wybranych osób – specjalnych koncesji[13].

Przyjęcie obywatelstwa oznaczało wiele obowiązków, z których do najmniej uciążliwych należała m.in. konieczność zawarcia w ciągu roku związku małżeńskiego, ale również odbywanie regularnych ćwiczeń wojskowych. Za wyjazd na dłuższy czas wraz z majątkiem czy ucieczkę z miasta w czasie wojny groziła utrata prawa obywatelskiego.

Pomyślność wszystkich mieszkańców nowożytnego Gdańska była związana z utrzymaniem przez miasto monopolistycznej roli w reeksporcie polskiego zboża oraz produktów leśnych i pośrednictwa w sprzedaży w Polsce towarów importowanych z Zachodu. Handel materiałami masowymi (zboże, drewno, popiół, smoła) odbywał się Wisłą, którą na podstawowym dolnym odcinku (od Głowy Gdańskiej do ujścia do Zatoki Gdańskiej) kontrolowali gdańszczanie. Utrzymanie pozycji monopolisty na zbyt polskich produktów rolnych i leśnych nawet w latach nieurodzaju przynosił miastu na Motławą dostateczne zyski, szczególnie, że polskie rynki lokalne nie były w stanie wchłonąć nadwyżek i często zmuszone były eksportować poniżej faktycznych kosztów wytworzenia ukrytych często w trudnej do oszacowaniach wartości pracy chłopów pańszczyźnianych. Sąsiedni Elbląg (oddalony o około 60 km), wykorzystując okresowe kłopoty polityczne Gdańska spowodowane konfliktami z królami polskimi, przechwytywał w niektórych latach częć handlu Rzeczpospolitej. Jednak statystyki handlowe ogłoszone przez Marię Bogucką[14] oraz Andrzeja Grotha[15] nie pozostawiają złudzeń, że konkurowały ze sobą miasta o bardzo nierównych szansach: wartość obrotów elbląskiego portu przed roku 1577, czyli wojny Gdańska z królem Stefanem Batorym, nie przekraczały 7% uzyskiwanych w Gdańsku. Znaczenie Elbląga wzrosło dopiero po ulokowaniu w mieście w 1579 r. składu angielskiej Kompanii Wschodniej (*Eastland Company*). Obecność Anglików przyczyniła się do okresowego znaczącego wzrostu gospodarczego znaczenia Elbląga, co znalazło swój wyraz w zachowanych wykazach handlowych. Np. wartość obrotów portu elblą-

---

    schlechter in ländlichen Besitz, „Zeitschrift des Wetspreußischen Geschichtsvereins" 71 (1934), s. 89–114.

[13] Maria Bogucka: *Kupcy żydowscy w Gdańsku w pierwszej połowie XVII wieku*, „Przegląd Historyczny" 80 (1989), 4, s. 791–799; Edmund Kizik: *Mieszczaństwo gdańskie wobec Żydów w XVII–XVIII wieku*, „Kwartalnik Historii Żydów" 3 (2003), s. 416–434; Edmund Kizik: *Jews before the Danzig Court in the mid-eighteenth century*, „Acta Poloniae Historica" 97 (2008), s. 147–165.

[14] Maria Bogucka: *Handel zagraniczny Gdańska w pierwszej połowie XVII wieku*, Wrocław 1970, s. 30–47.

[15] Andrzej Groth: *Handel*, w: *Historia Elbląga*, red. Andrzej Groth, t. 2/1, Gdańsk 1996, s. 54–60: tab. 1,3; tenże: *Kryzys i regres handlu*, w: *Historia Elbląga*, red. A. Groth, t. 2, cz. 2, Gdańsk 1997, s. 82–85, 97–98, tab. 5.

skiego w latach 1585 –1625 stanowiła od 17 do nawet 77 % wartości obrotów osiąganych przez Gdańsk, co mając na uwadze trudne warunki żeglugowe panujące w porcie elbląskim (płytki, ulegający zapiaszczeniu tor wodny), było znaczącym wynikiem.

Konkurencja pomiędzy Gdańskiem i Elblągiem u schyłku XVI i w pierwszych dekadach XVII wieku (m.in. kwestia rozdziału wody płynącej Wisłą) wpisała się w ostrą walkę Holandii z Anglią o opanowanie handlu bałtyckiego. Ostatecznie Holendrom korzystających z gdańskich kontaktów oraz licznie osiedlającym się w mieście (kwestia wpływu kalwinizmu) udało się zdominować na całe XVII stulecie wymianę handlową Rzeczpospolitej (oraz innych państw nadbałtyckich z Zachodem), co przyczyniło się do spadku znaczenia *Eastland Company* oraz roli samego Elbląga w tej wymianie. Prymat Gdańska w handlu Rzeczpospolitej z zagranicą po zamknięciu kantoru angielskiego w Elblągu w 1628 r. nie podlegał już dyskusji.

Wywóz zboża pod koniec XVI i w pierwszej połowie XVII w. z portu gdańskiego osiągał 62.781 łasztów w 1583, 87.378 łasztów w 1608 i 102.981 łasztów w 1619 r. (1 łaszt = około 2200 kg)[16]. Rekordowe wywozy w latach 1618 i 1619 związane były ze spekulacją na zwyżkę cen żywności w związku z wybuchem wojny trzydziestoletniej. Zboże stanowiło przeciętnie 2/3 towarów wywożonych z Gdańska. Znacznie mniejszy, bo zaledwie kilkuprocentowy udział w eksporcie miasta, miały wyroby rzemieślnicze. Te jednak znajdywały dobry zbyt na rynku polskim.

Gdańsk prowadził samodzielną politykę finansową, posiadając również prawo do bicia własnej monety według stóp uchwalanych przez polski sejm, co umożliwiło miastu unikania kryzysów związanych z pogorszeniem pieniądza. Do 1676 r. w Gdańsku i w Koronie pieniądze bito według tych samych stóp menniczych. W omawianym okresie obowiązywały mennicę gdańską ordynacje uchwalane przez sejmy za panowaniu Stefana Batorego (1578 i 1580) i Zygmunta III (1604 i 1627). Ordynacje z lat 1578 i 1580 za podstawową menniczą jednostkę wagową przyjęły wzorem ordynacji Zygmunta I Starego grzywnę krakowska (*marca ponderis cracoviensis*) o wadze 197,684 g. Według ordynacji z 1580 r., obowiązującej do 1601 r., poza dukatami z jednej grzywny wybijano 7 talarów, 14 półtalarów, 42 szóstaki, 82 trojaki, 106 groszy, 212 półgroszy, 178 szelągów i 540 denarów. Za Wazów nastąpiło zwiększenie wagi grzywny menniczej do 201,802 i 201,860 g. Dla ułatwienia w rachunkowości miejskiej urzędowej i prywatnej powszechnie posługiwano się jednostkami obrachunkowymi, czyli złotym (guldenem albo florenem) oraz grzywną. Jednostki te zachowały przez cały okres nowożytny aż do rozbiorów stały stosunek: 1 floren (złoty, gulden) = 1,5 grzywny, czyli „marki" (20 gr) = 30 gr = 90 szelągów = 540 denarów. Jednak należy sobie zdawać sprawę ze stopniowej zmiany wartości obrachunkowego florena (złotego). Wartość florena mierzona w kruszcu w pierwszej połowie XVII w.

---

[16] Maria Bogucka: *Handel zagraniczny*, s. 38: wykres A wraz z komentarzem (różnice wielkości związane są różnymi metodami przeliczania danych).

spadła z 19,86 g srebra w 1601 do 8,10 g w 1630 r. i utrzymywała się aż do 1663 r., gdy staniała do 8,01 g srebra[17].

Prawo chełmińskie (wilkierze)

W granicach terytorium miasta prawo stanowione lokalnie miało pierwszeństwo nad prawem Rzeczpospolitej. Również przywileje szlachty polskiej nie obowiązywały na obszarze miejskiej jurysdykcji. Miasto wraz z całymi Prusami Królewskimi należało do kręgu kultury prawa chełmińskiego (*ius culmense*; Kulmer Recht), odmiany prawa magdeburskiego, spisanego około 1233 w Chełmnie i Toruniu. Ukształtowana w okresie krzyżackim praktyka prawna stosunkowo dobrze zabezpieczała interesy mieszczaństwa pruskiego i po inkorporacji części Prus do Korony 26 lipca 1476 r. król Kazimierz Jagiellończyk uznał prawo chełmińskie za ogólnostanową podstawę systemu prawnego w Prusach Królewskich (poza Warmią, która zachowała autonomię prawno-administracyjną)[18].

Szybko okazało się, że praktyczne stosowanie *ius culmense* napotkało w prowincji na szereg trudności praktycznych, co początkowo wynikało z jego niezadowalającej znajomości i braku skodyfikowania użytkowanych lokalnie spisów. Na drodze do jego akceptacji stanęły przede wszystkim powody społeczne, albowiem szlachta pruska traktowała nie bez racji zapisy *ius culmense* jako rodzaj prawa miejskiego, które nie powinno mieć zastosowania do rycerstwa. Czując upośledzenie prawne i ekonomiczne wobec dużych miast pruskich, szlachta prowincji postulowała zniesienia zapisów niekorzystnych dla swoich interesów ekonomicznych. Chodziło przede wszystkim o silną pozycję wdów i żeńskiego potomstwa, które dziedziczyło na takich samych zasadach, jak męscy spadkobiercy, oraz zabezpieczenie praw kredytodawców. Trwające przez cały wiek XVI prace unifikacyjne doprowadziły ostatecznie do uchwalenia odmiennych rewizji prawnych zaakceptowanych przez miasta oraz odmiennej dla szlachty. W Gdańsku nowożytnym stosowano rewizję toruńską z 1594 r. (*Ius Culmense Revisum*), zachowane w odpisach, a znane powszechnie dzięki komentowanej, drukowanej edycji Michaela Ch. Hanowa, profesora Gdańskiego Gimnazjum (1745 i 1767)[19]. Niezadowolona szlachta pruska uchwaliła w 1598 r. własną wersję prawa chełmiń-

---

[17] Julian Pelc: *Ceny w Gdańsku w XVI i XVII wieku*, Lwów 1937, s. 2–6: tab. 1; zob. Leman: *Provinzialrecht*, s. 22–32.
[18] Witold Meisel: *Wstęp*, w: *Prawo starochełmińskie 1584 (1394)*, wyd. Witold Meisel, Zbigniew Zdrójkowski, tłum. Andrzej Bzdęga, Alicja Gaca, Toruń 1985. Por. Zbigniew Zdrójkowski: *Korektura pruska, Korektura pruska – jej powstanie, dzieje oraz jej rola w historii polskiej jurysdykcji i myśli prawniczej (1598–1830)*, „Czasopismo Prawno-Historyczne" 13, 1961, s. 109–157.
[19] Michael Hanow: *Jus culmense ex ultima revisione*, wyd. 2, Danzig 1767 (faksymile wydania dostępne online: http://www.ub.uni-bielefeld.de/diglib/rara/); przedruk wydania: Leman: *Provinzialrecht*, s. 185–274.

skiego, tzw. Korekturę pruską, zbliżającą jej uprawnienia do tych, którymi cieszyła się szlachta koronna[20].

Szczegółowe przepisy dostosowujące *ius culmense* do lokalnych warunków gdańskich były ogłaszane przez Szeroką Radę Miejską w osobnych edyktach i rozporządzeniach wykonawczych[21] lub ogólnych w zbiorach prawnych, czyli wilkierzach, w których ustalano zakres działania sądownictwa, w ograniczonym zakresie również prawo karne oraz cywilne, zasady postępowania procesowego, ale przede wszystkim przepisy administracyjno-porządkowe, regulując m.in. obowiązki obywatelskie, prawo budowlane, gospodarcze, handlowe. W interesującym nas okresie obowiązywał wilkierz zrewidowany w 1597 r.[22], który stopniowo modyfikowany w przepisach szczegółowych, mimo prób nowelizacji podjętych w ostatnich dekadach XVII w.[23] kodyfikacji uległ dopiero w 1761 r.[24]

Władze miasta głęboko ingerowały w życie codzienne mieszkańców grodu i gdańskich wsi, normując w treściach odpowiednich ordynacji i edyktów dozwoloną dla członków danej grupy społecznej odzież i ozdoby, formy konsumpcji biesiadnej (weselne, chrzestne i pogrzebowe), przymus praktyk religijnych, świąteczne itp.[25] Wykroczenia były ścigane i karane z całą surowością prawa. Równie ścisłej kontroli cenzorskiej podlegała swoboda wypowiedzi publicznej, drukowanie satyr i polemik o treściach politycznych lub religijnych. Warto przypomnieć, że wilkierz zobowiązywał obywateli miasta do donosu na osoby rozsiewające plotki, które przedstawiały Radę Miejską w niekorzystnym świetle.

---

[20] Karin Friedrich: *Inne Prusy. Prusy Królewskie i Polska między wolnością a wolnościami (1569–1772)*, przeł. Grażyna Waluga, Poznań 2005, s. 67–73 (tytuł oryginału: *The Other Prussia. Royal Prussia, Poland and Liberty, 1569–1772*), Cambridge 2000).

[21] Zob. zestawienie drukowanych rozporządzeń, edyktów i ordynacji: *Katalog norm prawnych władz miasta Gdańska (XV–XVIII wiek)*, oprac. Maria Babnis, Ewa Penkalla, Gdańsk 2005, s. 7–151. Tom został opublikowany łącznie z częścią: *Katalog przepisów prawnych władz miejskich Gdańska z lata 1807–1814*, oprac. Roman Dzięgielewski, Gdańsk 2005, s. 155–194.

[22] Zob. przegląd zawartości wilkierza: Tadeusz Maciejewski: *Zbiory wilkierzy w miastach państwa zakonnego do 1454 r. i Prus Królewskich lokowane na prawie chełmińskim*, Gdańsk 1989, s. 54–60; Tadeusz Maciejewski: *Prawo sądowe w ustawodawstwie gdańskim w XVIII wieku*, Wrocław 1984, s. 28–30. Tekst wilkierza został ogłoszony drukiem we Wrzeszczu w 1732 r. (zob. Christian Friedrich Wutstrack: *Historisch-topographisch-statistische Nachrichten von der Königl. Westpreußischen See und Handels-Stadt Danzig...* Danzig 1807, APGd., sygn. 300, R/Ll 96, s. 556[657]); wykonana w poł. XIX w. skrócona kopia egzemplarza znajdującego się obecnie w Geheimes Staatsarchiv Preußischer Kulturbesitz, Berlin-Dahlem, rkps. sygn. XX. HA, Westpr. Fol. 1088.

[23] Studium Edmunda Cieślaka z 1962 r. (*Walki społeczno-polityczne w Gdańsku w drugiej połowie XVII wieku*, Gdańsk 1962) pozostaje podstawowym opracowaniem zagadnienia.

[24] *Neu-revidirte Willkühr der Stadt Danzig, aus Schluß Sämtlicher Ordnungen publiciret Anno 1761*, Danzig 1783, s. 115–124. Na temat praw oraz administracji publicznej w mieście zob.: *Ius publicum*, s. 341–353 („Vom Wettegericht und von der Willkühr"); Leman: *Provinzialrecht*.

[25] Edmund Kizik: *Gdańskie ordynacje o weselach, chrztach i pogrzebach w XVI–XVIII wieku*, „Barok" 7 (2000), 1, s. 187–207; Edmund Kizik: *Sumptuary Laws in Royal Prussia in the Second Half of the Sixteenth Century to the Eighteenth Century*, "Acta Poloniae Historica", 102 (2010), s. 127–159

Prawo kościelne

Polityczne uwarunkowania oraz długotrwałość procesu kształtowania się protestanckiego kościoła w Gdańsku i Prusach Królewskich, stałe poszukiwanie kompromisu z popierającą katolików władzą królewską, odbiło się na charakterze miejscowego prawa kościelnego. Gdańskie porządki kościelne z lat 1557 i 1567 nie przypominały treścią stosunkowo jednolitych drukowanych ordynacji znanych z sąsiedniego Księstwa Pruskiego (1526, 1544, 1558, 1568)[26] czy z obszaru Rzeszy, jak np. tworzonych przez Johannesa Bugenhagena dla hanzeatyckich miast Dolnej Saksonii, np. Brunszwika (1528), Hamburga (1529), Lubeki (1531), Księstwa Pomorskiego (1535)[27]. To dziwi, albowiem np. Toruń (1575)[28] i Elbląg (1612)[29] pokusiły się o opracowanie stosunkowo jednolitych porządków lub agend kościelnych[30], których autorzy jasno nawiązywali do tekstów ordynacji innych miast i terytoriów. Przykładowo torunianie w tekście swojego porządku kościelnego odwoływali się do przykładu Wittenbergii, Norymbergii, Wrocławia, Prus „und anderen guten kirchenordnungen"[31]. Wskutek reformacji prawodawcą w sprawach kościelnych stała się Rada Miejska, która na potrzeby bieżącej polityki wewnętrznej, początkowo w obliczu wewnętrznych sporów, a następnie nie chcąc zadrażniać stosunków z katolikami, unikała jednoznacznego zdefiniowania zakresu wewnętrznej samorządności kościoła luterańskiego, przedkładając rozwiązania doraźne nad klarowny i jednoznaczny wykład prawny. Dlatego też odrzuciła proponowany przez Johanna Kitteliusa, pastora seniora w kościele Mariackim, projekt *Kirchen-Ordinantz* (1570)[32], poprzestając na interpretacji prawa zwyczajowego opartego na tradycji i precedensach, które odbiega od rozwiązań znanych z wolnych miast cesarskich czy też sąsiednich Prus Książęcych

---

[26] Neumeyer, s. 111; Sehling: *Kirchenordnungen*, s. 160–175. Por. Tadeusz Wojak: *Ustawy kościelne w Prusach Książęcych w XVI w.*, Warszawa 1993.
[27] Die pommersche Kirchenordnung von Johannes Bugenhagen 1535, hg. von Norbert Buske, Berlin 1985. Najpoważniejszy zarys dziejów kościoła luterańskiego w Księstwie Pomorskim dał Maciej Ptaszyński w dysertacji: *Narodziny zawodu. Duchowni luterańscy i proces budowania konfesji w Księstwach Pomorskich XVI/XVII w.*, Warszawa 2011.
[28] Sehling: *Kirchenordnungen*, s. 225–244.
[29] *Kirchenordnung: Wie es mit den gemeinen Gebeten, Handlung der hochwürdigen Sacrament und trawung der Eheleute zu Elbing in der Pfarr- unnd andern in der Stadt unnd auff dem Lande einverleibten Kirchen gehalten wirdt*, Elbing 1612 (egz. BGPAN, sygn. Oc 2946 8º).
[30] Agendę kościelną dla Gdańska ogłoszono drukiem dopiero w 1708 r.: *Verordnung E.E. Rahts Die Einrichtung Der geistlichen Ampts-Geschäffte und Kirchen Gebethe, Bey der Evangelisch-Lutherischen Gemeinde der Stadt Dantzig 1708* (egz. BGPAN, sygn. Od 5717 8º adl. 42), w wersji polskiej: *Postanowienie szlachetnej Rady względem rozporządzenia spraw urzędu duchownego i modlitw kościelnych w kościołach ewangelickich luterskich miasta Gdańska, publikowane w marcu roku 1708 we Gdańsku*, [Gdańsk] 1714 (egz. BGPAN, sygn. Nl 83 8º adl. 18). Przegląd rozwoju prawa wyznaniowego dla Gdańska daje: Leman: *Provinzialrecht*, s. 162–165.
[31] Neumeyer: *Kirchengeschichte*, s. 112; Sehling: *Kirchenordnungen*, s. 233.
[32] Neumeyer: *Kirchengeschichte*, s. 106.

lub Księstwa Pomorskiego. Dobitnie dał temu wyraz prawnik pruski Christian Karl Leman, w syntetycznym przeglądzie gdańskiego prawa (1832) podkreślając: „Wirkliche kirchliche Gesetze sind daher für Danzig nicht vorhanden [...]. Das Kirchenrecht hat sich in Danzig und dessen Gebiete nach und nach ganz eigenthümlich als Gewohnheitsrecht ausgebildet [...]"[33].

Dlatego też zasady prawa kościelnego dla Gdańska i jego obszarów wiejskich pozostawały rozproszone po różnych aktach uchwalanych przez organy władzy, począwszy od ordynacji o ubogich (1525), poprzez ordynacje poszczególnych kościołów, kończąc na edyktach Rady w sprawach doraźnych[34]. Taka sytuacja pozwoliła zachować Szerokiej Radzie możliwość ingerowania we wszystkie kwestie sporne dotyczące działalności podległych jej instytucji kościelnych[35].

Trzeba również pamiętać, że poza kompetencjami Rady miejskiej pozostawały kwestie małżeńskie (m.in. sprawy rozwodowe), które podlegały jurysdykcji katolickiej, reprezentowanej przez rezydującego w mieście oficjała, reprezentanta biskupa włocławskiego[36]. Z kolei ze względu na stosunkowo jednolity luterański charakter wiejskich parafii Rada bez przeszkód publikowała drukiem ordynacje dla poszczególnych obszarów administracyjnych gdańskiego terytorium – osobno dla Żuław, Mierzei i Szkarpawy (1582), Helu (1583)[37] czy Wyżyny (ogłoszona w 1698 r. pozostała w rękopisie)[38]. Zwracam uwagę, że w dalszym ciągu utrzymywany był partykularyzm administracyjny. W okresie starogdańskim nie powstała wspólna ordynacja obejmująca wszystkich luteran zamieszkujących wsie należące do miasta.

Z uwagi na przewodniczenie pierwszego pastora kościoła mariackiego Ministerium Duchownemu (*Geistliches Ministerium*) warto odwołać się do nowej ordynacji tego kościoła z 1612 r., która wpłynęła na ustabilizowanie się zwyczaju kościelnego w mieście[39]. Ordynacja ta, będąca znowelizowaną wersję starszego porządku, zawierała charakterystykę obowiązujących nabożeństw, całorocznych

---

[33] Leman: *Provinzialrecht*, s. 164.
[34] Zob. przegląd ustawodawstwa, będący wyciągiem z pracy Lengnicha, który prezentuje postanowienia Rady z XVII–XVIII wieku: Leman: *Provinzialrecht*, s. 106–171.
[35] O pewnym zamieszaniu w kwestii miejscowego prawa wyznaniowego świadczyć może traktowanie przez Heinza Neumeyera (Neumeyer, *Kirchengeschichte*, s. 111) za Emilem Sehlingiem: *Kirchenordnungen*, jako prawo kościelne również ordynacji Rady o weselach, chrztach i pogrzebach z XVII w., chociaż nosiły one już wybitnie charakter porządkowy, pozostający w gestii Sądu Wetowego. Zob. Edmund Kizik: *Gdańskie ordynacje...*, s. 187–205.
[36] Sprawy oficjała gdańskiego zachowane w obszernych materiałach gdańskiego burgrabiego (rkps APGd., sygn. 300, 3) czekają na swojego badacza.
[37] Sehling: *Kirchenordnungen*, s. 218–222; Edmund Kizik: *Gdańskie ordynacje*.
[38] John Muhl: *Kirchen auf der Danziger Höhe*, s. 72 (rkps APGd., sygn. 300, 4/69, s. 387–390). Tekst ordynacji nie został opublikowany.
[39] Sehling: *Kirchenordnungen*, s. 197–218.

świąt kościelnych (pełnych, całodniowych oraz tzw. półświąt)[40], zakresu przymusu kościelnego i szczegółowych opłat za usługi liturgiczne[41].

Stosunkowo późne kształtowanie się formalnych struktur gdańskiego luteranizmu na tle kościołów Księstwa Pruskiego oraz Zachodniopomorskiego pociągało za sobą sporo problemów organizacyjnych przy tworzeniu miejskiej struktury kościelnej w Gdańsku, które również z powodów prestiżowych utrudniały życie władzom miasta. Tytułem przykładu wskażmy, iż zmuszały one gdańszczan do ordynowania kandydatów na miejskie urzędy duchowne w Słupsku lub Królewcu, które w tych sprawach nie tylko miały dłuższą tradycję, ale również ich działanie miało podstawę prawną w obowiązujących ordynacjach kościelnych o zasięgu ogólnokrajowym (w Księstwie Zachodniopomorskim lub Prusach Książęcych).

Zawisłość od decyzji obcych ośrodków w okresie starcia różnych luterańskich modeli doktrynalnych doprowadziła utworzenia w 1567 r. przez Radę Miejską tzw. Ministerium Duchownego[42]. Urząd stanowił rodzaj kolegium, którego zadaniem było egzaminowanie kandydatów ubiegających się o posady w kościołach gdańskich, dbałość o czystość doktryny, wyrokowanie w spornych kwestiach związanych ze sprawowaniem urzędów duchownych. Aby zachować zgodność z linią polityczną miasta, nawet teksty poważniejszych kazań okolicznościowych podlegały zatwierdzeniu przez Ordynki. W skład ciała wchodzili wszyscy luterańscy kapłani (pastorzy, diakoni i kaznodzieje), piastujący stanowiska w kościołach miasta (kościoły parafialne, szpitalne oraz więzienne)[43]. Kolegium liczyło w XVII w. na ogół do 25 członków, zaś decyzje, które przedkładano do akceptacji Ordynkom, zapadały w drodze głosowania przy obecności połowy składu. Obradom przewodniczył *Senior Ministerii* – główny pastor kościoła mariackiego, z reguły doktor teologii.

Pierwszego duchownego Ministerium ordynowało na urząd dopiero w 1576 r. Był nim Michael Coletus z kościoła Mariackiego[44]. Jednak już w 1586 r., w trakcie ostrego konfliktu doktrynalnego pomiędzy duchownymi o kształt miej-

---

[40] Edmund Kizik: *Dekalog III. Niedziela w miastach hanzeatyckich w XVI–XVIII wieku*, w: *Między wschodem a zachodem. Studia z dziejów Rzeczypospolitej w epoce nowożytnej*, red. Jacek Staszewski, Krzysztof Mikulski, Jarosław Dumanowski, Toruń 2002, s. 160–174.
[41] Do kwestii nawiązał w niniejszym tomie artykuł: Ch. Herrmanna: „*Witrycy kościoła Mariackiego w Gdańsku*".
[42] Zob. Leman: *Provinzialrecht*, s. 162–165.
[43] Sehling: *Kirchenordnungen*, s. 172–173. Zakres obowiązków i uprawnień Ministerium zarysowany w: *Ius publicum*, s. 512–515.
[44] „[...] nicht zu Pommern oder in Königsberg [...] sondern allzeit hieselbst zur Danzig bey F.F.. Ministerio" (F. Praetorius: *Das Evangelisch Danzig*, rkps BGPAN, sygn. Ms. 428, k. 85v). Zob. listę duchownych ordynowanych w końcu XVI w.: HKR, s. 544–547: *Von Ordinirung der Predicanten in S. Marien Kirchen der Rechten Stadt Dantzig*. Por. Ludwig Rhesa: *Kurzgefaßte Nachrichten von allen seit der Reformation an den evangelischen Kirchen in Westpreußen anstellten Predigern*, Königsberg 1834.

scowego Kościoła⁴⁵, Rada Miejska powróciła do egzaminowania i ordynowania na stanowiska pastorów za pośrednictwem obcych konsystorzy⁴⁶. Uprawnienia do ordynowania przywrócono duchownym gdańskim dopiero w 1629 r. za senioratu Johanna Corvinusa (Raabego)⁴⁷, kiedy po śmierci rektora Gimnazjum Jacoba Fabritiusa⁴⁸ ortodoksja luterańska była już niezagrożona⁴⁹. Mimo późniejszego wzrostu znaczenia Ministerium nigdy nie stało się w pełni samodzielne, pozostając raczej ciałem doradczym oraz wykonawcą zaleceń Rady i pozostałych Ordynków⁵⁰.

Autorytet polityczny Gdańska powodował, że do Ministerium zgłaszały się mniejsze ośrodki luterańskie z Prus Królewskich z prośbami o ordynowanie lokalnych kaznodziejów. Jedynie Elbląg⁵¹ oraz Toruń nie uznawały w tym zakresie prymatu Gdańska, odwołując się do opinii Zalewa (Saalfeld) w Prusach Książęcych, gdzie od 1587 r. znajdował się konsystorz ewangelicki dla Prus Górnych, ewentualnie, jak to niejednokrotnie czynił Toruń, korzystano z opinii konsystorzy śląskich.

Duchowni z wiejskich kościołów luterańskich nie byli podporządkowani Ministerium, lecz podlegali bezpośrednio Radzie Miejskiej, która patronowała tamtejszym kościołom za pośrednictwem burmistrza zarządzającego danym obszarem administracyjnym. Ewentualna zależność duchownych wiejskich od Ministerium miała charakter honorowy i ograniczała się do doradztwa teologicznego⁵². Dlatego też kwestie dotyczące tych kościołów wraz z rachunkowością

---

⁴⁵ Konflikt związany był z odmową pastora w kościele Mariackim Johanna Kitteliusa seniora ordynowania na stanowisko diakona w staromiejskiej farze św. Katarzyny Samuela Lindemanna, którego podejrzewano o kalwinizm. HKR, s. 274–276; Schnaase: *Geschichte*, s. 548–500. Podstawowe opracowanie problemu: Müller, *Zweite Reformation*, passim; tegoż, *Protestant confessionalisation in the towns of Royal Prussia and the practice of religious toleration in Poland – Lithuania*, w: *Tolerance and intolerance in the European Reformation*, ed. by Ole Grell, Bob Scribner, Cambridge 1996, s. 262–281.

⁴⁶ Należy również pamiętać, że wielu rajców było przychylnych kalwinizmowi i odebranie uprawnień Ministerium osłabiało tą instytucję jako organ luterańskiego duchowieństwa.

⁴⁷ Neymeyer: Kirchengeschichte, s. 133.

⁴⁸ Jacob Fabricius (1551–1629), pierwszy rektor Gimnazjum Akademickiego, był zwolennikiem kalwinizmu; jest jednym z głównych negatywnych bohaterów HKR.

⁴⁹ Już wcześniej, w 1626 r., z powodu zaawansowanego wieku złożył on urząd pastora w kościele św. Trójcy (Rhesa: *Nachrichten...*, s. 56).

⁵⁰ *Ius publicum*, s. 513–514. Podobnie: Agathon Harnoch: *Chronik und Statistik der evangelischen Kirchen in den Ost- und Westpreußen*, Neidenburg 1890, s. XXVII: „einen vorgesetzte Behörde mit gesetzlicher Kraft ist aber das danziger Ministerium in der danziger Jurisdiction nicht gewesen". Z kolei przykłady zebrane przez Schnaasego świadczą o tym, że od drugiej połowy XVII i w XVIII w. Ministerium wspierane hojną ręką przez kasę miasta cieszyło się sporym autorytetem wśród luteran w Polsce i poza granicami kraju (Schnaase: *Geschichte*, s. 419–529).

⁵¹ Początkowo również Elbląg korzystał z autorytetu gdańskiego Ministerium. Dzięki Bötticherowi znamy daty ordynowania kilku kaznodziejów (HKR, s. <544–547>).

⁵² Może właśnie słabością Ministerium i jego podporządkowaniem Radzie Miejskiej należy tłumaczyć nieprzeprowadzanie na obszarze gdańskiego terytorium wizytacji kościelnych. Np. wizytacja uchwalona 29 III 1648 (Gotthilf Löschin: *Einiges zur Geschichte des danziger*

znajdują się zgodnie z przynależnością urzędową w odpowiednich księgach czynności burmistrzów-administratorów[53].

Na terenie Gdańska burmistrzom Głównego Miasta przynależał patronat nad kościołem św. Trójcy, św. Jana, św. św. Piotra i Pawła, Zbawiciela (Salwatora). Charakter kontroli nad kościołem Mariackim pozostawała kwestią sporną pomiędzy królami polskimi a Rada Miejska Gdańska. Z kolei rajcy Starego Miasta sprawowali patronat nad kościołami św. Katarzyny i św. Bartłomieja. Obok seniora kościoła Mariackiego najważniejszą osobą gdańskiego kościoła luterańskiego był (od czasów Johanna Botsacka) pastor kościoła św. Trójcy, łączący tę funkcję ze stanowiskiem rektora Gimnazjum Akademickiego oraz tamtejszego profesora teologii. Oficjalna ranga kościołów luterańskich Gdańska była następująca: związane z parafiami terytorialnymi były kościoły NMP i św. Jana na Głównym Mieście oraz kościoły św. Katarzyny i św. Bartłomieja na Starym Mieście. Również kościołem parafialnym był dolnomiejski kościół szpitalny św. Barbary. Pozostałe kościoły (św. Jakuba, Bożego Ciała, Zbawiciela, św. Gertrudy) spełniały funkcje szpitalne. Kościoły św. Ducha i św. Anny związane były z parafiami personalnymi dla ludności polskiej i obsadzane były przez pastorów władających polszczyzną. Kościół św. Trójcy, po przejściowym użytkowaniu symultanicznym, w połowie XVII stulecia został odebrany kalwinom. W XVII w. powstały również kolejne stanowiska kaznodziejskie: funkcje kościelne pełnił również Lazaret (1642)[54] oraz Dom Dobroczynności (Spendhaus) po 1700 r.[55] W latach 1641–1657 istniało oddzielne stanowisko kaznodziei dla osadzonych w Więzieniu, jednak w pozostałych latach funkcje te pełnili du-

---

Religions- und Kirchenwesens, w: tegoż, *Beiträge zur Geschichte Danziges und seiner Umgebungen*, Danzig 1837, cz. 3, s. 49–52) według Lengnicha (*Ius publicum*, s. 513–514) nigdy nie doszła do skutku. Brak tego instrumentu prawnego dziwi tym bardziej, że regularne wizytacje kościelne miały miejsce od poł. XVI w. w sąsiednich Prusach Książęcych oraz – na podstawie ustaw soboru trydenckiego – również na terenach katolickich. Zob. dla sąsiednich obszarów protestanckich: *Wizytacja biskupstwa sambijskiego z 1569 roku. Visitatio episcopatus Sambiensis 1569*, wyd. Jacek Wijaczka, Toruń 2001; *Wizytacja biskupstwa sambijskiego z 1570 roku. Visitatio episcopatus Sambiensis 1570*, wyd. Jacek Wijaczka, Toruń 2005; oraz dla katolickich obszarów Prus Królewskich: Paweł Czapiewski: *Księdza Biskupa Rozdrażewskiego itineraria czyli rozkład podróży wizytacyjnych po Pomorzu*, „Zapiski TNT" 3 (1914–1916), 7 8, s. 106–122; *Visitationes archidiaconatus Pomeraniae Hieronymo Rozrażewski Vladisalviensi et Pomeraniae episcopo factae*, wyd. S. Kujot, t. 1–3, Toruń 1897–1800 (Fontes TNT, t. 1–3).

[53] Dla kościołów Wyżyny w zespole APGd., sygn. 300, 4, a dla Mierzei i Szkarpawy w zespole APGd., sygn. 300, 2.

[54] Rhesa wymienia pastorów począwszy od 1620 roku (Rhesa: *Nachrichten...*, s. 73). Według Neumeyera (Neumeyer, s. 134) kościół zorganizowany został w 1642, w tym też roku pastor Lazaretu został przyjęty do Ministerium Duchownego.

[55] Dom Boży wyświęcono w 1703 r. (Ludwig Rhesa: *Kurzgefaßte Nachrichten...*, s. 75). Według Neymyera (Neymeyer, s. 134) kościół istniał już od 1700 roku, czyli od momentu wzniesienia budynku. Zob. Adam Szarszewski, Marta Bogutko-Szarszewska: *Imago mundi pauperum. Dom Dobroczynności w Gdańsku według Johanna Jacoba Feyerbenta i Samuela Donneta*, Toruń 2006, s. 25–27, ryc. 17–19.

chowni zatrudnieni w innych kościołach[56]. W sumie stan duchowny samego Gdańska liczył do 25 kaznodziejów luterańskich. Leżący na terenie dawnego Młodego Miasta kościół szpitalny Wszystkich Aniołów (w źródłach wcześniejszych wzmiankowany jako św. Michała) był podporządkowany burmistrzowi administratorowi Wyżyny i jego kaznodzieja nie zasiadał w Ministerium Duchownym.

Władze miejskie sprawowały bieżącą kontrolę nad poszczególnymi kościołami i szpitalami poprzez zatwierdzanych przez ordynki świeckich zarządców – witryków. W kościołach miejskich było ich zwykle czterech (kościoły NMP, św. Jana, św. Bartłomieja, św. Jakuba, Bożego Ciała, Lazaret) lub trzech (kościoły św. Katarzyny, św. Trójcy, św. Anny, św. Gertrudy, Salwatora, Urzędu Dobroczynności). Pracami kościołów św. Elżbiety i św. Barbary kierowało pięciu witryków, sześciu kościołem w Sierocińcu[57]. Jedynie w kalwińskim kościele św. św. Piotra i Pawła pracą trzech duchownych i finansami zarządzało kolegium złożone z trzynastu przedstawicieli gminy[58]. W kościołach wiejskich zwykle zarządy nad majątkiem kościelnym sprawowały zarządy złożone z trzech osób, którymi byli gburzy (bogaci chłopi), często miejscowi sołtysi. Należy zaznaczyć, że trzy-, czterowłókowe gospodarstwo chłopskie na wsi żuławskiej było warte tyle, co dobra kamienica przy głównej ulicy miasta.

Witrycy posiadali rozległe kompetencje dotyczące zarządzania majątkiem poszczególnych kościołów i za swoje decyzje odpowiadali jedynie przed burmistrzami-administratorami posiadłości oraz Radą Miejską. Przysługiwały im oraz członkom ich rodzin miejsca honorowe w eksponowanych ławach kościelnych, prawa do zwolnień z pewnych opłat kościelnych, do honorowego pochówku.

Zarządcom głównych kościołów Gdańska – kościoła mariackiego na Głównym Mieście i św. Katarzyny na Starym Mieście – zwyczajowo przewodniczyli najstarsi burmistrzowie (lub rajcy) odpowiedniej Rady. W razie wakatu wskutek śmierci lub wyboru na urząd miejski zarządy kościołów wskazywały kilku nowych kandydatów, z grona których Rada Miejska dokonywała stosownego wyboru[59].

Władze miejskie

Władzę wykonawczą, ustawodawczą oraz sądowniczą w Gdańsku sprawowały osoby pochodzące z wyboru Rady oraz Ławy Głównego oraz Starego Miasta.

---

[56] Rhesa: *Nachrichten*, s. 74–75.
[57] *Ius publicum*, s. 511; Christian Friedrich Wutstrack: *Historisch-topographisch-statistische Nachrichten...*, s. 108[210].
[58] Erwin Pritzel: *Geschichte der reformierten Gemeinde St. Petri-Pauli in Danzig 1570–1940*, Danzig 1940, s. 40. Jednak wedle Wutstracka zarządców było czterech (Christian Friedrich Wutstrack: *Historisch-topographisch-statistische Nachrichten...*, s. 108[210]).
[59] Zob. spis Christofer Herrmann: *Lista witryków* (w niniejszym tomie) oraz zestawienia witryków oraz prowizorów szpitalnych dla okresu nowożytnego: rkps APGd., sygn. 300, R/M,q,2.

Jednak faktyczną władzę w swoim ręku dzierżyli rajcy Głównego Miasta (Pierwszy Ordynek), którzy ze swojego osiemnastoosobowego grona powoływali czterech burmistrzów sprawujących w cyklu rocznym urzędy: prezydującego burmistrza, wiceprezydującego burmistrza, urząd prezydenta wojennego oraz nadzorcy[60]. Każdy z burmistrzów pełnił funkcje administratora posiadłości miejskich (Landereienfunktionen): Żuławy, Mierzei wraz ze Szkarpawą, Wyżyny oraz Helu. Rajców Starego Miasta było zaledwie pięciu (dysponowali tylko jednym głosem), i ich wpływ na politykę miasta był iluzoryczny. Jeden z burmistrzów pełnił równocześnie funkcję burgrabiego[61], czyli sprawował pomocnicze funkcje sądownicze, reprezentował prerogatywy królewskie w mieście (np. do przejmowanie kaduków), był również honorowym pierwszym burmistrzem. Z kolei najstarszy z burmistrzów nadzorował czteroosobowy zarząd kościoła Mariackiego, najważniejszej świątyni miasta, oraz kościoła św. Trójcy, burmistrz wiceprezydiujący patronował kościołom św. Jana i św. Piotra. Rajcy dzielili między siebie odpowiedzialne urzędy pozwalające zachować im pełnię kontroli nad administracją, sądownictwem, finansami, cechami, strażą miejską, szkolnictwem itd., decydowali o obsadzie Wety, czyli miejskiego sądu gospodarczo-administracyjnego[62].

Po 1577 r. wraz z prawnym usankcjonowaniem luterańskiego porządku w mieście Rada Miejska w sposób nieograniczony decydowała również o stanowiskach duchownych w kościołach i szpitalach miasta oraz wsiach gdańskich. Reprezentacja duchownych z gdańskich kościołów luterańskich (Ministerium Duchowne) pozostawała ciałem ściśle podporządkowanym Radzie Miejskiej o

---

[60] Zasady wyboru władz oraz zakres ich kompetencji podano w: Zdrenka: *Spisy*, s. 12–16; Edward Cyrson: *Ustrój Gdańska w latach 1793–1807*, „Czasopismo Prawno-Historyczne" 19 (1967), 1, s. 110–115; krótki przegląd w: Otto Günther: *Die Verfassung der Stadt Danzig in polnischer Zeit (1454–1793) und als Freistadt (1807–1814)*, Danzig 1919.
[61] Zdrenka: *Spisy*, s. 13. Wśród urzędów w Prusach Królewskich wymienia się również urząd kasztelana gdańskiego powstały w 1467 r. Jednak kasztelan gdański (urząd sprawowany przez szlachtę pruską) nie miał kompetencji na terytorium miasta. Z racji tytułu zasiadał on w wyższej izbie sejmiku generalnego pruskiego (*Urzędnicy Prus Królewskich XV–XVII wieku. Spisy*, oprac. Krzysztof Mikulski, Wrocław 1990, s. 89–92).
[62] Weta karała winnych drobniejszych wykroczeń przeciwko ordynacjom gospodarczym oraz wszelkich wykroczeń przeciwko porządkowi publicznemu (ordynacje przeciwko zbytkom), osobom łamiącym ustawy o dniach świątecznych, naruszających ciszę nocną itp. Na temat określenia zakresu obowiązków oraz postępowania urzędu wetowego zob.: *Dantzker Wette Gericht, ersther Theil*, rkps APGd., sygn. 300, R/Z, 1, k. 84r–87r; *Sachen so die Wette angehen und zum ersten Theil des Wett Gericht gehören, pars secunda*, rkps APGd., sygn. 300, R/Z, 2, k. 87r; Teresa Węsierska-Biernatowa: *Gdański Urząd Wetowy*, „Archeion" 34, 1961, s. 115–122; Tadeusz Maciejewski: *Prawo sądowe w ustawodawstwie miasta Gdańska w XVIII wieku*, Wrocław 1984, s. 66 i nn.

dość ograniczonych kompetencjach. Po ostrym konflikcie wewnątrz obozu protestanckiego na mocy edyktów króla Zygmunta III (1612, 1616) kalwinów pozbawiono stopniowo prawa zasiadania w najwyższych władzach, rezerwując ją dla luteran i katolików. Fatycznie jednak krąg uprzywilejowanych ograniczał się do środowiska rodzin wyznania luterańskiego. Od lat trzydziestych XVII w. miasto stało się ośrodkiem ortodoksyjnego luteranizmu. W tym okresie główne stanowiska w mieście były obsadzane przez członków 62 rodzin[63], zaś udział we władzach zapewniał godziwe dochody.

Postanowienia rajców były konsultowane z reprezentacją władz sądowniczych, czyli Ławy Głównego i Starego Miasta, które liczyły po 12 osób. Pewnie wpływ na władzę mieli również przedstawiciele pospólstwa – pozostali obywatele miasta zgrupowani w czterech kwartałach (Szerokim, Rybackim, Wysokim oraz Kogi[64], którym przewodzili kwatermistrzowie), czyli tzw. Trzeci Ordynek. To ciało przedstawicielskie złożone z obywateli Głównego Miasta, zostało powołane na podstawie ustaw króla Zygmunta I z 20 lipca 1526 r. (*Constitutiones regis Sigismundi*) i liczyło 100 członków, w tym ośmiu starszych z głównych cechów miejskich (kowali, piekarzy, rzeźników oraz szewców)[65].

Rajcy oraz centumwirowie wchodzili w skład komisji-deputacji sprawujących nadzór nad poszczególnymi dziedzinami miasta[66]. Jednak z uwagi na tryb wyborów na centumwirów – członków Trzeciego Ordynku, których dożywotnio powoływali rajcy, początkowo rola tego ciała była iluzoryczna i ściśle uzależniona od pozostałych Ordynków (Rady oraz Ławy)[67]. Szczególnie, że dla poparcia stanowiska Rady wystarczyły przychylne głosy dwóch kwartałów Trzeciego Ordynku. Dopiero w okresie stagnacji i kryzysów finansowych oraz politycznych Trzeci Ordynek przy poparciu cechów zyskiwał stopniowo na znaczeniu, poszukując poparcia na dworze królewskim. Jednak do znaczniejszego ograniczenia uprawnień Rady kosztem rozszerzenia kompetencji przedstawicielstwa pospólstwa doszło dopiero w latach 1658–1659.

Przegląd wydarzeń politycznych

Stosunek Gdańska do króla polskiego oraz organów władzy Rzeczpospolitej stanowi problem, który od dawna zajmował badaczy niemieckich i polskich, którzy

---

[63] Maria Bogucka: *Przemiany społeczne i ustrojowe (1570–1655)*, w: Cieślak: *Historia Gdańska* 2, s. 543; zob. spisy urzędników miejskich: Zdrenka: *Spisy*, s. 96–115 (dla pierwszej połowy XVII w.).
[64] Zob. granice poszczególnych kwartałów na planie w: Czesław Biernat, *Recesy gdańskich ordynków 1545–1814*, Gdańsk 1958.
[65] Przedstawiciele tych cechów wchodzili do Trzeciego Ordynku z urzędu.
[66] Lista deputacji i funkcji: Otto Günther, *Die Verfassung der Stadt Danzig in polnischer Zeit (1454–1793) und als Freistadt (1807–1814)*, Danzig 1919, s. 34.
[67] Edmund Cieślak: *Walki społeczno-polityczne w Gdańsku w drugiej połowie XVII wieku. Interwencja Jana III Sobieskiego*, Gdańsk 1962, s. 14–20.

emocje z przełomu XVI i XVII w. przenosili na doświadczenia XX w. i który dziś wymagałby rewizji w oparciu o szczegółowe studia prawno-historyczne[68]. Nie wikłając się w te spory, przedstawię jedynie zarys kwestii, które znalazły najszerszy odzwierciedlenie w HKR, skupiając się na wydarzeniach rozpalających emocje Eberharda Böttichera.

Siedmioletnia wojna o panowanie nad Inflantami pomiędzy koalicją Polski, Danii i Lubeki a Szwecją w latach 1563–1570 ujawniła wzrost znaczenia politycznego i militarnego Gdańska. Do celów wojennych król Zygmunt August zorganizował operującą z Gdańska i złożoną z miejscowych marynarzy flotę kaperską. Działalność królewskiej floty kaperskiej, blokującej handel moskiewski prowadzony przez port w Narwie, spotkała się jednak z niechętnym stosunkiem strony gdańskiej. Także bezprawne przeszukiwania i konfiskaty przeprowadzane na statkach należących do armatorów angielskich, duńskich i niderlandzkich skutkowały licznymi skargami kierowanymi do króla Zygmunta Augusta. Równocześnie władze gdańskie obciążano współodpowiedzialnością za zaistniałe straty. Dla zażegnania zadrażnień w 1567 r. przeniesiono flotę do Pucka, jednak w 17/18 czerwca następnego roku grupa marynarzy ze statku stacjonującego w porcie gdańskim dokonała rozboju oraz nocnego rabunku. Na polecenie władz gdańskich winnych aresztowano i stracono, a głowy 11 kaprów wystawiono na widok publiczny. Dwór oraz szlachecka opinia publiczna odebrała to jako prowokację i obrazę majestatu.

Zygmunt August wyznaczył specjalną komisję do zbadania sprawy, wyznaczając na jej przewodniczącego biskupa włocławskiego Stanisława Karnkowskiego. Korzystając z okazji rozszerzono jej kompetencje i poza sprawą kryminalną otrzymała ona pełnomocnictwa do zbadania całego kompleksu spraw dotyczących autonomii Prus w strukturze Rzeczpospolitej. Sprawę pruską chciano rozpatrzyć pod kątem reform ustrojowych w związku z przygotowywaną unią lubelską.

Rada miejska zdecydowała się początkowo na kontynuowanie twardej linii wobec strony królewskiej i upokorzyła komisarzy, nie wpuszczając ich do miasta (29 listopada). Postawiono w gotowości straże miejskie oraz zaczęto ogłaszać zaciągi na wypadek eskalacji konfliktu. Równocześnie odmówiono pożyczki, jaką król pragnął zaciągnąć od Gdańska. Komisja pozwała miasto przed sejm (parlament pełnił również funkcje sądową), zarzucając mu bunt, zdradę oraz obrazę króla. 18 marca ogłoszono tzw. dekret lubelski na mocy, którego Prusy Królewskie miały zostać scalone z resztą Rzeczpospolitej. Opinia publiczna była bardzo negatywnie nastawiona do sprawy Gdańska. Przybyłym na sejm reprezentantom rady miejskiej przedstawiono akt oskarżenia i dokonano ich aresztowania (12 sierpnia).

---

[68] Na tle Prus Królewskich problem przedstawiony w: Karin Friedrich: *Inne Prusy...*, s. 74–107. Por. też: Michel G. Müller: *Wielkie miasta Prus Królewskich wobec parlamentaryzmu polskiego po Unii Lubelskiej*, „Czasopismo Prawno-Historyczne" 45 (1993), s. 257–268. Starsze analizy problemu ze strony niemieckiej zob. Paul Simson: Geschichte Danzig 2, S. 206–447) oraz polskiej Władysław Czapliński, w: Historia Gdańska 2, S. 585–601.

Po zakończeniu obrad sejmowych pod koniec listopada, komisarze ponownie udali się do Gdańska. Władze miejskie tym razem starały się nie przeciągać struny: Karnkowski wraz z osobami towarzyszącymi został wpuszczony do miasta. Komisarze po czterech miesiącach przedstawili postanowienia dotyczące spraw gdańskich, tzw. Statuty Karnkowskiego – *Statuta Karncoviana* (m.in. budowa siedziby królewskiej, spichrza). 20 czerwca 1570 r. zebrany w Warszawie sejm zatwierdził statuty, 24 lipca wobec delegatów gdańskich ogłoszono amnestię, ale dopiero 2 grudnia zwolniono ich z aresztu.

Sytuacja polityczna uległa jednak zmianie po bezpotomnej śmierci ostatniego Jagiellona na tronie polskim, Zygmunta Augusta, 7 lipca 1572 r. W czasie interregnum doszło do walki wyborczej partii politycznych reprezentujących różnych kandydatów ubiegających się o koronę polską. Z obawy przed absolutyzmem przygotowano odpowiednie ograniczenia, narzucone nowemu królowi (artykuły henrykowskie, *pacta conventa*). Doszło również do zawarcia pomiędzy katolikami, protestantami i prawosławnymi kompromisu wyznaniowego (akt konfederacji warszawskiej, 1573).

Zamieszanie z nieszczęsnym wyborem Francuza Henryka Walezego oraz kontrowersje związane z wyborem Węgra Stefana Batorego pozwoliły radzie miejskiej Gdańska powrócić do polityki sprzed kilku lat. Podwójna elekcja na tron polski Maksymiliana Habsburga 12 grudnia 1575 r. i trzy dni później Stefana Batorego, umożliwiła miastu podjęcie ryzykownej gry politycznej, której celem było odstąpienie od królewskich planów ograniczenia przywilejów Gdańska. Rada Miejska wraz ze stanami Prus Królewskich, podobnie jak i część szlachty czy mieszczaństwo Krakowa, opowiedziała się za kandydaturą habsburską.

Korzystający z poparcia niezwykle wpływowego magnata, podkanclerzego Jana Zamoyskiego, Stefan Batory uzyskał przewagę, a do jego obozu przeszła większość dotychczasowych oponentów. Jednak Gdańsk uporczywie trwał przy swoim wyborze, posuwając się do złożenia deklaracji wierności cesarzowi (4 czerwca 1576), co było otwartym wyzwaniem rzuconym królowi Stefanowi Batoremu. Nawet śmierć cesarza Maksymiliana (12 października) nie wpłynęła na zmianę postawy miasta, które w zamian za uznanie króla Stefana domagała się uchylenia ograniczeń swoich praw (zaprzysiężenie dotychczasowych praw, odstąpienie od Statutów Karnkowskiego). Przedstawiciele Gdańska nie pojawili się w Toruniu, gdzie w sierpniu i wrześniu 1576 r. Stefan Batory odbierał hołdy od stanów pruskich, a po oskarżeniu o obrazę majestatu odmówili stawienia się przed sądem wyznaczonym na 20 września.

Król w obliczu jawnego nieposłuszeństwa wprowadził blokadę handlowa Gdańska, przekierowując handel polski prawą odnogą Wisły do Elbląga. W obliczu śmierci dotychczasowego kandydata habsburskiego upór Gdańska wydawał się beznadziejny. Równocześnie jednak przyjęcie twardych warunków postawionych przez stronę królewską (m.in. oddanie kontroli nad panującą nad wejściem do portu twierdzą Wisłoujście, wydanie ciężkich dział, utrata połowy wpływów z palowego oraz zapłata 300 tys. zł) w przekonaniu mieszczan było równoznaczne z utratą ekonomicznej niezależności. Dlatego miasto, licząc na pomoc zagraniczną oraz na brak konsekwencji i wytrwałości w obozie królewskim, przewlekało negocjacje, przyjmując ostatecznie kurs na otwartą konfrontację i zręcznie wykorzystując nastroje antykatolickie, m.in. zezwolono na splądrowanie i zniszczenie katolickich klasztorów w mieście oraz obrabowanie i spalenie klasztoru oliwskiego (15 lutego 1576).

Obydwie strony przedstawiały swoje stanowiska w licznych drukach propagandowych[69], które stanowią jedno z ciekawszych źródeł do dziejów tego konfliktu. Korzystał z nich obficie Bötticher, mimo że był naocznym świadkiem wielu wydarzeń.

Celem sfinansowania kosztów zaciągów żołnierzy przetopieniu uległy srebra zarekwirowane ze skarbców kościołów, cechów i fundacji. Król odpowiedział uwięzieniem posłów gdańskich i odnowił nałożoną na miasto jeszcze we wrześniu banicję, zaś 7 marca 1577 roku wydał całkowity zakaz handlu z Gdańskiem. Odtąd towary z Korony miano kierować do lojalnego wobec króla Elbląga.

Stosunkowo nieliczne oddziały królewskie prowadziły akcje dywersyjnych na przedpolu. W samym Gdańsku nastroje antykrólewskie były tak silne, że bez przygotowania 17 kwietnia (pierwszą wyprawę, podjętą dziesięć dni wcześniej, przerwano z powodu złej pogody) roty mieszczańskie wyprawiły się przeciwko mniej licznym oddziałom polskim stacjonującym nieopodal Tczewa, ponosząc katastrofalną klęskę nad Jeziorem Lubiszewskim. Straty gdańskie szacuje się na około 4000 poległych. Bitwa ujawniła głębokie pokłady nienawiści, jakie wobec gdańszczan żywiła okoliczna szlachta pruska (w znacznej części pochodzenia niemieckiego), która odmawiała pomocy gdańskim uciekinierom z pola bitewnego, często włączając się do pościgu za niedobitkami. Zubożała szlachta z województwa pomorskiego, która od schyłku XV w. bezsilnie przyglądała się wzrostowi siły mieszczańskich majątków (wielu gdańszczan z elit władzy posiadało nobilitacje), wzięła srogi rewanż na bogatych parweniuszach.

Strona królewska nie wykorzystała zwycięstwa oraz okresu zwątpienia gdańszczan i dopiero 12 czerwca pod murami miejskimi pojawiły się większe siły polskie. Jednak były zbyt małe, aby skutecznie zamknąć pierścień oblężniczy, dlatego ataki skoncentrowano na próbach opanowania Wisłoujścia. Nieoczekiwanie dla strony polskiej za Gdańskiem otwarcie opowiedział się król Danii Fryderyk II, co dawało miastu gwarancję utrzymania dostaw posiłków drogą morską. W sierpniu 1577 r. do Gdańska przybyła eskadra duńska, wzmacniając miejscową flotę. Ostatecznie, po nieudanym szturmie twierdzy Wisłoujście oraz wycięciu w pień około 600 zaciężnych żołnierzy polskich (w walkach toczonych od 23 sierpnia do 1 września), król odstąpił od oblężenia i podjął rokowania z gdańszczanami. Do ugody skłaniało również podjęcie na wschodzie działań zaczepnych wobec Rzeczpospolitej przez wojska moskiewskie Iwana Groźnego.

Przed ostatecznym zawarciem umowy z królem Gdańskowi pozostały jeszcze do wyrównania rachunki z Elblągiem. Wrześniowa wyprawa gdańsko-duńska

---
[69] Zob. zestawienie bibliograficzne w: Cieślak: *Historia Gdańska* 5, s. 120–137.

na Elbląg stała się ostatnim akordem militarnym konfliktu pomiędzy Gdańskiem i Batorym. 10 września na Elbląg wyruszyła flota licząca ponad 20 jednostek, w tym pięć galeonów oraz kilka statków transportowych przewożących 2500 żołnierzy na pokładzie. Flotylla weszła na wody Zalewu Wiślanego, blokując Braniewo, Tolkmicko, Frombork i pozostałe miejscowe porty lojalne wobec króla. Niewielkie miasta zagrożone złupieniem zostały zmuszone do wypłaty kontrybucji oraz dostarczenia zaopatrzenia wojskom gdańsko-duńskim. Po dokonaniu rozpoznania 16 września statki zablokowały ujście Nogatu, a następnie 18 września przeprowadzony zostało na miasto atak od strony lądu oraz wodami Nogatu i rzeki Elbląg. Gdańszczanie, wycofując się, spalili przedmieścia oraz zatopili cztery załadowane kamieniami statki, blokując na dłuższy czas żeglugę na Nogacie i Elblągu. Aż do końca września wojska gdańskie plądrowały okolice Elbląga. Zaatakowały również Królewiec, zatapiając i uprowadzając z tamtejszego portu blisko 60 statków, po części należących do armatorów holenderskich.

Konflikt zakończył kompromis z 12 grudnia, który okazał się faktycznym zwycięstwem strony gdańskiej. Miasto za cenę wysokich odszkodowań (200 tys. fl. dla króla, 20 tys. dla klasztoru w Oliwie) utrzymało potwierdzenie przywilejów. Zacięty opór Gdańska przywodzi na myśl analogię z pozycją polityczną La Rochelle, francuskiego miasta portowego. Ten leżący nad Atlantykiem najważniejszy ośrodek opozycji hugenockiej, o połowę mniejszy od Gdańska, zwycięsko wyszedł z półrocznego oblężenia przez stronę katolicką w 1573 r. Jego opór został złamany dopiero przez kardynała Richelieu po morderczym ponadrocznym oblężeniu (1627–1628). W warunkach polskich nie było przyzwolenia na rozwiązania pozwalające kolejnym królom na wzmocnienie władzy centralnej. Gdańsk i strona królewska pod koniec panowania Stefana Batorego zawarli umowę dotyczącą opłat palowego, czyli od morskich obrotów handlowych miasta (*tractatus portorii* – 26 lutego 1585). Traktat przewidywał podwójny wzrost opłaty portowej z dwóch do czterech denarów od grzywny (20 gr) wartości towaru, która przypadła królowi, jednak administracja celna, kontrola ruchu statków oraz decyzja o otwarciu i zamykaniu portu znalazła się pod wyłączną kontrolą Gdańska. Oznaczało to *de facto* uchylenie wszelkich ograniczeń wynikających ze Statutów Karnkowskiego – miasto tym samym stało się jednym najważniejszych graczy politycznych w regionie nadbałtyckim.

Po niespodziewanej śmierci Stefana Batorego (12 grudnia 1586) na kolejnego władcę Polski wybrany został 19 sierpnia 1587 r. królewicz szwedzki Zygmunt III Waza, katolik, którego związki z ojczyzną skutkowały częstymi wizytami w Gdańsku, które pilnie relacjonował w swoich zapiskach pamiętnikarskich i kronikarskich Bötticher. Ponieważ ponownie doszło do podwójnej elekcji, część elektorów 22 sierpnia obwołała królem arcyksięcia Maksymiliana III Habsburg. Jednak austriacki konkurent do korony polskiej oraz jego polscy zwolennicy zostali pokonani pod Byczyną przez wojska polskie (24 stycznia 1588), a on sam oraz wielu jego zwolenników trafiło do niewoli.

Tym razem Gdańsk nie poparł kandydata habsburskiego. Najwidoczniej rada miejska była usatysfakcjonowana ustępstwami strony polskiej i nie widziała potrzeby angażowania się w konflikt. W związku z tym szybko opowiedziała się za kandydaturą szwedzką. Po koronacji Zygmunta III doszło do załagodzenia konfliktu z Habsburgami i zacieśnienia stosunków pomiędzy Rzeczpospolitą a Austrią (żoną Zygmunta III została Habsburżanka, arcyksiężna Anna Austriaczka, a cesarz zobowiązał się do nieingerowania w sprawy polskie). Nie zaszkodziło tym stosunkom uparte używanie przez arcyksięcia Maksymiliana tytułu króla elekta polskiego (*rex electus*), który jako wielki mistrz zakonu krzyżackiego rościł sobie prawa do zwierzchnictwa nad Prusami Książęcymi.

Na stosunek Zygmunta III do Gdańska wpłynęły przede wszystkim sprawy polityki szwedzkiej oraz początki kontrreformacji, której wpływowymi zwolennikami byli związani z dworem biskupi włocławscy (kujawscy), na terenach ich biskupstwa znajdował się bowiem Gdańsk. Po śmierci swego ojca Jana III w 1592 r. Zygmunt został w 1594 r. dziedzicznym królem w Szwecji. Miasto było zainteresowane skutkami polsko-szwedzkiej unii personalnej, szczególnie, że Gdańsk ze Sztokholmem łączyły silne kontakty handlowe (m.in. import żelaza). Stabilizacja polityczna mogła stać się dodatkowym warunkiem ułatwiającym handel. Król w celu utrzymania kontroli nad sprawami szwedzkimi przeniósł siedzibę dworu z Krakowa do Warszawy, sam zaś bywał częstym gościem w mieście nad Motławą.

Chociaż pobytom królewskim starano się zapewnić w Gdańsku uroczystą oprawę, to przecież rada miejska pod błahym pretekstem odmówiła Zygmuntowi III udostępnienia do nabożeństwa kościoła mariackiego (5 października 1587). Dopiero 11 stycznia 1588 r. potwierdzone zostały przywileje religijne miasta, a 28 marca pozostałe przywileje. W czasie kolejnej wizyty miasto odpowiedziało odmownie na żądania oddania kościoła Mariackiego katolikom[70]. Doszło do bijatyk pomiędzy polskimi dworakami a gdańszczanami. Aby nieco udobruchać króla i zatrzeć niekorzystne wrażenie, miasto wydało królowi relikwie oraz dokonało wypłaty 30 tys. grzywien na poczet przyszłych wpływów z palowego.

Królowi zależało na poparciu Gdańska, szczególnie, że protestancka opozycja pod wodzą regenta księcia Karola Sudermańskiego doprowadziła do buntu w Szwecji. W 1598 r., w związku z rozwojem sytuacji politycznej w Szwecji, Zygmunt III zaczął przygotowania do organizacji floty królewskiej w Gdańsku, co naturalnie zaniepokoiło radę, ale udzieliła ona wszelkiej pomocy. Opozycja szwedzka doprowadziła do obalenia Zygmunta III, zaś podjęta wyprawa korpusu interwencyjnego zakończyła się dotkliwą porażką (przegrana bitwa pod Linköping) i upokarzającym powrotem króla do Gdańska. Ostatecznie w 1599 r. został on zdetronizowany przez Riksdag w 1599 r.

Nieustępliwość króla, który nie uznał detronizacji, oraz kwestia inflancka wplątała Rzeczpospolitą w trwające z przerwami aż do pokoju w Oliwie (1660) i rujnujące państwo wojny ze Szwecją (1600–1611, 1626–1629, 1655–1660).

---

[70] Procesy o kościół opracowane zostały ostatnio przez Sławomira Kościelaka: Katolicy w protestanckim Gdańsku, s. 106–114.

Stanowisko Gdańska w tym międzynarodowym konflikcie było niejednokrotnie kluczowe.

Zygmunt III, wychowany przez jezuitów katolik, pod wpływem biskupa Hieronima Rozrażewskiego włączył się do zabiegów mających na celu rewindykację kościoła mariackiego, ale i zainstalowanie jezuitów w gdańskim klasztorze brygidek. W 1593 r. miasto zostało pozwane przed sąd pod zarzutem bezprawnego przejęcia kościoła i obsadzenia tamtejszego proboszcza. Król odmówił radzie miejskiej uznania ich praw do kościoła mariackiego i wezwał Radę do jego oddania. Rada odwołała się do opinii publicznej, przede wszystkim do stanowiska pospólstwa, czyli Trzeciego Ordynku, które było zdecydowanie przeciwne zwrotowi kościoła katolikom. Nie chcąc pozbawiać się możliwości pomocy Gdańska, będący w potrzebie król, starał się nie eskalować konfliktu, ograniczając się do odmowy potwierdzenia praw do świątyni.

Sprawa miała się rozstrzygnąć na drodze sądowej. Odwołanie się rady do opinii Trzeciego Ordynku wzmocniło pozycje reprezentacji pospólstwa. 17 grudnia 1594 r. sąd asesorski wezwał miasto do oddania kościoła pod karą 100 tys. zł. polskich[71]. Miasto odwołało się do sejmu i pozwało ze swojej strony biskupa włocławskiego pod zarzutem naruszenia pokoju religijnego zagwarantowanego przez akt konfederacji warszawskiej z 1573 r. Gdańsk liczył na poparcie polsko--litewskiej szlachty różnowierczej opozycyjnej wobec króla i biskupów, m.in. Radziwiłłów. Sejm walny w 1595 r. podjął kwestie związane ze sprawami gdańskimi i mimo początkowego nieprzychylnego nastawienia zebranych posłów i senatorów, nieoczekiwanie stanowisko miasta zostało poparte przez partię protestancką oraz polskiego nuncjusza papieskiego Germanicusa Malaspinę. Nuncjusz zamierzał w ten sposób wyrazić podziękowanie za pomoc udzielona Rzymowi przez Gdańsk w czasie nieurodzaju. Taki stan rzeczy pozwoliło radzie na odwlekanie sprawy, a następnie zignorowaniu biskupa. Również część szlacheckiej opinii publicznej bardziej zainteresowana była sytuacją na Ukrainie (powstania 1591–1593, 1594–1595).

Ostatecznie w 1595 r. władze Gdańska przedstawiły biskupowi warunki ugody. W zamian za odstąpienie od kościoła mariackiego miano udzielić biskupowi praw do klasztoru brygidek. Biskup, który poczynił starania mające na celu osadzenie w Gdańsku jezuitów, nie zgodził się na takie rozwiązanie i król polecił wojewodzie pomorskiemu Ludwikowi Mortęskiemu egzekucję kary 100 tys. zł. z majątków miejskich. Ten ociągał się z wykonaniem wyroku i ostatecznie do egzekucji nie doszło, a miasto znalazło silne poparcie u podkanclerzego królewskiego, biskupa poznańskiego Jana Tarnowskiego, któremu udzielało wsparcia finansowego. Gdańszczanie mogli też liczyć na wstawiennictwo siostry króla, Anny Wazówny, która była luteranką. Nic wskórał interweniujący w tej sprawie król (jesień 1598). Po niepowodzeniu odniesionym w Szwecji jego autorytet wyraźnie ucierpiał i interesy katolików w Gdańsku zeszły tymczasowo nad dalszy plan.

---

[71] Gottfried Lengnich: *Geschichte der preußischen Lande königlich-polnischen Antheils seit dem Jahre 1526*, t. 4, Danzig 1726, s. 195.

Okres niepewności trwał aż do 9 lutego 1600 r., gdy Rozrażewski zmarł w Rzymie w czasie obchodów roku jubileuszowego. Jego następca, biskup Jan Tarnowski, wyraźnie złagodził stanowisko, a miasto mimo pozwania przed sąd królewski grało na zwłokę. Wybuch w 1600 r. wojny pomiędzy Polską a Szwecją skłonił stronę królewską do przyjęcia milczącego kompromisu – w mieście tolerowano obecność klasztorów, zaś kościół Mariacki pozostał świątynią luterańską.

Z kolei podstawowe kwestie konfliktu luterańsko-kalwińskiego zostały zakończone edyktami królewskimi z lat 1612 i 1619, na mocy których zabroniono wybierania na stanowiska we władzach miejskich kalwinów, co z czasem doprowadziło do zdecydowania osłabienia tego wyznania w mieście. Proces rozciągnięty był w czasie i związany ze stopniowym wymieraniem najwybitniejszych przedstawicieli kalwinów ze środowiska elity miejskiej (co z zapałem odnotowuje w HKR Bötticher) oraz zwycięstwem kontrreformacji w Rzeczpospolitej, a tym samym utratą znaczenia kalwińskiej opozycji w skali całego państwa co nastąpiło w latach dwudziestych XVII w.

W Gdańsku nastąpiło stopniowe wypieranie członków tego wyznania z profesury Gimnazjum Akademickiego oraz ze współużytkowania kościoła św. Trójcy, co doprowadziło do zwycięstwa w mieście ortodoksyjnego luteranizmu, który znalazł szerokie poparcie w niechętnym elitom środowisku średniego mieszczaństwa. Obecność gminy kalwińska w Gdańsku została ograniczona do kościołów św. św. Piotra i Pawła oraz św. Elżbiety. Bez wątpienia partia luterańska, której wybitnym reprezentantem był Eberhard Bötticher, osiągnęła swoje cele. Sytuacja wyznaniowa ukształtowana w trzeciej dekadzie XVII w. utrzymała się aż do schyłku gdańskiego republikanizmu na przełomie XVIII i XIX w., które nastąpiło po zajęciu miasta przez Prusy wskutek II rozbioru Polski (1793) i po wojnach napoleońskich (1814).

Edmund Kizik

Eberhard Bötticher (1554–1617) Kaufmann, Chronist und Kirchenvater der Marienkirche in Danzig[1]

Die meisten der Forscher, die sich mit der Geschichte Danzigs im 16. und am Beginn des 17. Jahrhunderts beschäftigen, kannten mehr oder weniger gut die Memoiren Martin Grunewegs (1562–um 1615)[2], eines Danziger Kaufmanns und Lutheraners, der zum Katholizismus konvertiert war und nach seinem Eintritt in den Dominikanerorden in verschiedenen polnischen Klöstern gelebt hatte[3]. Um das Werk dieser außergewöhnlichen Persönlichkeit allgemein zugänglich zu machen, wurde nach mehrjähriger intensiver Arbeit eine Edition der als Autograph erhaltenen Schrift publiziert. Die Veröffentlichung der Aufzeichnungen Grunewegs, deren Reichtum und Scharfblick sich von anderen Reisebeschreibungen aus der Zeit der zweiten Hälfte des 16. und dem Beginn des 17. Jahrhunderts in der Adelsrepublik abheben, bildete eine ausgezeichnete Anregung zur Beschäftigung mit der Arbeit eines anderen Danziger Chronisten und Memoirenschreibers: Eberhard Bötticher[4]. Bötticher (1554–1617) war fast ein Altersgenosse von Gruneweg und lebte in einer Nachbarsstraße (der eine verbrachte seine Kindheit in einem Haus an der Ecke Große Krämergasse und Jopengasse, der andere in einem Haus in der Brotbankengasse). Er ist den Historikern vor allem als Autor des Historischen Kirchen Registers (HKR)[5] bekannt, einer umfassenden Chronik der Marienkirche, der Hauptpfarrkirche der Rechts-

---

[1] Der Text knüpft an die folgenden Publikationen an: Kizik: Pamiętnik, S. 141–164 und ders.: The Chronicles and Memoirs of a Gdańsk Merchant and the Official of St. Mary's Church, Eberhard Bötticher (1554–1617), Studia Maritima 24 (2011), S. 47–61.
[2] Bues: Gruneweg. Vgl. meine Rezension dieser wichtigen Edition: Acta Poloniae Historica 101 (2010), S. 290–296.
[3] Auf die Bedeutung dieser Notizen für die Geschichtsforschung wurde schon vor einem halben Jahrhundert aufmerksam gemacht von Ryszard Walczak: Pamiętnik Marcina Gruneweg, in: Studia Źródłoznawcze 5 (1960), S. 58–77. Jedoch erst die Zugänglichmachung der Transkription im Rahmen einer durch das Deutsche Historische Institut in Warschau koordinierten Herausgeberinitiative ermöglicht es der Forschung, das Werk gründlich zu analysieren. Vgl. auch die bibliographische Zusammenstellung bei Almut Bues: Einleitung, in: Bues: Gruneweg, Bd. 4, S. 1507–1511.
[4] Erich Keyser: Bötticher Eberhard, in: Altpreußische Biographie, Bd. 1, hg. von Christian Krollman, Königsberg 1939, S. 67; Jerzy Trzoska: Bötticher Eberhard, in: SBPN, Suplement II, S. 45; Bertling: Katalog 1, S. 630f.
[5] Das HKR befindet sich in der Danziger Bibliothek der Polnischen Akademie der Wissenschaften (im Folgenden zitiert als: BGPAN), Ms Uph. fol. 18. Die Chronik wurde vielfach kopiert und weitergeführt, meist bis 1640, zuweilen auch bis zur Mitte des 18. Jahrhun-

stadt, in der – vor dem Hintergrund der Stadtgeschichte – über die historischen Ereignisse im Umfeld der Kirche von ihrer Gründung bis 1616 berichtet wird. Einige Forscher kennen auch eine Gruppe von das HKR kommentierenden Dokumentensammlungen (erhalten in Abschriften unter verschiedenen Titeln: *Historische Declaration, Historische Erklärung* oder *Gründliche Erklärung*)[6]. Diese Materialien haben einen besonderen Wert für die Kenntnis der sich an der Wende vom 16. zum 17. Jahrhundert abspielenden Konflikte innerhalb des Danziger Protestantismus zwischen den Anhängern Luthers und den Calvinisten sowie zwischen dem Danziger Rat, dem Leslauer Bischof und dem König um die Verfügungsgewalt über die Besitzungen des St. Brigittenklosters und das Patronatsrecht über die Marienkirche. Bötticher wirkte nicht nur als Sammler alter Dokumente und ihr Kompilator, sondern war als Kirchenvater von St. Marien[7], der wichtigsten lutherischen Kirche in Danzig, gleichzeitig Zeuge und Teilnehmer bei den damaligen Konflikten und Verhandlungen über die konfessionelle Gestalt der Stadt.

Die Person Eberhard Böttichers lernen wir vor allem dank seiner in zwei Bänden erhaltenen Tagebuchaufzeichnungen kennen[8]. Das im Danziger Staatsarchiv vorhandene Manuskript (Autograph Böttichers) unter dem Originaltitel *„Memorial oder Gedenckbuch"*[9] umfasst die Jahre von 1516 bis 1583. Es widmet sich der Geschichte Danzigs sowie der Herkunft von Böttichers Familie, der Beschreibung seiner Kindheit, seiner Junggesellenjahre und den Anfängen der beruflichen Kaufmannskarriere. Dem Band angefügt wurde ein Inhaltsverzeichnis (*„Register uber mein Memorial"*, Bd. 1, Bl. 448r–456r). Im zweiten Band unter dem Titel *„Der andere Theil des Eberhard Bötchers Chronica Anno 1584 biß Anno 1595"*[10], geführt bis zum März 1595, finden wir Beschreibungen aus den ersten Ehejahren, diverse Familienkonflikte (gewöhnlich vor dem Hintergrund von sich über Jahre hinziehenden Erbstreitigkeiten mit der Schwester) sowie erste Schritte in der öffentlichen Tätigkeit des Autors als Volksvertreter in der Stadtregierung, d.h. der Dritten Ordnung[11]. Der Band endet mit Einträgen von 1595 und man

---

derts (siehe Edmund Kizik: Werkverzeichnis der Schriften Eberhard Böttichers, Nr. IV. A. – IV. D.).

[6] *Historische Declaration* (siehe Edmund Kizik: Werkverzeichnis der Schriften Eberhard Böttichers, Nr. III. D.).

[7] Nähere Erläuterungen zur Funktion der Kirchenväter bei Christofer Herrmann: Die Kirchenväter der Danziger Marienkirche (in diesem Band).

[8] Siehe Besprechung der Lebenserinnerungen: Edmund Kizik: Pamiętnik, S. 141–164.

[9] Bötticher: Memorial (1577–1583). Dieser Band befand sich u.a. in den Beständen des Danziger Büchersammlers Valentin Fabricius (1612–1667). Siehe Edmund Kizik: Werkverzeichnis der Schriften Eberhard Böttichers, Nr. I. A.

[10] Bötticher: Chronica (1584–1595). Die Handschrift befand sich in der Sammlung von Valentin Schliff und ist mit dessen Exlibris versehen; siehe Günther: Katalog der Handschriften, S. 214.

[11] Dieser Band wurde vermutlich wegen seines unglücklichen Titels von Lech Mokrzecki irrtümlich für den ersten Teil der *Historischen Erklärung* gehalten, siehe: Mokrzecki: W kręgu prac, S. 111, Anm. 54

kann mit Sicherheit annehmen, dass er eine Fortsetzung hatte, denn nichts erklärt die plötzliche Unterbrechung des Werks, das zwar bis zum Ende des Bands geführt, jedoch nicht, wie im ersten Teil, mit einem Register abgeschlossen wurde. Leider ist nichts über weitere Teile des Tagebuchs bekannt. Dies ist zu bedauern, denn gerade in die Zeit nach 1595 fällt eine Periode energischer Beteiligung Bötticks am öffentlichen Leben, was wir mittelbar aus der Lektüre des HKR erfahren, geschrieben in den letzten Monaten seines Lebens an der Wende der Jahre 1616 und 1617.

Aber schon die zwei erhaltenen Bände des Tagebuchs, die zusammen fast 1200 Textseiten zählen, sind eine außergewöhnlich ertragreiche Quelle für unsere Kenntnis des Lebens eines wohlhabenden Danzigers im letzten Viertel des 16. Jahrhunderts. Zwar war der Autor nicht sehr mitteilsam bei der Beschreibung des Alltagslebens, unter vielerlei Aspekten zeigen die erhaltenen Tagebücher aber ein anderes und reicheres Bild der Zeit als die Aufzeichnungen Gruneweegs[12], insbesondere in Hinsicht auf die religiösen Streitigkeiten unter den Danziger Einwohnern. Für die Kenntnis des zweiten Lebensabschnittes im Zeitraum zwischen 1595 und 1617 sind insbesondere von Bedeutung die Notizen über Bötticks öffentliche Tätigkeit sowie die in den Registern und Kirchenbüchern der Marienkirche enthaltenen Vermerke über die Geburten (Taufen) und Beerdigungen der Familienmitglieder sowie verschiedene Rechnungseintragungen[13]. Zusammengenommen ermöglichen diese Informationen eine verhältnismäßig genaue Einsicht zu Aspekten seiner Herkunft, seines gesellschaftlichen Umfelds, der persönlichen und beruflichen Kontakte, sogar des Lebensniveaus und der religiösen und weltanschaulichen Gesinnung im Danzig der Adelsrepublik.

Zunächst seien die wichtigsten Informationen aus dem Leben des Chronisten vorgestellt. Eberhard Bötticher (in den Quellen auch Bödcher, Bodcher oder Böttcher genannt) wurde am Freitag dem 16. Februar 1554 in Danzig geboren[14]. Er war das fünfte von acht Kindern (drei Söhne und fünf Töchter) des wohlhabenden Danziger Kaufmanns Melchior Bötticher (1516–1577) und dessen Frau Brigitte Rogge (1523–1580), die aus einer Patrizierfamilie stammte (siehe Genealogie)[15].

---

[12] Wissenschaftlich ausgewertet wurden sie bisher nur zu einem geringen Teil, u.a. verwendete sie Paul Gehrke zur Erstellung der Lebensbeschreibung von Caspar Bötticher, dem Kopisten der Chronik von Wartzmann, siehe Paul Gehrke: Der Geschichtsschreiber Bartholomaeus Wartzmann im Kreise seiner Abschreiber, in: Zeitschrift des Westpreußischen Geschichtsvereins 41 (1900), S. 1–138, hier 38f, Anm. 1.

[13] Andere Materialien zu Bötticher, wie z.B. die Kompilation von Karl Anton Kaschlinski aus der Mitte des 19. Jahrhunderts (*Danziger Familien*, Handschrift BGPAN, Sign. Ms. 5751, S. 173–178), sind von Theodor Hirsch abgeschrieben worden (Hirsch: Ober-Pfarrkirche 2, S. 256–257 und passim).

[14] Bötticher gibt an, dass er abends um halb zehn zur Welt kam: „freytag nach mittage umb 9 Uhr 30 Minuten", Bötticher: Memorial (1577–1583), Bl. 117r.

[15] Siehe Joachim Zdrenka: Biogramy, S. 256–258.

Der Vater Melchior stammte aus Greifenhagen in Hinterpommern, wo der Großvater dem Stadtrat angehört hatte. Nach dem Tod der Eltern und einem Aufenthalt in Stettin kam er nach Danzig zum Dienst bei einem namentlich nicht genannten Pfarrer in der Kirche St. Peter und Paul. Nach einiger Zeit begann er in einem Danziger Unternehmen den Kaufmannsberuf zu erlernen. Aus dieser Periode seines Lebens wissen wir relativ wenig, bekannt ist, dass er zur Verbesserung der beruflichen Qualifikation und seiner Polnischkenntnisse in den Dienst eines nicht genannten polnischen Adligen geschickt wurde und deshalb für einige Jahre Danzig verließ. Nach seiner Rückkehr widmete sich Melchior dem Handel und 1547 ging es ihm schon so gut, dass er als Dreißigjähriger Birgitte Rogge heiratete, die aus einer einflussreichen und weit verzweigten Patrizierfamilie stammte. So war sie etwa verwandt mit dem ermländischen Bischof Tiedemann Giese, einem Bruder von Birgittes Großmutter.

Wie sich bald zeigen sollte, war dies eine ausgesprochen vorteilhafte Partie für Bötticher, denn mit der Hilfe von Tiedeman Giese konnte das Ehepaar für einen niedrigen Jahreszins von 24 Mark ein Haus an der Brotbankengasse pachten, das dem Zisterzienserkloster Oliva gehörte[16]. Der interessante Mietvertrag von 1550 hat sich als Abschrift im *Memorial oder Gedenckbuch*[17] erhalten. Die für das Kloster ungünstigen Bedingungen führten in den Jahren danach zu Streitigkeiten mit nachfolgenden Äbten, was vielfach in den Tagebüchern vermerkt wurde. Die Familie sicherte ihre Interessen unter anderem dadurch, dass sie eine Bestätigung des Vertrags durch König Sigismund August erreichen konnte, wobei in dieser Angelegenheit u.a. der Danziger Kastellan Jan Kostka vermittelte[18]. 1568 kauften die Böttichers von Alexander Suchten, Doktor der Medizin,

---

[16] Das gepachtete Haus in der Brotbankengasse (heute Nr. 35) war bis 1835 Eigentum der Zisterzienser; erwähnt im Grundbuch 1357–1382: APGd., 300, 32/1, S. 9v; 1382–1415: APGd., 300, 32/2, S. 74r; 1415–1633: APGd., 300, 32/4, S. 103v. Es war eine der ältesten Schenkungen für das Kloster auf dem Gebiet der Stadt Danzig. Der Besitz bestand schon im Moment der Lokation der Rechtsstadt, wie die Klosterurkunden berichten (z.B. das von den Zisterzienser so bezeichnete *„privilegium maius"* von 1342 und eine Urkunde von 1437: APGd., 940/413, S. 179v, Preussisches Urkundenbuch, Bd. 3, Lief. 2, (1342–1345), hrsg. v. Hans Koeppen, Marburg/Lahn 1958, Nr. 490). Für die Hilfe bei der Aufstellung dieser Angaben danke ich Dr. Marcin Grulkowski von der Danziger Arbeitsstelle des Historischen Instituts der Polnischen Akademie der Wissenschaften.
[17] Bötticher: Memorial (1577–1583), Bl. 101v–102v; siehe Bl. 117v.
[18] Ebd., Bl. 117v–118r; 127r–133v. 137v–138r; Bötticher: Chronica (1584–1595), Bl. 19b.–20v.

für 3000 Gulden ein Haus in der Langgasse[19], in der Abrechnung traten sie ihm die Hälfte des Speicherbodens ab[20].

Die Geschwister Eberhards waren Caspar (1547–1600), Brigitte (1549–1599)[21], Melchior II. (1551–1552), Barbara (1552–1564), Elisabeth (1556–1583), Catharina (1559–1585) und Anna (1564–1636?). Aus den Tagebuchnotizen geht hervor, dass die wichtigste Rolle im Leben Eberhards der älteste Bruder Caspar sowie die Schwester Brigitte spielten. Caspar (der erstgeborene Sohn von Melchior und Brigitte) ist etwas näher bekannt als der mutmaßliche Kopist der Chronik von Bartolomäus Wartzmann, welche später eine der Quellen für die Chronik des ersten Bandes der Tagebücher sowie des HKR war[22]. Eberhard hat jedoch mehrfach betont, dass Caspar kein größeres Interesse an der Wissenschaft zeigte und auch keine wichtige gesellschaftliche Position in Danzig einnahm[23]. Außer der erwähnten Abschrift der Chronik hat er für die Geschichte der Stadt nichts hinterlassen.

---

[19] Es handelte sich um ein Anwesen, das zu einem Baublock gehörte, der mit der Überschrift „Acies III eiusdem platee ascendendo" versehen war (APGd., 300, 32/4, Bl. 51r. S. 46v). Es befindet sich an der südlichen Seite der Langgase 5 zwischen der Großen Gerbergasse und der Postgasse, die zweite Parzelle von der Großen Gerbergasse. Das Haus besaß einen zweigeschossigen tonnengewölbten Keller. Heute stehen auf der Parzelle Häuser, wiederaufgebaut in klassizistischen Formen der ersten Hälfte des 19. Jahrhunderts, vgl. KZS Gdańsk, S. 169. Im Grundbuch waren nach dem Tod von Eberhard Bötticher die Tochter Anna und der Sohn Paul als Eigentümer eingetragen, die zweite Frau Böttichers wird jedoch nicht erwähnt: „1621 /4. Septembris Frau Anna Bötchers vidua Albrecht Schultzen 3/10; 1630 / 2. Septembris Paul Bötcher 1/4 1621 / 4. Septembris Paul Bötcher 9/20." Die Grundstücke waren belastet: „Salomon Giese habet in Paul Bötchers 9/20 parten 131 mr. 6 sc. bonae monetae redimendo marcam pro 12 et censum und auff Ostern Anno 1625 ist der erste Zins felligk. Actum 9 Martii 1624"; „Frau Anna vidua Albrecht Schultzen hat auff der Verbeßerung des Paul Bötchers 9/20 parte zwei tausent Fl. polnisch zur Versicherung. Actum 8. Maii 1631", „Martin, Helena und Caspar liberi Caspar Emmerichs haben auff Paul Bötchers 1/4 part 128 mr. bonae monetae redimendo marcam pro 12 et censum und auff Johannis 1631 ist der erste Zins felligk vermuge ihrem contract. Actum 2. Septembris Anno 1630", APGd., 300, 32/4, Bl. 51r, 46v. Die Einträge aus den ersten Dekaden des 17. Jahrhunderts sind erhalten, denn die alten Grundbücher wurden in den 1730er Jahren geschlossen und archiviert. Die früheren Einträge in den Grundbüchern aus Pergament wurden nach neuen Transaktionen systematisch ausgekratzt und mit den aktuellen Daten überschrieben. Aus diesem Grund kennen wir die späteren Eigentümer des 17. Jahrhunderts leider nicht, vgl. Elżbieta Kloss: Gdańskie księgi gruntowe, in: Archeion 22 (1954), S. 196–212.

[20] Bötticher: Memorial (1577–1583), Bl. 157v.

[21] Ihr Testament vom 7. Juli 1599 hat sich erhalten: APGd. 300, 43/22, Bl. 196–197.

[22] Gehrke: Geschichtsschreiber (wie Anm. 12), S. 38–41; es haben sich zahlreiche Abschriften erhalten (z.B. APGd. 300, R/Ll, 10; 300,R/Ll, 75; 300,R/Ll, 79); Nachweis der Abschriften der Chronik von Bartolomäus Wartzmann und eine Charakterisierung der Quelle bei: Jolanta Dworzaczkowa: Dziejopisarstwo gdańskie do połowy XVI wieku, Gdańsk 1962, S. 85–103.

[23] Er erhielt die Funktion eines Steuer- und Akziseneinnehmers.

Im Familien- und Geschäftsleben des Vaters spielte zunächst auch der Cousin (der Sohn des Bruders von Melchior), ebenfalls Kaspar (Caspar) (?–1579) genannt, der in der Familie seines Onkels aufgewachsen war, eine wichtige Rolle. Melchior behandelte seinen Neffen wie einen Sohn und offensichtlich verband er mit ihm große Hoffnungen, denn er vertraute ihm viel Geld für Handelsunternehmungen unter anderem in England und Schweden an. Leider erwies Kaspar sich als ein wirklicher ‚verlorener Sohn': Mehrmals veruntreute er Geld, rechnete die Ausgaben nicht mit dem Vater ab, machte Schulden[24] und starb schließlich im Elend in Bromberg am 15. September 1579. Eberhard Bötticher hat die Liebe seines Vaters zu diesem angenommenen Sohn nicht verstanden, was er in seinem Tagebuch auch mit deutlichen Worten zum Ausdruck brachte:

> *„welcher meynem Vater, wie vormeldett, nicht eine Geringer Summa Gelles gekostet, wie woll es ubel angewendett ist dan er sich gar nicht dadurch gebessert, sondern nach dem er alles vertzerett und hidurch gebracht endlich in durfftigkeitt und elend gestorben und ist nich mehr davon anzuklagen [...]. Ist der wegen dieser Caspar Bodcher ein grosser verhinder unsers geluck gewesen, dan er uns ein grosse Summa geldes pro resto schuldig verblieben"*[25].

Eberhard wurde 1561 als Siebenjähriger in das Akademische Gymnasium im ehemaligen Franziskanerkloster geschickt, wo er die niederen Klassen besuchte. Nicht ohne Stolz schrieb er, dass das Niveau fast dem einer Universität gleichkam: *„zu dieser Zeytt stund deselbige Studium zum Grawem Munchen noch in in vollen flor das, fast eyner Universitett ehnlich gewesen"*[26]. Nach dem Weggang seines Präzeptors Johann Tiedemann, der Rektor der Schule bei der St. Johann-Kirche wurde, folgte ihm der Junge und beendete seine Ausbildung an der Pfarrschule, ergänzt von gründlichem Hausunterricht durch Privatlehrer. Der Hausunterricht war sehr intensiv, so erlernte er außer der Muttersprache noch recht fließend Latein. In seinen späteren Werken unterstrich Bötticher seine Seriosität als Autor mit zahlreichen makkaronischen Wendungen durch Einflechtung modischer lateinischer Ausdrücke und die Ersetzung deutscher Wörter mit lateinischen Entsprechungen.

Um die polnische Sprache zu erlernen wurde der zwölfjährige Eberhard nach Posen zu einer befreundeten Kaufmannsfamilie geschickt. Zuvor (ab 1562)[27] hatte sich für drei Jahre der ältere Bruder Kaspar dort aufgehalten und die polnische Schule besucht. Das Verschicken der Kinder in das Königreich Polen zur Erlernung der polnischen Sprache wurde häufig praktiziert unter den

---

[24] Bötticher: Memorial (1577–1583), Bl. 154v, 155r–155v (1567 r.). Siehe Gehrke: Geschichtsschreiber (wie Anm. 12), S. 39.
[25] Bötticher: Memorial (1577–1583), Bl. 359r.
[26] Ebd., Bl. 137r.
[27] Ebd., Bl. 139r–139v.

Danziger Bürgern und sogar von reichen Bauern aus dem Werdergebiet[28]. In Danzig selbst gab es keine polnischsprachige Gemeinde, bei der man die Sprache vor Ort hätte erlernen können. Die vom kaschubischen Adel oder den armen Arbeiter- oder Dienerschichten gesprochenen Dialekte verhinderten das Kennenlernen eines literarischen Polnisch. Deshalb lernte etwa auch Martin Gruneweg 1574–1575 polnisch in Bromberg[29]. Es muss noch erwähnt werden, dass der Vater Bötticher im Erwachsenenalter ebenfalls das Polnische erlernte, da dies unerlässlich war für die Kontakte mit den Kunden aus dem Königreich[30]. Wie aus den Notizen hervorgeht, versäumte man auch nicht, den Mädchen diese Sprachkenntnisse angedeihen zu lassen. So kehrte z.B. im August 1570 die Schwester Böttichers, Katharina, aus Thorn nach Hause zurück, *„nach dem sie fast in die 2 Jar [...] gewesen die polnische sprach zu lernen"*[31].

Eberhard selbst wohnte nach seiner Ankunft in Posen zunächst bei einer deutschen Familie, landet schließlich aber im polnischen Haus von Piotr Aptekarz („am Ring wohnende"), wo er gezwungenermaßen die Grundlagen des Polnischen lernen musste: *„den gar kein deutsch volck in dem selbigen hause war. Darumb ich mich noth halben muste zur polnischen sprach gewohnen"*. Nach einem anderthalbjährigen Aufenthalt in Posen (1566–1567), als er die Sprache einigermaßen erlernt hatte *(„Nach dem ich aber zur nottturft Pohlnisch gelernet hatte")*, kehrte er nach Hause zurück[32]. Das Polnisch Böttichers war jedoch gar nicht so übel, seine Kenntnisse erlaubten ihm die Übersetzung verschiedener Dokumente ins Deutsche[33].

Nach der Rückkehr in die Heimatstadt begann der Vater seinen Sohn in die Geheimnisse des Kaufmannberufs einzuweihen, insbesondere auch weil sich, wie schon erwähnt, der ältere Stiefbruder Kaspar als Verschwender und ständige Quelle des Kummers für die Familie erwiesen hatte. Gleichzeitig eignete sich Eberhard dank fleißiger autodidaktischer Bemühungen ein ganz ansehnliches humanistisches Wissen an. Aufmerksam betrachtete er die ihm zugängliche Historienliteratur, emsig sammelte er Drucke, bei der Niederschrift seiner Chronik griff er jedoch auf zeitgenössische Veröffentlichungen zurück. Eberhard lernte sogar das Zitterspiel – er kaufte sich ein Instrument und nahm Unterricht bei einem in Danzig wohnenden italienischen Meister.

Eine 1570 vermutlich durch einen Hirnschlag verursachte teilweise Lähmung des Vaters zwang Eberhard zur eigenständigen Wahrnehmung der Geschäftsinteressen und in seinen Aufzeichnungen finden sich nun Notizen über

---

[28] Edmund Kizik: Wstęp, in: Nicolausa Vockmara Viertzig Dialogi 1612. Źródło do badań nad życiem codziennym w dawnym Gdańsku, Hg. Edmund Kizik, Gdańsk 2005, S. XXVII–XLVIII.
[29] Bues: Gruneweg, Bd. 1, S. 459–476.
[30] Bötticher: Memorial (1577–1583), Bl. 73rv.
[31] Ebd, Bl. 191r [190r].
[32] Ebd, Bl. 154v–156r.
[33] „[...] durch meine bösen dolmetschen aus dem polnischen ins deutsche", ebd. Bl. 166v–174r; Kommentare Böttichers, ebd., Bl. 175r–176v.

kaufmännische Unternehmungen in Thorn und Königsberg (an der Wende 1570/1571) sowie Reisen nach Thorn, Breslau, nach Mähren und Österreich (Winter 1572). Die letztere Fahrt hätte er beinah mit dem Leben bezahlt, denn nach dem Genuss des süßen mährischen Weins verirrte er sich im Schneetreiben und verdankte sein Leben nur der Hilfe der örtlichen Bauern. Darüber, wie wirtschaftliche Interessen sich mit Ehefragen verflechten konnten, zeugen die Bemühungen um die Hand der 24-jährigen Brigitte, der älteren Schwester Eberhards (1572/73). Ein Kaufmann namens Jorgen Ostreych versicherte der Familie Bötticher, dass er in Polen eine Ladung von 30 Last Asche besaß. Die Eltern baten den Heiratskandidaten, dass er zur Sicherheit die Ware nach Danzig bringen solle. Als dieser jedoch nach einem Jahr mit leeren Händen zurückkehrte, war die Familie davon überzeugt, dass es sich um einen Mitgiftjäger handelte *("und meyner eltern teglich mehr und mehr erfuren, das dis mit der Asche erlogen ding war")*[34].

Ein bedeutender Einschnitt im Leben Eberhard Bötticher bildetet eine mehrmonatige Handelsreise nach Portugal, von Weihnachten 1576 bis zum 5. April 1577[35]. Frühere Reisen nach Thorn, Königsberg (1571), Breslau und Wien (1572) waren relativ kurz gewesen und hatten höchstens mehrere Wochen gedauert. Ihre Beschreibungen durch Bötticher fielen recht lakonisch aus[36]. Erst die Fahrt nach Portugal stellte eine ernstzunehmende kaufmännische Unternehmung dar. Der über 50 Seiten zählende Bericht war aus dem Inhalt des Tagebuchs ausgesondert worden und trägt den Titel: *Hernach folgett wie Ich Ebert Bodcher von Dantzig meyn Lissebonische Reyse vorgenommen und mitt Gottes Hulffe volbracht habe.* Es handelt sich um eine außergewöhnliche Beschreibung in der neuzeitlichen Memoirenschreibung Danzigs.

Der Autor charakterisiert am Beginn die Bewaffnung von drei im Danziger Hafen liegenden Schiffen, beladen mit Korn und Weizen. Die Bewaffnung war notwendig, denn die mit Frankreich sowie Spanien und Portugal handelnden Schiffe waren von Piraten bedroht, die die Nordsee und den Golf von Biskaya unsicher machten. Kein Wunder, dass der Autor während einer Zwischenstation in Dänemark mit Genugtuung notierte, dass vor dem königlichen Schloss in Helsingør die Köpfe von 43 hingerichteten Seeräubern auf Pfählen aufgespießt waren. Wie sich erweisen sollte, traf auch das Schiff Böttichers auf Piraten und erreichte sein Ziel nicht ohne Verluste und verschiedene Zwischenfälle[37]. Im Bericht über seinen Aufenthalt in Lissabon selbst widmet der Autor sich ausführlich den religiösen Feiern (Fronleichnamsprozession) sowie den aus der Sicht eines jungen Kaufmanns wesentlichen Angelegenheiten, etwa der Höhe des Zolls für einzelne Produkte, den geltenden Gewichtseinheiten, den Wechselkursen, den Frachtpreisen oder den Verfahren über illegale Geldeinfuhren. Er interessierte

---

[34] Ebd., Bl. 209r–209v.
[35] Ebd., Bl. 216r–266r, 272r–276r.
[36] Ebd., Bl. 196r, 196v–199r
[37] Ebd., Bl. 221, 246v–248r

sich jedoch nicht nur für die wirtschaftlichen und religiösen Dinge. Bötticher beschreibt z.b. die reizenden Portugiesinnen („*ein schones Frawenvolck, welches sich auch prechtig helt und gantz seuberlich gekleidet* [ist]")[38], welche nicht aus den Häusern kommen konnten aber stattdessen in den Fenstern saßen und den Vorbeigehenden zuwinkten. Es ist interessant zu bemerken, dass Bötticher Ereignisse aus der Anschauung heraus notierte, die anderswo als literarischer Topos schon existierten[39].

Bötticher berichtet über dieses Erlebnis, betont jedoch, dass er keinen Trost von diesen Frauen empfing („*sie haben aber nicht viel Trostes von mir bekommen*"). Die Ankömmlinge aus dem Norden erwiesen sich im Allgemeinen als wenig resolut, denn der Autor bemerkt etwas naiv, dass er und die anderen die Gesten der schönen Frauen nicht verstanden: „*und wie wir so allein in der gassen gingen, winckett uns das Weyb. Ich aber wuste nicht, was solch wincken bedeuttet*". Er erwähnt sogar, dass eine der Frauen eine große Halskrause abnahm und den verdutzten Ausländern ihre Brüste zeigte zwischen denen ein Kreuz an einer goldenen Kette hing: „*hatte aber Iren Hals Kragen ausgetzogen und den Hals geblosset bis an Ihre Bruste, dazwischen eyn guldenes Cruzifix hatte gehangen und darzu auch die guldene Kette umb den Hals und neygett sich abermals gegen uns*". Der verblüffte Bötticher und seine Gefährten waren gleichzeitig neugierig und verlegen. Das Tagebuch erwähnt, dass sie über die Bedeutung der Gesten sprachen: „*wir aber redeten unter eynander, was solch wincken bedeuten mochte*"[40]. Die Exotik der portugiesischen Reise bewirkte eine außergewöhnliche Beredsamkeit des Textes. Auf der anderen Seite finden sich sachliche, bisweilen trockene Beschreibungen von späteren Fahrten, z.B. einer 26-tägigen Reise über Königsberg und Kaunas nach Wilna mit einer Ladung Hering im Winter 1582[41].

Von der portugiesischen Reise kehrte er in seine Heimatstadt zurück, die zu diesem Zeitpunkt schon in einen gefährlichen Konflikt (1576/77) mit dem neu gewählten König Stephan Báthory verwickelt war[42]. Wie seine Altersgenossen brannte er darauf, in den Kampf mit den sich Danzig nähernden polnischen Truppen zu ziehen. Nur der Besonnenheit seiner Eltern, welche ihren Sohn zu Hause festhielten („*wolten mich keynes weges zihen lassen*"), verdankte er seine Rettung, denn viele Danziger, welche gegen das polnische Heer nach Dirschau gezogen waren, kamen nicht lebend nach Hause zurück[43]. Mit großem Schmerz beschreibt Bötticher die Niederlage seiner Danziger Mitbürger, um danach noch

---

[38] Ebd., Bl. 226r–v.
[39] Radosław Grześkowiak: Okno Cyceryny – wymiary i głębia, in: Amor vincit omnia. Erotyzm w literaturze staropolskiej, Bearb. Roman Krzywy, Warszawa 2008, S. 9–37.
[40] Bötticher: Memorial (1577–1583), Bl. 227v–228r.
[41] Ebd., Bl. 413r–415r Er beschreibt außerdem die Reisen nach Elbing, Königsberg, Braunsberg und Thorn: ibidem, Bl. 407v–408v; 410r; 418r, 418r–418v – die Jahre 1581 und 1582.
[42] Zu den Hintergründen des Konflikts siehe: Edmund Kizik: Danzig zur Zeit Eberhards Böttichers (in diesem Band).
[43] Bötticher: Memorial (1577–1583), Bl. 279v; Beschreibung der Schlacht: Bl. 276v–279v. In der Schlacht am Liebschauer See an 17.4.1577 fielen ca. 4000 Danziger. Der Autor hielt den Danzigern vor, dass sie zur Schlacht zogen als gingen sie zum Tanz (Bötticher:

eifriger und aus ganzem Herzen den späteren Sieg über die königlichen Belagerungstruppen zu preisen.

Während seiner ein Jahr dauernden Abwesenheit bewährte er sich als Kaufmann, der langdauernde Konflikt mit König Stephan Báthory sowie die Belagerung und Wirtschaftsblockade der Stadt wirkten sich jedoch fatal auf die Geschäfte der Familie aus. Die Krankheit und der Tod des Vaters 1577[44] trugen dazu bei, dass die Familie fast zwei Jahre lang kein Geld verdiente und von den Ersparnissen leben musste[45]. Dennoch hörte Bötticher nicht auf, sich zu bilden und mit der Zeit erwarb er ein recht großes Wissen zum Thema der zeitgenössischen Gesetzgebung und zu Fragen der aktuellen Politik: Aufmerksam studierte er die ihm zugängliche historische Literatur, eifrig sammelte er Drucke und während der Etappe der Niederschrift der Chronik sowie der Tagebücher benutzte er aktuelle Publikationen. In dieser Zeit begann Bötticher ebenfalls mit der systematischen Beschreibung seines Lebens.

Aus dem Tagebuch ergibt sich, dass er nach der Eheschließung mit Gertrud Dillger (Gerda Dilliger)[46] – der dreißigjährige Bötticher heiratete am 13.2. 1584[47] – im Haus der Schwiegereltern wohnte. Dort bekam er für ein Jahr freie Verpflegung und Wäsche und danach erhielt er für den eigenen Unterhalt und den seiner Frau wöchentlich zwei Taler. Die Hochzeit selbst hat Bötticher nicht genauer beschrieben, es ist nur bekannt, dass er in der Frage der Brautwahl Rat bei Verwandten eingeholt hatte (Michael Rogge, Melchior Schachmann sowie Gregor Keckerbart). Außer der Abschrift des Epithalamiums[48] erwähnt er lediglich, dass die Hochzeit in der Marienkirche durch den jungen Diakon Christoph Glaser vollzogen wurde, Trauzeugen waren Reinholdt Möller und Bartholt Brandt[49]. Die Hochzeitsfeier fand im Haus des mit Bötticher befreundeten Simon Gericke statt und das Beilager im Haus der Schwiegereltern in der Breitgasse, wo das junge Paar anfangs bei freier Kost wohnte (*„bei welche Ich auch dies Jahr vermuge Ihrer zusage, frey Cost und Wohnung gehabtt"*). Am 4. Mai wurde dem Ehemann die versprochene Mitgift der Braut ausgezahlt[50].

Memorial (1577–1583), Bl. 278v: „so frohlich und lustig gewesen, ob sie zum tantz gangen wehren").

[44] Die Beisetzung in der Marienkirche erfolgte am 24.7.1577 (Handschrift APGd., Sign. 354/408, S. 31: „Melcher Bötcher"). Die Mutter wurde dort am 12.1.1580 beigesetzt (ibidem, S. 77).

[45] Bötticher: Memorial (1577–1583), Bl. 353r–354r.

[46] Bötticher gibt den Namen seiner Verlobten und Frau konsequent als Dilliger an (Bötticher: Memorial (1577–1583), Bl. 445v, 446r, 446v). Unter dem Namen Gilger vermerkt in: Weichbrodt: Patrizier, S. 71.

[47] Katarzyna Cieślak (Frisch: Sankt Marien Pfarrkirche, S. 28 Anm. 1, S. 37) gibt irrtümlich an, dass die Heirat 1589 erfolgte.

[48] Der Autor des handgeschriebenen lateinischen Epithalamiums war der achtzehnjährige Johannes Keckerbart (1566–1635), der spätere Syndikus des Danziger Rats. Beschreibung des Werks: Bötticher: Chronica (1584–1595), Bl. 144r–147r.

[49] Ebd., Bl. 144r.

[50] Ebd., Bl. 162v.

Mehr Platz widmete er den Problemen mit den städtischen Beamten. Es erwies sich, dass im Zusammenhang mit den Anforderungen der Willkür von 1574 der Bräutigam, obwohl er Bürgerssohn war und deshalb nur eine vereinfachte Aufnahmeprozedur für das städtische Bürgerrecht zu durchlaufen hatte, vor der Hochzeit einen Eid vor dem Berufungsgericht ablegen musste. Bötticher, der offensichtlich durch seine Heiratsvorbereitungen zu beschäftigt war, bat den Gerichtsältesten um eine Verschiebung dieser Verpflichtung bis nach der Hochzeit. Die Bitte war jedoch nicht erfolgreich, denn das Gericht erlegte ihm eine Strafe von 10 Mark auf. Bötticher hielt dies jedoch für unangebracht. Schließlich, nach mehreren Einsprüchen und Bitten an die Regierung (im Tagebuch findet sich eine Abschrift der diesbezüglichen Korrespondenz), entrichtete er das Bußgeld, leistete den Eid und zeigte dem Gericht die von einem Bürger verlangte Rüstung vor (*mit zeigung meiner Rustung und Gewehr*[51]).

Der Verbindung mit Gertrud erwuchsen einige Kinder. Die Tochter Brigitte geboren am 30. Januar 1585[52], überlebte einige Monate später die Pocken und 1588 sogar eine Ansteckung mit dem Pesterreger[53]. Am 21. Oktober 1587 wurde der zwei Tage zuvor geborenen Sohn Paul[54] getauft und am 28. Juli 1591 kam der nächste Sohn Melchior zur Welt, über den der stolze Vater im Dezember 1596 schrieb, dass er schon im Alter von 5 Jahren alle Buchstaben kannte und zu lesen begann[55]. Aus dem Taufbuch der Marienkirche sind die Namen weiterer Kinder bekannt: Am 12. Februar 1599 erfolgte die Taufe der Tochter Gerda und am 15. April 1602 die von Catharina[56].

Nach dem Tod seiner ersten Frau (beigesetzt am 22. September 1602) sowie zweier Kinder (am 1. und 3. Okotber)[57], die 1602 an der Pest starben, heiratete er Anna Duckaw (Dackau)[58]. Diese Ehe blieb kinderlos[59] und Anna, welche ihren Mann überlebte, starb 1646.

Bötticher stand als geachteter und gut situierter Bürger seinen Nachbarn und Freunden häufig als Pate zur Verfügung, außerdem war er mehrmals Vor-

---

[51] Ebd., Bl. 8v, 9r–9v, 149v–150v, 152v–154v, 161v.
[52] Die Taufe war am 1. Februar (APGd. 354/310, S. 131).
[53] Bötticher: Memorial (1577–1583), Bl. 176r (Pocken); Bötticher: Chronica (1584–1595), Bl. 231r–231r (Pest). 1593 wurde die Tochter zur Schule geschickt (ebd. Bl. 295r), im selben Jahr ging auch Paul zur Schule.
[54] Bötticher: Chronica (1584–1595), Bl. 224r; APGd. 354/310, S. 190.
[55] Ebd., Bl. 276r (Geburt), 274r–274v. 1589 überstand das Kind die Pocken (ebd. Bl. 251r).
[56] APGd. 345/311, Bl. 67v (Gerda), 108r (Catharina).
[57] APGd. 354/1513, S. 324 (Ehefrau), 326 (Kinder). Die Einträge stammen von der Hand Böttichers: Handschrift APGd., Sign. 354/408, S. 302 („Eberhard Bodtichers Kir[chen] Vat[er] Hausfrau, No 17"), 304 („Eberhard Böttichers Sohn Ebert"), 305 („Eberhard Böttichers Kir[chen] Vat[er] Tocht[er] Catha[rina]"). Die Pest begann schon im Herbst 1601 und erreichte ihren Kulminationspunkt im August und September 1602 mit etwa 14 000 Opfern (insgesamt gab es 16 919 Tode); siehe Jan Baszanowski: Sezonowość zgonów podczas wielkich epidemii dżumy w Gdańsku w XVII i początkach XVIII wieku, in: Przeszłość Demograficzna Polski 17 (1986), S. 68f (Tab. 3).
[58] Frisch: Sankt Marien Pfarrkirche, S. 28, Anm. 1; in Weichbrodt: Patrizier, S. 71.
[59] Weichbrodt: Patrizier, S. 71.

mund für Waisen und Witwen⁶⁰. Zum ersten Mal übernahm er diese verantwortungsvolle Funktion noch als Junggeselle am 25. 8. 1579⁶¹.

Seine kaufmännischen Fähigkeiten sowie die familiären Verbindungen mit einflussreichen Danziger Familien ermöglichten Bötticher den gesellschaftlichen Aufstieg: 1586, im Alter von 32 Jahren, wurde er Mitglied bei zwei Bruderschaften des Artushofes (St. Reinhold und Lübecker Bank)⁶². Obwohl die Bänke des Artushofes an der Wende zum 17. Jahrhundert ihre frühere Bedeutung schon verloren hatten, war eine Mitgliedschaft aber noch weiterhin mit einem gewissen Prestige verbunden (so gehörte z.B. der Historiker Caspar Schütz dazu) und nobilitierte ein Neumitglied, selbst wenn es, wie Bötticher, sich selbst nicht um eine Aufnahme beworben hatte⁶³. Im darauffolgenden Jahr wurde er Rittmeisterkumpan des Bürgerregiments der Langgasse und ab 1591 Mitglied der Georgsbruderschaft⁶⁴. Am 4. März 1595 wurde Bötticher zu einem der Pfleger der St. Georgskapelle in der Marienkirche gewählt⁶⁵. Als aktiver Kaufmann war er an verschiedenen Handelsunternehmungen beteiligt und figurierte als einer der Autoren einer Petition von Kaufleuten und Reedern in der Angelegenheit der Wirtschaftskontakte mit Spanien und Portugal⁶⁶. Es ist auch bekannt, dass er bis 1603 von der Stadt eine Schmiede pachtete.

Dank der persönlichen Aufzeichnungen wissen wir, dass Bötticher häufig mit Vermögensabrechnungen beschäftigt war, sowie mit Erbangelegenheiten seiner Eltern, der Familie, von Verwandten und auch fremder Personen. So zog er z.B. im Zusammenhang mit der Vermögensabrechnung seines Vaters 1578 eine Schuld von 155 Gulden von dem Handelspartner Casper Fritz ein, wozu eine Appellation an den Stadtrat notwendig war⁶⁷. Der erste Band endet mit einer Beschreibung der Erbteilung des Besitzes seiner am 18. Juni 1583 verstorbenen Schwester Elisabeth (geb. 1556): *„haben wir als ihre Erbnemer und Erbnemerinnen, ihrer verlassenen gutter inwentirett und unter uns gleich getheilett und solches*

---

⁶⁰ Bötticher: Memorial (1577–1583), Bl. 142v. Ebenfalls in den späteren Jahre, wie aus den Kirchenbüchern der Marienkirche hervorgeht: Handschrift APGd., Sign. 354/312, Bl. 5v (1 III 1605), 10r (3 V 1605).
⁶¹ Bötticher: Memorial (1577–1583), Bl. 357r; Bötticher: Chronica (1584–1595), Bl. 192r–193r (1586).
⁶² Ebd., Bl. 183r.
⁶³ Ebd., Bl. 183r: „Und weil ich von etzlichen schreiben der Bancken gebetten worden, ich wolle doch Ihre Bruderschafft gewinnen und Ich mich dessen aus gewissen Ursachen Lange geweigert, hab ichs ihnen doch nicht abschlagen konnen. Bin also denn 28. January in S. Reinholdts Banck unnd den 31. January in der Lubeschen Bancken Bruder worden und mich selbst mit eigenen Handt eingeschrieben."
⁶⁴ Ebd., Bl. 222v–223r, 276r. Das Ansehen der Bruderschaften war jedoch schon stark gesunken. Gehrke: Geschichtsschreiber (wie Anm. 12), S. 39, gibt an, dass 1574 der ältere Bruder Böttichers, Caspar, Mitglied der Bruderschaft wurde, obwohl er nur Akziseneinnehmer war und nicht zur bürgerlichen Elite gehörte.
⁶⁵ Bötticher: Chronica (1584–1595), Bl. 299r.
⁶⁶ Trzoska: Bötticher Eberhard (wie Anm. 4), S. 45.
⁶⁷ Bötticher: Memorial (1577–1583), Bl. 319r–319v.

angefangen den 29. Decembris und bald hernach in vierzehen tagen geendett"[68]. Vielfach findet sich in den Zeilen des Tagebuchs die Angelegenheit der Erbteilung zwischen Birgitte, der Schwester Bötticher, und den Kindern ihres Mannes Georg Blömcke, die seiner ersten Ehe entstammten[69]. Der plötzliche Tod Blömckes (23. Mai 1586) und die ungeregelte Erbfrage wurde zukünftig zu einer unerschöpflichen Quelle von familiären Differenzen, wie Bötticher schreibt: „*viele Unruhe, Hader und Zanck hinder sich verlassen"*[70]. Am 15. November kam es zu einem Treffen im Haus der Witwe mit dem Ziel, sich mit dem Inventar bekannt zu machen und die gegenseitigen Ansprüche beider Parteien in Übereinstimmung zu bringen („*alda gerathschlagett wie wir der Schicht und Theilung zue procediren"*). Es kam jedoch nicht zu einer Verständigung, u.a. wegen der Frage nach der Verantwortung für die Schulden des Verstorbenen. Das fehlende Einvernehmen verwandelte sich in einen langjährigen Konflikt, der im Tagebuch ständig präsent war, u.a. durch reichliches Zitieren der Standpunkte beider Seiten, Kopien von Prozessschreiben, Supliken und Klagen an den Stadtrat[71]. Die Angelegenheit brachte Bötticher noch viel Verdruss, er wurde auch nicht von seiner eigenen Schwester verschont.

Böttichers Engagement in Fragen von Erbsachen beschränkte sich nicht auf die eigene Familie, denn nach dem Tod von in Danzig ansässigen Eltern wurden die Vermögensinteressen der nicht volljährigen Kinder nach dem Gesetz einem unabhängigen Vormund übertragen. Vormünder wurden durch den Rat im Rahmen des Mündelgerichts bestimmt, das einen Kandidaten unter den Bürgern auswählte, häufig einem Vorschlag der Familie der Verstorbenen folgend. Wenn jemand nicht gerade schon eine Pflegschaft ausübte, konnte er sich dieser Verpflichtung nicht entziehen, es sei denn aus Gründen von Krankheit, Alter oder Reisen. Zu den Aufgaben eines Vormunds gehörten die Aufsicht über das inventarisierte und geschätzte Vermögen der (Halb)waisen und danach die Sicherung des ihnen gehörenden Anteils. Die Fürsorge dauerte bis zum Erreichen der Volljährigkeit (12 Jahre) des Mündels und endete mit der Aushändigung des Erbes sowie der Abrechnung der Erziehungskosten. Bötticher musste, wie jeder erwachsene Danziger Bürger, oftmals an Erbprozessen teilnehmen, häufig von ihm fremden Personen. Im Juli 1585 bat ihn sogar Bürgermeister Konstantin Giese nach dem Tod seiner Frau um die Aufsicht über die Kinder[72]. Bötticher lehnte anfangs ab mit dem Hinweis auf sein junges Alters und die ihm

---

[68] Ebd., Bl. 443r, 447r.
[69] Bötticher: Chronica (1584–1595), Bl. 187v. Die Vermögensteilung (*Schicht und Theylung*) zur Sicherung des materiellen Rechts der vier Kinder aus der ersten Ehe Blömckes wurde vor der Verheiratung mit der Schwester Böttichers vollzogen. Das Vermögen wurde auf 14051 Mark berechnet, darin enthalten waren Verbindlichkeiten von 59 namentlich und der Herkunft nach erwähnten Geschäftspartnern aus Danzig, Polen und dem Ausland, siehe Bötticher: Memorial (1577–1583), Bl. 405r–407v.
[70] Bötticher: Chronica (1584–1595), Bl. 187r.
[71] Z.B. ebd., Bl. 192r–192v, 193r, 194r–208r, 213r–214v, 231v–240r, 243r–248r, 253r–255r, 257r, 257r–259v, 284rv.
[72] Ebd., Bl. 178v–179r.

fehlende Erfahrung. Schließlich wurde er dennoch vom Rat offiziell zur Annahme dieser Aufgabe verpflichtet. Er nahm u.a. an der Taxierung des Silbers teil, das zwischen den drei Erben aufgeteilt wurde[73]. Es ist bemerkenswert, dass in der Angelegenheit der Vermögensaufteilung der Gieses in Reichenberg (ein Dorf im Danziger Territorium) ein Losverfahren erfolgte. Bötticher beaufsichtige ebenfalls den Verkauf eines zur Erbmasse gehörenden Hauses in der Langgasse für 2160 Gulden[74]. Schließlich notierte das Tagebuch im Januar 1594, dass er im Namen von Elisabeth Giese die Gäste zur Hochzeit seines Schützlings einlud, womit die Vormundschaft auch endete[75].

Interessant waren die Erfahrungen Böttichers als Stadtbürger, denn als jüngster Bürger, damals in der Breitgasse wohnend, wurde er 1582 vom Rat dazu bestimmt, Spenden für wohltätige Zwecke einzusammeln. Die Kollekte wurde während der Feiertage an Ostern, Pfingsten und Weihnachten abgehalten[76]. Bötticher ging mit anderen Bürgern von Tür zu Tür und es gelang ihm, 12 Mark zu sammeln. Außerdem stand er zwischen dem Johannis- (24.6.) und dem Michaelstag (29.11.) nach der sonntäglichen Messe an der Kirchentür mit einer Spendenbüchse in der Hand. Als er zum ersten Mal diese Funktion am Johannistag ausübte, stellte er mit Enttäuschung fest, dass er nicht viel eingesammelt hatte – *„die Leutte wenig gegeben haben"*[77]. Diese Aufgabe war nicht einmalig, Bötticher vermerkt seine Teilnahme beim Spendensammeln noch für 1590 und 1593[78]. Es ist zu bemerken, dass die Mitgliedschaft in den Bänken des Artushofes sowie die Tätigkeit in der Dritten Ordnung ihn nicht von dieser Pflicht entbanden.

Obwohl Eberhard Bötticher mit Sicherheit ein fähiger und strebsamer Mensch war, so spielten jedoch ohne Zweifel die familiären Beziehungen, die eine Konsequenz der Ehe des Vaters mit Brigitte Rogge war (vgl. Genealogie), für seine Karriere eine grundlegende Rolle. Durch die Großmutter aus dem Haus Giese hatte er sehr enge verwandtschaftliche Beziehungen mit Familien, die im 16. und am Beginn des 17. Jahrhunderts in Danzig eine sehr wichtige Rolle in der Stadtregierung spielten. Der Bruder der Großmutter, Tiedemann Giese (1480–1550), war ermländischer Bischof und wurde durch den polnischen König Sigismund I. den Alten geadelt. Eberhard Rogge, der Schwiegervater Melchior Böttichers, war ein wohlhabender Kaufmann und Reeder, seit 1526 Schöffe und Vertreter Danzigs auf dem Hansetag 1523. Zu den Schwestern der Großmutter (Brüder hatte sie nicht) gehörten Elisabeth, ab 1536 Ehefrau von Melchior I. Schachmann und Mutter Melchior Schachmanns II. (1547–1605, Schöffe, Ratsherr und Danziger Syndikus), Magdalena, ab 1551 Ehefrau von Gregor Keckerbart (Kranmeister), Catharina, ab 1555 Ehefrau von Simon Loitz

---
[73] Ebd., Bl. 210r–211r.
[74] Ebd., Bl. 215r–216r.
[75] Ebd., Bl. 296v.
[76] Ebd., Bl. 148r
[77] Ebd., Bl. 155rv.
[78] Ebd., Bl. 262r, 294v.

(Mitglied einer aus Stettin stammenden Bankiersfamilie), Margareta, ab 1563 Ehefrau des wohlhabenden Kaufmanns Mathias Schwichtenberg. Es verwundert daher nicht, dass Bötticher im ersten Band des Tagebuchs mit Sorgfalt den Stammbaum seiner Mutter zeichnete und dabei genau die Todesdaten der Großeltern vermerkte. Neben den persönlichen Begabungen Böttichers waren es diese verwandtschaftlichen Beziehungen sowie verschiedene Kontakte des Vaters, die die öffentliche Karriere Eberhards ermöglichten. Die chronikalischen Bemerkungen zeichnen das Bild einer Person, die im Bewusstsein seiner eigenen Herkunft keinerlei Komplexe gegenüber den calvinistischen Machteliten des damaligen Danzig erkennen ließ.

Als Bötticher sich dem 40. Lebensjahr näherte, erstieg er die nächste Stufe seiner politischen Karriere: 1592 wurde er durch den Rat in den Kreis der Hundertmänner gewählt und somit Mitglied im hundertköpfigen Gremium der Dritten Ordnung, der Bürgervertretung[79]. Diese Körperschaft war dank der *Statuta Sigismundi* von 1526 entstanden und Bestandteil des sog. Breiten Rates. 1600 erhielt Bötticher die Funktion des Quartiermeisters im Hohen Quartier (die Dritte Ordnung war in vier Quartiere geteilt) und 1602 wählte ihn der Stadtrat (Erste Ordnung) unter mehreren Kandidaten in das Gremium der vier Kirchenväter der Marienkirche. Zu den Aufgaben der Kirchenpfleger gehörte die Finanz- und Rechtsaufsicht über das Kirchenvermögen, sie entschieden ebenfalls über die Investitionen und Reparaturarbeiten an der Kirche. Die Position als Kirchenvater der Marienkirche bildete eine mittlere Position in der Karriereleiter öffentlicher Ämter in Danzig, die nächst höheren Stufen waren das Schöffenamt (Zweite Ordnung) und der Stadtrat[80]. Über die Tätigkeit der Kirchenväter wachte der den Rat repräsentierende Kircheninspektor, der einer der vier Danziger Bürgermeister war, die die wichtigsten Ämter der Stadt kontrollierten. 1602 hatte Johann von der Linde (1542–1619) diese Funktion inne[81].

Die Arbeit im Kreis der Kirchenväter kam in hervorragender Weise den Interessen und der religiösen Grundhaltung Böttichers entgegen. Als eifriger Verfechter des Luthertums konnte er sich im Amt des Kirchenvaters persönlich in den Konflikt zwischen den Lutheranern und den durch den Rat geförderten Calvinisten einmischen, die viele geistliche und schulische Posten in der Stadt innehatten. Als Kirchenvater nahm Bötticher auch an den Verhandlungen mit dem Leslauer Bischof und königlichen Abgesandten in Sachen des Streites über das Kirchenpatronat über die Marienkirche teil. Bötticher repräsentierte in dieser Auseinandersetzung die lutherische Bürgerschaft und klagte offen die Patrizier an, die Partei der Calvinisten zu fördern. Schließlich gelang es den Lutheranern, nicht ohne königliche Hilfe, die Offensive des calvinistischen Lagers aufzuhalten.

---

[79] Ebd., Bl. 277v.
[80] Siehe den Beitrag von Christofer Herrmann: Die Kirchenväter der Danziger Marienkirche (in diesem Band).
[81] Zdrenka: Biogramy, S. 200.

Theodor Hirsch betonte die ungewöhnlich aktive Rolle Bottichers: „unter den leien das haupt aller Calvinistenfeinde"[82].

In Folge des Todes der älteren Kollegen stieg Bötticher stufenweise innerhalb des Kirchenvätergremiums auf, um schließlich am 24.2.1611 die Funktion des ältesten Kirchenvaters einzunehmen, die er bis zu seinem Tod im April 1617 ausübte. Seine Arbeit wurde in dieser Zeit vom Kircheninspektor Bürgermeister Johann von der Linde beaufsichtigt und die übrigen Kirchenväter waren Georg Rosenberg, Heinrich Kemerer sowie Michael Wieder.

Die letzten Lebensmonate widmete Eberhard Bötticher der Niederschrift seines wichtigsten Werkes, der Chronik der Marienkirche (Historisches Kirchen Register), in dem er gleichfalls an sein Engagement im Konfessionskonflikt Danzigs an der Wende vom 16. zum 17. Jahrhundert anschloss. Bötticher empfing aus der Kirchenkasse ein Gehalt von jährlich 200 Mark, das vierteljährlich ausgezahlt wurde. Letztmalig erhielt er eine Zahlung von 162 Mark 1616. Er starb am 28.4.1617 möglicherweise als Folge einer Krankheit, verursacht durch einen plötzlichen Anfall (teilweise Lähmung?), der sich auch durch eine im Manuskript des HKR augenfällige Verschlechterung der Handschrift bemerkbar machte und Bötticher zu einem Verzicht auf weitere Niederschriften zwang. Zwei Tage nach seinem Tod wurde er in der Marienkirche beigesetzt, wobei man *gratis* die großen Glocken läutete (ein Privileg seiner Tätigkeit als Kirchenvater)[83]. Er fand seine letzte Ruhe in einem eigenen Familiengrab in der Kirche (Grab Nr. 17; siehe Plan der Grabstellen, *Abb. 18*) neben seiner ersten Frau und zwei seiner Kinder, die während der Pest 1602 gestorben waren[84]. Leider konnten bisher weder sein Testament noch ein Nachlassinventar gefunden werden, das zur Regelung der Erbangelegenheiten notwendig gewesen ist[85].

Auf der Grabplatte Böttichers fand sich, nach Mitteilung chronikalischer Nachrichten vom Ende des 17. Jahrhunderts[86], folgende Inschrift:

„Hoc sibi monumentum ut in eo cum uxore chariss[ima]
Gertrude Dilgerianae sanctiss[imae] memoriae, ac Liberis ad extremum usq[ue]
judicii diem, mortuus quiesceret, certa spe laetae carnis resurrectionis, posuit.

In der Mitten stehen zwey Wapen auff meßin[g]nen Plagte unter welchen dieses ferner zu lesen:

Tu quisquis es Viator quietis Locum ne turbes,
neminem laedas, Scians ac volens laesi neminem."

---

[82] Hirsch: Ober-Pfarrkirche 2, S. 246, Anm. 2
[83] APGd. 354/1513, S. 507, 532 (1616), 538 (Bestattung); APGd. 354/408, S. 465.
[84] Frisch: Sankt Marien Pfarrkirche, S. 37, Anm. 10.
[85] Die Recherche im Staatsarchiv Danzig nach dem Testament Eberhard Böttichers in den Büchern des präsidierenden Bürgermeisters (APGd. 300, 1/60–63, Jahre 1616–1627) sowie im Verzeichnis der Testamente im Schöffenbuch (APGd. 300, 43) blieben leider erfolglos.
[86] Frisch: Sankt Marien Pfarrkirche, S. 37–38

Nach dem im 17. Jahrhundert weitergeführten Grabregister[87] war die Parzelle ab 1611 im Besitz Böttichers und seiner Erben, vorher gehörte der Platz Nicolaus Marienwerder („Nicolaus Marienwerder an die Kirche gestorben"). Vermutlich verkauften die Kinder und andere Erben Eberhard Böttichers die Grabstätte weiter oder die Hauptlinie starb kinderlos aus, eventuell verließen sie die Stadt. 1661 kaufte Paul Bohtt die Hälfte des Grabes von der Kirche ab, schließlich erwarb die Familie Bohtt die gesamte Grabstätte am 18. Januar 1694[88].

Curriculum Vitae Eberhard Böttichers (1554–1617)

1554 16. Februar	geboren in Danzig
1554 18. Februar	Taufe
1554 Frühling	Krankheit (Masern)
1561	(7. Lebensjahr) Beginn der Ausbildung in der unteren Klasse des Akademischen Gymnasiums. Bötticher folgt seinem Lehrer Johannes Tideman in die Pfarrschule von St. Johann, Hausunterricht
1564 16. Juli	(10. Lebensjahr) Tod der Schwester Barbara an der Pest
1564 Ende August	Flucht der Familie Bötticher mit Freunden vor der Pest auf das Land, Eberhard wird unter anderem Namen mit seinem Lehrer Thomas Winter nach Königsberg geschickt
1565 20. April	(11. Lebensjahr) Rückkehr nach Danzig
1566 24. April	(12. Lebensjahr) Reise nach Posen, um die polnische Sprache zu erlernen
1566 28. April	Ankunft in Posen (Aufenthalt im Haus von Stenzel Graff, einer deutschen Familie)
1566 10. Oktober	Umzug in das Haus von Piotr Aptekarz (polnische Familie)
1567 22. Dezember	(13. Lebensjahr) Rückfahrt nach Danzig
1567 24. Dezember	Ankunft in Danzig mit schweren Erfrierungen an den Füßen
1570 5. November	(16. Lebensjahr) Krankheit des Vaters (Schlaganfall, teilweise Lähmung)
1570 29. Dezember bis 1571 21. Januar	(17. Lebensjahr) Fahrt mit Heringen nach Thorn
1571 30. Januar bis 6. Februar	Handelsfahrt nach Königsberg

---

[87] *Register der Leichsteinenn unnd Begrebnüssen in S. Marien Kirchen der Rechten Stadt Dantzig nach Nummern unnd Namen auffs newe mit fleis revidiret und untersucht durch Eberhartt Bötticher Kirchen Vatern und Verwaltern der Leichensteinen daselbst*, Anno 1604, (Autograph Böttichers) APGd. 354/348; S. 15, Nr. 17.
[88] Siehe auch *Todten Buch zur Pfarr* – APGd. 354/346, S. 1, Nr. 17.

1571 20. August	schwere Krankheit der Mutter
1571 15. September	Beginn des Zitterunterrichts
1572 2. Januar bis 4. April	(18. Lebensjahr) Handelsfahrt nach Thorn, Breslau und Wien
1576 21. April bis 1577 5. April	(22./23. Lebensjahr) Reise nach Portugal (Aufenthalt in Lisabon vom 7. Juni bis 5. August, Rückkehr über Dänemark, Stralsund und Stettin)
1577 17. April	Auf Bitten der Eltern nimmt Eberhard Bötticher nicht an der Schlacht am Liebschauer See teil (blutige Niederlage der Danziger Truppen)
1577 (April bis September)	Aufenthalt in Danzig während der Belagerung durch die Truppen König Stephan Báthorys
1577 22. Juli	(23. Lebensjahr) Tod des Vaters (Melchior Bötticher)
1577/1578	Beginn der Niederschrift des Tagebuchs
1578	(24. Lebensjahr) Beginn der eigenständigen wirtschaftlichen Betätigung, Einzug der Schulden von Caspar Fritz, Handelspartner des Vaters
1578 10.–16. April	Fahrt in Erbangelegenheiten nach Lauenburg
1578 23. Juli	Geschäftsreise nach Thorn
1579 25. August	(25. Lebensjahr) Taufpate
1582 Ostern, Pfingsten, Weihnachten	(28. Lebensjahr) Almosensammlung für die Armen
1582 24. Juni	Almosensammlung nach dem Gottesdienst in der Marienkirche
1582 29. September	Almosensammlung nach dem Gottesdienst in der Marienkirche
1583 14. Mai	(29. Lebensjahr) Tod der Schwester Elisabeth
1583 16. Mai	Bestattung Elisabeths
1583 29. Dezember	Beginn der Erbabrechnung nach dem Tod Elisabeths (Abschluss nach 14 Tagen)
1584	Beginn des zweiten Bands der Tagebücher – Bötticher: Chronica (1584–1595)
1584 13. Februar	(30. Lebensjahr) Eheschließung mit Gertrud Dilger, Umzug in das Haus der Schwiegereltern
1584 4. Mai	Auszahlung der Mitgift
1584 13. September	Strafzahlung für einen Verstoß gegen die Willkür
1585 30. Januar	Geburt der Tochter Brigitte

1585 1. Februar	Taufe Brigittes
1585 10. Juli	(31. Lebensjahr) Beginn der Vormundschaft über die Kinder des Bürgermeisters Konstantin Giese (Inventarisierung 12. und 31. Juli)
1586	(32. Lebensjahr) Pacht einer Ausschankberechtigung für Bier im Artushof in Vertretung von Albrecht Karpzov
1586 28. und 31. Januar	Aufnahme in Brüderschaften des Artushofes (St. Reinhold und Lübecker Bank)
1586 20. Mai	Umzug in das eigene Haus in der Langgasse
1586 23. Mai	Tod von Georg Blömcke, Ehemann der Schwester Brigitte (Eberhard Bötticher schaltet sich in die Erbangelegenheit ein)
1586 15. November	Schiedsverfahren Eberhard Bötticher, misslungener Vergleichsversuch der Vormünder der Kinder Blömckes aus dessen erster Ehe und der Schwester Brigitte (der Streit zieht sich über Jahre hinweg)
1587 12. September	(33. Lebensjahr) Wahl zum Kumpan der Bürgerfahne der Langgasse
1587 19. Oktober	Geburt des Sohns Paul
1587 21. Oktober	Taufe Pauls in der Marienkirche
1588 29. August	(34. Lebensjahr) Tochter Brigitte erkrankt an der Pest
1589 17. Juli	(35. Lebensjahr) Sohn Paul erkrankt an den Pocken
1590	(36. Lebensjahr) Sammlung von Almosen
1591 28. Juli	(37. Lebensjahr) Geburt des Sohns Melchior
1591 31. Juli	Taufe Melchiors
1591 3. Juni	Mitgliedschaft in der Brüderschaft St. Georg
1592 vor dem 13. Januar	(38. Lebensjahr) Wahl durch die Ratsherren in den Kreis der Hundertmänner (Dritte Ordnung)
1592 9. März	Erste Teilnahme an der Sitzung der Dritten Ordnung
1593	Sammlung von Almosen für die Armen
1593 28. Oktober	(39. Lebensjahr) Geburt des Sohnes Eberhard
1594 15. Februar	(40. Lebensjahr) Hochzeit des älteren Bruders Caspar Bötticher mit der Tochter von Franziskus Burchard, Pastor aus Groß Zünder
1594 Februar	Sohn Melchior erkrankt an den Pocken
1595 14. März	(41. Lebensjahr) Berufung in die Pflegschaft der St. Georgs-Kapelle
1599 9. Februar	(45. Lebensjahr) Geburt der Tochter Gerda (Gertrud)
1599 12. Februar	Taufe Gerdas

1600	(46. Lebensjahr) Quartiermeister des Hohen Quartiers
1602	(48. Lebensjahr) Wahl Eberhard Böttichers zum vierten (jüngsten) Kirchenvater der Marienkirche
1602 13. April	Geburt der Tochter Catharina
1602 15. April	Taufe Catharinas
1602 22. September	Beisetzung der Ehefrau Gertrud Dilger
1602 29. September	Beisetzung des Sohnes Eberhard
1602 1. Oktober	Tod der Tochter Catharina
1602 3. Oktober	Beisetzung von Catharina
1604	(50. Lebensjahr) Bötticher ordnet die Grabplätze in der Marienkirche (Niederschrift des Grabregisters)
1605 8. Mai	Abfahrt nach Krakau zusammen mit einer lutherischen Delegation der Dritten Ordnung
1605 20. Mai	Ankunft in Krakau
1605 1. Juni	Fahrt nach Łobżenica, zur königlichen Sommerresidenz (Audienz bei König Sigismund III.)
1605 1. Juli	Abreise nach Danzig
1605 5. Juli	Ankunft in Danzig
1605 15. Juli	Fahrt nach Elbing zum Treffen mit den Abgeordneten
1605 22. Juli	Rückkehr nach Danzig
1606	(52. Lebensjahr) Bötticher wird dritter Kirchenvater der Marienkirche
1606 2. Februar	Treffen mit dem königlichen Abgeordneten
1607	(53. Lebensjahr) Heirat mit Anna Duckaw (Dackau)
1611	(57. Lebensjahr) Januar, Eberhard Bötticher wird erster Kirchenvater der Marienkirche; Erwerb der Grabstätte Nr. 17
1612	(58. Lebensjahr) Abfassung der erneuerten Kirchenordnung: *Alte Kirchen Ordnungk der kirchen Sanct Marien in der Stadt Dantzigk... 1612*
1615	(61. Lebensjahr) Beginn der Niederschrift des Historischen Kirchen Registers
1616	letzte Auszahlung aus der Kasse der Marienkirche (162 Mark)
1616 26. Februar	letzte Eintragung im HKR (Vorrede)
1617 28. April	Tod im 63. Lebensjahr
1617 30. April	Beisetzung in der Marienkirche

Genealogie Eberhard Böttichers (1554–1617)

Großvater Eberhard Böttichers: Caspar Boddicker (–Greifenhagen/Pommern nach 1516), Ratsherr in Greifenhagen, verheiratet mit Barbara Kaues (?–?)

6 Kinder: Mattheus, Thomas, Caspar, Baltzer, Hans, **Melchior**

Die Eltern Eberhard Böttichers: Melchior Bötticher (1516 Greifenhagen/Pommern, gest. 22. Juli 1577, Danzig) und Brigitte (Birgitte) Rogge (7. Juni 1523 Danzig–10. Januar 1580 Danzig) (5 Kinder aus der zweiten Ehe des Patriziers Ebertta (Eberhard) Rogge und Brigitte, Tochter von Albrecht Giese.)

Verehelichung am 27. Juni 1546

Melchior Bötticher und Brigitte (Birgitte) Rogge, 8 Kinder (alle in Danzig geboren):

Geschwister Eberhard Böttichers:

1. Caspar (5. April 1547–24. Dezember 1600) 15. Februar 1594 Ehe mit Anna Burchardi, Tochter eines Pastors aus Groß Zünder, 2 Kinder: Elisabeth (1597–?), Caspar II. (1600–?).
2. Brigitte (22. April 1549–16. Juli 1599), Ehe mit Georg Blömcke (gest. 23. Mai 1585), kinderlos
3. Melchior II. (1551–1552)
4. Barbara (1552–16. Juli 1564)
5. **Eberhard (16. Februar 1554–26. Mai 1617)** 13. Februar 1584 Ehe mit Gertrud Dilger (Gerda Dilliger) (?–vor 22. September 1602, Pest) Tochter von Paul Dilger (1525–1577) Mitglied der Dritten Ordnung: 6 Kinder
6. Elisabeth (3. November 1556–14. Mai 1583) kinderlos
7. Catharina (28. Oktober 1559–14. Oktober 1585) 23. Dezember 1584 Ehe mit Jakub Brayde 1584: 1 Kind
8. Anna (3. März 1564–3. Oktober 1636) 24. Februar 1600 Ehe mit Albrecht Schulz

Eberhard Bötticher (16. Februar 1554–28. April 1617)

Die Kinder Eberhard Böttichers

1. Ehe mit Getrud Dillger 1584

Eberhard Bötticher und Gertrud Dillger (Dilger, Dilliger): 6 Kinder (alle in Danzig geboren):

1. Brigitte (30. Januar 1585–5. Dezember 1597)
2. Paul (19. Oktober 1587–2. Mai 1652) verheiratet mit Regina Dackau (Deckaw) – 2 Kinder
3. Melchior III. (28. Juli 1591–14. Juni 1647) verheiratet mit 1639 mit Elisabeth Beschner
4. Eberhard II. (28. Oktober 1593–29. September 1602, gestorben an der Pest)
5. Gertrud (9. Februar 1599–1623) verheiratet 1620 mit Sebastian Hallmann – 2 Kinder
6. Catharina (15. April 1602–1. Oktober 1602, gestorben an der Pest)

2. Ehe 1607 mit Anna Deckaw (kinderlos)

Ende des 17. Jahrhunderts starb die Hauptlinie der Familie Bötticher aus.

Der Verwandtenkreis Eberhard Böttichers

a. Herkunft und Verbindungen der Familie der Mutter Eberhard Böttichers Brigitte Rogge (1523–1580).

6 Töchter aus 2 Ehen des Patriziers Ebertt (Eberhard) Rogge (1470–1532) und Brigitte (21. Januar 1492–2. [13]. August 1567), Tochter von Albrecht Giese (1450–1499).

Die Großmutter Eberhard Böttichers mütterlicherseits, Brigitte Rogge geb. Giese, hatte 13 Geschwister, darunter:

Bischof von Ermland Tiedemann Giese (1480–1550), geadelt durch den polnischen König Sigismund I. d. A.

Der Schwiegervater Eberhard Böttichers, Eberhard Rogge, war Kaufmann und Reeder, ab 1526 Schöffe, Vertreter Danzigs auf dem Hansetag 1523; erste Ehe mit Barbara Bonholt (gest. 1514) – 6 Kinder (3 Töchter starben unverheiratet, 3 Söhne, über die es keine näheren Informationen gibt).

Die Schwestern (Brüder gab es nicht) von Brigitte Rogge (aus der Verbindung mit Eberhard Rogge und Brigitte Giese):

1. Elisabeth (1516–1570) – die Frau von Melchior I. Schachmann (1536), Mutter Melchior Schachmanns II. (1547–1605) Schöffe, Ratsherr und Syndikus in Danzig.

2. Anna (1519–1561) – die Frau Adrians von Rosenberg (1540), Danziger Kaufmann, gest. 1564.
3. Barbara (1525–1578) – unverheiratet.
4. Magdalena (1529–1609 – die Frau von Gregor Keckerbart (1551), Kranmeister.
5. Catharina (1530–1558) – die Frau von Simon (?) Loitz (1555), Mitglied einer aus Stettin stammenden Bankiersfamilie (unehelicher Sohn von Stefan Loitz, Simon II., Danziger Anwalt, gest. 1624?).
6. Margareta (1532–1563) – Ehefrau von Mathias Schwichtenberg (1563).

Übersetzung: Christofer Herrmann

Edmund Kizik

Eberhard Bötticher (1554–1617) kupiec, kronikarz, witryk kościoła Mariackiego w Gdańsku[1]

Większość badaczy zajmujących się dziejami Gdańska w XVI i początkach XVII w. w mniejszym lub mniejszym stopniu zna twórczość pamiętnikarską Martina Grunewega (1562 – ok. 1615)[2], gdańskiego kupca, luteranina, który przejściu na katolicyzm i wstąpieniu do zakonu dominikańskiego przebywał w różnych klasztorach w Polsce[3]. Do upowszechnienia jego twórczości przyczyniły się wieloletnie, intensywne prace nad edycją zachowanych w autografie, obszernych zapisek tej nietuzinkowej postaci. Opublikowanie tego obszernego dzieła, którego bogactwo i wnikliwość podróżniczych opisów korzystnie wyróżnia się na tle świadectw pamiętnikarskich powstałych w Rzeczpospolitej drugiej połowy XVI i początków XVII w., stanowi doskonałą okazję, aby przypomnieć i upowszechnić obfity dorobek innego gdańszczanina, kronikarza oraz pamiętnikarza Eberharda Böttichera[4]. Bötticher, żyjący w latach 1554–1617, bez mała rówieśnik Grunewega z sąsiedniej ulicy – pierwszy spędził dzieciństwo w domu na rogu ul. Kramarskiej/Große Krämergasse i Piwnej/Jopengasse, drugi w kamienicy na ul. Chlebnickiej/Brodbenkengasse – znany jest historykom przede wszystkim jako autor *Historisches Kirchen Register* (HKR)[5], obszernej kroniki kościoła Mariackiego, fary Głównego Miasta na tle dziejów miasta – od założenia świątyni aż do 1616 r. Niektórzy badacze znają również towarzyszący HKR zbiór komentowanych dokumentów (zachowanych w odpisach pod różnymi tytułami: *Historische*

---

[1] Tekst niniejszy nawiązuje do ustaleń opublikowanych w artykule: Kizik: *Pamiętnik*, s. 141–164 oraz Edmund Kizik: *The Chronicles and Memoirs of a Gdańsk Merchant and the Official of St. Mary's Church, Eberhard Bötticher (1554–1617)*, "Studia Maritima" 24 (2011), s. 47–61.

[2] Bues: *Gruneweg*. Por. moją recenzję tej ważnej edycji: „Acta Poloniae Historica" 101 (2010), s. 290–296.

[3] Znaczenie badawcze zapisek już przed półwieczem wskazał Ryszard Walczak: *Pamiętnik Marcina Grunewega*, „Studia Źródłoznawcze" 5 (1960), s. 58–77. Jednak dopiero udostępnienie transkrypcji w ramach inicjatywy wydawniczej koordynowanej przez Niemiecki Instytut Historyczny w Warszawie zaowocowało wieloma analizami badawczymi. Por. zestawienie bibliograficzne: Almut Bues: *Einleitung*, w: Bues: *Gruneweg*, t. 4, s. 1507–1511.

[4] Erich Keyser: *Bötticher Eberhard*, w: *Altpreußische Biographie*, t. 1, hg von Christian Krollman, Königsberg 1939, s. 67; Jerzy Trzoska: *Bötticher Eberhard*, w: SBPN, Suplement II, s. 45; Bertling: *Katalog* 1, s. 630–631.

[5] HKR 1615 [1616]. Autograf kroniki kościoła Mariackiego Böttichera obecnie w BGPAN, sygn. Ms. Uph. fol. 18. Kronika była wielokrotnie kopiowana oraz kontynuowana, najczęściej do 1640 r., niekiedy aż do połowy XVIII w. (zob. Edmund Kizik: Zestawienie dorobku pisarskiego Eberharda Böttichera, nr IV. A.–IV. D.).

Declaration, Historischer Erklärung lub *Gründliche Erklärung*)⁶. Materiały te mają wartość szczególną dla poznania toczących się na przełomie XVI i XVII w. sporów na tle wewnętrznego rozłamu w łonie gdańskiego protestantyzmu na zwolenników luteranizmu i kalwinizmu oraz między Radą Miejską Gdańska a biskupem włocławskim i królem o dysponowanie majątkiem klasztoru św. Brygidy i praw patronackich do kościoła Mariackiego. Bötticher był nie tylko zbieraczem dawnych dokumentów i ich kompilatorem, lecz sprawując funkcje witryka kościoła NMPanny⁷, najważniejszego luterańskiego kościoła w Gdańsku, był zarówno świadkiem, jak i niezwykle czynnym uczestnikiem ówczesnych sporów i negocjacji o kształt wyznaniowy miasta.

Eberharda Böttichera poznajemy przede wszystkim dzięki zachowanym w dwóch tomach zapiskom pamiętnikarskim⁸. Przechowywany w Archiwum Państwowym w Gdańsku autograf Böttichera, znany pod oryginalnym tytułem *Memorial oder Gedenckbuch* (dalej cyt. jako Bötticher: Memorial (1577–1583))⁹, obejmuje lata 1516- 1583, a poświęcony został zarysowaniu historii Gdańska oraz pochodzeniu rodziny, opisowi dzieciństwa autora, jego kawalerskiej młodości oraz początkom kupieckiej kariery zawodowej. Do tomu załączony został autorski spis treści (*Register uber mein Memorial, Memorial oder Gedenckbuch*, k. 448r–456r). W tomie drugim, zatytułowanym *Der andere Theil des Eberhard Bötchers Chronica Anno 1584 biß Anno 1595* (dalej cyt.: Bötticher: Chronica (1584–1595))¹⁰, doprowadzonym do marca 1595 r., znajdujemy opis pierwszych lat małżeństwa, kłopotów rodzinnych (z reguły na tle toczącej się latami sprawy spadkowej siostry) oraz pierwszych kroków w działalności publicznej autora jako przedstawiciela pospólstwa we władzach miasta, czyli Trzeciego Ordynku¹¹. Można zakładać, że zapiski miały swoją kontynuację, nic bowiem nie uzasadnia nagłego przerwania dzieła, które doprowadzone do końca woluminu, nie zostało, tak jak tom pierwszy, opatrzone registrem. Niestety, o kolejnych częściach pamiętnika nic mi nie wiadomo. Nad czym ubolewam, albowiem właśnie na czas po 1595 r. przypada okres niezwykle ożywionej działalności publicznej Böttichera, którą poznajemy pośrednio z lektury jego HKR, spisanego w ostatnich miesiącach życia na przełomie 1616 i 1617 r.

---

⁶ *Historische Declaration* (zob. Edmund Kizik: Prace pisarskie Eberharda Böttichera, nr III D.
⁷ Bliżej na temat funkcji witryków (zob. Christofer Herrmann: Witrycy kościoła Mariackiego w Gdańsku.).
⁸ Zob. omówienie pamiętników: Edmund Kizik: *Pamiętnik*.
⁹ Bötticher: Memorial (1577–1583). Tom znajdował się m.in. w kolekcji gdańskiego bibliofila Walentina Fabriciusa (1612–1667); zob. Spis, nr I. A.
¹⁰ Bötticher: Chronica (1584–1595). Rękopis znajdował się w zbiorach Walentina Schliffa (zaopatrzony jest w exlibris bibliofila, zob. Günther: *Katalog* 2, s. 214); Spis, nr. I. B.
¹¹ Tom ten zapewne z powodu niefortunnego tytułu został przez Lecha Mokrzeckiego mylnie powiązany z pierwszą częścią *Historischer Erklerung* (Mokrzecki: *W kręgu prac*, s. 111, przyp. 54).

Zachowane dwa tomy pamiętnika, liczące razem bez mała 1200 stron tekstu, stanowią wyjątkowo istotne źródło do poznania życia Eberharda Böttichera, zamożnego gdańszczanina ostatniej ćwierci XVI w. Wprawdzie autor nie był zbyt wylewny, jeśli idzie o opisy życia codziennego, to jednak pod wieloma względami zachowany pamiętnik ukazuje inną i często pełniejszą wizję aniżeli tę którą znamy z zapisek Grunewega[12], ukazując szeroką paletę sporów religijnych dzielących mieszkańców Gdańska. Sięgnięcie po wzmianki zachowane w metrykach i innych zbiorach akt urzędowych kościoła Mariackiego pozwala uzupełnić dane związane życiem rodzinnym autora[13]. W sumie dysponujemy materiałami zapewniającymi stosunkowo dokładne poznanie pochodzenia autora HKR, środowiska społecznego, w którym się obracał, kręgu kontaktów osobistych, zawodowych, a nawet poziomu życia i postawy religijnej czy poglądów na miejsce Gdańska w Rzeczpospolitej.

Przypomnijmy najważniejsze informacje z życia kronikarza. Eberhard Bötticher (w źródłach również Bödcher, Bodcher, Böttcher) urodził się w Gdańsku w piątek, 16 lutego 1554 r.[14] jako piąte z ośmiorga dzieci (trzech synów i pięć córek) zamożnego kupca gdańskiego Melchiora Böttichera (1516–1577) oraz Brigitte Rogge (1523–1580), pochodzącej z rodziny patrycjuszowskiej (zob. poniżej związki rodzinne)[15].

Melchior pochodził z pomorskiego Gryfina, gdzie jego dziadek był rajcą. Po śmierci rodziców i pobycie w Szczecinie trafia do Gdańska na służbę u niewymienionego z nazwiska proboszcza w gdańskim kościele św. Piotra. Po pewnym czasie zaczyna się uczyć zawodu kupieckiego praktykując w pewnym przedsiębiorstwie. Ten okres jego życia jest stosunkowo słabo znany. Wiadomo, że pragnąc polepszyć swoje kwalifikacje i w celu nauki języka polskiego zostaje polecony polskiemu szlachcicowi, wstępuje do niego na służbę i na kilka lat opuszcza Gdańsk. Po powrocie do miasta w 1547 r. zajmuje się handlem, na tyle pomyślnie, że jako trzydziestolatek poślubił Brigitte Rogge, która pochodziła z ustosunkowanej i silnie rozrodzonej rodziny patrycjuszowskiej (spokrewniona była m.in. z biskupem warmińskim Tiedemannem Giese, który był bratem babci Brigitte).

Jak się wkrótce okazało, była to wyjątkowo korzystna dla Böttichera partia, albowiem korzystając z poparcia Tiedemana Giese małżonkowie uzyskują za niski roczny czynsz wysokości 24 grz. dzierżawę kamienicy na ul. Chlebnickiej/Brod-

---

[12] Badawczo wykorzystywany był jedynie w niewielkim stopniu, m.in. posłużył Paulowi Gehrke do ustalenie życiorysu Caspra Böttichera, brata Eberharda, znanego jako kopista kroniki Wartzmanna (Paul Gehrke: *Der Geschichtsschreiber Bartholomaeus Wartzmann im Kreise seiner Abschreiber*, „Zeitschrift des Westpreußischen Geschichtsvereins" 41 (1900), s. 38–39, przyp. 1).
[13] Inne materiały na temat Böttichera, jak np. kompilacja Karla Antona Kaschlinskiego z połowy XIX w. (*Danziger Familien*, rkps BGPAN, sygn. Ms. 5751, s. 173–178), to informacje odpisane od Theodora Hirscha (Hirsch: *Ober-Pfarrkirche* 2, s. 256–257 i *passim*.
[14] Bötticher podaje, że przyszedł na świat o godz. 21.30: „freytag nach mittage umb 9 Uhr 30 Minuten" (Bötticher: Memorial (1577–1583), k. 117r).
[15] Zob. Zdrenka: *Biogramy*, s. 256–258.

benkengasse, własność opactwa cysterskiego w Oliwie[16] (interesująca umowa najmu z 1550 r. zachowała się w odpisie w *Memorial oder Gedenckbuch*)[17]. Niekorzystne dla opactwa warunki w kolejnych latach prowadziły do sporów z kolejnymi opatami, wielokrotnie odnotowywanych na łamach pamiętnika. Rodzina zabezpieczyła swoje interesy, uzyskując konfirmację umowy przez króla Zygmunta Augusta. W sprawie mediował m.in. kasztelan gdański Jan Kostka[18]. W 1568 r. Bötticherowie zakupili od doktora medycyny Aleksandra Suchtena za 3000 fl. dom przy ul. Długiej/Langegasse[19]; w rozliczeniu odstępując mu połowę spichlerza[20].

Rodzeństwem Eberharda byli Caspar (1547–1600), Brigitte (1549–1599)[21], Melchior II (1551–1552), Barbara (1552–1564), Elisabeth (1556–1583), Catharina (1559–1585) i Anna (1564–1636?). Z zapisek pamiętnikar-

---

[16] Dzierżawiony dom na ul. Chlebnickiej/Brodbenkengasse (obecny numer 35) stanowił własność cystersów aż do 1835 r. Wzmiankowany jest w księgach gruntowych z lat 1357–1382 (rkps APGd., sygn. 300, 32/1, k. 9v), 1382–1415 (300, 32/2, k. 74r), 1415–1633 (300, 32/4, k. 103v). Jest to jedno z najstarszych nadań dla klasztorów pozagdańskich na terenie miasta, istniejące już w chwili lokacji Głównego Miasta, o czym mówią dokumenty klasztorne, np. dokument zwany przez cystersów *Privilegium maius* z 1342 i dokument z 1437 r. (rkps APGd., sygn. 940/413, k. 179v; zob. *Preussisches Urkundenbuch*, t. 3, cz. 2, (1342–1345), hrsg. v. Hans Koeppen, Marburg/Lahn 1958, nr 490. Za pomoc w ustaleniu tych danych dziękuję dr. Marcinowi Grulkowskiemu z gdańskiej pracowni Instytutu Historii PAN.

[17] Bötticher: Memorial (1577–1583), k. 101v–102v; zob. też k. 117v.

[18] *Ibidem*, k. 117v–118r, 127r–133v, 137v–138r; Bötticher: Chronica (1584–1595), k. 19v–20v.

[19] Jest to posesja, która należy do pierzei określanej nagłówkiem „Acies III eiusdem platee ascendendo" (rkps APGd., sygn. 300, 32/4, k. 51r, 46v). Znajduje się w południowej pierzei ul. Długiej 5 (Langgasse 5) między ul. Garbary a Pocztową, druga parcela od ul. Garbary. Kamienica posiadała dwa poziomy sklepionych kolebkowo piwnic. Stojąca obecnie na parceli kamienica została odbudowana w nawiązaniu do form klasycystycznych z pierwszej połowy XIX w. (*KZS Gdańsk*, s. 169). Według księgi gruntowej po śmierci Eberharda Böttichera prawo własności miały jego dzieci, córka Anna oraz syn Paul. Brak wzmianki o drugiej żonie Böttichera: „1621 / 4 Septembris Frau Anna Bötchers vidua Albrecht Schultzen 3/10; 1630 / 2 Septembris Paul Bötcher 1/4; 1621 / 4 Septembris Paul Bötcher 9/20". Działki były obciążone: „Salomon Giese habet in Paul Bötchers 9/20 parten 131 mr 6 sc. bonae monetae redimendo marcam pro 12 et censum und auff Ostern Anno 1625 ist der erste Zins felligk. Actum 9 Martii 1624"; „Frau Anna vidua Albrecht Schultzen hat auff der Verbeßerung des Paul Bötchers 9/20 parte zwei tausent Fl. polnisch zur Versicherung. Actum 8 Maii 1631"; „Martin, Helena und Caspar liberi Caspar Emmerichs haben auff Paul Bötchers 1/4 part 128 mr. bonae monetae redimendo marcam pro 12 et censum und auff Johannis 1631 ist der erste Zins felligk vermuge ihrem contract. Actum 2 Septembris Anno 1630" (rkps APGd., sygn. 300, 32/4, k. 51r, 46v). Wpisy z pierwszych dekad XVII w. ocalały, albowiem stare księgi zostały zamknięte i zarchiwizowane w latach trzydziestych tego stulecia. Wcześniejsze wpisy dokonywane w pergaminowych księgach gruntowych po kolejnej transakcji i zmianie właściciela były systematycznie wycierane, po czym nanoszono odpowiednie aktualizacje (Elżbieta Kloss: *Gdańskie księgi gruntowe*, „Archeion" 22 (1954), s. 196–212), dlatego późniejszych właścicieli z XVII w. nie znamy.

[20] Bötticher: Memorial (1577–1583), k. 157v.

[21] Zachował się jej testament z 7 VII 1599 r. (rkps APGd., sygn. 300, 43/22, k. 196r–197v).

skich wynika, że ważniejszą rolę w życiu Eberharda odegrali starszy brat Caspar oraz siostra Brigitte. Caspar, pierworodny syn Melchiora i Brygidy, znany jest bliżej jako domniemany kopista kroniki Bartolomäusa Wartzmanna, która w przyszłości stała się jednym ze źródeł dla kronik pierwszego tomu pamiętnika oraz HKR[22]. Jednak, jak parokrotnie podkreślił Eberhard, brat nie wykazywał większych zainteresowań nauką, nie zajął też ważniejszego miejsca w drabinie społecznej Gdańska[23], a poza wspomniana kopią nie zaznaczył w sposób szczególny swojej obecności w życiu miasta.

W życiu rodzinny i przedsiębiorstwa kupieckiego ojca początkowo istotną rolę odgrywał kuzyn (syn brata ojca), również imieniem Kaspar (Caspar), który wychowywał się wraz z rodziną stryja. Melchior traktował bratanka jak syna i najwidoczniej łączył z nim duże nadzieje, skoro powierzał mu znaczne pieniądze na przedsięwzięcia kupieckie m.in. w Anglii i Szwecji. Niestety Kaspar okazał się prawdziwym synem marnotrawnym: wielokrotne sprzeniewierzał pieniądze, nie rozliczał się przed ojcem z poniesionych kosztów, robił długi[24] i ostatecznie zmarł w nędzy w Bydgoszczy 15 września 1579 r. Eberhard Bötticher nie rozumiał miłości ojca do przybranego syna, czemu z reszta dał dobitny wyraz w pamiętniku:

„welcher meynem pater, wie vormeldett, nicht eine Geringer Summa Gelles gekostet, wie woll es ubel angewendett ist dan er sich gar nicht dadurch gebessert, sondern nach dem er alles vertzerett und hidurch gebracht endlich in durfftigkeitt und elend gestorben und ist nich mehr davon anzuklagen [...]. Ist der wegen dieser Caspar Bodcher ein grosser verhinder unsers geluck gewesen, dan er uns ein grosse Summa geldes pro resto schuldig verblieben[25]."

W 1561 r. Eberhard jako siedmiolatek został posłany do niższych klas Gimnazjum Akademickiego w dawnym klasztorze franciszkańskim, o którym nie bez dumy napisał, że poziomem dorównywał uniwersytetowi: „zu dieser Zeytt stund deselbige Studium zum Grawem Munchen noch in in vollen flor das, fast eyner Universitett ehnlich gewesen"[26]. Po odejściu swego preceptora Johanna Tiedemanna na stanowisko rektora szkoły przy kościele św. Jana, chłopiec podążył za nim i formalne wykształcenie odebrał w szkole parafialnej, uzupełniając je nauczaniem domowym przez prywatnych preceptorów. Nauki domowe były bardzo intensywne: poza językiem ojczystym dość biegle poznaje łacinę – powagę swoich późniejszych prac autor podkreślać będzie licznymi makaronizmami, wplatając modne zwroty łacińskie.

---

[22] Gehrke: *Geschichtsschreiber*, s. 38–41. Zachowane liczne odpisy (np. rkps APGd., sygn. 300, R/Ll, 10; 300, R/Ll, 75; 300, R/Ll, 79). Wykaz kopii kroniki Bartholomeusa Wartzmana i charakterystyka źródła w: Jolanta Dworzaczkowa: *Dziejopisarstwo gdańskie do połowy XVI wieku*, Gdańsk 1962, s. 85–103.
[23] Otrzymał funkcję poborcy podatku akcyzy.
[24] Bötticher: Memorial (1577–1583), k. 154v, 155r–v (1567 r.). Zob. Gehrke: *Geschichtsschreiber*, s. 39.
[25] Bötticher: Memorial (1577–1583), k. 359r.
[26] *Ibidem*, k. 137r.

W celu nauki języka polskiego dwunastoletni Eberhard został wysłany do Poznania, do zaprzyjaźnionej rodziny kupieckiej. Wcześniej (1562–1564) uczęszczał tam do polskiej szkoły jego starszy brat Kaspar[27]. Posyłanie dzieci na naukę polszczyzny do Korony było często praktykowane wśród ówczesnych mieszczan gdańskich, a nawet bogatych chłopów żuławskich[28]. W Gdańsku nie istniało środowisko polskojęzyczne, które pozwalałoby na nauczenie się języka na miejscu. Również dialekt polski używany przez szlachtę kaszubską lub ubogie grupy robotnicze i służbę uniemożliwiał poznanie literackiej polszczyzny. Dlatego np. współczesny Bötticherowi Martin Gruneweg nauczył się polskiego w Bydgoszczy (1574–1575)[29]. Warto wspomnieć, że ojciec Böttichera w wieku dorosłym też uczył się polszczyzny, języka nieodzownego w kontaktach z klientami, lub goszczącymi lub zamieszkującymi w Gdańsku Polakami z Korony[30]. Jak wynika z zapisek, nie zaniedbywano znajomości polskiego także u dziewczynek. Przykładowo w sierpniu 1570 r. do domu po dwóch latach wróciła z Torunia siostra autora zapisek, Katarina: „nach dem sie fast in die 2 Jar [...] gewesen die polnische sprach zu lernen"[31].

Eberhard po przyjeździe do Poznania początkowo zamieszkał u rodziny niemieckiej, ale ostatecznie trafił do polskiego domu Piotra Aptekarza („am Ring wohnende"), gdzie siłą rzeczy musiał się nauczyć podstaw polszczyzny: „den gar kein deutsch volck in dem selbigen hause war. Darumb ich mich noth halben muste zur polnischen sprach gewohnen". Po półtorarocznym pobycie w Poznaniu (1566–1567) jako tako poznał język, czyli jak podkreślił: „Nach dem ich aber zur nottturft Pohlnisch gelernet hatte", powrócił do domu[32]. Jednak polszczyzna Böttichera nie była wcale tak marna – pozwalała mu na tłumaczenie na niemczyznę różnych dokumentów[33].

Po powrocie do ojczystego miasta ojciec zaczyna wprowadzać syna w tajniki zawodu kupieckiego, szczególnie, że przyrodni brat Kaspar okazał się utracjuszem i źródłem nieustannych trosk rodziny. Równocześnie sam Eberhard dzięki pilnej autodydaktyce zdobywa całkiem sporą wiedzę humanistyczną: uważnie śledzi dostępną mu literaturę historyczną, zbiera druki, zaś na etapie spisywania kronik będzie często sięgał do publikowanych relacji współczesnych. Nawet uczył się gry na cytrze – kupił sobie instrument i pobierał nauki u pewnego włoskiego mistrza.

---

[27] *Ibidem*, k. 139r–v.
[28] Edmund Kizik, *Wstęp*, w: *Nicolausa Vockmara „Viertzig Dialogi" 1612. Źródło do badań nad życiem codziennym w dawnym Gdańsku*, wyd. Edmund Kizik, Gdańsk 2005, s. XXXVII–XLVIII.
[29] Bues: *Gruneweg*, t. 1, s. 459–476.
[30] Bötticher: Memorial (1577–1583), k. 73r–v.
[31] *Ibidem*, k. 191[190]r.
[32] *Ibidem*, k. 154v–156r.
[33] „[...] durch meine bösen dolmetschen aus dem polnischen ins deutsche" (*ibidem*, k. 166v––174r). Por. komentarze Böttichera: *ibidem*, k. 175r–176v.

Częściowy paraliż ojca w 1570 r., spowodowany zapewne wylewem krwi do mózgu, zmusza Eberharda do samodzielnego zajęcia się interesami i na kartach zapisek zaczynają pojawiać się notatki dotyczące wypraw kupieckich ze śledziami do Torunia i Królewca (przełom 1570/1571), do Torunia, Wrocławia, na Morawy i do Austrii (zima 1572). Tego ostatniego wyjazdu omal nie przypłacił życiem, albowiem popiwszy tęgo morawskiego słodkiego wina, zabłądził w czasie śnieżycy i życie zawdzięczał jedynie pomocy miejscowych chłopów. O tym, jak interesy gospodarcze splatać się mogły z kwestiami małżeńskimi, świadczą starania o rękę dwudziestoczteroletniej Birgitty, starszej siostry Eberharda (1572–1573). Kawaler kupiec o nazwisku Jorgen Ostreych zapewniał rodzinę Böttichera, że posiada w Polsce ładunek 30 łasztów popiołu. Rodzice dla pewności poprosili kandydata, aby sprowadził towar do Gdańska. Gdy ten po roku powrócił z pustymi rękami, rodzina nabrała przekonania, że ma do czynienia z łowcą posagu: „und meyner eltern teglich mehr und mehr erfuren, das dis mit der Asche erlogen ding war"[34].

Wyraźnym przełomem w życiu Eberharda Böttichera stała się wielomiesięczna wyprawa kupiecka do Portugalii, trwającej od Wielkiej Nocy 1576 do 5 kwietnia 1577 r.[35] Wcześniejsze podróże z towarami do Torunia, Królewca (1571), Wrocławia i Wiednia (1572) były stosunkowo krótkie, co najwyżej kilkutygodniowe, również ich opisy pozostają dość lakoniczne[36]. Dopiero wyprawa do Portugalii była poważnym przedsięwzięciem kupieckim. Relacja licząca ponad 50 kart została wyodrębniona tytułem: *Hernach folgett wie Ich Ebert Bodcher von Dantzig meyn Lissebonische Reyse vorgenommen und mitt Gottes Hulffe volbracht habe*. Jest to opis zarówno z uwagi na swoją szczegółowość jak i barwność jest całkowicie wyjątkowy w nowożytnej memuarystyce gdańskiej.

Autor charakteryzuje na wstępie uzbrojenie trzech stojących na redzie gdańskiej statków z ładunkiem żyta i pszenicy. Uzbrojenie było konieczne, albowiem handlujący z Francją oraz z Hiszpanią i Portugalią narażeni byli na spotkania z piratami operującymi na Morzu Północnym oraz w Zatoce Biskajskiej. Nic dziwnego, że w czasie postoju w Danii autor z uznaniem odnotowuje widok zatkniętych na palach przed królewskim zamkiem Helsingør głów 43 straconych rabusiów. Jak się okazało, również statek Böttichera natykał się na piratów, a do celu dopłynął nie bez strat i różnych perypetii[37]. W opisie pobytu w Lizbonie autor poświęca wiele miejsca uroczystościom religijnym (procesja Bożego Ciała) oraz rzeczom najbardziej istotnym z punktu widzenia młodego kupca, czyli wysokości ceł na poszczególne produkty, obowiązującym jednostkom wagowym, kursom wymiany monet, cenom frachtu, oskarżeniom o nielegalny wywóz pieniędzy.

Ale interesują go nie tylko sprawy gospodarcze i religijne. Opisuje np. ponętne Portugalki („ein schones Frawenvolck, welches sich auch prechtig helt und

---
[34] *Ibidem*, k. 209r–v.
[35] *Ibidem*, k. 216r–266r, 272r–276r.
[36] *Ibidem*, k. 196r–199r.
[37] *Ibidem*, k. 221, 246v–248r.

gantz seuberlich gekleidet [ist]")[38], które rzekomo nie mogły wychodzić z domów, ale przesiadywały w oknach, machając do przechodniów. Warto odnotować, że Bötticher odnotował z autopsji wydarzenia, które staną się bez mała toposem literackim[39]

Bötticher relacjonuje takie zdarzenie, zaznaczając jednak, że pociechy z niego owe panny nie miały („sie haben aber nicht viel Trostes von mir bekommen"). Przybysze z luterańskiej północy w ogóle zdawali się mało rozgarnięci, albowiem autor naiwnie zaznacza, że wraz z innymi nie rozumiał znaczenia gestów owych ślicznotek: „und wie wir so allein in der gassen gingen, winckett uns das Weyb. Ich aber wuste nicht, was solch wincken bedeuttett". Wspomina nawet, że jedna zdjęła obszerny kołnierz, kryzę i ukazała osłupiałym obcokrajowcom swoje piersi, pomiędzy którymi wisiał na złotym łańcuchu krucyfiks: „hatte aber Iren Hals Kragen ausgetzogen und den Hals geblosset bis an Ihre Bruste, dazwischen eyn guldenes Cruzifix hatte gehangen und darzu auch die guldene Kette umb den Hals und neygett sich abermals gegen uns". Zdziwiony Bötticher i jego towarzysze byli zaintrygowani i zakłopotani równocześnie. Pamiętnikarz wspomniał, że rozmawiali ze sobą, cóż miało się kryć za owym gestami („wir aber redeten unter eynander, was solch wincken bedeutten mochte"[40]). Egzotyka wyprawy portugalskiej zaowocowała nadzwyczajną wylewnością tekstu. Na przeciwnym biegunie znajdują się rzeczowe, nieco suche opisy późniejszych wypraw, np. trwającej 26 dni podróży przez Królewiec i Kowno do Wilna z ładunkiem śledzi (zimą 1582)[41].

Z podróży portugalskiej powrócił Bötticher do miasta pogrążonego już w ryzykowny konflikt z nowo wybranym królem elekcyjnym, pochodzącym z Siedmiogrodu Stefanem Batorym (1576–1577)[42]. I podobnie jak jego rówieśnicy rwał się on do walki z podchodzącymi pod Gdańsk oddziałami polskimi. Zapewne tylko roztropności starych rodziców, którzy zatrzymali syna w domu („wolten mich keynes weges zihen lassen"), zawdzięczał ocalenie, albowiem niewielu z gdańszczan, którzy wyprawili się przeciwko wojskom polskim pod Tczew, powróciło do domu[43]. Bötticher z bólem opisuje porażkę swoich rodaków, aby tym bardziej serdecznie opiewać późniejsze zwycięstwa nad oblegającymi wojskami miasto królewskimi.

---

[38] *Ibidem*, k. 226r–v.
[39] Radosław Grześkowiak: *Okno Cyceryny – wymiary i głębia*, [w:] *Amor vincit omnia. Erotyzm w literaturze staropolskiej*, red. Roman Krzywy, Warszawa 2008, s. 9–37
[40] Bötticher: Memorial (1577–1583), k. 227v–228r.
[41] *Ibidem*, k. 413r–415r. Opisuje on również wyjazdy do Elbląga, Królewca, Braniewa i Torunia z lat 1581 i 1582 (*ibidem*, k. 407v–408v, 410r, 418r–v).
[42] Zob. na temat kulisów konfliktu: Edmund Kizik, *Gdańsk w czasach Eberharda Böttichera* (w niniejszym tomie).
[43] Bötticher: Memorial (1577–1583), k. 279v (opis bitwy: k. 276v–279v). W bitwie nad jeziorem Lubiszewskim 17 IV 1577 r. poległo ok. 4000 gdańszczan. Autor wypomina gdańszczanom, że wybrali się na bitwy niczym do tańca: „so frohlich und lustig gewesen, ob sie zum tantz gangen wehren" (*ibidem*, k. 278v).

W trakcie rocznej nieobecności w Gdańsku sprawdził się jako kupiec, jednak długotrwały konflikt z królem Stefanem Batorym oraz blokada gospodarcza i oblężenie miasta odbiły się fatalnie na interesach rodzinnych. Również choroba i śmierć ojca w lipcu 1577 r.[44] wpłynęła na to, że rodzina przez blisko dwa lata nie zarabiała, przejadając jedynie oszczędności[45]. Jednak Bötticher nie przestawał się kształcić i z czasem zdobył całkiem sporą wiedzę na temat współczesnego ustawodawstwa oraz bieżących zagadnień politycznych. W tym czasie przystąpił również do systematycznego opisywania swojego życia.

Z pamiętnika wynika, że po zawarciu związku małżeńskiego z Gertrud Dillger (Gerda Dilliger)[46] – trzydziestoletni Bötticher ożenił się 13 lutego 1584 r.[47] – zamieszkał w domu teściowej, gdzie początkowo przez rok otrzymywał darmowy wikt i opierunek, a następnie łożył na utrzymanie swoje i żony dwa talary tygodniowo. Ślubu i wesela szczegółowo nie opisywał – wiadomo tylko, że w sprawie wyboru panny młodej zaciągnął rady u swoich powinowatych (Michaela Rogge, Melchiora Schachmanna oraz Gregora Keckerbarta). Poza odpisem epitalamium[48] wspomniał jedynie, że ślubu w kościele Mariackim udzielił mu diakon Christoph Glaser, zaś druhami byli Reinholdt Möller i Bartholt Brandt[49]. Wesele odbyło się w domu zaprzyjaźnionego z Bötticherami Simona Gerickego, a pokładziny w domu teściowej przy ul. Szerokiej. W dniu 4 maja wypłacono mężowi omówiony posag panny młodej[50].

Więcej miejsca poświęcił autor memuaru kłopotom z miejskimi urzędami. Przede wszystkim okazało się, że w związku z wymogami wilkierza z 1574 r. pan młody, mimo że był synem obywatela i obowiązywała go uproszczona procedura przyjęcia do prawa miejskiego, przed ślubem musiał złożyć przysięgę przed Sądem Wety. Bötticher, najwidoczniej zbyt przejęty przygotowaniami, poprosił starszego wety o przesunięcie tego obowiązku na okres późniejszy. Prośba nie była skuteczna, albowiem weta nałożyła na niego karę 10 grzywien. Po wielu odwołaniach i prośbach do władz (w pamiętniku znalazły się załączone odpisy korespondencji) we wrześniu 1584 r. uiścił grzywnę, złożył przysięgę oraz ukazał w wecie wymagane od obywatela uzbrojenie „mit zeigung meiner Rustung und Gewehr"[51].

---

[44] Pogrzeb w kościele Mariackim 24 VII 1577 r. (rkps APGd., sygn. 354/408, s. 31: „Melcher Bötcher"). Matka została pogrzebana tamże 12 I 1580 r. (*ibidem*, s. 77).
[45] Bötticher: Memorial (1577–1583), k. 353r–354r.
[46] Bötticher konsekwentnie podaje nazwisko swojej narzeczonej i żony jako Dilliger (Bötticher: Memorial (1577–1583), k. 445v–446v). Jako Gilger odnotowana w: Weichbrodt: *Patrizier* 1, s. 71.
[47] Katarzyna Cieślak (Frisch: *Sankt Marien Pfarrkirche*, s. 28 przyp. 1, s. 37) podaje mylnie, że związek został zawarty w 1589 r.
[48] Autorem rękopiśmiennego łacińskiego epitalamium był osiemnastoletni student Johannes Keckerbarr (1566–1635), późniejszy syndyk Rady Miejskiej Gdańska. Odpis utworu w: Bötticher: *Chronica (1584–1595)*, k. 144r–147r.
[49] Bötticher: *Chronica (1584–1595)*, k. 144r.
[50] *Ibidem*, k. 162v.
[51] *Ibidem*, k. 8v–9v, 149v–150v, 152v–154v, 161v.

Ze związku z Gertrud miał kilkoro dzieci. Córka Brygida, urodzona 30 stycznia 1585 r.[52], przeżyła kilka miesięcy później zarażenie ospą. Nie umarła również mimo zainfekowania zarazkami dżumy w 1588 r.[53] W dniu 21 października 1587 ochrzczony został urodzony dwa dni wcześniej pierworodny syn, Paul[54], a 28 lipca 1591 r. przyszedł na świat kolejny syn, Melchior, o którym w grudniu 1596 r. ojciec z dumą pisał, że już w wieku pięciu lat zna wszystkie litery i zaczyna czytać[55]. Z księgi chrztów kościoła Mariackiego znane są imiona kolejnych dzieci: 12 lutego 1599 ochrzczono córkę o imieniu Gerda, a 15 kwietnia 1602 r. Catharinę[56].

Bötticher, po śmierci pierwszej żony (pogrzebanej 22 września 1602) oraz dwojga dzieci (1 i 3 października)[57], którzy padli ofiarą dżumy, w 1607 r. ożenił się z Anną Duckaw (Dackau), liczącej około 40 lat[58]. Małżeństwo to pozostało bezdzietne[59]. Anna przeżyła męża o kilkanaście lat (zm. 1646).

Bötticher jako szanowany i dobrze ustosunkowany mieszczanin wielokrotnie służył sąsiadom i przyjaciołom jako ojciec chrzestny[60] oraz przyjmował kuratelę nad majątkami sierocymi lub wdowimi. Po raz pierwszy tę odpowiedzialną funkcję pełnił jeszcze jako kawaler 25 sierpnia 1579 r.[61]

Umiejętności kupieckie oraz związki rodzinne z poważnymi rodami gdańskimi skutkowały awansami w hierarchii społecznej: w 1586 r., mając 32 lata, został członkiem ław brackich w Dworze Artusa (Św. Reinholda i Lubeckiej)[62]. Chociaż ławy zrzeszone w Dworze Artusa straciły u schyłku XVI w. na znaczeniu, to jednak w dalszym ciągu przynależność do nich miała znaczenie prestiżowe

---

[52] Chrzest odbył się 1 lutego (rkps APGd., sygn. 354/310, s. 131).
[53] Bötticher: Memorial (1577–1583), k. 176r (ospa); Bötticher: Chronica (1584–1595), k. 231r–231v (dżuma). W 1593 r. córka została posłana do szkoły (Bötticher: Chronica (1584–1595), k. 295r), w tym samym roku do szkoły poszedł również Paul.
[54] Bötticher: Chronica (1584–1595), k. 224r; rkps APGd., sygn. 354/310, s. 190.
[55] Bötticher: Chronica (1584–1595), k. 276r (narodziny), 274r–v. W 1589 r. dziecko przeżyło ospę (*ibidem*, k. 251r).
[56] Rkps APGd., sygn. 345/311, k. 67v (Gerda), 108r (Catharina).
[57] Rkps APGd., sygn. 354/1513, s. 324 (żona), 326 (dzieci). Wpisy dokonane ręką Böttichera w: rkps APGd., sygn. 354/408, s. 302 („Eberhard Bodtichers Kir[chen] Vat[er] Hausfrau, No 17"), 304 („Eberhard Böttichers Sohn Ebert"), 305 („Eberhard Böttichers Kir[chen] Vat[er] Tocht[er] Catha[rina]"). Dżuma rozpoczęła się już jesienią 1601 r. Jej nawrót w 1602 r., z kulminacją w sierpniu i wrześniu, pociągnął zgon blisko 14.000 ofiar (na ogólną liczbę 16.919 zmarłych). Jan Baszanowski: *Sezonowość zgonów podczas wielkich epidemii dżumy w Gdańsku w XVII i początkach XVIII wieku*, „Przeszłość Demograficzna Polski" 17 (1986), s. 68–69: tab. 3.
[58] Urodziła się około 1566 r. (Weichbrodt: *Patrizier* 1, s. 71; Frisch: *Sankt Marien Pfarrkirche*, s. 28, przyp. 1).
[59] Weichbrodt: *Patrizier* 1, s. 71.
[60] Bötticher: Memorial (1577–1583), k. 142v. Również w latach następnych, co potwierdzone jest w księgach kościoła mariackiego: rkps APGd., sygn. 354/312, k. 5v (1 III 1605), 10r (3 V 1605).
[61] Bötticher: Memorial (1577–1583), k. 357r; Bötticher: *Chronica (1584–1595)*, k. 192–193r (1586 r.).
[62] Bötticher: Chronica (1584–1595), k. 183r.

(należał do nich np. historyk Caspar Schütz) i w pewien sposób nobilitująca dla nowo przyjętego, nawet takiego, który jak Bötticher, rzekomo nie zabiegał o przyjęcie[63]. W następnym roku został kompanem rotmistrza chorągwi mieszczańskiej, obejmującej ul. Długą, a od 1591 r. członkiem bractwa Św. Jerzego[64]. W dniu 4 marca 1595 r. powołany został na zarządcę kaplicy Św. Jerzego w kościele Mariackim[65]. Jako czynny kupiec zaangażowany był w różne przedsięwzięcia handlowe, figurował jako jeden z współautorów petycji kupców i szyprów w sprawie kontaktów gospodarczych z Hiszpanią i Portugalią[66]. Do 1603 r. dzierżawił również od miasta hamernię.

Dzięki osobistym zapiskom wiadomo, że często zajmowały go sprawy związane z rozliczeniami majątkowymi oraz działami spadkowymi po rodzicach, rodzeństwie, krewnych, ale i osobach obcych. Na przykład rozliczając majątek po ojcu w 1578 r., autor dokonał egzekucji długów 155 fl. od kontrahenta handlowego Caspra Fritza, przy czym nie obyło się bez apelacji do rady miejskiej[67]. Tom pierwszy pamiętnika kończy się opisem podziału spadku po zmarłej 18 maja 1583 r. siostrze Elżbiecie (ur. 1556): „haben wir als ihre Erbnemer und Erbnemerinnen, ihrer verlassenen gutter inwentirett und unter uns gleich getheilett und solches angefangen den 29 Decembris und bald hernach in vierzehen tagen geendett"[68]. Wielokrotnie na łamach pamiętnika powraca sprawa rozliczenia majątkowego pomiędzy Birgitte, siostrą Böttichera, a dziećmi jej męża Georga Blömcke, pochodzącymi z jego pierwszego małżeństwa[69]. Nagła śmierć Blömckego (23 maja 1586) i nieuregulowane kwestie majątkowe stały się powodem niestających nieporozumień rodzinnych – jak pisze Bötticher: „viele Unruhe, Hader und Zanck hinder sich verlassen"[70]. 15 listopada doszło do spotkania w domu wdowca, celem zapoznania się z inwentarzem oraz znalezienia sposobu zaspokojenia roszczeń stron. Nie doszły one jednak do skutku, m.in. ze względu

---

[63] „Und weil ich von etzlichen schreiben der Bancken gebetten worden, ich wolle doch Ihre Bruderschafft gewinnen und Ich mich dessen aus gewissen Ursachen Lange geweigert, hab ichs ihnen doch nicht abschlagen konnen. Bin also denn 28 January in S. Reinholdts Banck unnd den 31 January in der Lubeschen Bancken Bruder worden und mich selbst mit eigenen Handt eingeschrieben" (Bötticher: *Chronica (1584–1595)*, k. 183r).
[64] Bötticher: *Chronica (1584–1595)*, k. 222v–223r, 276r). Jednak ranga bractwa uległa już wówczas znacznemu obniżeniu. Paul Gehrke, podaje, że w 1574 r. członkiem bractwa został starszy brat Böttichera, Caspar, który chociaż był poborcą akcyzy, to jednak nie należał do elity mieszczańskiej (Gehrke: *Geschichtsschreiber*, s. 39).
[65] Bötticher: Chronica (1584–1595), k. 299r.
[66] Jerzy Trzoska: *Bötticher Eberhard*, s. 45.
[67] Bötticher: *Memorial (1577–1583)*, k. 319r–v.
[68] *Ibidem*, k. 443r, 447r.
[69] Bötticher: *Chronica (1584–1595)*, k. 187v. Wydzielenie majątku (*Schicht und Theylung*) zabezpieczającego prawa materialne czworga dzieci z pierwszego małżeństwa Blömckego wykonane zostało przed zawarciem związku z siostrą Böttichera. Majątek wyliczono na 14.051 grzywien, w tym zobowiązania wymienionych z imienia i pochodzenia 59 kontrahentów handlowych z Gdańska, Polski i zagranicy (zob. Bötticher: *Memorial (1577–1583)*, k. 405r–407v).
[70] Bötticher: *Chronica (1584–1595)*, k. 187r.

na długi nieboszczyka. Brak zgody przekształcił się w wieloletni konflikt, który będzie stale obecny na kartach pamiętnika, m.in. w postaci obficie cytowanych stanowisk stron, kopii listów procesowych, suplik i skarg do Rady Miejskiej[71]. Sprawa przyniosła Bötticherowi wiele zgryzoty, nie oszczędziła mu ich również jego własna siostra.

Jego zaangażowanie w kwestie spadkowe nie ograniczyło się do spraw rodzinnych, albowiem po śmierci jednego z zamieszkałych w Gdańsku rodziców interesy majątkowe niepełnoletnich dzieci podlegały ustawowej ochronie niezależnego kuratora. Kuratorów wyznaczali działający w ramach sądu pupilarnego rajcy spośród mieszczan, często akceptując propozycję rodziny zmarłego. Jeśli ktoś nie pełnił akurat jakieś opieki, to tylko obłożna choroba, starość lub wyjazd mogły stanowić podstawę uchylenia się od tego obowiązku. Do zadań kuratora należało przeprowadzenie lub nadzór nad zinwentaryzowaniem oraz oszacowaniem majątku (pół)sieroty, a następnie zabezpieczenie należnego jej działu. Opieka trwała aż do osiągnięcia przez pupila pełnoletności (21 roku życia), gdy następowało wydanie spadku oraz rozliczenie poniesionych kosztów wychowania. Bötticher, jak każdy dorosły mieszczanin gdański, wielokrotnie musiał uczestniczyć w procesach spadkowych, często obcych mu skądinąd ludzi. W lipcu 1585 r. po śmierci żony o opiekę nad dziećmi poprosił Böttichera sam burmistrz Konstatin Giese[72]. Ten początkowo odmówił, tłumacząc się m.in. młodym wiekiem i brakiem odpowiedniego doświadczenia. Jednak ostatecznie został przez Radę Miejską oficjalnie zobowiązany do przyjęcia tej funkcji. Uczestniczył m.in. w otaksowaniu sreber, które podzielono pomiędzy trzech spadkobierców[73]. Interesujące, że sprawę działu majątku Giesów w Bogatce (wsi na terytorium gdańskim) rozstrzygnięto przy pomocy losowania. Bötticher nadzorował również sprawę sprzedaży za 2160 fl. domu przy ul. Długiej[74], należącego do masy spadkowej. Ostatecznie w styczniu 1594 r. pamiętnikarz odnotował, że w imieniu swojej podopiecznej, Elisabeth Giese, spraszał gości na jej ślub, co zakończyło sprawę kurateli[75].

Interesujące było doświadczenie obywatelskie Böttichera, albowiem jako najmłodszy obywatel zamieszkały przy ul. Szerokiej został w 1582 r. wyznaczony przez Radę do zbierania datków na cele dobroczynne. Kolekta odbywała się w czasie Wielkanocy, Zielonych Świątek oraz Bożego Narodzenia[76]. Bötticher wraz z innym mieszczaninem chodził od drzwi do drzwi. Udało się im zebrać 12 grzywien. Również po niedzielnych nabożeństwach od św. Jana (24 czerwca) aż do św. Michała (29 września) stał przy drzwiach kościoła Mariackiego z puszką na datki. Gdy po raz pierwszy pełnił tę funkcję, na św. Jana Chrzciciela, z rozczaro-

---

[71] Np. *ibidem*, k. 192r–193r, 194r–208r, 213r–214v, 231v–240r, 243r–248r, 253r–255r, 257r–259v, 284r–v.
[72] Bötticher: *Chronica (1584–1595)*, k. 178v–179r.
[73] *Ibidem*, k. 210r–211r.
[74] *Ibidem*, k. 215r–216r.
[75] *Ibidem*, k. 296v.
[76] *Ibidem*, k. 148r.

waniem stwierdził, że nie udało mu się wiele zebrać: „die Leutte wenig gegeben haben"[77]. Obowiązek nie był jednorazowy. Bötticher wzmiankuje jeszcze udział w zbieraniu datków w 1590 oraz 1593 r.[78] Należy podkreślić, że członkostwo w ławach Dworu Artusa oraz pełnienie funkcji w Trzecim Ordynku nie zwolniło go od tego obowiązku.

Chociaż Eberhard Bötticher był z pewnością osobą zdolną i ambitną, to bez wątpienia powiązania rodzinne, które były konsekwencją małżeństwa ojca z Brygide Rogge, odegrały w jego karierze życiowej rolę podstawową. Poprzez babcię z domu Giese łączyły go dość bliskie więzy pokrewieństwa i powinowactwa z rodami, które w XVI i początkach XVII w, odgrywały w Gdańsku istotna rolę we władzach miejskich. Brat babci Tiedemann Giese (1480–1550) był biskupem warmińskim, uszlachconym przez króla polskiego Zygmunta I Starego; Eberhard Rogge, teść Melchiora Böttichera, to zamożny kupiec i armator, od 1526 r. ławnik, reprezentant Gdańska na zjeździe Hanzy (1523); siostry babci (braci nie miała) to m.in. Elisabeth, żona Melchiora I Schachmanna (1536) i matka Melchiora Schachmanna II (1547–1605), ławnika, rajcy i syndyka gdańskiego; Magdalena była żoną Gregora Keckerbarta (1551), dzierżawcy Żurawia (*Kranmeister*); Catharina żoną Simona Loitza (1555), członka pochodzącej ze Szczecina rodziny bankierskiej; Margareta żoną zamożnego kupca Mathiasa Schwichtenberga (1563). Nic dziwnego, że Bötticher w pierwszym tomie pamiętnika z takim upodobaniem kreślił drzewo genealogiczne swojej matki, wspominał daty śmierci babć i dziadków ze strony matki. Bez wątpienia poza zdolnościami samego Böttichera to właśnie powiązania krewniacze oraz różne kontakty ojca umożliwiły rozwój kariery publicznej Eberharda. Z zapisków kronikarskich wyłania się postać, która nie odczuwa kompleksów wobec kalwińskich członków elity władzy ówczesnego Gdańska.

Zbliżając się do 40 roku życia, pokonywał kolejne szczeble kariery politycznej: w 1592 r. został wybrany przez rajców na centumwira, czyli członka stuosobowego grona Trzeciego Ordynku[79]. Ciało zrzeszające przedstawicieli pospólstwa powstało dzięki konstytucji Zygmunta Starego z 1526 r. i wchodziło w skład tzw. Szerokiej Rady. W 1600 r. Bötticher otrzymał funkcję kwatermistrza Wysokiego Kwartału (Trzeci Ordynek podzielony był na cztery kwartały (dzielnice) Głównego Miasta – Rybacki, Szeroki, Kogi oraz Wysoki), a ostatecznie w 1602 r. Rada Miejska (Pierwszy Ordynek) spośród kilku kandydatów wyłoniła go do czteroosobowego zarządu kościoła Mariackiego jako najmłodszego witryka.

Do obowiązków zarządcy należała kontrola finansowa oraz prawna nad majątkiem kościoła, decydował on również o inwestycjach, pracach naprawczych itp. Stanowisko w zarządzie kościoła Mariackiego stanowiło średni szczebel kariery publicznej w Gdańsku, kolejnymi etapami były urzędy ławników (Drugi

---

[77] *Ibidem*, k. 155rv.
[78] *Ibidem*, k. 262r, 294v.
[79] *Ibidem*, k. 277v.

Ordynek) lub rajców[80]. Nad pracami zarządu czuwał reprezentujący Radę Miejską inspektor, którym był najstarszy stażem burmistrz (w Gdańsku było czterech burmistrzów, kontrolujących rotacyjnie najważniejsze urzędy w mieście). W 1602 r. funkcję nadzorcy pełnił Johann von der Linde (1542–1619)[81].

Funkcja w zarządzie kościoła doskonale wpisywała się w zainteresowania i postawę religijną Böttichera, który jako gorliwy luteranin zaangażował się w konflikt pomiędzy luteranami i popieranymi przez Radę Miejską kalwinami, których zwolennicy obsadzili wiele stanowisk duchownych i szkolnych w mieście. Z urzędu uczestniczył również w rokowaniach z biskupami włocławskimi i wysłannikami króla w sporze o patronat nad kościołem Mariackim. Bötticher reprezentował w tych sporach luterańskie pospólstwo, otwarcie oskarżając patrycjuszy o sprzyjanie stronnictwu kalwińskiemu. Theodor Hirsch podkreślał jego niezwykle czynną rolę: „unter den Laien das Haupt aller Calvinistenfeinde"[82].

Ostatecznie luteranom udało się, nie bez pomocy dworu królewskiego, powstrzymać ofensywę obozu kalwińskiego. Równocześnie, wskutek wymierania starszych kolegów, Bötticher stopniowo awansował, aby ostatecznie 24 lutego 1611 r. uzyskać funkcję najstarszego witryka, którą pełnił do śmierci w kwietniu 1617 r. Jego pracę kontrolował w tym czasie burmistrz Johann von der Linde, a pozostałymi zarządcami byli Georg Rosenberg, Heinrich Kemerer oraz Michael Wieder.

Ostatnie miesiące życia Eberhard poświęcił spisaniu dzieła życia – kroniki kościoła Mariackiego (HKR), w której nawiązał również do swojego zaangażowania w konflikty wyznaniowe w Gdańsku na przełomie XVI i XVII w. Bötticher z kasy kościoła pobierał uposażenie – kwartalnie (np. na Wielkanoc 1614) 65 grzywien, czyli 200 grzywien rocznie. Po raz ostatni na jego rzecz dokonano wypłaty 162 grzywien w 1616 r. Zmarł nagle 28 kwietnia 1617 r., niewykluczone, że wskutek nagłego ataku choroby (częściowy paraliż?), która spowodowała zaniechanie prowadzenia dalszych zapisek. Dwa dni później *gratis* (przywilej z powodu pełnionej funkcji) zadzwoniono mu na pogrzeb w kościele Mariackim wielkimi dzwonami[83]. Pochowany został w kwaterze rodzinnej (nr 17) tegoż kościoła, gdzie spoczął obok pierwszej żony oraz dwojga dzieci zmarłych na dżumę w 1602 r.[84] (zob. plan grobów *il. 18*). Niestety, nie udało się dotąd odnaleźć testamentu lub inwentarza Böttichera pośmiertnego niezbędnego do przeprowadzenia procesu spadkowego[85].

---

[80] Zob. w niniejszym tomie Christofer Herrmann, *Witrycy kościoła Mariackiego w Gdańsku. Pozycja, zadania i działalność od XIV do początku XVII w.*
[81] Zdrenka: *Biogramy*, s. 200.
[82] Hirsch: *Ober-Pfarrkirche* 2, s. 246, przyp. 2
[83] Rkps APGd., sygn. 354/1513, s. 507, 532 (1616 r.), 538 (pogrzeb); 354/408, s. 465.
[84] Frisch: *Sankt Marien Pfarrkirche*, s. 37, przyp. 10.
[85] Kwerendę przeprowadzono w księgach prezydiującego burmistrza (rkps APGd., sygn. 300, 1/60–63 (lata 1616–1627)) i w wykazie testamentów z ksiąg ławniczych (rkps APGd., sygn. 300, 43).

Dzwonnik kościoła NMP, kronikarz Georg Frisch opisywał pod koniec XVII w. płytę swego sławnego poprzednika następująco:

Hoc sibi monumentum ut in eo cum uxore chariss[ima]
Gertrude Dilgerianae sanctiss[imae] memoriae, ac Liberis ad extremum usq[ue]
judicii diem, mortuus quiesceret, certa spe laetae carnis resurrectionis, posuit.

In der Mitten stehen zwey Wapen auff meßin[g]nen Plagte unter welchen dieses ferner zu lesen:

Tu quisquis es Viator quietis Locum ne turbes,
neminem laedas, Scians ac volens laesi neminem[86].

Według księgi grobów parcela ta należała do Böttichera i jego spadkobierców od 1611 r., który przejął ją po Nicolausie Marienwerderze („Nicolaus Marienwerder an die Kirche gestorben")[87]. Zapewne dzieci i inni spadkobiercy Eberharda Böttichera odsprzedali nieruchomość lub też główna linia wymarła bezpotomnie, ewentualnie opuścili miasto: w 1661 r. połowę kwatery odkupił od kościoła Paul Bohtt, ostatecznie rodzina Bohttów nabyła na własność całość kwatery 18 stycznia 1694 r.[88]

Curriculum vitae Eberharda Böttichera (1554–1617)

1554. 16 lutego	urodziny w Gdańsku
1554. 18 lutego	chrzest
1554. wiosna	choroba (odra)
1561.	7. rok życia: rozpoczęcie nauki w najniższej klasie Gimnazjum, przejście za nauczycielem Johannesem Tidemanem do szkoły parafialnej św. Jana, nauka w domu
1564. 16 lipca	10. rok życia: śmierć siostry Barbary (dżuma)
1564. koniec sierpnia	ucieczka rodziny Bötticherów i znajomych przed dżumą na wieś, Eberhard pod innym nazwiskiem został wysłany wraz z nauczycielem Thomasem Winterem do Królewca
1565. 20 kwietnia	11. rok życia: powrót do Gdańska
1566. 24 września	12. rok życia: wyjazd do Poznania celem nauki języka polskiego
1566. 28 kwietnia	przybycie do Poznania (pobyt w domu Stenzela Graffa – rodzina niemiecka)

---

[86] Frisch: *Sankt Marien Pfarrkirche*, s. 37–38.
[87] *Register der Leichsteinen unnd Begrebnüssen in S. Marien Kirchen der Rechten Stadt Dantzig*, rkps APGd., sygn. 354/348; s. 15, nr 17; Spis, II.B.
[88] Zob. również *Todten Buch zur Pfarr* (rkps APGd., sygn. 354/346, s. 1, nr 17).

1566. 10 października	przenosiny do domu Piotra Aptekarza (rodzina polska)
1567. 22 grudnia	13. rok życia: powrót do Gdańska
1567. 24 grudnia	przyjazd do Gdańska z poważnie odmrożonymi stopami
1570. 5 listopada	16. rok życia: choroba ojca (wylew krwi do mózgu u ojca, częściowy paraliż)
1570. 29 grudnia – 1571. 21 stycznia	17. rok życia: wyjazd ze śledziami do Torunia
1571. 30 stycznia – 6 lutego	podróż kupiecka do Królewca
1571. 20 sierpnia	ciężka choroba matki
1571. 15 września	początek nauki na cytrze
1572. 2 stycznia - 4 kwietnia	18. rok życia: wyjazd kupiecki do Torunia, Wrocławia i Wiednia
1576. 21 kwietnia – 1577. 5 kwietnia	22–23. rok życia: podróż do Portugalii (pobyt w Lizbonie od 7 czerwca do 5 sierpnia, powrót przez Danię, Stralsund, Szczecin)
1577. 17 kwietnia	na prośbę rodziców nie uczestniczy w bitwie nad jeziorem Lubiszowskim (masakra oddziałów gdańskich)
1577. kwiecień – wrzesień	pobyt w Gdańsku w czasie nieudanego oblężenia przez wojska króla Stefana Batorego
1577. 22 lipca	śmierć ojca, Melchiora Böttichera
1577/1578.	początek spisywania pamiętnika – Bötticher: Memorial (1577–1583)
1578.	24. rok życia: początek samodzielnej działalności gospodarczej egzekucja długów od Caspra Fritza, kontrahenta handlowego ojca
1578. 10–16 kwietnia	wyjazd w sprawach spadkowych do Lęborka
1578. 23 lipca	wyjazd do Torunia w interesach
1579. 25 sierpnia	25. rok życia: poproszony jako ojciec chrzestny
1582. Wielkanoc, Zielone Świątki, Bożego Narodzenie	28. rok życia: kolekta po domach na rzecz ubogich
1582. 24 czerwca	zbieranie pieniędzy po nabożeństwach w kościele NMP
1582. 29 września	zbieranie pieniędzy po nabożeństwach w kościele NMP
1583. 14 maja	29. rok życia: śmierć siostry Elisabeth
1583. 16 maja	pogrzeb Elisabeth

1583. 29 grudnia	początek rozliczania spadku po Elisabeth (zakończonego po dwóch tygodniach)
1584.	początek spisywania 2 tomu pamiętnika – Bötticher: Chronica (1584–1595)
1584. 13 lutego	29. rok życia: ślub z Gertrud Dilger, przenosiny do domu teściowej
1584. 4 maja	30. rok życia: wypłata posagu
1584. 13 września	zapłacenie grzywny za złamanie wilkierza
1585. 30 stycznia	urodziny córki Brygidy
1585. 1 lutego	chrzest Brygidy
1585. 10 lipca	31. rok życia: początek kurateli nad dziećmi burmistrza Konstatina Giese (uczestniczenie w inwentaryzacji majątku – 12, 31 lipca)
1586.	32. rok życia: dzierżawa wyszynku piwa w Dworze Artusa w zastępstwie Albrechta Karpzova
1586. 28 i 31 stycznia	przyjecie do ław brackich w Dworze Artusa (Św. Reinholda i Lubeckiej)
1586. 20 maja	przenosiny do własnego domu na ul. Długiej 5
1586. 23 maja	śmierć Georga Blömckego, męża siostry Brygide (Eberhard Bötticher włączył się w sprawy spadkowe)
1586. 15 listopada	arbitraż Eberharda Böttichera, nieudana próba porozumienia kuratorów dzieci Blömckego z pierwszego małżeństwa a siostrą Brygidą (spór ciągnie się wiele lat)
1587. 12 września	33. rok życia: wybór na kompana chorągwi mieszczan z ul. Długiej
1587. 19 października	urodziny syna Paula
1587. 21 października	chrzest Paula w kościele NMP
1588. 29 sierpnia	34. rok życia: córka Brygida zachorowała na dżumę
1589. 17 lipca	35. rok życia: syn Paul zachorował na ospę
1590.	36. rok życia: zbieranie datków w czasie świąt kościelnych
1591. 28 lipca	37. rok życia: urodziny syna Melchiora
1591. 31 lipca	chrzest Melchiora
1591. 3 czerwca	otrzymanie członkostwa bractwa Św. Jerzego
1592. przed 13 stycznia	38. rok życia: wybór przez rajców na centumwira, czyli członka stuosobowego grona Trzeciego Ordynku (z Kwartału Wysokiego)

1592. 9 marca	pierwszy udział w posiedzeniu Trzeciego Ordynku
1593.	zbieranie datków na ubogich w czasie świąt kościelnych
1593. 28 października	39. rok życia: urodziny syna Eberharda
1594. 15 lutego	40. rok życia : wesele starszego brata, Caspra Böttichera, z córką Franciszka Burcharda, pastora z Wielkich Cedrów
1594. luty	syn Melchior zapadł na ospę
1595. 14 marca	41. rok życia: powołanie na zarządcę kaplicy Św. Jerzego
1599. 9 lutego	45. rok życia: urodziny Gerdy (Gertrud)
1599. 12 lutego	chrzest Gerdy
1600.	46. rok życia: funkcja kwatermistrza Wysokiego Kwartału (trzeci Ordynek)
1602.	48. rok życia: wybór Eberharda Böttichera na najmłodszego, czwartego witryka kościoła NMP
1602. 13 kwietnia	narodziny córki Cathariny
1602. 15 kwietnia	chrzest Cathariny
1602. 22 września	pogrzeb żony Gertrud Dilger (dżuma)
1602. 29 września	pogrzeb syna Eberharda (dżuma)
1602. 1 października	śmierć córki Cathariny (dżuma)
1602. 3 października	pogrzeb córki Cathariny
1604.	50. rok życia: Bötticher porządkuje miejsca grobowe w kościele NMP (spisanie księgi grobowej); początek czynnego udziału jako reprezentanta Trzeciego Ordynku i partii luterańskiej w sporze z kalwinistyczną Radą Miejską
1605. 8 maja	51. rok życia: wyjazd do Krakowa wraz z delegacją luterańskiego stronnictwa w Trzecim Ordynku
1605. 20 maja	przybycie do Krakowa
1605. 1 czerwca	wyjazd do Łobżenicy, do letniej rezydencji królewskiej (audiencja u króla Zygmunta III)
1605. 1 lipca	wyjazd z Łobżenicy do Gdańska
1605. 5 lipca	przybycie do Gdańska
1605. 15 lipca	wyjazd do Elbląga na spotkanie z posłem królewskim
1605. 22 lipca	powrót z Elbląga do Gdańska
1606.	52. rok życia: Bötticher zostaje trzecim witrykiem w kościele NMP
1606. 2 lutego	spotkanie z posłem królewskim

1607.	53. rok życia: małżeństwo z Anną Duckaw (Dackau)
1611. styczeń	57 rok życia Bötticher zostaje pierwszym witrykiem w kościele NMP; nabycie kwatery grobowej nr 17 w NMP
1612.	spisanie ordynacji kościoła mariackiego: Alte Kirchen Ordnungk der kirchen Sanct Marien in der Stadt Dantzigk... 1612
1615.	61. rok życia: początek spisywania HKR
1616.	62. rok życia: ostatnia wypłata z kasy kościoła NMP (162 grzywien)
1616. 26 lutego	ostatnia zapiska w HKR (przedmowa)
1617. 28 kwietnia	śmierć Böttichera w 63 roku życia
1617. 30 kwietnia	pogrzeb w kościele NMP

Genealogia Eberharda Böttichera (1554–1617)

dziadkowie Eberharda Böttichera: Caspar Boddicker (?–po 1516, Gryfino / Greifenhagen w Księstwie Pomorskim), rajca w Gryfinie, żonaty z Barbarą Kaues (?–?) 6 dzieci: Mattheus, Thomas, Caspar, Baltzer, Hans, **Melchior**

rodzice Eberharda Böttichera: Melchior Bötticher (Gryfino, Księstwo Pomorskie 1516–22.07.1577, Gdańsk) i Brigitte (Birgitte) Rogge (07.06.1523, Gdańsk–10.01.1580, Gdańsk) (5. dziecko z 2. małżeństwa (27.06.1546) patrycjusza Ebertta (Eberharda) Rogge i Brigitte, córki Albrechta Giese)

Melchior Bötticher i Brigitte (Birgitte) Rogge, 8 dzieci (wszystkie urodzone w Gdańsku):
dzieci (rodzeństwo Eberharda Böttichera):
1. Caspar (05.04.1547–24.12.1600), małżeństwo 15.02.1594 z Anną Burchardi, córką pastora z Wielkich Cedrów / Gross Zünder, 2 dzieci: Elisabeth (1597–?), Caspar II (1600–?)
2. Brigitte (22.04.1549–16.07.1599), małżeństwo z Georgiem Blömcke (zm. 23.05.1585), bezdzietne
3. Melchior II (1551–1552)
4. Barbara (1552–16.07.1564)
5. **Eberhard (16.02.1554–26.04.1617)**, małżeństwo 13.02.1584 z Gertrud Dilger (Gerda Dilliger) (zm. przed 22.09.1602, dżuma), córką Paula Dilgera (1525–1577), członka Trzeciego Ordynku: 6 dzieci

6. Elisabeth (3.11.1556–14.05.1583) (bezdzietnie)
7. Catharina (28.10.1559–14.10.1585), małżeństwo 23.12.1584 z Jakubem Brayde: 1 dziecko
8. Anna (03.03.1564–03.10.1636), małżeństwo 24.02.1600 z Albrechtem Schulzem

Eberhard Bötticher (16.02.1554–28.04.1617)

dzieci:

1. małżeństwo (1584) z Getrud Dillger.

Eberhard Bötticher i Gertrud Dillger (Dilger, Dilliger): 6 dzieci (wszystkie urodzone w Gdańsku):

1. Brigitte (30.01.1585–05.12.1597)
2. Paul (19.10.1587–02.05.1652), małżeństwo z Reginą Dackau (Deckaw): 2 dzieci
3. Melchior III (28.07.1591–14.06.1647), małżeństwo 1639 z Elisabeth Beschner
4. Eberhard II (28.10.1593–29.09.1602, dżuma)
5. Gertrud (09.02.1599–1623) małżeństwo 1620 z Sebastian Hallman: 2 dzieci
6. Catharina (15.04.1602–1.10.1602, dżuma)

2. małżeństwo (1607) z Anną Deckaw (około 1566–przed 29.09.1646), bezdzietne

Pod koniec XVII w. główna linia rodziny Bötticher wymarła.

Krąg powiązań krewniaczych Eberharda Böttichera

a. Pochodzenie i związki rodzinne matki Eberharda Böttichera, Brigitte Rogge (1523–1580)

6 córek z 2. małżeństwa patrycjusza Ebertta (Eberharda) Rogge (1470–1532) i Brigitte (21.1.1492–2.[13].8.1567), córki Albrechta Giese (1450–1499)

babcia Eberharda Böttichera po kądzieli Brigitte Rogge z d. Giese

13 rodzeństwa babci, w tym:

Tiedemann Giese, biskup warmiński (1480–1550), uszlachcony przez króla polskiego Zygmunta I Starego

teść Eberharda Böttichera, Eberhard Rogge, kupiec i armator, reprezentant Gdańska na zjeździe Hanzy (1523), od 1526 ławnik; pierwsze małżeństwo z Barbarą Bonholt (zm. 1514) – 6 dzieci (trzy córki zmarły niezamężne, trójka synów, o których brak bliższych informacji)

siostry (braci nie miała) Brigitte Rogge (ze związku Eberharda Rogge i Brigitte Giese):

1. Elisabeth (1516–1570), żona Melchiora I Schachmanna (1536), matka Melchiora Schachmanna II (1547–1605), ławnika, rajcy i syndyka gdańskiego
2. Anna (1519–1561), żona Adriana von Rosenberg (1540), kupca gdańskiego (zm. 1564)
3. Barbara (1525–1578), niezamężna
4. Magdalena (1529–1609), żona Gregora Keckerbarta (1551), dzierżawcy Żurawia (Krahnmeister)
5. Catharina (1530–1558), żona Simona (?) Loitza (1555), członka pochodzącej ze Szczecina rodziny bankierskiej (nieślubny syn Stefana Loitza Simon II), adwokata gdańskiego (zm. 1624?)
6. Margareta (1532–1563), żona Mathiasa Schwichtenberga (1563)

Christofer Herrmann

Die Kirchenväter der Danziger Marienkirche.
Stellung, Aufgaben und Wirken vom 14. bis zum Anfang des 17. Jahrhunderts

1. Die Kirchenfabrik als bürgerliche Institution bei den städtischen Pfarrkirchen des Spätmittelalters

Die Kirchenfabrik (*fabrica ecclesiae*) und ihre Verwalter (Kirchenväter[1], Vorsteher) sind bisher nur sporadisch Gegenstand der historischen oder kunsthistorischen Forschung gewesen[2]. Am Beispiel der Danziger Marienkirche soll die Bedeutung der *fabrica* für den Bau, die Ausstattung und Funktion der Kirche eingehend untersucht werden. Das Historische Kirchen Register erweist sich dabei als eine ergiebige Quelle, die uns Einblick gewährt in das weit gespannte Aufgabenfeld der Kirchenväter. Eine zusätzliche wichtige Informationsgrundlage bildet die von Bötticher 1612 redigierte und erneuerte Kirchenordnung, in der außergewöhnlich detailliert von den Aufgaben der Kirchenväter und ihren Bediensteten die Rede ist[3].

---

[1] Die übliche Bezeichnung der Verwalter im Bereich des Ostseeraums waren Kirchenväter, Kirchenstiefväter, Kirchenpfleger oder Vorsteher, lat. *vitrici* oder *provisores*. Im vorliegenden Text wird der auch von Bötticher benutzte Begriff der Kirchenväter durchgehend verwendet.

[2] Als grundlegende Literatur zur Entwicklung und Funktionsweise der Kirchenfabrik sind zu nennen: Eugène Lafforgue: Histoire des fabriques des églises de France, sous l'ancien régime, Paris 1923; Sebastian Schröcker: Die Kirchenpflegschaft. Die Verwaltung des Niederkirchenvermögens durch Laien seit dem ausgehenden Mittelalter, Paderborn 1934; Wolfgang Schöller: Die rechtliche Organisation des Kirchenbaus im Mittelalter, vornehmlich des Kathedralbaus, Köln/Wien 1989. Die wichtigste und aktuellste Darstellung ist Arnd Reitemeier: Pfarrkirchen in der Stadt des späten Mittelalters, Stuttgart 2005. Die Situation im mittelalterlichen Preußenland behandelt Christofer Herrmann: Mittelalterliche Architektur im Preußenland, Petersberg 2007, S. 146–151. In der polnischen Forschungsliteratur gibt es bisher nur Arbeiten, die sich mit der *fabrica ecclesiae* in der Neuzeit befassen, so Tadeusz Mańkowski: Fabrica ecclesiae, Warszawa 1946, oder Tomasz Nowicki: Ministri ecclesiae. Służba kościelna i witrycy w diecezji włocławskiej w XVIII wieku, Lublin 2011.

[3] Publiziert bei Sehling: Kirchenordnungen, S. 197–218. Sehling edierte eine spätere Abschrift der Kirchenordnung obwohl die von Bötticher 1612 erstellte originale Reinschrift noch erhalten ist (BGPAN, Ms. Mar. F. 415).

In der Kunstgeschichte hat man die Rolle der Kirchenväter beim Planungs- und Ausführungsprozess der Sakralarchitektur bisher kaum beachtet. Im Zentrum des Interesses stehen fast immer nur die Auftraggeber und Baumeister. Die Verwalter der *fabrica* waren jedoch mehr als Bürokraten, die sich nur um die Abrechnung der Baufinanzen zu kümmern hatten. Sie standen in ständigem Kontakt mit den bauausführenden Meistern und Handwerkern, die von den Kirchenvätern angestellt und entlohnt wurden. Die Vorsteher der Kirchenfabrik besorgten Baumaterialien, kontrollierten den Baufortschritt und die Qualität der Arbeiten. Viele Detailentscheidungen sind sicherlich in Absprache zwischen den Kirchenvätern und den Bauleuten getroffen worden, da die eigentlichen Auftraggeber für die Erörterung solcher Fragen häufig weder Zeit noch Kompetenz besaßen.

Ein authentischer Beleg für die Hochachtung, die dem Leiter der *fabrica* im späten Mittelalter entgegengebracht wurde, ist die berühmte Galerie des Prager Domchors. Die dort angebrachten Porträtbüsten aus der Parlerwerkstatt zeigen die wichtigsten Personengruppen, die sich um den Dombau verdient gemacht hatten[4]. An erster Stelle findet man dort Kaiser Karl IV. und seine Familienangehörigen, es folgen die Prager Erzbischöfe und an dritter Stelle stehen die Vorsteher der Domfabrik. Erst danach kommen die Porträts der beiden Baumeister Matthias von Arras und Peter Parler. Bei den städtischen Pfarrkirche dürfte der Einfluss der Kirchenväter noch größer gewesen sein als bei einem Kathedralbau, da in den spätmittelalterlichen Städten – insbesondere in den Ostsiedlungsgebieten – sowohl die Geistlichen als auch die Landesherrn weitgehend von den Entscheidungen über den Pfarrkirchenbau ausgeschlossen waren.

Die Kirchenfabrik bildete seit dem 12. Jahrhundert eine wichtige eigenständige Institution innerhalb der kirchlichen Vermögensverwaltung. Sie entstand als Herauslösung und Verselbstständigung der Kirchenbaukasse aus der allgemeinen Vermögensmasse der Bischöfe. Die *fabrica* entwickelte sich zu einer selbständigen juristischen Person mit eigenen Einnahmequellen, die immer häufiger von Laien verwaltet wurde[5]. Im Spätmittelalter kamen die Kirchenväter der städtischen Pfarrkirchen ausschließlich aus dem Bürgerstand. Die Kontrolle über den Kirchenbau wurde dadurch sowohl der Geistlichkeit als auch dem weltlichen Patronatsherrn weitgehend oder sogar völlig entzogen. Die Stadtbürger, vertreten durch den Rat, der wiederum die Kirchenväter einsetzte, verfügten somit vollständig über ‚ihre' Kirche. Sie betrachteten das Kirchengebäude mit Stolz als ihr Eigentum, weil es ausschließlich von den wohltätigen Stiftungen der Einwohner finanziert wurde und der Bau unter der Verantwortung bürgerlicher Einrichtungen stand. Die Kirchenfabrik, die dieses Eigentumsrecht verwaltete, kann somit als eine der Institutionen angesehen werden, die die Emanzipation des Bürgertums in der kirchlichen Sphäre repräsentierte.

---

[4] Vgl. Anton Legner (Hg.): Die Parler und der schöne Stil 1350–1400 [Ausstellungskatalog], Bd. 2, Köln 1978, S. 614, 655–661.
[5] Vgl. Hartmut Zapp: Fabrica ecclesia, Lexikon des Mittelalters, Bd. 4, München/Zürich 1989, Sp. 214, sowie Reitemeier: Pfarrkirchen (wie Anm. 2).

Der Stolz auf die eigene Kirche, erwachsen aus dem Bewusstsein der durch die Bürger erbrachten finanziellen Leistung, findet sich schon am Beginn des HKR. Eberhard Bötticher betont dies ausdrücklich: „*Wannen hero nu auch die Sumptus und Gelde zu diesem Kirchengebew genomen seyn, hatt man auß den Kirchen Büchern keine andere Nachrichtung, dan das die Burger und Einwohner dieser Stadt reichlich und heuffig datzu gegeben, und auch ihre Gutter {zum Theil} datzu vertestirett*"[6]. Auch der enge Zusammenhang zwischen dem wirtschaftlichen Aufstieg der Stadt und dem großartigen Ausbau der Pfarrkirche wird von Bötticher deutlich erkannt und herausgestellt: „*Und von dieser Zeit an, da dieser Kirchenbaw angefangen, hatt Dantzig in der Hantirung und Gewerbe mitt den Polen und die ubersehische Handlung sehr zugenomen und in mercklichem Wachsthumb auffgebracht worden*"[7]. Die Überzeugung, dass das Kirchengebäude den Bürgern und nicht der Geistlichkeit gehört, wird von Bötticher noch an einer anderen Stelle betont. Dabei ging es 1599 um den Streit zwischen der katholischen Kirche und der evangelischen Bürgerschaft um das Patronatsrecht über die städtischen Gotteshäuser. Bötticher kommentiert diesen Konflik wie folgt: „*Und obwoll von den Bapstlichen vorgegeben würde, sie begereten uns in unser Religion nicht zu turbiren, sondern solten ihnen die Kirchen, so ihnen von Anfange gehörett, einreumen. Hirauf ist zu antworten, das (...) die Kirchen und Clöster dieser Orter nicht von den Geistlichen, sondern von den Unsern zu ihrem eigenen Nutz und Gebrauch gebawet*"[8].

Die städtischen Kirchenfabriken entwickelten sich im späten Mittelalter immer mehr zu kapitalstarken Finanzeinrichtungen, die sich nicht nur um das Gebäude und die Ausstattung der Pfarrkirche kümmerten, sondern über die man auch weltliche Geldgeschäfte abwickelte. Die Stadtbewohner konnten einerseits durch Spenden und Opfer für den Kirchenbau in ihr eigenes Seelenheil investieren, sich andererseits aber, etwa durch Rentengeschäfte mit der *fabrica*, ihren Lebensunterhalt absichern. Die Verknüpfung von Religion und Geschäft war Ausdruck der Ökonomisierung und Monetarisierung in der spätmittelalterlichen Gesellschaft. Die Danziger Marienkirche mit ihren gigantischen Ausmaßen und der überreichen Innenausstattung kann als eindrucksvolles Ergebnis und Abbild dieser Symbiose betrachtet werden. Die Bürger und Korporationen der Danziger Rechtstadt hatten durch ihre Opfer ein herausragendes und weithin sichtbares Kunstwerk schaffen lassen. Gleichzeitig waren aufgrund unzähliger Stiftungen auch gewaltige Kapitalmengen an die Kirche mit ihren Kapellen und Altären gebunden[9], die das geistlich-liturgische Funktionieren der Kirche sicherten. Aus den Erträgen der Stiftungen und Spenden konnte ein Heer von Geistlichen und

---

[6] HKR, S. <2f.>.
[7] HKR, S. <3>.
[8] HKR, S. <379>.
[9] Neben der eigentlichen Kirchenfabrik der Marienkirche, gab es auch für die etwa 50 Privatkapellen und -altäre jeweils eine eigene *fabrica*. Siehe auch: Piotr Oliński: Fundacje mieszczańskie w miastach pruskich w okresie średniowiecza i na progu czasów nowożytnych (Chełmno, Toruń, Elbląg, Gdańsk, Królewiec, Braniewo), Toruń 2008, S. 243–291.

weltlichen Bediensteten versorgt werden, deren Zahl bis zur Reformation bei weit über 100 Personen lag, womit die Marienkirche zu den größten Arbeitgebern der Stadt zählte.

2. Zur Frühgeschichte der Kirchenfabrik[10] der Danziger Marienkirche (bis 1457) im Kontext des Deutschordenslands Preußen

Die Frage, ab wann bei der Danziger Marienkirche eine *fabrica* mit vom Stadtrat gewählten Laienvorstehern bestand, lässt sich nicht mit Sicherheit beantworten[11]. Man darf jedoch mit guten Gründen davon ausgehen, dass diese Einrichtung spätestens mit dem Beginn des Kirchenneubaus ab 1343 existierte. Vermutlich dürfte sich die *fabrica* aber schon bei Gründung der ersten Marienkirche vor 1271 als Pfarre für die deutschrechtliche Bürgerstadt gebildet haben. Hinsichtlich einer *fabrica* und der Kirchenväter gibt es aus dieser Epoche jedoch keinerlei schriftliche Überlieferung. Da das Vorhandensein der Marienkirche schon im 13. Jahrhundert und ihr ursprünglicher Standort bisher nicht zweifelsfrei geklärt werden konnte[12], bleiben alle Überlegungen bezüglich der Frühphase einer Kirchenfabrik nur hypothetisch.

Auch Eberhard Bötticher beschäftigte sich mit der Frage nach den Anfängen der Institution der Kirchenväter. Er ging davon aus, dass eine feste Einrichtung von vier gewählten Kirchenvätern erst 1457 entstand, da sich ab diesem Jahr die Wahlverzeichnisse erhalten haben. In den von ihm erfassten Quellen konnte er Kirchenväter vor diesem Zeitpunkt nicht finden, stieß jedoch gelegentlich auf die Erwähnung von Vorstehern, die im Auftrag des Rates ähnliche Aufgaben erfüllten wie die späteren Kirchenväter. Anlässlich des von ihm wiedergegebenen Vertrags von 1442 zum Bau des Nordgiebels der Marienkirche ver-

---

[10] Die Begriffe ‚Kirchenfabrik' und *fabrica ecclesiae* werden in diesem Beitrag synonym verwendet. Die Bezeichnung ‚Kirchenfabrik' kommt in den deutschsprachigen Danziger Quellen nicht vor, er wird im Sinne eines modernen und allgemein gültigen terminus technicus benutzt, der die Gesamtinstitution der Kirchenväter und der Baukasse umfasst.

[11] Erstmals hat sich Hirsch: Ober-Pfarrkirche 1, S. 92–94, ausführlicher mit der Institution der Kirchenväter an der Marienkirche befasst. Für die Zeit vor 1457 nimmt er an, dass zwei Ratsherren im Auftrag des Rats das Kirchenvermögen verwalteten, während die eigentlichen Bauaufgaben in den Händen einer „Gesellschaft" lagen (ebd., S. 53), deren Zusammensetzung und Funktionsweise der Autor jedoch nicht genauer umschreiben konnte. Die früheste Nennung von Kirchenvätern in der Quelle von 1363 ist Hirsch zwar bekannt gewesen, doch konnte er über deren Funktion nichts Bestimmtes sagen. Die 1457 erfolgte Einrichtung einer rechtlich eigenständigen Institution der Kirchenväter erklärte Hirsch mit dem Umstand, dass der Stadtrat infolge der Privilegien von 1455/57 das Patronat über fünf der sechs Danziger Pfarrkirchen erhalten hatte und die Verwaltung aller Kirchenvermögen unmittelbar durch den Rat diesen überfordert hätte.

[12] Hingewiesen sei auf die konträren Positionen der beiden wichtigsten Baumonographien zur Marienkirche. Während Gruber, Keyser: Marienkirche, S. 36f., eine ältere Marienkirche des 13. Jahrhunderts am derzeitigen Standort vermutet, lehnt Drost: Marienkirche, S. 13–17, diese Annahme ab.

mutete Bötticher: *"Und scheinett, das von der Bürgerschafft muß ein Ausschuß gewesen sein, so solche Gelde zu Erbawung dieser Kirche von ihren Mittburgern bittlich eingesamlett und (...) in Bewarung gegeben haben"*[13]. Über die Wahl und Aufgaben der frühen Kirchenvorsteher hatte er jedoch keine rechte Vorstellung: *"Was es für Gelegenheitt damalen mitt den Vorstehern dieser Pfarkirche gehabt hatt (...), ob sie auß dem Mittel des Raths oder der Gemeine verordent gewesen, davon ist bey der Kirche keine Nachrichtung. So werden sie in diesem Briefe auch nicht namkundig gemacht"*[14].

Tatsächlich sind schon lange vor 1457 Quellen überliefert, in denen die Kirchenväter der Marienkirche ausdrücklich genannt werden. Sie tauchen erstmals in einem Schiedsspruch von 1363 (*„kirchfetere"*) auf[15] und einer der Kirchenväter wird im Vertrag zum Bau des Hallenchors 1379 in niederdeutscher Sprache als *„kerkin steffader"* bezeichnet[16]. Ausführlich über die Tätigkeit der Kirchenväter im 14. Jahrhundert erfahren wir aus der Kirchenordnung von 1389, in der die finanziellen Angelegenheiten zwischen Kirchenfabrik und Pfarrer sowie die wichtigsten Aufgabenbereiche der Kirchenväter (*„kerkenvedere"*, *„kirchenveter"*, *„vorstendere"*, *„Kerken vatter"*) und der ihnen unterstellten Bediensteten geregelt wurde[17].

Es stellt sich die Frage, warum Eberhard Bötticher so wenig Kenntnis von den Vorgängen über die Tätigkeit der Kirchenväter vor der Mitte des 15. Jahrhunderts besaß, wo er doch sehr intensiv die Urkunden und Akten des Pfarrarchivs gesichtet hatte. Zur Erklärung lassen sich drei Gründe anführen: Erstens konnte er schon aus Zeitmangel nur einen Bruchteil der gewaltige Quellenbestände lesen, die in der Marienkirche lagerten. Zweitens herrschte im Kirchenarchiv eine große Unordnung, die das Auffinden bestimmter Quellen sehr erschwerte. Auf dieses Durcheinander weist der Autor in seinem Vorwort ausdrücklich hin: *"Sintemahl derselben Bücher und Schrifften viel und also durch einander gemischett sein, das man nicht leichtlich darinne finden kann, wo von man gerne Nachrichtung wissen wollte"*[18]. Drittens hat Bötticher viele Quellen gar nicht gesehen, da zahlreiche ältere Schriftstücke an unterschiedlichen Orten innerhalb

---

[13] HKR, S. <14>.
[14] Ebd.
[15] Erstmals publiziert bei Heinrich Jacobson: Geschichte der Quellen des katholischen Kirchenrechts der Provinzen Preussen und Posen mit Urkunden und Regesten, Königsberg 1837, S. 107, und Hirsch: Ober-Pfarrkirche 1, Beilage 1.
[16] Gruber, Keyser: Marienkirche, S. 74, Anm. 66.
[17] Diese Kirchenordnung hat sich in einem Konvolut verschiedener von Georg Schröder verfasster Abschriften von Dokumenten aus dem Archiv der Marienkirche erhalten (BGPAN, Ms. 487, Bl. 402r–408v, erwähnt in: Bertling: Katalog 1, S. 239–245). Die Quelle war bisher unbearbeitet und wurde von mir bei den Recherchen für den vorliegenden Aufsatz entdeckt und transkribiert. Aufgrund der großen Bedeutung dieses Textes für das Verständnis von Aufgaben und Funktion der mittelalterlichen Kirchenväter in Danzig ist der vollständige Wortlaut der Kirchenordnung als Quellenanhang 2 diesem Beitrag angefügt.
[18] HKR, S. <II–III>.

der Marienkirche und ihrer Kapellen aufbewahrt und im Laufe der Zeit vergessen worden waren. Zwar verwahrte man viele Archivalien in der Sakristei, doch fanden sich durch gründliches Suchen in der Mitte des 19. Jahrhunderts umfangreiche Akten- und Urkundenbestände in verschiedenen Kästen, Wandschränken und Truhen in der ganzen Kirche verteilt[19]. Aufgrund dieser Umstände ist es durchaus nachvollziehbar, dass Eberhard Bötticher die Dokumente mit der Nennung früherer Kirchenväter nicht kannte.

Die älteste bekannte Erwähnung der Kirchenväter findet sich 1363 in einem Schiedsspruch des Danziger Komturs zur Schlichtung eines Streits zwischen dem Danziger Rat sowie den Kirchenvätern der Marienkirche einerseits und dem Pfarrer von St. Marien andererseits[20]. Diese Quelle ist nicht nur wegen der Nennung von Kirchenvätern von Belang, sondern sie beschreibt auch wesentliche Grundkonflikte zwischen Kirchenfabrik und Pfarrer. Bei der Verhandlung vor dem Danziger Komtur wurden Vorwürfe behandelt, die der Rat und die Kirchenväter gegenüber dem Pfarrer erhoben hatten und umgekehrt. Was die Tätigkeit der Kirchenväter betrifft, hatte der Pfarrer mehrere Beschwerdepunkte vorgebracht: So verlangten die Kirchenväter Geld für die Beisetzung von Verstorbenen sowohl auf dem Kirchhof wie auch innerhalb der Kirche. Der Komtur entschied, dass dies nicht gerechtfertigt sei, denn auf dem Friedhof hätten arm und reich das Recht auf eine unentgeltliche Beerdigung. Innerhalb der Kirche dürfe eigentlich nur der Lehnherr und die Prälaten beerdigt werden, es sei denn, man einige sich „*mit goter eyntracht*" auf etwas anderes. Weiterhin beklagte sich der Pfarrer, dass der Rat bzw. die Kirchenväter Gemeindemitglieder daran hindern wollten, Testamente zugunsten des Pfarrers aufzusetzen, was vom Komtur ebenfalls für unrechtmäßig erachtet wurde. Die nächste Beschwerde betraf die in der Kirche aufgestellten Truhen und Spendenbüchsen („*stokke in der kirchn vnd buzen*"), die die Kirchenväter offenbar eigenmächtig öffneten und entleerten. Der Komtur entschied, dass die Öffnung gemeinschaftlich („*eyntrechtiglychen*") und zu festgelegten Terminen zu erfolgen hätte. Hierzu müsste auch der Pfarrer einen Schlüssel erhalten.

Die genannten Streitpunkte verweisen auf das im 14. und 15. Jahrhundert vielerorts belegbare Konkurrenzverhältnis bezüglich der Vereinnahmung und Verteilung von Opfer-, Spendengeldern und Gebühren der Gläubigen zwischen dem Rat und den von ihm bestellten Kirchenvätern einerseits und dem Pfarrer andererseits. Die Vertreter der Kirchenfabrik bemühten sich um eine Steigerung der Kapitalzuflüsse an die Fabrikkasse, indem sie bislang kostenfreie Leistungen (etwa das Recht zur Besetzung auf dem Kirchhof) mit Abgaben belegten oder dem Pfarrer seinen Anteil an den Opfergeldern verweigerten. Dies führte unweigerlich zu Konflikten zwischen Kirchenfabrik und Pfarrer, da sich letzterer um den ihm zustehenden Anteil an den Spendenerlösen aus der Gemeinde betrogen sah.

---

[19] Vgl. Gruber, Keyser: Marienkirche, S. 33f.
[20] Siehe Anm. 15.

In der ältesten bekannten Kirchenordnung der Danziger Marienkirche von 1389 schenkte man den Regelungen über die Teilung von Einkünften aus Gaben der Gläubigen zwischen Pfarrer und Kirchenfabrik große Aufmerksamkeit. In mehreren Artikeln wird die Teilung der Spenden bei bestimmten Kapellen, der Kollekten sowie der Gaben bei Beerdigungen genau geregelt. In einigen Fällen erhielten beide Seiten die Hälfte der Einkünfte, meistens lag das Verhältnis jedoch bei zwei Dritteln für die Kirchenfabrik und einem Drittel für den Pfarrer. Die Einkünfte aus der während des sonn- oder festtäglichen Gottesdienstes gesammelten Kollekte fielen allein der Kirchenfabrik zu: „*Item wat men myt den taffelen des hilgen dages biddet in der kerken dat horet ok der kerken alleyne to*"[21].

Wie in Danzig haben auch in anderen Orten des Deutschordenslands Preußen Pfarrer vor ihrem Oberherrn Klage geführt gegen die Verhaltensweisen der Kirchenväter und des Rates. Die früheste Nachricht findet sich für Kulm. In einem Schiedsspruch des Komturs von Althaus wurde 1320 ein Streit zwischen dem Kulmer Pfarrer und dem dortigen Stadtrat über die Aufteilung der bei Begräbnissen auf den Leichnam gelegten Gewänder geschlichtet. Es heißt dort: „*Was gewandt man uff die leiche leget, welcherley das sey, von Seyden adir von wullen, das sal dem pfarrer halb vnd der kirchen gebewde halb*" zufallen[22]. Der Stadtrat trat hier als Interessenvertreter des Kirchengebäudes gegen den Pfarrer auf. Kirchenväter werden in dieser Quelle nicht ausdrücklich genannt. Vielleicht liegt dies daran, dass zu dieser Zeit bei offiziellen Rechtsstreitigkeiten der Rat als Ganzes die Kirchenfabrik unmittelbar vertrat, während die Kirchenväter nur die Alltagsgeschäfte versahen, aber selbst nicht rechtsfähig waren.

In Elbing kam es 1364 zu einem Schiedsspruch über die strittige Aufteilung der Oblationen zwischen Kirchenfabrik und Pfarrer[23]. In Braunsberg einigten sich 1402 der Pfarrer Niclos Beme und der Stadtrat vertraglich über die Aufteilung der Spenden zwischen Pfarrei und *fabrica*: Alles was man opferte in das Häuschen im Kirchhof und „*in stöcken vnd uf tafelen*" zu (den Altären) St. Johannes, Heilig-Geist und St. Jurgen sollte bei der Kirchefabrik bleiben. Nur „*bilde und crücze*", die am guten Freitag gestiftet werden, sollten dem Pfarrer gehören[24]. Für das ermländische Städtchen Rößel ist im ausgehenden 15. Jahrhundert ein Streit überliefert, bei dem es um die Abrechnung der Spendengelder aus dem Kirchenkasten ging. Obwohl nach den Bestimmungen der preußischen Provinzialsynode von 1427[25] der Pfarrer schon lange das Recht auf einen von drei Schlüsseln für den Kasten besaß, hatte die Stadt ihm dies lange verweigert. Die Kirchenväter öffneten den Kasten allein und hielten die jährliche Rechnungsle-

---

[21] Siehe Quellenanhang, Bl. 403r.
[22] Jacobsen: Geschichte (wie Anm. 15), S. 105. Eine ähnliche Regelung findet sich auch in der Danziger Kirchenordnung von 1389 (Quellenanhang, Bl. 405v–406r).
[23] Codex Diplomaticus Warmiensis oder Regesten und Urkunden zur Geschichte Ermlands, Bd. 2 (1341–75), Mainz 1864, Nr. 363.
[24] Codex Diplomaticus Warmiensis oder Regesten und Urkunden zur Geschichte Ermlands, Bd. 3 (1376–1424), Braunsberg/Leipzig 1874, Nr. 384.
[25] Jacobsen: Geschichte (wie Anm. 15), S. 90.

gung vor dem Rat ohne Beisein des Pfarrers ab. Erst 1484 konnte der Pfarrer durch einen Ratsbeschluss das ihm zustehende Recht auf einen Schlüssel und seine Anwesenheit bei der Rechnungslegung zur Geltung bringen[26].

Nicht nur in den Städten des Preußenlandes, sondern auch in den Dörfern lässt sich der Kampf um die Mittelverteilung zwischen Pfarrer und Kirchenvätern nachweisen. Sehr ausführlich schildert eine Quelle von 1405 den Streit zwischen den Kirchenvätern der Filialkirche von Pettelkau (Bistum Ermland) und dem zuständigen Pfarrer von Schalmey[27]. Pfarrer Nikolaus Neue beschuldigte die Kirchenväter, dass diese am Kirchweihtag bis nach der zweiten Vesper und an den übrigen Kirchtagen während der Messe mit Opferschüsseln (*tabulae*) umhergegangen und Opfer verlangt hätten, obwohl dies in benachbarten Kirchen nicht Brauch wäre. Außerdem hätten sie ‚in' der Kirche eine Opferkiste aufgestellt und entleert, ohne dem Pfarrer etwas davon abzugeben. Außerdem würden die Kirchenväter die Gläubigen dazu anhalten, nur für die *fabrica*, nicht aber für den Pfarrer zu spenden. Der Offizial der ermländischen Kirche entschied nach Anhörung der Zeugen, dass der Pfarrer von allen Opfergaben, die in den Opferkasten gelegt würden, die Hälfte erhalten sollte. Tiere und Lebensmittel stünden allein dem Pfarrer zu. Sachspenden sollten geschätzt werden und der Wert anschließend ebenfalls zur Hälfte dem Pfarrer zufallen. Die Teilung der Spenden müsste auch dann erfolgen, wenn der Stifter diese ausdrücklich der Kirchenfabrik vermacht hätte. Die Opferkiste sollte man nur im Vorraum („*vestibulum ecclesie*") der Kirche aufstellen. Kirchenväter und andere Bauern dürften dort keinesfalls die Gläubigen nötigen, ihre Opfer dem Pfarrer zu verweigern und sie stattdessen der Kirche zu geben.

Diese Beispiele verweisen darauf, dass an manchen Orten die Kirchenväter sehr intensiv, zum Teil fast aggressiv um die Opfermittel der Gläubigen für den Kirchenbau warben und dabei die traditionellen Rechte des Pfarrers am Spendenaufkommen schmälerten. In allen überlieferten Streitfällen klagten die Pfarrer gegen die Anmaßungen der Kirchenväter und bekamen fast immer Recht.

3. Die Wahl der Kirchenväter

Das HKR ist trotz mancher ausschweifender Erzählungen Böttichers zu historischen Ereignissen außerhalb der Marienkirche im Grunde eine Art Rechenschaftsbericht über die Tätigkeit der Kirchenväter von der Mitte des 14. Jahrhunderts bis kurz vor dem Todesjahr des Chronisten (1617). Ein wesentlicher

---

[26] Vgl. Georg Matern: Geschichte der Pfarrgemeinde St. Petri in Rößel, Königsberg 1935, S. 108.

[27] Codex Diplomaticus Warmiensis 2 (wie Anm. 23), Nr. 416; Hans Steffen: Die soziale Lage der Pfarrgeistlichkeit im Deutschordensstaate, in: Zeitschrift für die Geschichte und Altertumskunde Ermlands 23 (1929), S. 1–97, hier S. 76f.; Hans Patze: Die deutsche bäuerliche Gemeinde im Ordensstaat Preußen, in: Konstanzer Arbeitskreis für mittelalterliche Geschichte (Hg.): Die Anfänge der Landgemeinde und ihr Wesen, Stuttgart 1986, S. 149–200, hier S. 178f.

Bestandteil bildet daher die vollständige Dokumentation aller Wahlen der Kirchenväter von 1457 bis 1612[28]. Die erste überlieferte Wahl wurde im Erbebuch oder Stifterbuch dokumentiert, in dem alle Verschreibungen für die Marienkirche verzeichnet waren. Dieses Buch wurde 1451 oder 1457[29] angelegt und diente den Kirchenvätern als Grundlage zur Verwaltung der finanziellen Verpflichtungen und Ansprüche der *fabrica*[30]. Von dem Buch fertigte man vier gleichlautende Exemplare an, eines für jeden der vier Kirchenväter. Falls die Jahreszahl 1451 richtig gelesen wurde, bestand die Vierzahl der Kirchenväter demnach schon vor 1457[31], d.h. vor der ersten von Bötticher überlieferten Kirchenväterwahl. Dennoch scheint die Wahl von 1457 im Anschluss an eine Aufwertung der rechtlichen Stellung der Kirchenväter erfolgt zu sein, wie die Überschrift zum Wahlakt nahe legt: *„Im Jar unsers Herrn 1457, nach dem Newenjarstage, hatt der ehrwirdige Rath ubergeben der Kirche Unser Lieben Frawen Stieffvetern (...) aller der vorgeschriebenen Kirche Zinser und Renten auß zu geben und zu empfangen und alle Ding in aller Massen und Ordinantien, wie es zuvor bey einem ehrwirdigen Rath gehalten ist."*[32] Auch in der alten Kirchenordnung wurde ausdrücklich auf die 1457 vorgenommene Kompetenzerweiterung hingewiesen. Die vier Kirchenväter erhielten das Recht, die Finanz- und andere Angelegenheiten der Kirche zu regeln, *„wie das zuvor bei dem ehrwürdigen rath gewesen ist, und auch in solcher macht, wie es zuvor bei dem ehrwürdigen rath gehalten ist."*[33]

Man darf vermuten, dass die in Folge der Loslösung vom Deutschen Orden gewachsene Macht- und Kompetenzfülle des Stadtrats dazu führte, dass die Ratsherren einen beträchtlichen Teil der Verwaltungsaufgaben der Kirchenfabrik an die Kirchenväter abtraten. Auch der enorme Anstieg der Verschreibungen von Seiten der Bürger dürfte zu einer zusätzlichen Arbeitsbelastung des Rates geführt haben, von der die Kirchenväter die Ratsherren nun entlasten sollten. Dies bestätigen auch die überlieferten Vertragstexte, denn bei den vor 1457 geschlossenen Verschreibung traten Bürgermeister und Rat als Vertragspartner der Stifter auf[34], während bei den späteren Verträgen die Kirchenväter selbst als Aus-

---

[28] Siehe Liste der Kirchenväter im Anhang an diesen Aufsatz.
[29] Hirsch: Ober-Pfarrkirche, S. 53, meint, dass auch das Jahr 1457 gemeint sein könnte.
[30] HKR, S. <16>.
[31] Schon im Bauvertrag mit Meister Steffen von 1446 treten vier Kirchenväter auf (Keyser: Baugeschichte, S. 343). Im 14. Jahrhundert gab es dagegen nur drei Kirchenväter, wie aus einer Stelle der Kirchenordnung von 1389 hervorgeht (vgl. Quellenanhang, Bl. 406v).
[32] HKR, S. <23>.
[33] Sehling: Kirchenordnungen, S. 198. Die aktive Mitwirkung von Bürgermeister und Stadtrat bei der Regelung von Angelegenheiten der Kirchenfabrik lässt sich auch in einigen Bestimmungen der Kirchenordnung von 1389 erkennen. So ergibt sich schon aus der ersten Bestimmung, die die Bereitstellung von Kerzen für den Pfarrer und die Kapläne betrifft, dass diese auf einer Vereinbarung beruht, die zwischen dem Bürgermeister und dem Pfarrer getroffen wurde (vgl. Quellenanhang, Bl. 402v).
[34] So beginnt eine Verschreibungsurkunde von 1427 mit den Worten: *„ Wir Burgermeister und Rathmanne der Stadt Dantzig bekennen und zeugen offenbar mitt diesem unsern Briefe (...)"* (HKR, S. <12>).

steller fungierten³⁵. Eine ähnliche Beobachtung lässt sich bei den Baumeisterverträgen machen. Beim ältesten überlieferten Vertrag von 1379 traten Ratsherren und Kirchenväter gemeinsam auf, 1425 und 1430 war der Rat allein Vertragspartner, ab 1446 schlossen nur noch die Kirchenväter die Verträge³⁶.

Wie die von Bötticher überlieferten Wahlprotokolle zeigen, übten die Kirchenväter ihr Amt lebenslang aus. Ab dem zweiten Drittel des 16. Jahrhunderts kam es jedoch gelegentlich vor, dass Kirchenväter in das Schöffengremium gewählt wurden und deshalb ihr Amt in der Marienkirche niederlegten³⁷. Die Tätigkeit in der Kirchenfabrik konnte demnach als Sprungbrett für eine höhere politische Karriere dienen. Innerhalb der städtischen Ämterhierarchie war das Kirchenväteramt somit unmittelbar unterhalb des Schöffengremius angesiedelt. Die Kirchenväter übten ihr Amt unentgeltlich aus, erhielten aber einige Ehrenrechte, so hatten sie mit ihrer Familie das Recht auf ein freies Begräbnis in der Kirche und sie verfügten über eine eigene Kirchenväterbank. Weiterhin waren sie – außer in Notzeiten – von Wach- und Scharwerkdiensten befreit und mussten auch keine geringen Ämter annehmen³⁸.

Unter den Kirchenvätern existierte eine Hierarchie nach Dienstalter. An erster Stelle stand derjenige Kirchenvater, der sein Amt am längsten ausübte. Ein neu gewähltes Mitglied nahm den letzten Platz ein und rückte bei der nächsten Wahl in der Rangordnung nach oben. Wenn die Stelle eines Kirchenvaters durch Tod oder Rücktritt frei wurde, so erstellten die übrigen Kirchenväter eine Vorschlagsliste mit mindestens zwei Kandidaten³⁹, aus der der Stadtrat einen Nachfolger bestimmte. Dieses Wahlverfahren blieb während des gesamten Berichtzeitraumes des HKR unverändert bestehen⁴⁰.

Innerhalb des Gremiums der Kirchenväter gab es eine festgelegte Arbeitsteilung mit unterschiedlichen Ämtern⁴¹. Das Bauamt, das sich um alle wichtigen Fragen des Kirchenbaus sowie den Grundbesitz der Kirchenfabrik kümmerte, lag in der Verantwortung der beiden ältesten Kirchenväter. Der dritte Kirchenvater hatte das Glockenamt unter seiner Verantwortung und war somit unmittelbarer Vorgesetzter des Signators und der Glockenläuter. Er hatte sich außerdem um den

---

[35] So etwa 1478 (HKR, S. <40>), 1484 (HKR, S. <47>) oder 1516 (HKR, S. <85>).
[36] Vgl. Keyser: Baugeschichte, S. 341–345.
[37] Zwischen 1533 und 1612 kam dies elfmal vor (vgl. die Kirchenväterliste im Anhang). Manchen der Schöffen gelang später noch der Aufstieg in den Stadtrat.
[38] Sehling: Kirchenordnungen, S. 200f.
[39] Nach den Vorschriften der Kirchenordnung von 1612 sollten die Kirchenväter dem Rat vier Kandidaten für einen verstorbenen Kirchenvater zur Wahl vorschlagen (Sehling: Kirchenordnungen, S. 198).
[40] Bötticher beschreibt diesen Vorgang bei jeder Wahl in fast formelhafter Weise. Bei der 7. Wahl (1481) heißt es etwa: „Nachdem der Kirchenvater Albrecht Brambecke mitt Todt abgangen war, stellten die andern drey Kirchenvater etliche Personen auff, auß welchen ein E. Rath eynen andern wehlete an des Verstorbenen Stelle" (HKR, S. <44>).
[41] Diese Arbeitsteilung findet sich in der Kirchenordnung von 1612, Artikel 3 (Sehling: Kirchenordnungen, S. 199), und wird auch bei Hirsch: Ober-Pfarrkirche 1, S. 93, beschrieben.

Glockenturm, alle Kirchendächer sowie um den Kirchengesang (Orgel und Chor) zu kümmern. Dem jüngsten Kirchenvater war das Steinamt anvertraut, d.h. die Aufsicht über das Begräbniswesen und die Totengräber. Er zog auch die Begräbnisgebühren ein und rechnete mit dem Offizial ab, der den Anteil des Pfarrers am Totengeld einzog. Jeder Kirchenvater verfügte über eigene Einkünfte aus dem Vermögen der Kirchenkasse, über die er in seinem Abrechnungsbuch Rechenschaft zu legen hatte. Am Ende eines Rechnungsjahres[42] setzten sich alle Kirchenväter zusammen und erstellten eine Gesamtrechnung, die dem Stadtrat zur Kontrolle vorgelegt werden musste. Im Verhinderungsfall konnte ein Kirchenvater durch einen der Kollegen in seinem Amt vertreten werden. Trotz dieser Aufgabenteilung sollten die Kirchenväter nach außen als eine gemeinsame Institution auftreten (*„sollen sie alle viere für einen mann stehen"*[43]).

Von städtischer Seite zugeordnet war den Kirchenvätern der Inspektor[44]. Dabei handelte es sich um einen der Bürgermeister, der als Verbindungsmann zwischen den Kirchenvätern und dem Rat diente[45]. Die Kirchenväter händigten die jährliche Abrechnung dem Inspektor aus und trugen ihm auch (schriftlich oder mündlich) Beschwerden oder Wünsche vor, die dieser dann an den Rat weiterleitete. Diesen Vorgang beschreibt Bötticher für das Jahr 1612: *„Wie sie dan auch nach alter Gewohnheit ihre Kirchenrechnung geschlossen und die Copias davon dem Herrn Bürgermeister, (...) der Kirchen Inspectore und ihren Herrn Obman am 8. Tage Martii ubergeben und demselben daneben folgende Kirchensachen mündlich vorgetragen haben (...)"*. Die Antwort des Rates wurde den Kirchenvätern ebenfalls mittelbar über den Inspektor mitgeteilt[46].

4. Aufgabenbereiche und Tätigkeit der Kirchenväter

Die Kirchenväter der Marienkirche hatten ein breit gestreutes Tätigkeitsfeld, das ausführlich in der Kirchenordnung von 1612 beschrieben ist[47]. Das HKR gibt

---

[42] Nach Artikel 6 der Kirchenordnung war der Rechnungsschluss ursprünglich am Tag der heiligen Lucia (13. Dezember), in der Zeit Böttichers verlegte man ihn auf den Neujahrstag (Sehling: Kirchenordnungen, S. 200).
[43] Sehling: Kirchenordnungen, S. 199.
[44] Auch Vorsteher, Obmann oder Präsident genannt.
[45] Nach den Aussagen von Bötticher erhielt jeweils der dienstälteste Bürgermeister dieses Amt. Ein Abgleich der in den Wahlprotokollen genannten Inspektoren und den Bürgermeisterverzeichnissen der Danziger Rechtsstadt (Zdrenka: Spisy, passim.) zeigt jedoch, dass immer dem jüngsten Bürgermeister die Aufgabe des Kircheninspektoren zufiel. Er behielt diese Funktion jedoch lebenslang, auch dann, wenn er in der Hierarchie zeitweilig bis zum ersten Bürgermeister aufstieg. Als Beispiel kann Johann Ferber angeführt werden, der 1484 als jüngster Bürgermeister in das Inspektorenamt eingesetzt wurde und es bis zu seinem Tod 1501 behielt (vgl. ebd., S. 63–70).
[46] Die Antwort des Inspektors auf den Brief der Kirchenväter gibt Bötticher ebenfalls wider (HKR, S. <489–491>).
[47] Vgl. Sehling: Kirchenordnungen, S. 197–218.

ebenfalls einen detaillierten Einblick in die vielfältigen Aufgabenbereiche dieses Gremiums. Allerdings wird der Leser nur am Ende des Berichtsraums, als Eberhard Bötticher selbst Kirchenvater war und die internen Vorgänge aus eigener Anschauung kannte, ausführlicher über viele Facetten dieser Tätigkeit informiert. Aus den vorhergehenden Epochen erfahren wir nur schlaglichtartig von den verschiedenen Aktivitäten der Kirchenväter. Die meisten Informationen bietet die Kirchenordnung von 1389, deren Umfang jedoch wesentlich bescheidener ausfällt, als die späteren Ordnungen. Es ist daher im Einzelnen häufig nicht genau zu beurteilen, ob und wie sich die Kompetenzbereiche der Kirchenväter vom 14. bis zum frühen 17. Jahrhundert verändert haben. Bezüglich der meisten Zuständigkeitsbereiche der Kirchenväter gab es offenbar nach der Reformation jedoch nur wenige grundsätzliche Veränderungen, denn die alte Kirchenordnung von 1457[48] war bis zum Beginn des 17. Jahrhunderts gültig gewesen[49]. In der Ordnung von 1612 wird in der Mehrzahl der Artikel auch auf die Regelungen der alten Ordnung hingewiesen und vermerkt, ob die Bestimmungen noch gültig sind oder modifiziert werden mussten.

Die wichtigsten Kompetenzbereiche der Kirchenväter waren:

4.1 Finanzverwaltung der Kirchenfabrik

Eine der zentralen Aufgaben der Kirchenväter – und der eigentliche Grund für die Entstehung der Institution der Kirchenfabrik – war die Sammlung sowie die sichere und ordnungsgemäße Aufbewahrung der für den Kirchenbau bestimmten Gelder der Gläubigen. Im Spätmittelalter flossen unvorstellbar große Mengen an Kapital und Sachspenden in die Fabrikkasse, die von den Kirchenvätern verwaltet und zweckentsprechend für Bau, Ausstattung und Instandhaltung der Kirche investiert werden mussten. Eine solche Aufgabe erforderte eine große Vertrauenswürdigkeit und einen ausgeprägten kaufmännischen Sachverstand. Die Bandbreite an ‚Finanzprodukten' mit denen die Kirchenfabrik hantierte war sehr groß und reichte von Ablässen über Verschreibungen verschiedenster Art, Stiftungen, Vererbungen, Sammlungen, Gebühren und Immobilien. Für diese unterschiedlichen Formen der Kapitalgeschäfte finden sich im HKR zahlreiche Beispiele, die die Kirchenfabrik als ein äußerst komplexes Geld- und Finanzinstitut erscheinen lassen. Selbstverständlich darf dabei nicht vergessen werden, dass der eigentliche Zweck der Geldgaben ein höherer war, nämlich die Sorge um das

---

[48] In der Kirchenordnung von 1612 wird in Artikel 1 aus der alten Ordnung zitiert (Sehling: Kirchenordnungen, S. 198). Demnach wurden den Kirchenvätern 1457 alle Kompetenzen zur Verwaltung der Kirchenfabrik überschrieben, *„wie das zuvor bei dem ehrwürdigen rath gewesen ist"*. Es liegt daher nahe, dass die alte Fassung der Kirchenordnung aus diesem Jahr stammte. Vermutlich gab es 1463 und 1483 Neufassungen der Ordnung, die von Keyser: Baugeschichte, S. 347, erwähnt wurden. Leider sind diese älteren und nicht edierten Kirchenordnungen mit dem Großteil des Archivs der Marienkirche seit 1945 verschwunden.

[49] Sehling: Kirchenordnungen, S. 198.

Seelenheil der Stifter. Die Gläubigen vollbrachten durch ihre Stiftungen und Spenden an die Kirchenfabrik ein gutes Werk, das sich erst im Jenseits auszahlen sollte.

Am unmittelbarsten erschließt sich der Zusammenhang zwischen Geldgabe und Erlangung des Seelenheils bei den Ablässen. Für den Bau und die Ausstattung der Marienkirche wurden zahlreiche Ablässe ausgeschrieben, die der *fabrica* erhebliche Einkünfte einbrachten. Zwischen 1347 und 1516 hat man insgesamt 24 Ablässe für St. Marien gezählt[50]. Eberhard Bötticher erwähnt im HKR insgesamt sieben Ablässe, den ältesten Text von 1347 gibt er vollständig in einer deutschen Übersetzung wider[51].

Eine häufige Form der Verschreibungen zugunsten der Kirche waren Leibrenten[52]. Der Stifter vermachte der Kirchenfabrik eine Kapitalsumme, von der er zu seinen Lebzeiten Anspruch auf eine jährliche Zinszahlung hatte. Nach dem Tod des Stifters verblieb das Kapital dann bei der Kirche. Die älteste Verschreibung einer Leibrente hat Bötticher 1427 überliefert für das Ehepaar Claus und Agneta Swarten sowie deren Tochter Catherina[53]. Die Pfarrkirche garantierte der Familie Swarten, solange einer der drei Kapitalgeber lebte, eine jährliche Zinszahlung von 20 Mark von einer nicht genannten Kapitalsumme[54]. Der Vorsteher der Pfarrkirche hatte das Geld jährlich zu Ostern auszuzahlen. Nachdem alle drei genannten Personen verstorben waren, sollte das Kapital („*die Hauptsumma*") bei der Kirche verbleiben, und die Nachkommen der Familie Swarten durften keine weiteren Ansprüche mehr erheben.

Solche Rentengeschäfte waren für beide Seiten nützlich. Die Kirchenfabrik konnte in kurzer Zeit hohe Kapitalsummen erhalten, die für Investitionen in den Kirchenbau nutzbar waren. Die Rentenkäufer hatten demgegenüber die Gewissheit, dass sie zu ihren Lebzeiten durch den Zinsbetrag über ein jährlich garantiertes Einkommen verfügten[55]. Nach dem Tod half das bei der Kirche verbliebene Kapital als ‚gutes Werk' für die Erlangung des Seelenheils im Jenseits. Derartige Rentengeschäfte bildeten aus der Sicht der Weltanschauung des spätmittelalterlichen Menschen, gerade wenn er Einwohner einer Handelsstadt mit Kapitalüberschuss war, einen nahezu idealen Kompromiss für die Bewahrung der irdischen und himmlischen Existenzsicherung.

Als Rentenverkäufer konnten nur Institutionen oder Personen auftreten, die genügend Grundbesitz besaßen, um die Verpflichtungen zur Rentenauszah-

---

[50] Vgl. Gruber, Keyser: Marienkirche, S. 34.
[51] HKR, S. <3f.>.
[52] In dem schon erwähnten Erbe- oder Stiftungsbuch von 1451 waren alle Rentenverschreibungen der Marienkirche aufgezeichnet.
[53] HKR, S. <12f.>. Die spätere Forschung hat noch eine Reihe älterer Rentenverschreibungen zugunsten der Marienkirche ausfindig gemacht, die älteste stammt von 1366 (Gruber, Keyser: Marienkirche, S. 39).
[54] Bei einem angenommenen Zins von 5 % dürfte das Kapital 400 Mark betragen haben.
[55] „Die Hauptfunktion des R[enten]kaufs bestand (…) in der langfristigen Sicherung arbeitsfreien Einkommens". (Hans-Jürgen Gilomen: Rentenkauf, -markt, Lexikon des Mittelalters, Bd. 7, München 1996, Sp. 735–738, Sp. 737).

lung garantieren zu können. Hierzu gehörte selbstverständlich die *fabrica*, denn sie verfügte sowohl über das Kirchengebäude als auch über anderen Grundbesitz. Im Vertrag von 1427 urkundete noch der Stadtrat als Treuhänder für die Kirchenfabrik. Nach der Mitte des 15. Jahrhunderts traten dann die Kirchenväter selbst als Vertragspartner in den Urkunden in Erscheinung.

Eine Verschreibung mit Bezug auf den Grundbesitz der Kirchenfabrik gibt Bötticher für das Jahr 1484 wider. Die Danziger Neubürger Johann und Catharina Bröcker mieteten ein der Kirchenfabrik gehöriges Haus für einen Zins von 25 Mark und versprachen, dass nach ihrem Tod die Marienkirche deren gesamte Hinterlassenschaft erhalten solle, *„ungeachtett was die Verwanten datzu sagen"*[56].

Im Gegensatz zu Verschreibungen und Rentengeschäften mit weltlichen Personen oder Institutionen, waren die Verträge mit der Kirchenfabrik dadurch gekennzeichnet, dass ein Teil oder sogar die gesamte Gegenleistung für den Kapitalgeber in nichtmateriellen, geistlichen Diensten bestanden. Im Vertrag von 1427 hatte es noch eine Aufteilung der Erträge gegeben (zu Lebzeiten monetär, nach dem Tod Hilfe zu Erlangung des Seelenheils). In einem von Bötticher 1478 überlieferter Vertrag findet sich eine bemerkenswerte Variante der immateriellen Zinszahlung[57]. Die Kirchenväter bestätigten, dass ein namentlich nicht genannter „ehrlicher Burger" zwölf Mark gestiftet hatte, deren Zinsertrag von einer Mark jährlich der Signator erhalten solle. Dafür hatte dieser täglich um zwölf Uhr die Ave-Maria-Glocke zur Erinnerung an den Tod Jesu Christi läuten zu lassen. Beim Erschallen dieser Glocke sollten die Menschen ein Pater Noster, das Ave Maria und das Glaubensbekenntnis aufsagen, wofür sie einen 40-tägigen Ablass erhielten. Interessant bei dieser Verschreibung ist, dass der Stifter den Ertrag nicht nur exklusiv dem eigenen Seelenheil zukommen ließ, vielmehr konnten alle Gläubigen der Stadt von diesem guten Werk profitieren.

Die Investoren der Kirchenfabrik waren in erster Linie die Einwohner des jeweiligen Pfarrspiels. Gelegentlich treten aber auch Geistliche als Vertragspartner für Verschreibungen in Erscheinung. So findet sich im HKR eine 1472 erfolgte Verschreibung, in der der Vikar Georg Kopperbart der Kirchenfabrik 48 Mark stiftete und als Gegenleistung die „Vicarey" des St. Christophsaltars erhielt[58]. Für seine Altarsdienste zahlten ihm die Kirchenväter zweimal zehn Mark pro Jahr. Der Priester erkaufte sich durch seine Spende das Recht zur Betreuung des Altars, aus dessen Einkünften er einen Teil seines Lebensunterhalts bestreiten konnte[59]. Da die zahlreichen Kapellen und Nebenaltäre der Marienkirche Privatbesitz waren, fielen sie nicht in die Zuständigkeit der Kirchenväter und

---

[56] HKR, S. <47>.
[57] HKR, S. <40f.>.
[58] HKR, S. <34>.
[59] Gregor Kopperbart starb 1487 und stiftete in seinem Testament ein Vikariat (HKR, S. <56–58>), vermutlich für den Christophsaltar, da die Verwaltung dieser Stiftung in den Händen der Kirchenväter lag.

tauchen nur relativ selten im HKR auf. Der St. Christophsaltar bildete hier jedoch eine Ausnahme, da es sich um den Altar der Kirchenväter handelte[60].

Eine weitere Einnahmequelle für die Kirchenfabrik war die schon in der Kirchenordnung von 1389 erwähnte Kollekte während des Gottesdienstes. Nach einem Eintrag zum Jahr 1444 ging der Kirchenknecht täglich bei der Frühmesse und während der sonntäglichen Hochmesse mit einer Tafel in der Kirche umher, um Gelder von den Gläubigen zu sammeln[61]. Außerhalb des Gottesdienstes konnten die Gläubigen ihre Geldgaben auch in Spendenbüchsen oder -truhen einwerfen, die sich an verschiedenen Stellen innerhalb der Kirche befanden, etwa unterhalb der spätgotischen Zehn-Gebote-Tafel[62]. Nach der Kirchenordnung von 1389 befanden sich auch bei den zwei Zugängen zum Kirchhof „bedehuseken", in denen silberne Kreuze aufgestellt waren. Die dort von den Gläubigen verrichteten Spenden standen weitgehend der Kirchenfabrik zu[63].

Schließlich sei noch auf den Zufluss von Buß- und Strafgeldern zur Finanzierung des Kirchenbaus hingewiesen. Mehrere Quellenbelege hierzu hat Hirsch in seiner Geschichte der Oberpfarrkirche St. Marien aufgeführt[64]. Bötticher erwähnt diese Art der Einnahmen für die Fabrikkasse jedoch nicht.

Ebenfalls ohne Erwähnung bei Bötticher bleibt der Kirchenzehnte als die älteste finanzielle Abgabe der Gläubigen. In der Kirchenordnung von 1389 begegnet uns der Zehnte jedoch, denn die Stadt hatte sich verpflichtet, der Marienkirche jährlich 100 Mark aus den Zehnteinkünften zu zahlen[65].

Obwohl die Kirchenfabriken große Umschlagsplätze für Kapitalgeschäfte waren, kann man sie nicht als Vorläufer von modernen Finanzinstituten sehen. Banken hatten die Aufgabe, Geld sicher aufzubewahren, zu transferieren und zu mehren. Bei der Kirchenfabrik war der eigentliche Zweck der Geldanlage jedoch die Beförderung eines ‚guten Werkes' in Form der Unterstützung des Kirchenbaus. Die Stifter verzichteten bewusst ganz oder teilweise auf Geldzinsen und erhielten stattdessen eine immaterielle Entschädigung zum eigenen Seelenheil.

---

[60] Der Altar war mit Stiftungen reich versehen und offenbar im Besitz einer Reliquie des Evangelisten Matthäus, für die 1488 eine Tafel angefertigt wurde, „dem gemeinen Volcke soll zeigen und den Bußfertigen zu kussen geben" (HKR, S. <56>). Zur Verehrung dieser Reliquie hatte der samländische Bischof einen besonderen Ablass ausgeschrieben. Für diesen Altar stiftete 1513 die Familie des Hans Schultz eine ewige Messe (HKR, S. <78–81>). Das Altarbild verschwand vermutlich im 18. Jahrhundert (vgl. Hirsch: Ober-Pfarrkirche, S. 457).
[61] HKR, S. <15>.
[62] Nach einem Eintrag des Kirchenvaters Henrich Kremer von 1528 (HKR, S. <100>), hatte dieser den Kasten unterhalb der Zehn-Gebote-Tafel sowie einen anderen Kasten an der Südseite der Kirche geöffnet, doch nur im südlichen Kasten einen Betrag von 10 ungarischen Gulden gefunden. Offenbar war nach der Einführung der Reformation der Spendeneifer der Gläubigen doch sehr gedämpft.
[63] Vgl. Quellenanhang, Bl. 402v–403r.
[64] So spendete der Ratsherr Gregor Melman 1498 als Sühne für eine von ihm gegenüber dem Bürgermeister Johann Ferber ausgesprochenen Beleidigung 20 000 Mauersteine für den Kirchenbau (Hirsch: Ober-Pfarrkirche, S. 63, Anm. 2).
[65] Siehe Quellenanhang, Bl. 406r.

Die Einnahmen aus den zahlreichen Verschreibungen an die *fabrica* hatten die Kirchenväter in erster Linie in den Bau, Unterhalt und die Ausstattung der Kirche zu investieren. Dies war der eigentliche und wesentliche Zweck der Schenkungen und Verschreibungen durch die Bürger. Zum Teil waren die Mittel sehr konkret zweckgebunden, etwa wenn in Testamentsverschreibungen die Stifter einen gewissen Geldbetrag für den Bau eines bestimmten Kirchenteils oder für Baumaterial verwendet wissen wollten[66]. Wenn Gelder allgemein ‚für den Bau' gestiftet wurden[67], hatten die Kirchenväter eine gewisse Bandbreite an Möglichkeiten für die Mittelverwendung, doch mussten diese im direkten Zusammenhang mit Baumaßnahmen stehen. Andere Kapitaleinnahmen (etwa Rentenverschreibungen) waren üblicherweise frei von solchen unmittelbaren Zweckbestimmungen. Standen große Baumaßnahmen an, so konnten die Kirchenväter z.B. das ihnen aus Rentengeschäften zugeflossene Kapital ausgeben und ihre Zinsverpflichtungen aus anderen laufenden Einnahmen bedienen.

Plante man mittelfristige Bauinvestitionen, so ließen die Kirchenväter Baustoffe auf Vorrat anschaffen, damit bei Maßnahmenbeginn ausreichend Material zur Verfügung stand. Eine solche Vorratshaltung ist von Bötticher für 1485 überliefert: „*Obernante Kirchenveter haben sich nun erst den newen Kirchenbaw fort zu stellen mitt Erenst angenomen und allerhand Rechschafft, als Holtze, Grundsteine, Kalck, Zigel und was sonst datzu gehorett und einen Vorrath datzu gesammelt funff Jar lang*"[68]. Standen keine größeren Baumaßnahmen an, so konnte man das Geld auch im Immobilienmarkt investieren und sich dadurch langfristige Zinseinnahmen sichern. Im HKR findet sich für 1516 das Beispiel eines solchen Geschäfts dokumentiert. Der Kirchenvater Dirk Falcke kaufte für 600 Mark das Haus des Heinrich Steinweg, der sich im Gegenzug dazu verpflichtete, den Kirchenvätern jährlich sechs Prozent Zinsen auf diese Summe zu zahlen[69].

Ein einschneidendes Ereignis für die Finanzverwaltung der Kirchenfabrik bildete die Reformation, denn in deren Folge entfielen die bisherigen Haupteinnahmequellen für die Fabrikkasse. Dies betraf in erster Linie die Ablässe, Altar- und Seelgerätsstiftungen, die in der evangelischen Kirche keine Daseinberechtigung mehr hatten. Aber auch die Tradition der großzügigen Testamentsverschreibungen zugunsten der Kirche verschwand im 16. Jahrhundert fast völlig. Man muss daher davon ausgehen, dass es infolge dieses Wandels zu einem Wegbrechen der Einnahmemöglichkeiten der Kirchenfabrik in einer Größenordnung von 80 bis 90 Prozent kam. Eine deutlich sichtbare Folge davon war, dass keine großen Bauinvestitionen mehr getätigt wurden. Nicht nur in St. Marien, sondern auch bei allen anderen großen Danziger Kirchen fanden nach der Reforma-

---

[66] So stiftete Gert Aweram in seinem Testament 1484 tausend Mauersteine für die Kirche (HKR, S. <47>). Gruber, Keyser: Marienkirche, S. 43, nennt weitere Beispiele für die Stiftung von Backsteinen für den Kirchenbau.
[67] So 1484: „*Peter Barteld in seynem Testament I^c Marck zu dem Baw nach seynem Tode.*" (HKR, S.< 47>)
[68] HKR, S. <47f.>.
[69] HKR, S. <85>.

tion keine bedeutenden Baumaßnahmen mehr statt. Daher präsentiert sich die Danziger Sakrallandschaft bis heute in der Form, die sie im Spätmittelalter erhalten hatte.

Aber auch ohne Großinvestitionen benötigte die Kirchenfabrik weiterhin laufende Einnahmen, um die Unterhaltskosten der Kirche zu decken und die nicht geringe Zahl der Bediensteten zu versorgen. Darüber hinaus kam es bei der Ausstattung der Kirche zu einer Reihe von Neuanschaffungen (Taufe, Orgel, Kanzel), die insbesondere mit den Veränderungen der Liturgie und Gottesdienstgewohnheiten nach Einführung der Reformation im Zusammenhang standen. Die Finanzierung dieser Maßnahmen erfolgte zum Teil durch Einnahmen aus dem Grundbesitz (Haus- und Wohnungsvermietung), daneben wurden Sammlungen durchgeführt und vor allen das Gebührenwesen ausgeweitet.

Die aus dem Mittelalter stammende Tradition der Kollekte während des Gottesdienstes wurde nach der Reformation – zumindest an den Feiertagen – zunächst noch weitergeführt. So gibt Bötticher eine Nachricht von 1532 wider, nach der an 15 hohen Feiertagen in der Kirche die Gaben der Gläubigen eingesammelt wurden[70]. Im Unterschied zum 15. Jahrhundert, als diese Aufgabe dem Kirchenknecht zufiel, gingen nun die Kirchenväter höchstpersönlich mit den Sammeltafeln durch die Reihen der Gläubigen, was sicherlich den moralischen Druck auf die Gemeindemitglieder zur Herausgabe großzügiger Spenden erhöhte. Am Beginn des 17. Jahrhunderts war die Tradition der Kollekte während des Gottesdienstes jedoch weitgehend abgeschafft[71]. Zur Zeit Böttichers fanden nur noch drei Sammlungen im Jahr statt, jeweils an den höchsten christlichen Festtagen (Ostern, Pfingsten, Weihnachten). Die Erlöse dieses ‚Festgeldes' kamen ausschließlich den Bediensteten der Kirche zu[72] und nicht mehr wie im Mittelalter der Baukasse. Hinzuweisen ist auch auf die veränderte Technik des Geldeinsammelns. Während man im Mittelalter das Geld offen auf Tafeln legte, wurde nach der Reformation der Klingelbeutel verwendet[73]. Offenbar entsprach das demonstrative Vorzeigen der eigenen Spendenfreudigkeit nicht mehr der nachreformatorischen Mentalität.

Am Beginn des 17. Jahrhunderts häufen sich die Nachrichten über wohltätige Sammlungen für konkrete Zwecke, die nun an Stelle der im Mittelalter üblichen allgemeinen Kollekte traten. Bötticher berichtet recht ausführlich über vier große Hilfsaktionen zwischen 1612 und 1614. Die umfangreichste Sammlung erfolgte 1612/13 als mehrere Danziger Bürger bei Kreta in türkische Gefangenschaft geraten waren und ausgelöst werden mussten. Zur Aufbringung des

---

[70] HKR, S. <104>.
[71] Vgl. Artikel 5 der Kirchenordnung von 1612 (Sehling: Kirchenordnungen, S. 200).
[72] Empfangsberechtigte für dieses Festgeld waren die vier Prediger, der Glöckner, der Kirchenknecht und sein Gehilfe, der Signator und seine Frau, der Hundepeitscher und seine Frau sowie der Steckenknecht.
[73] Artikel 5 der Kirchenordnung: „zu unserer zeit aber sind solche tafeln abgeschaffet und an stelle derselben zwei secklein verordnet, an lange schmale stecklein befestigt" (Sehling: Kirchenordnungen, S. 200).

Lösegeldes verordnete der Stadtrat, *"in allen Kirchen dieser Stadt und derselben Kirchthüren Kästlein zu setzen und durch die Prediger von den Cantzeln die Gemeinen ermahnen zu lassen, das ein iglicher nach seinem Vermögen den armen Gefangenen zu Hülffe kommen und in die ausgesetzte Kästlin einlegen [wolle]"*[74]. Die Kirchenväter ließen an den Adventssonntagen und über die Weihnachtsfeiertage an allen sechs Eingängen zur Marienkirche Spendenkästlein aufhängen, deren Ertrag insgesamt 408 Mark erbrachte. Da die in den Danziger Kirchen gesammelten Spenden zur Auslösung der Gefangenen nicht genügten, wurde die Aktion um vier Wochen verlängert, was nochmals 307 Mark erbrachte. 1614 ließ der Stadtrat drei vergleichbare Spendensammlungen für die durch Feuersbrünste zerstörten Städte Magdeburg, Marienburg und Osnabrück durchführen[75]. Zur Förderung von Spenden für barmherzige Zwecke hatte man außerdem 1607 am südwestlichen Vierungspfeiler die sog. Almosentafel (Sieben Werke der Barmherzigkeit, gemalt von Anton Möller) anbringen lassen, an deren Fuß eine Spendentruhe aufgestellt war[76].

Eine bemerkenswerte soziale Stiftung an der Marienkirche war die Einrichtung eines Stipendienfonds für Danziger Studenten. Ulrich Urban hatte in seinem Testament der Kirchenfabrik 1200 Mark gestiftet[77]. Aus dem Zinserlös sollten die Kirchenväter Danziger Studenten unterstützen[78]: *"sollen die Kirchenveter den Zins geben gutten Gesellen, die da studieren, die man konte hernach zu Predicanten oder Caplanen gebrauchen"*[79]. Das Stipendium sollte nicht länger als zwei Jahre für einen Studenten gezahlt werden und unter den Bewerbern hatten die Kirchenväter Verwandte oder Freunde des Stifters zu bevorzugen. Im HKR finden sich drei Nachweise für die Auszahlung dieses Stipendiums[80].

Nach Einführung der Reformation entwickelten sich die Gebühren zu einem wichtigen Faktor in der Einnahmestruktur der Kirchenfabrik. Dabei handelte es sich um Entgelte, die die Gemeindemitglieder zu entrichten hatten, wenn sie Leistungen in Anspruch nahmen, die in der Zuständigkeit der Kirchenväter lagen. Dazu gehörten insbesondere die Bereitstellung von Begräbnisstellen, das Glockenläuten und die Miete von Kirchenbänken. Solche Gebühren hatte es zum Teil auch schon im Spätmittelalter gegeben, doch spielten sie – im Vergleich zu den Gesamteinnahmen der *fabrica* – zunächst eine untergeordnete Rolle.

---

[74] HKR, S. <492>.
[75] HKR, S. <509, 534>.
[76] Vgl. Drost: Marienkirche, S. 162, KZS Gdańsk, S. 101f.
[77] HKR, S. 164f. Wann dieses Testament erstellt wurde, ist nicht erwähnt. Da eine erste Stipendienzahlung 1569 erwähnt ist (HKR, S. <150f.>), muss dies vor diesem Zeitpunkt erfolgt sein.
[78] Die Kirchenväter beteiligten sich mit dem Stiftungskapital am Besitz mehrerer Häuser und erhielten dafür 6% Zinsen (HKR, S. <165>).
[79] HKR, S. <165>.
[80] HKR, S. <150–151, 155, 166>. 1615 wurde durch eine Stiftung von Merten Goldaw ein weiteres Stipendium für Theologiestudenten eingerichtet, dessen Verwaltung den Kirchenvätern von St. Marien oblag (Simson: Geschichte Danzig 2, S. 543). Bötticher erwähnt diese Stiftung jedoch nicht.

Nach mittelalterlichem Rechtsverständnis war die Erhebung einer Gebühr bei Begräbnissen eigentlich nicht zulässig, wie auch der Schiedsspruch von 1363 mit der ersten Erwähnung der Kirchenväter belegt[81]. Das Innere der Kirche sollte nach Aussage dieser Urkunde ursprünglich nur wenigen hochgestellten Personen als Grablege vorbehalten sein. Die Attraktivität dieses Ortes als letzte Ruhestätte machte das Kircheninnere aber recht bald zu einer begehrten Grabstätte und bildete rasch eine wichtige Einnahmequelle für die Kirchenfabrik. Gebührenerhebungen für die Beisetzung in der Marienkirche scheinen sich schon im späten 14. Jahrhundert durchgesetzt zu haben. In der Kirchenordnung von 1389 hatte man den Bürgermeistern, Ratmännern, Stadtschreibern, Kirchenvätern und Priestern ein freies Begräbnis in der Marienkirche zugestanden[82]. Ein Ratsbeschluss von 1430 bestätigte den Ratsherren und ihren Angehörigen das freie Begräbnisrecht in der Kirche[83]. Eine solche Regelung wäre nicht notwendig gewesen, wenn man für die Beisetzung üblicherweise keine Gebühren erhoben hätte. Alle mit dem Begräbnis verbundenen Gebühren wurden in den Kirchenordnungen von 1389 und 1612 detailliert festgelegt. Dies gilt auch für die Kosten des Glockenläutens bei Beerdigungen und Hochzeiten.

Eine weitere Einnahmequelle durch Gebühren besaßen die Kirchenväter durch die Vermietung von Gestühlen, wobei es eine Art Klassengesellschaft in der Kirche gab. Für die einfachen Gläubigen standen offene und einfache Bänke zur Verfügung, deren Nutzung kostenfrei war, wie auch in Kapitel 29 der Kirchenordnung ausdrücklich vermerkt wurde: *„Alle offenen stuele (...) sollen jedermann frei sein"*[84]. Daneben ließen die Kirchenväter exklusive geschlossene (*„schlossfeste"*) Gestühle anfertigen, die an einzelne Personen oder Familien vermietet wurden[85]. Die Gestühle in den Seitenkapellen und bei den Nebenaltären an den Pfeilern befanden sich in Privatbesitz, deren Nutzer mussten daher keine Zinsen an die Kirchenväter zahlen[86].

---

[81] Simson: Geschichte Danzig 4, Beilage 1.
[82] Siehe Quellenanhang, Bl. 405v.
[83] Vgl. Keyser: Baugeschichte, S. 161.
[84] Sehling: Kirchenordnungen, S. 209. Schon in der Kirchenordnung von 1389 hatte es eine vergleichbare Bestimmung gegeben: „Item alle stole unde bencken, beyde manner unde der frouwen, in der kerken solen yderman fryg syn" (vgl. Quellenanhang, Bl. 405r).
[85] Im HKR werden mehrfach solche Mietverträge erwähnt (HKR, S. <380, 382f., 388, 492>). Die Jahreszinsen für einen Platz lagen zwischen 2 und 4½ Mark, es gab demnach – offenbar je nach Standort des Gestühls – billige und teure Plätze.
[86] Sehr ausführlich schildert Bötticher für das Jahr 1614 Verhandlungen mit der Brauerzunft über den Neubau eines Gestühls am St. Nikolaus Altar, der im Eigentum der Zunft war (HKR, S. <520–524, 529–531>). Die Brauer wollten zu diesem Zweck mehrere alte Bänke abbrechen, darunter die Bank für die Schüler der Marienkirche. Die Kirchenväter bemühten sich darum, den Platzbedarf für das neue Gestühl zu beschränken, u.a. mit dem Hinweis, dass der Abbruch der Schülerbank zu großem Streit führen wird. Außerdem verwiesen sie auf das schlechte Vorbild dieser Aktion, denn wenn die Brauer großflächig um ihren Altar die offenen Stühle abbrechen würden, könnten andere Altareigentümer das gleiche Recht für sich fordern. Die Verhandlungen endeten schließlich mit einem Kompromiss, nachdem die Brauer sich ein neues Gestühl errichten durften, jedoch die Schülerbank bestehen lassen mussten.

Aus einer Bemerkung zum Jahr 1600 kann man ersehen, dass bei der Nutzung der Gestühle auch soziale und konfessionelle Konflikte zum Vorschein kamen. So berichtet Bötticher, dass die Kirchenväter den Doktorstuhl vermietet hatten und erläutert hierzu: *„Dieser Stuel ward anfenglich für die Doctores Medicinae gebawt, weil sie aber calvinisch waren und denselben nicht gebrauchten, haben ihn die Kirchenveter obgenanten Personen vermietett."*[87] Offenbar lehnten die Calvinisten die Nutzung der elitären Gestühle für sich ab. Eine ganz andere Haltung zeigte die mächtige Patrizierfamilie Ferber, die den Doktorstuhl okkupiert hatte ohne den Kirchenvätern einen Zins zahlen zu wollen, *„vorwendende, das seine Eltern und Großeltern es umb diese Kirche woll viel verdienett hetten, {wie das ihre Waffen an den Gewelben hin und wieder genugsam bezeugten, also} das er mitt den Seynen woll einen freyen Sitz in demselben Stuel haben mögen"*[88].

4.2 Vergabe und Beaufsichtigung von Bauarbeiten

Eine der Kernzuständigkeiten der Kirchenväter war die Organisation und Beaufsichtigung von Bauarbeiten an der Kirche. Dies belegen u.a. zahlreiche Verträge zwischen Handwerksmeistern und den Kirchenvätern, die im HKR überliefert sind. Den ältesten bekannten Vertrag von 1379 hatte Bötticher offenbar nicht gekannt, denn es hatte sich davon keine Spur mehr im Kirchenarchiv erhalten[89]. Dokumentiert hat Bötticher im HKR Bauverträge aus den Jahren 1442[90], 1446[91], 1484[92], 1485[93], 1496[94], 1499[95] und 1501[96].

Besonders ausführlich ist der Vertrag von 1485[97] mit Meister Hans Brand wiedergegeben. Der Vertrag wurde mit dem Bürgermeister Johann Schefecken und den vier Kirchenvätern abgeschlossen. Der Meister sollte die Fundamente der neu begonnenen Außenwände des Langhauses sichern und die Mauern einschließlich der Kapellen bis zur vollen Höhe aufführen. Hans Brand war kein

---

[87] HKR, S. <383>.
[88] Ebd.
[89] 1379 hatten die beiden Kirchenväter Lubrecht Sag und Mattes Wytte mit Meister Heinrich Ungeradin einen Vertrag über den Neubau der Kirche (Erweiterungsbau im Osten) geschlossen. Eine kurze Inhaltsangabe des Vertrages befand sich im Kämmereibuch sowie im Ratsdenkbuch der Stadt und wurde von Gruber, Keyser: Marienkirche, S. 42 und Anm. 66 publiziert.
[90] Vertrag mit Meister Steffen über den Nordgiebel (HKR, S. <14f.>).
[91] Vertrag mit Meister Steffen über den Südgiebel (HKR, S. <15>).
[92] Vertrag mit Meister Michel über den kleinen Turm zur Trippenmacher Gassen hin (HKR, S. <46f.>).
[93] Vertrag mit Meister Hans Brand über den Neubau der Seitenwände am Langhaus (HKR, S. <48f.>).
[94] Vertrag mit Henrich Hetzel über die Südseite des Langhauses (HKR, S. <62f.>).
[95] Vertrag mit Henrich Hetzel über die Gewölbe über dem Hochaltar (HKR, S. <69f.>).
[96] Vertrag mit Henrich Hetzel über die Neuwölbung über dem Chor und die Einwölbung des Langhauses (HKR, S. <71f.>).
[97] HKR, S. <48f.>.

einfacher Maurermeister, sondern auch Steinmetz und Bildhauer[98]. Er sollte nicht nur in Backstein mauern sondern auch als Steinmetz die Sockelsteine der Kirche aus gotländischem Kalkstein hauen, versetzen und verankern. Die Anweisung, in welcher Form er die Außenwände aufzubauen hatte, war recht simpel, denn er sollte sich einfach am Vorbild der schon vollendeten Ostteile der Marienkirche orientieren (*„nach Außweysung der newen Kirchen"*). Hans Brand empfing einen Grundlohn von zwei Mark wöchentlich *„fur meine Meisterschafft"* und einen Leistungslohn (1 Mark 8 Scott für 1000 gemauerte Backsteine). Dazu erhielt er von den Kirchenvätern eine freie Wohnung gestellt. Um Gerüst, Kalk und Ziegel sollte sich der Meister selbst kümmern. Die notwendigen Arbeitsleute und einen Zimmermann stellten die Kirchenväter auf ihre Kosten zur Verfügung. Auch die äußere Form des Vertragsdokuments und seine Zweiteilung werden genau geschildert: Der gleichlautende Text war unten und oben auf das Papier geschrieben und wurde in der Mitte in der Art eines Kerbzettels auseinander geschnitten, so dass jeder Vertragspartner ein Exemplar erhielt. In der Mitte des Bogens war noch ein kurzer Text eingefügt (*„Ave Maria gratia plena"*), der durch die Schnittstelle getrennt wurde, so dass man beim Zusammenfügen der beiden Zettel zweifelsfrei feststellen konnte, ob es sich um die echten Vertragsteile handelte[99].

Zur Beantwortung der grundsätzlichen Frage, welchen Einfluss die Kirchenväter auf Entwurf und Gestaltung der Kirche hatten, kann das HKR leider keine konkreten Hinweise geben. Sicherlich werden die wesentlichen Entscheidungen durch den Stadtrat getroffen worden sein, über viele Detailfragen dürften aber die Kirchenväter mit dem Baumeister oder anderen Handwerkern gesprochen und entschieden haben.

Bötticher berichtet auch von Feuerschutzmaßnahmen an der Kirche: Die Kirchenväter gaben 1544 fünf große Kupfergefäße in Auftrag, von denen vier im Dach und eines auf dem Turm installiert wurde. Während des Sommers wurden diese Gefäße mit Löschwasser gefüllt für den Fall, dass ein Feuer ausbrechen sollte[100].

4.3 Kirchenausstattung

Die Kirchenväter waren zuständig für die Anschaffung und Pflege der zentralen Ausstattungselemente der Pfarrkirche, während die zahlreichen Kapellen und Nebenaltäre in der Verantwortung der privaten Eigentümer lagen. Die Kirchenväter schlossen die Arbeitsverträge mit den Handwerkern und kontrollierten die

---

[98] So hatte er wenige Jahre zuvor die Grabplatte des hl. Adalbert in Gnesen geschaffen (Gruber, Keyser: Marienkirche, S. 49).
[99] „Und zu Getzeugniß der obgeschriebenen Vertragung und Eintracht, so ist diescr Zedeln zween, der eine auß dem andern geschnitten, bey *Ave Maria gratia plena*. Davon ich, Meister Hans Brand, den einen bey mir habe und den andern die vorbenanten Kirchen Veter." (HKR, S. <49>)
[100] HKR, S. <117>.

Ausführung der Arbeiten. Zu den herausragenden mittelalterlichen Kunstwerken, die von den Kirchenvätern in Auftrag gegeben und abgerechnet wurden, gehörten der Hochaltar mit der dazugehörigen Ausstattung (Priestergewänder, liturgisches Gerät und Bücher), das Sakramentshäuschen, die Taufe, die Kanzel, die Orgel, die astronomische Uhr sowie das Gestühl und der Altar der Kirchenväter. Dem Anspruch und Status des gewaltigen Kirchenbaus entsprechend, wurden an die genannte Ausstattung höchste Ansprüche gestellt und beträchtliche Mittel investiert. Nach Einführung der Reformation und den damit verbundenen Neuerungen in der Liturgie und im Religionsverständnis gewannen bestimmte Ausstattungselemente eine größere Bedeutung, insbesondere die Taufe, die Kanzel und die Orgel. Zu diesen drei Objekten hat Eberhard Bötticher ausführliche Information in seiner Chronik überliefert[101].

4.4 Pflege und Instandhaltung der Kirche

Mit der Vollendung der letzten Gewölbe 1502 hatte der 1343 begonnene Bau der Marienkirche sein Ende gefunden. Danach gab es keine bedeutenden Neubaumaßnahmen mehr. Eine der ursprünglichen Hauptaufgaben der Kirchenväter, die Organisation und Aufsicht über die Bautätigkeit, war damit im Wesentlichen erledigt. Aber auch die Bewahrung und Sicherung des Kirchenbaus erforderte eine ständige Pflege und Investitionen in Unterhaltungsmaßnahmen. So beschäftigte die Kirchenfabrik einen eigenen Maurer, der insbesondere die Dächer und Dachrinnen regelmäßig zu kontrollieren und, wenn notwendig, auszubessern hatte[102]. Er konnte außerdem bei Bedarf für kleinere Reparaturarbeiten am Mauerwerk herangezogen werden.

Als ein weiteres Element der Pflege wurde die Kirche von Zeit zu Zeit gereinigt, sowohl Boden und Wände als auch einzelne Kunstgegenstände. Eine erste Nachricht hierzu überliefert Bötticher für 1537, als man die Mauern verfugen und die silbernen Bilder und Tafeln reinigen ließ[103]. Eine wesentlich umfänglichere Aktion erfolgte 1549/50[104]: Damals wurde das Kircheninnere weiß getüncht[105], der Chor erhielt dagegen eine Bemalung, um ihn vom weißen Kirchenschiff farblich abzusetzen[106]. Außerdem ließ man die Fenster mit neuen Scheiben einfassen, so dass die Kirche damals den bis heute vorherrschenden hellen und lichterfüllten Charakter des Innenraums erhielt. Diese Maßnahme

---

[101] Nähere Ausführungen zu der im HKR dokumentierten Ausstattung finden sich im Beitrag „Das Verhältnis der Kirchenväter zu den Kunstwerken der Marienkirche" in diesem Band.
[102] Vgl. Kirchenordnung von 1612, Artikel 41 (Sehling: Kirchenordnungen, S. 215f.).
[103] HKR, S. <112>.
[104] HKR, S. <124>.
[105] Dies war natürlich auch eine Folge der Reformation und dem damit einhergehenden Wunsch, die mittelalterlichen Wandmalereien zu verdecken. Über den damaligen Umfang der Wandmalereien im Inneren der Marienkirche sind wir allerdings nicht genau informiert.
[106] HKR, S. <124>: *„das Chor zu molen lassen"*. Welcher Art diese Ausmalung war, ist jedoch unbekannt.

war mit erheblichen Kosten verbunden, insgesamt gaben die Kirchenväter 1203 Mark dafür aus. Bötticher bemerkt, dass der *fabrica* diese Mittel wegen der kurz zuvor in Danzig grassierenden Pest zugeflossen waren, denn aufgrund der zahlreichen Beisetzungen hatten die Kirchenväter hohe Einnahmen aus den Glocken- und Begräbnisgebühren erhalten[107]. Die Reinigung und Weißung der Seitenkapellen erfolgte allerdings nicht durch die Gelder der Kirchenfabrik, sondern musste von den jeweiligen Eigentümer der Kapellen auf eigene Kosten ausgeführt werden.

Gut 50 Jahre später kam es 1601 zu einer zweiten großen Reinigungs- und Verschönerungsaktion[108]. Diesmal machte man sich sogar die Mühe, den gesamten Kirchenboden zu nivellieren. Ausgehend vom Bodenniveau an der neuen Taufe wurden durch die ganze Kirche Seile gespannt, *„viel Hundert Fuder Sand"* in den Bau verbracht und gleichmäßig verteilt, so dass der Boden bei allen Kirchenportalen eben ankam. Danach ließ man die Kirche (einschließlich der Gewölbe) vollständig weißen und die Fenster ausbessern. Auch dies war mit einem enormen Aufwand verbunden, denn zu diesem Zweck hatte man das Kircheninnere vollständig eingerüstet. Da die Arbeiten eine große Menge Staub und Dreck aufwirbelten, musste anschließend die gesamte Ausstattung gereinigt werden. Bei dieser Gelegenheit ließen die Kirchenväter den Chor *„mitt Schnitz und Mohlwerck"* verschönern. Neben diesen aufwändigen Maßnahmen veranlassten die Kirchenväter von Zeit zu Zeit auch einfache Reinigungsaktionen, bei denen die gesamte Kirche inklusive den Gewölben *„abgestaubett und reyn"* gemacht wurden[109].

4.5 Verwaltung des Grundbesitzes

Eine weitere Aufgabe der Kirchenväter bestand in der Verwaltung des neben dem eigentlichen Kirchengebäude vorhandenen Grundbesitzes der Kirchenfabrik. Hierzu zählte an erster Stelle der Kirchhof mit der Umfassungsmauer, der neben seiner ursprünglichen Funktion als Friedhof (zu Zeiten Böttichers jedoch schon lange nicht mehr in Nutzung) auch noch mehreren Gebäuden Platz bot (Schule, Wohnhäuser, Scheunen, Keller). Daneben besaß die Kirchenfabrik noch Wohnhäuser in der Stadt und einen Kirchenbauhof auf der Speicherinsel.

Zur Pflege des Kirchhofs gehörten die Instandhaltung der Mauer sowie die Abfuhr von Schmutz und Unrat aus dem Hof. Die Kirchenväter mussten auch Obacht darauf geben, dass keine Verunreinigungen von Seiten der benachbarten Häuser auf den Kirchhof gelangten. Dass dies ein schwieriges Unterfangen war, belegen die von Bötticher überlieferten Beschwerdebriefe von 1613/14, in denen die Kirchenväter den Rat um die Publizierung eines Edikts baten, das den Nach-

---

[107] Ebd.: *„haben die obgenanten Kirchenveter ein Vorrath von den Begrebnussen und Glocken gesamlett"*.
[108] HKR, S. <392>.
[109] So etwa 1609 (HKR, S. <467>).

barn verbieten sollte, Kot, Schnee, Eis und anderen Unrat auf den Kirchhof zu tragen[110]. Vermutlich luden die Nachbarn ihren Dreck schon seit Jahrhunderten auf dem Kirchhof ab, was die Kirchenväter nicht nur auf ihre Kosten bereinigen mussten sondern auch als Schande angesehen wurde. Eine ebenfalls wenig pietätvolle Unart mancher Zeitgenossen auf dem Kirchhof lässt sich aus den Bestimmungen der Kirchenordnung erschließen. Nach Artikel 45 war der Hundepeitscher dazu angehalten, regelmäßig in den Winkeln der Kirche „*den gestank mit wasser weg[zu]spülen.*"[111] Offenbar pinkelten manche Männer, hinter den Strebepfeilern der Kirche versteckt, in die Ecken.

Das wichtigste Gebäude auf dem Kirchhof war das Schulhaus[112], in dem auch der Rektor wohnte. Das Schulhaus wurde gelegentlich anlässlich von Beerdingungen zur Abhaltung von Trauerfeierlichkeiten vermietet. Der Glöckner hatte seine Wohnung ebenfalls am Kirchhof, zusätzlich erhielt er dort einen Fassbierkeller[113]. Hinter der Schule befanden sich an der Heilige-Geist-Gasse Buden und Keller, die die Kirchenväter vermieteten[114]. In dieser Gasse besaß die Kirchenfabrik auch Wohnhäuser, in denen Kirchenbedienstete oder deren Witwen wohnten[115]. Der Kirchenbauhof befand sich am südlichen Ende der Speicherinsel, in Nachbarschaft zum Teer- und Aschhof. Die Kirchenväter lagerten dort Baumaterialien[116] und errichteten mehrere Speicher.

4.6 Aufsicht über das Bestattungswesen (Steinamt)

Die Aufsicht über das Bestattungswesen stellte eine wichtige Aufgabe dar, die jeweils durch den jüngsten der Kirchenväter wahrgenommen wurde, dem das ‚Steinamt' anvertraut war. Ohne dessen Genehmigung durfte niemand in und außerhalb der Kirche begraben und auch kein Leichensteine gesetzt oder beschriftet werden[117]. Die Kirchenväter beschäftigten einen eigenen Steinhauer, der die

---

[110] HKR, S. <508, 515f.>.
[111] Sehling: Kirchenordnungen, S. 217.
[112] Eine Lateinschule an der Pfarrkirche hat es offenbar schon früh gegeben, zusätzlich wurden auf Initiative des Rats 1436 zusätzlich deutsche Schreibschulen bei den Kirchen eingerichtet (Hirsch: Ober-Pfarrkirche 1, S. 104, Simson: Geschichte Danzig 2, S. 220).
[113] Die Kirchenväter ließen 1534 zwei Fassbierkeller bauen, einen für den Glöckner und einen zur Vermietung (HKR, S. <107>).
[114] 1532 ließen die Kirchenväter dort Reparaturarbeiten ausführen (HKR, S. <105>).
[115] So eine Nachricht von 1604 (HKR, S. <401>). Die Kirchenväter hatten schon 1464 Meister Hans Duringer ein Haus in der Heilige-Geist-Gasse zur Verfügung gestellt (HKR, S. <29>).
[116] Für Lagerzwecke wurde dort 1532 für 300 Mark ein neuer Speicher errichtet (HKR, S. <104>). 1534 ist vermerkt, dass Balken und Dielen vom Bauhof geholt wurden (HKR, S. <107>). Teile des Hofes verpachtete man zeitweise an Danziger Kaufleute, so zahlte Peter Köseler 1518 einen Jahreszins von 30 Mark für den Hof (HKR, S. <86>).
[117] Diese Bestimmung findet sich schon in der Kirchenordnung von 1389 (vgl. Quellenanhang, Bl. 405r).

Inschriften und Ergänzungen auf den Grabsteinen anfertigte[118]. Zur besseren Übersicht über die vielen Grabstellen in der Kirche und zur Feststellung der Besitzverhältnisse legte Eberhard Bötticher 1604 ein vollständiges Register der *„Leichensteinen und Begrebnüssen"* an[119]. Für jede Beisetzung wurde eine Begräbnisgebühr erhoben, die bei privaten Grabstellen niedriger ausfiel als für Leichen, die unter einem der Kirche gehörenden Stein beerdigt wurden[120]. Die Gebühr wurde vom Signator vor der Beisetzung bei der Trauerfamilie erhoben. Auch die Kennzeichnung der Trauerhäuser in der Stadt mit schwarzen Laken an den Türen und Fenstern sowie durch das Aushängen einer Trauerfahne oblag den Mitarbeitern der Kirchenfabrik (Signator und Kirchenknecht). Der Signator leitete das Geld an den Glöckner weiter, der darüber monatlich dem jüngsten Kirchenvater eine besondere Abrechnung vorlegte. Die Einkünfte aus den Bestattungen wurden zwischen der Kirchenfabrik und dem Pfarrer geteilt. Nach der Reformation rechnete der vom Bischof ernannte Offizial den Pfarranteil mit den Kirchenvätern ab[121].

4.7 Das Glockenamt

Das Glockengeläut der Marienkirche spielte eine bedeutende Rolle im Leben der Bewohner Danzigs. Es rief nicht nur die Gläubigen zu den Gottesdiensten und Betstunden auf, sondern läutete auch den Tag ein und aus, verkündete wichtige Ereignisse, etwa Hochzeiten, Beerdigungen, Rats- und Bürgermeisterwahlen, den Dominiksmarkt und warnte vor Gefahren für die Stadt (Unwetter). Die Verwaltung der Kirchenglocken gehörte deshalb zu den besonders wichtigen Aufgaben der Kirchenväter. Daher finden sich im HKR auch zahlreiche Nachrichten zur Entstehung und Nutzung der Glocken. So berichtet Bötticher über das Entstehungsjahr, Größe und Gewicht, Inschriften und Funktion der Glocken von St. Marien[122]. Er überlieferte auch eine alte Glockenordnung von 1463[123] sowie eine 1498 erfolgte Stiftung von Kersten Schefeck von 800 Mark, aus deren Erlös für ewige Zeiten an bestimmten Tagen geläutet werden sollte[124].

---

[118] Artikel 3 und 28 der Kirchenordnung (Sehling: Kirchenordnungen, S. 199, 208). Bei den der Kirchenfabrik gehörenden Grabstellen wurden die Leichensteine mit einer Marke (Abb. 39) gekennzeichnet (Artikel 23, Sehling: Kirchenordnungen, S. 207. Sehling gibt fälschlicherweise an, es handele sich um den Buchstaben „F").

[119] „Register der Leichsteinen unnd Begrebnüssen in S. Marien Kirchen der Rechten Stadt Dantzig nach Nummern unnd Namen auffs newe mit fleis revidiret und untersucht durch Eberhartt Böttichern Kirchen Vatern und Verwaltern der Leichensteinen daselbst, Anno 1604" (APGd., 354/348). Siehe Werkverzeichnis Bötticher, nr. II. B.

[120] Artikel 24 der Kirchenordnung (Sehling: Kirchenordnungen, S. 208).

[121] Artikel 25 der Kirchenordnung (Sehling: Kirchenordnungen, S. 208). Das Amt des Offizials wurde in nachreformatorischer Zeit gewöhnlich durch den katholischen Pfarrer von St. Marien in Personalunion ausgeübt.

[122] Glocke Apostolica von 1383 (HKR, S. <6>), Dominicalis von 1423 (HKR, S. <12>), Gratia Dei von 1453 (HKR, S. <19>), Landglocke von 1462 (HKR, S. <27>).

[123] HKR, S. <27–28>.

[124] HKR, S. <67>.

In die Kirchenordnung von 1612 wurde eine ausführliche Glockenordnung integriert, die den umfangreichsten Einzelaspekt innerhalb dieser Kirchenordnung bildete[125]. Darin waren alle Glocken beschrieben und es wurde genau festgelegt wie und wann sie zu läuten waren[126]. Es findet sich dort auch eine detaillierte Gebührenordnung, denn die Erlöse aus den Läutegeldern bildeten einen wichtiger Posten in der Einnahmestruktur der Kirchenfabrik. Alle mit den Glocken zusammenhängenden Tätigkeiten standen unter der Aufsicht des drittältesten Kirchenvaters, der das Glockenamt zu verwalten hatte. Unter seiner Verantwortung standen der Glöckner, der Signator sowie die fünf blinden Glockenläuter.

4.8 Aufsicht über das Kirchenpersonal

Unter der Obhut der Kirchenväter standen zahlreiche Bedienstete („Offizianten"), die beaufsichtigt und entlohnt werden mussten. Die Gesamtzahl belief sich auf fast 50 Personen[127] zuzüglich der evangelischen Prediger, die dem Rat direkt unterstanden. Zu den Offizianten zählten der Glöckner[128], der Signator[129], dem auch die fünf blinden Glockenläuter unterstellt waren[130], der Kirchenknecht[131], der den Hundepeitscher[132], die beiden Totengräber und sonstige Ar-

---

[125] Sie umfasste die Artikel 12 bis 22 (Sehling: Kirchenordnungen, S. 202–207).

[126] An Sonntagen, Samstagen, Werktagen, bei großen und kleinen Festen, zu Begräbnissen, bei Rats- und Bürgermeisterwahlen, bei Unwettern sowie am Beginn und Ende des Dominiksmarktes.

[127] Am Ende des 14. Jahrhunderts lag die Zahl der Kirchenbediensteten noch unter zehn Personen. Die Kirchenordnung von 1389 nennt: Glöckner, Leinenwäscherin, Signator, Kirchenknecht, Organist und Calcanten.

[128] Der Glöckner hatte in etwa die Aufgaben eines Küsters zu erfüllen. Er musste nach Artikel 38 der Kirchenordnung (Sehling: Kirchenordnungen, S. 213f.) die Kirchenschätze sicher verwahren, die Lampen anzünden, die Kirche auf- und zuschließen und Schmutz hinausschaffen lassen (siehe auch Keyser: Baugeschichte, S. 347). Erst 1427 hatte der Rat die Ordnungsgewalt über den Glöckner erhalten, der bis dahin dem Pfarrer unterstellt war.

[129] Aufgabenbeschreibung in Artikel 40 der Kirchenordnung (Sehling: Kirchenordnungen, S. 215).

[130] Für ein großes Geläut konnten noch bis zu 15 Gehilfen gegen Tageslohn hinzugezogen werden (Sehling: Kirchenordnungen, S. 204). 1535 vermerkt das HKR Ausgaben für die Anfertigung eines Glockenseils mit dem der Signator vom Erdgeschoss des Glockenturms aus den Läutern ein Zeichen geben konnte, wann sie mit dem Glockenläuten beginnen sollten (HKR, S. <108>).

[131] Der Kirchenknecht hatte nach Artikel 39 der Kirchenordnung von 1612 (Sehling: Kirchenordnungen, S. 214f.) u.a. den Kirchhof zu reinigen, den Wein zu verwahren, den Bauhof zu beaufsichtigen und den Kirchenvätern allgemein zu Diensten zu sein (Keyser: Baugeschichte, S. 348). Böttcher erwähnt den Kirchenknecht 1444 (HKR, S. <15>), 1528 (HKR, S. <100>) und 1611 (HKR, S. <471>).

[132] Der Hundepeitscher hatte die Kirche und den Kirchhof sauber zu halten sowie für Ruhe und Ordnung in der Kirche zu sorgen. Außerdem hatte er mit einer Peitsche die Hunde aus der Kirche zu vertreiben, was ihm seinen markanten Namen einbrachte (Artikel 45 der Kirchenordnung, Sehling: Kirchenordnungen, S. 217).

beitsleute zu beaufsichtigen hatte, der Kirchenmaurer[133], der Steckenknecht[134], der Lichtemacher, der Mistführer[135] sowie eine Wäscherin[136]. An der Pfarrschule waren der Rektor, der Kapellmeister[137] sowie vier Schulgesellen angestellt, die auch bei der Ausgestaltung des Gottesdienstes in Form des Chorgesangs mitwirken mussten[138]. Daneben beschäftigen die Kirchenväter eine größere Zahl von professionellen Musikern, die neben der Teilnahme am Gottesdienst bei Hochzeiten sowie offiziellen Anlässen im Rathaus oder Artushof auftraten. An erster Stelle stand der Organist[139], dem vier Calcanten zugeordnet waren, die die Blasebälge der Orgel zu bedienen hatten[140]. Unter der Leitung des Kapellmeisters[141] standen vier Astanten (Chorsänger, davon drei Altisten und ein Tenor), ein Vorsänger[142] sowie sechs Stadtpfeifer und drei Fiedler[143]. An Sonn- und Feiertagen unterstützten auch der Schülerchor sowie die vier Schulgesellen den Kirchengesang[144], so dass die Marienkirche über einen stattlichen Chor mit Instrumentalbegleitung verfügte[145].

---

[133] Der Kirchenmaurer hatte Wartungsarbeiten an der Kirche und den zur Kirche gehörigen Wohnungen zu versehen, insbesondere musste er regelmäßig die Dächer und Dachrinnen kontrollieren (Artikel 41 der Kirchenordnung von 1612, vgl. Sehling: Kirchenordnungen, S. 215f). 1600 wurde Jochim Blome durch die Kirchenväter als Kirchenmaurer angenommen mit einem Jahresgehalt von 30 Mark und freier Wohnung (HKR, S. <380>). Wenn der Kirchenmaurer mit Maurerarbeiten beauftragt wurde, erhielt er zusätzlich einen Tagelohn.

[134] Der Steckenknecht hatte mit einer Peitsche dafür zu sorgen, dass die Kinder vor der Pfarrschule und in der Kirche keinen Lärm machten („*kein geschrei, jagen und rennen machen*"), vgl. Artikel 46 der Kirchenordnung (Sehling: Kirchenordnungen, S. 217).

[135] Der Mistführer musste die Misthaufen und sonstigen Unrat auf dem Kirchhof und um die Kirche wegschaffen (Artikel 44 der Kirchenordnung, Sehling: Kirchenordnungen, S. 216f.).

[136] Überliefert ist ein Vertrag von 1495 mit der Wäscherin Verona (HKR, S. <61>). In der Kirchenordnung wird die Wäscherin allerdings nicht erwähnt.

[137] Die Pflichten des Kapellmeisters gegenüber der Kirche sind in Artikel 33 der Kirchenordnung beschrieben (Sehling: Kirchenordnungen, S. 211f.). Neben dem Kirchendienst hatte er noch den Musikunterricht an der Pfarrschule zu leiten.

[138] Dies ist in der Chorordnung von 1572 geregelt, die als Artikel 32 in die Kirchenordnung von 1612 aufgenommen wurde (Sehling: Kirchenordnungen, S. 210f.).

[139] Schon um 1385 wird erstmals ein Organist erwähnt, um 1475 besaß die Marienkirche schon drei, am Beginn des 15. Jahrhunderts sogar vier Orgeln (Keyser: Baugeschichte, S. 347). Die Aufgaben des Organisten sind in Artikel 34 der Kirchenordnung beschrieben (Sehling: Kirchenordnungen, S. 212). Bötticher erwähnt 1514 ein Organistenhaus (HKR, S. <83>). Namentlich nennt er 1527 den Organisten Hans Gast (HKR, S. <100>).

[140] Vgl. Artikel 35 der Kirchenordnung (Sehling: Kirchenordnungen, S. 212f.).

[141] Aufgabenbeschreibung des Kapellmeisters in Artikel 33 der Kirchenordnung (Sehling: Kirchenordnungen, S. 211f.).

[142] Vgl. Artikel 37 der Kirchenordnung (Sehling: Kirchenordnungen, S. 213).

[143] Die Pfeifer und Fiedler sollten auch (gegen Zusatzlohn) bei Hochzeiten und öffentlichen Anlässen spielen, sie durften jedoch nicht in anderen Kirchen auftreten (Artikel 33 der Kirchenordnung, Sehling: Kirchenordnungen, S. 212).

[144] Sehling: Kirchenordnungen, S. 210.

[145] Zur Bedeutung der Kirchenmusik in St. Marien vgl. Simson: Geschichte Danzig 2, S. 544–546.

Alle Bediensteten wurden durch die Kirchenväter eingestellt, beaufsichtigt und entlohnt. Neben dem Jahreslohn gab es für die meisten Angestellten noch verschiedene Zulagen, die gewöhnlich mit dem Erbringen konkreter Leistungen verbunden waren. Insbesondere im Rahmen von Beerdigungen und Hochzeiten standen vielen der Kirchenoffizianten für ihre Dienste Sonderzahlungen zu, die vom Trauer- oder Hochzeitshaus geleistet werden mussten. Die Gebühr war so bemessen, dass auch ein Überschuss für die Kirchenkasse abfiel. Für manche Dienste durften Trinkgelder gefordert werden, wobei in der Kirchenordnung die Mahnung zu finden ist, keine zu hohen Forderungen zu stellen[146]. Den Totengräbern wurde das Verlangen nach Trinkgeld ausdrücklich untersagt[147]. Einige Bedienstete erhielten von den Kirchenvätern eine freie Wohnung[148], einige auch Dienstkleidung oder Schuhe[149].

Nach der Reformation musste noch eine weitere Personengruppe entlohnt werden, nämlich die vier evangelischen Prediger (zwei ältere Prediger und zwei Kapläne). Eigentlich war der Pfarrer mitsamt seinem Haushalt durch die Einkünfte der Pfarrpfründe sowie seines Anteils an den Gaben der Gläubigen finanziell eigenständig abgesichert. In der Danziger Marienkirche lag jedoch ein Sonderfall vor, denn der polnische König hatte sich im Privileg von 1457 das Patronatsrecht über die Marienkirche vorbehalten[150]. Dies führte dazu, dass auch nach dem Sieg der Reformation der König weiterhin einen katholischen Pfarrer in St. Marien einsetzte, der jedoch ab 1572 nicht mehr in seiner Kirche zelebrieren durfte[151]. Alle Einkünfte der Pfarrei verblieben allerdings bei ihm, so dass die evangelischen Prediger über kein eigenes Einkommen verfügten. Die finanzielle Last der Vergütung der Prediger wurde daher zum Teil der Kirchenfabrik aufgebürdet, die den ältesten Prediger zu entlohnen und für alle vier Geistlichen eine freie Wohnung zu stellen hatte[152]. Der zweite Prediger erhielt seinen Lohn von den Vorstehern der St. Marienkapelle, während die beiden Kapläne aus der Ratskasse bezahlt wurden. Im Gegensatz zu den übrigen Bediensteten erfolgte die Anstellung der Prediger nicht durch die Kirchenväter sondern direkt durch den Rat[153].

---

[146] So findet sich zu den blinden Glockenläutern die Bestimmung: *„Item trankgeld so viel ihnen die verwandten im trauerhaus aus gutem willen geben. Uber dasselbe sollen sie nicht mehreres heischen oder begehren bei ernster strafe."* (Sehling: Kirchenordnungen, S. 207)

[147] *„Sollen auch die leute mit abforderung mehrers trankgeldes nicht beschweren, damit nicht klagen über sie komme."* (Sehling: Kirchenordnungen, S. 216)

[148] Davon profitierten die Prediger und Kapläne, der Schulrektor, der Glöckner, der Organist, der Kirchenknecht, der Signator, der Kirchenmaurer, der Hundepeitscher und die Wäscherin.

[149] So erhielten sie Calcanten Schuhgeld (Sehling: Kirchenordnungen, S. 213).

[150] Simson: Geschichte Danzig 4, S. 116.

[151] Simson: Geschichte Danzig 2, S. 270f.

[152] Vgl. Sehling: Kirchenordnungen, S. 210. Die Einführung eines eigenen evangelischen Pastorats, das aus Mitteln der Stadt und der Kirchenväter bezahlt wurde, geht auf einen Beschluss der drei Ordnungen von 1536 zurück. Damals wurde zunächst aber nur ein Prediger in Dienst genommen (Hirsch: Ober-Pfarrkirche 1, S. 320).

[153] Auch der Turmpfeifer wurde durch den Rat bestellt und entlohnt (Sehling: Kirchenordnungen, S. 217).

Liste der Bediensteten der Marienkirche

Bediensteter	Anzahl	Aufgabenbereich	Jahreslohn	Zusatzleistungen
Prediger	2	Messe und Predigt	400 Mark	Freie Wohnung und Brennholz, Festgeld, Beichtpfennig, Zettelpfennig, Entgelt für Leichenpredigt und Krankenbesuche
Kapläne*	2	Altardienst, Mittagspredigt, Taufe, Katechismusunterricht		Freie Wohnung und Brennholz, Festgeld, Beichtpfennig, Zettelpfennig, Entgelt für Leichenpredigt
Rektor	1	Leitung der Pfarrschule, Unterricht, Chorgesang		
Schulgesellen	4	Schulunterricht und Chorgesang	60 Mark	
Kapellmeister	1	Leitung von Chor und Kirchenmusikern, Musikunterricht und Leitung des Knabenchors an der Schule	300 Mark	Sonderzahlungen bei Beerdigungen und Brautmessen
Organist	1	Spiel und Pflege der Orgel	300 Mark	Freie Wohnung, Sonderzahlungen bei Brautmessen und Hochzeiten
Calcanten	4	Bedienung der Blasebalken	12 Mark	Schuhgeld, Sonderzahlungen bei Brautmessen
Vorsinger	1	Gesang beim Gottesdienst	30 Mark	
Cantisten	4	Gesang beim Gottesdienst	75 Mark	
Astanten	4	Gesang beim Gottesdienst	Individuelle Regelung	
Stadtpfeifer/ Meister	3	Musikalische Gestaltung des Gottesdienstes	54 Mark	Sonderzahlungen bei Auftritten außerhalb der Kirche

Bediensteter	Anzahl	Aufgabenbereich	Jahreslohn	Zusatzleistungen
Stadtpfeifer/ Gesellen	3	Musikalische Gestaltung des Gottesdienstes	36 Mark	Sonderzahlungen bei Auftritten außerhalb der Kirche
Fiedler	4	Musikalische Gestaltung des Gottesdienstes	36 Mark	Sonderzahlungen bei Auftritten außerhalb der Kirche
Glöckner[154]	1	Aufsicht über die Kirche und Sakristei, Auf- und Abschließen der Kirche, Kerzen anzünden und löschen	24 Mark	Freie Wohnung, freier Bierausschank, Glockengeld, Festgeld
Kirchenknecht	1	Aufsicht über die Grabsteine, Baumaterialien und Handwerker. Anweisungen für die Totengräber und den Hundepeitscher. Kontrolle der Dächer und Dachrinnen	24 Mark	Freie Wohnung, Gebühr für Trauerlaken, Festgeld
Signator	1	Aufsicht über die Glockenläuter und Calcanten. Kontrolle der Turmfenster Aushängen von Fahnen an den Trauerhäusern. Einsammeln der Gelder für das Trauerläuten	8 Mark	Freie Wohnung, Glockengeld, Turmgeld, Fenstergeld, Gebühr für Trauerfahnen
Glockenläuter	5	Läuten der Kirchenglocken	8 Mark	Glockengeld
Kirchenmaurer	1	Überwachung und Reparatur der Dächer und Dachrinnen. Bei Bedarf Ausbesserungsarbeiten an der Kirche	30 Mark	Freie Wohnung, Tagelohn

---

[154] Nach den Bestimmungen der Kirchenordnung von 1389 war der Glöckner sowohl für die Glocken als auch für die Sakristei zuständig (vgl. Quellenanhang, Bl. 403rv). Das Läuten übernahm zu dieser Zeit der Signator. Das Wachstum der Marienkirche und die starke Vermehrung der Bediensteten führten zu einer Arbeitsteilung nach der der Glöckner nur noch für die Sakristei und das liturgische Gerät zuständig war und die Beaufsichtigung des Glockenwesens an den Signator übertragen wurde. Die alten Bezeichnungen behielt man jedoch bei.

Bediensteter	Anzahl	Aufgabenbereich	Jahreslohn	Zusatzleistungen
Totengräber	2	Aushebung und Schließung der Gräber auf dem Kirchhof und in der Kirche	-	Anteil an den Grabgebühren
Lichtemacher	1	Herstellung von Kerzen	-	Kerzengeld
Mistführer mit Knechten	1 + ?	Abfuhr des Mistes vom Kirchhof. Transport von Baumaterialien zur Kirche	160 Mark	Trankgeld
Hundepeitscher	1	Reinigung von Kirche und Kirchhof. Ordnungsdienst in der Kirche. Vertreibung der Hunde aus der Kirche	6 Mark	Freie Wohnung, Schuhgeld, Festgeld, Bahrengebühr
Steckenknecht	1	Aufsicht über die Schulkinder und die Kinder in der Kirche.	3 Mark	Festgeld
Wäscherin	1	Wasch- und Näharbeiten	2 Mark	Freie Wohnung
Turmpfeifer*	1			

* Diese Personen wurden vom Rat entlohnt und beaufsichtigt

5. Drei Beschwerdebriefe der Kirchenväter (1484 und 1613/1614)

Die in der Kirchenordnung enthaltenen Normen beschreiben das Idealbild für die Arbeitsweise der Kirchenväter von St. Marien. In der Wirklichkeit sind die dort aufgestellten Regeln natürlich nicht immer eingehalten worden, was zu Spannungen zwischen den Kirchenvätern und dem Rat führen konnte. Hiervon zeugen drei im HKR überlieferte Beschwerdebriefe der Kirchenväter.

Der erste Brief entstand um 1484 und war direkt an den Rat gerichtet[155]. Die Kirchenväter erklärten darin ihren Rücktritt vom Amt und begründeten dies mit einigen Vorfällen, bei denen ihnen von Seiten der Bürger bzw. Pfarrer Anrechte streitig gemacht wurden und der Rat die Kirchenväter offenbar nicht unterstützt hatte. In der Hauptsache ging es um die Verfügungsgewalt über einen Altar der Marienkirche. Dieser Altar gehörte einem Bürger namens Westphal und war nach dessen Tod vom Rat den Kirchenvätern übergeben worden. Diese

---
[155] HKR, S. <53f.>. Zuvor hatten die Kirchenväter schon einen Brief an den ersten Bürgermeister Marten Buck übergeben und ihn auch mündlich gebeten, ihre Klage vor den Rat zu bringen.

hatten den Altar und das dazugehörige Gestühl einem Priester verlehnt, der jedoch von einigen Frauen (offenbar aus der Verwandtschaft Westphals) aus dem Gestühl vertrieben worden war. Die Kirchenväter sahen sich dadurch in ihrer Autorität geschädigt und ihre Wut wurde offenbar noch dadurch gesteigert, dass es „*Weybesbilder*" waren, die sich der Gewalt der Kirchenväter widersetzten. Da die Frauen offenbar Unterstützung aus dem Rat hatten, sahen die Kirchenväter ihr Vertrauen zu den Ratsherren so gestört, dass sie nicht mehr weiter in ihrem Amt dienen wollten[156].

In einer Anmerkung zu diesem Brief äußert Bötticher den Verdacht, dass das Schreiben möglicherweise nicht übergeben worden war[157]. Tatsächlich spricht einiges dafür, dass es sich bei diesem Brief nur um ein Konzept handelte, denn es fehlten sowohl das Ausstellungsdatum als auch die Unterschrift der Verfasser. Nach den überlieferten Wahlprotokollen zu schließen, ist es 1484 auch nicht zu einem Rücktritt der Kirchenväter gekommen, denn in diesem Fall hätte das ganze Gremium neu gewählt werden müssen, was aber nicht geschehen ist. Offenbar hat man sich in der umstrittenen Angelegenheit einigen können, so dass der im Duktus sehr undiplomatische und in fast respektloser Ausdrucksweise verfasste Briefentwurf zu den Akten gelegt wurde.

Viel ausführlicher werden wir im HKR über die Beschwerdepunkte der Kirchenväter aus den Jahren 1613/14 unterrichtet, als der Chronist Eberhard Bötticher selbst ältester Kirchenvater war. Bötticher gibt dabei nicht nur ein Schreiben[158] wider, dass die Kirchenväter im Zusammenhang mit der Übergabe der jährlichen Kirchenrechnung an den Inspektor (Bürgermeister Hans von der Linden) zur Vorlage beim Rat weiterleiteten, sondern er berichtet auch von den Anliegen, die dem Kircheninspektor mündlichen vorgetragen wurden[159]. Die Beschwerde von 1613 erfolgte demnach im Rahmen des üblichen Verfahrens der alljährlichen Rechenschaftslegung. In Form und Ausdrucksweise entsprach sie – im Unterschied zum sehr aufgeregten Schreiben von 1484 – den üblichen Gepflogenheiten der Zeit. In der Sache ging es jedoch um eine ähnlich gelagerte Problematik, nämlich die Missachtung der Rechte und Zuständigkeiten der Kirchenväter durch den Rat.

In ihrem Brief von 1613 beschweren sich die Kirchenväter darüber, dass der Rat die Stelle des Organisten[160] wie die des Schulrektors und Kapellmeisters

---

[156] Ebd.: „Den Stuel haben wir dem Priester gelobett und den nehmett ihr uns und darumb mussen wir wortlose Leute geheissen werden und Weybesbilder jagen uns auß, darumb wollen wir nicht dienen."
[157] „... auch ein Zweyfel einfellett, ob diese Schrifft also wie sie gemeld dem Rath ubergeben sey" (HKR, S. <54>).
[158] HKR, S. <498–505>.
[159] HKR, S. <505–508>. Auch die Antworten des Inspektors werden mitgeteilt.
[160] Besonders erbost waren die Kirchenväter über die Entscheidung des Rats, Christoph Vater aus Flensburg als neuen Organisten anzustellen, währenddessen die Kirchenväter Michael Weyda bevorzugt hatten. Nachdem Vater sein Amt aber schon 1613 niedergelegt hatte, konnten die Kirchenväter ihr Benennungsrecht wieder zurückgewinnen und ernannten Weyda zum Organisten (Simson: Geschichte Danzig 2, S. 545f.).

besetzt hätten, obwohl das Berufungsrecht bei den Kirchenvätern lag. Damit hätte der Rat „*wieder bemeldter Kirchenordnung und alten Gebrauch*" gehandelt[161]. In dem zweifellos von Bötticher aufgesetzten Brief wird sehr ausführlich das historisch begründete Recht der Kirchenväter zur Wahl und Einsetzung der Offizianten erklärt und belegt. Anschließend warnt er davor, dass bei einer weiteren Missachtung der Rechte keiner der Untergebenen mehr Achtung vor den Kirchenvätern haben würde und versucht, die Folgen mit drastischen Worten auszumalen: „*Was wurde den auch woll endlich darauß werden, wan wir unser Ampt nur halb und nicht volkommen verrichten sollten? Wurde nicht Untreu, Ungehorsahm, Auffsatz, Frewel, Hader, Feindschafft, Neid und allerhand Wiederwille daraus erwachsen?*"[162] Im Endeffekt blieben die Kirchenväter aber auf den guten Willen des Rats angewiesen, dann sie besaßen keine Machtmittel, um ihre Rechte und Ansprüche durchzusetzen. Schließlich hatte der Rat 1457 seine Kompetenzen an die Kirchenväter delegiert, folglich besaß er auch die Macht, sich die Entscheidungsgewalt wieder zurückzuholen.

Es war nicht unbedingt reine Willkür, die den Rat dazu bewog, bestimmte Personalentscheidungen wieder an sich zu ziehen. Die Bestellung des Schulrektors durch den Rat muss vielmehr vor dem Hintergrund der konfessionellen Streitigkeiten in Danzig zwischen Lutheranern und Reformierten gesehen werden. Damals gab es eine calvinistisch gesinnte Mehrheit im Rat, die darum bemüht war, die für die Erziehung der Jugend wichtige Position des Schulrektors mit einem Mann ihres Bekenntnisses zu besetzen. Die Kirchenväter, allen voran Eberhard Bötticher, waren dagegen entschiedene Vertreter des orthodoxen Luthertums[163] und wehrten sich deshalb mit scharfen Worten gegen diese Personalentscheidung.

Die übrigen Beschwerdepunkte, sozusagen die ‚Alltagsprobleme' der Kirchenväter, hatte man dem Inspektor mündlich vorgetragen, damit dieser sie an den Rat weiterleite. Zunächst baten die Kirchenväter um die Bestätigung und Genehmigung der neu revidierten Kirchenordnung[164]. Der zweite Punkt betraf das während der Belagerung Danzigs 1576/77[165] für die Kriegsfinanzierung eingeschmolzene Kirchensilber. Die Kirche hatte Anspruch auf die Rückzahlung des Silberwertes durch die Stadt, was jedoch 36 Jahre nach der Belagerung noch immer nicht erfolgt war und daher von den Kirchenvätern mit verständlichem Unmut angemahnt wurde. Der dritte Punkt berührte die Pfarrschule, deren Unterhaltslast nach den Bestimmungen der alten Kirchenordnung bei der Stadt lag. Daher baten die Kirchenväter die Ratsherren, ein Brennholzlager auf dem Kirchhof errichten zu lassen. Als vierten Punkt baten die Kirchenväter um die Erlaub-

---

[161] HKR, S. <498>.
[162] HKR, S. <502>.
[163] Vgl. Simson: Geschichte Danzig 2, S. 429.
[164] Die Kirchenordnung wurde 1614 vom Rat ohne Veränderungen genehmigt (Simson: Geschichte Danzig 2, S. 544).
[165] Siehe Romuald Antoni Chodyński: Straty w gdańskich zasobach dzieł złotniczych w 1577 roku, Kwartalnik Historii Kultury Materialnej 41 (1993), S. 3, 391–400.

nis, mit dem neu eingesetzten Organisten einen Bestellungsvertrag schließen zu können. Das fünfte Anliegen der Kirchenväter war die Bitte um den Erlass eines Edikts, dass niemand seinen Kot oder Abfall auf dem Kirchhof abladen dürfe[166]. Der sechste Punkt betraf die Absicht der Brauerzunft, sich ein eigenes Gestühl bei ihrem Altar zu errichten.

Ein Jahr danach ist im HKR ein neuerlicher Beschwerdebrief der Kirchenväter überliefert[167]. Aus dem Inhalt kann man ersehen, dass der Danziger Rat die vorgebrachten Gesuche nur sehr schleppend bearbeitete, denn die meisten Punkte aus der Beschwerde von 1613 wurden nochmals zur Beantwortung angemahnt. Hinzu kamen noch drei weitere Anliegen: Die Kirchenväter baten darum, dem Kirchenzimmermann eine eigene Werkstatt einrichten zu können. Außerdem beschwerten sie sich darüber, dass bei Beerdigungen von Wiedertäufern, Arianern und Mennoniten oft die ganze Schule für die Trauerfeiern gemietet werde, diese ‚Fremden' aber kein Glockenläuten bestellten und somit auch nicht die dafür anfallenden Gebühren bezahlten. Die Kirchenväter verlangten daher, dass alle Leute, die Angehörige beisetzen ließen und die Schule für die Trauerfeierlichkeiten mieteten, auch die Gebühren für die Glocken zu entrichten hätten, selbst wenn nicht geläutet würde. Zur Begründung verwiesen sie auf die geringen Einkommen der Kirchenangestellten, die auf diese Gelder angewiesen seien.

Der ausführlichste neue Beschwerdepunkt betraf den Kaplan Thomas Fabricius, dem vorgeworfen wurde, ohne Erlaubnis zahlreiche Neuerungen im Gottesdienst und bei der Taufe eingeführt zu haben[168]. Auch hier kochte der Streit zwischen den Lutheranern und Calvinisten hoch, denn die lutherischen Kirchenväter[169] warfen den beiden Kaplänen vor, *„vieler calvinischer Opinionen (...) offtmals in dieser Kirchen zur Bahn gebracht hatt, durch welche die christliche Gemeine alhie sehr irre gemacht ist"*[170]. Obwohl die Kirchenväter den Fabricius durch den Kirchenknecht verwarnen ließen, habe dieser nur zu Antwort gegeben, *„er were von Gott und der Oberckeitt datzu verordnet, uns den Weg zur Seligkeitt zu lehren, wir hetten ihm nichts vortzuschreiben."* Daher baten die Kirchenväter den Rat um Zurechtweisung des Fabricius, was die Ratsherren schließlich auch taten[171]. Dies führte schließlich zu der grotesken Situation, dass Fabricius als er-

---

[166] Die Kirchenväter beklagten sich insbesondere über den Pastetenbäcker Hans, der den Kot seiner Hühner, Gänse und Tauben auf dem Kirchhof ablud (HKR, S. <535>).
[167] HKR, S. <514f.>.
[168] HKR, S. <516–520>. Zum Konflikt um Fabricius siehe auch Schnaase: Geschichte, S. 558f.
[169] Bötticher zählte zu seiner Zeit zu den führenden Vertretern der lutherischen Orthodoxie (vgl. Simson: Geschichte Danzig 2, S. 428–434).
[170] HKR, S. <518>. Fabricius war einer der wortgewaltigsten Vertreter des Calvinismus und auch der zweite Kaplan Remus gehörte zur calvinistischen Fraktion. Die beiden Hauptprediger der Marienkirche (Coletus und Brakermann) waren dagegen, wie die Kirchenväter, Lutheraner. Diese Konstellation führte zu ständigen Reibereien innerhalb der Marienkirche (vgl. Simson: Geschichte Danzig 2, S. 428f.).
[171] HKR, S. <524f.>.

klärter Calvinist den Gottesdienst nach der üblichen alten Zeremonie und in liturgischen Gewändern zelebrieren musste. Dadurch konnte er sich vor einer Entlassung retten, wurde aber von den Kirchenvätern nun spöttisch als Heuchler verlacht. Dieser Vorgang belegt, dass die Kirchenväter sich nicht nur mit technischen Verwaltungsvorgängen beschäftigten sondern auch aktiv an den konfessionellen Auseinandersetzungen und Diskussionen ihrer Zeit beteiligt waren.

6. Fazit

Resümierend lässt sich feststellen, dass die Tätigkeit der Kirchenväter an der Danziger Marienkirche einen sehr ausgedehnten Verantwortungsbereich umfasste. Hierzu gehörten die Verwaltung des gewaltigen Fabrikvermögens (Geld und Grundbesitz), die Organisation des Baubetriebs, der direkte Umgang mit Künstlern und Handwerkern, die Pflege des Gebäudes und seiner Ausstattung, die Aufsicht über das Begräbniswesen, die Kirchenmusik, das kirchliche Schulwesen, etc. Die gesellschaftliche Stellung der Kirchenväter war direkt unterhalb der Schöffen angesiedelt, ab dem 16. Jahrhundert konnte die Tätigkeit im Gremium der Kirchenväter sogar als Sprungbrett für eine höhere politische Karriere dienen. Die meist aus der Mittelschicht der Bürgerschaft stammenden Kirchenväter entwickelten ein erstaunliches Selbstbewusstsein und traten sowohl der Geistlichkeit als auch den Ratsherren gegenüber stolz, im Konfliktfall zuweilen auch widerspenstig entgegen.

Nur selten wurden die breit gefächerten Aktivitäten der mittelalterlichen und frühneuzeitlichen Kirchenväter so ausführlich überliefert wie im Fall der Danziger Marienkirche. Dies ist zum großen Teil der Verdienst von Eberhard Bötticher, der lange Jahre und mit großem Engagement dieses Amt ausübte. Er hat der Geschichtsforschung sowohl durch sein Historisches Kirchen Register als auch durch die von ihm initiierte Neufassung der Kirchenordnung von 1614 eine Fülle von Informationen zur Arbeit der Kirchenfabrik und ihrer Vertreter hinterlassen. Dennoch sollte man daraus nicht den Schluss ziehen, dass die wichtige Rolle der Kirchenväter nur ein Danziger Spezifikum gewesen sei. Es gibt vielmehr zahlreiche Hinweise dafür, dass die Kirchenväter bezüglich Bau, Pflege und Ausstattung der städtischen Pfarrkirchen im gesamten Hanseraum, vermutlich auch darüber hinaus, eine tragende Rolle spielten. Sie verkörperten die im Spätmittelalter erfolgte Inbesitznahme der Kirchen durch das Bürgertum und die Gläubigen, die sich durch ihre Stiftungen die Hoheit über die Gotteshäuser sicherten. Dieses Phänomen ist bisher in der Forschung viel zu wenig beachtete und untersucht worden. Die für die Danziger Marienkirche beschriebenen Verhältnisse regen hoffentlich dazu an, das Wirken der bürgerlichen Kirchenväter auch an anderen Orten intensiver zu ergründen.

Christofer Herrmann

Witrycy kościoła Mariackiego w Gdańsku.
Pozycja, zadania i działalność od XIV do początku XVII w.

1. *Fabrica ecclesiea* jako instytucja mieszczańska przy miejskich kościołach parafialnych w późnym średniowieczu

Fabrica ecclesiae i jej zarządcy (witrycy)[1] jedynie sporadycznie byli dotąd tematem badań historyków bądź historyków sztuki[2]. Znaczenie *fabrica ecclesia* dla budowy, wyposażenia i funkcji kościoła zostanie tu poddane analizie na przykładzie kościoła Mariackiego w Gdańsku. *Historisches Kirchen Register* (HKR) stanowi bogate źródło, dające wgląd w szeroki zakres obowiązków witryków. Dodatkowym ważnym źródłem informacji jest zredagowana przez Böttichera w 1612 r. i odnowiona ordynacja kościelna, w której wyjątkowo dokładnie opisano zadnia witryków i ich podwładnych[3].

Do tej pory nie zajmowano się rolą witryków w procesie planowania i realizacji architektury sakralnej. Zainteresowanie budzili zwykle jedynie zleceniodawca oraz budowniczy. Zarządcy *fabrica ecclesiae* nie byli jednak tylko urzędnikami troszczącymi się o rozliczenie finansowej strony budowy. Pozostawali oni w ciągłym kontakcie z mistrzami i rzemieślnikami prowadzącymi budowę, których zatrudniali i opłacali. Witrycy odpowiedzialni byli za zorganizowanie materiałów budowlanych, kontrolowali postępy budowy oraz jakość wykonanych prac. Wiele szczegółowych decyzji z pewnością zapadało w wyniku rozmów pomiędzy

---

[1] Zarządców określano jako „Kirchenväter", „Kirchenstiefväter", „Kirchenpfleger", „Vorsteher" lub po łacinie jako „vitrici", „provisores".
[2] Jako podstawową literaturę na temat rozwoju i sposobu funkcjonowania *fabrica ecclesiae* należy wymienić: Eugène Lafforgue: *Histoire des fabriques des églises de France, sous l'ancien régime*, Paris 1923; Sebastian Schröcker, *Die Kirchenpflegschaft. Die Verwaltung des Niederkirchenvermögens durch Laien seit dem ausgehenden Mittelalter*, Paderborn 1934; Wolfgang Schöller: *Die rechtliche Organisation des Kirchenbaus im Mittelalter, vornehmlich des Kathedralbaus*, Köln/Wien 1989. Najważniejszą i najbardziej aktualną jest publikacja Arnda Reitemeiera: *Pfarrkirchen in der Stadt des späten Mittelalters*, Stuttgart 2005. Sytuację w średniowiecznych Prusach omówił Christofer Herrmann: *Mittelalterliche Architektur im Preußenland*, Petersberg 2007, s. 146–151. W badaniach polskich lepiej znane są prace poświęcone okresowi nowożytnemu: Tadeusz Mańkowski: *Fabrica ecclesiae*, Warszawa 1946, lub Tomasz Nowicki: *Ministri ecclesiae. Służba kościelna i witrycy w diecezji włocławskiej w XVIII wieku*, Lublin 2011.
[3] Opublikowany w: Sehling: *Kirchenordnungen*, s. 197–218. Sehling wydał późniejszy odpis ordynacji kościelnej chociaż zachował się sporządzony przez Böttichera w 1612 r. oryginalny czystopis (BGPAN, Ms. Mar. F. 415).

witrykami i budowniczymi, bowiem zleceniodawca z reguły nie posiadał ani czasu, ani kompetencji, by dyskutować o takich sprawach.

Dowodem szacunku, jakim otaczano kierowników *fabricae ecclesiae*, jest słynna galeria w chórze katedry praskiej. Umieszczone tam rzeźbiarskie popiersia warsztatu Parlerów ukazują najważniejsze grupy osób, które zaangażowane były w budowę świątyni[4]. Na pierwszym miejscu ukazany został cesarz Karol IV i jego rodzina, następnie arcybiskupi prascy, a na trzecim miejscu zarządcy *fabrica ecclesiae*. Dopiero po nich przyszła kolej na portrety obu budowniczych, Macieja z Arras i Piotra Parlera. Wpływ witryków w miejskich kościołach parafialnych był z pewnością jeszcze większy niż w przypadku katedry, bowiem w późnośredniowiecznych miastach – szczególnie na obszarze wschodniego osadnictwa niemieckiego – zarówno duchowieństwo, jak i władcy feudalni wyłączeni byli w znacznej mierze z procesu decyzyjnego dotyczącego budowy miejskich kościołów parafialnych.

Fabrica ecclesiae stanowiła od XII w. ważną, samodzielną instytucję wewnątrz kościelnej administracji majątkowej. Powstała ona w wyniku oddzielenia funduszy na budowę kościoła z całości majątku biskupa i usamodzielnienia się powstałej w ten sposób kasy. *Fabrica* stała się stopniowo samoistną osobą prawną z własnymi źródłami dochodu, w coraz większym stopniu zarządzaną przez ludzi świeckich[5]. W późnym średniowieczu witrycy wywodzili się wyłącznie ze stanu mieszczańskiego. Zarówno duchowieństwo, jak i świeccy patroni zostali tym samym w znacznym stopniu, bądź nawet całkowicie pozbawieni kontroli nad budową kościołów. Mieszczanie, reprezentowani przez radę, która z kolei wybierała witryków, zarządzali „swoim" kościołem samodzielnie. Postrzegali oni budynek kościelny jako swoją własność, bowiem był finansowany wyłącznie z datków mieszkańców, a za jego budowę odpowiedzialne były instytucje mieszczańskie. *Fabrica ecclesiae*, która zarządzała własnością, może być postrzegana jako instytucja reprezentująca emancypację mieszczaństwa w sferze kościelnej.

Duma z własnego kościoła, wynikająca ze świadomości finansowego osiągnięcia mieszczan, pojawia się już na początku HKR. Eberhard Bötticher wyraźnie podkreśla, że nie ma w księgach kościelnych innych informacji poza takimi, że budowa kościoła finansowana była z ofiar i zapisów testamentowych mieszczan i innych mieszkańców miasta:

> *Wannen hero nu auch die Sumptus und Gelde zu diesem Kirchengebew genomen seyn, hatt man auß dem Kirchen Büchern keine andere Nachrichtung, dan das die Burger und Einwohner dieser Stadt reichlich und heuffig datzu gegeben, und auch ihre Gutter {zum Theil} datzu vertestirett*[6].

---

[4] Por. *Die Parler und der schöne Stil 1350–1400* [katalog wystawy], red. Anton Legner, t. 2, Köln 1978, s. 614, 655–661.
[5] Por. Hartmut Zapp: *Fabrica ecclesiae, Lexikon des Mittelalters*, t. 4, München/Zürich 1989, kol. 214, oraz Reitemeier: *Pfarrkirchen*.
[6] HKR, s. <2–3>.

Böttcher dostrzegał też i podkreślał ścisły związek pomiędzy gospodarczym rozwojem miasta i zakrojoną na szeroką skalę rozbudową kościoła parafialnego:

> *Und von dieser Zeitt an, da dieser Kirchenbaw angefangen, hatt Dantzig in der Hantirung und Gewerbe mitt den Polen und die ubersehische Handlung sehr zugenommen und in mercklichem Wachsthumb auffgebracht worden*[7].
> *[W czasie, kiedy rozpoczęła się budowa kościoła, Gdańsk bardzo się rozwinął dzięki kontaktom handlowym i przemysłowym z Polską oraz handlowi zamorskiemu.]*

Przekonanie o tym, iż budynek kościelny należał do mieszczaństwa, nie zaś do duchowieństwa, wyrażone zostało przez Böttichera także w innym miejscu. W 1599 r. doszło do konfliktu pomiędzy katolickim duchowieństwem i ewangelickim mieszczaństwem, dotyczącego prawa patronatu nad miejskimi kościołami. Bötticher skomentował ten zatarg w następujący sposób:

> *Und obwoll von den Bapstlichen vorgegeben würde, sie begereten uns in unser Religion nicht zu turbiren, sondern solten ihnen die Kirchen, so ihnen von Anfange gehörett, einreumen. Hirauf ist zu antworten, das [...] die Kirchen und Clöster dieser Orter nicht von den Geistlichen, sondern von den Unsern zu ihrem eigenen Nutz und Gebrauch gebawet*[8].
> *[Papiści twierdzili, że nie chcą odbierać protestantom ich religii, lecz jedynie odzyskać swoje kościoły, które od początku do nich należały. Protestanci dali taką odpowiedź, że kościoły i klasztory w tym miejscu budowane były nie przez duchownych, ale przez nas [mieszkańców] i dla naszych potrzeb.]*

Miejskie *fabricae ecclesiae* w późnym średniowieczu stawały się w coraz większym stopniu bogatymi instytucjami finansowymi, które nie tylko troszczyły się o budynek kościoła i jego wyposażenie, ale rozwinęły się także jako świeckie przedsiębiorstwa finansowe. Mieszkańcy miasta składając datki i ofiary na budowę kościoła z jednej strony „inwestowali" w zbawienie swych dusz, z drugiej jednak, dzięki układom rentowym zawieranym z *fabricae ecclesiae*, zabezpieczali swoje utrzymanie. Powiązanie religii i interesów było wyrazem ekonomizacji późnośredniowiecznego społeczeństwa. Gdański kościół Mariacki ze swoimi gigantycznymi rozmiarami i niezwykle bogatym wyposażeniem wnętrza może być postrzegany jako wyrazisty skutek i odzwierciedlenie tej symbiozy. Ofiarność mieszczan i korporacji gdańskiego Głównego Miasta umożliwiła powstanie wyjątkowego i widocznego z daleka dzieła architektury. Jednocześnie dzięki niezliczonym fundacjom kościół ze swymi kaplicami i ołtarzami uzyskiwał środki finansowe, zapewniające jego duchowną i liturgiczną działalność[9]. Dochody i fundacje pozwalały na utrzymanie duchownych i świeckich pracowników, których liczba wynosiła w

---
[7] HKR, s. <3>.
[8] HKR, s. <379>.
[9] Obok właściwej *fabrica ecclesiae* kościoła Mariackiego istniały także osobne *fabricae* dla około 50 prywatnych kaplic i ołtarzy. Zob. Piotr Oliński: *Fundacje mieszczańskie w miastach pruskich w okresie średniowiecza i na progu czasów nowożytnych (Chełmno, Toruń, Elbląg, Gdańsk, Królewiec, Braniewo)*, Toruń 2008, s. 243–291.

czasach reformacji ponad 100 osób, co sytuowało kościół Mariacki wśród największych pracodawców miasta.

2. Początki *fabrica ecclesiae* kościoła Mariackiego w Gdańsku w kontekście państwa zakonu krzyżackiego w Prusach (do 1457 r.)

Nie wiemy, od kiedy przy gdańskim kościele Mariackim istniała *fabrica* kierowana przez osoby świeckie, wybierane przez Radę Miejską[10]. Istnieją jednak poważne podstawy, by przypuszczać, iż instytucja ta istniała już w chwili rozpoczęcia rozbudowy kościoła w 1343 r. Być może jednak *fabrica* ukształtowana została już przy założeniu pierwszego kościoła Mariackiego przed 1271 r., będącego farą dla lokowanego na prawie niemieckim miasta. Brak jednak pochodzących z tego okresu źródeł dotyczących *fabrica ecclesiae* oraz witryków. Jako że kwestia istnienia kościoła Mariackiego już w XIII w. oraz jego położenia jest problematyczna[11], wszelkie rozważania dotyczące wczesnego okresu działalności *fabrica ecclesiae* pozostają jedynie w sferze hipotez.

Także Eberhard Bötticher zastanawiał się, od kiedy istniał w Gdańsku urząd witryków. Wyszedł od tego, iż czterech witryków wybierano od 1457 r., ponieważ od tego roku zachowały się spisy wyborcze. W wykorzystanych źródłach nie odnalazł informacji o witrykach pochodzących sprzed tego czasu, jednakże natrafiał na wzmianki o osobach, które z polecenia Rady wykonywały podobne zadania jak późniejsi witrycy. Pisząc o kontrakcie z 1442 r. na wykonanie północnego szczytu kościoła Mariackiego, Bötticher stwierdził:

> *Und scheinett, das von der Bürgerschafft muß ein Ausschuß gewesen sein, so solche Gelde zu Erbawung dieser Kirche von ihren Mittburgern bittlich eingesamlett und [...] in Bewarung gegeben haben*[12].
>
> [*Wydaje się, że wśród mieszczaństwa musiała istnieć jakaś komisja, która zbierałaby pieniądze na budowę tego kościoła i miała nad nimi pieczę.*]

---

[10] Po raz pierwszy instytucją *fabrica ecclesiae* kościoła Mariackiego zajął się w sposób bardziej szczegółowy Hirsch: *Ober-Pfarrkirche*, s. 92–94. Dla czasu przed 1457 r. przyjął on, że dwaj rajcy z polecenia Rady zarządzali majątkiem kościoła, podczas gdy za właściwą budowę odpowiedzialne było „towarzystwo" (Hirsch: *Ober-Pfarrkirche*, s. 53), którego składu i sposobu funkcjonowania autor jednak nie opisał. Najwcześniejsza wzmianka o witrykach, pochodząca ze źródła z 1363 r., była Hirschowi wprawdzie znana, ale ich funkcja już nie. Utworzenie w 1457 r. samodzielnej prawnie instytucji witryków Hirsch wyjaśnił tym, że Rada Miejska wskutek przywilejów z lat 1455–1457 otrzymała patronat nad pięcioma z sześciu gdańskich kościołów parafialnych i zarządzanie całym majątkiem kościoła bezpośrednio przez Radę przekroczyło jej możliwości.

[11] Wskazać należy na przeciwne stanowiska obu najważniejszych monografistów dziejów budowlanych kościoła Mariackiego. Podczas gdy według pracy: Gruber, Keyser: *Marienkirche*, s. 36–37, starszy, trzynastowieczny kościół Mariacki znajdował się na tym samym miejscu co obecny, to w opracowaniu: Drost: *Marienkirche*, s. 13–17, odrzuca się tę hipotezę.

[12] HKR, s. <14>.

Nie udało mu się jednak znaleźć na ten temat bliższych danych:

> *Was es für Gelegenheitt damalen mitt den Vorstehern dieser Pfarkirche gahabt hatt [...], ob sie auß dem Mittel des Raths oder der Gemeine verordent gewesen, davon ist bey der Kirche keine Nachrichtung. So werden sie in diesem Briefe auch nicht namkundig gemacht[13].*
>
> *[Co się tyczy wczesnych zarządców kościoła, w przypadku kościoła Mariackiego brak informacji, czy wybierani oni byli spośród Rady czy gminy. Nieznane są też ich imiona.]*

Dziś znane są źródła znacznie wcześniejsze zawierające wyraźne odniesienia do witryków kościoła Mariackiego. Po raz pierwszy są oni wzmiankowani w orzeczeniu sądowym z 1363 r., gdzie mowa o „kirchfetere"[14], zaś jeden z witryków w pochodzącym z 1379 r. kontrakcie na budowę halowego prezbiterium w języku dolnoniemieckim nazwany został: „kerkin steffader"[15]. Szczegółowo o działalności witryków w XIV w. informuje ordynacja kościelna z 1389 r., regulująca sprawy finansowe pomiędzy *fabrica ecclesia* a proboszczem oraz zakres obowiązków witryków („kerkenvedere", „kirchenveter", „vorstendere", „Kerken vatter") i podlegających im pracowników[16].

Nasuwa się pytanie, dlaczego wiedza Eberharda Böttichera na temat działalności witryków przed połową XV w. była tak nikła, skoro miał dostęp do źródeł i akt archiwum parafii. Jako wytłumaczenie podać można trzy powody. Po pierwsze, z braku czasu mógł on zapoznać się jedynie z częścią ogromnego zespołu źródeł, gdyż napisanie HKR zajęło Bötticherowi niewiele ponad rok. Po drugie, w archiwum kościoła Mariackiego panował bałagan, poważnie utrudniający odnalezienie określonych źródeł. Autor wprost odnosi się do tego nieładu w przedmowie:

> *Sintemahl derselben Bücher und Schrifften viel und also durch einander gemischett sein, das man nicht leichtlich darinne finden kann, wo von man gerne Nachrichtung wissen wollte[17].*
>
> *[Ksiąg i pism jest tak dużo i tak ze sobą pomieszanych, że niełatwo można odnaleźć te, które zawierają potrzebne informacje.]*

Po trzecie, Bötticher znacznej części źródeł mógł w ogóle nie widzieć, bowiem wiele dawnych pism przechowywanych było w różnych miejscach w kościele i w

---

[13] Ibidem.
[14] Po raz pierwszy publikowane w: Heinrich Jacobson: *Geschichte der Quellen des katholischen Kirchenrechts der Provinzen Preussen und Posen mit Urkunden und Regesten*, Königsberg 1837, s. 107; Hirsch: *Ober-Pfarrkirche*, aneks 1.
[15] Gruber, Keyser: *Marienkirche*, s. 74, przyp. 66.
[16] Ta ordynacja zachowała się w pliku sporządzonych przez Georga Schrödera odpisów dokumentów, pochodzących z archiwum kościoła Mariackiego (BGPAN, sygn. Ms. 487, k. 402r–408v; wzmiankowana w: Bertling: *Katalog* I, s. 239–245). Odkryte przeze mnie źródło, ze względu na wagę dla zrozumienia zadań i funkcji średniowiecznych witryków w Gdańsku, zostało wydane jako aneks źródłowy do niniejszego opracowania.
[17] HKR, s. <II–III>.

jego kaplicach, o których wraz z upływem czasu zupełnie zapomniano. Choć znaczną liczbę archiwaliów przechowywano w zakrystii, gruntowne poszukiwania prowadzone w połowie XIX w. doprowadziły do odkrycia licznych zespołów akt i źródeł rozmieszczonych po całym kościele w różnych szkatułach, szafach i skrzyniach[18].

Najstarsza znana wzmianka o witrykach pochodzi z orzeczenia gdańskiego komtura z 1363 r., dotyczącego sporu pomiędzy gdańską Radą i witrykami z jednej, oraz proboszczem kościoła Mariackiego z drugiej strony[19]. Źródło to jest ważne nie tylko ze względu na witryków, ale także dlatego, że opisuje zasadniczy konflikt pomiędzy *fabrica ecclesiae* i proboszczem. W czasie postępowania przed gdańskim komturem rozpatrywane były zarzuty wywyższania się Rady oraz witryków ponad proboszcza i odwrotnie. Jeżeli chodzi o działalność witryków, proboszcz przedstawił kilka spornych punktów: domagali się oni opłat za grzebanie zmarłych, zarówno na zewnątrz kościoła, jak i w jego wnętrzu. Komtur zdecydował, iż jest to bezprawne, ponieważ zarówno biedni, jak i bogaci posiadają prawo do bezpłatnego pochówku na cmentarzu. Wewnątrz kościoła powinni być chowani jedynie feudałowie i prałaci, chyba że zgodnie („mit goter eyntracht") zawarte zostaną inne ustalenia. Proboszcz żalił się ponadto, iż Rada lub witrycy starają się powstrzymywać członków wspólnoty przed spisywaniem testamentów na korzyść proboszcza, co również zostało uznane przez komtura za niezgodne z prawem. Kolejna skarga dotyczyła ustawionych w kościele skrzyń i puszek na datki („stokke in der kirchn vnd buzen"), które witrycy często samowolnie opróżniali. Komtur zdecydował, iż otwieranie ich miało odbywać się komisyjnie („eyntrechtiglychen") i w wyznaczonych terminach. Proboszcz miał ponadto otrzymać własny klucz.

Przytoczone tu kwestie sporne wskazują na udokumentowaną w wielu miejscach w XIV i XV w. konkurencję dotyczącą poboru i podziału dochodów z ofiar, datków i opłat składanych przez wiernych pomiędzy Radę i ustanawianych przez nią witryków z jednej strony i proboszczów z drugiej. Członkowie *fabrica ecclesiae* zabiegali o zwiększenie dopływu kapitału do kasy tej instytucji bądź nakładając opłaty na darmowe dotychczas świadczenia (jak prawo do pochówku na cmentarzu kościelnym), bądź też odmawiając proboszczom prawa do ich części dochodów. Prowadziło to niechybnie do konfliktu pomiędzy *fabrica ecclesiae* a proboszczami, ponieważ ci drudzy zostali pozbawieni przysługującej im części z datków przekazywanych przez wspólnotę.

W najstarszej znanej ordynacji kościelnej gdańskiego kościoła Mariackiego z 1389 r. wiele uwagi poświęcono uregulowaniu podziału dochodów z datków wiernych pomiędzy proboszcza i *fabrica ecclesiae*. W kilku ustępach określono dokładnie podział datków przy poszczególnych kaplicach, wpływów z kolekty i ofiar składanych przy pochówkach. W niektórych wypadkach obie strony otrzy-

---

[18] Por. Gruber, Keyser: *Marienkirche*, s. <33–34>.
[19] Pierwszy raz publikowana w: Jacobsen: *Geschichte...*, s. 107; Hirsch: *Ober-Pfarrkirche*, aneks 1.

mywały po połowie wpływów, przeważnie jednak dwie trzecie otrzymywała *fabrica ecclesiae*, zaś jedną trzecią proboszcz. Dochody z kolekt niedzielnych lub świątecznych zasilały kasę *fabrica ecclesiae*: „Item wat men myt den taffelen des hilgen dages biddet in der kerken dat horet ok der kerken alleyne to" [To, co w czasie świąt zostanie w kościele zebrane na tacę, należy wyłącznie do kościoła][20].

Podobnie jak w Gdańsku, także w innych miastach państwa zakonnego w Prusach proboszczowie skarżyli się swoim zwierzchnikom na zakusy witryków i rady miejskiej. Najwcześniejsza znana wzmianka na ten temat dotyczy Chełmna. W 1320 r. komtur Starogrodu Chełmińskiego rozsądził spór pomiędzy chełmińskim proboszczem a tamtejszą radą miejską dotyczący podziału całunów, którymi w czasie pogrzebu okrywano trumnę lub zwłoki. Nakazał on, by: „Was gewandt man uff die leiche leget, welcherley das sey, von Seyden adir von wullen, das sal dem pfarrer halb vnd der kirchen gebewde halb" [W kwestii tkanin, jedwabnych lub wełnianych, którymi okrywa się zwłoki, niech proboszcz weźmie połowę, a druga połowa przypaść ma w udziale gmachowi kościoła][21]. Rada miejska występowała tu jako reprezentant interesów kościoła przeciwko proboszczowi. Witrycy nie zostali w tym dokumencie wzmiankowani. Być może wynika to z tego, iż w tym czasie w oficjalnych sporach prawnych Rada występowała jako całość *fabrica ecclesiae*, podczas gdy witrycy zajmowali się codziennymi sprawami, nie posiadając zdolności prawnej.

W 1364 r. w Elblągu wydane zostało orzeczenie sądu w sprawie spornego podziału darowizn pomiędzy *fabrica ecclesiae* a proboszcza[22]. W Braniewie w 1402 r. proboszcz Niclos Beme i rada miejska przystali na ugodę dotyczącą podziału przychodów z datków pomiędzy probostwem i *fabrica*: wszystko, co zostanie ofiarowane w domku na cmentarzu oraz „w puszkach i na tace" („in stöcken vnd uf tafelen") przy ołtarzach Św. Jana, Św. Ducha oraz Św. Jurgena, ma pozostać własnością *fabrica ecclesiae*. Jedynie fundowane w Wielki Piątek „obrazy i krzyże" („bilde und crücze") mają należeć do proboszcza[23]. W warmińskim Reszlu u schyłku XV w. miał miejsce spór dotyczący rozliczenia datków pieniężnych znajdujących się w skrzyniach kościelnych. Choć zgodnie z postanowieniem pruskiego synodu prowincjonalnego z 1427 r. proboszcz miał prawo posiadać jeden z trzech kluczy do skrzyń[24], miasto przez długi czas tego prawa mu odmawiało. Witrycy sami otwierali skrzynię i przedkładali Radzie roczne sprawozdania bez udziału proboszcza. Dopiero w 1484 r. proboszcz był w stanie zapewnić sobie

---

[20] Patrz aneks źródłowy, k. 403r.
[21] Jacobsen: *Geschichte...*, s. 105. Podobna regulacja znajduje się także w gdańskiej ordynacji kościelnej z 1389 r. (aneks źródłowy, k. 405v–406r).
[22] *Codex Diplomaticus Warmiensis oder Regesten und Urkunden zur Geschichte Ermlands*, t. 2: *1341–1375*, Mainz 1864, nr 363.
[23] *Codex Diplomaticus Warmiensis oder Regesten und Urkunden zur Geschichte Ermlands*, t. 3: *1376–1424*, Braunsberg/Leipzig 1874, nr 384.
[24] Jacobsen: *Geschichte...*, s. 90.

mocą postanowienia Rady egzekucję przysługującego mu prawa do posiadania klucza i obecności przy rozliczeniach[25].

Nie tylko w miastach państwa zakonnego, ale także na wsiach potwierdzona jest walka o rozdział środków pomiędzy proboszczami a witrykami. Dokładnie opisany został w źródłach spór z 1405 r. pomiędzy witrykami kościoła filialnego w Pierzchałach (w diecezji warmińskiej) i właściwym proboszczem z Szalmi[26]. Proboszcz Nikolaus Neue oskarżał witryków, iż w czasie odpustów aż do drugich nieszporów oraz w inne dni w czasie mszy chodzą z tacami (*tabulae*) i zbierają ofiary, choć nie jest to zwyczajem w sąsiednich kościołach. Poza tym w kościele postawiona została i jest opróżniana skrzynia na ofiary, z których proboszcz nic nie otrzymuje. Co więcej, witrycy nakłaniają wiernych, by ci przekazywali datki tylko na rzecz *fabrica*, nie zaś dla proboszcza. Po wysłuchaniu zeznań oficjał biskupa warmińskiego zdecydował, iż proboszcz powinien otrzymywać połowę datków składanych w skrzyni. Zwierzęta i artykuły żywnościowe należeć mają wyłącznie do proboszcza, zaś daniny rzeczowe powinny zostać oszacowane, a połowa ich wartości także powinna przypadać proboszczowi. Podziału datków należy dokonać również w przypadku, kiedy ofiarodawca przekazał środki na rzecz *fabrica ecclesiae*. Skrzynia na ofiary powinna stać jedynie w kruchcie kościoła („*vestibulum ecclesiae*"). Witrycy i chłopi (związani z witrykami, którzy także zbierali pieniądze na rzecz *fabrica ecclesiae*) w żadnym razie nie powinni nakłaniać wiernych, by ci zamiast na rzecz proboszcza, oddawali ofiary na rzecz kościoła.

Przykłady te ukazują, iż witrycy niekiedy bardzo intensywnie, czasem nawet agresywnie, zabiegali o ofiary wiernych na rzecz kościoła, ograniczając w ten sposób tradycyjne prawo proboszczów do pochodzących z datków dochodów. We wszystkich potwierdzonych źródłowo kwestiach spornych to zwykle proboszczowie zaskarżali roszczenia witryków i niemal zawsze uzyskiwali potwierdzenie swoich praw.

3. Wybór witryków

HKR, wyjąwszy niektóre wybujałe opowieści Böttichera na temat historycznych wydarzeń niezwiązanych z kościołem Mariackim, jest w istocie rodzajem sprawozdania z działalności witryków w okresie od połowy XIV w. do czasu krótko poprzedzającego śmierć kronikarza w 1617 r. Istotną część dzieła stanowi pełna dokumentacja wszystkich wyborów witryków w latach 1457–1612[27]. Pierwszy

---

[25] Por. Georg Matern: *Geschichte der Pfarrgemeinde St. Petri in Rößel*, Königsberg 1935, s. 108.
[26] *Codex Diplomaticus Warmiensis...*, t. 2, nr 416; Hans Steffen: *Die soziale Lage der Pfarrgeistlichkeit im Deutschordensstaate*, „Zeitschrift für die Geschichte und Altertumskunde Ermlands" 23 (1929), s. 1–97, tutaj s. 76–77; Hans Patze: *Die deutsche bäuerliche Gemeinde im Ordensstaat Preußen*, w: Die Anfänge der *Landgemeinde und ihr Wesen*, Konstanzer Arbeitskreis für mittelalterliche Geschichte (wyd.), Stuttgart 1986, t.2, s. 149–200, tutaj s. 178–179.
[27] Zob. *Lista witryków* w aneksie do niniejszego artykułu.

znany wybór udokumentowany został w księdze nieruchomości (*Erbebuch*) lub w księdze fundacji (*Stifterbuch*), gdzie odnotowane były wszystkie zapisy na rzecz kościoła Mariackiego. Księga ta założona została w 1451 r.[28] i służyła witrykom jako podstawa do administrowania wszystkimi finansowymi zobowiązaniami i roszczeniami *fabrica*[29]. Księgę sporządzono w czterech egzemplarzach, po jednym dla każdego z czterech witryków.

Jeśli data 1451 została poprawnie odczytana, wówczas liczba czterech witryków była ustalona już przed 1457 r., czyli przed spisem Böttichera[30] Mimo to wydaje się, że wybór z 1457 r. nastąpił zaraz po zmianie prawnej pozycji witryków, na co wskazuje nagłówek aktu wyboru:

> *Im Jar unsers Herrn 1457, nach dem Newenjarstage, hatt der ehrwirdige Rath ubergeben der Kirche Unser Lieben Frawen Stieffvetern [...] aller der vorgeschriebenen Kirche Zinser und Renten auß zu geben und zu empfangen und alle Ding in aller Massen und Ordinantien, wie es zuvor bey einem ehrwirdigen Rath gehalten ist*[31].
>
> *[W 1457 r. Rada przekazała witrykom kościoła Najświętszej Marii Panny prawo do wydawania i zbierania przynależnych kościołowi czynszów i rent oraz wszelakich innych rzeczy, jakie dawniej przysługiwało Radzie.]*

Także stary porządek kościelny wskazuje wyraźnie na poszerzenie kompetencji urzędu w 1457 r. Czterej witrycy otrzymali prawo do regulowania zarówno finansowych, jak i innych spraw kościoła, „jakie dawniej przysługiwało czcigodnej Radzie"[32].

Można przypuszczać, iż wynikający z uniezależnienia się od zakonu krzyżackiego wzrost władzy i kompetencji Rady Miasta sprawił, że rajcy scedowali na witryków znaczną część zadań związanych z administrowaniem *fabrica ecclesiae*. Także ogromny wzrost zapisów ze strony mieszczan doprowadził do dodatkowego obciążenia Rady, od którego rajców uwolnić mieli teraz witrycy. Potwierdzają to znane teksty umów, gdzie w zapisach pochodzących sprzed 1457 r. burmistrz i Rada występują jako strona zawierająca umowę z ofiarodawcą[33], podczas gdy w późniejszych umowach jako wystawcy dokumentu występują witrycy[34].

---

[28] Hirsch: *Ober-Pfarrkirche*, s. 53, sądzi, że mógł to być także rok 1457.
[29] HKR, s. <16>.
[30] Już w umowie budowlanej z mistrzem Steffenem z 1446 r. występuje czterech witryków (Keyser: *Baugeschichte*, s. 343). W XIV w. było ich natomiast tylko trzech, jak wynika z jednego z ustępów ordynacji kościelnej z 1389 r. (por. aneks źródłowy, k. 406v).
[31] HKR, s. <23>.
[32] Sehling: *Kirchenordnungen*, s. 198. Aktywny współudział burmistrza i Rady w regulacjach spraw *fabrica ecclesiae* poświadczają także przepisy ordynacji kościelnej z 1389 r. Już z pierwszego postanowienia, dotyczącego przydziału świec dla proboszcza i wikariuszy, wynika, że opiera się ono na ugodzie zawartej pomiędzy burmistrzem a proboszczem (por. aneks źródłowy, k. 402v).
[33] Zapis z 1427 r. rozpoczyna się np. od słów: „Wir Burgermeister und Rathmanne der Stadt Dantzig bekennen und zeugen offenbar mitt diesem unsern Briefe [...]" (HKR, s. <12>).
[34] Na przykład w 1478 (HKR, s. <40>), 1484 (HKR, s. <47>) czy 1516 r. (HKR, s. <85>).

Podobną prawidłowość zaobserwować można w przypadku kontraktów z budowniczymi. W najstarszym z 1379 r. pojawiają się wspólnie rajcy i witrycy, w latach 1425 i 1430 stroną była wyłącznie Rada, zaś od 1446 r. umowy podpisywali jedynie witrycy[35].

Jak wynika z przekazanych przez Böttichera protokołów wyborów, witrycy pełnili swój urząd dożywotnio. Od drugiej tercji XVI w. byli czasem powoływani do grona ławników i dlatego składali swój urząd w kościele Mariackim[36]. Stąd też działalność w *fabrica ecclesiae* mogła służyć jako odskocznia do dalszej kariery politycznej. W hierarchii urzędów miejskich urząd witryków znajdował się niżej od urzędów rajców czy ławników. Witrycy pełnili swój urząd nieodpłatnie, posiadali jednak pewne prawa honorowe, jak bezpłatny pochówek w kościele dla siebie i dla rodziny czy własną ławę w kościele. Z wyjątkiem okresów kryzysowych byli oni zwolnieni ze służby wartowniczej i szarwarku, nie musieli też wypełniać mniej istotnych obowiązków[37].

Wśród witryków istniała hierarchia oparta na czasie pełnienia urzędu. Na jej czele stał ten, który najdłużej piastował urząd. Nowo wybrany członek zajmował ostatnie miejsce i przy kolejnych wyborach jego ranga rosła. Kiedy w wyniku śmierci bądź złożenia urzędu zwalniało się miejsce, pozostali witrycy przygotowywali listę potencjalnych kandydatów, zawierającą przynajmniej dwa nazwiska[38], z której Rada wybierała następcę. Ta procedura wyboru pozostała niezmienna w okresie, który obejmuje HKR[39].

Wewnątrz gremium witryków istniał ścisły podział obowiązków[40]. Za Urząd Budowlany (Bauamt), zajmujący się kwestiami związanymi z budowlą kościelną oraz własnością gruntów *fabrica ecclesiae*, odpowiedzialni byli dwaj najstarsi witrycy. Trzeci z witryków odpowiadał za Urząd Dzwonów (Glockenamt) i zarządzał dzwonnikiem oraz obsługą dzwonów (pachołków ciągnących za sznury). Poza tym zajmował się dzwonnicą, wszystkimi dachami kościoła oraz śpiewem kościelnym (organy i chór). Najmłodszemu spośród witryków powierzano Urząd Kamieniarski (Steinamt), czyli nadzór nad pochówkami i grabarzami. Pobierał on opłaty za pochówki oraz rozliczał się z oficjałem, któremu wypłacał należność proboszcza. Każdy z witryków dysponował własnymi docho-

---

[35] Por. Keyser: *Baugeschichte*, s. 341–345.
[36] Między 1533 a 1612 r. zdarzyło się tak jedenaście razy (por. *Lista witryków* w aneksie). Niektórzy ławnicy awansowali później do Rady Miejskiej.
[37] Sehling: *Kirchenordnungen*, s. 200–201.
[38] Według regulaminu ordynacji kościelnej z 1612 r. witrycy winni zaproponować Radzie czterech kandydatów do wyboru w miejsce zmarłego witryka (Sehling: *Kirchenordnungen*, s. 198).
[39] Bötticher opisuje ten proces przy każdym wyborze w schematyczny sposób. W przypadku siódmego wyboru (1481 r.) wzmianka brzmiała np.: „Nachdem der Kirchenvater Albrecht Brambecke mitt Todt abgangen war, stellten die andern drey Kirchenväter etliche Personen auff, auß welchen ein E. Rath eynen andern wehlete an des Verstorbenen Stelle" (HKR, s. <44>).
[40] Taki podział obowiązków znajduje się w ordynacji kościelnej z 1612 r., art. 3 (Sehling: *Kirchenordnungen*, s. 199), i został także opisany w: Hirsch: *Ober-Pfarrkirche*, s. 93.

dami z majątku kasy kościoła, z których zdawał sprawozdanie w księdze rachunkowej. Przy końcu roku obrachunkowego[41] wszyscy witrycy sporządzali wspólne rozliczenie całościowe, przedstawiane do zatwierdzenia Radzie Miasta. W razie konieczności witryk mógł zostać zastąpiony na swoim stanowisku przez jednego z kolegów. Pomimo podziału obowiązków, na zewnątrz witrycy występowali jako jednolita instytucja („sollen sie alle viere für einen mann stehen"[42]).
Od strony władz miejskich witrycy podlegali inspektorowi[43]. Był nim jeden z burmistrzów, który pełnił funkcję pośrednika pomiędzy witrykami a Radą Miasta[44]. Jemu to witrycy składali roczne sprawozdania finansowe oraz przedstawiali zażalenia i życzenia, które ten przekazywał następnie Radzie. Taki przebieg procedury opisuje Bötticher w odniesieniu do 1612 r.:

> *„Wie sie dan auch nach alter Gewohnheit ihre Kirchenrechnung geschlossen und die Copias davon dem Herrn Bürgermeister, [...] der Kirchen Inspectore und ihren Herrn Obman am 8. Tage Martii ubergeben und demselben daneben folgende Kirchensachen mündlich vorgetragen haben".*
>
> *[Jak oni dawnym zwyczajem zamknęli swoje rachunki kościelne a ich kopie przekazali panu burmistrzowi, inspektorowi kościelnemu i ich zwierzchnikowi i temuż następujące sprawy dotyczące kościoła przedstawili ustnie.]*

Odpowiedź Rady udzielona została witrykom także za pośrednictwem inspektora[45].

4. Zakres zadań i działalność witryków

Zakres działalności witryków kościoła Mariackiego, szczegółowo omówiony w ordynacji kościelnej z 1612 r., był bardzo szeroki[46]. Również HKR dostarcza wielu dokładnych informacji na temat zakresu zadań tego gremium. Jednak dopiero pod koniec relacji, kiedy Eberhard Bötticher, jako witryk poznał z autopsji

---

[41] Zgodnie z art. 6 porządku kościelnego zamknięcie roku obrachunkowego pierwotnie przypadało na dzień św. Łucji (13 grudnia), w czasach Böttichera przeniesiono go na dzień Nowego Roku (Sehling: *Kirchenordnungen*, s. 200).
[42] *Ibidem*, s. 199.
[43] W języku niemieckim zwany także „Vorsteher", „Obmann" lub „Präsident".
[44] Według relacji Böttichera urząd ten otrzymywał najstarszy stażem burmistrz. Zestawienie wymienionych w protokołach wyborczych inspektorów oraz wykazów burmistrzów gdańskiego Głównego Miasta (Zdrenka: *Spisy*) wskazuje jednak na to, że zadanie inspektora kościelnego przypadło zawsze najmłodszemu burmistrzowi. Pełnił on tą funkcję dożywotnio, nawet jeżeli tymczasowo awansował w hierarchii na stanowisko pierwszego burmistrza. Jako przykład wskazać można Johanna Ferbera, który w 1484 r. jako najmłodszy burmistrz otrzymał urząd inspektora i pełnił go do śmierci w 1501 r. (Zdrenka: *Spisy*, s. 63–70).
[45] Bötticher przytoczył również odpowiedź inspektora na list witryków (HKR, s. <489–491>).
[46] Por. Sehling: *Kirchenordnungen*, s. 197–218.

sposób i zakres działania tego urzędnika, dostarcza on czytelnikowi szczegółowych informacji o wielu aspektach tej działalności. Z wcześniejszego okresu posiadamy tylko wyrywkowe wzmianki o działalności witryków. Najwięcej informacji dostarcza ordynacja kościelna z 1389 r., której objętość jest jednak znacznie mniejsza niż ordynacji późniejszych. Z tego powodu trudno dokładnie ocenić czy i w jakim stopniu szczegółowy zakres kompetencji witryków ulegał zmianie od XIV do początków XVII w. Zmiany nie mogły iść zbyt daleko, skoro porządek kościelny z 1457 r.[47] obowiązywał do początku XVII stulecia[48]. Także w ordynacji z 1612 r. odwoływano się często do regulacji zawartych w starszym dokumencie, zaznaczając, czy pozostają w mocy, czy też muszą zostać zmodyfikowane.

Niżej omawiam najważniejsze kompetencje witryków.

4.1 Administrowanie finansami *fabrica ecclesiae*

Jednym z głównych zadań witryków – i właściwym powodem powstania instytucji *fabrica ecclesiae* – było zbieranie oraz bezpieczne i zgodne z przepisami przechowywanie pieniędzy przeznaczonych na budowę kościoła. W późnym średniowieczu do kasy *fabrica* spływały ogromne ilości datków pieniężnych i rzeczowych, którymi witrycy musieli zarządzać i inwestować w budowę, wyposażenie i utrzymanie kościoła. By móc spełniać takie zadanie, trzeba było z jednej strony cieszyć się dużym zaufaniem, z drugiej posiadać kompetencje kupieckie. Spektrum „produktów finansowych", którymi zajmowali się witrycy, było bardzo szerokie i obejmowało odpusty, różnego rodzaju zapisy, fundacje, spadki, kolekty, opłaty i nieruchomości. W HKR znajduje się wiele przykładów różnorodnych form lokowania nadwyżek pieniężnych, jakimi zajmowała się *fabrica ecclesiae* jako kompleksowa instytucja finansowa. Nie należy zapominać, iż właściwy cel ofiar pieniężnych odnosił się do spraw wyższych, mianowicie zbawienia duszy darczyńcy. Przez swoje fundacje i datki wierni spełniali dobre uczynki, które miały zostać rozliczone dopiero na tamtym świecie.

Jako najbardziej bezpośredni jawi się związek pomiędzy datkami pieniężnymi a osiągnięciem zbawienia w przypadku odpustów. Dla budowy i wyposażenia kościoła Mariackiego ogłoszono wiele odpustów, które dostarczyły *fabrica* znacznych środków. W sumie doliczyć się można 24 odpustów dla kościoła Ma-

---

[47] W ordynacji kościelnej z 1612 r. w art. 1 zacytowany został ze starej ordynacji (*ibidem*, s. 198). Stosownie do tego na witryków scedowane zostały w 1457 r. wszystkie kompetencje związane z administracją *fabrica ecclesiae*, „wie das zuvor bei dem ehrwürdigen rath gewesen ist". Każe to przypuszczać, że stara wersja ordynacji kościelnej pochodziła z tego roku. Zapewne istniały nowe wersje ordynacji z 1463 i 1483 r. (Keyser: *Baugeschichte*, s. 347). Niestety, te starsze i niewydane ordynacje, jak większość archiwum kościoła Mariackiego, zaginęły w czasie II wojny.

[48] *Ibidem*, s. 198.

riackiego, ogłoszonych od 1347 do 1516 r.[49] W HKR Eberhard Bötticher wspomina o siedmiu odpustach, zaś tekst najstarszego z nich, pochodzącego z 1347 r., przytacza w całości w niemieckim tłumaczeniu[50].

Częstą formą dokonywania zapisu na rzecz kościoła były renty dożywotnie[51]. Fundator przekazywał *fabrica ecclesiae* określoną sumę, zachowując do końca życia prawo do pobierania z niej rocznego czynszu. Po śmierci fundatora kapitał pozostawał własnością kościoła. Najstarsza przekazana przez Böttichera informacja o rencie dożywotniej dotyczy roku 1427 i odnosi się do małżeństwa Clausa i Agnety Swarten oraz ich córki Katarzyny[52]. Kościół parafialny gwarantował rodzinie Swarten, tak długo, jak któreś z trojga darczyńców pozostawało przy życiu, roczny czynsz wysokości 20 grzywien od kapitału, którego wysokość nie została podana[53]. Przełożeni *fabrica ecclesiae* mieli wypłacać pieniądze corocznie na Wielkanoc. Po śmierci wszystkich trzech wymienionych osób kapitał („die Hauptsumma") miał pozostać przy kościele, zaś inni przedstawiciele rodziny Swarte nie mogli zgłaszać do niego żadnych roszczeń.

Tego typu umowy układy rentowe były korzystne dla obu stron. *Fabrica ecclesiae* mogła w ten sposób uzyskać znaczny kapitał i zainwestować go w budowlę kościelną, nabywca renty posiadał natomiast pewność, iż dzięki czynszowi do końca życia dysponować będzie gwarantowanym, corocznym dochodem[54]. Po śmierci pozostały przy kościele kapitał jako „dobry uczynek" pomagał osiągnąć zbawienie w przyszłym życiu. Z punktu widzenia światopoglądu człowieka późnego średniowiecza, szczególnie jeśli był on mieszkańcem miasta handlowego z nadwyżką kapitału, tego rodzaju umowa układ był znakomitą formą kompromisu pomiędzy zabezpieczeniem ziemskiej i niebiańskiej egzystencji.

Jako sprzedawca renty mogły występować jedynie instytucje bądź osoby, które dysponowały wystarczającą własnością gruntu, by zagwarantować wypłacanie renty. Należała do nich naturalnie *fabrica*, ponieważ rozporządzała ona zarówno budowlą kościelną, jak i majątkiem ziemskim. W umowie z 1427 r. Rada Miejska występuje jeszcze jako powiernik *fabrica ecclesiae*. Od połowy XV w. witrycy występują już w źródłach samodzielnie jako strony w umowach.

Bötticher podał zapis dotyczący własności gruntów *fabrica ecclesiae* z 1484 r. Nowi gdańscy mieszczanie, Johann i Catharina Bröcker, wydzierżawili należący do *fabrica* dom za wynoszący 25 grzywien czynsz i zobowiązali się, że po ich śmierci kościół Mariacki otrzyma cały spadek, niezależnie od zdania krewnych[55].

---

[49] Por. Gruber, Keyser: *Marienkirche*, s. 34.
[50] HKR, s. <3–4>.
[51] We wzmiankowanej już księdze nieruchomości lub fundacji (*Erbe- oder Stiftungsbuch*) z 1451 r. zostały odnotowane wszystkie zapisy rent kościoła Mariackiego.
[52] HKR, s. <12–13>. Odnalezionych później zostało szereg starszych zapisów rent na rzecz kościoła Mariackiego, najstarszy pochodzi z 1366 r. (Gruber, Keyser: *Marienkirche*, s. 39).
[53] Dla przyjętych odsetek wysokości 5% kapitał powinien wynosić 400 grzywien.
[54] Zasadnicza funkcja nabywania renty polega na długoterminowym zapewnieniu dochodów niebędących rezultatem pracy (Hans-Jürgen Gilomen: *Rente, -nkauf, -nmarkt*, w: *Lexikon des Mittelalters*, t. 7, München 1996, kol. 737).
[55] HKR, s. <47>.

W przeciwieństwie do zapisów i umów rentowych z osobami i instytucjami świeckimi, umowy z *fabrica ecclesiae* cechowały się tym, że część, a nawet całość korzyści dla dawcy kapitału składała się z niematerialnych, duchowych posług. W umowie z 1427 r. pojawia się jeszcze podział korzyści (za życia finansowe, po śmierci pomoc w zbawieniu duszy). W przekazanej przez Böttichera umowie z 1478 r. znajduje się interesujący wariant niematerialnej wypłaty czynszu[56]. Witrycy potwierdzili, że pewien nienazwany z imienia obywatel ufundował 12 grzywien, z których otrzymywać miał dzwonnik rocznie jedną markę czynszu. Za to codziennie w południe dzwon *Ave Maria* miał dzwonić dla przypomnienia o śmierci Chrystusa. Słysząc jego dźwięk, ludzie mieli odmawiać „Ojcze Nasz", „Zdrowaś, Mario" oraz wyznanie wiary, za co otrzymają odpust na 40 dni. Interesujące w owym zapisie jest to, iż ofiara fundatora nie była przeznaczona jedynie na zbawienie jego duszy, lecz duchową korzyść mogli odnieść wszyscy wierni w mieście.

Inwestorami *fabrica ecclesiae* byli w pierwszym rzędzie członkowie wspólnoty parafialnej. Niekiedy jako strona umowy w zapisach występują też osoby duchowne. W HKR wzmiankowany jest zapis z 1472 r., w którym wikary Georg Kopperbart ofiarował *fabrica ecclesiae* 48 grzywien i otrzymał w zamian „wikarię" przy ołtarzu św. Krzysztofa[57]. Za służbę przy ołtarzu witrycy wypłacali mu dwa razy w roku po 10 grzywien. Poprzez swoje datki ksiądz wykupywał prawa do opieki nad ołtarzem, z dochodów z którego mógł pokryć część kosztów swojego utrzymania[58]. Ponieważ liczne kaplice i ołtarze boczne w kościele Mariackim były własnością prywatną, pojawiają się one w HKR dość rzadko. Ołtarz św. Krzysztofa stanowił jednakże wyjątek, był bowiem ołtarzem witryków[59].

Kolejnym źródłem dochodu dla *fabrica ecclesiae* były, wzmiankowane już w ordynacji kościelnej z 1389 r., kolekty w czasie mszy. Według wpisu HKR dotyczącego 1444 r. codziennie w czasie mszy porannej oraz w czasie głównej mszy niedzielnej służebny kościelny obchodził kościół z tacą, zbierając pieniądze[60]. Poza tym wierni mogli wrzucać datki pieniężne do skarbon, znajdujących się w różnych miejscach kościoła, na przykład pod późnogotycką Tablicą Dziesięciu Przykazań[61]. Jak wynika z ordynacji kościelnej z 1389 r. także przy wejściach na cmentarz znajdowały się kapliczki („bedehuseken"), w których ustawione były

---

[56] HKR, s. <40–41>
[57] HKR, s. <34>.
[58] Gregor Kopperbart zmarł w 1487 r. i mocą testamentu ufundował wikariat (HKR, s. <56–58>), przypuszczalnie dla ołtarza św. Krzysztofa, ponieważ zarządzanie tą fundacją leżało w rękach witryków.
[59] Ołtarz był bogato uposażony i zapewne posiadał relikwię św. Mateusza Ewangelisty, dla której w 1488 r. wykonano oprawę, w której wystawiano ją na pokaz i dawno do pocałowania (HKR, s. <56>). Dla uczczenia tej relikwii biskup sambijski ogłosił specjalny odpust. Dla tego ołtarza w 1513 r. rodzina Hansa Schultza ufundowała wieczną mszę (HKR, s. <78–81>). Znajdujący się tam obraz ołtarzowy. (por. Hirsch: *Ober-Pfarrkirche*, s. 457).
[60] HKR, s. <15>.
[61] Zgodnie z zapisem witryka Henricha Kremera z 1528 r. (HKR, s. <100>) miał on otworzyć skarbonę pod Tablicą Dziesięciorga Przykazań, jak też inną skrzynię w południowej

srebrne krzyże. Pozostawiane tam przez wiernych ofiary przysługiwały *fabrica ecclesiae*[62].

Wspomnieć należy wreszcie o dochodach pochodzących z pokut i kar. Wiele źródłowych przykładów przytoczył w swojej pracy Theodor Hirsch[63]. Bötticher nie wspomina jednak o takim rodzaju dochodów kościelnych.

Również dziesięcina, jako najstarsza forma daniny wiernych na rzecz Kościoła, została pominięta przez Böttichera. W ordynacji kościelnej z 1389 r. spotykamy się jednak z dziesięciną, ponieważ miasto zobowiązało się płacić rocznie kościołowi Mariackiemu 100 grzywien z wpływów z dziesięciny[64].

Choć *fabrica ecclesiae* była ważnym miejscem wymiany kapitału, nie należy postrzegać jej jako prekursora współczesnych instytucji finansowych. Zadaniem banków jest zabezpieczenie pieniędzy oraz ich przekazywanie i pomnażanie. W przypadku *fabrica ecclesiae* właściwym celem inwestycji był natomiast „dobry uczynek" w formie wsparcia budowy kościoła. Fundator zrzekał się całości bądź części czynszu, otrzymując w zamian niematerialną korzyść w postaci zbawienia duszy. Dochody z licznych zapisów były inwestowane przez witryków przede wszystkim w budowę, utrzymanie i wyposażenie kościoła. Były to najważniejsze cele darowizn i zapisów ze strony mieszczan. Czasem środki przeznaczane były na bardzo konkretne cele, na przykład na finansowanie budowy określonej części kościoła czy też na zakup materiału budowlanego[65]. Kiedy pieniądze przekazywano ogólnie „na budowę"[66], witrycy zobowiązani byli do wykorzystania tych środków w sposób bezpośrednio związany z przedsięwzięciami budowlanymi. Inne dochody z kapitału (np. zapis rent) zazwyczaj wolne były od takich bezpośrednich zaleceń dotyczących ich przeznaczenia. Prowadząc duże inwestycje budowlane, witrycy mogli finansować je np. z kapitału pochodzącego z rent, zaś zobowiązania związane z wypłatami czynszów regulować za pomocą środków z innych, bieżących dochodów.

Planując średnioterminowe inwestycje budowlane, witrycy nabywali zapas materiału budowlanego, aby w chwili rozpoczęcia prac dysponować wystarczającą jego ilością. Takie gromadzenie zapasów poświadczone jest przez Böttichera dla roku 1485: budowę kościoła można było podjąć dopiero, kiedy przez pięć lat został zgromadzony odpowiedni zapas drewna, kamieni, wapna i cegieł[67]. Przy braku większych przedsięwzięć budowlanych pieniądze można było także zainwe-

---

części kościoła, jednak tylko w tej drugiej znalazł 10 węgierskich guldenów. Po wprowadzeniu reformacji ofiarność wiernych znacznie spadła.
[62] Zob. aneks źródłowy, k. 402v–403r.
[63] Np. rajca Gregor Melman ufundował w 1498 r. 20.000 cegieł na budowę kościoła jako pokutę za obrazę burmistrza Johanna Ferbera (Hirsch: *Ober-Pfarrkirche*, s. 63, przyp. 2).
[64] Zob. aneks źródłowy, k. 406r.
[65] Gert Aweram mocą testamentu z 1484 r. ufundował 1000 cegieł dla kościoła (HKR, s. <47>). Inne przykłady fundacji cegieł na rzecz kościoła zob. Gruber, Keyser: *Marienkirche*, s. 43.
[66] W 1484 r.: „Peter Barteld in seynem Testament I^C Marck zu dem Baw nach seynem Tode" (HKR, s. <47>).
[67] HKR, s. <47–48>.

stować w nieruchomości i w ten sposób zabezpieczyć długoterminowe wypłaty czynszów. W HKR udokumentowany jest przykład takiego przedsięwzięcia z 1516 r., kiedy witryk Dirk Falcke zakupił za 600 grzywien dom Heinricha Steinwega, który ze swojej strony zobowiązał się do wypłaty witrykom rocznego czynszu wysokości 6% od tej sumy[68]. Ponieważ kościół ukończony został w 1502 r., w kolejnych latach nie było większego zapotrzebowania na środki finansowe na prowadzenie budowy.

Wydarzeniem, które w decydujący sposób zmieniło zarządzanie finansami *fabrica ecclesiae*, była reformacja, kiedy zaniknęły główne dotychczas źródła dochodów jej kasy. Dotyczyło to w pierwszym rzędzie odpustów, fundacji ołtarzy i fundacji, których celem było zbawienie duszy – w kościele ewangelickim niemających racji bytu. W XVI w. prawie całkowicie zanikała też tradycja hojnych zapisów testamentowych na rzecz kościoła. Przyjąć należy, że w wyniku tej zmiany dochody *fabrica ecclesiae* zmniejszyły się o 80–90%. Oczywistym tego skutkiem było to, iż nie tylko w kościele Mariackim, ale też i w innych wielkich gdańskich kościołach nie prowadzono po reformacji żadnych większych prac budowlanych. Z tego powodu sakralny krajobraz Gdańska prezentuje się dziś w formie, jaką otrzymał w późnym średniowieczu.

Jednak nawet pomimo braku ambitnych przedsięwzięć budowlanych *fabrica ecclesiae* nadal potrzebowała bieżących dochodów, by pokryć koszty utrzymania kościoła oraz zabezpieczyć utrzymanie sporej liczby pracowników. Nabywano też wiele nowych elementów wyposażenia (chrzcielnica, organy, kazalnica), co wiązało się z poreformacyjnymi przekształceniami w liturgii i odprawianiu nabożeństw. Finansowanie tych przedsięwzięć pokrywane było częściowo z dochodów z nieruchomości (wynajmowanie domów i mieszkań), częściowo z przeprowadzanych zbiórek, ale przede wszystkim stało się ono możliwe dzięki poszerzeniu zakresu opłat.

Sięgająca średniowiecza tradycja kolekty w czasie nabożeństwa była – przynajmniej w dni świąteczne – kontynuowana także po reformacyjnym przełomie. Bötticher wzmiankuje, iż w 1532 r. datki od wiernych zbierane były w czasie 15 ważnych świąt[69]. W odróżnieniu od XV w., kiedy zadanie to spoczywało na barkach pachołka kościelnego, teraz witrycy zbierali na tacę datki wiernych, co z pewnością zwiększało presję na członków wspólnoty, by dawali hojniejsze datki. Jednak na początku XVII w. tradycja kolekty w czasie nabożeństwa została znacznie ograniczona[70]. Za czasów Böttichera odbywały się tylko trzy zbiórki w ciągu roku, w trakcie najważniejszych świąt (Wielkanoc, Zielone Świątki, Boże Narodzenie). Dochód z tych świątecznych kolekt trafiał wyłącznie do osób służących w kościele[71], nie zaś, jak miało to miejsce w średniowieczu, do kasy budowlanej.

---

[68] HKR, s. <85>.
[69] HKR, s. <104>.
[70] Por. art. 5 ordynacji kościelnej z 1612 r. (Sehling: *Kirchenordnungen*, s. 200).
[71] Uprawnionymi do wynagrodzenia z okazji świąt byli czterej kaznodzieje, dzwonnik, pachołek kościelny i jego żona, sygnator i jego żona, rakarz wraz z żoną oraz pachołek katowski.

Należy też zwrócić uwagę na zmianę w technice zbiórki pieniężnej. Podczas gdy w średniowieczu pieniądze kładziono otwarcie na tace, w okresie reformacji stosowano powszechnie mieszek na kiju z naszytymi dzwonkami[72]. Demonstracyjne okazywanie własnej pobożności wysokością datków najwyraźniej nie odpowiadało już poreformacyjnej mentalności.

Na początku XVII w. mnożą się informacje o dobroczynnych zbiórkach prowadzonych na konkretny cel, które zajęły miejsce powszechnych w średniowieczu ogólnych kolekt. Bötticher opisuje dokładnie cztery wielkie akcje pomocy, jakie miały miejsce w latach 1612–1614. Największa zbiórka odbyła się na przełomie 1612/1613, gdy wielu gdańszczan znalazło się na Krecie w niewoli tureckiej i musiało zostać wykupionych. W celu zebrania okupu Rada nakazała, by:

in allen Kirchen dieser Stadt und derselben Kirchthüren Kästlein zu setzen und durch die Prediger von den Cantzeln die Gemeinen ermahnen zu lassen, das ein iglicher nach seinem Vermögen den armen Gefangenen zu Hülffe kommen und in die ausgesetzte Kästlin einlegen [wolle][73].
[we wszystkich kościołach miasta ustawić skrzynie i za pośrednictwem kaznodziejów zaapelować do gminy, aby każdy wedle możliwości udzielił wsparcia uwięzionym, wrzucając pieniądze do owych skrzyń.]

W czasie niedziel adwentu oraz podczas świąt Bożego Narodzenia witrycy ustawili we wszystkich sześciu wejściach do kościoła Mariackiego skrzynie na datki, które przyniosły łączny dochód w wysokości 408 grzywien. Ponieważ środki zebrane w gdańskich kościołach w celu wykupienia więźniów okazały się niewystarczające, akcję przedłużono o cztery tygodnie, pozyskując dodatkowe 307 grzywien. W 1614 r. Rada Miejska przeprowadziła trzy podobne zbiórki na rzecz zniszczonych przez pożary miast: Magdeburga, Malborka i Osnabrück[74]. Dla zwiększenia datków na cele charytatywne w 1607 r. umieszczono na południowo-zachodnim filarze skrzyżowania naw tzw. Tablicę Jałmużniczą (ukazującą siedem czynów miłosierdzia, malowaną przez Antona Möllera), pod którą ustawiono skarbonę na ofiary[75].

Istotną fundacją o charakterze socjalnym w kościele Mariackim było ustanowienie stypendiów dla gdańskich studentów. Ulrich Urban w testamencie przekazał *fabrica ecclesiae* 1200 grzywien[76]. Środkami z czynszu witrycy wpierać mieli gdańskich studentów: „sollen die Kirchenveter den Zins geben gutten Gesellen, die da studieren, die man konte hernach zu Predicanten oder Caplanen

---
[72] Art. 5 ordynacji kościelnej: „zu unserer zeit aber sind solche tafeln abgeschaffet und an stelle derselben zwei secklein verordnet, an lange schmale stecklein befestigt" (*ibidem*).
[73] HKR, s. <492>.
[74] HKR, s. <509, 534>.
[75] Por. Drost: *Marienkirche*, s. 162; *KZS Gdańsk*, s. 101–102.
[76] HKR, s. <164–165>. Nie wiadomo, kiedy został spisany ten testament. Ponieważ pierwsza wypłata stypendium wzmiankowana jest w 1569 r. (HKR, s. <150–151>, musiało to nastąpić przed tą datą.

gebrauchen"[77]. Stypendium miało być wypłacane jednej osobie nie dłużej niż przez dwa lata, zaś wybierając kandydata, witrycy mieli faworyzować krewnych i przyjaciół fundatora. W HKR znajdują się trzy wzmianki dotyczące wypłaty tego stypendium[78].

Po przełomie reformacyjnym ważnym elementem struktury dochodów *fabrica ecclesiae* stały się wpływy z opłat. Chodzi tu o wynagrodzenie, które zapłacić musiał członek wspólnoty, chcąc skorzystać ze świadczeń witryków, przede wszytkim z przygotowania miejsc pochówku, bicia w dzwony oraz wynajmu ław w kościele. Opłaty takie istniały już w późnym średniowieczu, jednak odgrywały podrzędną rolę w całości dochodów *fabrica*.

Według średniowiecznego rozumienia prawa pobieranie opłat za pochówek było właściwie nielegalne, co potwierdza także rozstrzygnięcie sporu z 1363 r. (gdzie po raz pierwszy pojawiła się informacja o witrykach)[79]. Przekaz ten ujawnia, iż wnętrze kościoła służyło początkowo jako miejsce pochówku dla nielicznych, wysoko postawionych osób. Atrakcyjność wnętrza kościoła jako lokalizacji ostatniego spoczynku sprawiła jednak, iż stało się ono nader pożądanym miejscem pochówku, stwarzając ważne źródło dochodu dla *fabrica ecclesiae*. Wydaje się, iż pobieranie opłat za pochówek we wnętrzu kościoła Mariackiego wprowadzone zostało już pod koniec XIV w. Zgodnie z ordynacją kościelną z 1389 r. burmistrzom, rajcom, pisarzom miejskim, witrykom i księżom przysługiwał bezpłatny pochówek w kościele[80], co dla rajców oraz ich krewnych potwierdzało postanowienie Rady z 1430 r.[81] Regulacje takie nie byłaby konieczne, gdyby nie trzeba było opłacać pochówku. Wszystkie opłaty związane z pochówkiem zostały dokładnie ustalone w ordynacjach kościelnych z 1389 i 1612 r. Dotyczyło to także kosztów związanych z zaangażowaniem dzwonników przy okazji pogrzebów (a także ślubów).

Kolejnym źródłem dochodu dla witryków były opłaty za wynajęcie ław, co wytworzyło w kościele swoisty podział klasowy. Zwykli wierni mieli do dyspozycji otwarte i jednolite ławki, korzystanie z których było bezpłatne, jak wyraźnie zaznaczono w 29 artykule porządku kościelnego: „Alle offenen stuele [...] sollen jedermann frei sein"[82]. Obok nich witrycy kazali wykonać ekskluzywne, zamknięte („schlossfeste") ławy, które wynajmowane były pojedynczym osobom

---

[77] HKR, s. <165>. Witrycy zainwestowali kapitał fundacyjny w udziały własności w kilku domach i otrzymali za to rocznie 6% odsetek.
[78] HKR, s. <150–151, 155, 166>. W 1615 r. dzięki fundacji Merten Goldaw zostało ustanowione dalsze stypendium dla studentów teologii, którego administracja leżała w rękach witryków kościoła Mariackiego.
[79] Simson: *Geschichte Danzig* 4, załącznik 1.
[80] Zob. aneks źródłowy, k. 405v.
[81] Por. Keyser: *Baugeschichte*, s. 161.
[82] Sehling: *Kirchenordnungen*, s. 209. Już w ordynacji kościelnej z 1389 r. znalazł się porównywalny przepis: „Item alle stole unde bencken, beyde manner unde der frouwen, in der kerken solen yderman fryg syn" (aneks źródłowy, k. 405r).

bądź rodzinom[83]. Ławy w kaplicach oraz obok ołtarzy bocznych przy filarach były własnością prywatną, dlatego ich użytkownicy nie musieli płacić witrykom czynszu[84].

Z uwag zapisanych pod rokiem 1600 można wnioskować, iż przy okazji użytkowania ław ujawniały się konflikty społeczne i wyznaniowe. Bötticher wspomniał, że witrycy wynajęli ławę doktorską, dodając:

> *Dieser Stuel ward anfenglich für die Doctores Medicinae gebawt, weil sie aber calvinisch waren und denselben nicht gebrauchten, haben ihn die Kirchenveter obgenanten Personen vermietett[85].*
>
> *[Ława ta została początkowo zbudowana dla doctores medicinae, którzy jednak byli kalwinami i jej nie używali, toteż witrycy wynajęli ją wspomnianym wyżej osobom.]*

Kalwini rezygnowali z użytkowania elitarnych ław. Odmienna postawa cechowała potężną rodzinę patrycjuszowską Ferberów, która zajmowała ławę doktorską, nie chcąc płacić za nią czynszu witrykom:

> *vorwendende, das seine Eltern und Großeltern es umb diese Kirche woll viel verdienett hetten, {wie das ihre Waffen an den Gewelben hin und wieder genugsam bezeugeten, also} das er mitt den Seynen woll einen freyen Sitz in demselben Stuel haben mögen[86].*
>
> *[uważali oni, że kościół tak wiele zawdzięcza ich rodzicom i dziadkom (co poświadczają ich herby na sklepieniach oraz na filarach), że uprawnia ich to do darmowych miejsc w tej ławie.]*

4.2 Rozdział prac i nadzór nad pracami budowlanymi

Jednym z podstawowych zadań witryków była organizacja i nadzór na pracami budowlanymi prowadzonymi w kościele. Potwierdzają to liczne kontrakty zawierane pomiędzy mistrzami rzemieślniczymi a witrykami, przekazane w HKR. Bötticher najwyraźniej nie znał najstarszego kontraktu z 1379 r., ponieważ nie za-

---

[83] W HKR wielokrotnie są wzmiankowane takie umowy najmu (s. <380, 382–383, 388, 492>). Roczny czynsz za jedno miejsce wynosił 2–4,5 grzywny, istniały więc – w zależności od miejsca, w którym ustawione były ławy – tańsze i droższe miejsca.
[84] Obszernie opisuje Bötticher negocjacje z cechem browarników z 1614 r. w kwestii budowy nowej ławy przy ołtarzu Św. Mikołaja, będącego własnością cechu (HKR, s. <520–524, 529–531>). Browarnicy zamierzali rozmontować kilka starych ławek, m.in. ławkę dla uczniów kościoła Mariackiego. Witrycy starali się ograniczyć miejsce dla nowej ławy, argumentując, że zniszczenie ławki uczniów może doprowadzić do konfliktu. Zwrócili też uwagę szkodliwość takiego precedensu: gdyby browarnicy zniszczyli otwarte ławki wokół swojego ołtarza, inni właściciele ołtarzy mogliby żądać takiego samego prawa dla sicbic. Pertraktacje zakończyły się kompromisem: browarnicy mogli zbudować nową ławę, jednak ławka uczniów musiała pozostać.
[85] HKR, s. <383>.
[86] *Ibidem*

chował się po nim w archiwum kościelnym żaden ślad[87]. W HKR udokumentował kontrakty budowlane z lat 1442[88], 1446[89], 1484[90], 1485[91], 1496[92], 1499[93] i 1501[94].

Szczególnie dokładnie omówiony został kontrakt zawarty w 1485 r.[95] z mistrzem Hansem Brandem przez burmistrza Johanna Scheweckena i czterech witryków. Mistrz miał zabezpieczyć fundamenty nowo rozpoczętej ściany zewnętrznej korpusu nawowego i wznieść do pełnej wysokości mury wraz z kaplicami. Brand był nie tylko mistrzem budowlanym, ale też kamieniarzem i rzeźbiarzem[96]. Jako kamieniarz miał więc również odkuć, umieścić i umocować wykonane z gotlandzkiego wapienia elementy cokołu kościoła. Wskazówki dotyczące formy ścian zewnętrznych były proste: mistrz miał się opierać na ukończonej już wschodniej części kościoła Mariackiego. Brand otrzymywał podstawowe wynagrodzenie wysokości dwóch grzywien tygodniowo „fur meine Meisterschafft", a także wynagrodzenie za wykonaną pracę (1 grzywna i 8 skojców za każdy tysiąc wmurowanych cegieł). Otrzymał ponadto od witryków darmowe mieszkanie. Mistrz musiał natomiast we własnym zakresie zatroszczyć się o rusztowania, wapno i cegły. Robotnicy i cieśla zatrudnieni byli przez witryków i na ich koszt. Dzięki umowie poznajemy też zewnętrzną formę dokumentu kontraktowego, podzieloną na dwie części: jednobrzmiący tekst zapisany został na górnej i dolnej części papieru, który pośrodku przecięto tak, że każdy z partnerów otrzymał jeden egzemplarz. Pośrodku arkusza zapisano krótki tekst pozdrowienia anielskiego („*Ave Maria, gratia plena*"), który został przecięty pośrodku w taki sposób, by zestawiając obie części, można było ponad wszelką wątpliwość stwierdzić, iż chodzi tu o ten sam oryginalny dokument[97].

---

[87] W 1379 r. dwaj witrycy, Lubrecht Sag i Mattes Wytte, zawarli umowę z mistrzem Heinrichem Ungeradin dotyczącą nowej budowy kościoła (rozbudowa części wschodniej). Krótkie streszczenie umowy znajduje się w księdze kamlarii oraz w księdze propozycji Rady (Ratsdenkbuch) miasta i zostało opublikowane w: Gruber, Keyser: *Marienkirche*, s. 42 i przyp. 66.
[88] Umowa z mistrzem Steffenem dotycząca szczytu północnego (HKR, s. <14–15>).
[89] Umowa z mistrzem Steffenem dotycząca szczytu południowego (HKR, s. <15>).
[90] Umowa z mistrzem Michelem dotycząca małej wieży przy *Trippenmacher Gasse* (HKR, s. <46–47>).
[91] Umowa z mistrzem Hansem Brandem dotycząca budowy nowych ścian bocznych korpusu nawowego (HKR, s. <48–49>).
[92] Umowa z Henrichem Hetzel dotycząca południowej strony korpusu nawowego (HKR, s. <62–63>).
[93] Umowa z Henrichem Hetzel dotycząca sklepień nad ołtarzem głównym (HKR, s. <69–70>).
[94] Umowa z Henrichem Hetzel dotycząca nowego sklepienia nad chórem i przesklepienia korpusu nawowego (HKR, s. <71f>).
[95] HKR, s. <48f>.
[96] Kilka lat wcześniej wykonał on płytę nagrobną św. Wojciecha w Gnieźnie (Gruber, Keyser: *Marienkirche*, s. 49).
[97] „Und zu Getzeugniß der obgeschriebenen Vertragung und Eintracht, so ist dieser Zedel zween, der eine auß dem andern geschnitten, bey *Ave Maria gratia plena*. Davon ich, Meister Hans Brand, den einen bey mir habe und den andern die vorbenanten Kirchen Veter" (HKR, s. <49>).

HKR nie dostarcza niestety odpowiedzi na podstawowe pytanie, jaki wpływ mieli witrycy na projekt i formę kościoła. Z pewnością zasadnicze rozstrzygnięcia podejmowane były przez Radę Miejską, jednak wiele kwestii szczegółowych dyskutowanych było i rozstrzyganych wspólnie przez witryków i budowniczego lub innych rzemieślników.

Bötticher wspomniał też o przedsięwzięciach związanych z ochroną przeciwpożarową w kościele: w 1544 r. witrycy zamówili pięć wielkich miedzianych pojemników, z których cztery ustawione zostały na dachu, jeden zaś na wieży. Latem pojemniki wypełniane były wodą na wypadek wybuchu pożaru[98].

4.3 Wyposażenie kościoła

Witrycy byli odpowiedzialni za zamawianie i opiekę nad najważniejszymi elementami wyposażenia kościoła farnego, podczas gdy liczne kaplice i ołtarze boczne znajdowały się pod pieczą właścicieli prywatnych. Witrycy zwierali z rzemieślnikami kontrakty dotyczące prac i kontrolowali ich postęp. Do najważniejszych średniowiecznych dzieł sztuki, które zostały przez nich zamówione i rozliczane, należał ołtarz główny wraz z należącym doń wyposażeniem (szaty i naczynia liturgiczne oraz księgi), sakramentarium, chrzcielnica, ambona, organy, zegar astronomiczny oraz ławy i ołtarz witryków. Te elementy wyposażenia odpowiadać musiały statusowi potężnego kościoła, co sprawiało, że inwestowano w nie znaczne środki. Po reformacji i związanych z nią zmianach w liturgii wzrosła ranga takich elementów wyposażenia, jak chrzcielnica, ambona i organy. W kronice Eberharda Böttichera zawarte zostały dokładne informacje dotyczące tych trzech obiektów[99].

4.4 Opieka nad kościołem i jego utrzymanie

Wraz z ukończeniem sklepień w 1502 r. zakończona została trwająca od 1343 r. budowa kościoła Mariackiego. W okresie późniejszym nie były już podejmowane żadne ważniejsze prace budowlane. Jedno z pierwotnie głównych zadań witryków, organizacja i nadzór nad pracami budowlanymi, zostało niniejszym w zasadniczej części wypełnione. Jednakże również ochrona i zabezpieczenie budowli kościelnej wymagało nieustannego doglądania i inwestycji w zabiegi mające na celu utrzymanie jej w dobrym stanie. Z tego powodu *fabrica ecclesiae* zatrudniała swojego murarza, który przeprowadzał regularne kontrole dachów i rynien dachowych, a także, w razie konieczności ich naprawę[100]. W razie potrzeby mógł on także dokonać niewielkich napraw murów.

Kolejną czynnością związaną z ochroną kościoła było jego oczyszczanie, odbywające się co jakiś czas i dotyczące zarówno podłóg i ścian, jak i wszystkich

---
[98] HKR, s. <117>.
[99] Zob. w niniejszym tomie artykuł *Stosunek witryków do dzieł sztuki w kościele Mariackim*.
[100] Por. ordynacja kościelna z 1612 r., art. 41 (Sehling: *Kirchenordnungen*, s. <215–216>).

dzieł sztuki. Pierwsza przekazana przez Böttichera wzmianka na ten temat dotyczy 1537 r., kiedy pobielono ściany oraz oczyszczono srebrne obrazy i tablice[101]. Znacznie poważniejsze działania podjęto w latach 1549–1550[102]: wnętrze kościoła pokryto wtedy pobiałą[103], zaś prezbiterium otrzymało barwną dekorację malarską, mającą wyróżnić je na tle białego korpusu nawowego[104]. Wprawiono także nowe szyby w okna, w wyniku czego kościół otrzymał znany dziś jasny i świetlisty charakter wnętrza. Przedsięwzięcie to wiązało się ze znacznymi kosztami – witrycy wydali na nie 1203 grzywien. Bötticher zauważył, iż środki na ten cel zebrane zostały przez *fabrica* dzięki szerzącej się krótko przedtem w Gdańsku zarazie, ponieważ z powodu licznych pogrzebów witrycy mieli wysokie dochody z tytułu opłat za bicie w dzwony i pochówki[105]. Czyszczenie i pobielanie kaplic nie było natomiast prowadzone dzięki środkom *fabrica ecclesiae*, lecz pokrywane być musiało przez właścicieli poszczególnych kaplic.

Pół wieku później, w 1601 r., miała miejsce kolejna wielka akcja oczyszczania i upiększania kościoła[106]. Tym razem podjęto nawet wysiłek, by wyrównać w kościele całą posadzkę. Przyjmując za punkt odniesienia poziom posadzki przy nowej chrzcielnicy, wyznaczono wysokość rozciągniętymi w kościele sznurami, przywieziono do budynku wiele setek fur piasku i wyrównano poziomy przy każdym z portali kościoła. Następnie cały kościół, nie wyłączając sklepienia, pokryto pobiałą oraz naprawiono okna. Także te prace wiązały się z wielkim wysiłkiem, gdyż w celu ich przeprowadzenia w całym wnętrzu trzeba było wznieść rusztowania. Jako że prace te spowodowały powstanie dużej ilości kurzu i brudu, na końcu całe wyposażenie musiało zostać dokładnie wyczyszczone. Przy okazji chór kościoła otrzymał z polecenia witryków dekorację malarską i snycerską („mitt Schnitz und Mohlwerck"). Poza tymi zakrojonymi na szeroką skalę przedsięwzięciami od czasu do czasu witrycy prowadzili skromniejsze prace oczyszczające, w czasie których cały kościół, wraz ze sklepieniami, był odkurzany i czyszczony[107].

4.5 Zarządzanie własnością gruntu

Kolejnym zadaniem witryków było zarządzanie innymi niż kościół nieruchomościami należącymi do *fabrica ecclesiae*. Należał do nich przede wszystkim dawny dziedziniec cmentarny wraz z murami obwodowymi, który poza tym, że pełnił

---

[101] HKR, s. <112>.
[102] HKR, s. <124>.
[103] Było to następstwem reformacji i towarzyszących jej tendencji, aby zakrywać średniowieczne malowidła ścienne. Brak szczegółowych informacji na temat ówczesnego wystroju malarskiego wnętrza kościoła Mariackiego.
[104] „[...] das Chor zu molen lassen" (HKR, s. <124>). Jakiego rodzaju była to dekoracja, nie wiadomo.
[105] „haben die obgenanten Kirchenveter ein Vorrath von den Begrebnussen und Glocken gesamlett" (*ibidem*).
[106] HKR, s. <392>.
[107] Np. w 1609 r. (HKR, s. <467>).

swoją zasadniczą funkcję jako miejsce pochówków, mieścił także kilka budowli (szkoła, budynki mieszkalne i gospodarcze, piwnice). Poza tym *fabrica ecclesiae* posiadała także budynki mieszkalne w mieście oraz należący do kościoła plac na materiały budowlane na Wyspie Spichrzów.

Opieka nad podwórzem cmentarnym[108] polegała na utrzymaniu murów oraz wywózce z tego terenu brudu i śmieci. Witrycy musieli także pilnować, by nie trafiały tam nieczystości z sąsiednich domów. O tym, jak było to trudne, świadczy przekazane przez Böttichera zażalenie z lat 1613–1614, w którym witrycy wzywają Radę do wydania rozporządzenia zakazującego sąsiadom wnoszenia na podwórze kościelne nieczystości, śniegu, lodu i innych śmieci[109]. Sąsiedzi wyrzucali zapewne swoje nieczystości na cmentarz kościelny od dłuższego czasu. Witrycy nie tylko musieli usuwać je na własny koszt, ale też uznawali ten proceder za niegodziwy. Także o innych, równie niegodnych zachowaniach niektórych współczesnych możemy wnioskować z przepisów ordynacji kościelnej. Zgodnie z artykułem 45 rakarz zobowiązany był aby regularnie na narożach kościoła „den gestank mit wasser weg[zu]spülen"[110]. Mężczyźni załatwiali potrzeby fizjologiczne ukryci w narożach za przyporami kościoła.

Najważniejszym budynkiem położonym na terenie dawnego cmentarza była szkoła[111], w której mieszkał także rektor. Budynek szkoły był czasem wynajmowany przy okazji pogrzebów na uroczystości żałobne. Na dziedzińcu miał swoje mieszkanie także dzwonnik, któremu dodatkowo przysługiwała znajdująca się tam piwnica na piwo[112]. Za szkołą, przy ul. Św. Ducha, znajdowały się budy i piwnice wynajmowane przez witryków[113]. *Fabrica ecclesiae* posiadała także przy tej ulicy domy, w których mieszkali urzędnicy kościelni oraz wdowy po nich[114]. Kościelny skład materiałów budowlanych znajdował się na południowym krańcu Wyspy Spichrzów, w sąsiedztwie Dworu Smolnego i Dworu Popielnego. Witrycy wznieśli tam również kilka spichrzów[115].

---

[108] Nie jest jasne, od jakiego momentu zaprzestano pochówków na dawnym cmentarzu przykościelnym.
[109] HKR, s. <508, 515–516>.
[110] Sehling: *Kirchenordnungen*, s. 217.
[111] Szkoła łacińska przy kościele parafialnym istniała już wcześniej, z inicjatywy Rady w 1436 r. dodatkowo została założona przy kościele szkoła niemiecka (Hirsch: *Ober-Pfarrkirche* 1, s. 104, Simson: *Geschichte Danzig* 2, s. 220).
[112] Z polecenia witryków w 1534 r. zbudowano dwie piwnice na piwo, jedną dla dzwonnika i drugą do wynajęcia (HKR, s. <107>).
[113] W 1532 r. witrycy zlecili przeprowadzenie tam prac naprawczych (HKR, s. <105>).
[114] Por. HKR, s. 401. Witrycy dysponowali już w 1464 r. domem mistrza Hansa Duringera przy ulicy Św. Ducha (HKR, s. <29>).
[115] Dla celów magazynowych został tam w 1532 r. za 300 grzywien wzniesiony nowy spichrz (HKR, s. <104>). Z 1534 r. pochodzi wzmianka, że belki i bale zostały zabrane ze składu (HKR, s. <107>). Część placu na materiały budowlane mogła być dzierżawiona gdańskim kupcom, na przykład Peter Köseler w 1518 r. płacił 30 grzywien rocznego czynszu za miejsce na placu (HKR, s. <86>).

4.6 Nadzór na pochówkami w kościele

Nadzór nad pochówkami stanowił jedno z podstawowych zadań urzędu. Z reguły najmłodszemu spośród witryków powierzano zarząd nad parcelami grobowymi przykrytymi kamiennymi płytami – stąd nazwa Urząd Kamieniarski („Steinamt"). Bez jego zgody nikt nie mógł zostać pochowany wewnątrz ani na zewnątrz kościoła, a także nie można było umieszczać żadnych płyt ani inskrypcji[116]. Witrycy zatrudniali własnego kamieniarza, który wykonywał inskrypcje oraz uzupełnienia na płytach nagrobnych[117]. W 1604 r. Eberhard Bötticher sporządził pełny rejestr płyt nagrobnych oraz pochówków (*Leichensteinen und Begrebnüssen*) w celu rejestracji parceli, które nie miały dziedziców i pozostawały do dyspozycji kościoła[118]. Od każdego pochówku pobierana była opłata, która w przypadku prywatnych miejsc pochówku była niższa niż w przypadku zmarłych grzebanych pod płytami należącymi do kościoła[119]. Opłatę pobierał przed pogrzebem dzwonnik. Do zadań dzwonnika i służebnego należało również oznaczenie domów żałoby w mieście za pomocą czarnych płacht umieszczonych na drzwiach i oknach, jak też wywieszenie czarnej chorągwi żałobnej. Dzwonnik przekazywał z kolei pieniądze najmłodszemu z witryków, który sporządzał sprawozdanie. Dochody z pochówków dzielone były między *fabrica ecclesiae* i proboszcza. Po przełomie reformacyjnym wyznaczony przez biskupa oficjał rozliczał z witrykami część przynależną proboszczowi[120].

4.7 Urząd Dzwonów („Glockenamt")

Dzwonnicy z kościoła Mariackiego odgrywali ważną rolę w życiu mieszkańców Gdańska. Nie tylko wzywali wiernych na mszę i modlitwę, ale też dzwonili na początek i zakończenie dnia, ogłaszali ważne wydarzenia, jak śluby, pogrzeby, wybory rajców i burmistrzów, Jarmark Dominikański oraz ostrzegali przed niebezpieczeństwem (burze, ataki nieprzyjaciół, pożary). Z tego powodu zarządzanie dzwonami kościelnymi należało do szczególnie ważnych zadań witryków i w HKR znalazło się wiele informacji na temat powstawania i użytkowania dzwonów. Bötticher opisał lata powstania, wielkość, wagę, inskrypcje i funkcje dzwonów kościoła

---

[116] Takie postanowienie znajduje się już w ordynacji kościelnej z 1389 (por. aneks źródłowy, k. 405r).
[117] Art. 3 i 28 ordynacji kościelnej (Sehling: *Kirchenordnungen*, s. 199, 208). Płyty nagrobne miejsc pochówków należących do *fabrica ecclesiae* oznaczone były gmerkiem kościelnym (il. 39) (art. 23, *ibidem*, s. 207 – Sehling podaje pomyłkowo, że jest to litera „F").
[118] „Register der Leichensteinen und Begrebnüssen durch Eberhardt Böttichern Kirchenveternn und Verwaltern der Leichensteinen daselbst Anno MDCIV" (APGd, sygn. 354/348); zob. spis prac Böttichera nr II. B.
[119] Art. 24 ordynacji kościelnej (Sehling: *Kirchenordnungen*, s. 208).
[120] Art. 25 ordynacji kościelnej (*ibidem*). Urząd oficjała w czasie poreformacyjnym zazwyczaj pełnił katolicki proboszcz kościoła Mariackiego w unii personalnej.

Mariackiego[121]. Skopiował też starą ordynację dotyczącą dzwonów z 1463 r.[122], jak też fundację Kerstena Schefecka z 1498 r. wysokości 800 grzywien, z dochodów z której dzwony miały bić w określone dni po wieczne czasy[123]. W ordynacji kościelnej z 1612 r. najobszerniejsza i najbardziej szczegółowa część dotyczyła właśnie dzwonów[124]. Opisane zostały w niej wszystkie dzwony, a także precyzyjnie określono, jak i kiedy mają one bić[125]. Znalazł się tu także dokładny wykaz opłat, które zajmowały ważne miejsce w strukturze dochodów *fabrica ecclesiae*. Cała działalność związana z dzwonami znajdowała się pod nadzorem trzeciego pod względem stażu witryka, zarządzającego Urzędem Dzwonów. Był on odpowiedzialny za dzwonnika oraz pięciu niewidomych pachołków ciągnących za sznury dzwonów.

4.8 Nadzór nad personelem kościelnym

Pod pieczą witryków znajdowały się liczne osoby zaangażowane w służbę w kościele, które musiały być nadzorowane i wynagradzane. Ich łączna liczba wynosiła prawie 50 osób[126], wliczając w to ewangelickiego kaznodzieję, wyznaczanego bezpośrednio przez Radę. Do tego grona należał dzwonnik (zakrystianin)[127], sygnator[128], któremu podlegało pięciu niewidomych pachołków obsługujących dzwony[129], pachołek kościelny[130], który nadzorował rakarza[131], dwóch grabarzy i innych pracowników, mu-

---

[121] Dzwon *Apostolica* z 1383 r. (HKR, s. 6), *Dominicalis* z 1423 r. (HKR, s. <12>), *Gratia Dei* z 1453 r. (HKR, s. <19>), tzw. „dzwon ziemski" (*Landglocke*) z 1462 r. (HKR, s. <27>).
[122] HKR, s. <27–28>.
[123] HKR, s. <67>.
[124] Obejmowała ona art. 12–22 (Sehling: *Kirchenordnungen*, s. 202–207).
[125] W niedzielę, soboty, dni robocze, w czasie dużych i małych świąt, przy pogrzebach, wyborach członków Rady i burmistrzów, na burze oraz na początek i koniec Jarmarku Dominikańskiego.
[126] Pod koniec XIV w. liczba personelu kościelnego nie przekraczała dziesięciu osób. W ordynacji kościelnej z 1389 r. wymienieni zostali dzwonnik, praczka, sygnator, organista i kalikanci.
[127] Dzwonnik spełniał w późniejszym okresie zadania zakrystiana. Zgodnie z art. 38 ordynacji kościelnej (Sehling: *Kirchenordnungen*, s. 213–214) musiał on bezpiecznie przechowywać paramenty liturgiczne i inne kosztowności, zapalać lampy, otwierać i zamykać kościół i usuwać nieczystości (por. Keyser: *Baugeschichte*, s. 347). Dopiero w 1427 r. zwierzchnictwo nad dzwonnikami przeszło w ręce Rady, wcześniej podlegali oni proboszczowi.
[128] Opis zadań w art. 40 ordynacji kościelnej z 1612 r. (Sehling: *Kirchenordnungen*, s. 215).
[129] Przy „dużym dzwonieniu" mogło być wzywanych nawet do 15 pomocników za dniówki (Sehling: *Kirchenordnungen*, s. 204). Dla 1535 r. jest wzmianka w HKR (s. <108>) o wydatkach na wykonanie sznura do dzwonów, przy pomocy którego sygnator z dołu mógłby dać znak pachołkom ciągnącym sznury.
[130] Służebny kościelny, zgodnie z art. 39 ordynacji kościelnej z 1612 r. (Sehling: *Kirchenordnungen*, s. 214–215) miał m.in. sprzątać podwórze kościelne, przechowywać wino liturgiczne, doglądać placu na materiały budowlane i pozostawać do dyspozycji witryków (Keyser: *Baugeschichte*, s. 348). Bötticher wzmiankuje pachołków kościelnych w 1444 (HKR, s. <15>), 1528 (HKR, s. <100>) i 1611 r. (HKR, s. <471>).
[131] Rakarz miał utrzymywać kościół i cmentarz w czystości oraz troszczyć się o spokój i porządek w kościele. Poza tym miał on biczem wypędzać psy z kościoła (art. 45 ordynacji kościelnej z 1612 r.; Sehling: *Kirchenordnungen*, s. 217).

rarz kościelny[132], pachołek katowski[133], wytwórca świec, sekretnik (człowiek wywożący nieczystości z latryn)[134] oraz praczka[135]. W szkole zatrudnieni byli ponadto rektor, kapelmistrz[136] oraz czterej nauczyciele, biorący udział w nabożeństwach jako śpiewacy[137]. Oprócz nich witrycy zatrudniali licznych zawodowych muzyków, którzy poza uczestnictwem w nabożeństwach występowali też przy okazji ślubów oraz oficjalnych uroczystości w ratuszu lub Dworze Artusa. Pierwsze miejsce zajmował wśród nich organista[138], któremu podporządkowanych było czterech kalikantów, obsługujących miechy organów[139]. Pod nadzorem kapelmistrza[140] znajdowało się czterech śpiewaków chórowych (trzy alty i jeden tenor), kantor główny[141] oraz sześciu piszczków i trzech muzyków smyczkowych[142]. W czasie niedziel i świąt do śpiewu kościelnego dołączał chór szkolny oraz czterech nauczycieli[143], w wyniku czego kościół Mariacki dysponował okazałym chórem wraz z towarzyszącym instrumentarium[144].

Wszystkie te osoby były zatrudniane, nadzorowane i opłacane przez witryków. Oprócz corocznej wypłaty większość pracowników otrzymywała także różne

---

[132] Murarz kościelny wykonywać miał bieżące prace konserwacyjne przy kościele i należących do kościoła budynkach, w szczególności musiał on regularnie kontrolować dachy i rynny (art. 41 ordynacji kościelnej z 1612 r.; Sehling: *Kirchenordnungen*, s. 215–216). W 1600 r. Jochim Blome został przyjęty przez witryków jako murarz kościelny za roczne wynagrodzenie 30 grzywien; dostał także do dyspozycji nieodpłatnie mieszkanie (HKR, s. <380>). Jeżeli murarzowi kościelnemu zlecano wykonanie prac murarskich, otrzymywał dodatkowo dniówkę.
[133] Pachołek katowski przy pomocy bicza dbał o to, aby dzieci nie robiły hałasu przed szkołą parafialną i w kościele („kein geschrei, jagen und rennen machen"), por. art. 46 ordynacji kościelnej z 1612 r. (Sehling: *Kirchenordnungen*, s. 217).
[134] Sekretnik musiał usuwać odchody i inne nieczystości z dziedzińca i najbliższego sąsiedztwa kościoła (art. 44 ordynacji kościelnej; *ibidem*, s. 216–217).
[135] Znana jest umowa z 1495 r. z praczką imieniem Verona (HKR, s. <61>). Jednak w ordynacji kościelnej nie ma wzmianki na temat praczki.
[136] Obowiązki kapelmistrza względem kościoła opisane zostały w art. 33 ordynacji kościelnej (Sehling: *Kirchenordnungen*, s. 211–212). Poza służbą w kościele prowadził on także lekcje muzyki w szkole parafialnej.
[137] Regulował to porządek chóru z 1572 r., który jako art. 32 włączony został do ordynacji kościelnej z 1612 r. (*ibidem*, s. 210–211).
[138] Ok. 1385 r. po raz pierwszy wzmiankowany jest organista, ok. 1475 r. kościół Mariacki posiadał już troje, a na początku XV w. czworo organów (Keyser: *Baugeschichte*, s. 347). Zadania organisty zostały opisane w art. 34 ordynacji kościelnej (Sehling: *Kirchenordnungen*, s. 212). Bötticher wzmiankował dla 1514 r. dom organisty (HKR, s. 83), imiennie wymienił organistę z 1527 r., Hansa Gasta (HKR, s. <100>).
[139] Por. art. 35 ordynacji kościelnej (Sehling: *Kirchenordnungen*, s. 212–213).
[140] Opis zadań kapelmistrza w art. 33 ordynacji kościelnej (*ibidem*, s. 211–212).
[141] Por. art. 37 ordynacji kościelnej z 1612 r. (*ibidem*, s. 213).
[142] Piszczek i grajek mieli także za dodatkowym wynagrodzeniem śpiewać w czasie ślubów i przy oficjalnych okazjach, nie mogli oni jednak występować w innych kościołach (art. 33 ordynacji kościelnej; *ibidem*, s. 212).
[143] *Ibidem*, s. 210.
[144] O znaczeniu muzyki kościelnej w kościele Mariackim por. Simson: *Geschichte Danzig* 2, s. 544–546.

dodatki, związane zazwyczaj z wykonaniem określonych zadań. Wielu zatrudnionych w kościele otrzymywało specjalne wynagrodzenie z okazji pogrzebów i ślubów, a obowiązek wypłaty spoczywał na domu żałoby lub domu weselnym. Opłaty były oszacowane w taki sposób, by nadwyżka trafiała do kasy kościoła. Za wiele usług można było ponadto oczekiwać napiwku, chociaż w porządku kościelnym znalazło się napomnienie, by nie były one zbyt wysokie[145]. Pobierania napiwku zabroniono szczególnie grabarzom[146]. Część zatrudnionych otrzymywała od witryków nieodpłatnie mieszkanie[147], niektórzy także służbowe ubrania lub buty[148].

Po reformacyjnym przełomie zaistniała konieczność opłacenia kolejnej grupy osób, mianowicie czterech ewangelickich kaznodziejów (dwóch starszych kaznodziejów i dwóch kapelanów). Finansową samodzielność proboszcza wraz z gospodarstwem domowym zapewniały dochody z prebendy oraz przypadająca mu część datków składanych przez wiernych. W gdańskim kościele Mariackim sytuacja była jednak wyjątkowa, ponieważ zgodnie z przywilejem z 1457 r. prawo patronatu nad nim podsiadał polski król[149]. W wyniku tego nawet po zwycięstwie reformacji król obsadzał w kościele Mariackim katolickiego proboszcza, który jednak po 1572 r. nie mógł odprawiać mszy w swoim kościele[150]. Mimo to pozostawione mu zostały wszystkie dochody proboszcza, wobec czego ewangeliccy kaznodzieje nie posiadali własnych dochodów. Obowiązkiem wynagradzania kaznodziejów obciążona została częściowo *fabrica ecclesiae*, która wypłacała pensję najstarszemu kaznodziei oraz zapewniała darmowe mieszkania wszystkim czterem duchownym[151]. Drugi kaznodzieja otrzymywał wynagrodzenie od zwierzchników Kaplicy Mariackiej, zaś obaj kapelani opłacani byli z kasy Rady. W odróżnieniu od innych pracowników, kaznodzieje wyznaczani byli nie przez witryków, lecz bezpośrednio przez Radę[152].

---

[145] W stosunku do ślepców ciągnących za sznury dzwonów istniało np. postanowienie, iż mogą przyjąć napiwek dawany w domu żałobnym z dobrej woli, pod surową karą nie wolno im jednak żądać niczego ponadto („Item trankgeld so viel ihnen die verwandten im trauerhaus aus gutem willen geben. Uber dasselbe sollen sie nicht mehreres heischen oder begehren bei ernster strafe"; Sehling: *Kirchenordnungen*, s. 207).
[146] Nie wolno im domagać się od ludzi napiwku, aby nie było wobec nich skarg: „Sollen auch die leute mit abforderung mehrers trankgeldes nicht beschweren, damit nicht klagen über sie komme" (*ibidem*, s. 216).
[147] Korzystali z tego kaznodzieje i kapelani, rektor szkoły, dzwonnik, organista, służebny kościelny, sygnator, murarz kościelny, rakarz i praczka.
[148] Kalikanci otrzymywali np. pieniądze na buty (Sehling: *Kirchenordnungen*, s. 213).
[149] Simson: *Geschichte Danzig* 4, s. 116.
[150] Simson: *Geschichte Danzig* 2, s. 270–271.
[151] Por. Sehling: *Kirchenordnungen*, s. 210. Wprowadzenie własnego ewangelickiego pastora, który opłacany był ze środków miasta i witryków, nastąpiło na mocy postanowień trzech ordynków z 1536 r. Wówczas jednak zatrudniono tylko jednego kaznodzieję (Hirsch: *Ober-Pfarrkirche*, s. 320).
[152] Także piszczyk wieżowy został wyznaczony i opłacony przez Radę (Sehling: *Kirchenordnungen*, s. 217).

Stanowisko	Liczba	Zakres zadań	Roczna pensja/osoba	Inne świadczenia
Kaznodzieje	2	Msze i kazania	400 grzywień	Darmowe mieszkanie, opał, dodatkowe pieniądze z okazji świąt, datki ze spowiedzi, Zettelpfennig, opłaty za kazania pogrzebowe i posługę chorym
Kapelani*	2	Służba przy ołtarzu, kazania południowe, chrzty, lekcje katechizmu		Darmowe mieszkanie, opał, dodatkowe pieniądze z okazji świąt, datki ze spowiedzi, Zettelpfennig, opłaty za kazania pogrzebowe
Rektor	1	Prowadzenie szkoły, nauczanie, śpiew chóralny		
Nauczyciele	4	Nauczanie w szkole, śpiew chóralny	60 grzywien	
Kapelmistrz	1	Prowadzenie chóru i muzykantów kościelnych, nauczanie muzyki i prowadzenie chóru chłopięcego przy szkole	300 grzywien	Wynagrodzenie za pogrzeby i śluby
Organista	1	Gra i opieka nad organami	300 grzywien	Darmowe mieszkanie, wynagrodzenie za pogrzeby i śluby
Kalikanci	4	Kalikowanie (wprawianie w ruch miechów)	12 grzywien	Pieniądze na buty, wynagrodzenie za śluby
Kantor główny	1	Śpiew przy mszy	30 grzywien	
Kantorzy	4	Śpiew przy mszy	75 grzywien	
Chórzyści	4	Śpiew przy mszy	Indywidualna regulacja	

Stanowisko	Liczba	Zakres zadań	Roczna pensja/osoba	Inne świadczenia
Piszczyk miejski/ mistrz	3	Oprawa muzyczna mszy	54 grzywny	Wynagrodzenie za występy poza kościołem
Czeladnik piszczyka miejskiego	3	Oprawa muzyczna mszy	36 grzywien	Wynagrodzenie za występy poza kościołem
Grajek	4	Oprawa muzyczna mszy	36 grzywien	Wynagrodzenie za występy poza kościołem
Dzwonnik[153]		Nadzór nad kościołem i zakrystią, otwieranie i zamykanie kościoła, zapalanie i gaszenie świec	24 grzywny	Darmowe mieszkanie, wolny wyszynk piwa, opłata za bicie w dzwony, opłata przy okazji świąt
Służebny kościelny	1	Nadzór nad płytami nagrobnymi, materiałami budowlanymi i rzemieślnikami. Polecenia dla grabarzy i rakarza. Kontrola dachów i rynien.	24 grzywny	Darmowe mieszkanie, opłata na ubiór żałobny, opłata przy okazji świąt
Sygnator	1	Nadzór nad biciem w dzwony i kalikantami. Kontrola okien wieży. Wywieszanie chorągwi na drzwiach i oknach domu żałoby. Zbieranie pieniędzy za dzwonienie żałobne	8 grzywien	Darmowe mieszkanie, opłata za bicie dzwonów, czyszczenie wieży, otwieranie, zamykanie okien, fundusze na materię żałobną
Pachołkowie ciągnący za sznury dzwonów	5	Bicie w kościelne dzwony	8 grzywien	Opłata za bicie dzwonów

---

[153] Zgodnie z przepisami ordynacji kościelnej z 1389 r. dzwonnik odpowiedzialny był zarówno za dzwony, jak i za zakrystię (por. aneks źródłowy, k. 403r–v). Bicie w dzwony należało do sygnatora. Rozwój kościoła Mariackiego i znaczne zwiększenie się liczby personelu prowadziło do podziału zadań, zgodnie z którym dzwonnik odpowiedzialny pozostał już tylko za zakrystię i sprzęty liturgiczne, natomiast nadzór nad dzwonami przekazany został sygnatorowi. Dawne nazwy jednak pozostawiono.

Stanowisko	Liczba	Zakres zadań	Roczna pensja/osoba	Inne świadczenia
Murarz kościelny	1	Kontrolowanie i naprawa dachów i rynien. W razie potrzeby prace naprawcze przy kościele	30 grzywien	Darmowe mieszkanie, dniówki
Grabarze	2	Kopanie i zasypywanie grobów na cmentarzu i w kościele	-	Udział w dochodach z opłat pogrzebowych
Wytwórca świec	1	Wytwarzanie świec	-	Wynagrodzenie za świece
Człowiek odpowiedzialny za wywożenie nieczystości i pachołkowie	1 + ?	Wywożenie nieczystości z dziedzińca. Transport materiałów budowlanych do kościoła.	160 grzywien	Napiwki
Rakarz	1	Oczyszczanie kościoła i dziedzińca. Służba porządkowa w kościele. Wypędzanie psów z kościoła.	6 grzywien	Darmowe mieszkanie, pieniądze na buty, pieniądze z okazji świąt, opłata za mary
Pachołek rakarski „Steckenknecht"	1	Nadzór nad uczniami w szkole i dziećmi w kościele.	3 grzywny	Pieniądze z okazji świąt
Praczka	1	Pranie i szycie	2 grzywny	Darmowe mieszkanie
Piszczyk, trębacz wieżowy				

* Osoby opłacane i zatrudniane przez Radę.

5. Trzy skargi witryków (1484 i 1613–1614)

Zawarte w porządku kościelnym normy opisują idealny obraz warunków pracy witryków z kościoła Mariackiego. W rzeczywistości przedstawione tam zasady nie zawsze były przestrzegane, co mogło prowadzić do napięć pomiędzy witrykami a Radą Miasta, poświadczonych trzema skargami opisanymi w HKR.

Pierwsza ze skarg, pochodząca z 1484 r., była skierowana bezpośrednio do Rady[154]. Witrycy rezygnowali ze swych stanowisk, tłumacząc to podważaniem ich praw przez mieszczan lub proboszcza i brakiem wsparcia Rady. Podstawowa kwestia dotyczyła prawa do rozporządzania jednym z ołtarzy w kościele mariackim. Ołtarz ten należał do mieszczanina Westphala, zaś po jego śmierci przekazany został przez Radę witrykom. Ci wynajęli ołtarz wraz z należącą do niego ławą pewnemu księdzu, który jednak został pozbawiony ławy przez jakąś kobietę (najwyraźniej spokrewnioną z Westphalem). Witrycy poczuli, iż ich autorytet został wystawiony na szwank, a ich gorycz najwyraźniej wzmógł jeszcze fakt, że zostali wyzwani przez „baby" („Weybesbilder"), które nie chcą słuchać autorytetu zarządców kościoła. Kobieta najwyraźniej uzyskała wsparcie ze strony Rady i zaufanie witryków do rajców zostało nadszarpnięte do tego stopnia, iż nie chcieli dalej pełnić swej służby[155].

Komentując tą skargę, Bötticher wyraził podejrzenie, iż pismo mogło nie zostać doręczone[156]. Istotnie, wiele przemawia za tym, iż chodzi jedynie o jego szkic, bowiem brak w nim zarówno daty wystawienia, jak i podpisów autorów. Wnioskując z zachowanych protokołów wyborczych, w 1484 r. nie doszło do rezygnacji witryków ze stanowisk (wówczas całe gremium musiałoby być ponownie wybrane). Mogło też dojść do porozumienia w spornej kwestii i ten mało dyplomatyczny projekt mógł zostać odłożony *ad acta*.

HKR o wiele dokładniej informuje nas o sporze, jaki prowadzili witrycy w latach 1613–1614, kiedy najstarszym z nich był sam Bötticher. Nie tylko przywołuje on pismo[157], które wraz z rocznym sprawozdaniem witrycy przedstawili inspektorowi (burmistrzowi Hansowi von der Linde), by ten przekazał je Radzie, ale też informuje o prośbie, jaką ustnie przedłożyli inspektorowi kościoła[158]. Zażalenie z 1613 r. przekazane więc zostało w ramach dorocznego sprawozdania finansowego. W formie i wyrazie odpowiada ono – w odróżnieniu od pełnego wzburzenia pisma z 1484 r. – ówczesnym zwyczajom. Sama sprawa dotyczy jednak podobnego problemu, mianowicie lekceważenia przez Radę praw i kompetencji witryków.

W liście z 1613 r. witrycy skarżą się, iż Rada zadecydowała o wyborze organisty[159] oraz rektora szkoły i kapelmistrza, choć prawo obsadzania tych stanowisk

---

[154] HKR, s. <53–54>. Przedtem witrycy przekazali już list pierwszemu burmistrzowi Martenowi Buck, prosząc go, aby ich skargę zaniósł przed Radę.
[155] Ponieważ odebrano im ławę, która została obiecana księdzu, wyszli na niesłownych, a tym samym nie chcieli dalej pełnić swojej służby: „Den Stuel haben wir dem Priester gelobett und den nehmett ihr uns und darumb mussen wir wortlose Leute geheissen werden und Weybesbilder jagen uns auß, darumb wollen wir nicht dienen" (*ibidem*).
[156] „[...] auch ein Zweyfel einfellett, ob diese Schrifft also wie sie gemeld dem Rath ubergeben sey" (HKR, s. <54>).
[157] HKR, s. <498–505>.
[158] HKR, s. <505–508>. Wiadomo także, że inspektor udzielił odpowiedzi.
[159] Szczególnie rozzłościła witryków decyzja Rady, mocą której Christoph Vater z Flensburga otrzymał posadę organisty, podczas gdy witrycy woleli Michaela Weyda. Kiedy jednak Vater w 1613 r. zrezygnował z urzędu, witrycy odzyskawszy prawo mianowania wybrali Weyda jako organistę. (Simson: *Geschichte Danzig* 2, s. 545–546)

należało do witryków. W ten sposób Rada postąpiła wbrew ustalonemu porządkowi kościelnemu i utartym zwyczajom („wieder bemeldter Kirchenordnung und alten Gebrauch")[160]. W przygotowanym bez wątpienia przez Böttichera piśmie zostało dokładnie wyłożone i wyjaśnione tradycyjne prawo witryków do wyboru i zatrudniania służących w kościele. Na zakończenie ostrzegł on, iż przy dalszym lekceważeniu praw witryków żaden z podwładnych nie będzie ich szanował, czego skutki nakreślił w drastycznych słowach:

> *Was wurde den auch woll endlich darauß werden, wan wir unser Ampt nur halb und nicht volkommen verrichten sollten? Wurde nicht Untreu, Ungehorsahm, Auffsatz, Frewel, Hader, Feindschafft, Neid und allerhand Wiederwille daraus erwachsen?*[161]
> *[Co się w końcu stanie, gdy my nasz Urząd tylko trochę, a nie w pełni wykonywać będziemy? Czy nie wyrośnie z tego niewierność, nieposłuszeństwo, krnąbrność, bezeceństwo, kłótliwość, wrogość, zazdrość i wszelka niechęć?]*

Witrykom pozostawało jedynie liczyć na dobrą wolę Rady, bowiem nie posiadali żadnych środków nacisku, za pomocą których mogliby dochodzić swych praw i roszczeń. Choć w 1457 r. Rada przekazała swoje kompetencje witrykom, nader jednak często podejmowała decyzję nie licząc się z ich wolą.

Zapewne nie tylko samowola lub lekceważenie witryków skłoniła Radę do ponownego przyjęcia na siebie określonych decyzji personalnych. Powołanie rektora szkoły przez Radę należy raczej widzieć w kontekście mających miejsce w Gdańsku sporów konfesyjnych pomiędzy luteranami a kalwinami. Kalwińska większość Rady starała się, by istotne dla wychowania młodzieży stanowisko rektora szkoły zajmowała osoba o bliskich jej poglądach. Witrycy natomiast, którzy na czele z Bötticherem byli zdecydowanymi zwolennikami ortodoksyjnego luteranizmu[162], bronili się przed tymi personalnymi decyzjami.

Inne zażalenia dotyczące codziennych problemów, były przekazywane inspektorowi ustnie, ten zaś przedkładał je Radzie. Witrycy prosili przede wszystkim o zatwierdzenie zrewidowanego porządku kościelnego[163]. Drugi punkt dotyczył sreber kościelnych, przetopionych w celu finansowania działań wojennych w czasie oblężenia miasta w latach 1576–1577[164]. Kościół oczekiwał od miasta odszkodowania za owe srebra, które 36 lat po oblężeniu ciągle nie zostało wypłacone, co witrycy przyjmowali ze zrozumiałym niezadowoleniem. Trzeci punkt dotyczył szkoły parafialnej, ciężar utrzymania której miało wedle starego porządku kościelnego ponosić miasto. Dlatego witrycy prosili rajców o zgodę na urządzenie składu opału na dziedzińcu kościoła. W czwartym punkcie witrycy prosili o zezwolenie na zawarcie kontraktu z nowym organistą. Piąta prośba do-

---

[160] HKR, s. <498>.
[161] HKR, s. <502>.
[162] Por. Simson: *Geschichte Danzig* 2, s. 429.
[163] Ordynacja kościelna w 1614 r. została bez poprawek przyjęta przez Radę (*ibidem*, s. 544).
[164] Zob. Romuald Antoni Chodyński: *Straty w gdańskich zasobach dzieł złotniczych w 1577 roku*, „Kwartalnik Historii Kultury Materialnej" 41 (1993), s. 3, 391–400.

tyczyła wydania rozporządzenia zakazującego wyrzucania na dziedziniec przy kościele odpadów i brudów[165]. Szósty punkt dotyczył starań cechu piwowarów o ustawienie własnych ław przy ich ołtarzu.

Pod datą 1614 r. w HKR przytoczono kolejne zażalenie witryków[166]. Z jego treści można wnioskować, iż gdańska Rada bardzo powoli zajmowała się przedłożoną wcześniej petycją, gdyż większość punktów skargi z 1613 r. znalazła się tu ponownie. Pojawiły się też trzy nowe prośby. Obok prośby o to, by kościelny cieśla mógł urządzić własny warsztat, skarżyli się, iż przy pogrzebach anabaptystów, arian i mennonitów często cała szkoła wynajmowana jest na uroczystości żałobne, jednak ci „obcy" nie zamawiają bicia dzwonów, dlatego też nie uiszczają związanych z tym opłat. Witrycy domagają się więc, by wszyscy ludzie, którzy swoich krewnych chowają na cmentarzu kościoła Mariackiego i chcą wynająć szkołę na uroczystości pogrzebowe, uiszczali także opłaty za dzwony, nawet jeśli się ich nie używa. W uzasadnieniu wskazali na niskie dochody pracowników kościelnych, którzy utrzymują się tylko z tych opłat.

Najbardziej szczegółowy nowy punkt sporu dotyczył kapelana Thomasa Fabriciusa, oskarżonego o to, że bez pozwolenia wprowadził liczne zmiany w nabożeństwach i chrztach[167]. Także w tym wypadku główną rolę odgrywał spór pomiędzy luteranami a kalwinami, ponieważ luterańscy witrycy[168] zarzucali obu kapelanom, że wprowadzają w kościele kalwińskie zwyczaje, przez co miejscowa gmina chrześcijańska schodzi ma manowce („vieler calvinischer *Opinionen* [...] offtmals in dieser Kirchen zur Bahn gebracht hatt, durch welche die christliche Gemeine alhie sehr irre gemacht ist")[169]. Kiedy witrycy upomnieli Fabriciusa za pośrednictwem służebnego kościelnego, ten odpowiedział, iż to Bóg oraz zwierzchnicy nakazali mu nauczania drogi do zbawienia i witrycy nie mogą mu niczego nakazać („er were von Gott und der Oberckeitt datzu verordnet, uns den Weg zur Seligkeitt zu lehren, wir hetten ihm nichts vortzuschreiben")[170]. Dlatego też witrycy zwrócili się do Rady o upomnienie Fabriciusa. Jej pozytywna reakcja doprowadziła do groteskowej sytuacji, kiedy Fabricius, zadeklarowany kalwinista, musiał odprawiać nabożeństwa według dawnego obrządku, odziany w szaty liturgiczne. W ten sposób ratował się on przed zwolnieniem, choć był wyśmiewany przez witryków jako obłudnik. Wydarzenia te potwierdzają, że witrycy nie tylko

---

[165] Witrycy skarżyli się przede wszystkim na pasztetnika Hansa, który odchody swoich kur, gęsi i gołębi wyrzucał na kościelny dziedziniec (HKR, s. <535>).
[166] HKR, s. <514–516>.
[167] HKR, s. <516–520>. Na temat sporu dotyczącego Fabriciusa zob. też: Schnaase: *Geschichte*, s. 558–559.
[168] Bötticher należał do czołowych przedstawicieli ortodoksyjnego luteranizmu (por. Simson: *Geschichte Danzig* 2, s. 428–434).
[169] HKR, s. <518>. Fabricius był jednym z najbardziej elokwentnych przedstawicieli kalwinizmu, także drugi kapelan Remus był wyznawcą kalwinizmu. Obaj główni kaznodzieje kościoła Mariackiego, Coletus i Brakermann, byli natomiast luteranami, podobnie jak witrycy. Taka konstelacja skutkowała ciągłymi konfliktami (por. Simson: *Geschichte Danzig* 2, s. 428–429).
[170] HKR, s. <524–525>.

zajmowali się technicznymi kwestiami związanymi z zarządzaniem, lecz uczestniczyli również aktywnie w ówczesnych sporach i dyskusjach dotyczących konfesji.

Podsumowanie

Działalność witryków gdańskiego kościoła Mariackiego obejmowała znaczny zakres odpowiedzialności. Należały do niego zarządzanie różnorodnym majątkiem *fabrica ecclesiae* (pieniądze i nieruchomości), organizacja przedsięwzięć budowlanych, bezpośrednie kontakty z artystami i rzemieślnikami, opieka nad budowlą i jej wyposażeniem, nadzór na pochówkami, muzyka kościelna, nauczanie w szkole przykościelnej itd. Społeczna pozycja witryków sytuowała ich bezpośrednio pod rajcami oraz ławnikami i od XVI w. działalność w gremium witryków mogła stanowić odskocznię do dalszej politycznej kariery. Wywodzący się w większości ze średniego mieszczaństwa witrycy rozwinęli zadziwiające poczucie własnej wartości, zachowując poczucie dumy tak wobec duchowieństwa, jak i wobec rajców miejskich, w sytuacjach konfliktowych czasami uparcie dochodząc swoich racji.

Rzadko mamy do czynienia z tak dokładnym przekazem dotyczącym zakrojonej na szeroką skalę działalności witryków w średniowieczu i wczesnym okresie nowożytnym, jak ma to miejsce w przypadku gdańskiego kościoła Mariackiego. Jest to w głównej mierze zasługa Eberhardta Böttichera, przez długi czas pełniącego tę funkcję z wielkim zaangażowaniem. Spisaniem HKR oraz zainicjowaniem nowego opracowania ordynacji kościelnej z 1612 r. pozostawił historykom bogactwo informacji dotyczących działalności *fabrica ecclesiae* i jej zarządców.

Błędem byłoby sądzić, iż tak ważna rola witryków była tylko gdańską specyfiką. Istnieje wiele dowodów, iż witrycy odgrywali czołową rolę w zakresie budowy kościołów miejskich, opieki nad nimi i ich wyposażenia w całym obszarze hanzeatyckim, a prawdopodobnie także poza nim. Ucieleśniali oni późnośredniowieczne zjawisko przejmowania kościołów przez mieszczan i wiernych, którzy poprzez fundacje zapewniali sobie zwierzchność nad nimi. Fenomen ten pozostaje jak dotąd w badaniach dostrzegany w niewielkim stopniu. Opisanie stosunków panujących w gdańskim kościele Mariackim spowoduje być może przyczyni się do intensyfikacji badań nad działalnością witryków także w innych miastach.

Tłumaczenie: Izabella Brzostowska

Anhang/aneks 1

Liste der Kirchenväter und Inspektoren, geordnet nach den Wahlen zwischen 1457 und 1612

Lista witryków i inspektorów uporządkowana według wyborów w latach 1457–1612

1. Wahl/wybór (1457)
Inspektor: Reinhold Niderhoff
1. Dirck Lange
2. Jacob Fluge
3. Matthis Negendanck
4. Jacob Grantzyn
(HKR, S. <23>)

2. Wahl/wybór (1460)
Inspektor: Reinhold Niderhoff
1. Jacob Flugge
2. Matthis Negendanck
3. Jacob Grantzyn
4. Gert Brandt
(HKR, S. <25>)

3. Wahl/wybór (1471)
Inspektor: Reinhold Niderhoff
1. Jacob Flugge
2. Casper Lange
3. Johan Nagel
4. Peter Augustin
(HKR, S. <34>)

4. Wahl/wybór (1474)
Inspektor: Reinhold Niderhoff
1. Jacob Flugge
2. Peter Augustin
3. Cleis Weger
4. Albrecht Brambecke
(HKR, S. <36>)

5. Wahl/wybór (1476)
Inspektor: Reinhold Niderhoff
1. Jacob Flugge
2. Peter Augustin
3. Albrecht Brambecke
4. Hans Kleinschmit
(HKR, S. <38>)

6. Wahl/wybór (1478)
Inspektor: Reinhold Niderhoff
1. Peter Augustin
2. Albrecht Brambecke
3. Hans Kleinschmid
4. Albrecht Dreyer
(HKR, S. <40>)

7. Wahl/wybór (1481)
Inspektor: Philipp Bischof (ab/od 1480)
1. Peter Austin
2. Hans Kleinschmid
3. Albrecht Dreyer
4. Hans Wiese
(HKR, S. <44–45>)

8. Wahl/wybór (1484)
Inspektor: Johann Ferber (ab/od 1483)
1. Peter Augstin
2. Hans Kleinschmid
3. Albrecht Dreyer
4. Hans Stein
(HKR, S. <46>)

9. Wahl/wybór (1493)
Inspektor: Johann Ferber
1. Albrecht Dreyer
2. Hans Stein
3. Bartelmes Schmid
4. Simon Dalewyn
(HKR, S. <59>)

10. Wahl/wybór (1497)
Inspektor: Johann Ferber
1. Hans Stein
2. Bartelmes Schmid

3. Simon Dalewyn
4. Dirick Molenbecke
(HKR, S. <63–64>)

11. Wahl/wybór (1499)
Inspektor: Johann Ferber
1. Bartelmes Schmid
2. Simon Dalewyn
3. Dirick Molenbecke
4. Greger von Elden
(HKR, S. <69>)

12. Wahl/wybór (1500)
Inspektor: Johann Ferber, ab/od 1501 Georg Buck, ab/od 1503 Henrich Falcken
1. Bartelmes Schmid
2. Dirick Molenbecke
3. Jacob von Werden
4. Hans Sideler
(HKR, S. <70>)

13. Wahl/wybór (1505)
Inspektor: Henrich Falcken, ab 1505 Georg Mandt
1. Dirick Molenbecke
2. Jacob von Werden
3. Hans Siedeler
4. Marcus Schultze
(HKR, S. <74–75>)

14. Wahl/wybór (1509)
Inspektor: Georg Mandt, ab/od 1513 Eberhard Ferber
1. Jacob von Werden
2. Marcus Schultz
3. Hillebrand Holthusen
4. Gerlach Kemerer
(HKR, S. <76–77>)

15. Wahl/wybór (1515)
Inspektor: Eberhard Ferber
1. Jacob von Werden
2. Marcus Schultze
3. Gerlach Kemerer
4. Dirick Falcke
(HKR, S. <84>)

16. Wahl/wybór (1521)
Inspektor: Eberhard Ferber, ab/od 1522 Gregor Brand
1. Jacob von Werden
2. Gerlach Kemerer
3. Dirick Falcke
4. Gerhard Oweram
(HKR, S. <89>)

17. Wahl/wybór (1523)
Inspektor: Gregor Brand, ab/od 1524 Philipp Bischof
1. Gerlach Kemerer
2. Dirick Falcke
3. Hans Forste (ab/od 1526 Ratsherr/rajca)
4. Henrich Kremer
(HKR, S. <90–91>)

18. Wahl/wybór (1526)
Inspektor: Philipp Bischof
1. Gerlach Kemerer
2. Dirck Falcke
3. Henrich Kremer
4. Hans Blömecke
(HKR, S. <98>)

19. Wahl/wybór (1527)
Inspektor: Philipp Bischof
1. Gerlach Kemerer
2. Heinrich Kremer
3. Hans Blömecke
4. Cosmas Goldberg
(HKR, S. <98>)

20. Wahl/wybór (1531)
Inspektor: Philipp Bischof
1. Gerlach Kemerer
2. Henrich Kremer
3. Hans Blomecke
4. Jacob Kampe
(HKR, S. <103>)

21. Wahl/wybór (1532)
Inspektor: Philipp Bischof
1. Gerlach Kemerer
2. Hans Blomecke

3. Jacob Kampe
4. Henrich Kleinefeld (1533 Schöffe/ławnik, 1538 Ratsherr/rajca)
(HKR, S. <104>)

22. Wahl/wybór (1533)
Inspektor: Philipp Bischof
1. Gerlach Kemerer
2. Hans Blömecke
3. Jacob Kampe
4. Andres Warnecke
(HKR, S. <105–106>)

23. Wahl/wybór (1533)
Inspektor: Johann von Werden
1. Hans Blömecke
2. Jacob Kampe
3. Andres Warnecke
4. Matthis Zimerman (ab/od 1538 Schöffe/ławnik)
(HKR, S. <108>)

24. Wahl/wybór (1538)
Inspektor: Johann von Werden
1. Hans Blömecke
2. Jacob Kampe
3. Herman Schmid
4. Paul Balle
(HKR, S. <112–113>)

25. Wahl/wybór (1542)
Inspektor: Johann von Werden, ab/od 1554 Tiedeman Giese, ab/od 1556 Johann Brandes
1. Herman Schmidt
2. Paul Ball
3. George Rosenberg
4. Rodolff Gruel
(HKR, S. <116>)

26. Wahl/wybór (1563)
Inspektor: Johann Brandes
1. Paul Ball
2. George Rosenberg
3. Rodolff Gruel
4. Peter Bartsch
(HKR, S. <143>)

27. Wahl/wybór (1568)
Inspektor: Johann Brandes
1. Peter Bartsch
2. Jochim Eler
3. George Rogge (ab/od 1570 Schöffe/ławnik)
4. Fridrich Hittfeld
(HKR, S. <147>)

28. Wahl/wybór (1570)
Inspektor: Johann Brandes
1. Peter Bartsch
2. Jochim Eler (ab 1571 Schöffe)
3. Fridrich Hittfeld
4. Michael Rogge
(HKR, S. <150>)

29. Wahl/wybór (1571)
Inspektor: Johann Brandes
1. Peter Bartsch
2. Fridrich Hittfeld
3. Michael Rogge (ab/od 1575 Schöffe/ławnik)
4. Herman Hake
(HKR, S. <152>)

30. Wahl/wybór (1575)
Inspektor: Johann Brandes
1. Peter Bartsch
2. Friedrich Hittfeld
3. Herman Hake
4. George Molner
(HKR, S. <153–154>)

31. Wahl/wybór (1576)
Inspektor: Johann Brandes, ab/od 1577 Constantin Ferber
1. Peter Bartsch
2. Herman Hake
3. Georg Molner
4. Hans Brandes
(HKR, S. <163>)

32. Wahl/wybór (1587)
Inspektor: Constantin Ferber, ab/od 1588 Georg Rosenberg
1. Peter Bartsch
2. Herman Hake

3. Hans Brandes
4. Adrian von der Linde
(HKR, S. <285>)

33. Wahl/wybór (1590)
Inspektor: Georg Rosenberg
1. Herman Hake
2. Hans Brandes
3. Adrian von der Linde (ab/od 1591 Schöffe/ławnik, ab/od 1606 Ratsherr/rajca)
4. Cord von Bobert
(HKR, S. <310>)

34. Wahl/wybór (1591)
Inspektor: Georg Rosenberg
1. Hermann Hacke
2. Hans Brandes
3. Cordt von Bobert
4. George Proyte
(HKR, S. <311–312>)

35. Wahl/wybór (1592)
Inspektor: Hans von der Linde
1. Hans Brandes
2. Cordt von Bobbert
3. George Proyt (ab/od 1593 Schöffe/ławnik, ab/od 1596 Ratsherr/rajca)
4. Gabriel Schuman, der Elte
(HKR, S. <312>)

36. Wahl/wybór (1593)
Inspektor: Hans von der Linde
1. Hans Brandes
2. Cord von Bobbert
3. Gabriel Schuman der Elter
4. Paul von Dorne
(HKR, S. <313–314>)

37. Wahl/wybór (1598)
Inspektor: Hans von der Linde
1. Gabriel Schuman, der Elter
2. Paul von Dorne
3. Hans Proyte
4. Sebald Schnitter
(HKR, S. <398>)

38. Wahl/wybór (1601)
Inspektor: Hans von der Linde
1. Paul von Dorne
2. Hans Proyte (ab/od 1602 Schöffe/ławnik, ab/od 1605 Ratsherr/rajca)
3. Sebald Schnitter
4. Daniel Hubener
(HKR, S. <381>)

39. Wahl/wybór (1602)
Inspektor: Hans von der Linde
1. Paul von Dorne
2. Sebald Schnitter
3. Daniel Hübener
4. Eberhard Bötticher
(HKR, S. <388–389>)

40. Wahl/wybór (1606)
Inspektor: Hans von der Linde
1. Sebald Schnitter
2. Daniel Hübner
3. Eberhard Bötticher
4. Gabriel Schueman, der Ander (ab/od 1609 Schöffe/ławnik)
(HKR, S. <455>)

41. Wahl/wybór (1609)
Inspektor: Hans von der Linde
1 Sebald Schnitter
2 Daniel Hübener
3 Eberhard Bötticher
4. George Rosenberg
(HKR, S. <467>)

42. Wahl/wybór (1611)
Inspektor: Hans von der Linde
1. Eberhard Bötticher
2. George Rosenberg (ab/od 1611 Schöffe/ławnik)
3. Henrich Kemerer
4. Michel Wieder.
(HKR, S. <470>)

43. Wahl/wybór (1611)
Inspektor: Hans von der Linde
1. Eberhard Bötticher
2 Henrich Kemerer (ab/od 1612 Schöffe/ławnik)

3. Michael Wider
4. Greger von Amster
(HKR, S. <471–472>)

44. Wahl/wybór (1612)
Inspektor: Hans von der Linde
1. Eberhardt Bötticher
2. Michael Wieder
3. Gregor van Amster
4. Nickel Schmid
(HKR, S. <491–492>)

Anhang/aneks 2

Kirchenordnung der Danziger Marienkirche von 1389

Ordynacja kościoła NMP w Gdańsku z 1389 r.

BGPAN, ms Nr. 487, Bl./k. 402r–408v
Beschrieben in / opis w: Bertling: Katalog 1, S. 239–245, Nr. 487 (XV.f.19).
Abschrift der Kirchenordnung durch Georg Schröder. (2. Hälfte 17. Jh.) / Odpis ordynacji autorstwa Georga Schrödera (2 połowa XVII w.).

<402r>

Die Uhralte Kirchen=
Ordnunge
Der Pfarrkirchen zu St. Marien,
welche auff pergamen geschrieben
in der vorsteher bewahrung gehalten wird
und sol dieselbe verfertiget sein
A 1389

<402v>

Wir na folgen der kerken ordinanccen wo
men it nut dem herren perner synen capella-
nes mit den bidden in den bedehuseken unde
myt der taffel in der kerken tho bidden myt
den bygraffen, spolien unde den kerken
deners unde anderen tofellen unde utgenen
der kerken plicht to holdende etc.

A. 1389.

Kerzen für Pfarrer und Kapläne /
świece dla proboszcza i kapłanów

Tho merken in der erste dat her Beyner[1]
Hitfelt upp tyt borgermeyster heefft myt dem
herren perner upp deselve tyt over eyn
gedrogen, dat men den perner to dem jare
gyfft iiii stocke lichte, iglick i tayel van iiii

---

[1] Überschrieben / nadpisane: Reynier

ponden wasses, unde iglichem capellan iiii stocke off stapels, iglich stapel van ii ponden wasses, upp itzlike desse nageschreve feste also up Michaelis to tem ersten male, dar na upp Martini unde upp winachten unde upp Purificationis Marie.

Kirchhofkapellen: Teilung der Einkünfte /
kaplice cmentarne: podział dochodów

Item to weten dat dar syne dwe sulveren crutze in den twen bedehuseken upem kerkhave, also eyns to der sudzyde alß men in de grote kremergasse geyt unde dat ander to der nortsyde alß men to den moncken geyt, de wegen iglick xxvi schotgewicht lodiges unde horen der kerken to.
Item wat men biddet in den huseken to der kremergassen wert dat nymet de herr perner den <403r> den drudden Penningk van unde de kerke beholt dat ander.
Item wat men byddet in den huseken to den monken werts dat beholt de kerke alleyne.

Kirchenkollekte /
kolekta kościelna

Item wat men myt den taffelen des hilgen dages biddet in der kerken dat horet ok der kerken alleyne to.

Marienkapelle: Teilung der Einkünfte /
Kaplica Mariacka: podział dochodów

Item wat van wasse fellet in unser Leven Vroubben capelle by dem scheppenstule, dar nympt de here perner de helffte van und de kerke de ander helffte.

Wein für den Pfarrer /
wino dla proboszcza

Item so gyfft men dem heren perner to dessen nageschrevenen hohen festen alß upp Ostern, upp Pinxten, upp Assumptonis Marie, upp aller Hylgen Dag, uppe Wynachten, uppe Purificationis Marie, upp de kerckwyunge, uppe itzlicke tyt twe stope wynes.

Aufgaben des Glöckners /
obowiązki dzwonnika

Item so gyfft men des Jares dem klokner ii gude mark up wynachten, dar vor is he meder plege in de kerke to schaffen oblaten, kalen, bras als men dar bedarff in dero Jahre unde de Lampen an to stekende unde to bewaren und myt aller ordinantien also invortyden dit geholden is, und sunte Annen

altare to besorgen na older gewonheyt, selick dem hogen altare voes am gehort unde ok de kerke weyne tho holden. <403v>
Item so is he ok vorplichtet alle hoge feste na older gewanheyt de groote kloken myt anderen klocken, de dar to behoren, laten luden, also sick dar gehort unde ook vor dat wedder to ludende so vaken als des not iß, dar vor sal em de kerke geven viii olde mark.
Item so is he vorplichtet alle jar jarlik den kerkenvederen alle kerken gerede, dat em denne bevalen is, de kleynodien van de kercke wegen dat se denne in schrifften hebben in beyden delen sal vorbrengen unde bewysen, wenn se des begerende syn.

Leinenwäscherin / praczka bielizny (płótna)	Item so hefft de Brothagensche de frye wonunge up dem negestem orde in der vruengasse, darvor sal se waschen alle lynnewerck dat tho der kerke hert na older gewonheyt.
Signator, Neujahrsläuten / dzwonnik, dzwonienie na Nowy Rok	Item dem signator i mark vor dat he de ave Marie clocke ludet to xii des middages upp nygge jares dach.
Nonnen, Kerzenherstellung / mniszki, wyrób świec	Item den nonnen vor de Lichte to makende in der kerken gyfft men to tem jare ii gude mark ix hel(ler) 40 der quatemper un dar solen se dachta unde ander retschop to schaffen, unde dar to solen se ok waschen der kerken corporalia kebbseckeken unde meydeken.
Kirchenknecht / pachołek kościelny, zakrystian	<404r> Item so gyfft men deme kerkenknechte to lone alle jar upp Ostern x gude markt, des is he vorplichtet alle was em de kerkeveder heyten unde bevelen van der kerken wegen, dat sal he doen unverdraten unde was he vor de kerke utgifft, dat sal men em weder geven, den kerkhoff reync to holdende unde den wyn to vorwarende unde alle dynk to doende, so als em to behort van older gewanheyt.

| *Begräbnisgebühren /* | Tho merken dat vor olden tzettden her eyn
| *opłaty pogrzebowe* | funus oder eyne like hot vor dy Beygraff hir

*Begräbnisgebühren /
opłaty pogrzebowe*

Tho merken dat vor olden tzettden her eyn funus oder eyne like hot vor dy Beygraff hir in der kerken gegeven iiii gude markt, dar van dem perner eyn del, unde der kerken ii del gefillen. Dat sulve sal men in der vorgeschrevenen wyse vor bas also holden.

Item of ymant yn der kerken syne begraff begerde de gyfft der kerken darvor iiii olde mark, darvan hort dem herren perner de drudde pennigk und off ymandt dar bafen der kerken mer wolde to eygenen off geven, dar sal de her perner nicht aff heben etc.

Kreuz am Nordportal: Teilung der Einkünfte / krzyż przy portalu północnym: podział dochodów

Item dat crucifix dat vor der nordendore steyt to der kleynen kremergassen wart, was von wasse dar kommeth und geoffert wird, welkerley dat it is, dat horet dem hern perner de helffte, unde der kerken de helffte to.
<404v>

Reduzierte Begräbnisgebühr für verarmte Patrizier / ulgi w opłatach pogrzebowych dla zubożałych patrycjuszy

Item uffte id ok gefelle dat erbare reddelyke lude van statthaftigem geschlechte vorarmet weren und umme ere unde reddelikeit willen erer fründe unde geschlechte begerden ere begrefft hie in der kerken to holden, unde nicht vermochten to geven, sunder geven mynner na eren vermagen und erkentnisse, so wil der her perner allikewol an sulken wat se geven myt deme drudden dele syn vornoget unde nicht mer.

Organistenlohn / wynagrodzenie organisty

Item so gifft men deme organisten alle halve Jar iiii olde mark also upp Ostern und upp Michaelis unde frye wonynge op dem kerkhave.

Kalkantenlohn / wynagrodzenie kalkancisty

Item den calcanten alle jar iii olde mark.

Freies Begräbnis in Privatkapellen / pogrzeby gratis w kaplicach prywatnych

Item de geslechte de eygen capellen hebben laten buwen unde der kerken eyne namentlyke summa geldes dar vor gegeven hebben vor de freyheyt, dat se myt eren kinderen freye bygraff solen hebben, wen se begraven werden, dy sullen den perner van iglicker lyke

	nicht geven, unde dar to sollen se ere capellen holden myt dak unde myt vynsteren.
Kirchenbänke vor Privataltären / ławy w kaplicach prywatnych	Item welk werk broderschafft ader gylde eygene altar in der alden oder nyggen kerken hebben, myt irem beweiß mogen des gebruchen <405r> noch innehaldunge irer brÿve unde beweÿs unde sich keynerleye stüle oder bancken, beyde frauwen und manner, sich nicht sullen bawes underwynden zu bawen bey deme altar oder umme das altar ane wissen und ane urlop der kirchenveter, den das van dem ersamen Rathe desser Stadt hertlich und ernstlich bevolen ist dar off tzoseende.
Grabsteine / płyty nagrobne	Item nymandt sal irkeynen lyksteyn ut ader ynde kerke bringen leggen ader up heven one der kerken vedder weten und willen unde ok nicht namen noch merke laten dar op houwen ane orloff der kerkenveder, unde worde erken ameer oder ameerknecht dat doen, dat wert de radt rychten.
Freier Zutritt zu den Kirchenbänken / wolny dostęp do ław kościelnych	Item alle stole unde bencken, beyde manner unde der frouwen, in der kerken solen yderman fryg syn, unde eyn ander de na em kompt, sal den anderen nicht heten wyken uff up stan.
Kirchenzinser / czynsze kościelne	Item de kerken veder megen der kerken schult und tynsser manen gelick des rades schult und tynsser. Item van her Niclas van d' Stoege van den iii^C marck. Item von der vrouwen myt der boden. Item von her Swychtenberge upp de viii mark tyns.
Dienstbefreiung für Kirchenväter / zwolnienie ze służebności dla witryków	<405v> Item ok hebben de kerken veder waken und scharwerck fryg ut genomen groote notsake.
Glocken- und Leichengebühren / opłaty za dzwony i pochówki	Item de grote klocke gifft x mark eynem lyke to luden. Item de osanna gifft v marck to luden.

Item eyn oldt lyk in der kercke to graven gifft iiii mark.
Item eyn lick von viii jaren gyfft eyne mark.
Item eyn junck lyck viii sol() ok i fr() al na der irkentnisse der kerkenveder, dar hefft alle wege de herr perner den drudden del van.

Freies Begräbnis für Stadtbedienstete, Kirchenväter und Priester / pochówki gratis dla urzędników miejskich, witryków i księży

Item umme des willen das dy borgermeystere und rathmanne und der statschreyber der kirchen und stadt dynen, so sollen sy myt eren hosfrauwen freye beygrafft darynne haben. Stirbet aber der rathmanne, so sal seyne hosfrauwe ouch der freyheyt darnoch gebruchen, so ferre sy unverandert bleybet. Vorandert sy sych aber, so ist dy freyheyt ledig. Ouch so sullen den kirchen vorstenders und styffeters mit eren husfrauwen auch frey seyn.
Item des gleychen alle prister die hie in der kirchen seyn, dy der kirchen undt dem pfarrer dynen sullen ouch in der kirchen freÿe beygraff haben.

Aufteilung der Begräbnisgaben / podział dochodów z pochówków

Ouch ist tzumercken, was do von gulden oder <406r> seyden stucken vor spolia uff dy boren werden geleget, do sal der herr pfarrer dy helffte von haben und dy ander helffte sullen dy kirchen vorwesers us dem bothe tzu der kirchen behoff behalden, und nicht der kirchen burmeysters. Und ob es so gefiele das sulchens queme, so sallen der kirchen vorwesers vorgeste den herren pfarrer bitten umme seyne helffte ab men sulch eyn stucke irkennen worde, tzu eyner caselen oder korkappen oder tzu ander notturfft der kirchen nutze tzu seynde unde do salde men ouch der kirchen helffte tzulassen. Magk man es ouch an den pfarrer nicht gehaben, so sal dy kerche irer helffte gebruchen an den besten und der pfarrer ouch seyne helffte.

Aufbahrung der Verstorbenen / wystawienie ciał zmarłych

Der erwirdige radt ist mit uns kirchen veteren eyns geworden.

Item ab eyn leyche vorde ii nacht stehen worde in den huse unbegraben, so sullen dy kirchen vetere das oberste boldig von der bore nehmen, und sol gelözet werden von den frunden des verstorbenen vor x markt.

Zehnt- und Zinszahlungen an die Kirchenväter / dziesięcina i czynsze dla witryków

Item so hefft de kerke by der stadt hundert mark also van den tzende und is der kerken to beschreven van Jacop grantzyns wegen etc. ille dedit ecclesie. <406v>
Item noch so hefft de kerke uff sancte Tomas hundert markt up te taxeringe der hollander van Cleys Wegers wegen genomen an vorsetenen tzinß, und is der kerken to gefollen.
Item ok is by der kerken eyn breff von Cleys Kogen up vii mark tyns und i fr. alle jare von den radt als van de tyenden.

Streit mit St. Olai-Brüderschaft um Beisetzung im Turm / konflikt z Bractwem św. Olai o pochówki pod wieżą

Int jar lxxix da wy Peter Austin, Hans Kleynsmyt und Albrecht Dreyer vorstendere Unser Leven Frouwen kerken hebben schelinge und twedracht gehat mit den vorstendere sante Olffes[2] uppe de tyt weren Hans Eggert, Bert Overam und etlike van eren oldesten broderen also umme de bygraff under der torme dar se meynden recht to hebben, das sick de boven geß. kerkenfeder beropen an unsen ersamen radt des de gantze rat myt eyndracht to spreken der kerken de bygraff und nicht sante Olffe[3] und de oldesten und de broder sullen dar van doent macht hebben, up de tyt was Borgermeister her Philip Bihcop, her Reyncke Medderhoff und her Johan Angermunde. Geschehen im Jahre lxxix na Laurentii.

Fenster hinter Hochaltar: Kostenaufteilung / okna za ołtarzem głównym; podział kosztów

Item to weten dat groote fenster boven <407r> deme hogen altare in des hilgen graves capelle, so dat sulne fenster gebrek worde krygen, so man dat beteren und

---

[2] Überschrieben / nadpisane: Olai
[3] Überschrieben / nadpisane: Olai

maken sulde, so sal de kerke twedel urstan und de vorstender van sancte Gertruten dat drudde deyl, solen ok utstaen van der capellen wegen des hilgen graves.

> *Orgelordnung /*
> *ordynacja organowa*

Tzu wissen das in noch geschrebener weyße sol der organista in Unser Leven Vrouwen kerke czur czeyt wesende vorplichtet seyn dy orgele czu holdende.

Tzum ersten in den dreyn hogesten festen also Wynachten, Osteren und Pfingesten vesper, complet, metten unde messe ooffem grossen werke dy drey tage obir eynes jezlichen vorbenandten festes sunder dy gantzes octava abir derselbigen feste alleyne dy hoemesse uff den cleyne orghelen.

Item alle feste Unser Liben Frauwen, beyde vesper, complet, metten unde messe uff dem grossen werke.

Item in dessen dren octaven also Visitationis Asumptionis und Corporis Christi dy gantzen octaven obir dy hoemesse uff dem grossen wercke und in den achten tage der selbigen <407v> feste beyde vesper und messe uff deme grossen wercke, sunder dy metten uff den cleynen.

Item alle feste swantz duplex alßo Transfigurationis Domini, Spinea Nova, Presentationis Marie der feste der vier hauptlerer also Gregorii, Ambrosii, Augustini, Iheronymi, Luce und Marci, der Beyden Evangelisten Beyde vesper, metten unde messe uffem grossen werke.

Item wen desse beyden feste also Ambrosii und Gregorii komen in der fasten beyde salve regina ouch uffm grossen werke.

Item in den beyden festen des heylgen crutzes alß Inventionis und Exaltationis Elyzabeth und Barbarae und gemeyniglich ander feste wenn der herre pfarrer dy hohe messe synget, beyde vesper, complet, metten und messe uffm grossen werck.

Item das gantze advent ober Unser Leben Frauwen messe das vorate uffm werke, dy erste messe und dy leste in sante Barbaren tage und Conceptionis in den tagen uffem cleinen werke. <408r>

Item wen man Unse Lebe Frauwe valediceret ader introduceret des freytages dy vesper und des sonnabendes dy hoemesse uff dem grossen werke sunder dy metten uff den cleynen.

Item wan das alleluja wird geleuth de hoemesse unde vesper uff dem grossen werck.

Item gemeynlich alle feste der heiligen dy man feyret, keines ußgenomen beyde vesper metten und messe uffm wercke.

Item alle sonnabend durch das gantze jar das salve regina uffem grossen werk.

Item an dem tage Johannis ante portam latinam unde decollationis alleyne dy messe uffm cleynem werke nach dem das sy synt patronen diesser kirchen.

Item alle feste der apostelen beyde vesper, complet, mette und messe uff dem grossen werke.

Item in dem Pfingestage de texte uff dem grossen wercke umme des ympnus willen veni creator spiritus.

Item in dessen vyer festen also Assamsionis, Corporis Cristi, Visitationis unde Assumtionis Marie dy none uff dem grossen werk, unde <408v> in ottava Corporis Cristi unde Visitationis Marie der geleichen.

Item am tage Corporis Cristi alle horas uff dem grossen werke.

Entlohnung der Kalkanten / wynagrodzenie kalkancisty

Item so sullen dy kalkanten van den kirchen vetteren alle jar haben iii alde marck uff Ostern ii mark und uff Michaelis ii mark.

Item so sal der organiste geben den kalkanten von itzlicher grossen compatten ii ß und von te deum laudam salve regina recordare und der geleichen anthephonen van eynem itzlichem eynen schillink.

Desse vorgeschrebene artickele sullen steen alle uff beharth des herren pfarrers unde der

kerken vatter dy sy alle mogen vormeren
unde wandelen noch gelegenheit der tzeit, so
das sy werden irkennen tzu seynde von noten
unde tzu der kirchen ere unde reddelikeyt.

Christofer Herrmann

„Zur Zier geputzett und rein gemacht"
Das Verhältnis der Kirchenväter zu den Kunstwerken der Marienkirche

Eberhard Bötticher lässt sein Historisches Kirchen Register mit einigen bauarchäologischen Überlegungen zum Vorgängergebäude der Marienkirche beginnen: *„Man findett Nachrichtung in den alten Kirchen Buchern, das vor Erbawung der itzigen grossen Pfarrkirchen S. Marien und an derselben Stelle eine kleynere Kirche gestanden habe. Solches weiset auch auß das Fundament, welches noch heutiges Tages in der Erden {daselbs} gefunden wird, sechs Schuh dick und sich erstreckett {erstlich} an der Nordseyten der itzigen Kirche inwendig (...) und darnach an der Süderseyten (...). Diese alte kleine Kirche ist hernach abgebrochen und also wie es itzund der Augenschein gibt in die Newe verbawett worden"*[1]. Als Kirchenvater hatte sich Bötticher intensiv mit den Gräbern innerhalb der Kirche beschäftigt und war bei Ausschachtungsarbeiten öfters auf die Fundamentmauern des Vorgängerbaus gestoßen. Auch wenn seine baugeschichtlichen Schlussfolgerungen wohl nicht ganz richtig waren[2], so zeigen die Überlegungen Böttichers doch schon in Richtung eines gelehrten Erkenntnisinteresses an Kunstfragen.

Der Chronist hatte sich im HKR jedoch nicht die Aufgabe gestellt, eine Bau- und Ausstattungsgeschichte der Marienkirche zu verfassen. Eine überwiegend kunsthistorische Betrachtungsweise des Kirchengebäudes und seines Inventars wäre am Beginn des 17. Jahrhunderts noch nicht denkbar gewesen. Dennoch beschäftigte sich Bötticher ausgiebig, wenn auch nicht systematisch, mit Fragen sowohl der Baugeschichte als auch der Kirchenausstattung (Altäre, Orgeln, Taufsteine, Grabdenkmäler, liturgische Geräte etc.). Dies erklärt sich schon aus dem Umstand, dass die Bauarbeiten an der Kirche und die Anfertigung vieler Ausstattungsstücke durch die Kirchenväter in Auftrag gegeben und abgerechnet worden waren. Daher schwang sicherlich auch eine Portion Stolz mit, wenn Bötticher die von seinen Vorgängern vollbrachten Leistungen für die Architektur und das Inventar der Marienkirche würdigte. Bötticher erweist sich darüber hinaus als ein Mann mit einem ausgeprägten Verständnis für die herausragenden

---

[1] HKR, S. <1>.
[2] Bötticher hielt die Fundamente vermutlich für Überreste der vor 1343 existierenden alten Marienkirche, tatsächlich handelte es sich um die Grundmauern des 1343 begonnenen Langhauses der Basilika, deren Außenmauern bei der Erweiterung zur Hallenkirche im späten 15. Jahrhundert abgebrochen worden waren. Allerdings lässt sich nicht ganz sicher erschließen, ob Bötticher mit der kleineren Kirche vielleicht doch die Basilika des 14. Jahrhunderts gemeint hat, in diesem Fall wäre seine baugeschichtliche Schlussfolgerung richtig.

Kunstwerke der Marienkirche. Gerade weil es sich überwiegend um Schöpfungen aus der Epoche des Katholizismus handelte, die zu Bötticher Zeiten keine religiöse Funktion mehr besaßen, erhielt der künstlerische Wert umso größere Bedeutung. So ließen unter seiner Ägide die Kirchenväter liturgisch nutzlos gewordene Altäre als ‚Zierde' der Kirche herausputzen und präsentieren[3].

Am Ende des 17. Jahrhunderts führte das Interesse an den alten Kunstwerken in Danzig schließlich zu ersten systematisch angelegten, rein kunstwissenschaftlichen Arbeiten durch Bartel Ranisch (Architektur[4]) und Gregorius Frisch (Ausstattung der Marienkirche[5]). Aus dieser Zeit stammen auch die ersten Hinweise darauf, dass die Marienkirche von kunstinteressierten Besuchern besichtigt wurde, wobei der Küster sich als ‚Touristenführer' betätigte, indem er gegen Trinkgeld das Jüngste Gericht Memlings und andere große Altäre für die Besucher öffnete und wohl auch Erläuterungen dazu gab[6].

Für die moderne Kunstgeschichte ist der Erkenntniswert des HKR als Primärquelle für die Erforschung der Bau- und Ausstattungsgeschichte der Danziger Marienkirche eher begrenzt. Die Forschung konnte in der ersten Hälfte des 20. Jahrhunderts auf den umfangreichen Bestand an Originalquellen aus dem Kirchenarchiv zurückgreifen, weshalb man nicht auf die eher willkürlich ausgewählte indirekte Überlieferung Bötticher angewiesen war[7]. Da jedoch die meisten Archivalien der Marienkirche seit 1945 verschollen sind, haben einige von Bötticher überlieferten Quellenauszüge inzwischen den Status von Primärquellen erlangt.

Für einen besonderen Aspekt der Ausstattungsgeschichte, nämlich der Haltung zur und dem Umgang der evangelischen Gemeinde mit der aus katholischer Zeit stammenden Kirchenausstattung, stellt die Chronik Bötticher jedoch ein wichtiges Zeugnis dar. Zahlreiche Bemerkungen Bötticher zeigen dabei das ambivalente Verhältnis der Lutheraner zum Inventar der katholischen Zeit, das einerseits als Vermächtnis der Alten geachtet und bewahrt, andererseits aber als Zeichen der ‚papistischen Götzenverehrung' verspottet wurde.

---

[3] So die beiden Altäre der St. Olai- und der Marienkapelle im Erdgeschoss des Turmes (HKR, S. <510>).
[4] In der 1695 publizierten Beschreibung der Danziger Kirchen (Bartel Ranisch: Beschreibung aller Kirchen-Gebäude der Stadt Dantzig, Danzig 1695) und der Anfang des 18. Jahrhunderts verfassten Beschreibung der vornehmen Gebäude (Bartel Ranisch: Beschreibung derer vornähmsten Gebäude in der Stadt Dantzig, hg. von Arnold Bartetzky und Detlev Kraack, (Quellen zur Geschichte und Landeskunde Ostmitteleuropas 1), Marburg 1997).
[5] Frisch: Sankt Marien Pfarrkirche.
[6] Im Anstellungsvertrag Frischs als Glöckner von 1679 wurde ihm das Recht zugestanden, Trinkgelder von Besuchern zu nehmen, denen er das Jüngste Gericht und andere Altarbilder öffnete. Zugleich wurde Frisch dazu verpflichtet, die Altaröffnungen immer persönlich vorzunehmen und darauf zu achten, dass die Besucher die Altartafeln nicht berührten oder beschädigten (ebd., S. XXVII).
[7] Besonders die Arbeiten Erich Keysers profitierten von dieser Quellenfülle, da Keyser 1921 das Archiv der Marienkirche inventarisiert hatte (Gruber, Keyser: Marienkirche, S. 33).

Nachrichten zum vorreformatorischen Inventar

Die erste Gruppe von Nachrichten betrifft die von den Kirchenvätern vor der Reformation in Auftrag gegebenen Ausstattungsstücke der Marienkirche. Es hat dabei den Anschein, als ob Bötticher nicht nur Nachrichten wiedergibt, die ihm zufällig in die Hände fielen, vielmehr hat er offenbar bewusst Informationen zu bestimmten Kunstwerken zusammengetragen, die er als besonders wichtig und bedeutend ansah.

Als ältestes Kunstwerk erwähnt Bötticher, einer alten Chronik folgend, ein goldenes Reliquienkreuz mit einem Splitter des Kreuzes Christi, das der französische König 1374 dem Hochmeister Heinrich von Kniprode geschickt hatte. Es befand sich bis 1577 in der Marienkirche und wurde während der Belagerung Danzigs durch König Stephan Báthory eingeschmolzen, um Geld für die Kriegskosten der Stadt zu gewinnen[8].

Recht ausführlich dokumentiert das HKR die Entstehungsgeschichte der astronomischen Uhr *(Abb. 31)*. Eine erste Uhr ist in der Kirche schon 1455 bezeugt[9], 1464 beauftragten die Kirchenväter Meister Hans Duringer aus Thorn mit dem Bau einer großen astronomischen Uhr[10], die zu den Spitzenerzeugnissen ihrer Art in Europa zählte. Im ursprünglichen Vertrag war dem Uhrmacher ein Lohn von 300 Mark zugesagt worden. Um Hans Duringer zur Übersiedlung nach Danzig zu bewegen, erhöhten die Kirchenväter diesen Betrag um 93 Mark, stellten dem Meister ein Haus in der Heilige-Geist-Gasse zur Verfügung und zahlten ihm außerdem für die Instandhaltung der Uhr ein jährliches Salär von 24 Mark aus[11]. Mit dem Jahreslohn wurde jedoch nicht die Kirchenkasse, sondern die Stadt belastet.

Erwähnt wird von Bötticher auch das 1482 vollendet Sakramentshäuschen[12], für das die Kirchenväter (inklusive der Bemalung) Ausgaben von 132 Mark abrechneten[13] *(Abb. 32)*.

Der zwischen 1511 und 1517 durch Meister Michael aus Augsburg geschaffene Hochaltar[14] *(Abb. 33)* war die mit Abstand teuerste Investition der Innenausstattung[15] und wurde von Bötticher ebenfalls eingehend dokumentiert. Zur Finanzierung dieses Unternehmens hatten die Danziger 1508 einen päpstlichen Ablass erwirkt[16], der auch die erhofften hohen Einnahmen erbrachten. Schon 1512 hatte diese Arbeit mehr als 7000 Mark verschlungen[17], doch erst

---

[8] HKR, S. <5f.>.
[9] Gruber, Keyser: Marienkirche, S. 47.
[10] Gruber, Keyser: Marienkirche, S. 47f., Drost: Marienkirche, S. 141f., Andrzej Januszajtis: Zegar astronomiczny w Kościele Mariackim w Gdańsku, Gdańsk 1998, KZS Gdańsk, S. 97f.
[11] HKR, S. <28f.>.
[12] Vgl. Drost: Marienkirche, S. 19, KZS Gdańsk, S. 93.
[13] HKR, S. <45>.
[14] Vgl. Drost: Marienkirche, S. 73–90, KZS Gdańsk, S. 85–87.
[15] Der Vorgängeraltar war erst 1476 errichtet worden (Gruber, Keyser: Marienkirche, S. 50).
[16] Vgl. ebd., S. 50.
[17] HKR, S. <77>.

1515 konnte man den alten Altar abschlagen und das neue Werk aufrichten[18]. Es wurde daran aber noch zwei Jahre gearbeitet, so erhielt 1517 die Altartafel seitlich zwei gewaltige Messingleuchter mit einer Inschrift, in der sich die vier Kirchenväter verewigten[19] *(Abb. 34)*. Im gleichen Jahr fand die feierliche Einweihung des Altars statt, an dem noch bis 1523 Ergänzungen vorgenommen wurden[20]. Auch in die Ausstattung des Altars mit liturgischen Gewändern und Geräten investierten die Kirchenväter erhebliche Summen[21]. Schon 1484 hatten sie ein eigenes Inventarbüchlein für die Kirchengeräte des Hoch- und St. Annenaltars („Chorkappen, Caselen, Rocke, Ampeln, Silberwerck, Corporalien, *Antipendia, Missallia, Breviaria*, etc.") anfertigen lassen[22].

Als letztes Ausstattungsstück der vorreformatorischen Zeit erwähnt Bötticher das große Triumphkreuz *(Abb. 35)* von 1517[23], was insofern erstaunlich ist, da die gewaltige Skulpturengruppe nicht von den Kirchenvätern, sondern von einer Privatperson, dem Ratsherrn Lukas Ketting, in Auftrag gegeben worden war. Bötticher präsentierte dem Leser des HKR somit eine Auswahl der herausragenden Kunstdenkmäler der Marienkirche, auch solche, die nicht durch die Kirchenväter bestellt worden waren. Bemerkenswert ist dabei, dass der Chronist offenbar kein Interesse an den bildlichen Darstellungen hatte, denn er geht nirgends auf die Ikonographie der Altartafeln ein. Auch das berühmte Jüngste Gericht von Memling wird von ihm nicht gewürdigt. Hier zeigt Bötticher die bei Inventarschreibern des 16. und 17. Jahrhunderts häufig anzutreffende Gleichgültigkeit gegenüber den Bildinhalten.

Die nachreformatorische Ausstattung

Der nach 1524 erfolgte Konfessionswechsel in der Marienkirche hatte Auswirkungen auf das Kircheninventar. Viele Ausstattungselemente aus katholischer Zeit waren überflüssig geworden, blieben aber als Kunstwerke in der Kirche bestehen. Für die gottesdienstlichen Bedürfnisse des evangelischen Bekenntnisses wurden dagegen eine Reihe neuer Einrichtungsgegenstände benötigt, für deren Anschaffung die Kirchenväter verantwortlich waren, worauf Bötticher sehr detailliert eingeht. Aufgrund der gesteigerten Bedeutung der Predigt, der Kirchenmusik und des Taufsakraments legte man besonderen Wert auf die Neuanschaffung einer Kanzel, Taufe und Orgel.

---

[18] HKR, S. <84>.
[19] Bötticher gibt diese Inschriften seiner Vorgänger vollständig wieder (HKR, S. <85>).
[20] Die äußeren Flügel mussten noch gemalt werden, 1519 wurden fünf silberne Apostel für den Altar erstellt (HKR, S. <86>) und 1523 schuf man eine neue große Messingkrone für die Marienfigur im Gespränge (HKR, S. <93>).
[21] So wurden etwa 1516 für ein goldenes Messgewand, eine Chorkappe und ein Antependium 718 Mark aufgewendet. Eine Fahne für den Hochaltar kostete 79 Mark (HKR, S. <85>). 1523 gaben die Kirchenväter sechs Kantor- und Psalterbücher bei Buchschreibern in Thorn in Auftrag für einen Gesamtbetrag von 576 Mark (HKR, S. <91f.>).
[22] HKR, S. <46>.
[23] HKR, S. <86>. Vgl. auch Drost: Marienkirche, S. 92; KZS Gdańsk, S. 104f.

Eine neue Kanzel („*Predigtstuhl*") ließen die Kirchenväter schon 1529/30 am ersten nördlichen Pfeiler hinter der Vierung errichten. Die dabei entstandenen Kosten sind im HKR aufgeschlüsselt[24].
Nach der Lehre Luthers kam der Taufe als einer von drei verbliebenen Sakramenten ein wesentlich höherer Stellenwert zu als in der katholischen Kirche. Dementsprechend wurden auch die Taufbecken nun prächtiger gestaltet und zentraler in der Kirche platziert. In der Danziger Marienkirche war die Errichtung einer großen und künstlerisch anspruchsvollen Taufe *(Abb. 36, 37)* im Westteil des Mittelschiffes (1552–1557) die erste nachreformatorische Großinvestition in die Kirchenausstattung[25]. Der Entstehungsprozess der neuen Taufe wurde im HKR ausführlich dokumentiert. Für das Jahr 1552 ist der Vertrag mit dem Danziger Steinhauer Cornelius mitgeteilt, der den steinernen Sockel für die Taufe anfertigen sollte[26]. Die sieben Reliefs am Sockel wurden an die Meister Henrich Nymborch und Barteld Pasteyde vergeben[27]. Schon die Kosten für diesen Unterbau mit dem darauf stehenden schmiedeisernen Gitter beliefen sich auf 2034 Mark. Das Taufbecken aus Messing und die über dem Gitter angebrachten allegorischen Figuren wurden in Amsterdam in Auftrag gegeben und kosteten 8431 Mark[28]. Zur Abwicklung dieses Auftrags schickten die Kirchenväter den Steinhauer Cornelius nach Utrecht, wo die Taufe gegossen wurde.
Im Zentrum der evangelischen Kirchenmusik standen Chor und Orgel. Schon in vorreformatorischer Zeit besaß die Marienkirche vier Orgeln[29], von denen auch Bötticher mehrmals Mitteilung machte[30]. Zwischen 1583 und 1586 wurde eine neue große Orgel[31] errichtet, deren erhebliche Kosten von 12 270 Mark in zwei Rechnungsbüchern verzeichnet waren, aus denen das HKR ausführlich zitiert[32]. In Ergänzung zu den Rechnungsauszügen beschrieb Bötticher in einem Nachtrag sehr detailliert die technische Ausstattung der Orgel mit allen Werken, Registern und Pfeifen[33].
Den größten Zuwachs an neuen Ausstattungsstücken erhielt die Marienkirche durch die Errichtung von Epitaphien im Lang- und Querhaus sowie in

---

[24] HKR, S. <102f>. Der Kanzelpfeiler wurde 1604 mit einer Leinwandumkleidung versehen und 1762/64 errichtete man eine neue Kanzel (vgl. Gruber, Keyser: Marienkirche, S. 65f.; Drost: Marienkirche, S. 155f.), die 1945 verbrannte.
[25] Vgl. Gruber, Keyser: Marienkirche, S. 63f.; Drost: Marienkirche, S. 152f; KZS Gdańsk, S. 93f. Die Form des mittelalterlichen Taufsteins ist nicht überliefert. Es dürfte sich, wie im mittelalterlichen Preußenland üblich, um einen großen Granitblock mit recht einfacher Steinmetzbearbeitung gehandelt haben, der sich ursprünglich im südlichen Seitenschiff befand und 1486 in die Turmhalle versetzt worden war (Gruber, Keyser: Marienkirche, S. 63).
[26] HKR, S. <131>.
[27] HKR, S. <131f.>.
[28] HKR, S. <133f.>.
[29] Vgl. Gruber, Keyser: Marienkirche, S. 65.
[30] HKR, S. <92f., 124>.
[31] Die Orgel wurde 1757/60 erweitert und ist 1945 zum größten Teil verbrannt (vgl. Gruber, Keyser: Marienkirche, S. 65; Drost: Marienkirche, S. 154f.).
[32] HKR, S. <270–272>. Eine vollständige Abschrift dieser Rechnung hat sich erhalten: BG PAN, Ms. 489, Bl. 2r–287r.
[33] HKR, S. <478–481>.

den Seitenkapellen. Dabei handelte es sich zwar um private Stiftungen, die nicht durch die Kirchenväter in Auftrag gegeben wurden, doch bedurfte ihre Aufstellung nach der Kirchenordnung der ausdrücklichen Genehmigung durch die Kirchenväter. Dies war nicht nur ein formaler Akt, vielmehr haben die Kirchenväter und zuweilen auch der Stadtrat die Entwürfe offenbar genau begutachtet, bevor eine Erlaubnis erteilt wurde. Dies ergibt sich aus dem von Bötticher recht ausführlich geschilderten Fall von 1614, das gewaltige Grabmal der Familie Bahr betreffend *(Abb. 38)*. Dieses größte jemals in der Marienkirche errichte Grabdenkmal in Form eines Kenotaphs fürstlichen Anspruchs[34] wurde vom Bürgermeister Johann Speimann für seine verstorbenen Schwiegereltern Simon und Judith Bahr in Auftrag gegeben. Bötticher berichtet, dass Speimann den Kirchenvätern bei einem Ortstermin den geplanten Aufstellungsort und die Entwurfspläne Abrahams van der Blocke gezeigt und erläutert hatte[35]. Aufgrund der ungewöhnlichen Größe und Form des Grabdenkmals hatten die Kirchenväter jedoch Bedenken, dem Begehren Speimanns ohne weiteres zuzustimmen. Sie trugen die Angelegenheit deshalb dem Kircheninspektor vor, der sich an den Rat wandte, wo schließlich eine größere Kommission gebildet wurde, die sich der Sache annehmen sollte. Danach erfolgte ein zweiter Ortstermin mit der Kommission, den Kirchenvätern sowie dem Bildhauer Abraham van der Blocke und dem Maurer Hans Strakowski, bei dem man über die Form und Lage des Denkmals ausführlich diskutierte. Das Ergebnis der Besprechung sollte dann dem Rat zur weiteren Entscheidung vorgelegt werden. Bis zur endgültigen Genehmigung und Errichtung des Kenotaphs 1620 vergingen jedoch noch einige Jahre, was in diesem Fall allerdings auch gut verständlich ist, denn Johann Speimann sprengte mit dem von ihm protegierten Projekt die bisher geltenden Normen und Ansprüche, wodurch die Angelegenheit auch eine politische Dimension erhielt. Bei der Masse der bescheideneren Denkmäler und Epitaphien haben die Kirchenväter gewöhnlich allein, d.h. ohne Zuziehung des Rats entschieden.

Zum Umgang der lutherischen Kirchenväter mit dem vorreformatorischen Inventar in der Marienkirche

Zu den Zeiten Böttichers hatten die vielen Altäre der Marienkirche schon lange keine liturgische Funktion mehr. Man achtete sie aber stattdessen als Kunstwerke und ‚Zierde' der Kirche. Dennoch gingen mit der Zeit einzelne Ausstattungselemente verloren. Ein gutes Beispiel sind die St. Olai und die Marienkapelle im Turmuntergeschoss. Das HKR berichtet für das Jahr 1614, dass man die Absperrgitter um die Kapellen, da sie unansehnlich geworden waren, entfernte und

---

[34] Errichtet bis 1620 im nördlichen Querhausarm (vgl. Drost: Marienkirche, S. 166; L. Krzyżanowski: Gdańskie nagrobki Kosów i Bahrów, Biuletyn Historii Sztuki 30 (1968), S. 270–298; Cieślak: Tod und Gedenken, S. 98; KZS Gdańsk, S. 106).
[35] HKR, S. <531>.

im Kirchturm einlagerte. Die beiden Altäre jedoch „hatt man stehen lassen, wie sie gewesen, ja dieselben der Kirchen zur Zier geputzett und rein gemacht."[36] Die Altäre waren somit zu einem reinen Kunstgut mutiert. Die nicht mehr benötigten Messgewänder der Olaikapelle schenkte der Rat 1637 dem Karmeliterkloster[37].

Der größte Teil der liturgischen Gewänder blieb jedoch unversehrt erhalten und bildet ein besonderes Kapitel in der Geschichte des Kircheninventars von St. Marien. Als Folge der Kompromisspolitik zwischen den Anhängern Luthers und der katholischen Obrigkeit wurden in der Marienkirche noch lange Zeit hindurch von den evangelischen Predigern bei der Messe die alten liturgischen Gewänder benutzt, worauf auch Bötticher mehrfach hinweist[38]. Sie kamen erst langsam außer Gebrauch und wurden nach und nach in verschiedenen Schränken der Sakristei und Seitenkapellen sowie im Turm verstaut und schließlich vergessen. Im 19. Jahrhundert kam es zu einer Wiederentdeckung der in der ganzen Kirche verstreuten Bestände, die unter dem Begriff des „Danziger Paramentenschatzes" berühmt geworden sind[39].

So ‚denkmalfreundlich' sich die gemäßigten Lutheraner auch verhielten, Umgestaltungen des Kircheninneren und Verluste beim Inventar hat es dennoch gegeben. Die augenfälligste ästhetische Veränderung bestand in der vollständigen Weißung des Innenraums, die nach Mitteilung Böttichers erstmals 1550 erfolgte[40] und 1601 wiederholt wurde[41]. Dadurch erhielt die Marienkirche die bis heute bestehende neutrale weiße Fassung *(Abb. 30)* anstatt der farbigen und mit Heiligendarstellungen versehenen mittelalterlichen Wandmalereien.

Am stärksten von Verlusten betroffen waren die Reliquien und liturgischen Geräte. Für die Protestanten verkörperten gerade die Reliquien den verachtenswerten katholischen Götzendienst und sie wurden daher als vollkommen nutzlose Gegenstände betrachtet. Dennoch hat man sie in der Marienkirche offenbar noch in größerer Zahl in den Altären belassen, wie die Nachrichten über den Verbleib der Reliquien aus dem Hochaltar belegen. Diese wurden nämlich 1593 König Sigismund III. nach dessen Besuch in Danzig geschenkt. Der König hatte einen entsprechenden Wunsch geäußert, *„weil die Evangelischen solcher Sachen nicht achteten"*[42]. Der Rat kam dem Begehren des Monarchen gerne nach, denn so konnte er sich auf unbedenkliche Weise dieser ungeliebten Gegenstände entledigen. Außerdem bot sich durch dieses Geschenk die Möglichkeit, den König

---

[36] HKR, S. <510>.
[37] Gruber, Keyser: Marienkirche, S. 52.
[38] HKR, S. <308, 511>.
[39] Insgesamt umfasste der Schatz fast 1000 Paramente, 541 davon befanden sich bis 1945 im Danziger Stadtmuseum. Heute ist der Bestand (abzüglich Kriegsverlusten) zwischen dem St. Annen Museum in Lübeck und dem Danziger Nationalmuseum geteilt. Eine vollständige Katalogisierung erfolgte durch Walter Mannowsky: Der Danziger Paramentenschatz, 5 Bd.e, Berlin 1931–1937. Vgl. auch Drost: Marienkirche, S. 117–121.
[40] HKR, S. <124>.
[41] HKR, S. <392>.
[42] HKR, S. <319>.

zu besänftigen, da es während seines Aufenthalts in der Stadt zu einem Tumult zwischen Danziger Bürgern und polnischen Höflingen gekommen war[43].
Die aus katholischer Zeit stammenden liturgischen Geräte (Kelche, Monstranzen, etc.) wurden nach der Reformation ebenfalls zum größten Teil nicht mehr benötigt. Der große Materialwert machte die Silber- und Goldschmiedearbeiten aber auch für die Protestanten interessant, allerdings nur als Geldreserve. Die spezielle konfessionelle Situation in Danzig führte jedoch dazu, dass die Vertreter des katholischen Stadtherrn genau darauf achteten, dass die Kirchenkleinodien nicht entwendet wurden. Daher fertigten der Offizial oder andere katholische Repräsentanten (so der Abt von Oliva) gemeinsam mit den Kirchenvätern Inventare an, um die Bestände der Kleinodien zu dokumentieren[44]. Diese beträchtliche Sammlung an liturgischen Geräten fand 1576 ihr Ende im Schmelzofen der Danziger Münze. Während des damals andauernden Krieges der Stadt mit dem polnischen König Stephan Báthory hatten die drei Ordnungen beschlossen, Gold- und Silberwerke aus den Danziger Kirchen einzuziehen und zur Finanzierung der Kriegskosten zu vermünzen[45]. Großes Bedauern scheint Bötticher nicht für diesen Verlust empfunden zu haben, denn er spricht etwas verächtlich von „silberne und verguldte Gotzen"[46]. Die Rückerstattung des Edelmetallwertes forderten die Kirchenväter jedoch von der Stadt ein, denn dies war den Kirchen 1576 auch versprochen worden. Allerdings ließ sich die Stadt mit dem Einlösen dieses Versprechens lange Zeit, denn noch 1613/14 mussten die Kirchenväter in Beschwerdebriefen die Rückzahlung anmahnen[47].

Die bilderfreundliche Haltung der Kirchenväter von St. Marien vor dem Hintergrund des Reformationsverlaufes in Danzig

Eberhard Bötticher und seine evangelischen Vorgänger im Amt der Kirchenväter zeigten insgesamt gesehen eine ausgesprochen kunst- und bilderfreundliche Einstellung[48]. Diese Haltung der Danziger Lutheraner muss vor dem Hintergrund der spezifischen Situation Danzigs bei der Durchführung der Reformation gesehen werden[49]. Nach einer kurzen dramatischen Anfangsphase 1523–1526 mit heftigen Auseinandersetzungen (protestantische Revolte und gewaltsame Gegenreaktion durch König Sigismund I.) vollzog sich die Reformation in einer besonderen,

---
[43] Vgl. Simson: Geschichte Danzig 2, S. 410.
[44] Bötticher vermerkt solche Inventarisationen für 1552 und 1570 (HKR, S. <128, 150>).
[45] HKR, S. <186>.
[46] HKR, S. <209>.
[47] HKR, S. <506, 516>.
[48] Vgl. Sergiusz Michalski: Protestanci a sztuka. Spór o obrazy w Europie nowożytnej, Warszawa 1989; Cieślak: Tod und Gedenken, S. 5–7.
[49] Als grundlegendes Werk zur Reformation in Danzig gilt noch immer Schnaase: Geschichte der evangelischen Kirche. Auch Simson: Geschichte Danzig 2, stellt die Entwicklung ausführlich dar.

durch Kompromisse bestimmten Weise[50], denn die Stadt hatte mit dem polnischen König einen katholischen Oberherrn, der darum bemüht war, die protestantische Bewegung Danzigs, wenn er sie schon nicht aufhalten konnte, wenigstens in ihrem Vorankommen zu bremsen. Der Stadtrat musste auf die politisch-religiösen Interessen des Königs Rücksicht nehmen, indem er Neuerungen behutsam einführte, den Katholiken bestimmte Refugien beließ und in der äußeren Form gewisse alte Traditionen beibehielt. Die gemäßigte Haltung der Geistlichkeit der Marienkirche zeigte sich schon in der Frühphase der Reformation in Danzig, als der Stadtrat 1524 dem Franziskanermönch Dr. Alexander das Predigtamt übertrug. Alexander trat dafür ein, das Evangelium rein und unverfälscht vorzutragen, doch wandte er sich gegen scharfe Worte und Schmähungen und befürwortete auch, an den alten Zeremonien und Gebräuche vorläufig festzuhalten[51].

Die katholischen Traditionen in der Marienkirche starben demzufolge langsam und schrittweise ab. Alte Gebräuche, wie die Einholung des Fastelabends[52] oder das Aufziehen einer Christusfigur an Himmelfahrt[53], wurden zum Teil noch bis in die 1550er Jahre fortgeführt. Auch die Fronleichnamsprozessionen behielt man lange bei, jedoch ohne Vortragung der Monstranz[54]. Solange der Hochaltar vom katholischen Pfarrer genutzt wurde, bezahlten die lutherischen Kirchenväter den Tran für das ewige Licht am Sakramentshäuschen[55] und entlohnten zwei katholische Priester, die den Hochaltar betreuten. Insgesamt hatte sich aber die Zahl der katholischen Geistlichen bis zur Mitte des 16. Jahrhunderts stark reduziert[56]. Auch die Einführung des Abendmahls in beiderlei Gestalt in den Danziger Kirchen erfolgte erst 1557, obwohl damals schon über 30 Jahre im Geiste Luthers gepredigt worden war[57].

Dementsprechend kam die Nutzung des katholischen Kircheninventars erst langsam und allmählich außer Gebrauch und es erfolgte keine rasche Beseitigung der Ausstattung. Noch zu Zeiten Bötticher trugen die evangelischen Prediger während der Messe die alten Priestergewänder. Sogar die calvinistisch gesonnenen Kapläne mussten in dieser ‚Dienstkleidung' ihr Amt versehen, auch wenn sie gleichzeitig bilderstürmerische Predigten hielten. Der Lutheraner Bötticher vermerkte diesen Widerspruch zwischen Wort und Tat bei seinen Gegensachern natürlich mit einer gewissen hämischen Befriedigung[58].

---

[50] Hirsch: Ober-Pfarrkirche 1, S. 312, spricht von einer „Reformation ganz eigenthümlicher Art."
[51] Vgl. ebd., S. 271f.
[52] Ebd., S. 325.
[53] So wurde noch 1551 „am Tage der Himelfahrt Christi dem bapstlichen Gebrauch nach das Bildnuß des Herrn Christi in der Pfarkirche gen Himel gefahren". Der Mann, der die Christusfigur nach oben zog, erhielt von den Kirchenvätern 1 Groschen Lohn (HKR, S. <126>).
[54] Hirsch: Ober-Pfarrkirche 1, S. 325.
[55] HKR, S. <122>.
[56] 1546 bezahlten die Kirchenväter noch zwei katholische Priester am Hochaltar, einen in der Bibliothek und einen in der St. Barbara Kapelle (HKR, S. <122>). Auch die Zahl der Geistlichen in den Seitenkapellen nahm immer mehr ab.
[57] Hirsch: Ober-Pfarrkirche 1, S. 348f.
[58] HKR, S. <511>.

Während es in einigen der Danziger Kirchen zu Versuchen von Bilderstürmerei kam[59], behielt man in der Marienkirche eine gemäßigte Linie bei. Die katholischen Einrichtungen wurden erst nach und nach anderen Zwecken zugeführt. So blieben die zu den Privatkapellen gehörenden Priesterstellen immer häufiger unbesetzt und die für Messen und Seelgerät vorgesehenen Stiftungen bestimmte man für andere wohltätige Zwecke[60]. Der konfessionelle Übergang vollzog sich in der Marienkirche während eines Zeitraums von 50 Jahren und war 1572 mit der Vereinnahmung des Hauptaltars durch die Lutheraner abgeschlossen. Auch danach besaß die Marienkirche formal noch einen katholischen Pfarrer, der vom polnischen König als Kirchenherr eingesetzt wurde, doch hatte dieser Pfarrer keinerlei Befugnisse innerhalb der Kirche mehr. Selbst dem König stand die Marienkirche, deren Patronatsherr er weiterhin war, bei seinen Besuchen in Danzig nicht mehr für den katholischen Gottesdienst zur Verfügung. Um die daraus immer wieder erwachsenden Spannungen zu vermeiden, wurde schließlich auf dem Gelände des den Katholiken verbliebenen Pfarrhauses 1678-1681 die königliche Kapelle als Refugium des alten Glaubens errichtet.

Die Reformation konnte sich auch deshalb durchsetzen, weil die Danziger der katholischen Kirche viele Einkünfte überließen. In der Marienkirche war der katholische Pfarrer insbesondere an den Begräbnisgebühren beteiligt, die durch den Offizial für den Bischof von Leslau eingezogen wurden. Im HKR finden sich häufig Nachrichten über die zwischen den Kirchenvätern und dem Offizial durchgeführten Abrechnungen. In gewisser Weise bestätigte die papsttreue Partei durch ihr Verhalten die gegen sie erhobenen Vorwürfe der Korruption und eines inhaltsleeren Formalismus. Die katholische Kirche gab sich letztendlich damit zufrieden, dass ihr durch den Stadtrat gewisse Geldeinnahmen gesichert wurden und in der Liturgie bestimmte Elemente der äußeren Form gewahrt blieben. Dieser Wahrung und Achtung der äußeren Form verdanken wir aber auch die große Fülle an erhaltenem Inventar in der Marienkirche. Heute ist St. Marien in Danzig, trotz nicht unbedeutender Kriegsverluste, die am reichsten mit originalen spätgotischen Altären ausgestattete Kirche in Europa. Diesen Reichtum verdankt die Kirche zu einem beträchtlichen Teil der kunstfreundlichen Haltung der lutherisch gesinnten Kirchenväter des 16. und 17. Jahrhunderts, deren herausragender Vertreter Eberhard Bötticher gewesen ist.

---

[59] So wurden 1525 in der Katharinenkirche Altäre zerstört, Bilder herunter gerissen und die Monstranz aus dem Sakramentshäuschen geraubt (Hirsch: Ober-Pfarrkirche, S. 292). 1589 ließ der calvinistische Pfarrer von St. Peter und Paul in der Danziger Vorstadt mit Unterstützung seiner Kirchenväter den alten Hauptaltar entfernen und an dessen Stelle einen neuen Altar setzen, auf dem nur der Text der Zehn Gebote aufgeschrieben war. Nachdem jedoch die Jesuiten diesen Vorfall dem Leslauer Bischof gemeldet hatten und auch Unruhe unter den Gläubigen entstanden war, die offenbar den alten Altar zurückhaben wollten, verfügte der Stadtrat die zeitweilige Schließung der Kirche sowie die Wiederaufstellung des alten Altars (HKR, S. <309f.>).

[60] Etwa zur Förderung von Studenten (Hirsch: Ober-Pfarrkirche 1, S. 342) oder zur Erhöhung der Einkünfte von Hospitälern.

Christofer Herrmann

„*Zur Zier geputzett und rein gemacht*"
Stosunek witryków do dzieł sztuki w kościele Mariackim

Eberhard Bötticher rozpoczął *Historisches Kirchen Register* (HKR) od archeologiczno-budowlanych rozważań, dotyczących budowli poprzedzających kościół Mariacki:

Man findett Nachrichtung in den alten Kirchen Buchern, das vor Erbawung der itzigen grossen Pfarrkirchen S. Marien und an derselben Stelle eine kleynere Kirche gestanden habe. Solches weiset auch auß das Fundament, welches noch heutiges Tages in der Erden {daselbs} gefunden wird, sechs Schuh dick und sich erstreckett {erstlich} an der Nordseyten der itzigen Kirche inwendig [...] und darnach an der Süderseyten [...]. Diese alte kleine Kirche ist hernach abgebrochen und also wie es itzund der Augenschein gibt in die Newe verbawett worden[1].

[W starych księgach kościelnych znaleźć można informację, iż przed budową obecnego wielkiego kościoła Mariackiego w tym samym miejscu stał mniejszy kościół. Wskazują na to także fundamenty, które jeszcze dziś odnaleźć można w ziemi, grube na sześć stóp i rozciągające się po stronie północnej dzisiejszego kościoła od wewnątrz i dalej po stronie południowej. Ten stary, mały kościół został później zburzony i, jak widać, jego części zintegrowane zostały z tym nowym.]

Jako witryk Bötticher zaangażowany był razem z grabarzami w prace związane z pochówkami wewnątrz kościoła i przy okazji kopania grobów często natykał się na mury fundamentów wcześniejszej budowli. Nawet, jeżeli jego wnioski dotyczące historii budowli, nie do końca są trafne[2], to jednak zmierzają już w kierunku uczonego zainteresowanie zagadnieniami z zakresu sztuki.

Kronikarz nie zamierzał w ramach HKR omawiać dziejów budowy świątyni Mariackiego oraz jego wyposażenia, choć interesuje go zarówno historia powstawania kościoła, jak i zgromadzone w nim dzieła sztuki (ołtarze, organy, chrzcielnica, pomniki nagrobne, sprzęty liturgiczne itd.). Były to w większości dzieła pochodzące z okresu katolickiego, które w czasach Böttichera nie pełniły

---

[1] HKR, s. <1>.
[2] Bötticher prawdopodobnie uważał fundamenty za pozostałości istniejącego przed 1343 r. dawnego kościoła Mariackiego, w rzeczywistości były to mury fundamentów korpusu nawowego bazyliki, którego budowę rozpoczęto w 1343 r., a którego zewnętrzne mury zostały rozebrane przy rozbudowie do kościoła halowego pod koniec XV w. Jednak nie da się z całą pewnością rozstrzygnąć, czy Bötticher tego mniejszego kościoła nie uważał jednak za bazylikę z XIV w., w takim wypadku jego rozstrzygnięcia dotyczące historii budowy byłyby słuszne.

już funkcji religijnych, ich artystyczna wartość nabierała więc tym większego znaczenia. Pod jego egidą witrycy mieli oczyścić i eksponować bezużyteczne pod względem liturgicznym ołtarze jako „skarby" kościoła[3]. U schyłku XVII w. zainteresowanie dawnymi dziełami sztuki Gdańska doprowadziło do powstania pierwszych systematycznych prac dotyczących historii sztuki, napisanych przez Bartela Ranischa (architektura)[4] i Gregoriusa Frischa (wyposażenie kościoła Mariackiego)[5]. Z tego samego okresu pochodzą też pierwsze informacje o zwiedzaniu kościoła Mariackiego przez gości zainteresowanych sztuką, kiedy zakrystianin pełnił funkcję przewodnika, który za małą opłatą otwierał *Sąd Ostateczny* Hansa Memlinga i inne ołtarze oraz opowiadał o nich[6].

Dla współczesnego historyka sztuki wartość poznawcza HKR jako materiału źródłowego do badań nad historią budowy i wyposażenia gdańskiego kościoła Mariackiego jest raczej ograniczona. W pierwszej połowie XX w. badacze mogli sięgnąć do różnorodnych źródeł znajdujących się w archiwum kościelnym, toteż byli mało zainteresowani pośrednim i tendencyjnym przekazem Böttichera[7]. Jednak po tym, jak większa część archiwaliów kościoła Mariackiego uległa zniszczeniu w 1945 r., zawarte w HKR wypisy źródłowe same uzyskały statusu materiału źródłowego.

Kronika Böttichera stanowi ważne świadectwo w odniesieniu do jednego, szczególnego aspektu historii wyposażenia kościoła, mianowicie stosunku i obchodzenia się ewangelickiej wspólnoty ze sprzętami kościelnymi pochodzącymi z okresu katolickiego. Liczne wzmianki ukazują ambiwalentny stosunek luteran do wyposażenia z okresu przedreformacyjnego, które z jednej strony było pielęgnowane jako spadek przeszłości, z drugiej zaś wyszydzane jako świadectwo „papistowskiego bałwochwalstwa".

Informacje o wyposażeniu z czasów przedreformacynych

Pierwszy zespół przekazów dotyczy elementów wyposażenia kościoła Mariackiego, wykonanych w okresie przedreformacyjnym na zlecenie witryków. Wy-

---

[3] Oba ołtarze kaplic św. Olafa i NMP w przyziemiu wieży (HKR, s. <510>).
[4] W opublikowanym w 1695 r. opisie gdańskich kościołów (Bartel Ranisch: *Beschreibung aller Kirchen-Gebäude der Stadt Dantzig*, Danzig 1695) i opisie najwytworniejszych budowli w Gdańsku, pochodzącym z początku XVIII w. (Bartel Ranisch: *Beschreibung derer vornähmesten Gebäude in der Stadt Dantzig*, wyd. Arnold Bartetzky, Detlev Kraack, („Quellen zur Geschichte und Landeskunde Ostmitteleuropas" 1), Marburg 1997).
[5] Frisch: *Sankt Marien Pfarrkirche*.
[6] W umowie zatrudnienia Frischa jako dzwonnika z 1679 r. przyznane mu zostało prawo do pobierania napiwków od zwiedzających, którym otwierał tryptyk Sądu Ostatecznego i inne obrazy ołtarzowe. Frisch został zobowiązany do tego, aby za każdym razem osobiście otwierać nastawę ołtarzową oraz uważać, żeby zwiedzający nie ruszali i nie uszkodzili obrazów (*ibidem*, s. XXVII).
[7] Źródła te szeroko wykorzystał w swoich pracach przede wszystkim Erich Keyser, który w 1921 r. inwentaryzował archiwum kościoła Mariackiego (Gruber, Keyser: *Marienkirche*, s. 33).

daje się, iż Bötticher nie tylko powtarzał te wzmianki, które przypadkowo wpadły mu w ręce, lecz często także szukał informacji dotyczących poszczególnych dzieł sztuki, postrzeganych jako szczególnie ważne i znaczące.

Jako najstarsze dzieło sztuki Bötticher wymienia, powołując się na dawną kronikę, złoty krzyż relikwiarzowy z drzazgą Krzyża Świętego, podarowany w 1374 r. przez króla Francji wielkiemu mistrzowi Heinrichowi von Kniprode. Znajdował się on w kościele Mariackim do 1577 r., kiedy w czasie oblężenia miasta przez Stefana Batorego został przetopiony, by uzyskanym złotem pokryć koszty wojenne[8].

HKR dość dokładnie dokumentuje historię powstania zegara astronomicznego *(il. 31)*. Jego poprzednik w kościele poświadczony jest w 1455 r.[9] W 1464 r. witrycy zlecili mistrzowi Hansowi Duringerowi z Torunia budowę wielkiego zegara astronomicznego[10], który zaliczany jest do czołowych dzieł tego typu w Europie. Zgodnie z pierwotnym kontraktem zegarmistrz miał otrzymać zapłatę w wysokości 300 grzywien. By zachęcić Duringera do przeniesienia się do Gdańska, witrycy podwyższyli jego wynagrodzenie o 93 grzywny, oddali mu do dyspozycji dom przy ul. Św. Ducha i wyznaczyli roczną pensję 24 grzywien za utrzymanie zegara. Pensją tą obciążona została jednak nie kasa kościoła, ale miasta[11].

Bötticher wspomina także o ukończonym w 1482 r. sakramentarium[12], za które witrycy zapłacili kwotę 132 grzywien, wliczając w to polichromię[13]. *(il. 2)*

Wykonany w latach 1511–1517 przez mistrza Michała z Augsburga ołtarz główny[14] był zdecydowanie najbardziej kosztownym elementem wyposażenia kościoła[15] i został przez Böttichera dokładnie udokumentowany *(il. 33)*. By sfinansować to przedsięwzięcie, gdańszczanie w 1508 r. uzyskali papieski odpust[16], który zgodnie z oczekiwaniami przyniósł wysokie wpływy. Już w 1512 r. prace pochłonęły ponad 7000 grzywien[17], chociaż dopiero w 1515 r. można było usunąć stary ołtarz i postawić w jego miejscu nowe dzieło[18]. Prace trwały jeszcze przez dwa lata. W 1517 r. ołtarz otrzymał dwa monumentalne mosiężne świeczniki z inskrypcją upamiętniającą czterech witryków[19]. *(il. 34)* W tym samym roku odbyło się uroczyste poświęcenie ołtarza, który uzupełniano jeszcze

---

[8] HKR, s. <5–6>.
[9] Gruber, Keyser: *Marienkirche*, s. 47.
[10] Gruber, Keyser: *Marienkirche*, s. 47–48; Drost: *Marienkirche*, s. 141–142; Andrzej Januszajtis: *Zegar astronomiczny w Kościele Mariackim w Gdańsku*, Gdańsk 1998; *KZS Gdańsk*, s. 97–98.
[11] HKR, s. <28–29>.
[12] Por. Drost: *Marienkirche*, s. 19; *KZS Gdańsk*, s. 93.
[13] HKR, s. <45>.
[14] Por. Drost: *Marienkirche*, s. 73–90, *KZS Gdańsk*, s. 85–87.
[15] Poprzedni ołtarz wzniesiony został dopiero w 1476 r. (Gruber, Keyser: *Marienkirche*, s. 50).
[16] *Ibidem*.
[17] HKR, s. <77>.
[18] HKR, s. <84>.
[19] Bötticher przytoczył w całości tę inskrypcję swoich poprzedników (HKR, s. <85>).

do 1523 r.[20] Witrycy przeznaczyli także pokaźne sumy na wyposażenie ołtarza w sprzęty i szaty liturgiczne[21]. Już w 1484 r. witrycy nakazali sporządzić osobny inwentarz ubiorów oraz sprzętów liturgicznych ołtarza głównego oraz ołtarza św. Anny („Chorkappen, Caselen, Rocke, Ampeln, Silberwerck, Corporalien, *Antipendia, Missallia, Breviaria*, etc.")[22].

Ostatnim elementem wyposażenia pochodzącym z tego okresu a wzmiankowanym przez Böttichera jest wielki krucyfiks *(il. 35)* z 1517 r., co jest o tyle zadziwiające, że ta monumentalna grupa rzeźbiarska nie została wykonana na zlecenie witryków, tylko osoby prywatnej – rajcy Lukasa Kettinga[23]. Bötticher przedstawił najważniejsze dzieła sztuki znajdujące się w kościele Mariackim, także te, których zleceniodawcami nie byli witrycy. Nie wykazywał jednak zainteresowania przedstawieniami obrazowymi, tak jak nie wspominał o ikonografii obrazów ołtarzowych. Także słynny *Sąd Ostateczny* Memlinga nie został przezeń doceniony. Bötticher przejawia tu często spotykaną w opisach wyposażenia świątyń z XVI i XVII w. obojętność wobec treści obrazów.

Wyposażenie z okresu poreformacyjnego

Zmiana wyznania, która w kościele Mariackim nastąpiła po 1524 r., miała wpływ także na wyposażenie. Wiele jego elementów pochodzących z czasów katolickich stało się bezużytecznych, jednakże pozostawiono je w kościele jako dzieła sztuki. Liturgia luterańska wymagała wielu nowych elementów wyposażenia, za zakup których odpowiedzialni byli witrycy, o czym szczegółowo informuje Bötticher. Z powodu dużego znaczenia kazania, muzyki kościelnej oraz sakramentu chrztu szczególnie ważne było wykonanie nowej kazalnicy, chrzcielnicy i organów.

Nowa kazalnica („Predigstuhl") wzniesiona została na polecenie witryków już w latach 1529–1530, przy pierwszym północnym filarze za skrzyżowaniem naw. W HKR podany został jej koszt[24].

Zgodnie z nauką Lutra chrzest, jako jeden z trzech uznawanych przezeń sakramentów, nabrał większego znaczenia niż w kościele katolickim, dlatego chrzcielnice były bardziej bogato kształtowane i ustawiano je w centrum kościoła. W gdańskim kościele Mariackim budowa monumentalnej chrzcielnicy o bogatej

---

[20] Trzeba było jeszcze pomalować zewnętrzne skrzydła. W 1519 r. wykonano dla ołtarza pięć srebrnych figur apostołów (HKR, s. <86>), a w 1523 r. sprawiono nową dużą koronę mosiężną dla figury NMP w zwieńczeniu (HKR, s. <93>).
[21] W 1516 r. na złoty ornat, kapę i antependium wydano 718 grzywien. Chorągiew dla ołtarza głównego kosztowała 79 grzywien (HKR, s. <85>). W 1523 r. witrycy zlecili pisarzowi w Toruniu przepisanie sześciu ksiąg kantora i psałterzy za łączną kwotę 576 grzywien (HKR, s. <91–92>).
[22] HKR, s. <46>.
[23] HKR, s. <86>. Por. także Drost: *Marienkirche*, s. 92; *KZS Gdańsk*, s. 104–105.
[24] HKR, s. <102–103>. Filar ambony został w 1604 r. obity płótnem, a w latach 1762–1764 wzniesiono nową kazalnicę (por. Gruber, Keyser: *Marienkirche*, s. 65–66; Drost: *Marienkirche*, s. 155–156), która w 1945 spłonęła.

artystycznej formie *(il. 36, 37)*, umieszczonej w zachodniej części nawy głównej, była pierwszą dużą inwestycją w wyposażenie kościoła w okresie po reformacji (1552–1557)[25]. Proces powstania nowej chrzcielnicy został dokładnie udokumentowany w HKR. W 1552 r. zawarty został kontrakt z gdańskim kamieniarzem Corneliusem, który miał wykonać jej kamienny cokół[26]. Wykonanie siedmiu płaskorzeźb na cokole zlecono mistrzom Henrichowi Nymborch i Barteldowi Pasteyde[27]. Już koszty tej bazy wraz z metalową kratą wyniosły 2034 grzywny. Mosiężną misę chrzcielną oraz umieszczone nad kratą alegoryczne figury zamówiono w Amsterdamie i zapłacono za nie 8431 grzywien[28]. By sfinalizować prace, witrycy wysłali kamieniarza Corneliusa do Utrechtu, gdzie chrzcielnica została odlana.

Centralne miejsce w ewangelickiej muzyce kościelnej zajmował chór i organy. Kościół Mariacki już w okresie przedreformacyjnym posiadał czworo organów[29], o których kilkakrotnie wspomina także Bötticher[30]. W latach 1583–1586 zbudowano nowe, monumentalne organy[31], których wysoki koszt, 12.270 grzywien, odnotowany został w dwóch księgach rachunkowych, z których pochodzą też informacje zawarte w HKR[32]. Do wypisów z rachunków Bötticher dodał szczegółowy opis konstrukcji organów, ze wszystkimi mechanizmami, rejestrami i piszczałkami[33].

Najwięcej nowych elementów wyposażenia pojawiło się w kościele Mariackim wraz z budową epitafiów w korpusie, transepcie oraz w kaplicach bocznych. Chociaż były to fundacje prywatne, nie zaś zamówienia witryków, zgodnie z porządkiem kościelnym wystawienie ich wymagało uzyskania zgody *fabrica ecclesiae*. I nie chodziło tu tylko o formalność, bowiem witrycy, a czasem też rajcy, przed wyrażeniem zgody wnikliwie studiowali projekty. Dotyczyło to także opisanego przez Böttichera przypadku z 1614 r., związanego z budową monumentalnego pomnika rodziny Bahrów *(il. 38)*. Ten największy w kościele Mariackim pomnik nagrobny, w formie cenotafu o książęcym charakterze[34], zamówiony zo-

---

[25] Por. Gruber, Keyser: *Marienkirche*, s. 63–64; Drost: *Marienkirche*, s. 152–153; *KZS Gdańsk*, s. 93–94. Nie wiadomo, jaką formą miała średniowieczna podstawa chrzcielnicy. Przypuszczalnie był to powszechny w państwie zakonnym duży blok granitowy z prostą dekoracją w płytkim reliefie, który pierwotnie znajdował się w południowej nawie bocznej, a w 1486 r. przeniesiony został do kruchty podwieżowej (Gruber, Keyser: *Marienkirche*, s. 63).
[26] HKR, s. <131>.
[27] HKR, s. <131–132>.
[28] HKR, s. <133–134>.
[29] Por. Gruber, Keyser: *Marienkirche*, s. 65.
[30] HKR, s. <92–93, 124>.
[31] Organy zostały rozbudowane w latach 1757–1760 i w 1945 r. w większej części spalone (por Gruber, Keyser: *Marienkirche*, s. 65; Drost: *Marienkirche*, s. 154–155).
[32] HKR, s. <270–272>. Pełen odpis rachunku zachował się w BGPAN, Ms. 489, k. 2–297r.
[33] HKR, s. <478–481>.
[34] Wznoszony do 1620 r. w północnym ramieniu transeptu (por. Drost: *Marienkirche*, s. 166; L. Krzyżanowski: *Gdańskie nagrobki Kosów i Bahrów*, „Biuletyn Historii Sztuki" 30 (1968), s. 270–298, 450–451; Cieślak: *Tod und Gedenken*, s. 98; *KZS Gdańsk*, s. 106).

stał przez burmistrza Johanna Speimanna dla upamiętnienia teściów, Simona i Judyty Bahr. Bötticher podaje, iż w trakcie spotkania Speimann wskazał witrykom miejsce, w którym stanąć miał pomnik, oraz objaśnił projekt wykonany przez Abrahama van den Blocke[35]. Z powodu niezwykłej skali i formy pomnika witrycy nie wyrazili zgody na jego realizację. Speimann przedłożył sprawę inspektorowi kościelnemu, który z kolei zwrócił się do Rady, gdzie utworzono komisję mającą rozstrzygnąć kwestię. Na spotkaniu komisji z witrykami, rzeźbiarzem Abrahamem van den Blocke i budowniczym Hansem Strakowskim szczegółowo dyskutowano nad formą i lokalizacją przyszłego pomnika. Wynik miał zostać przedłożony Radzie do dalszej decyzji. Do chwili wydania ostatecznego pozwolenia i budowy cenotafu w 1620 r. minęło jeszcze kilka lat, co jest zrozumiałe, jeśli pamiętać, że Johann Speimann wykraczał tym projektem poza obowiązujące normy i wyrażał ambicje, które sprawiały, iż cała sprawa nabierała wymiaru politycznego. W przypadku skromniejszych pomników i epitafiów witrycy zazwyczaj podejmowali decyzję sami, bez odwoływania się do Rady.

Sposób obchodzenia się witryków z przedreformacyjnym wyposażeniem kościoła Mariackiego

W czasach Böttichera wiele znajdujących się w kościele Mariackim ołtarzy nie pełniło już żadnej funkcji liturgicznej. Postrzegano je jednak jako dzieła sztuki i „skarby" kościoła, dlatego też niektóre ołtarze oczyszczono i otaczano szczególną opieką. Mimo to, wraz z upływem czasu część elementów wyposażenia została utracona. Dobrym przykładem są kaplice św. Olafa oraz Mariacka, położone w przyziemiu wieży. W HKR znajduje się informacja, iż w 1614 r. usunięto z kaplic kraty, które nie były wysoko cenione, i złożono je w wieży. Obydwa ołtarze jednak pozostawiono bez zmian na miejscu dla ozdoby i ubogacenia wystroju kościoła („hatt man stehen lassen, wie sie gewesen, ja dieselben der Kirchen zur Zier geputzett und rein gemacht")[36]. W ten sposób ołtarze przekształcone zostały we właściwe dzieła sztuki. Zbędne już szaty liturgiczne z kaplicy św. Olafa Rada podarowała w 1637 r. klasztorowi karmelitów[37].

Większa część szat liturgicznych pozostała jednak nienaruszona, tworząc szczególny rozdział w dziejach wyposażenia kościoła Mariackiego. W wyniku polityki kompromisu pomiędzy zwolennikami Lutra i katolickimi zwierzchnikami w kościele tym przez długi czas używane były do odprawiania mszy przez ewangelickich pastorów stare szaty liturgiczne, o czym Bötticher wspomniał kilkakrotnie[38]. Wychodziły one z użycia bardzo powoli i były stopniowo składowane w różnych szafach w zakrystii i kaplicach bocznych oraz w wieży, po czym zostały

---

[35] HKR, s. <531>.
[36] HKR, s. <510>.
[37] Gruber, Keyser: *Marienkirche*, s. 52.
[38] HKR, s. <308, 511>.

zapomniane. W XIX w. na nowo odkryto rozproszony po całym kościele zespół, który stał się słynny pod nazwą *gdański skarbiec paramentów liturgicznych* („Danziger Paramentenschatz")[39].

Choć luteranie starali się sprzyjać zabytkom katolickim, nie obyło się jednak bez przekształcenia wnętrza kościoła oraz utraty elementów wyposażenia. Przekształceniem najbardziej rzucającym się w oczy pod względem estetycznym było pobielenie wnętrza, którego dokonano według Böttichera najpierw w 1550[40], a następnie w 1601 r.[41] Wnętrze kościoła Mariackiego otrzymało wtedy istniejącą do dziś neutralną pobiałę *(il. 30)*, zakrywającą barwne, średniowieczne malowidła ścienne, wśród których znajdowały się przedstawienia świętych.

W największym stopniu stratami dotknięte zostały relikwie oraz sprzęty liturgiczne. Dla protestantów relikwie były ucieleśnieniem pogardzanego katolickiego bałwochwalstwa, mimo to w kościele Mariackim wiele z nich pozostawiono w ołtarzach, o czym świadczą wzmianki o relikwiach znajdujących się w ołtarzu głównym. Zostały one podarowane królowi Zygmuntowi III w czasie jego pobytu w Gdańsku w 1593 r. Władca wyraził takie życzenie, ponieważ ewangelicy nie szanują takich przedmiotów („weil die Evangelischen solcher Sachen nicht achteten")[42]. Rada chętnie przystała na żądanie monarchy, dzięki któremu mogła bez skrupułów pozbyć się niechcianych przedmiotów. Co więcej, dar mógł udobruchać króla po tym, jak w czasie jego pobytu w mieście doszło do zamieszek pomiędzy gdańskim mieszczaństwem a członkami polskiego dworu[43].

Pochodzące z czasów katolickich sprzęty liturgiczne (kielichy, monstrancje itd.) po wprowadzeniu reformacji również w większości stały się zbędne. Wysoka wartość materialna tych dzieł złotniczych czyniła je interesującymi także dla protestantów, jednak wyłącznie jako rezerwa finansowa. Specyficzna sytuacja wyznaniowa w Gdańsku sprawiała, że reprezentanci katolickich zwierzchników miasta pilnowali, by klejnoty kościelne nie zostały rozkradzione. Dlatego też oficjał lub inni katoliccy reprezentanci (np. opat oliwski) wspólnie z witrykami sporządzili inwentarz klejnotów kościelnych[44]. Ten znaczny zbiór sprzętów liturgicznych znalazł swój koniec w 1576 r. w piecach gdańskiej mennicy. W czasie wojny miasta z polskim królem Stefanem Batorym wszystkie trzy ordynki nakazały skonfiskować całe srebro i złoto z gdańskich kościołów i przeznaczyć je na opłacenie kosztów działań zbrojnych[45]. Bötticher nie żałował zniszczenia przedmiotów, które określił jako srebrne i pozłacane bałwany („silberne und verguldte

---

[39] W sumie zespół obejmował prawie 1000 paramentów, z czego 541 znajdowało się do 1945 r. w Muzeum Miejskim w Gdańsku. Dziś (wyjąwszy straty wojenne) jest on podzielony pomiędzy St. Annen Museum w Lubece i Muzeum Narodowe w Gdańsku. Pełen katalog zespołu opracował Walter Mannowsky: Der Danziger Paramentenschatz, 5 t., Berlin 1931–1937. Por. także Drost: *Marienkirche*, s. 117–121.
[40] HKR, s. <124>.
[41] HKR, s. <392>.
[42] HKR, s. <319>.
[43] Por. Simson: *Geschichte Danzig* 2, s. 410.
[44] Bötticher odnotował taką inwentaryzację w 1552 i 1570 r. (HKR, s. <128, 150>).
[45] HKR, s. <186>.

Gotzen")[46]. Witrycy zgodnie z ustaleniami zażądali potem zwrotu wartości szlachetnych materiałów. Miasto długo jednak zwlekało z wypełnieniem tego przyrzeczenia i witrycy musieli się odwoływać jeszcze w latach 1613–1614[47].

Pozytywny stosunek witryków kościoła Mariackiego do obrazów na tle przebiegu reformacji w Gdańsku

Eberhard Bötticher i jego ewangeliccy poprzednicy na stanowisku witryków prezentowali postawę nader sprzyjającą sztuce i obrazom[48]. Takie stanowisko gdańskich luteran musi być rozpatrywane na tle specyficznej sytuacji związanej z przebiegiem reformacji w Gdańsku[49]. Po krótkiej, dramatycznej fazie początkowej w latach 1523–1526, obfitującej w burzliwe spory (protestancka rewolta i gwałtowna reakcja króla Zygmunta I), reformacja dokonywała się tu w szczególny, naznaczony kompromisami sposób[50]. Wynikało to z faktu, iż miasto posiadało katolickiego zwierzchnika w osobie polskiego króla, który, nie mogąc całkowicie powstrzymać gwałtownego rozwoju protestantyzmu w Gdańsku, zabiegał o to, aby przynajmniej ów rozwój zahamować. Rada Miejska musiała brać pod uwagę polityczno-religijne interesy monarchy, jednocześnie ostrożnie wprowadzała nowinki, pozostawiając katolikom określone miejsca sprawowania kultu oraz utrzymując pewne zewnętrzne formy dawnej tradycji. Umiarkowane stanowisko duchowieństwa kościoła Mariackiego dostrzegalne jest już we wczesnej fazie reformacyjnej rewolty w Gdańsku, kiedy w 1524 r. Rada Miasta uczyniła kaznodzieją mnicha franciszkańskiego dr Alexandra. Alexander nauczał czystą Ewangelię, odartą z katolickiej Tradycji, jednakże powstrzymywał się przed używaniem ostrych słów i obelg, a także popierał tymczasowe utrzymanie dawnych ceremonii i zwyczajów[51].

W konsekwencji katolicka tradycja zamierała w kościele Mariackim stopniowo. Stare zwyczaje, jak obchody karnawałowe („Einholung des Fastelabends")[52] czy podnoszenie figury Chrystusa z okazji Wniebowstąpienia[53], kontynuowane były aż do lat pięćdziesiątych XVI w. Długo utrzymywała się też procesja Bożego

---

[46] HKR, s. <209>.
[47] HKR, s. <506, 516>.
[48] Por. Sergiusz Michalski: *Protestanci a sztuka. Spór o obrazy w Europie nowożytnej*, Warszawa 1989; Cieślak: *Tod und Gedenken*, s. 5–7.
[49] Podstawową pracą na temat reformacji w Gdańsku nadal pozostaje: Schnaase: *Geschichte der evangelischen Kirche*. Także Paul Simson (Simson: *Geschichte Danzig* 2) przedstawia wyczerpująco jej rozwój.
[50] Hirsch: *Ober-Pfarrkirche 1*, s. 312, mówi o „Reformation ganz eigenthümlicher Art".
[51] Ibidem, s. 271–271.
[52] Ibidem, s. 325.
[53] Jeszcze w 1551 r. był „am Tage der Himelfahrt Christi dem bapstlichen Gebrauch nach das Bildnuß des Herrn Christi in der Pfarkirche gen Himel gefahren". Człowiek, który podnosił figurę Chrystusa do góry, otrzymywał od witryków grosz wynagrodzenia (HKR, s. <126>).

Ciała, choć bez niesienia monstrancji[54]. Tak długo, jak ołtarz główny wykorzystywany był przez katolickiego proboszcza, luterańscy witrycy płacili za tran do wiecznej lampki przy sakramentarium[55] oraz opłacali dwóch katolickich księży opiekujących się tym ołtarzem. Jednak do połowy XVI w. liczba katolickiego duchowieństwa znacznie się zmniejszyła[56]. Także komunia pod dwiema postaciami ustanowiona została w gdańskim kościele dopiero w 1557 r., chociaż już od trzydziestu lat głoszono luterańskie kazania[57].

W wyniku tego także katolickie wyposażenie kościoła wychodziło z użycia stopniowo. Jeszcze za czasów Böttichera ewangeliccy kaznodzieje nosili podczas mszy stare szaty liturgiczne. Także kalwińscy kapelani musieli sprawować swój urząd w tym „stroju służbowym", nawet jeśli wygłaszali obrazoburcze kazania. Luteranin Bötticher wypominał tę sprzeczność pomiędzy słowem a czynem u swoich konfesyjnych konkurentów ze złośliwą satysfakcją[58].

Podczas gdy w niektórych z gdańskich kościołów doszło do prób obrazoburstwa[59], w kościele Mariackim zachowano umiarkowaną postawę. Katolickie sprzęty liturgiczne były stopniowo adaptowane do innych celów. Należące do kaplic prywatnych ławy kapłańskie były coraz częściej nieobsadzane, zaś fundacje na msze i zbawienie duszy przeznaczano na inne, dobroczynne cele[60]. Zmiana konfesji następowała w kościele Mariackim na przestrzeni pięćdziesięciu lat i zakończyła się w 1572 r., wraz z przejęciem przez luteran ołtarza głównego. Jednak nawet później kościół Mariacki formalnie posiadał katolickiego proboszcza, wyznaczanego przez króla jako patrona kościoła, choć nie posiadał on już w tym kościele żadnych kompetencji. Nawet sam monarcha, posiadający nadal prawo patronatu, nie był w stanie wymóc odprawiania katolickiej mszy w kościele Mariackim w czasie swoich wizyt w Gdańsku. W celu uniknięcia wynikających z tego coraz silniejszych napięć, w latach 1678–1681 na terenie pozostawionej katolikom plebani wzniesiono jako schronienie dla starej wiary Kaplicę Królewską.

Reformacja mogła rozwijać się także dlatego, że gdańszczanie pozostawili katolikom wiele źródeł dochodów. W kościele Mariackim katolicki proboszcz

---

[54] Hirsch: *Ober-Pfarrkirche 1*, s. 325.
[55] HKR, s. <122>.
[56] W 1546 r. witrycy opłacali jeszcze dwóch katolickich księży przy ołtarzu głównym, jednego w bibliotece i jednego w kaplicy św. Barbary (HKR, s. <122>). Także liczba duchownych w kaplicach bocznych ciągle się zmniejszała.
[57] Hirsch: *Ober-Pfarrkirche 1*, s. 348–349.
[58] HKR, s. <511>.
[59] Przykładowo w 1525 r. w kościele św. Katarzyny zniszono ołtarze, usunięto obrazy i monstrancję z sakramentarium (Hirsch: *Ober-Pfarrkirche 1*, s. 292). W 1589 r. pastor kościoła św. Piotra i Pawła na gdańskim przedmieściu przy wsparciu witryków usunął ołtarz główny i zastąpił go nowym, na którym znajdował się tylko tekst Dziesięciorga Przykazań. Jednak po tym, jak jezuici donieśli o tym biskupowi włocławskiemu i wzbudziło to niepokój wśród wiernych, którzy najwyraźniej domagali się przywrócenia dawnego ołtarza, Rada Miejska nakazała czasowe zamknięcie kościoła oraz przywrócenie poprzedniego ołtarza (HKR, s. <309–310>).
[60] Np. na wsparcie studentów (Hirsch: *Ober-Pfarrkirche 1*, s. 342) lub podniesienie przychodów szpitali.

miał swój udział przede wszystkim w dochodach pochodzących z opłat za pochówki, które za pośrednictwem oficjała przekazywane były biskupowi włocławskiemu. W HKR często pojawiają się wzmianki o rozliczeniach przeprowadzanych pomiędzy witrykami a oficjałem. W pewnym sensie wierne papieżowi stronnictwo potwierdziło swoim postępowaniem słuszność wysuwanych przeciwko nim zarzutów skorumpowania i pozbawionego treści formalizmu. Kościół katolicki był ostatecznie zadowolony z tego, że należne mu przychody zostały zapewnione przez Radę Miejską oraz zagwarantowane zostało zachowanie pewnych zewnętrznych form w liturgii. Tej samem tendencji zawdzięczamy też zachowanie znacznej części wyposażenia kościoła Mariackiego. Nawet mimo znacznych start z czasu ostatniej wojny w porównaniu z innymi kościołami europejskimi kościół Mariacki posiada jeden z największych zespołów późnogotyckich ołtarzy. To bogactwo zawdzięcza on w znacznej części sprzyjającej dziełom sztuki postawie luterańskich witryków z XVI i XVII w., których czołowym przedstawicielem był Eberhard Bötticher.

Tłumaczenie: Izabella Brzostowska

Edmund Kizik

Werkverzeichnis der Schriften Eberhard Böttichers (Chroniken, Dokumentensammlungen, Tagebücher, Amtsbücher – Autographen, Abschriften und Fortsetzungen, erhaltene und verschwundene Arbeiten)

Das Historische Kirchen Register ist zweifellos das wichtigste Werk Eberhard Bötticher und gehört zu den am häufigsten kopierten, fortgeführten und exzerpierten Danziger Handschriften im 16. und 18. Jahrhundert. Die Chronik war zunächst nur für den engeren Zirkel der lutherischen Kirchenväter der Marienkirche bestimmt, wurde jedoch schnell außerhalb dieses Kreises bekannt. Die Schrift fand bald durch zahlreiche Abschriften den Weg in viele bürgerliche Bibliotheken (z.B. bei Valentin Schlieff) sowie in die Sammlungen der Danziger Kirchen. In den Beständen der Danziger Stadtbibliothek (Biblioteka Gdańska PAN) und dem Staatsarchiv in Danzig (Archiwum Państwowe w Gdańsku) befinden sich heute neben dem Originalmanuskript noch 36 verschiedene Arten von Abschriften, Auszügen oder Fortsetzungen des HKR, von denen die jüngsten aus den ersten Dekaden des 19. Jahrhunderts stammen. Es haben sich auch vereinzelt Kopien in Beständen außerhalb Danzigs erhalten und gelegentlich werden Abschriften im antiquarischen Handel angeboten.

Der Grund für diese Beliebtheit liegt vermutlich vor allem in der recht strengen Zensur, die der Stadtrat in Danzig gegenüber den Autoren historischer Arbeiten ausübte. Im Allgemeinen war die Veröffentlichung von Schriften verboten, die durch die Publikation oder Interpretation rechtshistorischer Dokumente der Stadt tatsächliche oder mutmaßliche Schäden zufügen konnten. Die Arbeit Bötticher, in der der Autor ganz offen seine Opposition gegen die Politik des Rates formulierte, traf sicherlich auf die Zustimmung aus den Kreisen der Dritten Ordnung, die sich häufig in ernsten Auseinandersetzungen mit den städtischen Eliten befanden und selbst nicht die Möglichkeit besaßen, ihre Auffassungen im Druck zu publizieren. Die Vertreter der städtischen Macht waren durch das Aufgreifen bestimmter Themen reizbar, z.B. durch die Abneigung der Dritten Ordnung gegen die Aufnahme von niederländischen Ankömmlingen in der Stadt, die scharfe Kritik am Calvinismus, den Konflikt zwischen Handwerkern und Kaufleuten, die kritische Haltung gegenüber den Katholiken, vor allem aber durch die Suche von Repräsentanten der Dritten Ordnung nach Unterstützung am polnischen Königshof gegen den Stadtrat.[1]

---

[1] Eine grundlegende Übersicht zur Problematik findet sich in: Edmund Cieślak: Walki społeczno-polityczne w Gdańsku w drugiej połowie XVII wieku. Interwencja Jana III Sobie-

Daher unterlagen alle Studien von Historikern, die strittige städtischen Themen betrafen, einer strengen Zensur (*casus* einer nichtveröffentlichten Studie von Elias K. Schröder (1625–1680), *Ius publicum Dantiscanum*, 1657[2], das Schicksal einer der Stadtregierung im Allgemeinen wohlgesonnenen Arbeit Reinhold Curickes (1610–1667), erst postum 1687 nach einer genauen Zensur veröffentlicht[3]). Diese Politik änderte sich nicht einmal im 18. Jahrhundert, so wurde das Werk des hervorragenden Historikers und Syndikus des Stadtrats, Gottfried Lengnich (1689–1774), *Ius publicum civitatis gedanensis* erst im Jahr 1900 im Druck veröffentlicht[4]. Kontroverse Fragen, die Bötticher in seiner Arbeit behandelt hatte, wurden etwa in dem mehrbändigen herausragenden Werk von Lengnich (Geschichte der preußischen Lande königlich-polnischen Antheils seit dem Jahre 1526, Bd. 1–9, Danzig 1722–1755) ausgespart. Der Danziger Rat folgte sogar nach dem Prinzip eines gegenseitigen Einvernehmens der Bitte der Elbinger Behörden und verbot Michael Christoph Hanow (1695–1773), Professor am Akademischen Gymnasium, die Veröffentlichung weiterer Teile einer Geschichte Elbings (Hamburgisches Magazin 1757–1759)[5]. Die Danziger Regierung entsprach dem Wunsch der benachbarten Stadt, indem sie den Danziger Gelehrten zur Aufgabe seines Publikationsvorhabens bewegte[6].

Die strenge Präventivzensur hielt sich bis zum Ende der Danziger Republik, was ein wesentlicher Grund für das Fehlen von historischen und quellenkundlichen Arbeiten (Sammlung von Rechtsquellen, rechtlich-historische Analysen) in der Epoche der Aufklärung des 18. Jahrhunderts war. In Danzig gab es entschieden weniger Arbeiten dieses Typs als in anderen vergleichbaren intellektuellen Zentren. Erst kurz vor der zweiten Teilung Polens und dem Anschluss

---

skiego, Gdańsk 1962; Edmund Cieślak: Konflikty polityczne i społeczne w Gdańsku w połowie XVIII w. – sojusz pospólstwa z dworem królewskim, Wrocław 1972.

[2] Stanisław Matysik, Eliasz Konstanty Schröder: Gdański prawnik i sekretarz królewski z XVII wieku, Czasopismo Prawno-Historyczne 6 (1954), S. 152–177.

[3] Siehe Ernst Bahr: Der Stadt Dantzig historische Beschreibung von Reinhold Curicke und ihre Fortsetzer, [Einführung zur Faksimileausgabe], R. Curicke: Der Stadt Danzig Historische Beschreibung, Faksimile-Druck hg. von Siegfried Rosenberg, Hamburg 1979, ohne Paginierung. Siehe Edmund Cieślak: Curicke Rejnold, SBPN 1, Gdańsk 1992, S. 234f.

[4] Ius publicum.

[5] „1757 hatte der berühmte Professor in Danzig Hanow in das Hamburgische Magazin eine geschichtliche Beschreibung der Stadt von ihrer Erbauung an unter dem Titel: *Zuverläßige Nachricht von Elbing* eindrücken lassen [...]. Der elbingsche Rath aber nahm es ihm übel, daß er ohne sein Vorwissen und aus ängstlicher Vorsicht fürchtete, er Gefahr für die Rechte der Stadt, wenn ihre Privilegien gedeutet würden. Er beschloß daher unter dem 6ten November [1757] an den Rath von Danzig zu schreiben und ihn zu ersuchen dem Professor Hanow die Fortsetzung dieser Beschreibung zu untersagen. Dieser that es auch aus nachbarlicher Freundschaft, und Hanow vollendete nun nicht diese Abhandlung", Michael G. Fuchs: Beschreibung der Stadt Elbing und ihres Gebietes, Bd. 1, Elbing 1818, S. XXI, siehe auch APGd., 369, 1/1292, S. 307–310 (Kopie der ausgehenden Korrespondenz der Elbinger Stadtkanzlei). Original des Schreibens an den Danziger Stadtrat, APGd. 300, 53/371, S. 179–181 (Nr. 32).

[6] Die Antwort auf die Bitte der Elbinger erfolgte in einem Schreiben vom 15. Oktober: APGd. 300, 27/122, S. 318–320 (Kopie des ausgehenden Schreibens aus der Stadtkanzlei).

Danzigs an Preußen erschien die erste wissenschaftliche Synthese der Danziger Geschichte, das dreibändige Werk *Versuch einer Geschichte Danzigs* von Daniel Gralath d. J. (1739–1809), veröffentlicht in Berlin und Königsberg in den Jahren 1789 und 1791.

Es verwundert daher nicht, dass bis zum Beginn des 19. Jahrhunderts ein großer Bedarf nach Abschriften von Werken bestand, die eine nichtoffizielle Version von heiklen Aspekten der Stadtgeschichte präsentierten. Für den Bereich der Konfessionsgeschichte füllte diese Lücke die Chronik Eberhard Böttichers (HKR) aus, die vielfach kopiert, fortgesetzt und ergänzt wurde. Der schriftliche Nachlass Böttichers war jedoch wesentlich umfassender. Erst eine genaue Sichtung und Zusammenstellung des Gesamtwerks erlaubt eine angemessene Beurteilung seines öffentlichen Wirkens. Obwohl das HKR das wichtigste und populärste Werk Böttichers darstellte, lässt sich erst durch die chronologische Aufstellung seiner schriftlichen Hinterlassenschaft erkennen, dass diese Chronik Ergebnis einer das gesamte Leben umfassenden geschichtlichen Erfahrung dieser außergewöhnlichen Persönlichkeit war.

Dementsprechend sind die hier aufgeführten Arbeiten folgendermaßen angeordnet:

I. Tagebuchaufzeichnungen,

II. Amtsschriften, verfasst im Rahmen der Tätigkeit als Kirchenvater der Marienkirche,

III. Dokumentensammlungen, entstanden im Zusammenhang mit dem Engagement Böttichers im Danziger Konfessionskonflikt um die Wende des 17. Jahrhunderts (diese Materialien wurden als Grundlage für die Abfassung des HKR, insbesondere für die Jahre 1580–1606, verwendet),

IV. die Chronik der Marienkirche (HKR), die Krönung seines intellektuellen Lebens und Zusammenfassung seiner bisherigen Leistungen, Abschriften, Notizen und Auszüge bis 1615.

In der Beschreibung der einzelnen Positionen sind außer der Zuordnung zu den Sachkategorien folgende Informationen enthalten: Aufbewahrungsort, Signatur (aktuelle und frühere, im Fall von Mikrofilmen auch deren Signatur), Umfang, im Falle von Konvoluten Angabe der Blatt- oder Seitenzahl der die Texte Böttichers betreffenden Stellen, formale Beschreibung, chronologischer Rahmen, Entstehungszeit, evtl. Autoren und Provenienz der Handschrift. Am Ende folgt eine Bibliographie der Beschreibungen und wichtigsten Abhandlungen, die diese Quellen verwendet haben.

Die schriftlichen Werke Eberhard Böttichers (Autographe und Kopien)

I. Persönliche Tagebücher Eberhard Böttichers

I.A: Bötticher: Memorial (1577–1583) – *„Memorial oder Gedenckbuch durch mich Eberhard Bodcher für mich und die meynen zu langwerender gedechniß beschrieben, Soli Deo Gloria..."* Handschrift APGd., Sign. 300, R/Ll, q, 31, (Alte Sign. 20, gestrichen Ll, 67; Mikrofilm: Sign. E–33406), Bl. IX+1–456, Papier, Einband aus Pergament (Fragment eines lateinischen Liturgietextes aus der zweiten Hälfte des 15. Jh. (?)), 21,5 × 16,5 cm, 1577–1583, Autograph Böttichers, Titel stammt vom Autor; ehem. Biblioteca Fabriciana – Sławoszewska: Inwentarz „Bibliotheca Archivi", S. 172; Gehrke: Geschichtsschreiber, S. 38, Anm. 1; Kizik: Pamiętnik, S. 141–164.

Kopien, Auszüge:

I.A.1: *„Außzug auß Eberhard Böttchers Historischer Erklerung oder Preussischenhistoria von Anno 1516 biß 1582"*, Handschrift APGd., Sign. 300, R/Vv, 219 (Mikrofilm: Sign. E–34247), Bl. 3–69 (insgesamt 622 S.), Papier, Einband aus Pergament, 34 × 20,5 cm, Auszug aus dem ersten Band der Tagebücher (*Memorial oder Gedenckbuch*, der vom Kopisten gegebene Titel ist irreführend), 1582, Abschrift aus der ersten Hälfte des 18. Jh., zusammen gebunden mit anderen Texten, teilweise von Johann Ernst von der Linde, Anwalt und Bürgermeister von Danzig (gest. 1721) – Sławoszewska: Inwentarz „Bibliotheca Archivi", S. 374; Mokrzecki: W kręgu prac, S. 111–113 (auf Grundlage des Titel fälschlicherweise als Auszug aus einer verlorenen Chronik interpretiert); Kizik: Pamiętnik, S. 143.

I.A.2: *Excerpta ex Diario Eberhardi Böttichers* [1528–1582], Handschrift APGd., Sign. 300, R/Vv, 112, Nr. 2 (Mikrofilm: Sign. E–34135), S. 537–584, insg. 16 + 698 S., Papier, eingebunden in braunes Pergament, 20 × 33 cm, Abschrift aus der ersten Hälfte des 18. Jh. (?), Auszug aus dem ersten Teil des Tagebuchs (*Memorial oder Gedenckbuch*), gebunden in einem größeren Konvolut mit einem Auszug des HKR sowie einer Abschrift aus Curicke: Stadt Danzig – Sławoszewska: *Inwentarz „Bibliotheca Archivi"*, S. 339.

I.B: Bötticher: Chronica (1584–1595) – *Der andere Theil des (Eberhard) Bötchers Chronica anno 1584 biß anno 1595*, BGPAN, Sign. Ms. 1282 (alte Sign. I.E.f.31), Bl. I–CXLIIII (alte Foliierung), die neue Foliierung ist durchgehend für das gesamte Konvolut – das Tagebuch auf den Blättern 142r–299r, Papier, originaler Papiereinband, 33 × 32 cm, 1584–1595, Autograph Böttichers mit späteren Ergänzungen und Kommentaren von Valentin Schlieff (vor 1750), der Titel vom Autor, zusammen mit anderen Unterlagen zur preußischen Geschichte; das Exemplar befand sich in der Sammlung des Valentin Schlieff (gest. 1750) – Günther: Katalog 2, S. 213f; Gehrke: Geschichtsschreiber, S. 38, Anm. 1; Irena Fabiani-Madeyska: "Palatium regium" w Gdańsku, Rocznik Gdański 15/16 (1956/1957), S. 155, Anm. 86–87; Kizik: Pamiętnik, S. 141–164

Abschriften oder Fortsetzungen dieses Teils der Aufzeichnungen Böttichers sind nicht bekannt.

II. Handschriftliche Amtsbücher

II.B: *"Register der Leichsteinen und Begrebnüssen in S. Marien Kirchen der Rechten Stadt Dantzig nach Ihren Nummern unnd Namen Auffs newe mit fleis revidiret und untersucht Dürch Eberhartt Böttichern Kirchen Vaternn und Verwaltern der Leichsteinen daselbst, Anno 1604"*, Handschrift APGd., Sign. 354/348, S. 1–2 (Papier, später hinzugefügt), 3–152 (Pergament), 151–152 (Papier, später hinzugefügt), Einband aus dunkelbraunem Leder, Exlibris der Marienkirche, 16,5 × 37 cm, Verzeichnis der Grabparzellen in der Marienkirche angelegt durch E. Bötticher 1604, Titel vom Autor. Gliederung und Art der Registrierung der einzelnen Grabparzellen sowie das Auskratzen der nichtaktuellen Einträge mit Hilfe eines Bimssteins erfolgten nach dem Vorbild der Danziger Grundbücher. Einträge fortgeführt bis zum Beginn zur Anlage des Neuen Stein – oder Leichenbuchs 1711, Handschrift APGd., Sign. 354/347.

Kopien:

II.B.1: BGPAN, Sign. Ms. 487 (alte Sign. XV. f. 19), adl. 7, Bl. 49r–138v, (insgesamt 589 Bl.), Papier, 33 × 21 cm, 17./18. Jh., Abschrift von Georg Schroeder, Kopie mit späteren Ergänzungen sowie Anmerkungen die Änderung der Besitzverhältnisse betreffend, aus der Sammlung Valentin Schlieff (gest. 1750) – Bertling: Katalog 1, S. 239–240.

II.C: *"Catalogus oder ordentliche erzehlung, welcher gestalt E. Erb. Hochw. Rath der Königlichen Stadt Dantzig von anfang hero einen Herren Bürgermeister ihres Mittels zu einem Inspectore und auch vier Persohnen auss ihrer Burgerschafft zu Kirchen Vättern ... erwehlet und verodnet ... mit fleiß zusammen gezogen durch Eberhart Botticher, Anno 1616 biß 1629"*, Handschrift BGPAN, Sign. Ms. 487 (alte Sign. XV. f. 19), adl. 9, S. 150r–168v, (insgesamt 589 Bl.) Papier, 33 × 21 cm, Verzeichnis der Kirchenväter der Marienkirche; Abschrift von Georg Schroeder aus einer verlorenen Handschrift Bötticher, weitergeführt bis 1629, zusammengebunden mit anderen Handschriften zur Marienkirche, aus der Sammlung von Valentin Schlieff (gest. 1750) – Bertling: Katalog 1, S. 239f.

II.D: *"Der Kirchen zu Sanct Maria Glockenbuch (1575–1663)"*, Handschrift APGd., Sign. 354/1513, 1120 S., Papier 23,7 × 37,2 cm, 1575 bis nach 1663,

Registereinträge des Glockenamts der Marienkirche (Einnahmen aus dem Glockengeld und Abrechnung der Einkünfte), Einträge der Jahre 1606–1610 (S. 407–461) von der Hand Böttichers – E. Kizik: Koszty użytkowania dzwonów w Gdańsku i terytorium wiejskim miasta w XVII i XVIII wieku, in: Odlewnictwo w Polsce. Materiały z VII Sesji Naukowej z cyklu Rzemiosło artystyczne i wzornictwo w Polsce, Toruń 2007, bearb. von Katarzyna Kluczwajd, Toruń 2007, S. 155–162.

II.E: Eberhard Bötticher [*„Alte Kirchen Ordnungk der kirchen Sanct Marien in der Stadt Dantzigk... 1612"*], ehemaliges Archiv der Marienkirche, Nr. 112, Entwurf der Ordnung, den Paul Simson gesehen und dabei die Handschrift Bötticher erkannt hat; Handschrift verloren – Simson: Geschichte Danzig 2, S. 544, Anm. 1.

II.E.1: *„Alte Kirchen Ordnungk der kirchen Sanct Marien in der Stadt Dantzigk nach ietzigen Zustande... Item Schül Ordnungk der Schullen daselbst"*, Handschrift BGPAN, Sign. Ms. Mar. F. 415 (Mikrofilm: Sign. 3709), Bl. 1–68, Pergament, 36,5 × 29 cm, 1614, Ergänzungen 1653, Original der Kirchenordnung von 1612, durch den Stadtrat 1614 bestätigt, aus den Beständen der Marienkirche, auf der Rückseite des Einbands folgende Information in Maschinenschrift (in polnisch): „Die in den Kriegswirren 1945 verlorene Handschrift wurde dank der Bemühungen des ermländischen Priesterseminars „Hosianum" in Allenstein/Olsztyn wiedergewonnen am 20. Mai 1953" – Simson: Geschichte Danzig 2, S. 544, Anm. 1; Günther: Katalog 5, S. 458; Rauschning: Musik in Danzig, S. 80, Anm. 114.

Kopien:

II.E.1.a: Handschrift BGPAN, Sign. Ms. (alte Sign. XV. f. 19), adl. 35, Bl. 410r–474r, (insgesamt 589 Bl.), 33 × 21 cm, Papier, Abschrift von Georg Schröder, Sammlung Valentin Schlieff (gest. 1750) – Bertling: Katalog 1, S. 243; Simson: Geschichte Danzig 2, S. 544, Anm. 1.

II. E. 1. b: Handschrift BGPAN, Sign. Ms. Uph. fol. 189, Bl. 1–47, 37,5 × 23,5 cm, Papier, Mitte 17. Jahrhundert; Handschrift verloren – Günther: Katalog 2, S. 462, zitiert bei: Rauschning: Musik in Danzig, S. 80–82.

II.E.1.c: *„Alte Kirchen Ordnung der Kirchen Sanct Marien in der Rechten Stadt Dantzigk... Item Schul Ordnung der Schulen daselbest"*, [1612], Handschrift APGd., Sign. 300, R/Pp, 4, S. 3–86 (insgesamt 242 S., ab S. 199 unbeschrieben), Papier, eingebunden mit rotem Pergament, 31,4 × 20,3 cm, die originale Machart imitierende Abschrift (Nr. II.E.1), nach 1687 – Text publiziert bei: Sehling: Kirchenordnungen, S. 170f (Besprechung der Quelle, nach der diese vielfach bei Forschungen über Danzig verwendet wurde), 198–218 (Edition); Sławoszewska: Inwentarz „Bibliotheca Archivi", S. 223f.

II. E.1.d: Handschrift APGd., Sign. 300, R/Pp, 46 (Mikrofilm: Sign. E–33702), 398 S., 2. Hälfte 17. Jh., Papier, Einband aus Karton, 34 × 20,5 cm – Sławoszewska: Inwentarz „Bibliotheca Archivi", S. 234.

II.5: „*Eberhard Bötticher, Kapellen Register der Pfarrkirchen zu St. Marien*", Handschrift BGPAN, Ms. 487 (alte Sign. XV.f.19), adl. 22, Bl. 246r–340r, (insgesamt 589 Bl.), Papier, 33 × 21 cm, Anfang 17. Jh., Abschrift von Georg Schröder aus einem verschollenem Autograph Böttichers, Sammlung G. Schröder, später Valentin Schlieff (gest. 1750) – Bertling: Katalog 1, S. 342.

III. Dokumentensammlungen (um 1604–1606): Historische Declaration / Grundliche Erklerung

Eberhard Bötticher, Historische Declaration / Grundliche Erklerung: „*Historische Declaration. Aus was Ursachen die Gemeinen der Augspurg. Confession verwandt in der Dritten Ordnung des Breiten-Raths der Stadt Dantzig nebenst sämptlichen der Confession zugethanen Bürgern, Kauffleüten, Zunfften, Haupt-Wercken und Wercken mit etzlichen Personen im mittel E.E. Rahts daselbst, der Religion halben durch Antrieb des Calvinischen Hauffens in einen rechtlichen Proceß... beschrieben von Eberhard Böttichern*" – Sammlung von Quellenabschriften, Kommentaren, eine der wichtigsten Quellengrundlagen des HKR, um 1604–1606), Reinschrift(en) Böttichers sind nicht erhalten.

Entwürfe Historische Declaration / Grundliche Erklerung:

III.A: Konfessionsstreit in Danzig zwischen Lutheranern und Calvinisten – Abschriften zeitgenössischer Berichte, Briefe, etc. Kurze Inhaltsdarstellungen 1585–1606 [Titel nach 1945], Handschrift APGd., Sign. 300, R/Pp, 18 (alte Sign. 505; Mikrofilm: Sign. E–33670), 1088 S., um 1604–1606., Papier, Umschlag aus grünem Pergament, 21 × 33 cm. Auf Grundlage der Handschriftenanalyse schrieb Edmund Kizik diese Aufzeichnungen Bötticher zu. Das in mehreren Teilen zusammengestellte Material bildete die Grundlage für die verschwundene Reinschrift, auf die sich Bötticher in den Berichten des HKR für die Zeit ab etwa 1585 bis 1606 bezog. Der vorliegende Band bildet eine Einheit mit anderen Gruppen von Aufzeichnungen: Nr. III.B, Herkunft unbekannt – Sławoszewska: Inwentarz „Biblioteca Archivi", S. 227; verwendet bei: Müller: Zweite Reformation, S. 126 und passim.

III.B: „Verzeichnis der Doktoren, Lehrer und Pastoren, die „die Danziger Notel" der Jahre 1562–1626 unterzeichneten. Materialien bezügl. der Konfessionsverhältnisse in Danzig in den Jahren 1604–1606: Streit zwischen Lutheranern und Calvinisten – originale Supplemente, Instruktionen, etc. in den zeitgenössischen Abschriften. Am Beginn eine Schriftrolle angefertigt im 18. Jh." [Titel nach

1945], Handschrift APGd., Sign. 300, R/Pp, 17 (alte Sign. 505; Mikrofilm: Sign. E–33671), 764 S., um 1604–1606, Papier, Einband aus grünem Pergament, 21 × 33 cm, Sammlung von Autographen Böttichers sowie unbekannter Autoren, unterteilt in mehrere Teile mit eigener alter Foliierung. Auf Grundlage der Handschriftenanalyse hat Edmund Kizik einen Teil der Aufzeichnungen Bötticher zugeschrieben. Die Materialsammlung bildete die Grundlage für die verlorene Reinschrift der *Historischen Declaration*, auf die sich Bötticher im HKR bei der Beschreibung der Ereignisse der Jahre 1585–1606 häufig bezog. Der Band bildete eine Einheit zusammen mit einem anderen Band: Nr. III.1, Herkunft unbekannt – Sławoszewska: Inwentarz „Biblioteca Archivi", S. 227; verwendet bei: Müller: Zweite Reformation, S. 126 und passim.

III.C: Varia bezüglich der vornehmlich evangelischen Konfessionsverhältnisse in Danzig: Abschriften von Briefen, Rezessen, Mandaten, Denkschriften, Suppliken etc. Darüber hinaus u.a. originales Schreiben von Bruder Johann, Vorsteher der sächsischen Provinz der Franziskaner, ausgestellt 1488 auf Pergament in Danzig für den Schulzen und die Einwohner von Petershagen/Peterszawa, Zaroślak, in dem ihnen ein Anteil an allen Messen und Gebeten für die Toten durch den Franziskanerorden und die Klarissinnen zugesichert wird, daneben eine Abschrift eines Schreibens des Danziger Rats von 1509 an den Papst, die Präsentation Johanns von Suchten zum Pfarrer von St. Johann betreffend, – am Anfang Rotulus, 1488–1638 [Titel nach 1945], Handschrift APGd., Sign. 300, R/Pp, 6 (Mikrofilm Sign.: E–33659), XIV + 1470 S., Papier, Einband aus Halbleder, 34,5 × 21 cm, das Konvolut enthält eine Dokumentensammlung geschrieben von verschiedenen Händen, auf S. 973–1158 (alte Paginierung: S. I-CXXXIII) Autograph von Eberhard Bötticher mit Fragmenten aus der *Historischen Declaration*, die Jahre 1605–1606 betreffend; Schrift und Anordnung fast identisch mit dem zweiten Band des Tagebuchs, Nr. I.4); aus der Sammlung von Valentin Schlieff und Schumann – Sławoszewska: Inwentarz „Biblioteca Archivi", S. 224.

III.D: Handschrift BGPAN, Sign. Ms. 447 (alte Sign, XV.f.11) Bl. 4r–211r, insgesamt 376 Bl., zusammengebunden mit anderen Schriftstücken, 1619, 1629; Handschrift verloren – erwähnt 1847 in: Hirsch: Ober-Pfarrkirche 2, S. 198, Anm. 1, S. 205, Anm. 3, S. 274, Anm. 1 (mutmaßlich Autograph Böttichers); Bertling: Katalog 1, S. 196f.

Kopien:

III.D.1: Handschrift BGPAN, Sign. Ms. Mar. F 337 (Mikrofilm: Sign. 3699), 4 Bl., 780 S., Papier, Einband aus weißem Pergament, belegt mit braunem Leder, 34 × 21 cm, Abschrift von 1694, aus dem Beständen der Marienkirche – Günther: Katalog 5, S. 443f.

III.D.2: Handschrift BGPAN, Sign. Ms. 448 (alte Sign. XV.f.21), 519 Bl., Papier, aus der Sammlung von Valentin Schlieff; Handschrift verloren – Günther: Katalog 2, S. 199.

III.D.3: Handschrift BGPAN, Sign. Ms. Uph. fol. 20, 2 Bl., 370 S., Papier, Einband aus Leder, 33,5 × 20 cm, 1761, Abschrift von Andreas Schott aus einem Exemplar, das früher u.a. Friedrich Daniel Titius sowie Michael Bantzer gehörte; Handschrift verloren – Günther: Katalog 2, S. 389.

III.D.4: „*Declaratio oder Gründliche Erklerung*" [Originaltitel]; Konfessionsstreitigkeiten zwischen Lutheranern und Calvinisten in Danzig – Abschriften von Urkunden, Korrespondenz, Berichten, Denkschriften etc., [Titel nach 1945], Handschrift APGd., Sign. 300, R/Pp, 16, VIII + 840 S., Papier, Einband aus weißem Pergament, 31,5 × 19,7 cm, 1586–1606, 2. Hälfte 17. Jh., Bibliotheca Fabriciana, 76 – Sławoszewska: Inwentarz „Bibliotheca Archivi", S. 227.

III.D.5: Handschrift APGd., Sign. 300, R/Pp, 30 (alte Sign. 12; Mikrofilm: Sign. E–33686,), IV Bl. + 1376 S., Papier, Einband aus weißem Pergament, 32 × 19,2 cm, zusammen mit Anhängen, um 1700, aus der Sammlung von Bartel Schreit – Sławoszewska: Inwentarz „Bibliotheca Archivi", S. 230; Abschrift verwendet bei: Müller: Zweite Reformation, (Bibliographie).

III.D.6: „*Eberhard Bötichers Historische Kirchen Relaciones (überschrieben: Declaration) oder Erklärung*" [16. Jh. – 1606], Handschrift APGd., Sign. 300, R/Pp, 31 (alte Sign. No 3; Pp, 29a; Mikrofilm: Sign. E- 33687), 252 S. (242–252 unbeschriftet), Papier, Einband aus blauem Papier, 20 × 33 cm, Mitte 18. Jh. – Sławoszewska: Inwentarz „Bibliotheca Archivi", S. 231; Abschrift verwendet bei: Müller: Zweite Reformation, S. 31 und passim.

III.D.7: „*Der Erste Band Beylagen zu Eberhard Bötichers Historischem Kirchen-Register, nach seiner Ausbesserung und Fortsetzung, ohne Ordnung der Zeit, sondern wie bloss wie jede zu Hände gekommen*", Handschrift BGPAN, Sign. Ms. 969, 6 Bl. + 769 S., Papier, Einband aus Halbleder, 34 × 20 cm, 1763, Abschrift von Andreas Schott (1707–1764) – Günther: Katalog 2, S. 89.

IV. HKR – Das *Historisch Kirchen Register* – Chronik der Marienkirche (1615/1616), zusammen mit Abschriften und Fortsetzungen bis zur Mitte des 17. Jahrhunderts

IV.A: „*Eberhard Böticher: Historisch Kirchen Register der grossen Pfarkirchen in der Rechten Stad Dantzig S. Marien – oder von alters Unser Lieben Frawen genant, auß allen derselben Kirchen Büchern und andern Chroniken und alten Schriften zusammen getragen Durch Eberhard Böticher bestellten KirchenVater daselbst (1615 [1616])*",

Handschrift BGPAN, Sign. Ms. Uph. fol. 18, Bl. [2, 1r–2v] + 546 S. + 24 S.+ [3 Bl.], Papier, Einband aus weißem Pergament, 33,5 × 20,5 cm, 1616, Autograph Böttichers – Günther: Katalog 2, S. 389; Schwarz: Verzeichnis der handschriftlichen Chroniken, Nr. 85; Gruber, Keyser: Marienkirche, S. 71 (die Autoren geben irrtümlich an: „Die Darstellung ist nur bis 1586 geführt. Diese Handschrift stellt wohl den ersten Enwurf dar"); Mokrzecki: W kręgu prac, S. 117–119; Edmund Kizik: The Chronicles and Memoirs of a Gdańsk Merchant and the Official of St. Mary's Church, Eberhard Bötticher (1554–1617), Studia Maritima 24 (2011), S. 47–62.

IV.A.a. *„Historisch Kirchen-Register der Pfarrkirchen Unser Lieben Frawen S. Marien in der Rechten Statt Dantzig nach verlauff der Jahren, Ausz den alten vnndt zertreweten Kirchen-Büchern vndt andern Nachrichtungen, durch Eberhardt Böttichern, Eltesten bestelleten Kirchen Vatter daselbst zusammengetragen Im Jahr 1615"*, Exemplar mit Fortsetzung bis 1640; verwendet von Theodor Hirsch (Hirsch: Ober-Pfarrkirche 1–2), spätere Kopie: BGPAN Sign. Ms. 948 – Nr. IV.A.12, Herkunft unbekannt, Exemplar verloren – Hirsch: Ober-Pfarrkirche 1, S. 28f, Anm. 1.

Abschriften aus den Beständen der Danziger Stadtbibliothek (BGPAN):

IV.A.1: Handschrift BGPAN, Sign. Ms. 35 (alte Sign. XV.F.8), 538 Bl. (1 und 538 unbeschrieben), Papier, Einband aus weißem Pergament 32,5 × 20 cm, bis 1640, Abschrift von 1669 aus einem Exemplar aus den Beständen der Marienkirche, vielleicht der ersten Kopie und Fortsetzung des Autographs Böttichers bis 1669 (Vermerk auf der Titelseite: „Abgeschrieben auß dem Original, welches bey gedachter Kirchen St. Marien asserviret wird") – Bertling: Katalog 1, S. 33; Schwarz: Verzeichnis der handschriftlichen Chroniken, Nr. 88; Gruber, Keyser: Marienkirche, S. 71.

IV.A.2: Handschrift BGPAN, Sign. Ms. 36 (alte Sign. XV. f. 13), Bl. 562 (Bl. 1–4, 551–562 unbeschrieben), Abschrift aus der zweiten Hälfte des 17. Jahrhunderts; Handschrift verschwunden – Bertling: Katalog 1, S. 33; Schwarz: *Verzeichnis* der handschriftlichen Chroniken, Nr. 89; Gruber, Keyser: Marienkirche, S. 71.

IV.A.3: Handschrift BGPAN, Sign. Ms. 37 (alte Sign. XV.f. 14), 89 Bl., nach 1665, Auszug aus dem HKR aus der Sammlung von Valentin Schlieff (gest. 1750); Handschrift verloren – Bertling: Katalog 1, S. 33f; Schwarz: Verzeichnis der handschriftlichen Chroniken, Nr. 100; Gruber, Keyser: Marienkirche, S. 71.

IV.A.4: Handschrift BGPAN, Sign. Ms. 38 (alte Sign. XV.F.282), 194 Bl. (Bl. 1–194, insgesamt 346 Bl.), Auszug bis 1640 aus dem Ende des 17. Jahrhunderts, zusammengebunden mit anderen Handschriften, aus der Sammlung von Carl Stanislaus Gralath (gest. 1864); Handschrift verloren – Bertling: Katalog 1, S. 34; Schwarz: Verzeichnis der handschriftlichen Chroniken, Nr. 90; Gruber, Keyser: Marienkirche, S. 71.

IV.A.5: Handschrift BGPAN, Sign. Ms. 39 (alte Sign. XV.f.283) 95 Bl. (Bl. 1, 93–95 unbeschrieben), Papier, Abschrift des HKR bis 1616, wahrscheinlich aus dem Autograph Nr. IV.A., zweite Hälfte 17. Jh., aus der Sammlung von Carl Stanislaus Gralath (gest. 1864); Handschrift verloren – Bertling: Katalog 1, S. 33; Schwarz: Verzeichnis der handschriftlichen Chroniken, Nr. 1; Gruber, Keyser: Marienkirche, S. 71.

IV.A.6: Handschrift BGPAN, Sign. Ms. 40 (alte Sign. XV.f.284) Umfang unbekannt, Einträge auf Bl. 1r–357v (alte Paginiierung 1–714), Papier, Folio, Abschrift von 1760 durch Andreas Schott (gest. 1764), aus der Sammlung von Gotthilf Löschin (gest. 1868); Handschrift verloren – Bertling: Katalog 1, S. 35–36; Schwarz: Verzeichnis der handschriftlichen Chroniken, Nr. 98; Gruber, Keyser: Marienkirche, S. 71.

IV.A.7: Handschrift BGPAN, Sign. Ms. 41 (alte Sign. XV.F.285), Bl. 1–166 (Bl. 1 unbeschrieben), Auszug aus der Chronik mit Ergänzungen bis zum Ende des 17. Jh.s, 1788, Papier, Einband aus Karton 34 × 20 – Bertling: Katalog 1, S. 36; Schwarz: Verzeichnis der handschriftlichen Chroniken, Nr. 101; Gruber, Keyser: Marienkirche, S. 71.

IV.A.8: Handschrift BGPAN, Sign. Ms. 486 (alte Sign. XV.F.16), Nr. 15, adl. 17, Bl. 281r–284r, 291r–v, Papier 33 × 21, Einband aus Halbleder, *Notabiliora auß dem historischen Kirchenregister der Pfarrkirche zu St. Marien in Dantzig*, Notizen aus dem HKR, 2. Hälfte 17. Jh., aus der Sammlung von Georg Schröder, später Valentin Schlieff (gest. 1750) – Bertling: Katalog 1, S. 238.

IV.A.9: Handschrift BGPAN, Sign. Ms. 498 (alte Sign. Gedanens. Fol.121; XV.F.121), adl. 5, Bl. 20r–264v, Papier, 35 × 21,5 cm, Einband aus Halbleder ,Auszug aus der zweiten Hälfte des 17. Jh.s, zusammengebunden mit anderen Handschriften als *Varia historica et politika*; erwähnt bei Theodor Hirsch 1843 als wenig glaubwürdige Abschrift – Hirsch: Ober-Pfarrkirche 1, S. 29, Anm.1; Bertling: Katalog 1, S. 285; Schwarz: Verzeichnis der handschriftlichen Chroniken, Nr. 98; Gruber, Keyser: Marienkirche, S. 71.

IV.A.10: Handschrift BGPAN, Sign. Ms. 716, (alte Sign. XV.f. 482) adl. 2, Bl. 76r–101r, Papier, Einband aus Karton 35 × 21 cm, Auszug aus dem HKR zusammen mit Ergänzungen bis 1720, nach 1720, zusammengebunden mit anderen Handschriften – Bertling: Katalog 1, S. 485; Schwarz: Verzeichnis der handschriftlichen Chroniken, Nr. 103.

IV.A.11: Handschrift BGPAN, Sign. Ms. 946 (alte Sign. Tf.8), 1 Bl. + 990 S., Papier, Einband aus weißem Pergament, 34 × 21 cm, bis 1640, zweite Hälfte 17. Jh., aus der Sammlung von Theodor Hirsch (1806–1881) – Günther: Katalog 2, S. 81; Schwarz: Verzeichnis der handschriftlichen Chroniken, Nr. 93.

IV.A.12: Handschrift BGPAN, Sign. Ms. 947, 1 Bl. + 516 S., Papier, 34 × 21 cm, bis 1640, Mitte 18. Jh., aus der Sammlung von Theodor Hirsch (gest. 1881), Text bis 1614, getreue Abschrift des Autographs – Günther: Katalog 2, S. 81–82; Schwarz: Verzeichnis der handschriftlichen Chroniken, Nr. 94; Cieślak: Epitafia, S. 8f, 109, 154.

IV.A.13: Handschrift BGPAN, Sign. Ms. 948 (alte Sign. Vogt Bm 1810; G 326; 662; auf dem Buchrücken: Mss No 29), 1 Bl. + 810 S., Papier, Einband aus weißem Pergament, 34 × 21 cm, bis 1640, 2. Hälfte 17. Jh. bis 1769, zunächst in der Sammlung Friedrich Reyger, im 19. Jh. L. E. Zimmerman und J.J. v. Kampen; das Manuskript gelangte in die Stadtbibliothek aus der Sammlung des Archidiakons der Marienkirche und Bibliothekars Ernst August Bertling (gest. 1893) – Günther: Katalog 2, S. 82; Schwarz: Verzeichnis der handschriftlichen Chroniken, Nr. 99.

IV.A.14. Handschrift BGPAN, Sign. Ms. 949, 170 Bl. (Bl. 168–170 unbeschrieben), Papier, 35 × 21 cm, bis 1640, 2. Hälfte 17. Jh., das Manuskript gelangte in die Stadtbibliothek aus der Sammlung des Archidiakons der Marienkirche und Bibliothekars Ernst August Bertling (gest. 1893) – Günther: Katalog 2, S. 82–83; Schwarz: Verzeichnis der handschriftlichen Chroniken, Nr. 95.

IV.A.15: Handschrift BGPAN, Sign. Ms. 950, 196 Bl., Papier, Einband aus Halbleder, 34,5 × 22 cm, irrtümlich tituliert als „Beschreibung von Dantzig", bis 1640, 17./18. Jh., gekürzte Abschrift, aus der Sammlung von Sören Biörn (gest. 1819) – Günther: Katalog 2, S. 83; Schwarz: Verzeichnis der handschriftlichen Chroniken, Nr. 86.

IV.A.15: Handschrift BGPAN, Sign. Ms. 950a, 277 + 513 S., Papier, 33,5 × 20,5 cm, 1669, Aus der Sammlung des Pastors Adolph Mundt (gest. 1900) – Günther: Katalog 2, S. 83; Schwarz: Verzeichnis der handschriftlichen Chroniken, Nr. 96.

IV.A.16: Handschrift BGPAN, Sign. Ms. 950b (alte Sign. H[einrich] S[Schwarzwald] B[ibliothek] XV.F.1), 1–285 Bl., Papier, Einband aus weißem Pergament, 31 × 20,5 cm, 2. Hälfte 17. Jh., getreue Abschrift des Autographs, aus der Sammlung von Heinrich Schwarzwald (gest. 1711) – Günther: Katalog 2, S. 83–84; Schwarz: Verzeichnis der handschriftlichen Chroniken, Nr. 87.

IV.A.17: Handschrift BGPAN, Sign. Ms. Ortm. fol. 75 (alte Sign. LXXIV; N. 186; Ortmann), 2 Bl. + 347 S. + 765 S., Papier, Einband aus weißem Pergament, 35 × 23 cm, Mitte 18. Jh.s, Sammlung Karl Gottfried Ortmann (gest. 1778) – Günther: Katalog 2, S. 363f; Schwarz: Verzeichnis der handschriftlichen Chroniken, Nr. 97.

IV.A.18: Handschrift BGPAN, Sign. Ms. Uph. fol. 19, bis 1640, 1660, nähere Angaben zum Aussehen des Bands fehlen, aus der Sammlung der Familie Uphagen; wahrscheinlich handelt es sich um das von Theodor Hirsch als „Bötticher Catalog" beschriebene Exemplar: Hirsch: Ober-Pfarrkirche 1, S. 29, Anm.1: „Uebrigens findet sich in einem Convolute (Stadtbibl. Gedan. Fol. 19. n. 4) eine von Bötticher selbst und zwar früher als die große Chronik abgefaste kurze Geschichte der Kirche, die einige eigenthümliche Nachrichten enthält"; Handschrift schon 1879 verloren – Günther: Katalog 2, S. 389.

IV.A.19: Handschrift BGPAN, Sign. Ms. Uph. fol. 29, S. 318–371, Papier, Einband aus weißem Pergament, 31 × 20 cm, Auszug aus dem HKR 17. Jh., zusammengebunden mit anderen Materialien, Sammlung der Fam. Uphagen – Günther: Katalog 2, S. 397; Schwarz: Verzeichnis der handschriftlichen Chroniken, Nr. 102.

IV.A.20: Handschrift BGPAN, Sign. Ms. Mar. F 336 (Mikrofilm: Sign. 3699), 1 Bl. + 1140 S., Papier, Einband aus weißem Pergament mit schmalen Riemen, 33 × 20 cm, bis 1640, 1655, aus den Beständen der Marienkirche – Günther: Katalog 5, S. 443; Gruber, Keyser: Marienkirche, S. 71.

IV.A.21: Handschrift BGPAN, Sign. Ms. Mar. F 418 (Mikrofilm: Sign. 3710), 1 Bl. + 281 S., Papier, Einband aus Karton und Halbleder, 32 × 20 cm, bis 1640, 18. Jh., aus den Beständen der Marienkirche – Günther: Katalog 5, S. 443.

IV.A.22: Handschrift BGPAN, Sign. Ms. Mar. F 419 (Mikrofilm: Sign. 3711), 2 Bl. + 318 S., Papier, Einband aus Karton und Halbleder, 32 × 21,5 cm, bis 1640, 17. Jh., aus den Beständen der Marienkirche – Günther: Katalog 5, S. 459; Gruber, Keyser: Marienkirche, S. 71.

IV.A.23: Handschrift BGPAN, Sign. Ms. Mar. Q 145 (Mikrofilm: Sign. 3752), 3 Bl. + 966 S., Papier, Einband aus Karton und Halbleder, 20 × 16 cm, bis 1655, 17./18. Jh., aus den Beständen der Marienkirche – Günther: Katalog 5, S. 571; Gruber, Keyser: Marienkirche, S. 71.

IV.A.24: Handschrift BGPAN, Sign. Akc. Nr. 20, 402 Bl., Papier, Einband aus Halbleder, 33,5 × 20 cm, bis 1740, 1754, Bl. 396r: „Abgeschrieben von Daniel Ludwig Wedel Anno 1754"; aus der Sammlung von Gottlieb Kauffmann 1773. Erworben für die BGPAN vom Antiquariat „Dom Książki" in Bydgoszcz 1958.

Abschriften aus den Beständen des Archiwum Państwowe w Gdańsku (bis 1945 Stadtarchiv Danzig), Bestand Bibliotheca Archivi (nichtamtliche Bestände), 300, R (alte Sign. Stadtarchiv Danzig 300, H[andschriften]):

IV.B.1: Handschrift APGd., Sign. 300, R/Pp, 25 (Mikrofilm: Sign. E–33678), II + 1014 S., Papier, Einband aus Halbleder, 33, 4 × 20 cm, bis 1640, 1669, ähnlich wie Nr. IV 2 – gekürzte Abschrift eines verlorenen Exemplars aus der Marienkirche (*Abgeschrieben aus dem Orginal, welches bey gedachter Kirchen asserviret wird. Anno 1669*), Sammlung Friedrich Gottlieb Remmerson (1700–1780) – Gruber, Keyser: Marienkirche, S. 71; Sławoszewska: Inwentarz „Bibliotheca Archivi", S. 229; Müller: Zweite Reformation, S. 60, 92, 93, 95, 96, 113, 118, 119–121, 125ff.

IV.B.2: Handschrift APGd. 300, R/Pp, 15 (Mikrofilm: Sign. E–33668), adl. IV, 472 S., Papier, Einband aus Halbleder, 31,5 × 20 cm, gekürzte Abschrift des HKR auf S. 144–272; 17./18. Jh., ehemals Bibliotheca Fabriciana, 74 – Sławoszewska: Inwentarz „Bibiotheca Archivi", S. 227; Müller: Zweite Reformation, S. 59, 66, 126, 68, 89, 374, 118ff.

IV.B.3: Handschrift APGd., Sign. 300, R/Pp, 26, Nr. 1 (Mikrofilm: Sign. E–33679), 86 S., Papier, neuer Einband aus Karton, 35 × 20,8 cm, Fortsetzung des HKR für die Jahre 1642–1660: *Continuatio des Historischen Kirchen Registers von Anno 1640 biß 1660*, 2. Hälfte 17./Anfang 18. Jh., zusammengebunden mit anderen Handschriften, Sammlung der Familie Zernecke – Sławoszewska: Inwentarz „Bibliotheca Archivi", S. 229.

IV.B.4: Handschrift APGd., Sign. 300, R/Pp, 27 (Mikrofilm: Sign. E–33680), XX + 918 S. (Bl. I–XI, XVII–XIX und ab S. 735 unbeschrieben), Papier, Einband aus braunem Leder mit Exlibris, 33,6 × 21,3 cm, bis 1660, 18. Jh., aus der Sammlung der Familie Zernecke – Gruber, Keyser: Marienkirche, S. 71; Sławoszewska: Inwentarz „Bibliotheca Archivi", S. 229.

IV.B.5: Handschrift APGd., Sign. 300, R/Pp, 28a (Mikrofilm: Sign. E- 33681), VIII + 726 S., Papier, Einband aus weißem Pergament, 32 × 19,3 cm, bis 1640, spätere Ergänzungen, 1700, aus der Sammlung von Barthel Schreit, enthält ebenfalls Abschriften früherer Quellen zur Geschichte der Marienkirche: *Instrumentum de ornamentis in Majori Altari, et Altari S. Anna Ecclesiae B.M.V. Gedanensis Anno 1569*, S. 527–561, sowie: *Extractum ex quadam Charta antiqua typo impressa in qua ab Episcopo Joanne Drojewski, approbatur Ordinatio Capella et Altaris S. Jacobi*, S. 561–576 – Gruber, Keyser: Marienkirche, S. 71; Sławoszewska: Inwentarz „Bibliotheca Archivi", S. 229f.

IV.B.6: Handschrift APGd., Sign. 300, R/Pp, 28b (Mikrofilm: Sign. E–33682), II + 354 S., Papier, blauer Papiereinband, 34,3 × 20,8 cm, bis 1640, Ende 17./Anfang 18. Jh. – Gruber, Keyser: Marienkirche, S. 71; Sławoszewska: Inwentarz „Bibliotheca Archivi", S. 230.

IV.B.7: Handschrift APGd., Sign. 300, R/Pp, 28c (Mikrofilm: Sign. E–33683), IV + 284 S., Papier, Einband aus Halbleder, 34 × 20,3 cm, bis 1640, vor der Mitte des 18. Jh.s, Sammlung Jakob Theodor Klein (gest. 1759) – Gruber,

Keyser: Marienkirche, S. 71; Sławoszewska: Inwentarz „Bibliotheca Archivi", S. 230.

IV.B.8: Handschrift APGd., Sign. 300, R/Pp, 28d (Mikrofilm: Sign. E–33684), IV + 802 S., Papier, Einband aus weißem Pergament, 32 × 20 cm, bis 1640, Mitte 17. Jh. – Sławoszewska: Inwentarz „Bibliotheca Archivi", S. 230.

IV.B.9: Handschrift APGd., Sign. 300, R/Pp, 29a (Mikrofilm: Sign. E–33685), VI + 1168 S., Papier, Einband aus weißem Pergament, 33 × 19,5 cm, 1544–1640, Band 2 mit Abschrift des HKR (Bd. 1 bis 1543 verschollen), um 1700, Sammlung Barthel Schreit – Sławoszewska: Inwentarz „Bibliotheca Archivi", S. 230.

IV.B.10: Handschrift APGd., Sign. 300, R/Pp, 48 (Mikrofilm: Sign. E–33705), 618 S., Papier, Einband aus Karton, 34,5 × 22,4 cm, bis 1640, 17./18. Jh. – Sławoszewska: Inwentarz „Bibliotheca Archivi", S. 235.

IV.B.11: Handschrift APGd., Sign. 300, R/Vv, 69 (alte Sign. 275; 10; Mikrofilm: Sign. E–34096), IV Bl. + 1032 S., Papier, Einband aus Halbpergament, 32,3 × 20 cm, Auszug aus dem HKR, 18. Jh., zusammengebunden mit anderen Schriften, Sammlung der Familie Renner – Sławoszewska: Inwentarz „Bibliotheca Archivi", S. 327.

IV.B.12: Handschrift APGd., Sign. 300, R/Vv, 112 (alte Sign. 482; Mikrofilm: Sign. E–34135), 698 S., Papier, Einband aus braunem Pergament, 20 × 33 cm, *Excerpta memorabilia auss dem Historischen Kirchen-Register*, S. 601–685, nach 1668 r., zusammengebunden u.a. mit einer Abschrift der Chronik von Curicke: Stadt Danzig sowie Auszügen aus dem ersten Band des Tagebuchs von Eberhard Bötticher (siehe Nr. I.A) – Sławoszewska: Inwentarz „Bibliotheca Archivi", S. 339.

Die Exemplare aus den Beständen der Marienkirche (alte Sign. Danzig, St. Marien, 78, 25) 1945 verschollen.

IV.C.1: Handschrift Stadtarchiv Danzig, Sign. 78, 25, Nr. 461 (18. Jh. – Zusätze aus der Mitte des 19. Jh.s), Inhalt wie Nr. IV. 8 – verzeichnet bei: Gruber, Keyser: Marienkirche, S. 71.

IV.C.2: Handschrift Stadtarchiv Danzig, Sign. 78, 25, Nr. 462 (Anfang 19. Jh.) – verzeichnet bei: Gruber, Keyser: Marienkirche, S. 71.

IV.C.3: Handschrift Stadtarchiv Danzig, Sign. 78, 25, Nr. 463 – verzeichnet bei: Gruber, Keyser: Marienkirche, S. 71.

Andere Sammlungen:

IV.D: Archiv der Marienkirche in Danzig, ohne Signatur, 722 S. (S. 715–722 unbeschrieben), Papier, Einband fehlt, 33,9 × 22,2cm, Fortsetzungen bis 1660, 1760, Kopie von A[ndreas Schott ?]

Antiquarischer Handel:

IV.F: HKR, Bd. 1–2, 28 Bl. + 1104 S., 32,8 × 19,7 cm, bis 1640, nach 1746 (Kopie von Andreas Schott?), Keterrer Kunst (München-Hamburg), Verkaufsangebot vom November 2006 (Herkunft und jetziger Eigentümer unbekannt) – http://www.kettererkunst.com/details-e.php?obnr=410607105& anummer=305 (Abruf vom 1.2.2009).

Übersetzung: Christofer Herrmann

Edmund Kizik

Zestawienie dorobku pisarskiego Eberharda Böttichera. Kroniki, zbiory dokumentów, pamiętniki i księgi urzędowe, autografy, odpisy i kontynuacje, prace zachowane i zaginione

Nie ulega wątpliwości, że *Historisches Kirchen Register* (HKR), najważniejsze dzieło Eberharda Bötticher, należało do najczęściej kontynuowanych, kopiowanych oraz ekscerpowanych rękopisów gdańskich w XVII i XVIII stulecia. Znajomość kroniki, pierwotnie przeznaczonej jedynie dla wąskiego środowiska luterańskiego zarządu kościelnego, szybko przekroczyła zamknięty krąg. Liczne odpisy w drugiej połowie XVII i w XVIII w. zasiliły prywatne biblioteki mieszczańskie (np. Valentina Schlieffa) oraz księgozbiory kościołów Gdańska. Dzięki temu tylko we współczesnych zasobach Biblioteki Gdańskiej PAN oraz Archiwum Państwowego w Gdańsku znajduje się poza autografem HKR 36 różnego rodzaju odpisów, wyciągów lub kontynuacji, z których ostatnie pochodzą z pierwszych dekad XIX w.. Kopie przechowywane są również w zbiorach pozagdańskich, pojawiają się też w handlu antykwarycznym (zob. Spis).

Częste kopiowanie HKR świadczy zarówno o wyjątkowej randze dzieła Böttichera, o zapotrzebowaniu na tego rodzaju opracowania religijnych dziejów miasta, jak i o utrzymywaniu się dość ścisłej cenzury prewencyjnej, którą rada miejska w Gdańsku stosowała wobec wszelkich autorów prac historycznych lub historyczno-prawnych. Generalnie zakazywano publikowania prac zawierających interpretację dokumentów polemicznych w stosunku do oficjalnego stanowiska miasta. Prace Böttichera, w których otwarcie akcentowane było stanowisko opozycyjne wobec polityki Rady, musiały się podobać środowisku Trzeciego Ordynku, które w XVII i XVIII w. wielokrotnie wchodziło w silny spór z elitami miejskimi. W drukowanej wersji posłużyłaby za silny argument za rozszerzeniem praw pospólstwa kosztem rządzącego patrycjatu (Pierwszego i Drugiego Ordynku). Członków władz miejskich drażniły takie kwestie, jak choćby niechętne stanowisko Trzeciego Ordynku wobec przyjmowania niderlandzkich przybyszy (kwestie nabywania nieruchomości przez nieobywateli), ostra krytyka kalwinizmu, konflikt pomiędzy rzemieślnikami a kupcami, krytyczne stanowisko wobec katolików, ale nader wszystko poszukiwanie poparcia przeciwko radzie miejskiej w sojuszu z polskim dworem królewskim[1].

---

[1] Podstawowy przegląd problematyki zawierają dwie monografie: Edmund Cieślak: *Walki społeczno-polityczne w Gdańsku w drugiej połowie XVII wieku. Interwencja Jana III Sobieskiego*, Gdańsk 1962; Edmund Cieślak: *Konflikty polityczne i społeczne w Gdańsku w połowie XVIII w. – sojusz pospólstwa z dworem królewskim*, Wrocław 1972.

Działania władz miejskich były skuteczne, o czym świadczy *casus* nieogłoszonego studium Eliasa K. Schrödera (1625–1680) *Ius publicum Dantiscanum* z 1657 r.² czy los raczej przychylnej władzom Gdańska pracy kronikarskiej Reinholda Curickego (1610–1667), opublikowanej pośmiertnie w 1687 r., jednak po uprzednim dokładnym ocenzurowaniu³. Curicke wprawdzie otrzymał nagrodę pieniężną za przedstawiona pracę, lecz również nakazano mu oddanie wszelkich notatek historycznych, na podstawie których dzieło powstało. Polityka nie uległa zmianie nawet w XVIII w.: dzieło wybitnego historyka, profesora Gimnazjum Akademickiego i syndyka Rady Miejskiej Gottfrieda Lengnicha (1689–1774) *Ius publicum civitatis gedanensis* zostało ogłoszone drukiem dopiero w 1900 r.⁴ Zagadnienia kontrowersyjne, a podjęte w pracy Böttichera zostały z kolei pominięte w skądinąd wybitnej wielotomowej pracy Lengnicha *Geschichte der preußischen Lande königlich-polnischen Antheils seit dem Jahre 1526* (t. 1–9, Danzig 1722–1755). Badacze gdańscy nie mogli liczyć na pomoc innych dużych miast pruskich, albowiem w imię solidarności popierały one stosowane w tym zakresie restrykcje. Na przykład do władz Gdańska wpłynęła prośba Elbląga, która prosiła o wydanie zakazu Michaelowi Christophowi Hanowowi (1695–1773), profesorowi Gimnazjum Akademickiego, publikowania dalszych odcinków historii Elbląga. Autor, który opublikował fragmenty najdawniejszych dziejów miasta na łamach „Hamburgisches Magazin" (1757–1759)⁵, został skłoniony do zarzucenia pomysłu kontynuacji tego przedsięwzięcia⁶.

Ścisła cenzura prewencyjna utrzymywała się aż do schyłku gdańskiego republikanizmu, co wpłynęło na zasadnicze ubóstwo prac historycznych i źródłoznawczych typowych dla erudycji oświeceniowej XVIII w. – zbiorów źródeł prawnych, analiz prawno-historycznych lub kodeksów dyplomatycznych. W

---

² Stanisław Matysik: *Eliasz Konstanty Schröder. Gdański prawnik i sekretarz królewski z XVII wieku*, „Czasopismo Prawno-Historyczne" 6, 1954, s. 152–177.
³ Zob. Ernst Bahr: *„Der Stadt Dantzig historische Beschreibung" von Reinhold Curicke und ihre Fortsetzer*, w: Reinhold Curicke: *Der Stadt Danzig Historische Beschreibung*, Faksimile--Druck hg. von Siegfried Rosenberg, Hamburg 1979, bez paginacji. Zob. Edmund Cieślak: *Curicke Rejnold*, w: SBPN, t. I, Gdańsk 1992, s. 234–235.
⁴ *Ius publicum*.
⁵ „1757 hatte der berühmte Professor in Danzig Hanow in das Hamburgische Magazin eine geschichtliche Beschreibung der Stadt von ihrer Erbauung an unter dem Titel: *Zuverläßige Nachricht von Elbing* eindrücken lassen [...]. Der elbingsche Rath aber nahm es ihm übel, daß er ohne sein Vorwissen und aus ängstlicher Vorsicht fürchtete, er Gefahr für die Rechte der Stadt, wenn ihre Privilegien gedeutet würden. Er beschloß daher unter dem 6ten November [1757] an den Rath von Danzig zu schreiben und ihn zu ersuchen dem Professor Hanow die Fortsetzung dieser Beschreibung zu untersagen. Dieser that es auch aus nachbarlicher Freundschaft, und Hanow vollendete nun nicht diese Abhandlung", Michael Gottlieb Fuchs: *Beschreibung der Stadt Elbing und ihres Gebietes*, t.1, Elbing 1818, s. XXI. Korespondencja w sprawie: rkps APGd., sygn. 369, 1/1292, s. 307–310 (kopia wychodzącej korespondencji z kancelarii miasta Elbląga). Oryginał pisma do Rady Miejskiej Gdańska, rkps APGd., sygn. 300, 53/371, s. 179–181 (nr 32).
⁶ Odpowiedź na prośbę elblążan udzielono w piśmie z 15 października: rkps APGd., sygn. 300, 27/122, s. 318–320 (kopia pisma wychodzącego z kancelarii miasta).

Gdańsku tego typu prac ukazywało się zdecydowanie mniej aniżeli w innych ośrodkach intelektualnych o porównywalnym potencjale. Dopiero na krótko przed II rozbiorem Polski i włączeniem Gdańska do Prus ukazała się pierwsza naukowa synteza dziejów Gdańska: trzytomowe dzieło *Versuch einer Geschichte Danzigs* Daniela Gralatha mł. (1739–1809). Praca, opublikowana w latach 1789 i 1791, ukazała się jednak nie w Gdańsku, lecz w Berlinie i Królewcu.

Nic dziwnego, że aż do początków XIX w. istniało duże zapotrzebowanie na odpisy opracowań ukazujących nieoficjalne wersje drażliwych aspektów historii miasta. W zakresie dziejów wyznaniowych tę lukę wypełniało kronikarskie dzieło Eberharda Böttichera, HKR. Spuścizna pisarska Böttichera była znacznie szersza. Mimo że najważniejszym i najbardziej popularnym dziełem Böttichera był HKR, to jednak dopiero przyjęcie układu chronologicznego pozwala dostrzec je jako efekt całego życiowego doświadczenia tej nieprzeciętnej osobowości.

Twórczość Böttichera została niżej podzielona na osobiste zapiski pamiętnikarskie (I), pisma urzędnicze wykonane w ramach pracy zarządu kościoła NMP (II), zbiory dokumentów i wypisów powstałe w związku z zaangażowaniem Böttichera w konflikty wyznaniowe w Gdańsku na przełomie XVI i XVII w. (materiały te zostały wykorzystane jako podstawa HKR dla lat 1580–1606 – III), kronikę kościoła mariackiego HKR, zbierającą dotychczasowe doświadczenie, oraz spisane do 1615 r. notatki i wyciągi dokumentów (IV).

W opisie poszczególnych jednostek poza przyporządkowaniem prac do odpowiednich kategorii podano: miejsce przechowywania dzieła, sygnaturę (współczesną oraz dawne, w przypadku mikrofilmu również sygnaturę kopii), objętość dzieła, w przypadku klocków karty lub strony zawierające prace Böttichera, opis formalny tomu, cezurę końcową narracji, czas powstania, ewentualnych autorów oraz proweniencję rękopisu. Opis kończy bibliografia opisów i ważniejsze formy wykorzystania badawczego.

Spis prac pisarskich Eberharda Böttichera (autografy i kopie)

I. Pamiętniki Eberharda Böttichera

I.A: Bötticher: Memorial (1577–1583) – Memorial oder Gedenckbuch durch mich Eberhard Bodcher für mich und die meynen zu langwerender gedechniß beschrieben, Soli Deo Gloria..., rkps APGd., sygn. 300, R/Ll, q, 31 (dawna sygn. 20, przekreślona Ll, 67; mikrofilm: sygn. E–33406), k. IX+1–456, papier, oprawa z pergaminowego fragmentu łacińskiego tekstu liturgicznego z drugiej połowy XV w.(?), 21,5 × 16,5 cm, 1577–1583, autograf Böttichera, tytuł nadany przez autora; dawna Biblioteca Fabriciana – Sławoszewska: Inwentarz „Bibliotheca Archivi", s. 172; Gehrke: *Geschichtsschreiber*, s. 38, przyp. 1; Kizik: *Pamiętnik*, s. 141–164.

Kopie, wyciągi:

I.A.1: Außzug auß Eberhard Böttchers Historischer Erklerung oder Preussischenhistoria von Anno 1516 biß 1582, rkps APGd., sygn. 300, R/Vv, 219 (mikrofilm: sygn. E–34247), k. 3–69 (całość ss. 622), papier, oprawa pergaminowa, 34 × 20,5 cm, wyciąg z pierwszej części pamiętnika (Memorial oder Gedenckbuch, tytuł kopisty jest mylący), 1582, odpis z pierwszej połowy XVIII w., oprawny z innymi dokumentami, częściowo autorstwo Johanna Ernsta von der Linde, prawnika i burmistrza Gdańska (zm. 1721) – Sławoszewska: Inwentarz „Bibliotheca Archivi", s. 374; Mokrzecki: W kręgu prac, s. 111–113 (na podstawie tytułu mylnie identyfikował tekst jako wyciąg z zaginionej kroniki); Kizik: *Pamiętnik*, s. 143.

I.A.2: Excerpta ex Diario Eberhardi Bötticher [1528–1582], rkps APGd., sygn. 300, R/Vv, 112, nr 2 (mikrofilm: sygn. E–34135), s. 537–584, całość s. 16 + 698, papier, oprawa z brązowego pergaminu, 20 × 33 cm, odpis z pierwszej połowy XVIII w. (?), wyciąg z pierwszej części pamiętnika (Memorial oder Gedenckbuch), współoprawny z wyciągiem HKR oraz odpisem dzieła Reinholda Curicke *Beschreibung der Stadt Danzig* – Sławoszewska: *Inwentarz „Bibliotheca Archivi"*, s. 339.

I.B: Bötticher: Chronica (1584–1595) – Der andere Theil des (Eberhard) Bötchers Chronica anno 1584 biß anno 1595, BGPAN, sygn. Ms. 1282 (dawna sygn. I.E.f.31), k. I-CXLIIII (dawna foliacja), nowa foliacja jest ciągła dla całego klocka – pamiętnik na k. 142r–299r, papier, oryginalna oprawa papierowa, 33 × 32 cm, 1584–1595, autograf Böttichera z późniejszymi dopiskami i komentarzami Valentina Schlieffa (sprzed 1750), tytuł nadany przez autora, współoprawne z innymi dokumentami z historii Prus; egzemplarz znajdował się w zbiorach Valentina Schlieffa (zm. 1750) – Günther: *Katalog* 2, s. 213–214; Gehrke: *Geschichtsschreiber*, s. 38, przyp. 1; Irena Fabiani-Madeyska: „*Palatium regium" w Gdańsku*, „Rocznik Gdański" 15/16 (1956/1957), s. 155, przyp. 86–87; Kizik: *Pamiętnik*, s. 141–164

Odpisy lub kontynuacje tej części zapisek Böttichera nie są znane.

II. Rękopisy urzędowe

II. B: Register der Leichsteinen und Begrebnüssen in S. Marien Kirchen der Rechten Stadt Dantzig nach Ihren Nummern unnd Namen Auffs newe mit fleis reviediret und untersucht Dürch Eberhartt Böttichern Kirchen Vaternn und Verwaltern der Leichsteinen daselbst, Anno 1604, rkps APGd., sygn. 354/348, ss. 1–2 (papier, dodane później), 3–152 (pergamin), 151–152 (papier, dodane później), oprawa z ciemnobrązowej skóry, z superekslibrisem kościoła NMP,

16,5 × 37 cm, spis parceli grobowych w kościele NMP sporządzony przez E. Böttichera w 1604 r., tytuł nadany przez autora. Układ oraz sposób rejestracji poszczególnych parceli grobowych przez wycieranie pumeksem nieaktualnych wpisów wzorowany na gdańskich księgach gruntowych. Wpisy kontynuowano aż do stworzenia następnej księgi grobowej w 1711 r., Neues Stein – oder Leichenbuch, rkps APGd., sygn. 354/347.

Kopia:

II. B. 1: BGPAN, sygn. Ms. 487 (dawna sygn. XV. f. 19), adl. 7, k. 49r–138v, (całość k. 589), papier, 33 × 21, XVII–XVIII w., odpis Georga Schroedera, kopia z późniejszymi uzupełnieniami oraz adnotacjami dotyczącymi zmian własnościowych, ze zbiorów Valentina Schlieffa (zm. 1750) – Bertling: *Katalog* 1, s. 239–240.

II. C: Catalogus oder ordentliche erzehlung, welcher gestalt E. Erb. Hochw. Rath der Königlichen Stadt Dantzig von anfang hero einen Herren Bürgermeister ihres Mittels zu einem Inspectore und auch vier Persohnen auss ihrer Burgerschafft zu Kirchen Vättern ... erwehlet und verodnet ... mit fleiß zusammen gezogen durch Eberhart Botticher, Anno 1616 biß 1629, rkps BGPAN, sygn. Ms. 487 (dawna sygn. XV. f. 19), adl. 9, s. 150r–168v, (całość k. 589) papier, 33 × 21, spisy witryków kościoła NMP; odpis Georga Schroedera z zaginionego rękopisu Böttichera doprowadzony do 1629 r., współoprawny z innymi rękopisami dotyczącymi kościoła NMP, ze zbiorów Valentina Schlieffa (zm. 1750) – Bertling: *Katalog* 1, s. 239–240.

II. D: Der Kirchen zu Sanct Maria Glockenbuch (1575–1663), rkps APGd., sygn. 354/1513, ss. 1120, papier 23,7 × 37,2 cm, 1575 – po 1663 r., zapiski księgowe (wpływy za dzwonienie i rozliczenie dochodów) w urzędzie dzwonów NMP (Glockenampt), wpisy z lat 1606–1610 (s. 407–461) wykonane ręką Böttichera – E. Kizik, *Koszty użytkowania dzwonów w Gdańsku i terytorium wiejskim miasta w XVII i XVIII wieku*, [w:] *Odlewnictwo w Polsce. Materiały z VII Sesji Naukowej z cyklu Rzemiosło artystyczne i wzornictwo w Polsce*, Toruń 2007, red. Katarzyna Kluczwajd, Toruń 2007, s. 155–162.

II. E: Eberhard Bötticher [Alte Kirchen Ordnungk der kirchen Sanct Marien in der Stadt Dantzigk... 1612], dawne archiwum kościoła NMP (Archiv der Marienkirche, Nr. 112), brudnopis ordynacji znany Paulowi Simsonowi, który rozpoznał rękę Böttichera; rękopis zaginiony – Simson: *Geschichte Danzig* 2, s. 544, przyp. 1.

II. E. 1: Alte Kirchen Ordnungk der kirchen Sanct Marien in der Stadt Dantzigk nach ietzigen Zustande... Item Schül Ordnungk der Schullen daselbst, rkps BGPAN, sygn. Ms. Mar. F. 415 (mikrofilm: sygn. 3709), k. 1–68, pergamin,

36,5 × 29 cm, 1614, dodatki 1653, oryginał ordynacji kościoła NMP z 1612 r. zatwierdzony przez radę w 1614 r., ze zbiorów kościoła mariackiego, według wklejonej na odwrocie okładki informacji (maszynopis): „Rękopis ten został odzyskany z rozproszenia wojennego roku 1945, dzięki staraniom Warmińskiego Seminarium Duchownego „Hosianum" w Olsztynie w dniu 20 maja 1953" – Simson: Geschichte Danzig 2, s. 544, przyp. 1; Günther: *Katalog 5*, s. 458; Rauschning: *Musik in Danzig*, s. 80, przyp. 114.

Kopie:

II. E. 1. a: Rkps BGPAN, sygn. Ms. (dawna sygn. XV. f. 19), adl. 35, k. 410r–474r, (całość: k. 589), 33 × 21, papier, odpis Georga Schrödera, zbiory Valentina Schlieffa (zm. 1750) – Bertling: *Katalog 1*, s. 243; Simson: *Geschichte Danzig 2*, s. 544, przyp. 1.

II. E. 1. b: Rkps BGPAN, sygn. Ms. Uph. fol. 189, k. 1–47, 37,5 × 23,5 cm, papier, połowa XVII w.; rękopis zaginiony – Günther: *Katalog 2*, s. 462, cytowany w: Rauschning: *Musik in Danzig*, s. 80–82.

II. E. 1. c: Alte Kirchen Ordnung der Kirchen Sanct Marien in der Rechten Stadt Dantzigk... Item Schul Ordnung der Schulen daselbest, [1612], rkps APGd., sygn. 300, R/Pp, 4, s. 3–86 (całość ss. 242, od s. 199 do końca niezapisane), papier, oprawa z czerwonego pergaminu, 31,4 × 20,3 cm, odpis naśladujący układ oryginału (nr II. E. 1), po 1687 r. – Tekst opublikowany w: Sehling: *Kirchenordnungen*, s. 170–171 (omówienie źródła, według którego było ono wielokrotnie wykorzystane w badaniach nad Gdańskiem), 198–218 (edycja); Sławoszewska: *Inwentarz „Bibliotheca Archivi"*, s. 223–224.

II. E. 1. d: Rkps APGd., sygn. 300, R/Pp, 46 (mikrofilm: sygn. E–33702), ss. 398, 2 poł. XVII w. papier, oprawa kartonowa, 34 × 20,5 cm – Sławoszewska: *Inwentarz „Bibliotheca Archivi"*, s. 234.

II. 5: Eberhard Bötticher, Kapellen Register der Pfarrkirchen zu St. Marien, rkps BGPAN, Ms. 487 (dawna sygn. XV.f.19), adl. 22, k. 246r–340r, (całość, k. 589), papier 33 × 21, początek XVII w., odpis Georga Schrödera z zaginionego autografu Böttichera, zbiory G. Schrödera, później Valentina Schlieffa (zm. 1750) – Bertling: *Katalog 1*, s. 342.

III: Zbiory dokumentów ok. 1604–1606: Historische Declaration / Grundliche Erklerung

Eberhard Bötticher, Historische Declaration / Grundliche Erklerung: Historische Declaration. Aus was Ursachen die Gemeinen der Augspurg. Confession verwandt in der Dritten Ordnung des Breiten-Raths der Stadt Dantzig nebenst sämptlichen der Confession zugethanen Bürgern, Kauffleüten, Zunfften, Haupt- -Wercken und Wercken mit etzlichen Personen im mittel E.E. Rahts daselbst, der Religion halben durch Antrieb des Calvinischen Hauffens in einen rechtlichen Proceß... beschrieben von Eberhard Böttichern) – zbiory odpisów dokumentów, komentarzy, jedno z ważniejszych źródeł HKR (ok. 1604–1606), czystopis (lub czystopisy) Böttichera nie zachował się.

Brudnopisy Historische Declaration / Grundliche Erklerung:

III. A: Zatargi wyznaniowe w Gdańsku między luteranami i kalwinami – odpisy współczesne relacji, listów, etc. Króciutkie zestawienie zawartości 1585–1606 [tytuł nadany po 1945 r.], rkps APGd., sygn. 300, R/Pp, 18 (dawna sygn. 505; mikrofilm: sygn. E–33670), ss. 1088, ok. 1604–1606 r., papier, oprawa z zielonego pergaminu, 21 × 33 cm, na podstawie pisma Edmund Kizik przypisał większość zapisek Bötticherowi. Zebrany materiał podzielony na kilka części o osobnych dawnych foliacjach stanowił podstawę zaginionego czystopisu Historische Declaration, do którego odwoływał się Bötticher w HKR przy relacjonowaniu wydarzeń z lat 1585–1606. Tom niniejszy stanowił całość wraz z innym zespołem notatek: nr III. B, pochodzenie nieznane – Sławoszewska: *Inwentarz „Biblioteca Archivi"*, s. 227; wykorzystane w: Müller: *Zweite Reformation*, s. 126 i passim.

III. B: Wykaz doktorów, nauczycieli i pastorów, którzy podpisali „die Danziger Notel" z lat 1562–1626. Materiały dot. stosunków wyznaniowych w Gdańsku w latach 1604–1606: zatargi między luteranami i kalwinami – oryginalne supliki, instrukcje *etc.* W odpisach współczesnych. Na początku *rotulus* sporządzony w XVIII w. [tytuł nadany po 1945 r.], rkps APGd., sygn. 300, R/Pp, 17 (dawna sygn. 505; mikrofilm: sygn. E–33671), ss. 764, ok. 1604–1606 r., papier, oprawa z zielonego pergaminu, 21 × 33 cm, zbiór autografów Eberharda Böttichera oraz nieznanych autorów, podzielony na kilka części o osobnych dawnych foliacjach. Na podstawie pisma Edmund Kizik przypisał autorstwo zbioru oraz części zapisek Bötticherowi. Zebrany materiał stanowił podstawę zaginionego czystopisu Historische Declaration, do którego odwoływał się Bötticher w treści HKR przy relacjonowaniu wypadków z lat 1585–1606. Tom niniejszy stanowił całość wraz z innym zespołem notatek: nr III 1, pochodzenie nieznane – Sławoszewska: *Inwentarz „Biblioteca Archivi"*, s. 227; wykorzystane w: Müller: *Zweite Reformation*, s. 126 i passim.

III. C: Varia dot. stosunków wyznaniowych – głównie ewangelickich w Gdańsku: odpisy listów, recesów, mandatów, memoriałów, suplik *etc., etc.* Ponadto m.in. oryginał aktu brata Jana, przełożonego prowincji saskiej franciszkanów, wystawionego w 1488 r. na pergaminie w Gdańsku dla sołtysa i mieszkańców Zaroślaka, Peterszawy/Petershagen, w którym zapewnia im udział we wszystkich mszach i modłach zakonu franciszkanów i klarysek za zmarłych, oraz odpis pisma

Rady m. Gd. do papieża z 1509 r. zawierającego prezentację Jana de Suchtena na proboszcza u św. Jana w Gdańsku. – Na początku *rotulus*, 1488–1638 [tytuł nadany po 1945 r.], rkps APGd., sygn. 300, R/Pp, 6 (mikrofilm sygn.: E–33659), s. XIV + 1470, papier, oprawa półskórek, 34,5 × 21 cm, klocek zawierający zbiór dokumentów spisanych różnymi rękami, na s. 973–1158 (dawnej paginacji: s. I–CXXXIIII) autograf Eberharda Böttichera z fragmentem Historische Declaration dotyczącym lat 1605–1606; atrybucja na podstawie pisma oraz układu, niemal identycznego jak w drugim tomie pamiętnika, nr I. 4); ze zbiorów Valentina Schlieffa i Schumanna – Sławoszewska: *Inwentarz „Biblioteca Archivi"*, s. 224.

III. D: Rkps BGPAN, sygn. Ms. 447 (dawna sygn, XV.f.11) k. 4r–211r, całość k. 376, współoprawny z innymi dokumentami, 1619, 1629; rękopis zaginiony – wzmiankowany w 1847 r. w: Hirsch: *Ober-Pfarrkirche* 2, s. 198, przyp.1, s. 205, przyp. 3, s. 274, przyp.1 (przypuszczalny autograf Böttichera); Bertling: *Katalog 1*, s. 196–197.

Kopie:

III. D. 1: Rkps BGPAN, sygn. Ms. Mar. F 337 (mikrofilm: sygn. 3699), k. 4, s. 780, papier, oprawa z białego pergaminu, obłożona w brązową skórę, 34 × 21 cm, odpis z 1694 r., ze zbiorów kościoła NMP – Günther: *Katalog 5*, s. 443–444.

III. D. 2: Rkps BGPAN, sygn. Ms. 448 (dawna sygn. XV.f.21), k. 519, papier, ze zbiorów Valentina Schlieffa (zm. 1750); rękopis zaginiony – Günther: *Katalog 2*, s. 199.

III. D. 3: Rkps BGPAN, sygn. Ms. Uph. fol. 20, k. 2, s. 370, papier, oprawa skórzana, 33,5 × 20 cm, 1761, odpis Andreasa Schotta z egzemplarza należącego wcześniej m.in. do Friedricha Daniela Titiusa oraz Michaela Bantzera; rękopis zaginiony – Günther: *Katalog 2*, s. 389.

III. D. 4: Declaratio oder Gründliche Erklerung [tytuł oryginalny]; Zatargi wyznaniowe między luteranami i kalwinami w Gdańsku – odpisy dokumentów, korespondencji, relacji, memoriałów *etc., etc.* [tytuł nadany po 1945 r.], rkps APGd., sygn. 300, R/Pp, 16, ss. VIII + 840, papier, oprawa z białego pergaminu, 31,5 × 19,7 cm, 1586–1606, druga połowa XVII w., Bibliotheca Fabriciana, 76 – Sławoszewska: *Inwentarz „Bibliotheca Archivi"*, s. 227.

III. D. 5: Rkps APGd., sygn. 300, R/Pp, 30 (dawna sygn. 12; mikrofilm: sygn. E–33686,), k. IV + ss. 1376, papier, oprawa z białego pergaminu, 32 × 19,2 cm, wraz z załącznikami, dokumentami, ok. 1700 r., ze zbiorów Bartela Schreita –

Sławoszewska: *Inwentarz „Bibliotheca Archivi"*, s. 230; odpis wykorzystany w: Müller: *Zweite Reformation*, (bibliografia).

III. D. 6: Eberhard Böttichers Historische Kirchen Relaciones (nadpisane: Declaration) oder Erklärung [XVI w. – 1606], rkps APGd., sygn. 300, R/Pp, 31 (dawna sygnatury. No 3; Pp, 29a; mikrofilm: sygn. E- 33687), ss. 252 (242–252 niezapisane), papier, oprawa z niebieskiego papieru, 20 × 33, połowa XVIII w. – Sławoszewska: *Inwentarz „Bibliotheca Archivi"*, s. 231; odpis wykorzystany w: Müller: *Zweite Reformation*, s. 31 i passim

III. D. 7: Der Erste Band Beylagen zu Eberhard Böttichers Historischem Kirchen-Register, nach seiner Aussbesserung und Fortsetzung, ohne Ordnung der Zeit, sondern wie bloss wie jede zu Hände gekommen, rkps BGPAN, sygn. Ms. 969, k. 6, + ss. 769, papier, półskórek, 34 × 20, 1763 r., Andreas Schott (1707–1764) – Günther: *Katalog 2*, s. 89.

IV. HKR – *Das Historisch Kirchen Register* – kronika kościoła mariackiego (1615/1616 r.) wraz z kopiami i kontynuacjami doprowadzonymi do połowy XVII w.).

IV. A: Eberhard Bötticher: Historisch Kirchen Register der grossen Pfarkirchen in der Rechten Stad Dantzig S. Marien – oder von alters Unser Lieben Frawen genant, auß allen derselben Kirchen Büchern und andern Chroniken und alten Schriften zusammen getragen Durch Eberhard Bötticher bestelleten Kirchen-Vater daselbst (1615 [1616]), rkps BGPAN, sygn. Ms. Uph. fol. 18, k. [2, 1r–2v] + s. 546 + 24 + k. [3], papier, oprawa z białego pergaminu, 33,5 × 20,5 cm, 1616 r., autograf Böttichera – Günther: *Katalog 2*, s. 389; Schwarz: *Verzeichnis der handschriftlichen Chroniken*, nr 85; Gruber, Keyser: *Marienkirche*, s. 71 (autorzy błędnie podali, że jest to brudnopis doprowadzony jedynie do 1586 r.: „Die Darstellung ist nur bis 1586 geführt. Diese Handschrift stellt wohl den ersten Enwurf dar"); Mokrzecki: *W kręgu prac*, s. 117–119; Edmund Kizik: *The Chronicles and Memoirs of a Gdańsk Merchant and the Official of St. Mary's Church, Eberhard Bötticher (1554–1617)*, „Studia Maritima" 24 (2011), s. 47–62.

IV.A.a. Historisch Kirchen-Register der Pfarrkirchen Unser Lieben Frawen S. Marien in der Rechten Statt Dantzig nach verlauff der Jahren, Ausz den alten vnndt zertreweten Kirchen-Büchern vndt andern Nachrichtungen, durch Eberhardt Böttichern, Eltesten bestelleten Kirchen Vatter daselbst zusammengetragen Im Jahr 1615, egzemplarz wraz z kontynuacją do 1640 r. został wykorzystany przez Theodora Hirscha (Hirsch: *Ober-Pfarrkirche 1–2*), późniejsza kopia: BGPAN sygn. Ms. 948 – nr IV.A.12, pochodzenie nieznane, egzemplarz zaginiony – Hirsch: *Ober-Pfarrkirche* 1, s. 28–29, przyp. 1.

Odpisy w zbiorach Biblioteki Gdańskiej PAN:

IV. A. 1: rkps BGPAN, sygn. Ms. 35 (dawna sygn. XV.F.8]), k. 538 (k. 1 i 538 niezapisane), papier, oprawa biały pergamin 32,5 × 20 cm, do 1640 r., odpis z 1669 dokonany z egzemplarza ze zbiorów kościoła Mariackiego, być może pierwszej kopii i kontynuacji autografu Böttichera do 1669 r. (dopisek na stronie tytułowej „Abgeschrieben auß dem Original, welches bey gedachter Kirchen St. Marien asserviret wird") – Bertling: *Katalog* 1, s. 33; Schwarz: *Verzeichnis der handschriftlichen Chroniken*, nr 88; Gruber, Keyser: *Marienkirche*, s. 71.

IV. A. 2: Rkps BGPAN, sygn. Ms. 36 (dawna sygn. XV. f. 13), k. 562 (k. 1–4, 551–562 niezapisane), odpis z drugiej połowy XVII w.; rękopis zaginiony – Bertling: *Katalog* 1, s. 33; Schwarz: *Verzeichnis der handschriftlichen Chroniken*, nr 89; Gruber, Kayser: *Marienkirche*, s. 71.

IV. A. 3: Rkps BGPAN, sygn. Ms. 37 (dawna sygn. XV.f. 14), k. 89, po 1665 r. wyciąg z HKR ze zbiorów Valentina Schlieffa (zm. 1750); rękopis zaginiony – Bertling: *Katalog* 1, s. 33–34; Schwarz: *Verzeichnis der handschriftlichen Chroniken*, nr 100; Gruber, Kayser: *Marienkirche*, s. 71.

IV. A. 4: Rkps BGPAN, sygn. Ms. 38 (dawna sygn. XV.F.282), k. 194 (k. 1–194, całość k. 346), wyciąg do 1640 r. z końca XVII w., oprawny z innymi rękopisami, ze zbiorów Carla Stanislausa Gralatha (zm. 1864); rękopis zaginiony – Bertling: *Katalog* 1, s. 34; Schwarz: *Verzeichnis der handschriftlichen Chroniken*, nr 90; Gruber, Keyser: *Marienkirche*, s. 71.

IV. A. 5: Rkps BGPAN, sygn. Ms. 39 (dawna sygn. XV.f.283) k. 95 (k. 1, 93–95 niezapisane), papier, odpis HKR do 1616 r., zapewne z autografu nr IV.A. druga połowa XVII w., ze zbiorów Carla Stanislausa Gralatha (zm. 1864); rękopis zaginiony – Bertling: *Katalog* 1, s. 33; Schwarz: *Verzeichnis der handschriftlichen Chroniken*, nr 1; Gruber, Kayser: Marienkirche, s. 71.

IV. A. 6: Rkps BGPAN, sygn. Ms. 40 (dawna sygn. XV.f.284) ilość kart nieznana, wpis na k. 1r–357v (stara paginacja 1–714), papier, folio, odpis z 1760 r. Andreasa Schotta (zm. 1764), ze zbiorów Gotthilfa Löschina (zm. 1868); rękopis zaginiony – Bertling: *Katalog* 1, s. 35–36; Schwarz: *Verzeichnis der handschriftlichen Chroniken*, nr 98; Gruber, Kayser, Marienkirche, s. 71.

IV. A. 7: Rkps BGPAN, sygn. Ms. 41 (dawna sygn. XV.F.285), k. 1–166 (k. 1 niezapisana), wyciąg z kroniki wraz z dodatkami do końca XVII w., 1788 r., papier, oprawa kartonowa 34 × 20 – Bertling: *Katalog* 1, s. 36; Schwarz: *Verzeichnis der handschriftlichen Chroniken*, nr 101; Gruber, Keyser: *Marienkirche*, s. 71.

IV. A. 8: Rkps BGPAN, sygn. Ms. 486 (dawna sygn. XV.F.16), nr 15, adl. 17, k. 281r–284r, 291r–v, papier 33 × 21, półskórek, Notabiliora auß dem historischen Kirchenregister der Pfarrkirche zu St. Marien in Dantzig, notatki z HKR, druga połowa XVII w., zbiory Georga Schrödera, później Valentina Schlieffa (zm. 1750) – Bertling: *Katalog* 1, s. 238.

IV. A. 9: Rkps BGPAN, sygn. Ms. 498 (dawna sygn. Gedanens. Fol.121; XV.F.121), adl. 5, , k. 20r–264v, papier, 35 × 21,5 cm półskórek, wyciąg z drugiej połowy XVII w., oprawny z innymi rękopisami jako *Varia historica et politika*; wzmiankowany Theodora Hirscha w 1843 r. jako mało wiarygodny odpis – Hirsch: *Ober-Pfarrkirche* 1, s. 29, przyp.1; Bertling: *Katalog* 1, s. 285; Schwarz: *Verzeichnis der handschriftlichen Chroniken*, nr 98; Gruber, Keyser: *Marienkirche*, s. 71.

IV. A. 10: Rkps BGPAN, sygn. Ms. 716, (dawna sygn. XV.f. 482) adl. 2, k. 76r–101r, papier, oprawny w karton 35 × 21, wyciąg z HKR wraz z kontynuacją do 1720 r., po 1720 r., oprawny z innymi rękopisami – Bertling: *Katalog* 1, s. 485; Schwarz: *Verzeichnis der handschriftlichen Chroniken*, nr 103.

IV. A. 11: Rkps BGPAN, sygn. Ms. 946 (dawna sygn. Tf.8), k. 1 + ss. 990, papier, oprawa z białego pergaminu, 34 × 21 cm, do 1640 r., druga połowa XVII w., ze zbiorów Theodora Hirscha (1806–1881) – Günther: *Katalog* 2, s. 81; Schwarz: *Verzeichnis der handschriftlichen Chroniken*, nr 93.

IV. A. 12: Rkps BGPAN, sygn. Ms. 947, k. 1 + ss. 516, papier, 34 × 21 cm, do 1640 r., połowa XVIII w., ze zbiorów Theodora Hirscha (zm. 1881), tekst do 1614 r., stanowi wierny odpis autografu – Günther: *Katalog* 2, s. 81–82; Schwarz: *Verzeichnis der handschriftlichen Chroniken*, nr 94; Cieślak: *Epitafia*, s. 8–9, 109, 154.

IV. A. 13: Rkps BGPAN, sygn. Ms. 948 (dawne sygn. Vogt Bm 1810; G 326; 662; na dorsie: Mss No 29), k. 1 + ss. 810, papier, oprawa z białego pergaminu, 34 × 21 cm, do 1640 r., druga połowa XVII do 1769 r., dawne zbiory Friedricha Reygera, w XIX w. L. E. Zimmermana i J.J. v. Kampna; manuskrypt do Stadtbibliothek trafił ze zbiorów archidiakona NMP i bibliotekarza Ernsta Augusta Bertlinga (zm. 1893) – Günther: *Katalog* 2, s. 82; Schwarz: *Verzeichnis der handschriftlichen Chroniken*, nr 99.

IV. A. 14. Rkps BGPAN, sygn. Ms. 949, k. 170 (k. 168–170 niezapisane), papier, 35 × 21 cm, do 1640 r., druga połowa XVII w., do Stadbibliothek trafił ze zbiorów archidiakona NMP Ernsta Augusta Bertlinga (zm. 1893) – Günther: *Katalog* 2, s. 82–83; Schwarz: *Verzeichnis der handschriftlichen Chroniken*, nr 95.

IV. A. 15: Rkps BGPAN, sygn. Ms. 950, k. 196, papier, oprawa półskórek, 34,5 × 22 cm, mylnie zatytułowane jako „Beschreibung von Dantzig", do 1640 r., XVII/XVIII w., skrócony odpis, ze zbiorów Sörena Biörna (zm. 1819) – Günther: *Katalog 2*, s. 83; Schwarz: *Verzeichnis der handschriftlichen Chroniken*, nr 86.

IV. A. 15: Rkps BGPAN, sygn. Ms. 950a, ss. 277 + 513, papier, 33,5 × 20,5 cm, 1669 r., ze zbiorów pastora Adolpha Mundta (zm. 1900) – Günther: *Katalog 2*, s. 83; Schwarz: *Verzeichnis der handschriftlichen Chroniken*, nr 96.

IV. A. 16: Rkps BGPAN, sygn. Ms. 950b (dawna sygn. H[einrich] S[Schwarzwald] B[ibliothek] XV.F.1), k. 1–285, papier, oprawa z białego pergaminu, 31 × 20,5 cm, druga połowa XVII w., wierny odpis autografu, ze zbiorów Heinricha Schwarzwalda (zm. 1711) – Günther: *Katalog 2*, s. 83–84; Schwarz: *Verzeichnis der handschriftlichen Chroniken*, nr 87.

IV. A. 17: Rkps BGPAN, sygn. Ms. Ortm. fol. 75 (dawne sygn. LXXIV; N. 186; Ortmann), k. 2 + ss. 347 + 765, papier, oprawa z białego pergaminu, 35 × 23 cm, połowa XVIII w., zbiory Karla Gottfrieda Ortmanna (zm. 1778) – Günther: *Katalog 2*, s. 363–364; Schwarz: *Verzeichnis der handschriftlichen Chroniken*, nr 97.

IV. A. 18: Rkps BGPAN, sygn. Ms. Uph. fol. 19, do 1640 r., 1660, bliższych danych o wyglądzie tomu brak, zbiory rodziny Uphagen; zapewne chodzi o egzemplarz opisany przez Theodora Hirscha jako „Bötticher Catalog": Hirsch: *Ober-Pfarrkirche* 1, s. 29, przyp.1: „Uebrigens findet sich in einem Convolute (Stadtbibl. Gedan. Fol. 19. n. 4) eine von Bötticher selbst und zwar früher als die große Chronik abgefaste kurze Geschichte der Kirche, die einige eigenthümliche Nachrichten enthält"; rękopis zaginął już w 1879 r. – Günther: *Katalog 2*, s. 389.

IV. A. 19: Rkps BGPAN, sygn. Ms. Uph. fol. 29, s. 318–371, papier, oprawa z białego pergaminu, 31 × 20 cm, wyciąg z HKR, XVII w., współoprawny z innymi materiałami, zbiory rodziny Uphagen – Günther: *Katalog 2*, s. 397; Schwarz: *Verzeichnis der handschriftlichen Chroniken*, nr 102.

IV. A. 20: Rkps BGPAN, sygn. Ms. Mar. F 336 (mikrofilm: sygn. 3699), k. 1 + ss. 1140, papier, biała oprawa pergaminowa z rzemykami, 33 × 20 cm, do 1640 r., 1655, ze zbiorów kościoła Mariackiego – Günther: *Katalog 5*, s. 443; Gruber, Keyser: *Marienkirche*, s. 71.

IV. A. 21: Rkps BGPAN, sygn. Ms. Mar. F 418 (mikrofilm: sygn. 3710), k. 1 + ss. 281, papier, oprawa kartonowa półskórek, 32 × 20 cm, do 1640 r., XVIII w., ze zbiorów kościoła Mariackiego – Günther: *Katalog 5*, s. 443.

IV. A. 22: Rkps BGPAN, sygn. Ms. Mar. F 419 (mikrofilm: sygn. 3711), k. 2 + ss. 318, papier, oprawa kartonowa półskórek, 32 × 21,5 cm, do 1640 r., XVII w., ze zbiorów kościoła Mariackiego – Günther: *Katalog* 5, s. 459; Gruber, Keyser: *Marienkirche*, s. 71.

IV. A. 23: Rkps BGPAN, sygn. Ms. Mar. Q 145 (mikrofilm: sygn. 3752), k. 3 + ss. 966, papier, oprawa kartonowa półskórek, 20 × 16 cm, do 1655 r., XVII/XVIII w., ze zbiorów kościoła Mariackiego – Günther: *Katalog* 5, s. 571; Gruber, Keyser: *Marienkirche*, s. 71.

IV. A. 24: Rkps BGPAN, sygn. Akc. nr 20, k. 402, papier, oprawa półskórek, 33,5 × 20 cm, do 1740 r., 1754, k. 396r: „Abgeschrieben von Daniel Ludwig Wedel Anno 1754"; w zbiorach Gottlieba Kauffmanna 1773. Nabyta do zbiorów BGPAN z antykwariatu „Domu Książki" w Bydgoszczy w 1958 r.

Odpisy w zbiorach Archiwum Państwowego w Gdańsku (do 1945 r. Stadtarchiv Danzig), zespół Bibliotheca Archivi (zbiory nieurzędowe), 300, R (dawna sygn. Stadtarchiv Danzig 300, H[andschriften]):

IV. B. 1: Rkps APGd., sygn. 300, R/Pp, 25 (mikrofilm: sygn. E–33678), ss. II + 1014, papier, oprawa półskórek, 33, 4 × 20 cm, do 1640 r., 1669, podobnie jak nr IV 2 – skrócony odpis zaginionego egzemplarza przechowywanego w kościele Mariackim (Abgeschrieben aus dem Orginal, welches bey gedachter Kirchen asserviret wird. Anno 1669), zbiory Friedricha Gottlieba Remmersona (1700–1780) – Gruber, Keyser: *Marienkirche*, s. 71; Sławoszewska: *Inwentarz „Bibliotheca Archivi"*, s. 229; Müller: *Zweite Reformation*, s. 60, 92, 93, 95, 96, 113, 118, 119–121, 125 i nn.

IV. B. 2: Rkps APGd. 300, R/Pp, 15 (mikrofilm: sygn. E–33668), adl. IV, ss. 472, papier, oprawa półpergamin, 31,5 × 20 cm, skrócony odpis HKR na s. 144–272; XVII/XVIII w., dawna Bibliotheca Fabriciana, 74 – Sławoszewska: *Inwentarz „Bibiotheca Archivi"*, s. 227; Müller: *Zweite Reformation*, s. 59, 66, 126, 68, 89, 374, 117–118 i nn.

IV. B. 3: Rkps APGd., sygn. 300, R/Pp, 26, nr 1 (mikrofilm: sygn. E–33679), ss. 86, papier, współczesna oprawa kartonowa, 35 × 20,8 cm, kontynuacja HKR dla lat 1642–1660: Continuatio des Historischen Kirchen Registers von Anno 1640 biß 1660), druga połowa XVII – początek XVIII w., współoprawny z innym rękopisem, zbiory rodziny Zernecke – Sławoszewska: *Inwentarz „Bibliotheca Archivi"*, s. 229.

IV. B. 4: Rkps APGd., sygn. 300, R/Pp, 27 (mikrofilm: sygn. E–33680), ss. XX + 918 (k. I–XI, XVII–XIX i od s. 735 niezapisany), papier, oprawa z brązowej skóry z herbowym superekslibrisem, 33,6 × 21,3 cm, do 1660 r., XVIII w., zbiory rodziny Zernecke – Gruber, Keyser: *Marienkirche*, s. 71; Sławoszewska: *Inwentarz „Bibliotheca Archivi"*, s. 229.

IV. B.5: Rkps APGd., sygn. 300, R/Pp, 28a (mikrofilm: sygn. E- 33681), ss. VIII + 726, papier, oprawa z białego pergaminu, 32 × 19,3 cm, do 1640 r., późniejsze dodatki, 1700 r., zbiory Barthela Schreita, zawiera również odpisy wcześniejszych źródeł do dziejów kościoła Mariackiego: *Instrumentum de ornamentis in Majori Altari, et Altari S. Anna Ecclesiae B.M.V. Gedanensis Anno 1569*, s. 527–561, oraz *Extractum ex quadam Charta antiqua typo impressa in qua ab Episcopo Joanne Drojewski, approbatur Ordinatio Capella et Altaris S. Jacobi*, s. 561–576 – Gruber, Keyser: *Marienkirche*, s. 71; Sławoszewska: *Inwentarz „Bibliotheca Archivi"*, s. 229–230.

IV. B. 6: Rkps APGd., sygn. 300, R/Pp, 28b (mikrofilm: sygn. E–33682), ss. II + 354, papier, poszyt w papierowej niebieskiej okładce, 34,3 × 20,8 cm, do 1640 r., koniec XVII / pocz. XVIII w. – Gruber, Keyser: *Marienkirche*, s. 71; Sławoszewska: *Inwentarz „Bibliotheca Archivi"*, s. 230.

IV. B. 7: Rkps APGd., sygn. 300, R/Pp, 28c (mikrofilm: sygn. E–33683), ss. IV + 284, papier, oprawa półskórek, 34 × 20,3 cm, do 1640 r., przed połową XVIII w., zbiory Jakoba Theodora Kleina (zm. 1759) – Gruber, Keyser: *Marienkirche*, s. 71; Sławoszewska: *Inwentarz „Bibliotheca Archivi"*, s. 230.

IV. B. 8: Rkps APGd., sygn. 300, R/Pp, 28d (mikrofilm: sygn. E–33684), ss. IV + 802, papier, oprawa z białego pergaminu, 32 × 20 cm, do 1640 r., połowa XVII w. – Sławoszewska: *Inwentarz „Bibliotheca Archivi"*, s. 230.

IV. B. 9: Rkps APGd., sygn. 300, R/Pp, 29a (mikrofilm: sygn. E–33685), ss. VI + 1168, papier, oprawny w biały pergamin, 33 × 19,5 cm, 1544–1640, tom 2 odpisu HKR (t. 1 do 1543 r. zaginął), ok. 1700 r., zbiory Barthela Schreita – Sławoszewska: *Inwentarz „Bibliotheca Archivi"*, s. 230.

IV.B. 10: Rkps APGd., sygn. 300, R/Pp, 48 (mikrofilm: sygn. E–33705), ss. 618, papier, oprawa kartonowa, 34,5 × 22,4 cm, do 1640 r., XVII/XVIII w. – Sławoszewska: *Inwentarz „Bibliotheca Archivi"*, s. 235.

IV. B. 11: Rkps APGd., sygn. 300, R/Vv, 69 (dawna sygn. 275; 10; mikrofilm: sygn. E–34096), k. IV + ss. 1032, papier, oprawa półpergaminowa, 32,3 × 20 cm, wyciąg z HKR, XVIII w., współoprawny z innymi dokumentami, zbiory rodziny Renner – Sławoszewska: *Inwentarz „Bibliotheca Archivi"*, s. 327.

IV. B. 12: Rkps APGd., sygn. 300, R/Vv, 112 (dawna sygn. 482; mikrofilm: sygn. E–34135), ss. 698, papier, oprawa z brązowego pergaminu, 20 × 33 cm, *Excerpta memorabilia auss dem Historischen Kirchen-Register*, s. 601–685, po 1668 r., oprawne m.in. z odpisem kroniki Reinholda Curickego *Beschreibung der Stadt Danzig* oraz wyjątkami z pierwszego tomu pamiętnika Eberharda Böttichera (zob. nr I. A) – Sławoszewska: *Inwentarz „Bibliotheca Archivi"*, s. 339.

Egzemplarze ze zbiorów Archiwum z zespołu kościoła Mariackiego (dawna sygn. Danzig, St. Marien, 78, 25) zaginione w 1945 r.

IV. C. 1: Rkps Stadtarchiv Danzig, sygn. 78, 25, nr 461 (XVIII w. – dopiski do poł. XIX w.), treść analogiczna z nr IV. 8 – odnotowany w: Gruber, Keyser: *Marienkirche*, s. 71.

IV. C. 2: Rkps Stadtarchiv Danzig, sygn. 78, 25, nr 462 (pocz. XIX w.) – odnotowany w: Gruber, Keyser: *Marienkirche*, s. 71.

IV. C. 3: Rkps Stadtarchiv Danzig, sygn. 78, 25, nr 463 – odnotowany w: Gruber, Keyser: *Marienkirche*, s. 71.

Inne zbiory instytucjonalne:

IV. D: Zbiory Bazyliki Mariackiej w Gdańsku, bez sygnatury, ss. 722 (s. 715–722 niezapisany), papier, brak oprawy, 33,9 × 22,2cm, do 1640 r. (dodatki do roku 1660), 1760, odpis Andreasa Schotta?

Handel antykwaryczny:

IV. F: HKR, t. 1–2, k. 28 + ss. 1104, 32,8 × 19,7 cm, do 1640 r., po 1746 r. (kopia Andreasa Schotta?), Keterrer Kunst (Monachium-Hamburg), oferta antykwaryczna z listopada 2006 (pochodzenie i obecny właściciel nieznane) – http://www.kettererkunst.com/details-e.php?obnr=410607105& anummer=305 (dostęp 1 lutego 2009).

Edmund Kizik

Das *Historische Kirchen Register* – Werkbeschreibung und Quellen

Die gesellschaftlichen und religiösen Anschauungen Eberhard Böttichers wurden durch einen der bedeutendsten Historiker Danzigs, Theodor Hirsch (1806–1881), wie folgt zusammengefasst:

> *„Ein Mann von sonst ehrenhaften Charakter und von der uneingennützigsten Liebe für seine Kirche, der fortan als Geschichtsschreiber und Verwalter sein Leben, selbst während der Leiden eines langen Krankenbettes widmete, hatte Bötticher bei seiner geringer Bildung über Staat und Kirche die ganz beschränkten Ansichten der spießbürgerlichen Kreise, in denen er sich bewegte, eingesogen und sah demgemäß alles Heil seiner Stadt in starrem Festhalten an dem Buchstaben des religiösen Bekenntnisses und der Privilegien[1]".*

Diese Auffassung erscheint ziemlich ungerecht, selbst wenn man Bötticher eine geringe und oberflächliche Schulbildung sowie seine „kleinbürgerlich" eingeschränkten Ansichten in Bezug auf die Konfessionsgeschichte der Stadt vorhalten kann. Er verfügte zwar nicht über eine universitäre Ausbildung und hatte nicht einmal das städtische Gymnasium besucht, eine Schuleinrichtung mit einem ziemlich hohen Erziehungsniveau, Bötticher war jedoch ein Autodidakt, der dank seiner Ambitionen und intellektuellen Fähigkeiten in der Lage gewesen ist, viele seiner Bildungsmängel auszugleichen. Gerade wegen der plebejischen und entschiedenen Verbissenheit des Autors, eines hitzigen Lutheraners, gewinnen wir aus erster Hand äußerst authentische Einblicke in die damals herrschende Vorstellungswelt des mittleren Danziger Bürgertums an der Wende vom 16. zum 17. Jahrhundert, einer kritischen Epoche für die Ausgestaltung der gesellschaftlichen Mentalität in der größten und wichtigsten Stadt innerhalb der Strukturen der Adelsrepublik. Während dieser Zeit (von 1572 bis um 1612) klärte sich das Verhältnis der Stadt zum polnischen König und zum Sejm sowohl hinsichtlich der Regionalpolitik, rechtlich-wirtschaftlicher wie auch konfessioneller Probleme (Patronatsfrage der Marienkirche sowie Stellung gegenüber der katholischen Kirche, u.a. Zuständigkeitsbereiche des Leslauer Bischofs, klösterliche Freiheiten im Stadtgebiet).

In diese Epoche fiel der Konflikt zwischen den Anhängern des Calvinismus, die Unterstützung von Seiten der polnischen Dissidenten erhielten, und den Lutheranern über die konfessionelle Gestalt des Danziger Protestantismus. Die zahlreichen vom Autor erwähnten historischen Rückbezüge ermöglichen das

---

[1] Hirsch: Ober-Pfarrkirche 2, S. 256–257.

Verstehen vieler Probleme im Zusammenhang der Ausgestaltung der kirchlichen Beziehungen in der Stadt vom 15. Jahrhundert bis in die zweite Dekade des 17. Jahrhunderts (Finanzierungsquellen der Marienkirche, Zuständigkeitsbereiche der Kirchenväter).

Das Schrifttum Böttichers ist außerdem eine Quelle zur politischen Auseinandersetzung zwischen der Stadtelite des Rats und Schöffengerichts (Erste und Zweite Ordnung), der Opposition aus den Reihen der Kaufleute und Zünfte (Dritte Ordnung) sowie der Rolle, die die polnische Seite in diesem Konflikt spielte (Staatsmacht, d.h. die polnischen Könige und ihre Vertreter, und kirchliche Macht, z.B. die Leslauer Bischöfe). Nebenbei flocht der Autor Informationen zum Thema der großen und kleinen Politik ein, verbunden mit vielen Einzelhinweisen zu allen Angelegenheiten die mit der *fabrica ecclesia* verbunden waren (Kirchengebäude, Schulwesen, Grundstücksverwaltung, etc.). Hierzu gehören zahlreiche Einträge zu den Ausgaben für die Unterhaltung, Ausstattung und Modernisierung der Kirche aber auch zu Problemen des Gewohnheits- und Eigentumsrechts der Marienkirche.

Alle diese Fragestellungen sind im ganzen Schriftwerk Böttichers gegenwärtig, das in der Zeit seiner öffentlichen Tätigkeit entstanden ist, d.h. zwischen den 1590-er Jahren und seinem Tod 1617. Es sei schließlich noch darauf hingewiesen, dass die Aufzeichnungen Böttichers nicht der unmittelbaren herrschaftlichen Kontrolle unterlagen und daher, abgesehen von Elementen der Selbstzensur, authentische Ansichten und Stimmungen innerhalb des oppositionellen Milieus widergeben, die häufig feindselig gegenüber der Haltung der Danziger Eliten waren. Durch diesen Umstand gewinnen die Überlieferungen Eberhard Böttichers erheblich an Wert.

Aufmerksamkeit verdient der ungewöhnlich große Umfang seines schriftstellerischen Werks. Neben amtlichen Schriften gehören dazu zwei Memorienbände, verfasst in den Jahren 1577/1578–1595 (*Memorial oder Gedenckbuch* von 1577/1578–1583 sowie *Der andere Theil des Eberhard Bötchers Chronica*, 1584–1595), eine teilweise kommentierte Dokumentensammlung (*Grundliche Erklerung/Historische Declaration*, 1604–1606) sowie das HKR von 1615/1616 (siehe Werkverzeichnis, Nr. IV.A.). Die chronikalischen Aufzeichnungen Böttichers bilden zusammen mit seinen anderen Texten zu Danzig ein wertvolles Gegenstück zu den 2008 publizierten bekannten Erinnerungen Martin Grunewegs[2]. Ihre Bedeutung ist erheblich größer als die der kompilatorischen Chronik von Georg Wyllenberg von 1610, welche, ähnlich wie die Arbeit Grunewegs, den Zeitgenossen nicht bekannt war[3] und keinen Einfluss auf das historische und

---

[2] Bues: Gruneweg; vgl. auch die Rezensionen dieser wichtigen Quellenedition: Hans-Jürgen Bömelburg, Zeitschrift für Geschichte und Altertumskunde Ermlands 53 (2009), S.145–148; Edmund Kizik, Acta Poloniae Historica 101 (2010), S. 290–296.

[3] Der erste Forscher, der die Aufzeichnungen Grunewegs aus der Sammlung von Valentin Schlieff verwendet hat, war Michael Ch. Hanow: Nachricht von Jac. Knade, dem ersten Evangelischen Prediger in Danzig, Preußische Sammlung, 1 (1747), S. 56; ders.: Von dem Alter der Stadt Danzig mit Anmerkungen, Preussische Sammlung, 1 (1747), S. 369, Anm. „r".

konfessionelle Bewusstsein der Danziger im 17. und 18. Jahrhundert nahm[4]. Im Unterschied zu den privaten Notizen Grunewegs, der rasch seine Heimatstadt verlassen und die meiste Zeit seines Lebens in den beschriebenen fremden Regionen und Ländern verbracht hatte, war das gesamte Werk Bötticher mit Danzig verbunden und auf öffentliche Zwecke hin angelegt: Es entstand im Hinblick auf das Milieu der Lutheraner – die Kirchenväter der Marienkirche und die sie unterstützenden Mitglieder der Dritten Ordnung. Die Ausnahme bilden die beiden Tagebuchbände, die für den engsten Familienkreis bestimmt waren. Es zeigte sich allerdings, dass der zweite Band teilweise für das letzte Werk Bötticher verwertet wurde. Außer der Umfänglichkeit seines Werks (fünf Bände der chronikalischen und persönlichen Aufzeichnungen) ist der Umstand bemerkenswert, dass sich die Originalmanuskripte erhalten haben, was es bei der großen Anzahl der Abschriften des HKR erlaubt, die eventuellen Änderungen der späteren Kopisten nachzuvollziehen[5].

Das HKR verfasste Bötticher während seiner letzten Lebensmonate, seine gesamte Erfahrung und Gelehrsamkeit zusammenfassend. Diese wichtigste Arbeit des Kaufmanns und Kirchenvaters der Marienkirche zählt in der Originalhandschrift über 570 Seiten und dank vieler Kopisten und Fortsetzer, die bis zur Mitte des 18. Jahrhunderts weitere Versionen der Arbeit anfertigten, bildete sie die wichtigste Quelle dieses Typs zur Konfessionsgeschichte des neuzeitlichen Danzig in der zweiten Hälfte des 16. und im 17. Jahrhundert.

Als ein solches Werk wurde das HKR seit langem ausgewertet, nicht nur von den Chronisten und Universalgelehrten des 17./18. Jahrhunderts sondern auch in der akademischen Geschichtsforschung. Auf diese Chronik und andere Arbeiten Bötticher griffen sowohl Chronisten des 17. Jahrhunderts, wie z.B. Gregorius Frisch[6], als auch Historiker des 19. Jahrhunderts, wie Gotthilf Löschin[7], zurück. Eine spätere Abschrift hat auch Johanna Schopenhauer benutzt, die aufgrund einer Bemerkung im HKR das Gemälde des Jüngsten Gerichts in der Marienkirche Jan van Eyck zuschrieb[8]. Dieser Hinweis war allerdings eine falsche Hinzufügung des Kopisten und findet sich nicht im Originaltext von Bötticher. Zahlreiche Auszüge aus einer der späteren Abschriften des HKR hat Carl Heinrich Bresler, Pfarrer der Marienkirche zwischen 1829 und 1860, in dem von ihm herausgegebenen „Sonntags-Blatt für alle Stände" zum Anlass der

---

[4] Georg Wyllenberg: Historia das ist Wahrhaffte und eigentliche Beschreibung etzlicher Alten Geschichten, Darinnen auch die Ankunft derr Königlichen Stadt Dantzig..., 1610, BGPAN Ms 753; Mokrzecki: W kręgu prac, S. 90–98.
[5] Die Herausgeber haben davon abgesehen, die einzelnen Kopien und Auszüge miteinander zu vergleichen, da dies schon außerhalb der Zielsetzung der vorliegenden Edition gelegen hätte.
[6] Frisch: Sankt Marien Pfarrkirche, S. 28.
[7] Gotthilf Löschin: Geschichte Danzigs, Bd. 1, Danzig 1822, S. 310, 386.
[8] Johanna Schopenhauer: Johann von Eyck und seine Nachfolger, T. 1, Frankfurt a. M. 1830, S. 89.

500-Jahr-Feier 1843 veröffentlicht[9]. Den späteren Forschern der Danziger Geschichte diente das HKR als grundlegende Sammlung von Aufzeichnungen zur Geschichte der Marienkirche (Theodor Hirsch)[10] oder der Konflikte um das Kirchenpatronat (Paul Simson)[11]. Auch die moderne Forschung griff immer wieder auf diese Notizen zurück. So verwundert es nicht, dass Erich Keyser, das Werk Bötticher zusammenfassend, zu folgender Schlussfolgerung kam:

> „*Diese Werke sind für alle Forschungen zur Bau-, Kunst- und Kirchengeschichte Danzigs unentbehrliche Quellen[12]*".

Von den zeitgenössischen Konfessionsforschern hat u.a. Michael G. Müller[13] auf das HKR zurückgegriffen, zuvor auch Lech Mokrzecki für Studien zur Danziger Historiographie des 17. Jahrhunderts[14], unter den Architektur- und Kunsthistorikern sind zu nennen Karl Gruber, Erich Keyser[15], Willi Drost[16] sowie Katarzyna Cieślak[17]. Nach den Benutzerkarten der Nachkriegszeit (seit 1964) interessierten sich zunächst die Kunsthistoriker für die Handschrift als Quelle zur Geschichte der Marienkirche, so der berühmte Jan Białostocki (1964) im Zusammenhang mit seinen Studien über die niederländische Kunst in Danzig[18], Lech Krzyżanowski (1965), der dort Materialien zur Geschichte der monumentalen

---

[9] Carl Heinrich Bresler: Das Jubelfest der Oberpfarrkirche in Danzig, Sonntags-Blatt für alle Stände 3 (1843), Sp. 59–62, 69–71, 95, 99–103, 109–112. Der Autor zitiert Fragmente der Chronik, Fragen des Kirchenbaus (1483, 1489, 1496, 1498, 1499, 1503) sowie der Ausstattung (1464, 1474, 1482, 1483, 1484, 1510, 1511, 1515, 1517, 1519, 1522, 1523, 1524, 1529) betreffend.

[10] Hirsch: Ober-Pfarrkirche. Hirsch besaß in seiner Sammlung mindestens zwei Abschriften der Chronik der Marienkirche, die in die Bestände der Stadtbibliothek gelangten (heute BGPAN, Ms. 946 und Ms. 947, (vgl. Werkverzeichnis, Nr. IV.A.11, IV.A. 12); die Letztere (aus der Mitte des 18. Jahrhunderts) ist eine besonders zuverlässige Abschrift des originalen Manuskripts von Bötticher). In seinen Arbeiten über die Marienkirche benutzte er die Exemplare der damaligen Stadtbibliothek mit den Signaturen: Gedanens. fol. 121 (BGPAN, Ms. 498) sowie Gedan. fol. 19 n. 4 (BGPAN, Ms. 487), vgl. Hirsch, Bd. 1, S. 28–29, Anm. 1.

[11] Simson: Geschichte Danzig 2, S. 429–434, 544, 551f.

[12] Erich Keyser: Bötticher Eberhard, Altpreußische Biographie, Bd. 1, S. 67.

[13] Müller: Zweite Reformation.

[14] Mokrzecki: W kręgu prac, S. 111–120; die Arbeit war der erste Versuch einer Synthese der Danziger Historiographie dieser Epoche.

[15] Gruber, Keyser: Marienkirche.

[16] Drost: Marienkirche.

[17] Katarzyna Cieślak: Między Rzymem, Wittenbergą a Genewą. Sztuka Gdańska jako miasta podzielonego wyznaniowo, Wrocław 2000; die Autorin verwendete eine zuverlässige Abschrift (BGPAN, Ms. 947); siehe Werkverzeichnis, Nr. IV.A.12.

[18] Jan Białostocki: Les Primitifs Flamands I Corpus de la Peinture des Anciens Pays-Bas meridionaux au quinzième siècle n° 9: les musées de Pologne (Gdansk, Krakow, Warszawa), Bruxelles 1966, S. 109f.; ders.: „Sąd Ostateczny" Hansa Memlinga. Spostrzeżenia i analizy w oparciu o badania technologiczne, Rocznik Historii Sztuki, 8 (1970), S. 10, Anm. 14, S. 12, Anm. 22. Der Autor bezog sich jedoch nicht auf das ihm bekannte Autograph, sondern auf eine Abschrift (BGPAN, Ms. 498), siehe Werkverzeichnis Nr. IV. A. 9.

Grabskulptur suchte[19] sowie Adam S. Labuda (1972)[20] für seine Untersuchungen zur Danziger Tafelmalerei. Viele Forschen, wie z.b. Lech Mokrzecki[21], verwendeten für ihre Zwecke jedoch spätere Abschriften des HKR, insbesondere die bis 1640 fortgeführten Versionen. Eine nähere quellenkundliche Untersuchung des Autographs gab es bislang nicht.

Die Geschichte der Handschrift

Das Autograph des HKR gelangte erst 1879 in den Besitz der Stadtbibliothek zusammen mit einem wertvollen Deposit, der Sammlung der Familie Uphagen, welche seitdem eine eigne Gruppe von Handschriften und Drucken bildet, die mit der Signatur Uph[agen] bezeichnet ist. Die entsprechende Nummer, in diesem Fall Ms. Uph. 18 (Werkverzeichnis, Nr. IV.A), zeigt eventuell an, dass es sich um ein Manuskript handelte. Der Schöpfer dieser imponierenden Sammlung war Johann Uphagen (1731–1802), Schöffe und Ratsherr der Rechtstadt[22], der auch noch eine Kopie des HKR besaß (Ms. Uph. 19; Werkverzeichnis, Nr. IV. A. 18)[23], die jedoch schon im 19. Jahrhundert verloren ging. Weiterhin besaß Uphagen eine Kopie von Aufzeichnungen und Dokumenten (*Gründliche Erklärung /Historische Erklärung*), angefertigt von Bötticher und dem HKR vorausgehend (Ms. Uph. fol. 20; Werkverzeichnis, Nr. III. D. 3), die leider seit 1945 verschollen ist. Bis zu der Zeit, in der sich das HKR in der Sammlung Uphagen befand (d.h. ab der zweiten Hälfte des 18. Jahrhunderts)[24], ist das Schicksal der Chronik unbekannt. Vielleicht gelangte sie erst 1795 in den Bestand, nachdem Johann Uphagen einen Teil der Sammlung von Heinrich Wilhelm von Rosenberg[25] erworben hatte, ein anderer bedeutender Danziger Büchersammler. Dies ist allerdings nur eine Vermutung, denn die Handschrift zeigt keine anderen Signaturen, Randbemerkungen von fremder Hand, Zusätze

---

[19] Krzyżanowski: Nagrobki. Im Anhang (S. 458–459) wird ein Fragment aus dem HKR zitiert (Ms. Uph. fol. 18, Werkverzeichnis, Nr. IV.A, S. 531–533), die Einrichtung des Grabes betreffend.
[20] Adam S. Labuda: Malarstwo tablicowe w Gdańsku w 2 poł. XV w., Warszawa 1979, S. 22f.
[21] Mokrzycki: W kręgu prac, S. 116–120. Der Autor verwendete die Abschrift BGPAN, Ms. 948 (siehe Werkverzeichnis IV. A.13).
[22] J. Trzoska: Jan Uphagen, in: SBPN 4, S. 398f.
[23] In den 1840-er Jahren wurden diese Handschriften von Theodor Hirsch verwendet (Hirsch: Ober-Pfarrkirche, S. 29).
[24] Zum Thema der Sammlungen: Ewa Piotrowska: Biblioteka Jana Uphagena, patrycjusza i historyka gdańskiego XVIII w., Z Badań nad polskimi zbiorami księgozbiorami historycznymi, 1985, 7, S. 87–114, dies.: Jan Uphagen – historyk gdański XVIII wieku i jego księgozbiór: próba interpretacji inwentarza bibliotecznego, Roczniki Biblioteczne 27 (1983), 1/2 , S. 192–208; dies.: Rola biblioteki w pracy naukowej Jana Uphagena w świetle analizy źródłowej jego dzieła, „Parerga historica", in: Z badań nad polskimi księgozbiorami historycznymi 10 (1988), S. 63–100.
[25] Günther: Katalog 2, S. 382f.

oder irgendwelche sonstigen Veränderungen (etwa eine Änderung der Paginierung), welche auf einen Besitzerwechsel oder die Einordnung der Chronik in eine Sammlung hindeuten könnten. Außer einer Seite, die zum Teil von einer anderen Hand stammt (HKR S. <543>), wurde das Autograph der Chronik von keiner dritten Person ergänzt, fortgesetzt oder kommentiert. In der vorliegenden Form war der Band eine abgeschlossene Arbeit. Man kann jedoch mit großer Wahrscheinlichkeit davon ausgehen, dass das Autograph des HKR sich niemals im Archiv der Marienkirche befunden hat[26], denn es besitzt keinerlei Eigentümerzeichen oder Notizen, die auf eine Zugehörigkeit des Bandes zu den Kirchenbeständen hinweisen. Wenn sich der Band im Besitz der Marienkirche befunden hätte, wäre es auch nicht zu erklären, wieso er später in private Hände gelangt ist.

Diese These könnte etwas verwundern, wenn man bedenkt, welches große Interesse die Kirchenväterkollegen (Michel Wider, Greger von Amster, Nickel Schmidt) dem Werk entgegengebracht haben. Die Annahme wird aber auch dadurch bestätigt, dass sich bis zur Wende des 18. Jahrhunderts ein anderer wichtiger Text Bötticher ebenfalls nicht im Kirchenarchiv befunden hat, nämlich die *Historische Declaration*, eine der Hauptquellen des HKR, von der man erst 1694 im Auftrag der Kirchenväter eine Kopie anfertigte[27]. Die Nichtüberweisung der Chronik an die Kirche könnte mit der Besorgnis Bötticher über den Ausgang des Konflikts zwischen Lutheranern und Calvinisten zu erklären sein. Er fürchtete vermutlich, dass sein Werk in die Hände des Kircheninspektors Bürgermeister Johann von der Linde (1542–1619) hätte fallen können, der zu dieser Zeit als Anhänger der Calvinisten einer der Hauptgegner Bötticher war.

Der Autor könnte aber vor seinem Tod das Werk zum Zweck einer Kopieanfertigung zugänglich gemacht haben, denn es sind Abschriften bekannt, die die Erzählung fortführen bis 1620 (durch Nicolaus Schmieden) und schließlich bis 1640 (durch Michael Fischer). Diese Versionen dienten als Grundlage für weitere Kopien. Zu dieser Zeit war es schon nicht mehr notwendig, das Werk zu verbergen, denn die lutherische Partei hatte inzwischen die Auseinandersetzung um die Vorherrschaft in der Stadt gewonnen.

Falls sich das Autograph nicht im Privatbesitz eines anderen Kirchenvaters befunden hat, welcher die Chronik fortführte, so muss es nach dem Tod Bötticher mit den übrigen Privatpapieren im Besitz der Haupterbin gewesen sein,

---

[26] Die Dokumentation der Handschriften des Archivs der Marienkirche gelangte in die Sammlung der BGPAN und wird dort als eigener Bestand mit der Signatur Ms. Mar. Geführt. Vgl. Günther: Katalog, 5.

[27] „Dieses Buch, die Religions Händel der Pfarr Kirchen zu St. Marien angehende, worauff sich der Autor in seinem so genannten Historischen Kirchen-Register offt Kürtze halben beziehet, haben die Hhln. Kirch Väter wegen seiner raren und accuraten Historie zu ihrem so wol als der Nachkommen Nutzen, Anno 1694 abschreiben lassen und denen Kirchenbüchern einverleiben wollen", BGPAN, Ms. Mar. F 337, Bl. 1r, zitiert nach Günther: Katalog 5, S. 444.

d.h. der Witwe Anna Duckau (gest. 1646)[28]. Erst später wurden die Schriften von einem der örtlichen Büchersammler erworben. Hier befinden wir uns jedoch schon in der Sphäre der Mutmaßungen, denn trotz genauer Nachforschungen, konnte bisher weder das Testament Böttichers noch sein Nachlassinventar (1617) oder das seiner Frau (1646)[29] gefunden werden, deren Inhalt den Verbleib des chronikalischen Nachlasses hätten aufklären können. Es ist offensichtlich, dass sein Schriftwerk sehr zersplittert wurde, denn es gelangte in den Besitz verschiedener Sammler und nur aufgrund einer Verkettung glücklicher Umstände fanden sich die meisten der privaten Manuskripte Böttichers schließlich in die Bestände der Danziger Bibliothek der Polnischen Akademie der Wissenschaften sowie des Danziger Staatsarchivs/Archiwum Państwowe w Gdańsku wieder (siehe Werkverzeichnis).

Noch im 1892 von Ernst August Bertling bearbeiteten Katalog der Stadtbibliothek wurde das Original des HKR in einem nicht näher spezifizierten Exemplar im damaligen Archiv der Marienkirche vermutet[30]. Wenn er sich nicht irrte, dann gelangte der Band später nicht in die Stadtbibliothek, denn die bekannten Exemplaren aus den Beständen der Marienkirche waren spätere Kopien[31]. Vielleicht handelte es sich um die erste Abschrift des Textes, möglicherweise dasselbe Exemplar, das auch Theodor Hirsch in seiner grundlegenden Arbeit zur Geschichte der Marienkirche verwendet hat[32]. Erst im Zuge der Bearbeitung des uphagenschen Depositums entdeckte man das unbezweifelbare Autograph Böttichers, welches zusammen mit einigen Kopien einführend von Otto Günther beschrieben wurde[33]. Das Manuskript überlebte glücklich das Ende des zweiten Weltkriegs, die Evakuierung sowie die Zerstörung Danzigs 1945, indem

---

[28] Nach dem in Danzig herrschenden Kulmer Recht (*ius culmense*) hatten die Witwe oder der Witwer, neben der Hälfte des gemeinsamen Vermögens (im außertestamentarischen Fall), auch Anspruch auf die Hälfte bis zu Dreivierteln des Vermögens des Ehegatten. Der restliche Teil (die Hälfte oder ein Viertel der Hälfte des Verstorbenen) wurde zu gleichen Teilen unter allen Erbberechtigten aufgeteilt. Siehe Caspar Schütz: Kurtzer und grundlicher Bericht von Erbfällen, 1598, Ms. APGd. 300, R/Aa, 14.

[29] In den Danziger Erbprozessen wurden ab der Wende des 16. Jahrhunderts üblicherweise Nachlassinventare angefertigt, denn diese dienten zur Wertbestimmung des Erbteils der Frau, in diesem Fall Anna Duckaw (Duckau) sowie der drei Kinder Böttichers aus der ersten Ehe Gertrud, Paul und Melchior.

[30] „Das Originalmanuscript E. B's. scheint das in der Bibliothek der St. Marien-Kirche aufbewahrte Exemplar zu sein", Bertling: Katalog 1, S. 631. In den Beständen der Marienkirche fanden sich die Exemplare BGPAN, Ms. Mar. F 336, Ms. Mar. F 418, Ms. Mar. F 419, Ms. Mar. Q 145.

[31] Vgl. Werkverzeichnis, Nr. IV.A.20 – IV.A. 23.

[32] Hirsch: Ober-Pfarr Kirche 1, S. 28–29, Anm. 1. Der von Hirsch angegebene Titel suggeriert, dass es sich um die Handschrift Böttichers oder eine sehr getreue Abschrift des Autographs gehandelt haben könnte: *Historisch Kirchen-Register der Pfarrkirchen Unser Lieben Frawen S. Marien in der Rechten Statt Dantzig nach verlauff der Jahren, Ausz den alten vnndt zertreweten Kirchen-Büchern vndt andern Nachrichtungen, durch Eberhardt Böttichern, Eltesten bestelleten Kirchen Vatter daselbst zusammengetragen Im Jahr 1615.*

[33] Günther: Katalog 2, S. 389.

es in eines der sicherlich außerhalb der Stadt liegenden Magazine gelangte[34]. Anfangs hielt man es für verschollen und strich es aus dem Inventar[35]. Vermutlich Ende der 1950er Jahre fand es sich erneut in der Biblioteka Gdańska PAN, der Nachfolgerin der früheren Stadtbibliothek. Die ersten Benutzer der Nachkriegszeit schrieben sich erst 1964 in die Leserkarte ein (Jan Białostocki), die früheren Benutzernachweise sind nicht erhalten.

HKR
Formale Beschreibung

Das in weißem Pergament eingebundene Autograph des HKR im Format 33 ½ cm auf 20 ½ cm ist in der Danziger Bibliothek der Polnischen Akademie der Wissenschaften (BGPAN) unter der Signatur Ms. Uph. fol. 18 aufbewahrt. Der Pergamenteinband stammt aus späterer Zeit, vielleicht erst nachdem das Exemplar im 18. Jahrhundert in die Sammlung Danziger Bibliophiler gelangt war. Damals wurden auch je zwei Blätter vor und nach dem Text der Chronik eingefügt. Bei der Gelegenheit hat man den gesamten Band beschnitten, was insbesondere auf den Seiten <III, 3, 7, 8, 39> zu erkennen ist. Dadurch wurden viele Zierstriche über den Ziffern der Paginierung abgeschnitten, vereinzelt auch Satzendungen. Auf dem Buchrücken befindet sich der handgeschriebene Kurztitel: *„Kirch[en] Regis[ter] zur Pfark[irchen] Eberh[ard] Bötcher"*.

Außer den Blättern, die im Zuge des Neueinbands hinzugefügt worden waren (ein Blatt vor der Titelseite und drei den Band abschließende Blätter) zeigt das Papier ein ovales Wasserzeichen (Durchmesser etwa 45 mm, am besten sichtbar auf dem leeren Blatt nach dem Register) mit einem Fisch (vergleichbar dem Zeichen der Manufaktur des Nathanel Brobstly (Probstley))[36] sowie des Jakob Rhode und Erben, eines hervorragenden Danziger Druckers[37] *(Abb. 5)*. In der Umrandung findet sich jedoch die Inschrift: PARAD[ISUS] CARTUS[IENSIS] MARIA[E], was suggeriert,

---

[34] Zum Thema des Schicksals der Archivalien am Ende des 2. Weltkriegs sowie nach 1945 siehe Czesław Biernat: Archiwum Państwowe w Gdańsku. Przewodnik po zespole, Warszawa-Łódź 1992, S. 29–35. Staatsarchiv Danzig – Wegweiser durch die Bestände bis zum Jahr 1945, bearb von Czesław Biernat, München 2000, S. 41–49.

[35] Im Exemplar des Katalogs der Danziger Stadtbibliothek, Bd. 2, S. 389, das sich im Lesesaal der BGPAN befindet, war die Position Ms. Uph 18 anfangs mit einem roten Kreidestift durchgestrichen, später wurde die Streichung wieder ausradiert.

[36] Franciszek Pabich: Papiernie nad Zatoką Gdańską, Gdańsk 1978, S. 8, vgl. die Umzeichnung der Wasserzeichen der Papiermanufaktur Brobstley Nr. 8. Der Papierpreis betrug 1595 zwei Floren (60 g) für einen Bogen der besten Qualität und 35 Groschen für die mittlerer Gattung (ders., S. 8).

[37] Jadwiga Siniarska-Czaplicka: Katalog filigranów czerpalni Rzeczypospolitej zebrany z papieru druków tłoczonych w latach 1500–1800, Łódź 1983, S. 32–34; Die Autorin verzeichnet einige Wasserzeichen mit einem umrandeten Fisch: Nr. 1257–1264, 1283 (J. Rhode). Siehe auch: Klaus Roemer: Geschichte der Papiermühlen in Westpreußen und Danzig, nebst einem Anhang über den Netzedistrikt, (Quellen und Darstellungen zur Geschichte Westpreußens 30), Münster 2000, Abb. 4.7.

dass sich die Papierfabrik im Eigentum des Karthäuserklosters in Karthaus befunden hat[38]. Aufgrund des aktuellen Forschungsstands zur Papierproduktion in Danzig und Preußen im 16./17. Jahrhundert, kann die Frage noch nicht abschließend geklärt werden. Es lässt sich lediglich vermuten, dass es sich um die Papiermanufaktur in Groß Bölkau/Bielkowie gehandelt hat, die den Karthäusern gehörte und an verschiedene Danziger Unternehmer verpachtet war (Rhode, Brobstly). Bötticher hat seine Tagebücher (Bötticher: Memorial (1577–1583) sowie Bötticher: Chronica (1584–1595)) auf dem Papier mit dem gleichen Wasserzeichen geschrieben, was bedeutet, dass die Manufaktur mindestens seit 1577 tätig war.

Der von zwei Lederriemen zusammengehaltene Band hat insgesamt 585 Seiten. Außer den beiden Blättern vor der Titelseite (Bl. [1–2] ohne Paginierung), der Titelseite und der Einleitung (S. <I–4>, ohne Paginierung) sind alle Seiten nummeriert <[1]–10>, ergänzt wurden S. <10a–10f>; danach <11–304>, es folgt eine leere unpaginierte Seite, danach S. <305–547>, dabei wurde die S. <543> versehentlich als 542 bezeichnet. Nach der Seite <547> (korrekt 546), befindet sich ein leeres unpaginiertes Blatt und danach beginnt eine neue Paginierung <[I 1]–I 24> des Inhaltsverzeichnisses der Chronik („Index oder Zeiger in diß Historische Kirchen Register"). Den Band schließen 3 leere und unpaginierte Blätter ab, die während der Einbindung im 18. Jahrhundert hinzugefügt worden waren. Nach dem Katalog von Jadwiga Siniarska-Czaplicka stammen zwei Blätter aus der Thorner Papiermühle des Druckers Johann L. Nicolai (gest. 1747). Die Seiten 544–547 enthalten eine durch Überschriften unterteilte Liste der durch das Danziger Geistliche Ministerium ordinierten Priester der Marienkirche und anderer Kirchen in Königlich Preußen in den Jahren 1576–1586[39]. Die arabische Paginierung stammt vom Autor der Chronik. Die Ziffern befinden sich zentriert am oberen Abschnitt der Seiten. Der Autor verwendete zur besseren Orientierung Kustoden.

Auf dem vorderen Umschlagdeckel befindet sich ein aufgeklebtes Fragment der gedruckten Beschreibung der Chronik aus dem Katalog der Handschriften der Danziger Stadtbibliothek:

„Ms.Uph. fol. 18. Papier 2 Bl. + 517 + 24 S. 33 ½ : 20 ½ cm. Anfang des 17. Jahrh. weissser Pergamentband mit ledernen Schliessbänder. „Historisch Kirchen Register der grossen Pfarkirchen in der rechten Stad Dantzig S. Marien oder von alters Unser Lieben Frawen genant, auss alles derselben Kirchen, Büchern und andern Chroniken und alten Schriften zusammen getragen Durch Eberhard Bötticher, bestelleten Kirchen Vater dasselbst" (1615). Autograph des Verfasser mit manchen Korrekturen"[40].

---

[38] In der Literatur wird die Existenz einer Papiermanufaktur in Karthaus verneint, vgl. Franciszek Pabich: Papiernie nad Zatoką Gdańską, S. 10.
[39] Wegen des Konflikts innerhalb des Danziger Protestantismus wurde dem Geistlichen Ministerium das Recht zur Ordination von Geistlichen in der Stadt entzogen und erst in den 1620er Jahren zurückgegeben, d.h. schon nach dem Sieg der lutherischen Partei.
[40] Günther: Katalog 2, S. 389.

Über dem eingeklebten Blatt befindet sich ein moderner kleiner runder Stempel mit der Inschrift BIBLIOTEKA GDAŃSKA PAN zusammen mit der darunter befindlichen Inventarisationsnummer: *Nr inw. 2929*. Auf der Karte [Ir] ist eine mit dunkelblauem Stift eingetragene Signatur sichtbar: *M.f.18 [Ms. folio.18]*. Das Exemplar ist in gutem Zustand, ohne fehlende Stellen, Spuren von Schimmel oder Insekten. Es fehlen Informationen oder Spuren von größeren Buchbinder- oder Konservierungsarbeiten.

Das HKR wurde innerhalb einer relativ kurzen Zeit geschrieben. Nach Aussage der Titelseite arbeitete Bötticher 1615 und in den ersten Monaten des Jahres 1616 an dem Text, die letzte Notiz stammt vom 4. März 1616. Etwas früher, am 26. Februar 1616, erhielt das HKR eine einführende Widmung. Der Text wurde in gut durchdachter und relativ sorgfältiger Weise verfasst, was vom Autor eine entsprechende Sammlung von Notizen sowie anderer vorbereitender Arbeiten verlangte. Bötticher verwendete in diesem Werk konsequent Materialien, die er im Laufe von vielen Jahren zusammengetragen hatte und im HKR chronologisch für die Jahre 1343–1616 ordnete, d.h. von der Gründung der Kirche bis zu den letzten Lebensmonaten der Autors. Bötticher unterteilte den Text nicht in besondere Abschnitte mit eigenen Überschriften. Lediglich die Belagerung Danzigs 1577 ist ausnahmsweise mit einem eigenen Titel versehen („Und dieses ist die Namhaffte Belagerung der Koniglichem Stadt Dantzig Geschehen den 13. Juny im Jar der Erlösung 1577", HKR, S. <213>) sowie die Liste der ordinierten Geistlichen in Danzig 1576–1588 („Von Ordinierung der Predicanten in S. Marien Kirchen der rechten Stadt Dantzig", HKR, S. <544>).

Um der Chronik eine bessere Übersichtlichkeit zu geben, gliederte der Autor die einzelnen thematischen Abschnitte in Absätze, die am Rand mit Ziffern versehen wurden, die sich auf den Sachindex am Ende des HKR beziehen: A-Z (lateinische Majuskeln), A-Z (gotische Majuskeln), a-z (lateinische Minuskeln), a-z (gotische Minuskeln) sowie Aa-Za und entsprechend Ab-Zb, Ac-Zc, Ad-, Ae-, Af-, Ag-, Ah-, Ai-, Ak-, Al-, Am-, An-, Ao-, Ap-, Aq-, Ar-, As-, At-, Au-Pu (Majuskeln und Minuskeln). Oft war der erste Satz eines Abschnitts durch Unterstreichung hervorgehoben, es lässt sich aber keine Systematik dieser Akzentuierungen erkennen. Man kann nicht ausschließen, dass sie Bötticher bei der Anfertigung des Indexes behilflich waren, eventuell wurden sie von einem der ersten Kopisten oder Fortsetzer des Werkes eingefügt. Ein zusätzliches Ordnungselement der Erzählung ist die Angabe der Jahreszahlen am Rand neben den beschriebenen Ereignissen. Für das 14. Jahrhundert erfolgen acht Jahresangaben: 1343, 1347, 1358, 1374, 1382, 1383, 1393, 1395. Für das 15. Jahrhundert sind es 54: 1406, 1407, 1410, 1422, 1423, 1425, 1427, 1442, 1444, 1446, 1449, 1450, 1451, 1453, 1454, 1456, 1457, 1459, 1460, 1461 (zweimal), 1461, 1462, 1464, 1465, 1467, 1471, 1471 (zweimal), 1472, 1473, 1474, 1475, 1476, 1477 (zweimal), 1478, 1479, 1480, 1481, 1482, 1483, 1485, 1486, 1487 (zweimal), 1488, 1489, 1490, 1491, 1494, 1495, 1496, 1497, 1499, 1500. Für das 16. Jahrhundert sind Ereignisse aus 83 Jahren beschrieben: 1501, 1502, 1503, 1504, 1505, 1506, 1507, 1508, 1509, 1510, 1511, 1512, 1513, 1514, 1515, 1516,

1517, 1518, 1519, 1520, 1522, 1524, 1525, 1526, 1527, 1528, 1529, 1530, 1533, 1534, 1536, 1537, 1538, 1539, 1540, 1541 (zweimal), 1542, 1543, 1544, 1545, 1546, 1547, 1548, 1549, 1551, 1552 (zweimal), 1553, 1554, 1555, 1556 (zweimal), 1557, 1558, 1559, 1560, 1561, 1564, 1565, 1566, 1567, 1572, 1573, 1574, 1577, 1580, 1585, 1586, 1587, 1588, 1589 (zweimal), 1590, 1591, 1592, 1593, 1594, 1595, 1596, 1597, 1599, 1600. Im 17. Jahrhundert (bis 1616) werden Begebenheiten aus 9 Jahren behandelt: 1601, 1602, 1603 (zweimal), 1604, 1605, 1611, 1612, 1613, 1614.

Ein anderes wichtiges chronologisches Ordnungselement sind die ab 1457 vollständig angegebenen Informationen über die Wahl neuer Kirchenväter der Marienkirche (1457, 1460, 1471, 1474, 1476, 1478, 1481, 1493, 1494, 1497, 1499, 1500, 1505, 1509, 1515, 1521, 1523, 1526, 1527, 1531, 1532, 1533 (zweimal), 1535, 1538, 1542, 1563, 1568, 1570, 1575, 1576, 1587, 1590, 1591, 1592, 1593, 1598, 1601, 1602, 1606, 1609, 1611 (zweimal), 1612). Insgesamt erwähnt der Chronist 44 verschiedene Zusammensetzungen des Kirchenvätergremiums (vgl. Anhang 1 zum Beitrag C. Herrmann: Die Kirchenväter der Danziger Marienkirche). Die Vermerke zu diesem Thema sind im Text auch graphisch hervorgehoben (Absatz, vergrößerte Schrift, Eintragung der Namen in zwei Spalten) sowie mit charakteristischen Überschriften versehen, die die Jahreszahl und die Ordnungsnummer der Kirchenväterwahl enthalten *(Abb. 2, 3)*. Bötticher verzichtete in diesen Fällen auf eine zusätzliche Jahresangabe am Rand, da er die Jahresanzeige bei den Wahlen für deutlich genug hielt. Dies betrifft vor allem den Zeitraum ab 1535 (HKR, S. <108>) bis zum Ende des HKR.

Als ein weiteres Ordnungselement der Erzählung dienten die Herrschaftszeiten der Hochmeister des Deutschen Ordens vom 17. (Ludolf König von Wattzau, HKR, S. <2>) bis zum 34. (Albrecht von Hohenzollern, HKR, S. <78>) Hochmeister; sowie diejenigen der polnischen Könige von 1385 an (10. Regierungsjahr von Wladislaw Jagiello, HKR, S. <8>). Bezüglich seiner Angaben zu den Herrschergestalten übernahm Bötticher jedoch recht mechanisch die Angaben der von ihm benutzten älteren Literatur (z.B. die handschriftliche Chronik von Wartzmann (1559) und die gedruckte Chronik von Schütz 1592/1599).

Der Autor bediente sich eines recht sorgfältigen neogotischen Schrifttyps, der charakteristisch war für das Danzig der zweiten Hälfte des 16. und der ersten Hälfte des 17. Jahrhunderts. Im Vergleich mit der eher schwungvollen Schrift des zweiten Bands der Lebenserinnerungen *(Der andere Theil des Eberhard Bötchers Chronica*, 1584–1595) ist der Schrifttyp des HKR eher kleinteilig. Auf einer Seite befinden sich durchschnittlich 33–35 Zeilen. Der Text ist relativ sauber geschrieben. Streichungen sind selten und betreffen meistens einzelne Worte oder Sätze. Die umfangreichsten Korrekturen finden sich auf den Seiten <33, 47, 59, 90, 98–99, 113, 115, 119, 147, 150–151, 153, 163, 285, 297, 310, 312, 314, 393, 420, 456, 507>.

Wesentlich häufiger finden sich Ergänzungen in der Form von Randbemerkungen, welche mit unterschiedlichen Anmerkungszeichen versehen sind (r, +, ‡, #, mehrfache Kreuzchen ##, Zusatz N[ota] B[ene] in der Gestalt der

Ligatur NB); bei umfangreicheren Ergänzungen wird der Hinweis „Zugabe" vorangestellt (z.B. S. <132, 134>), eventuell mit der ergänzenden Erläuterung: „Biß dahero gehöret alles zu dem 1573. Jar oben in Margine also gezeichnet [Zeichnung eines Zeigefingers und Kreuzchens] und folget zu dem vorigen am 159. Blatt" (S. <161>). Zeichnungen mit einem Zeigefinger tauchen jedoch relativ selten auf (S. <34, 35, 52, 56, 73 (zweimal), 153, 159> und im Index S. <I 11>). Üblicherweise sind die Randbemerkungen kurze Ergänzungen, es kommen aber auch längere Sätze vor, die einen großen Teil oder sogar den gesamten Rand ausfüllen (S. <5, 14, 33, 39, 44, 46, 59, 72, 74, 63, 83, 85, 100, 102, 112, 116, 119, 137, 147, 150, 161, 169, 170, 176, 182, 183, 184, 215, 267, 268, 272, 288, 289, 297, 350–351, 362, 365, 370, 383, 387, 389, 395, 398, 420, 422, 427, 444, 454, 469, 472, 473>). Bisweilen nehmen die Ergänzungen den Umfang ganzer Seiten an, wobei in diesem Fällen Hinweise gegeben werden, wo diese zusätzlichen Texte einzufügen sind, z.B.: „Ad fol. 10 #" (S. <10a–10d>). Es kommen auch zusätzliche Verweise vor, die den Ort einer Einfügung anzeigen (HKR, S. <14, 131, 159, 161>).

Der Chronik wurden keine Drucke oder Abbildungen beigefügt, im Gegensatz zu den Lebenserinnerungen Böttichers[41]. Es tauchen keine Verzierungen (Ornamente, Beschlagwerk) oder Devisen auf, ebensowenig Prunkschriften, wie sie im zweiten Band der Lebenserinnerungen vorkommen (Bötticher: Chronica (1584–1595)). Leider hat Bötticher, im Gegensatz etwa zu Grunewag, keine eigenen Zeichnungen oder Pläne eingefügt, sogar in Fällen, wo diese Art einer graphischen Erläuterung sehr hilfreich gewesen wäre. Außer einem einzigen Zeichen (HKR, S. <63>), es handelt sich um die Abzeichnung einer Handwerkermarke, sowie der Darstellung von zwei Würfeln (HKR, S. <88>), welche zur Beschreibung der Inschrift an einem Leuchter gehören, finden sich lediglich noch Piktogramme von Sonne und Mond (HKR, S. <256>, <I 11>), die als Ersatz für Ziffern der Indexbezeichnung verwendet wurden.

Trotz aller Sorgfalt ließ es sich nicht vermeiden, dass Bötticher immer wieder einzelne Worte oder Sätze streichen und durch andere Formulierungen ersetzten musste. Korrekturen und Streichungen größeren Umfangs finden sich auf den Seiten <33, 47, 59, 90, 98–99, 113, 115, 119, 147, 150–151, 153, 163, 285, 297, 310, 312, 314, 393, 420, 456, 507>. Trotz mancher Unzulänglichkeiten erscheint das HKR mitsamt seinen Korrekturen und Ergänzungen recht leserlich und klar.

Der Zweck der Niederschrift des HKR

Die Motive für die Anfertigung der Chronik sowie die Konzeption des inneren Aufbaus charakterisierte Bötticher selbst. In der Einleitung (HKR, S. <I–IV>) zählt er auf, welche Art von historischen Informationen in der Chronik zu finden sind:

---

[41] Kizik: Pamiętnik, S. 150f.

1. Die Anfänge und die Geschichte des Baus der Marienkirche in Danzig: „Darinne man anfenglich findett, wie es umb diese Kirche beschaffen gewesen, und wie sie hernach erweitert und grösser gebawett".
2. Vorstellung der Herrscher, die in Preußen regierten (Hochmeister des Deutschen Ordens sowie die polnischen Könige): „[...] wer des Landes Preussen und also auch dieser Stadt Regenten und hohe Oberckeitt gewesen, auch wie sie zum Theil regiret haben, etc."
3. Darstellung der Zusammensetzung des Gremiums der Kirchenväter der Marienkirche und der Inspektoren (Bürgermeister) sowie aller dazugehörigen Wahlen: „Darnach, wie anfenglich durch einen E. Rath auß der Burgerschafft Personen, die Kirchenveter zu dieser Kirchen seind erwehlet und verordnet worden, und wie die Kühre oder Wahl derselben nach einander erfolgett, und welcher von den Herrn Bürgermeistern jeder Zeit ihr gewesen sey".
4. Sonstige historische Begebenheiten („historie"): „als zur Zugabe andere gedenckwirdige Historien, zu diesem Intent nicht gehorig, mitt unterlauffen". Tatsächlich bildete die Geschichte der Kirche häufig einen Vorwand für sehr umfassende historische Einlassungen zu drei wesentlichen Problemfeldern, die Bötticher aus eigener Anschauung gut kannte:
    a. Die politischen Konflikte in Verbindung mit der Nichtanerkennung der Wahl Stephan Báthorys zum polnischen König sowie die Beschneidung der städtischen Privilegien durch diesen (1576–1577): „Ingleichen wird auch das gantze Kriegswesen, so sich wegen des Wahlköniges Stephani fur Dantzig erhaben, und wie es damit zum Ende gelauffen, historischer Weise eingefuhrett, dieweil es sonderlich den geistlichen Praelaten, koniglichen mayesttätischen Rähten umb diese und andere der Stadt Kirchen allermeist zuthun war".
    b. Die Auseinandersetzung in der Frage des königlichen Patronats über die Marienkirche (zur Zeit Sigismunds III.).
    c. Der Streit um den steigenden Einfluss der Calvinisten in Danzig, die von einem Teil des städtischen Patriziats unterstützt wurden, sowie der dagegen stehenden lutherischen Opposition, die sich vor allem in den Reihen der Dritten Ordnung formierte: „Deben wir vermeldet, wie der calvinische Geist alhie zu Dantzig fein gemachlich eingeschlichen, und da die Leute schlieffen sein Unkrautt geseet hatt".

Chronologische Ordnung

Unter chronologischem Gesichtspunkt gesehen ist der Inhalt des HKR unterschiedlich gewichtet, was sich einerseits aus den Absichten des Autors ergab, der sich vor allem auf zeitgenössische Ereignisse konzentrierte, und andererseits aus der geringeren Quellendichte für die Geschehnisse der Frühzeit der Marienkirche, Danzigs und Preußens. Die Begebenheiten aus dem 14. Jahrhundert (1343–1395) wurden gerade einmal auf 8 Seiten beschrieben (S. <1–8>), dem 15. Jahrhundert (beginnend 1406 bis 1500) widmete Bötticher schon etwa 67 Seiten (S. <8–10, 10a–10d, 71>), dem 16. Jahrhundert etwa 309 Seiten (S. <71–381>) und die Beschreibung der Ereignisse aus den ersten 15 Jahren des 17. Jahrhunderts umfassen etwa 162 Seiten (S. <381–543>).

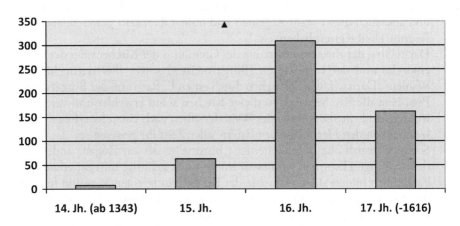

Die bedeutet, das auf das 14. Jahrhundert nur etwa 1,5 % des Umfangs des HKR entfiel, auf das 15. Jahrhundert 12,3 %, auf das 16. Jahrhundert 56,5 % und 29,6 % der Aufzeichnung bezogen sich auf das 17. Jahrhundert (bis 1615).

Unter den beschriebenen historischen Ereignissen hat Bötticher den folgenden Begebenheiten besondere Aufmerksamkeit geschenkt:
– Die Errichtung der Marienkirche (S. <1f.>)
– Ermordung von Konrad Leczkow, Arnold Hecket und Tideman Huxer 1411 (S. <10a–10d>)
– Hussitenunruhen 1415 (S. <10e–11>)
– Verschreibungen für die Marienkirche 1487 (S. <52, 56–58>)
– Klage der Kirchenväter 1487 (S. <53–55>)
– Unruhen in Danzig 1525 (S. <94–97>)
– Aufenthalt der königlichen Kommissare 1544 (S. <117–120>)
– Königliche Huldigung 1552 (S. <126–128>)
– Errichtung der neuen Taufe 1552/1553 (S. <131–134, 138>)
– Belagerung Danzigs durch die Truppen von König Stephan Báthory 1576/1577 zusammen mit der Geschichte des Konflikts (S. <168–266>)
– Die Wahl von Jakob Fabricius (Schmidt) zum Rektor des akademischen Gymnasiums – Ausbruch des offenen Konflikts zwischen Calvinisten und Lutheranern 1580 (S. <269> und passim)
– Baukosten der neuen Orgel 1581–1586 (S. <271f.>)
– Konflikt zwischen Johannes Kittel (Lutheraner) und Peter Prätorius (Calvinist) 1586/87 (S. <274–308>)
– Ankunft des neu gewählten Königs Sigismund III. Wasa in Danzig 1587 (S. <304f.>)

– Verhandlungen Danzigs mit dem König und dem Leslauer Bischof Hieronim Rozrażewski über die Rückgabe der Marienkirche an die Katholiken (*ius patronatus*) sowie die Klosterbesitzungen in der Stadt 1593–1600 (S. <314–380>)
– Prozess zwischen der Partei der Lutheraner (Mehrheit der Dritten Ordnung) und Calvinisten (Stadtrat) am königlichen Hof 1604–1606, (S. <396–464>)
– Kirchliche Grundstücke (Auszüge aus den Grundbüchern), (S. <465f.>)
– Wahl eines neuen Organisten, Renovierung der alten Orgel 1611 (S. <472–480, 495>)
– Neufassung der Kirchenordnung der Marienkirche, Verwaltungsangelegenheiten, strittige Fragen zur Nutzung des Kirchenvermögens 1612 (S. <481–491>)
– Freikauf von Geiseln aus türkischer Haft 1613 (S. <493–496>)

Widmung

Es ist zu betonen, dass der 63-jährige Bötticher sein Werk nicht der Stadtregierung widmete, da er die Förderung des Calvinismus durch den Rat für unverzeihlich hielt. Bötticher wollte sich nicht einmal dazu überwinden, seinem langjährigen Vorgesetzen, Bürgermeister und Inspektor der Marienkirche, Adrian von den Linde, eine Widmung zuzueignen. Schließlich widmete er die Arbeit seinen drei verbliebenen Kollegen aus dem Kreis der Kirchenväter („meynen vielgeliebten getrewen Collegen, und gunstigen Freunden"), Michael Wieder, Greger von Amstern und Nickel (Nicolaus) Schmide, die die Standpunkte ihres ältesten Kollegen sicherlich teilten. Er legte die Fortsetzung seiner Arbeit in ihre Hand, obwohl, wie oben schon bemerkt wurde, das Original der Chronik sich selbst nie im Archiv der Marienkirche befand. Im Jahr darauf starb Bötticher und die Arbeit am HKR wurde von Mitgliedern aus dem Kreis der Kirchenväter übernommen. Zunächst führte Nicolaus Schmid das Register bis 1620 fort und nach seinem Tod infolge einer tragischen Schussverletzung (am 5. Juni 1630) übernahm Michael Fischer das Werk.

Der Titel

Es ist bezeichnend, dass Bötticher im Titel seines Werks weder die Bezeichnungen „Chronik", „Historia", „Geschichte", „Relation" noch „Beschreibung" verwendete, die eigentlich gebräuchlich waren für derartige Arbeiten, sondern sich für den eher zurückhaltenden Begriff „Register" entschied. Auf diese Weise unterstrich er seine bescheidene Rolle als Beamter, der lediglich eine historische Buchführung vornahm und die ihm zugänglichen Quellen zur Geschichte der Marienkirche ordnete, in diesem Fall in chronologischer Abfolge, beginnend mit dem Bau der Kirche 1343: „und was darinne gedenckwirdiges nach Verlauffung der auff einander verlauffenen und folgenden Jare von Anfang der Erbawung derselben, in eine Ordnung zu bringen" (HKR, S. <II>). Im Übrigen war es nicht das erste Mal, dass Bötticher zu Ordnungszwecken für die Verwaltung der

Marienkirche eine seiner Arbeiten mit dem Begriff „Register" bezeichnete. Schon früher (1604) hatte er eine Übersicht zu den Begräbnissen in der Kirche angefertigt, deren formales Vorbild die städtischen Grundbücher waren. Dieses Verzeichnis hatte er betitelt als *Register der Leichsteinen unnd Begrebnüssen*[42].

Die Wissensquellen Böttichers

Die reiche chronikalische Hinterlassenschaft Böttichers fußte auf der eigentümlichen Verbindung der Tradition der kompilativen Danziger Geschichtsschreibung des 16. Jahrhunderts (Caspar Schütz, um 1540–1594[43]) und seines Fortsetzers David Chytreus (1530–1600), Professor der Universität Rostock, mit der laufenden Berichterstattung eines Zeitzeugen der geschichtlichen Ereignisse.

Der Autor verwendete bei der Arbeit am HKR einige grundlegende Quellen. Dabei handelte es sich um allgemein zugängliche Drucke, Handschriften (institutioneller und kirchlicher Herkunft, die sich im damaligen Archiv der Marienkirche befanden), Materialien der Ordnungen und Zünfte sowie verschiedene Arten von handschriftlichen Chroniken. Bötticher beschrieb in der Einführung zum HKR (S. <I–IV>) recht allgemein die ihm zur Verfügung stehenden verschiedenartigen Quellen: „Summa gewisse Nachrichtung [...] von dem allen, was in so vielen Büchern und Schrifften in dieser Kirchensachen gedenckwirdiges gar weitleufftig aufftzusuchen und zu finden ist". Der Autor gab auch eine etwas nähere Charakterisierung dieser Materialien. Dazu gehörten:

1. <u>Alte handschriftliche preußische Chroniken</u>, jedoch verriet der Autor weder die Titel noch Aufbewahrungsorte dieser Schriften: „Zu diesen Sachen allen hab ich zu Hulffe genommen was ich dieses Falles in alten geschriebenen preusischen Chroniken [gefunden habe]", HKR, S. I. Nach einem inhaltlichen Vergleich des HKR mit anderen Chroniken kann man mit großer Wahrscheinlichkeit davon ausgehen, dass Bötticher u.a. eine der Abschriften der Chronik von Bartholomäus Wartzmann[44] verwendete. Dies erscheint umso

---

[42] Register der Leichsteinen unnd Begrebnüssen in S. Marien Kirchen der Rechten Stadt Dantzig nach Nummern unnd Namen auffs newe mit fleis revidiret und untersucht durch Eberhartt Böttichern Kirchen Vatern..., Anno1604, APGd. Sign. 354/348; Werkverzeichnis, Nr. II.B.

[43] Siehe Witold Szczuczko: Schütz (Schuetz) Kasper, in: SBPN, Suplement II, Gdańsk 2002, S. 244–246; Tadeusz Oracki: Schütz Kasper, in: ders., Słownik biograficzny Warmii, Prus Książęcych i Ziemi Malborskiej, Bd. 2, Olsztyn 1988, S. 141f (zusammen mit den Angaben zum Aufbewahrungsort und der Signatur der Arbeiten); Paul Simson: Ein Beitrag zur Lebensgeschichte von Caspar Schütz, Zeitschrift des Westpreussischen Geschichtsvereins 41 (1901), S. 199–201.

[44] Die Chronik B. Wartzmanns, eines wenig bekannten Danziger Brauers, wurde bis 1556 geführt und war sicherlich eines der am weitesten verbreiteten Werke der Danziger Geschichtsschreibung des 16. Jahrhunderts. Friedrich Schwarz erwähnt 22 Abschriften aus den Beständen der Stadtbibliothek vor 1945: Friedrich Schwarz: Verzeichnis der handschriftlichen

logischer, weil zum Kreis der Kopisten dieses Werkes auch der ältere, wissenschaftlich aber weniger ambitionierte Bruder Caspar Bötticher gehörte[45]. Sicherlich handelte es sich zum Teil um dieselben Materialien, die Eberhard Bötticher schon in den Jahren 1577–1585 bei der Abfassung seines ersten Bands der Lebenserinnerungen benutzt hatte (dabei geht es in erster Linie um die Beschreibung der historischen Ereignisse vor 1577)[46].

2. Die gedruckte preußische Chronik von Caspar Schütz „[...] wie auch in M. Caspari Schützen Chroniken hie her dienlich gefunden habe"[47] (HKR, S. <IV>). Die Berufung auf das Werk von Schütz kommt recht häufig in der Chronik vor: „wie Caspar Schütz schreybett" (HKR, S. <4>); „Casparus Schütz aber ertzehlett diese Wahl nach der Lenge in seynem Preuschen Chronico" (HKR, S. <9>).

Chroniken bis zum Ausgang des 17. Jahrhunderts, Danzig 1926, Nr. 27–49. Die Chronik ist charakterisiert durch ihre Ausführlichkeit sowie Genauigkeit der Überlieferung für die Zeit der ersten Hälfte des 16. Jahrhunderts. Jolanta Dworzaczkowa: (Dziejopisarstwo gdańskie do połowy XVI wieku, Gdańsk 1962, S. 77–103) hat zwei grundlegende Redaktionen der Chronik nachgewiesen. Die wichtigste ist die Fassung A: 1. Handschrift in der Biblioteka Czartoryskich, Rps Nr. 1335 (im Besitz von Michell Schultz, vor 1574); 2. Handschrift APGd 300, R/Ll, 5 (Exemplar von Caspar Schütz); 3. BGPAN Ms. 1290 (Verzeichnis vom Anfang des 17. Jahrhunderts, im Besitz von Valentin Schlieff); 4. APGd 300, R/Ll, 75 (fast identisch mit BGPAN, Ms. 1290); 5. APGd 300, R/Ll, 10 (kopiert auf der Grundlage der zuverlässigen Handschrift durch Caspar Bötticher 1569: „Geschrieben durch Caspar Bötcher den Jungen Anno 1569"). Diese Fassung wurde mehrfach kopiert. Zwei Abschriften befanden sich in den Beständen der BGPAN Ms 1294, Ms Uph. f. 44, heute verschollen; weitere Kopien gibt es u.a. in der Staatsbibliothek Berlin, Ms. Diez. C. fol. 33 und der Universitätsbibliothek Upsala. (Diese letzte Kopie entstand 1609, d.h. schon nach dem Tod von Caspar Bötticher d. Ä. (1600) und wurde angefertigt von seinem Sohn, der ebenfalls Caspar hieß (Dworzaczkowa: Dziejopisarstwo, S. 89)); die von Gehrke (Gehrke: Geschichtsschreiber, S. 41f) gegebene Information (nach L. Prove: Mitteilungen aus Schwedischen Archiven und Bibliotheken, S. 49f.) muss jedoch korrigiert werden, denn Caspar Bötticher heiratete erst 1594, sein Sohn wurde am 20. Januar 1600 getauft, so dass er zum Zeitpunkt der Abfassung der Kopie erst 9 Jahre alt gewesen war, vgl. Weichbrodt: Patrizier, Bd. 1, S. 71. 6. Riksbiblioteket, Stockholm, Handskrifter, Historia Tysk. Nach Dworzaczkowa ist das Exemplar fast identisch mit BGPAN Ms 1290. 7. BGPAN, Ms. 1286, Handschrift von 1575; 8. Cronica der Preussen, bis 1553, Handschrift gewidmet und im Besitz der königlichen Bibliothek des polnischen Königs Wladislaus IV., Biblioteka Czartoryskich w Krakowie, rps Nr. 1331. Gehrke: Geschichtsschreiber, S. 1–137.

[45] Chronica des landes Bruthenica ietzund Preusser Land... geschrieben durch Caspar Bötticher den Jungen Anno 1569, 300, R/Ll, 10 (193 Blatt).

[46] Kizik: Pamiętnik, S. 153–156.

[47] Es ist eher auszuschließen, dass Bötticher Zugang zum Autograph des Werks von Schütz gehabt haben kann, das die Grundlage für den Druck der *Historia rerum prussiscarum* von 1592 bildete. Vom Autograph haben sich 11 Teile erhalten: Rerum prussicarum Historia Chronicon der Lande Preussen... zusammen getragen aus bewahrten Schriften. Historien und Recessen durch M. Caspar Schutzen, Secretarium der Stadt Dantzigk von Anno 1000, APGd. 300, R/Nn, 5 (1000–1283), 6 (1283–1394), 7 (1395–1432), 8 (1439–1453), 9 (1453–1455), 10 (1456–1460), 11 (1461–1468), 12 (1472–1490), 13 (1491–1507), 14 (1526), 15 (1527–1533). Der Inhalt dieser Materialien wurde bisher noch keiner näheren Analyse unterzogen und mit dem publizierten Text verglichen.

Das Werk von Schütz wurde am Ende des 16. Jahrhunderts gedruckt, 1592 (in zehn Büchern) sowie 1599 (12 Bücher)⁴⁸. Bötticher verwendete die zweite erweiterte Ausgabe der *Historia rerum prussicarum* (1599). Im Vergleich zur ersten Ausgabe, die im Jahr 1525 endete, wurde der zweite Band um einen Abriss der Geschichte der Jahre 1525–1598 erweitert, dessen Autor David Chytreus (Chyträus, 1530–1600) war, ein Theologe und Professor der Universität Rostock, ein hervorragender Kenner der Ostkirche⁴⁹. Es ist bekannt, dass er in Verbindung zu Danzig stand und sich ab Herbst 1586 mehrfach dort für einige Zeit aufgehalten hat⁵⁰. Die Stadtregierung trug sich sogar mit dem Gedanken, ihn als anerkannte Autorität zur Niederlassung in Danzig zu bewegen, u.a. zu dem Zweck, im Konfessionskonflikt vermittelnd zu wirken. Leider ließen sich die näheren Umstände, die dazu führten, dass er das Werk von Schütz fortführte, nicht ermitteln. Bötticher hat in großem Umfang die Chronik von Schütz nicht nur zur Beschreibung der älteren Ereignisse verwendet, er tat dies sogar für Begebenheiten bei denen er selbst Augenzeuge gewesen ist. Dies gilt etwa für die Belagerung Danzigs durch die Truppen von Stephan Báthory 1577, auch wenn Bötticher auf Bitten seiner kränkelnden Eltern (der Vater starb im Sommer dieses Jahres) nicht unmittelbar an den Kämpfen teilnahm und sich nicht seinen Altersgenossen anschloss, die nach Dirschau zum Kampf gegen die polnische Armee zogen. Dies erwies sich als großes Glück für ihn, denn nach der verlorenen Schlacht am Liebschauer See kehrte nur ein kleiner Teil der Danziger lebend in die Stadt zurück. Seine Eindrücke beschrieb Bötticher in sehr emotionaler Weise im ersten Band seiner Erinnerungen (*Memorial oder Gedenckbuch* (1577–1583))⁵¹. Bei der Darstellung des Konflikts mit Báthory benutzte Bötticher für das HKR nicht die Niederschrift seiner eigenen Lebenserinnerungen, sondern er verwendete die Beschreibung von Georg Knoff d.Ä.⁵² (*Eigentliche und Ausführliche Beschrei-*

---

[48] Es muss verwundern, dass das historiographische Werk von Schütz noch nicht monographisch bearbeitet wurde. Weiterhin von Wert ist die überblicksartige Besprechung von Max Töppen: Geschichte der preussischen Historiographie von P. v. Dusburg bis auf K. Schütz, oder: Nachweisung und Kritik der gedruckten und ungedruckten Chroniken zur Geschichte Preußens unter der Herrschaft des deutschen Ordens, Berlin 1853, S. 252–262; siehe ebenfalls: E. Maschke: Die ältere Geschichtsschreibung des Preußenlandes, in: Scriptores Rerum Prussicarum 6 (1968), S. 1–21.

[49] Daniel Benga: David Chytraeus (1530–1600) als Erforscher und Wiederentdecker der Ostkirchen. Seine Beziehungen zu orthodoxen Theologen, seine Erforschungen der Ostkirchen und seine ostkirchlichen Kenntnisse, Erlangen 2001.

[50] Hirsch: Ober-Pfarrkirche 2, S. 212.

[51] *Wie die Polen die Stadt Dantzig belagert haben*, sowie die weiteren Etappen des Konflikts: Bötticher: Memorial, Bl. 283r–307v; vgl. die Notizen Martin Grunewegs aus dieser Epoche (Bues: Gruneweg, S. 479–538).

[52] Der Autor (gest. 1605), auch unter dem Namen Knophius bekannt, war Eigentümer einer beachtlichen Musikbibliothek (Martin Morell: George Knoff. Bibliophile and devotee of Italian music in late sixteenth-century Danzig, in: John Kmetz: Music in the German Renaissance. Sources, Styles, and Contexts Sources, Cambridge 1994, S. 103–126). Nach Paul Simson (Simson: Geschichte Danzig 2, S. 320) war Knoff Verwalter der St. Reinhol-

bung, 1577), die als zwölftes Buch in die zweite Auflage der Chronik von Caspar Schütz aufgenommen worden war[53]. Der Autor erachtete seine eigenen Ausführungen als zu naiv, obwohl seine damalige Haltung sehr mit der Einstellung einer großen Gruppe der Bürgerschaft übereinstimmte[54].

3. Rezesse der Ordnungen, das heißt Protokolle der Beratungen der städtischen Gremien: Stadtrat (Erste Ordnung), Schöffengericht (Zweite Ordnung) sowie der Dritten Ordnung (Volksvertretung): „Letzlich wird hirinne auß den Recessen der dreyer dieser Stadt Ordnungen mitt Fleiß zusamengetragen, wie die Sache des nun mehr mitt Macht eingerissenen calvinischen Schwarms an Kon. May. gelangett, und wobey es endlich verblieben" (HKR, S. <IV>). Bötticher war seit 1592 Hundertmann des Hohen Quartiers, er gehörte zum hundertköpfigen Gremium der Dritten Ordnung, das die Handwerkerschaft und andere Vertreter der bürgerlichen Mittelschicht in der Stadtregierung repräsentierte. Durch diese lebenslänglich ausgeübte Amtsfunktion hatte er Aktenzugriff vor allem zu den Unterlagen seines eigenen Quartiers[55]. Die Standpunkte der übrigen Ordnungen konnte Bötticher zumindest teilweise aus den offiziellen Niederschriften des calvinistischen Stadtrats und Schöffengerichts sowie der übrigen drei Quartiere der Dritten Ordnung entnehmen. Jährlich wurden sechs Protokollbände erstellt (je ein Band für den Rat, das Schöffengericht und vier für die Quartiere). Die Inhalte waren weitgehend gegenseitig deckungsgleich. Bötticher kannte gewiss einen Teil der Materialien, von denen sich heute nur die Rezesse des Hohen Quartiers für die Jahre 1600–1610[56], die des Fischerquartiers für 1606–1629[57] sowie 21 Bücher des Rates aus den Jahren 1545–1617[58] erhalten haben. Im Text der Chronik finden sich

---

brüderschaft im Artushof. Der Bericht zur Belagerung wurde ursprünglich im Rechnungsbuch der Brüderschaft niedergeschrieben. Die näheren Umstände der Ausarbeitung des Textes sowie seiner Publizierung sind nicht bekannt.

[53] Georg Knoff d.Ä: Eigentliche und Ausführliche Beschreibung des Krieges, so der Grossmächtigste Fürst Stephanus der Erste König in Polen, Anno 1577 wider die Stadt Dantzig geführet, in: Caspar Schütz: Historia rerum prussicarum, wahrhaffte und eigentliche Beschreibung der Lande Preussen, Leipzig 1599, S. 518–549 (Buch 12).

[54] Unabhängig von der Gesinnung der einzelnen Autoren zeigen alle Danziger Berichte der Ereignisse von 1576/1577 (Gruneweg, Bornbach, Bötticher) eine ähnlich patriotische Haltung.

[55] Kraft der Statuten von Sigismund dem Alten von 1526 bestand die Stadtregierung aus drei Ordnungen (Stadtrat – Erste Ordnung, Schöffen – Zweite Ordnung, Volksvertreter – Dritte Ordnung, geteilt in vier Quartiere (Koggen-, Breites, Hohes und Fischerquartier)). Alle diese Organe führten eigene Rezesse, welche vergleichbare Inhalte hatten. Bis zur Mitte des 17. Jahrhunderts war die Rolle der Dritten Ordnung relativ unbedeutend, oft beschränkt auf die Stellungnahme zu den Anträgen der anderen Ordnungen. Im APGd. haben sich 31 Meter laufende Akten erhalten; vgl. die grundlegende Besprechung des Materials: Czesław Biernat: Recesy gdańskich ordynków 1545–1814, Gdańsk 1958.

[56] Handschrift APGd. 300, 10/198–199.

[57] Handschrift APGd. 300, 10/181.

[58] APGd. 300, 10/1–21; es hat sich ebenfalls eine Sammlung von Konzepten (*Koncepte zu den Ordnungrezessen*) aus den Jahren 1581–1660 erhalten (APGd. 300, 10/295).

jedoch relativ wenige direkte Bezugnahmen auf die Rezesse: „melden die Recesse nicht", (HKR, S. <38>), „weisen die Recesse zu Rahthause genugsam auß" (HKR, S. <318>); „wie die Recesse außweisen" (HKR, S. <378>); „die Recesse viel anders außweisetten" (HKR, S. <349>).

4. <u>Varia aus dem Archiv der Marienkirche</u>: „hab ich mir vorgenommen [...], ein Historisch Kirchen Register, obgedachter Kirche S. Marien belangende, auß allen Büchern und Schrifften, so in Bewarung derselben furhanden, zusamen zu tragen" (HKR, S. <I>). Dieser Bestand setzte sich aus Schriftstücken unterschiedlicher Herkunft zusammen, vor allem handelte es sich um Bestätigungen von Stiftungen an die Kirche durch fremde Institutionen oder Personen (päpstliche und bischöfliche Privilegien), persönliche Verschreibungen an die Kirche (Testamente, Kauf- und Pachtverträge, Bestätigung von Eigentumsrechten, z.B. Auszüge aus den Grundbüchern) sowie Dokumente, die durch die kirchliche Administration selbst ausgestellt wurden (Rechnungen, Verträge zur Ausführung von Arbeiten in der Kirche (z.B. Bau der Orgel und Taufe), Errichtung und Verleihung von Kirchenbänken, Erlaubnisse zur Errichtung von Epitaphien u.ä.) sowie Klagen oder Bitten der Kirchenväter um Schiedssprüche an die Stadtregierung. Zitate aus den Kirchenakten finden sich, je nach Thema, recht gleichmäßig über den gesamten Text des HKR verteilt. In Anbetracht der Tatsache, dass sich das Archiv der Marienkirche zersplittert hat, trafen einige Unterlagen in die Sammlung des ehemaligen Stadtarchivs und Stadtbibliothek in Danzig. Am Kriegsende 1945 wurde jedoch der allergrößte Teil der ältesten Quellenbestände, der den früheren Forschern zur Verfügung gestanden hatte (Theodor Hirsch und Eduard Schnaase in der Mitte des 19. Jahrhunderts, Paul Simson an der Wende zum 20. Jahrhundert und Erich Keyser vor 1945)[59] vernichtet bzw. ist nach 1945 verschollen. Dies betrifft leider fast das gesamte Archiv des Geistlichen Ministeriums[60] und ebenso viele spätere gelehrte Sammlungen von Dokumenten, Abschriften und Kommentaren zu den Ereignissen des 16. und 17. Jahrhunderts[61]. Weil uns aus diesem Grund nur Restbestände der ehemals vorhandenen Archivalien zur Verfügung stehen[62], ist es oft nicht möglich, die Primärquellen ausfindig zu machen, aus

---

[59] Hierzu gehörte u.a. die umfangreiche Dokumentation der Rechnungsbücher der Marienkirche, die im August 1921 dem damaligen Staatsarchiv Danzig als Depositum überstellt worden waren. Es handelte sich um die Rechnungsbücher der Jahre 1433–1442, 1446, 1447–1476, 1457, 1459–1464, 1464–1470, 1469–1474, 1500–1532, 1515–1526, 1530–1541, 1532–1533, 1532–1535, 1540–1549, 1550–1559, 1560–1568, 1567–1574. Ab 1600 waren „geschlossene Reihen der Rechnungsbücher mit ihren Belegen bis zur Gegenwart vorhanden" (Gruber, Keyser: Marienkirche, S. 34). Erich Keyser fertigte 1922 ein Verzeichnis dieser Quellen an, das leider seit 1945 verschollen ist.

[60] Eduard Schnaase hatte z.B. das komplette Material dieses Gremiums zur Verfügung (Geschichte der evangelischen Kirche Danzigs actenmäßig dargestellt, Danzig 1863, S. VIII–IX).

[61] Besonders schmerzhaft ist der Verlust der Bestände BGPAN, Ms. 436–438, Ms. 444. Siehe Bertling: Katalog 1, S. 184–193, 194–196.

[62] Glücklicherweise erhalten im Bestand BGPAN, Ms 486, 487, 489.

denen Bötticher zitiert hat. Lediglich einige der Materialien sind durch spätere Abschriften überliefert. Für einen beträchtlichen Teil der Quellen bilden die Notizen Bötticher im HKR heute den einzigen Nachweis.

Damit ist die Quellenbasis des HKR aber noch nicht erschöpft. Im Inhalt des Werks finden sich Bezugnahmen auf Quellen, die der Autor in der Einführung nicht erwähnt hat, sich aber auf sie im Text der Chronik beruft. Dies betrifft vor allem die Beschreibung von Ereignissen, bei denen Bötticher selbst Zeuge und Beteiligter war. Um das Übermaß an Materialien zu bewältigen, musste der Autor eine Auswahl vornehmen sowie ein System von Verweisen auf spezielle Abhandlungen verwenden. Wenn Bötticher eingehend über Ereignisse berichtete, bemühte er sich häufig, Quellen nicht abzuschreiben und verwies stattdessen den Leser auf die entsprechenden Abschnitte in den nachfolgend genannten Drucken.

5. Danziger Drucke polemischen und propagandistischen Inhalts aus den Jahren 1576–1577, welche im Auftrag des Danziger Stadtrats publiziert und verbreitet worden waren[63]. Der Zweck der anonymen Veröffentlichungen, die u.a. von Caspar Schütz redigiert wurden[64], waren die Erläuterung der kontroversen Haltung der Stadtregierung gegenüber der Politik von Stephan Báthory sowie Antworten auf die Propagandaschriften der polnischen Seite. Unter den Titeln „Dantzcker Erklerung", „Dantzcker Declaration", „Dantzcker *Apologia* oder Declaration" verbergen sich 1577 gedruckte Broschüren wie die *Gründliche Erklerung*[65], Declaration[66] und *Anhang der Declaration der Ordnungen der Statt Dantzigk*[67]. Bötticher informiert den Leser durch entsprechende Hinweise im Text, welches Fragment einer Quelle sich in dem entsprechenden Druck befinden, z.B. „welches Außschreybens *Copia* in der Dantzcker Erklerung zu finden" (HKR, S. <171>), „Dieser Gesanten Instruction findet man in der Dantzcker Erklerung", (HKR, S. <171>); „Item „was" {uber diß} die Herrn Räthe des Landes Preussen auß Thorn anhero geschrieben und die Stadt widerumb geantwortet, findett man in der Dantzcker Erklerung", (HKR, S. <172>) sowie HKR, S. <173, 174, 181, 210>.

---

[63] Siehe Cieślak: Historia Gdańska 5, Nr. 2071, 2076, 2089, 2095.
[64] Witold Szczuczko: Schütz Kaspar, in: SBPN, Suplement II, S. 245.
[65] Gründliche Erklerung aus was Ursachen die Ordnungen der Statt Dantzgik, mit [...] Stephano Könige zu Polen [...] in den jitzo noch obstehenden missverstandt [...] gerathen und eingeführet, Dantzgik 1577, BGPAN, Od 9, 8°; adl.5; Cieślak: Historia Gdańska 5, Nr. 2163.
[66] Declarato vera quibus de causis ordines civitatis Gedanensis cum [...] Stephano Rege Poloniae etc. adversariorum suorum impulsu, iampridem in eam, que nunc etiam durat, controversiam peracti sint, Gedani 1577, BGPAN, Od 2406 8°; Cieślak: Historia Gdańska 5, Nr. 2127.
[67] Anhang der Declaration der Ordnungen der Statt Dantzigk, so unlangst im Aprill an den tag gegeben unnd in den Druck gefertiget, Dantzgik 1577, BGPAN, Sign. Od 9, 8°; adl. 6; in lateinischer Version: *Appendix declarationis ordinum Civitatis Gedanensis de praesenti rerum statu mense Aprili nuper evulgatae*, [Gedani] 1577, Cieślak: Historia Gdańska 5, Nr. 2071, 2076.

Die letzte umfangreiche Materialbasis bilden Quellensammlung sowie manchmal auch aktuelle Berichte von Bötticher selbst, die aus folgenden Schriften stammen:

6. Zweiter Teil der Lebenserinnerung: Chronica (1584–1595). Schon bei der Arbeit an diesem Werk zeigte Bötticher ein starkes Interesse am allgemeinen politischen Geschehen in Danzig und der Adelsrepublik, darunter auch den Konfessionsangelegenheiten, wobei er immer wieder seine Sorge über den wachsenden Einfluss der Calvinisten in Danzig zum Ausdruck brachte. Bei der Beschreibung seines privaten Lebens, der Familienprobleme (Erbangelegenheiten) sowie seines gesellschaftlichen Aufstiegs kommentierte er immer häufiger und ausführlicher die aktuellen religiösen Begebenheiten. In seine Lebenserinnerungen fügte Bötticher keine direkten Verweise ein, was verständlich ist aufgrund des privaten Charakters dieser Aufzeichnungen. Ein Vergleich des Inhalts beider Bände zeigt jedoch deutlich, dass viele Absätze des HKR mehr oder weniger getreue Zitate oder Paraphrase von Sätzen sind, die er zwanzig Jahre zuvor verfasst hatte.

Die wichtigste Quellensammlung für die Ereignisse am Ende des 16. und Beginn des 17. Jahrhunderts war jedoch die von Bötticher bezeichnete:

7. *Historische Declaration* oder *Historische Ercklerung* (um 1604 bis 1606). Es handelt sich um einen Band (oder Bände) mit Abschriften und Kompilationen von Rezessen, Ordnungen, Supplikationen oder schriftliche Stellungnahmen von Zünften, Pastoren, lutherischen oder calvinistischen Interessenvertreter, Schreiben der Bischöfe von Leslau sowie königlicher Abgesandter. Die Materialien, deren Titel unmittelbar an Danziger Propagandadrucke von 1577 anknüpfen, sind häufig mit Kommentaren Böttichers versehen. Die Textsammlung bezieht sich auf zwei grundlegende religiöse Probleme Danzigs in der Zeit um 1700, zum einen war dies die Auseinandersetzung zwischen Danzig und dem Bischof von Leslau sowie den Königen über das Patronat der Marienkirche sowie anderer strittiger Punkte zwischen der Stadt und den Katholiken (Klosterbesitz in der Stadt und Vorstadt, Versuch der Ansiedlung der Jesuiten in Danzig). Die zweite Frage entfachte eine große Leidenschaft Böttichers, denn es handelte sich um den seit den 1580er Jahren schwelenden Konflikt zwischen den vom Patriziat und den niederländischen Emigranten unterstützten Calvinisten auf der einen und den Lutheranern auf der anderen Seite, die ihre Anhänger bei der Mehrheit der mittleren und ärmeren Bürgerschaft hatten.

Bezüge zu der Textsammlung finden sich ab 1586 häufig im HKR und im Unterschied zu anderen zitierten Quellen unter genauer Nennung des Schriftstücks, oft sogar mit Angabe der Blattnummer, z.B.: „Die Copia dieser *Supplication* findestu nach der Läng in meiner Historischen Declaration Numero 29 p. 80" (HKR, S. <288>); „Wer aber die Copiam dieser ihrer langen Schrifft begeret {von Wort zu Wort} zu lesen, der findett sie in meiner Historischen Declaration *sub numero 29 a pag. 47 usque ad pag. 77*" (HKR, S. <297>); „Copia in meiner Historischen Declaration *sub numero 29 a pag. 80 ad pag. 96* zu finden, darumb der Weitläufftigkeitt halben alhie nicht geseztett" (HKR, S. <297>); vgl. auch HKR S. <301, 303, 307, 398, 403, 406, 412, 421, 427, 428, 430, 432, 441, 453, 455, 457, 463, 464>. Die *Historische Declaration* stellt eine das HKR ergänzende Textsammlung dar, die sich den Ereignissen zwischen 1586 und 1606 widmet, die in direktem Zusammenhang mit den Fragen der Konfessionsverhältnisse stehen. Der Autor übernahm häufig Textstellen zusammen mit seinen früheren Kommentaren ohne größere redaktionelle Änderungen in das HKR.

Schema der grundlegenden Quellen des HKR 1615/1616

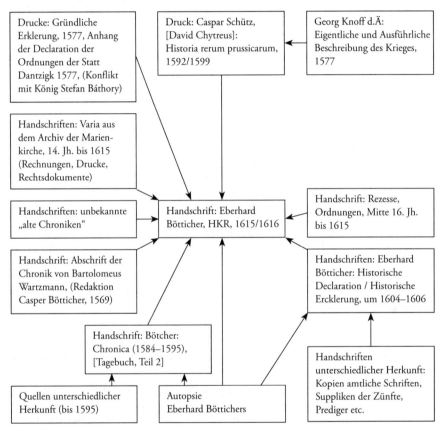

Zur Sprache des HKR

Eberhard Bötticher sind drei Meilensteine der frühneuhochdeutschen Danziger Schriftkultur[68] aus der Übergangszeit vom 16. zum 17. Jahrhundert zu verdanken. Es handelt sich um die handschriftlich in den Jahren 1577–1595 verfassten

---

[68] Ruth Sahm: Zur mittelniederdeutschen Kanzleisprache Danzigs, Marburg 1943.

zwei Bände privater Tagebücher (Bötticher: Memorial (1577–1583) und Bötticher: Chronica (1584–1595), zwei Bände mit Aufzeichnungen und Abschriften anderer Dokumente (*Historische Declaration / Grundliche Erklerung*, um 1604–1606) sowie um das *Historisch Kirchen Register* (HKR), das wichtigste von Bötticher Werken aus den Jahren 1615/1616. Lässt man den noch etwas jugendlichen Charakter des ersten Bandes der Tagebücher aus Acht, so zeigt sich, dass außer einigen äußerlichen Veränderungen, wie etwa der Verkleinerung und Ausformung des Schriftzuges, der wachsenden Zurückhaltung gegenüber unnötigen Ausschmückungen und der schrittweise sich steigernden Gelehrsamkeit des Autors, Sprache und Schrift der Handschriften über einen Zeitraum von fast einem halben Jahrhundert fast unverändert geblieben sind.

Die Zeit der publizistischen und chronikalischen Tätigkeit Bötticher fällt genau in die Phase, in der sich das Frühneuhochdeutsche in Danzig nicht nur in den städtischen Kanzleien, sondern auch unter der gebildeten Bürgerschaft endgültig etablierte. Die Kanzleien waren schon in den ersten Jahrzehnten des 16. Jahrhunderts allmählich zum Frühneuhochdeutschen übergegangen. Einen Einfluss auf die Stabilisierung und Beschleunigung dieser Entwicklung hatte mit Sicherheit die Tätigkeit der ersten, 1538 von dem aus Marburg stammenden Franz Rhode gegründeten ständigen Druckerei in Danzig und aus religiösen protestantischen Texten des mitteldeutschen Raums. In der 2. Hälfte des 16. Jahrhunderts wurden bei der Besetzung von Predigerstellen in der Stadt bereits Personen bevorzugt, die des Hochdeutschen mächtig waren[69].

Vorher war die Danziger Kanzleisprache vom mittelniederdeutschen Dialekt dominiert gewesen. Nach den Berechnungen von Hans Barth, der die Kopienbücher der in den Jahren 1420–1508 aus Danzig versandten amtlichen Korrespondenz analysiert hat, waren in diesem Zeitraum 1850 Dokumente (65,8%) im mittelniederdeutschen Dialekt verfasst, 681 Dokumente (24,2%) auf Mitteldeutsch, die übrigen 10% vor allem auf Latein[70]. Die Veränderungen innerhalb der bisherigen literarischen Sprache sind vor allem mit dem seit Ende des 15. Jahrhunderts und in den ersten Jahrzehnten des 16. Jahrhunderts deutlich schwindenden politischen, wirtschaftlichen und kulturellen Einfluss der Hanse in Verbindung zu bringen. Auf eine schon fortgeschrittene Verwendung des

---

[69] Theodor Hirsch erwähnt unter Hinweis auf Quellen aus der Mitte des 16. Jahrhunderts, dass z.B. Kandidaten aus Pommern Schwierigkeiten hatten, in Ämter berufen zu werden, da sie „von Natur die [Nieder]Sächsich und Pommersche Sprache gebrauchen, die sie nicht leichtlich abwechseln und verlernen". In Danzig hatten diejenigen Bewerber bessere Chancen, die Hochdeutsch oder „Meißnischen" Dialekt sprachen, da diese seit vielen Jahren in der Stadt im Gebrauch waren: „so der Überländischen und Meißnischen Sprache gelebt denn das Volk bei uns derselbigen Sprache nun von vielen Jahren gewohnet" (Hirsch: Ober-Pfarrkirche 2, S. 22, Anm. 1).

[70] Hans Barth: Zur Danziger mitteldeutschen Kanzleisprache, Danzig 1938, S. 17–31; allgemein: Klaus Wriedt, Latein und Deutsch in den Hansestädten vom 13. bis zum 16. Jahrhundert, in: Latein und Nationalsprachen in der Renaissance, hrsg. von Bodo Guthmüller, Wolfenbütteler Abhandlungen zur Renaissanceforschung 17, Wiesbaden 1998, S. 287–313.

Frühneuhochdeutschen weisen private Texte hin, in erster Linie die Chronik des Simon Grunau (gestorben 1529)[71] oder das Ebert-Ferber-Buch (nach 1524)[72]. Die Amtssprache jedoch blieb bis zur Mitte des 16. Jahrhunderts von einem weitgehenden Konservatismus geprägt und frühe Drucke, wie etwa die 1539 bei Rhode publizierten Feuerordnungen, wurden sowohl im alten wie im neuen[73] Dialekt veröffentlicht. Spätere Ordnungen erschienen dann nur noch im Frühneuhochdeutschen.

Zu endgültigen Veränderungen in der Sprache der Danziger Stadtkanzlei kam es erst in den 1560er Jahren, sie sind heute sowohl mit den Einflüssen der Reformation wie mit einem fortschreitenden Generationswechsel in der städtischen Beamtenschaft zu erklären. Walther Stephen[74] geht davon aus, dass das letzte in Danzig auf Mittelniederdeutsch verfasste amtliche Schreiben 1563 in die flämische Stadt Nieuport ging[75], in der städtischen Gerichtssprechung vollzog sich der Übergang endgültig im Jahre 1566. Die Veränderungen in den Ämtern mussten einen prägenden Einfluss auf den schriftlichen Sprachgebrauch der Danziger Bürgerschaft haben, dennoch wird man davon ausgehen müssen, dass die Veränderungen in den vermögenden und gebildeten Kreisen in unterschiedlichem Tempo verliefen.

Obwohl bisher keine Forschungsarbeiten zur Sprache der Danziger Chroniken aus dem 16. Jahrhundert vorliegen, zeigt schon ein oberflächlicher Vergleich von Codices aus dieser Zeit einige Unterschiede. Ein geeignetes Beispiel sind hier die schriftstellerischen Hinterlassenschaften von zwei zeitgleich tätigen Vertretern der mittleren Danziger Kaufmannschaft, Martin Grunewag (1562-ca. 1615)[76] und Eberhard Bötticher (1554–1617). Sowohl Gruneweg als auch Bötticher waren, abgesehen von einer Ausbildung in Pfarrschulen und bei privaten Hauslehrern, im Prinzip Autodidakten. Auf ähnliche Weise hatten sie Latein und die Grundlagen des Polnischen erlernt (letzteres im Rahmen von Aufenthalten bei befreundeten Familien in Polen). Dennoch zeigen ihre Aufzeichnungen deut-

---

[71] Sławomir Zonenberg: Kronika Szymona Grunaua, Bydgoszcz 2009, S. 115–121.
[72] Vgl. Arno Mentzel-Reuters: Stadt und Welt. Danziger Historiographie des 16. Jahrhunderts, in: Kulturgeschichte Preußens königlichen Anteils in der frühen Neuzeit, hg. von Sabine Beckmann, Klaus Gerber, (Frühe Neuzeit, Bd. 103), Tübingen 2005, S. 108–111; Jolanta Dworzaczkowa: Kronikarstwo gdańskie do połowy XVI wieku, Gdańsk 1962, S. 13–42.Udo Arnold: Studien zur preußischen Historiographie des 16. Junders. Bonn 1967, S. 99f.
[73] Fuers Ordenunge der Königlicken Stadt Dantzigk, durch einen Erbarn Raeth daersoluigest, den gemainen jnnewaneren thom besten beramet und uthgassetet. Tho Dantzgk Gedruckt, Anno 1539 , BGPAN, Od 6482 8°. Fewers Ordnung der Königlichen Stadt Dantzigk, durch einen Erbarn Rath daselbigest, den gemeinen einwonern zum besten beramet und aussgesetzet. Zu Dantzick Gedruckt, Anno 1539, BGPAN Od 5701 8°, adl. 6.
[74] Walther Stephan: Hoch- und Niederdeutsch als Amts- und Schriftsprache in Ordens- und Danziger Urkunden, Mitteilungen des Westpreußischen Geschichtsvereins 14 (1915) 2, S. 22–24.
[75] Najstarszy tekst prawa morskiego w Gdańsku, bearb. und übers. Bernard Janik, eingeleitet von Stanisław Matysik, Gdańsk 1961, S. 70.
[76] Bues: Gruneweg.

liche Unterschiede. Insbesondere Böttichers Orthographie steht der literarischen Sprache der städtischen Eliten sehr viel näher[77], bei Gruneweg finden sich dagegen erheblich mehr Anachronismen aus der ersten Jahrhunderthälfte. Es ist allerdings nicht auszuschließen, dass dies auf die Tatsache zurückzuführen ist, dass Gruneweg Danzig relativ früh verließ (1579) und dieser Umstand zur Konservierung seiner Sprache in fremdsprachiger Umgebung führte, er bewegte sich vor allem in polnisch-, armenisch- und russischsprachigen Kreisen.

Böttichers Sprache zeugt nicht nur von der recht gediegenen Grundausbildung, die er in seinem kaufmännischen Elternhaus erhalten haben musste, sondern auch von dem Einfluss, den seine engen Verbindungen zu städtischen und kirchlichen Kanzleien auf ihn hatten, sie schlossen häufige Kontakte zu sehr gebildeten Personen ein. Deutlich bemerkbar ist auch der Einfluss der Lektüre von Caspar Schütz's „Historia" von 1592 und vor allem deren zweiter Auflage von 1599 (Schütz: Historia), sowie von städtischen Flugschriften. Böttichers Aufzeichnungen enthalten kaum Spuren gesprochener Alltagssprache, dagegen stellt er immer wieder seine beachtlichen Lateinkenntnisse unter Beweis. Infolge der sprachlichen Entwicklung der städtischen Eliten versah er seine späteren Chroniken mit zahlreichen Makkaronismen, flocht modische lateinische Wendungen ein oder ersetzte deutsche Wörter durch lateinische. Längere lateinische Passagen finden sich meist im Kontext der in das Kirchenregister eingefügten Abschriften von Glocken-, Grab- oder Altarinschriften (z.B. <1, 2, 10a, 12, 27, 35>) oder zitierten Dokumenten (z.B. S. <26, 43, 64–66, 128f, 319f.>).

Das HKR enthält viele Hinweise auf zitierte Rechnungen aus dem 15. und der ersten Hälfte des 16. Jahrhunderts aus dem Archiv der Marienkirche, die Mehrzahl dieser Dokumente war sicher ursprünglich in Mittelniederdeutsch gehalten, Bötticher gibt sie jedoch häufig teilweise oder auch vollständig in modernisierter Form wieder, wodurch die sprachlichen Merkmale der ursprünglichen Quelle natürlich verwischt wurden. Lateinische Wörter und polnische Namen sind in humanistischer Antiqua geschrieben, aber es gibt auch Fälle, wo nach partieller Eindeutschung ein Teil des Wortes in Antiqua geschrieben wird und eine deutsche Endung in gotischer Fraktur erhält. Zahlreiche Beispiele im ersten Band der Chronik zeugen davon, dass Bötticher des Polnischen recht gut mächtig gewesen sein muss, gleichwohl tauchen sowohl im HKR wie in seinen Tagebüchern (Bötticher: Memorial (1577–1583)) polnische Wörter nur sporadisch auf. Es ist schwer zu ermitteln, ob er mit Polen auf Polnisch, Deutsch oder Latein kommunizierte. Neben der recht korrekten Niederschrift polnischer Namen und Titel (z.B. *Woywoda*), gehören die Wörter *Pokoy* (*Zimmer*) im HKR zu den häufigsten polnischen Wörtern, meist in der Wendung *przyjęcie na pokoje, na komnaty* (*in den Zimmern / Gemächern empfangen*), z.B.: „*kamen die Gesanten zu Schlosse, werden auch stracks in des Bischoffs Pokoy begleitet* (S. <246>), „*Des folgenden Tages worden die Gesanten in sein Pokoy gelassen*" (S. <336>), „*Nach gehaltener Malzeit ließ sie der Bischoff in sein Pokoy fordern*" (S. <341>).

---

[77] Siehe zur Charakteristik dieser Arbeiten: Almut Bues: S. 1501–1507 (Einleitung).

Das HKR enthält viele sprachliche Inkonsequenzen, die sehr typisch für die deutsche Sprache dieser Übergangszeit sind[78]; zusätzlich muss berücksichtigt werden, dass es sich um einen Text handelt, der aufgrund der zahlreichen eingefügten Abschriften, Auszüge und kommentierten Zusammenfassungen älterer Dokumente insgesamt einen sehr uneinheitlichen Charakter trägt. Obgleich der Text in relativ kurzer Zeit entstand, lassen sich viele Beispiele für unbegründete Varianten in der Schreibweise finden, Umlaute werden beliebig und inkonsequent verwendet und auch die Groß- und Kleinschreibung wird ebenso wie die Zeichensetzung sehr frei umgesetzt. Im Interesse einer besseren Lesbarkeit waren hier nicht selten vorsichtige redaktionelle Eingriffe notwendig (siehe Editionsgrundsätze). Majuskeln finden sich fast ausnahmslos nur bei Ortsnamen, Namen, offiziellen Titeln, bestimmten öffentlichen Einrichtungen und Ämtern bzw. bei religiösen Begriffen.

Zu den besonders charakteristischen sprachlichen Merkmalen des HKR gehören:

1. Häufig wechselnde Schreibung bei gleichzeitiger Konstanz der lautlichen Realisierung, insbesondere bei den Doppelkonsonanten „n" / „m" und bei verhärteten Dentalen im Auslaut, z.B. *und / unnd / undt* oder *Rath / Rahtt / Raht*.

2. Unvollständige (partielle) Assimilation der Konsonantenverbindungen „m+t" bzw. „m+s" durch den Einschub eines zusätzlichen „b" bzw. „p" zu „mbt" („mpt") bzw. „mbs" („mps"), interpretierbar als sekundärer frühneuhochdeutscher Einschub eines labialen Verschlusslautes zwischen Labialnasal und Dental bzw. Palatal, z.B. *Ambter* (Ämter), *Ampt* (Amt), *frembden* (Fremden), *gesampte* (gesamte), *samptlich* (sämtlich), *Umbschreiben* (Umschreiben*), umbsonst* (umsonst*).*
In ähnlicher Weise kann die Ergänzung von auslautendem „m" durch „b" als Kennzeichen des Frühneuhochdeutschen interpretiert werden[79], z.B. *Irrthumb* (Irrtum*), wiederumb* (wiederum*).*

3. sporadische Apokope, d.h. Abstoßung des auslautenden „e" nach „n" als typisches Merkmal des Mittelhochdeutschen, z.B. *Kron / Krohn* (Krone, hier in der Bedeutung Polen), *ohn* (ohne*).*

4. häufige Realisierung der Endung „-nis" als „-nus"

---

[78] Vgl. zur Charakteristik anderer Texte der Epoche: Bernard Janik: Uwagi do zasad wydawniczych dla niemieckich tekstów dokumentów historycznych, Akta do dziejów Polski na morzu, Bd. VII, 1632–1648, Teil 1, hrsg. von Władysław Czapliński, sprachl. bearb. von Bernard Janik, Gdańsk 1951, S. XI–XV.
[79] Vgl. Heinz Mettke: Mittelhochdeutsche Grammatik, Leipzig 1983, S. 122, Anm. 78.

5. unterschiedliche Kontraktionen (Schmelzwörter), wie die vor allem in der gesprochenen Sprache zwischen betonten und unbetonten Satzgliedern üblich sind, z.B. *findestu* (findest du), *hastu* (hast du), *furs* (für das), *durchs* (durch das), *irckeynes* (irgend eines).

Ähnlich wie in anderen Danziger Texten der Übergangszeit vom 16. zum 17. Jahrhundert wird die Schreibung einzelner Laute von Bötticher sehr freizügig und uneinheitlich gehandhabt. Das betrifft vor allem die schriftliche Wiedergabe von Umlauten, Diphthongen und Doppelkonsonanten sowie den Einsatz von „h".

1. Umlaut „ä" wird unabhängig von seiner Länge ähnlich wie im Mittelhochdeutschen
   a) meist realisiert als „e" (Sekundärumlaut), wenn der ursprüngliche Zusammenhang mit /a/ dem Schreiber offenbar nicht deutlich genug war, z.B. *nemlich* (nämlich), *nechsten* (nächsten), *gentzlich* (gänzlich); gelegentlich ohne graphische Kennzeichnung als „a" realisiert, z.B. *sambtlich* (sämtlich), *Umbstandte* (Umstände)
   b) selten realisiert als „ä", z.B. *Rähten* (Räten).

2. Umlaut „ö" wird
   a) meist ohne graphische Kennzeichnung des Umlauts als „o" realisiert, z.B. *offentlich* (öffentlich), *Konig, koniglich, Konigreich* (König, königlich, Königreich)
   b) relativ selten wiedergegeben als „ö", z.B. *Bötticher, König, gehörett* (gehört).

3. Die von Bötticher benutzten Unterscheidungen des gotischen „u" von den Buchstaben „n" und „m", meist realisiert als offenes „o" oder auch mit Hilfe kleiner Striche, sind so inkonsequent eingesetzt, dass man annehmen kann, sie dienten nicht der Kennzeichnung des Umlauts „ü", z.B. *Rachtstüel (Rachtstuhl), Thüer (Thuer), Schütz (Schutz)*. In der Regel wird für den Umlaut eher die ungekennzeichnete Schreibung „u" gewählt, z.B. *Burgerschaft* (Bürgerschaft), *fur* (für), *mussen* (müssen), *gewunschten* (gewünschten), *uber* (über) usw.

4. Diphthong „ei" wird häufig als „ey" realisiert, eine Schreibung, die seit 1250 belegt ist[80], z.B. *bey* (bei), *Eyd* (Eid), *Partey* (Partei), *frey* (frei), *sey* (sei).

5. Diphthong „eu" wird oft als „ew" realisiert, z.B. *bawen* (bauen), *Fewr* (Feuer), *Fraw* (Frau), *new, newe* (neu, neue).
   Die irreguläre und wechselnde Schreibung von „v" und „u" ist ohnehin sehr häufig, dabei tritt „v" in der Regel als „u" auf.

6. Diphthong „äu" wird als „eu" wiedergegeben, z.B. *uberheuftes* (überhäuftes).

---

[80] Ebd., S. 49.

7. Oft anzutreffen sind die Konsonantenhäufungen „ff", „ll", „ss" und „tt", z.B. *angelegett* (angelegt), *auff* (auf), *bestettigett* (bestätigt), *darauff* (darauf), *Einkunfft* (Einkunft), *eingelegett* (eingelegt), *eingesamlett* (eingesammelt), *findett* (findet), *gefolgett* (gefolgt), *Hauffen* (Haufen), *kauffte* (kaufte), *Kauffman* (Kaufmann), *offenbahre* (offenbar), *Zunfft* (Zunft), *Zweiffel* (Zweifel).

8. Häufig ist der Einsatz des zusätzlichen Dehnungszeichens „h" nach Vokalen. Auch Mettke macht darauf aufmerksam, dass „h" in dieser Funktion bis zur Regelung der Schreibweise recht beliebig eingesetzt wurde[81], z.B.: *beschwehren* (beschweren), *einmahl* (einmal), *Krohn / Krohne* (Krone), *Pohlen* (Polen), *wehre* (wäre), *Wahre* (Ware), *verlohren* (verloren).

9. „h" findet sich daneben als Aspiration des plosiven „t" im An- oder Auslaut betonter Silben, was auch in anderen frühneuhochdeutschen Texten häufig ist, z.B. *gethan* (getan), *getheilet* (geteilt), *Noth* (Not), *Missethat* (Missetat), *Theil* (Teil), *thutt* (tut).

Bötticher verwendet verschiedene Systeme für die Zahlenschreibung, dabei gibt er Kardinalzahlen in der Regel durch arabische Ziffern wieder, römische Ziffern erscheinen, wenn es sich um Zitate aus älteren Dokumenten (Rechnungen, Hypothekenaufzeichnungen) bzw. Inschriften auf Glocken usw. handelt. Ordnungszahlen werden in der Regel ausgeschrieben (*ersten*, *dritte* usw.). Volle Tausendersummen sind dagegen mehrheitlich abgekürzt wiedergegeben, z.B. 100/m (100 000), 40/m (40 000).

Die Daten in früheren Aufzeichnungen werden nach dem Kirchenkalender angegeben, seit der zweiten Hälfte des 16. Jahrhunderts sind zusätzlich Tagesdaten üblich, wobei seit 1583 (S. <270>) nach dem gregorianischen System vorgegangen wird. Bötticher greift häufig auf Abkürzungen zurück, vor allem bei Geldeinheiten (z.B. *fl[oren]*, *g[roschen]*, *Mk [Mark]*, *Sch[iling]*), gelegentlich auch bei Maßangaben. Regel ist die Kürzung von Ehrentiteln, z.B. die Titulatur des Stadtrates („*E[dlen] E[hrenvesten] Rath*"; *E[hrbaren], R[ath]* „*Hoch[edlen] Rath*", *Hochw[eisen] Rath*) oder der polnischen Könige („*Kon[igliche] May[estatt]*"). Zur Kennzeichnung der Abkürzungen nutzt Bötticher unterschiedliche Mittel, so z.B. kleine Striche oder auch den hakenförmigen Endstrich für elidiertes „n" oder andere Endungen, z.B. *auffzusuche-* (aufzusuchen). Im Text finden sich ebenfalls unterschiedliche, in der lateinischen Paläographie typische Kürzel für lateinische Endungen (z.B. *-que*). Ähnlich wie in sehr vielen Texten der Zeit wird doppeltes „m" (mm) durch einen Strich über dem „m" angezeigt.

Übersetzung: Camilla Badstübner-Kizik, Christofer Herrmann

---

[81] Ebd., S. 97.

Edmund Kizik

Historisches Kirchen Register – opis autografu oraz jego źródeł

Poglądy społeczne i religijne Eberharda Böttichera zostały przez jednego z najwybitniejszych historyków Gdańska Theodora Hirscha (1806–1881) podsumowane następująco:

> *Ein Mann von sonst ehrenhaften Charakter und von der uneingennützigsten Liebe für seine Kirche, der fortan als Geschichtsschreiber und Verwalter sein Leben, selbst während der Leiden eines langen Krankenbettes widmete, hatte Bötticher bei seiner geringer Bildung über Staat und Kirche die ganz beschränkten Ansichten der spießbürgerlichen Kreise, in denen er sich bewegte, eingesogen und sah demgemäß alles Heil seiner Stadt in starrem Festhalten an dem Buchstaben des religiösen Bekenntnisses und der Privilegien*[1].
>
> *[Człowiek skądinąd o uczciwym charakterze oraz pełen miłości do swojego kościoła, któremu jako kronikarz i zarządca poświęcił swoje życie nawet cierpiąc długotrwałą chorobę. Bötticher przy swoim słabym wykształceniu przesiąkł w środowisku, w którym się obracał ograniczonymi drobnomieszczańskimi poglądami na temat państwa i kościoła. Dlatego też całe szczęście swojego miasta postrzegał w kurczowym trzymaniu się litery wyznania oraz przywilejów]*

Pogląd dalece niesprawiedliwy, chociaż zapewne można wypominać Bötticherowi stosunkowo liche i powierzchowne wykształcenie czy „drobnomieszczańską" wizję dziejów wyznaniowych miasta. To prawda, że nie miał wykształcenia uniwersyteckiego, a nawet nie ukończył do miejskiego gimnazjum, uczelni półwyższej oferującej dość wysoki poziom edukacji, równocześnie jednak był samoukiem, który dzięki swojej ambicji i zdolnościom potrafił doskonale nadrobić wiele braków. Również to właśnie dzięki plebejskiemu, fundamentalnemu zacietrzewieniu autora, zagorzałego luteranina, uzyskujemy relację z pierwszej ręki, odzwierciedlającą poglądy średniego mieszczaństwa na przełomie XVI i XVII stuleci w okresie krytycznym dla kształtowania się postaw mentalnych społeczeństwa tego największego i najważniejszego miasta w strukturze Rzeczpospolitej. To właśnie w tym czasie (1572–1612) klarował się stosunek miasta do króla polskiego, Sejmu, zarówno w kwestiach polityki regionalnej, zagadnień prawno-gospodarczych, jak i wyznaniowych (charakter patronatu nad kościołem NMP oraz pozycji kościoła katolickiego – m.in. zakres uprawnień biskupa włocławskiego, swobód klasztorów na terenie miasta).

---

[1] Hirsch: *Ober-Pfarrkirche* 2, s. 256–257.

W tym okresie rozegra się również konflikt pomiędzy zwolennikami kalwinizmu, którzy znajdą poparcie u polskich dysydentów, a luteranami o kształt wyznaniowy gdańskiego protestantyzmu. Poczynione przez autora liczne odniesienia do zagadnień wcześniejszych pozwalają zrozumieć wiele problemów związanych z kształtowaniem się stosunków kościelnych w mieście od XV aż po drugą dekadę XVII w. (źródła finansowania kościoła Mariackiego, zakres uprawnień zarządu kościelnego).

Pisarstwo Böttichera dokumentuje również walkę o władzę polityczną między elitą miejską związaną z radą i ławą (Pierwszym i Drugim Ordynkiem) a opozycją kupców i cechów (Trzeci Ordynek) i rolą, jaką w tych konfliktach odgrywała strona polska (władze państwowe – królowie polscy i jego przedstawiciele, oraz władze kościelne – np. poszczególni biskupi włocławscy). Przy okazji autor przeplata informacje na temat wielkiej i małej polityki szczegółowymi danymi dotyczących budynku kościoła, jak i szkoły, nieruchomości, które składały się na instytucję *fabrica ecclesia*. Są to liczne zapiski na temat wydatków na utrzymanie, wyposażenie, modernizację, problemów prawnych i obyczajowych z użytkownikami kościoła oraz własnością kościoła NMP.

Wszystkie te wątki są obecne w całej spuściźnie pisarskiej Eberharda Böttichera powstałej w okresie jego działalności publicznej, czyli od lat dziewięćdziesiątych XVI w. aż do śmierci w 1617 r. Zapiski te powstały poza bezpośrednią kontrolą władz i, pomijając elementy autocenzury, ukazują poglądy oraz nastroje środowisk opozycyjnych, niejednokrotnie nieprzyjaznych wobec stanowiska elit Gdańska. Dzięki temu wartość jego dorobku dodatkowo znacząco wzrasta.

Zwraca uwagę niezwykła obfitość dorobku pisarskiego Böttichera. Poza pismami urzędowymi składają się nań dwa tomy pamiętników spisanych w latach 1577/1578–1595 (Bötticher: Memorial (1577–1583), nr. I.A, Bötticher: Chronica (1584–1595), nr I.B. oraz zbiór częściowo skomentowanych dokumentów: *Grundliche Erklerung/Historische Declaration* (1604–1606), nr III oraz HKR, 1615/1616, nr IV. Zapiski kronikarskie Böttichera wraz z innymi tekstami jego autorstwa dotyczącymi Gdańska, stanowią wybitne *pendant* do niedawno opublikowanych sławnych zapisków Martina Grunewega (2008)[2]. Ich znaczenie jest dalece wyższe aniżeli kompilatorska kronika Georga Wyllenberga z 1610 r., która, podobnie jak praca Grunewega, nie była znana współczesnym[3] i nie oddziaływała na świadomość historyczną i wyznaniową gdańszczan w XVII i XVIII w.[4] W od-

---

[2] Bues: *Gruneweg*. Por. recenzje tej ważnej edycji źródłowej: Hans-Jürgen Bömelburg, „Zeitschrift für Geschichte und Altertumskunde Ermlands" 53 (2009), s. 145–148; Edmund Kizik, „Acta Poloniae Historica" 101 (2010), s. 290–296.
[3] Pierwszym badaczem, który odnotował skorzystanie z zapisków Grunewega ze zbiorów Valentina Schlieffa był Michael Ch. Hanow [M. Ch. Hanow], *Nachricht von Jac. Knade, dem ersten Evangelischen Prediger in Danzig*, „Preußische Sammlung", 1, 1747, s. 56; ders. *Von dem Alter der Stadt Danzig mit Anmerkungen*, „Preußische Sammlung", 1, 1747, s. 369, przyp. „r".
[4] Georg Wyllenberg: Historia das ist Wahrhaffte und eigentliche Beschreibung etzlicher Alten Geschichten, Darinnen auch die Ankunft der Königlichen Stadt Dantzig..., rkps BGPAN, sygn. Ms. 753; Mokrzecki: *W kręgu prac*, s. 90–98.

różnienia od prywatnych zapisków Grunewega, który szybko opuścił rodzinne miasto i w większości poświęcił się opisaniu obcych regionów i krajów, twórczość Böttichera w całości związana była z Gdańskiem i z założenia służyła celom publicznym: powstała z myślą o środowisku luterańskim – zarządcach kościoła NMP i popierających ich członkach Trzeciego Ordynku. Wyjątek stanowią dwa tomy zapisków pamiętnikarskich przeznaczonych dla najbliższych członków rodziny. Jednak również ich drugi tom zostanie częściowo wykorzystany w pracach nad ostatnim dziełem Böttichera. Poza obszernością 5 tomów zapisek kronikarskich i pamiętnikarskich, niezwykle istotny jest fakt, że zachowały się one w egzemplarzach autorskich, co przy sporej liczbie odpisów HKR pozwala na śledzenie ewentualnych zmian wprowadzanych przez późniejszych kopistów[5].

HKR spisany został w ostatnich miesiącach życia Böttichera i zbiera całe dotychczasowe doświadczenie życiowe oraz erudycję autora. Ta najważniejsza praca kupca i witryka kościoła Mariackiego liczy w autografie ponad 570 stron, znana w wielu kopiom oraz kontynuacjach doprowadzonym aż do połowy XVIII w., stanowi najważniejsze źródło tego typu do dziejów wyznaniowych nowożytnego Gdańska powstałe na przełomie XVI i XVII w. Jako takie dzieło to było od dawna chętnie wykorzystywane przez kronikarzy i polihistorów XVII i XVIII stulecia (np. Gregorius Frisch)[6] oraz w nowoczesnych badaniach naukowych. Do prac Böttichera sięgał w XIX w. historyk Gotthilf Löschin[7], z późniejszej kopii korzystała również Johanna Schopenhauer, która znajdujący się w kościele Mariackim obraz *Sądu Ostatecznego* przypisała Janowi van Eycke[8]. Wskazówka ta jednak stanowiła błędny dodatek kopisty i nie znajduje się w autografie Böttichera. Bardzo liczne wypisy z jednej z późniejszych kopii HKR zamieścił w wydawanym przez siebie piśmie „Sonntags-Blatt für alle Stände" Carl Heinrich Bresler, pastor kościoła Mariackiego w latach (1829–1860)[9]. Okazją stał się jubileusz 500-lecia świątyni. Badaczom historii Gdańska kronika posłużyła jako podstawowe źródło do badania dziejów kościoła Mariackiego (Theodor Hirsch)[10] czy konfliktów

---

[5] Wydawcy odstąpili od porównywania filiacji poszczególnych kopii i wyciągów uznając, że wykracza to już wyraźnie poza cele niniejszej edycji HKR.
[6] Frisch: *Sankt Marien Pfarrkirche*, s. 28.
[7] Gotthilf Löschin: *Geschichte Danzigs*, t. 1, Danzig 1822, s. 310, 386.
[8] Johanna Schopenhauer: *Johann von Eyck und seine Nachfolger*, cz. 1, Frankfurt a. M. 1830, s. 89.
[9] Carl Heinrich Bresler: *Das Jubelfest der Oberpfarrkirche in Danzig*, „Sonntags-Blatt für alle Stände", 3 (1843), szp. 59–62, 69–71, 95, 99–103, 109–112. Autor za jedną z późniejszych kopii cytuje fragmenty kroniki dotyczące kwestii budowy samego kościoła (1483, 1489, 1496, 1498, 1499, 1503), wyposażenia świątyni (1464, 1474, 1482, 1483, 1484, 1510, 1511, 1515, 1517, 1519, 1522, 1523, 1524, 1529).
[10] Theodor Hirsch posiadał w swoich zbiorach przynajmniej dwa odpisy kroniki kościoła Mariackiego, obecnie rkpsy BGPAN, sygn. Ms. 946 i Ms 947 (zob. Spis, nr IV.A.11, IV.A. 12). Ostatnia, pochodząca z połowy XVIII w. stanowi bardzo wierną kopię autografu. W pracy nad kościołem Mariackim Hirsch skorzystał z egzemplarzy ówczesnej Stadtbibliothek o sygn. Gedan. F.121 (rkps BGPAN, sygn. Ms. 498, zob. Spis, nr IV.A.13 oraz Gedan. F.19 nr 4 (rkps BGPAN, sygn. Ms. 487). Zob. Hirsch: *Ober-Pfarrkirche* 1, s. 28–29, przyp. 1.

wokół sporów o patronat nad nim (Paul Simson)[11]. Erich Keyser, podsumowując kronikę Böttichera oraz jej kontynuacje, uznał je za dzieło dla znajomości dawnego Gdańska wręcz niezbędne:

> *Diese Werke sind für alle Forschungen zur Bau-, Kunst- und Kirchengeschichte Danzigs unentbehrliche Quellen*[12]. *[Prace te dla wszelkich badań nad historią budownictwa, sztuki i dziejów wyznaniowych Gdańska stanowią źródło niezastąpione]*

Ze współczesnych badaczy do badań historiografii gdańskiej XVII w. wykorzystał HKR Lech Mokrzecki[13], do studiów nad stosunkami wyznaniowymi Michael G. Müller[14], a do badań nad architekturą i sztuką Karl Gruber, Erich Keyser[15], Willi Drost[16] i Katarzyna Cieślak[17]. Według powojennej karty użytkowników od 1964 r. rękopisem jako źródłem do dziejów kościoła Mariackiego początkowo interesowali się również przede wszystkim historycy sztuki: światowej sławy badacz Jan Białostocki (1964) w związku ze studiami nad sztuką niderlandzką w Gdańsku[18], Lech Krzyżanowski (1965) szukał tam materiałów do dziejów monumentalnej rzeźby nagrobnej[19], a Adam S. Labuda (1972) do malarstwa tablicowego w Gdańsku[20]. Wielu badaczy, jak np. Lech Mokrzecki[21], korzystało jedynie z późniejszych odpisów HKR, przede z wersji rozszerzonych, kontynuowanych do 1640 r. Dotychczas jednak nie poświęcono autografowi HKR oraz jego kopiom studiów źródłoznawczych.

---

[11] Simson: *Geschichte Danzig* 2, s. 429–434, 544, 551–552.
[12] Erich Keyser: *Bötticher Eberhard*, w: *Altpreußische Biographie*, t. 1, hg. von Christian Krollmann, Königsberg 1939, s. 67.
[13] Mokrzecki: *W kręgu prac*, s. 111–120 (praca ta stanowi pierwszą syntetyczną próbę ujęcia gdańskiej historiografii tego okresu).
[14] Müller: Zweite Reformation.
[15] Gruber, Keyser: *Marienkirche*.
[16] Drost: *Marienkirche*.
[17] Katarzyna Cieślak: *Między Rzymem, Wittenbergą a Genewą. Sztuka Gdańska jako miasta podzielonego wyznaniowo*, Wrocław 2000. Autorka korzystała z rkpsu BGPAN, sygn. Ms. 947, por. Spis, nr IV.A.12.
[18] Jan Białostocki: *Les Primitifs Flamands I Corpus de la Peinture des Anciens Pays-Bas meridionaux au quinzième siècle n° 9: les musées de Pologne (Gdansk, Krakow, Warszawa)*, Bruxelles 1966, s. 109f.; tenże, „*Sąd Ostateczny" Hansa Memlinga. Spostrzeżenia i analizy w oparciu o badania technologiczne*, „Rocznik Historii Sztuki", 8 (1970), s. 10, przyp. 14, s. 12, przyp. 22. Autor odwołał się jednak nie do znanego sobie autografu, lecz późniejszej kopii BGPAN, Ms. 498, zob. Spis Nr. IV. A. 9.
[19] Krzyżanowski: *Nagrobki*, s. 445–462. W aneksie (s. 458–459) cytowany fragment HKR (ze rkpsu autografu BGPAN, sygn. Ms. Uph. fol. 18, Spis, nr IV.A) dotyczący sprawy umieszczenia nagrobka (HKR, s. 531–533).
[20] Adam S. Labuda: *Malarstwo tablicowe w Gdańsku w 2 poł. XV w.*, Warszawa 1979, s. 22–23.
[21] Mokrzecki: *W kręgu prac*, s. 116–120. Autor korzystał z rkpsu BGPAN, sygn. Ms. 948, Spis IV. A.13.

Dzieje rękopisu

Autograf HKR trafił do zbiorów gdańskiej Stadtbibliothek dopiero w 1879 r. wraz z cennym depozytem – kolekcją rodziny Uphagenów, która odtąd stanowi osobny zespół rękopisów i druków oznaczonych w sygnaturach skrótem Uph[agen]. Twórcą tego imponującego zbioru był Johann Uphagen (1731– 1802), ławnik i rajca Głównego Miasta[22]. W jego zbiorach obok autografu dzieła (sygn. Ms. Uph. 18, Spis, nr IV.A) znajdowała się również jedna z autorskich brudnopisów lub kopii (sygn. Ms. Uph. 19, Spis, nr IV. A. 18)[23], która zaginęła jeszcze w XIX w., oraz zatracona w 1945 r. poprzedzająca spisanie HKR kopia notatek i dokumentów sporządzonych przez Böttichera *Gründliche Erklärung / Historische Erklärung* (sygn. Ms. Uph. F.20; Spis, nr III. D. 3). Do czasu znalezienia się HKR w zbiorach Uphagenów (druga połowa XVIII w.)[24] losy kroniki pozostają nieznane. Może trafiła ona do zbioru Uphagenów dopiero w 1795 r. jako część zakupionych zbiorów Heinricha Wilhelma von Rosenberga[25], przedstawiciela innej, wybitnej rodziny miejscowych bibliofilów. To tylko domysł, albowiem rękopis pozbawiony jest jakichkolwiek innych sygnatur, not proweniencyjnych czy marginaliów, zaświadczających o zmieniających się właścicielach i włączaniu woluminu do kolejnych zbiorów. Poza jedną stroną częściowo zapisana przez obcą rękę (HKR s. <543>) autograf kroniki nie był już przez nikogo uzupełniany, kontynuowany czy komentowany. W tej formie został tom został uznany za pracę zamkniętą. Dlatego z dużym prawdopodobieństwem można jednak założyć, że autograf HKR nigdy nie należał do zbiorów archiwum kościoła Mariackiego[26]: rękopis nie posiada żadnych znaków własnościowych oraz jakichkolwiek dopisków poświadczających włączenie do zbiorów świątyni. Również, gdyby włączono autograf do zbiorów Kościoła, to nie wiadomo, w jaki sposób miałby trafić później do rąk prywatnych.

Teza może budzić zdziwienie, zważywszy dedykowanie dzieła kolegom, pozostałym trzem witrykom tej instytucji (Michel Wider, Greger von Amster, Nickel Schmidt), ale pośrednio przemawia za nią fakt, iż do schyłku XVII w. w owym archiwum poza księgami urzędowymi brak było również innego ważnego tekstu autorstwa Böttichera, *Historische Declaration*, stanowiącego jedno z głównych źródeł HKR (dopiero w 1694 r. na zlecenie witryków kościoła wykonano

---
[22] Jerzy Trzoska: *Jan Uphagen*, w: SBPN, t. 4, s. 398–399.
[23] W latach 40. tych XIX w. korzystał z rękopisu Theodor Hirsch – Hirsch, s. 29, przyp.
[24] Na temat zbiorów por.: Ewa Piotrowska: *Jan Uphagen – historyk gdański XVIII wieku i jego księgozbiór: próba interpretacji inwentarza bibliotecznego*, „Roczniki Biblioteczne" 27 (1983) 1/2, s. 192–208; Ewa Piotrowska: *Biblioteka Jana Uphagena, patrycjusza i historyka gdańskiego XVIII w.*, „Z Badań nad Polskimi Księgozbiorami Historycznymi" 7 (1985), s. 87–114; Ewa Piotrowska: *Rola biblioteki w pracy naukowej Jana Uphagena w świetle analizy źródłowej jego dzieła „Parerga historica"*, „Z Badań nad Polskimi Księgozbiorami Historycznymi" 10 (1988), s. 63–100.
[25] Günther: *Katalog* 2, s. 382–383.
[26] Dokumentacja rękopiśmienna archiwum NMP trafiła do zbiorów BG PAN jako zespół oznaczony sygn. Ms. Mar. zob. Günther: Katalog, 5.

kopię tego dzieła)²⁷. Motywem takiej decyzji Böttichera mogło być to, iż nie mógł przewidzieć, jak ostatecznie zakończy się konflikt pomiędzy luteranami a kalwinami, i bał się, że jego dzieła kronikarskie dostaną się w ręce inspektora kościoła, którym w tym czasie był jeden z jego głównych przeciwników, zwolennik kalwinów burmistrz Johann von der Linde (1542–1619).

Można jedynie domniemywać, że Bötticher przed śmiercią udostępnił dzieło witrykom, którzy wykonali kopię dzieła, którą następnie kontynuował Nathanael Schmieden doprowadzając narrację do 1620 r. Pracę prowadził następnie Michael Fischer (do 1640 r.). Kontynuacja HKR doprowadzona do 1640 r. posłużyła za podstawę większości późniejszych kopii; z resztą w tym czasie nie było już potrzeby ukrywania dzieła, albowiem partia luterańska wygrała konflikt obejmując nieograniczona władzę w mieście.

Jeśli autograf nie wszedł w posiadanie innych witryków, to po śmierci Böttichera wraz z papierami prywatnymi pozostał najpewniej w posiadaniu głównej spadkobierczyni, wdowy po zmarłym Anny Duckau (zm. 1646)²⁸, a dopiero potem zostało nabyte przez któregoś z miejscowych bibliofilów. Pozostajemy tu w sferze domysłów, albowiem mimo dokonanej kwerendy, nie udało mi się dotychczas odnaleźć ani testamentu Böttichera, ani inwentarza mienia, który zostałby spisany po śmierci autora (1617) i jego małżonki (1646)²⁹, które mogłyby przybliżyć nas do ustalenia losów spuścizny kronikarskiej. Wiadomo, że pisma Böttichera uległy rozproszeniu, trafiając do różnych zbieraczy i jedynie niezwykłemu splotowi szczęśliwych wydarzeń zawdzięczamy fakt przetrwania większości autografów w Bibliotece Gdańskiej PAN oraz Archiwum Państwowym w Gdańsku (zob. Zestawienie dorobku pisarskiego Eberharda Böttichera).

Jeszcze w 1892 r. Ernst August Bertling, opracowując katalogu Stadtbibliothek, za oryginał uważał bliżej niesprecyzowany egzemplarz znajdujący się w ówczesnych zbiorach NMP³⁰. Jeśli się nie mylił to nie trafił on później do Biblio-

---

[27] „Dieses Buch, die Religions Händel der Pfarr Kirchen zu St. Marien angehende, worauff sich der Autor in seinem so genanndten Historischen Kirchen-Register offt Kürtze halben beziehet, haben die Hhln. Kirch Väter wegen seiner raren und accuraten Historie zu ihrem so wol als der Nachkommen Nutzen, Anno 1694 abschreiben lassen und denen Kirchenbüchern einverleiben wollen" (rkps BGPAN, sygn. Ms. Mar. F. 337, k. 1r; Spis, nr III.D.1), cyt. za: Günther: *Katalog* 5, s. 444.

[28] Według obowiązującego w Gdańsku prawa chełmińskiego (*ius culmense* – Kulmer Recht) wdowa lub wdowiec poza zatrzymaniem połowy majątku wspólnego, dziedziczyli od połowy (postępowanie beztestamentowe) aż do 3/4 z połowy swego zmarłego współmałżonka. Pozostała część (1/2 lub 1/4 z połowy po zmarłym) dzielono po równo pomiędzy wszystkich powołanych do dziedziczenia. Zob. Caspar Schütz, *Kurtzer und grundlicher Bericht von Erbfällen*, 1598, rpis: APGd. 300, R/Aa, 14.

[29] W gdańskim procesie spadkowym (wg prawa chełmińskiego) od schyłku XVI w. sporządzanie inwentarza mienia pośmiertnego było normą, albowiem służył oszacowaniu wartości części spadkowych – w konkretnym przypadku kwot należnych żonie Annie Duckaw (Duckau) oraz trójce dzieci Böttichera z pierwszego małżeństwa: Gertrud, Paulowi i Melchiorowi.

[30] „Das Originalmanuscript E. B's. scheint das in der Bibliothek der St. Marien-Kirche aufbewahrte Exemplar zu sein", cyt. za: Bertling: *Katalog* 1, s. 631. W zbiorach NMP znaj-

teki Miejskiej, albowiem pochodzące ze zbiorów NMP są późniejszymi kopiami[31]. Może była to pierwsza kopia tekstu; niewykluczone, że tożsama z wykorzystaną przez Theodora Hirscha w jego podstawowej pracy o dziejach kościoła mariackiego[32]. Dopiero w trakcie opracowania depozytu Uphagenów odkryto bezsporny autograf kroniki Böttichera, który wraz z kilkoma kopiami został wstępnie opisany przez Ottona Günthera[33] (Spis, nr IV.A). Manuskrypt szczęśliwie przetrwał II wojnę światową oraz zniszczenie Gdańska w 1945 r., trafiając do jednego z magazynów poza miastem[34]. Początkowo uznany za zagubiony[35], zapewne dopiero pod koniec lat pięćdziesiątych znalazł się w Bibliotece Gdańskiej PAN, która jest kontynuatorką dawniejszej Stadtbibliothek. Pierwsi użytkownicy kodeksu wpisali się do karty czytelników dopiero w 1964 r. (Jan Białostocki). Przedwojenna karta użytkowników się nie zachowała.

HKR
Opis formalny kodeksu

Oprawiony w biały pergamin autograf HKR przechowywany jest w Bibliotece Gdańskiej PAN (sygn. Ms. Uph. fol. 18). Oprawa pergaminowa została nadana później, może dopiero po włączeniu tomu do zbiorów gdańskich bibliofilów w połowie XVIII w.; dodano wówczas również po dwie karty przed tekstem kroniki oraz po jego zakończeniu. Przy okazji przycięte zostały wszystkie karty, co szczególnie widoczne jest m.in. na s. III, 3, 7, 8, 39; przy okazji usunięto wiele ozdobnych kreseczek nad cyframi paginacji; sporadycznie uszkodzone zostały również końcówki zdań. Na dorsie tomu ręcznie wpisany skrót tytułu pracy: Kirch[en] Regis[ter] zur Pfark[irchen] Eberh[ard] Bötcher.

Poza kartami dodanymi w momencie oprawienia kodeksu (1 karta przedtytułowa oraz 3 karty zamykające tom) został on spisany na papierze oznaczony został owalnym filigranem (średnica ok. 45 mm) przedstawiającym rybę w otoku

---

dowały się egzemplarze – późniejsze kopie, które obecnie są w BGPAN, sygn. Ms. Mar. F. 336, Ms. Mar. F. 418, Ms. Mar. F. 419, Ms. Mar. Q. 145.
[31] Zob. Spis, nr IV. A. 20 – IV.A. 23
[32] Hirsch: Ober-Pfarr Kirche, 1, s. 28–29, przyp. 1. Podany przez Hirscha zapis tytułu istotnie sugeruje, że mógł to być rękopis Böttichera albo bardzo wierna transliteracja autografu: „Historisch Kirchen-Register der Pfarrkirchen Unser Lieben Frawen S. Marien in der Rechten Statt Dantzig nach verlauff der Jahren, Ausz den alten vnndt zetreweten Kirchen-Büchern vndt andern Nachrichtungen, durch Eberhardt Böttichern, Eltesten bestelleten Kirchen Vatter daselbst zusammengetragen Im Jahr 1615".
[33] Günther: Katalog 2, s. 389;
[34] Na temat losów archiwów w ostatnim okresie II wojny światowej oraz po 1945 r., zob. Archiwum Państwowe w Gdańsku. Przewodnik po zespole, opracował Czesław Biernat, Warszawa-Łódź 1992, s. 29–35. Staatsarchiv Danzig – Wegweiser durch die Bestände bis zum Jahr 1945, bearb von Czesław Biernat, München 2000, S. 41–49.
[35] Na egzemplarzu pracy Günther: Katalog 2, s. 389, znajdującym się w czytelni naukowej BGPAN pozycję Ms. Uph 18 początkowo czerwoną kredką wykreślono ze zbiorów Biblioteki, po czym wykreślono wytarcie.

(il. 5), podobnym do używanego w 1 poł. XVII w. przez przedsiębiorstwa należące do Nathanela Brobstly'a (Probstley'a)[36] oraz Jakoba Rhode i dziedziców, tego wybitnego drukarza gdańskiego[37]. Jednak napis w otoku: „PARAD[ISUS] CARTVS[IENSIS] MARIA[E]" sugeruje, że papiernia stanowiła własność klasztoru kartuzów w Kartuzach[38]. Problem w tym, że znak nie został odnotowany w opublikowanych zbiorach filigranów. Brak szczegółowych badań nad papiernictwem w Gdańsku i Prusach w XVI–XVII w. uniemożliwia bliższe ustalenia. Można jedynie domniemać, że chodzi o papiernię w Bielkowie/Groß Bölkau należącą do kartuzów, lecz dzierżawioną przez różnych gdańskich przedsiębiorców (Rhodego, Brobstly'a). Warto jednak zaznaczyć, że na papierze z tej samej papierni spisywał Bötticher swoje pamiętniki (Bötticher: Memorial (1577–1583) oraz Bötticher: Chronica (1584–1595), co oznacza, że papiernia działała przynajmniej od 1577 r.

Zaopatrzony w dwa skórzane rzemyki tom liczy w sumie 585 stron. Poza 2 kartami przedtytułowymi (k. [1–2] bez paginacji), stroną tytułową i wstępem (s. <I–IV>, bez paginacji) są to strony numerowane <[1]–10>, dodane uzupełnienie do s. 10 (s. <10a–10f>); następnie <11–304>, karta pusta niepaginowana, s. <305–547>, z tym, że pomyłkowo s. <543> oznaczono jako 542. Po stronie <547> (prawidłowo – 546), pozostawiono kartę pustą niepaginowaną, a następnie w nowej paginacji <[1 1]–I 24> opracowany został spis zawartości kroniki („Index oder Zeiger in diß Historische Kirchen Register"). Tom zamykają 3 puste karty niepaginowane dodane w czasie wykonania oprawy introligatorskiej w połowie XVIII w. Za katalogiem Jadwigi Siniarskiej-Czaplickiej wiadomo, że dwie karty pochodzą z papierni toruńskiej należącej do drukarza Johanna L. Nicolai (zm. 1747). Strony <544–547> zawierają wydzieloną nagłówkiem listę duchownych ordynowanych przez gdańskie kolegium duchownych luterańskich (Geistliches Ministerium) na pastorów kościoła NMP i innych kościołów w Prusach Królewskich w latach 1576–1586[39]. Paginacja arabska została nadana przez autora kroniki. Cyfry zostały umieszczone centralnie w nagłówkach stron. Autor dla orientacji zastosował w całym tomie kustosze.

---

[36] Franciszek Pabich: *Papiernie nad Zatoką Gdańską*, Gdańsk 1978, s. 8 oraz przerys filigranu papierni Brobstleya nr 8. Cena papieru w 1595 r. wynosiła 2 fl. (60 gr) za arkusz papieru najlepszego gatunku, a 35 gr średniego gatunku.

[37] Jadwiga Siniarska-Czaplicka: *Katalog filigranów czerpalni Rzeczypospolitej zebrany z papieru druków tłoczonych w latach 1500–1800*, Łódź 1983, s. 32–34; autorka odnotowuje kilka filigranów z rybą w otoku: nr 1257–1264, 1283 (J. Rhode). Zob. też: Klaus Roemer: *Geschichte der Papiermühlen in Westpreußen und Danzig, nebst einem Anhang über den Netzedistrikt*, (Quellen und Darstellungen zur Geschichte Westpreußens 30), Münster 2000, il. 4.7.

[38] W literaturze neguje się istnienie papierni w samych Kartuzach (Franciszek Pabich: *Papiernie nad Zatoką Gdańską*, s. 10).

[39] Z uwagi na konflikt w łonie gdańskiego protestantyzmu Ministerium Duchowne zostało pozbawione swoich praw i do ordynowania duchownych w Gdańsku powrócono dopiero w latach dwudziestych XVII w., czyli już po zwycięstwie partii luterańskiej.

Na wyklejce okładki przedniej przyklejony został fragment drukowanego opisu dzieła z katalogu zbioru:

Ms.Uph. fol. 18. Papier 2 Bl. + 517 + 24 S. 33 ½ : 20 ½ cm. Anfang des 17. Jahrh. weissser Pergamentband mit ledernen Schliessbänder. "Historisch Kirchen Register der grossen Pfarkirchen in der Rechten Stad Dantzig S. Marien oder von alters Unser Lieben Frawen genant, auss alles derselben Kirchen, Büchern und andern Chroniken und alten Schriften zusammen getragen Durch **Eberhard Bötticher***, bestelleten Kirchen Vater dasselbst" (1615). Autograph des Verfassers mit manchen Korrekturen*[40].

Pod naklejką umieszczono małą okrągłą pieczątkę: „Biblioteka Gdańska PAN" wraz z dopisanym poniżej numerem inwentarzowym: „Nr inw. 2929". Na karcie przedtytułowej [1r] zapisano sygnaturę „M.f.18". Kodeks jest zachowany w dobrym stanie, bez ubytków, śladów pleśni lub działalności insektów. Nie ma informacji lub śladów współczesnych prac introligatorskich i konserwatorskich.

Kronika została spisana w stosunkowo krótkim czasie. Według tytułu Bötticher pracował nad tekstem w 1615 i pierwszych miesiącach 1616 r. (ostatnia zapiska pochodzi z 4 marca). Nieco wcześniej, 26 lutego 1616 r., HKR został zaopatrzony we wstęp poprzedzony dedykacją.

Opracowanie tekstu wymagało od autora zebrania licznych notatek oraz przeprowadzenia prac przygotowawczych. Mamy do czynienia z dziełem, w którym zostały konsekwentnie wykorzystane materiały zbierane przez kilkanaście lat. Materiał ów został zreferowany przez Böttichera w układzie chronologiczno- -rzeczowym, obejmującym lata 1343–1616, czyli od założenia kościoła aż po ostatnie miesiące życia autora. Tekst nie został podzielony na wyraźne działy posiadające osobne tytuły. Wyjątkowymi nagłówkami są zapowiedzi opisu oblężenia Gdańska latem 1577 r. *Und dieses ist die Namhaffte Belagerung der Koniglichem Stadt Dantzig Geschehen den 13 Juny im Jar der Erlösung 1577* (HKR, s. <213>) oraz lista duchownych ordynowanych w Gdańsku 1576–1588 *Von ordinierung der Predicanten in S. Marien Kirchen der rechten Stadt Dantzig* (HKR, s. <544>).

W celu nadania przejrzystości kronice poszczególne zagadnienia referowane przez autora zostały wydzielone w akapity, którym na marginesach towarzyszą literowe odnośniki do indeksu rzeczowego na końcu HKR: A-Z (majuskuła humanistyczna), A-Z (majuskuła gotycka), a-z (minuskuła humanistyczna), a-z (minuskuła gotycka), Aa-Za, Ab-Zb, Ac-Zc, Ad-Zd, Ae-Ze, Af-Zf, Ag-Zg, Ah-Zh, Ai-Zi, Ak-Zk, Al-Zl, Am-Zm, An-Zn, Ao-Zo, Ap-Zp, Aq-Zq, Ar-Zr, As-Zs, At-Zt, Au-Pu (majuskuła i minuskuła humanistyczn). Często pierwsze zdania akapitów były wyróżnione podkreśleniem ołówkiem, lecz nie sposób tutaj zauważyć celowości tych wskazań (nie można wykluczyć, że służyły Bötticherowi do sporządzenia indeksu, ewentualnie zostały wprowadzone przez któregoś z pierwszych kopistów-kontynuatorów dzieła). Dodatkowym elementem porządkującym narrację jest umieszczanie na marginesach dat rocznych opisywanych wydarzeń. Dla

---
[40] Günther: *Katalog* 2, s. 389.

XIV w. wymieniono osiem dat rocznych: 1343, 1347, 1358, 1374, 1382, 1383, 1393, 1395. Dla XV w. jest ich już 54, odnośniki: 1406, 1407, 1410, 1422, 1423, 1425, 1427, 1442, 1444, 1446, 1449, 1450, 1451, 1453, 1454, 1456, 1457, 1459, 1460, 1461 (dwukrotnie), 1462, 1464, 1465, 1467, 1471 (dwukrotnie), 1472, 1473, 1474, 1475, 1476, 1477 (dwukrotnie), 1478, 1479, 1480, 1481, 1482, 1483, 1485, 1486, 1487 (dwukrotnie), 1488, 1489, 1490, 1491, 1494, 1495, 1496, 1497, 1499, 1500. Dla XVI w. podano odnośniki do 83 lat: 1501, 1502, 1503, 1504, 1505, 1506, 1507, 1508, 1509, 1510, 1511, 1512, 1513, 1514, 1515, 1516, 1517, 1518, 1519, 1520, 1522, 1524, 1525, 1526, 1527, 1528, 1529, 1530, 1533, 1534, 1536, 1537, 1538, 1539, 1540, 1541 (dwukrotnie), 1542, 1543, 1544, 1545, 1546, 1547, 1548, 1549, 1551, 1552 (dwukrotnie), 1553, 1554, 1555, 1556 (dwukrotnie), 1557, 1558, 1559, 1560, 1561, 1564, 1565, 1566, 1567, 1572, 1573, 1574, 1577, 1580, 1585, 1586, 1587, 1588, 1589 (dwukrotnie), 1590, 1591, 1592, 1593, 1594, 1595, 1596, 1597, 1599, 1600. Wiek XVII (do 1616) to wydarzenia z 9 lat z odnośnikami do: 1601, 1602, 1603 (dwukrotnie), 1604, 1605, 1611, 1612, 1613, 1614.

Innym elementem uzupełniającym porządek chronologiczny jest wprowadzenie począwszy od 1457 r. informacji o wyborach kolejnych członków zarządu kościoła NMP (lata: 1457, 1460, 1471, 1474, 1476, 1478, 1481, 1493, 1494, 1497, 1499, 1500, 1505, 1509, 1515, 1521, 1523, 1526, 1527, 1531, 1532, 1533 (dwukrotnie), 1535, 1538, 1542, 1563, 1568, 1570, 1575, 1576, 1587, 1590, 1591, 1592, 1593, 1598, 1601, 1602, 1606, 1609, 1611 (dwukrotnie), 1612 (w sumie kronikarz wymienił 44 składy zarządu – zob. aneks do: Christofer Herrmann: *Witrycy kościoła Mariackiego w Gdańsku*). Notatki na ten temat są wydzielone z tekstu głównego w sposób graficzny (odstęp, powiększone pismo, zapis nazwisk w dwóch kolumnach) oraz zaopatrzone w odpowiednie charakterystyczne nagłówki z datami rocznymi oraz liczbą porządkową kolejnego wyboru *(il. 2, 3)*. Dzięki temu Bötticher mógł zrezygnować z umieszczania dodatkowych dat rocznych na marginesach, uznając bieżący układ za dostatecznie czytelny. Dotyczy to zwłaszcza okresu od 1535 r. (HKR, s. <108>) aż do końca HKR.

Za dodatkowy element porządkujący narrację można uznać wskazanie okresów panowania kolejnych mistrzów krzyżackich od 17 (Ludolf König von Wattzau – HKR, s. <2>) do 34 (Albrecht von Hohenzollern – HKR, s. <78>); lub od 1385 r. (dziesiąty rok panowania Władysława Jagiełły – HKR, s. <8>), gdy Bötticher zaczął również stosować chronologię związaną z latami panowania królów polskich. Jednak w tym przypadku mamy do czynienia z bezwiednym nawiązaniem do układu starszych prac źródłowych, z których korzystał autor (np. kroniki rękopiśmiennej Wartzmanna z 1559 i drukowanej Schütza z 1592/1599).

Autor posługuje się dość starannym pismem neogotyckim typowym dla gdańszczan drugiej połowy XVI i pierwszej połowy XVII w. W porównaniu z dość zamaszystym pismem drugiego tomu pamiętnika (*Der andere Theil des Eberhard Bötchers Chronica*, 1584–1595) pismo jest raczej drobne. Na stronę przypada przeciętnie 33–35 linii tekstu. Tekst czystopisu jest stosunkowo staranny. Skreślenia są rzadkie i z reguły dotyczą pojedynczych słów lub zdań. Poważniejsze korekty pojawiły się w HKR na s. <33, 47, 59, 90, 98–99, 113, 115, 119, 147, 150–151, 153, 163, 285, 297, 310, 312, 314, 393, 420, 456, 507>.

Znacznie częściej zdarzają uzupełnienia w postaci zapisek na marginesach, które oznaczone są kilkoma różnymi odnośnikami (r, +, ‡, #, wielokrotność krzyżyków ##, dopiski *notabene* w postaci ligatury: NB. Przy większych uzupełnieniach pojawiają się odpowiednie informacje „Zugabe" (np. HKR, s. <132, 134>), ewentualnie z dodatkowym wyjaśnieniem: „Biß dahero gehöret alles zu dem 1573 Jar oben in Margine also getzeichnet [rysunek palca wskazującego i krzyżyka] und folget zu dem vorigen am 159 Blatt" (HKR, s. <161>). Rysuneczki dłoni ze palcem wskazującym pojawiają się na marginesach stosunkowo rzadko (HKR, s. <34, 35, 52, 56, 73 (dwukrotnie), 153, 159> i drugiej paginacji w indeksie – s. 11). Z reguły uwagi na marginesach są krótkimi uzupełnieniami, ale zdarzają się rozbudowane zdania zajmujące znaczącą część lub nawet całe marginesy (HKR, s. <5, 14, 33, 39, 44, 46, 59, 72, 74, 63, 83, 85, 100, 102, 112, 116, 119, 137, 147, 150, 161, 169, 170, 176, 182–184, 215, 267, 268, 272, 288–289, 297, 350–351, 362, 365, 370, 383, 387, 389, 395, 398, 420, 422, 427, 444, 454, 469, 472–473>). Niekiedy uzupełnienie zajmuje całe strony, towarzyszy im wówczas wskazanie uzupełnianego miejsca np.: „Ad fol. 10 #" (HKR, s. <10a–10d>). Zdarzają się również dodatkowe zakreślenia wskazujące miejsce odpowiedniego uzupełnienia (np. HKR, s. <14, 131, 159, 161>).

Brak tu ozdobników (ornament okuciowy), dewiz, popisów kaligraficznych, które znamy z drugiego tomu pamiętnika (Bötticher: *Chronica (1584–1595)*. Do HKR nie zostały dołączone żadne druki czy ryciny, które chętnie załączał Bötticher do swych materiałów pamiętnikarskich[41]. W odróżnieniu od Grunewega kronikarz kościoła Mariackiego nie wprowadza do tekstu rysunków czy planów nawet w sytuacjach, które by wymagały tego rodzaju objaśnień. Jedynie na s. 63 HKR mamy do czynienia z odrysem znaku własnościowego – gmerka oraz na s. 88 z rysunkiem kości do gry, które stanowiły element odpisu inskrypcji na lichtarzu. Wprowadzone na s. <256> i na s. <I 11> drugiej paginacji (indeks) piktogramy słońca i księżyca użyte zostały jedynie jako uzupełnienia literowych odsyłaczy.

Mimo staranności autor nie uniknął pewnych skreśleń, z reguły korekty dotyczą pojedynczych słów, czy zdań. Poważniejsze korekty-skreślenia pojawiły się na s. <33, 47, 59, 90, 98–99, 113, 115, 119, 147, 150–151, 153, 163, 285, 297, 310, 312, 314, 393, 420, 456, 507>. Mimo pewnej niedogodności całość HKR wraz z korektami pozostaje dość czytelna i jasna.

Cel spisania *Historisches Kirchen Register*

Motywy napisania kroniki oraz zarys jej wewnętrznego układu charakteryzuje pokrótce sam Bötticher. We wstępie (HKR, s. <I–IV>) wyjaśnił, że dokonuje zestawienia informacji historycznych dotyczących:

---

[41] Kizik: *Pamiętnik*, s. 150–151.

1. Początków oraz dziejów budowy kościoła Mariackiego w Gdańsku: „Darinne man anfenglich findett, wie es umb diese Kirche beschaffen gewesen, und wie sie hernach erweitert und grösser gebawett".
2. Władców panujących w Prusach (wielkich mistrzów Zakonu Krzyżackiego oraz królów Polski): „wer des Landes Preussen und also auch dieser Stadt Regenten und hohe Oberckeitt gewesen, auch wie sie zum Theil regirett haben, *etc.*"
3. Składu świeckich nadzorców kościoła Mariackiego, czyli burmistrzów – seniorów („Inspector oder Obman") oraz wyboru i składów kolejnych zarządów: „Darnach, wie anfenglich durch einen e[hrsamen] Rath auß der Burgerschafft Personen, die Kirchenveter zu dieser Kirchen seind erwehlet und verordnet worden, und wie die Kühre oder Wahl derselben nach einander erfolgett, und welcher von den Herrn Bürgermeistern jeder Zeit ihr gewesen sey".
4. Innych istotnych wydarzeń („historie"): „als zur Zugabe andere gedenckwirdige Historien, zu diesem Intent nicht gehorig, mitt unterlauffen".

W rzeczywistości dzieje kościoła Mariackiego stały się pretekstem do obszernego zrelacjonowania znanych Bötticherowi z autopsii procesów zwiazanych z trzema zasadniczymi problemami:

a) konfliktem politycznym zwiazanym z nieuznaniem wyboru Stefana Batorego na króla polski oraz ograniczeniem przywilejów miasta (1576– 1577);

b) kontrowesjami wokół królewskiego patronatu nad kościołem Mariackim (za Zygmunta III): „Ingleichen wird auch das gantze Kriegswesen, so sich wegen des Wahlköniges Stephani fur Dantzig erhaben, und wie es damit zum Ende gelauffen, historischer Weise eingefuhrett, dieweil es sonderlich den geistlichen Praelaten, kon[iglichen] may[es]tt[ätischen] Rähten umb diese und andere der Stadt Kirchen allermeist zuthun war".

c) wzrostem wpływów kalwinistów w Gdańsku, którzy korzystali z poparcia części patrycjuszy oraz skupionej w Trzecim Ordynku opozycji luterańskiej: „Deben wir vermeldett, wie der calvinische Geist alhie zu Dantzig fein gemachlich eingeschlichen, und da die Leute schlieffen sein Unkrautt geseet hatt".

Również pod względem chronologicznym treść HKR jest zróżnicowana, co wynika zarówno z celów autora koncentrującego się na wydarzeniach współczesnych, jak i z dostępności źródeł dokumentujących wcześniejsze dzieje kościoła NMP oraz Gdańska i Prus. Zdarzenia z XIV stulecia (1343–1395) zostały opisane jedynie na ośmiu stronach (HKR, s. <1–8>), wiek XV (1406–1500) zajął Bötticherowi już blisko 67 stron (HKR, s. <8–10, 10a–10d, 11–71>), wiek XVI to około 309 stron (HKR, s. <71–381>), a opis wydarzeń kilkunastu następnego stulecia (1601–1615) przedstawiony został na 162 stronach (HKR, s. <381–543>) – a więc w przybliżeniu na XIV w. przypadła jedynie około 1,5 % objętości HKR, na XV w. 12, 3 %, na XVI w. 56,5 %, a na początek XVII w. 29,6 %.

Wykres 1: Podział układu chronologicznego HKR (1343–1616)

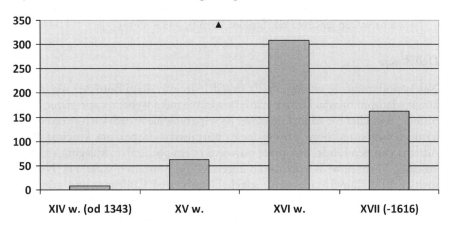

Z pośród opisanych zagadnień historycznych następujące tematy zajęły najwięcej miejsca w zapiskach Böttichera:
- budowa kościoła Mariackiego (s. <1–2>)
- zamordowanie Konrada Leczkowa, Arnolda Hecketa, Tidemana Huxerna w 1411 (s. <10a–10d>)
- rozruchy husyckie w 1415 (s. <10e–11>)
- zapisy na rzecz kościoła mariackiego, 1487 (s. <52, 56–58>)
- skarga witryków kościoła mariackiego, 1487 (s. <53–55>)
- rozruchy w Gdańsku w 1525 r. (s. <94–97>)
- pobyt królewskich komisarzy w 1544 (s. <117–120>)
- złożenie hołdu królowi, 1552 (s. <126–128>)
- budowa nowej chrzcielnicy, 1552/1553 (s. <131–134, 138>)
- oblężenie Gdańska przez wojska króla Stefana Batorego, 1576/1577 wraz z historią konfliktu (s. <168–266>)
- wybór Jakoba Fabriciusa (Schmidt) na rektora Gimnazjum Akademickiego – wybuch otwartego konfliktu pomiędzy kalwinami i luteranami, 1580 (s. <269> i passim)
- koszty budowy nowych organów, 1581–1586 (s. <271–272>)
- konflikt pomiędzy Johannesem Kittel (luteranie) i Peterem Prätoriusem (kalwini), 1586 – 1587 (s. <274–308>)
- przybycie do Gdańska nowo wybranego króla Zygmunta III Wazy, 1587 (s. <304–305>)
- negocjacje Gdańska z królem i biskupem włocławskim Hieronimem Rozrażewskim o zwrot katolikom kościoła Mariackiego (*ius patronatus*) oraz posiadłości klasztornych w mieście1593–1600 (s. <314–380>)
- proces pomiędzy partią luterańska (większość Trzeciego Ordynku) i kalwińską (Rada Miejska) na dworze królewskim 1604–1606, (s. <396–464>)
- nieruchomości kościelne (wypisy z ksiąg gruntowych), (s. <465–466>)
- wybór nowych organistów, renowacja starych organów 1611 (s. <472–480, 495>)

– prace nad rewizją ordynacji kościelnej kościoła NMP, sprawy administracyjne, sporne kwestie związane z wykorzystaniem majątku kościoła, 1612 (s. <481–491>)
– kwesta na wykup jeńców z rąk Turków, 1613 (s. <493–496>)

Dedykacja

Należy podkreślić, że swojego dzieła sześćdziesięciotrzyletni Bötticher nie zadedykował władzom miasta, którym najwyraźniej nie mógł wybaczyć sprzyjanie kalwinistom. Bötticher nie zdobył się nawet na wspomnienie w dedykacji swego długoletniego bezpośredniego przełożonego burmistrza, inspektora kościoła NMP Adriana von den Linde. Swą pracę poświęca trzem pozostałym kolegom z zarządu kościoła: Michaelowi Wiedernowi, Gregerowi von Amstern i Nickelowi (Nicolausowi) Schmidenowi („meynen vielgeliebeten getreu Collegen, und günstigen Freunden"). Również na ich ręce złożył kontynuację swojej pracy, chociaż sama kronika zapewne nigdy nie trafiła do archiwum kościoła. W roku następnym Bötticher zmarł, a pracę nad HKR przejęli członkowie zarządu kościoła: Nickel Schmieden, który doprowadził rejestr do 1620 r., a po jego śmierci wskutek przypadkowego postrzału (5 czerwca 1630) prace kontynuował Michael Fischer.

Tytuł

Znamienne, że Bötticher w tytule nie określa swego dzieła jako „Kronika / Chronika", „Historia", „Relacja / Relation" czy „Opis / Beschreibung", wybierając powściągliwie termin „Register". W ten sposób wyznaczył sobie skromną rolę urzędnika, księgowego jedynie porządkującego i układającego dostępną mu dokumentację na temat kościoła mariackiego, w tym wypadku w porządku chronologicznym począwszy od rozpoczęcia budowy kościoła w 1343: „und was darinne gedenckwirdiges nach Verlauffung der auff einander verlauffenen und folgenden Jare von Anfang der Erbawung derselben, in eine Ordnung zu bringen" (HKR, s. <II>). Nie po raz pierwszy Bötticher stawiał sobie za cel porządkowanie kwestii dotyczących kościoła mariackiego, określając swoją pracę jako „Register". W 1604 r. dokonał przeglądu miejsc pochówków w kościele, zakładając księgę grobową, której układ formalny wzorowany był na miejskich księgach gruntowych. Spis ten zatytułował *Register der Leichsteinen unnd Begrebnüssen*[42].

Źródła wiedzy Böttichera

Cała obfita spuścizna kronikarska Böttichera stanowi swoiste połączenie tradycji kompilacyjnego kronikarstwa gdańskiego XVI w., którego uczonym i krytycz-

---

[42] Register der Leichsteinen unnd Begrebnüssen in S. Marien Kirchen der Rechten Stadt Dantzig ... Anno 1604, rkps APGd., sygn. 354/348; Spis, nr II.B.

nym ukoronowaniem stał się drukowany dorobek Caspra Schütza (ok. 1540–1594), sekretarza rady miejskiej Gdańska[43], oraz jego kontynuatora Davida Chytreusa (1530–1600), profesora uniwersytetu w Rostoku, z bieżącą relacją bezpośredniego uczestnika i świadka wydarzeń, jakim był sam Bötticher. Bötticher w pracach nad HKR skorzystał z kilku podstawowych źródeł. Były to ogólnie dostępne druki, manuskrypty (pochodzenia instytucjonalnego, kościelnego – znajdujące się w ówczesnym archiwum kościoła NMP, materiały ordynków, cechów, dokumenty rozproszone), różnego rodzaju rękopiśmienne kroniki. We wstępie do HKR (s. <I–IV> zarysował podstawę służącą mu do napisania dzieła, stanowiącego efekt końcowy sporządzania różnego rodzaju ksiąg i pism („Summa gewisse Nachrichtung [...] von dem allen, was in so vielen Büchern und Schrifften in dieser Kirchensachen gedenckwirdiges gar weitleufftig aufftzusuch[en] und zu finden ist"). Autor podaje również nieco bliższą charakterystykę tych materiałów, do których należą:

1. Stare rękopiśmienne kroniki pruskie, których autorów i miejsce przechowywania przemilcza: „Zu diesen Sachen allen hab ich zu Hulffe genommen was ich dieses Falles in alten geschriebenen preusischen Chroniken [gefunden habe]", s. I). Z porównaniu treści HKR z kopiami kronik ze sporym prawdopodobieństwem wynika, że Bötticher skorzystał najpewniej m.in. z jednego z odpisów tzw. kroniki Bartholomausa Wartzmanna[44]. Jest to tym bardziej prawdopodobne, że do

---

[43] Zob. Witold Szczuczko: *Schütz (Schuetz) Kasper*, w: SBPN, Suplement II, s. 244–246; Tadeusz Oracki: *Schütz Kasper*, w: Tadeusz Oracki: *Słownik biograficzny Warmii, Prus Książęcych i Ziemi Malborskiej*, t. 2, Olsztyn 1988, s. 141–142 (wraz ze wskazaniem miejsca i sygnatur przechowywanych prac); Paul Simson: *Ein Beitrag zur Lebensgeschichte von Caspar Schütz*, „Zeitschrift des Westpreussischen Geschichtsvereins" 41, 1901, s. 199–201.

[44] Dzieło Barholomeusa Wartzmanna, mało znanego piwowara, zostało doprowadzone do 1556 r. i stanowiło jeden z najbardziej rozpowszechnionych utworów gdańskiego dziejopisarstwa XVI w. Friedrich Schwarz wymienia 22 odpisy ze zbiorów przedwojennej gdańskiej Stadtbibliothek (Schwarz: *Verzeichnis der handschriftlichen Chroniken*, nr 27–49). Kronikę charakteryzuje obszerność i dokładność przekazu dotyczącego pierwszej połowy XVI stulecia. Dworzaczkowa (Jolanta Dworzaczkowa: *Dziejopisarstwo gdańskie do połowy XVI wieku*, Gdańsk 1962, s. 77–103) podaje dwie podstawowe redakcje kroniki. Najważniejsza jest redakcja A znana z odpisów: 1) rkps Biblioteki Czartoryskich w Krakowie, sygn. 1335 (własność Michella Schultza, przed 1574 r.); 2) rkps APGd., sygn. 300,R/Ll, 5 (egzemplarz należący do Caspra Schütza); 3) rkps BGPAN, sygn. Ms. 1290 (spis z początku XVII w, własność Valentina Schlieffa); 4) rkps APGd., sygn. 300, R/Ll, 75 (spokrewniony z przekazem nr 3); 5) rkps APGd., sygn. 300, R/Ll, 10 (kopia sygnowana: „Geschrieben durch Caspar Bötcher den Jungen Anno 1569"). Kopia Böttichera była wielokrotnie kopiowana. Dwa jej odpisy znajdowały się w zbiorach Biblioteki Gdańskiej, sygn. Ms. 1294 i Ms. Uph. f. 44 (obecnie zaginione), inne m.in. w Staatsbibliothek Berlin (sygn. Ms. Diez. C. fol. 33) czy Bibliotece Uniwersyteckiej w Upsali. Ta ostatnia datowana jest na 1609 r. i sygnowana jako dzieło Kaspra Böttichera stąd domniemanie, że kopistą był rzekomo syn-imiennik kopisty rkpsu APGd., sygn. 300, R/Ll, 10 (Jolanta Dworzaczkowa: *Dziejopisarstwo gdańskie...*, s. 89). Jednak informacja Gehrkego (Gehrke: *Geschichtsschreiber*, s. 41–42 podana za za: Leopold Ludwig Prove, *Mitteilungen aus Schwedischen Archiven und Bibliotheken*, Berlin 1853, s. 49–50) wymaga skorygowania: Caspar Bötticher ożenił się dopiero w 1594 r., zaś jego syn został ochrzczony

grona kopistów tego dzieła należał m.in. starszy brat Eberharda, Caspar[45] były to po części te same materiały, które Bötticher wykorzystał już wcześniej w latach 1577–1585 przy spisaniu pierwszego tomu swojego pamiętnika (chodzi przede wszystkim o opisanie zdarzeń historycznych przed 1577 r.)[46].

2. Drukowana kronika pruska Caspra Schütza „[...] wie auch in M. Caspari Schützen Chr[on]iken hie her dienlich gefunden habe"[47] (s. IV). Odwołania do dzieła Schütza pojawiają się wielokrotnie w treści samej kroniki, np.: „wie Caspar Schütz schreybett" (HKR, s. <4>), „Casparus Schütz aber ertzehlett diese Wahl nach der Lenge in seynem Preuschen Chronico" (HKR, s. <9>).

Działo Schütza zostało opublikowane pod koniec XVI w. dwukrotnie, w 1592 (w dziesięciu księgach) oraz w 1599 r. (w dwunastu księgach)[48]. Bötticher skorzystał z drugiego, poszerzonego wydania *Historia rerum prussicarum*. W porównaniu z pierwszym wydaniem dzieła, które kończy się na 1525 r., wznowienie zostało uzupełnione o zarys wydarzeń z lat 1525–1598, autorstwa Davida Chytreusa (wybitnego znawcy kościoła wschodniego[49]. Chytreus pozostawał w związkach z radą miasta i gościł w nim przez pewien czas od jesieni 1586 r.[50]. Władze miasta nosiły się nawet z planami sprowadzenia tego uznawanego autorytetu do miasta, m.in. w celu uśmierzenia konfliktu wyznaniowego. Niestety, bliższych okoliczności, które skłoniły go do kontynuowania dzieła Schütza, nie znamy.

---

20 I 1600 r. i w momencie sporządzania kopii miał dopiero 9 lat (Weichbrodt: *Patrizier* 1, s. 71).6) Riksbiblioteket, Sztokholm, Handskrifter, sygn. Historia Tysk – egzemplarz niemal identyczny z rkpsem BGPAN, sygn. Ms. 1290; 7) rkps BGPAN, sygn. Ms. 1286, rękopis z 1575 r.; 8) *Cronica der Preussen* (do 1553 r.), rękopis dedykowany królowi Władysławowi IV i należący do jego biblioteki; 9) rkps Biblioteki Czartoryskich w Krakowie, sygn. 1331.

[45] Chronica des landes Bruthenica ietzund Preusser Land... geschrieben durch Caspar Bötticher den Jungen Anno 1569, rkps APGd., sygn. 300, R/Ll, 10.
[46] Kizik: *Pamiętnik*, s. 153–156.
[47] Raczej należy wykluczyć, że Bötticher mógł mieć dostęp do autografów dzieła Schütza, które posłużyły za podstawę druku *Historia rerum prussicarum* z 1592 r. Autograf ów przetrwał w 11 częściach: *Rerum prussicarum Historia Chronicon der Lande Preussen... zusammen getragen aus bewahrten Schriften. Historien und Recessen durch M. Caspar Schutzen, Secretarium der Stadt Dantzigk von Anno 1000*, rkps APGd., sygn. 300, R/Nn, 5 (1000–1283), 6 (1283–1394), 7 (1395–1432), 8 (1439–1453), 9 (1453–1455), 10 (1456–1460), 11 (1461–1468), 12 (1472–1490), 13 (1491–1507), 14 (1526), 15 (1527–1533). Zawartość tych materiałów nie została poddana bliższej analizie treściowej i porównaniu z tekstem wydrukowanej już pracy w 1592 r.
[48] Ze pewnym zdziwieniem należy odnotować, że dzieło historiograficzne Schütza nie doczekało się jeszcze monograficznego opracowania. W dalszym ciągu wartość zachowuje syntetyczne omówienia: Max Töppen: *Geschichte der Preussischen Historiographie von P. v. Dusburg bis auf K. Schütz oder: Nachweisung und Kritik der gedruckten und ungedruckten Chroniken zur Geschichte Preußens unter der Herrschaft des deutschen Ordens*, Berlin 1853, s. 252–262; zob. też: Erich Maschke, *Die ältere Geschichtsschreibung des Preußenlandes*, w: *Scriptores rerum Prussicarum*, t. 6, hrsg. von Walter Hubatsch, Udo Arnold, Frankfurt am Main 1968, s. 1–21.
[49] Daniel Benga: *David Chytraeus (1530–1600) als Erforscher und Wiederentdecker der Ostkirchen Seine Beziehungen zu orthodoxen Theologen, seine Erforschungen der Ostkirchen und seine ostkirchlichen Kenntnisse*, Erlangen 2001.
[50] Hirsch: *Ober-Pfarrkirche* 2, s. 212.

Bötticher nie tylko obszernie korzystał z dzieła Schütza przy opisywaniu dawniejszych dziejów, ale opierał się również na redakcji Chytreusa, opisąc wydarzenia, których sam był bezpośrednim uczestnikiem. Bötticher był świadkiem oblężenia Gdańska przez wojska Stefana Batorego w 1577 r., chociaż na prośbę schorowanych rodziców (ojciec zmarł latem tego roku) nie wziął udziału w walce i nie udał się z tłumem rówieśników pod Tczew na spotkanie wojsk polskich. I całe szczęście, albowiem po bitwie nad jeziorem Lubiszowskim tylko nieliczni powrócili do miasta żywi. Swoje wrażenia Bötticher opisał w bardzo emocjonalnej relacji w pierwszym tomie swojego pamiętnika – Memorial (1577–1583)[51]. Jednak przedstawienie konfliktu z Batorym w HKR nie zostało oparte na wcześniejszej relacji, lecz na niewskazanym z tytułu opisie Georga Knoffa starszego[52] (*Eigentliche und Ausführliche Beschreibung*, 1577), którą włączono jako ostatnią, dwunastą księgę do drugiego wydania dzieła Schütza[53]. Autor najwyraźniej uznał swój opis za zbyt naiwny, chociaż był w pełni zgodny z odczuciami licznych grup mieszczaństwa[54].

3. Recesy Ordynków, czyli protokoły obrad ścisłych władz miasta: Rady (Pierwszego Ordynku), Ławy (Drugiego Ordynku) oraz przedstawicieli pospólstwa (Trzeciego Ordynku): „Letzlich wird hirinne auß den Recessen der dreyer dieser Stadt Ordnungen mitt Fleiß zusam[en]getragen, wie die Sache des nun mehr mitt Macht eingerissenen calvinischen Schwarms an kon[igliche] May[estät] gelangett, und wobey es endlich verblieben" (HKR, s. IV). Bötticher of 1592 r. był centumwirem Wysokiego Kwartału, należąc do stuosobowego gremium Trzeciego Ordynku, reprezentującego rzemieślników i inne warstwy średniego mieszczaństwa we władzach miasta. Z tytułu dożywotnio pełnionego urzędu miał dostęp do części dokumentacji, przede wszystkim spisywanej w ramach własnego Wysokiego Kwartału[55]. Referowanie stanowiska

---

[51] Wie die Polen die Stadt Dantzig belagert haben, oraz opis kolejnych etapów konfliktu ze Stefanem Batorym, zob.: Eberhard Bötticher: *Memorial (1577–1583)*, k. 283r–307v. Por. zapiski Martina Grunewega z tego okresu: Bues: *Gruneweg*, s. 479–538.

[52] Autor, znany również jako Knophius (zm. 1605), był właścicielem znaczącej biblioteki muzycznej. Martin Morell: *George Knoff: bibliophile and devotee of Italian nusic in late sixteenth-century Danzig*, w: John Kmetz: *Music in the German Renaissance. Sources, Styles, and Contexts Suorces*, Cambridge 1994, s. 103–126. Za Paulem Simsonem (Simson: *Geschichte Danzig 2*, s. 320) powtarzana jest informacja, iż autor był zarządcą Bractwa św. Rajnholda w Dworze Artusa. Relacja z oblężenia została pierwotnie zamieszczona w księdze rachunkowej bractwa. Okoliczności opracowania tekstu oraz jego publikacja pozostają nieznane.

[53] Georg Knoff d.Ä: *Eigentliche und Ausführliche Beschreibung des Krieges, so der Grossmächtigste Fürst Stephanus der Erste König in Polen, Anno 1577. wider die Stadt Dantzig geführet*, w: Caspar Schütz: Historia rerum prussicarum, wahrhaffte und eigentliche Beschreibung der lande Preussen, Leipzig 1599, s. 518–549.

[54] Bez względu na światopogląd i wyznanie autorów wszystkie znane gdańskie relacje z wydarzeń lat 1576–1577 (Gruneweg, Bornbach, Bötticher) prezentują podobną patriotyczną progdańską postawę.

[55] Na mocy statutów króla Zygmunta Starego z 1526 r. władzę w mieście sprawowały trzy ordynki (Rada Miejskiej – Pierwszy Ordynek, Ława – Drugi Ordynek i przedstawicielstwo pospólstwa – Trzeci Ordynek, podzielony na kwartały Kogi, Szeroki, Wysoki oraz Ryba-

pozostałych ordynków umożliwiało Bötticherowi poznanie przynajmniej części oficjalnej dokumentacji kalwińskiej Rady i Ławy oraz pozostałych trzech kwartałów Trzeciego Ordynku. Każdego roku powstawało sześć roczników protokołów (po jednym dla Rady, Ławy i cztery dla każdego z kwartałów Trzeciego Ordynku). Materiały te w dużym stopniu są wzajemnie komplementarne. Bötticher zapewne znał część materiałów, z których zachowały się jedynie recesy Wysokiego Kwartału z lat 1600–1610[56], Rybackiego z lat 1606–1629[57] oraz 21 ksiąg Rady (Pierwszego Ordynku) z lat 1545–1617[58]. W kronice bezpośrednich odwołań do recesów ordynków nie znajdujemy zbyt wiele: „melden die Recesse nicht" (HKR, s. <38>), „weisen die Recesse zu Rahthause genugsam auß" (HKR, s. <318>), „wie die Recesse außweisen" (HKR, s. <378>), „die Recesse viel anders außweisetten" (HKR, s. <349>).

4. Varia z archiwum kościoła Mariackiego: „hab ich mir vorgenommen [...], ein Historisch Kirchen Register, obgedachter Kirche S. Marien belangende, auß allen Büchern und Schrifften, so in Bewarung derselben furhanden, zusamen zu tragen" (HKR, s. <I>). Mowa tu o dokumentach różnego pochodzenia: przede wszystkim o potwierdzeniach uposażeń na rzecz kościołowi przez instytucje lub osoby (dokumenty przywilejów papieskich, biskupich), osobiste zapisy dokonane na rzecz kościoła (testamenty, umowy nabycia, dzierżawy, akty potwierdzające prawo własności, np. odpisy z ksiąg gruntowych) oraz dokumenty wytworzone przez samą administrację kościelną (rachunki, umowy na wykonanie prac w kościele, np. wykonania organów, wykonanie i wynajem ław, zezwolenia na umieszczenie epitafium, skargi lub prośby o arbitraż do władz miejskich wystosowane przez działających w imieniu kościoła witryków itp.). Cytaty z tej dokumentacji rozproszone są dość równomiernie w całym HKR.

Ponieważ archiwum kościoła mariackiego uległo częściowemu rozproszeniu, niektóre dokumenty trafiły do zbiorów Stadtarchiv i Stadtbibliothek w Gdańsku. Zdecydowana większość najstarszego materiału źródłowego, którymi dysponowali jeszcze dawni badacze (Theodor Hirsch i Eduar Schnaase w połowie XIX w., Paul Simson na przełomie XIX i XX w. czy Erich Keyser przed 1945 r.)[59] uległa w czasie II wojny światowej zniszczeniu, ewentualnie

---

cki). Wszystkie te ciała prowadziły własne serie recesów, które miały analogiczną zawartość. Do połowy XVII w. rola Trzeciego Ordynku była stosunkowo niewielka, często ograniczona do opiniowania wniosków pozostałych ordynków. W gdańskim Archiwum Państwowym zachowało się 31 metrów bieżących akt protokołów ordynków (Czesław Biernat: *Recesy gdańskich ordynków 1545–1814*, Gdańsk 1958).

[56] Rkps APG. 300, 10/198–199.
[57] Rkps APG. 300, 10/181.
[58] Rkps APd., sygn. 300, 10/1–21; zachował się również zbiór tzw. konceptów (Koncepte zu den Ordnungrezessen) z lat 1581–1660, APG. 300, 10/295.
[59] Odnalezione pod koniec XIX w. bogate dokumenty rachunkowe kościoła Mariackiego w sierpniu 1921 r. przekazano do ówczesnego Archiwum Państwowego (Staatsarchiv Danzig). Były to księgi rachunkowe z lat: 1433–1442, 1446, 1447–1476, 1457, 1459–1464, 1464–1470, 1469–1474, 1500–1532, 1515–1526, 1530–1541, 1532–1533, 1532–1535,

zaginęła w powojennej zawierusze. Prawie całkowitemu zniszczeniu uległo archiwum Ministerium Duchownego (Geistliches Ministerium)[60], podobnie jak wiele późniejszych zbiorów dokumentów, odpisów i komentarzy odnoszących się do zagadnień wyznaniowych XVI i XVII w.[61] Dysponując jedynie szczątkami dawnych archiwaliów[62], często nie jesteśmy w stanie wskazać źródła cytowań Böttichera. Tylko niektóre materiały znane są z późniejszych odpisów. Dla znacznej części dokumentów zapiska Böttichera w HKR stanowi jedyną wzmiankę o ich istnieniu.

Powyższy wykaz nie wyczerpuje bazy źródłowej HKR. W dziele znajdują się odwołania do źródeł, o których autor nie wspomniał we wstępie, lecz odwołuje się do nich w samej kronice. Dotyczy to przede wszystkim opisu wydarzeń, których świadkiem lub uczestnikiem był sam Bötticher. Wówczas autor musiał się zmierzyć z nadmiarem materiału źródłowego, koniecznością jego selekcji oraz stosowaniem systemu odnośników do licznych prac. Relacjonując zagadnienia szczegółowe, Bötticher często stara się unikać przepisywania dokumentów i odsyła czytelników do odpowiednich fragmentów:

5. Gdańskich druków polemicznych i propagandowych z lat 1576–1577, które były publikowane i kolportowane z polecenia gdańskiej rady miejskiej[63]. Celem anonimowych publikacji, które redagował m.in. Caspar Schütz[64], było wyjaśnienie kontrowersyjnej postawy władz wobec polityki Stefana Batorego i odpowiedź na publikacje propagandowe strony polskiej. Za tytułami „Dantzcker Erklerung", „Dantzcker Declaration", „Dantzcker *Apologia* oder Declaration" kryją się drukowane w 1577 r. broszury *Gründliche Erklerung*[65], *Declaration*[66], *Anhang der Declaration der Ordnungen der Statt Dantzigk*[67]. Bötticher

---

1540–1549, 1550–1559, 1560–1568, 1567–1574. Od 1600 bez luk do czasów współczesnych: „sind geschlossene Reihen der Rechnungsbücher mit Iren Belegen bis zur Gegenwart vorhanden", Gruber, Keyser: Marienkirche, s. 34. W 1922 roku Erich Keyser wykonał opisu odnalezionych źródeł, niestety zaginął on w czasie ostatniej wojny.

[60] Np. Eduard Schnaase miał do dyspozycji kompletne materiały tego gremium (Schnaase: Geschichte, s. VIII–IX).
[61] Przede wszystkim dotkliwa jest utrata zbiorów rkpsów BGPAN, sygn. Ms. 436–438, Ms. 444. Zob. opis . Zob. opis Bertling: *Katalog* 1, s. 184–193, 194–196.
[62] Szczęśliwie zachowały się zespoły rkpsy BGPAN, sygn. Ms. 486, Ms. 487 i Ms. 489.
[63] Zob. Cieślak: *Historia Gdańska* 5, nr 2071, 2076, 2089, 2095.
[64] Witold Szczuczko: *Schütz Kaspar*, w: SBPN, Suplement II, s. 245.
[65] Gründliche Erklerung aus was Ursachen die Ordnungen der Statt Dantzgik, mit ... Stephano Könige zu Polen ... in den jitzo noch obstehenden missverstandt ... gerathen und eingeführet, Dantzgik 1577 (egz. BGPAN, sygn. Od 9, 8° adl. 5; por. Cieślak: *Historia Gdańska* 5, nr 2163).
[66] *Declarato vera quibus de causis ordines civitatis Gedanensis cum ... Stephano Rege Poloniae etc. adversariorum suorum impulsu, iampridem in eam, que nunc etiam durat, controversiam peracti sint*, Gedani 1577 (egz. BGPAN, sygn. Od 2406 8°; por. Cieślak: *Historia Gdańska* 5, nr 2127).
[67] Anhang der Declaration der Ordnungen der Statt Dantzgik, so unlangst im Aprill an den tag gegeben unnd in den Druck gefertiget, Dantzgik 1577 (egz. BGPAN, sygn. Od 9, 8° adl. 6); w wersji łacińskiej: *Appendix declarationis ordinum Civitatis Gedanensis de praesenti*

odpowiednimi odnośnikami w tekście informuje czytelnika, jaki fragment dokumentu znajduje się w danym druku: np. „welches Außschreybens *Copia* in der Dantzcker Erklerung zu finden" (HKR, s. <171>), „Dieser Gesanten Instruction findet man in der Dantzcker Erklerung" (HKR, s. <171>), „Item was {uber diß} die Herrn Räthe des Landes Preussen auß Thorn anhero geschrieben und die Stadt widerumb geantwortett, findett man in der Dantzcker Erklerung" (HKR, s. <172>).

Ostatnią obszerną podstawę materiałową stanowią zbiory dokumentów i relacje autorstwa samego Böttichera:
6. Druga część pamiętnika Chronica (1584–1595). Już prowadząc pamiętnik, autor zdradzał zainteresowanie wydarzeniami politycznymi w Gdańsku i Rzeczpospolitej, w tym również sprawami wyznaniowymi, dając wyraz swojemu zaniepokojeniu wzrostem znaczenia kalwinistów w mieście. Opisując życie prywatne, problemy rodzinne (kwestie spadkowe) oraz kolejne szczeble awansu społecznego, coraz częściej i coraz obszerniej komentuje bieżące wydarzenia religijne. Bötticher nie robi do swego pamiętnika żadnych odnośników, co jest zrozumiałe z uwagi na prywatny charakter tych zapisek, lecz porównanie treści obu woluminów jasno wskazuje, że wiele akapitów HKR stanowi mniej czy bardziej wierne cytaty lub parafrazy zdań napisanych ponad dwadzieścia lat wcześniej.

Dla wydarzeń końca XVI i początku XVII w. najważniejszą rolę pełnią zbiory określane przez Böttichera jako:
7. *Historische Declaration lub Historische Ercklerung* (ok. 1604–1606). Są sporządzone przez Böttichera odpisy i kompilacje recesów ordynków, supliki oraz sporządzenia reprezentacji cechowych, pastorów, partii reprezentujących luteran lub kalwinów, pisma biskupów włocławskich, posłów królewskich. Materiały, których tytułu bezpośrednio nawiązują do propagandowych druków gdańskich z 1577 r., często są opatrzone komentarzami Böttichera. Zbiory dotyczą dwóch zasadniczych problemów religijnych Gdańska schyłku XVI i początku XVII w.: sporu pomiędzy Gdańskiem a biskupem włocławskim i królami o patronat nad kościołem NMP, dobra klasztorne w mieście i na przedmieściu i próby zainstalowania jezuitów w mieście oraz toczącego się od lat osiemdziesiątych XVI w. konfliktu kalwinów popieranych przez patrycjat oraz emigrantów niderlandzkich i luteran, którzy mieli swoich zwolenniku w średnim i uboższym mieszczaństwie.

Odwołania do tego zbioru pojawiają się w HKR począwszy od 1586 r. i w odróżnieniu do innych cytowanych źródeł, zaopatrzone zostały we wskazanie numeru dokumentu, a nawet często karty w odpisie, np.: „Die Copia dieser *Supplication* findestu nach der Läng in meiner Historischen Declaration *Numero* 29, p. 80" (HKR, s. <288>); „Wer aber die Copiam dieser ihrer langen Schrifft begeret {von Wort zu Wort} zu lesen, der findett sie in meiner Historischen Declaration *sub numero 29 a pag. 47 usque ad pag. 77*" (HKR, s. <297>);

---

rerum statu mense Aprili nuper evulgatae, [Gedani] 1577 (por. Cieślak: *Historia Gdańska* 5, nr 2071, 2076).

„Copia in meiner Historischen Declaration *sub numero 29 a pag. 80 ad pag. 96* zu finden, darumb der Weitläufftigkeitt halben alhie nicht geseztett" (HKR, s. <297>); por. też HKR, s. <301, 303, 307, 398, 403, 406, 420, 412, 421, 427, 428, 430, 432, 441, 453, 455, 457, 463, 464>. Zbiory te są komplementarne z HKR i począwszy od wydarzeń 1586 r. stanowią podstawę relacji na temat kwestii wyznaniowych aż do 1606 r. Często bez większych zmian redakcyjnych wraz ze wcześniejszymi komentarzami autora zostały przejęte do HKR.

Schemat podstawowych źródeł *HKR* 1615/1616

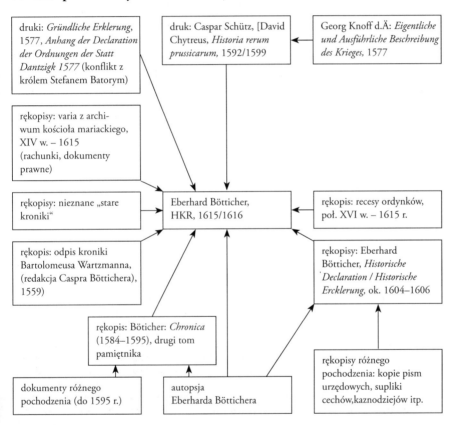

Język autografu *Historisches Kirchen Register*

Eberhardowi Bötticherowi zawdzięczamy powstanie trzech dużych zabytków rękopiśmiennych w języku nowo-wysoko-niemieckim (Frühneuhochdeutch)[68] z końca XVI i początku XVII w. Są to zachowane w autografach dwa tomy prywatnych pamiętników, (Bötticher: *Memorial (1577–1583)*, Bötticher: *Chronica*

---

[68] Ruth Sahm: *Zur mittelniederdeutschen Kanzleisprache Danzigs*, Marburg 1943.

(1584—1595), późniejsze dwa tomy notatek i odpisów innych dokumentów *Historische Declaration / Grundliche Erklerung* (ok. 1604—1606) oraz HKR, najważniejsze jego dzieło spisane na przełomie lat 1615 i 1616. Pomijając młodzieńczy jeszcze charakter pierwszego tomu pamiętnika, to poza zmianami duktu pisma (zmniejszenie oraz pewna zmiana duktu, unikanie zbędnych ozdobników) manuskrypty powstałe na przestrzeni bez mała półwiecza pod względem językowym różnią się w dość ograniczonym stopniu.

Okres działalności publicznej i kronikarskiej Böttichera przypada na ostateczne ustabilizowanie się w Gdańsku języka nowo-wysoko-niemieckiego nie tylko w kancelarii miasta, lecz również wśród wykształconego mieszczaństwa. Ewolucyjne przechodzenie kancelarii gdańskiej na nowo-wysoko-niemiecki stopniowo następowało już w pierwszych dekadach XVI w., jednak najsilniejszy wpływ na ustabilizowanie się nowej tendencji miała działalność pierwszej stałej drukarni gdańskiej założonej przez pochodzącego z Marburga Franza Rhode (od 1538 r.) oraz napływających ze środkowych Niemiec protestanckich tekstów religijnych. W 2 połowie XVI w. przy obsadzie stanowisk kaznodziejów w Gdańsku preferowano osoby władające znajomość wysoko-niemieckiego[69].

We wcześniejszym okresie język kancelaryjny Gdańska był zdominowany przez dialekt średnio-dolno-niemiecki. Według wyliczeń Hansa Bartha, który przeanalizował kopiariusze korespondencji urzędowej słanej z Gdańska w latach 1420—1508, aż 1850 dokumentów (65,8%) powstało w dialekcie średnio-dolno-niemieckim, zaś 681 w dialekcie środkowo-niemieckim (24,2%; pozostałe 10% napisano przede wszystkim po łacinie)[70]. Zmiany dotychczasowego języka literackiego należy wiązać z postępującym wyraźnie od końca XV i w pierwszych dekadach XVI w. schyłkiem znaczenia politycznego, gospodarczego i kulturalnego Hanzy. Na daleki już stopień zaawansowania procesu wskazują np. spisywane w *Frühneuhochdeutsch* prywatne teksty, jak np. dzieło kronikarskie Simona Grunaua (zm. 1529)[71] czy Księga Ferbera (po 1524)[72]. Jednak język urzędowy aż do połowy stulecia cechował daleki konserwatyzm i wczesne druki, takie jak np.

---

[69] Theodor Hirsch podaje, że kandydaci np. z Pomorza mieli kłopoty z powołaniem na urzędy, albowiem „von Natur die Sächsich und Pommersche Sprache gebrauchen, die sie nicht leichtlich abwechseln und verlernen". W Gdańsku większe szanse mieli kaznodzieje mówiący górnoniemieckim lub „miśnieńskim", które od wielu lat używano powszechnie były w Gdańsku: „so der Überländischen und Meißnischen Sprache gelebt denn das Volk bei uns derselbigen Sprache nun von vielen Jahren gewohnet", Hirsch: *Ober-Pfarrkirche* 2, s. 22, przyp. 1.

[70] Hans Barth, *Zur Danziger mitteldeutschen Kanzleisprache*, Danzig 1938, s. 17—31. Zob. też: K. Wriedt, *Latein und Deutsch in den Hansestädten vom 13. bis zum 16. Jahrhundert*, w: *Latein und Nationalsprachen in der Renaissance*, hg. von B. Guthmüller („Wolfenbüttel Abhandlungen zur Renaissanceforschung" 17), Wiesbaden 1998, s. 287—313.

[71] Sławomir Zoneneberg: *Kronika Szymona Grunaua*, Bydgoszcz 2009, s. 115—121.

[72] Zob. Arno Mentzel-Reuters: *Stadt und Welt. Danziger Historiographie des 16. Jahrhunderts*, w: *Kulturgeschichte Preußens königlichen Anteils in der frühen Neuzeit*, hg. von Sabine Beckmann, Klaus Gerber, (Frühe Neuzeit, Bd. 103), Tübingen 2005, s. 108—111; Jolanta Dworzaczkowa: *Kronikarstwo gdańskie do połowy XVI wieku*, Gdańsk, s. 13—42. Udo Arnold: *Studien zur preußischen Historiographie des 16. Jahrhunderts,* Bonn 1967, S. 99—100.

opublikowane w oficynie Rhodego ordynacje pożarowe z 1539 r., ogłaszano zarówno w dawnym, jak i nowym dialekcie[73]. Późniejsze ordynacje publikowano już wyłącznie w *Frühneuhochdeutsch*.

Do ostatecznej zmiany w gdańskiej kancelarii miejskiej doszło dopiero w latach sześćdziesiątych XVI w., co należy wiązać zarówno z wpływami reformacji, jak i postępującymi zmianami generacyjnymi w środowisku urzędniczym. Według Walthera Stephena[74] w 1563 r. do flandryjskiego miasta Nieuport przesłane zostało ostatnie urzędowe pismo miasta Gdańska utrzymane w języku średnio-dolno-niemieckim[75]. Z kolei w sądownictwie miejskim ostateczna zmiana dokonała się w roku 1566 r. Wraz ze zmianami w urzędach ulega ewolucji język pisany gdańskiego mieszczaństwa. Jednak nawet w kręgach zamożnego i wykształconego mieszczaństwa proces ten przebiegał w różnym tempie.

Mimo że nie dysponujemy dotychczas studiami nad językiem gdańskich kronik z XVI w., to nawet wstępne porównanie oryginalnych kodeksów z epoki pozwala dostrzec owe różnice. Widać to doskonale po porównaniu spuścizny pisarskiej żyjących w tym samym czasie przedstawicieli średniego mieszczaństwa kupieckiego, Martina Grunewega (1562 – ok. 1615)[76] oraz Eberharda Böttichera (1554–1617). Obaj poza nauką w szkołach parafialnych oraz edukacją domową przez prywatnych preceptorów w zasadzie pozostali samoukami. W podobny sposób poznawali łacinę i podstawy języka polskiego (wyjazdy do zaprzyjaźnionych rodzin w Polsce). A jednak mimo wszystko ich zapiski wykazują znaczące różnice. Ortografia Böttichera jest już znacznie bardziej zbliżona do języka literackiego używanego przez elity miejskie[77], zaś język Grunewega zachował znacznie więcej anachronizmów z pierwszej połowy stulecia. Niewykluczone, że było to skutkiem stosunkowo wczesnego wyjazdu tego ostatniego z Gdańska (1579), co zahamowało ewolucję jego języka, konserwując go w środowiskach mówiących po polsku, ormiańsku czy rusku.

Język Böttichera dowodzi nie tylko staranności wykształcenia, jakie pamiętnikarz odebrał w kupieckim domu rodzinnym, ale również wpływu, jaki wywarły na nim stałe związki z gdańskimi kancelariami miejskimi i kościelnymi oraz częste kontakty z ludźmi bardzo dobrze wykształconymi. Widać również silny wpływ lektury dzieła Caspra Schütza z 1592, a przede wszystkim drugiego wydania z 1599 (Schütz: Historia) i miejscowych druków ulotnych (1576–1577). Poza literackim językiem ojczystym w zapiskach Böttichera w zasadzie nie spotykamy śladów współczesnego mu miejscowego języka mówionego. Böttichera po-

---

[73] *Fuers Ordenunge der Königlicken Stadt Dantzigk, durch einen Erbarn Raeth daersoluigest, den gemainen jnnewaneren thom besten beramet und uthgasettet. Tho Dantzgk Gedruckt, Anno 1539* (egz. BGPAN, Od 6482 8°) i *Fewers Ordnung der Königlichen Stadt Dantzigk, durch einen Erbarn Rath daselbigest, den gemeinen einwonern zum besten beramet und aussgesetzt. Zu Dantzick Gedruckt, Anno 1539* (egz. BGPAN, Od 5701 8°, adl. 6).
[74] Walther Stephan: *Hoch- und Niederdeutsch als Amts- und Schriftsprache in Ordens- und Danziger Urkunden*, „Mitteilungen des Westpreußischen Geschichtsvereins" 14, (1915), 2, s. 22–24.
[75] *Najstarszy tekst prawa morskiego w Gdańsku*, oprac. i tłum. Bernard Janik, wstęp Stanisław Matysik, Gdańsk 1961, s. 70.
[76] Bues: Gruneweg.
[77] Zob. charakterystykę tych prac: Almut Bues: *Einleitung*, w: Bues: Gruneweg 4, s. 1501–1507.

sługuje się również dość biegle łaciną. W ślad za rozwojem miejscowego wykwintnego języka elit powagę swoich późniejszych prac kronikarskich będzie podkreślać licznymi makaronizmami, wplatając modne zwroty łacińskie czy zastępując słowa niemieckie łacińskimi. Jednak największe teksty łacińskie występują najczęściej w przypadku wprowadzonych do HKR licznych odpisów inskrypcji nadzwonnych, nagrobnych, ołtarzowych (np. s. <1, 2, 10a, 12, 27, 35>), cytowanych dokumentów (np. s. <26, 43, 64–66, 128, 129, 319, 320>).

W HKR znajduje się wiele odniesień do cytowanych rachunków z XV i pierwszej połowy XVI w. z archiwum kościoła Mariackiego. Większość zapisów wykonanych było z pewnością w języku średnio-dolno-niemieckim, jednak transkrypcje Böttichera są z reguły częściowo lub całkowicie uwspółcześnione, co zacierało cechy pierwotne źródła.

Słowa łacińskie lub polskie nazwiska zapisywane są antykwą humanistyczną, ale zdarza się, że po częściowym zniemczeniu część zapisywana była antykwą z końcówkami niemieckimi we frakturze gotyckiej. Bötticher znał dość biegle język polski, czego przykłady znajdujemy w pierwszym tomie pamiętnika (Bötticher: *Memorial (1577–1583)*), jednak zarówno w HKR i w pamiętnikach polskie słowa pojawiają się sporadycznie. Trudno ustalić, w jakim języku porozumiewał się z Polakami, czy było to po niemiecku, po polsku czy po łacinie. W HKR poza stosunkowo poprawnymi zapisami polskich nazwisk oraz tytułami „Woywoda" (wojewoda), najczęściej spotykanym słowem jest „Pokoy" (pokój), w znaczeniu ‚przyjęcie na pokoje': np. „kamen die Gesanten zu Schlosse, werden auch stracks in des Bischoffs Pokoy begleitett" (s. <246>), „Des folgenden Tages worden die Gesanten in sein Pokoy gelassen" (s. <336>), „Nach gehaltener Malzeit ließ sie der Bischoff in sein Pokoy fordern" (s. <341>).

Tekst HKR obfituje w wiele niekonsekwencji bardzo typowych dla niemczyzny okresu przejściowego[78]. Dodatkowo mamy do czynienia z materiałem, którego niejednolity charakter jest wynikiem korzystania z licznych odpisów, wyciągów, omówień lub streszczeń starszych dokumentów. Dlatego, mimo że tekst został spisany w dość krótkim czasie, mamy do czynienia z wieloma przykładami nieuzasadnionej dowolności pisowni: autor często niekonsekwentnie stosuje przegłosy, swobodnie stosuje pisownię wielką i małą literą oraz zasady interpunkcji, co niejednokrotnie wymagało ingerencji wydawców (zob. uwagi edytorskie). Majuskuły stosowane są w autografie w zasadzie bez wyjątku jedynie do nazw miejscowości, nazwisk, oficjalnej tytulatury oraz pewnych instytucji państwowych lub pojęć religijnych.

Do najbardziej charakterystycznych cech języka HKR należą:
1) częste posługiwaniem się zmienną pisownią przy zachowaniu jednolitego brzmienia fonetycznego danego wyrazu; szczególnie przy zdwojonych spółgłoskach „n", „m". Dotyczy to np. słów *und* („unnd", „undt"), *Rath* („Rahtt", „Raht").

---

[78] Na temat charakterystyki innych tekstów gdańskich z epoki zob. Bernard Janik, *Uwagi do zasad wydawniczych dla niemieckich tekstów dokumentów historycznych*, w: *Akta do dziejów Polski na morzu*, t. 7: *1632–1648*, cz. 1, wyd. Władysław Czapliński, oprac. językowe Bernard Janik, Gdańsk 1951, s. XI–XV.

2) występowanie niedokończonej asymilacji spółgłosek „m+t", jak również „m+s" poprzez dodanie „b", czy „p", tworząc „mbt" lub „mbs" (*mps*). Można to interpretować jako wtórne wprowadzenie we wczesnonowożytnej niemczyźnie głoski wargowo-wybuchowej pomiędzy głoskę wargowo-nosową oraz palatalną, np. „Ambter" (*Ämter*), „Ampt" (*Amt*), „frembden" (*Fremden*), „gesampte" (*gesamte*), „Irrthumb" (*Irrtum*) „samptlich" (*sämtlich*), „Umbschreiben" (*Umschreiben*), „umbsonst" (*umsonst*). W podobny sposób można postrzegać uzupełnienie wygłosu „m" poprzez dodanie „b", jako typową cechę języka nowowysokoniemieckiego[79], np. *Irrthumb (Irrtum), wiederumb (wiederum)*.
3) sporadyczne odrzucanie wygłosowego *e* (przesadna apokopa) w rzeczownikach np. „Krohn" (zamiast *Krone*, w znaczeniu ‚Polen'), „ohn" (zamiast *ohne*).
4) częsty zapis końcówki *-nis* jako „-nus".
5) występowanie różnego rodzaju kontrakcji, typowych dla języka mówionego: np. „findestu" (*findest du*), „hastu" (*hast du*), „furs" (*für das*), „durchs" (*durch das*), „irckeynes" (*irgend eines*).

Podobnie jak w innych gdańskich tekstach z przełomu XVI i XVII w., zapisy poszczególnych dźwięków są u Böttichera podawane w sposób nader dowolny. Dotyczy to przede wszystkim przegłosów, dwugłosek oraz podwójnych współgłosek, tak samo jak dodawanie „h".
1) przegłos z *a* (ä) najczęściej w pisowni był wyrażony podobnie jak w średniowysokoniemieckim
    a) przeważnie wyrażony jako „e" (np. „nemlich" (*nämlich*), „nechsten" (*nächsten*), „gentzlich" (*gäntzlich*), szczególnie jeśli związek z z głoską rdzenną „a" nie był dla pisarza zbyt oczywisty; ewentualnie mamy do czynienia w ogóle z pominięciem graficznego oznaczenia przegłoski (np. „sambtlich" (*sämtlich*), „Umbstandte" (*Umstände*)).
    b) rzadziej realizowane przez ä" (np. „Rähten" (*Räten*)).
2) przegłos z *o* (ö)
    a) najczęściej bez graficznego oznaczenia (np. „offentlich" (*öffentlich*), „Konig", „koniglich", „Konigreich", (*König, königlich. Königreich*)).
    b) stosunkowo rzadko wyrażony jest przez *ö* (np. „Bötticher", „König", „gehörett" (*gehört*)
3) stosowane przez Böttichera oznaczenia wyróżniające *u* od gotyckich *n* i *m* (małe, niedomknięte, nadpisane *o* lub też kreseczki są na tyle niekonsekwentne, że uznać należy, iż nie miały one na celu oznaczenie przegłosu *ü*, np. „Rachtstůel", (*Rachtstuhl*), „Thüer" *(Thuer)*) Schützˮ, (*Schutz*). Najczęściej mamy do czynienia z zapisami bez przegłosu (np. „Burgerschaft" (*Bürgerschaft*), „fur" (*für*), „mussen" (*müssen*), „gewunschten" (*gewünschten*), „uber" (*über*)) itd.
4) dwugłoska *ei* często zapisywano jest jako „ey"; taka forma pisowni potwierdzona jest od 1250 r.[80] (np. „bey" (*bei*), „Eyd" (*Eid*), „Partey" (*Partei*), „Frey" (frei), „sey" (sei)).

---

[79] Vgl. Heinz Mettke: *Mittelhochdeutsche Grammatik*, Leipzig 1983, s. 122, przyp. 78.
[80] Zob. ibidem, s. 49.

5) dwugłoska *eu* często zapisywano jako „ew" (np. „bawen" (*bauen*), „Fewr" (*Feuer*), „Fraw", „new", „newe" (neu, neue)).

Na porządku dziennym jest nieregularna i zmienna pisowania „v" i „u", przy czy „v" z reguły zastępuje „u".

6) dwugłoska „äu" oddawana jest jako eu" np. „uberheuftes" (*überhäuftes*).

7) często w zapisach stosowane jest zdwojenie spółgłosek „ff", „ll", „ss", „tt" (np. „angelegett", „auff (*auf*), „bestettigett" (*bestätigt*), „darauff" (*darauf*), „Einkunfft" (*Einkunft*), „eingelegett" (*eingelegt*), „eingesamlett" (*eingesammelt*), „findett" (*findet*), „gefolgett" (*gefolgt*), „hauffen" (*Haufen*), „kauffte" (*kaufte*), „Kauffman" (*Kaufmann*), „Offenbahre" (*offenbar*), „Zunfft" (*Zunft*), „zweiffel" (*Zweifel*).

8) w zapisach stosuje się często nieme „h" po samogłoskach. Heinz Mettke podkreśla, że użycie „h" w funkcji regulowania zasad pisowni było raczej dość dowolne[81], (np. „beschwehren", (*beschweren*) „einmahl (*einmal*), „Krohne", „Pohlen", wehre (*wäre*), Wahre (*Ware*), „verlohren" (*verloren*).

9) „h" znajduje się jako głoska przydechowa „t" w nagłosie i wygłosie, co dość często występowało w tekstach wczesno-nowo-niemieckich (np. „gethan", „getheilet" (geteilt), „Missethat", „Noth" (Not), „Missethat" (Missetat), „Theil" (Teil), „thutt" (tut).

W tekście pojawiają się różne systemy zapisu cyfr. Liczby główne zapisywane są zwykle cyframi arabskimi, numeracja rzymska pojawia się często w przypadku cytowania starszych dokumentów (rachunki, zapisy hipoteczne), inskrypcji nadzwonnych i innych. Liczebniki porządkowe z reguły zapisywane są słownie (np. „ersten", „dritte"). Okrągłe wielotysięczne sumy zapisywane są zwykle w skróconych formach, np. 100/m (100.000), 40/m (40.000). W zapisach wcześniejszych daty podawane są wg kalendarza kościelnego, od drugiej połowy XVI w. powszechne są daty dzienne, które od 1583 r. (s. <270>) podawane są w systemie gregoriańskim. Bötticher często posługuje się zapisami skrótowymi. Najczęściej w ten sposób zapisywane są jednostki monetarne: „fl[oren]", „gr[oschen]", „M[ar]k", „Sch[iling]", ewentualnie jednostki wagowe. Powszechnie skracane są tytuły honorowe, np. tytulatura rady miejskiej („E[dlen] E[hrenvesten] Rath"; E[hrbaren], R[ath] „Hoch[edlen] Rath", Hochw[eisen] Rath) lub królów polskich („Kon[igliche] May[estatt]"). Autor stosował różnego rodzaju oznaczania skrótów np. opuszczanie końcówek oznacza odpowiednimi kreseczkami lub też haczykowatym zakończeniem niektórych wyrazów np. „Auffzusuch- (*aufzusuchen*). W tekście spotykane są różnego rodzaju typowe w paleografii łacińskiej skróty na oznaczenie końcówek łacińskich (-que). Podobnie jak w wielu tekstach z epoki zdwojenie m (mm) sygnalizuje się nadpisaniem kreseczki nad m.

---

[81] Zob. ibidem, s. 97.

Abb./il. 1: Eberhard Bötticher, *Historisch Kirchen Register der grossen Pfarkirchen in der Rechten Stad Dantzig S. Marien* [1616]: Titelseite / karta tytułowa

welche also wie genandtet abgetheylett vnd nach
genanter abtheylung soll gehören, sollen vnver=
letzt vnd ewiglich, Solches wollen wir an, verordnen,
satzen, vnd erkennen wir Krafft dieses Brieffs.
Zum Zeugnuß dieses Brieffes ist vnser Sie=
gel daran gehangen. Dieses gegeben in Gdantzk
am Mittwoch den 28 tag Januarij Anno 1456.
In gegenwertigkeitt etc. Vnd darnach ey=
gnen wir zu vnd vneweybenn der obgemeld=
ten kirch auß gewißen Versach Zu mehrung
ihres nutzens, den Barten obenn der Mottlaw
gelegen, gemeinlich Pfistorey genant, vnd den
Platz des Zerstörten Schloßes ewiglich, durch
gegenwertig Brieff. Per manus Iohannis
Episcopalis Notarij.

1457.   Von der Wahl der vier Kirchen
         veter Zu vnßer L. frawen
         auß der Burgerschafft in
                Dantzig.

H In obgemeldten viermal abgeschriebenen kirch
buchern, stehett bald vnter dem Titel also geschr.
Im Jar vnsers Herren 1457. nach dem Neuen
Jarstage, hatt der Ehrwirdige Rath vbergeben
der kirch v. L. frawen Vorstehern. Alß Dierik
Langen, Jacob fliegen, Matthis Neguendanck
vnd Jacob Brantzen, Alle der vorgeschriebenen
kirchbücher vnd Renten, auß zu geben vnd Zu
empfangen, vnd alle ding in aller massen
vnd Ordinantien, wie es zuvor bey
einem Ehrwirdigen Rath gehalten ist.

Diesen vier kirchenVetern (welche man
anfänglich Vitricos ecclesiæ zu Deutsch v. L. frawen
kirch Vorsteher, Itzund aber kirchenVeter oder
Vorsteher der kirch S. Marien nennett) ist zu
                                          gleich

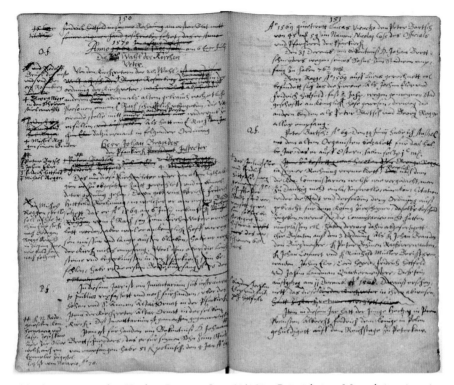

Abb./il. 3: Historisches Kirchen Register, S. <150/151>: Beispiel einer Manuskriptseite mit zahlreichen Korrekturen / Przykład strony rękopisu z licznymi poprawkami

◀ Abb./il. 2: Historisches Kirchen Register, S. <23>: Beispiel einer Manuskriptseite ohne Korrekturen / przykład strony rękopisu bez poprawek

Index oder Zeiger in diß Historische Kirchen Register.

A. Von der alten Kirchen unser Lieben Frauen S. Marien zu Dantzig und derselben Fundament, und wie dieselbe in die Newe ist verbawet worden. A. fol. 1.

B. Regnirt vbern Dantzig der 17. Hohmeister Ludolff König B. fol. 2.

C. Von der Zulage zum gebew dieser Kirch C. fol. 2.

D. Der 18 Hohmeister Henrich Dußmer D. fol. 4.

E. Der 19 Hohmeister Winrich von Kniproda. E. fol. 4.

F. Vom Sacrament außhenken F. fol. 5.

G. Von Bildnuß Creutz auß Franckreich G. fol. 5.

H. Der 20 Hohmeister Conrad Zolner H. fol. 6.

I. Die Klocke Apostolica genant gegossen I. fol. 6.

K. Der 21 Hohmeister Conrad von Wallenrodt K. fol. 6.

L. Die Jungstadt gebawet L. fol. 7.

M. Der 22 Hohmeister Conrad von Jungingen M. fol. 8.

N. Der 23 Hohmeister Ulrich von Jungingen N. fol. 8.

O. Lannsbergische Schlacht O. fol. 9.

P. Der 24 Hohmeister Henrich Reuß von Plawen P. fol. 9.

Q. Der 25 Hohmeister Michel von ...aller ...meister Q. fol. 10.

Q.2 Pfarrer zu v. L. Frawen R. fol. 10.

R. Dieser zu Dantzig ...der Sternberg Q.3 fol. 10.

S. Der ... Hohmeister Paul Bellitzer von Rußdorff S. f. 11.

T. Ein Kloster Dominicalis genant gegossen T. fol. 12.

V. Ein Patent des Rahts wegen Clawes Duarten dem Kirchengießer Hein Guten vel. V. fol. 12.

W. Der 27 Hohmeister Conrad von Erlichshausen W. fol. 14.

X. Der Nordgibel an der Pfarkirch gebawet X. fol. 14.

Y. Lastichgeld gesamlett Y. fol. 15.

Z. Der Suder Gibel an der Kirch gebawet Z. fol. 15.

Z. 2. Der 28 Hohmeister Ludwig von Erlichshausen Z.2. mitt newer Hand vnd neuer lauts geschrieben fol. 16.

Z. 3. Vier Kirchen Bücher der Kirchen Vorsteh fol. 16.

1. 2. 3. fol. 16.

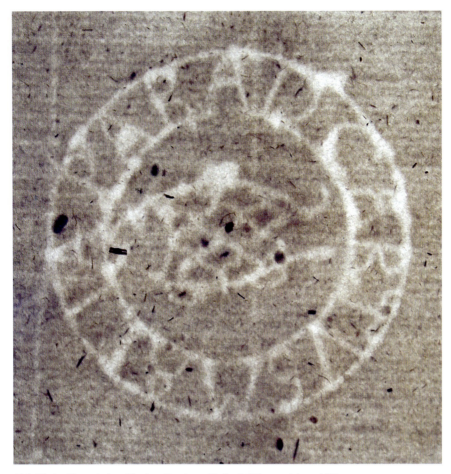

Abb./il. 5: Historisches Kirchen Register, Bl./k. 2: Wasserzeichen / filigran

◀ Abb./il. 4: Historisches Kirchen Register: Erste Indexseite / pierwsza strona indeksu

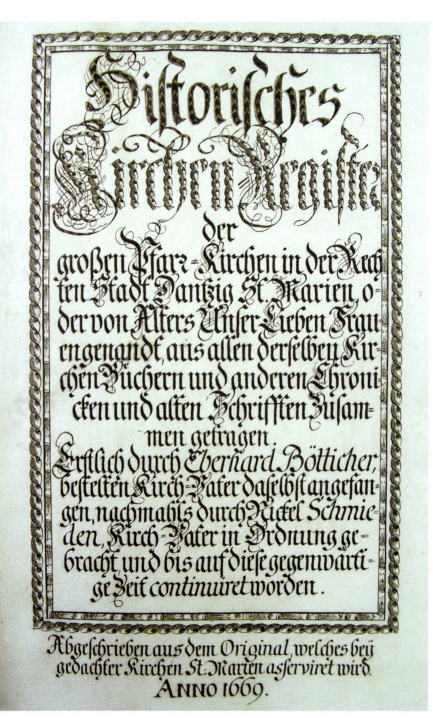

Abb./il. 6: Historisches Kirchen Register, Kopie von 1669 / kopia z 1669 r.: Titelseite/strona tytułowa

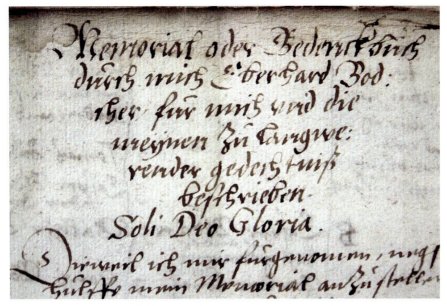

Abb./il. 7: *Memorial oder Gedenckbuch durch mich Eberhard Bodcher für mich und die meynen zu langwerender gedechniß beschrieben Soli Deo Gloria…*, [1516] 1577–1582: Fragment der Titelseite / fragment karty tytułowej

Abb./il. 8: *Der ander Theil des Eberhard Bötchers Chronica a[nn]o 1584 biß a[nn]o 1595*: Fragment der Titelseite / fragment karty tytułowej

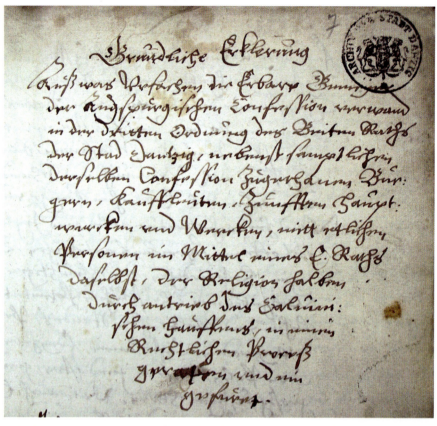

Abb./il. 9: *Grundliche Erklerung*, Entwurf/brudnopis: Fragment einer der Titelseiten / fragment jednej ze stron tytułowych

Abb./il. 10: *Grundliche Declaration und Erklerung*, Entwurf / brudnopis: Fragment einer der Titelseiten / fragment jednej z stron tytułowych ▶

Abb./il. 11: *Register der Leichsteinen und Begrebnüssenn in S. Marien Kirchen der Rechten Stadt Dantzig nach ihren Nummern und Namen*, [1604]: Titelseite / strona tytułowa ▶

Declaratio

Außführliche Begerungs Erklerung

Auß was Ursachen Vier E Gemeiner der Augsp. Confession verwanthe, in der dritten Ordnung des dritten Raths der Stadt Dantzig, nebenst sämptlichen derselben Confession zugethanen Bürgern, Kauffleuten, Zünfften, Handwerken, nicht weniger, mit etzlichen Personen vermittelst eines Erbarn Raths daselbst der Religion halben, durch antrieb des Calvinischen Rauffens, in einen beschwerlichen Process gerathen und eingefüret.

Register der

Leichsteinen und Begrebnüssenn in D. Marien Kirchen der Rechten Stadt Dantzig nach Ihren Nümern unnd Namen.

Auffs newe mit fleis

revidiret und untersucht

Durch:

Eberhart Bötichern Kirchen Vatern und verwaltern der Leichsteinen daselbst.

Abb./il. 12: *Alte Kirchen Ordnungk der kirchen Sanct Marien in der Stadt Dantzigk nach ietzigem Zustande*, [1612]: Fragment der Titelseite / fragment strony tytułowej

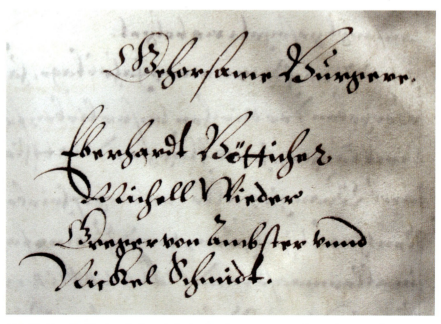

Abb./il. 13: *Alte Kirchen Ordnungk der kirchen Sanct Marien in der Stadt Dantzigk nach ietzigem Zustande*, [1612]: Namen der Kirchenväter/nazwiska witryków

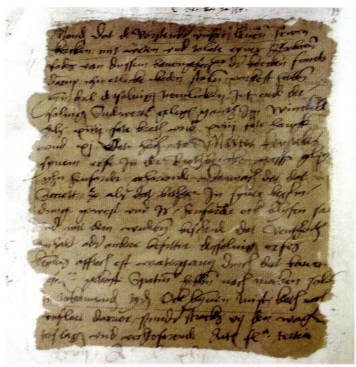

Abb./il. 14: Auszug aus dem Danziger Grundbuch / Fragment wpisu w księdze gruntowej: Zitiert von Bötticher / zacytowany przez Böttichera, siehe/zob. HKR S. <455>

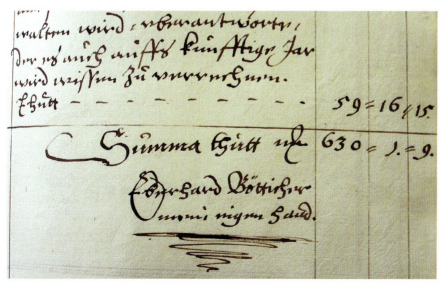

Abb./il. 15: *Der Kirchen zu Sanct Maria Glockenbuch*, (1575–1663): Unterschrift Böttichers / podpis Böttichera

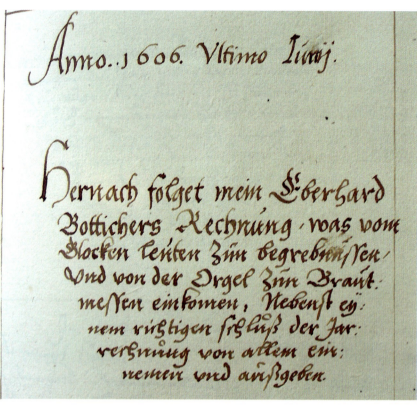

Abb./il. 16: *Der Kirchen zu Sanct Maria Glockenbuch*, (1575–1663): Notiz von 1606 / zapiska z 1606 r.

Abb./il. 17: *Der Kirchen zu Sanct Maria Glockenbuch*, (1575–1663): Eintrag über die Beisetzung Böttichers (30. [April 1617]) / zapiska o pogrzebaniu Böttichera (30 [kwietnia 1617r.])

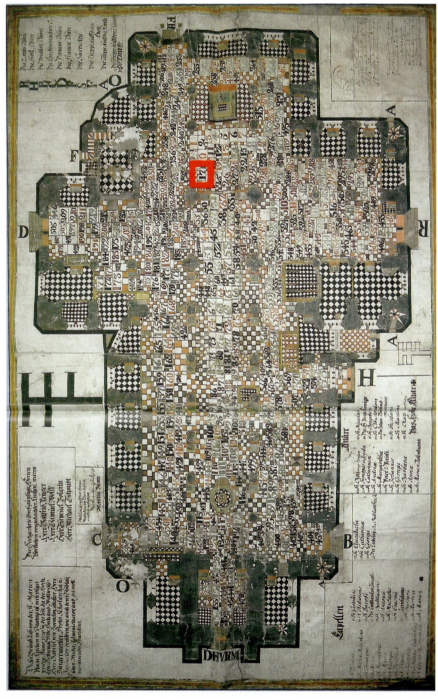

Abb./il. 18: Plan der Grabstätten in der Marienkirche / Plan grobów NMP (1730): Das Grab Böttichers (Nr. 17) ist gekennzeichnet / ze wskazaniem miejsca pochowania Böttichera (nr 17)

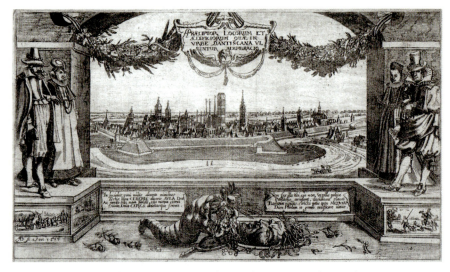

Abb./il. 19: Stadtansicht Danzigs von Aegidius Dickmann / Aegidius Dickmann, Panorama Gdańska (1617)

Abb./il. 20: Stadtplan Danzig / plan Gdańska 1687

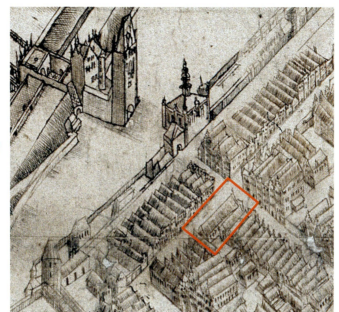

Abb./il. 21: Das Wohnhaus Eberhard Bötttichers in der Langgasse 5. Rückseitige Ansicht aus einer Stadtansicht um 1600. / Dom Eberharda Böttichera przy ul. Długiej 5, odwrocie widoku miasta z ok. 1600 r.

Abb./il. 22: Anonym, Belagerung Danzigs durch Stephan Báthory, August 1577 / oblężenie Gdańska przez Stefana Batorego, sierpień 1577 r.

Abb./il. 23: Portrait König Stephan Báthorys (1533–1586) / portret króla Stefana Batorego (1533–1586)

Abb./il. 24: Samuel Ammon, Medaille mit dem Portrait König Sigismunds III. Wasa (1616) / Samuel Ammon, medal z portretem króla Zygmunta III Wazy (1616)

Abb./il. 25: Epitaph von Johann Brandes (1503–1577), Danziger Bürgermeister und langjähriger Inspektor der Marienkirche / epitafium Johannesa Brandesa (1503–1577), burmistrza gdańskiego i długoletniego nadzorcy NMP

Abb./il. 26: Ansicht der Marienkirche von Süden / kościół NMP od strony południowej (1687)

Abb./il. 27: Marienkirche von Süden (vor 1945) / kościół NMP od strony południowej (przed 1945 r.)

Abb./il. 28: Marienkirche von Nordosten / kościół NMP od strony północno-wschodniej

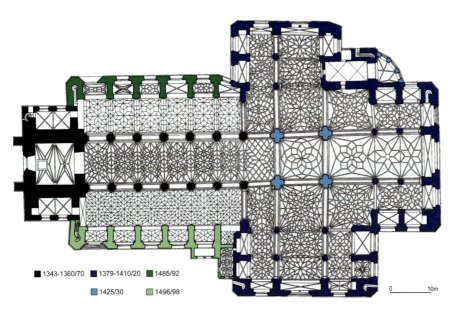

■ 1343-1360/70 ■ 1379-1410/20 ■ 1485/92
□ 1425/30 □ 1496/98

Abb./il. 29: Grundriss der Marienkirche mit Baualtersplan / plan NMP z zaznaczeniem chronologii budowy

Abb./il. 30: Innenansicht nach Osten / widok wnętrza w kierunku wschodnim

Abb./il. 31: Astronomische Uhr / zegar astronomiczny (1464/70)

Abb./il. 32: Sakramentshäuschen / sakramentarium (1482)

Abb./il. 33: Hochaltar / ołtarz główny (1511/17)

Abb./il. 34: Schwenkleuchter aus Messing am Hochaltar, gestiftet 1517 von den Kirchenvätern /ruchome lichtarze mosiężne przy ołtarzu głównym, fundacja witryków z 1517 r., (siehe/zob. HKR, S. <85>)

Abb./il. 35: Triumphkreuz von 1517 / grupa ukrzyżowania na belce tęczowej z 1517 r.

Abb./il. 36: Mittelschiff, Blick nach Westen mit Orgel und Taufe (Anfang 20. Jahrhundert) / nawa główna, widok w kierunku zachodnim z organami i chrzcielnicą (pocz. XX w.)

Abb./il. 37: Taufe / chrzcielnica (1552/56), Zustand vor/stan przed 1945

Abb./il. 38: Grabmal für Simon und Judith Bahr (1614/20) / nagrobek małżonków Simona i Judith Bahr (1614–1620)

Abb./il. 39: Marke der Kirchenfabrik / gmerk kościelny

Edition

Historisches Kirchen Register von Eberhard Bötticher

Editionsrichtlinien

Bei dem edierten Text handelt es sich um das urschriftliche Manuskript Böttichers mit den für den Entstehungsprozess charakteristischen Ergänzungen, Einfügungen und Streichungen des Autors. Die Bearbeiter geben den Text in der vom Autor beabsichtigen Endfassung wider. Daher wurden nachträgliche Ergänzungen in den Text eingefügt und mit geschweiften Klammern { } als Einfügung gekennzeichnet. Text- und Wortstreichungen sind im Fußnotenapparat verzeichnet und mit Kleinbuchstaben [a, b, c,...] markiert. Streichungen innerhalb der Streichungen werden in der Fußnote mit in Form ~~durchgestrichener~~ Worte wiedergegeben. Inhaltliche Anmerkungen sind dagegen als Endnoten mit Zahlen [1, 2, 3,...] versehen. Eindeutig zu interpretierende Abkürzungen wurden kommentarlos aufgelöst. Bei verständniserschwerenden Schreibfehlern wurden fehlende Buchstaben in eckigen Klammern [ ] ergänzt. Ebenso sind unleserliche Stellen durch eckige Klammern gekennzeichnet. Die originale Orthografie wurde beibehalten, die Groß- und Kleinschreibung sowie die Zeichensetzung jedoch modernisiert. Diakritische Zeichen (z.B. Haken oder o-förmiges Zeichen über dem u) wurden nicht gesondert ausgewiesen. Die von Bötticher eindeutig aus Urkunden und Akten zitierten Textstellen sind mit Anführungszeichen „ " versehen. Die vom Autor kursiv geschriebenen lateinischen Begriffe oder Namen wurden in der Edition ebenfalls kursiv widergegeben. Die originale Seitenzählung Böttichers ist in spitzen Klammern < > angegeben.

Historisches Kirchen Register Eberharda Böttichera

Zasady edytorskie

Podstawę wydania jest zachowany autograf Böttichera wraz z charakterystycznymi dla procesu jego powstawania autorskimi uzupełnieniami, dodatkami oraz wykreśleniami. Wydawcy oddają tekst w formie przewidzianej przez jego autora. W tym celu późniejsze uzupełnienia zostały umieszczone w tekście głównym i oznaczone nawiasem klamrowych { }. Skreślenia tekstu oraz poszczególnych wyrazów zostały oznaczone odnośnikami literowymi [a, b, c,...] oraz wyjaśnione w przypisach dolnych. Skreślenia dokonane w usuniętych przez Böttichera fragmentach zostały w przypisach zaznaczone graficzne poprzez skreślenie danego słowa. Uwagi merytoryczne i komentarze oznaczone cyframi [1, 2, 3,...] umieszczono w przypisach końcowych. Jednoznaczne skróty rozwiązano bez dodatkowego komentarza. Ewentualne błędy lub braki utrudniające zrozumienie tekstu zostały uzupełnione w nawiasach kwadratowych [ ]. Również fragmenty nieczytelne oznaczono nawiasami kwadratowymi. Zachowano oryginalną ortografię źródła, jednak modernizując pisownię dużą i małą literą. Również uwspółcześniono interpunkcję. Znaki diakrytyczne (np. nadpisania w formie kreseczek lub małego, niekiedy niedomkniętego „o" nad u) nie zostały odnotowane. Fragmenty, które były przez Böttichera cytowane jako fragmenty akt lub innych dokumentów zostały opatrzone cudzysłowem. Zapisywane przez autora łacińskimi literami makaronizmy lub inne terminy lub nazwiska w tekście edycji zostały oznaczone kursywą. Paginacja wprowadzona przez Böttichera została uwzględniona w nawiasach ostrokątnych < >.

<I–III>

<I>
Historisch Kirchen Register der
grossen Pfarkirchen in der Rechten
Stad Dantzig S. Marien oder
von alters Unser Lieben Frawen
genant, auß allen derselben
Kirchen Büchern und andern
Chroniken und alten Schrifften
zusamen getragen

Durch Eberhard Bötticher
bestelleten Kirchenvater
daselbst.

< II >
Den ehrenvesten, erbarn und vornehmen Herrn Michael Wieder, Greger von Amstern und Nickel Schmide Kirchenvetern und Vorstehern der grossen Pfarkirchen S. Marien in der Rechten Stad Dantzig meynen vielgeliebten getrewen Collegen, und gunstigen Freunden.

Ehrenveste, erbare und vornehme Herrn, gunstige gutten Freunde und Collegen. Nachdem mich Gott der Allmechtige nach seynem vätterlichem Raht und Willen nun eine geraume Zeit mitt langweyliger Schwacheitt und Ehehafft heimgesucht, also das ich in wehrender solcher Leibes ehrhafft meines Amptes und Beruffs der Gebuer nach nicht abwarten konnen: hab ich mir vorgenommen, so viel mir Gott Gnade verlihen, und die Zeit hatt leiden wollen, ein Historisch Kirchen Register, obgedachter Kirche S. Marien belangende, auß allen Büchern und Schrifften, so in Bewarung derselben furhanden, zusamen zu tragen, und was darinne gedenckwirdiges nach Verlauffung der auff einander verlauffenen und folgenden Jare von Anfang der Erbawung derselben, in eine Ordnung zu bringen. Sintemahl derselben Bücher und Schrifften viel und also durch einander gemischett sein, das < III > man nicht leichtlich darinne finden kann, wo von man gerne Nachrichtung wissen wolte, damit man es alhir als in einem gewissen und warhafftigen Außtzuge zusamen haben mochte.

Darinnen man anfenglich findett, wie es umb diese Kirche beschaffen gewesen, und wie sie hernach erweitert und grösser gebawett, wer des Landes Preussen und also auch dieser Stadt Regenten und hohe Oberckeitt gewesen, auch wie sie zum Theil regirett haben, etc. Darnach, wie anfenglich durch einen E. Rath auß der Burgerschafft Personen, die Kirchenveter zu dieser Kirchen seind erwehlet und verordnet worden, und wie die Kühre oder Wahl derselben nach einander erfolgett, und welcher von den Herrn Bürgermeistern jeder Zeit ihr *Inspector* oder Obman gewesen sey, wo neben als zur

Zugabe andere gedenckwirdige Historien, zu diesem Intent nicht gehorig, mitt unterlauffen. Deben wir vermeldett, wie der calvinische Geist alhir zu Dantzig fein gemaechlich eingeschlichen, und da die Leute schlieffen sein Unkrautt geseet hat.

Ingleichen wird auch das gantze Kriegswesen, so sich wegen des Wahlköniges Stephani fur Dantzig erhaben, und wie es damitt zum Ende gelauffen, historischer Weise eingefuhrett, dieweil es sonderlich den geistlichen Praelaten, Kon. Mayestt. Rähten umb diese und andere der Stadt Kirchen allermeist zuthun war.

< IV > Letzlich wird hirinne auß den Recessen der dreyer dieser Stadt Ordnungen[1] mitt Fleiß zusamengetragen, wie die Sache des nun mehr mitt Macht eingerissenen calvinischen Schwarms an Kon. May. gelangett, und wobey es endlich verblieben.

Zu diesen Sachen allen hab ich zu Hulffe genommen was ich dieses Falles in alten geschriebenen preusischen, wie auch in M[agistri] Caspari Schützen Chroniken[2] hie her dienlich gefunden habe. Und diß alles zu dem Ende, damitt die itzigen Herrn Kirchenveter und ihre Nachkommene künfftig als in einer Summa gewisse Nachrichtung haben mögen von dem Allen, was in so vielen Büchern und Schrifften in dieser Kirchensachen Gedenckwirdiges gar weitleufftig aufftzusuchen und zu finden ist.

Mitt freundlicher Bitt Ewer Erb. wolle [a] diese meine geringe Arbeitt und *Dedication* auß Liebe kegenst sie verursacht sich gefallen [b] und auff ihr *Successoren* [c] zur Nachrichtung gelangen lassen. Dieselben ich hirmitt alle samptlich gottlichen Schutz und mich in der selben Gunst und Gewogenheit befehlen thue.

Gegeben in Dantzig am 26. Tage Februarii *stilo novo* im Jahr nach Christi unsers Heylands Geburt 1616. Zu welchem Jahr und Tage ich meines Alters in das 63ste Jahr, welches ist *annus summus dimactericus meus* durch Gottes Gnade getreten bin.

Ewer Erb. dienstwilliger Collega
Eberhard Bötticher

---

a Gestrichen/skreślony: sich
b Gestrichen/skreślony: lassen
c Gestrichen/skreślony: gelangen lassen

<1–2> Historisches Kirchen Register 343

<1> Historisch Kirchen Register der {Pfarr} Kirchen unser Lieben Frawen S. Marien in der Rechten Stadt Dantzig, nach Verlauff der Jahren auß den alten und zerstreweten Kirchen Buchern und anderen Nachrichtungen [a] Durch Eberhard Böttichern {eltesten} bestelletenn Kirchen Vater daselbst zu samen getragen im Jahr 1615.

A Man findett Nachrichtung in den alten Kirchen Buchern[3], das vor Erbawung der itzigen grossen Pfarkirchen S. Marien und an derselben Stelle eine kleynere Kirche gestanden habe. Solches weiset auch auß das Fundament, welches noch heutiges Tages in der Erden {daselbs} gefunden wird, sechs Schuh dick und sich erstreckett {erstlich} an der Nordseyten der itzigen Kirche inwendig an den Frawen Bencken {so an die Capellen gebawett} von der Korckenmacher Thuer an, biß zu Ende S. Georgens Capellen, und darnach an der Süderseyten, von der Beutlerthuer an biß fast an den Rathstuel. Diese alte kleine Kirche ist hernach abgebrochen und [b] also wie es itzund der Augenschein gibt in die Newe verbawett worden. Wie denn auch noch heutiges Tages die Altare der alten Kirche von der newen Kirche können unterschieden werden.

1343 Von der itzigen newen Kirche aber und Erbawung derselben stehett in einer Taffel uber der Sacristey oder Dreßkamer {daselbs} mitt güldenen Buchstaben also geschrieben[4]: *„Anno Domini MCCCXLIII feria quarta post laetare* [26 III 1343] *positus est primus lapis muri civitatis Dantzk. Et postea proxima feria positus est primus lapis muri beatae* <2> *virginis Mariae, cuius dedicatio celebrabitur Dominica proxima post festum nativitatis Mariae."* Das ist im Jar des Herrn 1343. Am Mittwoche nach *Laetare* ist gelegett der erste Stein zu der Mauren der Stadt Dantzig, und hernach den nehesten Tag ist gelegett der erste Stein zu der Mauren der [c] Kirchen der heiligen Jungfrawen Marien, welcher Einweyhung wird gehalten am nehesten Sontage [d] nach dem Fest der Geburt Mariae.

Hir auß ist abtzunehmen, das der erste Stein zu dieser Kirchen anfenglich unter den hohen Glockthurm gelegett sey, sintemal die newe Kirche uber hundert Jar hernach aller erst ist angefangen zu bawen wie folgend soll gemeldett werden. Wie auch woll gleublich ist, das man zugleich auch mitt den Pfeylern, so itzund stehen, in der alten Kirchen ist verfaren, den man von ihrer Aufführung keine {eigentliche} Nachrichtung findett.

B. Zu dieser Zeitt[5] sind des Landes Preussen und also auch dieser Stadt Regenten gewesen der {17.} [e] Hohmeister des Deutschen Ordens[6] {in Preussen mitt Namen Ludolff König, Herr von Weytzaw, ein Edelman auß Sachsen}.

---

a Gestrichen/skreślony: Zusamen getragen durch Eberhard Böttichern bestelleten Kirchvater
b Gestrichen/skreślony: hernach
c Gestrichen/skreślony: Stadt Dantzig
d Gestrichen/skreślony: am nehesten Sontage
e Gestrichen/skreślony: Creitzherrn genant, mitt seinen Compturen und hatt zu dieser Zeyt regirett der 17. Hohmeister hieß Herr Ludolff Konig

C. Wannen hero nu auch die Sumptus und Gelde ᵃ zu diesem Kirchengebew genomen seyn, hatt man auß dem Kirchen Buchern keine andere Nachrichtung, dan das die Burger und Einwohner dieser Stadt reichlich und heuffig datzu gegeben, und auch <3> ihre Gutter {zum Theil} datzu vertestirett. Zu solchen geben haben auch ᵇ {etwaß} geholffen die vielfeltigen bapstlichen und bischofflichen Indulten und Ablaß Briefe, derer noch etzliche in der Kirchen Bewarung furhanden sein. Auch ist woll abtzunehmen, das man mitt diesem schweren Gebew, wegen Manglung des Geldes so schleunig nicht verfahren konnen, sintemal das letzte Gewelbe dieser Kirche allererst Anno 1500 geschlossen ist, wie an seynem Ort soll gemeldett werden.

Und von dieser Zeit an, da dieser Kirchenbaw angefangen, hatt Dantzig in der Hantirung und Gewerbe mitt den Polen und die ubersehische Handlung sehr zugenomen und in mercklichem Wachsthumb auffgebracht worden.

1347. Bald auff dem Anfang dieses Kirchenbawes ist zu Dantzig ein Ablaßbrieff in Lateynischer Sprach publicirett worden⁷, fratris *Stephani Sanctae Nicenens Ecclesiae Archiepiscopi*, welches Inhalts auff Deutsch dieser ist: „*In nomine* etc. Wir wollen das die Kirche in der Stadt Dantzk als die Pfarkirche unter dem leslawischenen Sprengel gelegen, zu Lobe des allmechtigen Gottes und der heiligen Jungfrawen Marien zu Ehren offt besucht und von den Christgleubigen stattlich verehrett werden. Welche in diese benante Kirche, auff jegliche ihrer Patronen Feste, nemlich der Geburt Christi, seiner Beschneidung, Offenbarung, Fasten, Ostern, Pfingsten, Dreyfaltigkeitt und ᶜ Heylig Leichnam. Item Erfindung und Erhebung des heiligen Leichnams, in allen Feyertagen, als Marie Geburt, Johannis Endheuptung, Petri und Pauli und der anderen Apostel, am Fest aller Heiligen, und im Gedechtniß der Merterer, und in der Kirchweyhe S. Stephani, Laurentii, *Georgii*, Stanislai, der Merterer, ᵈ Nicolai, <4> Martini, *Gregorii*, der heyligen Beckennerin Catherinae, Margaretae, Barbarae der heyligen Jungfrawen, Mariae Magdalenae mitt Elisabeth der loblichen Wittwen, welche zu gewissen Tagen einfallen, oder welche den Fruemessen, Predigten oder andern gottlichen Amptern und Begrebnussen der Todten beywohnen oder welche der heiligen Kirche Handreichung thun ihr zu helffen, oder welche umb den heiligen Kirchhoff in Anruffung Gottes gehen, oder welche dem Leibe Christi oder dem heiligen Ohle folgen, wen es zum Krancken getragen wird, mit allem Heiligthumb, das umbgetragen wird, herumb gehen oder welche, wan die Beteglocke geschlagen wird, mitt gebogenen Knien umb den Frieden der Kirche drey Ave Maria mitt Andacht sprechen werden.

So offt nu jemand das vorertzelete oder etwas des ertzeleten mit Andacht verrichten wird, denen geben wir von Gottes Güttigkeit und des heiligen

---

a Gestrichen/skreślony: genommen sein
b Gestrichen/skreślony: sehr
c Gestrichen/skreślony: am
d Gestrichen/skreślony: und

<4–5> Historisches Kirchen Register 345

      Petri und Pauli Authoritet wegen viertzig Tage Ablaß von allen ihren Sünden, die wir heilsam hirmitt vergeben, auß volkommener Macht, die uns von der Authoritett dieses *Diocaesi* oder Sprengls gegeben ist.
      Datum Gdantzk 6. *Kal.* Mensis Decembris Anno 1347 [26 XI 1347]."

D.   {In diessem Jahre ist} ᵃ der 18. Hohmeyster Henrich Deßemer in Preußen ᵇ {zum Regiment kommen}.

E.   {Darnach} Anno 1351 ward Winrich von Kniprode zum 19. Hoh-meister ᶜ erwehlett in Preussen, am Tage *exaltationis* crucis [14 IX 1351] an welchem Tage (wie Caspar Schütz schreybett[8]) ein solch schrecklich Ungewitter gewesen ist, an Sturmwinden, das auff der See und vor Dantzig allein im Eisse 60 Schiffe untergangen und in der Stadt 37 kleine Turmlein von den Kirchen abgeworffen worden sind. Ob nu diese <5> alte Kirche, weil die newe noch nicht erbawet gewesen, viel Thurmlein gehabt habe, und ob etliche derselben auch herrunder gefallen sein, wird nicht beschrieben.

F.   Dieser Hohmeyster hatt gutte Ordnung gemacht, und unter andern in gantz Preußen bestellett, nemlich: wo ein Mensch gestorben were, das man daselbs am Gibel ein weiß leynen Laken muste außhencken, zum Zeychen eines verstorbenen in demselben Hause, wie auch noch itziger Zeit bey uns gebreuchlich ist.

1358.   Es findett sich auch unter andern der Kirchen Schrifften ein Privilegium, dessen Inhalt ist dieser: Der Hohmeister Wynrich von Kniprode gibt seynem Getrewen Rütcher von Ubech und seinen rechten Erben zwantzig Huben zum Schonenfelde gelegen, binnen den Grentzen, und eine Hufe Wiesewachs bey der Krampitze zu culmischem Rechte, frey, erblich und ewiglich zu besitzen, etc. Gegeben am Tage Johannis Anno 1358[9].

      {Dieses habe ich derhalben gedencken wollen, weil in den 4 Kirchen Buchern, so die Kirchenveter in ihrer Bewarung haben, derselben 10 Hufen gedacht wird, als solten sie der Kirche zukommen.}

      Im gleichen ist auch ein Ablaß Brieff in der Sacristey vorhanden, {das die Leute} wegen Besuchung und Verehrung dieser Kirche auff gewisse Zeit des Jares ᵈ sollen Ablas und Vergebnung der Sunden haben auff 40 Tage. Gegeben Anno 1359 durch 12 Bischoffe versiegelt und durch Matthiam, Bischoffen von Leßlaw approbirett[10].

1374.   ᵉ Es gedenckett eine alte geschriebene Chronica[11] eines guldenen Creutzes so
G.   in diese Kirche soll komen sein mitt folgenden Worten: „Anno 1374 sante der König von Franckreich dem dem Homeyster in Preußen Herrn Henrich Kniperoden das guldene Creutz mitt dem heyligem Holtze, so bereit gemacht, als es noch auff heutigem Tag ist, in der Pfarkirche zu Dantzig zu

---

a   Gestrichen/skreślony: Zu dieser Zeit hatt
b   Gestrichen/skreślony: regirett
c   Gestrichen/skreślony: Hohmeister
d   Gestrichen/skreślony: dieselben
e   Gestrichen/skreślony: Anno 1374

unser lieben Frawen." <6> Diß guldene Creutz ist ohn Zweyfel nebenst anderm Gold und Silber im hohen Altar dieser Kirche bewarett gewesen, aber hernach Anno 1577 in der Kriegsgefahr mitt Konig Stephano in Polen, die Stadt zu retten herauß genommen und vermuntzett.

1382.
H. Anno 1382, am Tage Johannis *Baptistae* [24 VI 1382], starb dieser Hoymeyster Wynrich von Kniprode und an seine Stelle ward gekoren der 20. Hohmeyster Conrad Zolner von Rottenstein.

1383.
I. Bey dieses Hohmeisters Zeyten und im Anfang seyner Regirung ist die Glocke, *Apostolica* genant, so itzund in dem grossen Glockthurm henget, gegossen worden, auff welcher die folgenden Worte stehen: „Hilff Gott, was ich beginne, das es ein gutt Ende gewinne, ohn aller Neyder Danck. Anno Domini MCCCLXXXIII." Diese Glocke hatt am Gewicht 75 Centner, der Klepel darinnen hat 2 Centner weniger 15 Pfund. Sie wird von 5 Mann getzogen und dahero Apostolica genant, weil auff alle Apostelfest damitt gebeygert wird.

Anno 1393[12] starb der 20. Hohmeister Conrad Zolner, nachdem er neun

1393.
K. Jahr woll regirett hatte, und ist zu Marienburg bey seine Vorfahren begraben. An seine Stelle ward zum Hohmeyster gekoren Conrad von Wallenroth[13], ein gottloser, ehrgeitziger Mensch, der nichts weniger dan die Religion und den Frieden liebete etc. Dieser ist der erste Hohmeister gewesen, der einen furstlichen Titel gefuhrett und nach Furstenart seynen Namen in den Briefen oben an setzen lassen. Nach welchem Exempel auch der Ordens Genossen nicht mehr Brüder sondern Creutzherrn geheissen sein wollten. Dagegen <7> aber von den Unterthanen Creutziger genantt worden. [a] Dieser ist auch der erst [b] gewesen, der die Stedte im Lande wider ihre Priwilegien Recht und Freyheitt gedrucktet, beschatzet und außgesogen hatt und sonderlich Dantzig zu verterben, eine Vorstadt gebawet,

L. die Jungstadt genant[14], daselbs eine besondere Policey angerichtett, von allen der Stadt Dantzig schedlichen Nationen. Er setzte eine dreyjarige Schatzung nicht allein auff Erben, ligende Grunde und farende Habe, eine Accise auff Trinck und {und essende Speyse}, item Hauptgeld auff Man, Weyb, Kinder, Geste, Knechte, Megde, auch auff Ochsen, Kue, Kelber etc., sondern war auch so gottloß, das er der Kirchen, Closter und Hospitalien nicht verschonete, sondern im gleichen schatzte. Zu Dantzig muste man ihm geben auß der Pfarkirche jerlich 100 fl. reynisch, S. Johannes 80, zu S. Catharinen 40, zu S. Barbaren 10 und alle Pfarren in gemein auff dem Lande 6 fl. reynisch. Dieser Hohmeister, wie er in seyner Regirung gelebett hatte, so nam er auch sein Ende, [c] und wie er im Leben fast jeder menniglich wiederig und abschewlich gewesen, so betzeugten es auch Wind und Wetter bey seynem letzten,

---

a Gestrichen/skreślony: Dieser ist auch der erste gewesen
b Gestrichen/skreślony: der erste
c Gestrichen/skreślony: und wie er in seyner Regirung gelebett hatte, so nam er auch sein Ende

<7–9>   Historisches Kirchen Register   347

als ob auch die Natur seyner uberdrüssig worden were, dan nachdem er im Zuge gegen die Littawen unter Cawen an der Memel seinen herlichen Ehrentisch und kostliche Tischverehrung gehalten hatte, also das ihm diß Banckett in die funffmal 100/M [100.000] Marck soll gekostett haben, und der Peste halben zu Hause eylete unver- <8> richteter Sachen, ward er innerlich im Leybe mitt dem lauffenden Feur geplagett, davon er auch so unsinnig und rasende ward, das er sich mitt den Hunden bieß und in solcher weise starb er am Tage Jacobi des 1394. Jares[15] [25 VII 1394]. Und biß dahero ist des Deutschen Ordens Macht und Gewalt vom nidrigsten Stande biß in seinen höchsten Flor und Wachsthumb komen, welche hernach widerumb fein mehlich herunter ist gesetzett worden.

1395. M. Im angehenden 1395. Jahre ist an des Tyrannen Wallenrods Stelle der 22. Hohmeister mitt Namen Conrad von Jungingen ins Regiment getretten, im zehenden Jare der Regirung Wadislai Jagellonis in Polen. Dieser Hohmeister war ein frommer, gottfurchtiger, sittsamer und friedliebender Man, darumb dan die Ordens Brüder, als die nur auff Krieg zu fuhren und Konigreiche zu erobern gedahten, ubel zu frieden waren, derwegen auch offentlich sagten, er diente besser zu einem Munche dan zu solch einerem Regenten etc[16].

1406. Anno 1406 ist zu Dantzig dem Gebew der Pfarkirchen zum besten ein Ablaß Brieff publiciret worden, durch den gnisnischen Ertzbischoff, leßlawischen und andere 9 Bischoffe [a] mitt ihren anhengenden Siegeln den 20. Maii[17].

1407 N. Anno 1407 starb der 22. Hohmeister, als er 12 Jar regirett hatte und ward sein Bruder Ulrich von Jungingen am Sontage nach Johann Baptista [26 VI 1407] zum 23. Hohmeister gekoren, im 22. Jar Jagellonis des Koniges in Polen. Er war ein stoltzer, hochtragender junger Man, der keine andere Lust hatte, dan nur zum Kriege <9> wieder die Polen, der ihm aber sehr ubel bekam, also das er auch den Hals dabey lassen muste[18].

1410. O. Dan, nachdem er Anno 1410 ohne billiche Ursache mitt dem fromen Könige Jagellone einen Krieg auffgenommen und der König sein Lager auffgeschlagen zwischen den Dörffern Grunenwald und Tannenberg (welchs noch ein wüstes Gutt ist zwischen Gilgenburg und Osterode gelegen), kam es endlich nach vielem stoltzen Pochen und Trotzen des Hohmeisters zur Schlacht. Die Ordensbrüder wehreten sich ritterlich, mochten aber in die Lenge nicht außhalten, dan die Polen und Littawen waren ihnen mitt Volck uberlegen. Dadurch endlich des Ordens Volck erleget und in die Flucht geschlagen worden, also das auff der Wahlstadt gebliben von des Ordens Seyten bey 40/M [40.000] Man, unter denen auch der Hohmeister selbs mitt umbkommen ist, am Tage der Apostel Theylung den 15. Julii obgemeldten Jares [15 VII 1410]. Den Corper des erschlagenen Hohmeisters ließ der König den Brüdern zu Osterode zukommen, die denselben zu Marienburg begraben haben. Sein abgehawener Kinn aber mitt dem Barte ward gen Crakaw gebracht, da es

---

a Gestrichen/skreślony: außgegeben

noch heutiges Tages im Schloß gewiesen wird[19]. Und diss wird auch noch zur Zeyt die Schlacht zum Tannenberge genant.

P. Nachdem nu der Hohmeyster Ulrich von Jungingen wie gemeldt in der Tannenbergischen Schlacht geblieben {als er drey Jar regirett hatte}, kam an seiner Stelle der vierundzwantzigste Hohmeyster Henrich Reuß von Plawen im 24. Jare der Regirung Vladislai Jagellonis. Dieser kam auff eine newe und zuvor unerhorete Weise zum Ampt <10/1> also, das er sich selbest wehlete und zum Hohmeyster machete, welches wie es zugangen alhie zu ertzehlen zu lang sein wurde. Casparus Schütz aber ertzehlett diese Wahl nach der Lenge in seynem Preuschen Chronico[20]. Dieser Hohmeister aber fuhrett sein Regiment nicht desto besser, sonder treib grosse Tyranney, des wegen er auch nach dreyen Jaren widerumb abgesetzet und sieben Jar lang auff dem Schloß zu Lochstedt gehalten ward, da er auch starb und zu Marienburg begraben ist.

P.2. <10a> [a] Bey dieses Hohmeisters Regirung fingen die Creutzherren an, den Stedten sehr auffsetzig zu werden und sie zu drucken, und sonderlich der Haußcompter zu Dantzig, welcher des jungst gedachten Hohmeisters [b] {Bruder} war. Dieser unterstund sich, den Bornstein Handel der Stadt zu endtziehen und an sich zu behalten. Zu dem hatten auch hie bevor in die Jungestadt allerley Handwercksvolck eingenommen, der Rechtenstad zu Verdrieß und Nachtheil ihrer Narung. Des wollte dieser Comptor auch die Kauffmanschafft der Stadt endtziehen und dorthin wenden, derwegen den Englischen ein Hauß auff der Jungestadt eingab, da sie ihre Laken verkauffen und außhaken mochten, wiedere der Stadt habenden Privilegien und Gerechtigkeiten[21].

Bald hernach erhub sich ein newer Hader, in dem zu Dantzig dieses Jars der Krahn zusampt der gantzen Drehergassen[22] abgebrennet und ein Rath ihn wider bawete, welches der Haußcomptor nicht leiden wolte und gab vor, der Krahn gehorete dem Orden zu, wolte ihn auch an eine andere Stelle verlegen, welches alles er doch durch Widerstand der Bürgerschafft nicht vollbringen konte und ward damals der Krahn erst mitt Steynen gemawret, der zuvor nur von Holtzwerck auffgebawt war[23].

Hintzu schlug noch ein ander Ungluck[24]: Dan es war in des Rahts Mittel ein newgewehleter Rahtman Benedict Pfennig, der hatte von dem Orden die Muntze in Verpachtung, und seines Nutzung halben ließ er sie kaum auff den halben Werd schlagen, welches der Rath und Gemeine nicht leiden wolte. Er aber verließ sich auff den Haußcomptor und lebet seines Willens mitt der Muntze. Zu dem war dieser Benedict Pfennig so ein leichtfertiger eydvergessener Man, das er alles, was zu Rahthause gehandelt und beschlossen, ja, was auch ein jeder *publice* oder *privatim* böses oder guttes von dem Orden geredett, außbrachte, und dem Haußcomptor und <10b> andern Creutzherrn verkundschaffete. Daruber er auch endlich zu Rede gesetzett war mitt sol-

---

a Die Seiten <10a–10f> wurden von Bötticher nachträglich eingefügt. / Strony <10a–10f> zostały przez Böttichera dodane później
b Gestrichen/skreślony: Vetter

chem Eyffer der andern Rathleute, das sie uber ihn fielen und warffen den Verräther vom Rathhause zum Fenster hinab, das er Arm und Bein zerbrach und gleichwoll mitt dem Leben davon kam. Ward auch fortt des Rahts endsetzt und die Tage seines Lebens von jedermänniglich für einen unehrlichen Man gehalten. Dieses ergretzte den Haußcomptor noch viel mehr und trachtet Tag und Nacht, wie er sich an dem Raht oder etlichen Personen rechen mochte. Nun ward der Hohmeister dieser Hendel aller berichtett, besorget sich auch, solte der Comptor etwas anfangen, das die Burgerschafft den Rath verlassen wurde und befahrett sich daher allerley Unheils, kam derwegen selbs gen Dantzig und underhandelte die Sache so weitt, das sie zusagten beyderseits allem Groll und Eyfer zu vergessen und hinfort gutte Freunde zu bleiben. Wie woll es dem Comptor wenig von Hertzen ging.
Nicht lange hernach bath er [a] drey Burgermeister als Conrad Letzkawen, Arnold Hecket, Tideman Huxern und einen Rahthern Bartholmes Groß (Conrad Letzkawe Tochterman) im Schein solche Freundschafft wie angelobett desto mehr zu bestettigen, auff das Schloß zu Gaste mitt Zusage freyen, sicheren Geleytes, das ihnen alles ohn Gefahr sein solte. Die gutten Herren traweten ihm und gingen auff das Schloß zum Mittagsmahl am Sontage *Palmarum* [5 IV 1411]. Unterwegens, nicht weit vom Schlosse, begegnet ihnen des Comptors Narr, finng an zu lachen und sprach: „Ho, ho, wan ihr wüstett, was man fur euch droben hatt zugerichtett, ihr kemet heutt zur Mahltzeit nicht", welches sie zuerst so groß nicht achteten. Im Fortgehen aber bleyb Tideman Huxer stutzende bestehen und sagt: „O lieben Herre, ich habe zu Hause meinen Schlussel zum Gelde im Spinde vergessen. Ich will derhalben hin gehen, dieselben zu holen und euch bald folgen", ging damitt wider zu Hause, kam aber nicht wider und endging also seinem vorstehenden Unglueck. Bald begunt auch Arend Hecket zu zweifelen, Conrad Letzkaw aber, als ein behertzter Man sprach: „Man hatt uns ja sicher Geleite zugesagt etc. und wan er uns schon im Schlosse gefangen behielte, so kan er uns ja mitt keinem Rechte die Hälßer nehmen." Mitt dem gingen sie also zu Schlosse zu, auff der Brucken des Schlosses wurden sie von etlichen Ordensherren freundlich und woll empfangen, bald aber das Thor hinter geschlossen, der gedachte Narr auch, der ihnen auff dem Fuß wider gefolget war, saget abermahls uberlaut: „Diese drey Vogel seind gefangen, der Alte aber war zu listig und ist dem Garne endgangen."
Bald wurden die Geste hinauff in den grossen Saal gefuhrett, da war der Comptor mitt vielen Ordens Brüdern, hieß sie bald als Schelmen und Bösewichte wilkommen, workegen nicht halff, ob sie sich gleich ihrer Unschuld ruhmeten und dieselbe auch verhoffeten außfuhrig zu machen, sondern es wurden diese drey als Gefangene in unterschiedliche Gefengnisse gelegt, biß nach Mitternacht, da sich der Comptor mitt seynen Bruder hatt toll und voll gesoffen, ward Conrad Letzkaw gebunden und mitt einem Knebel im Munde

---

a Gestrichen/skreślony: die

herfur gebracht und mitt zehen Wunden und mitt Abschneydung der Keelen von ihnen zum Tode gebracht. Gleicherweise nach ihme ward Arend Hecht mitt 16 Wunden und Bartelmes Grosse mit 17 Stichen jammerlich und erbarmlich hingerichtett.

1411. Geschehen in der <10d> Nacht zwischen dem Palmsontage [5 IV] und dem Montage [6 IV] in der Marterwochen Anno 1411. Nichts desto weniger hielten sie den Mord noch heimlich und der Rath und die Burger wusten nicht anders, dan das sie nur auff dem Hause gefangen weren und woll konten erledigett werden, ᵃ wan nur der Hohmeister dessen berichtett wurde. Fertigten derwegen Gesanten an den Hohmeister ab gen Marienburg, ihm solche unverhoffendliche feindselige Verhafftung zu klagen. Und ward also dieser Mord verhelett biß in den sechsten Tag, welches war der Osterabend [11 IV 1411²⁵]. Da kam vom Hohmeister ernstlicher Befehl an seinen Bruder, den Haußcomptor, das er in Angesicht des Briefes die Gefangenen auff Handstreckung solte looß geben, und er wolte selbs die Sachen nachmals verhoren. Darauff wurden denselben Abend die endleibeten Corper fur das Schloß hinauß geleget, welche von den Burgern ᵇ mitt grossem Wehklagen der Ihrigen und der gantzen Stad auffgehaben und mitt gewohnlichen Ceremonien in die Pfarkirche getragen und vor S. Hedvigis Capellen zu Erden bestattet. Die beiden Bürgermeister wurden unter einem ᶜ grossen Stein zusamen gelegt an der lincken Seiten des hohen Altars. Welcher Stein²⁶ noch da liegett und sinder der Zeit nicht geruhrett ist worden und itzund mitt No. 266 getzeichnet, darauff auch ihre Wapen gehawen seind, mitt dieser Umbschrifft, die noch heutiges Tages zu lesen ist: *„Hic iacent honorabiles viri Conradus Lezkaw et Arnoldus Hekel praeconsules civitates Danzke qui obierunt feria secunda post festum palmarum Anno Domini 1411".* ᵈ

1413. <10/2> Nach diesem vorbenanten ᵉ {Homeister} ist gefolgett der 25. Hoh-
Q. meister, Michel von Sternberg, sonst Küchenmeister genant, Anno 1413²⁷. Er war ein Comptor zum Brötchen und ist gewehlett im 28. Jar Jagellonis Königes in Polen, ein grosser starcker und ernster Man, dabey aber weise und klug von Sinnen und Verstande²⁸. ᶠ

Q.2. <10e> ᵍ Anno 1415²⁹. Hub sich ein Tumult zu Dantzig, gegenst die schwartzen Munche, wegen der Religion, durch diese Gelegenheitt: Es kam ein Predicant von Thorn, der heiligen Schrifft Doctor, Andreas Pfaffendorff, Johannis Huß Discipel auff den Dominic gen Dantzig. Dieser predigte hefftig gegen das Bapstum, gegenst die Messe und sonderlich gegenst der Munche gottloses und ergerliches Wesen. Dem hörten viel vornehme Burger fleissig

---

a Gestrichen/skreślony: und woll kont
b Gestrichen/skreślony: nicht ah
c Gestrichen/skreślony: Stein
d Nebenbemerkung/na marginesie: Liß ferner hirvor Q nach diesem ml fol. 10
e Gestrichen/skreślony: Tyrannen
f Ergänzung/dodatek: Suche hieneben # Q 2
g Ergänzung/dodatek: Ad fol. 10 #

zu, befanden auch, das er nicht lauter Unwarheitt sagete. Sein Patron war der Bürgermeister Gerhard von der Beke, der ihn auch, der Munchen zu Verdrieß, in des Haußcompters zu Dantzig Kundschafft brachte. Derselbe Doctor forderte die Munche offters auß, mitt ihnen auß Gottes Wort und den alten Lehrern zu disputiren, aber die gutten *Fratres* hatten eines theils wenig studirett, wusten sich auch mitt nichts anders zu behelffen, dan das sie den gemeinen Man gegenst den Ketzer und seine Anhenger anreitzeten und verhetzten, brachten darnach bey ihrem Provincial zu wegen, das Doctor Andreas gen Rom citiret ward, daselbst von seiner Lehre und Religion Rechenschafft zu geben. Diß verdroß den Haußcomptor hefftig, untersagte auch alsbald den Munchen die Kirche, die Predigten und das Meßhalten, verbot [a] den Leuten auch, ihnen Almosen zu geben und das niemand von Burgern mitt ihnen umbgehe oder Gemeinschafft haben solte. Bey dem gemeinen <10f> Man aber hatte es das Ansehen, als ob den Munchen groß Unrecht geschehe, [b] trugen ihnen des [c] Nachts genug zu und hielten Rathschlege mitt ihnen. [d] Es were auch damals schon ein böses Spiel darauß geworden, wann nicht der Hohmeister selbst in [e] die Stadt gekomen, den Unlust gestillet und der Hussiten Lehre gentzlich verbotten hette. Doctor Andreas zog wider weg nach Thorn und starb unterwegens, daruber etliche Leute allerley verdechtliche Gedanken kriegten. Es war aber an dem nicht genug, sonder der gemeine Hauffe trachtete dem Burgermeister Gerhard von der Beken und andern im Rathe nach Leib und Leben, und nachdem er endflohen, sturmeten und plunderten sie sein Hauß[30]. Der Tumult ward ie lengger je grosser auch wider den gantzen Rath, also das ihn {auch} der Hohmeister durch sein selbst Gegenwertigkeit nicht stillen kunte. Biß endlich die Rädlins Fuhrer in sich schlugen, was sie angerichtett {hatten} und ihnen ihr Vornehmen gerewet, und [f] weil eben umb die Zeitt ein Landtag zur Mewe[31] gehalten, ward die Sache daselbest [g] verglichen und vertragen, die verfolgeten Herrn in ihren Ehrenstand gesetzt mitt Erstattung ihres Schadens, die Anfenger nach verschulden gestrafft, ihrer 18 mitt dem Schwerd gericht, 40 aber zu ewigen Tagen des Landes verwiesen. Den Wercken ward verbotten Morgensprach zu halten ohn des Rahts Urlaub, item das ein jeder Werck einen Obman oder Auffseher hietzu haben solte. Endlich das die Elterleute aller Wercke dem Rathe jerlich schweren solten, ihren geburlichen Gehorsam rewlich zu leisten

---

a Gestrichen/skreślony: ihnen auch
b Gestrichen/skreślony: und
c Gestrichen/skreślony: Nacht
d Gestrichen/skreślony: und were
e Gestrichen/skreślony: die
f Gestrichen/skreślony: mittler
g Gestrichen/skreślony: freundlich

und von allen *Conspirationen* und Auffstande sich zu endeusseren. Und damitt war dieser Tumult gestillett³². ᵃ

R. <10/3> Zu dieser Zeit bekam ein *Plebanus* Gunter Tideman die Pfarre in der Kirche zu Unser Lieben Frawen, welchs der gemeynen Bürgerschafft sehr verdroß, dan er war des Johan Huß sein Discipel, welcher zwey Jahr nach diesem zu Costnitznitz in *Consilio* wider gegebenes Geleite verbrand ward. Dieser Gunter treyb seines Meisters Lehre fleißig an offentlicher Cantzel und auch *privatim* bey den Leuten, die ihm gerne das Gehorsam gaben. Allein die Dominicaner Münche im Schwartzen Closter, damals ein eyferiges und ungelehrtes Volck, setzten sich zum hefftigsten dawider, erregten Herr Omnes Gesindechen gegenst ihn und seynen Anhang, die sich auch leicht da zu bewegen liessen. <11> Nu ward zwischen beyden Parteyen viel Muttwillens getrieben, doch blieb es noch bey Worten allein, das einer ᵇ den andern schendete, ward auch damals kein ander Gewalt gebraucht nur das der Comptor, welcher ᶜ uber dem Gunter hielt, denn schwartzen Munchen gebott, das sie nicht durfften in der Burger Heuser unerfordert gehen, wie sie woll pflegten zu thun³³. Nicht lange hernach ward der Hauß Compter kranck, starb auch des Lagers. Dem folgete bald darauff der Pfarherr Gunter Tideman. Diß rechnete der gemeyne Pöfel der schwartzen Munchen Heyligkeitt zu, als hetten sie die Ketzer todt gebetett. Andern aber waren diese Hendel sehr verdechtig als solten sie mitt Gifft umbbracht sein.

1422. Anno 1422³⁴ umb Fastnacht dancket der Hohmeister Michel von Sterneberg dem Ampt abe, wie woll etliche schreyben, er sey unter solchem Schein endsetzett worden, und ließ sich ein Lusthauß bawen zu Dantzig vor der Stadt zu seiner Ruhe, weil er ein alter Man war und der vorstehenden {Kriegs} Gefehrligkeitt mitt dem Konige zu Polen sich zu unterwinden nicht vermochte, lebete auch noch zwey Jahr, hernach starb zu Dantzig und ward zu Marienburg begraben.

An seine Stelle ward gewehlett der 26. Hohmeyster, Paul Pellicer von Rußdorff, Compter zu Christburg im 37. Jar Konig Jagellonis zu Polen. Dieser Hohmeister war ein frommer, sittsamer und gottfurchtiger Man, der ihme alletzeit angelegen sein ließ, gutt Regiment zu furen und seine Lande in Ruhe und Frieden zu <12> regiren, aber zum Theil kundte er wegen seiner Nachbarn nicht bey Frieden bleyben, zum Theil waren auch die Mittgebietiger des Krieges so begirig, das ihnen offt der Hohmeyster folgen muste.

1423. In diesem Jare ist zu Dantzig eyne Glocke gegossen und in den Pfarthurm gehangen und wird *Dominicalis* genant, darumb das sie alle Sontag geleutett wird, und stehett die Jartzal folgender Forme darauff gegossen: „*X bis C quatuor M semter formur ut essem contra dampria gregis egiis magna tuba regis MCCCCXXIII.*" Diese Glocke hatt an Gewicht 45 Centner, der Kleppel darinne wigt ein Centner weniger 6 Pfund und wird von vier Mann getzogen.

---

a Randbemerkung/na marginesie: Such vorn R.
b Gestrichen/skreślony: des
c Gestrichen/skreślony: zwar

1425. Anno 1425 ist das grosse Kirchengebew zu forderen und demselben zum besten abermals ein Ablaß Brieff auff 40 Tage Vergebung der Sünden durch Johannen den leßlawischen Bischoff gegeben am 20. Tage Martii[35].

1427. Es ist auch noch ein Patent für handen unter des Raths Siegel mitt dem
V. Schiffe in gruen Wachs gedruckt lautende wie folgett: „Wir Burgermeister und Rathmanne der Stadt Dantzig bekennen und zeugen offenbar mitt diesem unsern Briefe fur allen, die ihn sehen oder hören lesen, das wir mitt unsern Nachkomlingen von der Pfarkirche wegen Unser Lieben Frawen binnen unser Stadt gelegen, rechter und redlicher Schuld schuldig sein den erbaren Leuten Clauß Swarten, Agneten seyner ehelichen Haußfrawen und Catrinen ihrer beyder ehelichen Tochter unsere Mitburgere zwantzig Marck guttes Geldes jehrlichen Zinses und Leibrente. Davor <13> die Vorsteher der vorbenanten Kirchen zu gutter volkomener Gnuge seind endrichtett und voll empfangen haben, und die Hauptsumma davon [a] in der vorgedachten Kirche gemeinen Nutz und Frommen gekehret und gelegett [b] haben. Des so geloben wir mitt unsern Nachkomlingen, den vorgeschriebenen Claus Swarten, Agneten seyner Haußfrawen und Catherinen ihrer beyder Tochter die vorberuheten zwantzig Marck Zyns mitt solchem gutten newen Gelde als auff diese Zeit genge und gabe ist, oder mitt desselben Geldes wirde alle Jar jerlich durch die Vorsteher der vorgedachten Kirche auff die heyligen Osterfeyertage zugeben zu betzalen und guttlich ohne Vertzögerung zu endrichten, die weil alle drey oder zwey oder eines von ihnen lebett, von einem auff das ander zu sterben, so das welche zwey oder eines von ihnen am lengsten lebett, die vorgeschriebenen zwantzig Marck Zins gantz und all soll auffheben und empfangen. Und wan sie nach dem Willen Gottes alle drey seind gestorben, so soll dieser unser Brieff gantz machtloß sein und wir mitt unsern Nachkomlingen und der vorbenanten Kirchen Vorsteher sollen von des vorgeschriebenen Zinses wegen keine Nachmahnung oder Anspruche leyden, in allen zukommenden Zeyten. In Getzeugnuß der Warheitt haben wir Burgermeister und Rathmanne vorgeschrieben unser Stadt Dantzig Secrett lassen anhangen in dem Jar unsers Herrn 1427 an dem negsten Dinstage vor dem heyligen Christage [23 XII 1427]. Zu grosser Sicherheitt und Verwahrung seind hiruber und an gewesen Herr Clauß Rogge, Johan Bazener, Johan Newman, Walter Oldach, Johan Weinranck, Johan Schermbecke, Lucas Mekkelfeld, Johan Terax, Henrich Vorrath und Johan Byler, Rathmanne."

<14> Was es für Gelegenheitt damalen mitt den Vorstehern dieser Pfarkirche gahabt hatt {welcher in diesem Patent gedacht wird}, ob sie auß dem Mittel des Raths oder der Gemeine verordent gewesen, davon ist bey der Kirche keine Nachrichtung. So werden sie in diesem Briefe auch nicht namkundig gemacht.

---

a Gestrichen/skreślony: in der
b Gestrichen/skreślony: wurden

{Nach Absterben Paul Rußdorffs ward Anno 1441 Conrad von Erlichshausen zum 27. Hohmeister erwehlett, fur sich selbst ein frommer und sittsamer Man etc. Zu seiner Zeit nemlich}

1442
X.
Anno 1442 hatt man angefangen den Nordgibel an der Pfarkirchen S. Marien zu bawen, welches auß folgenden Worten in einem Kirchenbüchlein zu ersehen also lautende: „In nomine Domini amen. Item habe ich Clauß Bruen Anno XLII empfangen mitt meyner Geselschafft Hans Gerson und Herman Budding von Herman Stargard IIIIC Marck weniger XX an gerethem Gelde, das der Kirche zugehorete. Hirvon ist betzalett zu dem norder Gibel und geschnittenem Steine, der auff der Kirche stehett L Marck auff die XL tausend Mawersteine etc."36

Hir auß ist abtzu nehmen, das der Baw dieser Kirche muß langsam sein {fort} gangen, sintemal diesen Gibel aufftzurichten und zu mauren aller erst fast 100 Jahr hernach, als der erste Stein zu dieser Kirchen gelegett, der Anfang ist gemacht worden. Und scheinett, das von der Bürgerschafft muß ein Ausschuß gewesen sein, so solche Gelde zu Erbawung dieser Kirche von ihren Mittburgern bittlich eingesamlett und benantem Herman Stargard (welcher damals eine Gerichtsperson gewesen) in Bewarung gegeben haben, welcher {auch} solch gesameltes Gelde andern datzu deputirten wie obgenant zum Baw wider und außgetzelet hatt. a

Auff der andern Seyten des Blads <15> stehet also: „Item Meister Steffen gegeben fur den Nordgibel zu mauren und abtzurichten ICXLII Marck und XVI Marck zu decken und andere Unkosten mehr etc. Item hietzu sein kommen XXXII tausend Mawerstein, dafur betzalett LXVIII Mk. Und ist die Summa, was dieser Gibel kostett VIIICLXXIIII Marck."

1444.
Y.
Item an einem andern Ortt stehen folgende Wortt: „Item so haben wir zwey Jar lang bekommen von den Taffeln, da der Kirchenknecht mitt gehett des morgens und auch zur Hohmesse des Jares bey XLIII Mk. geringes Geldes. Item so haben wir von der Sontags Taffel, da der Kirchenknecht mitt bittett XXVIIII Mk. von S. Thomas Apostoli [21 XII] biß zu S. Thomas Anno XLIIII [29 XII 1444]."37

1446.
Z.
Auch findett man in denn Kirchenbüchern an eynem Ort folgende Wortt: „Item im Jar XLVI da verdingeten wir: als Dirick Lange, Herman Budding, Henrich von dem Berge und Henrich Backer den Meister Steffen den Suder Gibel zu mauren und die Sudseyten auff zu richten mitt rother Farben und dan zween Thurme zu decken und den Stein zu hawen zu den Uberladungen und Kaffsimsen fur IC LXXX Marck und ein Rocklacken des Montages nach der heyligen drey Konigen Tage [10 I 1446]."38

Dieser obgenante Dirick Lange ist eilff Jar hernach einer von den aller ersten Kirchenvetern erwehlett worden, denen ein Rath auß der Burgerschafft die *Administration* oder Verwaltung der Kirchengutter Unser Lieben Frawen befohlen und vertrawett hatt zu seyner Zeit folgen wird.

---
a Gestrichen/skreślony: Sintemal, wie es scheynett

1449.	<16> Anno 1449 zu Ende des Jars starb der Hohmeister nach dem er das Regiment 9 Jar gefuhrett. Und ist diß der letzte Hohmeister, der zu Marienburg begraben liegt und gantz Preußen unter seiner Gewalt gehabt hatt[39].
1450. Z.2.	Nach dieses Hohmeisters [a] Conrad von Ehrlichshausen Abgange ward sein Vetter Ludwig von Ehrlichshausen zum 28. Hohmeister gewehlett am 5. Tage Februarii Anno 1450.
1451. Z.3.	Zu dieser Zeytt haben die Vorsteher der Pfarkirchen [b] vier Bucher schreyben lassen[40] eynes Lautes und durch eine Hand geschrieben, {und auch noch heutiges Tages Tages in der itzigen vier Kirchenveter habenden Laden fur handen sein} welcher vier Bucher Titel also lautet: „Diß Buch inhaltende der Kirchen Unser Lieben Frawen Zinser zu nehmen Leibrente, wider auß zu geben, der Kirchen Erbe und andere Ordinantien der vorgeschriebenen Kirche. Ist gemacht im Jare unsers Herrn viertzehn hundert und in dem ein und funfftzigsten. Zu der Zeytt waren [c] der Kirchen Vorstendere Herr Arent von Telchten und Herr Herman Stargard."[41] Auß diesem Titel ist zu verstehen, das zu der Zeit, da noch die alte Kirche gestanden, zwo Personen auß dem Mittel des Raths mussen Vorsteher dieser Kirche gewesen sein. Sintemal (nach Außweysung E. Raths Kuhrregister[42]) der obgenante Herr Herman Stargard damale ein Burgermeister und Herr Arend von Telchten eine Rathspersone gewesen[43].
	Item in diesen vier bemeldten Buchern stehet unter andern folgende Nachrichtung: „Zu wissen, das die Kirch Unser Lieben Frawen thatt auff Juncker <17> Stephans Guttern als auff Zepeelcke und auff Stangenwalde alle Jare auff Ostern XI Mk. guttes Geldes und dartzu soll die Kirche frey haben einen Ofen Kalck zu brennen und frey Holtz und frey Kalck auff seinen Guttern, auff der Kirche Ungeld und stehett auch geschrieben in der Stadt Buche auff der alten Stadt vor alle drey Perseele wie oben stehett. Diß war im Schleffer außgethan durch strichen 1451. Wie [d] {aber und} durch was Mittel diese Kirche von solcher Freyheitt kommen sey, kan man nicht wissen, sintemal keine autentirirte Documenta davon bey der Kirche furhanden, wo auch der Schleffer, davon oben zuletzt gedacht, hinkommen sey, kan man auch nicht wissen. Die beste Nachrichtung aber wurde vileicht woll in den altstettischen Buchern zu finden sein[44].
1453. A.	Nachdem sich auch zu dieser Zeit Land und Stedte mitt ein ander verbunden, weil sie vom Hohmeyster {und seinen Ordens Herrn} mitt schweren Aufflagen wider ihre Freyheitt hart bedruckt und auch etliche der ihrigen durch den Comptor zu Dantzig[45] gantz tyrannischer Weyse jemmerlich [e] ermordett. Als haben sich die Bunds Verwanten {der Lande und Stedte} geeini-

---

a Gestrichen/skreślony: Todt
b Ergänzt und dann gestrichen/skreślony: {Herr Arnt von Telchte, Herr Herman Stargart, Herr H[unleserlich]}
c Gestrichen/skreślony: Vorste
d Gestrichen/skreślony: oder
e Gestrichen/skreślony: und tyrannischer Weise

gett, weil all ihr bitten {und} anhalten umb Gerechtigkeitt zu pflegen {und} ihre Beschweer abtzschaffen nichts verschlagen mögen, das sie solchs dem Keiser Friderico klagen und umb Gerechtigkeitt bitten wolten. Des wegen sie auch ihre Gesanten an den Keyser abgefertiget, welche mitt unterschiedlichen *Citationen* wieder zu Hause komen, etlich derselben an den Hohmeister, etliche auch an gewisse Personen des Ordens.

B. Es brachten auch diese Gesanten eine besondere *Citation* mitt gegenst den Hohmeister und den Orden auff Instendigkeitt des Raths und Gemeyne der <18> Stadt Dantzig, den nehesten Gerichtstag nach S. Johannis Tage zu erscheynen und antzuhoren, was Burgermeyster und Rath der Stadt Dantzig klagende vorbringen lassen: Wie sie nach Befehlich seines, des itzigen Hohmeysters Vorfaren, Michel Kuchenmeysters Anno 1414 ein Schloß, dem Stifft zu Coya zugehorende, zubrochen haben, dafür sie dem Bischofe daselbs eine grosse Summa Geldes mussen betzalen, das er ihnen pflichtig sey wieder zu keren.

C. Auch wie sie ihren Kirchthurm zu Unser Lieben Frawen hoher haben wollen bawen und er sie daran geirrett und auf ihrem Grund einen Thurm gebawett habe, das sie und die Stadt beschwerett etc. Gegeben zur Newstadt am 12. Tage Martii Anno 1453.

ᵃ {Hirbey ist zu mercken}, das obgemeldte Schloß ist auff dem Bischoffsberge gelegen gewesen und als das gemeyne Geschrey damals ging, gleichsam wolte der Konig zu Polen mitt dem Orden den Krieg auffs newe anfangen, wegen etlicher Iniurien, so der Orden den Polen zugefugett und dem jungst gemachten Vertrage nicht genug gethan hette, so wollte der leslawsche Bischoff Johannes Kropidlo auch nicht der letzte sein und sagte dem abe wegen seiner privat Iniurien.

Nu vermerckete der Orden die Ungelegenheitt des Steinhauses auff dem Bischoffsberge mitt sampt der Capellen und dem beygelegenen Garten dermassen beschaffen: Wan der Krieg angehen solte, das man leicht den Ortt befestigen kunte und darauß mitt Werffen und Schiessen nicht allein {die Stad Dantzig} beengstigen, sondern auch {derselben} alle Zufuhr benehmen, befahl derwegen der 25. Hohmeister Michael Kuchenmeister {zu seyner Zeitt} den Dantzigern im angehenden Monat Augusti {Anno 1414}, das Hauß auff dem <19> Bischoffsberge herunter zu werffen, datzu sie gar willig waren. Also zog der Haußcompter mitt ihnen hinauß und brach den ersten Stein. Darauff ward das Hauß geschleifft und in Grund gebrochen. Die Steine wurden am eussersten Thurm am Thor auff der Vorstadt verbawett, davon er auch den Namen bekam, das man ihn den Bischoffsthurm genant hatt. Warumb aber der Hohmeister den Dantzigern gewehrett, ihren Kirchthurm höher zu bawen, davon findett man keine Nachrichtung.

D. In diesem {1453.} Jahr, zwischen Martini und Weynachten, ist die grosse Glocke zu Dantzig gegossen und des folgenden Jars in dem grossen Pfarthurm

---

a Gestrichen/skreślony: Notandem

<19–21>   Historisches Kirchen Register   357

gehenckt. Sie hatt ihren Namen: *Gratia Dei* nach den Worten, die darauff gegossen sind, nemlich „*Gratia Dei vocor*". Sie wird aber itzund gemeinlich die grosse Glocke oder auch die Beteglocke genantt, dieweil man damitt teglich 3 mahl die Leute zum Gebett ermanett, daher sie auch von alters die *Ave Maria* Glocke genant wird, wie hernach zu sehen sein wird bey Stifftung der Betteglocke. Unter ihrem Namen stehen auff derselben Glocken volgende Wortte gegossen: „O Konig der Ehren Jhesu Christ komb im Friede. O Jungfraw Maria, bitte fur die Christenheytt. Anno Domini MCCCCLIII." Sie wiegt nach dem Abmessen Berd Bennings, des Glockengiesers, 130 Centner. Der Klepel darinnen wigt an Eysen 4 Centner weniger 14 Pfund. Sie wird von 12 Mann getzogen, wen sie geleutett wird[46].

E. Im bemeldten Jare hatt man dem Officiali Petro Visczilski sein Deputat von den Begrebnissen <20> fur das verschienen Jar zugestellett lautt seyner Quietantz de dato *Luciae* die [13 XII 1453] Summa 19 Mk. 8 Gr.

1454. Weil sich dan diß Jar eine grosse *Mutation* und Verenderung der Obrig-
F.   keitt [a] in den Landen Preussen begeben, [b] {sintemal} Land und Stedte dem nu mehr gottlosen und tyrannischen Deutschen Orden ihren Gehorsam, {Trew und Pflicht} auffgekündigett am Montage nach *purificationis* Mariae des 1454. Jars [4 II 1454], und dadurch die Absagung geschehen. Auch darauff das pomrellische Gebiete dem Konige zu Polen [c] Casimiro auffgetragen {ihm auch bald darauff gehuldigett}. Darauff auch folgends den II. Februarii das Schloß zu Dantzig von den Ordensherrn, so darauff waren, guttwillig mitt gewissen Conditionen [d] dem Rath und Gemeyne abgetretten und ubergeben worden. Darauff auch [e] bald das Schloß in den Grund geschleiffett. Weil dan, sage ich, dieses eine grosse Verenderung des Regiments war als habe ich solchs alhir obiter zu gedenken Ursache genomen.

1456. Es hatt sich auch eine *Copia* gefunden, welcher Gestalt der Bischoff zu Leß-
G.   law die Pfarkirche dieser Stadt Dantzig mitt ihren Grentzen abgetheylett hatt, welche Copia zwar nicht in der Kirchen Bewarung, sondern mir von einem gutten Freunde abzuschreiben gegeben worden ist. Weil dieselbe aber Lateinsch und lang, will ich allein den Inhalt alhir kürtzlich setzen[47]: [f] „Wir Johannes, von Gott Gnaden Bischoff zu Leßlaw und der Cron Polen Cantzler, thun kund etc. Erstlich ordnnen wir zu der Kirchen Unser Lieben Frawen die Langegasse <21> mitt den andern anliegenden Quergassen, die Brodbencken Gasse mitt den andern Gassen so datzu gehoren, die Gasse der heiligen Jungfrawen Marien (die Frawen Gasse genant) mitt den anliegenden Gassen. Die heylige Geist Gasse mitt den anstossenden Quergassen, die Hunde Gasse und

---

a   Gestrichen/skreślony: durch
b   Gestrichen/skreślony: in dem
c   Gestrichen/skreślony: auffgetragen
d   Gestrichen/skreślony: abgetretten
e   Gestrichen/skreślony: bald druff
f   Randbemerkung/na marginesie: Diese Copia ist eingeleget in das Buch sub titulo IN NOMINE IHESU von der alten Kirche etc.

und die Breitengasse von beyden Seyten ᵃ {und} was in diesen Grentzen ist, außgenomen was zu S. Johannis Kirch[s]pil gehorett.

ᵇ Ferner der Kirchen S. Johannis die gantze S. Johansgasse volkommen mitt den Gassen an beyden seyten daran stossende, die Fischer Gasse mit allen quer und anligenden Gassen, item S. Tobiasgasse mitt den Quergassen, item den Fischmarck mitt dem gantzen Platz und mitt der breiten Gassen biß an den Parchen (verstehe nach dem alten Schlosse zu). Des gleichen der Kirche S. Petri und Pauli, das alles was begriffen ist in der Vorstadt, nemlich Lastadie, Poggenpoel, Wolffshagen, Holtergasse, Roßmarckt. Darnach der Kirche S. Barbaren, den gantzen Platz von beyden Seyten von dem newen Begriff biß an den ᶜ eussersten Thamm mitt den Hutten, Mattenbuden genantt. Darnach der Kirche S. Catherinen, die Pfeffergasse von beyden Seyten, item S. Elisabethgasse ᵈ von beyden Seyten mitt den anligenden Quergassen und den gantzen Pfuel ᵉ *circa fossatum civitatis* von S. E[l]isabet Gasse bis an den Platz des verstöreten Schlosses der <22> Muhlen mitt allen langen und Quergassen, biß an den Fluß Muhlwasser genant. Item das gantze Hakelwerck mitt allen breyten und engen Gassen. Item die newen Garten ᶠ von beyden Seyten. Item die gantze Schiddelitz. Item das gantze Raum der Sandgrube genant mitt dem Durchgange und Gasse nach S. Gerdrutt, an dem Fluß Radaun. Item das gantze Raum Hopp{en}brock genant. Item die gantze Gasse Petershagen genant mitt allen Hofen, die datzu {von alters} gehören. Letzlich S. Bartelmes, das alles, was begriffen wird in dem Strich anzuheben von dem Fluß Muhlwasser genant aufwerts biß an die Peffergasse mitt allen Gassen. Item das gantze Feldt an dem Fluß Muhlwasser unterwert gehends biß an den Wall von beiden Seyten mitt allen Quergassen. Item die gantze Gasse, die Baumgartsche Gasse genant, mitt allen Quergassen von beyden Seyten. Item mitt der S. Bartelmeßgasse und allen Quergassen an beyden Seyten, mit der halben Gassen, Kalckgasse genant, mitt ᵍ den Heuserchen und Garten bey der heyligen Leichnams Kirchen. Jedoch specificiren wir, incorporiren, geben, ernennen {und einverleyben} etc., {das} die Kirche ʰ oder anders Capelle S. Gertrud fur eine Tochter der heyligen Jungfungfrawen ⁱ Marien zu geben unter das Pfarrecht gehöre und unter den gehorsam Regiment der sechs Priester oder Pfarherrn der sechs ʲ unterschiedlichen Kirchen, <23> welche also wie gemeldett abgetheylett und nach genanten Abtheylung

---

a Gestrichen/skreślony: was
b Gestrichen/skreślony: Ward
c Gestrichen/skreślony: Tham
d Gestrichen/skreślony: {von beiden Seyten} biß an den Platz des verstorten Schlosses
e Gestrichen/skreślony: darine begriffen umb bey der Stadt
f Gestrichen/skreślony: (das ist die Baumgartsche Gasse)
g Gestrichen/skreślony: Heuserlein
h Gestrichen/skreślony: S. Gertrud
i Gestrichen/skreślony: zu gethan
j Gestrichen/skreślony: Kirchen der

soll gehören, ᵃ unverletzt {und} ewiglich. Solches melden wir an, verordenen, sanciren und erkennen wir Krafft dießes Briefes. ᵇ Zum Zeugnuß dieses Briefes ist unser Siegel daran gehangen. Geschehen gegeben in Gdantzk am Mittwoch den 28. Tag Januarii Anno 1456 in Gegenwertigkeitt etc.
Und darnach eygenen wir zu und einverleyben der obgemeldten Kirche auß gewissen Ursachen zu Mehrung ihres Nutzens den Garten uber der Mottlaw gelegen, gemeinlich Schefferey genant, und den Platz des zerstöreten Schlosses ewiglich durch gegenwertigen Brieff. *Per manus Johannis episcopalis notarii.*"

1457. Von der Wahl der vier Kirchenveter zu Unser Lieben Frawen auß der Burgerschafft in Dantzig⁴⁸.
H.

In obgemeldten viermal abgeschriebenen Kirchenbuchern stehett bald unter dem Titel also geschriben⁴⁹: „Im Jar unsers Herrn 1457, nach dem Newenjarstage, hatt der ehrwirdige Rath ubergeben der Kirche Unser Lieben Frawen Stieffvetern, als Dirick Langen, Jacob Flugen, Matthis Negendanck und Jacob Grantzyn, aller der vorgeschriebenen Kirche Zinser und Renten auß zu geben und zu empfangen und alle Ding in aller Massen ᶜ und Ordinantien, wie es zuvor bey einem ehrwirdigen Rath gehalten ist." ᵈ

Diesen vier Kirchenvetern (welche man anfenglich *vitricos ecclesiae*, zu deutsch Unser Lieben Frawen Kirchen Stieffeter, itzund aber Kirchenveter oder Vorsteher der Kirche S. Marien nennett) ist zu- <24> gleich auch ein ᵉ Obman oder ᶠ Auffseher auß dem Mittel eines E. Raths zugeordnet, nemlich der Burgermeister, welcher am lengsten vor den andern im Burgermeister Ampt gesessen war, welchs zu ᵍ {dieser} Zeit der ersten Wahl auff den Burgermeyster Herr Reinholt Niderhoff, welcher damals 10 Jar Burgermeyster gewesen war und also im 11. Jahre seynes Burgermeyster Ampts, dan er ist Anno 47 zum Burgermeyster erwehlet.

Hirauff will ich nun ferner in Gottes Namen fortfahren und beschreyben, wie offt man Kirche gehalten und was sich gedenckwirdiges in der Kirche Sachen ieder Zeit hatt zugetragen, setze also abermal die erste Wahl der Kirchenveter bey Regirung König Casimiri im ander Jar.

I. Anno 1457. ʰ Die erste Wahl der Kirchenveter: Herr Reinhold Niderhoff ⁱ {*Inspector*} oder Auffseher 1. Dirck Lange 2. Jacob Fluge 3. Matthis Negendanck 4. Jacob Grantzyn.

---

a Gestrichen/skreślony: solchs
b Gestrichen/skreślony: des
c Gestrichen/skreślony: wie es zuvor
d Gestrichen/skreślony: so weyl
e Gestrichen/skreślony: President
f Gestrichen/skreślony: Oberman
g Gestrichen/skreślony: der
h Gestrichen/skreślony: Kirchenveter in
i Gestrichen/skreślony: Obman Praesident

1459. Am Ende ᵃ {des} 1459. Jars ward dem Könige Casimiro ein junger Sohn
K.   geboren und geheissen Johannes Albertus. Dasselbe Ende dieses Jares und der Anfang des folgenden brachte so eine grosse Kelte ᵇ und harten Winter, das man von Dantzig biß gen Hela uber Eiß gehen und fahren mochte. Von dem Thurm auff der Kirche zu Hela kunte man in der weyten gesaltzenen See nichts dan Eyß sehen und erkennen.

Anno   Die Kelte nam auch so hefftig zu, das man noch auff Gertrudis {Anno 1460}
1460   zu Fuß und Pferde auß <25> Dennemarck uber Eyß in die wendischen Stedte gen Stralsund, Wißmar, Rostock, Lubeck hatt faren konnen, welchs vor diesem kein Mensch gedachte. Deß gleichen auß Lieffland von Rewel und andern Stedten zog man uber Eyß in Dennemarck und Schweden und wider heruber, ohn alle Gefahr und Schaden.

Nach dem {auch} umb diese Zeit auß dem ᶜ Mittel der Kirchenveter eine Person vileicht durch den zeitlichen Todt ᵈ abgefor{dert}, nemlich Dirick Lange, als[o] ist man zu der andern Wahl geschritten wie folgett:

L.   Anno 1460. Die ander Wahl der Kirchen Veter. Herr Reinhold Niderhoff Obmann ᵉ oder Auffseher 1. Jacob Flugge 2. Matthis Negendanck 3. Jacob Grantzyn 4. Gert Brandt.

M.   Hie vor Anno 51 ist gemeldett, das Herr Herman Stargard und Herr Arend von Telchten die letzten Vorsteher auß dem Mittel des Raths gewesen sein, welche auch eine besondere Kirchen Ordnung schriftlich den newerwehleten vier Kirchenveᶠ{tern} auß der Burgerschafft uberantwortett etc.

1461. Dieser obgenante Herr Herman Stargard, Burgermeyster, ward sampt dem Stadschreyber, Hans Lindaw, zum Konige Casimiro abgefertigett, daselbst der Stadt und des Landes angelegene Sachen zu verrichten, aber er ward unterwegens von des Ordens Volck außgekundschafft und gefangen und ihm alles genommen und er selbs zue Mewe gefuhrett und ins Gefengniß geworffen, darinnen er hernach biß ins dritte Jahr gehalten worden und endlich <26> am Dinstage nach der 11/M [11.000] Junfern Tage [27 X 1461] auß hertzlicher Mühe gestorben⁵⁰ und ehrlich begraben worden, daselbs zur Mewe in S. Georgs Capelle. Etliche Chroniken melden, das er in einem Brunnen soll erseufftet sein.

1461. Es ist auch ein Pilgramsbrieff in der Dreßkamer furhanden belangende
N.   einen Priester Gregorium Kopperbart lautende wie folgett: „*Matthias Racht rector parochialis ecclesiae in Cladano reverendi in Christo patris ac Domini domini Johannis Dei gratia episcopi Vladilaviensis et regni poloniae cancellarii vicarius in spiritualibus et officialisᵍ terrae Pomeraniae. Universis et singulis Christi*

---

a   Gestrichen/skreślony: dieses
b   Gestrichen/skreślony: und harten
c   Gestrichen/skreślony: dem
d   Gestrichen/skreślony: ist
e   Gestrichen/skreślony: Praesident
f   Gestrichen/skreślony: tern zuge
g   Gestrichen/skreślony: in spiritualibus

fidelibus praesentes literas inspecturis notum facimus, quod discretus vir dominus Gregorius Kopperbart, presbiter Vladislaviensis dioces. praedictae probatae fidei et examinatae veritatis praesentium ostensor, zelo devotionis accensis limina sanctorum apostolorum Petri et Pauli et alia loca sancta de nostra licentia penta et obtenta peregre proficisci intendit. Quapropter vos omnes et singulos quorum dominia ipne suos gresus maturare contigerit hortamur et obsecramus in Domino Jhesu qatenus eundem dominum Georgium tanquam devotum presbiterem ob Dei reverentiam gratiosis affectibus habere commendatum pietatis opera impendere ac [a] *efficacis favoris et gratia praesidio assistere quoties sua devotio eundo et redeundo vestris ecclesiis et capellis ad divina officia celebranda admittere dignemini vosque misericordiam exinde et aeternae retributionis praemium et nos ob id specialiter multiplices vobis gratias reddere teneamur. Datum die 22. Anno domini 1461."*

1462. <27> Anno 1462 ist die kleineste Glocke, so itzt auff dem Pfarrthurme hen-
O.   gett, gegossen worden, welche man die Landglock oder auch Langglocke nennett. Auff dieser Glocke stehen folgende Worte: „*Ave Maria, gratia plena, Dng tecum LXII*". Sie wigt viertehalb[b] Centner und ihr Klepel 12 Pfund.

In diesem Jare ist auch das Karrenthor gebawt, da itzund der Eingang ist, unter das duppelte Rundeel an der Vorstadt am Graben.

1463. Item [c] {Anno 1463} Jahr brante die Tobißgasse, Fischmarckt, Fischergasse gantz auß. Damals ward auch angefangen das weisse Munche Closter zu
P.   bawen auff der Altenstadt, welches biß auff heutigen Tag noch nicht fertig ist. Jungstbenante Kirchenveter der andern Wahl haben auch eine Glocken Ordnung gemacht, lautende wie folgett: „Diese Weise soll man halten mitt den Glocken, Anno LXIII. Ins erste die vier hohen Zeite und all totum duplex soll man leuten die *Gratia Dei* und darauff schlahen die *Osanna* und die *Apostolica* beyern darauff. Item *festum circum cisionis* [1 I] und S. Anna [25 VII] und *festum S. Crucis* [14 IX] ambo soll man leuten die *Osanna* und darauff schlahen die Apostel und die *Domonical* beyern. Item *festum duplex apostolorum, martyrum, confessorum atque virginum* [1 XI?] soll man leuten die *Apostolica* und darauff schlagen die *Dominical* und das *Ferial* darauff beyern. Item soll man leuten des Sontages die *Dominical* und darauff schlahen das *Ferial* und beyern die *Scabella*. Item alle Werckeltage soll man zihen das *Ferial* und leuten die *Scabella* zu hauffe. Item zur Vigilien soll man leuten zu der Kinder Vigilien die *Scabell* und das *Ferial*. Item fort, wenn man leutett die *Apostolica*, so soll man leuten dartzu das *Ferial* und die *Scabelle*. Item wen man <28> leutett die *Osanna* zur Vigilien, so soll man leuten datzu die *Apostolica* und *Ferial* und *Scabelle*. Item wen man leutett die große Glocke *Gratia Dei*, so soll man leuten dartzu die *Apostolica* und *Ferial* und *Scabelle*."

---

a Gestrichen/skreślony: efficati
b Gestrichen/skreślony: drit
c Gestrichen/skreślony: diß

1464.   Umb Georgii Zeitt dieses 64. Jares [23 IV 1464] fieng zu Dantzig die Pesti-
Q.   lentz an mechtig zu regiren, das den Sommer uber in der Stadt bey 20/M [20.000] Personen sturben, welches woll wirdig zu mercken ist von wegen der hundert järigen *Revolution*, sintemal zu unsern Zeyten ein vergangenen 1564. Jare dergleichen harte Pestilentz regiertt hatt, daran binnen der Stadt 24/M Menschen sollen gestorben sein, ohne die nicht auffgetzeichnet worden[51].

R.   Es sein auch jungst {genante} Kirchenveter der andern Wahl nebenst Herrn Henrich Hatekannen mitt Meyster Hans Duringer, Segermacher, umb einen Seger in dieser Kirchen zu machen uberein gekommen[52] also: „Das Meister Hans uber sich nehmen soll alles, was unter den Hammer gehoret und alles, was zu dem Register gehörett zu diesem Seiger, datzu soll er auch machen lassen die Bretter so tzu beyden Spheren gehören, da die Sonne, der Mond und die 12 Zeichen inne stehen und auch die ander Sphera, darin der Calender stehett, datzu im gleichen die Bottschafft der Jungfrawen Marien und das Opfer der heiligen 3 Könige. Hiervor soll er haben III^C Marck geringes Geldes und das Eisenwerck, das Keudick verlassen hatt. Hietzu geben sie ihm zu Verehrung 6 ungrische Gulden, das er anhero komen war. Des hatt ein Rath auff sich genomen, molen, schreyben, <29> Blumen und Löferen machen zu lassen und Bilder so kostlich sie es haben wollen. ^{a} Geschehen am Abend Philippi Jacobi Anno 1464 [30 IV 1464].

Item zu benantem Verdinge hatt Meister Hans noch Verbesserung empfangen LCIII Marck, hirtzu soll er haben ein Erbe erblich in der Heyligen Geistgassen, und wo ihm die Kinder sterben wurden, das er keine Kinder nachliesse, so soll das Erbe wider an die Kirche sterben. Hiertzu soll er vom Rathe haben alle Jar ^{b} XXIIII Marck, ^{c} da fur soll er den Seiger vollend verfertigen und was das mehr kostett zu schnitzen und molen soll geschehen bey Kosten des Raths und soll den Seiger halten fertig und bewaren ohne Mangel."

S.   Auch ist eine Quietantz fur handen also lautentende: „Wissentlich sey allen Christ gleubigen Leuten, das ich, Conrad Bitsyn, etwa Pfarherr zu Rosenberge und zur Schwetze und auch noch Vicarius zum Colmen, Gott den Herrn und seiner werden Mutter Marien zu Lobe und Ehren ubergebe die vier gutte Marck jarlichen Zinses und Leibrenthe, die ich so lange biß dahero gehabt habe auff der Pfarkirche Unser Lieben Frawen zu Dantzig und mich der gantz und gar vertzeyhe der Kirchen zu gutte, die vorbeß nimmer zu fordern noch zu heben in allen zukommenden Zeyten meines Lebens, wie lange mir dan Gott der Allmechtige mein Leben wird fugen und verleihen. So ubergebe ich der vorgenanten Kirchen gentzlich solche Leibrenthe und Zinse und gelobe in Krafft dieses Briefes fur mich, meinen Bruder und alle meine Freunde, die <30> nimmer zu heischen noch vorbaß mehr zu heben

---

a   Gestrichen/skreślony: Item
b   Gestrichen/skreślony: 24
c   Gestrichen/skreślony: dass

oder zu mahnen zu ewigen Zeyten, sondern die offtgenente Kirche und ihre Vorstender solcher Rente und aller Betzalung ledig und loeß, queit und frey sage mitt diesem offenen Briefe, mitt eigener meyner Hand geschrieben unter meinem Ingesigel. Gegeben zu Lugkaw im Jar Christi MCCCCLXIIII am Dinstag nach S. Georgii [24 IV 1464]."

1465. Ein Außtzug auß dem altstettischen Buche ist auch furhanden, den Kirchenvater Jacob Flugge angehende also lautende: „Jacob Flugge hatt gekaufft funff freye Hufen von Elisabeten Jacuschen nachgelassener Haußfrawen, durch ihren Vormunden Paschken von Smangersyn, gelegen zum Schonenfeld vor II^C und L Marck geringe darauff bezalet L Marck geringe und fort darnach auff Liechtmesse [2 II] soll man geben XXV Marck geringe uns so fort alle Lichtmessen biß II^C und L Marck betzalett sind etc."

T. Item ein Beckentnuß der Kirchenveter von etlichen Zinsern also lautende: „Wir Jacob Flugge, Matthis Negendank, Jacob Grantzyn und Gerd Brands, auff diese Zeyt der Pfarkirche Unser Lieben Frawen Vorsteher oder Stieffveter bekennen offenbar in und mitt diesem Briefe, das die vier gutte Marck Zyns auff des vorgeschriebenen Jacob Brantzyns Erbe in der Langegasse und die funffte halbe Marck Zyns guttes Geldes auff ^{a} Matthis Stollen Erbe in der Wolleweber Gasse und die Sieben Vierdung Zyns guttes <31> Geldes auf Jacob von Circken Erbe in der Heiligen Geist Gasse, die der vorgeschriebenen Unser Lieben Frawen Kirchen in der Stadt Buche und auch in der Kirchenbuche stehen, zugeschrieben. Das derselbe vorbenante Zyns dem Altare Allerheyligen in der Librarey zu behörett und nicht der vorgeschriebenen Kirche, als das auch in dem Kirchenbuche bey demselben Zinse stehett beruhrett. In Getzeugnuß der Warheitt haben wir vorbenanten der Kirchen Vorsteher iglicher von uns sein Ingesigel hiran gehangen im Jahr 1465, des negsten Sonabens vor dem Sontage *Oculi* [16 III 1465]." Dieser Beweiß ist mitt einem Messer durchschnitten.

U. Dem Sonabend nach Elisabeth [23 XI] und am folgenden Tage ist so groß Ungewitter und grausamer Wind umb Dantzig gewesen, dergleichen man damaln bey Menschen Gedencken nicht erfaren. Das gantze Gebew an dem newen Thore fur der Vorstadt, so von Holtz und Steinen befestiget war, fiel ein und thatt grossen Schaden. Viel Thürme von der Kirchen und viel hohe Gibel an den Heusern sind nidergefallen, die Schiffe auff der Weißel und Mottlaw sind fast alle zerschlagen worden und vertrenckt. Auch lieff das Wasser durch {den} grossen Nordwind so sehr {auff}, das es fast den gantzen Thamm hinter den lange Garten bey S. Barbaren weggerissen und die Weißel an dreyen Orten uber den Thamm ubergelauffen und viel Schaden gethan, von welcher Wassers Gewalt auch das Blockhauß, so vor dem Werderschen Thore stund, uber einen Hauffen geworffen und die Langegarten von beyden Seyten allenthalben uberschwemmett waren.

---

a   Gestrichen/skreślony: Jacob von Circken Erben der Heiligen Geistgasse

1466. <32> Anno 1466 ist zwischen dem Könige Casimiro zu Polen und dem
W. 28. Homeyster in Preußen sampt seinen Ordensherrn ein ewiger Frieden auff
gerichtet, beliebett, angenommen und durch mechtigen Ausspruch des
bapstlichen Gesanten bekrefftigett mitt Eyden beschworen und am Sontage
vor 11/M [11.000] Jungfrawen Tage [19 X 1466] zu Thorn in der Kirchen ᵃ
offentlich publiciret, darinne auch die Lande, Stedte und Heuser in Preußen, was dem Könige bleiben und was dem Hohmeyster behalten solte, außdrucklich specificiret, wie auch noch heutiges Tages beyderseits Herschafften
unterschieden sind. Unter andern aber ist zu mercken, das der Konig in diesem Frieden dem Hohmeister und Orden auch ein Theil von der Neringe,
die er doch zuvor gantz und gar der Stad Dantzig eingeraumett, mitt abgetretten, sampt den Wassern und Fischereyen biß an das Tieff mit den Dorffern Schante und Newdorff sampt dem Mittelhofe mitt seinen Gerichten
und Nutzbarckeyten und das Tieff mitt der Fischerey des Störrs mitt dem
alten Zoll, die Jagt allein außbescheyden, auch bei dem Vorbehalt, das der
Hohmeister und Orden kein Schloß noch Festung auff dem selben Theil der
Nerung bawen und keinen newen Zoll ins Tieff auffsetzen soll⁵³.
Dieses Stuck der Nerung traten die Dantzcker auff des Königes Begehr widerumb ab. Dagegen ihnen der König gelobete, ein ander Stuck Landes, das so
gutt und besser were an die Stelle zu geben und ward ihnen unter des das
Land Hela eingeraumet, damitt sie aber nicht zufriede waren, <33> dan dasselbe ungleich so gutt nicht geachtet als was sie guttwillig an der Nering abgestanden hatten.

1467. Im folgenden 1467. Jahr am Newen Jahrs Tage [1 I 1467] ward König Casi-
X. minro ein junger Sohn geboren mitt Namen Sigismundus, der erste des Namens.
Unlangst vor Pfingsten starb der 28. Hohmeyster Ludwig von Ehrlichshau-
ßen⁵⁴, welcher der erste gewesen ist, der dem Konige zu Polen gehuldigett
hatt, nach dem er 17 Jahr in grossem Widerwillen und Unruhe regirett und
endlich dieses Theil Landes verloren hatte. Er ist der erste der zu Konigsberg
im Thumb begraben worden. Nach ihm ward zum Stadthalter gekoren Henrich Reuß von Plawen und als er zwey Jar {ungefehr} war Stadhalter gewesen,
ist er zum 29. Hohmeyster erwehlett worden, und als er dem Könige zu Peterkaw auff dem Reichstage gehuldigett hatte und wider in Preußen kam,
ward er bald zu Thorn uber Tische vom Schlage geruhrett und starb zu Mo-
rungen nach dem er das Hohmeisterampt eylff Wochen geführett hatte⁵⁵.
{Anno 1480, nachdem Henrich Reuß von Plawen plotzlich gestorben, ward
an seiner Stelle der 30. Hohmeister Henrich von Reychenberge, der zog
stracks nach seyner Wahl im Octobris zum Könige auff den Reichstag nach
Peterkaw und huldiget ihm⁵⁶.} ᵇ

---

a Gestrichen/skreślony: offentlich
b Gestrichen/skreślony: Im Eingange des acht und sechsigsten Jahres ward dem Konige
   Casimiro zu Crakaw von seinem Gemahl Elisabeth der sechste Sohn geboren mitt Namen
   Fridericus am 27. April ist Anno 68 geboren

<33–35> Historisches Kirchen Register 365

1471. Anno 1471. Die dritte Wahl der Kirchenveter. Nach dem nu mehr drey
Y.   Personen auß dem Mittel der Kirchenveter ᵃ durch den zeitlichen Todt abgesondert, als ᵇ Matthis <34> Negendanck, Jacob Grantzyn und Gerd Brandes {(ob sie aber alle drey in einem Jar gestorben sein, kan man nicht wissen)}, hatt ein E. Rath auff Instendigkeitt des Jacob Fluggen und Vorschlagung gewisser Personen andere drey widerumb erwehlett ᶜ in der Ordnung wie folgett:
1471. Herr Reinhold Niderhoff ᵈ {*Inspector* und Obman} 1. Jacob Flugge 2. Casper Lange 3. Johan Nagel 4. Peter Augustin ᵉ
1472. Ein Bekentnus dieser Kirchenveter ist furhanden, in welchem sie bekennen,
Z.   das sie vom Herrn Gorge Kopperbart *Vicario* in der Kirchen Unser Lieben Frawen empfangen haben XLVIII Marck preusch, welche er zugeeignet hatt zu der Ehre Gottes in benanter Kirchen zu bestettigen nach ihrem Willlen. Dafur sie ihm verlehnen die Vicarey des Altars S. Christoffers gegen der Halle uber. Des sollen ihm die Kirchenveter Anno 1473 auff Ostern [18 IV 1473] X Marck geringes Geldes und darnach auff Michaelis [29 IX 1473] auch X Mk. und so fort alle Jar auff diese vorbenante Zeit geben. Geschehen in Dantzig im Jar 1472 Donnerstages nach *misericordias Domini* [16 IV 1472].
a.   Desgleichen ist noch ein Bekentnuß dieser Kirchenveter also lautende: „Für allen und itzlichen, die diesen Brieff sehen, horen oder lesen, bekennen wir Jacob Flugger, Jasper Lange, Hans Nagel und Peter Augustin, Kirchen Stiffveter der Pfarkirchen Unser Lieben Frawen, binnen der Stadt Dantzig gelegen, und betzeugen offenbar, das wir mitt unsern Nachkomlingen schuldig sein dem erbarn Priester Herr Simon Rachman uff Dominici im LXXII Jahre [5 VIII 1472] und fort alle Jahre jerlich zu seinem Leben drey Marck geringes <35> Geldes ᶠ von des Altares wegen kegen der Halle uber in der vorgenanten Kirchen. Dieselben vorgenante III Marck geloben wir Kirchen Stiffveter vorgenant mitt unsern Nachkomlingen dem vorgenanten Herrn Simon auff den genanten Termyn alle Jahre jerlich zu seinem Leben unvertzogen, freundlich zu Dancke und zu Willen auß zu richten und woll zu betzalen. Zum Getzeugniß der Warheitt dieser vorgeschriebenen Sache haben wir Kirchen Stiffeter vorgeschriebenem unsere Ingesigele itzlicher besonder fur uns und unser Nachkomlinge uff das *Spacium* dieses Briefes benedden die Schrifft gedruckt. Geschehen und gegeben in Dantzig in den Jaren unsers Herrn Iᴹ IIIIᶜ LXXII. ᵍ"

---

a Gestrichen/skreślony: mitt
b Gestrichen/skreślony: ist
c Gestrichen/skreślony: worden
d Gestrichen/skreślony: Praesident
e Randbemerkung/na marginesie: NB. auff der Nebenseyten
f Gestrichen/skreślony: von des
g Randbemerkung/na marginesie: NB 1471. Diß gehorett negst unter die Namen der Kirchenveter auff der Nebenseyten

1471. b.	Zu dieser Zeit hatt ein E. Rath ein Beweiß von sich gegeben unter der Stad Siegel auff Pergament, welches noch furhanden, nemlich das furm Rath ᵃ eingetzeuget Richter und Scheppen eines gehegten Dinges der alten Stadt wie folgett: „Auff Zepeelcke und Stangeenwalde Steffen Zepeelcken Guttern hatt die Kirche Unser Lieben Frawen siebende halbe Marck Zinses guttes Geldes alle Jar jerlich auff Ostern und ist abtzu legen nach des Landes Willkuer. Anno funfund sechtzig. Deß soll er geben umb seiner Seelenseligkeitt willen alle Jar jerlich einen Ofen voll Kalck und Holtz auff der Kirchen Ungeldt, dieweil das der Zins nicht wird abgelöset. ᵇ Item auff den vorgeschriebenen Dorffern und Guttern hatt noch die Kirche Unser Lieben Frawen vorgeschrieben zwo gutte Marck alle Jar jerlich auff Ostern und ist abtzu lösen nach des Landes Wilkuhr. Actum etc. 1471." <36>
1473.	Von diesem 1473. Jare ist ein *Citation* furhanden Otto Machwitzen des pomrellischen Woywoden, auff Instendigkeit Jacob Fluggen zu Margareta zu Sopotzyn wegen einer Zynsschuld.
1474. c.	Anno 1474. Die vierte Wahl der Kirchenveter. Als nun abermals zwo Personen auß dem Mittel der Kirchenveter abgeschieden als Caspar Lange und Johan Nagel, haben die hinderstelligen beyden als Jacob Flugge und Peter Augustin ᶜ eim E. Rath an Stelle der abgeschiedene andere Personen vorgeschlagen, auß welchen ein E. Rath andere zwo wehlen kundte und sind gewehlett und nach der Ordnung gesetzet wie folgett: Herr Reinhold Niderhoff ᵈ {*Inspector* oder Obman} 1. Jacob Flugge 2. Peter Augustin 3. Cleis Weger 4. Albrecht Brambecke.
1475. d.	Bey dieser Kirchenveter Zeyten hatt der gnisnische {Ertz}Bischoff Sbigneus ein Ablasbrieff gegeben, das die Leute zun Ehren der heyligen Jungfrawen Marien, der heilgen Aposteln Petri und Pauli, Johannis des Teuffers und Johannis des Evangelisten, wie auch aller Heyligen viel einlegen sollen, das hohe Altar in der Pfarkirche zu bawen. Dafur sollen sie haben auff viertzig Tage Ablaß⁵⁷.

Des gleichen ist auch ein Patent unter des Raths Siegel fur handen also lautende: „Vor allen bekennen wir, Burgermeister und Rathmanne der Stadt ᵉ Dantzke, das fur uns im Sitzendin Rath gekommen sind die ersamen Herrn des Raths unser alten Stadt Dantzcke und haben uns uberantwortet eine Schrifft ihres Stadtbuchs also lautende von Wort zu Wort als hirnach folgett in Schrifften: „Jasper Langeᶠ hatt zwo olde <37> Marck Zinses in Steinbornes Erben und ligenden Grunden auff Zochancke alle Jar jerlich auff unser lieben Frawentag der letzten Anno funff und viertzig, welchen Zins er gekregen hatt von Henrich Rehebein Anno siebentzig und der Zins soll dienen Unser Lie-

---

a Gestrichen/skreślony: erschienen sein
b Gestrichen/skreślony: Item
c Gestrichen/skreślony: und
d Gestrichen/skreślony: President der Kirchenveter
e Gestrichen/skreślony: Dantzig
f Gestrichen/skreślony: zw

<37–38> Historisches Kirchen Register 367

ben Frawen Kirche in der Rechten Stadt Dantzk gelegen, und der Zins ist abtzulösen nach des Landes Wilkuhr ᵃ. Actum Anno 1475 am Tage S. Petri *ad Vincula* etc. [1 VIII 1475]"
Neben diesem Patent ist noch eines desselben Lauts und darunter diß vertzeichent: „Item Henrich Rehebein hatt bezeugett mitt zeen besessenen Burgern, das er seinen Zins gemahnet hatt funff Jar lang, alle Jare jerlich zwo geringe Marck auff der Steinbornischen Erbe im LXVII Jare. Item Henrich Rehbeyn hatt den Kirchenvetern oder den Vorstendern zu Unser Lieben Frawen in der Stadt Dantzig ufgetragen und ubergeben zwo Marck Zinses geringes Geldes alle Jar jerlich auff Casper Steinbornes Erbe funff Jahr versessen Zins fur ihr eygen proper Gutt, dieselben zehen Marck zu fordern und mahnen mitt allem Rechtsgang und Rehebein will darauff nimmermehr Sachen geistlich oder weltlich in allen zukommenden Zeyten. Geschehen am Dingstage vor Petri *ad Vincola* negst vergangen [1 VIII 1470]. Also als diß vorgeschriebene von den vorbemeldten Rathman und Richter und Scheppen vor uns ist getzeugett worden, also bekennen wir, das fordan mitt diesem Briefe zu Urkund der Warheitt mit unserm Stad Secret rucklings auffgedruckt versiegelt und gegeben am Tage S. Clementis Anno 1470 [23 XI 1470]."
Item in diesem 75. Jar ist S. Jacobs Kirche sampt dem Hospital angefangen zu bawen. <38>

1476. Anno 1476. Die funffte Wahl der Kirchenveter.
f. Nachdem abermahl auß dem Mittel der Kirchenvetter Cleyß Weger geschieden war, schlugen die andern drey eim E. Rath widerumb etzliche Personen fur, auß welchen sie einen andern in des Verstorbenen Stelle wehleten, nach der Ordnung wie folgett: Herr Reinhold Niderhoff ᵇ {*Inspector*} der Kirche ᶜ 1. Jacob Flugge ᵈ 2. Peter Augustin 3. Albrecht Brambecke 4. Hans Kleinschmit.

g. In diesem 1476. Jahr ᵉ und verschrieb {König Casimirus} eine Tagfart gen Marienburg auff Philippi Jacobi, dahin ᶠ {er} auch selbst kam mitt vielen vornehmen Herrn der Cronen. Es hatt aber diß Jahr zu Dantzig ein Auffruhr beginnet zu glimmen zwischen dem Rath und Gemeyne, den doch der König durch seine Gesanten gestillet hatt. Es war aber nichts anders dan ein Pfaffen Tumult, da durch sie ihres Gerichtszwanges des Bannes halben (wie die Briefe derwegen bey dem Römischen Stuel waren außgebracht) etliche Burger und Privatpersonen zu beschweren vermeyneten. Wer die Personen gewesen sind oder auß was Ursachen solchs entstanden, melden die Recesse nicht, sondern allein dieses, das auff obgemelter Tagfart zu Marienburg fur die Kon. Maytt. in Beysein der Land und Stette alle Pfarrer von Dantzig sein verbot-

---
a Gestrichen/skreślony: etc.
b Gestrichen/skreślony: President
c Gestrichen/skreślony: Veter
d Gestrichen/skreślony: Peter
e Gestrichen/skreślony: kam Konig Casimirus abermal in Preußen
f Gestrichen/skreślony: der König

tett worden, denen unter vielen andern Worten der Cronen Marschalck einen Abschied gegeben hatt, in <39> solcher Weise: „Die Kon. M. lest euch sagen, das seine Gnade mitt seynen Bischoffen und Räthen erkant hatt, von wegen des Bannes, das die Anwalden der Sachen dieselbe anders als sie ist an den Bapst gebracht und fur seiner Heyligkeitt anders ertzehlett haben, da durch sie dan etliche Banbriefe erlangett, sondern hetten sie die Sachen warhafftig angebracht, als nicht geschehen ist, der Bapst hette ihnen solche Briefe nicht gegeben. So lest euch nu Kon. Gnaden sagen und ernstlich gebieten, das ihr fur solche Verbannete, wan sie wider gen Dantzig kommen werden, Messe ᵃ {in} allen der {Stadt}Kirchen sollet thun und halten darine keines schewen und auch keine Conscientz daruber machen.

Dan seine Kon. M., die ein Patron der Stadt Dantzig ist, will euch alle fur dem Bapst vertretten und beschirmen. Werdett ihr dan das nicht thun, so will seyne Gnade euch die Pfarren nehmen und andere hinein setzen, die es gerne thuen werden, euch aber auß seiner Gn. Landen jagen, welchs Kon. M. ihnen auch personlich gesagett hatt." Dabey es auch diß mal verblieben ist.

Am 28. Decembris ist der alte König Artushoff abgebrant {biß auffs Gewelbe, und der Gibel erschlug 16 Man. Das Gesperre aber ward Anno 79 widerumb auff gericht, der Hoff verfertiget.} und derselbe Hoff {ward so lange} verlegett in die Langegasse gegen dem Rathhause in Henrich Steffens Haus, da itzund Hans Gessing wohnet.

Nicht lange hernach, nemlich am folgenden Grunendonnerstage, ist der kleyne Hoff auch abgebrand.

1477. Es ist auch ein Patent bey dieser Kirchen unter der Stad Sigel auff Pergamen, nemlich das furm E. Rath erschienen sein Richter und Scheppen <40> eines gehegten Dinges dieser Stadt und in Schrifften vorgetragen, was vor ihnen im Gerichte geschehen alß lautende: Der geschworne Richter hatt Jacob Fluggen und Peter Windstein nach Scheppen Urtheil wider geweysett in das Landding zu Woynaw und da soll Peter Windstein mitt Jacob Fluggen rechten als umb der Sachen willen, die alda nach hengett im Rechts Zwange von des Guttes wegen zum Schonenfelde etc.

1477. Nach dem nu der Hohmeyster Henrich von Reichenberge mitt Tode abgangen, ᵇ ward an seine Stelle gekoren ᶜ zum 31. Hohmeister Marten Truchses. Dieser wolte die Verschreybung des ewigen Friedens nicht halten, ward aber endlich durch den Ernst und Zwang des Königes dahin gehalten, das er schweren muste, wie er auch thatt⁵⁸.

1478. Anno 1478. Die sechste Wahl der Kirchenväter.

i. Nach dem abermahl auß dem Mittel der Kirchenväter geschieden Jacob Flugge schlugen die andren drey einem E. Rath widerumb etzliche Personen

---

a   Gestrichen/skreślony: und
b   Gestrichen/skreślony: kam an seine
c   Gestrichen/skreślony: Marten Truchses

<40–42> Historisches Kirchen Register 369

fur, auß welchen sie einen andern in des abgeschiedenen Stelle wehleten, in der Ordnung wie folgett:
Herr Reinhold Niderhoff der Kirchen[a] *Inspector*. 1. Peter Augustin 2. Albrecht Brambecke 3. Hans Kleinschmid 4. Albrecht Dreyer.

k. Zu dieser Zeitt ist die Bethe Glocke gestiftett, wie die offtgemeldten vier Kirchen Bücher außweisen, in welchen hirvon also geschrieben stehett: „Im Jahr LXXVIII so haben wir Kirchenvätter Unser Lieben Frawen Kirche, als Peter Augustin, Albrecht Brambecke, Hans Kleinschmid und <41> Albrecht Dreyer empfangen XII Marck[b] preusch geringes Geldes von einem ehrlichen Burger, dafür geloben wir, mitt allen unsern Nachkomlingen, das wir wollen zu langen Zeyten darfur bestellen zu leuten die Awe Maria Glocke, wen die Glocke zwelfe schlegt zu Mittage, in die Ehre unser Herrn Jhesu und seines bittern Todes, dar ein iglicher zu sprechen soll ein Pater Noster und ein Ave Maria und einen Glauben. Dar unser ehrwirdiger Herr Bischoff Suigneus zu gegeben hatt XL Tage Ablass. Geschrieben auff aller Kinder Tag. Und auff unsers Herrn Himelfarts Tayg ward uns das Geldt geantwortet. Des geben wir dem Signator eine Marck auff des Newen Jarhres Tag."

1479.
l. In diesen Buchern wird auch eine Action beschrieben, welche die Kirchenveter mitt den Vorstehern Sanct Olaus Capellen gehabt also lautende: „Im Jar 1479, da wir Kirchenveter (oben genant) haben Schehlung und Zwitracht gehabt mitt den Vorstehern S. Olaus (auff die Zeit warens Hans Egerts, Gert Oweram und etliche von ihren eltesten Brudern) umb die Begrebniß unter dem Thurme, da sie vermeyneten Recht zu haben. Deß sich die obgeschriebene Kirchenveter berieffen an einen ersamen Rath, des der gantze Rath einhellig zusprachen der Kirche die Begrebniß und nicht S. Olaw und die Eltesten und Bruder solten damit nicht zu thunde haben. Auff die Zeit waren Burgermeistere Herrn Philip Bischoff, <42> Reinhold Niderhoff und Johan Angermunde. Im Jar LXXIX nach Laurentii [10 VIII 1479]."
Dieser Leychstein gehöret billich laut bemelden eines E. Raths Abscheyde der Kirche zu. Es haben aber die Vorsteher S. Olai ungefehrlich Anno 1611 *per indirectum* S. Olai Namen darauff hawen lassen, mag derwegen woll mitt guttem Rechte widerumb auß und der Kirchen Zeichen darauff gehawen werden.
Item am Tage Marie Geburt, welchs ist der achte Tag Septembris, war zu Dantzig solch ein groß Ungewitter von Platzregen und Ungewitter das sich der Bach auß dem Ninkawschen See dermassen ergoß, das es das Karrenthor an der Vorstad (davon hie bevor Meldung geschehen wan es gebawett) versenkete und erseuffete und das Regenwasser thatt grossen Schaden in vielen Heusern und Kellern.

---
a Gestrichen/skreślony: väter President
b Gestrichen/skreślony: preus

	Item damals ward auch das Gesperre auffgerichtett auff dem zuvor abgebranten Konig Artus Hofe {davon vorgemeldt}. Den ander Tag darnach machte man das Geruste und ward in demselben Jar auch fertig.
1480.	Obgenante Kirchenveter der sechsten Wahl haben in der Sacristey ein Lade-
m.	chen offenen lassen in Gegenwertigkeitt Notarien und Zeugen laut einem Instrument, welches Inhalt folgett:

„In nomine Domini etc. Anno 1480 die Mercurii mensis Junii 14 hora nona vel quasi in ecclesia parrochiali Beatae Mariae Virginis oppidi maioris Dantzik Vladislaviens. dioceses. mei notarii pub. et testium imfra scriptorum ad hoc vocatorum rogatorumque praesenia personaliter constituti, famosi et circumspecti <43> Petrus Augustin, Johannes Kleinschmid et Albertus Dreyer praeinsertae ecclesiae victrici et provisores recefuerunt, proposuerunt et enarraverunt, quod de consensu, licentia et voluntate honorabilis viri Matthei Westval eiusdem ecclesiae pastoris et plebani benemeriti, se de quodam promptuario et capsella in sacristia sepefatae ecclesiae contenta, de qua nullus ut scirent ad quinquennium et ultra disposuissett, et quae pro custodiendis quibusdam ecclesiae rebus et clenodiis ne furtim aufferri possint eis necessitate esset intromissent. Ne autem ipsis mantea bonorum et rerum in praefato promtuario aut capsella contentarum praetextu, si quae forent, aliqua sinistra suspectio et occasio ab huius modi capsulae et promptuarii interesse habentibus quomodolibet ᵃ ascribi valeat et inpingi, praeassert vitrici una cum notario et testibus imfra scriptis ad praedictam sacristiam in qua capsula et promtuarium illud continebatur, animo et intentione conficiendi inventarii instrumentum superebus in eadem contentis, si quae essent.

Super quo legitime ab eisdem provisoribus et vitricis requisitus et rogatus ex literam accesserunt et in mei notarii publici et testium imfra scriptorum praesentia eandem capsulam aperuerunt, in qua cum aperta et per nos diligenter inspecta fuerat, nihil quippiam est inventum, sed omni no vacua, et sine quibuscunque rebus apparebat. Acta sunt haec etc. ut supra etc."

Von aussen ᵇ war auff auff dis Instrument geschrieben: „Dis ist ein Instrument von dem Schaffe Albrecht von dem Holte."

n.	<44> In diesem Jare ist der vielgenandt und lobliche Burgermeister Herr Reinhold Niderhoff ᶜ der vielgemelten Kirchenveter zu Unser Lieben Frawen ᵈ Obman in Gott endschaffen {am 20. Tage Octobris in hohem Alter}. Er ist Anno 1443 zu einer Gerichtsperson erwehlett und bald das Jar hernach {in} des E. Raths Mittel gekoren, nemlich Anno 44 und 3 Jar hernach, nemlich Anno 47 Burgermeister worden, hatt also fur den andern {Burgermeyster} am lengsten das Burgermeister Ampt gefuhrett, nemlich 33 Jar. Und der Kirchen ᵉ Unser Lieben Frawen ᶠ {Inspector} gewesen 23 Jar. Und an seine Stelle ist die

---

a Gestrichen/skreślony: aseriti
b Gestrichen/skreślony: ist
c Gestrichen/skreślony: seliglich
d Gestrichen/skreślony: Praesident
e Gestrichen/skreślony: veter
f Gestrichen/skreślony: Praesident

<44–45>   Historisches Kirchen Register   371

^a {Inspection} der Kirchen^b gefallen auff den Herrn Burgermeister Herrn Philip Bischoff, welcher damals der elteste Burgermeyster war. NB hir zusetzen wegen [unleserlich/nieczytelny] ^c

p.   Anno 1481. Die siebende Wahl der Kirchenväter.

Nachdem der Kirchenvater Albrecht Brambecke mitt Todt abgangen war, stellten die andern drey Kirchenväter etliche ^d Personen auff, auß welchen ein E. Rath eynen andern wehlete an des Verstorbenen Stelle, ^e nemlich Hans Wiesen. ^f Also auch weil der Burgermeister Herr Reinhold Niderhoff mitt Todt abgangen, ist ^g {die} Kirchen ^h {Inspection} wie ⁱ {vor}gemeld auff den damals eltesten Burgermeyster Herrn Philip Bischoff gefallen, in der Ordnung wie folgt:

1481.   <45> Herr Philip Bischoff der Pfarkirchen ^j {Inspector}. 1. Peter Austin 2. Hans Kleinschmid 3. Albrecht Dreyer 4. Hans Wiese.

1482.   Zu dieser Kirchenväter Zeiten ist das Sacramentheuselein in der Pfarkirchen
q.   S. Marien gebawett, wie in einem Kirchen Buch sub Anno 1482 zu ersehen, da also stehett: „Item kostett das Sacrament Heußlein mitt dem guldenen Kämmerlein als es nu ist XCVI Marck. Noch kostett das Heuselein zu vermohlen und zu vergulden XXXVI."

r.   ^k Im gleichen ist auch zu der Zeit der mittelste Thurm auff der Kirchen gebawt, da das Epistel Glocklin inne hengett {uber der Cantzel} laut den Worten daselbs also lautende: „Item so kostett der Thurm mitten auff der Kirchen VI^C XXXVI Marck."

1483.   Nach Außweysung des 1483 Jares hatt Henrich Klopper zum Kirchen Gebew gegeben XXV. ^l

s.   In diesem 1483. Jare ist der obgenante Burgermeister und der Pfarkirchen ^m {Obman} Herr Philip Bischoff auß diesem Leben abgefordert am Mitwoch nach Margareten [16 VII 1483[59]]. Er ist Anno 1461 zu einer Gerichtsperson und Anno 69 zu einer Rathsperson und Anno 70 zum Burgermeister erwehlett worden, hatt also fur den andern Burgermeistern, seinen Collegen, am lengsten sein Ampt gefuhrett, nemlich 13 Jahr und ⁿ {Obman} der Pfarkir-

---

a   Gestrichen/skreślony: President Ampt
b   Gestrichen/skreślony: veter
c   Randbemerkung/na marginesie: o. NB Hir zwischen gehorett ein Außtzug auß dem Scheppen Buch von zehn Hufen Landes zum Schonenfelde in Lib. No. 4 fol. 15
d   Gestrichen/skreślony: andere
e   Gestrichen/skreślony: nemlich
f   Gestrichen/skreślony: in der Ordnung wie folgett
g   Gestrichen/skreślony: das
h   Gestrichen/skreślony: Praesidenten Ampt
i   Gestrichen/skreślony: itzundt
j   Gestrichen/skreślony: Praesident
k   Gestrichen/skreślony: Item
l   Gestrichen/skreślony: Anno 1484. Die achte Wahl der Kirchenväter.
m   Gestrichen/skreślony: President
n   Gestrichen/skreślony: Praesident

chen gewesen 3 Jar. An seiner Stelle ist diß Kirchen ᵃampt gekomen auff Herrn Johan Ferber als auff den damals eltesten Burgermeyster. <46>
ᵇ Item, so ist auch diß Jar ein Ablaßbrieff auff hundert Tage Vergebung der Sunden gegeben durch Stephanum, den rigischen Ertzbischoff zu dem priesterlichen Ornat und Zirat der Kirchen reichlich zu geben. NB ᶜ

s.   Anno 1484. Die achte Wahl der Kirchenveter.

Nach dem ᵈ abermahls ein Kirchenvater, nemlich ᵉ {Hans Weise} durch den Todt abgefordert, haben die andern drey Kirchenveter ihrem ᶠ Gebrauch nach etliche Personen ᵍ schrifftlich auffgestellet, aus welchen ein E. Rath eynen andern an des Verstorbenen Stelle gewehlett hatt, nemlich Hans Stein. Sitzen der wegen nu ferner die Kirchen Veter in der Ordnung wie folgett: Herr Johan Ferber ʰ {*Inspector*} der Pfarrkirchen. 1. Peter Augstin 2. Hans Kleinschmid
3. Albrecht Dreyer 4. Hans Stein.

t.   In diesem 84. Jare ist ein sonderlich Pergament Buchlein ⁱ {verordent, darinne {ver}zeichnett ʲ alles Kirchengerethe ᵏ zu dem hohen und auch S. Annen Altar gehörig, als Chorkappen, Caselen, Rocke, Ampeln, ˡ Silberwerck, Corporalien, ᵐ *Antipendia, Missallia, Breviaria*, etc. Wie auch silbern Bilder zu dem hohen Altar gehorig etc., wie in demselben Buchlein in specie zu sehen. {Diß Inventarium ist zweymal abgeschrieben, davon haben die Kirchenväter eins behalten und das ander dem eltesten Glockner zugestellet.}

u.   Item in diesem Jare haben obgenante Kirchenveter verdungen Meister Michel den Meurer den Grund zu legen zum kleinen Thurme kegen der Trippenmacher Gassen und 15 Schuh uber <47> die Erden mitt den gehawenen Steynen und Krantze, die soll er datzu hawen fur XL Marck geringes Geldes. Item zu Fortstellung des Kirchen Gebewes hatt diß Jar Clauß Zernekaw der Kirchen gegeben V Marck nach unsers Herr Himelfartstage [27 V 1484].
Item umbtrent Petri und Pauli Hans Truntzman V Marck.
Item Herr Cord Scheele, eine Rathsperson, ein Testament auff Iᶜ und LXX Marck. Item unser Herr Pfarherr einen Rock. Peter Barteld in seynem Testa-

---

a   Gestrichen/skreślony: Presidenten
b   Gestrichen/skreślony: Item in diesem 83. Jare hatt Henrich Klopper zum Kirchengebew gegeben XXV Marck
c   Nebenbemerkung/na marginesie: NB. Hir zwischen gehett eine Vicarey gestifftett uber der Kirchenveter Altar von Herrn Henrich Hatekannen einem Priester Lib. No. 4 fol. 15
d   Gestrichen/skreślony: dem
e   Gestrichen/skreślony: Peter Augstin
f   Gestrichen/skreślony: gebra
g   Gestrichen/skreślony: auff
h   Gestrichen/skreślony: President
i   Gestrichen/skreślony: inwentirett und ver-
j   Gestrichen/skreślony: ist
k   Gestrichen/skreślony: wert
l   Gestrichen/skreślony: Caseln
m   Gestrichen/skreślony: Futter

	ment I^C Marck zu dem Baw nach seynem Tode. Item Herrn Meynert vom Steine {Rathsherr} in drey Posten uberwiesen XLII Marck VIII Schott. Item Johan Sebing im Testament V Marck. Item Cleiß Prechel V Marck. Gert Aweram II tausend Maursteine.ᵃ
v.	Ein Instrumentum *publicum* ist auch furhanden folgenden Inhalts: Johan Bröcker und Catharina seine Haußfraw, Burger und Eintzoglinge der Stadt Dantzig haben von Peter Augstin, Kirchenvater Unser Lieben Frawen, ein Hauß abgemietet Unser Lieben Frawen Kirchen zugehorig, zu ihrer beyder Lebetagen umb den jerlichen Zyns XXV Marck und wen sie absterben, soll die bemeldte Kirche alle ihrer beyder Verlassenschafft zu gewarten haben, ungeachtett was die Verwanten datzu sagen etc. Der Notarius heist Johannes Widestock.
1485.	Obernante Kirchenveter haben sich nun erst den newen Kirchenbaw fort zu stellen mitt Erenst angenomen und allerhand Rechschafft, als <48> Holtze, Grundsteine, Kalck, Zigel und was sonst datzu gehoret und einen Vorrath datzu gesammelt funff Jar lang, wie hernach zu sehen wird sein.
w.	Item Anno 85, da gab Albrecht Gyse der Kirchen XX Marck, die Herr Marten Buck zu einem Testament bescheidete. Item die Marten Bucksche XX Marck. Item Herr Peter Harder (Rathsherr) XL Marck. Item Herr Köseler IX Marck. Item Arend Sidinghusen V Mk. Item Catrincke Kamermansche ein Ammeral mitt vier Bilden mitt Perlen gehefftett, wie der Engel ᵇ Bottschafft bringett und S. Andreas und S. Catherina.
x.	Item ein außgeschnittener Contract wegen des Kirchenbawens lautet wie folgt: ᶜ „Vor alle, die diesen Brieff sehen und horen lesen, so bekenne ich, Meister Hans Brand, das ich bin uber ein gekomen und eins geworden mitt den ersamen Herrn von Dantzig, sonderlich mit dem ersamen Herrn Burgermeister Herrn Johan Schefecken und mitt den Kirchenvetern Unser Lieben Frawen der Rechten Stadt Dantzcke mitt Namen Peter Austin, Hans Kleinschmid, Albrech Dreyer und Hans Steyn, als das Gebewde Unser Lieben Frawen Kirche auff zu bringen also hoch als die alte Kirche ist biß unter das Dach. Item ins erste, so bin ich mitt ihn eins geworden umb die Grund, ob da Gebrechen oder Schehlung an were, das man die Grund verbessern sollte, so sollen sie mir geben fur meine eigene Person und fur meine Meisterschafft und Arbeit die Woche II {Mk.} altes Geldes und fort den Arbeits Leuten sollen sie ᵈ selbst {auch} lohnen bey Wochen Zal oder bey Tagelohne. So ist denne zu Dantzke eine Gewohnheit und Weise biß das der Grund gemacht ist, also als sie sein soll.

---

a Gestrichen/skreślony: In einer langen Schachtel stehen die folgenden Wortt in sachsischer Sprach geschrieben: „Item diß sind die Briefe, die nachweisen auff die ewige Messe, die gemacht ist zu S. Catherinen auff der Fleischhawer Altar von Herrn Kopperbardes nach gelassenen Geldern. Testamentarius Peter Augustin und Albrecht Dreyer."
b Gestrichen/skreślony: Gabriel
c Gestrichen/skreślony: Item
d Gestrichen/skreślony: betzalen

<49> Item so soll ich, Meister Hans Brand, die breyten Steine, die unten umb die Kirche dienen werden, selbst hawen zu der Masse und versetzen und verankern, wie sich das geburett, und das soll man mitt einrechenen nach Paar Zal in das tausent. So sollen sie mir geben fur das tausendt eine Marck und VIII Scott, nach dem alten Steine ab zu rechnen, der nu in der Mauren ligt. Deß so soll ich das Gebewde auffbrengen mitt Ladewercke mitt geschnittenem Steyne, Bogen zu schliessen, Capellen zu bawen und alles das die Kelle heischett nach Außweysung der newen Kirchen, und das soll man alles mitt in die tausend rechnen und vor iglichen tausend Zigel sollen sie mir geben eine Marck und VIII Scott altes Geldes Arbeitslohn als vor beruhrett geschrieben stehet. Des so soll ich sebest Rusten, Kalck und Zigel auffzubringen, als sich das gehort. Des so sollen mir die erbarn Herrn bestellen einen Zimerman und was zu dem Beyle gehöret. Item was man fordan bedarff von gehawenem Steine, das sollen sie verlohnen zu hawen und ich es versetzen {gleich} wie den Zigel. Des sollen mir die ehrwirdigen Herrn alle Wochen geben mein Arbeitslohn. Item dartzu sollen mir die ehrwirdigen Herrn verleyhen eine freye Wohnung, so lang als ich der Kirchen diene oder arbeyte. Und zu Getzeugniß der obgeschriebenen Vertragung und Eintracht, so ist dieser Zedeln zween, der eine auß dem andern geschnitten, bey *Ave Maria gratia plena*. Davon ich, Meister Hans Brand, den einen bey mir habe und den andern die vorbenanten Kirchen Veter. Geschrieben und gegeben in Dantzcke des Motages vor Pfingsten Anno I^{M}IIII^C und LXXXV [16 V 1485]."[60]

y. <50> Ein Contract und Bekentnis dieser Kirchenveter wegen einer Leibrente lautentt wie folgett: „Vor allen Leuten, die diesen Brieff sehen, sehen oder hören lesen, bekennen wir Kirchenveter Unser Lieben Frawen der Rechten Stadt Dantzig, als Peter Augstin, Hans Kleinschmid, Albrecht Dreyer und Hans Stein, das wir ubereingekommen und eins geworden mitt den erbaren Personen also mitt Namen Peter Schröder und Barbaren seiner ehelichen Haußfrawen, so das wir sollen geben von Unser Lieben Frawen Kirchen wegen der Rechten Stadt Dantzig alle Jahr dreissig Marck geringes Geldes, antzugehen auff die nehestenz zukommenden Pfingsten zu ihrer beyder Leben und wen eines von ihnen beyden [a] nach dem Willen Gottes von dieser Welt verstirbet, so soll es auff den andererben und wan sie beyde nach dem Willen Gottes von dieser Welt versterben, so soll der Zyns auch todt sein und unsere Briefe und Verschreibung, die sie von uns haben, sollen machtloß sein. Diese dreissig Marck, die wir dem vorbenanten Peter Schröder und Barbaren seiner Haußfrawen geben sollen zu ihrer beyder Leben, das haben wir Kirchenveter obgenant woll empfangen. Das diß in der Warheitt also ist, haben wir Kirchenveter oben genant unser Signitt unten an diesen Brieff gedruckett, der gegeben ist in dem Jare unsers Herrn I^M IIII^C LXXXV."

---

a Gestrichen/skreślony: underen

	Item diß Jar sind fur die Grundsteine gegeben zu diesem Kirchenbaw XLV Marck, noch kosten die Steyne auß dem Brunnen zu bringen und andere Steyne auß dem Grunde zu brechen <51> und auff den Kirchhoff zu führen XX Marck. Noch so kost der Grund der gelegett ist: XVII^C XLVI Marck.
1486. z.	Eine Abschrifft auß dem altstettischen Stadt Buche[61] belangende S. Catherinen Kirche lautett also: „So haben wir Bürgermeyster und Rathmanne der alten Stad Dantz^{a}ke nu zur Zeit genant mitt Namen Herr Casper Fischer, Herr Niclas Schultze, Herr Joseph Toppel, Herr Johan Meltzer, Herr Thomas Schröter, thun kund durch diese gegenwertige Schriffte wie das der ersame Priester Herr Jorgen Kopperbarth von Schonecke auß Eingießung der gottlichen Guttigkeitt und Innigkeitt seiner Eltern und die auß seynem Geschlechte verschieden sein und umb Erlösung aller Christen Seelen zu dem Lobe Gottes und zu der Ehre der Jungfrawen Marien hat gestifftett in unser Kirchen S. Catherinen des Gestiffts von Leßlaw auff unserem Altare gelegen in unserem Rathstuele eine Vicaria ewiglichen und unverkurtzlich zu halten, auff das dan diese lobliche Messe desto inniglicher und lieblicher moge volbracht werden und gehalten, so hatt uns der ehegenante Herr George Kopperbart eine merckliche Summa als XXIIII und zwohundert {Mk.} geringe durch eine Weise eines Almosens mildiglich gegeben, für welche Summa Geldes diese vor genante Vicaria mitt Liechten und Ornaten und mitt andern Zirlickeiten, die da gebuerlich sein zu dem Ampte der heiligen Messe. Wir obgenanten Burgermeyster und Rathmanne mitt allen unsern Nachkomlingen geloben und wollen ewiglichen stette und feste halten ohne alle arge List. Und dem Vicario alle Jare jerlichen auff Weynachten zu <52> geben XVI Marck geringe und zu ewiglichen Zeiten nicht abtzubrechen. Auch geloben wir, das unsere erste Vicaria umb der letzten *Vicaria* Willen nicht so gemindert oder nachgelassen werde. Zu einem ewigen Getzeugniß und festem Glauben der Warheitt alle dieser gedachten und geschriebenen Sachen, so haben wir diese Dinge lassen bewaren mitt Schrifften in unserem Stadbuche auff unserem Rathhause im Jahre unsers Herrn MCCCC und LXXXVI."
1487.	Diß obgedachte Bekentniß des Rathes der Altenstadt ligt in einer langen Schachtel in der Sacristey der Pfarkirchen S. Marien und stehett auff derselben Sch{ach}tel von aussen also geschrieben: „Item, diß sind die Briefe, die nachweisen auff die ewige Messe, die ^{b} gemacht ist zu S. Catherinen auff der Fleischhawer Altar, von Herrn Kopperbardes nachgelassenem Gelden. Testamentarius Peter Augstin und Albrecht Dreyer in dem ^{c} LXXXVII Jare." In obgedachter Schachtel ligt auch ein Lateynisch offen Instrument unter zweyen Sigeln der Notarien und ist belagend ein Testament *Magistri* Gregorii Greven, Pfarhern zu S. Catherinen obgedatem Fleischer Altar dase[l]bs gege-

---

a Gestrichen/skreślony: tzig
b Gestrichen/skreślony: gema
c Gestrichen/skreślony: LXXX

ben. Weyl es aber in *vocabulis et verbis* sehr abbervirett und fast unleslich, hab ich es nicht abschreyben konnen. Die Testamentarii sind darinne benant Peter Augustin und Albrecht Dreyer, die beyden Notarien, so diß Instrument unterschrieben haben, seind genant Petus Slantcke und Johannes Widestock. ª

1487. <56> ᵇ Ein Testament ist auch furhanden in eynem offenen Instrument
f. Lateynisch aber nicht woll zu lesen, darumb ich nur das nottigste herauß getzogen und auff deutsch also gegeben: Der Herr Gregorius Kopperbart ᶜ{Presbyter der einer der ältern} Priester des leßlawischen Stifftes in ᵈ einem Siechbette liegende, zwar kranck von Leibe, aber doch bey gutter Vernunfft und gesundem Gemutte wie zu sehen war. Nach dem er betrachtett die menschliche Schwacheitt und Unbestendigkeitt, wie auch die wenigen Tage des menschlichen Lebens etc., hatt er seine Seele, wen er auß dieser Welt scheiden wurde, Gott dem Allmechtigen, der heyligen Jungfrawen <57> Marien und dem gantzen himlichen Heer mitt Andacht befohlen, seinem Leib aber in der Pfarrkirche der heiligen Jungfrawen Marien der Rechtenstad Dantzig in ein Kirchengrab zu legen nach der christgleubigen Gewohnheitt. Und darnach hatt er ᵉ begerett, das man von seinen zeitlichen Guttern den Priestern und Brüdern der Brüder der heiligen Jungfrawen Marien, wen sie seine Leichbegengnuß halten nach seinem Todt soll außtheilen einem iglichen Priesterbruder zu funff Schillingen ublicher und ganghaffter Muntze. Uber das hatt derselbe Testamentmacher wircklich zugeeignet und vermacht Peter Augstin und Albrecht Dreyer, Burgern und Einwohnern der Rechten Stad ᶠ {Gdantzk} Stieffetern und Vorsteher vorgemelter Kirche der heiligen Jungfrawen Marien fur eine Stifftung Bestettigung und Vorsehung ᵍ {seiner} ʰ ordentlichen Vicarey ein ewiges Almosen in der vorgenanten Kirche Unser Lieben Frawen zwohundert Marck unverendertem ⁱ Geldes an guttem Golde solcher Wirden, von welchem zwohundert Marcken sie die jarlichen Zinser verordenen sollen, das sie davon einen Priester ehrlich halten, dem sie zum wenigsten jerlich zwelff Marck geben und ʲ und die ubrigen vier Marck fur Wachs und andere Kleinodien zum Gottes Dienst nottig außgeben und administriren. Item er wolte auch, das sie seine Leichbegengniß ehrlich zu halten auch geben zwey Pfund Wachs und mitt *solennitet* singen lassen die *Vigilien* der Verstorbenen von den Schullern, wie es gebreuchlich ist in Leichbe-

---

a Randbemerkung/na marginesie: Hir unter gehorett ein lateynisch Instrument, ein Begrebniß in der Pfarkirche belangend such hernach
b Randbemerkung/na marginesie: Diß Folgende gehorett hir vor ad fol. 52. 1487
c Gestrichen/skreślony: ein
d Gestrichen/skreślony: seine
e Gestrichen/skreślony: betrachtett
f Gestrichen/skreślony: Dantzig
g Gestrichen/skreślony: einer Vicarey
h Gestrichen/skreślony: ihrer
i Gestrichen/skreślony: Muntz
j Gestrichen/skreślony: das ubrige von dem ubrigen

gengnussen mitt dem Puls der Glocken Osanna und Apostolia. Derselbe [a] Gregorius vertestiret auch damitt die vorgenante Kirche <58> Unser Lieben Frawen desto ehrlicher reformiret werde, {ubergibt, verehrett und vermacht wircklich} den vorgenanten erbaren Mannen Petro und Albrecht, Kirchenvetern und Vorstehern Unser Lieben Frawen Kirchen zwantzig Marck gedachter ganghaffter Muntze.

Erstlich zur Aussteuer einer Dienst Jungfrawen {mitt dem vorgenanten Albrecht} gibt [b] und vermacht er funff Marck, welche demselben Albrecht verehrett und gegeben hatt, und ihrer Schwester Dorothea genant im Convent gemeinlich die Pfaffengasse genant verehret und vermachet er funff Marck. Item {so verehret und eigent er zu} dem [c] {hoch}wirdigen in Christo Vater unserm Herrn einen Nobel und dem wirdigen Herrn Gregorio Dantziger Officiali eine Chorone sie demuttig fur seine Prelaten und Herren erkennende. Letzlich Wege und Stege zu bessern einen [d] Postulat Gulden. Uber das in Betrachtung, das die Namkündigmachung [e] der Erbnamen das Fundament eines iglichen Testaments ist, darumb machet, helt und ernenet er hir mitt fur seine rechten Erben, alle der andern Gutter, die fur handen sein. Margaretam, Hans Wegeners Ehefraw und Margaretam, Lorentz Korckenmakers Ehefraw, Ursulen, Anders Molners Haußfraw und Catharinen, eine Wittwe zu Schonecke und Barbaram, eine Nonne oder Begine in der Pfaffengasse[62] zu gleicher Theylung etc. Wie die Worte, welche zum Theil sehr unleslich ferner hernach folgen. Der Notarius, so es unter seinem Notariat *publiciret* hatt, heist Johannes Widstock, *clericus vladislawiensis dioces. publicus sant. imperiali auctoritate notarius.* Diß Instrument hatt der benante Official Gregorius Greve mitt seiner Hand unterschrieben und mitt seinem Amptsiegel bekrefftigett auff dem Rücken des Instruments.

b. <53> In vorgemelter Schachtel ligt auch eine Copia einer Beschwerschrifft der Kirchenveter an einen E. Rath lautende wie folgett: „Lieben Herrn, die Ursache, warumb wir der Kirchen nicht lenger vorstehen konnen, haben wir Euch bey Herrn Merten Buck schrifftlich uber geben und ihm auch mundlich befohlen, fur Euch zu bringen und dersachen noch viel mehr ist, dan wir schrifftlich ubergeben haben. So sind dis unsere Gebrechen und wird von uns also gerechnett: Es sey ein groß Mirakel ein Knecht vieler Herrn zu gleich wollen sein. Wir seind im Dienste unser Frawen und mussen leyden das uns die Brewer nehmen ein Meßgewand, das uns zu der Kirche gegeben ist. Wir mussen leiden, das man Unser Frawen Kirchen in [f] der alten Kirche in den Capellen Freydach sollen halten, das nie gewesen ist. Wir sollen dem Rathe

---

a Gestrichen/skreślony: Testamentgeber
b Gestrichen/skreślony: er
c Gestrichen/skreślony: ehr
d Gestrichen/skreślony: Gulden
e Gestrichen/skreślony: eines iglichen Testament
f Gestrichen/skreślony: der

dienen und haben Schriffte, wornach wir uns ᵃ {regiren} sollen, thun wir der Kirche Profyt, so machett uns der ersame Rath wortloß: Als mitt einem ᵇ armen Stuelechen, davon wir eine ewige Marck Geldes mochten gehabt haben und wir es gelobett hatten, einen Fortgang zu haben, muste unser ja zurucke gehen und bestehen als wortlose Leute. Uber des haben wir, lieben Herrn, Ewren besiegelten Brieff, darinne stehett, das nach Westphals Tode weder seine Erben, noch niemand keinen Einspruch zu dem Altare haben soll, das habt Ihr uns ja verlehnett, nach Innhald Ewres Briefes, darinne der Stuel mitt benant ist. Den Stuel ᶜ haben wir dem Priester gelobett und den nehmett ihr uns und darumb mussen wir wortlose <54> Leute geheissen werden und Weybesbilder jagen uns auß, darumb wollen wir nicht dienen. Auch sollen wir den gemeynen Burgern dienen und mussen leiden, das der Herr Pfarrer den achten Opfertag auffbrengett und bawett den Tag zu opfern bey dem Brunnen. Nach ihm kompt ein Pfarrer und spricht: Ich habe mussen schweren, den geringsten Punct nicht abtzubringen, den ich bey der Kirche finde. Derselbe findett Kirchweisung in unserm Buche fur einen Opfertag. Sprechen wir: Dieser Pfarrer habe den abgeschafftt, so spricht er, er habe des keine Macht, warumb seid ihr solche Thoren gewesen und habett es zugelassen.

Auch worden wir in Ewer Gegenwertigkeitt verachtett und uns ward gedewett, weren wir nicht geschlagen, wir noch zusehen solten, das wir nicht geschlagen wurden. Darumb, lieben Herrn, begeren wir Ewren Urlaub und wollen nicht lenger dienen. Gott gebe, das nicht ärgere Articktel unser Frawen werden dan bey unsern Zeyten. Besser wir sein davon und begeren Urlaub.

Item, lieben Herrn, Ihr habett uns diese Kirche ubergeben in voller Macht des Raths nach Inhalt der Kirchen Bucher, was die Kirche zun achtern war, das habett Ihr in unsern Schrifften woll vernommen, welches Gott danck schon bezalett ist und ein gutt Geld datzu verbawett und nu die Kirche frey ist.

Lieben Herrn, hirtzu habett Ihr uns gegeben das Altar von Westfalen in aller Macht wie Westfale das Lehn ubergeben hatt dem ersamen Rath in voller Macht ohn einiges Einsprechen der Freunde. Also haben wir das Altar verlehnett den Priester zu gebrauchen und den Stuel mitt dem <55> Spinde, da die Frawen die Priester auß trieben und sagen, der Stuel sey ihr, welchs wider des Raths Siegel und Briefe ist. Wollett Ihr Ewer Briefe und Sigel nicht bey Macht halten und die Macht, die Ihr uns gegeben habett von des Altars wegen, so wollen wir der Kirche nicht lenger vorstehen, wie die Schrifft woll außweisett, die Herrn Marten Buck gebracht ist. Item es ist sogar lange nicht geschehen, das man uns drewete zu schlagen umb der Kirchen willen. Und gestriges Tages war der Priester in dem Stule und hatte Beichte gehörret, da gieng die Frawe zu ihm in den Stuel und der Priester gieng heraus."

---

a Gestrichen/skreślony: richten
b Gestrichen/skreślony: Stuelechen
c Gestrichen/skreślony: den Stuel

Bey dieser Schrifft ist zu mercken, ob woll ᵃ {weder} Datum noch wer diese Kirchenveter gewesen sein, nicht unterschrieben oder auch ein Zweyfel {einfellett}, ob diese Schrifft also wie sie gemeld dem Rath ubergeben sey: So ist sie doch daß gewiß, weil sich diese Schrifft referiret auff eine andere, die dem Herrn Marten Buck vor dieser Zeytt ubergeben sey und der wollgemeldte Herr Marten Buck nach eines E. Raths Kuhr Register der praesidirende Burgermeyster gewesen im Jar 1484, auch in demselben Jar gestorben ist[63], das obgemeldte Beschwerschrifft bald nach seynm Absterben auffs Papier gebracht sein muß durch die jungst ernanten Kirchenveter der achten Wahl. Ob aber auch die letzte Beschwerschrifft der massen wie sie gefassett ubergeben sey, kan man nicht wissen.

1488. Item Anno 1488 haben jungstermeldte Kirchenveter drey Schock Zimer
c. gekaufft ᵇ kosten mitt allem Ungelde LVIII Marck.
d. Noch ist furhanden ein Bekentnuß dieser Kirchenveter zu S. Marien, das sie empfangen haben vom Herrn Georg Kopperbarth dritte halb hundert Mark, <56> dafur sollen sie einen Priester halten 20 Jar lang und man soll ihm geben alle Jahr 15 Mk. und alle Zubehörung schaffen was zur Messe gehorett. Zu Urkund der Warheitt haben sie diß mitt ihren Petschafften versiegelt etc. Datum Dantzig ...... Im Jar 1488. Diß Geld ist in der Kirche verbawett.
e. Ein Befels und Ablaßbrieff Johannis *Episcopi Sambiensis*, das man die Reliquien der Heyligen in der Kirchenveter Altar zu Unser Lieben Frawen in eine Taffel verfassett in der Ehre des heyligen Evangelisten und Apostels Matthei consecrirett dem gemeinen Volcke soll zeigen und den Bußfertigen zu kussen geben. Dafur sollen sie durch die Barmhertzigkeitt Gottes und seiner heyligen Apostel Petri und Pauli viertzig Tage Ablas haben. Datum Fischausen, den 30. Februarii Anno 1488.

1489. <59> Anno 1489 hatt Peter Köseler zu dem Baw der Pfarkirche gegeben
1490. XVIIII Marck.
1491. Item in ᶜ{dem 1491.} Jare am Abend der heiligen drey Könige starb der Hohmeister Marten Truchses nach dem er zwelff Jahr regirett hatte. An seine Stelle ward erkoren der 32. Hohmeister Johan von Tieffen, ein sittsamer, friedliebender Man, der schlechte Kleider am Leibe trug, aber die Kirche sehr und reichlich zirete und begabete. Er regirete newn Jar, zu letzt zog er mitt Johanne Alberto in die Wallachey gegenst den Feind, daselbst er grosse Noth lied an seynem Volck, blieb auch selbst todt dabey[64].

g. Im Jar 1492 im Junis starb der edle und fromme König Casimirus im 65. Jar
1492. seines Alters, welcher sein Lebtage keinen Wein, Meth oder Bier getruncken hatte, sondern allein gesotten Wasser mitt Zucker. Er starb im 48. Jar seiner Regirung der Cron Polen. An seyne Stad ward König in Polen sein Sohn

---

a Gestrichen/skreślony: kein
b Gestrichen/skreślony: haben
c Gestrichen/skreślony: diesem

Johannes Albertus, {welcher diß Jahr am 27. Tage Augusti, im 32. Jahr seines Alters zu Peterkaw zum Konige erwehlet worden.}

1493. Anno 1493. Die newnde Wahl der Kirchen Veter.

h. Nachdem die beyden eltesten auß dem Mittel der Kirchenväter mitt Tode verblichen, als Peter Austin und Hans Kleinschmidt, haben die andern beyden ihrer Gewohnheitt nach etliche Personen schrifftlich auff gestellet auß welchen ein E. Rath zwo andere Personen an der Verstorbenen Stelle gewehlett hatt: als Bartelmes Schmid und Simon Dalewien. Diese sitzen nu nebenst den andern in der Ordnung wie folgett: Herr Johann Ferber, *Inspector* ᵃ der Pfarrkirche. {1. Albrecht Dreyer 2. Hans Stein 3. Bartelmes Schmid 4. Simon Dalewyn.} ᵇ

Diese Kirchen Veter sein ferner mitt dem Baw der Kirche Unser Lieben Frawen fort gefaren, wie hernach folgen wird.

1494. <60> Ein Außtzug auß dem Scheppenbuche der alten Stad Dantzig de dato

i. 1494 Freytages nach Matthei [26 IX 1494] ist auch furhanden folgenden Lauts: „Vor euch edlen, gestrengen Landrichter und Scheppen des Landes Dantzcker Gebiets etc. Vor und im sitzenden Rath die ersamen Richter und Scheppen gehegten Dinges unser Altenstadt erscheinende, haben mitt sich gebracht ein schrifftlich Zeugnuß ihres Buchs im lauffenden Jare am Tage S. Blasii [3 II 1494], dar inn geschrieben und vor ihn geschehen im Berichte von Wort zu Wort lautend als folgett in Schrifften: Beheget Ding vom Schonenfelde hatt getzeuget ins gehengte Ding der alten Stadt Dantzkg, das der geschworne Schultze vom Schonenfelde hatt verbotten Marten Polann, er sein Viehe nicht solte wegtreyben auß dem Dorff vorgenant, ehe er Nachbar gleich und recht gethan hatte und Hirten Lohn auß hette gegeben. Da der genante Marten auff geantwortett: Er wolte gerne gleich und recht thun gleich eynem andern gutten Manne und wolte ihm einen Kerbstock von seynem Viehe geben. Des hatt der genante Marten weg getrieben dreißig Haupt Vihes und hatt dem Schultzen uber den Zaun geworffen einen Kerbstock von sechstehalbe Haupt. Auch zeugett geheget Ding desselben Dorffs, das Hans Stein gegeben hatt, von Marten Polans wegen und seiner wegen dem Hirten drey Vierdung. So als diß vor uns bekant ist und getzeugett so zeugen und bekennen wir etc. *Actum ut supra.*"

1495. Zu vor ist gemeldet im 92. Jare, wie der fromme Konig ᶜ Casimirus seinen zeitlichen Abschied genommen und an seine Stelle sein Sohn Johannes Albertus erwehlet worden.

<61> Dieser Konig kam Anno 1495 gen Thorn, daselbs ward ihm auch gehuldigett, von dannen zog er nach Marienburg und fort nach Elbing alda er auch die Huldigung empfing, von dannen wolte er auch gen Dantzig, muste

---

a Gestrichen/skreślony: President
b Die Liste der Kirchenväter ist durch eine Tintenfleck und Streichungen unleserlich gemacht / spis witryków z powodu kleksu oraz skreśleń jest nieczytelny
c Gestrichen/skreślony: seinen zeitl

es aber sterbens halben nachlassen, schicket derwegen Herrn Nicklaus von Baisen, marienburgischen Woywoden und Herrn Pompowscken dahin, die Huldigung zu empfangen[65].

l. Zu dieser Zeitt ist ein Contract ᵃ{auffgerichtet} zwischen den Kirchenväter und einer Frawen, so der Kirchen Gerehte waschen solle, und in ein Instrumentum *publicum* verfassett lautende wie folgett: „Item auff den Tag S. Catherinen [25 XI 1494?] war Fraw Verona bey uns Kirchenvätern als Albrech Dreger, Hans Stein, Simon Dalewyn, Bartelmes Schmidt, und war begerende, das wie sie wolten auffnehmen zu einer Dienerinne der Kirchen Unser Lieben Frawen, ihre Kleyder und Ding zu waschen und zu nehen, alles was da noch ist und behueff nichts außgenommen. Davor soll sie die Wohnung frey haben zu ihrem Leben und II Marck alle Jahre, da die Sifert Sigische auß gestorben ist. Bey solchem Unterschied sie soll alleding bessern und bawen, was in der Wohnung gebrech ist auff ihre Kost. Sondern was an dem Dache ᵇ{oder} Rinnen gebricht, das soll die Kirche machen lassen. Fort hatt die vorgenante Verona gesagt und gelobett, das sie den ehgenanten Kirchen Stiffvätern nach ihrem Tode gibett und bescheidett all ihr Gutt, Geld, Kleynodien und Eingethumb, wo das ist, der Kirch obgeschrieben zu Gutte. Besonder soll ihr geistlicher Sohn Her Andreas Nicolai auß ihrem Gutte LXX geringe Marck haben, damitt soll er von alle ihrem Gutte geschieden sein. Diß Instrument ist gestellett am Sonna- <62> bend den 24. Januarii des 1495. Jares und unter des Notarii Thesderici van de Leoff Hand und Notariat Siges außgegeben."

1496. Anno 1496 am Tage nach S. Georgii ist gewesen der Montag vor Letare [7 III 1496?] auff diesen Tag wurden die Frawenstuele auffgenomen von den Capellen an der Suderseiten in Unser Lieben Frawen Kirche der Rechten Stadt Dantzig von der Tauffe biß an die Halle. ᶜ Den nehesten Dingstag darnach ward diese Tauffe auffgehoben und ward gesetzett unter den Glockthurm[66]. Hierbey ist zu mercken, das diese Tauffe damals ᵈ hatt gestanden negst an der Beutler Thuer, als man kam auß der Beutlergasse in die Kirche auff der rechen Hand am Ecke der rechten Capellen, da sie darnach auch wiederumb ist hingesetzett nach dem newen Baw, da sie auch gestanden biß ins Jar 1612 ᵉ{und} daselbs widerumb ist weg genomen und unter den Thurm gebracht, da sie auch noch stehett. Der Tauffstein aber ist in den Kalckhoff an der Kirchen gebracht.

Am nehesten Mittwoch hernach, da die Frawenstuele und alte Tauffe weg gereumett waren, ward angefangen das Dach abtzubrechen von der Abeseyten uber den Capellen und ward abgebrochen biß in den Grund und ward

---

a Gestrichen/skreślony: der Kirchen
b Gestrichen/skreślony: und
c Gestrichen/skreślony: Die alte Tauffe
d Gestrichen/skreślony: ist ge
e Gestrichen/skreślony: da sie

einen newe Grund gelegett und der Grund ward fertig den negsten Tag nach Bartholomei mitt Grundsteynen gelegett und gestossen und mitt Zigel darubergemaurett und vergleichett, welches ein groß Geld gekostett.

m. Item wie der Grund fertig war, ward mit Meister Henrich Hetzel dem Maurer dieselbe Suderseyte verdingett auff zu mauren mit <63> Zinnen, wie es alda zu sehen ist, ohne die Spitze auff das Thurmelein, und soll dieser Meyster haben fur seine Kunst und Arbeitt zehen hundert und zwantzig Marck. Und der Kirchenvorsteher musten ihm schaffen alles Holtz, Nagel, Kalck und Zigel, und diß Gedinge geschach denselben Tag, als der Grund verfertigett war, nemlich den nehesten Tag nach Bartholomei Anno 1496 [25 VIII 1496][67].

o. Item so haben die Kirchenveter Unser Lieben Frawen laut eines Contracts einem polnischen Edelman mitt Namen Andreas Zmicegroch[68] auß der Masaw bey Plotzko hero abgekaufft drey Schock Rahmen Holtz in der Lenge 26 Dantzcker Ellen und in der Dicke auff dem schmalesten Ende drey Quartier einer Ellen, ohne faule Äste und bose Striche. Dasselbe auffs negstfolgende Vorjar in die Mottlaw zu liefern an das Ufer, wo es gewohnlich. Dafur sollen sie ihm zalen fur iglichen Schock 30 ungrische Gulden und daruber haben sie ihm gegeben bey diesem Contract 2 Pfund Pfeffer und sollen ihm geben bey der Lieferung widerumb 2 Pfund etc.

In diesem 96. Jare am Tage der 10/M [10.000] [21 X 1496] Ritter wurden zu Dantzig sechtzehn frantzosische Seerauber endhauptett vor der Stad auff dem Dominicg Plan und die Heupter fur der Munde an der See auffgestuckt. Dasselbe Jahr war auch solch ein harter Winter, das man nach Liechtmeß uber Eyß von Dantzig biß gen Hela gerade zu uber die gefrorne Saltze See faren kunte[69].

p. Anno 1497. Die zehende Wahl der Kirchen Veter.

Nach dem abermal auß dem Mittel der Kirchenveter Albrecht Dreyer geschieden, haben die andern <64> drey altem Gebrauch nach abermal etliche Personen einem E. Rath schrifftlich vorgeschlagen auß welchen ein E. Rath zum Kirchenvater ernant Dirick Molenbecke und sitzt der selbe nebenst den andern in der Ordnung also:

1497. Herr Johan Ferber [a] *Inspector* der Pfarkirche. 1. Hans Stein 2. Bartelmes Schmid 3. Simon Dalewyn 4. Dirick Molenbecke.

q. Diesen Kirchenvetern ist in ihre Bewarung gegeben ein Instrumentum pub. belangende eines *Canonici* Nicolai Marienwerders Testament und sein Begrebnuß in dieser Pfarkirche lautend wie folgett: „*In nomine Domini amen. Anno nativitatis ciusdem millesimo quadringentesimo nonagesimo septimo, indictione quindecima sanctissimi in Christo patris et domini nostri Domini Alexandri divina providentia papae sexti Anno quinto, die vero veneris decima sexta mensis Junii hora vesperorum vel quasi, in civitate Vladislaviensis et in summo ac curia venerabilis domini viri Christini de Bovantonte canonici vladislaviensis in*

---

a Gestrichen/skreślony: President

meiq. notarii publici sub et infra scribti testiumq. infra scriptorum ad hoc requisitorum specialiter et rogatorum, praesentia constitutus personaliter praefatus dominus Cristinus de Bovantonte canonicus vladislavensis ac executor testamenti olim venerabilis domini Nicolai de Insula Mariae medicinae doctoris canonici vladislavensis principalis suo, et venerabilis viri domini Johannis Sokolowski canonici vladislavensis eiusdem testamenti executoris nominibus, satisfaciendae obligationi per me notarium infra scriptum de et super lapide appositae super monumentum praefati venerabilis domini Nicolai medicinae doctoris in civitate Gedanensis ita pro ut Deo placivit defuncti <65> et ibidem sepulturam sibi testamentaliter ^a ad beatam virginem eligentis, famosis dominis Simoni Dalevin et Theodorico Mölebeke victricis ecclesiae praefatae beatae virginis Mariae Gedanensis factae ad acta consistorii Gedanensis. Et in praesentia venerabilis viri Gregorii Greve ad beatam virginem officialis pomeraniensis omnibus meleoribus modo, via, jure, ordine, stilo forma et causa, quibus melius potuit et de jure debuit ipse venerabilis dominus Cristinus executor principalis praefatum lapidem clericus ut praemittitur venerabilis Nicolai de Insula Mariae in ecclesia beatae virginis in civitate Gedanensis appositum protestatus est, se dedise et appropriasse perpetue ad ecclesiam beatae virginis Gedanensis, ita tamen, quod de post et in futurum capitulum ecclesiae vladislavensis neq. cognati sive sangvine iuncti aut quicunque amici divi Nicolai medicinae doctoris, qui se hoc lapide tegi fecit propriis impensis nullam potestatem de ecclesia praefatae virginis recipiendi huius modi habebunt, quinimo vitrici memorati et alii pro tempore existentes ad ecclesiam beatae virginis praedictae omnimodam pro usu ecclesiae temporibus perpetuis et prout ipsis videbitur expedire potestatem habebunt disponendi facultatem, nec licebit se de lapide homini cuipiam tam canonicorum ecclesiae kathedralis vladislavensis quam etiam amicorum memorati magistri Nicolai medicinae doctoris quovis modo intromittere aut per quem cunque viam aut quovis quaesito celo eiusmodi lapidem de ecclesia beatae virginis in Gdano reppetere, solemiter et per expressum protestando.

Allegatum insuper lapidem ipsum per testatorem antedictum temporibus perpetuis pro ecclesia beatae virginis appropriasse. Super quibus omnibus et singulis praemissis praefatus venera{bi}lis vir dominus Cristinus de Boventhonte canonicus vladislavensis executor testamenti praelibati magistri Nicolai medicinae doctoris suo et venerabilis domini Johannis Sokolovski <66> canonici vladislavensis executoris dicti testamenti nominibus pro ut sibi a me notario publico tanquam persona autentica legali dari et confici unum vel plura publicum sive publica instrumentum vel instrumenta et hoc praesens instrumentum publicum. Acta sunt haec Anno. Indictione, die, mense hora et loco, quibus supra praesentibus ibidem honorabilibus viris dominis Matthia plebano in spital et Johannis Crosinski clericus vladislavensis diocesis testibus ad praemissa vocatis similiter et vocatis.

Et me Alberto olim Jacobi de Gorzkowice clerico Gneznensi diocesi publico sacra imperiali auctoritate notario. Qua praedictis, protestationi, donationi et appro-

---

a Gestrichen/skreślony: sibi tes

priationi aliisque omnibus et singulis praemissis dum sic ut promittitur agerentur et fierent, una cum praenominatis testibus praesens interfui itaque omnia et singula praemissa sic fieri vidi et audivi. Ideo hoc praesens instrumentum manu propria scriptum exinde confeci meque huic subscribens in hanc formam publicam redigi, signoque et nomine meis solicitis fieri consuetis consignavi. In fidem et testimonium omnium et singulorum praemissorum vogatus et requisitus. IHESUS CHRISTUS MARIA"
{Diß Begrebniß ist im Chor mitt No. 17 getzeichnet[70].}

r. In diesem Jahre [a] {am} Tage dry Konige [6 I 1497] und hernach vier Tage lang war so ein grawsamer, unerhörter Sturmwind, das man meinete, der Wind solte das Land umbkeren, und durch diesen Sturm brach die Nerunge durch und ward das newe Tieff zu Konigsberg geöffnet. Zu Dantzig brach damals das Bolwerck fur der Munde gantz und gar durch und kostete wider zu bawen uber 4600 Marck. Dieser Sturm begreiff im Werder einen Glockthurm von Holtz verbunden mitt funff gegossenen Glocken, unter denen die grosseste von 16 Centner war, hub ihn auß dem <67> Grunde und fuhrete ihn unversehrett mitt sampt den Glocken woll 25 Schritt weyt von der Kirchen, da ward er erst nider gesetzt und gar zuschmettert[71].

1498. Ein offen Bekentniß dieser Kirchenveter jungst ernant ist furhanden lautende wie folgett[72]: „Wir Kirchenveter Unser Lieben Frawen zur Zeit der Pfarrkirche der Rechten Stad Dantzke thun kund und bekennen, das wir eintrechtiglich und samptlich {mitt reiffem Rath empfangen haben von Kersten Schefecken, Burgern zu Dantzk} achthundert Marck geringes Geldes zu voller Genuge [b] gewohnlicher Muntze. Fur solche VIII[C] Marck geloben wir, obgenante Kirchenväter oben beruhrett, hir nach bestimmet: Zum ersten Herr Johan Ferber Burgermeister nu zur Zeit zu Dan[c]{tz}k geordiniret von dem ersamen Rathe zu den Kirchenvätern {(NB. Hirauß ist offenbar, das der elteste Burgermeyster allewege der Kirchen President gewesen ist, gleich wie alhir der Herr Johan Ferber.)} Simon Dalewyn, Hans Stein, Bartelmes Schmid, Dirck Molebecke, alle samptlich, das man soll zu langwehrenden Zeiten ewig leuten alle Sonabende ausser der Fasten zum *Salve Regina* mitt der Glocken, Susanna genant, die nu zur Zeit die nehesten der grossesten ist, und man soll anheben zu leuten, so der erste Psalm in der *Complete* gesungen ist und soll tawern biß man das *Salve* will anheben. Mehr soll man leuten mitt derselbigen Glocken alle zukommende *Advent* des Morgens zu Unser Lieben Frawen Messe, und man soll anheben zu leuten, so man die Laudes in der Metten anhebett und soll tawern biß man will *Ave* Maria leuten. Mehr soll man leuten mitt derselbigen vorbenanten Glocke alle *Salve Regina* in der Fasten alle Tage. Mehr soll man leuten mitt derselben Glocken Susanne alle zukomende

---

a Gestrichen/skreślony: vom
b Gestrichen/skreślony: gewohnlicher Muntze empfangen haben
c Gestrichen/skreślony: g

<67–69> Historisches Kirchen Register 385

heilige Leichnams Wochen zur Nonen. All <68> ᵃ solchem leuten wie zu dem *Salve* in der Fasten und in des heiligen Leichnams Wochen zur None soll all nachtauren ein Viertel von einer Stunden umb das die Leute mögen Zeit genug zur Kirchen kommen, ehe dan man das *Salve* anhebett und ehe das man den heiligen Leichnam außtregt und, das Gott verbiete, das dieselben Glocken nu zur Zeit Susanna genant ir kein Unrath widerfuhr, das man sie nicht leuten kunte, so soll man dan mitt der leuten, die als dan negst der grossesten Glocken ist, solange es Gott fugete, das man sie wider besserte oder umbgusse, da Gott vor sey, sie zebrochen were, darumb soll man allezeit leuten mitt der negst der grossen Glocke, die da in dem Thurme hengett. Solch eins geloben wir vorgeschriebenen Kirchenväter fur uns und alle unsere Nachkomlinge soll gehalten werden ᵇ {zu ewigen Zeiten}. Solcheins ist geschehen und angegangen nach Christi unsers Herrn {Geburt} tausend vierhundert im achtund neunzigsten Jare an der heyligen XI^M Jungfrawen Abende und XXI. Tage Octobris."

Als auch das Jar hir bevor der Hohmeister Johan von Tieffen gestorben war, erwehleten die Creutzherrn zum 33. Hohmeister Hertzog Fridrichen zu Sachsen. Derselbe zog auff Preussen und kam nebenste seinem Bruder Hertzog Georgen sampt vielen andern Herrn Grafen und Rittern ungefer mitt 500 Reysigen diß Jahr auff Matthei Abend den 20. Septembris gen Dantzig, folgig rucket er auff Konigsberg und ward daselbs am Tage Michaelis in den Orden eingekleidett⁷³. <69>

s. Anno 1499.
Die eilffte Wahl der Kirchenvätter.
Nach dem nach Gottes Willen abermal ein Kirchen Vater, nemlich Hans Stein, durch den Todt abgeschieden, haben die andern ᶜ ublichem Gebrauch nach etlich Persohnen einem E. Rath schrifftlich ubergeben, auß demselben einen an des verstorbenen Stelle zu wehlen, auß welchen ein E. Rath Greger von Elden zu einem Kirchenväter ernant hatt und sitzen demnach die Kirchenväter in der Ordnung wie folgett: Herr Johan Ferber President der Kirchen. 1. Bartelmes Schmid 2. Simon Dalewyn 3. Dirick Molenbecke 4. Greger von Elden.

1499. In diesem Jare ward mitt Henrich Hetzel verdungen das Gewelbe uber dem
t. hohen Altar. Die Kirchenveter sollen ihm schaffen Holtz, Strenge, Kalck, Nagel und Zigel, des soll er haben fur seine Arbeytt und Kunst anderthalb hundert Marck preuscher Muntze geringes Geldes. Dis Gedinge geschach den Mittwoch vor Johannis Baptiste⁷⁴.
Diese I^C und L Marck hatt Bartelmes Schmidt dem obgemeldten Henrich Hetzel nach volendeter Arbeitt endrichtett und mitt Simon Dalewyn, Dirick

---

a Gestrichen/skreślony: All
b Gestrichen/skreślony: zu ewigem Gedechtniß
c Gestrichen/skreślony: der

Molenbecken und Greger von Elden verrechnet am Dinstage nach Drey Könige Anno 1500.

Item Anno 99 haben auch obgemelte Kirchenväter verdingett zu gewelben die ᵃ {Ost}seyte antzuheben an S. Eraßmuß Capelle und die andern Capellen vorbey biß an S. Hedwigs Capelle. Und die Nordseyte von der Frawenthuer die andern Capellen vorbey biß an S. Barbaren Altar, das die Schumacher Gesellen halten. Des sollen ihm die Kirchenväter schaffen <70> Holtz, Strenge, Nagel, Kalck, Zigel und er soll das Geruste selber machen. Dafur soll er haben fur seine Kunst und Arbeitt drittehalb hundert Marck preuscher Muntz geringes Geldes. Datzu soll er haben zwetausend Zigel und drey Last Kalck. Geschehen am Mittwoch vor S. Margarete Anno wie oben [10 VII 1499].

Im gleichen fieng Henrich Hetzel in diesem Jare an, das Gewelbe zu mauren zwischen den vier grossen Pfeylern in unser Lieben Frawen Kirchen der Rechten Stadt Dantzig auff seinen eigenen Kosten Arbeytslohn und Kunst sondern allein die Kirchenvorsteher ihm schaffen Holtz, Nagel, Strenge, Kalck und Zigel.

In diesem Jar in der Fasten hielt der König zu Polen einen Reichstag zu Crakaw, dahin auch der newe Hohmeister gefordert ward, den Eid gleichs seinem Vorfahren zu leisten. Solchs wolten ihm die Creutzherrn nicht gestatten, sondern verschleppten sich diese Dinge biß in das ᵇ ander Jar hernach.

u. Anno 1500. Die zwelffte Wahl der Kirchenveter.

Nachdem Simon Dalewyn {und Greger von Elden} vor diesem mitt Todt abgangen, haben die ubrigen ᶜ {zween} Kirchenveter ihrer Freyheit nach etliche Personen auff eim Zedel ein E. Rath unerreicht darauß einen andern zu wehlen, und ist dartzu ernant {Jacob von Werden und} Hans Siedeler folgen derhalben in der Ordnung wie alhir zu sehen: Herr Johann Ferberder Kirchen ᵈ Inspector. 1. Bartelmes Schmid 2. Dirick Molenbecke 3. Jacob von Werden und 4. Hans Sideler.

1500. <71> Bey dieser Kirchen Veter Zeiten lies ein Kramer mitt Namen Jacob
w. Lubbe das Gewelbe von den vier grossen Pfeylern biß an die Süderthuer, wie man gehett nach der grossen Kremergassen, auff seine eigene Unkosten gewelben und ist gewelbett und fertig geworden Anno 1500, wie eine Taffel, so gegen dem Rathstuel uber mitten ans Gewelbe gehefftett, klerlich außweysett. {Item die Geschlechter, denen die Capellen gehören, haben auff ihre eigene Unkosten dieselben gewelben lassen.}

In diesem Jare brach die Rodaune an der Silberhutten auß, da der halbrunde Thurm {stehett}, den man den halben Mond nennett.

---

a Gestrichen/skreślony: Süter
b Gestrichen/skreślony: folgende
c Gestrichen/skreślony: drey
d Gestrichen/skreślony: Presidentt

1501. Item es ward mitt Meister Henrich Hetzel, dem Stadmewrer verdingett, das
x.   Gewelbe uber dem Chor abtzubrechen wie auch den Pfeyler auff dem Chore und das Gewelbe uber dem Chore wider zu machen und das Gewelbe von den vier grossen Pfeylern an zu gewelben biß an die Thuere da man auff den Thamm gehett, des sollen ihm die Kirchenveter schaffen Holtz, Nagel, Strenge, Kalck und Zigel. Er machett aber das Geruste selber. Fur diese Arbeitt zu gewelben und zu machen soll Meister Henrich haben drittehalb hundert Marck. Geschehen den ᵃ negsten Mittwoch nach Drey Konige Anno 1501 [7 I 1501].

y.   Item am Sonabend nach S. Matthias [27 II 1501] haben die Kirchenveter verdingett mitt dem Stad Meurer Henrich Hetzel sechs Gewelbe zu machen von dem Scheppen Altar an biß an die Librarey die Capellen vorbey fur iglich Creutz funffunddreyssig Marck, davon die Summa ist II^C und X Marck. Item hirtzu noch Meister Henrich gegeben eine Last Haber, zweytausend Zigel und drey Last Kalck noch ihm gegeben zu einem Gottespfennig einen Horne Gulden. Item der Last Haber galt damals zehen Marck.
       Item nach diesem Verdinge, Manier und Lohn <72> gewelbete Meister Henrich auch die Norder Seyte von S. Peter und Pauls Altar biß an den Glockthurm.
       Item Montages ᵇ vor Simonis Judae [25 X 1501] haben die Kirchenveter mitt Hetzel dem Stadmaurer verdungen, die Mittelkirch zu gewelben und soll fur seine Kunst und Arbeit haben III^C Marck preuscher Muntze geringes Geldes.

z.   Item in diesem 1501. Jahr starb der lobliche Burgermeister Johan Ferber {am 1. Tage Septembris}, welcher Anno 1463 eine Scheppenperson, Anno 1475 eine Rahtsperson, Anno 1479 zu einem Burgermeister erwehlett ward und ist ᶜ {der} Kirchen ᵈ {Inspection} Anno 1484 an ihn gelangett, nu also 17 Jar der Kirchen Praesident gewesen. {An seiner Stelle ist das Kirchen Presidenten Ampt gelangt an den Burgermeister Herrn George Buck, welcher damals der elteste Burgermeister war.}
       In offt gemeldtem 1501. Jare[75] zog der König zu Polen Johannes Albertus auff Preussen und kam gen Thorn Freytages vor Stanislai am 7. Maii, den damals 33. Hohmeister Fridericum Hertzogen zu Sachsen zu seiner Pflicht und Gebuer zu ermahnen, daselbest auch die keiserliche Bottschaft verhorett.

A.a.   Aber bald hernach, den 13. und 14. Junii ward er todlich kranck, dan der Schlag hatte ihn geruhrett, daran er den 17. Junii hernach, des Vormittages zwischen 8 und 9 Uhr von dieser Welt geschieden ist, und die Leiche ward von Thorn gen Crakaw gefuhrett und ist daselbs den 26. Julii mitt königlicher Solennitett zur Erden bestattet worden, seines Alters im 41. Jahr, da

---

a Gestrichen/skreślony: den
b Gestrichen/skreślony: vormittage
c Gestrichen/skreślony: das
d Gestrichen/skreślony: Praesidentenampt

ohne Zweifel alhir zu Dantzig mitt den Glocken dieser Kirchen, wie itzund noch gebreuchlich, zu seynem Begrebniß wird geleutett sein.

Bald hernach ward dieses Königes Johanniß Alberti Bruder, Alexander der Großfurst in Litawen zum Könige in Polen erwehlett und am 12. Decembris durch seinen Bruder Fridricum,[a] den Ertzbischoff zu Gnesen, alter Gewohnheitt nach zu Crakaw gekrönett. <73>

1502. B.a. Anno 1502 auff S. Panthaleonis Tag den 28. Julii auff einen Donnerstag umb vier Uhr nach Mittage ward in der Pfarkirchen der letzte Gewelbes Stein geschlossen. Also ist alhir nun nach der Lenge beschrieben, wie die grosse Kirche zu S. Marien in Dantzig auffgefuhrett und durch alle Genge derselben gewelbett[b] {seind} worden.

In diesem Jare ward auch der Ablaßkasten in der Pfarrkirchen geoffnett, daruber man biß dahero gesamlett und darinne gefunden 1829 Marck.

Die Capellen belangend wie zuvor auch gedacht, wie die gewelbett sein, das haben die Geschlechter und Bruderschafften, den sie gehören, auff ihre eigene Unkosten gethan, dafur sie frey Begrebnuß darinne haben, wie dan in der Kirchenordnung endhalten ist mitt diesen Worten: „Item die Geschlechter, die eigene Capellen haben, lassen bawen und der Kirchen eine mercklliche Summa Geldes dafur gegeben fur die Freyheitt, das sie mitt ihren Kindern frey Begrebniß sollen haben, wen sie begraben werden, die sollen dem Pfarrherrn von iglicher Leiche nichts geben und datzu sollen sie ihre Capellen halten mitt Dache und mitt Fenstern."[76]

1503. Des folgendes Jahres ist von dieser Kirchen Sachen und Gebew wenig schreibwirdiges, allein zur Zugabe will ich diß vermelden: Es kamen diesen Sommer in Preussen sechs Kittelbruder, wie sie sich nenneten, ein newer Orden von newer Heylickeitt oder Göckeley, die assen weder Fische noch Fleisch, trunkken weder Bier noch Wein, trugen nichts auff dem Haupt noch Füssen, gingen stets mitt blossem Kopff und Füssen.

<74> Noch funden sich, in dem sie von einem Ort zum andern terminirten, in der Stadt Dantzig zween und dreissig Personen, die es heilig Dinck zu sein beduncktte, und sich in denselben Orden einkleiden liessen[77].

D.a. Dasselbe Jahr am 14. Martii starb auch des Koniges Bruder Fridericus, Bischoff zu Crakaw und Ertzbischoff zu Gnisen, welcher {hir bevor} seinen Bruder Alexander zum Könige in Polen gekronet hatte, und wie er in Mussigganck fressen und sauffen alle Zeit gelebett hatte, so ward er auch endlich seines Alters im 35. Jar von den Frantzosen vertzehrett, wie die polnischen Geschichtsschreyber selbst betzeugen[78].

{Item am Tage Fransisci fiel das Gewelbe ein zu den Grawen Munchen nach der Gassen werts des morgens zwischen vier und funff Uhr.}

---

a Gestrichen/skreślony: zu Crakaw gekrönet
b Gestrichen/skreślony: ist

<74–75>		
1504. E.a.	Anno 1504 kam König Alexander in Preussen, durchzog die Stedte und ließ sich huldigen, kam also auch am Pfingstabend gen Datzig mitt seinem Gemahl Helena in der Moscaw Iwan Waßilowitz Tochter, alda ihm auch gehuldigett ward den siebenden Junii, hernach zog er von Dantzig wider auff Marienburg[79].	
F.a.	Anno 1505. Die dreytzehende Wahl der Kirchenveter.	

Nach dem nu abermahl ein Kirchen Vater abgangen, nemlich Bartelmeß Schmid, der erste in der Zal, haben die hinderstelligen ihrer Gewohnheitt nach einem E. Rath [a] {zwo} Personen schrifftlich [b] {zugestellett} auß denselben einen andern zu erwehlen an des verstorbenen Stelle und ist datzu ernant worden Marcus Schultze. Weil auch vor diesem wie gemeldet der elteste Burgermeister Johan Ferber auß dieser Welt geschieden und dadurch sein Kirchenpresidenten Ampt auff den Herrn Georgen Buck verfellet, welcher damals der elteste Burgermei- <75> ster war, und aber derselbe Anno 1503 am vierden Tage Januarii durch den Tod abgefordert worden, welcher Anno 1461 zu einer Gerichts Person, Anno 64 zu einer Rathsperson [c], Anno 1484 zu einem Burgermeister erwehlet worden [d] und also nach Absterben des Herrn Johan Ferbers Anno 1501 [e] {die *Inspection* der Pfarrkirchen} an ihn gelanget, er aber wie gemeldet Anno 1503 gestorben, ist [f] {dieselbe} [g]{Inspection} ferner auff den eltesten Burgermeister Herr Henrich Falcken verfallen, sitzen derwegen die Kirchenveter in der Ordnung wie folgett:

1505.	Herr Henrich Falcke der Pfarrkirchen [h] {Obmann} 1. Dirick Molenbecke 2. Jacob von Werden 3. Hans Siedeler 4. Marcus Schultze.
G.a.	Es ist aber dieser newe Kirchen [i] {Inspector} bald nach dieser Wahl gestorben, nemlich den 10. Aprilis dieses lauffenden 1505. Jares, welcher Anno 1477 zu einer Gerichtsperson, Anno 1479 eine Rathsperson, Anno 1489 zu einem Burgermeister erwehlett ward, weil er aber gestorben wie oben gemeldt, ist die Kirchen [j] *Inspection* an den Herrn Bürgermeystern Georgen Mandt als damals eltesten Burgermeistern gelangett.
H.a.	In diesem Wahljare findett man wegen der Kirchen nichts gedenckwirdiges, zur Zugabe aber dieses Jares setze ich, das die Koniginne Elisabett, Königes Casmiri Ehegemahl und nachgelassene Wittwe des damals regirenden Konigs Alexandri Mutter gestorben [k] am Sonabend vor Egidii, [l] ihres Alters 82 Jar[80].

---

a   Gestrichen/skreślony: etliche
b   Gestrichen/skreślony: ernant
c   Gestrichen/skreślony: und
d   Gestrichen/skreślony: und also 10 Jar das Kirchenpresidenten Ampt geführett, also
e   Gestrichen/skreślony: das Kirchenpraesidenten auff das Kirchenpre Ampt
f   Gestrichen/skreślony: dasselbe
g   Gestrichen/skreślony: Kirchenpresidenten Ampt
h   Gestrichen/skreślony: President oder
i   Gestrichen/skreślony: President
j   Gestrichen/skreślony: Presidenten Ampt
k   Gestrichen/skreślony: ist
l   Gestrichen/skreślony: welchen in den letzten Julij gefallen

	Da man auch ohn Zweyfel zu Dantzig mitt den Glocken dieser Kirchen zu ihrem Begrebniß wird geleutett haben. {Item am II. Tage Augusti in der Nacht, da brante die Dreher Gasse und Petersilgen Gasse biß an das Sigelhauß und S. Johans Thor alles hinweg.} <76>
1506. I.a.	Anno 1506 am Montage vor *Barnabae*, das ist der ᵃ Montag vor dem II. Junii, hatt der Donner einen Man in der Pfarkirchen erschlagen bey der Capellen Jerusalem oder der Priester Bruderschafft Capelle genant, umb 12 Uhr zu Mittage.
K.a.	Item in diesem Jare am 19. Monatstage Augusti ist Konig Alexander als ein Paraliticus zur Wilde Todts verblichen im 36. Jar seines Alters und im funfften seyner Regirung, nachdem er seinen Brudern Sigismundum auß der Schlesien gefordert hatte, sich der Cronen und des Großfürstenthumbs zu unterwinden. Darauff ward auch nach seinem todtlichen Abgang sein Bruder Sigismundus zum Konige erwehlett am Tage Thomae *Apostoli* der jungste Sohn Königes Casimiri⁸¹.
1507.	Im folgenden Jare, da steig Ebert Moer, ein Schipper und Brewer, zu Dantzig auff den Rathhauß Thurm und satzte seinen Hutt dem Wetterhanen auff, wo durch er ein groß Gewette gewann.
	In denselben Jahre frohr die Weissel nicht zu und bestund auch nicht mitt Eyse das gantze Jahr, die Rodawne und das Frische Hab auch nit.
1508.	Das folgende Jar hernach findett man weder in dieser Kirche noch andern Sachen diese Stadt belangende nichts gedenckwirdiges beschrieben, darumb wir nu ferner zu der viertzehenden Wahl der Kirchenveter schreyten wollen.
L.a.	Anno 1509. Die viertzehende Wahl der Kirchenveter.
	Nachdem vor diesem wider umb zween Kirchen Väter abgangen waren als Dirck Molenbecke der erste ᵇ und Hans Sideler der dritte in der Ordnung, haben die hinderstelligen beyden etliche Personen eim E. Rathe <77> schrifftlich zugestellt auß demselben andere zween Kirchenveter zu erwehlen auß welchem ein E. Rath ernant Hillebrant Holthusen und Gerlach Kemerer. Weil auch das Kirchenpraesidenten Ampt, wie bey der vorigen Wahl gemeldett, an den Burgermeister Herrn Georgen Mandt gelanget als sitzen sie nu ferner in folgender Ordnung:
1509.	Herr Geoge Mand der Pfarkirchen ᶜ {*Inspector*}. 1. Jacob von Werden 2. Marcus Schultz 3. Hillebrant Holthusen 4. Gerlach Kemerer.
	In diesem Wahl Jare findett man in den Kirchen Buchern und Schrifften nichts gedenckwirdiges.
1510. M.a.	{Es} ᵈ ward die alte grosse Orgel geliefert in der Pfarkirchen zum ersten mahl von Meyster Blasius und kostete diß grosse Werck XXXVIIIᶜ Marck und etliche Marck, Anno 1510⁸².

---

a Gestrichen/skreślony: Woche
b Gestrichen/skreślony: in der Ordnung
c Gestrichen/skreślony: President
d Gestrichen/skreślony: Da

	Am Donnerstage nach Ambrosii, welches war im Anfang des Aprillen, zundt das Wetter den newen Thurm an auff der Vorstad.
1511. N.a.	Laut einem Contract Anno 1511 auff Ostern auffgerichtett erweisett sich, das die Kirchen Veter obgenant das hohe Altar zu molen verdungen haben mitt einem Moler Meister Michel genant[83], also das er alle Farben, Gold, Arbeitt und was sonst datzu gehörett auff seine Unkosten thun soll und auch dasselbe Altar, wan es fertig, ohne Schaden auffrichten soll, ohn allein was an Eisen datzu vonnöthen die Kirchenveter betzalen. Da fur soll er haben 2500 Marck, worauff sie ihm auch bahr betzalett 386 Marck 6 Schott. Er hatt sich aber das folgende Jahr beschwerett, das er nicht zu- <78> kommen können, darumb sie sich auffs newe vereiniget und ihm 3000 Marck zugeeignet und was er zuvor empfangen dartzu behalten soll, kostett also diß Mohlwerck mitt sampt dem vergulden 3386 Marck. Und hatt dieser Moler daruber gearbeitett biß Anno 1512 umb den Dominick. Item der Kirchenvater Gerlach Kemerer gedenckett in einem Register, das die newe Taffel auff dem hohen Altar gekostett hatt 7000 Marck und mehr was nicht geschrieben war. In diesem Jar starb auch der Hohmeyster Hertzog Fridrich auß Sachsen und ward nach ihm {der 34. Hohmeister} erwehlett Marckgraff Albrecht[a] von Brandenburg, Thumherr zu Collen, Marggraff Fridrichs Sohn, von Königes Sigismundi zu Polen Schwester geboren.
1512. O.a.	Im folgenden Jahre setzett obgenanter Gerlach Kemerer also: „Item so kostete das newe Thurmechen an der Suderseyte bey dem Glockthurme mitt allen Ungelde VI^C XXXII Marck XXVIII G."
1513. P.a.	In diesem 1513. Jahre ist eine ewige Messe auff seligen Hans Schultzen Beger und Bete gemachett {lautt einer Copia in ein Kirchenbuch No. 4 geschrieben[84]} wie folgett:[b] „Jedermenniglich wess Standes, Wesens oder Wirdigkeitt die sein geistlich oder weltlich den, den dieser Brieff vorkompt zu sehen, hören oder lesen zukunfftigen so woll als gegenwertigen sey kund und offenbar, das wir Jacob von Werden, Marcus Schultze, Hillebrand Holthusen und Gerlach Kemener, von einem E. Rath der königlichen Stadt Dantzig gesetzete Vorstendere und Kirchenveter der Kirchen der hoch gelobten Jungfrawen, binnen der vorgemeldten Rechten Stadt gelegen, vormittelst gegenwertigen Zeugen und bekennen, das wir mitt sonderlichem Wissen und Willen <79> wie auch mitt reiffem Rath eines E. Raths vorgemeldt von der tugendsamen Frawen Anna, seligen Peter Schultzen nachgelassener Wittwen, und von dem verstendigen Michel Schultzen, ihrem Sohne, zehendehalb hunder Marck preusch geringes Geldes an bahrem Gelde auffgehaben und zu voller genuge empfangen und zu mercklichem Behuff des Gebewes der gemeldten Unser Lieben Frawen Kirchen angewendett haben. Dar vor wie uns zu sampt allen unsern nachkommden Vorstehern und Kirchenvetern der gedachten Unser Lieben Frawen Kirchen mitt sunderlichem Urlaub zulaß Wissen und

---

a Gestrichen/skreślony: der 34. Hohmeister
b Gestrichen/skreślony: Item im Jare unser Herrn tau-

Willen eines gemeldten E. Raths die obersten Vor^a{wesers} seinde verwilligkt haben verpflichtett und gelobett ^b und gegen wertiglich verwilligen ^c verpflichten und geloben, eine sonderliche lesende ewige Messe tag teglich Gott dem Almechtigen und seiner himlichen Schar zu Lobe und zu Ehren und seligen Hans Schultzen Seele (der solch eine Stifftung der ewigen Messe auß Gnade des Allmechtigen vor und in seynem letzten mitt grosser Innigkeitt gebethen hatt) sich und alle den lieben Seelen, der auß seinem Geschlechte vor und nach in Gott verstorben sein, auch hernachmals dem Gesetz der verrucklichen Naturen durch tödlichen Abgang gehorsam werdende zu Trost und zu Erwerbung der ewigen Seligkeitt uber dem Altar S. Christoffers, sonst das Altar der Kirchenveter genant, in der obenbestimmten Kirche zu langen ewigen Tagen zu halten und mitt aller Notturfft, es sey mitt Liechten, Caselen, Alben, Omerael, Patheney und mitt allem andern Meßgerethe nichts außgenommen, wie das mag genant werden, zu versorgen. Daran wir uns und alle unsere Nachkomlinge verordnete Vorsteher und Kirchenveter seinde der offtgedachten Unser Lieben Frawen <80> Kirchen nichts wollen ^d {hindern} lassen. Des hatt auch die gemeldte Fraw Anna ein gulden Kemmechen zu einer Casel mitt aller Zubehörung datzu gegeben. Weyter versprechen und geloben wir dem Priester, den wir zu dieser ewigen Messen halten sollen, sechtzehen {geringe} Marck alle Jahr jerlich zu langen und ewigen Tagen zu versorgen und außzurichten, die er heben mag, da wir ihm einen solchen Zins machen werden. Es soll auch diese selbige ewige Messe von Stund an nach dato dieser unser ewigen Verschreibung angehoben und volen zogen werden, das wir vor uns und unsere nachkommende Vorstendere und Kirchenveter geloben und versprechen ohn alle arge List zu halten in allen zukommenden Zeiten, und wollen dagegen noch im Theile noch im Gantzen keines geistlichen noch weltlichen Gerichts oder Freyheitt gebrauchen noch frewen, dan wir unß des in diesem Fall gentzlich hirmitt verzeyhen und renunciren. Es sollen und mögen auch die gemeldte Fraw Anna, seligen Peter Schultzen nachgelassene Witwe mitt ihrem Sohne Michel Schultzen, wie auch nach ihrem Todt ihr beider Geschlechte und Freunde auff diese vorgemeldte Stifftung der ewigen Messe ein auffmercken und ein endlich löblich einreden haben, uff das eine solche trostliche Stifftung den armen Seelen ihres Geschlechts durch gutte Zuversicht so viel baß gehalten werde. Zu mahle wo iemand des Geschlechts und Herkommens were geistlich seinde, der solcheine ewige Messe mitt Fleisse halten und lesen wolte datzu auffgenomen wurde, hirumb so verwilligen wir uns und fur unsere nachkommende Vorstendere der gedachten Unser Lieben Frawen Kirchen {und} geloben, so wir oder unsere Nachkomlinge von einem Geistlichen diese Geschlechts

---
a Gestrichen/skreślony: steher
b Gestrichen/skreślony: eine sonder
c Gestrichen/skreślony: verwilligen
d Gestrichen/skreślony: erwinden

<80–82>

hirumb gebetten und angelangett wurden, das wir denselben <81> vor einem andern Priester des Gebluts und Herkommens nicht seinde zu dieser ewigen Messe ohn Weygeren auffmehmen wollen, des soll er sich auch mitt uns und unsern Nachkomlingen fur die Kirche ratende freundlich halten und derselben ewigen Messe fleyssig warnehmen will er anders dieser gedachten Freyheitt geniessen. Zu Sterckung der Warheitt und zu ewiger Befestigung dieser Dinge haben wir diß alles und iglichs wie oben gemeldt in des erbarn Raths der Stadt Dantzig unser Herrn Gedenckbucher bewaren und verschreiben lassen, deme den auch in unserm Kirchenbuche der Schleffer genant also geschehen ist. Und vor einem offenbaren Schreiber und zeugwirdigen Personen datzu sonderlich zu Zeuge geruffen von uns vieren verlautbarett bekand und zugestanden. Des zu mehrer Sicherheitt hatt ein jeder von uns sein gewohnlich Signet hier unden wissentlich anhengen lassen diesem offenen Briefe, der gegeben ist zu Dantzig am Mittwoch vor S. Marie Magdalenen Tage nach Christi Geburt funfftzehen hundert und im dreytzehenden Jare."

Q.a. In diesem Jare starb auch der lobliche Burgermeister Herr George Mandt {am 26. Tage Augusti}, welcher zu gleich auch der Pfarkirchen [a] {*Inspector*} war. Er ward Anno 1474 zu einer Gerichtsperson, Anno 1481 zu einer Rathsperson, Anno 1502 zu einem Burgermeister erwehlett und {hatt} Anno 1505 als damals eltester Burgermeister [b] {die Inspection} der Pfarkirchen erlangett. An seine Stelle ist es kommen auff den Burgermeister Herrn Eberhard Ferber, welcher nach Absterben Herrn Georgen Mands der elteste Burgermeyster war.

In diesem 1513. Jar am Tage Simonis und Judae zubrach ein Theil der Koggen Brucke nemlich die <82> Zugbrucke, welche nach dem man Schiffe durch gelassen und sich mittler weil viel Volck gesamlett, welche nach die Brucke zugemacht mitt Hauffen heruber wolten die selbe zu hart beschwertt ihr viel daruber in die Mottlaw fielen und ertruncken, die ubrigen auch so noch woll hetten konnen gerettett werden durch die Steine im Gewicht uber der {selben} Brucken, welches uber schug sein getodtett worden. Darumb {solche Gefahr zu vermeyden ist darnach} [c] verordent, das der Brucken Meister nicht mehr den ein Schiff auff ein mahl durch lassen soll, damitt sich nicht so viel Volck samle, wie es aber gehalten wird, weisett die Erfahrung auß.

1514. Item im Jare unsers {Herrn} 1514 in der Fasten gegen die Osterzeitt seind
R.a. uberein gekomen funff gutte Manne gesessene Burger der Rechten Stadt Dantzcke mitt sampt den Kirchenvetern [d] zu Unser Lieben Frawen der Rechten Stadt Dantzcke mitt Namen Jacob von Werden, Marcus Schultze, Hillebrand Holthusen und Gerlach Kemerer und haben zusamen getragen, das

---

a Gestrichen/skreślony: President
b Gestrichen/skreślony: das Presidentenampt
c Gestrichen/skreślony: itzund
d Gestrichen/skreślony: mitt Namen

Textabb./il. 1

solche funff gutte Manne ein iglicher hatt gegeben eyn hundert und zwantzig Marck. Ist zusamen sechshundert Marck preusch geringes Geldes, ᵃ {wie} obgeschribenen Kirchenvetern empfangen haben und auff Zins gebracht, mitt Willen des ersamen Raths der Rechten Stadt Dantzke und auch also geschrieben in des ersamen Rathsgedenck Buch, angesehen die Kirche Unser Lieben Frawen hir auch von ᵇ etliche Zinser mag empfangen alle Jahre zu langen Tagen, so haben wir obgeschribenen Kirchenveter gelobet und uns und alle unsere Nachkomlinge zu <83> halten und machen zu lassen auff den Messings Leuchter vor dem hochwirdigen heiligen Sacrament in vorgeschriebenen Kirchen stehende funff Wachsliechte, iglich Liecht von sechs Pfunden Wachses, sollen brennen zu Lobe und Ehren dem hochwürdigen heyligen Leichnam unsers Herrn und in die Ehre der heiligen funff Wunden unsers Herrn Jhesu Christi in solcher Weise etc., welch an hero zu setzen zu weitleuffig sein wollte, auch itziger Zeit unnottig.[85] {Wer nu diesen Leuchter habe giessen lassen findett man nicht beschrieben allein auff dem Leuchter stehen diese Worte: „O Gott dyn syn alle Dinck, watt ick dy hebbe gegeven van dem dinen iß ditt datt du my hefft gegewen. XV^CIX." ᶜ Ibidem dieser Leuchter stehett in der Sacristey[86].}

S.a. Im Jar XV^C und XIIII haben die Kirchenveter Unser Lieben Frawen Kirchen hierunden geschrieben den Kirchhoff hinter dem Glockthurme verhohen und auß noch steinbrucken lassen. Da sie den haben einen Rinstein ᵈ lassen gehen durch des Organisten Hauß auß sonderlichem Gebrech des Erbes auff der Trippenmacher Gassen Orte gelegen der Kirchen zugehorig das durchwesserte durch des Organisten Hauß auff dem Kirchhoff und forder in die Trippenmacher Gasse. Derhalben dieselben Kirchenveter dem ersamen Herrn Ulrich Huxer vergunnet haben einen Wassergang auß Hans Mehlmans Erbe, an dem Kirchhofe gelegen, zu wessern in den vorgemeldten Rinstein und sol ein eisen Blech fur dem Abetzuge binnen Hauses halten, das kein grober Unflat mitt durchfliesse. Dafur hatt Herr Ulrich vorgenant gegeben zu Hulffe zu der newen Taffel auffs hohe Altar LXXX Marck geringe. Auff diesen Wassergang haben die Kirchenveter als Jacob von Werden, Marcus Schultze, Hildebrand Holthusen und Jerlach Kemerer Herrn Ulrich Huxer einen Brieff unter ihrem Sigel gegeben. <84>

---

a Gestrichen/skreślony: von
b Gestrichen/skreślony: mag empfangen
c Wiedergabe eines Meisterzeichens. / Odwzorowanie mistrzowskiego gmerku (Textabb./il. 1)
d Gestrichen/skreślony: machen lassen

	Item in diesem 1514. Jare ward das eingefallene Gebew zu den grawen München {davon hievor gemeldt} widerumb erbawt durch die Bruder ihres Ordens erbettelt.
	Anno 1515. Die funfftzehende Wahl der Kirchenveter.
	Nachdem ᵃ {Hildebrand Holthusen}, der ᵇ {dritte} in der Ordnung der Kirchenveter, mitt Tode verblichen, haben die ubrigen drey wie gewohnlich eim E. Rath etliche Personen schrifftlich ubergeben, einen auß denselben an des Verstorbenen Stelle zu erwehlen, und ist dartzu ernant worden Dirick Falcke. Weil auch das Kirchen Presidenten Ampt auff den Burgermeyster Herrn Eberhard Ferber kommen, wie im 1513. Jar vermeldett, als gehe sie itzund in folgender Ordnung:
1515.	Herr Eberhard Ferber der Kirchen ᶜ {Inspector}. 1. Jacob von Werden 2. Marcus Schultze 3. Gerlach Kemerer 4. Dirick Falcke.
V.a.	In diesem Jar am 2. Tage Octobris starb die Koniginne zu Polen Königes Sigismundi Gemahl und am Tage Luciae ᵈ {im Kindbette}. Sie {ward} begraben zu Crakaw mitt grosser Solennitet, da ohn Zweyfel mitt den Glocken zu Dantzig zu ihrem Begrebniß auch wird geleutett sein.
	Item ᵉ im Augusto ward das Gewelbe uber der Kirchen S. Peter und Paul auff der Vorstadt fertig und vollbracht.
	Item am Tage Marie Liechtmeß war ein grosser Sturm und warff drey kleine bleyene Thurmechen von S. Catherinen Kirche abe nach S. Birgitten Closter werts.
W.a.	Item am Tage Gervasii und Protasii, dem 19. Junii, ward das alte hohe Altar in der Pfarkirche abgebrochen und das Newe davon vorgemeldt, was es gekostett, widerumb auffgerichtett. <85>
1516. X.a.	Item das weisse guldene Meßgewand und die Chorkappe darinne man weyrochert, das man gebrauchett auff alle Unser Lieben Frawen Tage und das Antipendium fur den hohen Altar kostete, mitt dem das darunter gefuttert ist und Machelohn, in Summa VII^C XVIII Marck.
	Item die newen Fahnen fur dem hohen Altar kosteten LXXIX von Herrn Petern dem Priester gemacht.
Y.a.	{Lib. No. 4 fol. 8. Item im Jar XV^C und XVI auff Michaelis hatt Dirck Falcke eine ewige Messe gestifftett in Unser Lieben Frawen Kirche der Rechten Stadt Dantzig auff S. Annen Altar und die ewige Messe haben wir Kirchenveter (oben genant) angenommen zu halten und den Priester zu ᶠ lohnen alle Jar zu geben XVI Mk. geringe. Item des hatt Dirck Falcke gethan auff Henrich

---

a Gestrichen/skreślony: Marcus Schultz
b Gestrichen/skreślony: ander
c Gestrichen/skreślony: President
d Gestrichen/skreślony: ist
e Gestrichen/skreślony: ward da
f Gestrichen/skreślony: halten

Steinweg sein ᵃ Hauß in der Pfaffengasse VI^C geringe und soll alle Jahr geben von I^C Mk. VI Mk. welchen Zyns die obgeschrieben Kirchenveter empfangen sollen und alle ᵇ {unsere} Nachkomlinge so fortan zu den ersten Zins zu empfangen {im} Jar XV^CXVII auff Michaelis als XXXVI Mk. Dieser Dirick Falcke ist damals der jungste unter diesen Kirchenvetern gewesen.}

1517. Hir bevor ist vermeldett, wie das {newe} hohe Altar in der Pfarkirchen geba-
Z.a.   wett, gemohlett und auff gerichtett sey, an welchem zween grosse Messings Leuchter hangen[87], welche man die beiden Flugel des Altars nennett, von denselben findett man also geschrieben: „Item die newen Flugel auff dem hohen Altar ᶜ wiegen eilff Centner weniger acht Pfundt Messing, die kosten mitt dem Vergulden in alles III^C und X Marck."[88]

Auff diesen beyden Leuchtern stehett geschrieben wie folgett:
Erstlich auff der einen Seyten des Flugels zur Rechten des Altars also: „Jacob von Werden *ad Christi param. Virgo coronata tabilis his numine bino spiritus o faveas celica serta ferat Marcus Schulte ad Christi param. Fulva nitens variis tibi virgo lucerna figuris fac mens authoris emicet arce poli.* 1517 Helff Sancta Anna Selbdritte."

Auff dem Flugel zur linken Seiten ᵈ des Altars stehett also: „*Gerlach Kemerer ad Christi param. Sis mihi praesidio morienti maxima virgo structurae famulus sum tuus assiduus {soli gloria deo}.*" Auff der andern Seyten: „*Dirck Falcke ad Christi param. Aera velut crebris virgo tibi lumine fumant fac labor assiduus fulgeat ante Deum 1517.*"[89]

<86> Zu dieser Zeit ist auch das grosse Creutz zwischen den beiden grossen Pfeylern sampt der der Jungfrawen Marien und S. Johannis auffgerichtett, welchs eine Rathsperson Lucas Keding daselbs auffrichten lassen wie daselbs unter demselben Creutz mitt guldenen Buchstaben geschrieben zulesen ist:

B.b. „Item zu dieser Zeit bey Regierung Bapstes Leonis des Zehenden in seynem dritten Jahr hatt Leonardus ein Cardinal dem Pfarherrn dieser Pfarkirche {Mauricio Ferber} ein Indult zukomen lassen auß bapstlicher Macht, das er und alle seine Nachkommen auff alle Marienfeste mitt der Procession durch die gantze Stadt, wo es gewohnlich ist, möge umbgehen und das ihm die andern Priester alle folgen sollen die Procession zu volentzihen."[90]

ᵉ Am Montage nach Pauli Bekerung ward die schone newe Taffel auff dem hohen Altar in der Pfarkirchen uberantwortett und gewehrett von Meister Michel und ward eine Messe gesungen von der Himelfart Marie, die blinden Flugel wurden hernach gemacht.

---

a Gestrichen/skreślony: Erbe
b Gestrichen/skreślony: ohne
c Gestrichen/skreślony: in dieser Kirche,[unleserlich]
d Gestrichen/skreślony: Seyten
e Gestrichen/skreślony: In der heiligen Ch

<86–88> Historisches Kirchen Register 397

1518. Ein klein Register unter Gerlach Kemers Hand meldet zuletzt also: „Peter
D.b. Köseler zinsett das Jar fur den Kirchen Hoff bey dem Theer Hofe an dem
Abtzuge ist XXX Marck auff Pfingsten im Jar XV^C XVIII etc."
Diesen Kirchen Hoff hatt ein E. Rath der Kirchen abgenommen und zum
Wallgebew verordent und an desselben Stelle der Kirchen widerumb zugeeignet einen Platz hinter dem alten Schloß am Eimermacher Graben, welchen
die Kirchenveter auff der Kirchen Unkosten umbtzeunen lassen, wie er noch
furhanden ist.

1519. Item Gerlach Kemerer schreybett, das die Kirche hatt lassen machen funff
E.b. silbern Apostel in die Taffel des hohen Altars, kosten auch woll tausent Marck
von der Kirchen Gelden[91]. <87>

1520. Anno 1520[92] am ersten Tage Augusti gebar die Königinne in Polen Bona
F.b. Sforcia einen Sohn Sigismundum Augustum, der darnach seynem Vater Sigismundo primo in der Regirung *succedirett*. Nach Ankündigung dieses jungen Koniges Geburt hatt man am Mittwoch nach Laurentii eine schöne
Messe gesungen in der Pfarkirchen von der Heiligen Dreyfaltigkeitt und mitt
den Glocken geleyert, wie auch desselben abends fur aller vier Burgermeister
Thueren ein groß Frewden Feur gemacht.
Damals waren Burgermeister Gregor Brand, Henrich Wiese, sein Compan
Philp Bischoff und Eberhard Ferber der Pfarkirchen ^{a}{*Inspector*}.

G.b. Ein Patent dieses Jars von den Kirchenvetern gegeben also lautende: „Fur
allen und itzlichen, wes Standes die sein etc. So bekennen wir nachgeschriebene Vorsteher oder Kirchenveter zur Lieben Frawen Kirchen der Rechtenstadt Dantzig leßlawisches Stifftes, als Jacob von Werden, Marcus Schultze,
Gerlach Kemerer, Dirick Falcke, das wir haben empfangen von dem ersamen
Manne Hans Tudtung viertzig Marck preusch geringes Geldes von wegen S. ^{b}
Reinholds Brudern ein fur alle, welche viertzig Marck preusch wir sollen gebrauchen zu dem Gebew und zu dem Dache uber S. Reinholdds Capellen
new auff zu bawen, zu mauren und mitt Holtzwercke und zu decken, so das
von nöthen ist und die Kirche uber derselben Capelle soll und mag gebrauchen zu bawen Orgel und was der Kirchen vonnöten ist, so als in Vortzeiten
geschehen ist. Diß zu warhafftigem Getzeugnuß etc. Geschehen in Dantzig
im Jar 1520, den Montag nach den heiligen 3 Konigen."

H.b. In der Dreßkamer ist vorhanden ein grosser Ehren Leuchter so zur Ehre Gottes von den Stadt Dienern gegeben und stehett umb den Rand des Fusses also
geschrieben: „Diese funff Liechte sein gestifftett in die Ehre der heiligen funff
Wunden unsers Herrn <88> fur alle die
verurteilet werden von dem Leben zum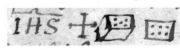
Tode und fur alle Christen Seelen amen.
Im Jahre Christi XV^C am XX IHS † ^{c}. Textabb./il. 2

---

a Gestrichen/skreślony: President
b Gestrichen/skreślony: Georgens
c Zwei Würfel gezeichnet. / Rysunek dwóch kości do gry (Textabb./il. 2)

Diß sind die Olderleute: Matz Hop^a hoff, Tewes Grille, Andres Flasbinder, Hans Koch, Urban Reinecke, IHS von Nazareth. Rothgiesser: Magister Andreas Lange." Hieneben das Gemehlte Christi mitt der Creutzigung als der Schwamb, der Spieß, die Rutten und der Kelch.

I.b. Nachdem der Hohmeister Margraff Albrecht von Brandenburg nicht huldigen wollte und derwegen sich dem Könige Sigismundo zu Polen wider setzte, kam das Geschrey zu Dantzig, das er die Stadt plotzlich zu uberfalen gesonnen were. {Deswegen} rusteten sich die Dantzcker zur Gegegenwehr und am 5. Novembris, den Montag vor Martini, verbranten sie vor ihrer Stadt das Hospital zu allen Engelen, zu S. Gertrud und zum heiligen Leichnam, wie auch der Burger Garten und Lustgarten jenseyt der Rodaw gelegen, Newegarten genant, die Schidlitz, den Petershagen, Schottland und viel andere Gebew, viel Klapholtz, Wägenschoß, Bräwholtz und ander Brennholtz verbrannten sie, das trefflicher Schade geschach und solchs dennoch umb grosseren Schaden zu verhutten.

Hirauff kam bald den Mittwoch vor Martini der Feldoberste des Ordens, Wolff von Schawenburg, mitt des Ordens Volck 1000 Fußknechte und 4000 Reuter fur die Stadt, schicket Briefe hinein, man sollte sich dem Orden ergeben, welchs nicht geschach. Darnach am Donerstage und Freytage vor Martini schossen sie in die Stadt vom Bischoffsberge mehe dan 4000 Schusse, thaten wenig Schaden, traffen keinen Menschen. Es ward ihnen ^b ihr bestes Buchsenstuck schampfirett von der Stad Mauren und wo sich jemand <89> vom Berge herfur gab, nach dem wurden vier oder funff Buchsen loeß geschossen, dan die Stadt hatte auff die Zeite auff ihren Thoren, Thurmen, Glockheusern, Streichwehren, lengst die Stadgraben, auff den Mawern und Schiffen in die 8000 Buchsen, ohn der Burger Zylröhre, welcher auch viel waren etc. Am obgeschriebenen Freitag vor Martini schicket der Konig von Polen 12000 Pferde mitt guttem Volcke, kamen durchs Werder in die Stadt Dantzig. Das sahe des Ordens Volck und zogen des andern Tages davon an Martini Abend und in demselben Abtzuge jagten die polnischen Reuter hinden nach, erschlugen und fingen viel Knechte und Reisigen. Es wurden auch viel erwurgtet von den Cassuben und Pommern. ^c Diß hab ich darumb nach der Lenge ertzehlet, das hir durch viel ^d Beschwer nicht allein auff die Burger sondern auch auff die Kirchen Gutter gelegett worden, wie hernach folgen wird.

K.b. Anno 1521. Die sechtzehende Wahl der Kirchenveter.

Nach dem Marcus Schultze, der ander in der Ordnung der Kirchenveter, auß dieser Welt geschieden, haben die hinderstelligen drey wie von alters hero etliche Personen ein E. Rath schrifftlich uber geben einen andern an des Verstorbenen Stelle zu wehlen, auß welchen Gerd Oferam ernant ist worden, als

---

a Gestrichen/skreślony: p
b Gestrichen/skreślony: ihr
c Gestrichen/skreślony: Diß hab
d Gestrichen/skreślony: auff

<89–91>

	gehen sie itzund in der Ordnung wie folgt: Herr Eberhard Ferber, der Kirchen ᵃ {*Inspector*}. 1. Jacob von Werden 2. Gerlach Kemerer 3. Dirick Falcke 4. Gerhard Oweram. <90> ᵇ Item so kostett der ander newe Thurm an der Suderseyten bey S. Barbaren Capelle sechshundertt vier und funfftzig Marck.
1522. M.b.	Anno 1522 am Abend Marie Lichtmeß schlug Herr Eberhard Ferber Briefe an den Hoff und Pfarkirche, darauß viel Böses endstund und endwich nach Dirschaw. Des folgenden Tages muste sein Tochterman Jacob Rex und sein Bruder Hillebrand Ferber auch bey Sonnenschein auß der Stad und darnach am Tage Caeciliae {den 22. Decembris} ward Eberd Ferber seines Ampts endsetzt und Herr Matthis Lange an seine Stelle erwehlett. Weil nu dieser Eberd Ferber seines Ampts endsetzett war, welcher Anno 1494 zu einer Gerichtsperson, Anno 1506 zu einer Rathsperson, Anno 1510 zum Burgermeister erwehlett worden und ᶜ {die *Inspection* der Kirchen} Anno 1513 an ihn ᵈ gelanget ᵉ, ist ᶠ {die} gedachte ᵍ {*Inspection*} auff den Burgermeister Herrn Greger Branten, welcher damals der Elteste war, gekommen.
N.b.	Anno 1523. Die siebentzehende Wahl der Kirchenveter. ʰ Nach dem Jacob von Werden der erste in der Ordnung ⁱ der Kirchenveter durch den Todt abgefordert und Gerd Oweram der jungste oder letzte in der Ordnung auß erheblichen Ursachen sein Ampt resigniret <91> (wie woll er doch gleichwohl hernach Anno 1526 durch den König Sigismundum *primum* {selbs} *immediate* in das Mittel eines E. Raths gewehlett ist worden {darinne er biß 1530 gelebett}) haben die Kirchenveter nach Gewohnheitt andere Personen einem E. Rathe schrifftlich vorgeschlagen, ihrer zwo in der abgegangenen Stellen zu wehlen, auß welchen ein E. Rath ernant Hans Försten und Henrich Kremern, weil auch vor diesem ʲ {die Kirchen *Inspection*} wie vorgemeld an Herrn Greger Branten gelanget, gehen sie fort mehr in der Ordnung wie folget: Herr Greger Brandt der Pfarkirchen ᵏ {*Inspector*}. 1. Gerlach Kemerer 2. Dirick Falcke 3. Hans Förste 4. Henrich Kremer.

---

a   Gestrichen/skreślony: President
b   Gestrichen/skreślony: Bey dieser Kirchenveter Zeiten ist die erste grosse Orgel gebawett und hatt der erste Baw gekostet acht und dreyssig hundert Marck und etzliche Marck daruber.
    Item so kostett das newe Turmelein an der Suderseyten bey dem Glockthurme mitt allem Ungelde funffhundert zweyundachtzig Marck sieben und zwantzig Schillinge
c   Gestrichen/skreślony: das Kirchenpresidenten Ampt
d   Gestrichen/skreślony: als ist
e   Gestrichen/skreślony: und nunmehr seines Ampts gantz endsetzt
f   Gestrichen/skreślony: das
g   Gestrichen/skreślony: Kirchenpresidenten Ampt
h   Gestrichen/skreślony: Nachdem Gerhard Oweram der jungste Kirchen-vater in der Ordnung vom E. Rath auß dem Mittel der Kirchen
i   Gestrichen/skreślony: der
j   Gestrichen/skreślony: das Kirchenpresidenten Ampt
k   Gestrichen/skreślony: President

O.b. In diesem Jahre musten die Priester zu Dantzig alle ihre Gutter beweglich und unbeweglich verschossen und schreybett Gerlach Kemerer, das ein E. Rath[a] zur Abtzalung der Kriegeskosten [b] wider den Hohmeister Marggraff Albrechten obgedacht [c] von dieser Pfarkirchen [d] endlehnett II Jar lang jerlich den vierden Theil der Pfennigzinser und von derselben Wohnungen geschatzett von I^C Marck I Marck und die beyden Holtz Höfe (als der eine hinter dem Theerhofe und dere ander zwischen den Speychern) geschatzett fur VII^C Marck, also das [e] woll uber V^C Marck der Kirchen sein abgangen, der Stadt zum besten.

P.b. Item es beschreybett dieser Kirchenvater Gerlach Kemerer, das in diesem Jar auff den Dominic der Bucherschreiber zu Thorn, Meister Wentzel Gronau, den Kirchenvetern uberantwortett habe das letzte Cantor Buch. Item in diesem Buche waren beschrieben XXIX Quaternen und III Blatt, von der Quater zu schreiben III Marck VI Schott, ist XCV Marck VI Schott mitt dem Pergamene. Item die Pockeln und Clausuren wegen XXVI Pfund, das Pfund zu XII Schil., ist V Mk. XII Schil. Item so sind noch XIIII Heute Pergament, die Hautt VII Schil., ist III Marck XVIII Schil. <92>
Item die Elendshätt ward uns gegeben umb das Buch. Item fur Draet, Leim und II weisse Felle und dem Schreyber die Kost, so kostette diß Buch I^{C}VI Mk. VI Schil. Item so sind noch III solche Kantorbucher kurtz zu vor geschrieben, also groß und dicker als diß letzte, so daß die III Bucher kosten uber IIII^C Marck. Item noch II Psalterbucher auch geschrieben, die kosten I^C und XX Marck. Item so haben diese VI Bucher auff dem Chore gekostett V^C LXXVI Marck VI Schil. als IIII Cantor Bucher und II Psalter Bucher, die schön und groß seind geschrieben zu Thorn.

Q.b. In diesem Jare musten die Kirchenveter die Bude zwischen der Schulen und der Glockeney zu der Glockeney ubergeben, also das eine Glockeney zusamen ist, und die Bude pflag VIII Marck zu Zinsen der Kirchen.

R.b. Item ein Contract weisett auß, das die jungst benante Kirchenveter mit Meister Blasius Lehman, Orgelmacher, sich geeiniget haben, das benanter Meister das grosse Orgelwerck solle umbstimmen und dartzu einmachen etlich new Gespiel als Schalmeyen, Bosaunen, Trampeten sampt aller seyner Zubehörung. Hieneben haben sie mitt ihm verdungen, auch das kleine Werck uber der Librarey umbtzustimen und die Gebrechen zu wandeln. Uber das haben sie mitt ihm verdungen, eine newe Orgel zu machen uber S. Reinholds Capellen, so groß und weit als der Schwigbogen ist, von einem Pfeyler zum andern und mitt einem newen Posytiff wie in dem grossen Wercke. Ohne was Schnitzer Arbeyt ist, welches sonderlich solte betzalett werden, fur diß

---

a Gestrichen/skreślony: und
b Gestrichen/skreślony: so
c Gestrichen/skreślony: von
d Gestrichen/skreślony: II Jar lange jerlich
e Gestrichen/skreślony: es

<92–94>   Historisches Kirchen Register

       alles fertig zu machen und zu liefern, sollen ihm die Kirchenveter geben XI^C XX Marck preusch geringes Geldes. Des soll er sich mitt seynen Gesellen bekostigen etc. Geschehen in Dantzig auff S. Matthias Abend im Jar XV^{C}XXIII.[93]

1524.   <93> Item kostett die Crone vor den hohen Altare new zu machen, im Chore
S.b.   hangende, I^C LXXIX Marck III Schil. ohne IIII Centner XVI Pfund Messing, die noch daruber sein, und die Schliessung oben wigt also zusamen VI Centner weniger XII Pfund, ohne das Bilde, den Knopf und die Crone daruber. Item noch kostett die Crone, die hinterwerts hengett in der Kirchen, das die Crone mehr kostett dan das dartzu gegeben ward, die Kirche betzalett hatt LXXXV Marck. Diese Crone wigt VI Centner myn IIII Pfund.

T.b.   Item Anno XV^{C}XXIIII auff Luciae ward gerechnett und uberschlagen, das diß newe Werck der Orgel uber S. Reinholds Capelle mitt aller Zubehörung kostett XVIII^{C}XV Marck VI Sch. Hir ist noch etlich Zynn und Blay uberblieben. Item zuvorn ein new Weyrauchfaß lassen machen kostett I^{C}XXV Marck.

V.b.   In diesem 1524. Jare erhub sich zu Dantzig zwischen dem Rath und Gemeyne wegen der Stadt Einkunfften ein gefehrlicher Zanck und fiel auch zu gleich ein Religionsstreitt mitt ein[94], also {das} der gemeine Pöfel sich unterwand, die Kirche nach eigenem Willen und Gefallen gewaltsamer Weise zu reformiren, und solchs unter dem Schein der luterischen Lehre und doch anfenglich auff gutt carlstadtisch und zwinglisch, darauff mancherley Zusamenkunfft der Burger erfolgett, biß letzlich Jacob Winkelblock vor der Stadt zu S. Gertrud im Hospital (welchs damals vor dem Hohenthore an der Rodaune gelegen) und anderswo mitt grossem Zulauff zu predigen angefangen, welchen die Burger in die Stadt in diese Pfarkirche setzeten. Datzu Jacobus Muller und Ambrosius Hißfeld und andere Prediger in funff Kirchen dieser Stadt komen, davon in folgenden Jaren ferner Bericht geschehen soll.

X.b.   <94> In diesem Jahre haben die Kirchenveter ^{a} {geschlossen} zween Faßbier Keller auff dem Kirchhofe gegen der Schulen uber {zu bawen} den eynen fur den Glockner und der ander soll zur Miete gehen.
       Item in diesem Jahre ist der Burgermeister Greger Brand {endweder im angehenden Auffruhr von seinem Ampt endsetzt oder} von dieser Welt geschieden. Er ist Anno 1489 zu einer Gerichtsperson, Anno 1499 zu einer Rathsperson, Anno 1513 zu einem Burgermeister ^{b} {und} negst verschienen 1522 ^{c} {Jares die Kirchen *Inspection*} allererst an ihn gelangett.

Y.b.   Nach dem aber diese ^{d}{*Inspection*} fur dißmal dem Burgermeister Henrich
1525.   Wiesen als dem eltesten Burgermeister von Jahren ^{e} hette geburen sollen, ist er doch sampt seinem Collegen Matthes Lang in diesem Auffruhr seines Am-

---

a Gestrichen/skreślony: gebawett
b Gestrichen/skreślony: und damals auch zugleych diesen
c Gestrichen/skreślony: das Kirchenpresidenten Ampt
d Gestrichen/skreślony: Kirchen Presidenten Ampt
e Gestrichen/skreślony: diß Kirchen Presidenten Ampt

ptes endsetzt. Ist also nothwendig diße ᵃ {*Inspection*} auff dem Burgermeister Philip Bischoff, als der negst negst dem endsetzten Burgermeister Henrich Wiesen der Elteste im Burgermeyster Ampt war, verblieben.

Unlangst ist vermeldet, das sich ein gefehrlicher Zanck zu Dantzig erhoben hatt, zwischen dem Rath und Gemeyne, {welcher} numer fur und fur continuiret, und jelenger je reger ward, ungeachtett, das der König durch gewisse Commissarien ihnen solchs ließ verbieten, kam auch endlich dartzu, das ein schendlich Auffruhr darauß ward am 22. Tage Januarii Anno 1525⁹⁵, da der Rath zween Burger als Ursacher dieses Spieles gefenglich eingetzogen. Die Gemeine aber die gantze Nacht auff dem Thamme versamlett ᵇ im Harnisch stunden und der verschlossenen Stadt Thore zwischen den {3} Stedten auß huben und an den Rath und ihren Beystand, so auff dem Marckte versamlett schickten, die Gefangenen wider loeß zu geben und daneben etliche Artikkel, die sie ihnen schrifftlich furlegten, ohn einig bedingen zu unterschreiben und versiegeln, wie auch geschahe. Und muste <95> der alte Rath unter ihrem Sigel schrifftlich bekennen, das sie alles Tumults eine Ursache gewesen weren. Darauff wurden darnach am 26. Tage Januarii der Rath und Scheppenstuel geendert und newe eingesetzt. Einen alten Burgermeister und damals der Pfarkirchen ᶜ {*Inspector*} Philip Bischoff, der ihnen mitt glatten Worten {artlich} vorgehen kunte, behielten sie. Alle Munche wurden in das einige weisse Closter auff der Altenstadt zusamen gebracht, das schwartze Closter zu einem Spital, das grawe Closter zu einer Schulen gemacht, thaten alle Lateynische Gesenge und andere papistische Ceremonien ab, hielten deutsche Metten, Vesper und Messe.

Es fand sich auch in diesem Wesen noch ein Prediger in der Pfarkirchen mitt Namen Doctor Alexander, ein grawer Munch und wollgelarter Man, predigte in der Kappen und wolte die selbe nicht ablegen, ob er gleich von vielen {darumb} gebetten und auch {von etlichen} verachtett ward, wie woll er sonst der lutherischen Lehre zu gethan und eines fromen Lebens war.

Mittlerweil aber feyrete der Rath nicht solchs bey dem Könige zu klagen. Der Konig mandiret, das Newe abtzuschaffen und das Alte wider antzurichten und citierte zu gleich auff Instendigkeitt der alten Raths, den newen Rath und Gemeyne nach Crakaw. Die Citation war datirett auff dem Reichstage zu ᵈ {Peterkaw} am Freytage nach Luciae Anno 1525. Die Puncta aber der Beschuldigung in der Citation waren diese: Das sie das Sacramenthauß, Altar, die Jungfraw Maria geschmehett und in den Kirchen vertilgett, das Gold, Silber, Meßgewand, Kelche, Patenen etc. auß den Kirchen verruckt und weggenommen, Munche und Nonnen vertrieben, dem Herrn leßlawischen Bischoff in seine Jurisdiction Eingriff gethan und frembde, der römi-

---

a   Gestrichen/skreślony: Kirchen Presidenten Ampt
b   Gestrichen/skreślony: die gantze Nacht
c   Gestrichen/skreślony: Presidenten
d   Gestrichen/skreślony: Crakaw

<95–97> Historisches Kirchen Register 403

schen Kirche nicht zulessige Prediger an der <96> vertriebenen Stelle gesetzt, mitt grossem Ergerniß der benachbarten und datzu ihre ordenliche Oberkeit ihres Amptes endsetzett, die konigliche Commissarien schmehlich angetastett, boße Muntze gemuntzett und konigliche Mandata verachtett, und also offentliche Auffruhr erweckett etc. Als sich aber das beschuldigte Theil mitt der weyten Reise und schweren Unkosten endschuldigte, gab ihnen der König gutte Wort und verhieß, er wolte selber komen und allen Zwispalt gnediglich und veterlich beylegen.[a]

1526. Dieser[b] Zusage nach kam der Konig im folgenden 1526. Jar gen Marienburg und ließ keinen Zorn mercken. Die Dantzcker vorschlagten, ob man den Konig auch einlassen solte, aber Philip Bischoff, der alte Burgermeister, der sich wuste nach dem Winde zu wenden, gab fur, das der Herr Konig wie ein Vater die Seynen zu besuchen keme, durfften sich gar nichts furchten, sonderlich weil ihr viel und die drey Städte inwendig unverschlossen weren. So solte man auch die Buchsen auff den Wahl und Turme bringen, auch so keme der König so gar geringe, das er ihnen nichts thun kundte. Beredett sie dartzu, das sie eine Bottschafft zum Könige gen Marienburg schicketen, den König zu bitten, zu ihnen zu kommen, welchem sie auch folgeten und unter andern den newen Burgermeister Johannem Wendland, sonste *Salicetus* genant, mitt abfertigten, mitt welchem der Konig uber die Massen freundlich umbging, ihn zugaste bath und mitt ihm rathschlagte, wie der Sache zu thun were. Der Konig schickett auch funff Her zuvor auß in die Stadt, des Königes gnedigen Willen antzutzeigen, das also die Stadt alle Furcht hindersetzete, nemlich Christoff von Schidlowitz, crakwischen Woywoden und des Reichs Großcantzler, Andream von Tentschin, sandomirischen Woywoden, Lucam von Gorka, posnawischen Castelan, Georgen von Bayse, <97> marienburgischen Woywoden und Achatum Cehme, pomrellischen Unterkemerer und Hauptman auff Slochaw.

Am 17. Tage Aprilis kam der Konig und zogen ihm die Dantziger eine Meile Weges endgegen. Der Konig legett sein Volck in alle drey Stedte, fordert fein eintzelich etliche Woywoden, Castelanen und Starosten zu sich. Nach deme er nun starck genug war, befahl er die außgehawenen Thore widerum ein zu hencken, die Schlussel zu uberantworten, die Buchsen von Mauren, Thurmen und Wallen in Bewarung zu bringen, dan er als ein Freundt und nicht als ein Feind komen were etc.

Am 13. Tage Maii ließ er beyde Räthe der Stadt, new und alt, fur sich fordern und etliche vom newen Rath und Gemeine auff Angebung Philip Bischoffs einsetzen, die auch hernach im Junio mitt dem newen Burgermeister Johan Wendland gekopfett wurden. Etliche wurden anderer Orter ins Gefengnuß geschickt. Einem Theyl ward die Stadt verbotten. Da wurden die Clöster widerumb mitt Munchen besetzt und die papistischen Ceremonien in der

---
a Gestrichen/skreślony: Hienan ferner Bericht im folgenden Jahr
b Gestrichen/skreślony: des Ko

Pfarre und andern Kirchen widerumb auff und angerichtett, alle Privilegia der Stadt ᵃ in Angehöre des Königes offentlich verlesen, ein newer Rath und Scheppen {durch den Konig} selbest erwehlett und newe Statuta im geistlichen und weltlichem Regiment gemacht und publicirett, auch offentlich in den Druck gegeben. Und ist endlich der Konig im Julio Montages nach Mariae Magdalenae von Dantzig in sein Königreich Polen, nach Verrichtung dieses allen friedsam verreisett. Dieses habe ich, weil es eine Mutation und Verenderung der Religion belanget und auch diese Kirchensachen mit angehett, alhir auch gedencken wollen, und weil es dabey nicht verblieben, {will ich} auch ferner nach Verlauff der Jaren {hie von} Bericht thun. ᵇ

A.c. <98> Diß ist aber noch bey der koniglichen Wahl eines newen Raths und Scheppen zu mercken, das ᶜ der Kirchenvater ᵈ Hans Forste von ihrer Kon. Maytt. selbs ᵉ *immediate* {und nicht *gradatim* wie sonst gebreuchlich} ins Mittel eines E. Raths ᶠ {ist} verordent worden, wie das ᵍ {Kuhr} Register in den koniglichen Statuten außweysett. ʰ

B.c. Anno 1526 nach gestelletem Auffruhr. Die achtzehende Wahl der Kirchenväter. Nach dem nun, wie oben gedacht, Hans Forste der dritte in der Ordnung der Kirchenveter durch den Konig selbs auß dem Kirchenveter Stuel in den Rathstuel versetzett ist worden {und in dem Stand gelebett biß Anno 1550}, als ist auff den Vorschlag der ubrigen dreyen Kirchenveter Hans Blömecke an seyne Stelle verordnet. Weil auch Anno 1524 ⁱ {die Kirchen *Inspection*} an den Burgermeister Herrn Philip Bischoff gefallen, als stehen sie nach ein ander in folgender Ordnung: Herr Philip Bischoff der Pfarkirchen ʲ {*Inspector*}. 1. Gerlach Kemerer 2. Dirck Falcke 3. Henrich Kremer 4. Hans Blömecke.

1527. ᵏ Anno 1527. Die newntzehende Wahl der Kirchenveter.
C.c. Nachdem von obgedachten Kirchenvetern ˡ Dirck Falcke auß dieser Welt geschieden, hatt ein E. Rath auß der andern Kirchenveter schrifftlich vorgeschlagenen Personen zu ihrem *Collega* Cosmas Goldberg ernant, in folgender Ordnung: Herr Philip Bischoff der Pfarkirchen ᵐ {*Inspector*}. 1. Gerlach Kemerer 2. Heinrich Kremer 3. Hans Blömecke 4. Cosmas Goldberg.

---

a Gestrichen/skreślony: offentlich
b Gestrichen/skreślony: will
c Gestrichen/skreślony: der bey-
d Gestrichen/skreślony: als Gertt Oweram und
e Gestrichen/skreślony: nicht gradatim sondern
f Gestrichen/skreślony: sind
g Gestrichen/skreślony: Wahl
h Gestrichen/skreślony: Wiewoll Gertt Oweram hiebevor das Kirchenväter Ampt wie vor gemeld [unleserlich/nieczytelne] hatte.
i Gestrichen/skreślony: das Kirchen Presidenten Ampt
j Gestrichen/skreślony: President
k Gestrichen/skreślony: Der obgenante Gerlach Kemerer
l Gestrichen/skreślony: ist
m Gestrichen/skreślony: President

Lib N° 4 <99> Der obgenante Kirchenvater {Gerlach Kemerer} schreibett in einem
D.c. Register von den newen Predicanten, so im Auffruhr angenommen ᵃ also:
„Item gerechent, das wir haben gegeben nach Befehl und Gebott des Raths
den newen Sturmpredigern und Capellanen und Schulleren und Succentor
biß den Sonnabend nach Margareten, da die Kirche zuvor nicht einen Schilling zu gab, ist IIII^C IX Marck, noch sollen wir VIII Schullern geben VIII Mk.
den Sonnabend nach Bartholomei, ist IIII^C XXIX Mk. VIII Sch.
Item den Glockenleutern auch zu der Predigt zu leuten, die Zeit uber XVIII
Marck, auch den Leutern zu den Festen, das der Glockner pflag zu Geben,
VII Mk. ist in all XXV Mk.
Item Anno XXVII haben wir noch mussen geben den Freytag vor dem Dominic den Schullern zu lohnen, das Herr Matthis Lange empfing, von S. Andreas an biß den Dominic vergangen ist XXVII Marck. Item noch in dem
selben Jare V Mk. ᵇ
Item noch fur die Kirche gekaufft von Barbeke Jons eine goldschmidesche I
Stucke geblumett roth sammet, dis helt XXIII Ellen I Quartier, die Elle vor
IIII Mk. ist LXXXI Mk. IV Sch.
E.c. Item noch außgegeben II Zimerleuten XXX Rahnen außzuhawen, von der
Rahne IIII Sch. Item diese obgeschriebenen Rahnen haben wir lassen schneyden, als zu Simsholtze, Latten, Dielen, Stoffholtz, Bolen und sind in alles
geworden I^C LXXVI von iglichem Schnitt VIII Sch.
Item dem Mittwoch vor Pfingsten noch gekaufft VIII Thonnen Theer, die
Thonne vor XIII G. Item noch gegeben den Theerleuten von VII Thonnen
F.c. <100> Theer zu theeren II Mk. IIII Scott. Item auff Ostern außgegeben
Hans Gast dem Organisten auff sein Lohn, war ein halb Jahr XXV Mk.
Noch gekaufft ein Faß Trahn vor X Mk.
Item gegeben auff alle Gotts Heiligen Abend dem Spittler von S. Elisabeths
vor XII Last Kalck, vor die Last VII Vierdunge ist XXI Mk." {A[nno] 27 nach
Ostern musten wir geben nach Gebott des Raths Sebald Bechern IIII^C Mk.
von eines Briefes wegen, welcher in dem Spinde ligt in der Kirchen, in unserm Stuel uber LX Jar alt, herkommende von Tideman Gysen nachgelassenen Kindern. Der Brieff ist durchschnitten und machtloß.}
1528. Anno 1528 den Dienstag nach Johannis Baptistae waren wir Kirchenveter in
G.c. Unser Lieben Frawen Kirchen und besahen die beiden beschlagene Kasten, so
das wir in dem einen, der da stehett an der Nordseyten bey den zehen Gebotten, kein Geld gefunden, sondern in den andern nach der Suderseyten funden wir X ungrische Gulden und einen horne Gulden. Diß hab ich Henrich
Kremer bey mir in Bewarung und gutt Bescheid davon zu thun etc.

---

a Gestrichen/skreślony: schreybett
b Gestrichen/skreślony: Item Anno XXVII musten wir geben nach Gebot des Raths Sebald
Bechern IIIIC Mk. von eines Briefes wegen, welcher im Spinde liegt, in der Kirchen in
unserm Stuele uber LV Jahr alt

H.c.	Item den achten Tag vor Fastelabend, noch außgegeben dem Racker auß zu fuhren von dem Glockthurme in all gegeben V Vierdung.
Zu dieser Zeitt ist ᵃ Organist gewesen Hans Gast und der Kirchenknecht hieß Wolff Damitz.
Item den Donnerstag nach S. Bartelemeß bezalt (ich Henrich Kemerer) meynem Vettern Hans Blömecken fur ein Faß Trahn der Kirchen zu Gutte, ist XI Mk. den Trager III Sch.
I.c.	In ᵇ {einer alten} preuschen Chroniken⁹⁶ liesett man, das in diesem Jare auff Michaelis die Muntze vom Rath zu Dantzig gesteygert sey worden, also das der Schilling, so biß her 6 Pfennige gegolten, solte 8 Pfennige gelten. Die alten Groschen von 8 Pfennige solten 24 Pfennige gelten, die Adlergroschen so auch 18 Pfennige gegolten, sollten 22 Pfennige gelten. Diß geschach alles umb eigen Nutzes willen etlicher Personen des Raths, als Matthis Lange, Roloff Feldstedt und anderer mehr, welche <101> die alten Schilling und Groschen bey grossen Summen hatten, derhalben diese Steigerung des Geldes auch nicht lenger stund, dan nur biß sie dieselben ihre Schillinge und Groschen unter den gemeynen Man {gebracht}, den bald das folgende Jahr am 12. Tage Martii widerumb gebotten ward, der alten Groschen 20 für eine Marck, auch 60 Schillinge fur eine Mk. zu nehmen und die alten Pfennige solten gantz verbotten sein, der newen aber 6 fur einen Schilling gehen. Damitt war die Burgerschafft ubel zufrieden, dan solchs zu ihrem grossen Schaden war und hatte leicht eine Unruhe wider den Rath erwachsen konnen. Dis hab ich darumb alhir gedencken wollen, damitt man wisse, wie die Genge und Gabe der Muntze zu der Zeit in den Rechnungen dießer Kirchen Register gewesen sey.
1529.
K.c.	ᶜ Gerlach Kemerer: „Noch empfangen von Arend von der Schellinge von dem Holtzhofe bey dem Theerhofe gelegen, ist XXX Mk. Item noch gekaufft von Peter Roßteuscher I Schock Zimmer zu der Kirchen Behuff, dafur gegeben an ungrischen Gulden LII Mk. Item den Achtentag nach *Corporis Christi* kauffte mein Gefatter Hans Blömecke der Kirchen zugutte XXXII Rahnen, kosten ersts Kauffs XI Mk."
Hans Blömecke: „Item gegeben fur X Last Kalck XX Mk. klein und X Sch. Biergeld."
L.c.	Es hatt sich auch in diesem Jare eine Kranckheitt alhir im Lande erreget, die Schweißsucht genant, welche fast alle Lande durch grassirett und in iglicher Stadt nicht uber vier Tage ihre Wirckung gehabt, aber wem sie uberfiel, der ward mitt vieler Hitze und grossem Schweiß umbgeben, also das ihr viel von sich selbs nicht wusten und waren die Leute, die es betraff in 24 Stunden lebendig und todt. Welcher aber 24 Stunden uberstrebett, der war <102> seines Lebens sicher. Diese Sucht, nach dem sie fast in allen umbliegenden

---

a Gestrichen/skreślony: Kirchenv
b Gestrichen/skreślony: den
c Gestrichen/skreślony: Item in derselben Chroniken wird auch vermeldett

Landen umbgelauffen, ist sie {Mittwochs} am Tage *Egidi*, das ist am ersten Tage Septembris gen Dantzig kommen und alda ihre Wirckung gehabt biß zum nechst folgenden Sontage, dem vierden Septembris, und in den vier Tagen in die 3000 Menschen getödtett, und diß war furwar eine sonderliche Straffe Gottes uber uns arme Menschen und mag freylich woll der schlagende Engel sein gewesen, welcher die erste Geburtt schlug in Egipten {*Exod.* 12}. Diß wird ᵃ auch in so wenig Tagen der Pfarkirchen wegen der Begrebnuß und der Glocken nicht ein geringes getragen haben.

1530.ᵇ
M.c. Anno 1530 haben wir Kirchenveter ᶜ lassen machen den newen Predigstuel und gegeben Meister Arend zu machen I^C und X Mk. Noch fur blawe Farbe, den Gesellen Biergeld und dem Kleinschmiede fur die Haken, da die Cantzel an hangett und die Treppe mit dem Schlosse zu machen außgegeben I^C XXVII Mk. XVII Schott. Item die Decke uber der Cantzel mit den verguldeten Knopfen kostett XIIII Mk. XXIIII Schil. II D. Item der Pfeyler kostett zu mohlen an der Cantzel LXXXVIII Mk. XXVI Schil. II D. {Item dem Schnitzcker die Stuele zu machen in das Chor V grosse Mk. ist VII. Vor Talchlichte auff das Altar XIII Schil. III D. Item Schnitzer das letzte Geld fur die Stuele zu machen im Chore III Mk. groß, ist III Mk. und XX Schil. Biergeld VI Schil. klein.}

N.c. In einer geschriebenen preuschen Chroniken wird vermeldett, das dieser Predigstuel angefangen sey zu machen auff Luciae im Jar 1529, und mitt dem Mohlwerck an Pfeyler fertig gemacht am Tage Lamperti den 17. Septembris Anno 1530⁹⁷.

Item daselbs wird auch vermeldet, das in diesem Jar, den Sontag vor Petri Stuelfeyer, welcher war der 22. Februarii, der junge König Sigismundus Augustus bey Leben seines Vaters Sigismundi primi zum Könige uber das gantze Königreich Polen zu Crakaw sey gekrönett worden, seines Alters damals von zehen Jaren.

P.c. <103> Anno 1531. Die zwantzigste Wahl der Kirchenveter.
Nach dem ᵈ {Cosmas Goldberg, der vierte} in der Ordnung der Kirchenveter diese Welt gesegnet, haben die andern widerumb Personen einem E. Rath schrifftlich vorgeschlagen, darauß einem in des abgegangenen Stelle zu wehlen und ist datzu ernant worden Jacob Kampe in folgender Ordnung: Herr Philip Bischoff der Pfarkirchen ᵉ {*Inspector*}. 1. Gerlach Kemerer 2. Henrich Kremer 3. Hans Blomecke 4. Jacob Kampe.

ᶠ Item außgegeben fur eine Matte in unsern Stuel XV alte Groschen ist I Mk.

Q.c. Item noch gekaufft I^C Gold zu der Decke {der Cantzel} davor gegeben III grosse Mk. 12 Schil. ist geringe Mk. IIII Mk. VIIII Schil. Item vor die

---

a Gestrichen/skreślony: freylich
b Randbemerkung/na marginesie: Hans Blomcke in Lib. No. 4 hinden ein gelegt
c Gestrichen/skreślony: haben wir Kirchenveter
d Gestrichen/skreślony: Henrich Kremer der ander
e Gestrichen/skreślony: President
f Randbemerkung/na marginesie: Henrich Kremers Rechnung

Scheibe und fur den Knopf unter der Decken dem Dreher XL Schil. Item da die Decke uber dem Predigtstuel gehangen ward, ist XXVII Schil. Item noch Meister Lorentz die Decke uber dem Predigtstuel zu mohlen und vergulden VII {Mk.}. Noch seiner Frawen und den Gesellen zu vertrinken VIII Schil. Item den Mittwoch vor Ostern gegeben Meister Arend dem Schnitzer den Rest von dem Predigtstuel XXXVIII Mk. vorhin hatt er empfangen. {Deß} zur Rechenschafft gebracht ist LXXII Mk., ist zusamen I^C und II Mk. Item noch fur I Pfund blaw Lasur II grosse Mk. ist III Mk. V Schil. Noch zu vertrincken XXIIII Schil. Item den Sonabend vor des Heiligen Leichnams Tage gegeben Meister Lorentz von der Blume zu vergulden und zu mohlen eine grosse Mk. und XV Schil., ist II Mk. X Schil.

R.c. Item den Dinstag nach Margareten gekaufft von Unfer dem Englischen XXVII Centner XII Pfunt Bley, den Centner fur III Mk. III Schil., ist LXXXIII Mk. X Schil. Item Meister Hans dem Bleydecker das Bleydach an der Dreßkamer zu belegen etc. X ungrische fl, ist XXX Mk.

<104> Noch ihm gegeben zu einem Geschencke XXX alte Schil., ist XL Schil. Noch betzalett er fur VII^C Bleynagel, das C fur XV ^{a} alte Schil., ist II Mk. XX Schil. Noch ihm zu vertrincken XX Sch.

^{b} In diesem Jar hatt auch der König Sigismundus der erste einen stattlichen Sieg erhalten wider die Wallachen, darumb man zu Dantzig in allen Kirchen Gott zu Lobe und dem König zu Ehren auff Creutzerhebung Tag das *te Deum laudamus* gesungen.

T.c. Anno 1532. Die 21. Wahl der Kirchenveter.

Nach dem ^{c} {Henrich Kremer}, der ^{d} {ander} in der Ordnung der Kirchenveter seynen Abschied genommen hat {am Ostertage des 1532 Jars} hatt ein E. Rath auß der ubrigen Kirchenveter ubergebenem Zedel die {ledige} Stelle {widerumb} ersetzett mitt Henrich Kleinefeld in folgender Ordnung: Herr Philip Bischoff der Pfarkichen ^{e} {*Inspector*}. 1. Gerlach Kemerer 2. Hans Blomecke 3. Jacob Kampe 4. Henrich Kleinefeld.

V.c. ^{f} Im Jahr 1532 so haben wir in dem Kirchenbawhofe lassen bawen einen newen Speycher kostett III^C Mk. Das ist der kleyne Speycher, welcher noch alda stehett zwischen den Speychern nachm newen Aschhofe gehendt. ^{g} Item in {seligen} Henrich ^{h} {Kremers} Rechnung, welche Gerlach Kemerer nach seynem Tod empfangen, stehett unter andern: „Item Herr Johan Möller hatt den newen Kirchhoff negest dem Theerhofe, welcher der Kirchen zugehöret und zinsett auff Michaelis XXX Mk."

---
a Gestrichen/skreślony: Schil
b Randbemerkung/na marginesie: Chronica
c Gestrichen/skreślony: Gerlach Kemerer
d Gestrichen/skreślony: erste
e Gestrichen/skreślony: President
f Randbemerkung/na marginesie: Lib. No. 4 Hans Blömecke
g Randbemerkung/na marginesie: Ferner Unkosten findestu fol. 107
h Gestrichen/skreślony: Kemerers

W.c. ᵃ Item dise nachgeschriebenen Tage und Feste so gehen die Kirchenveter selber mitt den Taffeln bitten in der Kirchen als auff die XV grossen Feste. Item ins erste im grossen Feste den Tag unsers Lieben Herrn Jhesu Christi. 2. Den Tag der heiligen drey Könige. 3. Auff unser Lieben Frawen Liechtmesse. 4. Auff Unser Lieben Frawen Bottschafft. 5. Auff den Osterfeyertag. 6. Auff unsers Lieben Herrn Himelfart. 7. Auff den heiligen Pfingstag. 8. Auff den heyligen <105> Leichnams Tag. 9. Als die Jungfraw Maria ins Gebirge gieng. 10. Den Tag Marien Himelfart. 11. Den Tag Marien Geburt. 12. Der Kirchweyhung zu Unser Lieben Frawen. 13. Auff aller Gottes heyligen Tag. 14. Der Opferung Marie in den Tempel. 15. Den Tag ihrer Empfengniß.

X.c. ᵇ Item so habe ich angefangen, den Mittwoch nach S. Peter und Paul, die Buden hinder der Schulen in der Heiligen Geistgassen abtzustutzen, ᶜdie Schwellen zu legen und die vier Kellerzu machen etc. Item gegeben fur I Hacke IX Schil. ist klein XII Schil. Item gegeben dem Meurer XX Schott groß ist klein I Mk. VII Schil. I D. Item gegeben dem Zimerman IIII Mk. XX Schil. groß ᵈ ist klein V Mk. VII Schil. I D. Item gegeben nach lautt Wolffs Zedel I Mk. XL Schil. und II D. ist klein II Mk. XIII Schil. II D. Item VI Schil. groß ist VIII Schil. klein. Item IX Mk. groß ist XII Mk. klein.

Zugabe. Anno 1532 ward zu Dantzig der alte Gebrauch, den Fastelabend ein zu holen, abgeschaffett, welcher Gebrauch {zu letzt} vielen Leuten zu Unehren und Verleumdung gelangete, darumb es billich abtzuschaffen war.
Anno 1533. Die 22. Wahl der Kirchen Veter.
Nach dem Henrich Kleinefeld, der vierte in der Ordnung der Kirchenveter, von einem E. Rath ᵉ auß dem Mittel der Kirchenveter ins Mittel der E. Gerichte versetzett in diesem 1533. Jare (welcher ferner Anno 1538 zu einer Rathsperson erwehlett und endlich eine mittels Person des Raths, Anno 1559 {am 20. Tag Augusti} gestorben) hatt ein E. Rath auß der Kirchenveter schrifftlich vorgeschlagenen Personen in des Herrn Kleinefeldes Stelle Andres Warnecken ernant in der Ordnungt wie folgett:
<106> Herr Philip Bischoff der Pfarkirchen ᶠ {*Inspector*}. 1. Gerlach Kemerer 2. Hans Blömecke 3. Jacob Kampe 4. Andres Warnecke.

1533. Eine Chronika meldett, das in diesem Jar am Tage aller Heyligen des morgens
Z.c. frue sey ein silbern Bildnuß S. Annen auß dem hohen Altar gestolen worden[98]. Item so haben die Kirchenveter empfangen von Herr Tiburtio XV tausend Maurtzigel fur tausend IIII Marck groß.

A.d. In Andres Warnecken Rechnung stehet also: Item noch hatt Meister Jacob der Zimerman auß gehawen XXX Pfale zu dem Teyche und auch die Rinnen mitt außgehawen gearbeytett mitt IIII Gesellen VI Tage VII Mk. Item die

---

a Randbemerkung/na marginesie: Gerlach Kemrer Lib. No. 4
b Randbemerkung/na marginesie: Hans Blömcke
c Gestrichen/skreślony: und
d Gestrichen/skreślony: ist klein
e Gestrichen/skreślony: ins Mittel der
f Gestrichen/skreślony: President

Pfale lassen stossen zu dem Teiche VIII Man IIII Tage. Iglichem Man X Schil. und I Tag X Man ist VI Mk. X Sch. Item noch fur Erdreich ein zu karren umb den Teich her VI Tage dem Manne IX Schil. ist ins Geld VI Mk. mynn 6 Schil. Item fur IIII eisen Bende zu den Pfalen, da man Rinnen mitt auß und einbringett in dem Teiche, und II eysene Rollen, II Buchsen, II Pfannen zu den Rollen und Winden, dem Schmide gehort II Mk. XV Schil. Item noch gegeben fur Sand ein zu karren III Tage VI Mann gegeben IX Sch. ist III Mk. XII Schil. Item noch gegeben fur Ballast und Steine ein zu karren VI Man IIII Tage, dem Man IX Schil., ist III Mk. XXXVI Schil.

B.d. Item mitt Meister Jacob dem Zimerman verdinget das newe Gebew II Schoß hoch mitt VI Stendern und V Loeßbalcken, des soll er es bekleyden, wo es vonnöthen ist, dafur soll er haben XXIIII Mk. groß etc.

1534. <107> Item im Jahre XXXIIII so haben wir Kirchenveter gebawett II Faß-
C.d. bierkeller auff dem Kirchhofe gegen der Schulen uber, den einen fur den Glockner negest der Kirchen zu gebrauchen frey und der ander soll zu Zinse gehen. Vor eine Thonne Krolling den Grundgrebern XXVII Schil. mitt dem Tagelohn. Gegeben dem Fuhrman von dem Kirchhofe zu fuhren auß den Kellern fur I^C Fuder V Mk. {Hietzu sein komen die vorgemeldten 15000 Maurtzigel. Item folgett bald her noch außgegeben.}

Item gegeben Meister Arent den Predigstuel rein zu machen und wider anzusetzen was davon war XV Sch.

Item gegeben dem Zimerman auff dem Kirchhofe unter die Hegekamer auff die newe Mauer I Mk. III Schil.

D.d. Item dem Mohler den Sonnenseger zu molen an der Kirchen IX Mk. groß.

Item dem Zimerman das Schaur zu machen und abeseyte zu bessern in der Kirchen Hofe dem Hans Möller [a] I Mk. VIII Schil.

Item dem Meurer, den newen Speicher zu behengen, fur III Tage II Mk. Item so habe ich mitt einem Wagen lassen fuhren auß dem Bawhofe in den newen Speicher Balcken und Dielen, gegeben dem Fuhrman und IIII Mennern, die da hulffen, I Mk. X Schil.

[b] Acht Tage nach den heiligen drey Königen der Kirchen zu gutte gekaufft zu den beyden Kellern in die Grund zu legen in Summa XXXIII grosse Steyne und IX Fuder kleyne Steine, kosten VII Mk. XVIIII Schil.

Zugabe Am Sontage nach Judica ließ ein Rath zu Danzig ein Mandat an die Pfarkirche schlagen, nachdem die Frawen, Jungfrawen auch Dienstmegde ihre Mentel oder Kurschen auff dem Haupte trugen, das solchs also von ihnen nicht {mehr} geschehen sollte, sonder ihre Mentel oder Kurschen auff den Achseln tragen, bey der Busse X gutter Mk.

E.d. <108> Anno 1535. Die 23. Wahl der Kirchenveter.

Nach dem Gerlach Kemerer, der erste in der Ordnung der Kirchen Veter, seynen Geist auff gegeben, hatt ein E. Rath auff schrifftlichen Vorschlag der

---
a Gestrichen/skreślony: hatt
b Randbemerkung/na marginesie: Andres Warneke

hinderstelligen Kirchenveter Matthis Zimerman datzu ernantt. Sintemal dan auch in diesem Jahr ᵃ {am 2. Tage Julii} der Burgermeister Herr Philip Bischoff seine Augen geschlossen {da er zugleich auch königlicher Burggraff war}, welcher Anno 1506 ins Mittel der Gerichte, Anno 1512 ins Mittel des Raths ᵇ und Anno 1517 zu eynem Burgermeister erwehlett worden. Auch Anno 1524 ᶜ {die *Inspection*} der Pfarkirchen an ihn als den eltesten Burgermeister gelangett, als ist ihm diß Jahr *succedirett* der Burgermeyster Herr Johan von Werden als der elteste in seinem Burgermeyster Ampt und halten also die Kirchenveter ihre *Session* in folgender Ordnung: Herr Johan von Werden der Pfarkirchen ᵈ {*Inspector*}. 1. Hans Blömecke 2. Jacob Kampe 3. Andres Warnecke 4. Matthis Zimerman.

ᵉ In der Fasten in der Kranckheitt Gerlachs, da empfing ich von ihm, was der Kirchen zugehorett nach laut des Schleffers war an Gelde XLVII ungrische und III Hornegulden, IIII Gulden fur III Mk. klein etc.

Item gegeben Meister Arent fur eine Trumme zu machen zu einem Glockenstrange zu beschliessen XL Gulden. (Diese Trumme war unter dem Glockthurme und ward der Strang darinne beschlossen, mitt welchem der Signator pflegt den Glockenleutern zu signiren, wen sie sollen anfangen einer Leiche zu leuten.)

ᶠ Item kaufft ich von Hans Breden IIII Centner geschlagen Kupfer der Kirchen zu gutte, den Centner XV Mk. klein ist groß XLV Mk. Dieses Kupfers ist in all LI Stuck. Item gegeben fur den Kachelofen und Fuß hinter dem hohen Altar in dem Keller zumachen IX Groschen.

<109> Item der Kirchen zu gutte gekaufft II Schock Zimer Holtz und 12 Rahnen, das Schock fur XXIIII Mk. kleyn, vom Schock zu fuhren IIII Mk. groß, mitt dem Biergelde und allem Ungelde ist LX Mk. XII Schil. groß.

Zugabe Diß Jar sein auch die Rohren gelegett fur Dantzig am Peterßhagen, das Wasser auß der Rodawne zu leiten in den Brunnen der Vorstadt {beim newen Thurme}. Ist auch zugleich angefangen, den Grund zu mauren zu legen hinter den grawen Munchen {und} beim Karrenthor angefangen (da itzund das duppelte Rundeel liegt.)

1536. ᵍ ʰ Fur ein Faß klaren Trahn in die Lampe (fur dem Sacrament Heuselein)
G.d. VI Mk. Item dem Prediger Pancratio Klein (welcher von den ersten lutherischen Predigern bey der Pfarkirchen erhalten ward) gegeben zum Dominic XX Schil. groß ist XXVII Schil. I D.

---

a Gestrichen/skreślony: dan auch in diesem Jahr
b Gestrichen/skreślony: erwehlett
c Gestrichen/skreślony: das Presidentenampt
d Gestrichen/skreślony: President
e Randbemerkung/na marginesie: Hans Blömecke
f Randbemerkung/na marginesie: Andres Warncke
g Randbemerkung/na marginesie: Hans Blömecke
h Gestrichen/skreślony: XV Groschen ist

H.d. (Laut diesem Register befindett sich viel verbawett in der Kirchen Bawhofe als das Dach zubesteigen etc.)
Item gekaufft zu der Kirchen behuff fur XXXVIII Mk. Wachs. Im Jar XXXVI auff S. Lucien, da wir Kirchenveter hatten gerechnet und eingebracht von uns allen vieren, was diß Jar empfangen und außgegeben, so der Schleffer mitt bringett, den mag man lesen. (Dieser Schleffer ist itziger Zeit nicht furhanden.)
ᵃ Item fur dem grossen Keller zu steinbrucken, den der Glockner nun hatt, gegeben I Mk. VI Schil. Item fur den kleynen Keller gegeben zu steinbrukken, den auch der Glockner hatt, XVII G. fur Sand zu fuhren in beyde Keller XXI Fuder fur das Fuder I G. ist XXI G.

I.d. Item XIIII Tage nach Ostern mitt Meister Jacob dem Zimerman uberein gekomen, das er auff der Kirchen soll verbesseren Rinnen und wo es vonnöthen ist, nichts außgenommen, was unter das Beyl gehort. Das soll Meister Jacob haben des Tages XX Schil. Sein Werckmeister Peter XV Schil., die Gesellen iglicher X Schil. und iglicher I Schil. zu Bier alle Tage, das <110> sie es nicht von der Hand schagen solten, und dem Werckmeyster ein gutt Hosen Laken. Summa in all, was das Beyl in IX gekostett hatt, ohne das Holtz zu der Kirchen, LXXX Mk. XVI Schil. Summa der Meurer hatt verdienett mitt dreyen Kellen und III Knechten in VIII Wochen XXXIX Mk. IX Schil. ᵇ
Item noch hab ich gegeben zu machen Brosien Blixen einem Bottcher fur IIII Balgen auff die Kirche, da man Wasser inne helt uff dem Gewelbe, ist II Mk.

L.d. Item Anno XXXVI umbtrent Dominic ist gemacht der Stuel der Kirchenveter zu Unser Lieben Frawen {und} habe {ihn} lassen machen die beyden Ersamen, als Matthis Zimerman und Andres Warnecke von ihrem eigenen Gelde Holtz und Arbeitslohn. Hatt gekost in alles mitt dem Biergelde XVI Mk. I Vierd. groß.
ᶜ Ein Inventarium ist auch fur handen, uber das Altar Gerethe S. Christoffers, der Kirchenveter Altar genant, *concipiret* Anno 1536.

Zugabe In diesem Jare am Tage Marie Magdalene, ist der 22. Julii, in der Nacht umb I Uhr, da branten zu Dantzig uber 300 Speicher abe, damitt verbrante ein trefflicher Schatz an allerhand herrlichen Guttern und Wahren. Solch Feur soll außkomen sein durch böße Zuversicht sintemal die Burger zu der Zeit gewohnet waren, ihre Pferde Hew und Stro in den Speichern zu halten. Es ist aber nach diesem Schaden ᵈ ernstlich verbotten worden, hinfortt keine Pferde mehr in Speychern zu halten, auch kein Feur oder Liechte weder in Speichern noch in Schiffen, so auff der Mottlaw liegen, zu haben bey ernster Straffe, daruber auch noch zu dieser Zeit stett und fest gehalten wird.

---

a Randbemerkung/na marginesie: Andres Warncke
b Gestrichen/skreślony: Item noch hab ich gegeben zu machen
c Randbemerkung/na marginesie: Im blechen Ladechen bey mir
d Gestrichen/skreślony: ver

N.d.	<111> Hie bevor in dem 1525. Jar ist eines gefehrlichen Auffruhrs gedacht, so sich zu Dantzig erhaben und endlich das folgende Jar hernach durch den Konig gestillett worden, welches Auffruhrs Ursache furnemlich die Verenderung der Religion gewesen. So gefehrlich aber als dieser Auffruhr gewesen, so hatt Gott dennoch etwas Guttes dadurch gewirckett. Dan durch diß Mittel das Bapstumb alhie je lenger je mehr gefallen und abgenommen, in dem die Burgerschafft nun mehr in Religionssachen eines besseren berichtett und nebens einem E. Rath einhellig dahin getrachtet, wie sie des bapstlichen Joches mochten endledigett werden. Und weil das ius *patronatiis* und Bestellung der Kirchen lautt des Pr[i]vilegii Casimri im Jar 1457 gegeben bey den drey Ordnungen als Rath, Scheppen und Gemeyne stunde, ist auß gemeynem Schluß samptlicher Ordnungen bestellett und eine gewisse Stunde auff die Feyer und Sontage angesetzet, in welcher ein luterischer Prediger {in der Pfarkirche} auff steigen und einen Sermon thun möchte. Jedoch den Bapstlichen, ihren Predigten, Messe lesen, singen und klingen ohn Nachtheil, wotzu ein Dominicaner Munch mitt Namen Pancratius Klein, der sich zu der luterischen Religion bekante, bestellet und angenommen ᵃ, wiewoll die heiligen Sacramenta nach Christi Ordnung offentlich in dieser Kirche zu administriren von den bapstlichen nicht ist zugelassen worden.
1537.	Dieser Munch Pancratius predigte auch in der Munchskappen etliche Jar mitt grossem Zulauff der Burgerschafft und legte ᵇ {auch} endlich die Kappe abe im Jar 1537 am Tage Simonis und Judae.
1537. O.d.	<112> Hans Blomecke setzett in diesem Jare in seyner Rechnung wie folgett: „Diß Jar ist die grosse Taffel rein gemacht. Item so haben wir diß Jar in der Fasten lassen die Kirche fugen, gegeben dem Meurer zu fugen VIII Mk. groß ist klein X Mk. X G. Item gegeben den Goldschmide Gesellen die XII silbern Bilder rein zu machen IIII Mk. klein und II G. Item gegeben dem Zimerman in dem Keller zu bessern, hinter dem hohen Altar XV G. ist I Mk. klein. Item gegeben Georgen Kölmer dem Goldschmide auff das silbern Bilde zu machen XXX Jochims Taler." {(Diß Jar fiel ein Sterben mitt ein und sein zu Dantzig vom Dominik biß auff Michaelis in die 8000 Menschen, jung und alt, gestorben, am meysten aber Kinder. Darumb setzet Blömecke alhie von den Blinden also:} „Item gegeben den Blinden auff dem Thurme in der Pestes Zeit zu leuten fur XII Wochen II Mk. X G." Andres Warnecke: „Summa, was Herr Pancratius sein gegeben, da er nu inne wohnet, in all gekostett hatt, ist LXXXII Mk. VI G." (Diß Hauß ist in der Korckenmacher Gasse gelegen, da itzund der Rector der Pfarschulen wohnett.) {Hie von ferner fol. 113 NB.}

---

a Gestrichen/skreślony: ist worden
b Gestrichen/skreślony: doch

Zugabe	In diesem Jare haben Land und Stedte in Preussen sich geeinigett mitt der Crone Polen, so offt in der Cron Polen eine *Contribution* verwilligett wurd, das die Lande Preussen die Maltzaccise sollen zu geben schuldig sein von jederem Scheffel Maltz 2 Schil. und diß ist im gantzen Lande publicirett worden. Anno 1538. Die 24. Wahl der Kirchenveter. Nachdem in diesem Jahr am 28. Tage Martii Matthis Zimerman, der vierde in der Ordnung der Kirchenveter, von eim E. Rath ins Mittel der E. Gerichte gewehlett, welcher auch ferner Anno 1540 zu einer Rathsperson verordent und endlich Anno 55 gestorben [a]. Zu dem auch Anders Warnecke, der dritte in der Ordnung der Kirchenveter, mitt Tode abgangen, hatt ein E. Rath auff schrifftlichs vorschlagen der ubrigen beyden Kirchenveter die vacirenden <113> Stellen zu ersetzen Herman Schmid und Paul Ballen datzu ernant, in folgender Ordnung: Herr Johan von Werder der Pfarkirchen [b] {*Inspector*}. 1. Hans Blömecke 2. Jacob Kampe 3. Herman Schmid 4. Pawl Balle.
Q.d.	Im Jar XXXVIII so haben wir Kirchenveter lassen machen in die Taffel einen silbern Salvator, wigt XXI Marck lätiges und IIII Schottgewicht, die Marck kostett XV Mk., ist in Geld III^C XVII Mk. groß 12 Schott. Und an Golde zu vergulden VII ungrische Gulden. Hans Blömecke: Item bin ich schuldig vor der Kirchen Speycher X Marck groß, ist klein XIII Mk. V Groschen fur I Jahr. Andres Warnecke kurtz vor seinem Ende: „Den anderen Sonabend in der Fasten hatt mir gethan Meister Jacob der Zimerman XI Gesellen, die das Werck oder Stellung fuhreten in die Kirche umb das hohe Altar zu setzen, die Taffel zu reynigen und auch außtzuhawen die Pfoste zu dem Thore im Kirchenhofes Speycher II Tage lang, ist in all IIII Mk. XXVIII Schil. Item den Sonabend vor Marien Empfengniß hatt Meister Jacob der Zimerman lassen setzen umb das hohe Altar diß vorgeschriebene Werck oder Rustung mitt XI seiner Gesellen IIII Tage gearbeytett und auch das newe Thoor dartzu gemachett in alles fur VI Tage Arbeits Lohn ist XIII Mk. XXII Schil." [c]
Zugabe	Diß Jar im Januario ist die Mawre hinter den grawen Munchen zu Dantzig (davon zuvor gemeldt ist) widerumb abgebrochen und angefangen einen Wahl dahin zu schutten, ward auch das Jahr volendett.
1539. R.d.	<114> Inn einem Buch No. 5 befindett man in Hans Blömecken Rechnung, die er Anno 1539 hatt eingeschrieben, das er sich auch auff ein Buch, der Schleffer genant (davon vor gemeld), *referirett*, das diese seine Rechnung in demselben auch vertzeichnet sey und wie die Gelde ferner sein auß gethan

---

a Gestrichen/skreślony: hatt ein E. Rath auff schrifftlichs vorschlagen der
b Gestrichen/skreślony: President
c Gestrichen/skreślony: Diß Jar fiel eine Sterbung mitt ein und sind zu Dantzig von Dominick biß auff Michaelis in die 8000 Menschen, jung und alt, gestorben, am meisten aber Kinder, das wird ohn Zweifel der Pfarrkirchen wegen der Begrebnuß

	worden. Darumb zu wunschen were, das dasselbe Buch noch furhanden und ferner *continuiret* were worden.
Zugabe	Diß Jahr seind die Rohren gelegett worden, durch die Schidlitzen von der Stadt biß zu der Tempelmuhle in den Teich, und der Teich ward in demselben Jare gemacht, und ist also das Bachlin, so von der Tempelmuhlen gegen der Stadt zu fleust, unter der Erden in die Wasserkunste der Rechten Stadt geleitett worden.
1540.	Im 1540. Jar findett man von dieser Kirchen Sachen nichts gedenckwirdiges geschrieben, darumb ich zur Zugabe allein des schrecklichen Außbruchs der Weissel gedencken {will}, welcher dieses Jahrs am 12. Tage Februarii umb 6 Uhr zu Abend geschehen ist beim Kesemarck und 17 Dorffer erseuffett. Das Wasser stund biß an die Dächer der Heuser, damals vertrangk viel Viehe etc. Und hatte das Wasser die langen Garten beflossen, das man allenthalben mitt Böthen faren kunt. Die Mottlaw stund uber die Lange Brucke an den Speichern, thatt grossen Schaden in den Reumen daselbs an Saltz. Zu dem reiß auch der Thamm auß beim werderischen Thore und nam ein Blockhauß sampt der Schleuse hinweg und gieng diß Wasser biß an die Brunen auff dem Fischmarckt. Auch geschahe grosser Schade an Brewholtz, Rahnen, Masten, Klapholtz, Wagenschoß etc., welches alles zur See hinauß floß. Es war auch grosse Tewrung das <115> Jahr als man kaum gedencken kundte. Das Wasser stund so groß 14 Tage lang, darnach nam es abe und ward immer kleyner, biß es wider zwischen die Ufer kam. Zu der Zeit muste man auch Schetzung geben, ein iglicher nach seinem vermögen, damitt das Wasser widerumb gefangen und die Thamme gebessert werden möchten, wie auch geschehen.ᵃ
1541.	Weil in diesem Jare nichts gedenckwirdiges in der Kirchen Sachen ist furgelauffen, als setze ich alhir zur Zugab die angesetzte Bieracize zu Dantzig, nemlich nach dem vor diesem Anno 1537 den 2. Septembris schrifftlich mandirett und publicirett worden, das man solle geben von iglichem Faß Bier Accise 8 Schott, von der Thonne Bier 4 Schott, von einer Thonne Taffelbier 2 G., von der Thonne Krulling 1 G. und auch von allem frembden Getrencke nach Art der Biere und der Gefesse. Wie dan auch bald darauff den Brewern das Bier gesetzett ward, wie sie es geben solten, nemlich die Thonne Bier 2 Marck, die Thonne Taffelbier 15 G., die Thonne Krölling 9 Schott und solchs nur auff ein Jar.
1541.	<116> Weil aber diese Accise nun mehr biß ins vierde Jahr gestanden, hatt sich die Burgerschafft sehr daruber beschwerett und begerett, dieselbe widerumb abtzuschaffen. Es hatts aber der Rath ihnen fur diß mahl abgeschlagen,

---

a Gestrichen/skreślony: Anno 1541. Die 25. Wahl der Kirchenveter. Nachdem Hans Blömecke, der erste in der Ordnung der Kirchenveter Todes verblieben, hatt ein E. Rath auß vorgeschlagenen gewissen Personen an des Verstorbenen Stelle Georgen Rosenberg {und Rodolff Gruel} erwehlett in der Ordnung wie folgett: Herr Johan Werden der Pfarkirchen Inspector. 1. Jacob Kampe 2. Herman Schmidt 3. Paul Balle 4. George Rosenberg

	vorwendende, das die Stadt mitt grossen schweren Gebewden, dieselbe zu stercken, auf welche dan nicht geringe Unkosten gehörten, beladen were, kunten derwegen mitt den Einkunfften der Stadt nicht zukomen, musten also die Accise datzu zu Hulffe nemen. Jedoch ward daneben angelobett nach Umbgang dieses Jares dieselbe abzuschaffen.
1542.	Anno 1542. Die 2{5}. Wahl der Kirchenveter.
	Nach dem Jacob Kampe, der erste in der Ordnung, durch den Todt von hinen gescheyden, hatt ein E. Rath auß den auffgestellten Personen der Kirchenveter Rodolff Gruwlen ernant in folgender Ordnung: Herr Johan von Werden der Pfarkirchen [a] {*Inspector*}. 1. Herman Schmidt 2. Paul Balle 3. George Rosenberg 4. Rodolff Gruel.
	{Anno 1542 den 15. Martii. Eine Verschreybung auffgericht mitt dem Organisten Martin Rudiger, welcher zur Pfarkirchen bestellett worden durch die Kirchenveter in Beysein Herrn Johan von Werden soll haben eine freye Wonung und datzu jerlich 100 Mk. a G. 20 mitt allen *Accidentien*. Paul Ball gegeben dem Organisten Raben den XXIII. April XX Mk. Den 15. Januarii brante der Glockthurm an S. Johannis Kirchen ab und die Glocken fielen herunder. Durch das Fewr des Organisten außgekommen auff der Orgel.}
1543. V.d.	Paul Balle schreybett in seyner Rechnung unter andern also: {1543} gegeben Herrn Johan Brandes den XXI. Julii fur LVII Rahnen kosten in all LVII Mk. XI Groschen, ist groß Geld XLVII Mk. und II Schil. Den 28. Augusti dem Zimerman fur den kleinen Thurm zu verbinden IIII Mk. XX Sch. Item gegeben dem Mewrer den Thurm zu mauren V Mk. XVIII Sch. Item den VII. Augusti dem Bley Decker fur die beyden Thurmechen zu decken XX Mk. Item gegeben dem Botten, der nach Witenberg lieff nach dem Organisten, den IX. Decembris VI Mk. XV Sch.
Zugabe	Auff Michaelis weil eine schwere Tewrung einfiel und auch starck angehalten, ward die obgemeldte Bieraccise abzuschaffen, ist solches auch geschehen.
1544. W.d.	[b] Anno XLIIII haben wir Kirchenveter Unser Lieben Frawen in der Rechtenstadt Dantzig etc. machen lassen auff die Kirche IIII kupferne Pfannen und I auff den Thurm. Summa kosten in all die V Pfannen VI^C XLV Mk. groß. Da zuvorne waren Holtzkufen {und} der Kirchen {da durch} grosser Schade [c] ist an dem Balcken. Und seind die vier kleynen Pfannen [d] in der Grosse von einer halben Last Wasser. Die grosse Pfanne auff dem Thurme von anderthalbe Last. Dieselben Pfannen werden des Sommers stets voll Wasser gehalten, Gewitters und Feurs halben, da Gott fur sey [99].
X.d.	In diesem Jahre sind vom Konige etzliche Commissarien abgefertiget an die Stadt Dantzig, als Samson Maczieyewsky, Bischoff zu Plotzko, Untercantzler

---

a   Gestrichen/skreślony: President
b   Randbemerkung/na marginesie: Lib. No. 4 et No. 8
c   Gestrichen/skreślony: von gekommen
d   Gestrichen/skreślony: eine igliche

Nicolaus Dzwerkowsky, leßlawischer und coischer ᵃ und also der Kirchen zu Dantzig Bischoff, Tidemannus Gise, Bischoff zur Lobaw ᵇ und andere weltliche Herrn, welche am 14. Tage Maii zu Dantzig angekommen und des folgenden Tages ihre Legation angebracht haben, nemlich: Wie Kon. May. offt und vielfeltig vorgebracht were, das sich die Burger der Stadt sehr uber den Rath zu bescherett hette in etlichen politischen Sachen und {das} auch grosse Uneinigkeit in der Religion solle sein, darauß dan beyde in geistlichen und weltlichen Sachen groß Unheil und Schade {der gutten Stadt} endstehen möchte. Damitt aber solches untersucht werden mochte, hette sie Kon. May. auß besondern Gnade in Suchung dieser Stadt Heil und Wollfart anhero abgefertigett, ob was mangelhafftiges daran sein mochte, dasselbige widerumb in vorigen Wollstand zu bringen. Damit die Stadt in Flore und glucklichem Zustande ᶜ erhalten {werde} und bleiben mochte.

<118> Dieser Beschuldigung endlehnete sich der Rath zum glimpflichsten, sie möchten, das ihnen von solchen politischen Beschweren nichts bewust, und was die Religion belangete, wuste ᵈ der Rath als denen ᵉ nebenst den andern Ordnungen der Stadt das *ius patronatus* ᶠ aller Kirchen ihrer *Jurisdiction* unterworffen, von Kon.r Maytt. befohlen wehre, nichts anders, dan das die Prediger unter einander gantz einig und das Gesetz und Evangelium nach der Richtschnur der prophetischen und apostolischen Schrifften rein lehreten, mitt welchen auch die allgemeine Burgerschafft gantz woll zufrieden were etc. Solches wie sich der Rath erklerett auch zu beweisen, war ein Rath erbietig, samptliche Ordnungen der Stadt ihnen (den *Commissarien*) vortzustellen, von welchen sie selbst fragen und erfoschen möchten, ob sie sich wes uber den Rath oder sonst andere Unrichtigkeitt in der Stadt zu beschweren hetten. Der Rath were erbietig, sich in allem billichen gehorsamlich finden zu lassen etc.

Diß nahmen die Commissarien also ahn und kamen die samptlichen Ordnungen auff Verbottung des Raths am 17. Tage Maii auffs Rathhauß zusamen, fur welche die Commissarien abermals ihre Werbung abgeleget und unter andern sie fragett, ob sie sich auch wes uber den Rath zu beschweren hetten, das solten sie antzeigen, dan sie weren kommen, der Stadt Wollfart und gemeines Beste zu wissen. Darauff ihnen die Burgerschafft geantwortet, danckende ᵍ fur der Kon. Maytt. veterliche Vorsorge und der Gesanten gehabte Muhe und Unruhe. Sie wusten uber den Rath nicht zu klagen, sondern liessen sich an ihrer Regirung genugen etc.

---

a Gestrichen/skreślony: Bischoff
b Gestrichen/skreślony: und Heilsber (wegen
c Gestrichen/skreślony: bleyben mochte
d Gestrichen/skreślony: ein
e Gestrichen/skreślony: das
f Gestrichen/skreślony: der Kirchen befohlen
g Gestrichen/skreślony: fur gehabte Muhe und Unruh

Darnach nahmen sich die Commissarien fur, die Kirchen zu visitiren, insonderheitt der leßlawische <119> oder, wie man ihn nennett, der coyesche Bischoff Nicolaus Dziergowsky. Dan nachdem das lautere Wortt Gottes durch den erleuchteten Man Pangratium, den schwartzen Munch, zu Dantzig begunte zu erschallen und allerley Wahn, Abgotterey, Aberglaube und Mißbrauch abgethan zu werden, wo durch dan dem genanten Bischoff und seinen *Clericis* viel abgieng, haben die Commissarien damitt umbgangen und dahin getrachtett, das sie solcher newer Lehre, wie sie sie nennenten, stewren und wehren und dieselbe auch, ehe dan sie in grosseren Schwang keme, dempfen mochten, damitt ihnen an ihren Prebenden nicht abginge.

[a] {Am 18. Maii, welcher ans Sontage *Rogatonium* ein fiel, predigett der Plotzcker Bischoff in der Pfarrkirchen und der coyesche Bischoff sang die Messe. Nach gehaltener Messe kam Pangratius, kniet fur dem Bischoff nider und empfing den Segen. Nach dem Mittages Mahl aber gieng er auff die Cantzel und predigett, wie man recht beten solle und nicht wie im Bapstthumb. Diese Predigt kam fur die Bischoffe, das sie ihrer Lehr zu wider war. Und ob woll die anderen Kirchen auch schon mitt lutherischen Predigern bestellett waren,} namen sie sich doch fur, diesem Pangratium alleine auß dem Wege zu reumen (welcher ohne das ihrem Trachten nach Straff wirdig, sintemal er auß dem Closter endlauffen war.)

[b] In Hoffnung, das als dan diese Lehre von sich selbst fallen und untergehen solte, haben also am 19. Tage Maii genanten Pangratium alleine in der Fruestunde umb vier Uhr eilend und heimlich fur sich verbotten lassen, dan sie sich befurchteten, wo es die Gemeyne Burschafft inne wurde, das eine Uneynigkeitt darauß endstehen mochte, dan ihm der grösseste Hauffe der Stadt anhing. Es hatten sich aber die gemeldten Bischoffe furgesetzett diesen Pangratium heimlich weg zu fuhren, darumb sie ihn sonderlich also frue und heimlich fur sich hatten verbotten lassen. Ihre Anschlege aber wolten ihnen nicht gerathen, dan es die Burgerschafft bald inne ward, die sich zur Stund mitt Hauffen fur des Bischoffs Losament versammelten, ehe dan sie mitt Pangratio <120> etwas schaffen mochten, welche dan mitt lauter Stimme geruffen, sie solten ihrem Pastor Pangratio kein Leid zufugen oder sich unterstehen, ihn weg zufuhren, sonst wurde ihrer ubel gewartett werden, dan sie gedächten bey ihme als ihrem trewen Lehrer Leyb und Leben zu zusetzen. Warteten auch fleissig bey den Thuren und Pforten des Losaments, das er nicht etwa heimlich endfurett wurde und haben ihn also die drey Bischoffe fur sich gehabt biß umb zehn Uhr und allerley mitt ihm auß und ein geredett. Als sie aber sahen, das sie Pangratium weder mitt disputiren {und} dre-

---

a   Gestrichen/skreślony: Und dieweil dan die luterische Lehre furnemlich durch diesen Pangratium erschollen, der sie auch teglich in der Gemeine Gottes außbreytett und doch neben sich in der Pfarkirchen keinen Gehilffen hatte (wie woll die andern Kirchen dieser Stadt auch schon mitt lutherischen Predigern bestellett waren
b   Gestrichen/skreślony: das als dan

wen {nicht} uberwinden noch fur dem gemeynen Hauffen hinweg fuhren kunten, haben sie ihn mitt Frieden widerumb von sich gelassen, welches dan dem Bischoff von Plotzko also hefftig verdrossen, das er bald desselben Tages eilend davon gefahren. Die andern beiden Bischoffe verharreten noch eine Weil zu Dantzig vermeinende, die Burgerschafft noch etwa auff ein Mittel zu beleyten, das ihnen in ihrer Religion zutreglich were und ᵃ ihrem Bischoffe und seynen Pfaffen an ihren Einkunfften und Prebenden nicht zukurtz geschehe. Darauff auch erfolgett, das diesem Pangratio die Cantzel vergunnet offentlich zu predigen, jedoch also das den bapstlichen Pfaffen das hohe Altar solle gelassen werden, alda zu singen und zu klingen ihres Gefallens. Des solle denselben Paffen an ihren Prebenden nicht zukurtz geschehen noch an ihnen irckein Gewald, Verachtung, Verlachung noch Verfolgung geubett werden etc. Und nach verrichteten dieser Sachen ist der Bischoff von der Löbe Tideman Gyse widerrumb von Dantzig gescheyden am 27. Maii.

<121> Am ᵇ Mittwoch in den Pfingsten, welches war der 4. Junii, ist der Herr Pangratius fur den coyischen Bischoff gefordert und nach dem er fur ihme erschienen, hatt ihnn der Bischoff als dieser Kirchen ordenlicher Hirtte, nach vieler Beredung zu einem Prediger der Pfarkirchen bestettigett und ihm befohlen, den Weinberg Christi fleissig zu pflantzen und auch bald des folgenden Tages, als den 5. Junii, von Dantzig gescheyden.

1545. Y.d. Hievorn {vorn fol. 46} ist gedacht eines Inventarii, so die Kirchenveter Anno 1484 *concipirett* haben uber das Kirchengerethe in der Dresekamer. Da wird zu letzt gedacht, das die Kirchenveter Anno 1545 auff Dominick einen newen Tebicht ᶜ gekaufft haben, welchen der itzige Gockner Thomas Lebbyn seinem eigenen Bekentniß nach in seyner Bewarung hatt.

Z.d. Zu dieser Zeit ist Organista der Pfarkirche gewesen George Mauß, welcher durch die Kirchenveter nebenst einrathen des Burgermeisters Herrn Johan von Werden, der Pfarkirchen ᵈ {*Inspectoren*} bestellett und angenommen ist worden.

A.e. Am 15. Tage Junii starb Koniginne Elisabeth, Sigismundi Augusti Gemahl {und Ferdinandi des romischen Koniges Tochter} zur Wilde in Litawen. ᵉ Darnach am Tage Apostel Theylung, war der 15. Julii, ward die Leichbegengnuß dieser Königinnen zu Dantzig herlich *celebriret* mitt Vigilien und Seelmessen in der Pfarkirche auch mitt allen Glocken geleutett und auch zehen Thodtenbahren gesetzett mitt schwartzem Sammett bedeckett, ohn allein die erste, welche mitt schwartzem Gewande bedeckett war, sonst waren sie alle auch mitt Wapen behangen.

---

a Gestrichen/skreślony: ihme
b Gestrichen/skreślony: 27. Tage Maii war den
c Gestrichen/skreślony: getzeugett
d Gestrichen/skreślony: Presidenten
e Gestrichen/skreślony: Gemahl

	Paul Ball: „Gegeben den Leutern die Glocken rein zu machen XII Sch. Item gegeben den 28. Julii den Leutern, das sie der Königinne geleutett haben III Mk. Item im Dominick gekaufft der Kirche einen Tebicht vor VIII Mk. {von welchem oben gedacht}. Item gegeben fur den Stein in der Sacristey zum Handfasse III Mk. 15 Sch."
Zugabe	<122> 1545 auff Mittfasten ward zu Dantzig publicirett, das die Stad Lubeck mitt den sieben wendischen Stedten uber ein kommen sein, so woll auch der Konig von Dennemarck und die pomrischen Stedte in einer Sache, die jenigen belangende, so Geld oder Gutter von andern Leuten auffborgen und darnach mitt demselben Gelde oder Guttern weichhafftig oder pancorott werden und muttwilliger oder vorsetzlicher Weise nicht zalen wollen, also: das so jemand were, der nach dieser benanten Zeit Geld oder Gutter auffborgen und nicht zalen wolte oder kundte und derowegen weichhafftig wurde, dem mag der Creditor nachfolgen und wo er ihn findett als einen Dieb anklagen. Soll auch in keinen Stedten gelitten werden, so ferne er nicht beweisen kan, das ihm solch Geld zu Lande, zu Wasser, durch Krieg oder Fewer umbkommen oder sonst mitt Gewalt genommen sey. Diß ist zwar ein billiches *Statutum*, wird aber leider itziger Zeit nicht daruber gehalten.
	Item den 8. Maii branten zu Dantzig abe die Mattenbuden, die Kruge auff dem Langegarten, die Refferschewnen, die Kirche S. Barbaren und das Hospital, so woll auch die andere Seyte gegen dem Hospital uber und thatt das Fewr grossen Schaden.
1546. B.e.	Zu dieser Zeit hatt man noch bey ª {der Pfar} Kirche ᵇ {etliche} bapstlichen Priestern ᶜ Unterhalt gegeben, als zweyen beim hohen Altar 40 Mk., in die Librarey den Priestern 9 Mk., noch Herrn Orlen in S. Barbaren Capellen 4 Mk. 18 ½ Sch. Alle Jare ein Faß Trahn zur Lampen furm Sacrament Heußlein und zun Glocken, fur Wein zum Nachtmal 15 Mk. dem Organisten eine Rutte Holtz, kost ungefehr 17 Mk. dem Pfarhern und Predicanten alle hohe Feste zu samen 1 ½ Mk. 23 Sch.
	Paul Ball: „Item gegeben den Leutern, das sie dem Bischoff geleutett haben I Mk. XV Sch. Damals ist vileicht der Bischoff des coyschen ᵈ {und} leßlawischen Stifft obgenant gestorben."
C.e.	<123> In diesem 1546. Jahr am 20. Tage Septembris ist in Gott seliglich endschlaffen der obgemeldte Prediger in der Pfarkirchen Pangratius {Klein}, welcher Gottes Wort nach der Richtschnur gottliches Worts, der prophetischen und apostolischen Schrifften und der Augspurgischen Confession trewlich gelehrett und geprediget wider das Bapsthumb und andere Feinde der gottlichen Warheitt. Da er der Kirche in die 22 Jar getrewlich mitt seynem Ampte gedienett, er war wie vorgemeldt ein schwartzer Munch Domini-

---

a   Gestrichen/skreślony: dieser
b   Gestrichen/skreślony: den
c   Gestrichen/skreślony: in der Pfarkirche
d   Gestrichen/skreślony: oder

	caner Ordens, hatt in der Munchs Kappen 13 Jar lang gepredigett, da er aller erst die Kappe abgelegett. Er hatt alle seine Bucher der Pfarkirchen vertestirett, welche mehreren Theils durch andere, so in sein Wohnhauß getzogen, abhendig gemacht, die ubrigen aber allererst Anno 1606 in der Kirchen Gewarsam in die Librarey gebracht worden sein. Er ligt unter der Cantzel begraben in der Pfarkirchen unter einem Stein, auff welchem seiner lange im Gutten zu gedencken diese Reyme gehawen seind:

„Auß Gnaden Gottes hab ich viel Jahr
Sein werdes Wort trewlich fur wahr
Mitt Ernst gelehrt gantzer Gemein.
Itzt schlaff ich unter diesem Stein,
Bin sonst Pancratius genant,
Frommen und Bösen woll bekant.
Obiit 1546."

Zugabe Eben in diesem Jar am Tage *Constantiae* und *Concordiae*, den 10. Februarii, ist vor diesem Pancratio [a] auch in Gott seliglich endschlaffen der hocherleuchte Man Gottes Martinus Luther ein *Repurgator* der evangelischen Warheitt nach den propetischen {und apostolischen} Schrifften wider das Bapstumb und andere Ketzereyen, so sich zu seyner Zeit erregett und gleich wie nicht lange nach seynem Todt alle *Constantia* und *Concordia* gestorben. Also ist es auch {zu Dantzig} nach Absterben dieses Pangratii [b] ergangen, wie hernach folgen wird.

D.e. <124> Item in diesem 1546. Jar sein die beyden Orgeln, nemlich die grosse und die uber S. Reinholds Capelle, verbessert, gestimmett und in igliche newe Real [c] wie auch Bosaunen in beyde zu machen verdungen, kostett zusamen V^{C} XLIII Mk. Diß hatt Meyster Anthonius von Bautzen verrichtett {und} Anno 47 fertig gliefert.

1547. Anno 1547 auff Bartholomei ward zu Dantzig die Bieraccise widerumb gege-
Zugabe ben, vom Faß Bier 8 Shott, von der Thonne Bier 4 Shott, von der Thonne Taffelbier 2 G. Zu der Zeit galt eine Thonne Bier 35 G., eine Thonne Taffelbier 16 G., eine Thonne Keulling 8 G. Die Last [d] Gerste galt damals 10 auch 12 Mk., der Scheffel Hopfen 20 G.

1548. Anno 1548 am ersten Tage Aprilis ist in Gott verschieden der lobliche Konig
E.e. Sigismundus *primus* seines Alters 81 Jahre, und am folgenden 23. April ward seine Leichbegengniß zu Dantzig solenniter *celebriret* mitt Vigilien und Seelmessen. Es [e] {wurden} auch eilff Todtenbahren in die Pfarkirche getsetzt und in allen Kirchen geleutett. Hievon gedenckett Paul Ball in seyner Rechnung, das er den Leutern, dem alten Konige zu leuten, [f] habe gegeben IIII Mk.

---

a Gestrichen/skreślony: in
b Gestrichen/skreślony: auch
c Gestrichen/skreślony: zu
d Gestrichen/skreślony: galt
e Gestrichen/skreślony: sein
f Gestrichen/skreślony: Leutern

1549. F.e.	Nach dem im 1549. Jahr eine hefftige Pestilentz zu Dantzig grassirett, haben die obgenanten Kirchenveter ein Vorrath von den Begrebnussen und Glokken gesamlett, haben sie die Kirche ª weissen, die Fenster rein ᵇ machen, in new Bley ᶜ setzen und das Chor zu molen {lassen}, als es itzund ist, kostett was dem Mewrer, Glaser, Schnitzer und Moler gegeben in Summa ᵈ{XII^C III} Marck groß, also haben die Geschlechter und Zunffte in ihren Capellen auch gethan und ist volendet Anno 1550.
1550.	<125> Hie von schreybett Paul Ball in seyner Rechnung also: ᵉ „Anno Domini ᶠ {23.} May fur 3 Last Kalck zu weissen den Herrn von der Altenstadt fur die Thonne XV G. ist XXVII Mk. XV Sch. Den Tag gegeben zu Biere, das sie das Altar schoneten. Item so habe ich den Kalck uberschlagen, das von meynem Kalcke zum weissen gekommen ist zu der Kirche, in alles XXV Last, fur die Last sein wir nicht eins geworden, setze ich fur die Last, so ich betzalen muste, den Herrn auff der Altenstadt fur IX Mk. groß. Ich setze ihn auff VI Mk., ist XXV Last ins Geld II^C Mk."
	Item hieneben schreybet er auch also: „Anno Domini 10. Maii haben wir Kirchenveter mechtig gemacht Frantz König, kostett ins erste ihm zum Gottspfennige XLIIII G. dem Schreyber XXVI Schil., Hermen Schmitt zu verbotten II Sch. Den Tag hatt Herman Schmitt bekant fur Gerichte, er schuldig zu sein als auch ist XXV^C LXXXVI Mk. groß X Sch." Was aber die Kirchenveter mitt ihren Collega ᵍ Herman Schmid fur einen Streit gehabt und wo her er kommen, davon findett man keine Nachrichtung.
	Item Paul Ball schreibett: „Gegeben dem Meurer ʰ von der Mauer gegen der Schulen VII Mk. XXV Schil."
Zugabe	Anno 1550 am 17. Tage Aprilis umb 9 Uhr zu Abend branten die Mattenbuden, die Kruge, die Refferscheunen und Lange Garten an beyden Seyten und geschach grosser Schade, dan es blieben an einer Seyten nicht mehr dan 30 Heuser unverbrandt. Mitt grosser Arbeitt ward S. Barbaren Kirche und das Hospital errettett, wie auch der Thurm, die Milchkanne genant, welcher <126> Thurm vol Buchsenpulver lag und war schon an der Spitzen angangen und wan er nicht gelaschett were worden, were viel ein grösser Schade darauß endstanden. Auch ward der Waldhoff in den Mattenbuden vom Feur errettett und dieweil durch diß Feur viel armer Leute worden waren, verordent der Rath etliche Burger, die in der Stadt mitt Schalen umbgingen, die Almosen den armen abgebranten Leuten zu Steure ein zu samlen und ist dahero noch zu dieser Zeit zu Dantzig gebreuchlich, das der Rath jerlich auff die

---

a Gestrichen/skreślony: zu
b Gestrichen/skreślony: zu
c Gestrichen/skreślony: zu
d Gestrichen/skreślony: XC und LII
e Gestrichen/skreślony: Anno 15
f Gestrichen/skreślony: 10
g Gestrichen/skreślony: fur einen Zwist
h Gestrichen/skreślony: gegeben

	drey furnemsten Feste, als Ostern, Pfingsten, Weynachten, Burger verordnet, so in der Stadt mitt Schalen umbgehen und fur haußarme Leute Almosen bitten.
1551 H.e.	Obwoll zu dieser Zeytt zu Dantzig das Bapstthumb {schon} sehr gefallen war, so ist man doch jerlich noch mitt der ª Procession umbgangen, wie dan auch Anno 1551 am Tage der Himelfahrt Christi dem bapstlichen Gebrauch nach das Bildnuß des Herrn Christi in der Pfarkirche gen ᵇ Himel gefahren, dem Kerle, so es auffgetzogen gegeben I G. wie die Wochentzedel dieses Jars außweysen.
1552. I.e.	Nachdem die Dantziger zu dieser Zeytt dem König Sigismundo Augusto noch nicht gehuldigett hatten, fertigett der Konig Johannem Hosium da hin ab, den Eydt in seynem Namen von ihnen zu empfangen und kam also derselbe Bischoff Anno 1552 am 24. Tage Maii zu Dantzig an mitt 30 Pferden, worauff die Burger verbottett worden, ein iglicher unter seynem Banner oder Fehnlin auff dem Marckte zu erscheynen und dem Könige zu huldigen, wie auch geschahe, dan sie bald des folgenden Tages ein iglicher unter seinem Fehnlin auff dem Marckte erschienen und thaten, was ihnen befohlen war. <127> Darauff folgete hernach der König selbs und kam den 8. Julii gen Dantzig. Die Dantziger zogen ihm endgegen mitt 2000 wollgeruster Mann, ihn zu empfangen und ward also mitt grossem Pomp und Pracht eingeholett. Da wurden dem Könige der Stadt Beschwerpuncta in einer schrifftlichen *Supplication* von der Burgerschafft vorgetragen, worauff er auch widerumb seine königliche Responsen und Antwort schrifftlich gegeben, welche noch zu dieser Zeit in acht genomen wurde. Und war das erste *Petitum* der Burgerschafft in bemeldter Supplication also lautende: Man bittett Kon. Maytt., welcher Gott der Allmechtige sein gottliches Wort lauter und rein, ohn ir keynen menschlichen Zusatz fort zustellen, befohlen hatt, auff das Kon. Maytt. dasselbe nach Christi und der Apostel Einsetzung auch gnediglich zulassen wolle, den wahren rechten Brauch des hochwirdigen Sacraments zu geben. Antwort: Dieses gehörett in des ehrwirdigen Herrn Bischoffs Ampt, welches Autoritet in diesem Fall die Gemeyne auch billich folgen soll und nicht abweichen von dem alten Gebrauch und Gewohnheitt der gemeynen christlichen Kirche und von den Statuten des durchleuchtigsten Koniges Sigismundi. ᶜ Diese ᵈ {Beschwerpuncta} nebenst der {königlichen} Beantwortung der andern Beschwerpuncten allen ᵉ {seynd} schrifftlich außgegeben zu Dantzig den 28. Augusti im Jahre nach Christi Geburtt 1552, seines Reichs im 21.

---

a Gestrichen/skreślony: Protest
b Gestrichen/skreślony: Hil
c Gestrichen/skreślony: Gegeben zu D
d Gestrichen/skreślony: Antwort
e Gestrichen/skreślony: ist außgegeben

K.e. Auff diese konigliche Antwort fingen bald die vornemsten der Polen ahn, insonderheitt aber die Bischoffe und ihr Anhang, so mitt dem Konige gekommen waren, die Religion zu Dantzig antzufechten, erhielten auch so viel bey dem Konige, das etzlichen Predicanten zu predigen verbotten ward, aber bald hernach auff Bitte der Burgerschafft widerumb zu gelassen worden. Und nach verrichteten koniglichen Geschefften <128> schied der König am 1. Tag Septembris widerumb von Dantzig und ward widerumb von der Burgerschafft stattlich biß furs Thor begleitett.

Es blieb aber der coysche Bischoff, unter welcher Diocesin dieser Stadt Kirchen gehoreten, noch eine zeittlang alhie, ließ die lutherischen Prediger fur sich laden, hielt mitt ihnen Gesprech, und ließ sie doch widerumb frey von sich, ohn allein das einem Prediger mitt Namen Jacob [a] Daleman das Predigampt gelegett ward, auß was Ursach solches geschehen, findett man nicht beschrieben und ward zu gleich auch verbotten, die deutschen Psalmen {fur den Leichen} zu singen, aber nicht lange gehalten.

L.e. Darnach ließ der Bischoff beschreyben alle Clenodia und Meßgewand [b], wie auch was zu den Capellen und Altaren gehorett in allen Kirchen. Von welcher Beschreybung noch [c] ein Extract furhanden, wegen der Pfarrkirchen Einkunfften und derselben Außgaben durch diesen Bischoff Johannen, welcher auch der leßlawische Bischoff genant wird und durch Martinum Cromerum zusamen getragen wie folgett:

„*Ecclesia primaria S. Mariae parrochia. Habet provisores quatuor, qui a senatu dantum et quintum de senioribus senatoribus, sicut et alia templa et hospitalia, qui expendunt et exigunt omnes proventus ecclesiasticos, tam ordinarios quam extraordinarios et reddunt quotannis rationem senatui. Hi ergo instituti ad annum 1542 ab eo anno usque ad praesentem 1552 talem in summa reddiderunt rationem: Ante decem Annos habuit ex domibus haereditatibus á pecunia census Mk. 913 Sch. 18. Parata pecuniae Mk. 1500. In et de extraordinariis obventionibus á pulsibus et sepulturis etc. his decem annis procuratores* <129> *comparqrunt templo novi census Mk. 588 Schil. 33 pro Mk. 9406 computatis 1500 quas nuper Johannes à Verden accepit. Ipsi tamen procuratores dicebant Mk. 259 Sch. 30 tantum accrevisse exceptis 1500 Mk. Johanii à Verden datis. Restant in hunc annum apud eos de acceptis praeteritorum annorum Mk. 160. Restant etiam census non exacti superioribus annis hucusque Mk. 1660 quae in haereditatibus unde solvi deberent obligata sunt.*[d] *Cum autem aequaverunt valorem sive aestimationem cuiusque haereditatis tunc ea haereditas cedet ecclesiae et inde accrescent rursus census novi. Sunt autem ordinariae expensae in ministros ecclesiae vinum, ceram, lampades etc. quotannis Mk. 486 plus minus.*

---

a Gestrichen/skreślony: Dak
b Gestrichen/skreślony: in allen Kirchen
c Gestrichen/skreślony: noch
d Gestrichen/skreślony: haereditatis

Extra ordinariae sarta tecta aedificia domorum etc. quae interdum nullae sunt vel exiguae interdum ᵃ *ascendunt ad Mk. 500 vel 700. Concionatoribus nihil hinc solvitur. Deinceps igitur habebit templum hoc census annui ex domibus haereditatibus et à pecunia Mk. 1501 Sch. 15. Census autem sive usura à pecunia sic accipitur à centum marcis marcae sex aliis ecclesiis nonnunquam octo Mk. Item habet extraordinaria emolumenta à sepulturis et pulsibus etc. quorum incertus est modus nonnumquam enim ascendunt uno anno ad 600 atque etiam 700 Mk. interdum 30 non excedunt."*
Von dieser Berechnung mitt dem Bischoff schreybett Paul Ball also: "Anno 1552 Anno Domini 6. Septembris ward uns Kirchen Vetern etc. aufferlegett durch Befehl eines E. Raths, dass wir dem Herrn Bischoffe von der Coye musten Rechenschafft thun von der Kirchen Einkunfften und Außgaben etc. Item kurtz vor dato in diesem Jare <130> hatt ein E. Rath der Kon. Maytt. auch mussen Rechenschafft thun von der Stadt Einkunfften und Außgaben."
In dieser Kirchen Rechnung aber mitt dem Bischoff stellen die Kirchenveter zuvor auff die Zinser von der Kirchen Erben, so woll Pfennig Zinser und schliessen diese Perseel zuletzt also: „Item so haben wir berechet, welchs dem Herrn Bischoff ubergeben ist und dem Doctor Cromerus, des Königs Secretarius, ist die Summa 1176 Mk. 30 ½ Sch. groß. Item zu wissen das diese obengeschriebene Summa ist der Kirchen Einkunnfte alle Jahr, wes versessen Zins das ist in den Erben vergewissert."
Darnach folgett also: „Item des haben sie wissen wollen, wes der Kirchen Außgabe und Empfang, so lange wir viere dabey gewesen, als Herman Schmid, Paul Ball, George Rosenberg, Roloff Gruel. Item also haben wir Bescheid gethan: von Anno 42 biß Anno 51 etc. Von dieser Rechnung ist die Summa dieses 42. Jares Empfang und auff Herman Schmides seinem Erbe versichert frey Geld 713 Mk. 18 Sch. groß. Item Anno 43 reste wir der Kirchen 50 Mk. 33 Sch. groß, Anno 44 ist mehr außgegeben als empfangen 51 Mk. 30 Sch. groß, Anno 45 mehr empfangen als außgegeben 142 Mk. groß. Anno 46 mehr außgegeben dan empfangen 35 Mk. groß. Anno 47 resten wir der Kirchen 97 Mk. 49 Sch. groß. Anno 48 diß gehett gleich uff. Anno 49 und 50. Item zu wissen, da wir Anno 50 von diesen beyden Jaren gerechent haben, geschach darumb, das es Anno 49 starb, derhalben verblieb es das Jar, in diesen beyden Jaren empfangen frey Geld 1857 Mk. 4 Sch. groß. Anno 49 ward die Kirche geweissett, Anno 50 das Cohr gemolett, die Fenster gebessert, also das wir in den beiden Jaren ᵇ Außgabe gehabt haben 2430 Mk. 16 Sch. groß.
<131> Item in diesem Jare mehr außgegeben als empfangen 573 Mk. 12 Sch. groß. Anno 51 mehr empfangen als Außgab 159 Mk. 7½ Sch." Zum Beschluss stehett also: „Item also wir diese Rechnung hir vorgeschrieben thutt melden, haben wir dem Herrn Bischoffe und Doctor Cromero ubergeben.

---
a Gestrichen/skreślony: nullae
b Gestrichen/skreślony: verbaweten

{In Beywesen der III Herrn des Rathes Herrn Constantin Ferber, Johan Conrad und Matthis von Suchten.}"

M.e. In diesem 1552. Jare wird von der newen Tauff also geschrieben: „Den 9. Novembris so sind wir Kirchenveter Unser Lieben Frawen als ᵃ Paul Ball, George Rosenberg und Rodolff Gruel uberein gekommen, mit dem ersamen Cornelius Steinhawer, den Sims zur Tauffe unden und oben von Stein zu hawen, welche vorhanden ist, auff das aller zyrlichste das sein kan, auff das er und wir kein Verspruch nicht haben. Das Werck ist in sich XVI Fuß ins Creutze III Schuch hoch. Des soll er die Zapfen inwendig und außwendig der Tauffe von Flisen zu machen. Das Bildwerck, das zwischen die beyden Simsen kumpt, das soll Meister Cornelius nicht machen, da sind andere Meister zu. Des verpflichten wir uns Kirchenveter, den Grund von der Tauffe auff der Kirchen Unkost zu lassen legen, inwendig erfüllen gleich so hoch als das Sims stehen soll. Des hatt sich Meister Cornelius verpflichtett, das an und uber zu sein mitt seynem Rath zu machen. Davon wir auch von Meister Cornelius ein Model haben von allem Wercke. Des soll Meister Cornelius haben fur seine Arbeitt hundert Gulden 30 G. fur I Gulden. Zu mehrer Sicherheitt und Warheitt, so hatt sich Meister Cornelius seyne eigene Hand under geschrieben: „Tot dat et war iß, so hebbe ick myn hand hirunder geset." ᵇ

„Anno LII Anno Domini X. Novembris bin ich (Paul Ball) oberein gekomen mitt den beyden Schnitzers, als Meister Henrich Nyrnborch und Barteld Pasteyde von wegen des Bildewercks, das sie hawen sollen <132> in den Fuß von der Tauffe in sieben Felde und noch als die Thuren sein sollen, noch II Ende von III Fuß ungefehrlich. Diß Bildwerck soll kommen zwischen die beyden Simsen, sollen sein Historien, die ich ihn ein Theil geweisett habe, so sind sie mitt allen, das ich ihn geweiset habe, zufrieden gewesen. Habe ihnen gelobett zu geben von der Kirchen wegen L Gulden zu XXX Groschen. Den selben Tag ihn gegeben X fl Geschehen in Dantzig wie oben."

1552. Paul Ball: „Item gegeben George Mauß dem Organisten den Sonabend nach Reminiscere XXX Mk. quartael. Gegeben dem Thurmpfeiffer und dem Hofepfeiffer auff Pfingsten ist III Mk. XVIII Sch.

Anno Domini 5. Septembris habe ich gegeben dem Doctor Cromero ein Portugiser, das er uns ein Mandat auß brachte auff Herman Schmid. Item den XII. Octobris George Freter, das er unser Wort fuhrete auff dem Rathhause mitt koniglichem Mandat. Item gegeben dem Stadtdiener, das er das Mandat fur die Scheppen trug XII Sch."

Zugabe Item in diesem Jare am Pfingstmontage ist zu Dantzig der Meyritt gehalten und der Kirchenvater Paul Ball zum Meygrefen erwehlett und prechtig eingeholett worden mitt 224 ᶜ Man zu Roß in Harnisch... 460 Man mitt langen Spiessen oder duppeld Soldner 480 Man Helbardirer.

---

a Gestrichen/skreślony: G
b Abbildung eines Steinmetzzeichens. / Odrysowanie znaku kamieniarskiego.
c Gestrichen/skreślony: Pferden in Har

<132–134> Historisches Kirchen Register 427

1553 Folgends wird Rechnung gestellett[100], was die new Tauffe in der Pfarkirche
N.e. gekostett habe, welche angefangen ist zu bawen Anno 1553 mitt allem datzu
gehörigen Zeuge: und kostet ohne den Messing und desselben Arbeitslohn
auch ohne was zu Amsterdam betzalett, nur allein was alhir außgegeben, als
fur gehawen Stein, Kalck, Zigel, Holtz, Geruste, Arbeitslohn. Item dem
Steinmetzen, Mohler, Schmid, wie [a] auch fur Eysen und Zyn in die Tauffe
thutt zusamen 2034 Mk. 14 Sch. zu Dantzig.
Darnach sey zu Amsterdam außgegeben durch <133> Cornelius Looffsen,
Hans Schmalen und Hans Wilmes lautt ihrer Rechnung, was die Tauffe an
Messing gewogen und gekostett, ist die Summa 7723 Gulden corent und 12
Stufer thutt nach flamischem [b] {Gelde} 1287 Pfund 32 Stufer, das Pfund gerechnett zu auff 131 G. thutt an grossen Marcken 20 G. in die Marck gerechnett 8431 Mk. 30 Schil. preusch.
Hietzu die Unkosten zu Dantzig 2034 Mk. 14 Sch. wie oben thutt zusamen
diese newe Tauffe 10465 Mk. 44 Sch. Merck hieneben, das in obgesetzte Unkosten mitt verrechnett sein, das Eisenwerck, welches zu dieser Tauffe kommen
ist, nemlich von [c] {Hans} von Segen 16 Schipfund I lb Stangeysen, das Schipfund fur 8½ Mk. thutt 136 Mk. 8 G. 9 d. Item Meister Paul dem Kleinschmide
fur das Gegitter und Thuren Arbeitslohn 300 Mk. Item Greger Newman Kannengiesser fur den Tauffkessel von Zyn und 2 Kannen mitt der Arbeitt 73 Mk.
Es findett sich auch eine Quietantz von diesem 53. Jar Petri Visczilsky des
Officialis und Pfarherrn dieser Kirchen, das er wegen der Begrebnussen der
Kirchen empfangen habe fur ein Jahr 19 Mk. 8 G.

O.e. In diesem 1553. Jar am 5. Tage Julii hatt Konig Sigismundus Augustus Hochtzeitt gehalten mitt Catherina des römischen Koniges Ferdinandi Tochter, seynes ersten Ehegemahls leiblicher Schwester, also hatt dieser Konig zwo leibliche
Schwestern [d] zur Ehe gehapt, und diese Hochtzeitt ward zur Wilde gehalten.

1554. Im Jar 1554 kam ein Prediger von Breßlaw gen Dantzig mitt Weib und Kind
P.e. seines Namens Johannes Halbbrodt, that seine erste Predigt am Tage Marie
Heimsuchung in der Pfarkirchen, ein gelehrter lutherischer Prediger, blieb
aber nicht lange, sondern resignirett sein Ampt und zog mitt dem Hertzog
von Mechelburg {Johan Albrecht, welcher Marggraff Albrechten in Preussen
Tochter trawete} wider davon.
In diesem Jahr schreybett Paul Ball also: „Anno Domini 26. Julio haben wir
Kirchenveter etc. verdingett <134> mitt Meyster Cornelius Steinhawer, das er
soll nach Utrecht ziehen, daselbs verdingen die Tauffe zu giessen auff unser
Unkost. Des soll Cornelius haben fur sein Lohn alle Wochen, so lang er hir in
unser Arbeyt ist und unterweges, die Woche L Groschen, wenn er in Holland
ist, soll er haben L Stufer."

---

a Gestrichen/skreślony: auf
b Gestrichen/skreślony: Pfunde
c Gestrichen/skreślony: Andreas
d Gestrichen/skreślony: gehabt

R.e. In diesem Jare reysett Herr Johan von Werden, Ritter und Burgermeister zu Dantzig wie auch der Pfarkirchen ᵃ {*Inspector*} in Engeland, von wegen seiner Tochterman Adrian Köseler, welcher dem Konige in Engeland seinen Zoll endwendett hatte, wodurch die Hensestedte und sonderlich die Dantziker ihrer Freyheitt ᵇ queit wurden, so sie auff dem Staelhofe zu Lunden in Engeland hatten, als da sie befreyhett waren, das sie nicht so viel Zoll durfften geben von ihren Guttern als die Englischen, so im Lande wohneten, und dahero itzung viel mehr mussen geben als die Englischen selbs, zu grossem Nachtheil und Schaden dieser und der andern Hensestette. Er hatt aber wenig außgerichtett und widerumb zu hause kommen und bald hernach am 28. Tage Augusti gestorben. Er war zu keiner Gerichts oder Rathsperson sondern *immediate* ᶜ Anno 1526 vom Konige Sigismundo *primo* ins Burgermeister Ampt gesetzett. ᵈ {Die *Inspection*} aber der Pfarkirchen ist an ihn als den eltesten Burgermeister gelangett wie vorgemeld Anno 1535. Und ist also Burgermeister gewesen 20 Jahr und der Pfarkirchen ᵉ {*Inspector*} 19 Jar. Von ihm ist dise Kirchen ᶠ {*Inspection*} kommen auff Herrn Tideman Giesen, welcher damals der erste im Burgermeister Ampte war, nemlich im 15. Jahre seiner Burgermeister Ampts.

Zugabe. In diesem Jare am 5. Tage Decembris hatt der Schatzmeister zu Marienburg Hans Kostka mitt den Elbingern und Marienburgern sich vorgenomen, die Weyssel außzustechen und haben angefangen zu graben zwischen dem Birnhofe und dem Nagatt von der Lake angehende biß in die Weyssel. ᵍ Sie vermeyneten ʰ dadurch den Dantziger das Wasser und die Niderlage zu benehmen und an sich zu bringen, damitt auch die Seefart an die Elbinger und Marienburger gelangen mochte. Es ist ihnen aber nicht gelungen, dan es ⁱ durch Schickung Gottes sich selbst versandett. Darumb es auch ihnen zu Spott von den Dantzigern das Megdeloch genant ward. Wiewoll etzliche Jahr hernach dasselbe Loch in den Nogatt auß gerissen, ʲ durch die Macht des Eyses und die Weyßel sehr versandett, damit man itziger Zeit noch genug zu thun hatt, das selbe Megdeloch {widerumb} zu stopfen.

1555. Im Jar 1555 als der Osiander eine besondere Ketzerey in Preussen und sonS.e. derlich am furstlichen Hofe zu Konigsberg angerichtett, das seynethalben auch etliche Prediger, welche ihm zu wider waren, von dannen weichen musten, war unter denselben einer mitt Namen Franciscus Burghardus, ein

---

a Gestrichen/skreślony: President
b Gestrichen/skreślony: in Engeland
c Gestrichen/skreślony: am
d Gestrichen/skreślony: Das Presidenten Ampt
e Gestrichen/skreślony: President
f Gestrichen/skreślony: Presidenten Ampt
g Gestrichen/skreślony: Sie vermeyneten das durch den Dantzigern das Wasser
h Gestrichen/skreślony: sie vermeyneten
i Gestrichen/skreślony: sich
j Gestrichen/skreślony: um

gelerter Man, der begab sich gen Dantzig und ward daselbs in der Pfarkirchen fur einen *Ordinarium Concionatorem* vom E. Rath bestellett und angenommen, predigett auch daselbst etliche Jahr {und pflantzet mitt allem Fleiß den Catechismum Lutheri in die Jugend}. Darnach begab er sich von dannen nach Thorn und nach dem er daselbst auch eine Zeyt lang gepredigett hatte, vocirett ihn auff sein anhalten der Rath widerumb zu einem Pfarherrn ins Dantziger Werder zum grossen Zinder, daselbs er auch verblieben und sein Ampt verrichtett biß an seynen todtlichen Abgang, ist auch daselbest begraben.

T.e.   Eben zu derselben Zeitt hatt König Sigismundus Augustus einen Reichstag zu Peterkaw gehalten, daselbs <136> ward nebenst andern gemeinen Reichssachen, furnehmlich der Religion halben, und ob die Augspurgische *Confession* zu gedulden oder antzunehmen hefftig disputirett. Es ward aber fur diß mahl nichts gewisses geschlossen, derhalben unter andern Geistlichen der coyesche Bischoff, welchem der Handel nicht gefiel, vor Dantzig auff den Bischoffsberg kam und die evangelischen Predicanten {alle} vor sich verbotten ließ.

Sie *excipierten* aber *de foro*, weil sie nicht von ihme sondern von dem Rath zu Dantzig bestellet und angenommen worden. Worauff er in die Stadt auffs Rathhauß kam und in Gegenwertigkeitt des Raths sie *examinirett*. Weil er aber wenig an ihnen gewinnen kunte, ist dennoch zwischen seinem Official, welcher der Pfarkirchen Pfarrer ist, und einem E. Rath in Gegenwertigkeitt des Bischoffs eine gewisse Vergleichung getroffen, was der Pfarherr ferner hinfort von dieser seyner Pfarre zu geniessen haben solle. Wie ferne sich aber solche Vergleichung aller Dinge erstreckett, ist nicht offenbar.

Diß aber findet man in Chroniken, das unter anderem diesem Vertrage nach dem Pfarherrn ein besonders Offertorium solle gesamlet werden, auff eines E. Raths Verordnung von iglichem Menschen aber viertzehn Jahr alt 14 Pfennige auß iglichem Hause, item {von} den Leichen, so alhie in der Pfarkirche begraben werden, von einer alten Leiche zwantzig Groschen und von einem Kinde unter viertzehn Jaren sieben Schott.

Paul Ball schreybett in diesem Jare: „Item gegeben Quartal den beyden Priestern von unserem Altare VIII Mk. Item X. Januarii hab ich betzalett auff ein Handtzeichen vor hundert Pfund, die Hans Schmal hatt auffgenommen zur Tauffe zu Amsterdam."

1556.   <137> In dem 1556. Jahre ist von der Pfarkirchen Sachen nichts gedenckwirdiges zu schreyben, dan allein, das der Burgermeister Tideman Giese in Gott endschlaffen ist den 19. Decembris, welcher Anno 1531 zu einer Gerichts Person, Anno 1539 zu einer Raths Person, Anno 1540 zu einem Burgermeister erwehlett und Anno 54 [a] {die *Inspection* der Pfarkirche} als damals eltester Burgermeister erlangett hatte, welche nach seynem Todt auff den Burgermeister Johan Brandes, welcher nach ihm der elteste Burgermeister war, gelangett.

V.e.

---

a   Gestrichen/skreślony: das Pfarkirchen Presidenten Ampt

1556. Item in diesem Jar ward das hochwirdige Nachtmahl unsers Herrn zu Dant-
W.e.   zig in S. Barbaren und St. Jacobs Kirche nach Christi unsers Herrn Einsetzung wider den bapstlichen Gebrauch in beyderley Gestalt außgetheylett. Als
aber solches der leßlawische Bischoff inne worden, hatt er ihnen solchs verbieten und wehren wollen. Aber der Rath hatt sich des Falles auff den negst-
kunfftigen beruffen, welcher ᵃ furnemlich der Religion halben ᵇ solte gehalten
werden.
{Zugabe. Am 3. Tage Octobris brante zu Dantzig der schone Thurm des
Rathhause abe zu Mittage, hatt von oben angefangen und war kein Wasser in
der Stad furhanden zu leschen, dan die Rodawne war geschutzett. Das Feur
war durch einen Schorstein außgekommen.}

1557. Hirauff erfolgett bald in Anfang des folgenden Jares ein Reichstag zu War-
X.e.   schaw, auff welchem unter andern Sachen auch wegen der Religion gehandelt
ward, wie nebenst der bapstlichen Lehre auch die augspurgische Confession
mochte zugelassen werden. Solches gefiel den Bischoffen und ihrem Hauffen
nicht woll, storeten und wehreten derhalben so viel sie mochten, das fur diß
mahl widerumb nichts darauß ward. Jedoch waren ᶜ viel furnemer vom Adel
wie auch preussische Stedte, die mitt Bestellung und Beruffung evangelischer
Prediger gleichwoll fort fuhren. Also versorgeten die Dantziger auch vollend
ihre Kirchen ᵈ damitt und fuhren fort, mitt Reichung des heiligen
Nachtmahls in beyderley Gestalt ᵉ, erhielten auch endlich das *liberum exercitium religionis* {nach der Richtschnur der augspurgischen *Confession*}, jedoch
mitt der *Condition*, das es den bapstlichen Pfaffen an ihren Prebenden und
Ampt, in Messe lesen, singen und klingen nicht nachtheilig sein solle.
Derwegen auch der Rath zwischen den Meßpfaffen und evangelischen Predigern eine gewisse Ordnung berahmett, nemlich das die Bapstlichen ihre Fruemessen sollen halten des Morgens frue biß zu sieben Uhr, darnach so solten
die Evangelischen ihre Ceremonien mitt Predigen und Sacrament reichen
halten. Und solchs ist in allen Kirchen also verordent, jedoch behielt sich der
Konig das grosse Altar vor und solchs durch Eingebung des Bischoffs. Und
haben demnach die evangelischen Prediger am 31. Tage Octobris, welcher
war der neheste Sontag nach Simonis und Judae, in allen Kirchen gepredigett
und nach Christi Einsetzung das Sacrament gereichett. In der grossen Pfarkirche aber ᶠ ward das heilige Nachtmahl fur S. Niclas Altar, so der Brewer
Zunfft gehorig, administrirett. Es ward auch hernach mitt den Bäpstlichen
eine Vergleychung getroffen, das keiner der bäpstlichen Pfaffen fortan mehr
tauffen oder trewen solte, sondern die evangelischen Prediger allene. Dafur
man ihnen einen besondern Abtrag gethan hatt. Und das behielt damals al-

---

a Gestrichen/skreślony: nunmehr
b Gestrichen/skreślony: bestimmett ware
c Gestrichen/skreślony: ihr
d Gestrichen/skreślony: mitt
e Gestrichen/skreślony: fort
f Gestrichen/skreślony: wad

	lererst rechten Bestand. Dan, nach ᵃ {dem} die bapstlichen Pfaffen nach ein ander hinweg starben, hatt man ferner ᵇ die vacirenden Stellen unbesetzt gelassen, biß keyner mehr uberbleib.
Y.e.	Am 16. Novembris dieses 57. Jares ward die schone Tauffe in der grossen Pfarkirche fertig geliefert, welcher Berechnungm, was sie kostett hiebevor angetzogen und specificirett ist.
1558.	<139> In dem 1558. Jar ist nichts gedenckwirdiges in der Pfarrkirchen Sachen verlauffen, darumb ich nur diese Zugabe hintzu setzen will:
Zugabe	In diesem Jar ward die ᶜ alte Königin in Polen Sigismundi primi Gemahl alhie im Lande todt gesagt, welche einen grossen Schatz auß Polen mitt sich gen Neapolis in Italien gefuhrett ᵈ, ihrem eigenen ehelichen Herrn endwendett ᵉ und ᶠ {den} selben dem Printzen daselbest Keysers Caroli Sohne fur ihrem Tode auffgetragen hatte.
1559. Z.e.	Anno 1559 am 20. Tage Septembris kam der Dantzcker Bischoff gen Dantzig, ward vom Rath und Einwohnern woll empfangen und gab vor, das er wolte vernehmen, was fur Ordnung die evangelischen Prediger in seinen Kirchen, die ihm befohlen, hielten. Gieng derhalben des folgenden Tages, welcher war der Tag Michaelis, in die Pfarkirche und ließ sich daselbest fur dem hohen Altar eine bapstliche Messe halten. Nach Volendung derselben hatt er die evangelichen Ceremonien sampt der Predigt und Verreichung des Heiligen Nachtmals in beyder Gestalt vor S. Nicolaus Altar angesehen und gehörrett. Da er dan nach Verrichtung desselben mitt dem Burgermeister D. Georgio Kleefeld, damals Praesidirenden Burgermeyster, ein langes Gesprech hielt. Darnach begerett der Bischoff von den Predicanten, das sie ihre Lehre in Lateynischer Sprach ᵍ ihme schrifftlich solten vortragen und ernante ihnen dartzu den 12. Tag Octobris mitt ihrer Lehre auff dem Rathhause personlich zu erscheynen und waren zu der Zeit Prediger in der Pfarkirchen Franciscus Burghard, Samuel ……… und Johannes Halbrodt sampt sieben andern Predicanten, die in den andern Kirchen predigten, welche mitt zweyen Burgermeistern als George Kleefeld und Johan Proyten fur den Bischoff <140> traten und die Artikel ihrer Lehre ihme schrifftlich uberantworteten sampt dem Bericht ihrer Ceremonien, wie sie dieselben hielten, welche er zu sich nam zu ubersehen und damitt bald hernach widerrumb von dannen zohe und ʰ von ihrer Lehre und Ceremonien fur diß mahl weyter keine Mention machete.
1560.	Diß einhellige Bekentniß der Prediger war ein gutter Anfang wider das Bapstumb aber es wehrete nicht lange, dan der Teufel sehete bald sein Un-

---

a Gestrichen/skreślony: die
b Gestrichen/skreślony: ihre
c Gestrichen/skreślony: alt
d Gestrichen/skreślony: und
e Gestrichen/skreślony: hatte
f Gestrichen/skreślony: das
g Gestrichen/skreślony: sch
h Gestrichen/skreślony: davon

krautt dartzwischen und gieng wie hir vor bey dem seligen Abschiede des heiligen Pangratii Anno 46 gedacht ist, das *Constantia* und *Concordia* bald unter ihnen auffhörete[a].

A.f. {Dan es} erhub sich der erste Zanck unter ihnen, dem Exempel der Apostel nach, welcher unter ihne der Grosseste im Himmelreich sein solte, welchs Zanckes halben Franciscus Burghardus, dem fur andern [b] {beschuldigett und deswegen auch} im Jar 1560 geurlaubett {ward} und ist am 22. Tage Julii von hinnen geschieden und diß war die erste Ursache ihrer Spaltung.

B.f. In diesem Jar, die Woche vor Martini, ist das Beinhauß zur Pfarre auff dem Kirchhoff zum heyligen Leichnam gefuhrett und daselbs begraben und sein 8 Fuder gewesen, kostett in alles VI Mk. IX G.

Item an S. Thomas Tage hatt der *Officialis* Petrus Visczielsky die Kirchenveter quietirett wegen seynes dritten Theiles der Begrebnussen.

1561. Item Anno 1561, den 13. Decembris bekennet Johannes Omiecky, das er im Namen des *Officials* Petri Viscilsky wegen der Begrebnussen empfangen habe XXVI Mk.

<141> In diesem 1561. Jar endstund der ander Zanck unter den Predigern[c]. Diß war der erste Sacraments Streitt und war umb die *Reliquien* des Heiligen Nachtmals zu thun und umb die Frage, was das sey [d], was vom Heiligen Nachtmal uberbliebe oder verfellet wurde. Das eine Theil hielt davon also: Wan die Worte uber Brod und Wein gesprochen weren: Das ist mein Leib, das ist mein Blutt etc., so were es ein Sacrament. Das ander Theil hielt es nicht also, sondern wen das Element Brodt und Wein nach der Einsegnung mitt dem Munde gegessen und getruncken wurde, so were es erst Sacrament, vor dem Genies aber were es nur Brodt und Wein, ob schon die Wort daruber gesprochen weren. Und dieser Meynung war Johannes Huzingius, Pfarherr zu S. Johannis, der Geburt ein Friese, [e] {Unter diesem Praetext wurde all gemechlich der Sacramentschwarm ein gefuhrett. Die Praeticanten waren} Vitus Nuberus, welcher nemlich gen Dantzig komen war und in der grossen Pfarkirchen predigte. Mitt diesem *conversirten* etliche andere Prediger, als Henricus Ringius, N. von Barent, M. Johannes Weidnerus, etc.

Und ward [f] hirdurch ein groß Ergerniß unter der Gemeyne angerichtett, also das sich ihr viel eine zeitlang vom Sacrament abhielten. Es geschach aber, als [g] Vitus Nuberus fur einem Prediger in der Pfarkirchen bestellett ward, das es Ruperto dem Eltesten in dieser Kirche hefftig verdroß, dan er ihn mitt dem sacramentirischen Schwarm beschuldigte. Da solchs Vitus vermerckett, that er einen Sermon vom heiligen Abendmahl und lehrete recht. Das verdroß

---

a Gestrichen/skreślony: wie hernach weyter soll ertzelett werden
b Gestrichen/skreślony: die Schuld gegeben ward
c Gestrichen/skreślony: und
d Gestrichen/skreślony: und bleybe
e Gestrichen/skreślony: Item
f Gestrichen/skreślony: also
g Gestrichen/skreślony: die

Ruperto noch mehr, das er da recht lehrete und {doch} seinen Schwarm in andern Landen eingefuhrett nicht widerruffen hatte, predigte derhaben wider Vitum und beschuldigett ihn offentlich des Sacramentschwarmes. Diß verdroß aber dem Rath und wurden alle Predicanten fur den Rath gefordert <142> und ward unter ihnen furm Rath wegen des Streitpuncts ᵃ disputirett und einer legett dem andern Fragestucke vor, da hatte niemand geirrett und wolte niemand Schuld haben. Aber fur Ruperto ᵇ muste Vitus ein Sacramentirer bleyben, da ward Ruperto vom Rath aufferlegett, er solte dessen auß andern Orten Schein und Beweiß bringen, als dan wolte {der Rath} den Vitum zum offentlichen Widerruff dringen oder veruhrlauben. Mittlerweil solten sie alle mitt ein ander eins sein und ein ander nicht schmehen. Es mochte aber nicht helffen, sondern einer setzett dem andern zu, so viel er ᶜ konte.

D.f. Da her ward ein Rath verursachett wegen des Heiligen Nachtmals durch gelehrte Leute eine *Normam* oder *Formulam Concordiae* nach Inhalt der Augspurgischen *Confesion* gegen dieser Prediger Streitpuncta zu stellen. Weils sichs aber etwas lange vertzog, kam mittler weil Erhardus Sperber von Königsberg und brachte Schein und Beweise uber Vitum unter einem Siegel das er ein Sacramentirer were. Dieser Beweiß ward dem Rath durch zween Predicanten uberreicht. Vitus aber blieb gleichwol noch eine Zeit lang zu Dantzig, das verdroß Ehrhardo, das der Rath nicht von Stund an den Vitum verurlaubete, zog derhalben gen Wittemberg und Erfurt und beschuldigte die Dantziger {Prediger} als Ketzer, erlangett auch daselbs den Druck und ließ ein Buch außgeben wider die Schwermer und Rottengeister zu Dantzig, wie er es titulirett, er kam aber nicht wider.

Der Rath aber aufferlegett Vito, weil er sich der beschuldigten Ketzery halben hefftig endschuldigte, er solte gen Konigsperg zihen und sich verantworten und der Verantwortung mechtige Schein und Beweiß mitt bringen, welche weil sie nicht <143> bald erfolgeten und ihm endlich mehr böse Zeitung nach kam, hatt ihn ein Rath verurlaubett. Erhard Sperber aber ist fast hin und wider umbgetrieben und hirdurch in Armutt gerathen. Jedoch kamen ihm ettliche gutte Leute zu Hulffe biß das er endlich zu Graudentz bestellett und angenomen ward. Und diß war die erste Staffel zu dem calvinischen Streyt, welcher Staffeln *gradatim* mehr erfolgen werden, wie woll man zu der Zeit von dem *Calvinismo* noch nichts wuste zu Dantzig zu sagen. Hirmitt hatt auch das 1562. Jar sein Ende genomen.

Anno 1563. Die 26. Wahl der Kirchenveter.

Nach dem nach Gottes Willen Herman Schmid, der erste in der Ordnung der Kirchenveter, durch den zeittlichen Todt abgefordert ist worden nu in das

---

a Gestrichen/skreślony: furm s
b Gestrichen/skreślony: ein
c Gestrichen/skreślony: mochte

21. Jar ᵃ {mitt} seinen *Collegen* als Paul Ball, ᵇ George Rosenberg und Rodolff Gruel unverenderter Wahl ᶜ der Kirchen vorgestanden und der Elteste unter ihnen gewesen, ᵈ aber nu abgeschieden, haben die ernanten drey seine *Collegen* ein E. Rath alten Gebrauche nach einen Wahltzedel ubergeben, darauß einen an seine Stelle zu ernennen, auß welchen ein E. Rath den Peter Bartsch erkoren. Weil auch vor diesem Anno 56 der Burgermeister ᵉ {Tideman Gyse} der Pfarkirchen ᶠ {*Inspector*} Todes verb[l]ichen und an seine Stelle diße ᵍ {*Inspection*} war kommen auff den Herrn Burgermeyster ʰ Johan Brandes, als folgett hernach ihrer Ordnung:

Herr Johann Brandes, der Pfarkirchen ⁱ {*Inspector*}. 1. Paul Ball 2. George Rosenberg 3. Rodolff Gruel 4. Peter Bartsch.

F.f. <144> In diesem Jar, nach dem der Zanck wegen des sacramentirischen Schwarms zu Dantzig nicht hatt konnen gestillet werden, davon vor gemeldett, auch keine vorgeschlagene Mittel zur Einigkeitt nicht vorschlagen wollen, ist endlich die vorgemeldte von gelehrten Leuten gestellete *Formula Concordiae* oder *Notula* wider alle sacramentirische Streittpuncta nach der Richtschnur der Augspurgischen *Confession* und derselben *Apologia*, welche auch ʲ {der} Rath auff unverdechtigen der Augspurgischen *Confession* verwanten Universiteten ubersehen und approbiren lassen und mitt Vorwissen und Willen der samptlichen Ordnungen dieser Stadt mitt dem grossen Siegel untersiegelt in diesem 1563. Jar den 17. Julii allen Predicanten, so damals in Bestellung waren, auff dem Rathhause vorgelegt {und vorlesen lassen} und ihnen aufferlegt, sich datzu zu bekennen und dieselbe mitt eigenen Henden zu unterschreyben {und auch darnach zu lehren}.

Welche aber nicht unterschreyben wolten, denen solte das Predigampt gelegett und ihres Diensts ensetzt seyn. Diß wolten ihrer etzliche nicht thun, sondern begereten, das ihnen eine Abschrifft davon zugestellet werde, so wolten sie schrifftlich darauff antworten. Das wolte der Rath nicht geschehen lassen, sondern nach Verlesung derselben zum andern mahl begeret, von stundan darauff zu antworten, welchs ihrer etliche gantz nicht thuen wolten. Nicht das sie die als nach Gottes Wort gefassete Schrifft tadelten, sondern hetten allein ein Bedencken, das sie ᵏ mit den jenigen, so sie fur Sacramentirer hielten, und dennoch zu unterschreyben gantz willig, sich solten unterschreyben, sondern wolten kurtzumb ihr Wiederthail solte erstlich widerruffen, als

---

a Gestrichen/skreślony: unter
b Gestrichen/skreślony: Roloff Gruel
c Gestrichen/skreślony: der elteste ge
d Gestrichen/skreślony: weil er
e Gestrichen/skreślony: Johan von Wenden
f Gestrichen/skreślony: Praesident
g Gestrichen/skreślony: Presidenten Ampt
h Gestrichen/skreślony: Tideman
i Gestrichen/skreślony: President
j Gestrichen/skreślony: von dem
k Gestrichen/skreślony: sich

<144–146>   Historisches Kirchen Register   435

dan weren sie auch erbietig zu unterschreyben. Das gefiel dem Rath nicht, sondern ließ es bey vorigem Schluß bleyben. Also wurden ihr etzliche ihres Ampts entsetzet, welche nicht unterschreyben wolten.

Zugabe. G.f. <145> Darnach im Außgang des Augusti kam ein Geschrey gen Dantzig, wie das Hertzog Erich von Braunschweig in Rüstung were mitt 10/M [10.000] Man zu Fuß und 500 Reisigen und durch Pommern stracks auff Dantzig zu zöge, welches Geschreyes die Einwohner verschraken, zundeten die Garten vor der Stadt an sampt dem Hospital S. Gertrud, furm Hohenthore an der Wasserkunst gelegen, und wurffen das schone Kirchlein dase[l]best umb, damitt der Feind sich alda nicht bergen mochte, {brachten auch das Geschutze zu Walle}. Sintemal der Hertzog sich nicht erkleren wolte, ob er als ein Freund oder Feind keme, kam darauff bald am 6. Septembris in das Closter Oliva, begerete einen Paß durch die Stadt, welches ihm abgeschlagen ward, gab vor, er wolte Marggraff Albrechten in Preussen, seinen Schwager, besuchen, zog derhalben ᵃ am 8. Tage Septembris mitt seinem Kriegsheer uber das Gebirge die Stadt furuber, etc.

Item 25. Octobris hatt man die alte Koggenbrücke zu Dantzig abgebrochen wie auch die Thore sampt der Wage und im folgenden Jare wider new gebawett wie sie itzund stehett.

1564. H.f. Im ᵇ 1564. Jare findett man nichts schreybwirdiges von der Pfarkirchen oder derselben Predicanten, das ist aber dabey zu mercken, das zu Dantzig diß Jahr die Pestilentz hefftig grassierett hatt und ist befunden, das von Faßnacht ahn biß auff den Pfingstag in den Kirchen und auff den Kirchhofen der Stadt seind begraben worden 4560 Menschen, klein und groß, und folgends von Pfingsten von Wochen zu Wochen ᶜ biß zu ᵈ {Ende dieses Jars} berechnett worden, das mitt der obgesetzten Summa seind begraben worden 23.899 Menschen. {Diß sterben hatt ohn Zweyfel der Pfarkirche wegen der Begrebnussen und Glocken diß Jar ein ehrlichs getragen.}

1565. Am 11 Tage Januarii des 1565. Jares hatt Lorentz Uberfeld eine Quitantz gegeben den Kirchenvetern auff 204 Mk. 16 Sch., stehett aber nicht wo für.

Item 21. Novembris bittet der Officialis Nicolay Coss die Kirchenveter, ihm sein Antheil von den Leichen auch vor Luciae zu schicken.

1566. <146> Item sub dato 1566 am Tage Luciae ist eine Volmacht des Officials Nicolai Coss an Lucam Viencko, den Bassisten zur Pfarre, wegen der Gelden von den Begrebnissen, dieselben zu empfangen, den Kirchenvetern ubergeben und von ihnen richtig gemacht.

---

a   Gestrichen/skreślony: uber
b   Gestrichen/skreślony: itzt bemeldten
c   Gestrichen/skreślony: berechnet ist
d   Gestrichen/skreślony: Wochen

1567. In dem 1567. Jahr schreybett einer der Kirchenveter in seiner Rechnung also:
I.f. „Item den 13. Martii haben die Kirchenveter Unser Lieben Frawen auß Befehl und Nachgeben des E. [a] und namhafften Herrn Johan Brandes Rechnung mitt einander gehalten und hatt ein jeder eingebracht etc. (wie sie eines jedern *Quota* befunden). Summa ist der Vorrath der Kirchen nett Mk. 996 G. 10."

Diese Rechnung hatt Herr Johan Brandes mitt eigener Hand also unterschrieben: „Anno 1567 den 17. Martii haben die Kirchenveter von Unser Lieben Frawen den Beschluss ihrer Rechenschafft in meiner Gegenwertigkeyt fort gestellet, was ein jeder der Kirchenvater [b] von Lucie Anno 66 biß Maii empfangen und widerum auß gegeben und ward darauß befunden, was ein jeder Kirchenenvater pro resto bey sich behelt, wie hiroben geschrieben vermeldet, wo von die Summa ist 996 Mk. 10 G. Wes sonst Vorrath furhanden an Erben, dartzu Hauptstuel auff Erben, einkomende Zinser und Kleinodien der Kirchen vorhanden, ist in der Kirchen Buche vertzeichnet. Geschehen *ut supra per* mi Johan Brandes Burgermeister ubersehen."

K.f. In diesem Jare hatt auch der [c] Rath die vorgedachte *Furmulam Concordiae* der Prediger oder Notel, wie man sie nennett, in den Druck verfertigen lassen, damitt sie ein jeder dem daran gelegen konne habhafftig werden. Daneben ist auch von einem E. Rath beschlossen, das von der Zeit an kein Prediger solle angenomen werden, er habe sich dann[d] zu derselben <147> bekandt und mitt eigener Hand unterschrieben, wo durch der Rath vermeynet, den gantzen Larmen zu stillen, hatt aber wenig verschlagen, wie hernach ferner folgen wird.

Zugabe. Item in diesem Jar hatt man die Reitewand zu Dantzig uber den Stadt Gaben verfertiget, da die Rodawne heruber fleust in die Altestadt. In demselben Jare ist auch die Wage und die Thore an der Koggenbrucken gewelbett und verfertigett worden, wie itzund zu sehen.

L.f. Anno 1568. Die 27. Wahl der Kirchenveter.
Von den Kirchenvetern der 27. Wahl sind mitt Tode abgangen Paul Ball, der erste [e] {in der Ordnung der Kirchenveter, George Rosenberg der ander und Rodolph Gruwel der dritt. Hatt Peter Bartsch der vierde} etzliche andere Personen einem E. Rath schrifftlich vorgestellett auß denselben die vacirenden Stellen zu ersetzen, wie auch geschehen, und seind von denselben hietzu ernant [f] {Jochim Eler}, George Rogge [g]{und Fridrich Hittfeldt} in folgender Ordnung:

---

a Gestrichen/skreślony: Raths
b Gestrichen/skreślony: von U. L. Frawen
c Gestrichen/skreślony: der
d Gestrichen/skreślony: zu
e Gestrichen/skreślony: Georg Rosenberg der ander und Rodolff Gruel der dritte in der Ordnung der Kirchenveter, also das der einige Peter Bartsch uberblieben. Dieser hatt
f Gestrichen/skreślony: Jochim Eler
g Gestrichen/skreślony: Fridrich Hittfeldt

        Herr Johan Brandes, der Pfarkirchen ᵃ {*Inspector*}. ᵇ {1. Peter Bartsch 2. Jochim Eler 3. George Rogge 4. Fridrich Hittfeld.}
        In diesem Jar den 5. Februarii quietirett der Bassist Lucas Viencky dieᶜ Kirchenveter im Namen des Oficials Nicolai Coss, das er empfangen habe zu seiner Notturfft 48 Mk. 18 G.
        Item im selben Jare, den 8. Martii, bittett Nicolaus Coss durch ein Schreiben an die Kirchenveter, ihm durch seinen Machthaber Lucam Viencky sein Antheil wegen der Leichen zu schicken von Anno 67 hero.

M.f.   <149> In diesem Jar verrechnet {in} Paul Ballen Rechnung nach seynem Tode und setzett unter andern also: Noch soll Paul Ball vom Speycher Zyns 35 Mk. (Diß vernim vom kleynen Speycher, dan der Grosse ist noch nicht gebawett gewesen.) Noch hatt er von dem Keller gegen der Schulen uber von Michel Friedland empfangen Oster Zins 24 Mk.
        Peter Bartsch. Item in diesem Jare, den 15. Januarii, haben die Kirchenveter Unser Lieben Frawen auß Befehl und Nachgeben des erbaren, namhaften und wolweisen Herrn Johan Brandes Rechnung zusamen gehalten bey Paul Ballen und hatt ein jeder eingebracht etc.
        und bleybett bey Paul Ballen   Mk. 283   Sch. 3½
        Bey Georgen Rosenberg   Mk. 1025 Sch. 3½
        Bey Peter Bartsch   Mk. 101   Sch. 54
        Summa ist die Kirche im Vorrath   Mk. 1410 Sch. 1

N.f.   Peter Bartsch. „Item noch hab ich außgegeben fur Wein, der auff das Altar gebrauchett ist, da man das Sacrament reichete etc. (Das ist S. Niclaus Altar). Item den 7. Tag Maii habe ich verkaufft Hans Henniges eine Stedte in der Kirche nicht darauff zu sachen vor XV Mk. groß. Item den XXI. Augusti. Ich verkaufft Blesien Tretsacken eine Stedte in der Kirche, da er mag einen Stein hin legen lassen vor XV Mk. groß etc.
        <147> Von der ᵈ Pfarkirchen ᵉ oder Religionsachen findett sich ferner in diesem Jahr nichts schreibwirdiges.

Zugabe. <148> Darumb ich zur Zugabe nur diß nach gedencken will, nemlich am 10. Tage Martii in Gott endschlaffen ist Marggraff Albrecht von Brandenburg, der erste Fürst in Preussen, des morgens um 6 Uhr seines Alters von 79 Jaren und desselben Tages umb 10 Uhr zu Nachte ist ihm gefolget durch den todlichen Abgang sein eheliches Gemahl Anna Maria Hertzog Erichs von Braunschweig des Eltern Tochter und Hertzog Erichs des Jungen Schwester, welcher wie vorgemeldt mitt einem Krieges Heer fur Dantzig war. Und seind also diese beyden innerhalb 16 Stunden nach einander gestorben.

---

a Gestrichen/skreślony: President
b Gestrichen/skreślony: 1. Peter Bartsch {Georg Rosenberg} 2. Joachim Eler {Peter Bartsch} 3. George Rogge {Jochim Eler} 4. Fridrich Hittfeld {George Rogge}
c Gestrichen/skreślony: se
d Gestrichen/skreślony: Kirchen
e Gestrichen/skreślony: Sachen

Item an S. Johannis Abend am 23. Tage Junii sein zu Dantzig vom Rath ᵃ auff dem Rathhause eilff Freybeuter zum Tode verurtheillet und im Hohenthore endheuptett, welche sich Außliegere des Königes zu Polen ruhmeten auff der See die Zufuhr ᵇ {auff die Moscaw} zu wehren, aber sie handelten wider ihre Bestellung, fielen auß ihren Schiffen bey der Jungstadt auffs Land und beraubeten die Pauren des ihrigen, damitt sie der Stadt Zufuhr thun wolten, erschlugen sie dartzu und thaten ihnen grosse Gewalt. Ihre Heupter wurden fur der Weißelmund auff Pfale gesteckt zu langem Gedechtnuß.

Item den 30. Septembris brante zu Dantzig ein Theil des Fischmarcktes hinweg oberhalb der Tobins Gassen sampt derselben halben Gassen biß ans Hospital zum Heiligen Geiste.

Item in diesem Jare brachte Michel Friedewald von Elbing des ᶜ Koniges Instigator uber die Lande Preußen eine konigliche Commission auß wieder die Stedte Dantzig und Elbing und wurden zu Commissarien verordent Stanislaus Karnkowsky, der coyesche Bischoff, Johannes Kostka, Schatzmeister zu Marienburg, ᵈ N. Firley, <149> Casparus Jaschkaw, Abt zur Oliva etc., das Regiment der beyden ernanten Stedte zu *revidiren*, welche angegeben waren als stünde die Oberkeitt dem gemeynen Nutz nicht trewlich vor etc. Und nach dem die Commisarien zum Elbing ihre Sachen verrichtett ᵉ und doch wenig Frucht geschaffet, sintemal sie sich unterwunden, die Religion zu *reformiren*, sind auff Dantzig gezogen. Daselbs hatt man sie nicht einlassen wollen, welchs der Stadt zu grossem Unheil gelangett und dahero unter anderm Unheil der halben Pfaelkamer seind verlustig worden.

O.f. <150> ᶠ Anno ᵍ {1570 am 6. Tage Julii.} Die ʰ 28. Wahl der Kirchen Veter. Von den Kirchenvetern der 28. Wahl ⁱ {[ist] Georg Rögge in den Scheppenstuel erwehlt} in der Ordnung der Kirchenveter ʲ, {worauff} die anderen ᵏ abermals altem Gebrauch nach etliche Personen einem E. Rath schrifftlich ubergeben, die vacirende Stelle mitt ˡ einer {andern Person} widerumb zu

---

a Gestrichen/skreślony: eilff
b Gestrichen/skreślony: dem Moscowiter
c Gestrichen/skreślony: Landes Preußen
d Gestrichen/skreślony: Casparus
e Gestrichen/skreślony: jedoch
f Gestrichen/skreślony: Fridrich Hittfeld in seyner Rechnung am ersten Blat mitt seiner eygenen Hand geschrieben setzet, das er Anno
g Gestrichen/skreślony: 1569 am 6. Tage Julii
Darüber nochmals gestrichen/skreślony: Im Anfang des Jars
h Gestrichen/skreślony: 29.
i Gestrichen/skreślony: ist von dieser Welt geschieden George Rosenberg, der erste
j Gestrichen/skreślony: nach welcher Abschied
k Gestrichen/skreślony: drey {beyden}
l Gestrichen/skreślony: und auß selben

erfüllen, ᵃ als hatt ein E. Rath {Michel Roggen seinen Bruder} ᵇ datzu ernant in folgender Ordnung:
Herr Johan Brandes, der Pfarkirchen ᶜ{*Inspector*}. ᵈ{1. Peter Bartsch 2. Jochim Eler 3. Fridrich Hittfeld 4. Michael Rogge}.

P.f.   ᵉ In diesem Jare ist ein *Inventarium sub instrumento publico* verfassett und noch furhanden, uber des hohen und S. Annen Altars Ornat in der derselben Kirche. Diß Inventarium ist gemacht in Gegenwertigkeit {Herrn N. Rodogowscken, koniglichen Secretario und Caspar Jeschkaw, Apte zur Olive, welchen auch ein Exemplar zugestellet ist vom Notario Anno 70.}
Item ist furhanden ein Bekentniß D. Johannes Brettschneyders, das er fur seynen Sohn zum Studium empfangen habe 51 fl polnische den 4. Januarii Anno 69.
<151> Anno 1569 quietirett Lucas Viencko den Peter Bartsch von 45 Mk. 5 Gr. im Namen Nicolai Coss des Officials und Pfarherrn der Pfarkirchen.
Den 31. Decembris ein Bekentnuß D. Johan Brettschneyders wegen seines Sohns zum Studiren empfangen zu haben 76½ Mk.
Georg Rogge Anno 1569 auff Luciae gerechnett etc., befindett sich, das die zweene als Jochim Eler und Fridrich Hittfeld fast ¾ Jahr wegen gemeyner Stad Gescheffte an koniglichem Hofe gewesen, derwegen die andern beyden als Peter Bartsch und George Rogge alles empfangen.

Q.f.   Peter Bartsch: „Anno 69 den 19. Junij habe ich Anshelmo dem alten Organisten betzalett fur das halbe Jar, das er auff Ostern haben sollte Iᶜ Mk."
ᶠ Item in diesem Jar hatt der junge Hertzog in Preußen, Albrecht Fridrich, dem Konige in Polen gehuldigett auff dem Reichstage zu Peterkaw.

---

a   Gestrichen/skreślony: und auß selben
b   Gestrichen/skreślony: der Jochen Eler
c   Gestrichen/skreślony: President
d   Gestrichen/skreślony: 1. Peter Bartsch 2. George Rogge 3. Fridrich Hittfeld 4. Michel Rogge
e   Gestrichen/skreślony: Das nun diese Kirchenveter wider den alten Cathalogum zu obgesetzter Zeit gewehlet und in bemeldeter Ordnung gehen, davon gibt uns Bericht Fridrich Hittfeld Rechnung, in welcher er am ersten Blade setzett, das er Anno 1569 am 6. Julii nebenst Herrn Michel Roggen {Jochen Eler} {N.B. An Michel Roggen Stelle soll alhir Jochen Eler stehen, nach Georgen Rogge Bericht in diesem Jare wie bald hernach folgett.} vom E. Rath sey zum Kirchenvater erwehlett worden, aber weil er an koniglichen Hoff verreysen mussen und lange aussen blieben, habe er wegen der Kirchen nichts empfangen. Weil ihm aber die Leichsteine und Begrebnussen in der Pfarkirchen sein befohlen, habe er die ersten Gelde {dafür} empfangen anno} 70 den 5. Martii etc.
f   Gestrichen/skreślony: Item zu Bestettigung was hiroben von George Rogge in seyner Rechnung vermeldett, das Jochim Eler und Fridlich Hittfeld wegen gemeyner Geschefte der Stadt sind verreysett gewesen, solches bestettigett die Historia des verschienen 68. Jars, nemlich nach dem die koniglichen Commissarien, welche wie vorgedacht man zu Dantzig nicht einlassen wolle, eine konigliche Citation wider die Stadt und derselben drey Ordnungen auß gebracht fur dem König zu erscheynen, daselbs Bescheid zu geben, warumb sie fur die Commissarien nicht hatten eingelassen etc. Haben derwegen dahin abgefertigett ihre Gesanten auß den 3 Ordnungen als Herrn Johan Brandes den Burgermeister, Herrn Peter Behmen Rathsverwanten,

R.f. <152> Anno ᵃ {1571}. Die 29. Wahl der Kirchenveter.
Nach dem Jar 1570 am 11. Tage ᵇ {Aprilis Jochim Eler}, der ander in der Ordnung der Kirchenveter vom E. Rath in das Mittel der E. Gerichte erwehlet worden, haben die andern drey ᶜ {als Peter Bartsch, Fridrich Hittfeld und Michel Rogge} nach Ubergebung ihres Wahltzedels beim E. Rath angehalten umb seine vacirende Stelle widerumb zu ersetzen ᵈ und {hatt ein E. Rath} auß ubergebenem Zedel seinen Bruder Michel Roggen ernennettt in hernach folgender Ordnung. George Rogge aber ward Anno 1574 Scheppenelterman und {starb den 5. Martii Anno 1575} am Schlage, wie woll bey gutter Vernunfft und wahrem Erkentniß Gottes ᵉ.
Folgett nun die Ordnung der Kirchenveter: Herr Johan Brandes, der Pfarkirchen ᶠ {*Inspector*}. 1. Peter Bartsch 2. ᵍ {Fridrich Hittfeld} 3. ʰ {Michael Rogge} 4. ⁱ {Herman Hake}.
In diesem Jar haben Paul Ballen Kinder diesen Kirchenvetern eine Handschrifft zugestellett wegen 4000 Mk. Hauptstüel auff ihres Vatern Erbe.
Im gleichen ist ein Contract furhanden zwischen den Kirchenvetern und Hans Brandt dem Glockner.
Item Lucas Viencko quietirett schrifftlich die Kirchenveter wegen empfangener 47 Mk. 13 G. im Namen des Officialis Nicolai Coss von den Begrebnussen herkommende.
Michel Rogge: „Anno Domini 21. Septembris hatt mein Bruder George Rogge, nach dem er vom Erbaren Rath zum Scheppen ist gekorn worden, den Kirchenvetern als Peter Bartsch, Jochim Eler und mir, Michel Roggen, der in seyne Stelle vom E. Rathe den 17. Tag Maii zum Kirchenvater bin gekoren worden, Rechnung gethan, etc."
Von obgedachtem Contract zwischen den Kirchenvetern und dem Glockner schreybett Peter Bartsch also:
<153> „Den 16. Tag Februarii da haben wir Kirchenveter uns mitt dem alten Gockner Hans Brand vergleichet und ihm betzalett für 3 Jar, das er dem Altare gedienett hatt, da man das Sacrament auff außtheilett fur jeder Jar III Mk. XVIII Sch., ist IX Mk. LIIII Sch." (dis ist {damals} noch S. Niclas Altar gewesen).

Herrn Johan Commet und Herrn Reinhold Muller Gerichtsverwanten, Jochim Eler, Cord Hoyer, Fridrich Hittfeld und Jochim Landman Quartiermeister. Diese sein auffgetzogen am II. Decembris Anno 1568. Darauß erscheynett, das diese beyden Kirchenveter beyden Jochim Eler und Fridrich Hittfelt in ihrer Abwesenheitt zu Kirchenenvetern erwehlett sein

a Gestrichen/skreślony: 1570
b Gestrichen/skreślony: Martii George Rogge
c Gestrichen/skreślony: als Peter Bartsch, Jochim Eler und Fridrich Hittfeld
d Gestrichen/skreślony: auß
e Gestrichen/skreślony: seliglich endschlaffen
f Gestrichen/skreślony: President
g Gestrichen/skreślony: Jochim Eler
h Gestrichen/skreślony: Fridrich Hidfeld
i Gestrichen/skreślony: Michel Rogge

S.f.	Weiter schreybett Peter Bartsch: „Item bey Johannes Weidemer einen newen Pfost gesetzett zur Wasserkunst. Meister Hans von Lubeck dem Zimmerman fur den Pfost mitt dem Boren und Fuhrlohn III Mk. IX Sch. fur Leimet und I Pfund Talch III G., dem Grundgreber XXV G., dem von der Kunst den Pfost zu setzen XXV G. und Biergelt III G., ist zusamen V Mk. LVII Sch. Item Hans von Lubeck habe ich betzalt, das er bey Johannes Weidener einen Fischkummen machete unter die Wasserkunst mitt den eyseren Benden und mitt dem tichten zusamen, ist VI Mk. Item fur das Gegitter auff diesen Kummen und fur Eisen Werck als Bender, Schrauben und Uberfall III Mk. XLVIII Sch."
T.f.	Fridrich Hittfeld: „Noch empfangen von Clauß Tideman fur eine Stelle in der Kirchen, da er hatt einen Stein hin gelegett, bey der Condition, das, so offt man einen darunter wird legen oder graben, soll er der Kirchen geben 18 Mk., fur welche Stelle ich empfangen habe 33 Mk. Noch von der Jochim Kitteschen empfangen auff eine Stelle in der Kirchen 2 ungrische Gulden umb das ander, soll sie sich mitt den Kirchenvetern vergleichen."
W.f.	<154> Es haben die Caplanen in der Pfarkirchen ein Register in roth Pergament in ihrer Bewarung in der Dreßkamer, darinne alle Personen, so in dieser Kirchen getrewett, beide Braut und Breutigam mitt Namen und Zunahmen vertzeichnet, auch zu welcher Zeit sie getrewet sein, angehende von diesem 1571. Jar zur Zeit, da Joachimus Gudovius und Johannes Stegerus Diaconi oder Caplanen gewesen und geendett Anno 89, da Michael Coletus und N.N. Caplanen gewesen. Ist auch von der Zeit an ein new Register widerumb angefangen, welches auch in ihrer Bewarung ist. Im gleichen haben sie auch Tauffbucher von vielen Jahren hero.
	[a] Von diesem Jare Lucae Viencko Bassisten zur Pfarre Quietantz de dato 19. Decembris, das <155> er in Namen Nicolai Coss *Officialis* wegen der Begrebnussen empfangen habe 73 Mk. 12 ½ G.
	Item am 5. Novembris bekennett George Rogge, das er auff fleissiges Bitten seligen Herrn George Giesen Kinder von den Kirchenvetern empfangen habe, was sie Michel Giesen seinen Studiis zu Hulffe verheissen von des seligen Herrn Urban Ulrichs Testament fur 2 Jahr, ein jeder Jahr 76½ Mk., thutt zusamen 102 fl.
Zugabe	[b] In diesem 1571. Jar den andern Tag Martii hatt sich die Weissel ergossen, die Thämme im Werder durchgerissen, das gantze Werder erseuffett, grossen

---

a Gestrichen/skreślony: Von diesem Jare ist auch Petri Vischielsky Quietantz de dato 11. Novembris, das er sein 1/3 wegen der Begrebnussen empfangen
b Gestrichen/skreślony: Michel Rogge: Anno domini auff Lucie gerechent etc. und ist furs erste zuwissen, das Herman Hake, die weil er spaete zu dem Amte ist gekoren, diß Jahr nichts empfangen noch außgegeben hatt etc.
Herman Hake: Den 18. Maii so bin ich Herman Hake von einem E. Hohen Rath gekoren zu Unser Lieben Frawen der Pfarrkirchen zum Vorsteher als Herr Jochim Eler von der Kirche in die Scheppenbanck ist gekoren worden

Schaden gethan an Leuten und Viehe und hatt das Wasser gestanden byß an die Reifferschewnen auff den Langegarten.

Item den ersten Maii ist zu Dantzig auff der Altenstadt ein groß Feur in der Netlergassen auffgangen biß an die Schneydemuhlen und sind woll in die 400 Wohnungen abgebrand. Das Feur ist durch eines Beckers Schorstein außkommen.

1572. X.f. Fridrich Hittfeld in seyner Rechnung setzet also Anno 1572 auff Luciae: „Zuwissen, das nachdem dan von alters gewesen ist der Kirchen Rechnung zuschliessen auf Luciae, also sind itziger Zeitt Kirchenveter als Peter Bartsch, Fridrich Hittfeld, Michel Rogge und Herman Hake <156> uberein gekommen und uns geeinigett, das der Kirchen Rechnung zu schliessen soll geschehen alle Jar auff New Jars Tag, derwegen es sich in diesem Jare zum Anfang will finden, das da funff Quartale den Officirers mussen betzalet werden und desgleichen zwischen Lucie und Newjarstag auch mussen zweymals die Zinser in diesem Jare eingenommen und zur Rechnung gebracht werden, damitt die nachfolgenden Jahre mögen in den rechten Schwang oder Ordnung gebracht werden etc."

Y.f. Es [a] findet sich auch unter andern Schrifften eine schrifftlich gefassete Chorordnung, welche durch die Kirchenveter den Schuel und Chorgesellen mitt allen Puncten und Clausulen ist publicirett worden in Beywesen D. Johannis Kittelii und M. Johannis Weidneri, Predigern in der Pfarrkirchen, auch dem *Rectori* der Schulen und seinem *Collegis*, so dem Chore angehorig, ubergeben und von ihnen beliebett und angenommen worden. Dieser Chorordnung Copia findett man in der newgeffasseten Kirchen Ordnung hie bey gelegett, datiret 21. Decembris Anno 1572.

Z.f. Im gleichen ist furhanden Philippi Schonenbergers Capellmeisters Quietantz auff 130 Mk. fur etliche gespeisete Knaben zum Chor bestellet da dato 28. Februarii Anno 72.

Anno 1572 im Junio ist König Sigismundis Augustus in Polen gestorben, worauff bald im Herbst hernach der Rath zu Dantzig sich unterstanden, das hohe Altar in der Pfarkirche {welches der König sich vorbehalten} zu Reichung des Heiligen Nachtmals in beyder Gestalt zu gebrauchen mitt solchen Ceremonien wie noch zu dieser Zeit ublich und ist der erste Anfang gemacht am 9. Tage Novembris, welches war der Sontag vor Martini. Und ist das Ampt am selbigen Tage verrichtett durch M. Johannem Weidnerum und Joachimum Gudovium und {ist} St. Niclauß Altar dem [b] Brewern, den es gehöret, widerumb ubergeben.

Textabb./il. 3

---

a Gestrichen/skreślony: be
b Gestrichen/skreślony: Gudovium

1573.
A.g.
<157> Nach dieser Zeit ist auch ein Abscheid eynes erbarn Raths ergangen, wie die Kirchenveter der Kirchen Zinser einmahnen mögen und das sie hirinne einen Vortzug fur andern Creditoren haben {etc.}.

Diesen Abscheyd findett man in der hiebey gelegten newlich revidirten Kirchen Ordnung, also nicht nottig alhir nach der Lenge zu ertzelen. {Dieser Abscheid ist} ergangen den 16. Januarii Anno 1573 und unter der Stadt Siegel außgegeben.

B.g.
Belangende die Religion zu Dantzig umb diese Zeit davon ist hievor Anno 1561 gemeldett, wie die erste Staffel zum *Calvinismo*, da von doch zu der Zeit der gemeyne Man nichts verstundt, angelegett sey und wie der Rath dem selben Schwarm ᵃ durch die auffgerichtete Nottel, welche alle Prediger {musten} unterschreyben ᵇ verhoffete zuvor zukomen, ᶜ {weil aber} damals die Tyranney des Bapstes in Niderland durch die Hispanier hefftig uberhand nam, also das viel der Niderlander zum Theil auß Furcht der Verfolgung, zum Theil umb der Religion, zum Theil auch {umb} ihrer Mißhandlung willen {mitt Weib und Kind} auß ihrem Vaterlande endwichen mussen und sich anhero begeben und nicht allein ᵈ {im} Schottland, Newegarten, Sandgrube, Schidlitz etc. sich heussig niedergelassen, sondern auch in der Stad Thewrung in die Haußmiete gebracht, also das viel ehrlicher Burger vor sich und die ihrigen nicht Wohnung bekomen konnen. Und solchs unter dem Schein, das sie ᵉ der Religion halben verfolgete Leute weren, als wurde man mitt ihnen ein christlich Mittleyden haben und sie etwa so lange dulden, biß es zum Friedstande in ihren Landen widerumb <158> kommen mocht, des wolten sie sich als Geste friedsam und in ihren Grentzen verhalten, das niemand uber sie solte zu klagen haben etc. Dise ihr Verwenden bewegte die Burgerschafft zu mitt leyden eine Zeit lang. Nachdem mal aber diese Leute ihrer Zusage nicht ein genugen thaten und nicht allein den Kauffleuten und Wercken zu mercklichem Vorfange lebetten, sondern auch allerhand Schwermerey der Widerteuffer, Arianer, Menisten, Libertiner etc. und sonderlich den sacramentirischen Schwarm, welcher in ihren Landen am ublichsten, einfuhreten und viel der Burgerschafft sich anhengig macheten, haben es die drey Ordnungen der Stadt in die Lenge nicht dulden wollen und der alten Wilkuhre nach ihnen den eigen Rauch oder Haußhalten {durch eine offentliches Edict} verbotten, sonderlich weil nach dem *Privilegio* Königes Casimiri Anno 1457 ihnen solchs nicht zulessig. Weil aber die *Execution* nicht erfolgett, haben die Ordnungen der Stadt diese Sache abermals in diesem Jar mit Ernst vorgenomen, sintemal solcher ihr Unterschriff sowol in Religions ᶠ als

---

a   Gestrichen/skreślony: verhoffett
b   Gestrichen/skreślony: zuvor zu komen
c   Gestrichen/skreślony: aber weil
d   Gestrichen/skreślony: das
e   Gestrichen/skreślony: unter dem Schein, das
f   Gestrichen/skreślony: Sach

Handels Sachen je lenger je mehr uberhand nam und ist ᵃ auß Schluß samptlicher Ordnungen {dieses Jars} ein offentlich Edict *publiciret* worden ᵇ und ᶜ dasselbe ᵈ an Konig Artus Hoff angeschlagen am 26., 27. und 28. Aprilis. Darin erstlich allen Frembden in der Stadt und derselben Jurisdiction wohnende Hauß und eigen Rauch zu halten, nach Inhalt der alten Willekuhr, gantz verboten und zwischen dato und negst folgende Pfingsten zu reumen aufferlegett worden. Und das ich der andern Puncten geschweige auch diß hintzu gethan, <159> das nemlich alle Wirte, welche fremde Leute herbergen, bey ihrer burgerlichen Pflicht auff ihre Geste der Religion halben gutte und fleissige Auffsicht haben und da jemand verdechtig vermerckett, der E. Wette anmelden sollen, dan kein Widertauffer noch Sacramentschwermer oder der umb irkeiner Unthadt abgeschieden were in dieser Stadt. Und so weit sich derselben Gebiete erstreckett, soll gehegett oder gehausett werden etc, wie die Copia hie von noch woll kan auffgelegett und getzeigett werden. Weil aber auff diß Edict so wenig ᵉ als auff die vorigen die Execution erfolgett {ja man auch dem zu wider vielen unter ihnen das Burgerrecht gegeben}, als ist zu dem sacramentischen Schwarm die ander Sprosse oder Staffel durch diese niderlendische Rotte angelegett worden.

E.g.   Zu dieser Zeit nemlich im 1573. ist zu Dantzig eine gemeyne Zulage verwilligett, mitt den Wahren damitt man handelt zu geben von der Last Roggen 10 Gr. und also fort von andern Wahren, darnach sie hoch von Gelde nach advenant und solte dieselbe Zulage nur ein Jar lang wehren alß dan solte sie widerumb auffgehoben werden. Es ist aber nicht <160> geschehen, sonder noch dartzu nach etzlichen Jaren umb die Helffte verhohett, wie hernach an seinem Orte folgen wird. Die Ursache aber, warumb diese Zulage eingegangen, war diese: Nach dem des Koniges von Dennemarck Unterthanen in der See von des Koniges in Polen Freybeutern, die zu Dantzig endlauffen waren, beschedigett und genomen worden uber habende Bestellung und die Dantziger an ihnen solchen Muttwillen nicht gestraffet hatten, hatt der König von Dennemarck alle Dantziger Schiffe so auß Hispanien mitt Salz und Specerey beladen in den Suntt kommen, angehalten und arrestirett ᶠ {und wolte den erlittenen} Schaden seyner Unterthanen ᵍ {von der Stadt} erstattett haben. Ob sich nu woll der Rath endschuldigte als hetten sie uber dieselben Freybeuter nicht zu gebieten gehabt, sintemal sie des Königes zu Polen Bestellung hetten, solte er es derwegen bey ihm suchen, hatt es doch nicht helffen mogen, dan der König auß Dennemarck dagegen einwendete, weil es auff dem Dantziger Boden geschehen, hetten sie die Buben billich in ihre Straffe

---

a Gestrichen/skreślony: in d
b Gestrichen/skreślony: folgenden Inhalts
c Gestrichen/skreślony: dass
d Gestrichen/skreślony: ab und
e Gestrichen/skreślony: als
f Gestrichen/skreślony: und den
g Gestrichen/skreślony: wolte

<160, 159, 161> Historisches Kirchen Register 445

nehmen sollen. Diese Tractaten haben fast in das dritte Jar gewehrett, biß endlich eine Vergleichung getroffen ist, ihm innerhalb dreyen Jahren 100/M [100.000] Taler zu erlegen, worauff auch die arrestirten Schiffe wiederumb frey gegeben worden sein. Darumb solch Geld zuwege zu bringen, ist obgedacht Zulage bewilligett worden und am 26. Tage Martii des 1573. Jars ins Werck gerichtett.

D.g. Am 6. April ist zu Warschaw ein Reichstag an gangen umb einen newen Konig an Sigismundi Augusti stadt zu erwehlen, welche Wahl sehr zwistig gewesen, dan etzliche den deutschen Keiser Maximilianum, etliche seinen Sohn Ernestum, etliche des Koniges {Caroli} in Franckreich Bruder Henricum zum Konige in Polen wolten haben. Nach vielem Zanck und Hader aber hatt Henricus die meisten Stimmen erhalten und ist <161> am 10. Tage Maii offentlich fur einen König in Polen außgeruffen worden in der Versamlung vor Warschaw in offenem Felde.

Dem verstorbenen Konige aber, weyl er noch uber der Erden stund, ward zu Dantzig ein Sarck gemachett von feynem Zynn mitt schönen Figuren getziret und hatt gewogen sieben Centner und 44 Pfund.

C.g. <159> Von dem 1574. Jar ist ein Bekentniß furhanden Pauli Habicht *Cantoris* zu S. Peter, das er von den Kirchenvetern auß Herrn Urban Ulrichs Testament empfangen habe auff ein Jar 50 Mk., also auch auff das ander Jar 50 Mk. datirett den 18. Aprilis.

Im gleichen ist ein Kauffbrieff furhanden uber Rodolff Gruels Hauß, so an die Kirche verfallen und Clauß Heinen verkaufft ist worden fur 4000 Mk. in der Reiffergasse gelegen, datirett den 30. April.

Item Alexander Kitte versichert die Vorsteher der Kirchen wegen aller Zuspruche eines Leichsteins, bey dem hohen Altar gelegen, mitt seynes Vaters Marck ᵃ.

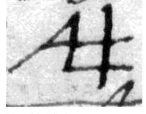
Textabb./il. 4

F.g. <161> Anno 1574 im *Februario* ist *Henricus* des Koniges in Franckreich *Caroli* Bruder ungefehrlich mitt 300 Pferden in Polen ankomen und am 22. Februarii gekrönet worden zu Crakaw. Darnach aber weil er {etwa} vermerckett, das ihm von den polnischen Herrn ᵇ seine konigliche Gewalt je lenger je mehr genomen ward, er auch vernommen, das sein Bruder Carolus König in Franckreich gestorben, nam er sich vor, dasselbe Königreich als sein Vaterland an sich zu bringen, datzu er mehr Lust hatte, als ein König allein in Polen zu sein, ᶜ {unterstund er sich selbst} in Franckreich zu zihen, welches ihm die Polen keines weges gestatten wolten. Darumb er diesen Anschlag gebrauchett: Er fertigte eine Legation ab seiner vornehmsten frantzosischen Herrn

---
a Zeichnerische Wiedergabe der Marke. / Odrysowanie gmerku (Textabb./il. 4)
b Gestrichen/skreślony: vileicht
c Gestrichen/skreślony: nam er sich vor

in Franckreich zu reysen, in dem Schein, weil es sein Vaterland und seines Brudern Reich war, das sie nebenst dem Reichs Rehten der Crone Franckreich bestes Wissen solten, ernante ihnen aber daneben heimlich einen gewissen Ort ᵃ an der polnischen Grentzen, da sie weitern Bescheids erwarten solten. Weil nun die Polen vermeinten, ᵇ {nach dem} er diese Gesanten an seiner stadt abgefertigett, das er nun mehr in der Cron Polen bleyben wurde, er sich auch anders nicht stellete als wolte er bleyben, derwegen auch zur Versicherung am 19. Tage Junii sich mitt seinem Hofe Junckern zu Krakaw auff dem Schlosse frölich und gutter Dinge machete, sich auch von ihnen zu Bette bringen ließ. Die Polen auch nach dem der Konig zu Bette gebracht, in <162> Meynung, er were nun in guttem Gewarsam, gingen auch ein jeder an seinen Ort. Der König aber uber Verhoffen stund auff in der Nacht und gieng durch eine heimliche Pforten des Schlosses, S. Johannis Pforte genant, da er dan seine Pferde bestellett hatte und eylett also heimlicherweise von dannen. Doch hatte er seinen Kammer Jungen etliche Briefe an seine Räthe verlassen und ihm daneben befohlen, wo ferne jemand dieselbe Nacht an sein Schlaffgemach anpochen wolte, so solle er es niemand gestatten, sondern sagen, das der König schlaffe. Wan es aber Tag wurde und seine Rethe nach ihm frageten, solle er obgedachte Briefe ihnen ubergeben und nach dem der König auß ernanter Pforten gangen war, ᶜ {erkante} ihn einer seine Räthe Diener an seyner Kleidung ᵈ. Derselbe eylett geschwinde zu seynem Herrn und kundigett es ihm an. Der Herr wolte es nicht glauben, sondern lachett sein, sintemal er selbs den König hatte mitt helffen zu Bette begeleiten. Wie er sich aber allerley Gedancken davon machete, ließ er solchs den andern Räthen auch ankundigen und die Warheitt zu erfahren gingen sie zusamen in derselben Nacht {zu Schlosse} und klopften an sein Gemach an. Daselbest ihnen der Knabe antwortett wie ihm befohlen war. Nachdem sie ihn aber bedreweten, machett er ihnen das Gemach auff, zeigett ihnen daneben an, was ihm befohlen war und ubergab ihnen die koniglichen Briefe.

Da aber diese Herrn den König nicht funden und auch auß seinen verlassenen Briefen verstunden, was geschehen war, und seinen letzten {Willen} vermerckten, erschraken sie sehr, setzten sich selbest auff die Pferde und eyleten ihm nach. Da sie ihn aber antraffen, war er schon bey seynen Abgesanten, welche so starck zu Pferde waren, das sie den Konig weder mitt gutten Worten noch mitt Gewalt zurucke bringen mochten, musten, ihn derwegen seynes Weges passiren lassen. Jedoch <163> gab er ihnen ein Schreiben mitt an alle Stende des Reichs und ließ sie damit zurucke reisen. Er aber zoch seine Strasse nach Franckreich zu.

<153> Anno {1575}. Die 30. Wahl der Kirchen Veter.

---

a   Gestrichen/skreślony: ernant
b   Gestrichen/skreślony: weil
c   Gestrichen/skreślony: hatt
d   Gestrichen/skreślony: erkant

<153, 154, 163>   Historisches Kirchen Register   447

ᵃ {Michael Rogge} der ᵇ {dritte} in der Ordnung der Kirchenveter ward in diesem Jar ᶜ
von <154> einem E. Rath zu einer Gerichtsperson erwehlett, ᵈ hernach Anno 81 den 14. Aprilis ᵉ auß dem Scheppenstuel in den Ratsstuel versetzett, starb im Jar ᶠ 1602 am 2. Tage Julii. Darumb die andern drey als Peter Bartsch, Fridrich Hittfeld und ᵍ {Herman Hake} nach ordentlicher Abgebung ihres gewohnlichen Wahltzedels bey dem E. Rath angehalten umb einen newen *Collegam*. Dartzu der Rath auß auffgestelletten Personen den ʰ {Georgen Mollner} ernennett in hernach folgender Ordnung: Folgett nu der Kirchenveter Ordnung:
Herr Johan Brandes, der Pfarkirchen ⁱ {*Inspector*}. 1. Peter Bartsch 2. Fridrich Hittfeld 3. ʲ {Herman Hake} 4. ᵏ George Molner.

G.g.   <163> Anno 1576. Die 31. Wahl der Kirchen Veter.

ˡ {Nach dem nun Fridrich Hittfeld der ander} in der Ordnung der Kirchenveter auß ihrem Mittel ᵐ {durch den Todt abgescheyden} und hatt ein E. Rath auß ubergebenem Zedel der Kirchenveter an seine Stelle widerumb ernant ⁿ {Hans Brandes, des offternanten Herrn *Inspectoris* Johan Brandes Sohn,} in hernach folgender Ordnung:
ᵒ Herr Johan Brandes, der Pfarkirchen ᵖ {*Inspector*}.
ᵠ {1. Peter Bartsch 2. Herman Hake 3. Georg Molner 4. Hans Brandes}.

H.g.   Obgemeldter Herr Michel Rogge hat {hart} vor seynem Abschiede auß dem Kirchenveter Stuel ʳ in ein besonder Buch untertzeichnet alle der Pfarkirchen Pfennig Zinser auff Heusern und Speychern in einer richtigen Ordnung eingeschrieben unter folgendem Titel: „Hier nachfolgende wird vermeldett, was

---

a Gestrichen/skreślony: Johan Eler
b Gestrichen/skreślony: ander
c Gestrichen/skreślony: Mittwochs vor Ostern, welches war der II. Tag Aprilis
d Gestrichen/skreślony: Dieser Johan Eler ward
e Gestrichen/skreślony: Mittwochs vor Himelfart
f Gestrichen/skreślony: 1595
g Gestrichen/skreślony: Michel Rogge
h Gestrichen/skreślony: Herman Haken
i Gestrichen/skreślony: President
j Gestrichen/skreślony: Michel Rogge
k Gestrichen/skreślony: Herman Hake
l Gestrichen/skreślony: Am 21. Tage Aprilis ist Herr Michel Rogge der dritte
m Gestrichen/skreślony: zu newe Gerichtsperson erwehlet worden
n Gestrichen/skreślony: George Molner
o Gestrichen/skreślony: Dieser Herr Michel Rogge ist hernach Anno 1581 am 19. Tage Aprilis zu einer Rathsperson erwehlett, Anno 96 koniglicher Burggraffe und starb Anno 1602 den andern Julii. Nun folgett der itzigen Kirchenveter Ordnung im sitzen:
p Gestrichen/skreślony: President
q Gestrichen/skreślony: 1. Peter Bartsch 2. Fridrich Hittfeldt 3. Herman Hake 4. George Mölner
r Gestrichen/skreślony: gescheyden

Unser Lieben Frawenkirche in dieser ᵃ Stadt Dantzig an Pfennigtzinsern auff den Heusern und Speychern hatt, darnach sich dan die Kirchenveter zu richten haben. Ist außgestellett durch mich, Michel Roggen Anno 1575." Diß Buch in gelbe Leder gebunden hatt er auch ferner continuirett, so weit er von eingetzeichenten Pfennigtzinsern hatt Nachrichtung haben konnen.

Dem Schlage nach ist ihm gefolgett Hans Brandes weiland Kirchenvater und ob gleich noch alle Sachen nicht sein richtig ein geschrieben, weil <164> die ᵇ nachfolgenden Kirchenveter damitt ferner nicht verfaren, habe ich Eberhard Bötticher doch, so bald mir diß Buch zun Handen kommen, dasselbe *revidirett* und so viel mir muglich gewesen in die alte Ordnung gebracht, was aber noch zweyfelhafftiges darinnen sein mochte und ich nicht in Richtigkeitt bringen konnen, will ich meyne Herrn Collegen und derselben *Succesoren* trewlich und fleissig ermahnet haben, das sie in den Erbebuchern der rechten, ᶜ alten {und Vorstadt wie auch umbligenden Garten} fleyssig Nachsuchung thun lassen, ob etwas hinderstelliges in diß Buch gehore, damitt die Kirche nicht woran verkurtzett werde. Wie dan auff mein Anhalten schon fur etlichen Jahren durch den Herrn Hans von der Linden, Burgermeistern und dieser Kirchen Presidenten, dem *Secretario* Hermanno Fredero aufferleget ist worden, solche Untersuchung in den Erbebuchern zu thun, der sich auch gegen mir vernehmen lassen, das er fast hindurch war, darumb ferner bey ihm antzuhalten ist, den auß bemeldtem Buche des Herrn Michel Roggen zu ersehen, das noch in Erbebuchern viel hinderstelliger Zinser sein mussen.

I.g. Fridrich Hittfeld gedenckett zu dieser Zeytt in seyner Rechnung eines Testaments mitt folgenden Worten: „Zu wissen, dieweil dan die Kirche schuldig ist zu geben jehrlich einem Gesellen zum studieren den Zyns vom Gelde so seliger Gedechtnis Herr Urban Ulrich gestifftett hatt in seynem Testament. Also ist solchs diß vergangene Jar nicht auß gegeben der Ursache, die weil wir niemands haben konnen erfragen, der dartzu tuchtig und dar an es Bewand were gewesen."

Diesem ᵈ gibt Zeugnuß ein Buchlein in quarto sub No. 9 also lautende: „Item ist zu <165> wissen, das ein Testament ist geordent durch seligen Urban Ulrich einen Official, welcher hatt gethan der Kirchen 1200 Mk. groß zu 20 G., das die Kirche solle auff Zyns thun und von dem Zinse, so von dem gedachten Gelde als von 1200 Mk. keme, sollen die Kirchenveter den Zins geben gutten Gesellen, die da studieren, die man konte hernach zu Predicanten oder Caplanen gebrauchen, der Gestalt also, das sie einem der fleissig studirett geben sollen zwey Jahr den gedachten Zins und darnach wider einem andern auch den Zyns, also zu langen Tagen, aber einem nicht mehr als zwey Jahr. Und sonderlich, so jemand were auß seyner Freundschafft,

---

a Gestrichen/skreślony: rechten
b Gestrichen/skreślony: nachk
c Gestrichen/skreślony: und
d Gestrichen/skreślony: geben Zeu

denen soll mans vor andern geben, doch nicht mehr als einem der Zins von zwey Jahren wie vorgemeldt, also das alle 2 Jar ein newer Student das empfangen soll."
In demselben Buchlein ann 1575, den 1. Junii folgett, wo diese vorgedachte 1200 Mk. sein, so seliger Urban Ulrich der Kirchen gethan hatt:
Auff Arend Kleinefeldes Erbe ist - - - - - - - - - 200 Mk.
Auff Casper Bibels Erb ist - - - - - - - - - - - - - - 400 Mk.
Auff George Lehmans Erbe ist - - - - - - - - - - - 150 Mk.
Auff George Langen und Thomas Welcken
in der Altenstadt - 100 Mk.
Des hatt die Kirche unter ihre Zinser
gemengett - 350 Mk.
Summa ist Zins zu 6 Mk. der Hauptstuel - - - 1200 Mk.

Dieser Official Urban Ulrich ist auß des alten Greger Gadden Geschlecht gewesen, darumb zu diesem ᵃ {Testament} noch die nehesten sein Reinhold Marx, Paul Dilligers, George Krugers Erben und die sich auß Greger Gadden Geschlecht hie zu sibben können. {Datzu dan meyne Kinder, von Paul Dilligers Tochter geboren, auch gehören.}
Item in diesem Buchlein ist eine Rechnung eingelegett von Anno 75, dar in setzett Hittfeld in *specie* die Unkosten auff einen Kirchenspeicher (nemlich den grossen) gewand, diß Jar new gebawet, davon die Summa ist 904 Mk. 47½ Sch. und diß ist der grosse Kirchen [Speicher nebenst] dem vorgemeldten Kleynen.

l.g. <166> Von diesem Jar ist auch ein Bekentniß furhanden Georgii Bergmanni, das er von den Kirchenvetern zu seynem Studieren empfangen habe 50 Mk. datirett am ersten Tage Januarii. Dieser Bergman hat hernach den *gradum Doctoratus* empfangen und vom Rath zu einem *Syndico* der Stad bestellet worden. Und diß Geld kam her von Herrn Urban Ulrichs Testament wie obgemeld.
Item eine Quietantz M. Valentini Schrecky, *Rectoris* der Pfarrschulen, das er sein Deputat fur ein Quartal empfangen habe, nemlich 50 fl datirett am 22. Tage Septembris.
Am 24. Tage Martii ᵇ, welcher war der Tag vor Marien Verkundigung, ist M. Johannes Weydenerus in seinem Ampt und Beruff in der Pfarrkirche wie er Beicht gehöret vom Schlage geruhrett, das man ihn aus der Kirche tragen muste und weil ihm die Rede vergangen, ist er doch gleichwoll durch seynen eltesten *Collegam* D. Johannem Kittelium gefragett worden: Ob er bey der reynen Lehre des gotlichen Worts, welche er der Gemeine Gottes hette vorgetragen, gedächte biß an sein Ende zu verharren, so solle er ihm antworten oder ein Zeichen von sich geben und {ihm} seine Hand drucken, die er ihm darauff, wie er sie ihm gerichtett, gedruckett hatt zum Zeichen, das er dabey

---

a Gestrichen/skreślony: Geschlecht
b Gestrichen/skreślony: ist

gedechte zu verharren. Ist also seliglich endschlaffen zwischen 6 und 7 Uhr auff den Abend und von der Burgerschafft sehr beweynet und beklagett worden.

K.g. [101] Nach dem, wie vorgemeldt, der newerwehlete Konig in Polen Henricus die Cron Polen verlassen und sich widerumb in Franckreich begeben hatte, bey den Polen auch keine Hoffnung mehr war, seiner [a] {Wider} Kunfft, wurden sie zu Rathe zu einer newen Wahl zu greiffen und deswegen in diesem Jar im November eine newe Wahl [b] zu halten, und <167> ward damals[102] am 12. Tage Decembris der römischer Keiser Maximilian des Namens der ander auß Bewilligung etlicher Reichs Räthe der Cron Polen, so woll auch mitt einhelligem Schluß aller Stende des Großfurstenthumbs Littawen und der Lande Preussen zum Könige in Polen gekoren und durch den Ertzbischoff von Gnisen als Primaten der Cron Polen [c] folgendes außgeruffen, die auch bald darauff ihre Legation an den Keiser wegen Annehmung der Wahl verordent und abgefertiget haben. Dieweil aber etlichen vornehmen Rethen der Cron Polen solche Wahl, gegen die sie sich auch vorhin mitt Hulffe des gemeynen Adels auffgelegett, bedencklich gewesen, ist bald hernach, nemlich am 14. desselben Monats, mitt Verwilligung der Infantinne von Polen, Koniges Sigismundi Augusti Schwester, von denselben zum Könige erwehlet und außgeruffen Hertzog Stephanus des Geschlechts der Bathoren, regirender Furst in Siebenburgen. Wie es nun mitt dieser zwistigen Wahl weitter gefahren, soll hernach ferner Bericht geschehen.

L.g. Anno [d] {1576}. Die 32. Wahl der Kirchenveter.

Nachdem [e] {George Molner}, der [f] {dritte} in der Ordnung der Kirchenveter durch den zeitlichen Todt abgefordert worden, hatt ein E. Rath auß ubergebenem Zedel der Kirchenveter an des abgestorbenen [g] {Molners} Stelle den [h] {Adrian von der Linden} ernant, in folgender Ordnung: Herr Johan Brandes der Elter, der Pfarkirchen [i] {*Inspector*}. 1. Peter Bartsch 2. Herman Hake [j] {3. Hans Brandes des [Jungen] 4. Adrian von der Linde}.

Heinrich Olfertsoon bekennett schrifftlich, das er von den Kirchenvetern empfangen habe 100 fl a G. 30 wegen seiner Haußfrawen Barbara selig Rodolph Gruels nachgelassener Tochter, Dantzig 17. Januarii Anno 1576.

---

a Gestrichen/skreślony: zusamen
b Gestrichen/skreślony: zu
c Gestrichen/skreślony: erwehlett
d Gestrichen/skreślony: 1576
e Gestrichen/skreślony: Fridrich Hittfeld
f Gestrichen/skreślony: ander
g Gestrichen/skreślony: Hittfelds
h Gestrichen/skreślony: Hans Brandes den Jungen
i Gestrichen/skreślony: President
j Gestrichen/skreślony: 3. George Molner 4.Hans Brandes der Junge

<168> Schrifftliche Quietantz Johannis Huzingii, Pfarherrn zu S. Johans, das er zu Beforderung der Studien M. Pauli Habicht empfangen habe ubertzu schicken nach Wittenberg 50 Mk. Datum 24. Novembris Anno 1576.

Zuvor ist gemeldett, wie der Keyser Maximilianus zum Könige in Polen erwehlett und außgeruffen worden, mitt welcher Wahl viel furnehmer polnischer Herrn {sampt vielen des gemeynen Adels} nicht zufrieden waren. Darumb, auff das sie diese Wahl hintertreyben mochten, haben sie der ersten Wahl zuwider {an} die Stende eine gemeine Reichsversamlung zu Jendrzeiova auff den 4. Tag Januarii Anno 76 zu halten außgeschrieben und Stephanum Bathori zum Könige erwehlet und außgeruffen. Darauff sie dan auch ihre stattliche Bottschafft in Siebenburgen abgefertigett etc.

Ob nun woll auff der andern Seyten des Keysers halben auch nicht gefeyert worden, [a] liessen doch diejenigen, so Stephani Seyten gehalten, nichts an ihrem Fleisse erwinden[103], fertigten derwegen einen ab mitt Namen Andreas Geziborßki, die Stende der Lande Preußen zu dießer Wahl zu bereden. Der kam im Anfang Februarii Anno 76 gen Dantzig, {hatt} aber daselbst so woll als zu Graudentz den Abschied bekommen: Es können die Stende der Lande Preußen auß wichtigen Ursachen von ihren ersten Suffragiis nicht abstehen. Dagegen ging es auff des Keysers Seiten wegen vielen *deliberirens* fein langsam zu, bis endlich die Abgesandten den Keyser zur Eides Leistung bewegeten, welche er am 22. Tage Martii zu Wien in S. Augustinis Kirche geleistett, auch also bald darauff sein Universal Edict von Annehmung der Wahl *publicirett*, welches Copey am 27. Tage Aprilis an König Artus Hoff lateynisch und deutsch ist angeschlagen worden.

M.g. Stephanus aber {kam} geschwinde uber den Fluß Nister biß nahend an Crakaw auff Palmarum zu Mugel an, [b] zeucht am 24. Tage Aprilis zu Crakaw ein und wird daselbs am 1. Tage May {durch den coyeschen Bischoff Stanislaum Karnikowsky (und nicht durch den gnisnischen Ertzbischoff alter Gewohnheitt nach als Primas in Polen)} in S. Stentzels Kirchen zum Konige in Polen gekrönet, hielt auch zu gleich <169> sein konigliches Beylager mitt Frewlin Anna Infantinne zu Polen, Koniges Sigismundi Augusti Schwester. Der Keiser aber zeucht mittlerweil nach Regensburg auff angesetzten Reichstag und verscherttzett daruber das Königreich Polen.

N.g. Im Junio hielt König Stephanus einen Reichstag, auff welchem aller Zwist und Mißverstand zwischen dem Könige und den Stenden des Großfurstenthumbs Littawen, [c] bißhero bey dem Keiser gehalten {ward}, auffgehoben. Weil aber die von Dantzig auff dem angesetzten Reichstage durch ihre Abgesanten nicht erschienen, fertigte der König bald am 11. Tage Junii von Bloma Nicolaum Kossobutzky, Landschreibern zu Plotzko, nach Dantzig abe, welcher am 4. Tage Julii mitt einer langen Oration zum *persuadiren* gerichtet die

---

a Gestrichen/skreślony: unter
b Gestrichen/skreślony: und
c Gestrichen/skreślony: die es

Ordnungen bereden wolte, das sie vom Keiser ablassen und wie andere Räthe und Stende der Cron Polen, Großfurstenthumbs Littawen und der Lande Preussen sich in Kon. May. Pflicht und Gehorsam begeben wolten, neben Verheissung Conformation, auch Vermehrung aller ihrer Privilegien und Freyheiten[a].

[104]Ehe und dan aber diesem Gesanten von den Ordnungen der Stadt ein Antwort geworden, nemlich am 6. Julii, tregt sich ein unversehener Fall zu[105]:

O.g. Dan Henrich Kurtzbach, ein Abgesandter des Keisers an die Stadt, ward von Ernst Weyer auff der Heerreise beim Dorffe Reden angegriffen, mitt dreyen Schussen fast gefehrlich verwundett {seiner Briefe, Gelde, Kleydung sampt der Seinigen beraubett, auch eidlich angeloben mussen, sich beim Konige eintzustellen,} welche feindliche Thatt große Verbitterung verursachet und dahero die Ordnungen bewogen worden, dem koniglichen Gesanten einen solchen kurtzen Abschied zu geben[b]: Es sey den [c] Ordnungen auff seine Werbung sich eintzulassen noch bedencklich, angesehen das die Stadt Dantzig auff der Grentze deutscher Nation gelegen und derhalben sich aller feindlichen Zusetze vom Römischen Reiche und andern benachbarten Potentaten am ersten zu befahren hette, mitt Antzihung des geschehenen Gewalts [d] {durch} Ernst Weyer auff offener freyer Strassen an dem keyserlichen Gesanten Kurtzbach bewiesen. Datum Dantzig am 9. Junii Anno 1576.

P.g. <170> Nebenst dieser Antwort weil eine newe Tagefart zu Lobaw angesetzett, haben die Ordnungen an die Herren Rethe dieser Lande ihr Bedencken und was hirtzu nottig schrifftlich gelangen lassen, dar inne sie erstlich die Gefehrligkeitt angetzogen worumb sie ihrer Zusammenkunfft nicht beywohnen, [e] vielweniger in die untzeitige vorgenommene Handlungen bewilligen konnten. {Diß Bedencken findestu in der Declaration der Stadt Dantzig[106].} Es wollen die Herren Rethe dießer Stadt Gelegenheitt mitt in gunstiger Acht haben, als die in der Cronen Vorburg und an den Grentzen deutscher Landen gelegen [f] {were} {mitt Erinnerung, was newlicher Tage dem keyserlichen Gesanten an freyer Strassen begegnet, da er nicht allein mitt 3 Kugeln verwundt, sondern auch seiner Briefe, Geld, Cleinodien, Cleider etc. beraubett.} In Erwegung dieses allen gelangete der Ordnungen freundliche Bitte an die Herren Rethe, sie wolten sie nicht allein endschuldiget halten, sondern auch mitt dießen Hendeln so geschwinde nicht fortfahren, sondern viel lieber noch eine geraume Zeit einstellen etc. Im Fall aber uber verhoffen, diese ihre Ursachen nicht Stelle finden konten, so wollen sie davon noch wie vor feyer-

---

a Randbemerkung/na marginesie: Die Copia dieser Oration findett man in der Dantzker Erklerung
b Randbemerkung/na marginesie: Dies Antwort findett man auch in der Erklerung.
c Gestrichen/skreślony: abgesanten
d Gestrichen/skreślony: des
e Gestrichen/skreślony: konnen
f Gestrichen/skreślony: ist etc.

<170–171>   Historisches Kirchen Register   453

Q.g.
lich davon protestiret haben, da kunfftig etwas Unheils darauß entstunde, das es ihnen nicht bey zu messen etc.

Folgig ist hirauff Andreas Zborowski, der Cronen Hoffmarschalck, in diese Lande wie auch an die Ordnungen dieser Stadt geschickett worden, welcher aber von etzlichen andern furnehmen Leuten abgehalten, das er sich personlich anhero nicht begeben, sondern auß Marienburg ein Schreiben in polnischer Sprach anhero verfertigett[107]: [a] Darinne er widerholet, was durch den koniglichen Gesanten Kassobucken newlich sey den Ordnungen mundlich vorgetragen worden, welches er nicht wisse zu verbessern, sondern will sie uber das ermahnet haben, so wie sie sich offt erkleret, das sie sich von der Cron Polen nicht trennen wollen, als wollte ihnen ja auch gebuhren dem Konige selbs, der sich ordentlicher Weise auff den koniglichen Stul gesetzt in Unterthenigkeitt unterwurffe, sich nicht besorgende einiger Gefahr von dem benachbarten oder uber See, sintemal die Crone auff solche Felle besondern Pacta hett. Belangend ihre Privilegia, die legitime außgegeben worden, sollen sie durch ihre Gesanten an Kon. May. auffschicken {wie dan die anderen Stendere dieser Lande auch theten} und koniglichen Eide trawen, wie den die Polen ohne das harte Vertretter <171> [b] {weren} ihrer Freyheitt und nicht zulassen, das dem allergeringsten, [c] so zur Cronen gehorig, an seinen Freyheiten und Privilegien etwas abgehen solte etc. Datum Marienburg 14. Julii Anno 1576. [d]

Hirauff haben ihm die Ordnungen widerumb ein schrifftlich Antwort zugeschickett, darinne sie weitt leufftiger [e] und deuttlicher erkleret, das sie nie in Sinn genomen, sich bey behaltenen Gerechtigkeiten und Privilegien sich von der Cron Polen abtzusondern und deuttlicher extendiret, in was Beschwer {und Verdacht} noch vor dieser Zeytt sie bey der [f] Cron Polen von den jenigen, die der Stadt ubel wollen, in Gehassigkeitt und linkischen Verdacht seyen außgetragen worden, und das verwichener Jare dieser Stadt Gerechtigkeyt und Freyheitt verschmelert und fast unter die Fusse getretten, mitt was grossen Beschwerden und Aufflagen die gantze Stadt belastigett worden. Und alles dieses Orts zu specificiren ist nicht vonnöthen, [g] wer diß Schreiben seynem Inhalte nach lesen will wie auch die vorgemeldten Schreyben, der findett sie in der Dantzcker Erklerung von Wort zu Wort[108]. Dieß Schreiben ist datirett den 27. Julii 1576.

R.g.
Auff den 16. Tage Augusti ward eine Zusamenkunfft der Lande Preussen nach der Mewe außgeschrieben, {welches Außschreybens *Copia* in der Dantzcker Erklerung zu finden[109]} weil aber das Geschrey von des Koniges

---

a Randbemerkung/na marginesie: Diß Schreyben suche in der Stad Declaration.
b Gestrichen/skreślony: sein
c Gestrichen/skreślony: an sein
d Randbemerkung/na marginesie: Diese Antwort sich in der Erklerung
e Gestrichen/skreślony: erklerett, wan sie sich so schlecht und
f Gestrichen/skreślony: vorigen Krieg
g Gestrichen/skreślony: welche

Ankunfft in die Lande Preußen ihmmer zunahm, als haben die Dantzcker durch ihre Abgesandten Reinhold Möller und George Rosenberg, beyde Rathsverwandte, Land und Stedte dienstlich erinnern und ermahnen lassen, nach dem des Koniges schleunige Ankunfft fast bedencklich, als solte man ihr May. die Ankunfft in diese Lande zu *suspendiren* unterthenigst ermahnen und bitten und mittlerweil zusamentretten und sehen was an Privilegien und Freyheiten gemeyner Lande noch mangelte ª auff das derselben *Confirmation* und dagegen eingerissener Mißbreuche *Abolition* im Namen aller Lande Preussen Stende an Kon. May. mittlerweil gelangen mochte. Dieser Gesanten Instruction findet man in der Dantzcker Erklerung.

<172> Was auch von bemeldter Tagefart der Dantzcker Hendel halben an die Kon. May. von den Stendern diesser Lande geschrieben und ihre May. darauff wider geantwortet, ist aus der Dantzcker Erklerung zu besehen. Item „was" {uber diß} die Herrn Räthe des Landes Preussen auß Thorn anhero geschrieben und die Stadt widerumb geantwortet, findett man in der Dantzcker Erklerung[110].

S.g. Nach diesem als der Konig zu Thorn eingekommen und von den Stendern dieser Lande mitt geburender Ehrerbietung angenomen, von dannen auch bald nach Marienburg verruckt, so sind darauff am 5. Septembris von ihrer Kon. May. anhero gelangett

T.g. Petrus Kostka, culmischer Bischoff, und Johannes von der Schleuse, Breßcker Woywoda, {nebenst Ablegung eines koniglichen Schreybens} den Eyd von der Burgerschafft zu nehmen, mitt Anmeldung, wo sie solches zu thun unterlassen, werde es ihr May. anders nicht auffnehmen konnen, als wan es zu ihrer May. und der Crone Polen Verachtung geschehe. ᵇ {Des konglichen Schreybens} Inhalt nebenst der Ordnungen Antwort {ist} in der in druckerfertigten Declaration oder Erklerung zu ersehen[111], ᶜ sowoll auch was den Herrn Gesanten auff ihre mündliche Werbung ᵈ nach der Lenge zur Antwort gegeben worden.

V.g. Wie dem allem, so seind die Ordnungen der Stadt Dantzig wegen Ungehorsams, sich zu verantworten, am 15. Tage Septembris fur die Kon. May. nach Marienburg geladen worden. Nach Inhalt der *Citation* in vielgedachter Erklerung und obwoll die Dantzcker solche *Citation* durch ein Schreyben an die Kon. May., so woll auch an die Herren Reichs Räthe, darauff ihnen auch geantwortett worden, decliniren wollen, ist nichts desto weniger ᵉ in stehender Citation, ehe dan der Terminus ankommen, durch des Koniges Kriegsvolck, Heyducken und Polen der Stadt, Dorff <173> Prust mitt unversehenem Einfall geplundert, die Strassen hin und wider belegett, Ernst Weyher auch in

---

a Gestrichen/skreślony: in Namen aller Lande Preussen
b Gestrichen/skreślony: haben auch daneben den Ordnungen hievon ein Konschreyben vorgelegett, welches
c Gestrichen/skreślony: ist
d Gestrichen/skreślony: zur
e Gestrichen/skreślony: am 24. Tage Septembris die Achterklerung eingegangen

<173–174> Historisches Kirchen Register

der Nachbarschafft Volck auffgewigelt und also der Proceß von der Execution gantz widerrechtlich angefangen worden. Dahero die Dantzker so viel mehr hinderdenckens haben mussen auff angesetzten Terminum zu erscheynen oder Gesanten dahin zu fertigen. Was sie aber derentwegen so woll an die Kon. May. als die beywesenden Herrn Rethe schrifftlich gelangen lassen, ist auß der gedruckten der Dantzcker Declaration zu vernehmen. So woll auch, was die koniglichen Räthe darauff geantwortet, nebenst ein koniglichen Geleyte auff zween Tage datirett am 21. Septembris Anno 1576[112].

Weil aber in dem Geleyte ihnen die Zeit so enge gespannen, das sie in so kurtzer Frist ihre Gesanten dahin nicht abfertigen konnen, haben sie Schreyben, beydes an Kon. May. als an die anwesenden Herrn abgefertigt, wie derselben Copeyen in der Dantzcker Declaration zu finden de dato 23. Septembris Anno 76[113].

X.g. Auff dieses ist uber alle Zuversicht erfolgett, das des Montages am 24. Septembris, welcher doch mitt in dem zugeschickten Geleyte begriffen, die Stad nicht allein in die Acht erklerett, sondern auch bald darauff der Kon. May. Kriegsvolck in der Stadt Gutter ins kleine Werder mitt Gewalt und gewaffneter Hand etliche der Dantzcker Knechte (so den Pauren umb mehrer Sicherheitt des Streiffens und Plunderns Willen, wie es sich schon fur etzlichen Tagen zu vor angefangen, zugeordent) sampt dem Paursvolck zum Theil erschlagen und zerhawen, zum Theil gefangen weggefuhrett und verkaufft, die Dorffer, Höfe und Kirchen im Werder gleicher Gestalt geplundert, verherett und außgebrandt, die armen Leute jammerlich ermordett, das Vieh weg getrieben und mehr andern Muttwillen hin und wider geubett.

Y.g. Folgenden Tages am 27. Septembris ist ein koniglicher Trometer in die Stadt geschickett mitt einem Zettel sehr <174> undeutsch geschrieben, desselben Inhalt auff allen Orten in der Stadt offentlich auß zu blasen, wo bey er gar keinen Schein noch Beweiß gehabt, von wehm er mocht in die Stadt gefertigett sein. Diß hatt ihme der Rath nicht weigern wollen, aber in dem allerley Gefahr dabey vermercket, und der gemeyne Man wegen des Fewers im Werder sehr verbittert gewesen, hatt es der Rath dem Trometer selbst auff sein Ebentewr anheim gestellett, ob er seinem habenden Befehl wolte nachsetzen oder nicht. Wie er aber woll gespurett, das es ihm vileicht zu Leibes Gefahr gere{i}chen mochte, so hatt ers einzustellen selbst am besten erachtett und ist also mitt einem Schreyben an die Kon. May. widerumb auß der Stadt vergleittett. Dieses Zedels Copey, wie auch des Raths Schreibens an die Kon. May. findet man in der offtgemeldten gedruckten Declaration sub dato Septembris Anno 1576[114].

Auch sind desselben Tages im Namen der Kon. May. hin und wider Briefe unter die Pauren der Stadt Unterthanen im Werder, die allbereitt geplundert und veriagett in polnischer Sprache außgesprengett, das ein jeder widerumb zu dem seinen sicher kommen mochte. Darauff es auch etzliche versucht und sich widerumb zu dem ihrigen gewendett, aber nicht allein von dem, was ihnen zuvor abgenommen, nichts wider erlangett, sondern ist ihnen auch das ubrige datzu genommen und das Vieh, so noch antzutreffen gewesen, woll in ihrem Angesicht todtgeschlagen, geschlachtett und weggefuhrett. Die Copia dieser koniglichen Briefe findet man in der Dantzcker Declaration de dato 27. Septembris Anno 1576[115].

Z.g. Desselbigen Tages[116] endstund in Dantzig bey dem gemeinen Manne, nicht weiß man wannen hero ein Argwohn, als solte im schwartzen Closter Dominicaner Ordens Verreterey furhanden sein, fielen darauff sampt den Dantzkker Kriegsleuten ins Closter, plunderten dasselbe, so woll auch die <175> Kirche, schlugen Fenster und Thuren entzwey und spieleten ihren Mutwillen. Nach dem aber so woll die Obrigkeitt als Hauptleute datzu kommen, ward solcher Lermen gestillet und bey Verlust des Hohesten gebotten, das sich niemand mehr der Gestalt vergreyffen solte, auch wurden die endwendete Gutter nach höhestem Vermugen *conquiriret* und zu Rathause gebracht.

A.h. Des folgenden Tages darnach, an Michaelis Abend, ward durch der Dantzkker Kriegsvolck das Schottland, Petershagen, Rosenthal, Bischoffsberg, Stolzenberg, wie auch ein Theil der Garten in Brant gestecket.

Kon. May. war eigener Person beim Schönenfelde der Stadt Gelegenheitt zu besehen. Es wurden auch darumb etliche grosse Stucke von den Wällen abgeschossen. Ob jemand beschedigett worden, kan man nicht wissen. Dieses Tages ward auch ᵃ von ihrer May. ein Trometer mitt Briefen an die Stadt geschicket, worauff auch ein kleiner Stillstand gemachett worden. Und hatt damals Kon. May. auff Grebyn im kleynen Werder gelegen.

In diesem Stillstande haben die Dantzcker ihre Gesanten auß allen Ordnungen nach Grebyn abgefertigett, als Herrn Peter Behmen, Burggrafen, Tideman Giesen, der beyden Rechten Doctoren, Conrad Lembcken, Gerichtsverwandten, und Ciriacum von Fechtelde, einen Hundertman, mitt einer gewissen Instruction, in der Dantzcker Declaration nach der Lenge endhalten am 19. Monatstag Septembris Anno 1576[117].

B.h. Nach abgelegter {dieser} Werbung seind der Herr crakawsche Woywode und der Herr Untercantzler verordnet, die allerley mitt der Dantzcker Gesandten dieser Hendel halben *privatim* auß und ein gewechselt, hatt sich auch solche Beredung ansehen lassen, das den Hendeln durch leichtliche *Conditiones* woll abzuhelffen sein wurde. Ins Letzte aber, des anderen Tages fur der Kon. May. den Gesandten uber Zuversicht folgende *Conditiones* furgeschlagen und schrifftlich zugestellett[118]: <176>

1. Die Dantzcker solten ihr Kriegsvolck von sich lassen.
2. Sie solten den Eydt zur Untertheniegeit leisten.
3. Sie solten die Frembden, so nicht geschworen weren, auß der Stadt jagen.
4. Die *Confirmation* der Privilegien solte den Dantzkern gegeben und das konigliche Kriegsvolck auß dem Lande gefuhrett werden.
5. Die Dantzcker sollten auff den Reichstag kommen.
6. Und mitt einem Fußfall abebitten.

---

a Gestrichen/skreślony: ward auch

<176–177>

7. So solte die ergangene Acht in seiner Maß gelindert
8. und die Beschwer, so fur unrechtmessig erkandt, auffgehaben werden.

Auff diese Artickel haben die Ordnungen eine Antwort schrifftlich gefassett und ihren Gesanten als Herrn Peter Behmen Burggrafen, Conrad Lembcken Gerichtsverwandten und Mattheo Radecken {*Secretario*} nebenst einer gewissen Instruction (welches alles in der Dantzcker Declaration zu finden[119]) widerrumb zurucke mittgegeben. Am 4. Tage Octobris Anno 1576. {Mittlerweil, nemlich den 2. Octobris, ist der römische Keyser Maximilianus der ander, durch welches Verursachen diese Widerwertigkeit erregett, seliglich zu Regensburg endschlaffen.}

C.h. Es haben sich auch Kon. May. Kriegsvolck gar feindlich ertzeigett, dan sie den 9. dieses Monats wie auch folgends teglich mitt Abbrennung der Höfe und Dorffer sich vielfeltig sehen lassen.

Hirauff erfolgett ein Antwort, so im Namen und von wegen Kon. May. den Dantzcker Abgesanten gegeben worden zu Grebyn am 6. Tage Octobris dieses 76. Jars (welchs nach der Lenge in der Dantzcker Declaration zu finden). Und von der Zeyt an haben die Dantzcker nicht unterlassen, an die Kon. May., die Koniginne und die Herrn Rethe zu schreiben, sintemal sie in dem jungsten Abscheide im Namen Kon. May. ihren Abgesanten beyde mundlich und schrifftlich gegeben, auch an Ehr und Glimp sein betastett ᵃ und ihnen daneben zum hefftigsten gedrewett worden, wie nach der Lenge in der Dantzcker Declaration zu lesen ist[120].

D.h. <177> Es hatte aber Kon. May. einen Reichstag zu Thorn zu halten außgeschrieben, dahin haben die Dantzcker durch Beforderung untersetzter Personen ihren *Syndicum*, Herrn Bartholomeum Lembcken, umb Werbung des Geleits abgefertigett. Es ist aber der Gestalt angenomen worden, das die koniglichen Briefe, ehe sie an ihre May. gebracht, auffgebrochen, die andern an die Herren Rethe unterschiedlich lautende registrirett, und ihm ernstlich gebotten, keinen von sich zu geben, hat sie auch also unter gutter Auffsicht, mitt welcher er auß der Stadt beleytett, unuberantwortett widerumb anhero bringen mussen. Dennoch ein Geleite so, wie es geschaffen auff 12 Tage zu Wege gebracht, welches Inhalt in der Declaration zu lesen.

Auff diß Geleyte {haben} die Ordnungen ihre Gesanten auff den Reichstag gen Thorn abgefertiget als Herrn Constantin Ferbern Burgermeistern, Georgen Rosenberg Rathmann und Henrich Lembcken beyder Rechten Doctorem und Syndicum, mitt einer gewissen Instruction in der Declaration endhalten *sub dato* 23. Novembris Anno 1576[121].

Mitt solcher Werbung seind die Gesandten nicht allein fur die Kon. May. selbst nicht furgestattett, sondern auch in die Herbege eingelegett und hart bestrickett, das sie mitt niemanden zusamen kommen oder sich bereden und der Stadt Hendeln nach Notdurfft, und wie sie sonsten befehlicht befordern

---

a Gestrichen/skreślony: worden

konnen. Darumb wegen solcher Verhafftung der Gesanten die ᵃ {Dantzcker} ein besonders Schreyben an Kon. May. gelangen lassen *de dato* 1. Decembris Anno 1576.

Dagegen aber sind im Namen Kon. May. durch den Herrn Großmarschalck und Breßcker Woywoden den Dantzcker Gesanten newe unde andere beschwerliche Conditiones vorgeschlagen, als nemlich

1. Die Dantzcker solten das Stück Mawer, so sie in Zeitt der Rebellion kegenst ihre Kon. May. auffgefuhrett, zum Zeichen der Ergebung niederreissen.
<178>
2. Sie solten die Latern oder das Glockhaus an der See ihrer May. und der Cronen einantworten.
3. Sie solten ihrer May. 8 Stucke grosses Geschutzes, 4 Carthawen und 4 Singer, zu einem jedern 500 Kugeln und datzu gehorigen Pulver, zueigenen.
4. Sie solten 100/M [100.000] fl. wegen der Unkosten und Aussönungen erlegen.
5. Sie solten die hinterstelligen Gelde des *Interregni* und die Schulden des verstorbenen Koniges betzalen.
6. Sie solten ihr Kriegsvolck sechs Monat lang auff den liefflandischen Krieg unterhalten.

Wen man sich dieser *Conditionen* halben wurde geeinigett haben, so konte man sich auch der *Deprecation* halben leichtlich endschliessen.

Ob nun woll wegen solcher vorgeschlagenen Puncten und was sonsten vermöge obgesagter Instruction abzu werben die Gesanten mitt den dartzu deputirten Herrn allerley auß und eingewechselt, die Unmuglichkeitt der *Conditionen*, auch wie bedencklich und beschwerlich sie den Ordnungen sein wurden, genugsam zu Gemutte gefuhrett, so ist es doch auff der Deputierten Gedrengniß dahin gesetzett, das es die Gesanten dermassen wie vorgeschlagen anheim ᵇ schicken und der Dantzcker Erklerung darauff erwarten solte. Wie zu der Notturfft auch das Geleite prorogirett und der *Syndicus* mitt obgesagten *Conditionen* gen Dantzig verfertigett, worauff die Ordnungen nach gehaltenen Rathschlegen den Gesandten ihre Meynung schrifftlich und verschlossen nebenst einem Schreyben an die Kon. May., wie auch die *Capitulation* ihrer obliegenden Beschwerden {in 40 Puncta gefassett} wiederrumb zu geschickett nach Inhalt der Dantzcker Declaration[122].

Es war aber in wehrender dieser Handlung ein Stillstand ᶜ zu Dantzig auß geruffen und war Johannes Zborowski ᵈ, gnisnischer Castellan und des koniglichen Krigsvolcks Feldoberster, der erste der sich freundlich gegenst der Stad vernehmen ließ und lag doch mitt seinem Volck im <179> Werder {auff

---

a Gestrichen/skreślony: Gesanten
b Gestrichen/skreślony: zu
c Gestrichen/skreślony: gemacht
d Gestrichen/skreślony: der erste gewesen

<179–180> Historisches Kirchen Register 459

Grebyn}, zu diesem waren ᵃ Herr Hans von Kempen, Rathsverwanter, sampt Mattheo Radecken, Secretario, zu etlichen mahlen hinauß gefahren, wie woll solchs mitt mercklichem Verdacht geschehen, als solte man was besonders unter dem Huttlein spielen, wie auch die Rede damals ging, als solte ᵇ {man} ihme eine grosse Summa Geldes an Talern und Golde ᶜ ohn Vorwissen samptlicher Ordnungen zugefuhrett haben, nicht wissende zu was Ende. Man hatt aber hernach erfaren, das solchs allein ein Argwohn gewesen, dan sie des Werders halben mitt ihm Beredung gehalten und auff Mittel und Wege gedacht worden, welcher Gestalt die armen vertriebenen Pauren im Werder widerrumb zu dem ihrigen kommen und sich ihres erlittenen Schadens zum Theil ergetzen mochten. Darumb auch zu Folge dieser Beredung umb Weynachten auß dieser Johannes Zborowsky sein Kriegsvolck abgefuhrett und dasselbe umb Dirschaw her verlegett, sein Hofflager aber in dem Stetlin selbst biß auff die Belagerung der Stadt Dantzig gehalten hatt.

E.h. In Dantzig[123] lagen vier Fähnlein deutscher Knechte unter Hansen Osterrich, Bartelmes Lembken, Clement Sturtzen und Christoff Rantzawen, Hauptleuten, und zwo Geschwader Hofeleute unter Lucas Mutzeln und Jacob Potkomorn zur Lochey erbgesessen, Rittmeystern. Derer aller Oberster war Hans Winckelborch von Collen, welcher auch hernach das funffte Fähnlein unter seiner selbst Hauptmanschafft auffgerichtett und am 14. Decembris (eben ein Jahr hernach als Konig Stephanus erwehlett war) General Musterung gehalten hatt.

Auff dem Hause Weisselmunde lag ein Fänlin Knechte unter Clauß Wettstedten, Hauptmanne, auch waren etliche Schiffe mitt Geschutze woll gerustett, welche auch mitt ihrem eigenen Volcke besetzett, das Hauß zu endsetzen verordnett. Das Volck thatt letzlich <180> fast Schaden und plunderten die oliwischen Dorffer am Strande gelegen, also das sich auch biß weylen der Beute halben Meuterey und Empörung unter ihnen erhaben. Auch ward das Hauß von Tage zu Tage befestigett, nicht allein am Holtzwerck, sondern auch mitt Grafen, welche einer Rutten dick ᵈ {an} dem Holtzwerck auffgesetzet wurden. Es wehrett aber die Voltzihung solches Gebewes biß in den Augustum des folgenden Sommers, da das Hauß (wie hernachmahls gemeldett wird) zum andern mahl belagert wardt.

Die Stadt ward auch allenthalben mitt Fleiß befestigett, dan man uber vorige Festung allenthalben in den Graben an fuglichen Ortern die Streichwehren reparirett und höltzern Blockheuser gebawet und die alten außgebessert hatt. Auch ward diesen Winter uber, nemlich vom November des 76. Jars biß in den folgenden Martinus, die holtzerne Pasteye vor der Milchkannen geba-

---

a Gestrichen/skreślony: waren
b Gestrichen/skreślony: sie
c Gestrichen/skreślony: zu ge
d Gestrichen/skreślony: von

wett, welche nun mehr hinweg gebrochen und eine Zugbrucken dahin ᵃ verordnett. Auch die Mauren hinter den Speichern mitt Rahnen verschurtzett und das Schurtzwerck mitt Erden auß gefullet. Der Zimerhoff ward gleichsfals mitt holtzerem Schutzwercke, welches mitt Erden außgefullett, der Lenge nach, sampt zweyen holtzernen Blockheusern befestiget. Auch ward das Stucke Walles, das quere uber den Zimerhoff, gegen dem alten Schlosse uber, damals auff geworffen, auch ein holtzern Blockhauß mitt einer Zugbrucken gegen dem Kraen uber (welchs schon wider auffgenommen) an die Schefferey geschlagen und auffgerichtett. Diese Festungen alle wurden warlich, wen es zum Ernste kommen were, wenig geholffen <181> haben, wan nicht den ᵇ vorigen Sommer die Mottlaw durch eine Schutte hinder dem Therhofe auffgerichtet were verpfälett und von ihrem vorigen Lauff auff die Wiesen gefuhrett worden, das also nach der Niderung werts die Stadt zu ringsumb ᶜ auff der einen Seyten mitt Wasser umbgeben und fast auff eine deutsche Meil Weges beflossen gewesen, sonst wurde mitt dem Geschutze und Schantzen, wan man so nahe hette kommen können, aller Kosten anß Holtzwerck gewendett umbsonst gewesen sein, angesehen das man nachmals durch Erfarung gelernet, das gleich wie Mauren und Thurme fur den Cartawen und Maurbrechern, also auch holtzern Festungen fur den gluenden Kugeln ᵈ nicht bestehen mögen und das allein die geschuttete Erde, Wälle und Pasteyen die allersichersten Gegenwehre seyn wider den grausamen ubermenschlichen Gewalt des Geschutzes, wie es allhie gebrauchett {ist} worden und hernach Meldung davon geschehen wird.

Zu Thorn gieng in wehrender Verhafftung der Dantzcker Abgesanten nicht destoweniger die Friedenstractation fort, wie in der Dantzcker *Apologia* oder Declaration zu ersehen[124]. Wie dem allem so ward endlich auß dem Handel, welcher die verletzte May. betreffen solte, eine Geldsache. Derowegen, wie unter andern Bedingungen auch eine gewisse Summa Geldes zur Versichrung von der Dantzckern gefordert ward und dem zum Behelff die alten Commission Hendel von dem 69. Jar widerrumb moviret worden, ist der Herr Constantin Ferber der Sachen Gelegenheitt und des koniglichen Willens ferner die Ordnungen zu berichten auff eine abgemessene Zeit bey Handstreckung und Burgschafft nach Dantzig verstattett und ist am 27. Tage Decembris zu Dantzig ankomen, <182> alda er folgendes Tages mit einer zierlichen Oration die Ordnungen und gantze Gemeine so weit bewegett, das sie gegen bedingete *Confirmation* ihrer habenden Frey und Gerechtigkeiten, auch Abschaffung etlicher dagegen eingerissener Beschwer und Mißbreuche ihrer May. zwey mal 100/M [100.000] fl. polnisch in 4 Jahren zu erlegen zugesagett, datzu dan die Landschafft, welche hiebevor im October zu Stargard

---

a   Gestrichen/skreślony: gebaw
b   Gestrichen/skreślony: vori
c   Gestrichen/skreślony: mitten
d   Gestrichen/skreślony: be

einen Tag gehalten, noch 100/M [100.000] fl. *contribuiren* wolten, also das man sich nu mehr gentzlich des Friedens zu vermutten hatte. Und haben die Ordnungen diesem Vorschlag nebenst {einem Schreiben an die Kon. May.} einer gewissen Instruction sampt den obgedachten 40 Beschwerpuncten {dieselben abtzuschaffen} dem Herrn Ferber an die andern Gesanten widerrumb zu rucke {mitt}gegeben am 1. Tage Januarii Anno 1577[125].

1577. Mittlerweil begab sich Kon. May. von Thorn gen Bromberg, nach dem sich Herr Henrich Kurtzbachen, welcher sich vermuge seiner dem Ernst Weyer angelobeten Ehren, wie er gesund worden, fur ihre May. eingestellett, friedlich von sich gelassen hatte.

Zu Bromberg antwortett Kon. May. am 7. Tage Januarii auff die von den Dantzckern gebottene Geld Summa sowohl auch auff die vercapitulierte Beschwerpuncta {nebenst ihrer May. Revers} und fertigett damitt den Herrn Georgen Rosenberg und den *Syndicum* {auff gleiche Handstreckung} widerrumb ab, welche den Drittentag hernach zu Dantzig ankommen mitt newen *Conditionen* und Vorschlegen, in der Dantzcker Declaration endhalten[126].

F.h. Und weil der ersten Punct der Beschwerden die Religion betrifft, hab ich denselben, nebenst Kon. May. Antwortt alhie antzihen wollen und lautet also: Erstlich bedingen sich die Ordnungen vorauß den Religions Frieden, das sie sich derselben in dieser Stadt, und so weitt sich der Stadt Gebiete erstreckett, nach Laut und Inhalt der Augspurgischen *Confession* friedlich, ruhig und ohn <183> irgends einen Eintrag, weder des Herrn Bischoffs noch jemand anders wie bißhero und noch gebrauchen und derentwegen niemand angefochten, gehindert, verfolgett, viel weniger in der Kirchen an Ceremonien, Predigten, Communion und anderem Enderung geschehen moge. Antwortt: Die Kon. May. gibt die Religion nach, so wie sie bey Zeiten Sigismundi des ersten und Sigismundi Augusti gewesen ist.

Es sind aber die Ordnungen ᵃ dieser newen vorgeschlagenen *Conditionen* abermals nicht zu frieden gewesen, ᵇ {haben} derwegen den *Syndicum* (weil Herr Rosenberg
Leibes Schwacheitt halben zu Dantzig bleyben mussen) am 18. Jaunuarii mitt anderer Instruction {gen Bromberg} abgefertiget[127]. Daneben auch ihre May. im Schreyben unterthenigst gebetten, es bey obgemelder Summen wenden zu lassen, haben auch darneben eine Resolution auff ihrer May. ᶜ *Revers* ubergeben und was ihnen dar an noch gemangelt angetzeigett {im gleichen wegen ubergebenen Beschwerpuncten sich neher zu erkleren unterthenig angehalten}, auch sich wegen der *Deprecation* durch eine sonderliche *Placation* Schrifft erklerett[128].

H.h. Wegen des Religionßpuncts haben die Ordnungen auff folgende Weise angehalten: Und erstlich bitten wir, was wegen der Religion zu solcher Gestalt zu

---

a Gestrichen/skreślony: durch
b Gestrichen/skreślony: und
c Gestrichen/skreślony: Resolution

caviren, das wir bey dem Gebrauch der Augspurgischen *Confession* so woll inn als ausserhalb der Stadt, so ferne derselben Jurisdiction streckett, ruhlich und friedlich ohne jemands Behinderung, dermassen wie wir itzund in derselben *Possesion* sein, und uns dero in allen Kirchen und Clostern gebrauchen, mögen gelassen werden, und das niemandes der Religion halben beschwerett und auch in den Kirchen die Ceremonien nicht verendert werden, wie solchs ihre May. in Siebenburg und zu Crakaw beschworen.

Auff obgemeldtes Schreyben aber und nach dem allerley mitt den Gesanten ab und zu gewechselt, haben die Kon. May. sich auch selbs erkleret und durch ihre Deputaten den Gesanten das letzte <184> Antwort ᵃ geben lassen, welches der *Syndicus* anhero gebracht, damitt sie nu gentzlich endschlossem, diesen Hendeln und Tractaten ihr Endschafft zu geben. Und so viel die Abschaffung der Beschwere belangett, hatt es ihre May. fast bey dem ersten Revers bleyben lassen und gar wenig hintzu gethan. Sonderlich aber, was die Religion belangett, hatt sich ihre May. neher erkleret mitt folgenden Worten: „Und erstlich vergönnen wir, das der Gebrauch der Augspurgischen *Confession*, wie in der Stadt also auch ausserhalb derselben Mauren in ihrem Gebiete, friedlich und ruhelich, ohne jemands Behinderung, wie sie sich dero biß anhero gebrauchett sey, und das niemandes der Religion halben beschwerett oder molestirett werde, und wollen sie alle bey dem freyen Gebrauch der augspurgischen Confession erhalten, handhaben und schutzen, wie wir solchs in den Siebenburgen und zu Crakaw mitt unserem koniglichen Eide bestettigett haben."¹²⁹

So viel auch die Conditionen der Versunung antrifft, ist ihre May. mitt der angebottenen Summa der zwey mal 100/M [100.000] fl. zwar zufrieden gewesen, aber doch die Termine der Betzalung dermassen enge gespannen, das der Stadt in so kurtzer Zeyt zu endrichten gar unmuglich gewesen. Auch hatt man auß des Herrn *Syndici Relation* vernomen, das ihre May. mitt des Herrn Rosenberges Aussenbleyben aller Dinge nicht zufrieden gewesen.

Mitt welchem allem, weil sich die Ordnungen noch nicht genugsam versichert befunden, als haben sie am 3. Februarii¹³⁰ bey dem Herrn Rosenberg (welcher seine Ehehafft gerichtlich betzeugett genommen) und *Syndico* ihre vorige Meynung wider holett und Kon. May. ihrer aller gnedigst in acht zu haben, zum instendigsten gebetten, auch was ihnen an vorigen Rescripten noch gemangelt, zu erkennen gegeben. {Und sonderlich wegen der Religion mitt folgenden Worten angehalten: So viel erstlich den Articel der Augspurgischen *Confession* ruhren thutt, tuen wir uns kegenst die Kon. May. in Unterthenigkeyt gantz demuttig bedancken, das dieselbe uns dero ruhigen Gebrauch allergnedigst eingerumett und bitten unterthenigst, das zu dem Artikkel nur die Worte noch mögen gethan werden, das wir uns derselben dermassen gebrauchen mögen, wie itzo geschehett und in dem vorigem Gebrauch in allen Kirchen, Clöstern und Hospitalen erhalten und die Ceremonien keynerley Weise mögen geendert werden.}

---

a Gestrichen/skreślony: ge

I.h. <185> [131] Ob solchem allen ihre May. dermassen endbrand und zu Zorn bewegett, das sie keine Antwort darauff gegeben, sondern am 12. Tage Februarii die vorige Achterklerung im Septembris des vergangenen Jares geschehen repetirett und *publicirett* und den Dantzckern als trewlosen Leuten und denen so sich an der May. und ihrem eigenem Vaterlande vergriffen, abgesagt, alle Sicherheitt benommen *igni et aqua interdicirett* und sie auffs scherffste in die Acht erklerett hatt[132]. Auch sind also bald die Dantzcker Gesanten, unangesehen sie sich widerrumb vermug des Geleits nach Hause zu verstatten unterthenigst gebethen, von ein ander abgesondert und der Herr Constantin Ferber mitt Hansen Thor Becken, *Secretario*, an Johannem Strakorosky, luntzischen Woywoden, einen uhralten Feind der Stadt Dantzig, der Herr George Rosenberg aber Johansen von der Schleuse, Brescker Woywoden, in feindlicher Hafft zu verwaren, verschickett worden und hirmitt hatt diese Tractation einen unverhofften Außgang genommen. Und ist dem Dantzcker Syndico allein unter den Abgesanten zu Hauße zu keren erlaubett worden. Hirauff hatt Ernst Weyer des Königes Oberster [a] mitt Rauben und Gewalt thun auff der pomrischen Landstrassen und auff der See bey dem Putzcker Winkkel seinen Muttwillen zu uben es an seinem Fleiß nicht mangelen lassen.

L.h. Mittler weil hatt die Stadt mussen Hauptschatzung geben, vom jederm Wirte oder Wirtinne 2 Taler, von den andern Personen allerley Standes ½ Taler. Datzu auch den hundertsten Pfennig von allen Guttern beweglich und unbeweglich, dem Krieges Unkosten zu Stewer, auff welchen nicht ein geringes die Zeitt hero gegangen und noch ferner gehen muste.

M.h. <186> Item man hatt auch den hundertsten Pfennig eingenommen von allen der Stadt Kirchen Guttern beweglich und unbeweglich und hatt die Pfarkirche von allen ihren Erben und liegenden Grunden, welche auf 12/M [12.000] Marck taxirett zum hundersten Pfennige ablegen mussen 120 Mk. von den Gelden, so auff Erben außgethan und Barschafft, welche von den Kirchenvetern berechnett auff 40604 Mk. 4 G. haben sie getzalt den hundersten d. 407 Mk.
Item die Ordnungen der Stadt haben bewilligett alle das ubrige Kirchen Geschmiede an Silber und Gold auß allen Kirchen, Capellen, Altaren zusamen zu bringen, ohn was zur Notturfft bleyben muste, davon eine Muntze Silbers und Goldes zu schlagen zum Kriegskosten vonnöthen und was sich desselben [b] in der Pfarkirche nur allein in der Dreßkamer, hohen Altar, S. Annen Altar und der Kirchenveter Altar an Silber und Gold befunden, ohne was die andern Capellen und Altare vermocht, solches weisett das Patent auß, so den Kirchenvetern von samptlichen Ordnungen unter dem grossen Stadtsiegel gegeben, mitt Verheissung, die Wirde dafur nach [c] volondetem Kriege auß den ersten Einkunfften der Stadt widerrumb den Kirchenvetern zu erlegen

---

a Gestrichen/skreślony: es an seynem Fleyß
b Gestrichen/skreślony: allein
c Gestrichen/skreślony: der Friedenshan

und weil solches noch nicht geschehen, stelle ich hievon ferner zu melden ein, biß es volltzogen ist.

¹³³Kon. May. aber hatt es bey der erwiderten Acht nicht bleyben lassen, sondern in einem General Ausschreyben an alle Stende der Crone Polen und Land Preußen nach dem ein Landtag zu Warschaw auff den 15. Tag Martii zu halten angesetzett, die Dantzcker zum hefftigsten beschuldigett und angeklagett, auch die zugesagte Hulffe gegenst sie sampt der Porviant in benanter Zeitt außzurichten begerett. <187>

Auch hatt ihre May. gleichs Falles in einem anderen Schreiben die jenigen, so sich als gehorsam betzeigen wolten, auß Dantzig abgefordert, ihnen Gnade, Schutz und Schirm, sampt einem frey, sicheren Geleite zu gesagett. Es hatt sich aber keiner solches Schreiben bewegen lassen, außgenomen ihre zween oder drey, welche hindan gesetzet ihren burgerlichen Eydt und angeborne Liebe zu ihrem Vaterlande, ihres Eigennutzes und Beitzens halben sich nach Elbing begeben und wenig andern, so ohne das mitt dem Rath im Zwiste lebeten und sich schon vorhin heimlich auß der Stadt gemachett hatten.

N.h. Es hatt auch kurtz hernach im Anfang des Martii Iehre May. durch ein *universal Rescript* an alle christliche Potentaten und *Communen* lautende den Handel und Niderlage von Dantzig weggenommen und dieselben nach Thorn und ᵃ {Elbing} *transferiret* und die außlendigen dahin zu kommen vormittelst viel stattlicher Verheissungen und Begnadigungen *invitirett*, unter welchen dieses die vornemste sein solte, das ein Fremder mitt dem andern Handeln mochte, welches ihne von den Dantzckern unter dem Schein eines vermeinten Privilegii bißhero were gewehrett worden.

Nachdem nun die feindliche Handlung dero Gestalt widerumb angangen und die Hofeleute, so in Dantzig in der Besatzung gelegen, schon etzliche mahl umbher gestreiffet und auch den Adel angegriffen und das Hauß Banckaw, weil der Herr desselben etzliche Dantzcker auff freyer Strassen bestreiffett, in Brand gesteckt hatten, datzu sich auch der Ernst Weyer ᵇ gegen die auß dem Stedlin Hela, den Dantzckern zugehorig, feindlich ertzeigett, als sein dadurch die Ordnungen der Stadt Dantzig verursacht worden, sich in Zeiten zu bewaren und zur Gegenwehr <188> zu schicken auch dem Feinde die *Oportunitet* und Gelegenheitt, sie zu beschedigen, zu *praeripiren* und zu benemen.

O.h. Und haben {demnach} am 15. Tage Februarii auß dem Mittel der Ordnungen einen Kriegs Rath oder Commissarien bestettigett und am selbigen Tage die beyden Geschwarde Reuter sampt etlichen Rotten Fußvolcks in das Closter Oliva, das selbe niderzureissen und dem Feinde untuchtig zu machen, abgefertigett, welche auch denselben Tag die Muhlen, Scheunen, Stelle, den Krueg und was sonst an Gebew gewesen, in Brand gestecket und zugleich das Closter und die Kirche geplundert und etliche Munche gefenglich in die

---
a Gestrichen/skreślony: Dantzig
b Gestrichen/skreślony: sich

Stadt gebracht haben. Weil aber die Kirche, Creutzgange und die Mauer umbher noch bestehen blieben, als sein auß Beschluß und Ankundigung der Herrn Kriegs Commissarien am 18. und 21. Februarii eine Geschwarde Reuter sampt dem mehrern Theil der Hakenschutzen und von Burgern mitt ihrem Gesinde, wer gewolt hatt, widerrumb mitt Hacken, Schauffeln, Sparten, auch mitt etlichen Thonnen Pulvers hinauß gefallen und haben ihn den beiden mahlen das garauß gespielet. Und ist das Gebew dermassen zerrissen, zerbrochen und gesprengett worden, das es zum Lager gar [a] unnutz worden und nu nicht mehr zu besorgen, das sich der Feind darin begeben mochte.

[134] Die Polen liessen sich zu dieser Zeit vielfeltig umb die Stadt her sehen, fielen auch bißweylen bey Nachttzeit in die negstgelegene Dorffer, Muggenhale gutte Herberge, kamen auch biß zur Ohre bey Praust, unterstunden sie sich zu etlichen mahlen, die Rodaunen Schleuse zu verterben und also die Stadt in Mangel des Wassers zu bringen. Doch haben sie solches, ehe und dan die Belagerung <189> angieng, zu thun gar nicht vermocht, sonderen geschach nur darumb, damit sie die Dantzcker locken und in ihren bestalten Hinterhalt bringen mochten, sintemal man nach der Zeit erfaren, wan sie sich in geringer Antzahl umb Praust her sehen liessen, das zwischen der Langenaw und Rosenberg alle Thäler voller Reuterey gewesen sein.

Auch sein umb diese Zeit der Dantzcker Gutter und ausstehende Schulde in der Crone Polen und zubehörigen Landen allenthalben untersucht annotirett, von den koniglichen Ampt[b]leuten eingenomen und in *fiscum redigirett* worden. Die Polen, welche die Dantzcker offtenmals gerne mitt List hindergangen und in ihren Hinderhalt gelockt hetten, liessen sich, wie ihnen der Anschlag nicht gerathen wolte, eines andern vernehmen, als begereten sie woll mitt den Dantzckern in gleicher Antzahl ein Treffen zu thun und zu versuchen, welcher an Tugend und Manheitt der Beste were, derwegen sich dan die Dantzcker mitt Bewilligung der Herrn Krigs Rethe bey 2000 starck an Hakenschutzen und wenig Duppeltsoldnern, sampt einer Fahnen Reuter außmachten und ienseit Praust in gemachter Schlachtordnung der Feinde warteten. [c] Dieselben aber vermerckten Unrecht und liessen sich nicht sehen, doch traffen etliche Tattern bey der alten Rodaune auff die Dantzcker und scharmutzelten mitt ihnen, derer wurden etliche erschlagen und ein Wallache gefangen.

Es wurden auch damals durch Ernst Weyern in Deutschland und durch Alexander Rausch einen vom Adel in Preußen Knechte angenomen, denen so in Preussen bestellet, ward der Lauffplatz zum newen Teiche benennet, wie woll sich fast wenig schreyben liessen. <190>

[135] Wie die Sigilation widerrumb angieng, begaben sich etliche Dänen mitt Hering und andern Wahren nach Dantzig. Diese wurden zwischen Rehe-

---

a Gestrichen/skreślony: nichts
b Gestrichen/skreślony: ern
c Gestrichen/skreślony: dersel

höffde und Heele von den weyerischen Außliegern angefallen und fast benommen, welchs dem Konige von Dennemarck fast hefftig verdrossen und solchs auch Kon. May. von Polen schrifftlich furgeworffen hatt, auch plunderten die benachbarten vom Adel der Dantzcker Dorffer allendhalben, thaten grosseren Schaden als der Feind selbst, derowegen sie auch *poenam talionis* leiden musten.

Nach dem man nun den Dantzckern dermassen hefftig zugesetzet, haben sie allendhalben, so woll bey den Reichs als auch der Lande Preussen und außlendischen Potentaten umb Interression und Vorbitte nebenst hochstem erbieten alles des ienigen, so ihnen immer zu thun muglich, gesucht und angeruffen, aber umbsonst und vergebens. Derowegen sie dan auch zu ihren Sachen trachten mussen und nachdem die Niderlage gantz und gar nach Elbing transferiret, dahin dan auch so woll Polen als Außlender in grosser Anzal kommen, als ist zu Dantzig fast viel und offt berathschlaget worden, welcher Gestalt man solcher Newrung wehren und die Stadt bey vorigen Wirden und Handlung erhalten mochte.

Auch haben ihr viel gerathen, das elbingsche Tieff zu versencken und also den frembden Man noth halben nach Dantzig zu lauffen zu verursachen. Ob aber diese Meynung als altzu *violant* und feindselig angesehen und derwegen improbiret sey oder aber ob Eigennutz der wie sonst allenthalben insonderheitt aber zu Dantzig regiret viel datzu geholffen habe, ist mir zusagen altzu schwer. Das ist aber offenbar, das viel Dantzcker Burger ihre Diener zum Elbing und anderswo gehabt und daselbest ihren Handel stattlich getrieben und also den Feind selbst gestercket haben.

Auch ward im Außgang Martii zu Dantzig ein Uberschlag gemacht so woll von den Victualien und Munition und anderer Notturfft, damitt man wissen mochte, wie viel davon auß zu schiffen und bey der Stadt zu behalten.

P.h. Weil auch viel Holtzes, die Stadt zu befestigen auffgangen und dagegen nichts herab komen war, also das man sich Mangel desselben zu befahren gehabt, ist auß Beschluß der dreyer Ordnungen und Herren Kriegsräthe offentlich außgeruffen und erlaubett worden, das ein jeder Burger zu seiner Notturfft, so viel er wolte auß der olivischen Heyden Holtz holen mochte, welches also viel Wochen nach einander biß gar auff die Belagerung {ge}wehrtet und samleten also, weil sie ein iglichen Tag zwo Fuhre thun konten eine grosse ᵃ {Menge} Holtzes, jedoch musten sie zu Beheuff gemeyner Stadt die funffte Rahne, dem datzu verordnetem Schreyber liefern. Es ist zu der Zeit der Feind an sie niemals kommen, vielweniger jemands beschedigett worden. Dem Apte Casparo aber, der solchs umb die Stadt auch woll verdienet hatte, ward hiedurch sein Bardt (dan also pflag er denselben Wald zu nennen) gar verlesen.

Die zwo Fahnen Hofeleutt von welchen oben Meldung geschehen, wurden umb diese Zeit geurlaubett, weil ihrer so viel zu ᵇ halten fur unnotig geach-

---
a Gestrichen/skreślony: Summa
b Gestrichen/skreślony: halt

	tett ward. Und dagegen eine andere auffgerichtett, daruber Clauß Steinbach zum Rittmeister verordnet ward.
Q.h.	Mittlerweil ward der Reichstag, von welchem oben gedacht, zu Leßlaw gehalten, wiewoll aber wenig der Reichsstende gegenwertig auch die Landbotten (welche der Land und Ritterschafft abgesanten sein und dieselbe *praesentiren*) in die *Expedition* gegen die <192> Dantzcker ungerne verwilligten, so ward doch dieselbe endlich beschlossen und einem jeden nach vermogen eine gewisse Antzal zu Rosse und zu Fusse datzu zu Hulffe zu schicken auß gemeynem Schluß aufferlegett.
R.h.	[136] In wehrenden diesen Rathschlegen leydett die Cron Polen viel einen grosseren Unfall von den Tattern, welcher viel tausend in Reußland, Podolien und Volinen gefallen, dieselbe mitt Mord, Raub und Brand gar verwustett, viel tausend Christen weg getrieben und groß Hertzeleitt angerichtett haben. Die Ursache dieses Einfalles massen {viel der Dancker Mißgunner und sonderlich} Leonardus Gonetzky in einer lateynischen in den druckverfertigten Oration den Dantzckern zu mitt was Bescheidenheitt aber ihnen solches habe konnen beygemessen werden, gibt man den unparteyschen zu bedenken sintemal ihnen durch des Koniges Kriegsvolck alle Wege und Stege versperrett und verlegett waren. Kon. May. beweynett obgemeldten Unfall in einer polnischen am 30. Martii zu Leßlaw datirten Schrifft gar schwerlich und klaget hefftig uber die Dantzcker als von denen er gemeynes Vaterlandes Brunst und Gefahr zu Hulffe zu kommen sey verhindert worden und verwundert ihn nicht wenig, warumb man mitt der zugesagten Hulffe so lange vertzihe. Er zwar habe schon bey sich beschlossen mitt denen, so er schon bey ein ander hette, fort zu rucken und wo es nottig auch mitt seinem Blutt zu beweysen, das ers umb das Vaterland woll gemeinett und nicht schuld daran gehabt, das dessen Schmach an den Dantzckern ungerochen blieben were. Nicht desto weniger giengen etlich Flochmehre auß, als ob von ihrer May. selbs die Tattern gegen die Dantzcker weren beruffen worden.
	Umb diese Zeit liessen sich auch etliche dehnische Galleen und Orlingschiffe in der See sehen hielten etliche Tage auff der Dantzcker Reide, liessen darnach an das konigspergische Tieff und <193> von dannen nach Gottland, was ihr Befehl gewesen, weiß man nicht, ist aber [a] zu vermutten, das der König von Denemarck, der sich das *ius* und *dominium* der Ostsee alleine *vendicirett*, [b] diese Armada als eine Warte zu besehen, was sich hin und wider erhebe verordnet und abgefertigett habe. Aber von denen, die auff den Schiffen befehlich hatten, begab sich ein Capitein auffs Land, dieser ward von den Weyrischen gefangen genommen.
S.h.	[137] Nachdem nun die Dantzcker den Reichs Abschied und die gegen sie bewilligte Hulffe und Contribution vernommen, so woll auch das der zu Folge schon new Kriegsvolck, auch Geschutz und andere Munition angekommen

---

a Gestrichen/skreślony: nicht
b Gestrichen/skreślony: ist aber zu vermuten

were, haben sie demselben zuvor zu komen und dem Feinde, weil er noch schwach, einen Abbruch zu thun fur nottig erachtett. Datzu sie dan auch der gemeinen Burgerschafft vielfeltiges murren, warumb man dem Feinde so lange zusehe verursacht hatt, sonderlich aber weil das Kriegsvolck dem Obristen und Hauptleuten ihre gutte Tage und stettiges einliegen in der Stadt mitt viel höhnischen Worten furwurffen {und solchs} in Zeichen und sonsten unverholen außgaben.

Und haben derwegen, nach dem sie am 6. Tage Aprilis Musterung der newen Reuterfahnen gehalten, folgendes Tages, welchs der heilige Ostertag gewesen, am Abend um 6 Uhr außblasen lassen, welcher mitt dem Obersten, Rittmeister, Hauptleuten und allem Kriegsvolck auff einen Anschlag und gutte Beute außwolte, der solte sich gegen den Abend fertig machen und an gewissen Ortt, er were zu Roß, zu Fuß oder zu Wagen, verfugen. Auch waren in die 9 Stucke grob Geschutz zum Außfalle mitt allem Zubehör verordent, zu dem auch viel Wagen mitt Dielen und allerley Rustung, so woll, was <194> zu Besserung der Wege als auch zu Auffwerffung einer Schantze und einer Wagenburg zu schlagen, daneben auch das Volck mitt Proviant auff etliche Tage zu versorgen nothwendig sein mochte.

In dem aber die Thore schon geoffnett, ein jeder fertig und auff benanten Ort sich verfuget hatte, auch schon etliche Fähnlein Kriegsleute in ihrer Zugordnung vor dem Thore hielten, erhebet sich unversehenlich eine grosse Verenderung des Wetters. Dan da es den gantzen Tag helle und ein lieblicher Sonnenschein gewesen war, endstund in der Eyle ein hefftiger Sudwesten Sturm mit einem grausamen Donner, Blitzen und Regen, also das keiner eine Hand vor sich sehen kondte und die Kriegsleute nicht einen truckenen Faden an ihrem Leybe hatten. Hatt derwegen nothwendig dieser Außfall eingestellet und der Hauffe wider in sein Gewarsam nach Hause mussen gefuhrret werden. Und vermeyneten ihr viel, es were diß Wetter durch Hexen oder andere böse Leute, von des Feindes Partey dartzu erkaufft, angerichtet worden, aber der Außgang hatt es erwiesen, das es eine gottliche Warnung gewesen ist. Ob nun woll in die Zehentage hernach die Stadt Thorn mehrern Teils zugestanden auch ohn das niemand gewust, auff welche Zeit der Außfall wieder solle vorgenommen werden, so ist doch mittlerweil dem Feinde allerley Kundschafft zugekommen, welcher derendhalben seine Sachen in besserer Acht gehabt und wachsamer gewesen.

Am 14. April haben die Dantzcker zween Weißelkahne nach Kriegesart verbawet und mitt Geschutze woll außgerustet, die Weißel vor hinauff geschikket und 210 Hakenschutzen ohne das Schiffsvolck darauff gesetzet und <195> dieselbigen auff halbem Wege zwischen Dirschaw und Dantzig biß der helle Hauffe zu Lande sich auch hinauß begeben wurde auff Bescheid warten heissen.

T.h. [138] Am 16. Tage Aprilis hernach haben sich auff vorhergehendes Außblasen, in welchem doch die vorige Clausul von der gutten Beute außgelassen, widerumb alle die Kriegsleute zu Roß und zu Fuß sampt der Burgerschafft, die sich mitt hinauß zu begeben Lust hatten, gesamlett und seind umb Seygers vier zu Abend in ihrer Zugordnung sampt dem Obersten mitt folgenden Fähnlin hinauß getzogen: Der Hofeleut war eine Fahne unter dem Rittmeister Claus Steinbach. Und ᵃ des Fußvolcks funff Fählein (ohne die Schutzen, so auff die Kahne verordnett) unter dem Obersten Hans von Collen und Hauptleuten Hans Osterischen, Bartelmes Lembcken, Clement Sturtzen und Christoff Rantzawen gehorig. Unter diese hatte man auch alle die Schutzen des Fahnlins von dem Hause zur Weißelmunde abgetheilett, mitt welchen auch ihr Hauptman Clauß Wetstete auß getzogen. Die Burgerschafft war in drey Fähnlein abgetheilett und sein ihrer, wie man sie hernach getzehlett, bey zwelffhundertt wehrhafftig befunden worden. Des andern wehrlosen Hauffen Antzahl, so sich nur zum Raub und Plunderey geschickett, kan man eigentlich nicht wissen, dan ihrer fast viel gewesen, das also (dieses Gesindlin außgenomen) der bewehrete Hauffe zu Roß und Fuß ungefehr viertausend 200 starck und derer so bey den Wagen und zu <196> dem Geschutz und sonst verordent zum höchsten gewesen seind 500 Man. Diese haben in zwey Dorffern zur Langenaw und zum Rosenberge ihr Nachtlager gehalten. Die Stadt ist mittlerweil durch die Burgerschafft bewahrett worden.

Der Feind, welcher aller dieser Dinge durch seine Kundschaffter, auch durch etliche Abtrunnige, so in bemeldtem Nachtlager ᵇ vom Hauffen abgewichen, unter welchen auch ein Student gewesen, so dieser Thatt hernachmahls ubertzeugett und zum Todt verurtheilett ist worden, genugsam Bericht empfangen, hatt sich darob nicht wenig endsetzt und derendwegen allen Raub und Vorrath in Rustwegenen schon vorauß geschickett, hatt nichts destoweniger seine Dinge in Acht gehabt, sonderlich auß bedrang der Ungern, welche sich vernehmen lassen, das sie ohn ein Treffen von dem Feinde abtzuweichen nicht gesonnen weren.

Derhalben dan die Dantzcker zu fruer Tage Zeitt, wie sie auß dem Nachtlager verruckt, jenseit schon warnecke des Feindes ansichtig geworden seint und weil derselbe die Höhe eingehabt und ihnen wo sie stracks zu gewolt hetten, auch sumpfichte Orter im Wege gewesen, haben sie zur rechten Hand abtzuschlagen und den vollen gebahneten Landweg zu halten furs beste geachtett, sonderlich weil sie sich daselbest entweder mitt dem Feinde ein Treffen zu thuen oder aber ihn flihende zu sehen vermeyneten und haben dem nach ihren nehsten Weg auff das Dorff Lubeschaw zu genomen.

Das konigliche Krigsvolck, von Polen, Ungern, ᶜ Heyducken und wenig Tattern bestellett, deren <197> Feld Oberster war wie offt gemeld Johannes Zborowsky und sein Leutenant Andreas Firley, lublinischer Castelan, und waren die polnischen Reuter ihrem Kriegsgebrauch nach unter Rottmeister abgetheilett, derer vornemeste waren Iwan Strauß und Jordan Spiteck, dieser

---

a Gestrichen/skreślony: es
b Gestrichen/skreślony: abgewichen
c Gestrichen/skreślony: und

sampt den Tattern mochtten an der Antzahl bey 1400 sein. Die Ungern waren 500 starck zu Rosse, derer Rittmeister waren: Johannes Bornamissa und Georg Sibrik und 600 zu Fuß, derer Oberster Radzius Michal gewesen sein.

Der Feind hatt immer die Hohe nach dem Städlein werts, die Dantzcker aber den Landweg gehalten, wiewoll sich ihrer viel, sonderlich von dem unbewehrten Hauffen, zun Seiten abe auff ihr Plunderen begeben haben, wie dan auch oben wie das Treffen angangen, ihrer viel in den Hofe zu Stanislaw ihres Plunderens und Raubens biß der andern volle Flucht gesehen gewartett haben.

V.h. Wie die Dantzcker an den lubischawischen See kommen, haben sie die Brucke daselbest, so der Feind abgeworffen, wider gemacht und also zwo Feurkatzen sampt noch einem grossen Stuck uber gefuhrett. Eins aber hatt man disseit des Sees auff einem Anberge in den Feind gerichtett, die andern seind nie loß geschossen, auch kurtze der Zeit halben nicht gerichtett worden, sintemal der Feind, welcher alle sein Fußvolck jenseitt des Sees hinter einen Berg versteckett, nach dem der Dantzcker so viel uber gewesen, als er derer mechtig zu sein vermeinett, sie mitt einem grawsamen Geschrey unversehens uberfallen und also ehe dan sie einen Stand gefassett oder die Schlachtordnung recht machen können, dem Treffen einen <198> Anfang gegeben hatt. Der Dantzcker waren nicht uber 46 Reuter und kaum das halbe Fußvolck uber gekommen, zu dem so hatten ihnen die Heyducken das eine Stuck, so uber gefuhrett, schon genommen, also das nur die Fewerkatzen, so disseid des Sees auffm Berge gestanden, in sie abgelassen und wenig Schaden gethan ward. Dennoch haben sie so lange mitt ihnen gestritten, biß des Feindes grosser Hauffe und Reisiger Zeug heran kommen ist, welcher vollend den Schrecken in die Dantzcker gebracht hatt, das sie die Flucht nach den andern, so disseytt des Sees ware, nehmen mussten.

Dieweil aber der Thamm und die Brucke, wie man weiß, gar enge, hatt es ein groß Gedrenge gegeben, also das ihrer wenig uber kommen, sonder sie ein ander selbest verhindert und in den See gedrungen, mehrers Theils aber von dem Feinde sein erschlagen worden, also das der Feind der Gedrengniß halben und durch Menge der erlegten Corper verhinder worden, seynem Willen nach den Nachdruck zu thun. Der ander Hauffe, welcher noch disseit war, hatt in Ansehung dieses jammerlichen Spectakels sich auff die Flucht begeben und weder vermahnen noch bitten hören wollen, das sie einen Stand fassen und die andern zu sich nemen solten, daher sich dan eine gemeyne Flucht erhoben und der Feind ohne sonderlichen Schwerdschlag das Feld hatt behalten. In der Flucht sein der Flihenden viel nicht allein vom Feinde, sondern auch von dem Landvolcke auffgereumett worden und ihrer ohn Zweifel viel mehr umbkommen weren, wenn nicht ein ander Ursache des Feindes Nachdrang verhindert und auffgehalten hatte.

<199> Dan die beyden Kahne, von welchen oben gemeldet, nachdem die Knechte, so darauff waren, vernommen, das der Hauffe fortgezogen were,

hatten sich in die Weißel gegen Dirschaw uber gelegett und wedlich hinein geschossen, auch den Krug am Weißelthamme in Brand gesteckt, unwissende, was sich auff dem Lande zugetragen, daher dan der Feind den Flihenden nicht weiter nachgeiagett, sondern das Stättlein zu endsetzen geeilett, da hin er dan umb Vesperzeitt kommen ist. Umb welche Zeit auch der Dantzcker Reysigen auch die Stadt erreichett haben, unter welchen der Oberste Hans von Collen, so mitt einem Rosse durch den See gesetzt und von einem reysigen Knechte, der daruber sein Leben gelassen, auff ein ander Roß geholffen und also mitt heiler Hautt davon gekommen ist.

Der Dantzcker, so man die unbewehreten mitt rechnett, sein bey 25 hundert auff der Wahlstad und in der Flucht hin und wider umbkommen und in die Neunderhalbhundert gefangen worden. Das Geschutze, welches drey grosse Stucke, vier Falkaunen und zwo Feurkatzen gewesen ist, sampt den Barsen, so auff Wegenen gelegen und der Arcoley sampt 7 Fähnlin und den Reuter Fahnen verloren. Von Befehlichs Habern seind nachfolgende Personen umbkommen: Hans Kluner, oberster Leutenampt, Clauß Steinbeck, Rittmeister, George Kirckaw, einer vom Adel, sein Fenrich Steffen Osterland, Hans Preuße, Rott- und Wachtmeister unter den Hofeleuten, Clauß Wettstette, Hauptman auff Weisselmunde, Hans Milius, ein Leutenand, Thomas von Halle, Jacob Drost, Fehnriche, nebenst vieler vornehmer Burger und gutter Leute Kindern.

Wie viel der Feind verloren weiß man eigentlich nicht, das es ihm aber auch viel gutter Leute <200> gekostett hatt, ist woll abtzunehmen und daher zu ersehen, das er allein uber 43 Rottmeister der Reisigen, auch zween Hauptleute verloren, auch seind ihrer sehr viel beschedigett, welche hernachmals in der Chur fast gestorben. Und ist dieses denckwirdig, das in angehender Flucht ein Hauffe Heiducken an einem Dantzcker Wagen mitt Pulver gerathen, wie diese sich umb das Pulver reissen, kompt einer hintzu und lest unversehens die Lunte unter das Pulver fallen, welchs davon also bald angehett und die es nicht gen Himel im Rauch schicket oder gar umbbrachte, doch dermassen anrichtett, das sie keinem Menschen gleich sahen.

Und dieses ist die lubischawische Niderlage der Dantzcker negst gottlicher Schickung nirgends anders her verursacht als durch Verwogenheitt oder Hartnackickeitt des Obersten, welcher sich muttwillig auß seinem Vortheil begeben und dem Feinde in Rachen gelauffen ist, dan nach dem er vom gemeinen Manne (wie vorhin gesagt) der Furcht und Schwere furm Feinde offt betzuchtigett, hatt man diesen Tag folgende Worte von ihm gehorett: Er wolte mitt dem Feinde ein Treffen thun, solte auch kein Man wider gen Dantzig kommen. Ob aber einem Obersten also zu reden oder solchs also ins Werck zu richten zun Ehren anstehett, ist leicht abtzunehmen.

Das Geschrey dieser Niderlage ist zur Stund weit und breit erschollen und dermassen außgesprenget worden, als sey es nun mehr mitt den Dantzckern gar auß und verloren, darumb es dan viel Triumphirens in Polen gegeben hatt und viel *Orationes* und *Carmina*[139] wider die Dantzcker von etlichen außgesprenget worden sein, unter <201> welchen einer Volsky genant, nicht allein den Dantzckern nicht allein in einem fast lecherlichen Carmine ihr Ungluck auffgeruckett, sondern auch in einem *Dialogo*, in welchem er einen gefangeneen Tatter mitt einem deutschen Knechte sich beredende *introduciret* und die deutsche *Nation* dermassen angegriffen hatt, als ob sie unter allen Nationen die schendlichste, grausamste und aller nichtigste were. Wie aber das Spiel sich umbgewendett, soll kurtz hernach vermeldett werden.

Das Kriegsvolck in beiden Kahnen unwissende der Niederlage hielt sich manlich und woll, schoß tapfer auff den Feind zu, welcher zu beyden Seyten der Weyßel auff sie zu drangete, auch etliche Stucke des eroberten Geschutzes disseit im kleinen Werder auff sie gerichtet, etliche {Stucke} auch jenseid der Weißel, da dieselbe am engesten ist, auff sie zu stellen hatte holen lassen. Nachdem aber die in den Kahnen auß stettem des Feindes Uberdrangk und dagegen, das sie von den Dantzckern nicht endsetzet wurden, der Sachen Zustand durch Vermuttung leichtlich haben abnehmen konnen, haben sie auff den tieffen Abend ihre Anker auffgetzogen und wider abgelegett nach Hause werts, dahin sie auch folgendes Tages, von dem Feinde unbeschedigett kommen sein. Wie es in der Stadt damals zugestanden, ist leichtlich abtzunehmen, dan ohne das einem jedern der seinen jammerte, war sonderlich der gemeine Verlust zu erbarmen, insonderheitt aber besorgete man sich des Hauses zur Weißelmunde halben am meisten. Nach dem aber der Feind mehr der Gefangenen und seines Raubes dan des Lauffs seiner *Victorien* wartete, gewann die Sache bald ein ander ansehen und erfrischete <202> die Hoffnung eines bessern Glücks die Gemutter gemeiner Burgerschafft nicht wenig. Darumb nach dem man den uberbliebenen Schutzen ein Theil ihres Soldes endrichtett, hatt man furs erste das Fähnlein auff benantem Hause wider voll gemacht und den Seeport in Acht gehabt. Wie weit aber in der Stadt der Landknechte Wache nicht zugereichett, ist dieselbe von der Burgerschafft getrost und unverdrossen bestellett. Auch also bald Herr Matthis Litzwitz der Kriegs Commissarien bestelleter Rath mitt newer Bestellung auff Reuter und Knechte abgefertigett, auch in Sonderheitt darumb in Dennemarck und nach Lubeck geschrieben worden.

Auch haben sich kurtz hernach, nemlich am 27. Aprilis, die Ordnungen mitt dem Obersten, Hauptleuten und andern Befehlichshabern verbunden und an Eydes statt bey einander getrewlich zu halten und das Vaterland nicht zu verlassen angelobett, umb welche Zeit auch etlich new Kriegsvolck auß Mechelburg und Pommeren anhero komen ist.

W.h. Am 28. Tage Aprilis dieses 1577. Jares ist der Herr Burgermeister Johan Brandes, wie er schon alters halben widerrumb in die Kindheitt gerathen, des zeittlichen Todes seliglich endschlaffen. Nach dem er Anno 1536 von einem E. Rath zu einer Gerichts Person, Anno 38 zu einer Rathsperson, Anno 48 zu einem Burgermeister erwehlett und [a] {die *Inspection*} der Pfarkirchen Anno 56 an ihn gelangett.

---

a Gestrichen/skreślony: das Kirchenpresidenten Ampt

<202–204> Historisches Kirchen Register 473

X.h. Nach ihme ist diße Kirchen ᵃ {*Inspection*} Ampt in diesem 77. Jar auff den Herrn Burgermeister Constantinum Ferber als eltesten Burgermeister verfallen. <203>
¹⁴⁰ Der Feind, welcher diese Zeit mehrers Theils mitt rantzaunen und die Gefangenen zu marteren zugebracht, hatt sich mittlerweil durch etliche der seynen auff dem Gebirge umb die Stadt her bißweylen sehen lassen, aber nichts weiteres vorgenommen, dan allein das er die Schleusen bey Praust in Brand stecken wollen, hatt aber solches damahlen nicht volenden konnen. Auch der Johan Zborowscki, Feld Oberster, umb diese Zeit die Stadt auffgefordert und sich zu ergeben ermahnett und solchs im Schreyben, welchs {er} einem besondern Botten gegeben, welchen Botten ein Baur zur gutter Herberge, nach dem er ihn auff unrechtem Wege gefunden, auch keinen Bescheid in der Gutte bekommen konnen, todt geschlagen hatt.

Yh. Auch hatt man zu der Zeit angefangen, zu Befestigung des Hauses Holtz auß dem olivischen Walde nach der Weißelmunde zu fuhren, so woll auch die alte Radawne, so man aussen vorlangst der Vorstadt am Stadtgraben hergieng, zu zu werffen. Daran dan die Burgerschafft biß an den 15. Tag Junii, da die Belagerung angieng, bey quartiren einen Tag umb den andern gearbeytett hatt. Wie dan auch ich ᵇ (der Schreiber dieses) an bemeldtem Tage unter den andern mitt eigener Hand ᶜ datzu geholffen. Weil aber desselben Tages der Feind mitt Macht antzog und man fur seinen Schutzen ferner nicht sicher arbeyten kunte, muste man unvolendeter Arbeitt sich in die Stadt machen und ist noch in itziger Zeit ein Gedenckmahl des ungefulleten Loches am Stadtgraben disseitt des newen S. Gerdruten Hospitals gegen dem hohen vorstettischen Thurm, so man den Bischoffsthurm nennett, zu sehen. <204> Nachdem Kon. May. von Leßlaw nach gehaltenem Reichstage verwisset, hatt man biß dahero von ihrem Zustande nichts gewisses erfaren konnen, ja es ist auch ein Geschrey, in welchem ihre May. todt gesaget, ausgesprengett worden, welches etliche dermassen eingenommen, das sie auch denen, so ihre May. gesehen hatten, nicht glauben wolten. Man hatt aber bald hernach erfaren, das er sich dieße Zeit uber gegen die von Dantzig gerustett hatte.

Vom Werder haben wir vorhin Meldung gethan, das es vermuge eines Vertrages zwischen dem Johannes Zborowscken im vorigen Winter beredett, frey sein solte, welches er also verstanden, als ob ihm darinne frey und ohn Gefahr sich zu verhalten zugelassen were. Nichts desto weniger aber sein etliche der Dantzcker zu mehr mahlen hinein gefallen und etliche Heyducken gefangen genommen, derendwegen der Johannes Zborowski mitt einem E. Rath und sonderlich mit Herrn Hansen von Kempen *expostulirett* und die Gefangenen loeß zu geben forderte, angesehen, das sie nicht das Land zu beschedigen, sondern als Hutter und Wechter andern Einfall und Plunderung zu wehren,

---
a Gestrichen/skreślony: Presidenten
b Gestrichen/skreślony: an beme
c Gestrichen/skreślony: mitt

hinein gesetzt worden. Was ihm aber hir auff geantwortet, ist hie zu erzelen unöttig.

Im Anfange des Maii haben die von Dantzig erstlich zwey Orley Schiffe auff die Elbings Fahrer zu nehmen, auch kurtz darnach etliche dartzu außgemachett, wie wir hören werden, auch hatt man durch ein offentlich Edict bey <205> Verlust der Stadt zu ewigen Tagen auch *Confiscierung* der Gutter den Einwohnern, Burgern und Frembden verbotten, sich auß der Stadt zu begeben oder an fremden Orten zu handtiren, wie woll es biß dahero zur *Execution* nicht komen ist, auch ist auß gemeynem Schluß aller dreyer Ordnungen der Polen furhandene Gutter und in der Stadt ausstehende Schulde zu inventiren und gegen die in Polen *confiscirten* Gutter der *Interessenten* zur Compensation und Ergetzung ihres erlittenen Schadens eintzureumen verwilligett und offentlich angeschlagen worden. Dieses ist aber wegen bald hernach anderweyt vorgeschlagenen Friedens Tractation und darauff erfolgeten schleunigen Stadt Belagerung nie ins Werck gestellett worden.

Nach dem aber dennoch die Ordnungen auß etlicher polnischer Herrn Schreyben vernommen, das der Herr Johann Zborowsky und der sandomirischer Woywode Herr Johann Kostka zum Frieden nicht ungeneigett weren, haben sie nach Erlangung eines sicheren Geleits mitt ihnen durch Herrn ᵃ {Peter Behmen}, Reinhold Möllern, ᵇ {Rathsverwanten} ᶜ und Conrad Lembken ᵈ {Gerichtsverwanten} auff Cyriacum von Fechtelden, Quartiermeistern zum Leßcken, am ersten Maii Beredung gehalten und derendwegen auß Rath wollgedachter Herrn am 4. Maii so woll an die May. selbst ᵉ umb Gnade und *Confirmation* ihrer Frey- und Gerechtigkeiten als auch an die Herrn Reich Rethe umb gnedige und gunstige Interression und Furbitte geschrieben. Wiewoll aber alle solche Schreiben weniger Nutz geschaffett dan man verhoffett hatte, so ist doch darumb nicht die Tractation mitt gemeldten beiden Herrn nachgeblieben, sondern, nachdem Kon. May. zu Marienburg ankomen, haben die Ordnungen so <206> woll an sie als an die Reichs Rethe auff vorige Meynung geschrieben, auch daneben etliche Conditiones {vorgeschlagen}, mitt denen sie die May. zu versuhnen, sich auch selbest wegen der Religion, Frey- und Gerechtigkeiten verwahrett und geschehener Dinge halben versichert zu sein vermeynett. Ist ihnen doch all solch Schreyben durch wollgedachte Herrn widerumb zurucke geschickett, weil sie vermeyneten auch ohne dasselbe der Sache viel einen bessern Eingang zu machen.

Nach dem mittlerweil fast Volck zu Dantzig rottweise komen war, liessen sich die Polen in den benachbarten Dorffern umb Dantzig her, als zu Lublaw, Kofahl, Schiddelkaw und Wonnenberge am 18. Maii mitt etlichen flihenden

---

a Gestrichen/skreślony: Peter Behmen
b Gestrichen/skreślony: Burgermeistern
c Gestrichen/skreślony: Peter Behmen Ratsverwan
d Gestrichen/skreślony: Rathsverwanten
e Gestrichen/skreślony: als auch an die Herren Reichsrethe

Fänlein sehen und ward eben an dem Tage ein Uberschlag und blinde Musterung der Hofeleute, so damals in der Stadt Besoldung waren, von Baltzer von Erffurt Leutenant, weil noch kein Rottmeister furhanden, im Felde gehalten. Diese eyleten den Polen nach, wie sie aber in bemeldte Dorffer kommen, waren dieselben schon hinweg und liessen doch etliche der ihren dahinden, die sich in den Dorffern verspätett und von den Bauren zum Wonnenberge auffgerieben auch anfenglich in die Stadt gebracht wurden.

Z.h. Weil auch hie bevor zu gemeiner Stadt Notturft ein mahl der hunderste Pfennig und zwey mahl das Hauptgeld, nemlich auff ein jeder frey Haupt zwe Taler, auff iedes Kind I Taler und auff einen Dienstbotten ein halben Taler von den Einwohnern und Burgerschafft contribuiret war worden und aber zu nottigen Unkosten weit mehr zu reichen wolte, ward am 22. Tage Maii der hunderste Pfennig zum andern mahl wiewoll mitt Verdruß der Reichen bewilligett.

A.i. <207> Auch ist die Radawne von den Edelleuten in Cassuben hin und wider verschuttett und von ihrem gewohnlichen Lauff von der Stadt abgeleitet worden. Daher dan, weil auch der Feind die Schleuse bey Praust vertorben, kein Wasser dahero der Stadt zukommen ist, sondern die Muhlen stille stehen und das Wasser auß den Graben in die Brunnen gefuhrett, auch von denen, die lengst dem Wasser gewohnett auß der Mottlaw geschepfett hatt werden mussen.

B.i. Auch haben etliche der Dantzcker Hofeleute auff vier Meilweges, nemlich biß gen Sobowitz, einen Streiff gethan und gutte Beute davon gebracht, da doch mittlerweile der May allendhalben mehr Krigsvolck vom Herrn Peter Zborowsken, crakawischen und Herrn Anders von Burka, polnischen Woywoden, auch vom Bischoff von Crakaw und dem Reichs Marschalck und sonst auß andern Orten umb die Zeit zukomen ist.

C.i. Kon. May. hatt umb diese Zeit auß Rath etlicher von Janckendorff im grossen Werder eine Brucke uber den Arm der Weißel, so nach dem Studthofe leufft (die alte Weißel genant), zu schlagen angefangen, des Vorhabens (wie man vermeinet) in die Nerunge uber zu setzen und auff der Seiten das Hauß zur Weißelmunde zu belagern, von welchem vornehmen doch nachmals ihre May. auß besonderen Bedencken abgestanden ist. Weil diese Arbeit gewehrett, sein etliche Polen in die Nerunge gefallen, grausame Tyranney darinnen geubett, etlichen Weybern und Kindern Hende und Fusse ab, etliche auch gar zu Stucken gehawen und nichts an hohester Grawsamckeitt unterlassen.

D.i. Am 25. Tage Maii, welches der Pfingstabend gewesen, hatt Herr Niclaus von Ungern, der Geburt ein Lyfflender und Königes zu Dennemarck Bestalter, <208> welcher zu Dantzig fur einen obersten Leutenant angenommen, seinen Fahnen gerichtett und Musterung gehalten, in welcher viel stattlicher vom Adel auß Dennemarck und Holstein der Stadt geschworen und in deren Dienst biß zu Außgange des Krieges seind blieben. Auch ist um diesetzeit Herr George Farensbeck mitt Zulaß des Königes in Dennemarck gen Dantzig kommen, zum Theil mitt Befehlich seines gnedigen Herrn, zum Theil auch der Stadt mitt Rath und That beytzuwohnen, auch daneben Ruhm und Preiß einzulegen.

E.i. Am 28. Maii, welcher der Pfingstdinstag gewesen, hatt Kon. May. die Wahlstadt bey Lubischaw besichtigett, daselbs auch Mahltzeit gehalten und ein Schauspiel ᵃ der gehaltenen Schlacht sich adumbriren lassen.

F.i. Mittlerweil haben Herr Reinhold Möller newerwehleter Burgermeister, Peter Behme, Conrad Lembcke, Rathverwandten, als Abgefertigte von Dantzig mitt dem Feldobersten Johannes Zborowsken ein ander Gesprech zum Gittlande gehalten am anderen Tage Junii und in demselben vier Conditiones zum Friede dienlich vorgeschlagen[141], welche benanter Zborowski der May. zu *referiren* und und ihr Bedencken darauff zu gelegener Zeit widerumb ein zu bringen angenommen, in massen solches alles in der Dantzcker Declaration[142], dahin ich Kurtze halben den gutten Leser wil verwiesen haben, klerlich und weittleufftiger endhalten.

G.i. Diesen Tag sind zween Hauptleute Jost von Pein und Galle von Hartz ungefehr mitt 873 Knechten zu Dantzig eingetzogen, unter welchen der Erste auff die Vorstadt, der Ander auff die lange Garten verlegett ist. Das also sechs <209> Fähnlein zu Fuß und eine Fahne Reuter gewesen ist.

H.i. Auch sein am 5. Tage Junii die silberne und vergulde Gotzen, welche hiebevor (wie gemeldt) inventiret auß gemeynem Schluß der Ordnungen zu Dantzig auß den Kirchen genomen und als ein lang bewareter und behaltener Schatz zu Endsatz des Vaterlandes angewendett auch im folgenden Monat verschmeltzett und vermuntzett worden.

I.i. [143] Nach dem auch die Fart nach Elbing fast gemein worden und daselbs der Handel in Schwange gieng, die von Dantzig aber nicht allein feindlich verfolgett, sondern auch narungloeß sitzen musten, haben sie umb diese Zeit auß gemeinem Schluß aller Ordnungen und Zunfften zu den vorigen zwey Orleyschiffen noch vier andere außgemacht und sie auff die Elbingsfahrers zu nehmen und dieselben zu Dantzig ein zu bringen bestellett, haben auch daneben auff freye Leute Bestellung außgegeben.

Auch ist ein besonder Bericht von zweyen Rathsverwandten und soviel Scheppen auch auß dem Mittel der Gemeine datzu bestellett worden, von denen alles ordentlich inventiret, untersucht und auffgeschrieben worden ist. Datzu dan auch ein besonder Schreiber verordent worden. Welches alles darumb geschehen, das ein Jeder sehen mochte, das man niemandes Schaden begerett, sondern ob man woll der Gelegenheitt nach, auß der noch eine Tugend machen mussen ᵇ, zu gelegener Zeit einem jedern zahlen und derendwegen allem Unterschleiff wehren, auch die so feindliche Ströme nicht besucht, an ihrer Nahrung und Reise nicht hindern wollen, welches <210> nach allem Bedunken viel besser zu verantworten ist als der jenigen Thatt,

---

a Gestrichen/skreślony: oder
b Gestrichen/skreślony: denen

die in ihren wehrenden Kriegen ohn Unterschied auff einen jedern *per fas et nefas* genommen noch zurtzeitt niemand die geringste Erstattung ᵃ gethan haben. Darumb dan die Dantzcker bey bescheidenen und erfahrenen Leuten woll werden endschuldigett genommen werden, sonderlich weil sie alleine die jenigen, so ihrer Feinde Ströme besucht, genommen und dennoch nach der Zeitt einem jedern ohn Unterschied gerecht worden sein.

K.i. Obgemeldte Pincken oder Orleyschiffe, so bald sie außgelauffen, haben eine stattliche Beute von Hollandern, Embdern, Friesen und andern Nationen, so sie von Elbing ablauffende, angetroffen, eingebracht.

L.i. Und wiewoll Kon. May. nachdem sie wie vorgemeldet von der Neringe abgelassen, ihre Hauffen alle widerumb nach Dirschaw beruffen und wie es sich ansehen lies der Stadt zu gewolt, hatt doch nichts desto weniger der Herr Feldoberster, zu Folge dem zum Gittlande gehaltenen Abschiede offtgemeldte der Stadt Abgesandten zu sich ins Dorff Krifekoel beruffen und ihnen daselbs ihrer May. endliche Meynung von den Conditionen, so sie vorgeschlagen, vorgehalten, welche nachdem sie dermassen beschaffen gewesen, das sie der Stadt antzunehmen gar gefehrlich, in massen solches auß der Dantzcker Declaration weitleufftig zu ersehen und sie sich derendhalben nicht einigen konnen, ist der Feldoberste hinweg getzogen und gegen Abend den Abgesanten schrifftlich zu wissen gethan: Es sey ihre May. willens, ihre Abgesanten in die Stadt abtzufertigen, die <211> nicht allein den Ordnungen und Zunfften, sondern auch der gantzen Gemeine ihren Willen offentlich vom Rahthause verkundigen sollen. Dartzu werde vonnöthen sein, das man dieselbe nicht allem mitt einem frey sicheren Geleit, sondern auch mitt Gieselern versichere. Solches desto fuglicher zuverrichten, wolle ihre May. noch diesen und denanderen Tag stille halten und nichts feindlichs vornehmen. Mitt welchem Abschiede wollgedachte Abgesanten zurucke wider kommen sein.

M.i. Den folgenden Tag, welches der 12. Junii gewesen, nach dem man in Erfarung kommen, das Kon. May. mit dem Lager von Dirschaw auffgebrochen und fortgerucket, sein alle Gärten in der Schidlitz, Sandgruben und auff den newen Garten in Brand gestecket worden. Man ist aber damitt gantz unordentlich umbgangen, dan man die hindersten in der Schidlitz erst weggebrant, die vordersten und schedlichsten aber stehen lassen, also das fast alle in der Sandgruben biß auff den folgenden Tag seyn bestehen blieben und ist diesen Tag der Feind so nahe kommen, das man sein Lager und weiße Getzelte jenseit Praust nach Untergang der Sonnen in dem herrlichen klaren Wetter gleichsam scheynende und glentzende hatt sehen können.

N.i. Den folgenden Tag, welcher der 13. Junii gewesen, des morgens frue wie ein Theil Haußgesindes an der alten Radaune nach dem Schottlande werts scharwerckete, auch sonst eine grosse Menge den Brand zu besehen biß ans Ende der Schidlitz mehrer Theils unbewehrett auß gespatziret waren, erhub sich der Feind eilends hinter dem Gebirge und ließ sich mitt grossem Hauffen

---

a Gestrichen/skreślony: Erstattung

sehen, derhalben etliche Pferde die Leute angesprengett, sie in die <212> Stad geiagett, etliche erschlagen und gefangen genomen, auch einen grossen Schrecken unter dem Weibesvolck, sintemal auch etliche vornehme Matronen hinauß gegangen waren, angerichtett. Wiewoll der Feind auch der seinen etliche, welche der Dantzcker Schutzen biß an den Stadtgraben nachgeeilett und von denselben erschossen worden, dahinden gelassen hatt. Nach dem man aber das Geschutze von den Wällen in sie abgefuhrett, haben sie sich hauffenweise zu rucke auffs Gebirge nach dem Stoltzenberge werts und also auß dem Gesichte begeben. Daher dan etliche Rotten Schutzen der Dantzcker hinauß gefallen, die Heuser und Gebew vorn auff den newen Garten und in der Sandgruben, so noch gestanden, vollends in Brant gesteckt, die Heiducken, so ein groß Gemach in der Sandgruben eingenommen, darauß geschlagen, ᵃ ihnen biß auff den Bischoffsberg nachgeeilett und ein Fähnlin fast abgejaget haben. Wie sich aber der Feind gesterckett und die Dantzcker keinen Nachdruck gehabt, seind sie unbeschedigt widerumb zuruck gewichen.

O.i. Die Garten, darinn der Brand schon gelöschett, auch den Bischoffs- und Stoltzenberg, sampt allen Thälern datzwischen gelegen, biß zum Wonnenberge und Schönenfelde, hatt der Feind mitt seinem Lager und Getzelten auff eine halbe Meilweges weit und breit beschlagen, also das es von den Thurmen und hohen Gebewen nicht ein schlechtes Ansehen gehabt.

Wie starck aber Kon. May. gewesen sey, ist ungewiß, die von den meisten sagen vermeinen, {das sie} in viertausend zu Fuß und siebentausend zu Roß starck gewesen sein, bey denen ohne die {May.} selbest auch uber offtgemeldte Obersten, Leutenandt, Rittmeister, Capiteine und Befehlichshaber (so dem Lager folgeten) Herr Peter Zborowski, crakawischer, Herr Johan Kostka, sondomirischer, Herr Johan von der Schleuse, brestzischer und <213> Herr Johan Dzialinski, culmischer Woywoden, Herr Andreas Opolinski, General in Groß Polen und der Cronen Marschalck, Herr Eustachius Wolowitz, litawischer Cantzler, trockischer, Herr Andres von Gurcka (welcher auch sein Frawentzimmer soll mitt gehabt haben), meseritzischer und Herr Niclas Fyrley der Junger, Kon. M. *Reverendarius*, Birzenser Castellane, Herr Andres Zborowski, Hoffmarschalck, Herr Johan Zamoiski, Untercantzler, Herr Christoff Graff von Rosdrodzow, Herr zu Pomsdorff, Herr Caspar Bekus, Herr N. Ferentz und andere {Herren} mehr, denen ampts und gebuerhalben umb die May. her zu sein getzimett sampt einer zimlichen Antzahl des pomerlichen Adels, welche auch entweder mitt der May. vor die Stadt getzogen oder aber in wehrender Belagerung davon kommen sein.

---

a Gestrichen/skreślony: und

¹⁴⁴ Und dieses ist die namhaffte^a Belagerung der koniglichen Stadt Dantzig, geschehen den 13. Junii im Jar der Erlösung 1577.
Der Feind warff seine Schantzen auff am Bischoffsberge, von dem Bühel an der zu nehest aus Schottland stoßet, biß an den Landweg, der auß der Sandgruben nach dem Stoltzenberge gehett, sparett keine Arbeit, richtett in der Eyle etlich Feldgeschutz auff die Stadt, fieng im Mittage an, gestrost hinein zu schiessen und gesegent den Dantzckern die Mahltzeitt, hatt den Tag uber keinen andern Schaden gethan, dan das er einer Magt am gewesenen Graben am Glocken Thor und einen Arbeitsman erschossen.

P.i. Am 14. Junii fieng der Feind ^b zugleich ^c mitt der Morgenröthe an zu schiessen, warff Kugeln in die Stadt von 48, 50 auff 55 Pfunden und wurden diesen Tag uber zweyhundert und sechtzig Schosse auff die Stadt gethan, insbesonderheitt hatt er ohne auffhören das Hohethor beschossen, warumb aber kann man nicht <214> wissen, allein das man erachtett, das er ihn zum Theil herunter werffen wollen, damitt nicht vileicht Geschutz hinauff gebracht wurde, diesen Wahn zu stercken ^d und damitt er der Stadt groß amselben Thurm gelegen sein vermeynen solte, hatt man ihm in folgender Nacht mitt Wollsecken behangen auch die eusserste Pforte am Hohen Thore inwendig mitt Mist und Erden verschuttett und verpfähett, auch haben die Dantzcker diesen Tag widerumb weidlich auff den Feind, wo sie {ihn} ansichtig worden, auß dem grossen Geschutz ^e zum Theil gefellett.

Q.i. Ernst Weyer, von welchem wir bißhero wenig gedacht, hatt sich diesen Tag fur das Hauß Weißelmunde gelegett mitt einem deutschen Regiment von Reutern und Knechten und etlichen Geschwarde polnischer Hofeleutt, so ihm der König zugeeignett. Man hatte aber hiebevor, nemlich am 4. Junii alle die Heuser und Gebew an beiden Seiten der Weißel sampt der Kirchen und Pfaelhofe abgebrochen und in Brand gesteckt, derhalben der Feind ein kahl Nest gefunden und sich gegen das Hauß uber an die Westseite an den von Natur und Gelegenheitt woll verwahreten Ort zwischen dem Sasper und der offenbaren See gelägert, da er dan die Weissel vor sich wie einen Graben und den Berg an welchem vorhin der Westkrug gestanden, anstadt eines Walles gehabt und sich darin nach Krieges Art auffs allerbeste verschantzett. Das Reuterlager aber fast eine halbe Mileweges davon auffgeschlagen hatt und ist demnach der Schimpf mitt dem grossen Geschutz angegangen, welchem die Dantzckerischen auff dem Hauße weidlich endgegen gesausett und also was bey ihnen fur Zeytung war, denen in der Stadt allewege kundgethan haben.

---

a Gestrichen/skreślony: n
b Gestrichen/skreślony: an
c Gestrichen/skreślony: an
d Gestrichen/skreślony: damitt
e Gestrichen/skreślony: abgeb

R.i. <215> Am 15. Tage Junii, wie der Feind seinem Gebrauch nach zum hefftigsten, sonderlich auff das Hohe Thor geschossen, seind drey Fähnlein Schotten zu Dantzig ein kommen, deren Capitene Robbert Gurlett, N. Trotter und B. Thomessen gewesen sein. Das Schiessen hatt nicht allein den Tag sondern auch die Nacht uber gewehrett, in welcher Nacht auch Fewerkugeln, jedoch ohn Schaden in die Stadt geworffen sein. Es seind aber durch dieses gewaltige Schiessen nicht uber funff Personen zum höchsten erschossen und beschedigett worden. Unter welchen folgendes Tages Man und Weib auff der Vorstadt auff einem Bette Todt, das Kind aber, so zwischen ihnen gelegen, unversehrett seind gefunden worden. Auch seind dieses Tages Kugeln von funffundsiebentzig Pfund in die Stadt geschossen worden. [a]

S.i. Es hatte der Feldoberste Zborowski diesen Tag an die Ordnungen geschrieben, es were ihre May. Meynung nicht gewesen, dero gestalt wie geschehen fort zu faren, sondern der zu Krifekoel gehaltenen Beredung nach der Stadt auff zween oder mehr Tage einen Anstand [b] zu vergunnen und umb desto fuglicher Tractation Willen sich auff den Stoltzenberg zu begeben. Weil man aber ihrer May. Kriegsvolck feindlich zugesetzet, were sie auch einen Ernst zu ertzeigen verursachett und von der Tractation gar abgewendett worden. Doch were auff sein Unterhadeln und Vorbitte soviel erhalten, das sich ihre May. hette erweichen lassen und ihre Legaten, wo ferne die Stadt Gieseler geben wolte, hinein zu schicken gesonnen were.

Darauff ist nach vielem hin und her schreyben ein Anstand getroffen, welcher den folgenden Tag, welcher der 16. Junii gewesen, des Morgens <216> frue angangen. Man hatt aber gleichwoll fur der Munde mitt dem Geschutze nicht gefeyrett, auch ist der Feind in seinen Schantzen und Lauffgraben zu machen, so woll vor der Stadt als vor dem Hause fortgefaren.

T.i. Auch ist am 17. Junii des Morgens frue die gantze Gemeyne, ein jeder in seiner Rustung und auff seyner Wachstelle erschienen und haben alda mitt gethanem Eyde, ein ander getrew zu sein, und das gemeine Vaterland nicht zu verlassen, sondern das jenige, so eynem am liebsten dabey auff zu setzen angelobett. Diesen Eydt haben zween Tage [c] hiebevor die Ordnungen sampt den obersten Befehlich Habern und allen Kriegsknechten {einander} auch gethan, in welchem Eide doch die uhralte Verwandnuß und *Incorporation* der Lande Preussen mitt der Cron Polen vorbehalten.

Viel der Gefangenen, so Kon. May. mitt vor Dantzig gebracht, auch sonst andere Abtrunnige haben sich diese Tage, wie auch die gantze Belagerung uber in die Stadt begeben und lieber bey den Uberwundenen als dem Uberwunder sein wollen.

---

a Ergänzt und wieder gestrichen/uzupełniony i ponownie skreślony: Derselben Kugeln eine ist uber der Pfarkirche durchs Dach auff das Gewelbe gefallen und durch geschlagen. Darumb die Kirchenveter dieselbe zum ewigen Gedechtniß an das Gewelbe hefften lassen wie daselbest in der Kirchen uber der Thammthuer noch zu sehen ist
b Gestrichen/skreślony: gemacht
c Gestrichen/skreślony: hernach

V.i.	Nach dem man sich diese Tage uber wegen des Geleits und Gieseler nicht einigen konnen und viel Schreibens hin und wider gangen, auch zwischen dem Herrn Feldobersten an einem und Herrn Reinhold Möllern, Michel Kerlen, Daniel Zirenberg, Casparo Schutzen, Secretario etc. anders Theils, derendwegen am 18. Junii auff den Abend bey der Vogelstange Unterredung gehalten, sein endlich, nach dem man die Geleite beyderseits verfertigett, am 19. Junii nach Essen die folgende Herrn: Herr Johannes Dzialinski, culmischer Woywode, Herr Christoff Graff von Roßdrozeyow, Herr Laurentz Goslitzki, koniglicher Secretarius und Janus Bornamissa, <217> ein ungrischer Rittmeister, mitt ihren Genossen ungefehr 18 Rosse starck eingekommen, ehrlich empfangen und erhalten worden, dagegen von den Dantzckern Herr Peter Behme, Joachim Eler, Hans und Daniel Heine, Gebruder, Heinrich Kleinefeld und Hauptman Bartelmes Lembke als Gieseler ins Lager getzogen sein. Die koniglichen Gesanten seind von den Dantzckern und widerrumb die Dantzcker von den Koniglichen bey der Vogelstange angenommen worden. Auch hatt man diesen Gebrauch stets gehalten, das so offt Gesanten ins Lager getzogen, sie von den Dantzckern biß an gemeldten Ort und von dannen weiter von den Polen und also auch wider zu rucke sein beleitett worden.
W.i.	Die Herrn Gesanten hatt man noch denselben Tag zu Rathhause verhoren wollen, nach dem sie aber angetzeigett, dass sie nicht allein an die Ordnungen und Zunffte, sondern auch an die gantze Gemeyne Befehlich hetten und wie die Ordnungen dagegen angetzeigett, solchs were bey ihnen nicht gebreuchlich, ist Janus Bornamissa, sich bey der May. darab zu befragen, ins Lager geritten, auch denselben Abend mitt Befehlich wieder kommen. Als ist es biß auff den folgenden Tag verschoben und an demselben zu fruer Tage Zeitt die Gemeyne auff ᵃ den Marckt, auch vor und auff das Rahthauß berufen worden. Kon. May. Wille und Meynung ist in einer fast langen Schrifft in lateinischer und deutscher Copey durch einen polnischen Cantzley Verwandten erstlich auff dem Rahthauße, nachmals auch auß dem Fenster, denen so am Marckt gestanden, offentlich verlesen, auch etliche <218> Exemplaria auff den Marckt geworffen worden, derer Inhalt und Meynung ein jeder in der Dantzcker Declaration ᵇ finden wird[145]. Nach dem aber in demselben Libull nicht allein ein E. Raht, sondern auch die gantze Gemeine zum hefftigsten angegriffen, ja auch der Kriegsleute nicht verschonet worden, als seind die vornemsten Puncta in der Eyl nach gehaltener Beredung eines E. Raths vom Syndico beantwortett und der Stadt Unschuld *defendirett* worden[146] mitt Verheißung einer schrifftlichen *Refutation* aller *Calumnien* und in gedachter Schrifft geschehener Betzichtigungen. Auch haben der Oberste und andere Befehlichshabere mitt kurtzen jedoch bescheidenen Worten sich dermassen verantwortett, das die Herrn Gesanten sich endsehen und die Schuld etlicher in der deutschen Schrifft endhaltenen Worten auff den Interpretem oder

---

a   Gestrichen/skreślony: das R
b   Gestrichen/skreślony: dahie

Dolmetschen gelegett haben. Obgemeldte *Defension* ist nicht allein zu Rathause, sondern auch auß dem Fenster auff den Marckt in angehöre der gantzen Gemeine geschehen, welche sich dieselbe auch hatt wollgefallen lassen und offenbar sich erklerett, das sie bey des Vaterlands Freyheiten, Leib und Leben auff zu setzen willig und bereit weren und sein also die Gesanten nach dem sich die Ordnungen kunfftig weiteren Bescheid von sich zu geben auch an die May. selbest Gesanten abtzufertigen erklerett, wider in ihr Gewarsam gefuhrett und von einem E. Rath und Kriegs Befehlichshabern die Mahltzeit uber herlich und woll tractirett, auch nicht einem gutten Trunck abgefertiget und dem nach biß furs Heilig Leichnams Thor fast an die Burger Vogelstange begleitett worden, daselbs der Stadt Gieseler durch Herrn Hansen Zborowski und andere <219> Polen vom Adel geleitett, auch ankommen einen gutten Trunck mitt ein ander gethan und freundlich von einander geschieden sein.

X.i. Folgende Tage uber, weil man sich umb die Caution und Versicherung wegen der Gesanten, die ins Lager an die May. solten verschickett werden, zanckett und die Dantzcker durch Gieseler versichert zu sein begereten, die May. aber, als solte es ihr zur Verkleinerung gereichen, solches gar abschlug, und uber ein freyes Geleite nichts außgeben wollte, ist man beiderseits gantz stille gewesen, außgenomen das an S. Johannis Tage, bey dem gemeinen Man ein Argwohn {entstund}, als solte Verretherey in der Stadt furhanden sein. Dan weil man das heilige Leichnam Thor offen gefunden und daneben etliche Polen in die Zugeordnung auff dem Gebirge hinter den beyden Vogelstangen gesehen, gebar es den Mißverstand, als solte man dieselben durch bemeldtes Thor in die Stadt einnehmen wollen. Es ist aber das Thor nur umb derer willen offen gelassen, die das ubrige Holtz von der Jungestadt in die Stadt fuhren wolten, auch hatt man erfaren, das obgedachte Polen sich auß dem grossen Lager nach der Munde zu begeben, Lust und schones Wetters halben Willens gewesen.

Y.i. Auch seind dise Tage uber fast Schiffe von Feindes Strömen kommende durch die bestalten Außliegere zu Dantzig eingebracht, welche ungeachtet des Ernst Weyers Geschutz zu mehrmahlen auß der Weissel in die See und auß der See in die Weissel geleget und des Feindes Schantzen vorbey gelauffen sein.

Z.i. Am 26. Tage Junii seind auf ein konigliches Geleite Herr Johan Proyte, Burgermeister, Herr Jochim Ehler, Rathsverwandter, D. Henricus Lembcke, *Syndicus*, Herr Hieronimus Ficke, Gerichtsverwandter und Cyriacus von Fechtelde, Quartiermeister, mitt habender Instruction[147], auch Beantwortung der Schrifft, so in <220> Kon. May. Namen hiebervor in der Stadt verlesen ins Lager geschickett worden, haben auch daneben ein besonder Schreiben, den Herren anwesenden Reichs Rohten uberantwortet. Was hierauff Kon. May. geantwortett, wes sie sich selbest mundlich erbotten, was hinwiderumb der Stadt Gesanten begerett, ist nebenst itztgedachten drey Schrifften nach der Lenge im *Appendice* der Dantzcker Declaration zu finden[148]. Endlich wie nichts außgerichtett und die Gesandten [a] alles widerumb an die Ordnungen

---

a Gestrichen/skreślony: wider

genomen, sein sie noch denselben Abend von den Polen beleytet widerumb zu Hause gekomen.

A.k. Mittler weil hatt man fur der Munde das Geschutz endlich walten lassen und hatt der Feind bißweilen durch alle der Dantzcker Festungen geschossen wie dicke die auch gewesen sein. Auch ist ein groß Stucke vom dem Crantze oder Verlauff, so auff dem untersten Maurwerck gestanden, herunter geschossen worden. Die Dantzcker haben der Gelegenheit, dem Feinde wider einen Abbruch zu thun, war genomen, wie bald soll ertzelett werden.

In dem wie vor der Stadt der Anstand noch wehrett, hatt sich ein Fähnlein Heyduken auß der Schantze gemacht und unter den Bergen her biß auff das schönefeldische Feld sich begeben, von dannen wider auff den Landweg sich nach der Stadt gekerett und bey dem Schottande mitt fliegendem Fähnlein in voller Ordnung sich auff den Berg gewendett und also den Dantzckern, als ob frembd Volck ankomen were, ein Spiegelfechten gemacht. Auch haben etliche andere Heyduken einen alten Kahn, so in der Mottlaw gelegen, darauß zu zihen und auff den Berg zu bringen sich unterstanden, vermeinende, man sehe sie nicht, weil im Petershagen noch fast Gebew und Beume zu der Zeit waren bestehen blieben. Dannenher der Stadt Buchsenmeister zu Zorn bewegett, ᵃ <221> ᵇ so woll auff diese als jene Heiduken loeß gebrant. Im gleichen der Feind widerumb weidlich auff die Stadt geschossen, sonderlich aber auß der letzten Schantz beim Schottlande lengst die Mottlaw und den Hundewahl gestrichen/skreślony hatt. Solch Schiessen gegen ein ander hatt bey zwo Stunden gewehrett. Dieses alles haben die Ordnungen, weil es wider ihren Willen geschehen, bey dem Feldobersten endschuldigett, welches ihre May. auch angenomen[149] und den Anstand biß auff folgenden Tag, nemlich den 28. Junii *prorogirt*, an welchem die Stadt durch mehrgedachte ihre Abgesanten der May. endlich erklerett und zu verstehen gegeben hatt, wie solchs im *Appendice* der Dantzcker Declaration klerlich zu ersehen ist[150].

[151] Darauff die May. durch den Unter Cantzler geantwortett[152], sie hette sich ihres endlichen Willens, so woll durch ihre Abgesanten als auch mundlich genugsam erklerett, bedurffte der halben keines weiteren Bedingens, wo ferne man die Stadt ᶜ {zu} befriedigen, das Kriegsvolck nicht lauffen lasse, den Eid leiste und die Thore offene, sey nichts weyteres zu hoffen, sondern es werde die May. auff Mittel und Wege, ihre Hoheitt und gemeynen Wollstand zu erhalten gedencken mussen. Mitt welchem Bescheid sie also wider nach der Stadt getzogen sein. Auff dem Wege ist der Janus Bornamissa an sie gesturtzett, sie vermahnet fort zu zihen, so bald sie das Thor erreichett, wolle er ihnen und denen in der Stadt einen Abendtrunck bringen und hatt also wie hinter den Gesanten kaum das Thor zugangen war, mitt dem groben Geschutz sich horen lassen und damit den Anstand beschlossen.

---

a Gestrichen/skreślony: zu Zorn
b Gestrichen/skreślony: Zorn bewegett
c Gestrichen/skreślony: nicht

B.k.   Es hatte der Niclauß von Ungern die Zeit ᵃ der Belagerung uber seine Reuter in gewisse Nachtwachen abgetheilett, welche biß an den liechten Morgen <222> die Gassen auff und nider ritten. Auch hatt er sich sonst in Bestellung derer Dinge, die dem Feinde einen Verdruß und Abbruch zu thun gerichtett waren, gar manlich und unverdrossen betzeigett, also das sein Lob auch dem Feinde bekant war. Mitt diesem begerete ein junger polnischer Herr, welcher des Obersten Schwestersohn soll gewesen sein, in gleicher Ahnzahl zu Rosse und zu Fusse, da sich dan Tugend und Manheitt am meisten sehen lest, ein Treffen ᵇ zu thun und hatte ihm solches in die Stadt zu endbieten, auch einen Ort beyderseits unter dem Geschutz, da man sich eines Hinterhalts oder anderer Gefahr nicht zu besorgen {durffte} benennen lassen, derwegen dan wollgedachter von Unger am 29. Junii umb den Mittag auß mitt allen seinen Reutern und den schottischen Hakenschutzen zum Außfall rustete.

Dieweyl aber der Stadt an seiner Wollfart mehr gelegen war, dan das man ihn so liederlich hin wagen solte, hatt er auff untersagen der Ordnungen von seynem Vorhaben, wie woll unwillig {und} mitt Grißgram, abstehen und den vorgenomenen Außfall unterwegen lassen mussen.

C.k.   Dieweil auch der Rettich in der Stadt so woll auch das Gemuse fast tewer verkaufft ward, hatten sich diese Tage uber etliche alte Weiber in die Krautgarten in Petershagen gemacht und derer Dinge Notturfft teglich in die Stadt gebracht, derer wurden diesen Tag etliche Heiduken, welche sich auch sonst in den Heusern, so daselbest noch stunden zu verhalten pflegten, gewahr, lieffen sie an und veriagten sie. Ihnen waren aber damals etliche Rotten Hakenschutzen zugeordent, welche damals bey dem abgebranten Nobißkruge mitt ihrem Befehlichhaber, Hauptman Josten von Paynen, <223> Leutenant, ihren Vortheil inne hatten. Die Heyduken aber, wie man mitt dem Geschutz von den Wällen unter sie geworffen, hatten sich in ein Hauß zu Ende des Petershagens, mitten in einem Garten stehende, begeben. Zu den Dantzckern kam Robbert Gurley, ein schottischer Capitein, mitt seinen Schutzen, fragett sie, ob sie nicht an den Feind wolten. Diese antwortten, der Feind hette altzu einen grossen Vortheil inne. So ich ihn dan, sprach Robbert, auß seynem Vortheil bringe, wollett ihr nicht auch folgen? Und wie sie ja sagten, setzett er seinen Helm auff und nam sein Rondeel in die eine und sein Rapier in die ander Hand und tratt also mitt den Seynen an den Feind. Es hatte aber einer mitt einem grossen Stucke vom Walle durch das Hauß, dar in die Heyduken schauleten, durchher geschossen, derwegen, ehe sie der Schotten gewar wurden, herauß lieffen.

Derer hatt gedachter Capitein als ein manlicher Helt mitt eigener Hand nicht wenig durchstochen und die andern mitt den Rohren durch seine Schutzen auffgerieben, biß das ihnen vom Berge und den Dantzckern von gemeldten deutschen Schutzen Hulffe zugekommen ist. Weil aber die Dantzcker von der Festung durchs Geschutz endsetzt und dagegen auß den

---

a Gestrichen/skreślony: der
b Gestrichen/skreślony: zu

Schantzen, der Höhe halben, nicht haben können beschediget werden, hatt der Feind, nach dem der Scharmutzel uber zwo Stunden gewehrett, die Flucht gegeben. Der Polen seind in diesem Schimpf uber funff und siebentzig, der Dantzcker aber, ohn drey so verwundet, nicht uber funfe geblieben, unter denen ein deutscher Hakenschutz, der durch die Heyduken gebrochen und auff dem Landwege gegenst der Radawne der Stadt zugeeilet, von zwey Heiduken <224> hart furm newen Thore in Angesicht der Dantzcker ist geschäbelt worden. Dem Feinde hatt dieser Verlust gar wehe gethan und derwegen die folgende Nacht durch ohn Unterlaß in die Stadt geschossen und uber 230 Kugeln hinein geworffen, aber doch Gott Lob keinen Schaden gethan, auch niemand beschedigett.

D.k. Dieweil auch hie bevor wegen der Burger Wachen allerley Irrung und Hader endstanden und dadurch einem E. Rath die Muhe geheuffet worden, als hatt man fur rathsam angesehen, einen besondern Gerichts Zwang, bey welchem alles, so sich in Zugen und Wachen zutruge, erortert und geschlichtett werden mochte, zu verordnen und ist dem nach der gantzen Stadt Umbkreiß in neun Stationes oder Stende abgetheilett und auff einem iglichen ein Fähnlein verordent worden, welche ir zwo, bißweilen auch mehr Rotten auß jederem Quartire und die andern auß der alten und Vorstadt gehabt hatt. Der erste Stand ist gewesen vom alten Aschhofe an lengste die Milchkanne biß an das erste holtzerne Blockhauß gegen der Schweinewiese uber. Der ander vom bemeldten Blockhause an biß zum holtzernen Rundeel am Ende des Hundewalles gegen dem Theerhofe uber. Der dritte lengst den Aschhoff biß uber die Mottlaw, uber welche eine Schiffbrucke gegangen. Der vierde vom vorstettischen Baume an biß zum alten Rundeel beim Newen Thore, welches auch mitt datzu gehörett. Der funffte lengst den vorstettischen Wal und das grosse Rundeel biß dahin, da vortzeiten das Karrenthor gestanden. Der sechste vom grossen <225> Rundeel lengst das Hohe Thor biß an den halben Mon, da ehemalen das Holtzthor gewesen. Der siebende vom halben Moen lengst dem altstettischen Wahl und die beyden Rundeel daselbest biß ans heilige Leichnams Thor. Der achte vom heiligen Leichnams Thor lengst S. Jacob die finsterstern und den Wall hinter den Sewen biß ans Schloß. Der newnde und letzte hatt in sich gehabt das Schloß und den Zimerhoff zwischen welchen ein Praem auff der Mottlaw zum uberfahren fertig gelegen.

E.k. Uber diese Stunde seind Hauptleute gewesen: auß der Burgerschafft verordent 1. Frantz Moller, 2. Johan Robbertsen, 3. George Lange, 4. Michel vom Damme, 5. Wolff Weymer und hernach an seyne Stelle Sebastian Hittfeld, 6. Caspar Göbel, 7. Niclaus von der Linde, 8. Michel Schwartze, 9. Greger Jeschke, derer jeglicher seinen Leutenant, Fenrich, Weibel, Wahmeister, Fuhrer und andere Befehlichsleute gehabt hatt. Und ist also die gantze Stadt in neun Fähnlein ohne die langen Garten, welche die Einwohner daselbest sampt einem Fähnlein Knechte unter Hauptman Galle vom Hartz gelegen, vorsehen haben, abgetheilett worden. Welche Ordnung hernach in Endsetzung des Hauses zur Weißelmunde viel Guttes gethan hatt.

F.k. Am ersten Tage Julii in der Nacht fielen etliche Polen durch das Werder in die Nering, kamen biß zum Holander an die Boßmans Lake, erschlugen das Volck daselbest, hieben jungen Kindern Hende und Fusse ab und trieben grossen Muttwillen, welchs aber den andern Tag hernach redlich betzalett ward.

G.k. Man hatte fur der Munde lange einen Anschlag gemacht, den Feind in seiner Gewarsam zu uberfallen und auff Gelegenheitt den <226> denselben antzufahen gewartett, biß endlich am 3. Julii vormittelst gottlicher Hulffe und Beystandes der Tantz angangen ist. Es waren aber den Uberfall zu thun, damitt das Hauß nottiges Besatzes nicht enblossett wurde, auß der Stadt von allen Fähnlein verordent bey 850 Hakenschutzen und die 3 Fähnlin Schotten, welche bey 330 Personen starck gewesen. Bey denen allen waren Herr George Farensbeck, Herr Clauß von Unger, Hauptman Christoff Rantzaw und die drey schottischen Capiteyne. Zum Uberfahren waren etliche viel Böthe, sampt den offtgedachten zween Weißelkahnen bestellet, auch haben etliche Pincken auff die Westseyte gelegett und ihr Geschutze in den Feind gerichtett.

Die Schantzen und Lagerstadt des Feindes haben wir im Anfange der Belagerung beschrieben, wie woll aber dieselbigen antzufallen fast gefehrlich, sonderlich da man vom Berge fast eines halben langen Spiesses hoch biß in die Schantzen abspringen mussen, so habens doch die Dantzcker tapfer hinein gewagett, den Feind manlich angegriffen und in die Flucht geschlagen und zu gleich das Geschutze auß den Schantzen in die Kahne und Böthe gerukkett, datzu dan die Pincken weidlich geholffen und das Geschutz ohn Unterlaß in den Feind gelassen haben. Ernst Weyer ist bey dem ersten Anfall selbest nicht gewesen, sondern in seinem Getzelte geruhett, wie woll ihn aber einer seyner Trabanten etliche mahl gewecket, so hatt er doch den Uberfall auß Verachtung der Dantzker <227> nicht gleuben wollen, biß er dieselben selbest gesehen und doch für die seinen angesprochen, aber endlich wie er Unrecht vermerckett zu Fuß biß ins Reuterlager endrunnen ist. Etliche Hauffen Reuter, nach dem sie die Flucht der Irigen vernommen, seind dieselben zu endsetzen der Schantzen zu geruckt.

H.k. Die Dantzcker aber hatten sich nach eroberter Beute und Geschutze wider zur Uberfart gerustett und in die Böthe begeben, derer einem sprang Robber Gurley der schottische Capitein nach, welcher mitt den letzten am Lande blieben. Er sprang aber zukurtz und nach dem er einen schweren Harnisch an hatte, auch vorhin unter einem Arm geschossen war, gieng er unter und ertranck. Dessen Todt als eines jungen streitbaren und anschlegigen Heldes ist der grosseste Verlust auff der Dantzcker Seyten gewesen, dan der andern nicht uber Zwelfe umbkommen sein, da doch der Feind mehr als vierde halb hundert der seinen verlohren hatt.

Alhir haben die Dantzcker all ihr grob Geschutze ohne die zwo Fewerkatzen wider bekommen und dartzu dem Feinde noch sechs andere Stuck, darunter ein Maurbrecher, eine Feldschlange, zwo halbe Cartaunen, zween *Serpentiner*

<227–229>

und ein gesprengtes Stuck sampt Kraut und Looth genommen haben. Insonderheit aber wird der Feind die Schwerigkeitt des Verlusts am besten befunden haben, sintemal er das Lager nicht lenger auff halten konnen, sondern auffbrechen und dasselbe in Brand stecken mussen.

I.k. Wie dieser Einfall fur der Munde geschah, wurden in der Stadt alle Hafeleute mitt dem Mehrertheils der Schutzen in die Thore verordent zu dem Ende, wen die Polen außgefallen weren <228> von dem Berge den Ihrigen fur der Mund zu Hulffe zukommen, das man als dan verhoffete, es konte durch einen Außfall dem Feinde auff dem Berge vor der Stadt sein Geschutze auch ᵃ genomen oder aber den Berg herunter gesturtzett werden. Dieweil aber ein Regen und andere Verhinderungen eingefallen, haben sie von ihrem Vornehmen abgelassen und sich widerrumb zu rucke begeben.

Wie der Lerm an gestillet, hatt der Feind wiederumb angefangen, auff die Stadt zu schiessen, doch wenig Schaden gethan und nicht uber vier Personen verletzt und erschossen. Insonderheitt hatt er damals die grossen Steinkugeln auß den Mösern zu werffen angefangen, derer etliche zwo Elen in die Runde gewesen und uber anderthalb hundert Pfund gewogen haben. ᵇDieser Kugeln eine ist auff die Pfarkirche gefallen, hatt das Gewelbe durch geschlagen und dennoch darinne stecken blieben, geschehen am 4. Julii in der Nacht. Diese Steinkugel haben die Kirchenveter auß dem Gewelbe heben und zum Gedechtnuß mitt Eisen ans Gewelbe fassen lassen, wie sie daselbst uber der Thamthur zu sehen ist. Ihre Runde ist an derselben Thammthuer mitt einem Zirckel abgerissen.

K.k. In mittlerweil ward zu Konigsberg auff Anhalten der koniglichen Befehlhaber von Fursten zu Preussen verbotten und offentlich angeschlagen, das man die Dantzcker weder hausen noch hegen, ihnen auch keine Zufuhr thuen solte, welches Edict zwar in der erste zur Execution getzogen aber hernachmals gantz vergessen ist worden.

L.k. Es hatten sich diese Tage die Reuterbuben {der Dantzcker Hofeleutt} in zimlicher Antzahl ins Werder auff einen Streiff <229> außbegeben und nach dem sie uber siebentzig Stuck Vihes ohne andere Beute bekommen und aber durch die Dirschawer verfolgett zu werden sich besorgeten, erdachten sie eine besondere List, schickten einen auß ihrem Mittel in Habit eines Trometers fur das Stedtlin, forderten dasselbe im Namen der Dantzcker auff und stelleten sich, als ob ein starcker Hauffe vorhanden were. Wie dieser mitt dem Burgermeister und andern auß dem ᶜ Stettlin teydingett, bringen seine Mittgesellen ihre Beute in sicher Gewarsam und kommen mitt derselben am 5. Julii unverletzett zu Hause.

M.k. Auch ist vierden dieses Herr Michel Sifert, Rathsverwanter, und mitt ihm Herr George Farensbach an den Konig von Dennemarck gesantsweise abge-

---

a Gestrichen/skreślony: konnen
b Seitenbemerkung/na marginesie: Steinkugel am Gewelbe in der Pfarkirchen
c Gestrichen/skreślony: Schottlande

fertigett worden, mitt was Befehlich und Instruction ist auß nachfolgender Handlung zuersehen.

N.k. Auch kamen diesen Tag vier denische Galeen und sonst zwey Orleyschiffe in der Dantzcker Hafunge an, lagen daselbest etliche Tage zwischen beyden Bolwercken stille, brachten auch ein Fähnlin Schotten mitt, derer Hauptman N. Telget gewesen ist.

Auch hatt man diese Tage viel kleiner Scharmutzel im Petershagen und sonst in andern Garten gehalten und mitt dem groben Geschutz vielfeltig (wie woll ohn sondern Schaden) gegen ein ander gehandelt.

O.k. Am achten Julii schrieben die Ordnungen an die May. ins Feldlager fast auff vorige Meynung, erbotten sich gegen gebuerliche *Confirmation* ihrer Frey- und Gerechtigkeiten zu schuldigem Gehorsam, schlugen auch etliche Mittel vor, damitt sie die May. zu versöhnen meyneten, wie solches alles in der Dantzcker Declaration nach der Lenge zu ersehen[153]. <230>

Man hatt diese Tage vor der Munde an der Westseyten am Berge, da der Ernst Weyer seine Schantzen gehabt, gearbeyt und dieselben gleich machen wollen, aber bald davon abgelassen und sich auff die Ostseiten gewendett, vermeinende, das sich der Feind widerumb dahin lagern wurde, welches aber nicht geschehen.

Den neunden Julii in der Nacht ward die Semisch Muhle und Wasserkunst ohn Zweifel durch einen bekanten Feind in Brand gesteckett, brante gar ab, auch eins theils unter Wassers, hette konen verhuttet werden, wan man nur eine Rotte Knechte des Nachts dabey hette wachen lassen, welches ohne Gefahr woll hette geschehen konen, dieweil das Hohe Thor schon wider auffgereumett war.

P.k. Den 10. dieses kam Herr Niclaus von Ungern, welcher zween Tage hiebevor mitt 25 Rotten Hakenschutzen und drey Rotten Hofeleuten nach der Nering werts außgetzogen war, widerumb zu Hause, brachte uber 40 Last Weitzen und 170 Stucke Vihes sampt anderer Beute mitt sich. Auch seind zween Tage hernach etliche Dantzcker Hofeleute im Werder gewesen und von Sperlings Dorffe fast gutte Beute erobert.

Am. 13. Tage Junii[a] beantworten die Reichs Rethe, so umb die Stadt her waren, obgemeldtes der Ordnungen den 8. Junii[b] datirtes Schreyben. Es hatte zwar niemands unterschrieben, sonder allein ein iglicher sein Insiegel unten an gedruckett, welcher in alle funfftzehen waren. Den Inhalt hastu in der Declaration, welche biß hie her deduciret, zu ersehen[154].

Auch ward diese Nacht die Wassermuhle im {Stadt} Graben gegen dem grossem doppelten Rundeel uber neben dem Hohenthor, mitt welcher {Muhlen} man das Wasser die Stadtgraben {darauß} zu lehren und [c] zu mahlen gegabewett war, in den Brand gesteckt, brandte gleichsfalles gar ab.

---

a Korrekt ist Juli. / Właściwie powinien być lipiec.
b Korrekt ist Juli. / Właściwie powinien być lipiec.
c Gestrichen/skreślony: auß

<231> Den 14. Tag dieses, wie es den gantzen Tag uber im Lager gar stille gewesen, sahe man die Nacht uber viel Fewr brennen, was es gewesen, hatt man den folgenden Tag erfaren. Dan, nach dem man kurtz nach Mitternacht etliche Rotten Hakenschutzen und Schotten nach dem Petershagen werts außgefallen, in Meynung den Feind in der Hinderschantzen zu uber fallen, und aber derselben etliche in den Garten befunden, haben sie im Finstern auff sie loß gebrand, sie fluchtig gemacht und ihnen biß in die gemeldte Schantze gefolgett, welche sie lehr befunden, sintemal der Feind schon {darauß} verruckett war. Wie denselbigen Tag die Dantzcker etliche mehr nachgefolgett, haben sie sich auch in die neheren Schantzen auff dem Bischoffsberge begeben und denen in der Stadt Antzeigung gethan, das der Feind schon darauß weg were.

Darauff hatt man bald mitt angehendem Tage den hellen Hauffen zu Rosse hinter den Bergen herthuen [a] {ge}sehen, welche in gemachter Schlachtordnung in Forme eines halben Mondes haltende das gantze Gebirge zwischen dem Stoltzenberge und der Tempelmuhle beschlagen haben. Wiewoll nur auff die selbigen von den altstettischen Wällen {und Rundeelen} weidlich loeß gebrant, so ist doch der Weite halben wenig Schade geschehen, sonderlich weil durch Versehen eines Buchsenmeisters eine ubergrosse Kugel in die vornemeste Schlange, der Basiliscus genant, gelassen, welche nicht auff die Ladung gehen wollen, das also damals in der Eyle das Stuck nicht hatt konnen gebrauchett werden.

Wie woll auch {fast} viel der Dantzcker Hakenschutzen und Reuter sich hinauß begeben und bey der Juncker Vogelstange [b] ihre Schlachtordnung gemacht, so seind doch beyde Hauffen (etliche so woll beritten außgenomen) nicht an ein ander gekommen, sondern ein iglicher in seynem <232> Vortheil behalten blieben, biß auff den hohen Tag, da sich dan der Feind allgemachlich verloren und den Abtzug genomen hatt, welches den 15. Julii geschehen ist.

Wie der Feind auß dem Gesichte gewesen, hatt sich sowoll von Burgern als Knechten eine grosse Menge in die Schantzen begeben, welche man woll befestigett und verwaret befunden, dan erstlich so waren nach der Stadt werts fur dem Geschutze zwey, drey auch viererley Lauffgraben und nach denselbigen die lauffenden Wehren, in welchen das Geschutz gestanden bey acht oder neun Schuhen hoch nach dem bergewerts abgestochen. In Mitte derselben war eine andere Festung mitt vier Rundelen zu Behaltung der Arcaley verordenett von fichtenen Rahnen, Plancken und anderem Holtzwerck auffgerichtett und nur mitt einem Eingange. In iglichen Rundeel waren zwey Schießlöcher, also das je eines das ander endsetzen konnen und wan gleich die andere Schantzen, der Stadt zu nechst gelegen eingenomen weren, man dennoch auß dieser Wehre dieselben wieder erobern mochte. Zu Felde werts

---

a Gestrichen/skreślony: thun
b Gestrichen/skreślony: gemacht

war die gantze Schantze von dem Buchel zu negst dem Schottlande biß an den Weg nach der Sandgruben mitt einen tieffen Graben umbgeben, also das nur ein Weg auß dem Lager in die Schantze gangen.

Das neheste Thael hinder der Schantze auß dem Schottlande nach dem Stoltzenberge hatten mehrers theils die Sudler und Kramer eingenomen und demselben den Namen: New Dantzig gegeben. Die andern Thäler und Berge waren alle mitt Getzelten und dem Reuterlager eine halbe Meil <233> Weges breit und weitt beschlagen, welches alles von der Burgerschafft auch Frawen und Jungfrawen, als die in langem Frieden gelebett und er Dinge nie gesehen, die nach folgende Tage mitt Verwunderung ist angesehen worden. Dan sich der Feind zwischen dieser Zeit und der anderen Belagerung des Hauses Weißelmunde der Stadt niemals in starcker Antzahl genahett, sondern allein mitt etlichen streiffenden Rotten drey oder vier mahl hatt sehen lassen.

Kon. May. hatt sich nach ihrem Abtzuge mitt dem mehrer Theil ihres Volckes in das Dantzcker Werder begeben und daselbest bey dem Kesemarckt etliche Kahne, Böthe und ander Schiffwerck mitt Sand, Steinner und anderer Matery in die Weissel versenckett und also den Gebrauch des Weisselstraumes der Stadt gantz und gar benehmen wollen, aber vergebens und umbsonst, dan nicht desto weniger nach diesem und ehe dieser Ort wider gereumet ward, allerley Kahne, Böthe, Dubasse den Straum auff und abgelauffen sein, wie wir künfftig hören werden.

Man saget auch für gewiß, das ihre May. eine Bruck über die Weissel zu schlagen und durch die Nerung das Hauß zur Weißelmunde antzugreiffen Willens gewesen sey, aber auß Beredung etlicher und gewisser Ursachen anders Sinnes geworden, unter welchen die vornemsten sollen gewesen sein, die Ungelegenheitt des Landes und zu befurchten stunde, damitt nicht ihrer May. die Proviant und Zufuhr vom Lande hero abgestrickett wurde.

<234> Es hatt auch ihre May. diese Zeit über ihre Legaten zu Königsberg gehabt und nach vieler Handlung endlich Hulffe wider die Dantzcker sampt einem stattlichen Geschutz, Arcaley und aller Zubehorung erlangett.

S.k. Auch ist ihrer May. newe Hulffe zu Roß und zu Fuß auß Siebenburgen von ihrer May. Brudern Herrn Christoffen, Grafen zu Somlio, welcher ihre May. zum Stadthalter in Siebenburgen verlassen zugekommen. Dieser wurden etliche von den Dantzcker Hofeleuten und Schotten, so den 21. Tag Julii außgefallen, erschlagen auch etliche am 22. dieses gefenglich in die Stadt gebracht. So streiffeten auch nicht desto weniger die Polen lengst die Weissel in der Nerung, auch biß zur Hewbuden, also das sie am 30. Julii sieben Schutzen, derer drey Rotten etlichen Schnittern zugeordenet waren, und zween Fuhrknechte erschlagen, die andern aber in die Flucht gebracht {haben}, auch recht gegenuber den Krueg zum Ruckefort abgebrandt.

T.k. In Summa ihre May. rustete sich gegen das Hauß zur Weißelmunde mitt aller Macht, welches auch von Konigsberg und andern Orten mundlich und schrifftlich in die Stadt endbotten ward. Da endgegen die Dantzcker mitt gantzer Macht das Haus zu befestigen sich haben lassen angelegen sein und ist je ein Burger Fähnlein umb das ander tag teglich hin auß getzogen, den Berg, welcher sich lengst den Strand hinter dem Pfarhofe nach der Weisselwerts streckete eben zu machen und an der Festen des Hauses zu arbeiten, weil man vermeinet, das sich der Konig dahin lagern und denselben Berg gleichsam zu einer Schantzen gebrauchen wurde. Unter diesen Fähnlein hat Niclaus von der Linde mitt den seynen den Anfang gemacht am 19. Tage Julii.

<235> Auch seind umb diese Zeit fast Schotten und ander Kriegsvolck auch viel stattlicher vom Adel und unter denen am 31. Tage Julii Graff Ferdinand von Hardeck sampt zween andern Freyhern an gekommen.

V.k. Nach dem Kon. May. die Uberfart in der Nerung unter wegen zu lassen bey sich endschlossen, hatt sie sich widerumb im Anfange Augusti nach der hohewerts begeben und ist am 8. Augusti mitt ihren hellen Hauffen zu Roß und Fuß, welchen man in die 16 oder 17 tausend starck gewesen zusein vermeynett, auff dem Gebirge hinter der Schidlitz her nach der Weisselmunde verruckt.

Der Dantzcker Hofeleutt waren ungefehr der halbe Hauffe draussen, hielten Gemeyne und wolten dem Fähnlin schweren. Auch waren ihrer nicht wenig Lust halben hinauß gespatziret. Diese scharmutzelten mit den Polnischen, so ferne sie die selben unter das Geschutze locken kunten, welches mittlerweil auch weidlich unter sie abgelassen ward. Der Polen wurden etliche Vornehme von den Dantzckern umgebracht, unter welchen eine feiste Person hinter dem newen Kruge im Wege nach dem Zachancken Berge schendlich angerichtett gefunden, dan ihr ein groß Stucke Schmaltzes sampt der Hautt auß dem Bauche geschnitten, unwissende von weme. Doch seind der Dantzcker auch etliche im Lauff geblieben und verwundet worden. Diesen Tag hatt sich der Feind in den olivischen Wald zwischen dem Strieß und Seestrande gelagert und ein gantzen Theil hinter Loytzen Muhle mitt seinen Getzelten beschlagen und dieselben mitt einem Wahl und Graben umbgeben.

<236> Den folgenden Tag, welcher der 9. Augusti gewesen, hatt er sich mit 17 Fähnlin gegen dem Hause uber in der vorigen Schantze, darauß Ernst Weyer vorhin geschlagen, sehen lassen und den dritten Tag hernach mitt dem Geschutz angefangen, sich hören zu lassen.

W.k. Mittlerweil haben den 9. und 10. Tag Augusti der Dantzcker Schotten jenseid Schellen Muhle in Angesicht des koniglichen Lagers mitt den Polnischen scharmutzelt und derer in beiden Treffen uber sechtzig erlegt, dagegen sie der ihren nicht uber viere verloren. Die Ursache dieses Scharmutzels kam daher, das etliche das Eichpuschlein, so damals bey der Loytzen Muhle gestanden, abtzuhawem verordent, sintemal es den beyden Schiffen in die Weisel zu Endsetzung der Dantzcker verordenett, das Gesichte und Ansehen ins konigliche Lager benam. Diesen waren gedachte Schotten zugegeben, derendwegen sie nothwendig mitt dem Feinde, der solches fur seinen Augen musste geschehen lassen, ins Treffen gerieten. Dem aber des Orts Gelegenheitt bekant ist, der wird nicht fragen, warumb der Feind mitt Gewalt in die

Dantzcker, die ihm so nahend gekomen, nicht gesetzett habe, sintemal sie einen grossen Vortheil an den manichfeltigen Graben des Orts hatten und daneben zur Stund unter das Geschutz auff den beyden Schiffen, die eben am krummen Orte gelegen, kommen kundten.

X.k. Es hatte auch Kon. May. hiebevor, wie sie im Werder gelegen, die Scharpaw als ein Caducum, so wegen der Dantzcker Rebellion dem Fisco verfallen, dem Herrn Andrea Firley von Dombrowitz, lublinischer Castellan, und des koniglichen Hauffens oberster Leutenant, <237> durch Donation *conferiret*, welcher auch zu der Zeit mitt seinem Gemahl und Frawentzimer daselbest als in seiner Gewarsam und Sicherheitt sampt eynem zimlichen Gesinde sich verhielte. Solchs war den Dantzckern kund gethan, schickten derwegen etliche Rotten Hakenschutzen und Hofeleute durch die Nerung hinauss, welche jenseid des Heupts uber die Weissel gesetzt, gedachten Herrn zu Janckendorff und an umbliegenden Orten unversehens angegriffen, der seinen bey hundert erlegett und die andern in die Flucht gebracht haben, unter welchen der Herr selbest sampt vielen vom Adel, Polen und Preussen kaum endrunnen und in den Pfutzen und Sumpfen, dahin ihn der Dantzcker Hofeleute und die Schutzen, so noch weitt dahinden waren, nicht folgen kunten, bestecken blieben ist und sein Leben daselbest gerettett.

Dieser Succeß und Fortgang, welcher den 11. Augusti geschehen, hatt den Dantzckern einen Mutt gemacht, weil aber die nehrer Gefahr grössere Auffsicht bedorfft, hatt man das so fur der Thure gewesen und daran mehr gelegen in besser Acht als das ander haben mussen. Sintemal der Feind diesen Tag seine Schantzen befestigett, die Schantzkorbe verordenett und sein Geschutze auffs Hauß gerichtett hatt. Der Feind hatt auff das Hauß 18 grosser Stucke und zwey unten an den Berg an der Westseyten, an welchem viel Lauffgraben auß der Schantzen nach der Weissel hinab gangen, gleichs dem Wasser hart am Eingang des Sasper Sees gestellet und nach der Boßmans Lake auff den Weg nach der Stadt gerichtett worden.

Y.k. Den folgenden Tag am 12. Augusti haben sich gleich im Mittage drey Fahnlein polnisches Fußvolckes biß diesseit des Hospitals zu allen Engeln mitt fliegenden Fahnlein gantz kühnlich der Stadt genahett. Auch sein alle Grunde zwischen dem Gebirge jenseit der <238> der Burger Vogelstange voller Reuter gewesen. Die Dantzcker, ohne die so auff der Wache gewesen, sassen mehrertheils uber der Maltzeit oder sonst in Bier oder Weinheusern. Und ehe {dan} man umb schlug, war der Feind der Stadt so nahe gekommen, das man ihm allein auß dem Geschutz von den Wallen und Schiffen Widerstand gethan und tapfer unter sie geworffen hatt, auch also das man gesehen, wie sich ihre Ordnung gebrochen und die Fahnlein gefallen. Wie aber die Dantzcker ohn Ordnung auß der Stadt gelauffen, auch eins theils hinter den Bergen den Feind zu umbringen vermeyneten, unwissende des Hinterhalts, so daselbs furhanden, seind ihrer etliche, wiewoll wenig, sampt ihrem Furirer Hans Hessen, welcher woll betzechett hinauß gefallen, gefangen, von den andern aber, die sich in dem Landwege dem Feinde unter Augen gestellet und in der Eyl eine Ordnung gemachett, fast viel erlegett worden. Endlich ist der Feind, nach dem man beydes, von den Wällen und Schiffen auff ihn loeß gebrant, zu rucke gewichen und der seynen ungleich mehr als der Dantzcker dahinden gelassen.

Wie alles schon gestillet, seind erst die Reuter auß der Stadt geruckett und unverrichter Sache wider zu rucke gekomen. In dem man von den Festen loeß gebrant, ist der Dantzcker Hauptstuck, der Basiliscus genant, entzwey gesprungen und seinen Meyster in zwey Stuck von einander geschlagen.

Von diesem Scharmutzel haben etliche treffliche vom Adel auß dem Lager an ihre Freunde und Verwandten auff folgende Meynung geschrieben: Es sein die unseren biß an die Ringmaure geruckt, haben mitt den Dantzckern scharmutzelt, also das ihrer auff iglicher Seyten uber 120 blieben sein.

<239> Wie woll dieses von ihnen geschrieben und darauff, wie viel auff ihrer Seyten geblieben woll zu erachten ist, so weiß man {doch} woll auß der Zahl der jenigen, die todt zu rucke gefuhrett und begraben worden, auch in den Musterzedeln gemangelt, das von den Dantzckern uber sechstzig nicht blieben sein. Und ist dieses der furnemste Scharmutzel, den man bißhero in beyden Belagerungen gehalten hatt.

Von diesem Tage an hatt das gantze schottische Regiment sein Feldlager vor der Munde gehabt und seine Schantzen von dem Hause an der See werts biß fast zum Außgange der Boßmans Lacken auff geworffen und ihre Hutten und Lager dahinden auffgeschlagen, also das man von Außgang der Boßmans Lake biß ins Hauß sicher und ohn Gefahr gleichsam in einer Festung hatt wandeln können und ist also ein Feldlager gegen dem andern uber gewesen. Der Schotten waren funff Fähnlein unter ihren Capiteynen: 1. Johan Monkriff, 2. N. Trotter, der seinen Vorfahren Robbert Gurley succediertt, 3. B. Thomsen, 4. Alexander Roß, 5. M. Talgett.

Z.k. Bey diesen hielt noch ein Fähnlein gasconischer und walunischer Schutzen, derer Capitein war Joas Garon, ein Frantzoß der Geburt von Marselien, so vorhin Hauptmans Hansen Osterreichs Leibschutze gewesen. Dieser hatte zur Zeit der ersten Belagerung alle frantzosische und niderlendische Schutzen ein außbundig Gesindlein zusamen [a] gelesen und mitt Verwilligung der Krieges Commissarien ein besondere Fahne, das Freyfehnlein genant, (weil sie nur zum Vortheil dar inne sie viel Guttes außgerichtet <240> und nicht zu ordentlichen Zuge und Wachen bestellett) und der Oberster und Carniol Herr Wilhelm Stuard, koniglichs Geblüttes (wie der Zuname auß weysett) gewesen ist. Dieser Stuard war den 20. Tag Augusti mitt Herrn Michel Sifert und Herrn Georgen Farensbeck auß Dennemarck erst newlich ankomen, brachten auch sonst etlich ander Kriegsvolck und Befehlich Habern [b] auch zwey Orleyschiffe mitt sich.

---

a Gestrichen/skreślony: zusamen
b Gestrichen/skreślony: mitt

A.l. Unterdes waren fast Schiffe mitt allerley Proviand und Zufuhr angekommen. Auch hatten die bestelleten Außliegere ihrer nicht wenig genommen, derer so vom Elbing gekommen. Diese, nach dem sie nicht einlauffen konnen, liessen ihre Wahren am Strande, welche zu Lande biß an die Boßmans Lake und von dannen biß in die Stadt gefuhrett wurden. Und lag also die gantze Reide voller Schiffe, sicher fur allem Geschutze, so auß den koniglichen Schantzen geschossen ward, zum Theil von dehnischen Orleyschiffen und Gellern, zum Theil von Kauffsfahrern, zum Theil von den Dantzckern Außliegern und genommenen Preysen. Diß war dem Feinde ein Dorn im Auge.

B.l. Derendwegen Herr Johan Zborowski, des koniglichen Krigesvolcks Feldoberster den 16. Augusti an den denischen Admiral Erich Muncken geschrieben hatt auff diese Meynung: Er trage ohn Zweifel gutt Wissen, das konigliche Wirde zu Dennemarck die alte Erbeinigung mitt der Crone Polen stett und fest zu halten willens sey und desselben ihres Willens Erklerung Kon. May. von Polen (auff ihr vorgehende Schreiben) durch den vesten und gelehrten Wilhelmen von Dresselburg gethan habe, dessen beygelegte Copey er ihm hir mitt zu senden thue. Weil dan dem also, hoffe er nicht das konigliche <241> Wirde vornehmen oder Wille jemahls gewesen sey, den Dantzckern, so an ihrem Herrn und Könige trewloß worden, sich selbest zum mercklichen *praiudicio* ir keinen Beystand zu thun, sondern viel mehr durch die abgefertigte Armada sie bezwingen zu helffen und ihrem Rauben und Streiffen zu wehren. Wolle ihn derhalben wegen gemeyner Freundschafft ermahnet haben, nichts wider obgedachten Bund und Verwandnuß zu thuen, sondern sich der Dantzcker zu endschlagen und vielmehr auff sie und ᵃ {ihre} Schiffe, so er in seiner Gewalt hette, zu nehmen datzu ihm dan Kon. May. nicht allein Urlaub geben, sondern auch Hulffe und Beystand leisten wolle. Ob nun auff dieses Schreiben gedachter Admiral geantwortet oder nicht ist ungewiß. Er hatt es aber bey Herrn Michel Sifert, wie der wider zu Hause kommen sampt der eingeschossenen Copey des koniglichen Schreibens in die Stadt geschikt.

C.l. Umb diese Zeit ist Herr Niclaus von Ungern kranck worden, in welchem Lager er endlich blieben und derentwegen bey folgenden Handlungen persönlich nicht gewesen.

Es pflegen sich etliche Knaben, gemeyner Leute Kinder, durch die Pforte beim Radawnen Baume, darauß man allewege komen konte, in die Schidlitz nach dem Obest zu begeben. Dieser wurden daselbest am 17. Augusti von den Tattern etliche und zwantzig gefangen und lieffen doch kurtz hernach alle mit einander und kamen wider zu den ihrigen unbeleidiget.

D.l. Mittlerweil war am Hause <242> durch das stette hefftige Schiessen der Thurm sampt der Laterne, auch mehr als der halbe Krantz oder Umbgang herunter geworffen, auch in der Hauptmauren nordwerts an, so ein Loch gemacht, das man mitt einer Ordnung so breit die selbe das Bolwerck leiden konte hinein zihen mochte und man teglich den Graus und das gefallene

---

a Gestrichen/skreślony: der

<242-244> Historisches Kirchen Register 495

Meurwerck zu reumen gehabt und ein groß Theil der Proviant in die schottische Schantzen bringen mussen. Die weil aber das Holtzwerck und daran auffgesetztes Erdreich noch gestanden, ist die Gefahr so gar groß nicht gewesen.
Derendwegen Kon. May. dieselben Festungen mitt dem Feurwergk und gluenden Kugeln antzugreiffen sich geschickett hatt. Dieweil man aber noch ungewiß, ob dieser Apparat angehen wurde oder nicht, als haben sich etliche Landsassen von Adel des Putzcker und mirchawschen Gebietes darein geschlagen und das Krieges Wesen durch friedliche Handlung auff zu heben vermeynett und dieses ihr Vornehmen in die Stadt endbotten und ein frey sicher Geleitt hinein zu kommen begerett. Solches ist ihnen auß der Stadt ins Lager den 19. Augusti durch einen Trommeter, welcher biß auff den 21. dieses im Lager auffgehalten, zugeschickett.
Dan nach dem der Feind einen Tag lang mitt Hagebuchenen und Leimbeumen Glocken auff beyden Seyten mit eisenen Bende beschlagen auff das Holtzwerck geschossen und also dasselbe fesicht und sprissig gemacht, hatt er endlich <243> am 20. Augusti kurtz vor Mitternacht das Hauß mitt den gluenden Kugeln in Brand gebracht, welches, nach dem es der Feldoberste erfaren, hatt er gedachten Trometer auff wecken lassen und ihm der Dantzcker Hoffart (wie seine Worte gewesen) auß dem Reuterlager brennende gewiesen. Daher dan bemeldte vom Adel ihre Ankunfft in die Stadt *suspendiret* und auffgetzogen haben, vermeinende, wan die May. des Hauses mechtig, das sich alles selbes woll schicken und sie der Arbeitt nicht bedurffen wurden. Dan nicht alleine die im Lager, sondern auch in umbliegenden Stedten von Eroberung des Hauses gewisse Hoffnung geschöpfett, auch Wetten und Keuffe darauff angeschlagen und ᵃ ob es schon {al}bereit geschehen were, mundlich und schrifftlich außgebreitett haben.
Diese Art des Fewerschiessens ist zwar von einem oder anderem in ihren Buchern erwehnett aber vor dieser Belagerung, die dahero desto beruhmter, nicht zum Experiment kommen oder versucht worden. Wie man aber damit umbgehe, ist nun mehr Land und Welt kundig. Dieser Brand hatt zween gantzer Tage und Nachte gewehrett und die beyden Blockheuser lengst die Weyssel, sampt einem Theil des anderen Schurtzenwerckes lengst den Strand, biß auff den Boden vertzerett, also das das Hauß gegen den koniglichen Schantzen und Geschutz uber gar bloß gewesen und so woll dieser Ursachen ᵇ als des Rauches, ᶜ Brandes und Unraumes halben (weil alles ubern Hauffen gelegen) niemand darinne hatt bleyben konnen.
<244> Diese Tage uber hatt sonderlich Herr George Farensbecke die erschrockene Burgerschafft getröstet und an Erhaltung des Hauses nicht zweyfeln heissen und ihnen auch ihre Bitte zugesagett, gegenst gebuerliche Wider-

---
a Gestrichen/skreślony: schon
b Gestrichen/skreślony: halben
c Gestrichen/skreślony: halben

geltung des Schadens, so er daruber leyden wurde, mitt koniglicher Wirden von Dennemarck gantzer Armada, so auff der Reyde gelegen, zuhulffe zu kommen.

In wehrendem Brand sein zwey metallen Stuck fast verschmeltzett, die andern aber sampt dem Speck und anderer Proviant hinauß gebracht und in der Schotten Schantzen gestellet worden, welche mitt dem Geschutz weidlich unter die Feinde geworffen und ihnen wider auffgesungen haben.

Am ª 22. Tage Augusti, nach dem sich das Feur gelegett, hatt man des Nachtes das Hauß zu reumen und zu repariren angefangen, dennoch hatt sich des Tages niemands darinne dorffen sehen lassen, derendwegen Kon. May. sein Heil zuversuchen und den Anlauff zu thun folgenden Tag, welcher der 23. Augusti gewesen, verordnett hatt.

E.l. Es war aber in der Stadt beschlossen, das die drey Burger Fähnlein umb ein ander tag teglich austzihen und am Hause die Festung zu repariren arbeyten solten, derendwegen wie diesen Tag nach Essens umb 3 Uhr die Hauptleute Niclaus von der Linde, Caspar Böbel, Johan Böbbertsen umbschlagen liessen und die, so unter sie gehorett, sich sammelten, kam eylends das Geschrey, das des Feindes Fußvolck ubergefallen were und schon mitt den Dantzckern auff dem Ostbolwercke scharmutzelten, derendwegen die Burgerschafft zum Außtzuge desto eyfriger worden und hinauß geeilet hatt.

Es hatten sich aber die Polen in Böten ubergesetzett an einem Seyl, welches sie von einem Bolwerck zum andern getzogen und fest gemacht. Die Uberfahrenden mochten wegen der Krummer der beiden Bolwercke mitt dem Geschutz nicht beschedigett werden und wie sie auff dem Bolwerck fast niemands der Dantzcker gefunden, sein sie dem Hause so nahe kommen, das sie es mitt einem Steinwurff erreichen mochten und hette wenig gefehlett, das sie durch das Loch, welchs sie mitt dem Geschutze gemacht, hinein komen weren. Insonderheitt weil auch etliche der Dantzcker von Deutschen und Schotten, welche an sie getroffen, die Flucht zu Felde werts ein gegeben hatten, das es also eine Zeit lang seltzam genug zugestanden und die Gefahr nicht gering gewesen ist.

Nach dem aber Johan Garon mitt seiner Freyfahnen sampt einer Rotte Hofeleute von der Hewbuden, da sie den Tag zusamen Wache gehalten und versehen, damit nicht jemand durch die Nerung das Haus anfiele, hintzu gekommen und die Trummeln und Trometen weidlich durch ein ander gangen, hatt es bald ein ander Ansehen genomen, dan sich der Feind, wie er nicht wenig der Seynen verloren, zurucke gegeben, etliche Fache auff dem Bolwercke gelehrett und die Steine vor sich auffgesetzett und sich darinne verschantzett hatte.

Wie aber gedachte drey Burgerfahnen, auch der Oberste Hans von Köllen und Hauptman Ostereich und Rantzaw mitt ihren Fählein sampt Herrn Georgen Farensbecken und vielen trefflichen vom Adel hintzu gekommen,

---

a Gestrichen/skreślony: 24

auff welche der Feind auß den zwey Stucken, so am Außgange des <246> Sasper Sees, unten am Berge gleichs am Wasser gestanden, ohn Unterlaß los gebrand, doch nur einen Haußknecht erlegett und einen Arbeitskerle den Arm abgeschossen, ist der Bettlertantz erst recht angangen. Die Dantzcker waren auff den Feind gar hitzig, eyleten ihnen zu ins Wasser, biß ubers Gurtel, dan auff dem Bolwerck die Gefahr altzu groß war, angesehen, das man den Feind nicht allein vor sich, sondern auch auff der Seiten am Westbolwerck hatte, von dannen er den Seynen mitt Rohren, Doppelhaken, Barsen etc. groß Entsatz thate. Wie dem allen, so hatt sich nicht desto weniger etliche unvertzagte Bursche von den Dantzckern auffs Bolwercks begeben, den Feind tapfer angegriffen und biß zum eussersten Ende des Bolwerckes etliche mahl getrieben.

Der Feind hielt sich woll, schoß und warff mitt grossen Steynen, derer er auff dem Bolwercke genugsam vor sich gehabt, in die Dantzcker, sonderlich auff die im Wasser, derer nicht wenig durch S. Steffens Geschutz beschedigett und ohmechtig in die Stadt gebracht sein. Derendwegen die Dantzcker auß dem Wasser und von der Brucken, so lengst das Ostbolwerck nach der seewerts gemacht, mitt den Rohren und halben Haken dem Feinde von unden auff zugesetzt haben. Auch ist von den Gallern und Pincken ohn Unterlaß auff den Feind geschossen worden, also das die grosse Gallee etliche Stunden im Rauch wie in einer Wolcken gestanden und nicht zu sehen gewesen ist, wiewoll die Schusse fast alle ubergangen sein und hatt also diß Treffen biß in die sinckende Nacht gewehrett, in welchem der Feind den mehrer <247> Theil der Seynen, welche uber 400 starck sollen gewesen sein, sampt zweyen Fähnlein verloren hatt. Der Dantzcker sein uber 15 nicht blieben aber sehr viel beschedigett worden.

Die folgende Nacht aber ist von der Burgerschafft so viel gearbeittett, das man von etlichen Böthen und Tonnen mitt Ballast gefullet, zwischen dem Bolwerck und Hause auch daselbst nach der Weissel eine Brustwehre auffgerichtett, darinne einen Falkaun und Feldschlange, so beide dem Feinde genommen, gebracht und ihm also den freyen Anlauff, den er voriges Tages gehabt, verlegett hatt. Mitt gedachten beiden Stucken, welche lengst das Bolwerck in den Feind gerichtett, ist demselben die folgenden Tage uber fast Abbruch geschehen, sintemal kein Schoß so nicht ubergangen vergebens geschehen ist, sondern wo nicht den Feind dennoch die Steine gefassett und sie gantz ungestum unter die Königschen, nicht mitt geringem Verlust derselbigen geworffen hatt.

Den folgenden Tag, den 24. Augusti, sind die Königschen in viel grösser Antzahl als den vorigen Tag uber gefahren und in die acht oder 9 Fähnlein [a] auff dem Ostbolwerck fliegen lassen, derentwegen gleich mitt dem Tage der Schimpff wider angangen ist. Zwo dehnische Galleen haben gar nahe ans

---

a Gestrichen/skreślony: fliegen lassen

Bolwerck gelegett aber fast gar ubel geschossen, derwegen der Verlust, so der Feind gelitten fast durch die Dantzcker geschehen ist.

Der Dantzcker begaben sich etliche Burgerskinder auffs Bolwerck, scharmutzelten mitt dem Feinde, erschlugen ihrer nicht wenig, trieben sie biß auffs eusserste Bolwerck, also das sich ihrer viel selbst erseufften. Nach dem aber kein Endsatz furhanden und sich der Feind wider wendete <248> und hefftig mitt Steinen auff die Dantzcker zu drang, auch den furnehmsten schwerlich beschedigett, also das er vom Bolwerck in die See sprang und schwam so weitt er konnte, kam aber endlich mitt anderer Hulffe zu Lande. Die andern kamen auch, wiewoll nicht ohne Gefahr wider zurucke. Der Polnischen vermeynett man, das diesen Tag uber etliche hundert blieben sein, auch sein etliche Fähnlen erobbert worden. Der Dantzcker sein auch nicht wenig blieben und uber die massen viel geschossen worden. In Sonderheitt hatt der Feind vermerckett, das sich die Dantzer mehrertheils hinder der Schantzen, die sie die Nacht auffgeworffen, verhielten, hatt derhalben etliche Stucke dahin gerichtett und mitt Röhren und Duppelhaken ohn Unterlaß dahin geschossen und ihrer viel erlegt, viel mehr aber beschedigett, welche alle in Böthen in die Stadt bracht sein.

F.l. Hans Winckelborch von Cöllen, des Regiments der Stadt Oberster, ward fruemorgens mitt eyner Kugel (wie woll ohn Schaden) an die Nasen getroffen, dan ihm allein die Haut verletzet ward, wie er aber weyter das Werck forstellete und ab und zu riett und die Burgerschafft vermahnete, ward er (ungewiß ob es vom Freund oder Feinde geschehen sey) hinter durch den Kopf geschossen, das ihm die Kugel vorn am lincken Auge bestecken und er, ehe dan man ihn ins Both brachte, todt bliebe.

An seine stadt verwalttette George von der Schweynitz, Oberster auff dem Hause, das Ampt eines Obersten. Auch ward Alexander Roß, ein schottischer Capitein, erschossen, Herr George Farnesbecke, Gottschalck von Anefeld und andere vornehme vom Adel verwundett. Farensbeck ward ins Knie geschossen und ist eltliche Wochen ein gelegen.

G.l. <249> Desselbigen Tages nach Essens zogen drey andere Burgerfahnen unter Greger Jeschcken, Sebastian Hittfeld, und Michel Schwartzen hinauß und kamen die, so den vorigen Tag außgetzogen waren, wider hinein. Man hatt diesen Tag etliche Bothe voll Kugeln, so der Feind ins Hauß geschossen, in die Stadt geschickett, derer allein, ohn was die folgenden Tage geschehen, uber zwey tausend [a] {ein} hundert gewesen sein. Darauß dan leichtlich abtzunehmen ist, wie viel er schosse auffs Hauß gethan habe, dan man die allein herein geschickett hatt, die sich ins Geschutze, so vor der Munde war, nicht schicketen. Wie viel man aber da behalten habe und auch wie viel ubergangen oder sonst weg komen und nicht zu finden gewesen sein, hatt ein jeder leicht zu ermessen.

Den folgenden Tag, am 25. Augusti, ward grosses Regens und Ungewitter halbens nichts vorgenommen, den sich der Feind auff dem Bolwercke fur

---

a Gestrichen/skreślony: zwei

dem Regen und Kelte, die ein Nordwesten Wind verursachete, kaum bergen mochte. So sassen die Dantzcker auch stille und zogen den Tag drey andere Burger Fähnlein hinauß unter Frantz Mollern, Micheln vom Damm und Georgen Langen, Hauptleuten.

H.l. Am 26. Tage Augusti hatt der Feind eine Brucke uber die Weissel zwischen beiden Bolwercken geschlagen, eben an dem Ort, da die See auff der Westseiten an den Strand schlecht. Daselbst Kon. May. ein holtzern Blockhauß auffgeschlagen und etliche Stucke Geschutzes zu Endsatz der Brucken darauff gestellet hatt.

Die Brucke war auff die Art, wie man in Polen die Holtzflössen machett, bereytett und den folgenden Tag, nach dem man auß der Dantzcker Festen, der Krumme des Bolwercks halber, mitt dem Geschutz keynen Schaden thuen komen, vollendett worden, datzu dan der Feind das Bolwerck <250> auff der Westseiten durchgebrochen und je eine Taffel nach der andern uberbracht hatt. Dagegen die Dantzcker, die solchs nicht wehren konnen, an dem Hause gearbeytett und an stad der verbranten Festunge andere von Erdwerg auffgeworffen haben, das also die vorige Scharten außgewetzet und dem Feinde seine Anschlege mißrathen ᵃ und dagegen der seynen nicht eine kleine Antzahl im lauff blieben sein. Unter des haben die Dantzcker vom Hause auff die auffm Ostbolwerck ohn Unterlaß loeß gebrand und nicht wenig Schaden gethan.

Am 27. Tage Augusti ist ein Trometer mitt etlichen Schmeheschrifften in die Stadt kommen, an Herrn Niclaus von Ungern und andere von Adel abgefertigt von etlichen Hofeleuten, welche sie bevor geurlaubett worden und sich zum Ernst Weyer in Dienst begeben hatten. Der Trometer ward gefenglich angenommen, aber hernach, wie er sich erkleret, das er umb die Schmeheschriffte keine Wissenschafft truge, ledig gelassen worden.

I.l. Nach dem das Hauß uber Verhoffen erhalten und der Feind nicht mitt geringem Verlust der Seynen abgetrieben, haben sich widerumb etliche vom Adel des Putzcker Gebiets Friedes Handlung geleget und sein am 28. Tage Augusti nach Essens umb Seiger drey zu Dantzig einkommen. Reinhold Krackaw, Josua Jannowitz und Valentin Oberfeld, empfangen von etlichen vornehmen Herrn vom Adel zu Roß von der Freyfahnen, vier Fähnlein Landsknechte und sechs Burgerfahnen, sie seind aber umb Verdachts und Kundschafft Willen, so sie in der Stadt gehabt, in die Herberge gelegt und ihnen Huttere, damit uber verordente niemand zu ihnen komen konte, geordent worden.

K.l. <251> In dieser Nacht wurden zween alte Weisselkahne abgefertigt mitt Pech, Theer, Thonnen und trewgem Holtze, das Bolwerck, darauff die Polen lagen und die Brucke in Brand zu stecken. Wie aber der Feind solches vermerckett, schoß er mitt aller Macht auff die Kahne zu, daher dan denen, so darauff waren, Muth und Rath benommen und er eine Kahn noch disseit des Hauses von ihnen in Brand gesteckt ward, treib also biß ans Hauß und hette

---

a Gestrichen/skreślony: sein

dasselbe bald auffs newe in Brand gesteckt, wens nicht die Kriegsleute abgestossen hetten. Daher erhub sich ein schiessen auff beiden Seyten, in welchem auch die Galleen und Pincken nicht feyerten, das also diese Nacht etliche hundert Schosse auß grossen Stucken gethan sein. Der Dantzcker sein wenig beschedigett und zween, unter denen ein Fechter, so den Königschen auf dem Bolwercke viel Dranges gethan, umbkommen und hatt also dieser Anschlag einen lahmen Außgang gewonnen.

L.l. Es pflagen sich etliche vornehme Herrn von den Königschen auffs Weidewerck nach der Stadt begeben, dieser wurden diese Woche zween erschossen, von denen, die sich von den Schiffen und Kahnen auff ihr Ebentheur hinauß zu begeben pflagen. Man hatt an den Rossen und anderem Dinge, so man bey ihnen befunden, woll abtzunehmen gehabt, das es nicht geringe Vogel gewesen sein. Die Bursche, welche sich der Gestalt hinauß zu begeben pflagen, wen sie uberlagen und vom Feinde gedrengett ward, begaben sich in die Graben oder unters Geschutz auff den Schiffen, da waren sie sicher.

Den 29. Augusti hatt man denen von Adel, so abgesand, Gehör geben wollen, nach dem sie aber ihr Gewerbe nicht offentlich den Ordnungen ablegen wollen, seind sie den Tag unverhorett abgangen.

<252> Den folgenden Tag haben sie ihr Gewerbe abgelegett und hatt Valentin Oberfeld das Wort gethan. Die Ordnungen haben ihnen am 31. Tage Augusti schrifftlich geantwortet, ihnen fur gehabte Muhe gedancket, aber daneben so viel zu verstehen gegeben, wo ferne man sie ihrer Frey- und Gerechtigkeiten, auch daneben geschehener Dinge halben nicht versichern wolle, sey keine Hoffnung des Friedes zu schepfen und konnen sich der Gestalt noch zur Zeit in keinen Vertrag einlassen.

In dieser Nacht fiel Abraham von Grimm, Oberster Leutenant vor der Munde mitt etlichen seiner Zechgesellen woll betzechett hinauß, scharmutzelte mitt den Polen auff dem Bolwerck, daruber ward einer erschossen und funfe, unter welchen auch dieser Abraham, beschedigett.

Es hatten etliche Polnische ihr Gerethe und Beute vorauß nach Hause geschickett, welche schon gen Millebantz kommen war. Diese wurden in der Nacht daselbst von 26 Dantzcker Hofeleuten und wenig Schutzen uberfallen, etliche stattliche Haupt Vihes und Rosse sampt Kutschwagen und Tlumaken, Gelde und anderem Gerethe genommen. Diese kamen den 31. dieses wider zuhause. Man vermeynet, das sie ungleich mehr bekommen hetten, wen sie stercker gewesen und fortgeruckett weren.

M.l. In der Stadt war umb diese Zeit grosser Mangel an Brodt, also das einer vom andern lehnen mussen und wan bisweilen ein Becker Brod außgelegett, sich die Leute darumb gerissen und geschlagen haben. Und die sonst an keynem Dinge, was zur Leibes Notturfft gehörett, Mangel hatten, musten Brodts darben, wie woll die jenigen, so sich auff Mehl geschickett hatten, diesen Bedruck nicht fuhleten.

<253> Dieser Mangel kam daher, das man sich nicht bey Zeiten mitt Hand-, Ross- und andern Muhlen versorgett hatte und nachdem dieselben verferti-

gett, hatt dieser Mangel allgemach abgenomen und man Brodts die Fulle sampt anderer Notturfft widerumb bekommen.

N.l. Auch ist in den Graben umb die Langegarten her und zum Mattenbudischen Thor hinauß eine unglaubliche Menge Fische, sonderlich von Hechten, gefangen worden, welcher man fur sieben und auffs höchste zehen Sillinge, ein gantzen Mandel bißweilen auch mehr gekaufft hatt. Des Wasser Gevogels ist gleichs falles in vielen Jahren nicht mehr gefangen, also das man Gottes Vorsorg und reichen Segen augenscheinlich gespurett und gemerckett hatt.

O.l. Am ersten Tage Septembris ist ein Boyert von der Gruenschwart, dahin er den vorigen Tag gelegett, abgelauffen, zu versuchen, ob er die Brucke entzwey lauffen kunte. So bald die Sigel auffgetzogen, hatt ihm ein linder Sudwesten Wind, welcher immer stercker worden, gefugett, also das er mitt Gottes Hulffe die Brucke {entzwey lauffen}, ehe dan es der Feind, welchem solches fast lächerlich gewesen, gewar worden und ehe dan man recht vier Schusse auff ihn thun können, umb das Bolwerck herumb gelegett, sich gleichsam triumphirende etliche mahl umbgewendett und zu den andern, so auff der Reyde gelegen, begeben hatt. Die Burgerschafft, auß der Kirchen kommende, weil es am Sontag gewesen, hatt dieses gewunschte Spectakel von der Festung gantz frölich angesehen und die *vicissitudinem rerum* in Kriegs Händeln in Anmerckung <254> der Gefahr, darin sie fur zehen Tagen gewesen, hochlich verwundert. Auff dem Boyardt ist niemand [a] beschedigett worden, dan wenig Man darauff gewesen sein, welche sich hin und wider versteckett und nach verrichter Sachen die Verehrung, darauff sie sich gewagett, bekommen haben. Die jenigen, so noch auff dem Bolwerck gewesen, sein zum Theil, wie sie das Schiff sehen kommen, hinuber zu den irigen gelauffen, zum Theil von den Dantzckern erschlagen worden. Die Corper der jenigen, so diese Zeit uber vor dem Hause geblieben und erschossen, hatt man nachgehendes in grosser Antzahl lengst dem Strande, auch biß ans curische Hab gefunden.

Man meynett fur gewiß, wan dißmal die Brucke nicht entzwey gelauffen were, wolte Kon. May. den folgenden Tag ihr Glucke mitt dem Anlauff noch ein mahl versucht haben, datzu er dan nicht allein das ubrige Fußvolck, sondern auch der gemeynen Kosaken und Husserren (das sein polnisch und ungrische Hofeleutt, die von den Rossen absteigen solten) wolte gebraucht haben. Wie aber die Brucke weg gerissen, auch vileicht wenig Vorrath an Krautt und Looth mehr furhanden, datzu das Geschutze durch die gluenden Kugeln sehr vertorben war, hatt sich ihre May. die folgenden Tage zum Abtzuge all gemachlich fertig gemacht.

Die Gesanten vom Adel sein auch diesen Tag umb Seger 12 unverrichter Sachen wider nach dem Lager, daher sie kommen waren, verruckett.

<255> Umb diese Zeit hatt man etliche Pincken zum Elbing gegen die Dantzcker außmachen wollen, daruber mehrers theils Dantzckerkinder Capi-

---

a Gestrichen/skreślony: verwundett

teyne sein solten. Nach dem aber diß Geschrey erschollen, ist der Apparat, an welchem noch viel, sonderlich Geld gemangelt auch nachblieben.

P.l. Am vierden und 5. Septembris ist Kon. May., nach dem sie das Geschutz auß den Schantzen ins Reuterlager rucken lassen, auffgebrochen und den Donnerstag auff den Abend das Lager in Brand gesteckt. Den folgenden Tag 6. Septembris ist er mitt dem gantzen Hauffen zu Roß und zu Fuß ubers Gebirge, den Weg, den er kommen war, wider zurück getzogen. Auff den Feind ward so woll von den Schiffen als von der Stadt Festungen den gantzen Vormittag uber loß gebrand. Er hatt sich im Abtzuge gar feindlich ertzeiget und die umbliegenden Dorffer und Höfe, heiligen Brun, Muggaw, Schidelkaw, Pitzckerdorff, Tempelburg, Wonnenberg, Kohfal, Ohre, Gutte Herberge, Praust in Brand gesteckt und also geberet gleichsam, ob er nicht bald wider kommen wollte.

Vorgemeldte vom Adel haben durch einen Trometer widerumb in die Stadt zu kommen und umb Friede zu handelen begerett. Weil aber die Burgerschafft wegen des Brennens gar verbittert gewesen, ists ihnen abgeschlagen.

Q.l. Auch ward diesen Tag Hans Winckelbloch von Collen, gewesener Oberster, begraben, an dessen Stelle sieben Tage hiebevor Herr George Farensbeck, wie woll noch schwach von Leibe, fur einen Obersten außgeruffen war.

R.l. Nach des Feindes Abtzuge haben sich etliche reisige Knechte und Buben, ungefer funfftzig starck, ohn ihrer Junckern Wissen, zu Fusse nach der Nerung werts auff Beute hinauß begeben. Diese bekamen bey dem Stuethofe ein groß Boot, <256> gaben sich hinein und fuhren auff gutt Gelucke mitten ins Hab, nahmen alda mitt sonderer Geschwindigkeitt einen holendischen Schipper, des Schiff mitt Weytzen und Rocken beladen. Der Schipper, wie er vermeinet, das es umbs Geldt zu thun gewesen, das er mitt ein parhundert Taler davon kommen mochte, begibt sich vom Schiffe nach dem Elbing daselbest den Rantzaun zuwege zu bringen. Mittlerweil begehen die gedachten Buben ein klein Schelmen Stuck, schicken ihrer etliche mitt dem Boothe auß, welche weyter ins Haab fahren, unter des kompt der Schipper wider und lösett sich mitt dem verheischenen Rantzaun, wird aber von denen, so vorauß gefahren, anderweit widerumb genommen und neben ihm noch ein Schiff, unter andern Wahren auch mitt Wein beladen, sampt einer Schmacken auß dem Hinderlande, beyde erst ankommende. Mit dieser Beute lauffen sie nach dem Stuedhofe und verkauffen davon dem Bauersvolck und andern so viel sie mochten. Ist woll zu gedencken, das sie den höhesten Marckt nicht werden gesucht haben. Von dem andern hette einer ein Fressen und Saufen sehen sollen etc. Dieses trieben sie so lange etwas furhanden war und biß ihnen ihre Junckeren zu endbieten liessen, wo sie nicht kemen, wurde man sie holen.

S.l. [a] Am 10. Tage Septembris seind die dehnischen Galleen und Orley Schiffe, so woll auch der Dantzcker Pincken, an der Zahl bey 18, von der Reide nach dem Konigsbergischen Tieffe abgefaren, alle in Bestellung und auff Befehlich

---

a Gestrichen/skreślony: am

der Stadt Dantzig, im Willen gleich mitt gleichem zu betzalen, und nach dem kein Friede zu verhoffen, den feindlichen Ortern so mehr zu thun, als sie immer mochten.

<257> Zu diesen haben sich andere mehr geschlagen, also das die Armada uber tzwanzig starck und einer rechten Expedition gleich gewesen. In den Schiffen waren uber Boßleute, Befehlich Habere, bestalte Kriegsleute und die, so zum Geschutz verordnett, bey 600 Schutzen, auß iglichem Fähnlein 10 Rotten, ohn die Adelburschen und Burger Kinder, so sich freywillig mitt hinauff begeben hatten. Zu dem, so war das gantze schottische Regiment in die offtgemeldte beyde Kahne verordnet, die Weissel hinauff nach dem Studthoffe zu lauffen und daselbest der andern zu warten, zu welchen sich gleichsfals Burgerkinder gethan, das also die gantze Antzal derer, so außgetzogen, bey 3/M [3.000] gewesen.

Die Dantzcker nahmen ihre Holtzfart in die olivische Heyde widerumb vor die Hand, wurden doch von den weyerischen Reutern, sonderlich so vorhin der Stad gedienett, vielfaltig beschedigett, biß so lang man eine andere Ordnung gemacht, davon kunfftig Meldung geschehen soll.

Umb diese Zeit hatt Kon. May. ihr Kriegsvolck mehrern theils geuhrlaubett und nur etliche Fahnlin Hussarren und Heyducken, die umb das Hofflager her sein sollten, bey sich behalten. Auch hatt man die Rodaune umb diese Zeit widerumb in die Stadt zu fuhren etliche mahl versucht, aber vergebens.

T.l. Die vorhinbemeldte Dantzcker Armada hatt durch das Konigsbergische Tieff ins Haab gelegett, daselbst den Braunsberg umb funfftausend das Capitel zur Frawenburg umb 8000 fl., so woll auch das Stedtlein Tolckemitt umb Proviant und freye Zufuhr gebrandschatzett. Zu denen haben sich die Schotten gethan und seind also in voller Anzahl vor das Elbingisch Tieff geruckett.

<258> Alle die Schiffe, so daselbs gelegen, sein in der Dantzcker Gewalt gekommen, dieser sind an der Zal sieben und dreyssig Embder, eilff Holender und etliche englisch gewesen. Ein englisch Man hatt sich sonderlich zur Wehre gesetzt und weidlich von sich loeß gebrand, hatt sich aber die Lenge nicht halten konnen.

Die Elbinger hatten ihr Tieff mitt einen alten grossen Weißel Kahn, mitt Ballast und Dielen außgefullett, versenckett, der Meynung, die Dantzcker damit auff zu halten, damit sie nicht vor die Stadt kommen möchten. Derselbe ist aber bald auffgereumet worden und hatt sich ein Kahn und etliche Böthe der Dantzcker biß fast an die Brucke gegen der Stadt uber den Elbing gehende, bey finsterer Nacht hinan begeben. Diese Nacht war gar finster und von Regen und Wind ungestumb, daher dan die Dantzcker, wan es stille gewesen, vileicht was grossers hetten außrichten mögen.

In der Stadt Elbing, wie man erstlich von der Dantzcker Ankunfft ins Haab vernommen, hatt man anderes nicht gemeynet, dan das es eine streiffende Rotte were, wie dan auch ihre Burgermeister solches fur gewiß außgeprengett hatten. Wie man aber neher kommen, hatt Furcht und Schrecken uberhand genomen. Zur Gegenwehr waren sie wenig geschickt, als die in Sicherheitt gesessen hatten. Darumb, wie das Blatt umbschlug und die sich vorhin ob der Dantzcker Ungluck freweten, itzt den Feind fur der Thuer sahen, haben sie anders keinen Rath gewust, sondern an die May. umb Hulffe und Beystand geschickett.

<259> Die Dantzcker, nach dem ihnen der Anschlag mißrathen, stachen die Speicher und Vorstadt disseit des Elbings in Brandt, welches Fewer auch biß in die Stadt kommen ist und etliche Gebew vertzerett hatt. Under des seind den Elbingern etliche hundertt Ungern zu Rosse und zu Fuß zuhulffe kommen. Diese haben mitt der Datzcker Fußvolck, so zu Lande gewesen, ein Treffen gethan, derselben etliche erlegett, auch der Irigen nicht wenig verloren. Zu letzt wie sie die Dantzcker in ein Gesumpfe gejagt, haben sie derselben 31 gefangen gekrigt, welche folgends nach Marienburg gebracht und von dannen nach Dirschaw gefenglich gefuhrett worden.

Die Dantzcker, nach dem sie gesehen, das sie vor dem Elbing nichts ferner außtzurichten vermocht, haben sich widerumb zurucke nach dem Tieffe begeben und dasselbe an dreyen Orten versenckett. Es hatt sich aber diese Versenckung je lenger je mehr noch denselben Herbst zu grundewerts eingesenckett, also das das Wasser vierdehalb Elen hoch daruber gangen und viel Schiffe auß und ein gelauffen sein. Auch sind folgends alle die versencketen Schiffe herauß gewonnen und das Tieff gereumet worden, darauß man dan genugsam zu ersehen hatt, das wieder Gott und die Natur zu streiten gar schwer und unmuglich sey.

Der Dantzcker Schotten auff den Kahnen haben ihre Fart auch widerumb zu rucke, daher sie gekomen waren, genomen und in dem grossen Werder mitt Raub und Brand grawsam haußgehalten, insonderheitt aber dem Reinholt Krakawen von Berwalde trefflichen Schaden zugefugett, das sich Kon. May. selbest des Mannes Unfal nicht wenig erbarmett.

<260> Dan weil ihre May.sich damals zu Marienburg verhalten, hatt sie, wan sie auffs Gejagt- oder Weidewerck auß außgeritten, diesen Jamer allendhalben mitt Augen angesehen und derendwegen ohne Zweyfel in Betrachtung des wanckelbaren Glucks und das dieser Dinge kein Ende abzusehen, ihr Gemutt auff Friede und Einigkeitt gerichtett. Datzu dan ihre May. gar wollgelegene und unverweißliche Mittel, eben zu der Zeitt, als ob sie gewunschett, sich offerirett haben, wie wir bald hören werden. Die Schotten sein den 22. Tag Septembris widerumb zu Dantzig einkommen, an welchem Tage auch etliche Dantzcker Hofeleute vier Polen sampt anderer Beute auß dem Werder eingebracht.

Die ander Armada aber, nach dem sie wider nach dem Konigsbergischen Tieffe zugelegtt, sein etliche benomene Schiffe von ihnen in den Pregel endlauffen, welchen sie nachgeschickett und sie außgefordert, aber unverrichtter Sachen sie haben mussen bleyben lassen, nach dem ihnen von furstlichen Landen und Strömen sich zuendhalten verbotten war. Das also der Hauptarmada Widerkunfft sich etwas verweylett hatt und dieselbe erst am 28. Septembris wider auff die Reide komen ist.

V.l. Die Ursache zur gewunschten Friedeshandlung, davon jungst gedacht, hatt sich dahero ersponnen: Nach dem vor diesem in Martio dieses Jars Kon. May. zu Polen, Marggraff Georg Friedrichen, die Administration des Furstenthumbs Preussen durch ihre Gesanten hatte *deferiren* und antragen lassen und aber f. D. sich mitt der May. wegen des Lehens nicht einigen konnen, in dem etliche <261> Artikel vorgeschlagen, mitt welchen sich das Hauß Brandenburg uber vorige Erbeinigung oder Bundniß beschwerett zu sein vermeynet, als haben so woll Hochgedachter als andere des brandenburgischen Geblutts Fursten und Erbherren eine stattliche und bey Mannes [a] Gedencken nie erlebte Bottschafft an Kon. May. obertzelter Ursachen halben abgefertigett, dan sie dartzu andere ihre Erb und Einigungs Verwandte, Chur und furstliche Heuser von Sachsen, Wirtenberg, Hessen und Pommern vermocht haben. Und sein also am 15. Tage Septembris zu Marienburg ankommen und gar ehrlich empfangen worden nachfolgender Chur und Fursten Abgesandte: Vom Herrn Augusti Churfursten zu Sachsen wegen: Abraham von Bogk, auff Polach und Klophausen und Andreas Pauli, beyder Rechten Doctor, wegen Hansen Georgens, Churfursten und Marggraffen zu Brandenburg etc.: Abraham von Grunenberg, *Commetur* auff Logan, Statthalter des Furstenthums Crossen und Christoff Meyenburg: wegen Herrn Joachim Friedrichen, postulierten *Administratoren* des Primats und Ertzstiffts Magdeburg etc.: Otto von Ramyn. Wegen Herrn Georgen Friedrichs Marggraffen zu Brandenburg in Preussen etc. Hertzogen: Herr Wilhelm Freyher von Heydeck, Hans Paul von Schawenburg und Scheidamptman zu Hoff, George von Wambach auff Alfeldt, Caspar Brandner, beyder Rechten Doctor: wegen Herrn Ludwichs Hertzogen zu Wirtenberg etc. Herr Albrecht Graff zu Lewenstein, Herr zu Scharffeneck: wegen Herrn Wilhelmen, Herrn Ludwig, Herrn Philipsen und Herrn Georgen, Gebruder, Landgraffen zu Hessen etc.: Burhard von Kalenberg, Nicolaus Theophilus, beider Rechten Doctor.
<262> Wegen Herrn Hansen Fridrichen und Herr Ernst Ludwichen, Gebrudern, Hertzogen in Pommern: Tessen Kleist auff Damyn, Hauptman zu Stettin und Belgardt und Jochim Eger, beyder Rechten Doctor.
Neben obertzelter Werbung haben in Sonderheitt die brandenburgische chur- und furstliche, auch die magdeburgische und pomrische Abgesandten in Befehlich gehatt, sich mitt Kon. May. Verwilligung in Handlung des Friedes mitt der Stadt Dantzig zu legen. Auff das aber solches desto wichtiger were und mehrer Nutz schaffete, haben sich die andern alle mitt ein ander, nach dem sie solches an ihre gnedigste und gnedige Herrn gelangen lassen und Befehlich daruber empfangen, und mitt Vergunst der May. am 27. Septembris durch einen brandenburgischen Secretarium ihre Wollmeynung der Stadt enddeckett und zu verstehen gegeben, welchen ein E. Rath am 29. Tage dieses durch den Secretarium Hansen Thorbecken geantwortet und ihnen allen geneigten gunstigen Willen sampt höchsten Erbieten *deferiret* haben.

---

a Gestrichen/skreślony: Leben

Unter des waren Herr Constantinus Ferber und George Rosenberg, welche bißhero in königlicher Hafft endhalten, am 27. Septembris sampt gedachten Hansen Thorbecke auch zuhause kommen. Auch hatte sich die Gemeine mitt ein E. Rath wegen der Administration, die das gantze Kriegswesen uber viel Uneynig{keitt} ᵃ zwischen den Ordnungen verursacht, geeinigett, das also diese beyde Dinge sampt der Ankunfft obgedachter chur- und furstlicher Gesandten und der Erhaltung des Hauses Weisselmunde, welche fast auff eine Zeit eingefallen, jedermenniglich eine gewisse Hoffnung des Friedes gemachett haben.

<263> Doch hatt nichts desto weniger die feindliche Handlung biß fast zum Ende gewehrett, weil es aber nicht wichtige Sachen und das Gluck bald dem einen, bald dem andern Theil gedienet, will ich allhie abbrechen und weiter zur Friedens Tractation greiffen.

Nachdem Hans Thorbecke mitt dem Schreyben der dreyer Ordnungen (wie vorgemeld) an die chur- und furstliche Gesanten abgefertigett worden, kamen dieselben am vierden Octobris zu Dantzig gegen Abend, wurden von Burgern und Knechten auch mitt dem Geschutz ehrlich und woll empfangen.

W.l. Wie sie das Stättlin Dirschaw vorbey getzogen, hatt sichs zugetragen, das zwey Heyduken vor dem Stettlein in einer Schewnen eine Saw, ihrem Gebrach nach, gesogen haben. Diese Heiducken, nach dem sie die Herrn Gesanten fur uber zihende gesehen, seind sie umb zusehens willen herauß gegangen und haben daruber das Feur verwahrlosett, welches also bald angangen ist und umb sich her gefressen hatt, das etliche das Gebew vor der Stadt, nachmaln die Stadt selbs angangen und sampt der gemawerten Hauptkirchen gantz und gar biß in Grund außgebrandt ist. Alda ist der mehrerley Raubes, so die polnischen von den Dantzcker im Werder, vor Lubischaw und sonsten bekommen, sampt der Einwohner Habe und Gutt, welches sie mitt der Dantzcker Schweiß und Blutt ᵇ verbessert und sich woll begraset, im Lauff blieben, das also dieser Krieg weder dem einen oder ander Theil Vortheil gebracht hatt.

<264> Die Herrn Gesanten haben folgendes Tages ihre Werbung den Ordnungen auffm Rathhause mundlich angebracht, in derer Namen Herr Abraham von Bock das Wort gethan hatt. Der Inhalt seyner Rede nach gethanem Gruß und vorhergehender *Relation* geschehener Dinge war dieser: Es solte die Stadt an ihrem furnehmen etwas nachgeben, auff ihre vorhin ubergebene Articel der Beschwere so gar hart nicht dringen, sondern sich an einer General *Confirmation* ihrer Frey- und Gerechtigkeiten genugen lassen, dan die *pressurae gentium* itzund in dem Alter der Welt so gar schwere weren, das nicht allein in gemein, sondern auch in hohen Stenden die Freyheiten so genaw nicht konten observirett werden. Auch were dieses *poena peccati* und ein Mangel der abgehenden Welt, umb welches Willen einen Krieg antzufa-

---

a Gestrichen/skreślony: zwischen
b Gestrichen/skreślony: nicht

hen oder aber in dem angefangenen zu verharren wider göttliche und aller Volcker Recht were. Dieses solte man behertzigen, von den Waffen ablassen und das jenige, so man erhalten konte, in mehrer Acht haben, als etliche *Alcibiadas* und *Catilinas*, die wegen angeborner Unruhe lieber alles zu drummen und in Grunde verterben, als Friede und Einigkeitt, so ihnen zu ihrem furnehmen nicht dienstlich, sehen wolten. Es verbötte sich, Kon. May. dergestalt gegenst die Stadt, das sie sich ohn Verletzung ihrer Hoheitt nicht woll mehr erbieten konte. Wolte man nun dieses ausschlagen, so würde es bey mennighlich das Ansehen gewinnen, das die Dantzcker nicht zu Erhaltung ihrer Freyheitt, sondern auß lauter Rebellion und Muttwillen den Krieg abgefangen hetten.

<265> Darauff haben ihnen damals die Ordnungen ihrer gehabten Muhe, Mittleydens und Wollmeynung halben durch den *Syndicum* gedanckett und folgende Woche schrifftliche Antwort gegeben, derer Inhalt mir noch zur Zeit verborgen.

Dieweil aber mitt der gantzen Gemeine zu handeln altzu weittleufftig, auch vileicht gefehrlich, ja unmuglich viel Kopfe (wie man spricht) in eynen zu bringen, alß ist auß gemeyner Bewilligung ein Ausschus auß allen drey Ordnungen gemacht, mitt welchem die Legaten gehandelt und gewisse Friedes Articel beredett haben, mitt welchen Articulen etliche der Herren Legaten am 14. Octobris nach Marienburg an die May. verreisett und den 31. Tag desselben wider alhie ankommen sein.

Von dato an, biß auff den 19. Novembris hatt die Handlung gewehrett, ehe dan man mitt den Herren Legaten sich einigen konnen, welche an diesem Tage alle mitt ein ander widerumb von Dantzig an die May. ferner zu unterhandeln verreisett und von den Ordnungen ihre gehabten Mühe halben stattliche Verehrungen empfangen haben.

Zu Marienburg hatt sich die Handlung in der erst schwer angelassen, also das man derenthalben etliche mahl zu rucke nache Dantzig und wider von dannen nach Marienburg schreiben mussen. Auch seind die *Conditiones* verendert worden, zu dem, so hatt der olivische Handel wegen der *Destruction* des Closters allerley Schwerigkeitt mitt unter geworffen, biß endlich am 5. Tage Decembris der Herr Constantinus Ferber, Herr George Rosenberg, Herr Reinhold Kleinfeld und Hans Nötcke

X.l. <266> zu endlicher der Sachen Abhelffung nach Marienburg an die Kon. May. verreysett sein.

Darauff ist endlich vormittels gottlicher Verleihung der Friede getroffen und am 12. Decembris, nachdem die May. der Stadt Gesandten fur sich kommen lassen und nach volendeter Deprecation, welche stehende geschehen, ihnen die Hand gebotten hatt, zu Marienburg mitt jedermans Frolocken außgeruffen und den Dantzckern, so daselbs vorhanden, Ehr und Willen ertzeigett worden.

Y.l. Darauff hatt den 15. Tage dieses die Maytt. ihre Legaten, den Eydt von den Dantzckern zu nehmen, abgefertigett, die Herrn Eustachium Volowitz

Trotzcker, Andream Fyrley Lublinischer, Adam Volowscki Elbingscher Castellanen und Hieronimum Grauen von Radziadz, oberster Secretarien, welche mitt einem stattlichen *Comitat* ankommen, ehrlich empfangen und woll gehalten sein und am 16. dieses erstlich auff dem Rathhause, darnach auch auff dem Marckte, den Eyd von den Ordnungen und der gantzen Burgerschafft genommen haben.

Dieweil aber die gantze Friedes Tractation in offendtlichem Druck außgangen und in gewisse Schrifften verfassett, als das Friedens Decret und Annehmung der Gnaden, Abschaffung der Acht, Confirmation der Stadt Frey- und Gerechtigkeiten, Caution wegen der Religion, koniglich Edict oder Befehlich, der Stadt rechtliche Händel antreffende, die Forme des Eydes der Stadt und auch die Form der *Deprecation* etc. hab ich solches alles anhero nicht setzen wollen.

Z.l. <267> Diß allein muß ich hiebey gedencken, das die Religions *Caution*[155] [a] {Ihrer} Majestett dermassen [b] verbriefett worden, wie es die Ordnungen in ihrem letzten ubergebenen Beschwerpuncten gebethen und begerett haben, nemlich weil Ihre May. schon vorhin so woll in Siebenburgen als auff ihrer Krönung den freyen Gebrauch der Religion einem Jedern zu lassen geschworen hette, sey dieselbe auffs eine bewogen worden, mitt widerholter Zusage der Stadt bittenden Abgesanten nach zu geben und zu verheissen, das sie der Augspurgischen *Confession* so woll in der Stadt Dantzig als ausserhalb der Ringmauren in ihrem Gebiete und Rechtszwange, Kirchen, Clostern, Hospitalen, wie solchs vor Ihrer May. Ankunfft im Konigreich gewesen ist, friedlichen und unbeschwerten Gebrauch haben mögen, und das niemand wegen der Religion berefriedigett wirde und wolle sie alle bey dem freyen Gebrauch der Augspurgischen *Confession* erhalten, schutzen und handhaben, wie Ihre May. solches alles, nicht allein in Siebenburgen, sondern auch zu Krakaw bey ihren Eiden angelobett [c] {hette}. Sie wolle auch nicht, das die Ceremonien und Kirchengebreuche in keyner Gestalt sollen werendert werden. Des zu mehrer Urkund etc. gegeben auff Marienburg Anno 1577 am 16. Tage Decembris ihres Reichs im andern. {Und so weitt hatt sich dieses Kriegswesen ersterckett, welches weil es die Pfarkirche [d] und das Ihrige auch zum Kriegskosten legen mussen, mitt geruhrett.}

A.m. Zu dieser Zeit waren unter anderen in der Pfarkirchen Doctor Johannes Kittelius und Petrus Praetorius bestelete Prediger. Doctor Kittel hielt sich richtig in der Lehre lautt den prophetischen und apostolischen Schrifften, sowoll der einstimmenden Augspurgischen *Confession* und der Dantzcker Nottel, Doctor Praetorius aber [e] war von Zeitz als ein <268> Sacramentirer vertrie-

---

a Gestrichen/skreślony: der
b Gestrichen/skreślony: unter
c Gestrichen/skreślony: habe
d Gestrichen/skreślony: mitt getroffen, welche
e Gestrichen/skreślony: war

ben, welcher ᵃ {im Geschrey war}, als hette er den Cathechismus Lutheri verfelschett {wie ihn dessen auch die heiligen Chur- und furstliche Gesanten, obgedachte Friedeshändeln offentlich beschuldigett.} Darumb die Ordnungen hie bevor in ihren Beschwerpuncten wegen Versicherung der Religion in ihre jungsten Bitte nicht vergeblich angehalten {fol. 184}, das die Ceremonien in den Kirchen keines weges möchten verendert werden. Sintemal der Sacramentirer Gebrauch ist, solche Ceremonien der Kirchen ihres Gefallens zu anderen, wie die Exempel in Niderland, Franckreych, Engeland etc. aussweisen, und alhie zu Dantzig wider diese habende Caution auch geschehen ist, ᵇ {wo} von hernach ferner Bericht folgen wird.

Dieser Doctor Praetorius hatt bald mehr Anhang unter den Predicanten bekommen, welche alle auß einem Horn geblasen und ihre Wort in den Streittpuncten dermassen auffschrauben gesetzett, das viel einfeltiger Leutt sie keines Irthumbs beschuldigen können, dan ihr Deckmatel je und allwege die Augspurgische *Confession* Doctor Lutheri Schrifften (jedoch falschlich angetzogen) gewesen, was sie aber auch fur eine Augspurgische *Confession* gemeynett hatt, sich hernach erwiesen. Mittlerweil ist auch Praetorius sampt seinen *Adhaerenten* in die Heuser geschlichen und die Leute, sonderlich die Weibesbilder eines andern berichtett, ihnen den heydelbergischen Cathechismum {den calvinischen Wegweiser und bey ihnen} die lutherischen Psalmen (welche einfeltiger Melodeyen) verhassett zu machen, der Lobwasser Psalᶜmen ᵈ, welche nach den frantzosischen Saltarellen lieblichere Melodeyen haben, ihnen zugesterckett und commendirett, damitt sie die gutten Leute nur von den Schrifften Lutheri und anderer seiner getrewen Mittgehulffen ableyten mochten. <269>

Weil auch das *Gymnasium* zu Dantzig im Grawen Munchen Closter, zur Heyligen Dreyfaltigkeitt genant, wegen eingefallenen Krieges und andern Ungelegenheitt[en] gantz und gar untergangen und die Professoren davon getzogen, sonderlich darumb, das sie sich mitt ihrem Salario und Accidentien nicht behelffen können. Als hatt ein E. Raht dasselbe in vorigen Flor wiederumb zu bringen sich unternommen und {Anno 1580} Doctor *Jacobum Fabricium*, anders Schmidt genant, Herrn Arend Schmides dieser Stadt Rahtsverwandten Sohn, wie auch M[agister] Petrum Losium und andere gelehrte Menner dahin bestellettᵉ, auch eine *Oeconomiam* fur arme Studenten verordnettᶠ, {im gleichen} zu Erhaltung derselben etliche Einkunfft der Capellen in der Pfarkirchen mitt Vorwissen und willen der Geschlechter und Zunfften, denen sie gehörig, eingesamlett und dadurch dem *Gymnasio* zu Nutz einen ewigen und ehrlichen Pfennigzins zuwege gebracht. Wie woll es aber angele-

---

a Gestrichen/skreślony: auch Schuld gegeben werde
b Gestrichen/skreślony: wie hie
c Gestrichen/skreślony: ter
d Gestrichen/skreślony: ihnen commendirett
e Gestrichen/skreślony: und dahin
f Gestrichen/skreślony: auch

gett und bestettigett ist worden, wird hernach folgen. Was nun auch auß gedachten Capellen datzu gesamlet worden, findett man in einem besondern Capellen Register. --- NB. Capel Register.

B.m. Obgenanter Praetorius mitt seinem Anhang[a] haben viel einfletiger Leute so irre gemacht, das sie mitt ihren nehesten Verwandten und besten Freunden, so es besser verstanden, der Religion halber in grosser Uneinigkeitt gerahten sein, also, das von vielen auff diese Schleicher die Vermuttung gemacht ist worden, ob sie sich gleich auff der Cantzel weiß wusten zu brennen, das sie dennoch musten dem Calvinischen Schwarm anhengig sein. Weil man sie aber ihres Irrthumbs {biß dahero noch} nicht offentlich uberwiesen, sie auch ihres Leugnens halben {desfals} nichts <270> wollen[b] gestendig sein, und auch etliche newe Prediger als Doctor Jacobus Schmid und M[agister] Adrianus Pauli (welcher alhie zu Dantzig zum Predigampt am 1. Tage Martii in der Pfarkirchen ordiniret und zu einem Diacono zu S. Peter und Paul bestellett) und andere mehr, der vorgedachten Notel vieleicht noch nicht unterschrieben hatten, und also ein Theil[c] der Predicanten dem Anderen Theil irckeines Irrthumes nicht wolte gestendig sein. Weil dan Doctor Johannes Kittel mitt seinen Adhaerenten den Doctorem Praetorium mitt und seinen Anhang des Sacramentrischen Schwarmes Doctor Praetorius aber und die seinen D. Kitteln und Beypflichtene fur Flavianer und Ubiquitisten *privatim* hin und wieder fur den Leuten außmacheten, hatt ein E. Raht auff Mittel[d] gedacht (weil ein Theil den andern irckeynes Irrthumbs nicht wollen gestendig sein)[e], wieder Streitt zu stillen, und furs beste angesehen, das sie beyderseyts die viel gedachte Notel alle sambtlich auffs newe unterschreiben solten, (weil sich kein Theil zu irckeinen Irrthumb bekennen wollen)[f] dazu sich beyde Theile auch in Hoffnung, das der Hader damitt konne auffgehaben sein[g] erbotten, und ist Anno 1581 am 16. Tage Februarii solche Unterschreybung ins Werck gerichtet[156].

Es ist auch hernach Anno 1582 auß Anregen des Babstes Gregorii des 14 von Koniglicher Maytt. ein Mandat publiciret, das hinfort der durch benanten Bapst gefaßete newe Calender zu Dantzig sollte angenomen werden sintemahl denselben die gantze Cron Polen angenommen, also das man hinfort fur den 5. Octobris. Des alten Calenders den 15. Newen Calenders nachschreiben[h] {solte, welches auch angenommen worden}[157].

---

a Gestrichen/skreślony: hatt
b Gestrichen/skreślony: zustehen
c Gestrichen/skreślony: dem anderen
d Gestrichen/skreślony: gesehen
e Gestrichen/skreślony: als hatt ein E. Raht
f Gestrichen/skreślony: auffs newen aufferleget dessen sich
g Gestrichen/skreślony: wurde
h Der letzte Satz fehlt aufgrund einer zu starken Beschneidung des Blatts beim Einbinden des Bands. Die Notiz wurde ergänzt auf Grundlage einer zuverlässigen Abschrift. / Wskutek zbyt dużego przycięcia kart przy oprawianiu tomu brakuje ostatniego zdania. Zapisek dodany na podstawie późniejszej bardzo wiernej kopii: HKR, BGPAN, Ms 947, S. 260

C.m.　　Es seind der Pfarkirchen Bewarung zwey Bucher, darinne man calculiret
1583　　befindett, was die grosse newe Orgel gekostet hatt zu bawen etc. Diese Orgel
Numero ist angefangen zu bawen Anno 1583 im Anfang des Januarii und vollendet
11　　　Anno 1586 am 28. Junii, wie woll des einen Buchs Rechnung nicht weiter
erstreckett biß auff den 24. Decembris des 1585[158]. Jares gebawett durch Julium Anthonii den Orgelbawer, dafur er haben soll lautt auffgerichten Contracts 525 Mk. <271> und ist an Rethschafft zu dieser Orgel kommen.

Erstlich an Holtzwerck 7 Schock 55 Stuck Rustholtz kostett 22 Mk. 12 Gr. Den. 0
5 Hundert 36 Stuck Wegenschoß Gutt – 314/ 15/0
3 Hundert 84 Stuck Brack – 126/4/0
2 Hundert 99 Stuck Bracksbrack – 74/1/0
15 Stuck Knerrholtz zu 33 Gr thutt – 24/15/0
12 Schock 58 Stuck Fichtner Dielen kosten - 320/4/0
10 Schock 46 Stuck Linden Dielen und Bretter kosten – 88/18/9
5 Schock 18 Stuck Latten kosten – 42/17/6
47 Stuck Eichen, Fichten, Hagebucken Holtz, Bolen und Rahnen – 43/16/0
Summa an Holtzwerck thutt – 1058/2/15

An Bley und Zynn
132 ½ Centner 42 Pfund Bley kostett – 496/15/6
5 Centner 54 Pfund Zynn kosten – 130/1/6
Summa an Bley und Zynn – 626/16/12
99 ½ Pfund Messing kostet – 27/9/0

Urban Rittawen dem Kleinschmiede ist in 5 Perselen getzahlet worden – 297/10/0
Fur Nagel uhngefehr – 104/0/0
5 Schock 26 Elen Leimett zu den Flugeln gebracht koßt – 50/5/0
26 Stuck geschnitzte Bilder, so nach Schuhen Zal verdungen von Schuch 30 Gr seind auff die Thurme zu stehen kommen thutt fur 51 Schuch – 76/10/0
14 Hundert und 1 Tusyn weiß Leder oder Irich zu der Windbälgen derer 24 sein furs Hundert 15 Mk. – 210/0/0
600 Pfund eim zu 6, 7 auch 8 Schill. – Mk. 80/0/0
Summa 845/14/0
Summa Summarum kostett die vornemeste Rethschafft zu dieser Orgel – [Mk.] 2530/13/9
<272> In dem einen Buche ist ein Zedel eingelegett folgendes Lauts: Laus Deo In Dantzig Anno 1583 Adi 1. Januarii ist das grosse Werck zu Unser Lieben Frawen angefangen zu brechen und wiederumb new zu bawen, darauff sein Unkosten ergangen wie folgett:
Anno 1583, von prima Januarii biß ultimo Decembris Mk. 6073 Gr. 19 Den. 0

Anno 1584, von prima Januarii biß ultimo Decembris Mk. 4043 [Gr.] 1, Den. 3
Anno [15]85 von 1. Januar biß ultima Decembris Mk. 1456, Gr. 3 Den. 9
Noch in obgedachter Zeyt auff das Mohlwerck Mk. 291 [Gr.] 11, [Den.] 9
         Thut Mk. 11748 Gr. 5, Den. 0

Anno [15]86 von 1 Januar biß 28 Juny Mk. 441, [Gr.] 13 [Den.] 12
Summa summarum seind auff die newe grosse gebawete Orgel biß dato in alles Unkosten auffgangen Mk. 12270 Gr. 18 Den. 15.

D.m. Weil nun auch zu dieser Zeytt viel Niederlender, so sich wegen des Hispanischen Krieges allhier zu Dantzig heusig mitt Weib und Kindern nieder gelassen[159], {wie hie bevor gemeldett fol. 157}, welche biß dahero auch ferner hernach {nicht allein vor der Stadt in Garten sondern auch nunmehr in der Stadt die Burgerschafft außgemietet und die Haußtzinser gesteigert, auch nicht allein} der Burgerschafft zu grossen vorfange gelebet, sondern auch daneben in[a] Religionssachen allerley Zerrutung angerichtet, haben die Ordnungen der Stadt abermahl wie hie bevor deliberirett, wie sie dieser schedlichen Leute dermahle eins[b] wieder loeß werden mochte. In wehrenden Rathschlegen kumpt vielgemeldter Pretorius[c] am 8. Octobriß, am Dienstage, da sein Gebuhr war seine Wochenpredigt zu halten, im 1585. Jar, und gab vor in Erklerung des eilfften Psalms, das es christlich were und Gott es haben wolte, das man die Frembden, ob sie gleich in Glaubens Sachen[d] mitt uns nicht einig, solte auffnehmen, beherbergen, bey uns wohnen zulassen, und ihnen allerley Guttes ertzeigen, hatt solches zu beweisen, die Juden zum Exempel eingefuhrett, welche auch Heyden auffgenommen hetten etc.[160] Auß dieser Predigt hatt die Burgerschafft so den verlauffenen Niederlendern nicht ohn Ursache zu wiedern[e] der Religion halben einen grossen Verdacht auff ihn geschöpffet, auch weytere Kundschafft auff sein Vorhaben gelegett und hernach mitt Verwunderung erfahren, mitt was Practicken er umbgangen und wie er seinen Schwarm biß daher verborgen hatt.[161]

E.m. In der alten Kirchenordnung[162] wird wegen der Capellen {in der Pfarrkirchen 1586} also gesetzt, item die Geschlechter, die eigene Capellen haben lassen bawen und der Kirchen eine merckliche Summa Geldes dafur gegeben, fur die Freyheitt, das sie mitt iren Kindern frey Begrebnuß sollen haben, wan sie begraben werden, die sollen dem Pfarherrn von itzlicher Leiche nichts geben. Und datzu sollen sie ihre Capellen halten mitt Dach und mitt Fenstern. An dieser [f] {Freyheitt} ist weder von den Kirchenvetern und Pfarrherrn nie kein

---

a Gestrichen/skreślony: allerhand
b Gestrichen/skreślony: loß
c Gestrichen/skreślony: auff
d Gestrichen/skreślony: nicht einig
e Gestrichen/skreślony: eine
f Gestrichen/skreślony: Verordnung

<273–275>   Historisches Kirchen Register   513

Abbruch geschehen. Lassen sie auch nach wie vor ihrer Freyheitt geniessen. Hiegegen aber sein sie der Kirchen ungerecht, das sie derselben nicht zalen, was sie schuldig sein. Dan nach dem die Kirchenveter Anno 1586 das Dach[a] uber der Kirchen wie auch uber allen Capellen besteigen lassen, nach [b] {Erheischung} der hohen Notturfft [c] {hin und wieder} auch mitt neuen Balcken und Rinnen versehen und berechnet, das solcher Unkosten halben einer jederen Capellen 75 Mk zu zalen gebuhrett, ist doch biß dahero weder von den Geschlechtern noch Zunfften nichts erlegett worden. Darumb die Kirchen unter noch darumb antzuhalten haben, damitt sie deßfales der Kirchen gerecht werden. <274>

F.m. Nach dem in diesem Jare [1586] eine Predigerstelle zu S. Catharinen vacierte, das Ministerium auch alhie durch Gottes Gnade und gnedigsten Zulaß Kon. May. die Macht hatte, Prediger zu ordiniren, sintemahl in dem Ministerio drey Doctoren profilirten, wie woll ungleicher Religion[d] dan nun mehr nur [e] {sechs} auffrichtiger Lehrer göttlichen Worts nach der Richtschnur[f] der Prophetischen und Apostolischen Schrifften und Erklerung der Augspurgischen *Confession*, von welchen Doctor Johannes Kittel das Haupt, und dagegen ihrer [g] {eilff} mitt dem calvinischen Schwarm, unter welchen Doctor Petrus Praetorius und Doctor Jacobus Schmidt die Heupter waren[163]. Zwischen diesen beyden Parteyen endtstund wegen gedachter Ordination eine öffentliche Spaltung. Dan es hielt einer mitt Namen Samuel Lindeman umb obgedachten Kirchendienst, und weil er zum Predigtampt noch nicht ordinniret, zugleich auch umb die Ordination an. Dieser ward von Doctor Kittel als dem Eltesten Prediger vorgengig examiniret, welcher auß seinen Documentis und Testimonii befand, dass er seine *Theologiam* zu Heidelberg in der vornemsten calvinischen Schulen studiert hatte und wegen des Heiligen Nachtmahls nicht geradezu bekennen wolte, derwegen er ihm die Ordination verweigerte und abschlug. Damit gingen die Spaltung an: dan nach dem Doctor Kittel als der Elteste im *Ministerio*, dem die Ordination fort zu stellen gebuhrete, {sampt seinen 5 Collegen} damit nicht verfahren wolten[164]. Lieffen Doctor Praetorius mitt seinen 11 Adheranten fur den Raht und beschwerten sich daruber, erklehreten sich daneben, das sie ihn reiner Lehre in allen <275> Articulen des Glaubens befunden, darendwegen gebethen, das er mochte ordiniret werden. Worauff ein E. Raht das gantze Ministerium zusamen gefordert, der Streit untersucht und dem grösseren Theile beygepflichtett. Derwegen dem Doctor Kittel aufferlegt, das er die Ordination fortstellen solle. Er aber hatt sich dessen beschwerett befunden, einwandende, das er benanten

---

a   Gestrichen/skreślony: der
b   Gestrichen/skreślony: der w
c   Gestrichen/skreślony: erforder
d   Gestrichen/skreślony: wie bald folgen wird
e   Gestrichen/skreślony: funff
f   Gestrichen/skreślony: des gottlichens Worts
g   Gestrichen/skreślony: zwelfe

Samuelem in seinem Bekentniß nicht richtig befunden, er auch an verdechtigen Orten studirett hette, als were es wider sein Ampt und Gewissen, das er ihn ordiniren solle, wollte sonst ein E. Raht in allen, was nicht wider sein Ampt und Gewissen gerne gehorsam sein. Wie sich dan auch seine Adhaerenten gleichffals erklehretten, das sie dieser *Ordination* nicht konten beywohnen, auß angetzogenen Doctor Kittels Ursachen. Solches hatt ein E. Raht, unter welchem schon viel Personen mitt dem *Calvinismo* beschmutzet, dem wennigern Theil fur ubel auffgenommen und dem grössern Theile ihre Bitte gewehret[a] {und nachgegeben}, solche Ordination durch D[octorem] Praetorium ihren Eltesten in der Pfarkirchen fort zu stellen, welcher sich dessen mitt seynem Anfang auch unterwunden in diesem 1586 Jare am 11. Februarii[165]. Nach dem newen Calender auff welchen Tag seine Wochenpredigt nemlich auff einen Dienstag eingefallen und nach gehaltener Predigt mitt grosser Solennitet und Beystande seines Anhanger in der Pfarkirchen die *Ordination* fort gestellett[166]. Sein Beystand ist gewesen Doctor Jacob Schmidt, Rector im Gymnasio, M[agister] Alexander Glaser zu S. Barbaren[b], M[agister] Adriannis Pauli Diaconus zu S. Peter, M[agister] Christoff Copius Diaconus zur S. Peter, Christopherus Hofman Diaconus zu Pfarre, Johannes Brosaeus N N [zu St. Bartholomäi], M[agister] Achacius Curaeus Pfar zu St. Bartelems, M[agister] Petrus Holstius, Pfarherr zu S. Peter, <276> Martinus Rauchstett,[c] Andreas Seltzlein[d], Joachimus Thewerkauff zu S. Jacob.

Die der Ordination nicht beywohnen wollten waren: Doctor Johannes Kittel, Michael Coletus zur Pfarre, Johannes Hutzingus zu S. Johann, M[agister] Clemens Friccius zu S. Johans, Georgius Kalckbrecher zu S. Catharinen und David N [Ringius] zum Heiligen Geist[167].

G.m. Diese Spaltung der Prediger war die vierdte Staffel zum *Calvinismo*. Dan, nachdem in dieser Ordination Doctor Praetorius dem Doctor Kittel vorgetzogen ward und vermerckett, das er den grosseren Theil des Rahts auff seyner Seyte hatte, nam er sich vor, die Einsetzung des Heiligen Nachtmals zu erklären. Und gab vor am Sontage Oculi, welches war der 9. Tag Martii, auß den Worten Cyrilli: Wie empfangen in dem Hochwurdigen Nachtmahl des Herren ein irdisches und ein himlisches etc das der Mensch mitt dem Munde nicht anders empfahe als blos[e] Brodt und Wein, durch den Glauben aber [f] {empfahe} man auff himlische Weise den Herren Christum mitt allen seinen Gnaden, Wohltaten und konne darumb gleichwoll das gesegnete Brodt und Wein der Leib und das Blutt Christi heissen, obgleich der wesentliche Leyb

---

a Gestrichen/skreślony: und dem
b Gestrichen/skreślony: Christophoris Hofman
c Freigelassener Platz für Ergänzungen / pozostawione miejsce na uzupełnienie
d Freigelassener Platz für Ergänzungen / pozostawione miejsce na uzupełnienie
e Gestrichen/skreślony: bloß
f Gestrichen/skreślony: ergreiffe

und das wesentliche Blutt Christi nicht gegenwertig were, wieder diejenigen, so biß dahero so abscheulich gelehret hatten[168]. Da ging erst der Lermen recht an, dan nach dem Doctor Kittel diese Predigt selber angehoret, und ihm desselben Tages zu Vesper gebuerett zu predigen, hatt er Ampts halben[a] solchen Irrthumb wiedersprochen, seine Zuhörer dafur gewarnett, und gedachte des Pretorii Predigt als gotteslesterlich gescholten etc. Worauff der Raht <277> zur Verhuttung mehrern Zancks und Ergernuß diesen beyden Doctoribus die Cantzel geleget, und des folgenden Tages furm Raht zu erscheynen aufferlegett. Daselbst sie dan zu beyden Theilen examinirett worden. Der Praetorius sich uber den Kittelum beschwerett, das er ihn als einen Gotteslesterer an offentlicher Cantzel außgeruffen. Kittelius ihm aber nicht unrecht gethan zu haben vertheidigett, dan er dessen Ampts halben nicht Umbgang haben konnen, ihm damit die Worte seiner Predigt vorhaltende und sich auff die Zuhörer als seine Zeugen beruffende. Weil ihm aber der Praetorius dessen nich gestehen wollen, hatt ein E. Raht dem Pretorio aufferlegett, seine Predigt schrifftlich vor zu bringen, welche er dan viel anders in die Feder gefassett den seine Wortte auff der Cantzel gewesen waren, also dass etzliche Personen des Rahts, so die Predigt selbst mitt angeherett, ihm solchs als leichtfertig zugemessen haben. Er aber darauff gestanden, das nie sein Wille gewesen were, anders von diesen Mysterio zu reden. Dan wie ers da ubergeben hette, wolle es auch nicht anders verstanden haben etc. Ist also die Sache auff ferner Deliberirung des Raths verschoben worden.

H.m. Es ist aber ein E. Raht mitt Fleiß daran gewesen, wie sie die beyden Doctoren mitt beyderseits anhengenden Predicanten einigen mochten, sintemal der Streit nicht allein unter den Predicanten blieben, sondern auch auffs Rahthaus auß und unter die Burgerschafft gerathen, Pretorius aber und sein Anhang vorgegeben, sie hetten nie wieder die Augspurgische *Confession*, noch derselben Apologia oder die Dantzcker Notel gepredigett noch gehandelt. Sondern sich demselben allein nach gehalten. Es were nur ein bloß Wortgetzencke und keme doch <278> die Maynung beyderseits uberein, welches ihnen ihr Gegentheil nicht gestehen wolte, sonder ihnen solch ihr Vorgeben rationibus wiederlegett. Derowegen hatt keine Vergleichung können getroffen werden. Und obwoll des Pretorii Seite Mittel und Wege vorgeschlagen, welche dan ihrer Sachen einen feinen Schein zu geben wuste, haben doch solche Mittel ihr Gegentheil nicht annehmen wollen, sondern mitt Wiederlegung des calvinischen Schwarms auff den Cantzeln fort gefahren. Endlich aber hatt ein E. Raht ohn Vorwissen der Ordnungen durch ein Decrett oder Abscheid der Sachen ihre[b] Endschafft geben wollen, folgender Gestalt:

---

a Wiederholung/powtórzenie: hatt er Amptshalben
b Gestrichen/skreślony: ihre

Nach dem die christliche Gemeyne mitt dem Heiligen Göttlichen Wort und Ausspendung der Hochwurdigen Sacramenten vermuge Prophetischen und Apostolischen Schrifften laut der Augspurischen *Confession* und Apologia vom lieben Gott reichlich versehen worden, habe sich also bald bey der dahmals schwachen Kirchen eine fast ergerliche Disputation vom Heiligen Nachtmahl des Herrn erreget, welche schedlichen Disputation ein E. Raht vorgekomen, und von demselben Articel zwischen allen Personen des gantzen Ministerii zu der Zeit eine christliche Vergleichung der Augspurgischen *Confession* gemeß gemacht, welche schrifftlich verfasset und *Notula Concordia* genant. Welche Nottel {nachmals} vom E. Raht approbiret, sowoll durch alle Personen des Ministerii unterschrieben sey und letzlich in offenen Druck gegeben sey[169]. Weil aber damals von demselben Articel zwischen etlichen Ministeriis ein Streitt erwecket, habe dennoch ein E. Raht solchen Streit am 16. Februarii Anno [15]81 gentzlich auffgehoben und sie alle in der auffgerichtete Notel gewiesen[170]. Zu welcher sie sich denn[a] sampt und sonderlich bekant[b] <279> und dieselbe auch mitt Unterschreybung ihrer eigenen Henden in einerley gleichlautenden Worten allendhalben approbiertt. Dennoch habe der [c] {Sathan} das Feuer hefftiger denn vorhin auffgeblasen, das auch die Prediger nicht allein in Winckeln, sondern auch furm E. Raht, viel mehr aber von offentlicher Cantzel zum hefftigsten sich angegriffen: Als wolle ein E. Raht von allen bestelleten Predicanten die offt gedachte Notel bekrefftigett haben.

1. Doch zu der Gestalt: das forthin die Predicanten samptlich und sonderlich in ihren Predigten den 13. Articel der Notel nicht zu solchem Ende wie bißhero geschehen zu condemniren und verdammen gebrauchen sollen, auch sonsten wegen des Artickels keine gefehrliche Disputation erwegen, sondern mitt christlicher Bescheidenheitt den Irrthumb antzeigen, auß Gotteswort widerlegen und vermeldten, das er es mitt solcher Lehre nicht halte.

2. Weil dan nebenst diesem vermercket wird, das von der Cantzel allerley newe ungewohnliche Art zu reden, die in der Notel nicht zu finden, gebrauchett werden. Das die Herrn Predicanten samptlich forthin zu der Zeit allein, wan es der Text vom Nachtmal des Herrn zu predigen eigentlich mitt bringett, sich keiner Art und Form zu [d]reden gebrauchen sollen, die wieder die Augspurgische *Confession* und Notel streitten.

3. Sie sollen auch weder *publice* noch *privatim* des Calvini oder Zwinglii Schreiben, des Concordien Buchs und dergleichen Bucher viel weniger irckeines Theils Streittschrifften von ihnen in dieser Stadt Kirchen eingefuhrett werden.

---

a Gestrichen/skreślony: auch
b Gestrichen/skreślony: und dieselben damals einhelig und eines seines bekennet
c Gestrichen/skreślony: Teufel
d Gestrichen/skreślony: predigen

4. Und weil biß dahero wieder geschehenes Verbott die Prediger eines Theils nicht nachlassen, ihre zwistige Händel auff die <280> Cantzel zu bringen, als wolle gleichffals ein E. Raht den Herrn Predicanten daselbe gentzlich untersagt und verbotten haben.

5. Da aber uber verhoffen jemand mitt dem andern in einen Mißverstand gerahten wurden, so sollen die Herrn, unter welchen der Zwist endstehett, unter ihnen selbs[t] versuchen schuldig sein, ob sie sich einigen können. Wo nicht, die Mißverstande an das gantze Ministerium, wan das Predigtampt mitt reinen Lehrern bestellett zu vergleichen nehmen. Woferne auch, da dieselbe ohne Einigung zu ergungen, die Sachen an den Herrn Praesidenten und so an einen gantzen Raht gelangen lassen. Und aber weder *publicae* noch *privatim* im Geringsten nicht wagen noch gedencken.

6. Diese Puncta sollen die Herrn Predicanten als einen Abschied und Decret eines E. Raths hinfort feste und unverbruchlich zu halten schuldig sein. Wer dagegen thuen oder handeln wurde, solle vermöge der Straffe in der Notel endhalten achterfolgett werden. *Actum* Dantzig auff dem Rahthause den 22. Octobris Anno 1586[171].

Diß Decret, ob es woll von des Pretorii Seiten, welche dem Raht weidlich hofieren können, beliebett und angenomen, hatt es doch des Kittelii Seyte nicht allein nicht annehmen wollen, sondern auch sowoll furm Raht als an offentlicher Canztel demselben wiedersprochen vorwendende, das sie in dem Falle Gott mehr als ihrer Obrigkeitt zu Gehorsamen schuldig weren, konten es auch dem Gegenteil welches das Decret guttwillig angenommen darumb nicht zu Gutte halten[172].

1.[a] {Auffs erste}, {weil man haben will}, das[b] man die sacramentirische Lehre nicht condemniren solle, sondern allein mitt solcher Bescheidenheit und Meldung, das mans damitt nicht halte und solches <281> nur alleyne, wens die Materie und Text vom Nachtmahl mittbringett etc. {Darauff Andwort}: Hiedurch werde der 13. Artickel der Nottel gefehrlich gedeutet und extinuirett. Ja mitt der that gantz auffgehoben, dan da es Prediger mitt Zwinglio, Calvino oder den Sacramentirern nicht hielten, musten sie freylich derselben Lehre verworffen und als eine Teuffels Lugen verdammen, thuen sie es nicht, so seyen sie gewißlich zwinglisch und calvinisch. Die begehrete Bescheidenheitt belangende, nur *simpliciter* zu sagen, das mans mitt solcher Lehre nicht halte: Lieber Gott, wo wurden die Zuhörer bleyben? Ist denn Christus so unbescheiden gewesen, dessen Exempel sie zu folgen schuldig? Da er spricht: Sehett auch fur fur den falschen Propheten etc., da er {dieselben} reißende Wolfe nennet. Die Zuhörer musse man warnen, solches kann das Wiederheil nicht leiden, nenne es eine Verwirrung und Verdruß, dan es gerewet ihnen, das sie nicht alle calvinisch seyen. Die Zeit auch belangende, ist[c] zu

---

a Gestrichen/skreślony: Das
b Gestrichen/skreślony: darumb
c Gestrichen/skreślony: sey

wissen, weil der Sacrament Schwarm, {welcher je länger je mehr alhie einreissett und} Christi Wahrheit und Allmacht angreifet[a], wie offenbar, welcher getrewer Diener Christi wird es lassen konnen, das er die Ehre seynes Herrn nicht retten sollte? Auch in allen Predigten, welches doch nicht geschehen, und alzu wenig dieser Irrthumb gestraffet worden, will also ihr Wiedertheil den 13. Artickel der Notel mitt der That auffheben, [b] {ja auch} alle[c] andere Artickel derselben. Und das ist ihre Bescheidenheitt: auff diesen Weg soll ihrem Bedunckem nach die Calvinisterey allhie eingefuhrett werden etc.
<282>
2. {Aufs ander} das man der newen ungewöhnlichen und ergerlichen Art zu reden des Jegentheils falscher Lehre mitt newer doch wahrhafftiger Art zu reden nicht begegnen solte: Antwort: Calvini Lehr ist in Dantzig new und ungewohnlich, und hatt sie vor des Wiedertheils Zeiten die Oberckeit alhie nicht gedultett, haben auch von der hohen Oberckeitt keine Vergunstigung sie zu gestatten, aber dieselbe heissen sie itzt nicht new und ungewohnlich, sondern wen man sie ihnen wiederlegt, das ist ihnen new ungewohnlich. Die ihrigen suchen solche newe Artt zu reden, welcher die unsern nicht bedurffen. [d] {Nam} *veritas simplex est oratio* und reden oft so Churwelsch, das man sie offt nicht verstehen kan, durffen auch nicht herauß, nur biß sie Lufft bekommen. Solche gutte Lehre und Gewissen haben sie, welches alles ihr Exempel betzeuget. Dunckett ihnen nun die Wiederlegung ungewöhnlich sampt ihrer Art zu reden, so sollen sie wissen, das die Calvinisterey in Dantzig ungewöhnlich, sampt ihrer Art zu reden, dieselbige herauß dringett. Weil sie auch solche ergerliche Art nicht außdrucken, mag es woll ihr *Scandalum non datum sed acceptum* heissen.

3. Auffs dritte, das man richtige Bucher und in welchen die Wahrheitt auß Gottes Wortt gestritten wird, nicht billige oder schätze, weder in gemein noch besonders. Antwort: Die Wahrheit ist auch am Feinde zu loben. Will es nun das Wiedertheil in richtigen Buchern tadeln, so haben sie zu bedencken, was fur Leute solches thun, und ob solche Liebhaber der Wahrheit sein. Sein sie der Augspurgischen Confession zugethan, als sie vorgeben, so beweisen sie, wo das *Concordien* Buch der Augspurgischen Confession zu wieder sey, weil das kein Calvinist <283> hatt thuen konnen, auch noch nicht thun kann. So verwerffen ja die Calvinisten beides, die Augspurgische Confession und das *Concordien* Buch, das suchett unser Wiedertheil gleichsfals. Wollen auch die Gewissen zur falschen Lehre zwingen, gutte Bucher verbieten und gleichsam *Hispanicam inquisitionem* anrichten, das ihnen nicht gebuhrett. Es thutts die hohe Obrigkeit nicht, sie sehen zu, wie sie mittspielen wollen, das es ihnen nicht selbest wiederfahre.

---

a   Gestrichen/skreślony: welcher je länger je mehr alhie einreissett
b   Gestrichen/skreślony: und
c   Gestrichen/skreślony: ihre
d   Gestrichen/skreślony: Dan

4. Aufs vierte. So soll das offentliche Straffampt gelegett sein etc. Antwort: es gebuhrett[a] {dem Wiedertheil} nicht, dem Heilgen Geist ins Maul zu greiffen und ihm das offentliche Straffampt zu legen durch seine Diener, und da sie gerne *privat* Sachen darauß gemachett hetten, dringett [b] wider ihren [c] {Willen} die Wahrheitt herauß, das sie es nennen ein Mangel der Lehre, welchs doch als eine gemeine Sache auff die Cantzel gehöret. Und wird zwar in diesem von ihnen gesucht, das es gehe in ihren Kirchen nach der Polen Sprichwortt, das man darinne Gott diene und den Teufel nicht erzurne[173], sie wollen Gott und den Teufel in ein Glaß bannen. Es muß aber und soll die Wahrheitt sein wieder die Lugen, der Glaube wieder den Unglauben, da wird nichts anders auß. O, wie hart wird von ihnen gesundigett wider des ander Gebott Gottes, und die erste Bitte im Vaterunser.

5. Aufs funffte: So soll die vergeschriebene newe Weise zu straffen angenommen werden etc. Antwort: In der Wiedersacher vorgeschriebenen Weise zu straffen. Wird ihnen ihre Fidel nicht klungen, dan sie sollen wissen, wan man Wolfes und Schaffs Seiten auff eine Fidel zeucht, so klingett es nicht, es reissen ehe die Schaaffsseiten auff Stucken. Es hatt woll Esaias am 65[174] geweissagt: <284> Wolfe und Lewen sollen zu gleich weiden. Aber die Wolfe werden durchs Evangelium ihre böse Art ablegen. Wie dan auß vielen Wolfen demmuttige Schäfflein worden seind, wie diese Verwandlung mitt S. Paulo geschehen etc. Aber bey dem Wiedertheil werden die Wolfe ihre Art behalten. Ja, werden darinne gestercket. Das wird sich nicht bruedern, auch nicht fideln, es muß ein Riß geschehen, wie auch anderswo, da die Calvinisten eingerissen, welche Auffruhr und alles Ubel erweckett haben, daran man sich warlich spiegeln solte.

6. Aufs sechste: So soll die Execution der Straffe wieder die Verwircker dieses Decrets ergehen, welche Straffe in der Nottel begriffen. Antwort: Wie den diese Execution der Straffe in der Notel enthalten, mag S. Pauli Klage Act. 23[175] gefuhret werden: Gott wird dich schlagen, du getunchte Wand, Sitzestu und richtest mich nach dem Gesetz und heissest mich schlagen wider das Gesetz. Schließlich, so ist diß Decret wider Recht, sintemahl es weder nach geistlichem oder weltlichem Rechte gesprochen. Ja, es ist wider Gottes Recht gesprochen, 2. Cor. 6[176] ziehet nicht an frembden Joch mitt den Ungleubigen. Dan was hatt die Gerechtigkeitt fur Genies mitt der Ungerechtigkeitt? Was hatt das Liecht fur Gemeinschafft mitt der Finsterniß? Wie stimmet Christus mitt Belial? Oder was fur ein Theil hat der Gleubige mitt dem Ungleubigen? Was hatt der Tempel Gottes fur ein Gleiches mitt den Götzen?

---

a Gestrichen/skreślony: ihnen
b Gestrichen/skreślony: sie die Warheitt
c Gestrichen/skreślony: danck

Ihr aber Seyt der Tempel des lebendigen Gottes, wie den Gott spricht: „Ich will in ihnen wohnen und in ihnen wandeln und will ihr Gott sein und sie sollen mein Volck sein." <285> Nachdem[a] nun von Doctor Kittels Seyten also und dergestalt wie gemeldett eines E. Rahts Decret offentlich wiedersprochen[b] und dagegen ihr Wiedertheil dasselbe hoch geruhmett und gelobett, seind[c] beyderseits Zuhorer in der Burgerschafft hiedurch in eynen hefftigen Streytt gerahten, [d] {also das} ein E. Raht ferner auff Mittel gedencken mussen, wie den Sachen zu helffen, sintemahl umb der grossen Uneinigkeytt wille der Burgerschafft[e] die *Executio* der Straffe in Decret endhalten zu pflegen sehr gefehrlich war, wie hernach hievon ferner Meldung geschehen wird.

L.m. Mittlerweil nehmlich am 11. Tage Decembris dieses [15]86. Jars ist Konig Stephanus in Polen eines schnellen Todes gestorben[177]. Dan nachdem er zu Grodno in Reussen in der Nacht vom heimlichen Gemach gehen wollen, sturtzett er nider mitt hefftigen Geschrey und gab seinen Geist auff[178]. Was ihm ankommen oder geschehen, davon sind mancherley Rede aber ungleich ergangen[179].

1587. Anno {1587}[f]. Die 32. Wahl der Kirchenveter

Nachdem {George Molner}[g], der dritt[h] in der Ordnung der Kirchenveter, Todes verbliechen, hatt ein E. Raht auß dem ubergebenen Wahlzedel den Kirchenveter Adrian von der Linden[i] ernennett, in folgender Ordnung:
Herr Georgen Rosenbergr[j] der Pfarkirchen[k] *Inspector*
{Peter Bartsch, Herman Hacke, Hans Brandes, Adrian von der Linde}[l].
Hiebevor ist vermeldett[180], wie durch einen E. Rahts Decretiren in dem Religionsstreitt [m] {beide} die Predigern <286> und Burger nur viel unruhiger worden sein, also gar, das gar leicht ein Tumult sich in der Stad erheben mögen.

---

a Überschrieben/nadpisane: -dem
b Gestrichen/skreślony: als hatt ein E. Raht ferner ihre zu
c Gestrichen/skreślony: beyderley
d Gestrichen/skreślony: als hatt
e Gestrichen/skreślony: vermuge gegebenene Decret
f Gestrichen/skreślony: 1587, überschrieben und gestrichen / nadpisane i skreślone: 1588
g Gestrichen/skreślony: George Molner, nadpisane i skreślone: Peter Bartsch
h Gestrichen/skreślony: dritte, nadpisane i skreślone: erste
i Gestrichen/skreślony: Adrian von der Linden
  überschrieben und gestrichen / nadpisane i skreślone: Cord von Bobert
j Gestrichen/skreślony: Constantin Ferber
k Gestrichen/skreślony: President
l Gestrichen/skreślony: 1. Hermann Hake, Peter Bartsch, 2. Hans Brandes, Herman Hake, 3. Adrian von der Linde, Hans Brandes, 4. Cord von Bobert, Adrian von der Linde
m Gestrichen/skreślony: bey

<286–287> Historisches Kirchen Register

Derowegen solchem zuvor zu kommen, hatt der Raht die andern beyden Ordnungen mitt zu den Rahtschlegen getzogen, wie man vorstehendem Unheyl vorkomen mochte. Aber die Ordnungen waren unter ihnen selbs uneinyg, den die Fuhrnemesten unter ihnen des Pretorii Seyten, die geringern aber, wie woll die meisten, des Kittelii Seyten hielten. Und war derwegen all ihr Rahtschlegen vergeblich, dan ein Theil dem andern nicht weichen wollte.

Es begab sich aber in wehrenden solchen Rathschlegen am 20. Tage Februarii zu Abend umb funff Uhr, das in Versamlung der Hunderten[181] auff dem Rahthause in der Wettstuben, da sie versamlet waren, ein helles Licht erschein in Gestalt der Sonnen Glantz, da doch die Sonne schon undergangen war, also das sie sich fast alle daruber endsetzett, sintemal auch die Wettstube gegen Morgen gelegen. Es ward aber solches von etlichen gar liederlich in Wind geschlagen.

M.m. Nicht lange darnach, {nemlich am 27. Tage Februarii dieses [15]87 Jars[182]}, kam Clemens Fricius, obgenant Prediger zu S. Johannis von Kittelii Seiten, mitt seinen *Collega* Joachimo Keckermanno, einen newen Ankomling von Praetorii Seiten, wegen vielgemeldtes Decrets in eine Disputation auch so weitt, das Fricius dasselbe ein *Impium et Diabolicum* nennete[183]. Dieses kundigte Keckerman dem E. Raht an, beschuldiget ihn als einen, der seiner Oberckeitt Decret wieder Gebuhr gelastert hette. Nach Verhörung der Sachen aufferlegett ein E. Raht M[agister] Fricio, innerhalb dreyen Tagen mitt alle den seinigen die Stadt zu reumen. Da nun solches der gemeine Man beim Fischmarckt inne war, hatt derselbe sich zusammen gerottet und Keckermannum nun <287> in seiner Behausung mitt versamelter Handt gesucht, ihm Fenster und Thuren zuschmiessen. Also: wen dem Tumult ein E. Raht durch die Statdiener nicht vorgekommen were, so hetten sie sein Hauß gantz und gar gesturmett und geplundertt[184]. Da nun solches gestillett, haben sich bald (innerhalb den angesetzten dreyen Tagen, so dem Fricio zur Reumung gegeben)[185] andere gefunden, so etwas bescheidener gefahren und einen E. Raht *supplicirett*, das Fricio die Cantzel wiederumb zu betretten möge verstattet werden[186]. Damitt wan die Execution kegenst ihn solte ergehen, nicht ein grosses Unheyl darauß entstehen mochte. Und ob sie gleich ein zweyffelhafftig Antwor[t] darauff bekommen haben, ist dennoch Fricius auff sein Ebentheur biß auff weyteren Bescheid in seyner Wohnung verehrett.

N.m. Mittlerweil ist der Sontag Occuli in der Fasten am ersten Tage Martii eingefallen, als es offtgemeldten Keckermanno umb 12 Uhr zu predigen gebuhrete. Da gieng er mitt Furcht und Zittern auff die Cantzel und versammelt sich in werender Predigt des Fischmarck[t]s gemeiner Hauffe abermahls, vorhabens ihn nach Verrichteten des Ampts dermassen abzusetzen, das ers niemand mehr klagen kunte.

Nachdem sich aber ein E. Raht schon vor angehender {Predigt} solches besorgete, ist der Diener Hauptman mitt den Stadtdienern darauff bestellet worden, welche ihn von der Cantzel widerumb in seine Behausung sicher begleittett, das ihm nicht leicht Leid widerfahren konnen. Ein E. Raht aber, nachdem er vermerckett, dem gemeinen Manne sehr zuwidern sein, das vielgenandter Fricius geurlaubett, ist demselben <288> auff dränglich Anhalten des gemeinen Mannes nicht allein vergunt worden, in der Stadt zu bleyben, sondern auch wiederumb an offentlicher Cantzel zu predigen nachgegeben[a]. {Welcher auch darauf den 22. Martii am Sontag *Invocavit* wiederumb angefangen zu predigen. Auch in demselben Dienste wenig Jar hernach gestorben}. Keckerman aber hatt[b] Furcht und besorgender Gefahr halben nicht allein nicht mehr auff die Cantzel kommen durffen, sondern sich auß seyner Behausungen begeben, wie auch nicht lange hernach die Kirche verlassen[c].

O.m. {NB. Es haben aber mittlerweil etliche calvinische Quartiermeister dieser Sachen wegen eine besondere Supplication an E. Raht gestellet und ubergeben, darinne sie denn ein E. Raht zu gemiette fuhren, welchermaßen des Rahts habende Authoritaet aus Betrieb etlicher wenig Praedicanten und etlicher von ihnen aufgewigelten Personen der Dritten Ordnung sehr verkleinert wurde, indem sie das Decret ein E. Raht in den streitigen Religionssachen ubertreten und sich frewentlich darwieder setzeten, wie newlich und sonderlich durch Clement Fricium geschehen, welcher seines Frevels wegen in gewisser Frist die Stadt zu räumen verurtheilet und dennoch dem Urtheil zuwieder sich allhier aufhalte und damit laut den Statuten sein Leben verwirkket. Weil aber nichts desto weniger obgedachte wenige Auffwiegeler und Aufgewiegelte durch ihr ungebuhrendes Suppliciren allbereit es so weit gebracht, das er wieder das Decret nicht allein geduldett, sondern auch zu Predigen versttattet worden. Als bitten sie noch, das ein E. Raht tragenden Ambte nach nicht allein gegen diesen Freveler, sondern auch gegen alle die andern, so sich solchem Christlichen Decret wiedersetzen, die darin anhaltene Execution pflegen etc. Die Copia dieser *Supplication* findestu nach der Läng in meiner Historischen Declaration, Numero 29, p. 80[187]}.

Am 17. Tage Martii hatt ein E. Raht das gantze Ministerium auffs Rahthauß vor sich fordern lassen und ihnen den betrubten Zustand der Kirchen dieser Stadt zu Gemutte fuhrett, so ihrer Uneynigkeit halben endstanden, welchem abzuhelffen, Friede und Einigkeitt zu stifften ein E. Raht ihr Decretum im negstverschienen Herbst publiciret.[d] Weil sie sich unter einander nicht vergleichen können, auch etliche unter ihnen sich beschwerett befunden, und aber eines E. Rahts Meinung nicht gewesen auch noch nicht[e], das die Augspurgische *Confession* und *Apologia* und auch die Notel durch diß Decret solte abrogirett, sondern nur allein das Condemniren und Poldern auff den Cant-

---

a Gestrichen/skreślony: worden
b Gestrichen/skreślony: nicht
c Gestrichen/skreślony: ubergeben
d Gestrichen/skreślony: Und
e Gestrichen/skreślony: sey

<288–289> Historisches Kirchen Register

zeln solte eingestellet werden. Haben auch nicht hiemitt unreine Lehre Calvini, Zwinglii und anderer, wer sie auch waren, keinen außgenommen, auß Gottes Wort zu straffen und zu verwerffen wollen verbotten haben. Der Meinung ein E. Raht auch noch sey, derwegen ein E. Raht von ihnen begerett, das sie allesampt von Newes wiederumb der *Notel sine omni exceptione et conditione* unterschreiben solten in Gegenwertigkeitt beider Partheyen, damitt also der gewunschete Friede und Einigkeitt in dieser Kirchen gestifftett wurde, welches dan auch die Dritte Ordnung <289> begerett habe und hiedurch dem Mißverstande wurde abgeholffen, und habe nicht die Meynung[a], als wurde durch das Decret die Augspurgische Confession auffgehoben[b], und die Notel sonderlich der 13 Artickel derselben cassiret und verbotten, irrige Lehre aus Gottes Wort zu straffen etc.

Q.m. Hierauff haben die Prediger[c] des[d] Kittelii Seyten der Sorgfeltigkeitt eines E. Rahts gedancket, und diesen Abscheitt unterdienstlich[e] angenommen, auch verwilliget, demselben gehorsamlich nachzukommen. Des Praetorii Seite[f] {hatt} zwar auch[g] fur solche väterliche Vorsorge Dancksagung gethan[h] und den verwirreten Zustand beklagett,[i] {haben aber[j] die Proposition an sich genommen, sich darauff zu bereden und darnach in einer langen Schrift sich erstlich endschuldigett}, das sie so friedlich gelehrett und gelebett, keine Ursache gewesen und noch nicht seyen des trawrigern Zustandes, wie den auch nicht ihre[k], sondern des Wiedertheils Zuhörer durch ihr unauffhörlich Schmähen und Lestern wieder Vielfeltiges eines E. Rahts Verbott zum Auffstande einen Anfang gemacht. So wust ein E. Raht sich auch woll zu erinnern, wie ihres Widertheils etliche sich zu Casper Göbeln, dem abgesagten Feinde des Mynisterii, sich geschlagen und offentlich bekant, das sie sich von ihnen abgesondert. Darumb auch nicht bey dem *examine* und Ordination des Samuelis Lindemanni sein wollen,[l] dadurch ein offentlich *Schisma* angerichtet und sich von der Zeit an als offentliche Feinde ihrer Bruder auff den Cantzeln in *collationibus* und Privatunterredungen ertzeigett, sie hinterrucks

---

a Überschrieben/nadpisane: und habe nicht die Meynung
b Gestrichen/skreślony: als wurde
c „Prediger" ist mit einer darüber geschriebenen 1 zur richtigen Anordnung des Satzes. / „Prediger" z nadpisanym numerem 1, celem korekty szyku zdania
d „des" ist mit einer darüber geschriebenen 2 zur richtigen Anordnung des Satzes. / „des" z nadpisanym numerem 2, celem korekty szyku zdania
e Gestrichen/skreślony: gehorsamlich
f Gestrichen/skreślony: aber
g Gestrichen/skreślony: gedanckett
h Gestrichen/skreślony: sich aber daneben geruhmett
i Gestrichen/skreślony: sich auch daneben endschuldigett
j Gestrichen/skreślony: und damitt
k Gestrichen/skreślony: ihre ihre zu
l Gestrichen/skreślony: und

ihres Gefallens geschmehett, sie als stumme Hunde, Diebe, Morder, Wolfe, Hellenhunde, schelmische calvinische Buben, Seelenmörder etc. <290> angeruffen, und also offentliche Schismaci und *turbatores pacis publicae* worden sein. Haben hieneben auch einen E. Raht ihres gegebenen Decrets erinnert und was dem anhengig, welches Decretum ein E. Raht von ihnen auch sampt und sonderlich nebenst der Notel zu unterschreiben, welches ihr Theil zu Danck angenommen, auch wie verabscheidet, die Notel sampt dem Decret zu unterschreiben sich eingelassen, seyen auch noch der Meynung etc. Haben darneben das Decretum, darine alles also christlich und woll geschlossen, hoch geruhmett, bittende, das sie ein E. Raht bey solchem gottseligen und zum Frieden dienlichen und hochnöttigen Decret bleiben lassen, handhaben und auch fur ihr Person daruber halten und exequieren wollten. Dan das sie sich wiederumb hievon solten abreissen lassen, oder auch selbest davon weichen und sich dessen begeben, kunten sie umb vieler erheblichen wichtigen Ursachen willen mitt guttem Gewissen nicht thun, derer sie etzliche nach einander ertzehlett haben.

1. Als zum ersten, das ein E. Raht solch ihr Decret selbst proponiret, es auch geruhmet, das es Gottes Wort und der Augspurgischen *Confession* gemeß, das es ein E. Raht eine geraume Zeit woll erwogen, es auch gegenst menniglich vertretten wollen,[a] ein E. Raht auch keines Disputirens, Einbringens, Wiederredens, Deutens oder Außlegens gewertig sein. Auch eine Straffe daran gehengett, da es jemand nicht annehmen wurde, daruber es auch ihnen zu Hauß und Hofe geschickett.
2. Zum andern habe es auch diß ihr Part auch unter einander erwogen, und Gottes Wort der Augspurgischen *Confession* und *Apologia* gemeß befunden, es derowegen angenomen und beliebett, auch von der Zeit an <291> biß dahero gelehrett und gelebett, und halten es noch fur christlich, erbar, rechtmessig und gutt, sehen also nicht, wie sie mitt gutem Gewissen auch umb ander Leute ihres Wiederparts Verdacht und Mißverstands willen sich sollten abfuhren lassen.
3. Zum dritten: So befinden sie auch es zum Frieden dienlich zu sein. Weil das unauffhörliche Condemniren und Lästern und was dem mehr anhengig weg genomen worden.
4. Zum vierden: Wurde solches ein E. Raht zum höhesten nachtheilig sein bey andern *nationibus,* wen sie ihr Decretum also leichtlich solten fallen lassen, und sie (die Praedicanten) zu was anders, so dem Decret durchauß nicht gemeß, nottigen sollten, wurde ihnen den Predigern auch von meniglichen zur hohesten Leichtfertigkeitt böse Menschen zu gefallen, so leichtlich angenommen hetten etc.

---

a Gestrichen/skreślony: wollen

5. Zum funfften: So wurde auch der Frevel ihres Widerparts, so sich diesem Decret wiedersetzett und denen gemeinen Pöfel auffgewigelt, hiedurch gesterckett und alle ihre bose Hendes gebilleget werden, sie aber, als welche ein E. Raht gehorsammett wurden zu kurtz kommen und solcher Gehorsam ubel auffbrechen.
6. Zum sechsten: Were auch nicht zu vermutten, das herauß ferner was Guttes erfolgen wurde. Dan sie in ihrer Boßheitt triumphiren wurden, da ihnen dieses gelingen sollte. Und hette ein E. Raht woll zu bedencken, da der Prediger ihres Gegentheils so wenig sich solchs haben unterfangen dorffen, was woll kunfftig geschehen wurde, wenn sie solcher zwantzig bekennen. Ob auch vermuttlich, das sie des E. Rahts verschonen wurden. <292>
7. Zum siebenden: Wurden sie hiedurch ihre Zuhörer, so nebenst ihnen friedlich gelebett und an dem Verdammen und Lästern keinen Gefallen gehabt, zum Höchsten ergern, als wen sie mitt der blossen *Subscription* der Notel zu ihnen und ihrer falschen Erklerung[a] derselben getretten, und das Lästeren ihres Wiederparts unter dem Schein der Notel wahr gewesen were, und wolten hinfort auch solche Lästerer wie sie werden.
8. Zum achten: Habe ihr Wiederpart das *Decretum impium et diabolicum* gescholten. Und wurde sich dessen ein E. Raht schuldig geben, das sie es ihnen zu gefallen sollen fellen, und sie als den grösseren Theil der Praedicanten wieder dasselbe zu handeln dringen etc.
9. Zum neunten: So wurde solches durch böse Information etlicher der dritten Ordnung an sie gesuchte, die ihr Wiederpart mitt ihren Calumnien eingenommen und viel anders von den Sachen vertheilen wurden, da sie sie selbst heren solten und es ja einen bosen Schein hette, das durch andere Leute Auffwiegelung ein E. Raht und auch sie wieder dasselbe Decret ihnen etwas sollten abdringen lassen.
10. Zum zehenden und letzten: So wurde auch durch die blöße *Subscription* der Notel den itzigen zwistigen Händeln zum geringsten nicht abgeholffen werden, weil ihr Wiedertheil der Notel nur dartzu gebrauchett, wo sie ihnen zu ihrem Condemniren dienstlich ist. Dahin sie doch ein E. Raht auch vor dieser Zeit nie nicht hatt wollen *extendirett* haben, wie in einer <293> Endurlaubung Bonaventuri Knor, Christophori Zellers, Matthias Dombrowsky, Greger Schutzen und anderer genungsam dargethan worden, unter deß Lehren ihr Wiederpart, und thuen wider die Notel, was ihnen geliebett, bringen die *Ubiquitet* newe ergerliche Phrases, so in Gottes Wort, Ausgspurgischer *Confession*, Apologia und Notel nicht verfassett, und ander Kirchen Getzancke auff die Cantzel, wenn sie wollen. Handeln wieder den *Appandicem* und Beschluß der Notel, so sie eben sowoll als das vorhergehende unterschrieben untzelig offt, also das ein E. Raht solchs durch ihr Decret abzuschaffen hochdrenglich genottigett worden. Und auch so ein E. Raht der

---

a Gestrichen/skreślony: ihrer

Ruhestand dieser Kirchen lieb ist, billich mitt Ernst daruber halten und sie nicht zur Unterschreibung der Notel ohne das Decret nottigen solte.

R.m. Auff diß ihr Einbringen hatt sie ein E. Raht abermahls erinnert, zu was Ende das Decret publicirett, nemlich umb Friede zu stifften und das sie es nicht wolten dahin verstanden haben, das die Augspurgische Confession und Apologia dadurch solte abrogirett werden. Oder auch irrige Lehre zu straffen, solte verbotten sein, wie etliche sich beschwerett dabey befunden, sondern das es allewege eines E. Raths Meinung gewesen, das die Predicanten alhie bey der Notel bleiben solten, und ein E. Raht sie auch in dem Decret dahin gewiesen hette. Wolten derwegen der Hoffnung sein, die Herrn Predicanten wurden sich der Notel und zwar allein zu unterschreiben nicht weigern, dan es eines E. Rahts Meinung nicht gewesen were, das sie der Notel und dem Decrett zu gleich unterschreyben sollten. Konten sich auch dessen nicht erinnern, das sie von ihnen sollten begeret haben. Unterdes wollte ein E. Raht <294> uber dem Decret fur sich gleichwoll halten. Da sich aber die Prediger solches weigern wurden zu thun, hatten sie leicht zu erachten, in was Verdacht sie sich bey menniglich setzen wurden. Als waren sie von der Augspurgischen *Confession* und Notel abgewichen.

S.m. Darauff sich^a die Predicanten erklehrett, das {sie wegen der} Ursache der *Publication* des *Decreti* auch dem Verstande nach desselben, wie es damitt gemeynett, mitt einem E. Raht allerdinge eins sein, und gebethen, das ein E. Raht solche ihre, der Predicanten^b Erklerung denjenigen in der Dritten Ordnung, so ein Mißduncken an ihnen hetten eroffenen, oder auch sie selbst zu ihrer Verantwortung der Dritten Ordnung vorstellen wollten. So wollten sie hoffen, wenn sie selbest horeten, das die *Calumnien*, damitt sie bißhero belegett worden, mehrentheils, wo nicht alle von sich selbest verschwinden wurden. Und sey an ihm selbest klar und offenbahr, das weil das Decret auff die Augspurgische *Confession*, *Apologia* und Notel gewiesen, das wer das Decret beliebett und darnach sich helt, das derselbige der Augsburgischen Confession und Notel nicht zuwiedern ist, sondern die Augspurgische *Confession* vielmehr hoch helt, als eine Regel, nach welcher negst Gottes Wort die Notel und alle Predigten sollen gerichtet und regulirett werden. Das aber ihr Wiederparte in ihr Gehirne solches und andere Puncta nicht bringen konnen, so doch hell und klar im Decret einhalten^c und sich daruber beschwerett befunden, da kunten sie nicht fur etc. Und weil ein E. Raht ein Bedencken hette, der Notel und dem Decret zugleich unterschreiben zu lassen, so wollten sie ein E. Raht <295> zu Gehorsamen, auch auß Lust und Liebe zur Einigkeitt, sich der Notel zu unterschreiben nicht weigern, und itzt *incontinenti* unterschreiben, allein, das bey der Subscription diese Worte mögen dabey gesetzett werden: *Tenore Decreti*, oder *secundum* oder *Juxta Decretum vel juxta Declara-*

---

a Gestrichen/skreślony: sich
b Gestrichen/skreślony: demselben
c Gestrichen/skreślony: nicht bringen konnen

tionem Decreti das ist: vermuge des Decrets, oder Erklerung desselben, und solches der Ursachen halben, wie hiervor erwehnet etc. Schließlich musten sie auch hierinnen sich ihr Nachkömlinge und *Successores in Ministerio* in acht haben, und nichts vergeben, darinnen sich[a] ihre Nachkömlinge kunfftig möchten beschwerett befinden. Dan so ihr Wiederpart, und sie selbst nebenst ihnen bloß und schlecht der Notel ohn alle *Declaration* und Moderation eines E. Rahts unterschreiben solten, und ihr Wiederpart sich forthin, wie bißhero geschehen, unter dem Deckel der Notel der Condemnation und Lesterung wie auch newer und ergerlicher Phrasium gebrauchen sollten. Und andern ihren *Successoribus* in ihren Bestallungen die Notula *in hoc sensu* zu unterschreiben solte vorgelegett werden. Wurde mancher redlicher und friedliebender Biederman sich daro gestelt bestellen zu lassen ein Bedencken haben und die Cantzeln mitt lautere Clamanten bestellett und besetzet werden. Wie aber hiemitt der *Posteritet* wurde gerahten sein, und auch einen E. Raht und gemeyner Stadt fur Ungemach darauß endstehen wurde, habe ein jeder vernunfftiger Man leicht zu erachten.

T.m. Worauff ein E. Raht vermeldett, gerne gehörett zu haben, das sie sich der Augspurgischen *Confession*, *Apologia* und der Notel halben also erkleret, dieselben *approbirett* und dabey zu bleiben gedächten. <296>
Die Subscription aber belangende, bedurffte es keines *appendicis* oder Anhanges, das man *vigore* oder vermuge des Decrets ein E. Raths der Notel wolte unterschreiben, sondern ein E. Raht begerete, das man unterschreyben solte, wie von alters. Das ein E. Raht bey sich befunden, den 13. Articket zu moderiren, das hette seine Meynung es wollte gleichwoll ein E. Raht bey dem Decreto verharren und exequiren, da jemand einen *Excess* thun, oder darwieder sich vergreiffen wurde, derwegen dan die Predicanten die Zeit zu gewinnen *pure et cathegoricè* unterschreiben sollten. Das ander wurde ein E. Raht woll wissen vorzunehmen, sowoll auch das anhangende, so ein E. Raht vergunnen sollte, das ein Appendix an die[b] Unterschreibung der Notel gehengett wurde, da es wieder das Decret sein wurde, welches nur bloß fordert, das man der Notel und nicht auch dem Decreto unterschreiben oder etwas daran hengen sollte.
Welches eines E. Rahts Einbringen ihnen allensampt nahe gegangen und schmertzlich wehe gethan, das ein E. Raht hinden gesetzet alle ihre Rationes und erhebliche Ursachen nur schlecht auff die *nudam* und *cathegoricam Subscriptionem* noch ferner gedrungen, und sie fur ihre trewe langwirige Dienste und Gehorsam so sie einem E. Raht auch mitt Hindensetzung ihrer Ehren, gutten Namens und zeitlichen Wollfart also lohneten, und ihrem Wiederpart in ihrem Mutwillen Frevel und Trotz ein E. Raht von ihnen gebotten, also fugeten, das sie uber einem E. Rahtes Decret und sie zu triumphiren hetten. <297>

---
a Gestrichen/skreślony: die
b Gestrichen/skreślony: Notel

Waß^a nun ferner diese zwelff Prediger einen E. Raht anworten, were hie gar zu lang zu ertzelen. Wer aber die Copiam dieser ihrer langen Schrifft begeret {von Wort zu Wort} zu lesen, der findett sie in meiner Historischen Declaration *sub numero 29 a pag. 47 usque ad pag. 77*[188]. Und weil sie fernere Dilation gebetten, sich {hierauff} zu^b {bereden}, was ihnen zu thun: als hatt ein E. Raht ihnen solches ihnen abermahl vergunnet^c.

V.m. {In dieser Bedenckzeitt haben mittlerweile die Burger auff der 12 Prediger Seyten in der Dritten Ordnung eine lange und prechtige Supplication ihnen damitt zu Hulffe zukommen an einem E. Raht gelangen lassen, welcher Copia in meiner Historischen Declaration *sub numero 29 a pag. 80 ad pag. 96*[189] zu finden, darumb der Weitläufftigkeitt halben alhie nicht geseztett}.^d {Nach langer Deliberirung} haben offtgedachte 12 Predicanten einem E. Raht abermahl im Anfang des Aprilen durch Doctor Schmid eine lange gefassete Schrifft verlesen lassen, in welcher sie sich auff ihre vorige Schrifft referiren und dieselbige zum Theil wiederhohlett, zum Theil auch noch newe Motiven mehr antziehen, beschuldigen ihr Wiederthail (wie woll falschlich) mitt der Ubiquitet Transsubstantion und andern *absurdis*, so nie in ihren Sinn kommen, geben vor, die Notel wurde ohne das Decrett nur ein ewiges *pomum eridos* oder Zankapfel sein und bleiben. Wissen derwegen in die *planam et cathegoricam subscriptionis* Notula sich nicht einzulassen und konne sie ein E. Raht auch nicht datzu nottigen, es sey dan, das ein E. Raht erstlich *plane et cathegorice* exequire was *plane* und *cathegorice* ihr Wiederpart in dem Beschluß der Notel selbst unterschrieben und von ihnen mitt Mund und Hand befestigett worden. Dan so man die Notel und den Beschluß derselben wurde fur die Hand nehmen, so wurde sich erweisen, das sie untzelig mahl ihrer Dienste bestanden, und sich de facto des Ministerii unwirdig gemacht hetten etc. Nun sey vor sechs Jaren schon die Notel *plane* unterschrieben worden, darumb exequire ersten *plane* ein E. Raht, was die sechs Jare darinne gehandelt, ehe das man zu so[l]cher *plana subscriptione* wieder umbschreite. Dan solte diese Execution nicht vor {der *plana subscriptione*} vorhergehen, so were eines E. Rahts Decret *cassirett*, welches ihnen^e doch ein E. Raht so hoch recommendirett, das es von ihnen demselben nachzukommen ernstlich aufferlegett und das zu unterschreyben mitt und nebenst der Nottel erfordert habe. Und ob schon ein E. Raht sich zunechst nicht gewust

---

a Gestrichen/skreślony: sie
b Gestrichen/skreślony: bereden
c Gestrichen/skreślony: In dieser ihrer Bedenckezeitt, haben etliche viel Bürger an der Zahl 200 so sich mitt Namen genenet nach dem sie vernommen, das die obgedachte 12 Prediger mitt ihrer langen Schrifft einen E. Raht gleich uber ubertöben wollen ihrem begeren einen genugen zu thun, am 6. Tage Aprilis dieses [15]87. Jahrs eine kurtze und einfeltige Supplication mitt ihren Nahmen und zu namen unterschreiben durch [gestrichen/skreślony] derer keiner in die Dritte Ordnung gehorig durch etliche gewisse Personen Ihres mittels einem E. Raht uberreichen lassen am 6. Tage April
d Gestrichen/skreślony: Hierauff
e Gestrichen/skreślony: ernst

zu erinnern, das er solches von ihnen solte begerett haben, so wissen sie sich doch gantz woll zu erinnern, die solchs mitt gutem Gewissen betzeugen konnen, und habe allein am Wiederpart gemangelt,[a] welches sich [b] beschwert befunden und vorgewandt, das sie dem Decret nicht konten unterschreiben und Dilation auff ettliche Tage begerett etc. So wurden auff diese blosse Unterschreybung der Notel und Hindensetzung des Decrets erfolgen, als das dem lesterlichen Geschrey nach ihres Wiederparts das Decret *impium et diabolicum* sey. Ja, als ein solches das drey oder vier Prediger, die Dritte Ordnung, die Wercke und gemeine Pöfel habe auffheben und cassiren mussen. Es wurde auch erfolgen das auffruhrerische Prediger[c] kunfftig eines E. Rahts Abscheide und andere Decreta des Rahts die Kirchenhendel belangen erst wurden approbiren und *ratificiren* mussen, ehe dan sie publiciret wurden. Also wurde es auch mitt <299> Bestellung der Prediger mussen gehalten werden und also ein E. Raht das *Jus Patronatus* uber die Kirchen auffruhrerischen Predigern und Burgern mussen ubergeben. Viel weniger wurde man desfalls Eingriffe Kon. May. oder dem Bischoffe hernach verweigern konnen. Solches kunte in andern Fällen auch geschehen, das ein E. Raht durch solch Mittel der Auffwiegelung umb Zulage Accise und andere dergleichen Einkunffte kommen mochte. Auch kunte die Stadt hiedurch umb das *Privilegium Religionis* gebracht werden, indem eine E. Raht jemand gefahren wurde, der sich, wie sie thun zur Augspurgischen *Confession* mitt Hand und Munde bekennett, und dagegen die befordern, die da die Ubiquitet frembde Lehre und ergerliche Art zu reden, so der Augspurgischen *Confession* nicht gemeß auff die Cantzel bringen. So habe sich ein E. Raht auch vortzusehen, das dieses nicht geschehe zum *praiudicio* und Vorfang vieler vornehmer Heupter in Polen, in Littawen, so der reformirten Religion zugethan und sich semptlich der Augspurgischen *Confession* und derselben Widerholung in diesen streitigen Artickeln gebrauchen. Welche Wiederholung eben von demselben Authore, so die Augspurgische *Confession* erstlich bechrieben, nehmlich Herrn Philippo Melanchtone {gemacht, und} im Namen der protestirenden Chur und Fursten[d] auch furnemsten Kirchen in Deutschland unterschrieben, {auch} auff dem *Concilio* zu Trient im Jahre Christi 1551 ubergeben worden. Zu welcher Widerholung diese 12 Prediger und auch zum gantzen *Corpore doctrinae* Herrn Philippi, dessen Stuck es ist, einmuttiglich bekennen. Und habe derwegen ein E. Raht bey sich [e] {leichtlich zu} uberlegen, ob es dieser gutten Stadt zutreglicher sey, mitt den furnembsten Heuptern in Polen {und Littawen} einig zu sein, als wenigen unruhigen Predigern zu gefallen, nur die Notel bloß und doch <300> im verckerten Sinne und Verstande ihres Wie-

---

a Gestrichen/skreślony: das
b Gestrichen/ skreślony: also
c Gestrichen/skreślony: auch
d Gestrichen/skreślony: und
e Gestrichen/skreślony: zu [unleserlich/nieczytelne] zu

derparts unterschreiben zu lassen, ᵃund daneben zu gestatten, das das Concordienbuch, welches eine {zeitlang eine} Ursache alles Unheils in Deutschland gewesen, umb welches {es ihrem Wiedertheil} allermeist zu thun, bey ihnen nebenst der Notel auch Platz haben möge.

Nebenst diesem allen machen diese 12 Predicanten in dieser ihrer langen Schrifft noch viel mehr dicentes, welche hie allzu lang weren antzuziehen, man findett aber die Copiam derselben von Wort zu Wort in meyner Historischen Erklehrung numero 29 a pag. 97 ad pag. 139 usq. *cum subscriptione*[190].

X.m. Dieser vorhergehenden beyden langen Schrifften {der 12 Prediger wie auch der Burger auß der Dritten Ordnung, so es mitt ihnen hielten, Supplication} sein der Burgerschafft ᵇ eine ᶜ geraume Zeit verborgen verblieben, das man den Inhalt derselben nicht hatt erfahren konnen, nicht desto weniger haben die Burger vermerckt, das es nicht auff des Kittelii und seiner zuthänigen Seiten ᵈ klingen muste ᵉ, derwegen von 200 Personen der Burgerschafft, {so ins Mittel der Dritten Ordnung nicht gehöreten}, eine kurtze *Supplication* an den Raht ᶠ {verfassett} und {am 6. Tage Aprilis} dem Presidirenden Burgermeister, Herrn Daniel Zierenberg, am 6. Tage Aprilis zugestellet worden[191], mitt Bitte, dieselbe einem E. Raht vortzutragen, welche Supplication auch bemeldte 200 Burgern mitt ihren Namen und Zunahmen unterschrieben hatten[192].

Der Inhalt dieser *Supplication* war, das sie erstlich einen E. Raht erinnern theten, was etliche christliche Burger kurtz vor den Osterfeyertagen an den Herrn Presidenten wegen der schwebenden Kirchenhendel und Restitution des Herrn Doctor Kittelii haben gelangen lassen, worauff noch bißdahero keine Antwort erfolgett. Nachdem aber das Gegentheil eine lange Schrifft bey einen E. Raht eingelegett mitt ansehnlicher *Subscription*, dadurch sie den Sacramentirischen Irthumg gedenken zu forderen, als werden sie durch Gottes Geist auffgemahnet, ein E. Raht umb Gottes Willen zu bitten, das christliche Liebe, Friede und Einigkeit allerseits mochte angerichtet und erhalten werden, sonderlich, weil es eine allgemeine Kirchensache betrifft, daran ihrer aller Seligkeitt gelegen, referiren sie solchs auff eines E. Rahts selbs christliches Bedencken, und was die gemeine Ordnung an sie zuvor haben gelangen lassen, das alle diejenigen die vorbaß Kirchen und Schulen dienen sollen, sich nebenst den prophetischen und apostolischen Schriften und Augspurgischen *Confession* so Anno [15]30 Carolo V. ubergeben, datzu diese Stadt auch privilegirettᵍ, sich dieser Kirchen Notel *simpliciter* und ohne

---

a Gestrichen/skreślony: und daneben das Concordien Buch
b Gestrichen/skreślony: lange
c Gestrichen/skreślony: lange
d Gestrichen/skreślony: nicht
e Gestrichen/skreślony: nicht desto weniger ist
f Gestrichen/skreślony: gestellet worden
g Gestrichen/skreślony: und

einige *Exception*, *Protestation* oder Hinderhalt, auch nicht vermuge des *sub fide Juramenti Calumniae* alle samptlich unterschreiben sollen. Die aber *pertinaciter* ihres Sinnes leben wollten, von Kirchen und Schulen abgeschaffet werden. Und denn auch daneben Doctor Kitteln sein Ampt wiederumb moge auffgethan und zum Kirchendienste zugelassen werden etc. Die Copia dieser Supplication findett man von Wort zu Wort sampt der Burger unterschriebenen Namen in meyner Historischen Declaration, *pag.* 141[193].

Y.m. Am 26. Tage Aprilis,[a] welcher war der Sonntag Cantate, hatt Petrus Holste[n],[b] Pfarherr zu S. Peter, an offentlicher Cantzel auß dem Spruch Christi Joh. 16[194] (der Heilige Geist wird die Weltt straffen umb die Gerechtigkeitt, {das ich zum Vater gehe und ihr mich fort nicht sehet}) angetzogen und arguirett, das der Leib und das Blutt Christi nicht könne wesendlich in dem gesegneten Brodt und Wein des Abendmahls sein, und mitt dem Munde empfangen werden. Konne auch nirgends anders zu gleich als an einem Orte sein, sowoll[c] vor <302> seiner Aufferstehung als nach derselbigen. Den wo das sein solte, so muste ja der Spruch Actorum 1, welcher ja ein Artickel unsers christlichen Glaubens ist[d], falsch und von nichten sein, darinne außdrucklich stehe, der Herr Jhesus sey von einer Wolcken zusehens gehe Himmel auffgenommen und gesetzet an den Ortt, von denen er komen werde am Jungsten Tage etc. Zudem so spreche der Herr Christus: „Armen habet ihr alle Zeit bey euch, mich aber werdett ihr nicht allezeit bey euch haben[195]." Daneben angetzeigett, das diejenigen, so die Leute anders lehren, wissentlich unrecht thun, hatt sich auch verbotten, so jemand hievon besseren Bericht begerete, der solte zu ihm komen, so wolte er ihn grundlicher unterrichten und solchs mitt guter Bescheidenheitt.

Wie er aber von etlichen glaubwirdigen Leuten, so diese Predigt angehorett, zu Rede gesetzett worden, verdrehete er dieses alles, vorwendende, es sey nicht also seine Meinung gewesen, sie haben ihm nicht recht verstanden, und hiedurch etliche ehrliche glaubwirdige Leutte zu Lugnern machen wollen.

Z.m. Was nur ferner in dieser zwistigen Religionsache furm E. Raht mitt den 12 Predigern tractirett ist worden[196], und was ihr Wiederpart fur Gegenbericht darauff [gethan], item welcher Gestalt ein E. Raht am 1. Juny eine Declaration uber das Decret publiciren lassen, was sich die Luterischen Predigern darauff erklerett, mitt Vorwendung[e] gewisser Ursachen, warumb weder das Decret noch desselben Erklehrung nicht konne bestehen, welchen zu wieder die 12 calvinischen Prediger die Declaration hoch geruhmett und mitt Dancksagung angenommen, und dieselbe begerett, unter dem Sigel mittgetheilet zu haben, {welches doch nicht geschehen}, item wie ein E. Raht am 20.

---

a Gestrichen/skreślony: hatt Petrus Holsten
b Gestrichen/skreślony: an offentlicher Cantzel
c Gestrichen/skreślony: nach
d Gestrichen/skreślony: ist, sey
e Gestrichen/skreślony: das

Juli sie abermahl ermahnet, die Notel plane zu unterschreiben <303> und von der Cantzel zuablesen,ᵃ {auch} was die Calvinischen Prediger darauff zur Antwortt gegeben, und nachdem ein E. Raht unter andern eine Frage an sie gelangen lassen, weil sieᵇ wegen derᶜ {Beschuldigung sich} uber ihres Gegentheilᵈ so sehr beschwereten, ob sie eine besondere *Action* gegen sie anstellen wollten, was sie darauff geantwortett und mitt einem E. Raht *expostulirett*, und wobey es ein E. Rahtᵉ mitt endlichem Abschiede {am 23. July, welcher auff einen Donnerstag eingefallen¹⁹⁷}, wenden lassen, nemlich, das das gantze Ministerium ohn Unterscheid die Notel *sine conditione* wie vorhin unterschreibenᶠ und auff den folgenden Sontag ein jeder vor oder Nachmittage, nachdem ihm zu predigen kompt, die Notel von der Cantzelᵍ ablese von Anfange biß zum Ende, im gleichen solle man auch den 10. und 13 Articel Augspurgischer *Conffession* zugleich ablesen, und was dem mehr anhengig, item wie sich beyder Parte Predicantenʰ der Notel desselben Tages unterschrieben, und den folgenden Sontag hernach {am 26. Julii} die Notel und etliche Puncta der Augspurgischer *Confession* und *Apologia* von den Cantzeln abgelesen und was ferner darauff erfolget, dieses alles findet man in meiner Historischen Declaration, Numero 29 a Pag. 150 usque ad pag. 227 beschrieben¹⁹⁸.

A.n. Unter andern hatt Doctor Schmidt die Notel mitt folgenden Worten unterschrieben: Jacob Schmid *approbat hanc confessionis formulam et improbat secus docentes reiterata subscriptione* Anno 1587 23. July.

Joachimus Theuerkauff hatt mitt folgenden Worten unterschreiben: *Ego Joachimus Theuerkauff approbato hanc confessionis formulam et improbo secus docentes reiterata subscriptione,* 23. July Anno 1587. Dieser war Pfarrer zu S. Bartelemeß. Prediger zu S. Peter, Adrianus Pauli, hatt mitt folgenden Worten unterschrieben: *M[agister] Adrianus Pauli* <304> ⁱ *approba hanc confessionis formulam, et improbo secus docentes reiterata subscriptione in Senatus praesentia die* 23. July Anno 1587.

Christophorus Copius, des ietzt genanten Adriani Collega, hatt mitt folgenden Worten unterschrieben: Ego Christophorus Copius *approbo hanc confessionis formulam et improbo secus docentes reiterata subscriptione* 23. July 1587.

Auff gleiche Forme und Weise haben die Calvinischen Prediger alle die Notel unterschrieben, wie sie aber ihrem Unterschreiben in der That nachgekommen sein, wird hernach vermeldett werden.

---

a Gestrichen/skreślony: und
b Gestrichen/skreślony: sich so sehr
c Gestrichen/skreślony: Injurien
d Gestrichen/skreślony: Iniuriren
e Gestrichen/skreślony: endlich
f Gestrichen/skreślony: solten
g Gestrichen/skreślony: von der Cantzel
h Gestrichen/skreślony: unterschrieben
i Zwischen S. 304–305 befindet sich ein unbeschriebene Blatt ohne Seitenangabe. / Pomiędzy s. 304–305 karta niezapisana (bez foliacji i paginacji)

<304–305>

B.n. In diesem Monat Julio ist zu Warschaw ein Reichstag gehalten[199], umb einen newen König zu wehlen, weil Konig *Stephanus* verschienen Jahres verstorben war, und ist daselbst Hertzog *Sigismundus*, Königes Johannis in Schweden Sohn, am 19. Tage Augusti als ein Konig in Polen, Großfurst in Littawen etc. offentlich außgeruffen worden, und ob es woll eine zwistige Wahl war, sintemahl ihr viel der anwesendem Herrn ihre *Vota Maximiliano* dem Ertzhertzoge in Ostereich gegeben hatten, {und darauß eine grosse Wiederwertigkeitt endstund}, namen dennoch die Dantzker vermuge ihrer Verpflichtung in den koniglichen *Statutis* endhalten, den ersternanten Konig, nehmlich Sigismundum den dritten, das Nahmens auch fur ihren allergnedigsten Konig und Herrn ahn, und ließ ein E. Raht am 27. Tage Augusti, {den Donnerstag nach Bartholomei}, Ihrer May. zu Ehren ein Freudenfest halten, auff den Cantzeln Gott dancken, und der Mittagstunde mitt allen Glocken leuten. Am 29. Septembris nemlich, auff Michaelis Tag, kam Kon. May. mitt 5 grossen Schiffen, 5 Galeyen und vielen kleineren Schiffen von Callmar[a] auß Schweden gen Dantzig auff die Reyde, brachte <305> auch das Frewlein, ihr May. Schwester, mitt. Es ist aber ihre May. auff dem Schiffen verharret biß auff den 7. Tag Octobris[200]. Am selben Tage begab sich Ihr May. in das Closter Oliva, daselbest den Polnischen Herrn Rethen die Artikul zu beschweren, {wie dan auch Ihre May. daselbest dieser Stadt habende Caution uber die Augspurgische *Confession* dem Exempel Koniges Stephany nach conformiret und bestettigett hatt}, und am selben Tage gegen die Nacht fuhr[b] {Ihre May.} wieder zu Schiffe. Des folgenden Tages ließ sich Ihre May. sampt dem gemeldten Frewlin mitt der Dantzker Böhten, welche herlich zubereitett waren, die Weißel auff in der Stadt fuhren, da sie auch sampt den Frewlein herrlich empfangen werden.

Am 20. Tage Octobris brach Kon. May. sampt dem Frewlin wiederumb von Dantzig auff, den nechsten Weg nach Crakaw zu, und ward[c] {dieselbe} nicht weniger wie sie von der Burgerschafft herrlich empfangen[201], also widerumb mitt gleichen Pomp und Pracht wiederumb begleitett[d]. Zu Crakaw glucklich ankommende,[e] hatt Ihre May. folgends am 27. Decembris, nemlich am Tage Johannis[f] des Evangelisten, die Krönung empfangen.

1588 Anno 1588 am 15. Tage Februarii ist Herr Constantin Ferber Burgermeister
D.n. B2 und der Pfarrkirchen [g] Inspector in wahren Erkendtniß Gottes seliglich entschlaffen. Nachdem er von eine E. Raht am 27. Martii Anno [15]48 zu einer Gerichtsperson, Anno [15]49 zu einer Rahtsperson und Anno [15]55 zu einem Burgermeister erwehlett und Anno [15]77 nach Absterben Herrn

---

a Gestrichen/skreślony: auss
b Gestrichen/skreślony: sein
c Gestrichen/skreślony: von der Burgerschafft
d Gestrichen/skreślony: werden
e Gestrichen/skreślony: ist
f Gestrichen/skreślony: Bapt.
g Gestrichen/skreślony: President

Johann Brandes[a] die Kirchen[b] {*Inspection*} an ihn gelangett; und ist also [c] {diese *Inspection*} der Pfarrkirchen von ihme in diesem [15]88 Jahr auff Herrn Georgen Rosenberg als den damals Eltesten Burgermeister den Jahren nach verfallen.

E.n. A1 Am 7. Tage Februarii des 1588 Jahres hatt Andreas Saltzlein, Prediger in S. Marien Kirchen, am funfften Sontage nach *Epiphanias* uber das Evangelium <306> Matth. 13[202] vom Feinde, der Unkrautt unter den gutten Samen geseett[203], in seiner Predigt angetzogen: die Obergkeitt solle das Unkraut im Predigampt außrotten und diejenigen nicht dulden, die der Obergkeit wollmeinende Decreta verachten, und umb Eigennutzes und Ehrgeitzes willen den gemeinen Hauffen, der ihnen zulauffe wie Wasser, anhengig machen, und also[d] Ursache zu Unruhe und Auffruhr geben, und solle die Oberckeitt nicht achten, das sich eine Handvoll auffrurischer Leute dawieder setzen, welchen doch Gott ihr Furnehmen nicht wurde fort gehen lassen. Man sehe schon fur Augen, wie solche Auffruhr Gott durch die abscheuliche Seuche der Pestilentz dahinreisse, wie woll er es fur seine Person ihnen nicht gunnete, sondern vielmehr sie beklagte, dan sie unschuldig von solchen eigennutzigen Bauchdiennern verfuhrett wurden, Und hette die Oberkeitt gutte Ursache dartzu, sintemal sie als des Teufels Samen und Unkrautt nicht allein umb ihres Ehrgeitzes und Eigennutzes willen allerley Verwirrung in der Kirchen anrichteten und nicht Lust noch Liebe zu Einigkeitt und Friede hetten, sondern auch in Fressen und Sauffen und anderen Wollusten lebeten, und fur die Bibel und Psalter Wurffel und Karten zur Hand nehmen etc. Diß heisset aber nicht geschmehett und gelestert, auff der calvinistischen Seyten, sondern offentliche Irthumb straffen und wiederlegen, muß bey ihnen geschew hett und gelestert heissen[e].

F.n. Umb diese Zeit haben die Ordnungen dieser Stadt die Revision der Wilckuhre vorgenomen[204] und hatt die Dritte Ordnung damals den Religionsstreit <307> fur den ersten Punct ihrer Beschwere angetzogen. Darinne sie ein E. Raht fur die vorhergegangene Sorgfeltigkeit gedenckett, weil aber dieselbe bey etlichen unruhigen Geistern nicht verschlagen mögen, hatt die Dritte Ordnung gebethen, das ein E. Raht einen Ernst in der Sachen gebrauchen wolle, damitt ihnen nicht Ursache gegeben werde, diß Beschwer an andern Orten zu klagen etc. Hierauff ein E. Raht {am 28. Tage Martii} geanwortet: Das zwar ein E. Raht viel Zeit, Muhe und Arbeit daran gewand, auch die Predicanten auff die Augspurgische *Confession* und Notel mitt ihrer aller Unterschreibung geeinigett. Und versichertt sich {ein E. Raht}, die Quartiere werden ferner wie vorhin hierinne zu disponiren ein E. Raht anheimstellen.

---

a Gestrichen/skreślony: das
b Gestrichen/skreślony: Praesidentenampt
c Gestrichen/skreślony: dis Praesidentenampt
d Gestrichen/skreślony: Unruhe
e Gestrichen/skreślony: bey diesem Calvinischen Hauffen

Es wolle ein E. Raht in dem was noch hinterstellig, an Bestellung der Cantzeln und Schulen, so bald es immer muglich, geburende Sorgfeltigkeitt gebrauchen und befremde ein E. Raht nicht wenig, das sich etliche Quartire vernehmen liessen, solchs an andern Orten zu suchen, welches warlich weitleufftige und gefehrliche Dinge seyn etc. Ermanet demnach freundlich und amptshalben ernstlich, man wolle diese Hendel mitt Vernunfft und Bescheidenheitt bey sich bedencken, der Oberkeitt in ihr gebuhrendes Ampt nicht greiffen. Ein E. Raht, als denen es mehr als andern zu verantworten obliegt, haben sich bißhero der Sorgfältigkeitt beflissen, das die E. Ordnungen nicht Ursache haben, daran zu zweifelen. Die Copia dieser Antwort findet man nach der Lenge in meiner Historischen Declaration, *Numero 29 Pag.* 231[205].

G.n. Der Sacramentstreitt zwischen Doctor Johanii Kittelio und Doctor Petro Pretorio, welcher besonders fur einen E. Raht schwebete {und ihnen beiden derwegen auch die Cantzel gelegett war}, ist dadurch auffgehoben, <308> das Doctor Praetorius[a] in eine langwirige und wunderbare Krankheitt gerathen, auch also das er bey lebendigem Leibe angefangen zu stincken (wie sein eigen Gesinde betzeugett) und endlich ohn Empfehung des H[eiligen] Nachtmahls am 7. Tage Junii des Morgens umb 4 Uhr gestorben[206] Doctor Kittelio aber ward auff Anhalten und Bitte der allgemeinen Burgerschaft von einem E. Raht die Cantzel {wiederumb} zugelassen und zu predigen vergunnet[b], welcher am 13. Julii, nemlich am 7. Sontage nach Trinitatis, wiederumb anfieng zu predigen und sein Ampt zu verrichten[207].

H.n. Hirauff sein viel Pasquillen und Schmehekarten erfolgett[c] von dem calvinischen Hauffen, welche sie mitt Hauffen eine geraume Zeitlang umb sich werffen, darinnen auch unschuldige Privatpersonen mitt angegriffen, und dadurch grosse Ursache zu unabsehlichem Unheil gegeben, wan es Gott nicht wunderlich verhuttet hette[d] und ein E. Raht[e] demselben durch ein Edict {nicht} vorgekommen were, in welchem {Edict} 100 fl. ungrisch demjenigen verheissen worden, so die rechten Stiffter derselben Pasquillen wuste anzugeben[208]. Welches Edict am 21. Decembriß offentlich an den Artushoff ist angeschlagen worden. Diß Edict[f] {aber hatt keinen Nachdruck gehabt}, sintemal diejenigen so offentlich angegeben worden, den man es nicht zumessen sollte, die auch in Amptern sassen, nicht zur Straffe sein getzogen worden.

I.n. Neben diesem Pasquillenschreyben[g] haben die calvinischen Prediger neben Einfuhrung allerhand Irthumben auch die alten Kirchen Ceremonien <309> sich unterstanden zu endern, wider den Gebrauch der Altaren, wieder die

---

a Gestrichen/skreślony: hernach
b Gestrichen/skreślony: worden
c Gestrichen/skreślony: in wel
d Gestrichen/skreślony: auch also vielfeltig wen nicht
e Gestrichen/skreślony: ein. E. Raht
f Gestrichen/skreślony: hatt wenig verschlagen, überschrieben/nadpisany: aber hatt keinen Nachdruck gehabt
g Gestrichen/skreślony: haben die calvinischen Prediger an offentlicher Cantzel haben die C

Caselen, Chorrocke, wider die wusten Altare in den Kirchen und die Bilder so darauff stehen,[a] hin und wider auff denn Cantzeln viel Predigten gethan mitt ernster und offt wiederhohleter Ermannung, dieselben als Gottes Grewel auß dem Bäpsthum herkomende abzuschaffen. Ja, wo sie die Kirchenveter zu ihrer Hand gehabt, die Altare und Bilder in den Kirchen hin und wieder auffgereumett und auß dem Wege gebracht. Sie haben auch den Cathechismum Lutheri auff viel Wege verendert, {Ex. 20}[209] die zehen Gebott Gottes nicht nach der alten Kirchen und Lutheri Ordnung, sondern auff der Zwinglianer und aller Bildsturmer Art abgetheilett uber der Tauff die Fragstucke, endsagstu dem Teufel etc? so im Tauffbuchlein Lutheri stehen {und von Anfang in unsern Kirchen ublich gewesen}, gantz außgelassen. Item im Trewbuchlein, da Brautt und Breutgam zum Beschluß des Eides sollen sagen: „So war mir Gott helffe"[210], sprachen sie ihnen vor: „Datzu mir Gott helffe". Und dergleichen Newerungen trieben sie viel mehr.

1589
K.n.

Anno 1589 zu Ende des Jahrs understund sich Petrus Holste, Pfarer zu S. Peter, mitt Raht, Hullfe und Verlag seiner Kirchenveter und anderer seynes Anhanges ohn Vorwissen und Willen des Rahts, das alte grosse Altar in benanter Kirchen abzubrechen und ein newes an seine Stelle auffzurichten, welches nur eine schlechte Taffel war, daran keine Bilder, sondern allein die beyden Taffeln der zehen Gebott Gottes nach abgemeldter calvinischen Abtheilung in der Mitten. An beyden Seyten aber, sowohl auch unter und uber den Taffeln etliche Spruche Heiliger Schrifft, und von hinden zu waren gemolett des Pfarrern und der Kirchenveter Wapen und darunter ihre Namen sampt der Jahrtzal geschrieben. Und ward diß Altar auffgerecht am 23. Tage Decembris Anno 1589[211].

1590

Die Jesuiter aber, da sie es inne worden, namen sie bald einen Abriß[b] von demselben Altar und schicketen denselben dem Herrn Coyschen Bischoffe zu, in welches *Diocesin* diese Kirche gehoren. Als nun solches ein E. Raht erfahren und vermerckett, das nichts Guttes darauß erfolgen wollte, sintemal auch der gemeyne Hauff sich begunte zu rotten, vorhabens es dasselbe wider herunder zu werffen, hatt ein E. Raht am 9. Tage Januarii Anno 1590 dieselbe Kirchen schlissen, das newe Altar hinweg nehmen und das alte widerumb auffrichten lassen.

L.n.

Am 13. Tage Februarii zu Abend umb 10 Uhr ist Doctor Johannes Kittelius in wahrem Erkentnuß Gottes seliglich und sanfft von dieser Welt gescheiden, und am 15. dieses zur Erden bestettigett[212], welchem Herr Michael Coletus, sein trawer Collega, die Leichpredigt gethan. Leit begraben in der Pfarkirchen unter der Cantzel.

Anno [c] {1590} Die [d] {33.} Wahl der Kirchenveter

---

a Gestrichen/skreślony: wer
b Gestrichen/skreślony: davon
c Gestrichen/skreślony: 1591
d Gestrichen/skreślony: 34

<310–311>   Historisches Kirchen Register   537

Nachdem ᵃ {Peter Bartsch, der erste in der Ordnung der Kircheneveter, mitt Tode abgegangen}, hatt ein E. Raht auß dem uberreichten Wahlzedel der Kirchenveter an seine Stelle ᵇ {Cord von Bobert} ernant in folgender Ordnung:
Herr George Rosenberg,
der Pfarkirchen ᶜ {*Inspector*}
1. Herman Hake 2. Hans Brandes
3. Adrian von der Linde ᵈ 4. Cord von Bobert <311>

N.n. Zu dieser Kirchenveter Zeiten nahm auch der Calvinismus in der Schulen mächtig uberhand, {und sonderlich in dem Gymnasio}, in dem die *Praeceptores* ohne Scheu die zarte Jugend durch Einfuhrung des Heydelbergischen Cathehismi Wegweisers und ander calvinischen Bucher und Verwerffung des lutherischen, auch viel ärgerlicher Disputationen irre machten und wieder die Normas der Augspurgischen *Confession* eine besondere philosophische *Theologiae* fingirten und der Jugend einbildeten, insonderheit im *Gymnasio* zum Grawen Munchen, in welchem Doctor Schmidt *Rector* war und auch daselbest predigte, da auch die meisten Pasquillen herausflogen, wie denn auch unter andern Mag[ister] Andreas Welsius, ein *Professor* daselbst, *sub praetextu* einer Gluckwunschung zum newen 1591 Jahre sich nicht geschewet, ein solch Lästercarmen in offenenen Druck zu geben[213], welches er dem Herrn Gerhardt Zimmermann, {Rahtsverwandten allhie}, dediciret *sub titulo de cunis Christi visendis*, darin er etliche der lutherischen Prediger ihrer Lehre und Lebens halben fast heftig angestochen, und sie mitt falsche Lehre der *Ubiquitatet* Christi beschuldigt, wie noch wol Exemplaris davon in den Druck kunten gezeigt werden. Nachdem er aber darumb zu Rede geseztet und keinen solcher seiner Beschuldigungen nicht uberweysen kondte, ist er schamroth bestanden und ober wol billig in Straffe zu nehmen gewesen, ist er doch wie andere Pasquillenschreiber verschonet worden, den Buchfuhrern aber ist stracks untersaget, den Druck dieser Carminum nicht zu ᵉ verkauffen[214].

O.n. Anno ᶠ {1591}
Die 34ᵍ. Wahl der Kirchenveter

---

a   Gestrichen/skreślony: George Molner, der dritte, Peter, Adrian van der Linde der dritte, Bartsch der erste in der Ordnung der Kirchenveter von ein E. Raht zu in der Gericht [...] verordnet, nach [...]
b   Gestrichen/skreślony: George Proyten (überschrieben/nadpisane), Cord von Bobert
c   Gestrichen/skreślony: President
d   Gestrichen/skreślony: 3. Adrian von der Linde 4. Cord von Bobbert 3. Cord von Bobert 4. George Proyte
e   Gestrichen/skreślony: zu
f   Gestrichen/skreślony: 159?
g   Verbessert von 3 / poprawione z 3

Nachdem^a {Adrian von der Linde, der dritte} in der Ordnung der Kircheneveter, aus diesem Mittel ^b zu einer Gerichtsperson erwehlet und hernach 1606 eine <312> Rahtsperson ernandt und endlich Anno 1611 den 2. Septembris ^c ^d {in Gott entschlaffen}, ^e hatt ein E. Raht in obgemelten 1591 ^f Jar auß dem uberreichten Wahlzedel der Kirchenveter an seiner Stelle ^g ^h{George Proyten} ernant in folgender Ordnung:
Herr George Rosenberg, ^i der {Pfarr-} Kirchen ^j *Inspector*
^k {1. Hermann Hacke 2. Hanß Brandes
3. Cordt von Bobert 4. George Proyte}.

P.n. Anno 1592 am 8. Tage Januarii ist in Gott seliglich endschlaffen der Burgermeister Herr George Rosenberg, welcher Anno 1564 von einem E. Raht zu einer Gerichtsperson, Anno 1567 zu einer Rahtsperson, Anno 1578 zu einem Burgermeister erwehlet, und Anno 1588 diß Kirchen ^l {*Inspection*} an ihn als damals altesten Burgermeister dem Jahre nach gelangett. Nach seinem Tode ^m {in obgedachten [15]92 Jare}, ist diese Kirchen ^n {*Inspection*} auff den Herrn Burgermeister Hanß von der Linde gelangett.

Q.n. {Anno 1592 Die 35.} ^o Wahl der Kirchenveter ^p{NB: Diese Wahl soll offenstehen und nicht geleschett sein, den sie ist recht}.
Nachdem Herman Hacke in dem Herrn eingeschlaffen, hatt ein E. Raht aus ubergebenen Wahlzedel der Kirchenveter an seine Stelle Gabriel Schuman den Elteren ernandt in folgender Ordnung:
Herr Hans von der Linde, der Pfarrkirchen *Inspector*
1. Hans Brandes 2. Cordt von Bobbert

---

a Gestrichen/skreślony: ein E. Raht am 21 Tage (überschrieben/nadpisane: Herman Hacke der) Martii Adrian von der Linden, den dritten (überschrieben/nadpisane: ersten)
b Gestrichen/skreślony: zu einer Gerichtsperson erwehlet (überschrieben/nadpisane: durch den Tod verabschiden)
c Gestrichen/skreślony: Welcher auch hernach Anno 1606 in den Rathstuelen und Anno 1611 in Gott endschlaffen ist
d Gestrichen/skreślony: gestorben
e Gestrichen/skreślony: so hatt und Anno 1611 in Gott entschlaffen, ist
f Gestrichen/skreślony: 1591
g Gestrichen/skreślony: Gabriel Schumann der Aelter/starszy
h Gestrichen/skreślony: Georgen Proyten
i Gestrichen/skreślony: der
j Gestrichen/skreślony: Praesident
k Gestrichen/skreślony: Hans Brandes, 1. Hermann Hacke, Cordt von Bobert, 2. Hans Brandes, George Proyten, 3. Cordt von Bobert, 4. George Proyte
l Gestrichen/skreślony: Praesidenten Ampt
m Gestrichen/skreślony: in obgedachten [15]92. Jare
n Gestrichen/skreślony: Presidenten Ampt
o Gestrichen/skreślony: Anno 1592. Die 37 Wahl der Kirchenveter
p Gestrichen/skreślony: Nachdem Herman Hacke in dem Herrn eingeschlaffen, hatt ein E. Raht aus ubergebenen Wahlzedel der Kirchenveter an seine Stelle Gabriel Schuman den Elteren ernandt in folgender Ordnung: Herr Hans von der Linde, der Pfarrkirchen Inspector 1. Hans Brandes, 2. Cordt von Bobbert, 3. George Proyte, 4. Gabriel Schuman, der Elter

<312–314> Historisches Kirchen Register

   3. George Proyte 4. Gabriel Schuman, der Elter
   Nachdem hiebevor wie gemeldett Doctor Johan Kittelius Anno [15]90 in Gott seeliglich endschlaffen und seine Stelle in der Pfarrkirche noch vacirett, hatt die Dritte Ordnung am 24. Martii dieses [15]92 Jares zu Rahtause bey Revision der Willkuhr fleissig angehalten und gebethen, das ein E. Raht die vacirende Stelle mitt einem gelehreten der <313> Augspurgischen *Confession* verwanten und friedliebenden Prediger versehen, und fleissiges Auffsehen haben wolle, das die Predicanten allerseits ihre Predigten richtig nach der Augspurgischen *Confession*, und dem 13. Artickel der alhie auffgerichteten Notel anstelleten[215]. Da auch jemand dagegen lehrete, denselben in gebuhrende Straffe nehmen wolle.

R.n. Bald hernach ist *Martinus Remus* fur einen Caplane in der Pfarkirchen bestellett worden, welcher die Notel mitt folgenden Worten ^q unterschrieben hatt: *Ego Martinus Remus approbo hanc confessionis formulam et improbo secus docentes 3 Aprilis 1592.* Nicht desto weniger {hielt er sich zu den calvinischen Hauffen}.

S.n. Am folgenden 31. May hatt Kön. May. zu Polen *Sigismundus Tertius* mitt Fraw Anna Caroli des Ertzherzoges in Ostereich Tochter ihr hochzeitliche Ehfrewde und eheliches Beylager gehalten.

1593 Anno 1593 hatt die Dritte Ordnung bey Berathschlagung, was dem Koniglichen Gesanten {Stanislao Czykowsken} auff seiner Proposition wegen Besigelung der Thuch zu antworten, am 13. Tage Januarii abermals beym E. Raht angehalten umb den vierden Prediger in S. Marien Kirchen, damit es den beyden hinterstelligen Collegen, weil der dritte, nemlich Andres Sältzlin, alwege kranck, nicht zu schwer wurde, und die Burgerschafft in zufallenden Kranckheiten nicht durffte verseumett werden. Diß hatt ein E. Raht darauff bedacht zu sein an sich genomen[216].

V.n. Anno 1593. Die ^r {36.} Wahl der Kircheneveter
   Nachdem ein E. Raht Georgen Proyten, den dritten in der Ordnung der Kircheneveter, auß ihrem Mittel genomen und ^s am 18. Tage Martii zu einer Gerichtsperson erwehlett, und Anno [15]96 am 14. Tage Martii in den Rahtsstuel versetzett, welcher <314> hernach auch Anno 1602 am 25. Tage Januarii durch den zeittlichen Todt abgefordert worden. Als hatt ein E. Raht auß ubergebenen Wahltzedel Paul von Dorne an seyne Stelle ernant, in folgender Ordnung:
   Herr ^t {Johan} von der Linde, der Pfarrkirchen ^u *{Inspector}*
   1. Hans Brandes 2. Cord von Bobbert
   3. Gabriel Schuman der Elter 4. Paul von Dorne

---

q Gestrichen/skreślony: mitt folgenden Worten
r Gestrichen/skreślony: 38
s Gestrichen/skreślony: zu einer G
t Gestrichen/skreślony: Hans
u Gestrichen/skreślony: President

W.n. Am 26. Tage des Monats Mai haben die E. Gericht und Gemeine nebenst der Handlung mitt obgenanten koniglichen Gesanten abermals, wie hiebevor einhellig angehalten, das ein E. Raht in vorstehender gefehrlichen Zeitt den vierden Prediger in der grossen Pfarrkirchen bestellen, nemlich der da sey ein friedsamer, gelerter und unverdechtiger Man[217].

Hierauf hatt ein E. Raht am 2. Tage Junii geandwortett: es habe ein E. Raht schon von diesem möglichen Fleiß angewendet, wie auch schon hiebevor darumb angehalten worden. Sie können aber noch zur Zeit Ungelegenheit halben damitt nicht fort kommen wollen, es aber auch ferner an muglichen Fleiß nicht erwidern lassen[218].

X.n. Im folgenden Julio hernach ließ der Coysche Bischoff Jeronimus von Roßradzow ein E. Raht vier beschwerliche königliche *Citationes* ubergeben,[a] die Kirchen samptlich angehende, unter andern, das im E. Rath die Pfarrkirche zu S. Marien biß dahero vorendhalten und darentwegen 100/m. [100.000] fl. verfallen wäre[219]. Und solle ein E. Raht innerhalb 6 Wochen auff Marienburg, oder wo Kön. May. Anzutreffen, comparieren[b].

Y.n. Am 14. Tage Augustii, {welcher am Sonabend einfiel und der Sontag nach Marie Himmelfarts Tag war}, kam Kön. May. {sampt derselben Gemahlin} auß Polen gen Dantzig in Willens, sich ins Königreich Schweden zu <315> begeben, daselbst die Crohne zu empfangen, {weil sie daselbst von den Reichsstenden an Ihres Herrn Vatern Stelle zum Könige erwehlett war}, und ist von den Dantzckern abermahls herlich empfangen worden. Am selben Sonabend schickete Kon. May. an einen E. Raht [c] auff dem späten Abend und begerete, das man die grosse Kirche solte reinigen und putzen lassen, dan Ihre May. wolle selbest des folgenden Tages hinein kommen und durch seine Geistlichen die *Sacra* daselbest begehen lassen und ihren Gotteßdienst uben. Worauff sich ein Raht erklehret, nach ihnen solchs unverhoffendlich vorkeme und die Zeit fast kurtz, wusten sie sich nicht so leicht darauff zu erklähren, sondern bedurffte die Sache eines breiten Rahtsschlages, bathen derhalben in aller Unterthenigkeitt, Ihre Kon. May. wolle Gedult haben und den Sontag furuber schiessen lassen, es solle derselben mitt dem allerersten eine untherteniges Antwort werden.

Von Stunden fertiget auch ein E. Raht [d] etliche Personen ihres mittels an den Unter-Cantzler ab, mitt der Werbung, das er mitt den Konige dieser Sachen halber reden, und ihn bitten wolle, das er vermuge seinen eigenen dieser Stadt gegebenen Privilegio (darinnen er uns angelobett, unsere Kirchen alle bey der Augspurgischen *Confession* und den Kirchen Ceremonien, wie er die-

---

a Gestrichen/skreślony: in welchen er sich unter anderen
b Gestrichen/skreślony: solle. Item am 18. Augusti hatt bemeldter Bischoff abermals ein besondere Cit Kon. Citation wegen der Kirchen S. Marien ein E. Raht ubergeben lassen die data innerhalb 3 Tagen zu erscheinen
c Gestrichen/skreślony: und begehret
d Gestrichen/skreślony: auch

selbe in seiner Ankunfft aus Schweden gefunden, bleyben zu lassen[a], auch nicht [b] zu {gestatten}, das irckeine Verenderung der Ceremonien darinne geschehe), gnedigst erhalten, und dawieder nichts vornehmen wolle. Nachdem nun solches durch den Unterkantzler an Ihre May.[c] getragen, hatt er dem Raht zur Antwort werden lassen, das Kon. May. den Raht an den Herrn Bischoff verwiese, welcher mitt dem Raht derwegen tractiren wurde. Auff solchen Bescheid hatt der Raht ihres Mittels Personen an den Bischoff abgefertiget, mitt hochsten Fleiß anhaltende, das er in Anmerckung obgedachtes Privilegii und eines anderen von König <316> Stephano der Stadt gegeben, auch wieder die allgemeine Confaederation der Krohne Pohlen in Religionssachen diese Stadt und ihre Kirchen an ihrer Religion und *Ceremonien* nicht turbiren wolle, so weren ohne das in dieser Stadt woll drey Kirchen, darinne die Römisch Religion geubet und getrieben wurde, darinne er der Bischoff sein Ampt woll verrichten konte. Darauff er antwortet: Ob er wol Recht und Macht hette zu allen Kirchen dieser Stadt, welches Ius er sich auch Salvum wolte bedungen haben, so begere er doch nur fur diß Mahl die einige grosse Pfarkirche und solchs nur umb des Königes willen, dan es Ihrer May. eine grosse Verkleinerung were, das dieselbe in ihrer eigenen Stadt wesende nicht solte Macht haben, in der Kirchen, die ihm am gelegensten, die Sacra nach Ihrer May. Willen zu uben, sondern solte genottigt sein, in andere, weit abgelegene Kirchen sich zu begeben, die datzu der herumb wohnenden Nachbarn halben in bösen Geschrey weren. So begehrte er auch die Stadt in ihrer Religion[d] und Kirchenceremonien nicht zu turbiren, darumb er auch nur die einige Kirche nicht lenger begere, den nur so lang, als der König alhie sein wurde. Sobald auch der König widerumb verreysen wurde, wolte er dem Raht dieselbe ohne Behinderung und Schaden (jedoch mitt Vorbedingung seines Rechten) wiederumb einreumen und warumb sie solchs itz nicht thuen wollten, sintemahl da der König auß Schweden anhero kommen, sie ihm dieselbe Kirche seinen Gottes Dienst darinne zu uben praesentiret hetten etc. Uber solch des Bischoffs Anmutten haben sich die abgefertigten Rahtspersonen beschweret <317> befunden, und die Sache an ihre Eltesten genomen, womitt der Bischoff zufrieden gewesen, jedoch also das kunfftig {mitt dem ersten} ein unabschleglich Antwort erfolgen mochte.[e]

Z.n.   Mittlerweil ließ der Bischoff die andere *Citation* wegen Abforderung der Pfarkirchen ubergebene am 16. Augusti das ein E. Raht innerhalb dreyen Tagen compariren solte. Es hatt aber ein E. Raht diesen *Terminum* wie auch den ersten mitt guttem Rechte vorbey schiessen lassen.

---

a   Gestrichen/skreślony: wolle
b   Gestrichen/skreślony: geben wolle
c   Gestrichen/skreślony: gebracht
d   Gestrichen/skreślony: nicht zu turbiren
e   Gestrichen/skreślony: Ein E. Raht aber hatt sich

A.o. Da aber der Bischoff vermerckete, das ihm wegen Reumung der Pfarrkirchen vom E. Raht kein Antwort erfolgete, beschicket er ein E. Raht den negstfolgenden Sonabend hernach, welcher war der 21. Augusti und ließ antzeigen, das ihme Ampts halben geburen wolle, dem Könige des negstfolgenden Sontages seine Dienste zu leisten, und weil nicht nehert und gelegenere Ortt als die Pfarkirche, die der König selbs datzu begerete, als wolle der Raht dieselbe saubern lassen, und daran sein, das solcher Gottesdienst möge verrichtet werden. Hieruber ward der Raht besturtzett, nicht hoffende, das der Bischoff etwas weiter solte begerett haben. Darumb wante der Raht ein, das solchs noch ferner mochte eingestellett werden, und das der Bischoff mitt den Sachen gemach fahren wolte, damitt nicht allein der gemeine Religionsfriede erhalten, sondern auch die gemeine Burgerschafft, die darumb sehr eiferen wurde, nicht in Unruhe gesetzet, und also hiedurch Gefehrligkeit erregett werden mochte.

Diß hatt aber alles bey ihm verschlagen, sondern hatt uber das die dritte *Citation* wegen der Pfarrkirchen des vorigen Inhalts insinuiren lassen am 23. Tage {Augusti}, an welchen Tage zugleich auch Kon. May. <318> einen Furnemen vom Adel auffs[a] Rahthaus schickte und antzeigen ließ, das sie die Sache wegen der Pfarrkirche dem Posenschen Woyewoden N. Gostomsky committiret hette, der andere mehr Herrn zu sich nemen wurde mitt dem Raht der Kirchen halben zu tractiren, und solte sich der Raht oder etliche ihres mittels desselben Tages Nachmittage umb ein Uhr zu ihm verfugen. Hierauff haben sich etliche datzu deputierte Rahtspersonen bey dem Posnischen Herrn auff angesetzte Zeit eingestellet. Da zugleich auch der Lentsischer und Pomerellische Woyowoda gewesen und nach vielen Auß- und Einreden nahmen bemeldten Woyewoden die Sache wieder an die Kon. May. Die drey insinuirten *Citationen* aber des Herrn Bischoffs seind damit abgelehnet, weil auff jungst verschienenem Reichstage beschlossen, das alle Religionssachen und Hendel, worunter diese mittgetzelet ihren Anstand haben sollen biß zu Kon. May. Wiederkunfft aus Schweden, daran thete sich ein E. Raht halten, und kunte derwegen in diesen Hendelen allhie nichts verrichtett werden.

B.o. Am andern Tage Septembris Nachmittage erhub sich ein unverhoffentlicher gefehrlicher Tumult auff dem Marckt fur der Eiserwage, welchs Ursache sollen sein gewesen das Herrn Czarnkowsken und der jungen Weyer Gesinde, wodurch die Kon. May. und die gantze Stadt in grosse Gefahr gerahten, wie dan auch etliche Kugeln in Kon. May. losament auff dem Marckte seind geschossen worden[220]. Es ward aber dieser Tumult umb die Vesperzeit gestillet. Was aber der Stadt viel Unheyl darauß endstanden, weisen die Recesse zu Rahthause genugsam auß. <319>

C.o. Am 10. Tage Septembris hernach ist Kon. May. mitt stattlichem Pomp und Herrligkeitt nach dem Hause Weisselmunde begleitett worden und nachdem

---

a Gestrichen/skreślony: auffs

        er unter anderen gefragett, ob bey der Pfarrkichen auch noch viel Reliquien von der Heilige Gebeynen furhanden weren, und begerett, weil die Evangelischen solcher Sachen nicht achteten, das man sie Ihrer May. zustellen wolle. Und weil derselben ettliche im Hohen Altare mitt Fleyß bewarett waren, hatt ein E. Raht so viel derselben furhanden Ihrer May. durch Diethard Brandes zustellen lassen. Woruber auch Ihrer May. solch Heiligthumb empfangen zu haben ein E. Raht ein offentlich Schein und Beweiß unter de[r]selben[a] Hand und Siegel gegeben. Welches die Kirchenveter auch noch in ihrer Bewahrung haben, lautende wie folgett:

D.o.   *Sigismundus tertius etc.*

        Universis ac singulis quorum interest notum testatumque facinnis, Accepisse nos ad manus nostras a spectabilibus et famatis Praeconsulibus et consulib[us] civitatis nostrae Gedanensis, Capsam quandam, cum Sanctorum reliquiis aliquot: Nimirium de S. Andrea, S. Bartholomeao, S. Matthaeo, S. Anthonio, S. Fabiam, S. Nicolao, de veste S. Anthonii, de undecim millum Virginum, de velamine S. Mariae Magdalenae, Agnum Dei ~~etc~~ *et alia etc. quaequidem Capsa, cum iisdem reliquiis in Templo beate Mariae Virginis in summo Altari hactenus reservata fuerant. Recipientes ac promittentes in verbo nostro regio, nos eius extraditionis nomine, praefatos Praeconsules et Consules securos et indemnos praesituros, temporibus quibus cumque futuris, in cuius rei fidem manu nostra subscripsumus et sigillo regni nostri <320> communiri iussimus. Datum ad laternam XV Septembris Anno Domini M.D. nonagesimo tertio, Regni vero nostri anno sexto.*

        Sigismundus Rex   *Martinus Chmielowski*[221]

E.o.   Des folgenden Tages darnach, nemlich am 16. Septembris, fuhr Kon. May. {sampt ihrem Gemahl} zu Schiffe, und ist zugleich von der Reyde nach Schweden gesiegelt.

1594   Anno 1594 am 1. Tage Martii ward die Kon. May. zu Upsal zu einem Könige in Schweden gekrönet und am 19. Mai hernach gebar die Königin daselbs eine junge Tochter.

F.o.   Am 7. Tage Junii hielten die Ordnungen Rathschlege, wie man sich kegenst die Ankunfft Kon. May. auß Schweden wiederumb schicken solle, bey welchen Rahtschlegen zugleich abermahls von zweyen Quartieren ist angehalten worden, das die grosse Pfarrkirche noch mitt einem reinen und friedsahmen Lehrer mochte bestellett werden. Hir erfolget Andwortdt: Obwoll ein E. Raht Fleiß angewandett auch ihres mittels Personen, so verschickett gewesen, {Befehl gegeben}, außen Landes sich umb solche Leute umb zu thun habe, doch biß dahero deßfalles wenig verrichtett werden mögen. Es wollen aber ein E. Raht an muglichen Fleiß nicht mangeln lassen.

G.o.   Am {18[b].} Tage [c] {Augusti} ist Kön. May. auß Schweden wiederumb zur Weißelmunde ankommen, und am 20. dieses zu Dantzig seinen Eintzug gehal-

---

a   Gestrichen/skreślony: Sig
b   Gestrichen/skreślony: 16
c   Gestrichen/skreślony: September

ten. Dernach am 2. Decembris mitt ihrem Gemahl ᵃ und Hoffgesinde widerumb nach Cracaw verreisett.

H.o. Am 17. Tag Decembris ist auff obgenanten Bischoffs Citation wegen der Pfarkirchen S. Marien die Sache von Kon. May. {zu Cracaw} verhörett worden, dahin ein E. Raht den Syndicum D. Georgium Bergman abgefertigett[222]. ᵇ {Daselbest} sowoll im Namen des Bischoffs <321> als durch den Kon. *Instigatorem* ᶜ fur Kon. May. klagende *proponiret* ward: Nachdem Kon. May. das *Ius Patronatus* uber die Kirche der Heiligen Jungfrawen Marien in Dantzig hette und der Raht dieselbe ᵈ Ihrer May. und denen sie befohlen frewendlich vorendhielte. Als wollen Klegere von Ihrer May. ein Erkentnuß erwarten, das genante Kirche sampt allen Einkunfften und Gerethe, wie die Namen haben mogen, dem Herrn Bischoff solle eingereumett werden. Ob nun woll Doctor Bergmann dagegen eingewandt, nachdem die Sache die Religion mittruhre und also wieder die *Confederation* Anno 1573[223] geschlossen streite, er auch im Namen und von wegen der Stadt Dantzig schon vor diesem fur den Koniglichen *Assessoren*, wie sie daselbs ihre Iuridica gehalten, sich auff den nehesten Reichstag beruffen und *appelliret*, dahin die Sache eigentlich gehöre, als lasse er es noch dabey wenden und sey auff ihre Klage fur dißmhal zu antworten nicht schuldig. So hatt doch Kleger repliciret, das diß nicht eine Religionsache betreffe, sondern schlechts von dem Gebew und desselben Zugehör Anforderung geschehe, welche eigentlich Kon. May. eingehoren, {worinne} ᵉ auch allein Kon. May. zu decidiren habe, darumb er, der *Syndicus*, directe zu antworten schuldig were. Ob nun woll Doctor Bergmann mitt vielen Argumenten solches wiederleget, erkante dennoch Kon. May., weil die Klage nicht von Religion, sondern von Gebew und Einkunfften der Kirchen were, als solten er directe zu antworten schuldig sein. Doctor Bergman wandte hierauff ein, das ᶠ weiter zu antworten er nicht Befehl hette, und seine Instruction hiemitt auffhore <322> und damit er noch einem Punct seiner Herrn Instruction ein Genugen thete, auff den Fall, da es also hiesse, wie geschehen, bath er von Kon. May.: das es seiner Person nicht zu gedeutett wurde, als thete er es fur seinen Kopf, was er sich ferner erklehren wurde, sondern were in seiner Instruction außdrucklich endthalten, was er im Namen seiner Herrn vorzubringen hette, darumb er auch dasselben auß seine Herrn Instruction verlesen wolte. Der Inhalt aber desselben war ungefehrlich dieser: Das die Stadt Dantzig Kon. May. nicht allein fur einen Herrn der Kirchen, sondern auch negst dem Allmechtigen Gott fur ihren Obersten Herrn uber Leib und Gutt erkenneten und hielten, dem sie auch negst dem ewigen Gott die högste Untherthenigkeitt zu leisten schuldig, wie sie sich

---

a Gestrichen/skreślony: wider
b Gestrichen/skreślony: und
c Gestrichen/skreślony: klagende
d Gestrichen/skreślony: daselbest
e Gestrichen/skreślony: welche
f Gestrichen/skreślony: seine

dessen auch allewege befliessen, auch im geringsten derselben zuwider zu leben nie gesonnen. Diese Sache aber, die Religion und zu gleich auch die allerwichtigste Sache, ruhre uber welche kein Mensch noch einige Creatur, den nur allein Gott der Allmechtige zu richten hatt, nehmlich das Gewissen. Darumb durch die Reichsstende der Kron Polen loblich und woll geordnet, in allgemeiner *Confaederation*, das da solche Sachen streitig werden mochten, sollen durch niemand anders als die Reichsstende gerichtett werden und hiemitt nicht allein die Religion, sondern zugleich auch die Kirchen mitt gemeynet, wie denn Kirche und Religion zusammen gehören und nicht voneinander mögen getrennet werden, derwegen die Sache billig auff den allgemeinen Reichstag, dahin sich die Stadt provociret, verleget werde. Die Kleger erinnerten ihre Kon. May. hirauff, was dieselbe hie befor <323> in Sachen derer von Thorn und Mefe decretiret hette. Und weil die Sachen mitt dieser einerley *Condition* weren, als wurde auch einerley Decret darauff gehoren. Beklagter darauff geantwortet, das die Sachen nicht einerley *Condition*,ᵃ sondern were dieser Unterscheid darunter, das die Dantzcker anfenglich von den Assessoren an den Reichstag *appellirett*, welchs die andern Stedte nicht gethanᵇ, sondern allererst von der koniglichen Relation dahin *appellirett*. Bleiben derwegen die Dantzcker nicht unbillig bey ihrer *Appellation*, nicht hoffende einiger *Innovation*.

Und nachdem die Parte abgewiesen und Kon. May. gerahtschlagett, ist Doctor Bergman mittlerweil davongangen, ob er gleich zu dreyen Mahlen, auch uber das zum vierten Mahl geruffen worden, darumb ward er in Contumatiam condemniret, und zugleich decretiret, das die Dantzcker den Klegern die Kirche sampt allen und jeden Einkunfften und Zugehöre solten einzureumen schuldig sein, wen er [der Bischof] es begehren wurde[224]. Es ward aber diß Decret in der Kantzley anders geschrieben als verabschiedett, nemlich, das eine Peen hinzu gesetzt ᶜ {ward} von 100/m [100.000] fl. polnisch, und ob er sich gleich daruber beschweret, hatt er doch nichts dawider vermocht.

1595
I.o.
Am folgenden 19. Tage Januarii des 1595. Jars seindᵈ der Abt auß der Oliva David Konarski und Nicolaus Milonius *Officialis* {mitt Notarien und Zeugen} furm Raht erschienen, und {haben} durch den Olivischen Vogt Marten Muller einwenden lassen, das der Abt von Pölplin, der Abt auß der Oliva und der *Official* von Kon. May. datzu deputirett, das sie dem Raht ein Kon. Decret furtragen, und darauff umb die Execution anhalten solten. Weil aber der Abt von Polplin wichtiger Gescheffte halben dieser Sachen beyzuwohnen sich endschuldigett, also hetten diese beyde <324> allein diß Werck zu verrichten auff sich genommen mussen, wolten derwegen solchem Kon. Befehl nach das Decret ubergeben haben. Nach Verlesung desselben begerten die Deputirten,

---

a Gestrichen/skreślony: waren
b Gestrichen/skreślony: hetten
c Gestrichen/skreślony: ist werden
d Gestrichen/skreślony: haben sich haben sich

das ein E. Raht demselben nachsetzen und sie nach Inhalt desselben in die Kirche einweisen lassen wolle. Auff gehaltene *Deliberation* des Raths ist ihnen zur Antwort worden, das ein E. Raht des kon. Decret mitt gebuhrlicher Reverentz angehorett und den Inhalt woll vernommen. Weil aber die Sache fest, wichtig und allgemeine Stadt angehe, befinden sie hochnottig, dieselbe an sämptliche Ordnungen in breitere Rathschlege zu nehmen[225], wolten derhalben gebetten haben, das die Herrn Deputierten einen kleinen Vortzug haben wolten, dan sie mitt den ersten, so bald immer muglich, Bescheid darauff haben[a] sollten.

Hierauff [b] {wandten} die Deputierten ein,[c] das sie {sich} zwar einer andern Antwort verhoffett hetten, aber weil die Sache wie vermeldet muste Auffschub haben, wolten sie entschuldigett sein, dan sie dadurch der Sachen ein Genugen gethan, das sie vermuge Kon. Befehl das Decret ubergeben, und darauff die Einweisung begerett hetten, hiemitt den *Notarium* anruffende, das alles was vorlauffen, *ad notam* zu nehmen etc. und also davon gangen.

Nach gehaltenen Rahtschlegen der Ordnungen uber diesem Actu hatt E. Raht den Deputirten folgende Antwort gegeben:

„Nachdem Ihr Kon. May. unsers al.g.K. [allergnädigsten] Königes und Herrn Decret wegen der Pfarkichem allhie am verwichenen 19. dieses Monats Ihre Ehrwurdige Gnädiger Herr David Konarski, Abt zur Olive, und der Ehrwurdige Herr Nicolaus Milonius official in gewöhnlicher Rahtsession erscheynende im Namen Ihrer Hochwurdige Gnaden des Herrn Coyeschen Bischoffs haben insinuiren lassen und darauff ferner die Einreumung derselben neben <325> allen Zubehörungen begeren lassen, und aber ein E. Raht weyl solches was beygekommen, die gantze Stadt beruhret, an diejenigen getzogen, die mitt zu [den] allgemeinen Rahtschlegen gehören und was die Erklerung und Bedencken sein wurden, den Herrn Deputirten zur Antwort werden zu lassen an sich genommen. Als seind derowegen die Erbahren Ordnungen dieser Stadt zu ferderlichsten *convociret*, und nachdem ein E. Raht die Sache vorgetragen, ist sie ihrer Wicht nach reifflich und woll erwogen. Sagen und erklehren sich demnach der darauff samptliche E. Ordnungen einmuttig und einfallig, das kegenst hochgemeldte Ihr. Kon. May. u.a.g.h. [unser allergnädigsten Herr] sie sich von Anbeginn, in allem was ihnen muglich und menschlich aller Unverweißligkeitt, und was die unhterthenige Gebuehr immer erfordert, je und allewege dermassen betzeugett, wie getrewen Unterthanen anstehett und getzimet, und auch hinfort zu allen Zeiten nicht anders als in unhertheniger Demutt und Gehorsam sich zu ertzeigen schuldig und willig erkennen und desfalles kegenst Gott dem Allmächtigen Irer K. M. u.a.g.h [unser allergnädigsten Herren] und menniglichen ein guttes Gewissen zu erhalten höchstens Fleisses wollen angelegen sein lassen. Belangend

---
a Gestrichen/skreślony: werden lassen
b Gestrichen/skreślony: haben
c Gestrichen/skreślony: gewand

aber den verlauffenen Proceß der Kirchensachen erinneren sich die E. Ordnungen, das sie zu unterschiedlichen Mahlen neben den andern E. Stedten dieser Lande Preussen gantz unterthenigst an Ihre K. M. *suppliciret* und geflehett, das sie vermuge der *General Confaederation inter dissidentes de religione* krefftiglich berahmett und vom Könige zu Königen herlich feyerlich und eidlich confirmiret und dan, laut besondern habenden Transactionen, Indulten und *Responsen* sowoll auff die Kirchen als die Religion, die allewege beyeinander sein, möchten unmolestirett und unbeschweret <326> in solchem Stande und Besitz gelassen werden, wie sie bey und vor Ankunfft Ihrer Kon. Maj. gewesen und die Konigliche Indulta sie dessen getrösten und vergewissern. Mussen aber mitt schmertzen beklagen, das sie von Ihr Hochw. Gnaden, den Herrn Coyeschen Bischoffe, dermassen molestiret und in so drenglichen Proceß und Weitleufftigkeyt ohne alle Ursache seyn getzogen worden. Und ob nun woll Ihre Hochw. Gnaden in *Contumaciam* zu haben durch ein Kon. Decret intimiret, so ist doch auch gemeiner Stadt Nottdurft hin und wider bewaret und an Ihr Kon. May. in dem Reichstage untherthenigst appeliret, das daselbst so hochwichtiges dieser Stadt Beschwer und Bedrengnuß gehöret und aus gutten hohen Grunden und Ursachen abgeschaffet mögen werden. Demnach sehen die E. Ordnungen nicht, wie sie von solcher *Litispendentz* können abschreiten, sondern erheischett ihr hohe Nottdurfft derselben interponierten *Appelation* unveruckt zu inhaeriren, der unterthenigen und tröstlichen Hoffnung, es werde Ihre Kon. May. allergnedigst geruhen, ihre getreuen Unterthanen mitt gnedigen Augen antzusehen, das sie von solchem Beschwer des Herrn Bischoffs gerettet und gefreyet und auch wievor ohne Immutation ruhelich und frey die Kirchen, wie sie die bey und vor Ankunfft Ihrer K. M. eingehabt, laut habenden Freyheiten, Privilegien und Gerechtigkeyten unangefochten im Gebrauche und Besitze in der That behalten und derselben sich zu frewen haben mögen."

K.o. In wehrenden Rahtschlegen, was auff vielgemeldtes Decret den Deputierten zur Antwordt zu geben, hatt die Dritte Ordnung abermahls mitt Fleiß angehalten am 21. Tage Januarii, das ein E. Raht die Cantzel in der grossen Pfarrkirchen, wie oftmahls gebethen und es die hohe Notturfft erfordert, mitt <327> trewen und der reinen Lehre, der Augspurgischen *Confession* verwandten Lehrern, an welchen itzund ein grosser Mangel, mögen versehen und bestellett werden. Das Breite Quartier auch hintzu gethan, das ob man woll offt beim E. Raht angehalten, das dem itzt schwebenden Zwist der Praedicanten mochte gewehret werden, habe doch solch Anhalten bißdahero wenig Frucht geschaffet. Wollen derhalben abermahl gebethen haben, hietzu zu trachten, auff das zur unnöttiger Unruhe und Bluttvergiessen nicht Ursache gegeben werde, dan es die hohe Notturfft erfordere, wo nicht, und das solches anders als woll ablauffen wurde, wollen sie und schuldiget sein.

Hierauff gab ein E. Raht diesen Bescheid, das sie in Bestellung der Cantzel in der Pfarrkirchen bißdahero allen muglichen Fleiß angewand habe, aber allerley grosser Ungelegenheit halben nicht konnen zur Endschafft gebracht werden. Es wolle aber ein E. Raht ferner mitt Fleiß daran sein, das solches mitt den ersten geschehe. Das aber das Breite Quartier addirete und anhielte umb Einigkeit der Praedicanten, und einem E. Raht zumesse, als werde hinlessig damitt umbgangen, mitt bedingen, da es anders als woll zu ginge, sie davon entschuldiget sein wollen. Solches komme ein E. Raht schmertzlich fur, sie wollens aber der gantzen Burgerschafft zu erkennen gegeben haben, mitt was Muhe und Arbeit auch hinden gesetzett Leibes und Lebens Gefahr und Gesundheit sie davon gewesen, das die Stadt in gutter Ruhe und Frieden erhalten worden, also das sich niemand mitt Billigkeitt uber sie wurde zu beschweren <328> haben, wie sie dan auch noch mitt allem Fleiß daran seyen, damitt der allgemeine Friede und Einigkeitt erhalten wurde. Hoffen derwegen auch, das das Breite Quartier ferner sie mitt solchen verdrießlichen Dingen verschonen werde.

L.o. Nachdem ein E. Raht der Dritten Ordnung auff ihr Begeren den 20. Tag Februarii ernant, an welchen sie jehrlichen Gebrauch nach ein E. Raht die allgemeinen Beschwerpuncta der Stadt vortragen mochten, also kamen {die Ordnungen} auf desselben Tages zusammen, colligirten die Beschwerpuncta und ließ die Dritte Ordnung am 21. Februarii ihnen dieselben vorlesen, unter welchen der erste war, das die Kirchen innerhalb und ausserhalb der Stadt und derselben Jurisdiction unterworffen, sonderlich auch die grosse Pfarrkirche mitt gelehrten Männern Augspurgischer *Confession* vewand mögen bestellett und besetzet werden.

M.o. In wehrenden diesen und anderen Ratsschlegen mehr, sein noch zwey {kon.} Citationes ubergeben worden im Nahmen des Bischoffs, die erste, das der Raht auff seine Anklage, das ihm ein E. Raht in sein Ampt griffen und sich der Herrschaft uber das Grewer Nonnen Closter S. Brigitten Ordens unterwunden, die ᵃ {Einkunften} desselben an sich zögen und ihres Willens Vorsteher verordneten, wodurch ihme, dem Bischoff, woll 18/m [18.000] fl. ungrisch Schaden zugefugett, ohn was ihm noch ferener darauff fur Schade gehen möchte etc. Die andere Citation war an die Vorsteher ungefehrlich desselben Lauts zu demselben Ende citirett.

N.o. Es ist auch umb diese Zeit ein Reichstag in Polen gehalten worden, dahin von der Stadt wegen abgefertigett waren der Burgermeister Constantinus Gyese und Herr Hans Thorbecke, Rahtsverwandter.

<329> Und nachdem ein Raht wegen der Pfarrkirchen Sachen an die Kon. May. in offentlichen Reichstage sitzende appellirett, wie vorgemeldt: Als hatt ein E. Raht den offtgedachten Bischoff daselbest hin citiren lassen, und {auffᵇ} einen gewissen Tag der König mitt der Reichständen versamlet gewesen, und die Parte geruffen worden, hatt der Bischoff angefangen und gesagett: „Weil der Raht von Dantzig die von den alten Königen sich vorbedungene Kirche zu S. Marien, zu welcher seine vorfahrende Bischöffe zu Pastoren

---

a Gestrichen/skreślony: regirung
b Gestrichen/skreślony: nach dem

verordnet, auß eigener angemaßter Gewalt allererst zu seinen als nunmehr ordentlichen *Successoren* Zeiten, dieselbe ihm freundlich vorzuendhalten sich unterstanden, die Einkunffte ihres Gefallens administrirett und also der itzt regierenden Kon. May. Authoritaet ᵃ und derselben habenden Gewalt daruber einen Eingriff gethan. Als habe K. M. (welcher allein und niemand anders solcher Gewalt gebuhrett) billig hiebevor in der Sachen decretirett, das Ihrer May. dieselbe Kirche bey einer angesetzten Peen wiederumb solle eingereumet werden etc. Es liessen aber die Dantzcker sich daran nicht genugen, sondern durfften noch datzu von der Mayestät heiligen Decret an offentlichen Reichstag appeliren ᵇ und die *Execution*, so auff ermeldtes *Decret* gefordert, kuhnlich verweigern, hiemit der Heiligen May. Hoheitt vollend zereissende. Weil er dan solch Kön. heiliges Decret vor sich hette, wuste er sich kegenst den Raht von Dantzig in etwas Newes ferner nicht einzulassen, sondern thette sich desselben fest halten." Hirauf ehe und den die Dantzcker Gesanten Gehöre gegeben worden, haben die bäbstlichen Stende in der Session sich verlauten lassen, das der Raht <330> von Dantzig nicht befuget were, zu *appelliren*, sintemal das Decret vom Könige selbest als dem Obersten Haupte der Stedte ergangen. Dan gleich wie die Ritterschafft vom Tribunal nicht ferner zu *appelliren* hatt auch nicht verstattet wird, also können die Städte auch nicht ferner dan an die Kon. May. *appelliren*. Dem entgegen haben die evangelischen Stende in der *Session opponiret*, weil die Sache der Wichtigkeitt, das sie nicht allein die Confaederation, sondern auch den allgemeinen Religionsfrieden ruhrete, solte man ihnen billig ihre Notturfft zu reden verstattet, seind also in eine *Disputation* gerahten, biß endlich der König durch den *Referendarium* befohlen, das dasᶜ Gegenpartt antworten solte. Und als die Gesanten angefangen zu antworten, ließ der König befohlen, die Sache Polnisch zu agiren. Darauff begereten die Gesanten, weil sie der polnischen Sprache nich kundig, das ihnen ein polnischer Procurator und so viel Zeit vergunnett sein mögte, das sie ihn der Sachen grundlich berichten könne. Hierauf ward ihnen ein polnischer Procurator zu geordnett und der Abtritt vergunnet, so weit, das sie, ehe dan die Reichstende auß der Session auffstunden, sich wiederumb einstelleten. Nach notturfftiger Informirung des *Procuratoren* liessen sie ihre Sache zur Notturfft vortragen und daneben auffleggen, eine besondere *Supplication* aller Ordnungen der Stad an Kon. May. sitzend *in comitiis* sampt Siegel und Briefen, damitt die Stadt des Falles befreyett etc. Der Bischoff aber wolte sich nicht einlassen, sondern hielt sich schlicht des Kon. Decrets und da nicht {*pro et contra*} mehr beyzubringen gewesen, sein die Parte abgewiesen, und draussen in die drey Stunden auffgewartett, und als sie eingefordert, hatt der Unterkantzler im Namen K. M. <331> decretiret: Also nachdem Kon. May. hiebevor in der Sachen verab-

---

a Gestrichen/skreślony: einen Eingriff gethan
b Gestrichen/skreślony: und
c Gestrichen/skreślony: das [unleserlich/nieczytelne]

scheidett, und aber der Rath von Dantzig vermeintlich *ad regem in comittiis sedentem appelliret* und demnach die *Execution* nicht verstatten wollen, ist darauß genugsam am Tage, das sie sich gegenst Kon. Authoritet und Gewalt auffgelehnet, und in Ihrer May. *Imperium* einen Eingriff gethan. Als lesset es Kon. May. bey vorigem ihrem Decret bleyben, also das der Raht von Dantzig dem Bischoffe die Kirche S. Marien sampt allen datzu gehörigen Gerethe und wegen der Verweigerung der Execution die im Decret endhaltene Peen der 100/m [100.000] polnisch zu erlegen sollen schuldig sein. Der Bischoff stund auff und dancketa Kon. May. fur gegebenes Decret und bath daneben, weil er nunmehr derer von Dantzig Hirte were und sie seine Schäfflein, das ihnen solche angesetzte Peen erlassen wurde, dabey es auch verblieben.

O.o. Im folgenden April ward abermal eine Kon. *Citation*[a] *{peremptoria}* ein E. Raht {im Nahmen des Herrn Bischoffs und Kon. Instigatoris} insinuiret[b], nach Ubergebung derselben in vier Wochen zu compariren [c] und anzuhören, weil sie sich freuendlich Kon. Decret widersetzet und demselben nicht ein Genugen thuen wollen und dartzu aus eigener Durst an offentlichen Reichstag *appelliret*, das sie die[d] ein Decret endhaltene Peen der 100/M [100.000] fl. polnisch zu erlegen und nicht desto minder bemeldten Decret ein Genugen zu thun sollen schuldig sein. Item, weil auch Kon. May. *decerniret* hatte, das wegen solches freuendlichen Aufsatzes der Praesidirende Burgermeister und zween Eltesten des Rahts sich zu Marienburg einstellen und daselbst fur eine Zeitlang in Verhafftung gehen, auch daneben 1000 Mk. polnisch zur Buße zu erlegen sollen schuldig sein. So habe doch ermeldter Bischoff fur sie gebethen, darumb Ihre May. ihnen solche Straffe erlassen etc.
Gegen diese Citation hatt ein E. Rath am Kon. Hofe {den abgesanten Befohlen zu} *excipiren*, das sie nicht zu antworten schuldig, sintemal dem Herrn Bischoff auff sein ubergebenes Koniglichs Decret noch nichts ab oder zugesaget worden, als hette man auch nichts verwircket. Diß hatt aber nichts verschlagen.
Dernach kam ein Schreyben von der Stadt Abgesanten bey Kon. Hofe, Herrn Hansen Thorbecken und Doctor Georgio Bergman, darinnen endhalten, das Kon. May.[e] am 28. Julii abermals in der Kirchensachen hette ergehen lassen, welches Inhalt ungefehrlich dieser war: Das obwoll Kon. May. woll befugett were, die im vorigen Decret ernant Peen der 100/m. [100.000] fl. polnisch abzufordern, sintemal die Dantzcker demselben mitt Einreumung der Kirchen nicht ein Genugen gethan hätten, so wolle Ihr May. doch, damitt man nicht meine, das sie ihres Geldes bedurffte, ihnen solche Peen erlassen, aber nichtsdestoweniger wolle Ihr May. abermals decretiret haben, das sie bey

---

a Gestrichen/skreślony: uberreicht
b Gestrichen/skreślony: werden
c Gestrichen/skreślony: auss
d Gestrichen/skreślony: und hat
e Gestrichen/skreślony: abermals

<332–334> Historisches Kirchen Register 551

ernanter Fadio oder Peen sollen schuldig sein, die Kirche dem Bischoffe innerhalb vier Wochen de dato eintzureumen[226].

P.o. Es ward auch zu dieser Zeit von den evangelischen Stenden der Cron Polen, Littawen und Preussen einen Tag der Zusammenkunfft auff den 21. Tag Augusti[a] gen Thorn berahmett, daselbest einen Synodum zu halten[227], dahin schickett ein E. Rath auch ihre Gesanten, bey bemeldten Stenden sich auch diesesfalls Hulffe und Trostes zu erholen, sie auch als Patronen der evangelischen Religion umb gnedige und gunstige Intercession bey Kon. May. und derselben Rähten zu bitten. <333>

Q.o. Am 25. Tage Augusti {zu Mittage} ließ der Bischoff vorgemeldtes Decret durch den Abt von der Oliva David Konarsky sampt seinem Bruder N. Konarsky, den Probst von Suckaw, und einen polnischen Procuratoren (der da Polnisch agiren wollen, aber nicht zugelassen) in lateinische Sprache uberantworten, und zugleich die Einreumung der vielgedachten Kirchen[b] nach Inhalt desselben Decrets begeren. Nach Verlesung des Decrets und gehaltenem Rathsch[l]age gab ihnen ein E. Raht den Bescheid, weil die Sache sehr wichtig und dieselbe nicht allein dem Raht, sondern die allgemeine Stadt ruhrete, musten {nothwendig} sämbtliche Ordnungen der Stadt mitt hietzu getzogen werden, bathen derwegen, das die Gesanten sich in ihre Herbergen verfugen wollten, und sobald man mitt der Andwort fertig, solte es ihnen angemeldett werden. Hierauff[c] gingen sie vom Rahthause, setzen sich auff die Wagen und fuhren unabgewardter Andwort davon.

R.o. {Nichtsdesto weniger[d]} haben sich die Ordnungen einer gewissen Antwortt geeiniget, aber weil die[e] vorgemeldten Ubergeber des Decrets ferner kein Antwort abgefordert, ist damit inne gehalten worden. Die Ursache aber solcher Nichtabforderung der Antwort war diese: Das ein E. Raht mittlerweil auß Schluß sambtlicher Ordnungen keinen Fleiß sparete, diese Sache zur suhnlichen Handlungen zu bringen, datzu sie den hohe Personen, als den Breschker Woywoden, den Ertzbischoff Stanislaum Karnikowsky, den Castelan Lemsky und andere mehr erbehten, mitt dem Coyeschen Bischoffe Unterhandlung zu pflegen, welche auch die Sache so weit brachten, das[f] erstlich in die guttliche Vergleichung einließ, jedoch das es dem Kon. Decret nicht praeiudiciren solte. Unter andern begerete der Bischoff, wo man ihm die grosse Kirche <334> nicht einreumen wolte, das man ihm anstelle derselben eine andere Pfarkirche oder das Grawe Nonnen Closter S. Brigitten Ordens mitt allen seinen Einkunfften abtrette.

Diß haben obgemeldt erbetteter Herrn einem E. R. durch Schreyben kund gethan, und hatt der Raht darauff einen Secretarium, Wentzel Mitteldorff, an

---

a Gestrichen/skreślony: zu Tho
b Gestrichen/skreślony: begeren
c Gestrichen/skreślony: obgenande
d Gestrichen/skreślony: Mittlerweil
e Gestrichen/skreślony: uber
f Gestrichen/skreślony: der

den Coyeschen Bischoff {gen Radzonc, da er damahls antzutreffen war}, abgefertigett, bey ihm anzuhalten umb einen Tag der Zusamenkunfft mitt [der] Erklerung, wo er die Zusamenkunfft halten wolle und mitt dem Bedinge, das mittlerweil bey Kon. Hofe in dieser Sachen ferner nichts vorgenommen werden möge. Diß[a] {nam} der Bischoff[b] {ferner zu bedencken an sich} und Befehl ihm nach Thorn zu reisen, und alda Bescheides zu erwarten. Der Secretarius aber zu Thorn, etliche Tage wartende, bekam keinen Bescheid. Mittlerweil aber gab sich der Officialis Nicolaus Milonius[c] an, das er ein Schreiben vom Herrn Bischoff sowoll auch eine mundliche Werbung an den Rath hette[228]. Worauff ein Rath zu Rathhause solch Schreiben von ihm empfieng, welchs am 26. Decembris Anno [15]95 datirett war, und der Inhalt uhngefehr dieser: Das er viel Jar hero nichts anders gesucht, gewunschett und begerett hette, dan den lieben Frieden, Ruhe und Wollstand der Stadt zu erhalten, trage auch noch solch ein väterlichs Hertz gegen die Stadt, das wie er allwege[d] sich zur freundlichen Vergleichung erbotten, so habens doch allwege an ein E. Raht gemangelt. Also: das er nunmer woll Ursache hette, solches langen Vorschlags Verdruß zu tragen. Weil aber nunmehr die guttliche Handlung fernen bey ihnen gesucht wurde, als wolle er sich nun <335> auch dahin erkleret haben. Jedoch also: Das solche Unterhandlung Kon. Decret und *Authoritaet* nicht praeiudicire und das der Raht zwischen dato und dem 8. Februarii {des 1596. Jares} ihre Abgesanten an ihn mitt volkomener und gentztlicher Macht abfertigen, damitt die Sache nicht lenger vertzogen und die Zeit unnutzlich zugebracht werde. Er begere der Dantzicker Privilegien mittnichten irkeinen Eingriff zu thun, sondern sey bereitwillig, nicht allein der Kirchen, sondern auch aller andern alten schwebenden Zwisten halben sich freundlich abtzufinden, der Raht solle es an ihnen nur nicht mangeln lassen und ihm in sein Jus keinen Eingriff thun. Diß alles wiederholet der Officialis mundlich und extendiret es mitt weitlaufftigern Worten, hieng auch das daneben an, das der Herr Bischoff in Hoffnung, das es nunmer ein E. Raht ein Ernst sein wurde, die Verschaffung gethan habe, das bey Hofe aller dieser Streyte halben stille gehalten und nichts vorgenommen werden solte, in Massen es ein E. Raht begerett hette etc.

Nach gehaltenen Rahtschlegen hatt ein Raht auß Schluß sämptlicher Ordnungen den Herrn Burgermeister Hans von der Linden und Herrn Gerth Zimmermann mitt gewisser Instruction an den Herrn Bischoff abgefertiget[229]. Unterwegens aber kam ihnen ein Dantzcker Post von Kon. Hofe endgegen, welcher nebenst einem Schreyben {von dem *Secretario* Johanne Keckerbartt}[230] an den Rath eine *Copiam* eines newen Kon. Decrets mitt sich brachte[231], welches Schreiben die Gesanten zum Rauden eroffneten und die

---

a Gestrichen/skreślony: gelobett
b Gestrichen/skreślony: dem Secretario
c Gestrichen/skreślony: beim Raht
d Gestrichen/skreślony: der

eingelegte Copey verlesen, und darauß vernahmen, das uber Verhoffen und
Zusage des Herrn Bischoffs der König in der Sachen des Grawen Nonnen
Closters decretirett hatte. Derwegen die Gesanten bey demselben <336>
Postreuter schrifftlich begeret, weil ihnen solche Zeitung unvermuthlich auff
dem Wege begegnett und ihnen bedencklich, ob sie mitt habender Instruction fortreisen sollten oder nicht. Als begereten sie auffs Newe von ein
E. Raht[a] hierauff ferner Bescheid, was sie sich halten sollen. Die Terminatus
aber des Decrets war diese: Gleich wie der Konig Casimirus der Catholischen
Religion gewesen,[b] als habe er auch die Administration dieser Sachen solchen
Leuten gegönnet, so gleichsfalles catholischer[c] Religon. Weil aber die itzigen
Administratoren abgefallen und ketzerisch worden, als gebuhre Ketzern solche *Administration* nicht, sondern sollen dieselbe dem Bischoff abzutretten
schuldig sein etc. Geschehen am 23. Januarii Anno [15]96.
Auff bemeldtes der gesamten Schreyben ist ihnen auß Schluß sämbtlichen
Ordnungen durch denselben Post auff Thorn eine andere Instruction zugesand, welcher Inhalt auß ihrer Verrichtung hernach wird können verstanden
werden[232]. Hiemitt seind die Gesanten von Thorn fortgefahren,[d] also das sie
allererst am 11. Februarii zu Plotzko, daselbst damahls der Bischoff war, ankamen. Wurden von des Bischoffs Secretarium und Hofejunckern freundlich
empfangen, mitt Verehrung mancherley Speise und Tranck begebet, danebenst anmeldende, das der Herr Bischoff sich ihrer Ankunfft hertzlich freuete, und das er ihnen des negstfolgenden Tages gnedige Audientz geben wolle.
Des folgenden Tages worden die Gesanten in sein Pokoy gelassen, da sie ihn
den Herrn Bischoff sampt seinem *Secretario* (einem *Canonico*) und *Officiali*
Nicolao Milonio allein gefunden. Und nachdem die Gesanten <337> nach
gehaltener Solutation dem Herrn Bischoffe etliche *Confecten, Conserven* und
Wein verehrett mitt Erbiethung aller Guttwilligkeitt, und er ihnen wiederumb {freundlich} dafur gedancket, haben sie ihre Werbung abgeleget[233].
Nemlich, das sie zwar ihren angesetzten Terminum, welcher am 8. Februarii
verlauffen, gerne hetten attentiren wollen, aber wegen bösen Weges und Hinderung der Weißel nicht gekont, bittende, er wolle derwegen keinen Verdruß
darob tragen. Sie konten ihm aber nicht verhalten, das ob sie woll mitt gewissen Instruction von Dantzig abgefertigt, in Meynung derselben nach ihre
Werbung zu verrichten, sey ihnen doch auff dem Wege, nemlich zu Thorn
eylend, eine Post nachgeeylet mitt einem Schreiben des Rahts an sie, darauß
sie verstendigett, das den Dantzckern S. Brigitten Closter von Kon. May. abgesprochen sey. Weil dan solchs uber Verhoffen und wieder das Angeloben
des Herrn Bischoffs durch den Offcial geschehen, und also ein Newes einge-

---
a Gestrichen/skreślony: bescheid
b Gestrichen/skreślony: als habe er auch
c Gestrichen/skreślony: gewesene
d Gestrichen/skreślony: und wegen bösen Weges auch der Weißel halbe, so damals starck
   mitt Grundeise gieng auff Bromberg reisen mussen

fuhret, wozu dan auch newe Ratschlege gehoreten, als solten sie mitt habender Instruction innehalten, und bey ihme, dem Herrn Bischoffe, nur allein bittlich anhalten, weil es der Sachen Wicht und Nottdurfft ercheischet, welche nicht allein auff dem Raht, sondern sämptlichen Ordnungen beruhete, ja die allgemeine Stadt angehe, das der *Terminus*ᵃ *Compositionis prolongiret*, und nach Ercheischung der Gelegenheit der Ortt der Zusamenkunfft was neher der Stadt ins Land herein geleget wurde. Weil ihnen dan solch Schreiben nachgekommen, als hetten sie vorige habende Instruction zurucke gehen lassen, und sein mitt dem jungsten Befechlich fortgetzogen, freundwillig und fleissig bittende. Es wolle der Herr Bischoff in Erwegung der Sachen Gelegenheitt der Stadt nicht fur ungutt haben, das sie ihre Gesanten mitt keinem <338> andern Befehlich fur diß Mahl abgefertigt, sondern gnediglich geruhen, einen anderen und geraumeren Terminum antzusetzen, Auch die Sache freundlich abtzuwechsln, den Ort der Zusamenkunfft neher ins Land zu legen.

Hirauff der Bischoff mitt weitläufftigen Worten extendiret, seine freundliche Gewogenheitt und veterlichs Gemutte, so er je und allewege gegen die Stadt getragen und das er nie etwas anders oder liebers gesucht und begeret, dan den lieben Frieden, Ruhe und Einigkeitt. Sey auch in seine Gedancken nie kommen, jemands an habenden Privilegien Freyheiten und Gerechtigkeiten zu verhindern oder zu nahe zu sein, were auch noch nicht anders gesinnet. Und ob er woll vorlängst Ursache genug gehabt, nicht allein in dieser, sondern andern zwistigen Sachen mehr ad extrema zu greiffen, habe er sich doch seine Gelindigkeitt und Mildigkeit davon ableiten lassen, in Betrachtung, das weisen Leuten gebuhrett, fur allen Dingen so lange muglich in wiederwärtigen Hendeln Freundwilligkeitt und Gelindigkeittt zu gebrauchen. Es habe aber solches alles in diesem Falle nichts verschlagen, er vermercke woll, das es die Dantzcker auff einen langen Verschlep geleget etc. Und sprach ferner also: „Ihr wisset, wie offtmahls ich mich zu freundlicher Unterhandlung aller und jeder zwischen uns schwebenden Zwisten erbotten, was ist aber darauß worden [?] Es hatt allwege an euch gemangelt, die ihr es allwege von einer Zeit zur andern verleget, also, das in so vielen Jahren biß dahero nichts darauß geworden. Ja, ihr seyd dem zuwidern zu gefahren und in meinen habenden Jurisdictionen hin und wieder Eingriffe gethan, mich der Verwaltung S. Birgitten Closters sampt desselben Jurisdiction beraubett, und wie getrewlich und väterlich ich es immer gemeinet, hatt man es doch gleichwoll <339> nicht allein bey euch nicht gelten lassen, sondern seitt mir in allem gar zuwider gefallen. Darumb, weil ich vermercket, das ich damit nicht fortkomen konnen,ᵇ gewann ich endlich Ursache, bey Kon. May. mich Rahts zu erholen, welche mir dan den Raht gegeben, ich solle auff den Weg, wie ich nun angefangen, procediren. Und ob ich gleich demnach einen Anfang gemacht, ist

---

a Gestrichen/skreślony: prolongiret
b Gestrichen/skreślony: konnte ich nicht

mirs gleichwoll noch nicht Ernst gewesen, dermassen fortzufahren, sondern vermeynete, euch hindurch zur endlichen freundlichen Vergleichung zu nöttigen. Weil aber hierauff von euch nichts gewissens erfolgett, habe ich also, wie angefangen, *procediren* mussen.

Was soll ich aber sagen? Obgleich noch Mittel zur Vergleichung zu finden gewesen, habet ihr doch meiner bischofflichen *Authoritet* zu grössester Verkleinerung mich an Kon. Hoff citiren lassen bey allen meinen Guttern, welchs einer weltlichen Amptspersohn verschmelerlich, vievielmehr einem Bischoffe. Was habet ihr aber gewonnen? Habt ihr nicht die Sache verloren? Ist euch die Kirche nicht abgesprochen? Habe ich nicht 50 oder mehr und ihr nur 5 Stimmen gehabt? Habe ich nicht ein viel elterß *Privilegium* uber eure Kirchen? Was mercklich aber? Ob ich gleich uber mein habendes und erhaltenes Recht mich mitt euch freundlich zu vergleichen eingelassen, ist doch nichts darauß geworden und auch kein Ernst. Da ich euch einen Terminum uber den andern ansetze, habet ihr allewege newe Endschuldigung. Itzund hette ich verhoffet, es solte etwas Gewisses zwischen uns freundlich verhandelt werden, so habet ihr abermals etwas Hinderlichs eintzuwenden. Zeiget mir des Officials Instruction. Zeigett mir Siegel und Briefe meiner Verpflichtung, das in Sachen S. Birgitten Closters *stantibus tractatibus* bey Kon. Hofe nicht solle procediret werden. Die Herren von Dantzig wissen woll, <340> wobey es jungst verblieben, nehmlich, das in angesetzten verschiene Termino etwas gewisses und zur Sachen reinlichs von ihren Gesanten solle vorgebracht werden. Ihr hettet woll mögen von Thorn umbkeren, den ihr habt leicht erachten konnen, weil ihr nichts Gewisses itziger Zeit vorbringett, das ich mich meines erhaltenen Rechtens zu halten habe. Darumb, wollet ihr anders mein veterlichs Gemuth, welches wie ein Vater gegen sein Kind gesonnen, erkennen, so bringett etwas hervor, als dan will ich mich wiederumb also erzeigen, das die Stadt in der Thaet mein veterlichs wollmeinendes Hertz erkennen soll, sonst musse die Sachen in ihrem Wesen beruhen, und ich werde wissen, was ferner dabey zu thun wird sein. Dan ich sehe woll, das all mein freundlichs Erbieten und wollmeynendes Hertz bey euch nicht Frucht schaffen will. Und wie ihr von Anfange des Verschleps gewohnet seyt, also wollet ihr itzund auch Verlengerung der Zeit haben."

Und damit die Abgesanten den Herrn Bischoff nicht verdechtig halten solten, als sey die obgemeldte Verheissung durch den Official gethan, mitt seinem Wissen und Willen geschehen, hatt er die Abschrifft seiner Instruction holen und verlesen lassen, und den Official hartt zu Rede gesetzt, warumb er die Universalem gebrauchett hette, und daneben eingewand, weil die Verheisung am 26. Januarii geschehen, das Decret aber schon drey Tage zuvor, nemlich am 23. dieses ergangen, als konne er ihm solchs nicht befohlen haben. Hierauf erklerete sich auch der *Official*, das er zwar die Universalem gebrauchett hette, {mitt den Formalien (alle zwistige Sachen)} aber damit das S. Birgitten Closter nicht gemeinet. Der Bischoff aber wolte davon nicht wissen, sondern legte allen Mangel auff den Raht. <341>

Die Abgesanten dancketen dem Bischoff fur sein freundlich Erbieten zu Anfange geschehen und andworteten ferner auff seine Rede: Das ihm woll auff das alles, was er nach der Lenge eingewandt hatte, woll zu begegnen,ᵃ so weren sie doch zu dem Ende nicht abgefertiget, mitt ihm zu disputiren, sondern schlechts umb *Prolongirung* des *termini* und umb einen nehere Ort ins Land anzuhalten. Anlangend die gethane Zusage durch den *Official* were zwar seine Instruction dem Raht zu Dantzig unbekant gewesen, es hatte aber der Raht viel mehr auff des Herrn Bischoff creditt gesehen und {dem *Official*} darauff in allem Glauben gegeben. Item so were alda seine eigene Zuständigkeit, das er die *universalem* gebrauchett habe, das er aber meldet, er habe das Birgitten Closter damitt nicht gemeinet, konne ihm niemand ins Hertze sehen, sondern man muste sich nach seinen Worten richten.ᵇ

Darauffᶜ hieß sie der Bischoff ein wenig abtretten. Nachdem sie aber wieder eingefordert, fragt sie der Bischoff, ob sie keinen andern Befehl mehr hetten, sie aber sagten, nein. Antwortett der Bischoff: „So weiß ich auch keinen andern Bescheid zu geben." Nöttiget darauff die Gesanten zum Mittagsmahl auch so lange, das sie sich dessen nicht lenger weigern konten. Es kam aber der Bischoff selbest nicht zu Tische, aber nichts desto weniger wurden die Gesanten von den Hofejunckern woll tractirett. Nach gehaltener Malzeit ließ sie der Bischoff in sein Pokoy fordern, und fraget sie abermahl, ob sie kein andern Befehl mehr hetten, und erbott sich daneben wie vor aller freundlichen und veterlichen Vergleichung,ᵈ es wolle nur der Raht nicht ferneren Verschlep suchen, dan er schon durch sie wie vorgemeldt {genugsam} verletzett {wereᵉ}, indem sie seine bischoffliche Hoheitt und Wurde durch die ihm zugestellte scharffe Citation bey allen seinen Gutern etc. dermassen versehrett, das er erachte, das einer weltlichen Privatpersonen hiedurch altzuviel Despect geschehen were. Er erachtete aber woll, das dieselbe *Citation* nicht durch ihres Mittelspersonen, sondern durch ihrer Procuratoren einen, so sie bey Kon. Hofe gebrauchen, muste concpiret sein, welche umb ihres Nutzens willen die Parte mitt Fleiß durch solche Mittel aneinander hengen, so muste derselbe auch gewiß ein Pole gewesen sein, weil die Citation rein Polnisch gewesen were. Was aber der Raht fur Vortheile davon habe, könne er leichtlich erwegen, was sie auch mitt außgerichtett, sey hiebevor schon beruhrett.

Item gesaget: „Der Raht von Dantzig weiß woll, das dasᶠ S. Birgitten Closter nur zugehorett, dan ich solchs von alten Jaren hero beweisen kan, ehe den Dantzig gebawett ist, noch dennoch haben sie mir es mitt Listen abgenomen und an sich getzogen, meine Wälde verhawen und andern Schaden mehr mir

---

a   Gestrichen/skreślony: were
b   Gestrichen/skreślony: Darauff
c   Gestrichen/skreślony: hatt er sie geh hiß er sie ein
d   Gestrichen/skreślony: Er mahnet sie
e   Gestrichen/skreślony: hetten
f   Gestrichen/skreślony: Br

zu zugefugett, welches ich mitt den Vorstehern zu gelegener Zeit woll werde wissen zu finden, und dennoch will der Raht sich zur Sachen nicht schicken, sondern behelffen sich mitt allerley Außfluchten und wissen hiezu alle meine wolmeinende Schreyben sich fein nutze zu machen, das ich schir nicht weiß, wie ich mehr an sie schreiben soll. Dan schreybe ich weitläufftig, so wissen sie mir es zu ihrem Vortheil außzulegen, schreibe ich kurtz, so ist es ihnen nicht genugsahm.

Also, das ich offtmals an Kon. May. und andere Fursten und Herren schreibe, und nicht den halben Theil Bedenckens datzu bedarff. Oder meinen die Herrn von Dantzig, die Sache so lange zu verschleppen, biß ich daruber sterbe. Warlich, der Bischoff stirbett[a] nimmer mehr und ob ich gleich daruber sturbe, so könnet ihr {woll} einen viel [b] {scherffern} Bischoff nach mir <343> bekommen. So weiß ich auch nicht, ob ich der allerungluckseligste Bischoff dieses Falles sey, sintemal ich der funfftzigste in der Zal und dennoch der erste, dem man seine Kirchen vorendhalten will. Dan der[c] itzige Ertzbischoff (Stanislaus Karnkowsky), so nechst vor mir die Stelle besessen, welches nechster *Successor* ich bin, hatt noch zu seiner Zeit seine Priester in der grossen Pfarrkirchen gehabt, desgleichen in S. Birgitten Closter seine Jurisdiction ruhiglich besassen, welches alles mir verschnitten und von den Dantzckern endnommen ist. So bin ich ja, obgleich in der Cron Polen gesessen, dennoch von deutschen Blutt (nemlich ein Graff von Pomsdorff auß der Schlesien). Wotzu soll aber dieser Vorschlag, welcher nicht ohne schwere Unkosten der Stadt continuiret wird? Ich habe zwey kon. Decreta vor mir, warumb solte ich mich dan vergeblich auffhalten lassen? Zudem, so hatt mir Kon. May. newlicher Tage geschrieben, ich solle sie zum förderlichsten berichten, wie ich mitt diesen Kirchensachen fare. Weil ich aber immer auff newe Vertröstung gehoffet, es wurde in dieser Frist etwas fruchterlichs zwischen uns verrichtett werden, hab ich damit inne gehalten, welches ich hinfort lenger nicht werde thuen konnen. Was aber die Herren von Dantzig fur Nutz davon haben werden, zu ihren vielfeltigen schweren Unkosten, das werden sie kunfftig zu gewarten haben. So weiß ich auch, das ich ins kunfftige fur meine Schäfflein dem Herrn Christo werde Rechnung geben mussen. Derwegen ich nun mehr nur die Sache mir desto ernster muß angelegen sein lassen. Und ob ich woll in kurtzer Frist mich auff vorstehenden Reichstag begeben muß, will <344> ich dennoch, damit meine väterliche Meynung genugsam zu greiffen sey, mich noch zum freundlichen Vertrage biß zu gemeldter meiner Reise erkleret haben. Konnen die Herrn von Dantzig in mittler Zeit etwas gewisses vorschlagen, so zur Ruhe und Friede diennet, will ich mich dermassen freundlich in die Sache schicken, das sie vermercken sollen, ich sie nicht mitt Worten gespeisett, sonder auch die Worte ins Werck gerich-

---

a Gestrichen/skreślony: nicht
b Gestrichen/skreślony: ergern
c Gestrichen/skreślony: dan der nechste Bis

tett habe. Anlangend den Ort der Zusammenkunfft neher ins Land Preußen zu verlegen: Ob ich woll lieber in Preußen als in Polen meiner Gelegenheitt nach mich verhalten wolte, so verhindern mich doch solchs etliche gemeine Privatsachen, das ich dieser Örter nicht abkommen kann. Darumb es bey itzt angetzogen Bescheide wenden und bleiben muß."

Hierauff antworten die Gesanten, sie hetten zwar keinen Befehl, mitt ihm zu disputiren, weil er aber die erwehnete *Citation* zu grosser Verschmehlerung seiner bischöfflichen Hoheit angetzogen, als können sie solchs mitt Stillschweigen nicht furuber gehen lassen, dan solchs nicht *animo laedendi* geschehen, sondern der Sachen Nottdurfft erheischett {hette}, das der Raht als *appellans*, damitt sie nicht durch ihre Nachlessigkeit *in contumatiam* gerieten, solchem ublichen Stilo nach gefessete Citation fortsetzen mußen. Zum Bericht aber, wie es eine Gelegenheitt umb S. Birgitten Closter habe, sey ihnen, den Gesanten, wol wißend und genugsam zu erweisen, das der Raht von undencklichen Jahren hero die Verwaltung deßelben Closters gehabt, und wäre daselbsthero auch wol zu finden, das der Stadtburgere allewege zu Vorstehern des Closters <345> verordnet gwesesen. So liesse man sie auch ja bey ihrer Religion, ja, schutzet und handhabett sie auch also, das nie keine Klage daruber kommen were. Also were auch woll auff das ander alles zu antworten, wen sie Befehl davon hetten. Das sie aber mitt ihm nichts gewisses abhandeln konten, verhinderte das newe Incidens, welches uber verhoffen gethaner Zusage zuwieder eingefallen und derowegen die habende Instruction zuruckgangen. Weil dan eine newe zu fassen newe Rahtschlege bedurffte und schwer in solcher wichtigen Sachen viel Köpfe in einen [Hut] zu bringen, als wollen sie aber und abermals gebethen haben umb Verlengerung des Termini, dan es unmuglich were, in so kurtzer angesetzter Zeit etwas Fruchtbarlichs in dieser Sachen zu verrichten, sondern muste nothwendig dieselbe biß nach dem Reichstage verleget werden. In Anmerckung, das sichs mitt den Rathschlegen verweile, der Ort ferne abgelegen und der Weg sehr böse were, so sey auch ᵃ Ein Raht ohne das mitt beschwerlichen und gefehrlichen Sachen bey Kon. Hofe beladen, die auch alle gegenst den vorstehenden Reichstag mussen beratschlagett und verfertiget werden.

Der Bischoff aber ließ es bey vorigen seinem Abscheide bleyben, und so ferne dem Raht dasselbe also annehmlich, kunten sie sich in Zeiten wiederumb zu ihme verfugen, wo auch nicht, so hette er zwey Decreta vor sich, dieselben wurde er sich wissen Nutz zu machen. Jedoch sagte er, sie solten in ihre Herberge gehen und die Sache beschlaffen und sich bedencken, des gleichen wolte er auch thun. Als sich aber die Gesanten erkleretn, sie hetten nichts ferners zu bedencken, gesegnet sich der Bischoff mitt ihne und sie gingen in ihre Herberge. <346>

Nicht lange hernach gegen dem Abendessen schickett der Bischoff einen *Secretarium* an sie und lies sie abermals fragen, ob sie dan ferner keinen Befehl

---

a Gestrichen/skreślony: ohne das

hetten, mitt dem Herrn Bischoff zu tractiren. Sie aber antworteten wie vor: nein.

Hierauff antwortett der *Secretarius*: „Weil ihr nicht anders mehr habett, so hatt sich der Herr Bischoff auch bedacht, und will von keiner Zusammenkunfft mehr wissen." Hierauff sagten die Gesanten, sie musten geschehen lassen, wie es der Herr Bischoff diesesfals halten wolte, und die Sache Gott und der Zeit befehlen.

Bald hernach kam der *Official*, fraget abermals wie hievor der *Secretarius*. Es erkleretten sich aber die Gesanten {ebenmessig^a} mitt Nein. Darauff renuncirete der *Official* auß Befehl des Bischoffs alles dasjenige, was sich der Bischoff erklerett hätte. Die Gesanten mustens auch also geschehen lassen. Wie ^{b} aber die Gesanten gesagt, das schon vorhin ein *Secretarius* mitt gleicher Frage an sie kommen were, stellett sich der *Official*, als ob ihm nichts davon wissendlich were, und als keme ihm solchs wunderlich vor, darumb er sagett, er musse zwar zum Herrn Bischoff gehen und sich dessen bey ihm erkundigen, ist also auch davon gangen.

Zu Abend, wie sich die Gesanten zur Ruhe geben wollten, kam abermals ein Secretarius, vermeldende, das der Herr Bischoff die Gesanten freundlich bitten liesse, sie wolten nicht von dannen scheiden, sie hetten sich dan zuvor mitt ihm gesehen. Sie sollen so frue nicht kommen, er wolle bey der Hand sein, damitt sie an ihrer Reise nicht verhindert wurden. Solches gelobten ihme die Gesanten ahn.

Des Morgens frue, nemlich am 12. Tage Februarius, kamen die Gesanten zu Schlosse, werden auch stracks in des Bischoffs Pokoy begleittet, der zeiget ihnen an, weil es jungst dabey verblieben were, das sie die Sache zu beyden Theylen beschlaffen sollten, als habe er zwar seines Theils den Sachen nachgedacht, und <347> befunde nach wie vor die drey vorgechlagene Wege am zutreglichsten, nemlich vor dem Reichstage, in dem Reichstage oder nach dem Reichstage zu tractiren. Vor dem Reichstage, sonderlich mitt dem allerersten, sey es ihm allerbequemsten zu thun und were itzt die gewunschte Zeit, wen sie mitt ^{c}{gewisser} Instruction und Mitteln fertig weren. Im Reichstage könte es auch woll sein, aber die Tractaten konten daselbs leichtlich umb anderer schweren Sachen willen, so zu solcher Zeit einfallen, verhindert werden, wiewoll man einen Anfang machen, und was nicht vorhandelt, biß nach den Reichstage außgestellett werden konte. Nach dem Reichstage aber were es ihm keinesweges zu thun, dann sobald der Reichstag auß were, so hätte er etlicher Privat- und gemeinen Sachen, so er dahin verleget, zu verrichten. So ihm an dieser Sachen sehr hinderlich wurden sein zu verrichten, so keme auch hernach der Maius heran, zu welcher Zeit er seines Leibes Gesundheit durch Artzneyen in Acht nehmen muste. Befunden der-

---

a   Gestrichen/skreślony: wie vor
b   Gestrichen/skreślony: ihm
c   Gestrichen/skreślony: gewunschter

wegen keine bekwemerer Zeitt hietzu als vor dem Reichstage. Belangend[a] den Ort der Zusamenkunfft in Preussen auff die Nehe zu verlegen, wolte er viel lieber in Preussen als in Polen wohnen, er muss aber seiner nothwendigen Geschäffte halben noch eine Zeit lang in Polen verharren, das also des Orts halben fur diese Zeit kein anderer zu erwehlen sey, als wo er antzutreffen. Die Gesanten haben hierauff eingewand, das sie in Anmerckung der Stadt Gelegenheitt von den drey vorgeschlagenen Zeiten keine bekwemere erachten konten, dan nach gehaltenem <348> Reichstage, in Anmerckung, das die Zeit vor dem Reichstage altzu kurtz, also das der Sachen Wichtigkeitt nach unmuglich, etwas Fruchtbarlichs zu schaffen. Desgleichen auch in vehrendem Reichstage, da beyde, der Herrn Bischoff und der Raht, mitt allerhand andern beschwerlichen Sachen[b] so daselbst nothwendig zu verrichten, beladen sein wurden. Wollen derwegen nach wie vor gebethen haben, das die Tractaten biß nach gehaltenem Reichstage eingestellet und der Ort der Zusamenkunfft neher ins Land gelegett wurde. Der Bischoff aber beruhete {endlich} nach vielem Umbwechseln bey seiner offt wiederholten Erklerung vorwendende, das er auch in kurtzer Frist noch vor dem Reichstage sich gen Warschaw begeben muste, welche Reise er innerhalb zehen Tagen[c] vortzunehmen willens, wie woll er eine Zeitlang zu Wolborß, nicht ferne von Peterkaw gelegen, vertziehen wurde, also wolle er es den Herrn von Dantzig heimgestellet haben, ob sie noch etwas vor dem Reichstage ins Werck richten wollen. So ferne sie des Willens, konten sie ihm solches zu Wolborß wissen lassen. Ob nun woll die Gesanten darauff sich abermals der kurtzen Zeit, bösen Wetters und bösen Weges wie vor beschwerett, ließ es doch der Bischoff abermal dabey wenden, vorgebende hetten doch die Dantzcker Herrn Postreuter genung, die ihm ihren Willen ankundigen konten. So bedurffte es auch so weitleufftiger Ratschläge nicht, sonder konten sich drey oder vier Personen des Raht dessen woll mechtigen, sintemal der Raht woll Wege wuste, wie ihm woll wissende sämptliche Ordnungen zu ihrer Meinung zu beleiten. Daneben gesagt: Weil die Gesanten mitt einer gewissen Instruction versehen weren gewesen, möchte <349> er woll gerne wissen, was doch etwa der Herrn von Dantzig Vorgeben möge gewesen sein. Er erachte, das sie ihm vielleicht das S. Birgitten Closter einräumen wollen, ihn damit zu contentiren, daran wurde er sich weit nich genugen lassen. Hierauff die Gesanten geantwortett: Ihnen als der Stadt Geschworene wolte nicht geburen, derselben heimliche Sachen ohne Befehl zu eroffenen. Es haben aber die Gedankken des Herrn Bischoffs weit gefehlet und sey weit eine andere Meynung gewesen, welche zu eroffenen, ihnen nicht getzimete. Worauff die Gesanten wiederumb gleich wie der Bischoff gesagt: Sie mochten hinwiederumb auch gerne wissen, was er, der Herr Bischoff, fur Mittel vergeben mochte, diese

---

a Gestrichen/skreślony: Belan
b Gestrichen/skreślony: beladen
c Gestrichen/skreślony: acht Tagen, zehen vo

Sache hinzulegen. Darauff antwortett er: „Die grosse Kirche und das Grawe Nonnen Closter will ich haben."

Es haben aber die Gesanten ferner nicht disputiren wollen, sondern weil sie nichts mehrers beim Bischoffe erhalten konnen, haben sie ihren Abschied genommen, desselben Tages davon gefahren, und am 17. Tage Februarii zu Dantzig wiederumb angelanget.

Am 21. Tage Februarii hatt ein E. Raht auß Schluß samptlicher Ordnungen {ein Schreiben} an den Herrn Bischoff verfertigen lassen[234], in welchem vermeldett: Nachdem den Erbaren Ordnungen von ihren Abgesanten wegen ihrer Verrichtung {beim Herrn Bischoff Relation geschehen, auß welcher sie vernommen, das er, der Herr Bischoff, drey Zeiten vorgeschlagen von diesen bewusten Sachen zu tractiren, als vor, in oder nach dem Reichstage, die zwey Zeiten aber, als nach und in dem Reichstage verworffen, und allem auff der Zeit vor dem Reichstage beruhete. Als konten sie in Zeiten sich freundlich[a] hierauff zu erklähren nicht unterlassen. Nemlich weil die vom Herrn Bischoff beliebte Zeit gantz kurtz, sintemal <350> die Sache schwer und nicht allein den Raht, sondern allgemeine Stadt angehe, also das alle so zu diesen Rahtschlegen gehörig datzu getzogen mussen werden, der Raht auch ohne das mit gemeynen und fast beschwerlichen Sachen so auff vorstehenden Reichstag zu verhandelen und dieselben zu verfertigen nicht Zeit genug habe. So sey auch wegen abgestorbener Raths- und Gerichts Personen altem Gebrauch nach und auß Erheischung der Noth die Kuhre, bey welcher der sämptliche Raht sein muste. Fur der Thuer[b] der Weg auch daneben lang und böse, also, das zu diesen Sachen nicht Zeit genug furhanden. Auff dem Reichstage werde auch beyderseits keine Zeit ubrig sein. Theten derowegen den Herrn Bischoff bitten, das die Tractaten biß nach dem Reichstage und zu derselben Beforderung der Ort der Zusamenkunfft ins Preußenland herein gelegett werde, mitt Erbietung sich aller Freundwilligkeitt zu befleissigen etc. {Auff diß Schreiben ist vom Herrn Bischoff Bescheid erfolgett: Das er solch der Dantzcker Begeren wegen Prolongirung des Terminii die Tractaten belangende Kon. May. anheim stellete, welche diese Sache von der Tumultsache (von welcher hievor gedacht) nicht wollte trenen lassen}.

Nachdem auch etliche vornehme Herrn, der Stadt Nachbarn, gutte Gunner und Freunde gerahten, das man mitt dem Bischoffe zu keinen Tractaten greiffen solle ohne Beywesen eines besondern Beystandes, schreib ein E. Raht an vorgenante Herrn, den Herrn Brzesker Woywoden und Herrn Wolßken, bittlich anhaltende, im Fall man ihrer zu solchen Beystande benöttigett, das sie sich hietzu brauchen lassen wollen.

{Von der Tumultsachen ist oben erwehnet, wie sie sich bey Ankunfft des Koniges auß Polen gen Dantzig verursachet und abgelauffen. Derohalben auch Ihr Kon. May. auß Anreitzung ettlicher der Stadt heimlichen Feinden die

---

a Gestrichen/skreślony: zu erklähren
b Gestrichen/skreślony: also das zu diesen Sachen

Stadt als Verursachern desselben wieder verschulden in Straffe genommen. Darauff auch schon die Stadt Ihrer Kon. May 30/m [30.000] fl. polnisch zur Straffe erlegett, dieselbe aber 70/m [70.000] fl. haben wollen. Nachdem aber Ihre May. Vernommen, das die Kirchensache mitt dem Bischoffe noch nicht vertragen were, als hatt Ihre May. sich in der Tumultsache ferner nicht erklehren wolle, es hätte dan die Dantzker zuvor ihrem Decret wegen der Pfarrkirchen einen Genugen gethan, oder auff andern Weg sich mitt dem Bischoff vertragen. Darumb der Herr Bischoff den Terminum zum Vertrage, wie gemeldet, dem Könige heimstellete}.

Weil nun der Bischoff, wie vermeldet, den Terminum der [des] Vertrages zu unvordneten dem Könige anheim gestellett, als haben die Abgesanten in der Tumultsachen zugleich bey Ihrer May. darumb angehalten,ᵃ den terminum ferner zu prolongiren und das diese Sache ins Land herein verleget möge werden.

Weil auch mittlerweil der Reichstag am 26. Martii angangen sein, dahin abgefertigett von Dantzig auß dem Raht der Burgermeister Daniel Zirenberg, Hans Thorbecke, Rahtsverwandter, und Doctor Georg Bergman, Syndicus, mitt einer gewissen Instruction, was sie wegen der Tumult-, Kirchen- und Closter Sachen daselbst verrichten sollen. Da sichs dan an der Kirchensachen allein gestossen, das nichts hatt können verichtett werden. Dan weil die Abgesanten bey Kon. May. selbs nicht Audientz haben können, haben sich der Kon. Räthe erklärett, das der König gesonnen, viel lieber die zuvor außgezahlten 30/m [30.000] fl. wegen des Tumults auß der Pfalkammer widerumb zu zalen, dan die beiden Sachen voneinander trennen zu lassen, unangesehen, das die Gesanten die Stadt des Vorzuges halben mitt den Tractaten in der Kirchensache genungsam andschuldigett haben, in dem der Bischoff wegen Sanct Birgitten Closters etwas Newes eingefurett ᵇ wieder seine Zusage, und die beyderley zusammen gemischett ᶜ und confundirett hatte.

Dem endgegen tratenᵈ {fur den Konig} alle Bischoffeᵉ bey Hoffe, ausgenommen ihrer drey, und bathen ihn, das er die Kirchensache von der Tumultsache nicht trennen,ᶠ noch die Kirchensache mitt der Closter Sachen confundiren oder ineinander mischen lassen wolle. Darumb hielten die Gesanten so viel empsiger und fleissiger bey den Kon. Räthen an, weil sie bey dem Könige keine Audientz haben konten, das der Bischoff dahin mochte gehalten werden, das er der Stadt eynen Terminum ansetze, wegen der Kirchen mitt ihm zu handeln, und solches auff der Nehe in Preussen. Diß kunten sie anfenglich nicht erhalten, sonder hatt der Bischoff darob gehalten, das die Gesanten alda

---

a Gestrichen/skreślony: ferner mitt dem Bischoff zu
b Gestrichen/skreślony: hette
c Gestrichen/skreślony: hette
d Gestrichen/skreślony: alle auch
e Gestrichen/skreślony: ausgenommen ihrer drey fur den Konig getretten und gebeten und bethen ihn
f Gestrichen/skreślony: wolte

in wehrendem <352> Reichstage mitt ihm tractiren solten, biß endlich die Sache an den Großkantzler geriet, der es so weitt brachte, das der Bischoff den dritten Tag Julii zum termino ernante, zu Zopkaw die Zusamenkunfft zu halten, mitt dem Bescheide, das er nicht lenger alda verharren konte den allein biß auff den 25sten desselben Monats. Dan auff die Zeit were er vom Konige deputirett, mitt den Keyserlichen zu handeln wegen der Liga wieder den Turcken, darumb die Dantzcker sich nicht seumen sollten.

S.o. Am 11. Tage Aprilis, welchs der Grunen Donnerstag war, kam Doctor Schmid zum Grawen Munchen mitt einer sacramentirischen bildsturmerischen Predigt auff die Cantzel getzogen[235]. In seynem Sermon vom Heiligen Nachtmahl, ungeachtett des vorstehenden gefehrlichen Kirchenstreits mitt dem Herrn Bischoff, da er unter andern sich vernehmen ließ, das Brodt, so der Herr Christus seynen Jungern gereichett, were nur gemein Brodt gewesen, als man zu Unterhaltung und Narung des Leibes gebrauchett, welches woll zu mercken were, umb des Wiederparts willen, welche solches verkerett, und anstadt eines gemeinen Brodts viel kleiner Brodtlein, so zwischen zwey Eisen auff dem Feuer gebacken wurden, die so dunner als Papier, auch so klein, das sie weder den Geruch noch Geschmack eines naturlichen Brodts hetten, sich gebrauchten, und wie in diesem, also auch in folgenden Stucken, da sie anstadt eines Tisches einen Alter gebawett, fur den sie tretten, angethan uber einem schwartzen Kleyde mitt einem weißen Hembde als Fleischerknechte und Bierbrewer etc. Darauff er nicht allein die gemeine Zuhörer, sondern auch vornemlich die Vorsteher der Kirchen zu fleißigsten <353> ermahnett, das man nach Christi Einsetzung das Sacrament gebrauchen wolle, damitt die bäpstlichen ritus der Altaren und Götzen abgethan und an derostadt die Ordnung, so Christus bey der Einsetzung gehalten, möge geubett werden. Item ferner berichtet er, das die Papisten vorgeben, sobald die Testamenttworte uber das Brod gesprochen, dasselbe in den Leib Christi verwandelt werde. Dahero auch ihre Nachfolger (verstehe die Lutherischen), nach empfangenem Brodt im Nachtmahl auff ihre Knie niederfiellen und sich an die Brust schlugen, wie in der Marcke breuchlich, wusten auch sonst nicht, wie sie mitt Brodt im Munde umbgehen solten, damit sie nich mitt beissen Christo wehe theten, da es doch nur Brodt were, und in den Menschen verwechselt wurde wie ander Brodt. Item etliche Prediger wenn sie ihn den[a] Kelch reichten, wollen nicht zugeben, das die Communicanten denselben in ihre Hende nehmen und also darauß trincken. Solches sey auch wider die Einsetzung. Dan der Herr Christus hette seinen Jungern den Kelch gegeben, darauß zu trincken und sey also leicht zu verstehen, das sie an den Kelch die Hende haben legen mussen. Den es uber die Massen bewrisch, wen einer dem andern den Kelch zu dem Munde reichete, und also der andern darauß truncke. Item, es konte einjeder Vernunfftiger leichtlich bey sich ermessen, das solche Lehrer falsch lehren, die da vorgeben, dass der wahre Leib Christi

---

a Gestrichen/skreślony: Wein

in dem gesegneten Brod sey und also auch von dem gesegneten Weyn reden, das sein wahres Blutt darinne sey. Den wie könte in einem so kleinen Brödtlein, welchs auch so klein, das es weder den Geruch noch Geschmack eines Brots hette, Christus, eine so grosse Person von siebendehalb oder sieben Schuch an der Lenge in dem Brodt begriffen werden. Solte es aber [a] wahr sein, wie sie vorgeben, so wolte darauß <354> erfolgen, das viel hundertmahl Tausend Christi musten sein, auch ein jeder der zum Nachtmahl gienge, muste einen Christum empfangen und musten offters in der einigen Kirchen, da er itzt predigte, woll hundert Christi sein. Dan soviel Menschen uhngefehr wurden daselbst an selbigen Tage das Nachtmahl gebrauchen. So were auch die andere Meynung falsch, die der Lutherus und seine Nachkomlinge vorgeben, das unter dem Brodt der Leib und unter dem Wein das Blutt Christi were, solche Meinung sey von den Alten Papisten herkommen, so fur 4[00] oder 500 Jahren gelebet. Dernach hette es der Bapst, der Antichrist, zu lehren verbotten und dagegen die obgedachte Lehre von der *Transsubstantion* befohlen zu lehren. Lutherus aber habe obgedachte beyde {Meynungen[b]} gegeneinander gehalten, und der letzen, so ihm am besten gefallen, Beyfall gegeben, wie solches in seinem Buche von der Babilonischen Gefengnuß zu lesen sey. Solte aber in gesegneten Brodt der Leib und im Wein das Blutt Christi sein, warumb bleybe dan Brodt nach gesprochenen Worte Brodt und der Wein bleibe auch Wein, unverwandelten Geruchs und Schmacks. Dan Johann am 2 lese man, das, da Christus das Wasser in Wein verwandelte und der Speisemeister gekostet, bekante, das es der beste Wein were, welchs er an der Farbe, Geruch und Schmack erkant. Hie aber nehme das Brodt und Wein weder die Farbe, Geruch noch Schmack des Fleisches und Bluttes an sich, sondern bliebe wie vor also auch nach gesprochenen Worten nur Brodt und Wein. Zudem, so hette Christus, als er das Nachtmahl eingesetzett, noch nicht gelitten, oder sein Blutt vergossen. Wie hette dan sein Leib und Blut konen alda sein im Nachtmahl. Item habe Christus auch befohlen, solches zu thun zu seynem Gedechtnis. <355>
Solte er aber damals im Nachtmahl selbest sein gewesen, were es nicht von Nothen, das er gesagett hette: „Solch thut zu meynem Gedechtnuß". Dan man pflege bey solchen Testamenten nicht der Anwesenden, sondern der Abwesenden zu gedencken. Man musse die Worte: „Das ist mein Leyb, das ist mein Blutt etc." nur recht distingviren. Zum Beschluß ermahnet er abermahls die Zuhörer, sie wolten doch sämptlich dahin bedach[t] sein, damitt die Kenzeichen des Bapstes dermahle eines abgethan mochten werden, solten mitt den Feinden zu Felde liegen wie die Christen mitt den Turcken, die hetten auch nicht einerley Kennzeichen, sonst wurden sie voneinander nicht zu unterscheyden sein etc. [c]

---

a Übergeschriebenes Wort unleserlich / nadpisane nieczytelne słowo
b Gestrichen/skreślony: Lehren
c Gestrichen/skreślony: Das

Diese calvinische und bildsturmerische Predigt hatt allererst dem Herrn Bischoffe und Jesuiten zu ihrem Vornehmen gegen unsere evangelische Kirchen Thur und Fenster auffgemacht, also das auch die Tractaten mitt dem Herrn Bischoff wegen der Pfarkirchen und S. Birgitten Closter dadurch so viel schwerer worden sind[236]. Demselben Schlage nach haben die andern calvinischen Prediger diesem Doctor Schmidt weidlich gefolgett, und nicht allein wieder ihr Unterschreiben der Notel den calvinischen Schwarm eingefuhrett, sondern daneben auch nicht auffgehöret, wider die Altare, Bilder, Kaselen, Chorröcke etc. zu predigen, solches alles ᵃ {als} bäpstlichen Grewel abzuschaffen. Da endgegen wiederlegten die lutherischen Prediger auß Gottes Wortt ihres Wiedertheils Schwärmerey, warnaten ihre Zuhörer fur solche Prediger, berichteten sie auch, was von Altaren, Bildern und alten Kirchenceremonien zu halten, und wie es der Stadt nicht zulessig were, irckeine Enderung ᵇ desfalles zu machen oder Newrungen einzufuhren und was fur Gefahr der Stadt darauff stunde und itzund schon fur Augen wäre etc. <356>

Diss muste aber alles den calvinischen Predigern {und ihrem Anhang} nicht ein Wiederlegen, sondern ein Stachelen heissen, dan es wolte ihr keiner calvinisch sein, ruhmeten sich alle der Augspurgische Conffession und were nurᶜ ihres Wiedertheils blosse zu Nöttigung etc.

Derhalben auch der calvinische Hauffe in der Dritten Ordnung am 19. Junii, da man eben wegen der Pfarrkirchen fernere Rahtschlege hielt und von dem E. Raht begerett und gebethen, das sie solch Stecheln auff den Cantzeln nicht zulassen, sondern verbieten sollten. Worauf am 1. Julii ein Antwort erfolgett, es habe es ein E. Raht schon zuvor den Predicanten untersagt, wollen es auch ferner thun.

T.o. Am 2. Tage Julii hatt ein E. Raht auß Schluß sämptlicher Ordnungen ihre Gesanten an den Bischoff abgefertigett gen Zopkaw, als den Burgermeister Hans von der Linde, Melchior Schachman, Hans Thorbecke, Rahtsverwandte, und Doctor Georgius Bergman, Syndicum, mitt gewisser Instruction, nemlich, das sie zwey Mittel dem Bischoffe vorschlagen solten[237]. Erstlich sollen sie versuchen, ob sie durch einen Wechsel das Schottland, Bischoffsberg, Stoltzenberg etc. unter seine Jurisdiction gehörige der Stadt zu nahe angelegene Guter mitt Darbitung anderer Dörffer, dem Bischoffe an seinen Grentzen gelegen, die weit ein mehrers tragen, und dan auch mitt Hintzusetzung einer mercklichen Summa Geldes, die Sache auffheben und vertragen mochten, und wo dasselben nicht genugsam bey ihm verschlagen mochten, alsdan solten sie das ander Mittel auch moviren. Nemlich das man ihm die Kirche in S. Birgitten Closter, welche abgebrand, wiederumb zu erbawen 6000 fl. geben wollte, welche Kirche er nach seinen Willen anrichten, und daselbst seinen Gottesdienst verrichten möchte, jedoch mitt dem Be-

---

a Gestrichen/skreślony: auß
b Gestrichen/skreślony: in Kirchen
c Gestrichen/skreślony: den

dienge, das der Orden nicht verendert, keine Jesuiter eingefuret noch Schulen erbawett werden und dennoch die Administration der Closterguter volkomlich der Stadt bleybe. <357>

Am 4. Tage Julii kamen die Gesanten wieder von Sopkaw und thaten Relation von ihrer Verrichtung, nemlich, das ihre Vorschlege beyderley bey dem Bischoff nicht verschlagen mögen, sein ihm auch verdrießlich antzuhören gewesen, vorwendende, das er der Verwechsung geistlicher Gutter nicht mächtig sey. So wolte er auch damitt keine Simoney treiben. Imgleichen durffte man ihm von S. Birgitten Closter nicht viel Wort machen, den das wäre zuvor sein, und wolte kunfftig woll wissen, wer ihm die Kirche bawen solle, er wuste ihnen auch keine Conditionen vorzuschlagen, den allein, das ihm die S. Marien Kirche mitt allem was datzu gehörig eingereumett und ubergeben werde. So wisse er ihnen auch keinen andern Terminum antzusetzen, den er sehe woll, das die Stadt nur den Verschlep suchete. Jedoch auff Einraten des Reinhold Heidensteins, Kon. Secretarii, hatt der Bischoff den Gesanten befohlen, abzutretten, und sie in sein Pokoy verweisen lassen. Und wie er fast eine Stunde lang mitt seinen Beysitzern, als vornehmlich dem Abt von Polplyn, dem Abt von der Oliva, genannten Heidenstein und dem Officiali Rahtschlege gehalten, lies er die Gesanten wiederumb vorfordern und sagte zu ihnen, wenn sie auf deutschen Glauben den Ordnungen die Sache referiren wollten, so wollte er ihnen etliche Conditiones vorschlagen und einen newen Terminum ansetzen. Er wuste aber woll, das es nur beim Raht stunde, und weren die Ordnungen mitt allem, wie es der Raht machete, woll zu frieden. Worauff die Gesanten antworteten, das sie als ehrliche Leute die Sache getrewlich referiren wollten. Und stunde die Sache nicht beim Raht allein, sondern muste alles durch den Schluß sämptlicher Ordnungen fort gesetzett werden. <358>

Darauff der Bischoff sechs Puncta schrifftlich hatte auffaßen lassen, die er den Gesanten zustellete, folgenden Inhalts:

Erstlich, das man ihm S. Marien Kirche sampt allen Einkunfften und Kirchen Gerethe einräumen solte.

2. Das man ihm wegen S. Birgitten Closters nicht vorbringe oder [a] bedinge, den es zuvor sein sey und habe auch ein Koniglich Decret daruber.

3. Das man dem Official in sein Ampt wegen Ehestifftung und Bluttfreundschafften nich greiffen solle.

4. Das der Instigator von dem weltlichen Gerichte zu solchem Ende bestellet, solte abgeschaffett werden.

5. Das ein offentlich Edict publiciret werde, die Clericos auff den Gassen nicht anzuschreyen noch aufzufeinden.

6. Wolle er hinwiederumb dagegen die Versehung thun, das wegen der Kircheneinkunfften nicht zu genauer Rechnung gesucht werde, [s]das auch wegen der Peen im Decret andhalten Linderung geschehe.

---

a Gestrichen/skreślony: ward

Nach Uberreichung dieser Puncten setzet der Herr Bischoff den Gesanten einen Terminum der Zusammenkunfft an auff den 6. Julii in der Schidlitzen in Gratiani Gonsalii, des Muntzmeisters, Garten, mitt dem Bescheide, das sie mitt gewissen Befehlich kommen sollten, damitt die Sachen ihre Endschafft gewinnen möchten. Den er dem Könige angelobett, am 15. Tage Julii etlicher Sachen halben Relation zu thun.

Auff gethaner Relation der Gesanten [a] hatt ein Raht, [b] damitt der Herr Bischoff sehe, das alles, was bey ihme gesucht und vorgebracht, der sämptlichen Ordnungen Einrahten und Wille sey, dieselben[c] Abgesanten auff angesetzten Terminum abermals abgefertigett und auß den Ordnungen ihnen zugeordnet zweyen Gerichtsverwandten, als [d] George [e] Liesemann und Walter von Holten, und aus den Quartieren Diethard Brandes, <359> Georg Rohde, Hans Wessel und George Berend, mitt folgenden Befehlich, das man zu Erbawung der Kirchen in S. Birgitten Closter zu den gebotenen 6000 fl. noch 4000 Gulden bieten solte, und daneben abtretten wolle und dem Bischoffe [f] einreumen die Dörffer desselben Closters, so nicht in der Stadt Jurisdiction gelegen, mitt Vorbehalt der Schidlitze, der Häuser in der Stadt und ihre Renten. Das solle ihm auch die geistliche Verwaltung des Ordens vergunnett sein, mitt dem Gedinge, das er den Orden nicht verändere, noch Jesuiten einfuhre oder daselbst Schulen stiffte. Der Bischoff aber kam in angetzten Termino nicht in die Schidlitz, sondern in das Closter Oliva, daselbs die Gesanten hin zu ihm fuhren, mitt obgedachten Befehl[238]. Es haben aber die vorgeschlagene Conditionen bey den Herr Bischoff nichts verschlagen wollen, sondern gesagt: Er bedurffe der Herren von Dantzig Geld nicht, so gehöre ihm das S. Birgitten Closter sampt desselben Einkunfften zuvor zu, also, das man ihm auch nichts davon geben konne. So habe man ihm auch nicht vortzuschreiben, wie er es mitt dem Orden halten sollte. Und wo sie keinen andern Befehlich hetten, wurde auß den Tractaten nichts werden. Und obwoll die Gesanten eingewand, das der Herr Bischoff itzend nur bloß bey seinem erhaltenen Decretem verharette und ihn bathen, das er sich neher erkleren [g] und etwa andere Conditiones vorschlagen wolte, so ist er doch bey dem verharrett, das man ihm S. Marien Kirche und S. Birgitten Closter ohne einiges Bedingen einreumen solle. Andere Conditionen wolle er fur diß Mahl eingestellett haben, biß man ferner wegen der anderen streittigen Sachen, so noch zwischen ihm und der Stadt ausstendig, fur die Hand nehmen wurde. Die Gesanten aber berieffen sich auff der Stadt Privilegia, welche die <360> Alten mitt Gutt und Blutt erworben hetten, von denselben konten sie nicht

---

a Gestrichen/skreślony: vom Herrn Bischoff
b Gestrichen/skreślony: der auß Schluß der Ordnungen
c Gestrichen/skreślony: dieselben
d Gestrichen/skreślony: auß dem Mittel der Gericht
e Gestrichen/skreślony: von Holten
f Gestrichen/skreślony: eben
g Gestrichen/skreślony: wolte

abweichen. Hierauß fasset der Bischoff das Wortlein: „Gutt", und legett es auß als hetten sie solche Privilegien mitt Gelde erkaufft, welches den seinigen, so viel elter, nicht vorfenglich sein konten. So ᵃ {weren} die Konige in Polen auch nicht mechtig, Privilegien den Ihrigen zum *praejudicio* außzugeben, und da sie außgegeben, hetten sie auch Macht, dieselben wieder auffzuheben. Solte das nicht geschehen, sondern der König solte seine Privilegien zuwieder handeln, so hielte er ihn mehr fur einen Tyrannen als fur einen König. Diß wiederlegett ihm der Syndicus Doctor Bergman mitt etlichen Argumenten, welches dem Herrn Bischoff hefftig verdroß, also das er ihm in die Rede fiel und sprach: „Ich bin kein Procurator, weiß derowegen mitt euch nicht zu disputiren, will solchs auch und andern Procuratoren befehlen. Ich halte mich meines habenden Rechtens und Koniglichen Decreten etc." Als nun der Syndicus anfing seine Person zu defendiren, fiel ihm der Burgermeister von der Linde in die Rede, vorwendende, das die Gesanten auff dies alles sich zu bereden hetten, begerete derendwegen einen Abtritt, welcher ihnen auch vergunt ward. Nach gehaltener Beredung wendte der Herr von der Linde ein: Das die Gesanten woll verhoffet hetten, es solten ihre vorgeschlagene Mittel beim Herrn Bischoff etwas gegolten haben. Weil sie aber nicht verschlagen und auch vom Herrn Bischoff keine andere vorgegeben werden, also haben sie auch ferner keinen Befehlich, sondern bitten, das er vergonnen wolle, das sie solches alles, was *pro et contra* movirett, an die Ihrigen nehmen möchten, ihnen auch einen andern *terminum* zu preafigiren. Hiemitt war der Bischoff zufrieden und setzet ihnen *terminum* auff den 11. Tag Julii, wo aber der Ort der Zusammenkunfft sein solle, wollte er ihnen Zeit genug wissen lassen.

Nicht lange hernach ließ der Bischoff durch seinen Official dem Raht ansagen, wo die Zusamenkunfft solte gehalten werden, nemlich zu Smolyn, eine Meil[e] Weges disseits Putzke, da die Gesanten zu fruer Tageszeitt zu ihm kommen sollen.

Es haben aber die Ordnungen keinen andern Befehl ᵇ denselben Gesanten mittgegeben, sondern es bey dem jungsten [be]wenden lassen, dan solches ohn Gefahr habender Privilegien nicht geschehen konnen. Sie sollen aber, wo nichts helffen will, endlich den Herrn Bischoff bitten, das er auff zutreglicher Mittel wolle bedacht sein, und weil die Sache sehr wichtig und gefehrlich, das er dieselbe auff eine geraumere Zeit ferner zu deliberiren an sich nehmen wolle. Wo ferner er sich aber hierauff mitt Protestationibus wurde bewahren wollen, das sich die Gesanten hierauff mitt Gegenprotestationibus auff alle Felle auch woll bewaren sollen.

Mitt diesem Befehl sein die Gesanten nach Smolyn gefaren und daselbst in *termino* den Herrn Bischoff angetroffen[239], welcher der Gesanten Werbung abermals schimpflich auffgenommen und beharret immer auff den beyden

---

a Gestrichen/skreślony: konten
b Gestrichen/skreślony: mitt g

erhaltenen Koniglichen Decreten, und daneben gesagt, die Stadt habe keine Privilegien uber ᵃ geistliche Sachen. Er aber habe Privilegien, die nicht konten disputirett werden, so gedachte er auch nicht, wieder die habenden Decreta zu handelen. Und als er vermerckett, das die Gesanten keinen ferner Befehlich hatten, denn umb Verlengerung der Zeitt anzuhalten, gab er ihnen zur Antwort: „Ihr machet die Sachen schwer und wichtig, darumb begeret ihr Verlengerung der Zeit. Wen aber soll ein Ende darauß werden, *ad Calendas graecas*, das ist nimmer mehr. Ich weiß die Sache nicht lenger auffzuschieben, den ich kaum 6 oder 7 Tage habe, das ich Kon. May. Relation thun muß, dahin will ichs gestellet haben." Und weil kein ferner Bescheid vom Bischoff zu hoffen, <362> liessen es auch die Gesanten dabey beruhen, bittende, das sie bey ihm entschuldigett sein mochten, den sie hetten ferner keinen Befehl etc. und fuhren damitt davon.

Auff diesen letzten Bescheid des Herrn Bischoffs fertigte ein E. Raht den Syndicum Doctor Bergmann ab an Koniglichen Hoff und diese Kirchen Sachen bey Koniglichen May. und ihren Rehten zu unterbawen. Es ward ihm aber nicht zugelassen, weder mundlich noch schrifftlich, bey Ihrer May. Audientz zu haben. Beim Unterkantzler, welcher ᵇ {sich} anfenglich grosser Beforderung erbott, erlanget er auch wenig Trost, den ehe ihm verweigert, dieser Sachenᶜ Kon. May. im besten zu gedancken, sintemal er ein Geistlicher, als were es wider sein Gewissen, Religion und Confession. Diß weiter aber, das man versuchen solle, ob der Bischoff nicht irgend mitt einer andern Pfarrkirchen abzuweisen und also zu befriedigen were, solte das nicht sein, das er befridiget wurde, so wurde auch die Tumultsache nicht auff ein guttes Ende kommen. Also schaffete der Syndicus auch bey den andern Kon. Rähten, derer damahls wenig bey Hofe, auch wenig Frucht. Und weil zugleich auch ein Secretarius des Bischoffs zu Hofe ankommen war, der May. zu referiren, wobey es mitt den Kirchentractaten verblieben, welcher Relation der Stadt Syndicus mitt Fleiß nachforschete, was Inhalts sie doch sein mochte, kunte aber nichts Gewisses davon erfahren, muste also auch mitt wenig Verrichtung seiner Gescheffte wiederumb anheim keren.

{Mittelweil aber ist ein Fuhrnehmer von Adel N.N., ᵈ wie auch bald nach ihm der offtgenante Official, an den Herrn Burgermeister Hans von der Linde kommen, haben ihn gefragt, wie doch die Kirchen Sachen stunden, und nachdem er sie berichtett, sie geandwortet, sie liessen sich bedunken, wen man ihm etwa eine andere Pfarrkirche einreumete, solte er dadurch woll zufrieden gestellet sein, sie hoffeten, sie wollens woll dahin bringen. Diß nam der Burgermeister an den Raht, mitt Verheissung ihnen ein Antwort darauff zu geben. Nach gehaltenem Rahtschlege fragt sie der Burgermeister, ob sie

---

a Gestrichen/skreślony: geist
b Gestrichen/skreślony: ihm
c Gestrichen/skreślony: halber
d Gestrichen/skreślony: zum Herrn Bur

V.o.	dessen vom Herrn Bischoffe Befehlich oder von ihm Creditive daruber hetten und wie sie „Nein" gesaget, hatt der Burgermeister gesagt: So konte sich ein Raht auch nicht darauff erklehren}.
V.o.	Auff die *Relation* {aber}, durch des Bischoffs *Secretarium* Kon. May. {wegen der Kirchen} geschehen, erfolgeten im September abermahl zwo beschwerliche *Citationen* an den Raht, die erste auff Instendigkeitt des Herrn Bischoffs und königlichen Instigatorem, nach Ubergebung der *Citation* in 4 Wochen fur Kon. May. [a] zu *compariren* und anzuhören. Nachdem sie vorigen Decret {in Sachen der S. Marien Kirchen belangend} nicht ein Genugen gethan, sondern sich wie Rebellen {demselben} *opponirett*, als sollen sie der Straffe, so auff solche Rebellen gehöret, unterworffen sein. <363> Die andere Citation an den Raht war ausgegeangen vom Herrn pomerellischen Woywoden Ludwig von Mortengen, auff Instendigkeitt des Herrn Bischoffs und Kön. *Instigatoris* auff den 5. Tag Novembris fur ihm zu erscheynen und antzuhören. Weil man das Kon. Decret verachtett und dem Bischoffe die Pfarkirche nicht eingereumett noch einreumen wollen, das man die darin ernante Straffe oder *Fadium* abtzulegen solle schuldig sein und wie Rebellen aller ihrer Gutter, beweglichen und unbeweglichen, beraubett sein.
W.o.	Zuvor ist gedacht, wie der Herr Bischoff sich anfenglich wegen der Pfarkirchen erklehrett, es sey ihm nicht umb die Religion, sondern umb das Gebaw [b], Einkunffte und Kirchen Gerehte zu thun, und wie nicht lange hernach vom Doctor Schmid ein so abscheuliche sacramentirische und bildsturmerische Predigt darauff erfolget sey. Diese leyder altzuweit eingerissenen Schwermerey in Dantzig ist der Ursprung und Anfang gewesen dieses Streits mitt dem Bischoff wegen der Kirchen und Closter, und hatt furwar der Bischoff der Zeit woll wahrgenommen, indem er die Uneynigkeitt [c] wegen der Religion in allen Amptern der Stadt {geistliches und weltlichs Standes}, wie auch unter dem gemeynen Man vermerckete. Vermeynete {also} hiedurch sein Vornehmen zu einem glucklichen Ende zu bringen.
X.o.	Und weil er vermeynet, [d] diese Uneinigkeitt das beste Mittel datzu zu sein, warff er einen Knochen unter die Hunde, {hiedurch} noch mehrere Uneinigkeitt in der Stadt anzurichten, und ein Loch durch andere mehr der Stadt Privilegien zu boren. Indem er und andere Bischöffe mehr in den Stedten und Dörffern im Lande die evangelischen Prediger vertreiben, gefenglich weggefuhrett und Hand an sie gelegett, wie man es damals woll erfahren. Also ließ dieser Bischoff auch [e] den Doctor Schmidt, weil er seiner sonst nicht konte mechtig werden, fur sich als das Haupt dieser Stadt Kirchen durch eine Citation von seyner Lehre {und sonderlich wegen der vorgemeld-

---

a Gestrichen/skreślony: zu erscheynen
b Gestrichen/skreślony: und
c Gestrichen/skreślony: in allen A
d Gestrichen/skreślony: auch
e Gestrichen/skreślony: im September

ten Predigt, so er verschienen Grunen Donnerstag gethan}, ᵃ Rechnung zu geben, fur sich laden. Es hatt ihn aber ein E. Raht in Schutz genommen und ihn in termino furm Bischoffe durch einen Secretarium vertreten <364> und Forum declinirett, indem er eines Burgers Sohn, als könte er nicht ᵇ nach ublichen Rechte *immediate ad supremam instantiam* citirett, sondern ᶜmuste {der *Process*} zuvor fur der Obergkeitt zu Dantzig {angefangen} und also *ab instantia ad instantiam* ᵈ {verfordett} werden.

Hieran wollte der Bischoff sich nicht genugen lassen, sondern ließ ihn zum andernmahl außladen, vorwendende, das der Dantzcker weltliche Gerichte in geistlichen Sachen ihm nicht vorgreiffen könten.ᵉ Auff diese andere Citation hatt der Raht die Sache den Ordnungen vortragen lassen, ihnen heimstellende, was ferner dabey zu thun. Hierauff hatt sich am 18. Septembris in den Quartiren wegen der Religion viel Gezanke und wegen der *Citation* viel *Disputirens* erhoben. Dan Doctor Schmids Anhang wollte, das man den ublichen *processum juris*, dazu die Stadt Privilegien in Acht haben und den Citirten schutzen solle.

Die andern aber sagten, weil er verfuhrische Lehre {wieder der Stadt Privilegien} eingefuhrett und hiedurch dem Bischoff zu Vorstehen der Zunöttigung zu unsern Kirchen {Ursache} gegeben, ein Raht auch ungeachtet, das er hiedurch {die Stadt} in grosse Gefehrligkeitt gesetzett mitt ihm so lange Zeitt durch die Finger gesehen. Als wolten sie damitt nicht zu schaffen haben, sonder mochte ein Raht damitt disponiren, wie sie wolten, und also machen, wie sie es verandworten konten. Und sein also harte Rede gegeneinander gefallen, also, das dieses Tages die Rahtschlege nicht zu Ende bracht worden.

Y.o. Am folgenden Tage, 18. Septembris, ward die Kön. Citation wegen des Herrn Bischoff {dem} Ausschuß befohlen auff Ratification der Ordnungen und geschlossen, das man Gesanten an die May. abfertigen solle, bey derselben anzuhalten und zu bitten, das die Stadt mitt solchen beschwerlichen Citationibus mochte verschonett werden.

Die Citation aber an den Pommerellischen Woywoden belangende {wegen des Fadii} soll man dagegen *excipiren, forum* <365> *decliniren* und sich mitt *protestationibus* woll verwehren. {Wievoll der Raht hernach am 1. Novembris sich eines anderen erklehret, nehmlich, das man *terminum* attendiren solle und exceptive Antworten, das die Sache noch in Tractaten schwebeten und dem Herrn Bischoffe noch nicht ab- oder zu gesaget were. Derowegen den Herrn Woywoden zu bitten, das er den Herrn Bischoff dahin persvadiren wolle, die angefangene Tractaten zu continuiren *salva conscientia et salvis privilegiis*. Hierauff haben die Ordnungen ihre *vota* mutirett und ein E. R. Bey-

---

a   Gestrichen/skreślony: für sich
b   Gestrichen/skreślony: ad supremam
c   Gestrichen/skreślony: das Recht
d   Gestrichen/skreślony: procedirett
e   Gestrichen/skreślony: im G

fall gegeben, wie denn auch der Herr Woywode darauff die Parte zum versöhnlichen Vertrage ermahnett und ihnen *terminum* gegeben biß nach Ostern}.

Das auch der Bischoff den Doctor Schmidt außgeladen,ᵃ ist darauf geschlossen, das sich der Raht in der Stadt habenden Rechte keinen Eingriff soll thun lassen, und sich desfalles auch mitt *protestationibus* woll bewaren.

Z.o. Am 26. Tage Novembris haben die Kirchenveter von S. Marien dem Herrn Michaeli Coleto lautt eines Contracts Zusage gethan, das nach seinem Absterben²⁴⁰ seine nachgelassene Wittwe solle eine Wohnung ᵇ von der Kirchen haben zu ihren Lebetagen in der Heiligen Geistgasse hinter der Schulen, da zu der Zeit Anthonius Kramer gewohnet hatt, fur den jährlichen Zins 20 Mk.

A.p. Am 11. Tage Decembris hatt die Dritte Ordnung die schrifftliche Antwort eins E. Rahts auff die Beschwerpuncta, so hiebevor im Februario ubergeben, ubersehen. In welcher Antwort ein E. Raht auff den ersten Punct folgender Gestalt geantwortett: Anlangende die vacirenden Stellen in der Kirchen, hatt der E. Raht ᶜnach Notturfft mitt trewen Lehrern und Predigern versehen, wolle auch ferner, wo es davon mangelt, und sind der Zeitt Mangel eingefallen, das ihrige gerne datzu thun.

Hierauff hatt die Dritte Ordnung, wie sie ferner ihr Bedencken auff eines E. Rahts Antwort am 23. Decembris ᵈ schrifftlich uberantwortett wegen des ersten Puncts, belangende die Bestellung der Cantzeln, ein E. Raht gedancket und daneben aber gebethen, das ein Erb. Raht {auff die Lehre gutte Achtung geben, das Schmechen und Lästern auff den Cantzeln mitt Ernst straffen und} durch ein ordentlich Examen untersuchen wolte, ob alle Prediger auch Vermuge und nach Inhalt der Augspurgischen Confession, derselben Apologia, der Stadt Notel und habenden Privilegien lehreten und lebete. Und wo jemands dem zuwiedern befunden, abgeschaffet werden mochte.

Die Ursache, warumb ihrer viel in den Quartiren anhielten umb ein Examen unter den Predigern zu halten, war diese: Das sich die calvinischen Prediger understunden, <366> nicht allein wider ihre Unterschreybung der Notel den calvinischen Schwarm offentlich zu vertheidigen, sondern auch die Kirchen Ceremonien ᵉwieder der Stadt habenden Religions *Caution*ᶠ {ihres Gefallens} zu enderen, wieder die Augspurgische *Confession* die privat *Absolution* {als einen bäpstlichen Grewel}ᵍ zu verwerffen und andere Schwermereyen daneben einzufuhren etc., wovon hernach weitleufftiger Bericht erfolgen wird.

---

a Gestrichen/skreślony: darauff
b Gestrichen/skreślony: haben zu
c Gestrichen/skreślony: mitt
d Gestrichen/skreślony: uberantw
e Gestrichen/skreślony: auff
f Gestrichen/skreślony: die Kirchen Ceremonien
g Gestrichen/skreślony: zu verwerffen

B.p. Nach verlauffenenen Termino fur dem pomerelischen Woywoden hatt der Herr Woywode selbs ein Schreyben {im Anfange des 1597. Jahres} an E. Raht gelangen lassen, darin er vermeldett, das er auff Bitte des Rahts zum Koyeschen Bischoff gefahren gewesen, zu versuchen, ob die streytige Sachen zwischen {ihm}, dem Herrn Bischoff und der Stadt möchten können beygeleget werden. Es sey aber der Bischoff ubell zufrieden gewesen, das er, der Woywode, als ein Richter uber das Fadium im Kon. Decret endhalten wegen der Pfarkirchen zu Dantzig, die Sache biß nach Ostern prolongirett hette und seinen des Bischoffs Abgesanten und Befehlich haben, den Probst von Suckaw persuadirett, die Sache wiederumb an ihn zurucke zu nehmen, da er, der Herr Woywoda, doch von Kon. May. gemechtigett gewesen, in der Stadt Landgutter zu exequiren. Jedoch hette er den Herrn Bischoff so weitt beredett, das er die Sache wiederumb auff den vorstehenden Reichstag {gen Warschaw} (welcher am folgenden 10. Februarii angehen sollte) genommen etc. [a] {Wolle derhalben er}, der Herr Woywode, als der der Stadt Ruhe und Friede zu schaffen sehr gefließen, gerahten haben, das die Stadt ihren Gesanten dahin vollkommenen Macht in dieser Sachen zu handeln mittgeben wolle. Er zweifele nicht, weil er vom Bischoff vernommen, das der Zwist wegen S. Birgitten Closters seine Endschafft habe, das diese Sache wegen der Kirchen leichtlich ihr Ende gewinnen werde. Und ob er woll seiner Persohn und Geschäfte halben dahin zu reisen nicht willens, wolle er doch gleichwol hierinne sich der Stadt, als der ihr alles Guttes gönne, wo es von ihm begeret wurde, gerne bekwemen und dahin reisen, auch an muglichem Fleisse nicht mangeln lassen, den Handel zum glucklichen Ende zu bringen. Bath hirauff umb eine Antwort mitt dem ersten.

[b] Hirauf hatt ein E. Raht dem Herrn Woywoden durch ein Schreiben auß Schluß sämptlicher Ordnungen freundlich gedanckett, seiner gehabten Muhe in dieser Sachen und ferner gebetten muglichen Fleiß antzuwenden, das diese beschwerliche Sache zu friedlichen Ende moge gebracht werden. Ihn auch daneben berichtett, wie es eine Gelegenheitt umb S. Birgitten Closter habe. Nemlich nicht das die Sache vertragen, vielweniger das ihm desfalles seines Begerens etwas eingewilligett sey, sondern das dieselbe Sache noch in den alten Terminis stehe und solches {dem Herrn Woywoden} zum {Gegen}bericht, damit es nicht den Verstand gewinnen mochte, als verwillige man etwas {dem Herrn Bischoff} durch Stillschweigen und Nichtantworten etc. Den Abgesanten auff den Reichstag ist dieser Befehl mittgegeben, das sie sich jungst gegebener Instruction nach halten sollen, und nichts daruber thuen. Im Falle, aber Mittel vorlauffen mochten, welche nicht gantz abzuschlagen, solches sollen sie anhero gelangen lassen und darauff ferneren Bescheides erwarten. Ihnen aber volkommene Macht zu geben, wie der Herr Wowode ge-

---

a Gestrichen/skreślony: wolle derhalben er
b Gestrichen/skreślony: B.p

C.p. Anno 1597 in Martio hatt ein E. Raht ᵃ {Thomam} Fabricium zu einem Capellan in Sct. Marienkirche bestellett und angenommen, welcher dem sacramentirischen Schwarm auch anhengig war, und ihm die Altar und Bilder in den Kirchen sehr ihm Wege stunden, predigte <368> offt dawider, und muste sie doch stehen lassen, wolte den priesterlichen Ornat fur dem Hohen Altar altem Gebrauch nach nicht anlegen, und muste es dennoch wider sein Gewissen thun. Verenderte das Tauffbuchlein Lutheri und leschett darinne die Fragestucke („Endsagstu dem Teufel" etc.) auß und brauchett sie nich uber der Tauffe etc. Dieser hatt die Notel mitt folgenden Worten unterschreiben: *Ego Thomas Fabritius Pomeranus approbo hanc confessionis formulam et improbo secus docentes 20. Martii Anno 1597.* Und dennoch dawieder gelehrett.

Hiervor ist gesagt, wie der pommerellische Woywode die Kirchen Sache verlegett hatt biß nach Ostern. Wie die Zeit umb war, verlegett er sie wider mitt beyder Parte Consens biß auff Michelis oder die nehesten Juridica hernach, so er halten wurde.

D.p. Anno 1598 die ᵇ {37.} Wahl der Kircheneveter

Nachdem Gott der Allmechtige nach seinem Raht und Willen die beyden eltesten Kirchenveter, als Hans Brandes den ersten und Cordt von Bobbartt den andern, in der Ordnung {der Kirchenveter} durch den zeitlichen Todt abgefordert, hatt ein E. Raht aus ubergebenen Wahlzedel der hinderstelligen beiden Kirchenveter an der verstorbenen Stelle wiederumb ernant Hans Proyten und Sebald Schnittern in folgender Ordnung. Geschehen am 26. Februarii Anno 1598:

Herr ᶜ {Johan} von der Linde, der Pfarkirchen ᵈ {*Inspector*}
1. Gabriel Schuman, der Elter 2. Paul von Dorne
3. Hans Proyte 4. Sebald Schnitter

E.p. ᵉ Aus obgedachtem Termino vom pommerellischen Woywoden auff verschienenen Michaelis verleget,ᶠ in Sachen zwischen dem Herrn Bischoff und der Stadt zu erkennen, ist auch nichts worden, sintemal sich mittlerweil etliche furnehme Herrn an Kon. Hoffe, der Stadt gutte Gunner und Freunde darein gelegett und Kon. May. dahin <369> *persuadirett* und vermocht, das dieselbe ihr Decret, so {Ihre May.} in S. Birgitten Closters Sachen ᵍ gesprochen aus angeborner Gnade wolte fallen lassen und von allen An- und Zspruchen des Bischoffs dieses Closters wegen endbinden frey und loeß sprechen wolle.

---

a Gestrichen/skreślony: Martinum
b Gestrichen/skreślony: 39.
c Gestrichen/skreślony: Hans
d Gestrichen/skreślony: President
e Gestrichen/skreślony: Im
f Gestrichen/skreślony: ist
g Gestrichen/skreślony: auffheben wolte, wenn es ohn verletzung ihrer May. Hoheitt geschehen mochte

Worauff auch ferner mitt hochstem Fleiß ist angehalten worden, das Ihre May. wegen der ergangenen Decreten in den Kirchen {und Closter} Sachen der Stadt ein *rescriptum* geben und mittheilen wolle, das dasselbe Decret *annihiliret* sein solle, weil es wieder der Stadt habende Privilegia streyte. Und auch des Closters Jurisdiction und Administration von undencklichen Jahren hero der Stadt unterworffen gewesen und auch von Königen zu Königen vergonnett und von itz regierender Kon. May. bestettigett worden, auch ohne das solchs der Stadt Privilegien außweisen etc. Ein *Rescriptum* zu geben hatt sich ihre May. verweigert, vorwendende, gleich wie keinem Richter der geringsten Untergerichte nicht geburen wollte, sein einmahl gegebens Urtheil zu retractiren Wolte es Ihrer May. als negst Gott obersten Richter [a] {viel weniger} gebuhren, sondern man solte Ihrer May. Koniglich Worten vertrawen und nicht zweifelen an dem, was Ihre May. einmahl veheissen und zugesaget hette, das sie dasselbe steiff und fest halten werde. S. Birgitten Closter belangende muste Kön. Decret und des Bischoffs habenden An- und Zuspruchen ein wenig gefugett werden. Also das dem Bischoffe die *Administration* des Closters und desselben Gutter innen und ausser der Stadt eingereumett werden, und dagegen die Dantzcker die Jurisdiction sowoll in der Schidlitz als vor der Stadt fur sich behalten, wie ferner sich Contracta oder sonst zwistige Hendel zwischen den Einwohnern der Closterguter und der Stadt Einwohnern erstreckete. Auch also, das in des Closters Gebiete keine Handwercks- Leute oder Kunstler den Wercken in der Stadt und ihren Rollen in keinem Wege sollen zuwieder leben. Imgleichen auch keinerley Ubelthether in des Closters Gebiete hinfort mehr sollen gelitten werden noch Schutz haben. Darauff den auch woll ein Rescriptum konte gefasset werden, damit man sich ferner nicht zu befahren hette. {Es ist auch hierauff ein gewisses *Rescriptum* vom Herrn Unterkantzler concipirett und unter seiner Hand an ein E. Raht geschickett worden auff ihre weitere Erklerung}. Hiebey ist es fur dißmahl verblieben und biß auff vorstehenden Reichstag verschoben.

Der Reichstag ist hierauff angangen am 2. Tage Martii {zu Warschaw}, wohin die Ordnungen ihre Abgesanten mitt gewisser Instruction, wie ferne sie weiter in der Kirchen und Closter Sachen gehen sollen, abgefertigett, {nebenst einem anders gefasseten *Rescripto*, wie es die Ordnungen fur nöttig achteten}, mitt dem Anhange, das sie daselbs bey Kon. May. auch anhalten sollen, [b] umb ein [c] ebenmessiges *Rescriptum* wegen der aberkanten Kirchen und des Fadii. Solte das nicht zu erhalten sein, das dennoch Kon. May. in Gegenwertigkeitt der Stadt Abgesanten und in ihrem Angehere die Stadt davon looß spreche. {Die Gesanten sein gewesen Herr Hans von der Linde und Herr Hans Thorbecke}.

---

a Gestrichen/skreślony: nicht
b Gestrichen/skreślony: auch ebenmessiges
c Gestrichen/skreślony: rescriptum

In währendem Reichstage hatt ein E. Raht von den Abgesanten Schreyben bekommen, darinne sie unter anderem vermelden, das sie vermuge habende Instruction mitt dem Unterkantzler als Unterhendler fast viel Wortte verwechselt, aber nichts erhalten ohn allein, das er Vertrostung gethan, woferne die Closter- und Tumultsache freundlich vertragen wurde, das der König, obwoll nicht ein *Rescriptum* wegen der {großen} Pfarrkirchen bey ihm zu erhalten, dennoch mitt königlichen Worten ᵃ {angeloben} wurde, in Gegenwertigkeitt der Stadt Abgesanten und in ihrem Angehöre die Stadt derowegen ferner nicht zu molestiren. Hierauff hatt ein E. Raht im Anfang des Aprillen und noch in wehrendem Reichstage auß Schluß der Ordnungen schrifftlich geantwortet, das sie sich gentzlich ihrer Instruction nachhalten ᵇ und ᶜ {die} von den Ordnungen gefaste Forma der Description in gutter Acht haben sollen <371> folgendes ᵈ {Inhalts}: Obwoll der Herr Bischoff sich der Administration des S. Birgitten Closters gerechnet und derentwegen die Stadt an Kon. May. citiren lassen, auch daruber ein Kon. Decret erhalten, haben doch beyde Parte die Sache freundlich zu vergleichen sich unterfangen. Als das der Herr Bischoff solle volkommene Gewalt und Macht haben uber den geistlichen Stand und Orden desselbe Closters, damitt zu gebaren, wie es derselbe Orden erheischett. Also das des Closters Privilegium unverletzett, der Orden unverendert, in dem Closter und desselben Guttern keinerley Newerungen eingefuhret, noch Jesuiter Schulen angerichtett werden. Hietzu soll ihm diese Gewalt eingereumett werden und vollkommene Macht haben uber alle Dorffer und Gutter dem Closter zugehörig, Schaffner und Vorsteher seines Gefallens zu verordnen, ᵉ so die Einkunffte samlen und dem Closter zu Nutz spendiren und außgeben, ohn allein das die Stadt uber die Heuser ᶠ und Schidlitz ᵍ dem Closter gehorig habende Gewalt behalten. Und das weder im Closter noch in des Closters Guttern irckeine Handwercker noch Kunsteler, den Handwerckern der Stadt zum Nachtheil lebende, sollen gelittenʰ, vielweniger, das daselbest beschuldigte Personen oder Ubelthether sollen geschutzett und gehandhabett werden. Sondern ein E. Raht nach wie vor volkomenen Gewalt behelte, in suhnlichen und peinlichen Sachen uber die Einwohner dieser Gutter ⁱzu richten, ʲungeachtett einige *Provocation* der Parte.

F.p. Nachdem zu dieser Zeit Kon. May. Herrn Vatern Bruder, Hertzog Carl von Schweden, wider Ihrer May. Wissen und Willen sich unterstund, in ihrer

---

a Gestrichen/skreślony: sollen
b Gestrichen/skreślony: sollen
c Gestrichen/skreślony: [unleserlich/nieczytelny] das
d Gestrichen/skreślony: Inhalts gestalt
e Gestrichen/skreślony: recht habe
f Gestrichen/skreślony: in der selben gelegen
g Gestrichen/skreślony: und der
h Gestrichen/skreślony: werden
i Gestrichen/skreślony: behalten
j Gestrichen/skreślony: ohn ein

<371–373> Historisches Kirchen Register 577

May. Erbreiche Schweden grosse Unruhe antzurichten, <372> der Regirung sich freundlich antzumassen, [a] {Ihr May.} Ambtsverwalter abzusetzen, gefenglich einzuziehen, und zu verjagen, derselben May. Erbland Finnland mitt List und Gewalt sich zu unterwerffen, auch wider Kon. Befehl und Willen unterschiedliche Zusammenkunffte zu halten, im Scheine, das solches alles Kon. May. zum Besten und umb Erhaltung gutter Policey und Friedens willen geschehe. Derhalben ward Kon. May. Verursacht, sich wiederumb personlich in Schweden zu begeben, ließ derwegen allhie zu Dantzig Schiffe zurusten, gab sich von Warschaw auff die Reise und kam am 28. Maii gen Marienburg. [b]

G.p. Von denen [c] sante Kon. May. den *Oeconomum* von Marienburg, [d] Johannem Kostka, gen Dantzig und ließ durch ihn anmelden, das es Ihrer May. groß Wunder nehme, das man die Tractaten wegen S. Birgitten Closter nunmehr gantz stecken liesse, ermahnet derwegen, das man dieselben ferner continuiren und ihnen eine Endschafft geben solle, ehe und dan Ihre May. von hinen in Schweden verreysen mochte, damitt man mitt ihrer May. und dem Herrn Bischoff wiederumb zu gutten Verstendniß komen mochte. Es erbott sich auch der Oeconomus fur seine Person, wenn er der Sachen volstendigen Bericht hette, so wolte er sich mitt dahin bemuhen, das die Sache zu glucklichem Ende kommen mochte etc.

Hirauff der Raht Ihrer Kon. May. fur ihre veterliche Sorgfeltigkeitt und des Herrn Oeconomi freundlich Erbiettens dancksagett und solche Werbung an die Ordnungen zu nehmen, auch Ihrer May. ein Antwort in aller Unterthenigkeitt wissen zu lassen sich erboht. Es solte auch der *Oeconomus* auff sein freundliches Erbieten wegen dieser Sachen durch gewisse Personen des Rahts volstendigen Bericht bekommen. <373>

Hirauff hatt ein E. Raht dem *Oeconomo* [e] in seiner Herberge den Zustand der Sachen wegen S. Birgitten Closters berichten lassen, mitt Bitte, das er das Beste mitt wolle einrahten helffen, und weil der Streit furnemlich wegen des *Rescripti* war, erboth sich der Herr *Oeconomus*, das {er ein} ander *rescriptum*, welches der Stadt zutreglicher, zuwege bringen wolte, mitt Verheissung, das er am 29. Junii, das ist Petri und Pauli Tag, Nachmittage wiederumb hereinkommen wollte. Und nachdem er widerkam, brachte er ein *Concept* eines *rescripti* hervor, welches Inhalt nicht neher zur Sachen, sondern ferner davon war, wolte [f] {aber} ferner keines Bescheides darauff abwarten, sondern begerte, das man mitt der Sachen eilen solte und ging davon.

---

a   Gestrichen/skreślony: seine
b   Gestrichen/skreślony: Von deneen begeben sich am 18 Tage Junii und zog die Stadt vorbey biß in das Closter Oliva
c   Gestrichen/skreślony: Auß den Oliva, nadpisane skreślone: Marienburg,
d   Gestrichen/skreślony: von denen begab er sich am 18 Tage Junii und zog die Stadt vorbey biß in das Closter Oliva
e   Gestrichen/skreślony: der Z
f   Gestrichen/skreślony: auch

In wehrenden diesen Tractaten bekam ein Raht ᵃ aber verhoffen eine newe Citation vom Herrn pommerellischen Woywoden, auff Instendikeitt des Herrn Bischoffs und Kon. Instigatoren zu erscheinen wegen des verfallenen Fadii ᵇ, so dem Raht von Kon. May. wegen Nichteinreumung der P[f]arkirchen aberkant. Es hatt aber der Stadt Syndicus dagegen *excipiret*, erstlich, weil der *terminus intermissionis* anfenglich verlegett. Zum andern, weil auff beyder Parte *Consens* die Sachen zu etlichen Malen verschoben. Zum dritten, weil die Sache *in novatione* perpendirete, als sey er zu antworten nicht schuldig. Hierauff erkante der Herr Woywoda, das der Syndicus directe zu antworten solle schuldig sein. Davon *appellirte* der Syndicus an die Kon. May. Es ward aber den Parten kein *terminus* ᶜ *appellationis preafigirett*. <374>

H.p. Am 31. Julii fuhr Kon. May. auß dem Closter Oliva zu Schiffe, in Willens nach Schweden zu siegeln, und siegelte am 2. Tage Augusti nach irem Erbkönigreich Schweden zu. Es gelangett auch Kon. May. mitt ihren Schiffen, welcher eine grosse Antzal, und mitt Kriegsleuten ohn das Boßvolck in die 6000 Man und gutem Geschutz woll versehen, fur Kalmar, eine Seestadt in Schweden. Daselbst erstlich mitt Ihrer May. zu Schiffe durch Hertzog Carlen Abgesanten viel Reden auß und ein gewechselt, aber endlich unverhoffeter Weise ᵈ {Ihre} Kon. May. ᵉ Schiffe durch Hertzog Carlen Schiffe, so nicht weit davon lagen, uberfallen und durch gewapnete Hand mitt großer Gewalt zerstrewet wurden. Also, das Ihre May. mitt grosser Gefahr Leybes und Lebens wiederumb bey Putzcke angelangett, und von dannen zu Lande in das Closter Oliva gefahren ist. Und kam endlich mitt dem schwedischen Frewlein, Ihrer May. Schwester, am 9. Tage Novembris gen Dantzig.

I.p. Am 19. Tage Novembris beschickett Kon. May. durch den Haup[t]man von Mirchau, den Kon. Burggrafen Herr Hans von der Linden und den praesidirenden Burgermeister Constantin Gyesen etliche Sachen halben mitt ihnen Beredung mitt ihnen zu halten. Die sich auch, nachdem es ihnen angekundiget, fur Ihr Pokoy eingestellett und bald eingelassen worden. Da den Ihre May. am Tisch stehende ihnen angemeldet, das dem Raht nicht unwissende sein wurde, welcher Gestald dieselbe auß Schweden {unverrichteter Sachen mitt grossen Ungelegenheitt} wiederumb zuruckegekommen were mitt Ihrem Hoffgesinde.

<375> Darumb, weil allerley Gefehrlichkeitt denenhero zu befurchten, sey sein Wille und Begeren, das von hinnen keine Victualien, Saltz noch Krieges Munition auff Schweden oder Stockholm zu schiffen verstattet werde, außgenommen auff Calmar, oder wen man vornehmen wurde, das der Ungerische Hauptmann Bekiß, so unlängst von hinnen mitt seinem Kriegsvolck nach

---

a Gestrichen/skreślony: durch eine Citation
b Gestrichen/skreślony: der
c Gestrichen/skreślony: appellationem pro
d Gestrichen/skreślony: der
e Gestrichen/skreślony: daselbest

Calmar gesigelt, daselbest glucklich ankommen were. Als dan auch auff Finnlandt zu schiffen frey sein solle. Darnach so wuste sich ein Raht auch zuerinnern, das Ihre May. einmahl ein Decret in der Kirchen Sachen außgesprochen etc. und weil Ihre May. vernohmen, das dieselbe Sache mitt dem Bischoffe noch nicht gentzlich verglichen, were {Ihrer May.} Wille und Begeren, das ein Raht sich mitt dem Bischoffe einigte, damitt dieselbe ferner derwegen von ihm nicht molestirett mochte werden. Letzlich konte er unwermeldett nicht lassen, wie Ihr May. glaubwirdig vernohmen, das des Hertzogs Carlen Admiral Jochim Schele sich vernehmen lassen, alhie das Tieff fur der Weisselmunde zu versencken, wolte sie derwegen einen Raht ermahnett haben, das sie das Tieff in gutter Acht haben solten, damitt solch Ungluck verhuttet werden mochte. Hierauff obgemeldter Burggraff und Burgermeyster in Untertenigkeitt ein Abtritt begerett. Nach gehaltener Beredung danckten sie Ihrer May. fur ᵃ {gegunten Abtritt}. Und anlangende den ersten Punct, die Zufuhr auff Schweden nicht zu gestatten, hette man schon hiebevor Ihrer Kon. May. hirinne gewillfahret, wurde auch ohne Zweyfel ferner ein Raht solche <376> Zufuhr nicht gestatten. Das auch die Kirchen Sache mitt dem Herrn Bischoff noch biß zu dieser Zeit ᵇ nicht gentzlich verglichen, sey seine eigner Schuld gewesen, dan er allerley zutregliche Mittel in den Wind geschlagen und derselben keine annehmen wollen. Imgleichen sagten sie ihrer May. in Unterthenigkeitt Danck fur die veterliche Verwarnung des Tieffes halben, wolten solchs ein Raht ihren Eltesten anmelden, nicht zweifelnde, solchs wurde in gutter Acht genomen werden. Hirauff hatt der Konig ferner begerett zu wissen, wie doch die Sachen zwischen dem Bischoff und der Stadt stunden. Es haben aber benante beyde Personen solchs grundlich zu berichten Dilation gebethen, mitt dem Raht sich derwegen zu bereden, welches ihnen Ihre May. vergunnet, jedoch das sie mitt den ersten ein Antwort einbringen sollen. Es hatt aber der Raht auff dieses alles eine schiftliche Antwort gefasset, welche vielgemeldter Personen Antwort fast gleich war, ohn allein, das wegen der Kirchen Sachen der König in Untertenigkeitt gebetten ward, demselben {nachzukommen}, was Seine May. mitt koniglichen Worten angelobett und vor diesem in Religions Sachen schriftlich cavirett worden und beschworen, und es auch dabey {allergemeß} wenden und bleyben zu lassen. Hieneben Seiner May. zu Gemutte gefuhret, das es dem Bischoff und andern Geistlichen nicht umb die gemawerten Tempel (wie sie vorgeben zu thun), sondern vielmehr die Gewissen, so ungetzwungen sein wollen, auf ihre Religion zu nottigen, gemeynett sei, wie solchs in den kleinen Stedten alhie im Lande und auff den dafern hin und wieder genugsam am Tage, was auch durch die solch Zwingen der Gewissen fur Ungluck in die benachbarten Landen angerichtett worden, weisen die Historien genugsam auß etc. Diese schriftliche Antwort <377> ist hernach am 21. Tage Novembris der Kon.

---

a Gestrichen/skreślony: derselben veterliche Sorgfeltigkeitt
b Gestrichen/skreślony: noch

May. durch vielgemeldte beyde Personen uberantwortett, die sie zu ubersehen an sich genommen. Nachdem aber Ihre Kon. May. am 24. Tage Novembris nach Warschaw verreyset und sich ein Raht mitt ihr geletzett, beschickte der Untercantzler benante beyde Personen, da er gleich auffsitzen wollen, und den Könige folgen und meldett ihnen an, das Ihre May. an ubergebener Antwort nicht ein Genugen truge, halte es fur eine Antwort und auch fur keine, darumb sollen sie ihrer May. vollkommen berichten, wie die Sache wegen der Kirchen stehen, daneben auch Mittel vorschlagen, womitt den Sachen ferner zu helffen sey und solches zum forderlichsten. Hierauff sie antworteten, das solchs nicht beym Raht alleine, sondern bey samptlichen Ordnungen stunde, muste derwegen an dieselben genommen werden. Solches ließ der Cantzler geschehen, Jedoch bey also, das Ihre May. zum schleunigsten ein Antwort bekommen mochte, ja, wo es muglich were, auch unterweges.

1599
K.p.

Nachdem auch der calvinische Schwarm ᵃ zu Dantzig je lenger je mehr einreiß, also das in etlichen Kirchen die Prediger sich unterstunden, das Tauffbuchlein Lutheri zu endern, indem sie die Fragstuck des ᵇ*Apostolischen* Glaubens uber der Tauffe außliessen und in Heiligen Nachtmahl an Stelle der Oblaten Strutzel gebrauchten, item die Beicht und Privat *Absolution* abschaffeten,ᶜ dieselbe als bäpstlich und abgöttisch verworffen und dadurch allerley Mewterey anrichteten, hielten zu Rahtause zwey Quartiere mitt Fleiß an, das ein E. Raht die Praedicanten allerseits zur Einikeyt vermahnen und bey der Augspurgischen Confession und unterschriebene Nottel zu bleyben und allerley ungewissene Neuerungen abtzuschaffen mitt Ernst aufferlegen wolle. Geschehen am 24. Martii Anno 1599 bey Revidirung der Willkuhre²⁴¹. <378>

Hierauff antwortett ein E. Raht am 31. ᵈ Maii, das sie es vor diesem an trewhertzigen und ernstlichen Vermahnen nicht haben mangeln lassen, wollen es auch ferner in gebuerlicher Acht haben und wunschen von dem Lieben Gott, das er durch seinen Geist des Friedens wircken, Liebe und Einigkeyt verleyhen wolle. Nichts destoweniger fuhren die Calvinisten {auff der einen Seyte} mitt ihrem Schwarm und eingefuhreten Newerungen immer fortt. Dagegen feyerten die Papisten auff der andern Seyten auch nicht, welche nunmehr in den grossen und kleinen Stedten {und auch Dörffern} des pommerlichen Gebietens wieder den allgemeinen Religionsfrieden auff aufgebrachte Konigliche Decreta die {evangelischen} Kirchen einnahmen, ihre Prediger vertrieben und sonst allerley Frefel an den Leuten auff dem Lande ubeten. Und da den Elbingern auch nicht weniger als den Dantzckern bey einem gewissen Fadio ihre Pfarkirche abgesprochen und sie vom Herrn Woy-

---

a Gestrichen/skreślony: in den Kirchen
b Gestrichen/skreślony: Chr
c Gestrichen/skreślony: und
d Gestrichen/skreślony: Martii

woden an die Kon. May. auff dem Reichstag appelirten, ward ihnen die Appelation abgeschlagen und dennoch die Sache an Kon. May. verwiesen, und ihnen datzu Terminus praefigirett, da es auch seltzam und wunderlich abgelauffen, wie die Recesse außweisen, allhie zu weitleuffig zu ertzelen. Als haben ᵃsich Elbing, Marienburg und andere Stedte mitt den Dantzckern vereiniget und fur rathsam befunden, das ein Schreyben von der Stadt Dantzig fur sich und im Namen der andern bedrengten Stedte an die Fuhrnehmsten des Reichsstende verfertigett, an sie gelangete, darinnen sie außfuhrlich berichtett mochten werden dessen allen, was sich in Religionssachen dieser Orter verlauffen, und wie groblich die Bäpstlichen wieder den Religionsfrieden handelten. Ihnen zu Gemutte fuhrende, was nicht allein diesen Lande, sondern auch der gantzen Cron Polen fur Gefahr und Unruhe <379> darauß erwachsen konnte. Daneben auch antzutzihen sein die Formalien auß dem Religions Contract habender Privilegien und Königlichen Eydes. Auch sie zu ermahnen und bitten, das sie als unsere Glaubensgenossen nicht zugeben noch bewilligen wollen, das Schwerd gegenst uns zu zucken, sintemal man Juden, Turcken, Tattern als Feinde unser Heylandes in ihrer Religion nicht turbiret, sondern ihnen hin und wieder in der Cron Polen friedlich ihre Versamlungen offentlich zu halten vergonnet etc. Und obwoll von den Bapstlichen vorgegeben wurde, sie begereten uns in unser Religion nicht zu turbiren, sondern solten ihnen die Kirchen, so ihnen von Anfange gehörett, einreumen. Hirauf ist zu antworten, das es leyder die Erfahrung nunmehr anders außweiset an den kleinen Stedten, und sein die Kirchen und Clöster dieser Orter nicht von den Geistlichen, sondern von den unsern zu ihrem eigenen Nutz und Gebrauch gebawet etc. Item da sie vorwenden, diejenigen, so die Kirchen erbawett, weren Bapstlichen gewesen, hetten auch zu denn Ende die Kirchen erbawett, ergo wolte folgen, das die Bapstlichen dieselben und ihre Gutter auch administriren und bapstlichen Rechte unterworffen seyn musten. Darauff Antwort, das man ihnen solchs nicht gestendig auß obengetzogenen Grunden ᵇetc. Ein solch Schreiben ungefehrlich ist von E. Raht auffs Papier gebracht und am 23. Julii den Ordnungen vorgelesen, die es dermassen fortzustellen beliebett, wie auch geschehen²⁴².

Ebendesselben Tages hielten auch zwey Quartiere der Dritten Ordnung neben den Gerichten bey ein E. Raht drenglich an, das ein E. Raht auff die Cantzeln gutte Achtung geben, ᶜ dieselben mitt reinen Lehren Augspurgischer *Confession* bestellen und Fleiß anwenden wolle, das Friede und Einigkeitt unter ihnen gestifftett und erhalten werden möge. Welches <380> zwar ein E. Raht angelobett, aber weil die Unreinigkeitt wegen der Religion auch unter {ihr Mittel} ᵈ gerathen war, also das es das eine Theil mitt den Calvini-

---

a Gestrichen/skreślony: sich
b Gestrichen/skreślony: und was
c Gestrichen/skreślony: wolte
d Gestrichen/skreślony: sie

sten, das andern Theil mitt den Lutherischen hielt, kunten sie ihr Zusage nicht einen Genugen thun. Mittlerweil florierten die bäpstlichen Pralaten, weil es in den andern obgedachten Stedten auch also zugieng und machten ihre Rechnung, weil dieselben uber ihre priviligirte Religion sacramentirische Schwermerey neben eingefuhrett, das sie nun so viel mehr Recht zu ihren Kirchen hetten, haben sich desswegen ihr Vernehmen so viel mehr angelegen sein lassen. Des haben wir niemands mehr Schuld zu geben als den calvinischen Geistern, welche sich der Augspurgischen Confession geruhmett und darauff auch die Notel unterschrieben und dennoch demselben zuwieder offentlich gelehrett und gepredigett, und dadurch unsere Kirchen in die eusserste Gefahr gesetzt haben.

1600 Anno 1600 reisett vielgemeldter Coyescher und Leßlawischer Bischoff nach Rom auff das Jubeljahr und starb daselbest[243]. Also bleib die Sache wegen der Pfarkirchen und Birgitten Closter stecken, biß ein newer Bischoff erwehllet ward, {nehmlich ᵃJohannes Tornowski, gewesener der Cron Polen ᵇUntercantzler} wie hernach folgen wird.

N.p. Am 30. Maii obgernanten Jahres ist Jochim Blome fur einen Maurer der
B.2 Pfarkirchen angenommen worden. In An- und Beywesen sambtlicher Kirchenveter seine jehrliche Besoldung ist 30 Mk. und freye Wohnung daneben, und wan er arbeittet, soll er auff seine Person fur jedern Tag 12 Gr. haben. Hiebey hatt er zugesagtt fur obgedachten Lohn, 12 Gr. den Tag, den Kircheneveter zu arbeiten fur allen andern, wenn sie ihr vethuende haben.

M.p. Auff Ostern ist der gewesene Stuel des neu abgestorben Herrn Petri de Spino-
A.1 sen, welchen er auff Vorbitte des nun auch abgstorbenen Herrn Bischoffs hatt bawen lassen, no. 2 an die Kirche verfallen und vier Personen vermietett worden, als Michel vom Damme, Herman Krumbhausen, Daniel Marten und Henrich von Bobbert, Michel von Damme und Daniel Marten sollen einjehrlich zalen 2 fl. und die anderen beyden ein jglicher 3 fl.

1601 Anno 1601 die ᶜ {38.} Wahl der Kirchenveter
O.p. Nachdem Gabriel Schueman, der Elteste in der Ordnung {der Kirchenveter}, durch den zeittlichen Todt abgefordert, hatt ein E. Raht auß ubergebenen Wahlzedel der noch lebendigen Kirchenveter an des Abgegangenen Stelle verordnet und ernant Daniel Hubenern in folgender Ordnung
Herr ᵈ {Johan} von der Linde, der Pfarkirchen ᵉ {*Inspector*}
1. Paul von Dorne 2. Hans Proyte
3. Sebald Schnitter 4. Daniel Hubener

P.p. Zuvor ist gemeldett, wie der Leslawische und Coyesche Bischoff Hieronimus von Roßradzow, Grafe von Pombstorff, verschienen Jubeljars zu Rom gestor-

---

a Gestrichen/skreślony: Zamoyski
b Gestrichen/skreślony: Groß
c Gestrichen/skreślony: 40
d Gestrichen/skreślony: Hans
e Gestrichen/skreślony: President

ben, und an seine Stelle Johannes ᵃ {Tornowski}, der Crohn Polen ᵇ {Unter}cantzler, zum Bischoff erwehlett ward. Es war aber diß Jahr ein Reichstag zu Warschaw zu halten auff den 3. Februarii außgeschrieben. Vor diesem angehenden Reichstage fertigte obgenanter newer Bischoff seine Gesanten ab an einen E. Raht zu Dantzig, ließ eynen E. Rath *salutiren* und nebenst ihnen der allgemeynen Stadt einen gluckseligen Zustand wunschen, mitt Erbietung gegenst sie beyderseits seines besondern Gunst und geneigten Willens und danebenst anmelden, weil er durch Göttliche Vorsehung zu bemeldten Bischtum gekommen und nunmehr auch den Sprengel uber der Dantzcker Kirchen habe, aber ihm nichts Verdrießlichers verstiesse, dan allein, das obgennanter sein Herr Vorfahre mitt der Stadt in einen solchen wichtigen Streit, *Controversiam* und Process kommen were <382> wegen der Kirchen Sachen. Wolte auch fur seine Person wunschen, das es nie angefangen oder, weil es angefangen, bey seinen des Herrn Vorfahren Leben geendett were. Und ob ihm woll seines Gewissens und Amptshalben seines Herrn Vorfahren angefangene und langst getriebene Sache zu continuiren {geburen wolle, so} sein doch seine Gedancken, nicht etwas Wiederwertiges gegen die Stadt vortzunehmen, sondern, weil dennoch die Sache ihr Endschafft haben muß, als sey er erböttig, derwegen mitt der Stadt sich freundliche Bitte und Begeren. Ein E. Raht wolle ihren Herrn Abgesanten auff verstehenden Reichstag in {habende} volkomener Macht mitt ihme desfals freundlich zu handeln abfertigen, damitt der beschwerlichen Sachen ein Ende gegeben wurde.

Hierauff wunschet ein E. Raht auß Schluß samptlicher Ordnungen dem neuerwehleten Herrn Bischoff schrifftlich Gluck zu seynem Ampte und dancket ihm seynes gnedigen Erbietens gegen die Stadt, thaten sich hinwiederumb aller Dienstwilligkeitt erbieten, belangende aber ᶜ der Kirchensachen halben ihre Gesanten mitt volkomener Macht auff vorstehenden Reichstag abzufertigen were beschwerlich, weyl dieselben anderer der Stadt wichtigen und schweren Sachen halben dermassen occupirett sein wurden, das die Endschafft dieser Kirchensachen schwerlich zu hoffen. Also erachten sie auch, das er, der Herr Bischoff, nicht weniger andere {anwesende Herrn} seine wichtige Hendel und Sachen auch haben wurde dasselbe zu verrichten, das der Sachen in so kurtzer Frist kein Ende wurde konnen gegeben werden, sintemal der Baum vom ersten Hiebe nicht fallen wurde. Wollten ihn derhalben {dienstlich} gebethen haben, er wolle dem Exempel seines Herrn Vorfahren nach die Sache anhero auff die Nehe alhie ins Landt nehmen, da man ᵈ fuglicher wegen der Sachen ab und zu wechseln konnte.

Q.p. Auff Fastnacht ist der newgebawete Stuel no. 9 an Elisabeth Capelle vermietet worden sechs <383> Personen, als 1. Johan von Achtelen, 2. Nickel

---

a Gestrichen/skreślony: Zamoysky
b Gestrichen/skreślony: Groß
c Gestrichen/skreślony: ihre Gesanter
d Gestrichen/skreślony: auff der nehe

Schmid, 3. Gregor Tornaw, 4. Tiedeman Gise, 5. Hans Dalmer, 6. Daniel Bolner, und soll ein iglich geben jehrlich 3 ½ Mk., der Zinßtag ist Ostern.

R.p. Am 13. Aprilis hatt die Dritte Ordnung dem E. Raht ihre Beschwerpuncta ubergeben[244], und im ersten Punct gebethen, das die Cantzeln woll mogen bestellet werden vermuge der Augspurgischen *Confession* und der auffg[e]richteten Notel gelehrett, die Schulen mitt gutten gelehrten Gesellen mogen versehen werden. Auch das die newen, sehr [a] {ergerlichen} Ceremonien mögen abgeschaffett werden. Auff diese Bitte ist allererst vier Jahr hernach, nehmlich Anno 1604, den 23. Martii, von einem E. Rath eine schrifftliche Antwort erfolgett, wie an seinem Ort hernach soll gemeldett werden.

S.p. Auff Pfingsten hernach ist der gewesene Doctor Stuel no. 1, so an der Predicanten Stuel stossett, uberliefert worden vier Personen, als 1. Constantinus Ferber, sol jerlich Zinsen 4 ½ Mk., 2. sein Sohn 4 ½ Mk., 3. Caspar Wibers, auß gewissen Ursachen 2 Mk., 4. Wilhelm von Dorner, 2 Mk. {Dieser Stuel ward anfenglich fur die *Doctores Medicinae* gebawt, weil sie aber calvinisch waren und denselben nicht gebrauchten, haben ihn die Kirchenveter obgenanten Personen vermietett}. Hieneben ist zu wissen, das Herr Ferber denselben Stuel funff oder sechs Jahr lang mitt seinen Sohnen und Schwegern gantz und gar wieder den Willen der Kirchenveter eingenommen und nichts betzalett, vorwendende, das seine Eltern und Großeltern es umb diese Kirche woll so [b] viel verdienett hetten, {wie das ihre Waffen an den Gewelben hin und wieder genugsam bezeugeten, also} das er mitt den Seynen woll einen freyen Sitz in demselben Stuel haben mögen. Jedoch hatt er endlich Caspar Wiebers und Wilhelm von Dorne ihren Sitz zugelassen. Er selbs aber und sein Sohn haben biß dahero an Zinse nichts abgegeben.

T.p. Am 13. Junii kam der obgenante newerwehlete Bischoff von Leßlaw und Coye personlich gen Dantzig, beschickett den Burgermeister Gerhard Brandes und wand ein nach gehaltener *Salutation* [c] <384> die Ursache seiner Ankunfft, nehmlich, die streytige Sache wegen der Pfarkirchen dermal eins freundlich beizulegen, und das er nicht gesonnen, mitt solchen Eyfer wie sein Herr Vorfahr gegenst die Stadt zu *procediren*, sondern erboth sich aller Freundwilligkeitt, darumb er auch anfanglich mitt ihme als dem Praesidenten alleine von der Sache reden wolte, mitt ihm zu versuchen, und die Zeitt zu gewinnen, wie weitt sie beyde unter sich diese Kirchensache bringen mochten. Dan er als der Burgermeister wuste doch der Ordnungen Meynung woll, wie weit sie sich eintzulassen willens, kunte es dadurch nicht gar gehoben werden, so konte er das Ubrige an das gantze Corpus eines E. Raths nehmen, und ihm also, was der gemeine Schluß geben wurde, wierumb referiren und einbringen. Und sey nunmehr nicht seine Meynung, uber dem Kon. Decret wegen Einreumung der grossen Pfarrkirchen wie sein Vorfahr zu

---

a Gestrichen/skreślony: schedlichen
b Gestrichen/skreślony: ver
c Gestrichen/skreślony: das er nicht

halten, sondern wolte auch woll gantz und gar davon abstehen. Es konte aber ja nicht anders sein, Kon. May. und er, der Herr Bischoff, musten ja auch eine Kirche haben, dahin sie, wen sie alhie zur Stelle waren, sich halten konten und ihr Gottesdienste verrichten. Und ob man vorgeben wolte, das etliche bapstliche Clöster in der Stadt furhanden, da man solche Gottesdienste verrichten konnte, so sein doch dieselben an solchen Orten gelegen, dahin man solche Personen mitt gutem Glimpf nicht weysen konnte. Und wunderte ihn nicht wenig, warumb man Ihrer Kon. May. und ihme nicht eine einige Kirche einreumen wolte, sintemal fast alle Kirchen wieder die Kon. Religions Caution mitt calvinischen Predigern besetzett [a] wären[245]. Ob nun [b] die [c] Römisch Catholischen nicht mehr Recht zu solchen Kirchen hetten, von denen sie erbawett wären, als die Calvinisten, die gantz keinen Recht nie datzu gehabt, und dennoch wider habende <385> Religions Privilegien geschutzett und gehandhabett wurden. Das durffte nicht viel Disputirens und konte auch durch diß Mittel der Verenderung der Religion dißwoll erfolgen, das die Stadt aller ihrer Kirchen verlustig werden konte. Darumb und damit dennoch auch fur Kon. May. und auch fur [d] ihn {selbest} eine Kirche sein und bley[b]en mochte, wolle ihm nur er schon von der grossen Pfarkirchen abstehen, man wolle ihm nur S. Peters Kirche als die gantz mitt calvinischen Predigern besetzett, [e] {welche gar} kein Recht datzu haben, einreumen. Er wisse aber woll, das ein E. Raht den Gegenwurff haben wurde, das ihnen solchs noch weniger als das vorige zu thun were Ursache. So man solches bewilligete, wurde es doch nicht aussen bleiben, man wieder uber lang oder uber kurtz wiederumb wegen der grossen Pfarrkiche [f], weil schon ein Kon. Decrett daruber ergangen, [g] umb die Einreumung anhalten. Demselben zuvorzukomen wolle er bey Kon. May. die Verschaffung thun, das dieselbe ihre habende Gerechtigkeitt in der grossen Pfarrkichen abstehen, und dieselbe in S. Peterskirche anzunehmen bewilligen solle. Er, der Herr Bischoff, wolle es auch in Verrechnung der Kirchengutter daselbest so genaw nicht suchen, sondern sich mitt einem E. Raht freundlich abfinden. Anlangend die Einkunffte zu bemeldter Kirchen, mitt denselben wolle er gentzlich zufrieden sein, außgenommen, so ferne dieselben so weit sich nicht erstrecken wolten als auff die Priesterschafft und Gottesdienst gehörete, das so viel der grossen Kirchen ab- und S. Peterskirchen zugehen mochte. Item allem ferneren Zweifel zu begegnen und zuvorzukomen, wolle er zuwege bringen, das alle dasjenige, was dieses Falles verrichtett wurde, nicht allein von Kon. May., <386> sondern auch von bapstlicher Heiligkeit und den Capitel des Coyischen Bischoffthumbs

---

a Gestrichen/skreślony: setzett
b Gestrichen/skreślony: nicht
c Gestrichen/skreślony: Cath
d Gestrichen/skreślony: ihr
e Gestrichen/skreślony: welche
f Gestrichen/skreślony: umb die [unleserlich/nieczytelne]
g Gestrichen/skreślony: anhalten

solle ratificirett und confirmirett werden, also das keiner Gefährlichkeitt mehr zu vermutten sein solle. Furs ander belangende S. Birgitten-Closter, wolle er sich auch leichtlich wegen desselben mitt ein E. Raht vergleichen, wenn man es nur bey dem Ende widerumb vornehmmen wurde, dabey es verblieben. Furs dritte bitte er und begere; das ein E. Raht ihme oder seinem Official in das geistliche Recht und was datzu gehorig, keinen Eingriff thun wolle, sondern ihme und dem Offcial dasselbe ohne Behinderung ruhiglich und volkomlich wie vor Alters uben und gebrauchen lassen.

Hierendgegen erbott sich der Herr Bischoff, im Falle ein E. Raht ihme hirinne willfahren ᵃund ein E. Raht oder die gemeine Stadt ihme etwas anmutten sein oder begeren wurde, es were bey Kon. May. zu verrichten oder was es sonsten sein mochte, wolle er sich dermassen freundwillig finden lassen, das man ein Genugen davon tragen solte.

Nach Abhorung dieses allen danckett obgenanter Herr Burgermeister dem Herrn Bischoff im Nahmen eins E. Raths fur seine freundliche {Erbiethung}, so er vorher gehen lassen und damitt er auch seine Rede geschlossen mitt gleichmessiger Gegensterbietung. Und antwortett ihm ferner: Was die vom Herrn Bischoffe erwehente Puncta anlangete, dieselben in so einen engen Raht zu ziehen, wie der Herr Bischoff vorgeschlagen, wolte sich nicht thun lassen. Dan weil es eine allgemeine Stadtsache und allerwege die samptlichen Ordnungen datzu mittgetzogen gewesen, als wurde es ein anders nicht sein können, es ᵇ {wurde} Ihrer H[och]w[urdigen] Gn[aden] aus gemeynem Schluß samptlicher Ordnungen ᶜ eine Antwort eingebracht werden ᵈ mussen. Er wolte aber das alles, was seine Hochw. Gnade bey ihm gesucht, einem E. Raht trewlich referieren und derselben eine Antwort darauff einbringen. Nach gehaltenen Rahtschlegen uber des Herrn Bischoffs ᵉ obengetzogenem Vorgeben hatt ihm ein E. Raht durch vielgemeldten Burgermeister diesen Bescheid geben lassen, das die Sache in einen breitern Rathschlag ᶠ und derwegen auch mehr Zeitt datzu gehore. Liessen ihn derhaben bitten, das er des Vertzuges halben keiner Verdruß tragen wolle. Und da Ihre Hochw. Gnade allhie so lange nicht abwarten konnte, wolle doch dieselbe sich nicht zu weit von der Stadt begeben, auff das ᵍ {derselben} etwa zu Zopkaw oder wo sonsten Ihre Hochw. Gnade antzutreffen, durch eines E. Rahts Mittelspersonen eine Antwort eingebracht werden mochte. Diß nam der Herr Bischoff ahn und begab sich bald darauff von hinen {nach Lapin, da er nebenst Herrn Burgermeister Hans von der Linde, Burgermeister Gerhardt Brandes und Burgermeister Hans Thorbecken 2 Tage lustig und guter Dinge gewesen und nochmals nach Sobkaw gereiset}.

---

a Gestrichen/skreślony: wurde
b Gestrichen/skreślony: muste
c Gestrichen/skreślony: der Stad
d Gestrichen/skreślony: mussen
e Gestrichen/skreślony: Vorgeb
f Gestrichen/skreślony: gehöre
g Gestrichen/skreślony: ihr

	Nach gehaltener genugsamer *Deliberation* und gemacheten Schluß auff des Herrn Bischoffs Vorschlege hatt ein E. Raht ihre Abgesanten als zwo Rahtspersonen, zwo Gerichtspersonen und vier Quartiermeistere an den Herrn Bischoff abgefertiget mitt folgender Instruction: Nemlich, das sie dem Herrn Bischoffe weder wegen der Pfarkirchen noch wegen S. Peterskirchen etwas einwilligen sollen. Wegen S. Birgitten Closters mögen sie zu vorigen Tractaten greiffen und was des Closters halben etwa ferner mochte gehandelt werden ohn Nachtheil und Schaden der Stadt Privilegien, das sie davon nichts volkomlich einwilligen noch annehmen ohn allein auch Ratification sämptlicher Ordnungen. Und das sie auch dem Herr Bischoff noch seynen *Official* in der Jurisdiction, so von alterhero ein E. Raht geburett, nicht weichen, sondern auffs Glimpflichste ablehnen sollen. Mitt diesem Befehl <388> sein die bemeldten Abgesanten am 21. Tage Julii zum Herrn Bischoff nach Sopkaw gefahren, was sie aber daselbst außgerichtet, habe ich biß dahero noch nicht erfahren können.
V.p.	Im Advent ist der Pfarkirchen ein Gestuele schloßfest gemacht [a] {hinter der Cantzel} und vermitett worden an Jonas Moller, Georgen Kihnaw, Thomas Behmen und Alexander Doctor Jonas Tochterman, ein jeder soll geben 3 Mk., auff Michaelis ist der Zins gefellig. Item umb diese Zeit ist hinter der Cantzel ein Gestuele auff 3 Personen schloßfeste gemachet und vermitett Hans Haselberg, Baltzer Höder und Christoff Coletus, sollen Zinsen jeglicher jehrlich 3 Mk.
W.p.	Item im Advent ist der newe Stuel gebawet bei der Tauffe, so man den newen Schoppen Stuel nennet No. 14 auff 12 Personen und vermietett 1. Albrecht Rosenberg, 2. Jost Forstes, 3. Hans Schnedermann, 4. Heinrick Teuten, 5. Gabriel Schueman, 6. Albrecht Schultzen, 7. Gert Euteman, 8. Edvardt Levite, 9. Ulrich von Hamme, 10. Daniel Feldman, 11. Baltzer Buckvitz, 12. und der Contzerschen Tochtermann NN. Der Zins ist jehrlich von jiglicher Person 4 Mk. auffn Advent zu erlegen.
X.p.	Anno 1602 die {39.}[b] Wahl der Kirchenveter Nachdem ein E. Raht Hans Proyten, den Andern, in der Ordnung der Kirchenveter in die Ordnung der Edlen Gerichte gesetzet und auch hernach Anno 1605 in den Rathstuel, welcher auch Anno 1613 koniglicher Burggraff ward, als erwehllet ein E. Rath aus ubergebenen der Kirchenveter Wahlzedel Eberhard Bottichern an seine Stelle in folgende Ordnung: <389>
1602	Herr [c] {Johan} von der Linde, der [d] Pfarkirchen {*Inspector*} 1. Paul von Dorne 2. Sebald Schnitter 3. Daniel Hubener 4. Eberhard Bötticher

---

a Gestrichen/skreślony: und vermitett No 19
b Gestrichen/skreślony: 41
c Gestrichen/skreślony: Hans
d Gestrichen/skreślony: President

{In diesem Jahr ist ein Gestuele angerfertigett hinter [a] dem Predigstuele unterwerts nach der Tauffe gelegen. Ist eingereumett Sigmund Krapfen, Peter Neukirchen und Nickel Lemberger, soll jährlich jeder Person geben 1 fl. ungrisch auff Fastnacht.

{In diesem Jahr ist zu Dantzig ein heftiges Pestilentzsterben gewesen [und] sein 18789 gestorben[b]}[246], welches auch den Kapelmeister der Pfarkirchen Nicolaum Zangium verursachet, auß Furcht von Dantzig zu fliehen ohne Bewilligung des Rahts und der Kirchenveter, auch ohne Bestellung des Chors. Darumb die Kirchenveter das Chor Michaeli Thutzmanno, denn Bassisten, befohlen, biß zu des Zangii Ankunfft wollen seiner Muehe halben sich wol mitt ihm vertragen}.

1603 Y.p. Nachdem Magister *Valentinus Schreckius, Poeta Laureatus, Rector* in der Pfarschulen, durch den zeitlichen Todt auß seinem Ampte endsetzt worden in dem verschienen 1602 Jar, hatt ein E. Raht {im Anfang des 1603 Jares} wieder den alten Gebrauch ohn Vorwissen der Kirchenveter den Correctoren daselbst, *Johannem Martinii Pommeranorum*, zum *Rectore* an des Verstorbenen Stelle verordnett und dennoch begeret, das die Kirchenveter bey seiner Introduction mitt gegenwertig sein sollen.

Z.p. Sintemahl aber sie nicht wie vor alters nebenst den Predicanten der Pfarkirchen, die auch datzu gehörten, zu seiner Election waren beruffen worden, da ihnen doch die Inspection auff die Pfarschule mitt geburete zu haben, [c] da sie auch vieleicht durch ihr Bedenken so viel wurden eingerathen haben, das er zu Gradu nicht kommen were, Ursache, das er dem seeligen *M. Schreckio* {weitt} nicht zu vergleichen, zudem so komme man in Erfahrung, das er schon bald nach Schrekii Todt allerhand Newrungen [d] in der Schulen eingefuhrett, mitt dem *Calvinismo* beflecket, und zu besorgen, das er demselben der Jugend auch einblewen werde, habe zu unterschidelichen Mahlen die Jugend in der Pfarkirchen zur Predigtzeit verlassen und in andere calvinische Kirchen gelauffen etc. Wen nun solchs im Mittel des Rahts als in die ihres amptshalben, wie die Prediger und Kirchenveter nicht umb die Schule sein konnen were erwogen worden, hette man vieleicht einen andern vorschlagen konnen, der viel tuchtiger datzu gewesen were etc. [e] Hierauff beschickett ein E. Raht den Johannem Martinii und liß ihm diese, der Kirchenvetter Beschwer, uber ihn vorhalten. Er aber wuste sich fein weiß zu brennen, und das dem nicht also wie die Kirchenveter vorgeben, er wolte sich auch in

---

a Gestrichen/skreślony: hin
b Diese spätere Einfügung von der Hand Böttichers ist zum Teil nicht lesbar, da der Papierrand abgeschnitten wurde. Die Ergänzung erfolgte auf Grundlage einer zuverlässigen Abschrift. / Dopiska późniejsza zapewne dokonana przez Böttichera na krótko przed śmiercią jest częściowo nieczytelna z podwodu przecięcia kartki. Uzupełnienie na podstawie późniejszej wiernej kopii. (HKR, BGPAN, Ms 947)
c Gestrichen/skreślony: und
d Gestrichen/skreślony: in
e Gestrichen/skreślony: Ein E. Raht aber erklerett sich darauff

ihrer Gegenwertigkeitt dessen endledigen, und were nur ein blosser Argwohn etc. Diß ließ der Herr Burgermeister Hans von der Linde den Kirchenvetern anmelden und im Namen des E. Rahts bitten, weil es nunmehr eines E. Rahts Schluß were, das Johannes Martinii *pro Rectore Scholae Parochiali[s]* solte introduciret werden, das sie der Introduction mitt beywohnen wollen. Es solle ihme durch den *Secretarium* ª, der ihn introduciren wurde, im Nahmen eins E. Raths vorgehalten werden, was fur Geschrey von ihm gehe, weil er aber einmahl zum Rectore verordnett, so solte er es auch zwar bleyben, aber im Falle irckeine Klage endweder von dem Herrn Praedicanten der Pfarrkirchen oder die Kirchenveter oder jemand anders uber ihm kommen und erweißlich gemacht wurde, so solle er, also wie er introduciret, wiederumb *exterminiret* werden. Wen nun solchs in der Kirchenveter Gegenwertigkeit geschehe ᵇ und er auch ihnen mitt Hand und Munde angelobete, sich fur solchem allen wesman ihn beschuldigte zu hueten ᶜ, hetten sich die Kirchenveter der Introduction beyzuwohnen nicht zu weigern, darumb wolten sie sich doch zu dieser Introduction einstellen.

Anno 1603

Demzufolge stelleten sich die Kirchenveter am 30. Tage Januarii zu dieser Introduction in die Dreßkammer der <391> Pfarrkirchen ein, daselbst sich auch *Herrmannus Frederus*, der Rahts Secretarius, einstellete und ward offtegemeldter *Johannes Martini* in ihr Mittel gefordert und ihm im Namen eines Rahts angemeldtett, welcher Gestalt er zum einem *Rectore* der Schule were verordnet worden. Nicht, das er dieselbe nach seinem Kopf allein, wie ers haben wolte, regieren, vielweniger, das er Newrungen in den *normis doctrinae* wider die ᵈAugspurgische Confession und derselben *Apologia* oder wieder die *Leges* ᵉ {*scholae*} des seeligen *M[agistro] Schrekii* einfuren ᶠ, sondern es schlechts, wie sein Vorfahr bey dem *Cathechismo Lutheri* und desselben Schrifften wie auch bey der Schulordnung *M[agister] Schrekii* wenden und bleiben lassen sollte. Und diß wäre ihm, dem *Secretario*, von ein E. Raht befohlen ᵍ {und} im ʰ Namen desselben ⁱ in Gegenwertigkeit der Herrn Kirchenveter ʲ solches antzukundigen ᵏ {befohlen und solte auch dar}auff als ein *Rector scholae introduciret* werden. Jedoch mitt dem Bescheide, im Fall er ˡ es bey den alten *normis* wie gemeldet nich wurde wenden lassen, sondern machen, das Klage uber ihn keme, die uber ihn konte außfuhrig gemacht wer-

---

a Gestrichen/skreślony: in namen des E. Rathes
b Gestrichen/skreślony: hetten sie sich
c Gestrichen/skreślony: und keine Newrung in der Schulen einzufuhren
d Gestrichen/skreślony: Leges M. Schreckii
e Gestrichen/skreślony: doctrinae
f Gestrichen/skreślony: solte
g Gestrichen/skreślony: ihre
h Gestrichen/skreślony: eines
i Gestrichen/skreślony: antzukundigen
j Gestrichen/skreślony: ihre
k Gestrichen/skreślony: mit dem be und der
l Gestrichen/skreślony: aber

den, so solte er dessen gewiß sein, also wie er itzund in sein Ampt gesetzett wurde, also solte er auch wiederumb herauß gesetzett werden. Darumb, ob er nun solchem allen, datzu er itzt ermahnett worden, wolle nachkomen, des wolle er sich fur den Herrn Kirchenvetern von Stunden erkleren und darauff mitt Mund und Hand angeloben, demselben allem, wie er ermahnet, trewlich nachzukomen und keine Newerungen in der Schulen antzurichten. Diß alles hatt er also, wie er ermahnett, zu halten angenomen, den Kirchenvetern auch nebenst entblosseten Haupt stehendes Fusses ᵃ <392> mitt Mund und Hand angelobett, ᵇ demselben allermassen wie ermahnett, mitt Fleiß nachzukommen und dawieder nicht zu handeln, mitt freundlicher Bitte, man wolle ihn desfals in solchem Verdacht nicht halten, dan es were nur eine *Suspition*, die etwa von abgunstigen Leuten herkeme. Darauff ihme die Kirchenveter geantwortett, dem sey, wie ihm wolle, er habe nun gehöret, wessen er sich verhalten solle, er solle nur machen, das ferner keine Klage uber ihn komme, so wurde dessen bald vergessen sein. Darauff ward er durch den obgemeldten *Secretarium* ᶜ und die Kirchenvetern auß der Kirchen in die Schule gefuhrett und daselbest ihm Gluck gewunschet zu seinem *Rectorat*, welcher sie wiederumb bey gehaltener Musica mitt einem gutten Trunck Wein tractirette, biß sie samptlich ihren Abscheid nahmen.

A.q. Im folgenden Mayo hernach ward die Pfarkirche inwendig ᵈ {durch alle Genge vergleichett}, die Unkosten findett man in der beyden eltesten Kirchenveter Bawamptsbuchern[247]. Zum Bericht aber ist diß nottig zu wissen, ᵉ {das} die Kirche zu vergleichen ᶠ ist angefangen an der Fliesen, so an der Treppen der Messings Tauffe lieget, und also nach dem Gewichte verfahren, das es bey allen Kirchenthueren gleich ausgekommen ist. Und seind viel Hundert Fuder Sand hineingefuret. Angefangen am 21. Tage Maii. Darnach im Augusto ist die Pfarkiche durch alle Genge und Gewelbe geweissett[248], die Fenster gebessert, die Altare reinig gemacht, und die Kirche hin und wieder getziret und geputzet, wie auch das Cohr getzierett mitt Schnitz und Mohlwerck.

B.q. Hiebevor ist gemeldet, wie die Dritte Ordnung Anno 1601 [den] 13. April in ihren Beschwerpuncten anfenglich gebethen, die Cantzeln in den Kirchen nach priviligirter Religion zu bestellen etc. Weil aber ein <393> Erbar Raht in drey Jahren nicht darauff geantwort[et], wie auch umb verursachter Trennung willen {wegen} ᵍ der Religion unter ihnen selbst ʰ {sich einer} Antwortt ⁱ {nicht einigen konnen}, haben mittlerweil die calvinischen Prediger immer

---

a Gestrichen/skreślony: den
b Gestrichen/skreślony: das
c Gestrichen/skreślony: in die Schule
d Gestrichen/skreślony: durch alle Gewelben geweisset
e Gestrichen/skreślony: nach
f Gestrichen/skreślony: an der
g Gestrichen/skreślony: in
h Gestrichen/skreślony: nicht
i Gestrichen/skreślony: kennen

<393–394> Historisches Kirchen Register 591

Land eingeschwermet, nicht allein in ᵃArticel des Heyligen Nachtmahls, sondern auch belangende die Person Christi, und sein Sitzen zur rechten Gottes, die Heilige Tauffe, {ihre stoische Praedistination und Gnadenwahl} und dergleichen vielmehr Schwermereyen dawieder eingefuhrett. ᵇ
Ja, sie haben unter dem Namen und Deckel gottlichs Worts, der Augspurgischen Confession und dieser Kirchen Notel alle calvinische *Errores* ᶜ, *Certamina* und Getzencke auff diese Kirchen getzogen, dieselben auff die Cantzeln und in die Schulen gebracht. Darauff die calvinische Newrungen in Ceremonien dem Kon. Privilegio zuwieder erfolgett, indem sie in etlichen Kirchen inner und außer der Stadt die Beicht und *privat Absolution* abgeschaffet, sowoll auch die Oblaten, an welcher Stelle man Strutzel und Speisebrodt gebraucht, ja, wider das Oblat an offentlicher Cantzel hönisch und spottisch genug redet. Man hatt es fur Schaumbrod und Kleister ausgeruffen, dadurch der Magen verterbett, und des Jahr uber viel Pfund Fettes und Wachs, damitt es im <394> Becken bestrichen, verschluckt wurden. Sie haben alten verlebeten Leuten, die fast keine Zähne im Munde gehabt, wie auch andere Krankken Stuck von Semmel Speysebrodt gegeben. das sie nicht haben konnen geniessen, sondern wiederumb auß dem Munde nehmen und bey sich stekken oder auch von sich geben mussen, wie mans auch, da sie gestorben, inn Bette gefunden hatt. Es hatt auch ein Schwermer im Kleinen Werder mitt Nahmen Christophorus Farrenheidt, {Pfarrer zu Wotzlaff}, Anno 1601 am 30. Tage Decembris, welches war der Sontag nach dem Christage, ein calvinisch Mahl gehalten. Da nach gethaner Predigt nicht weitt vom Dorffe in einem {andern} Hause etliche calvinische Pauren und Holender zusamen kommen und furs erste eine gute Mahlzeit gethan, Erbsen, Speck und was sonst furhanden gewesen, gessen. Und darauff auffgestanden und fur einen andern Tisch getretten, darauff kleiner zerschnittene Stucklein von Strutzel gestanden sampt dem Kelch und Wein, da dieser calvinische Praedicante nach gehaltener Vormahnung ihnen die Stucklein Brodt und den Kelch und hergegeben. Nachmals haben sie eine gute Zeche gethan biß in die Nacht. Man hatt auch hin und wieder bey den Krancken anstadt des Kelches ᵈ gemeine Weingleser oder Römer gebraucht, auff den Cantzeln Lerer zum Bildsturmen geblasen, die Ertzehlung der Kurtzen Heiligen Zehen Gebott, wie

---

a Gestrichen/skreślony: Heiligen Na
b Gestrichen/skreślony: worunter der fur erste Rudlins Führer war D. Jacobus Schmid oder Fabricius wie er sich taufett Rector zum Grawen Munchen im Gymnasio, welcher auch so kühne war worden, das er durch D. Paecelium Predigern zu Bremen drey seiner Sacramentirischen Predigten in den Druck gehen und alhie offentlich ohne jemandes Behinderung feil haben und verkauffen lassen, wie auch sonst ein Buch zu Hanaw gedruckt ohne des Authoris Namen unter dem Titel: Ein Bericht von der Reformierten Kirchen in Preussen, welches außschlag war das ein mehr in Preussen fast alle Kirchen und Prediger auff den Calvinischen Schlag gebracht und also fast allendhalben einigkeitt in der Religion gestillet worden
c Gestrichen/skreślony: und
d Gestrichen/skreślony: Wein

sie im Kleinen Catechismo Lutheri verfasset, eingestellett, und anstadt derselben in den Mittagspredigten den Kindern und Gesinde den langen Text aus dem 20. Cap. des Anderen Buchs Mos. vorgelesen, Lutherum einer Zerstummelung der Zehn Gebott beschuldigett, die Lobwasser Psalmen[249] in ettlichen Kirchen und Schulen singen lassen und alles auff den calvinischen Schlag angestellett[250].

Insonderheitt aber hatt sich zur Fortsetzung des Calvinismi wedlich gebrauchen lassen Doctor Jacobus Schmid oder Fabricius als ein Rädelfuhrer des Gymnasii *Rector* und Prediger im Closter zur Heiligen Dreyfaltigkeitt, <395> welcher auß allen Stenden sich und seinen Consorten einen Anhang gemacht, in der Stadt umbher terminiret, und sichs sauer werden lassen, den eingefuhreten Calvinismus zu *promovieren*. Unter andern hatt er zwo Schrifften in Deutschland drucken lassen. Eine hielt in sich drey Predigten von den Hochwurdigen Sacramenten und sonderlich vom Hochwurdigen Abendmahl, die er {zu Dantzig} gethan hatte Anno 1589 und sind hernach gedruckt worden Anno 1599[251]. Die andere ist ein kurtzer Bericht, was in etlichen benachbarten, der reformierten Religion verwanten Kirchen der Lande Preußen, von den vornemsten Puncten christlicher Religion gelehrett worden und worin man in derselben in Streit gerathen we[re]ᵃ. Ist zu Hanaw gedruckt Anno 1603, doch ohne des Autoris Nahmen[252]. Welche beyde Schrifften Doct. Schmid unter dem Deckmantel göttlichs Worts, der Augspurgischen Confession und Notel, den gantzen calvinischen Schwarm arglistiger Weyse mitt verschlagenen und auff Schrauben gesetzten Worten gesticket und geflicket hatt, das darinne alles, was in viel Hundert calvinischen Schrifften weittleufftig tractirett wird, in diesen beiden Tractetlein als in einem *Compendio* zusamen gerespelt ist. Diese zwo Schriften hatt *Michael Coletus*, {Prediger in der Pfarkirchen, Anno 1605 durch einen offen Druck[253] wiederlegett, wie hernach an seinem Ortt folgen wird}.

Ob nun woll die lutherischen Prediger auff ihrer Seyten einhelig dem calvinischen eingerissenen Schwarm mitt Grund göttlichs Worts wiedersprochen, die calvinischen Irthumen, in beyden Schrifften verfassett, mundlich an offentlicher Cantzel wiederleget, ihre Zuhörer trawlich darfur gewarnet, Michael Coletus, Prediger zur Pfarre, auch den hohen Articel von der Gnadenwahl in 18 Predigten erkleret, den <396> Artikel von der Mayestett des Menschen Christi auß dem 110. Psalm, daruber in die 30 Predigten geschehen, herlich außfuhrig gemacht, von christlicher Freyheitt Ceremonien, von Abtheilung der zehen Gebott, von Oblaten, Kelchen, Altaren, Bildern, Caseln, Chorröcke und dergleichen wieder die calvinischen Novatores die Zuhörer berichtett. Was hatt es aber verschlagen mögen? Sientemahl sich auch die Zuhörer in den Kirchen getrennett, also das {weder} die calvinischen Prediger in der lutherischen Kirchen, noch die lutherischen Zuhorer in der calvinischen Predigerkirchen sich einstellen wollten. Darumb die lutherischen Pre-

---

a Papierschaden / ubytek papieru

diger ihre Zuhörer und Gemeine zur wahrer Busse, zu andechtigen, herzlichen, unablessigem Gebett und hochnöttiger Bestendigkeitt ermahnett, von allen ungebuhrlichen, unrechtmessigem Wesen abgemahnett etc. und das ubrige Gott dem Allmechtigen befohlen haben.

Anno 1604 C.q.
Uber das haben auch die lutherischen Prediger eine besondere Supplication ein E. Raht dieses Falles ubergeben, darinne sie ein E. Raht zu Gemutte gefuhret und zu erkennen gegeben, das zwar weyland dieser Stadt Prediger ihre selige *Antecessoren* in ihrer Anno 1567 mitt Weissen, Zulaß und Zeugnuß eines E. Hw. Rahts und gemeiner Verwilligung aller Prediger gestelleten und im Druck verfertigten *Apologia* vom Zustand und Beschaffenheit der Kirchen alhir zur selben Zeitt dem Doctor *Wigando* und manßfeldischen Predigern einen Bericht gethan haben. Nemlich, das das heylige Predigampt ein E. Raht und christliche Gemeyne betzeugen, das alhie in Dantzig nicht solche Schwermer und Ketzer im heiligen Predigampt sein, welche sich den Teufel also solten weisen lassen, das sie der Ordnung des Testaments unsers Herrn Jesu Christi durch Verenderung einen gefehrlichen Abbruch thun sollten. Dan Gott Lob in unseren <397> Kirchen lauter und rein ᵃ von allen ᵇ Stukken christlicher Lehre und also vom Hochw. Nachtmahl des Herrn, auch von der wahren Gegenwertigkeit seines Leybes und Blutts bißhero, so lange wir Gottes Wort und den rechten Gebrauch der Sacramenten gehabt, biß auff diese Stunde nach den prophetischen und apostolischen Schrifften Herrn Lutheri und Herrn Philippi Heiliger Gedechtnussen Bekentnussen, sonderlich der Augspurgischen Confession, darauff gentzlich unsere Kirche bestellet. Und also und nicht anders von der hohen Oberckeitt Kon. May. zu Polen unserm allergnädigsten Herrn zu bestellen gnedigst ist vergunnet gelehrett worden, auch noch gelehret wird. Dulden auch keyne unter uns, der sich anderer und frembder Lehre im geringsten wolte vernehmen lassen. Sie aber, die itzigen lutherischen Prediger, mussen schmertzlich beklagen die freundliche Vertheidigung ᶜ {der} nunmehr in die 70 Jahre hero verworffenen und verdampten calvinischen Schwermerey, sowoll in offentlichen Predigten als durch den Druck publicirte Schrifften, und solches unter dem Schein der Augspurgischen Confession und dahero allerhand Spaltungen in allen Stenden angerichtett, und der Stadt unuberwindlichen Schaden dadurch zugefugett, wie solchs Stadt und Land kundig. Und obwoll ein E. Raht alle Prediger auff die Normas, darauff diese Kirchen bestellet, gewiesen, auch vor dieser Zeitt die Unterschreybung der Notel wiederumb fur die Hand genommen, so habe doch solchs bey den calvinischen Rottgesellen nicht verschlagen, sondern habens je lenger ᵈ {ie} erger gemacht und sich mitt ihrem <398> Anhange also und dergestalt gestercket, das nun leyder fast alle Kirchen und

---
a   Gestrichen/skreślony: ge
b   Gestrichen/skreślony: articulen
c   Gestrichen/skreślony: des
d   Gestrichen/skreślony: und

Schuldienste in und ausser der Stadt mitt Calvinisten besetzett sind. Wan den nun solch eingefuhrtes Calvinistenwesen nicht ein blosser Mißverstand ist, sonder den prophetischen und apostolischen Schrifften der uralten Anno 1530 ubergebenen Augspurgische *Confession*, unser Notel und Kon. Indult und unser Christlichen Freyheitt zu wieder: Als bitten sie demuttig, ein E. Rath wolle in Zeiten solchem eingerissenden calvinischen Wesen begegnen und steuren, und das befordern, was zu Wiederbringung vorigen Ruhestandes und Abwendung vorstehenden Noth und Gefahr ersprießlich sein mag. In Betrachtung der teglichen Exempel in vielen Landen, was das calvinische unruhige Wesen fur schreckliche *Motus* erregett etc. und ob sie, die Supplicanten, nicht zweyffeln, das ein E. Raht an muglicher Abkehrung alles Unheil, so daher erwachsen mochte, es nicht mangeln lassen werde. Dazu sie von Gott heilsamen Rath und einen freudigen Geist verleihen wolle, so wollen sie sich doch auff unvermuthlichen Fall einfellig dahin erklären *solenniter protestando*, das woferne auß diesem vorhabenden *calvinischen* Wesen dieser gutten Stadt irkein Unheil endstehen mochte (das Gott gnedigst verhutten wolle), sie sich in ihren Ambtsgrentzen gehalten, bey den Normis dieser Kirchen blieben, und nicht die geringste Ursache zu irgend einer Newrung in der Religion und Ceremonien gegeben. Hierinne vor der Hohen Gottlichen May., der hohen Oberckeitt, der gantzen Christenheitt, allen der Augspurgischen *Confession* Stenden, Universiteten, Kirchen und der lieben Posteritett entschuldigett sein wollen etc. Und haben diese Supplication unterschrieben *M[agister] Conradus Brakerman, Michael Coletus, Johannes Hutzingius, Enoch Hutzingius, David Ringius, Abraham Hesichius, M[agister] Johan Gualterus [Walterus], Nicolaus Durander, M[agister] Daniel Dilgerus, Johan* Roßteuscherus und ist dem Raht ubergeben am 10. Tage Januarii Anno 1604. {Die Copia dieser *Supplication* findet man von Wort zu Wort in meyner Historischen Declaration[254]. Diese gutten Herrn aber haben hierauff keine gewisse und trostliche Antwort bekommen}. <399>

D.q. Anno 1604 am 23. Tage Martii hatt ein E. Raht den Ordnungen eine schrifftliche Antwort ubergeben auff ihre Anno 1601, den 13. Aprilis eingebrachte Beschwerpuncta[255], und anlangend die Bestellung der Kirchen also geantwortett: Anlangend den ersten Punct, da die E. Gerichte bitten, das ein E. Raht sich wolle angelangen sein lassen, damitt in Kirchen und Schulen keine Neurungen angefuhrett und Messe mitt den Comedien gehalten werde, die lobliche Dritte Ordnung aber dieses Gravamen also formirett, das die Cantzeln woll bestellt, vermöge Augspurgischen Confession und der Notel gelehret, auch die Schulen mitt guten gelehrten Gesellen genungsam mögen versehen werden. Breite und Fischerquartier addirett, das die sehr schedlichen Ceremonien mogen abgeschaffett werden. Darauff erklerett sich ein E. Raht, das wie diese gutte Stadt auß sonderlicher Versehung Gottes und Kon. Gnaden zu der Augspurgischen Confession priviligirett, das also auch eynem gantzen E. Raht zum Högesten eingelegen sey, damit auch die Cantzeln nicht anders dan mitt Augspurgischen Confession zugethanen Personen mochten bestellt und versorgett werden. Wie dan auch nicht ein einiger in Bestellung angenommen, der sich nicht zu derselben Confession und derselben Apologia bekennet und des zu Versicherung die Nothel (welche auff Gottes Wort und Augsp. Confess. Neben Apologia gegrundett und zu Erhaltung Friedens und Einigkeit zwischen den Lehrern in dieser Stadt wollbedechtig auffgerichtett) mitt eigener Hand unterschrieben hette und noch heutiges Tages sich bestendiglichen dartzu bekennete. Ob nun wol (Gott geklagt) vor etzlichen Jaren frembde Certamina und Zwiste auß Deutschland auff diese Cantzeln eingefuhrett, dadurch zwischen den Predigern nicht geringe contentiones, Wiedersprechen, Hader und Zanck, ja endlichen <400> auch wegen der Ceremonien fur wenig Jahren Zweyleufftigkeitt und Streitt vorgefallen, dadurch unser aller Wiedersachern, den Bapstlichen, gewaltige Hoffnung gemacht. Ja, ein Grossfenster geoffnet, diese gute Stadt nicht allein umb die Religion, sondern auch (welchs Gott beyderseits gnedlich verhutten wolle) umb ihre Freyheitt zu bringen vermeynen.

Uber welchem allem, obwoll ein E. Raht [a] grossen Verdruß und Ungefallen getragen, hatt dennoch des Mittel, wodurch der Sachen ohne ferner Zerruttung auß dem Grunde mochte geholffen sein nicht können gefunden werden. So aber wie in hochwichtigen Sachen sich nicht alles zugleich, auch nicht zu jederer Zeit will *effectuiren* lassen, also ist ein E. Raht des gentzlichen Vorhabens, wie vor diesem zu ettlichen unterschiedenen Mahlen mitt den Praedicanten Tractaten davon gehalten worden, solchs auch ferner zu continuiren und den Sachen mittles gottlicher Hulffe und Beystandes ihre geburliche Masse zu geben. Damit wie bey dem lauteren reynen Wort Gottes, wie auch der Augspurgischen Confession und derselben Apologia und dieser Stadt Friedensnotul erhalten. Auch Friede und Einigkeit in dieser gutten Stadt möge gehandhabet werden.

Unterdes, weil ein E. Raht von allen Orthen mitt Grunde vorkompt, mitt was Geschwinden den Practiquen unsere Wiedersacher, die Papisten, umbgehen, zudem sie nicht allein die Occasion der obgedachten bey uns entstandenen Uneinigkeitt in gutter Acht haben und ihre Sachen dadurch zu befördeten grosse Hoffnung sich gemacht. Sondern auch durch untersetzte Personen, doch unvermercket dieselben immermehr unter die Leute zu bringen und zu ihrem Vortheil [b] zu gebrauchen gedencken. <401>

Demnach, so ermahnet ein E. Raht die lobliche Burgerschafft, das sie in Erwegung solcher geschwinden Practicken und dan das an dem Friede und Ruhestande dieser gutten Stadt Wollstand ja alle derselben Frey- und Gerechtigkeit hangen, sich friedlichen miteinander begehen und durch eine oder andere Ursache sich nicht bewegen lassen wollen, sich mitteinander in *disputationes* oder Zweyregen einzulassen. Sondern sich vielmehr dessen als vernunfftige Leute befleissen, das wir durch unsere Einmuttigkeitt den gemei-

---

a Gestrichen/skreślony: grossen
b Gestrichen/skreślony: gedencken

nen Widersachern endgegen gehen, ihre vorhabende Practicken behindern und diese gutte Stadt und alle derselben Burgerschafft bey gutem Friede und Ruhe und dahero verhoffenden Wachsthumb und Auffnehmen erhalten bleyben mugen. Was nun die Bestellung der Schulen und das Messigen mitt den Comedien betrifft, da versiehett sich ein E. Raht, das die stellen in den Schulen, welche damals, als die Beschwerpuncta ubergeben, vaciret und endledigett gewesen, mittlerzeit dermassen mitt gelerten und tuchtigen Personen ersezet und versorgett sein, das man damitt woll fridlich sein könne. Und das es der Jugend an gutten gelehrten *praeceptoribus* nicht mangele. So haben sich die Comedien sider dem Sterben sich selbsten also gemessigett, das davon fur dißmahl nicht zu reden nöttig, sondern will ein E. Raht daran sein, das auch kunfftig kein *Excess* darinne verstattet ^a und zugelassen werden.

E.q. Am 30. Tage Martii seind die Kirchenveter zusamen gewesen, und haben geschlossen, das auff Bitte und Anhalten M. Conradi Brackemannii, da desselben Haußfraw seinen Todt oder Absterben erlebete, <402> soll ^b ihr die Wohnung in der Heilgen Geistgasse nehest dem Kirchenknechte gelegen, so lange sie in ihrem Wittwenstande bleibe, jehrlich fur 20 Mk. Zins zu bewohnen vergunt und zugelassen sein.

F.q. Die obgedachte Beantwortung eines E. Rahts auff den ersten Beschwerpunct, die Bestellung der Cantzeln belangend, mitt derselben war die Dritte Ordnung nicht begnugett, in Anmerckung, das ein E. Raht nur so weitt sich erbotten, die angefangenen und nun viel Jahre herschwebenden *Tractaten* zwischen den Predigern zu continuiren, welches sich ansehen ließ, als wolte man auß beiden Religionen einen Klumpen machen und das ein E. Raht sich nicht vielmehr erklerete, das sie vermuge dem Schluß, in der Stadt Notul endhalten, die nunmehr bekanten Calvinischen Prediger mitt der *Execution* achterfolgen wollten. Und vermerckett, die Dritte Ordnung darauß gar woll, das diese Sache auff einen langen Verschlag gerichtett, und es einem E. Raht kein Ernst ^c {war}, auß Kirchen und Schulen den Calvinischen Saurteig außzufegen. Welches auch aus dem abtzunehmen war, das ein E. Raht in der Beantwortung vorgegeben, das die Schulen dermassen bestellett waren, das man damitt wolfriedlich sein konne, da doch das Wiederspiel zu sehen war, in dem das *Gymnasium* und fast alle Pfarrschulen mitt eim Hauffen calvinischer Praeceptoren und Schuelgesellen besteckett und beflecket gewesen, welch calvinische *Praeceptores* sich zum höhesten befliessen, den *Catechismum Lutheri* auß dem Wege zu reumen, den Heydelbergischen dagegen einzufuhren, und der lieben Jugend in Zeiten das calvinissche Geist <403> also einzurichten, damit sie hiedurch nach Langheitt der Zeit den grossessten Hauffen auff ihren Seiten haben mögen.

---

a Gestrichen/skreślony: werde
b Gestrichen/skreślony: ihr
c Gestrichen/skreślony: gewesener

G.q. Derwegen nam die Dritte Ordnung diese Beantwortung eines E. Rahts in fernere Rathschlege und brachten damitt etliche Tage zu. Bathen auch unter andern einen E. Raht, das ihnen auß den Kon. Privilegiis der Punct, wie alhie die Kirchen zu bestellen und wie man wegen der Augspurgischen *Confession.* versichert sey, ihnen möge vorgelesen werden. Darauff ward erstlich auß dem Privilegio Königes Casimiri, auff *Cantate* Anno 1457 der Stadt gegeben, ein Punct verlesen, der also lautet: „So verleyhen wir ihnen (verstehe: Burgermeister, Rahtmanne, Scheppen und ganzter Gemeine der Stadt Dantzig) und wollen Macht geben, alle und igliche Ampte und Lehne, geistliche und weltliche, in allen Zubehörungen, bey allen ihren Freyheiten, Privilegien und Grentzen gelegen, zu ᵃverlehnen zu vergeben, die zu befehlen, wen sie darauff haben wollen, ewiglich, sonder alle und eines jeden Einfelle und Verhinderung etc."[256]

Imgleichen ward verlesen die *Cautio religionis* Koniges Stephani[257], wie auch itzt regierender Kon. May., welche beyde eines Lautes *mutatis tamen loco nomini et tempori*, welcher Inhalt fast meniglich bekand und in meiner Historischen Erklerung im Anfang dieses 1604 Jars zu finden[258]. Diese Sachen seind verlesen worden am 14. Tage Aprilis obgemeldten Jares[259]. Nach gehaltener ferner *Deliberation* der Dritten Ordnung haben alle vier Quartire einen E. Raht schrifftlich umb Gottes Willen gebethen, das solche wieder die Augspurgische Confession und Notul eingefuhrete Lehre und Lehrer in Kirchen und Schulen sampt den eingefuhreten <404> newen Ceremonien in den Kirchen mögen abgeschaffett werden, damit man sehe, das es ein E. Raht dermale einest ein Ernst sey. Wo nicht, und das der Stadt oder habenden Privilegien hiedurch irckeyne Gefehrligkeitt endstunde, so wollen sie fur Gott fur der hohen Obrigkeitt fur ein E. Raht und gantzer Gemeiner endschuldigett sein. Hieneben feyerlich *protestirende*, das sie in solche eingefuhrete newe Lehre und Ceremonien nicht allein nicht gewilliget, sondern auch mitt Stillschweigen nicht haben passiren lassen.

Die E. Gerichte brachten zugleich ihr Bedencken mitt ein nemlich, das ein E. Raht die Praedicanten samptlich vor sich fordern lassen solte und einen Iglichen insonderheitt *examiniren*, wie er gelehrett, noch lehrete und auch ferner lehren wollte. Und solch ihr Bekentnuß solte schrifftlich gefasset werden und wo jemand tadelhafftig erfunden wurde, sich nicht richtig erklehrete oder sonst Außflucht suchete, derselbe solte abgeschaffett werden. Jedoch solte ein E. Raht mitt der Execution so lange stille halten, biß eines Iglichen Bekentnuß auch den samptlichen Ordnungen vorgetragen were. Diß hatt ein E. Raht an sich genommen mitt Verheissung, ihr Bedencken hierauff, wenn sie fertig bey zu bringen und solchs mitt erster Gelegenheit geschehen den 27. Aprilis Anno 1604[260].

---

a Gestrichen/skreślony: verleihen

H.q. Weyl aber auch auff dis *Petitium* der Dritten Ordnung und Einrahten der E. Gerichte von einem E. Raht [a] kein Antwort [b] {noch etwas} wurcklichs erfolgete, sondern mittlerweil der Calvinismus ohne jemands Behinderung mitt Macht uberhand nam, dazu dan sonderlich ein calvinischer Prediger, der Geburt von Regenwalde, mit Namen Jacobus Adami weidlich halff, welcher <405> sich heimlich ohne ordentlichen Beruff auß calvinischen Ortern anhero begab, und durch seinen Anhang in das Hospital S. Elisabeth einpracticirett ward, unter dem Schein, weil er der Notel hette unterschrieben, so muste er ja kein Calvinist sein. Da er doch einen andern Stilum als die andern Prediger im Unterschreiben gebrauchett, nemlich also: *ut verbo Dei et Augustana Confession ita huic notulae per omnia subscribo et secus docentes improbo. Jacobus Adamus Pomeranus*. Dieser seiner Unterschreibung zuwieder und also wieder sein Gewissen [c]bracht er ohne alle Schew und Rew den calvinischen Schwarm mitt grossem Gepränge auff die Cantzel, denselben wiederholett er offt, mitt Einfuhrung vieler andern Irthumben mehr, dadurch machett er sich von seinen Glaubensgenossen nicht allein in der Oberckeitt und unter vornehmen Burgern, sondern auch von Niederländern und Schotten als gebornen Calvinisten, welche ihr Religion dem bäpstlichen Schlage nach mitt dem Schwerdt und Gewalt pflegen fortzupflantzen, einen starcken Anhang und gab dadurch grosse Ursache zu Auffruhr und allerley Unheyl.

I.q. Diß {Wesen} hatt etliche [d] der Augspurgische *Confession* verwante vornehme Burger, {derer 100 an der Zal} ausserhalbe derer aus der Dritten Ordnung, [e] verursacht [f], durch eine *Supplication* ein E. Raht zu Gemutte zu fuhren. In welcher *Supplication*, sie bey ein E. Raht mitt Fleiß und ernstlich einhielten umb Abschaffung des calvinischen Wesens, *tam in doctrina, quam in ritibus ceremoniarum in templis*, mitt Antzihung, wie weitt es mitt diesem Schwarm alhie kommen, beyde in Kirchen und Schulen, und was kunfftig fur Unheil darauß kommen könne, <406> [g] gantz demuttig bittende, ein E. Raht wolle den calvinischen Schwarm auß Kirchen und Schulen innen und ausser der Stadt abschaffen, und dieselben nach der Augspurgischen *Confession*, weyland Keiser Carolo quinto Anno 1530 ubergeben, datzu sie auch priviligiret, restituiren, mitt Antziehung vieler Exempel, was der böse calvinische Geist in Niederlanden, Brehmen, Embdterland, zu Dreßden und andern Orten mehr mitt Vertreibung der Lutherischen und Stifftung einer Rebellion uber die ander kegenst die hohe Oberckeiten angerichtett haben. Mitt angehangener Protestation, im Fall, ein E. Raht uber verhoffen Seumung gefunden wurde, und sie dannenhero verursacht werden möchten, ihrer Eidespflicht nach Ihr.

---

a Gestrichen/skreślony: nicht allein
b Gestrichen/skreślony: auch nichts
c Gestrichen/skreślony: hatt er den
d Gestrichen/skreślony: vorneme
e Gestrichen/skreślony: derer
f Gestrichen/skreślony: eine Su
g Gestrichen/skreślony: mitt Einfuhrung

Kon. May., als Ihre Hohe Oberckeitt, umb Hulffe und Schutz anzuruffen, so wollen sie sich *protestando* vorbehalten und bedungen haben, das sie hietzu nichts anders als Rettung Göttlicher Ehre und Lehre, Erhaltung ihrer tewr erworbenen Privilegien, die ausserste Nothturfft zu Beforderung ihrer Seelen Heyl und Seeligkeit getzwungen und gedrungen habe etc., mitt Erwartung hierauff von ein E. Raht einer veterlichen und christlichen Antwort. Dieser *Supplication Copia* findet man in meyner Historischen Declaration von Wort zu Wort, mitt unterschriebenen Namen der obgedachten {hundert} *Supplicanten*, sie ist dem Praesidirenden Burgermeister, Herrn Hans Thorbecken, ubergeben worden am 6. Julii Anno1604²⁶¹.

K.q. Weil denn auch diese *Supplication* ᵃ nichts verschlagen mögen, sintemal keine Antwort noch wurcklicher *Effectus* darauf erfolgett, zu dem auch nichts geholffen, das etliche andere Burger, Wercke und Zunffte vor und nach dieser *Supplication* gleichfales *suppliciret* und *protestiret*. Und ob auch gleich durch die Burgerschafft auff den Langen <407> Garten nebenst dem Wercke der Reiffschleger uber ihren Pfarrherrn zu S. Barbaren, Bernardum Gesen, fur dem Herrn Praesidirenden Burgermeister seiner eingefuhreten Irrthumben und Newrungen halben ist geklagett ᵇ und mitt funffzehen Zeugen dessen uberwiesen worden, derowegen auch gebethen, das uber ihn die *Execution* in der Notel endhalten, möge gepflogen werden, hatt doch solchs auch nicht Frucht schaffen mogen, sintemal man mitt solchem offendlich beschuldigten und mitt so viel Zeugen uberwiesenen Prediger durch die Finger gesehen und ihn ungestrafft davon gehen lassen²⁶². Darumb auch seyne Zuhorer die Kirche verlassen, also das er fast niemand als Stuehlen und Bencken predigte und also das Hospital dadurch in groß Abnehmen kam, sintemal fur die Armen in die Taffeln, damitt man umbgehett, wenig oder nichts eingesamlett ward, das sich endlich auch die Vorsteher desselben Spitals desfalles uber ihn beschwereten. Darumb er auch nach {Umbgang} ettlicher Jahren hernach [1612] abgeschafft und an seine Stelle *Abrahamus Hesichus*, ein auffrichtiger Man in der Lehre, zum Pfarrern daselbs verordnet ward, wodurch dieselbe Kirche wiederumb wuchs und zunam, also das sich das Hospital auch widerumb seines erlittenen Schadens ergetzete.

L.q. Gleiches Falles schwermett auch Jacobus Adamus²⁶³, welcher sich wie vorgemeldt ᶜ von vornemen Burgern, Holandern und Schotten einen stattlichen Anhang gemachet, immer landein, ohne Schew und Rew, wieder sein voriges Bekentniß und Unterschreiben. Unter andern saget er einmahl in seinem Sermon, <408> Das Christus der Herr sey gen Himel gefaren mitt Leib und Seel zugleich, derhalben sey er *consequenter* mitt seynem Leibe nicht allhie auff Erden, item der Priester theile nichts mehr auß dan nur ein eusserlich irdisch

---

a Gestrichen/skreślony: auch
b Gestrichen/skreślony: worden
c Gestrichen/skreślony: einen stattlichen

Zeichen und dabey Exempel angetzogen, als wan ein Breutgam sich mitt ᵃ einer Braut versprechen will, und aber selbest nicht gegenwertig sondern abwesende ist, so schicke er der Brautt eine Ring zur gewissen Versicherung ihrer Verlöbnuß und zukunfftigen Ehe. Ob nun woll die Braut den Ring empfehett, so wird doch in dem Ringe nicht eingeschlossen der Breutegam und alles dasjenige, was er hatt. Item die Kon. May. in Polen, wen sie irgend an die Stadt Dantzig oder an einen E. Raht wollte ein Schreiben theten und aber ein E. Raht wolte dasselbe Schreiben mitt gebuerlicher *Reverentz* nicht annemen, sondern zerrisse auch demselben Brieff, wer wollte nicht sagen, das solches ein grosser *Despect* und Verkleynerung were. Kon. May. hatt weiter gesagt: „Hiebey konnett ihr lieben Christen etzlicher Massen fast schöne und begreiffliche Exempel haben der Sacramenten halben. Also sage ich, wird auch Christus der Herr im Abendmahl mitt seinem Leibe und Blutte nicht mitt eingeschlossen, sondern ist nur ein Unterpfand und Zeichen, welches unß weisset auff den gekreutzigten Leib und Blutt Christi." Hintzu hatt er den Spruch angefuhrett Actorum 1: Johannes hatt mitt Waßer getaufft, ihr aber sollett mitt den Heilgen Geist getaufft werden. Item Act. 19: Paulus hatt getaufft mitt Aufflegung der Hende, das sie den Heiligen Geist empᵇfangen haben. „Also lieben <409> Christen, ein iglicher Priester taufft nur schlecht mitt Wasser oder einem irdischen [Element]. Christus hatt uns einmahl von Sunden abgewaschen, und nicht der Priester durch die Wassertauffe. Darumb, lieben Christen, unsere Wiedersacher irren, welche das Widerspiel lehren. Wollett euch aber nicht also bald uberreden und irre machen lassen, sondern bestendiglich bey dem rechten Gebrauche der Sacramenten bleyben." Darnach hatt er eine Vermahnung gethan, das man sich ja woll hutten solle fur den alten und newen Papisten, welche die Sacramenta also verendert und von ihren rechten Verstande gebracht haben, derhalben alle ihre Ceremonien nur ein antichristisch Wesen sein, und Gott zu bitten, das er sie als ein kleines Heufflin bey dem rechten Verstande und Gebrauche der Sacramenten wolle erhalten. Gepredigett am 12. Sontage nach Trinitatis, den 5. Septembris Anno 1604[264]. Und da es vonnothen kann, diese Predigt noch zur Zeit woll *authentice* und genugsam glaubwirdig erwiesen werden.

M.q. Den folgenden Sontag hernach, {nemlich am 12. Tage Septembris}[265], da er den *locum de Baptismo* tractirett, hatt er gesagett, das die Tauffe nur schlecht Wasser und ein bloß irdisch Zeichen sey und das der Priester mitt dem Wasser der Tauffe die Sunde mittnichten abwasche. Dabey auch angetzogen den Spruch Joh. 3.: Es sey dan, das Jemand geboren werde durch das Wasser und Geist, so kan er nicht in das Reich Gottes kommen. Dieser Spruch solle nicht verstanden werden von der Wassertauffe, wie denselben die Papisten und ihre {(der Calvinisten)} Wiedersachere außlegeten, sondern da werde nur schlechts verstanden die *efficacia Spiritus Sancti*, sintemal die Wassertauffe durch

---

a Gestrichen/skreślony: mitt
b Gestrichen/skreślony: -fingen

<410> auß nichts wircke zur Seligkeitt. Gleiches Falles auch die Worte der Einsetzung im Abendmahl, „das ist meyn Leib, das ist mein Blutt", nicht bloß mussen verstanden werden, wie sie lauten, sondern es werde alda geistlicher und figurlicher Weise verstanden, wie seine Zuhörer solches weitlaufftige in seiner Predigt am Sontage Trinitatis vernommen hetten. Item ferner gesagett, das die kleinen Kinderlein, welche in Mutterleibe sterben oder todt auff die Welt komen oder sonst ungetaufft sterben, auch ohne die Tauffe selig werden konnen, und den Spruch angetzogen Gen. 17: Ich bin der Herr, dein Gott, und deines Samens nach dir. Derhalben die Nothtauffe gantz wie ein Grewel und aberglaubig Ding zu verwerffen sey, dan bey solchen Kindern keine Noht furhanden, weil sie von christlichen Eltern geboren sein, auch ohne die Tauffe selig werden. Und das Exempel Davids angetzogen, welcher sich uber den Todt seines verstorbenen Kindleins gefrewett habe, ob es gleich unbeschnitten gewesen, und gesagt: Ich weiß gewiß, das ich zu dem Kindlein und nicht das Kindlein zu mir kommen wird. Diese Prediget kan auch autentice auffgelegt und dargethan werden.

N.q. Imgleichen hatt dieser Ebenthewer und Schreyer zu unterschiedlichen Mahlen [a] von der *Praedestination* und ewigen Gnadenmahl Gottes gelehrett und geprediget, also das Gott *per absolutum Decretum divinum* von Anfange hero in seinen geheimen Raht beschlossen habe, das der grösseste Theil der Menschen solle verdampt worden, und unter andern auch zum Exempel angefuhrett den Kon. Propheten <411> David 1. Reg. 17, welcher, da er wider den Riesen Goliath streiten wolte, sich funff Steine auß dem Bach [b] in seine Schleuder erwehlett hatte, damitt den Goliath zu werffen und doch nur einen gebrauchett und die andern viere dahin warff. Also sey es auch mitt der ewigen Gnadenwahl beschaffen. Item er hatt auff der Cantzel zu etzlichen unterschidlichen Mahlen mitt grossen Ernst und Eifer außgeschrien und sagen durffen, der Herr Christus sey nach seiner Menscheitt nicht allmechtig noch allwissende und dergleichen mehr Absurditeten zur Bahn gebracht. Also, das viel seines Anhanges sich daran geergert und ihn verlassen haben.

O.q. Weil denn nun mehr solche Irthumben und Schwermereyen in allen Stenden uberhand nahmen und unter der Burgerschafft grosse Uneinigkeyt anrichteten, also das kein gutt Ende zu vermutten war, haben sich etliche Burger auß den vier Quartieren der Dritten Ordnung und der Augspurgischen *Confession* verwand mitt etlichen Zunfften und Wercken derselben *Confession* geeinigett, zum Uberfluß an die derselben *Confession* zugethane Quartiermeister der Dritten Ordnung eine besondere *Supplication* zu stellen des folgenden Inhalts: Das sie woll gehoffet hetten, ein E. Raht solte auff ihr vielfeltiges Anhalten und instendiges *Suppliciren* die Ordnungen dieser Stadt lengst vor diesen auffgefordert haben, damitt auß einhelligen Schluß dieser hochschedliche Schwarm des Calivinismi hette <412> mögen explodiret und abge-

---

a Gestrichen/skreślony: zu unterschiedlichen Mahlen
b Gestrichen/skreślony: erwehle[t] hette

schaffett werden, so erfaren sie doch leider, das diese abschewliche verfluchte Secte kecker und muttiger werde und das ferner weniger oder nichts zur Sachen gethan werde etc. Als sey hiemitt endlich ihre Bitte an die Herrn Quartiermeister ihr nebsiges und fleyssiges Bitten, ja treuwhertziges Ermahnen, sie wollen diese streitige Religionshendel zu Hertzen nehmen und fur sich selbest und ihrer, der *Supplicanten,* Namen einen E. Raht in ihre Session antretten, sie umb Gottes und Christi Ehre und Lehre willen bitten, das sie nuhmer und gewiß die Ordnungen dieser Stadt auffordern lassen, diese ᵃ {Hendel}, wie sie in breiten Rahtschlege ᵇ der Ordnungen {angefangen also auch ferner} continuiren und diesen gefehrlichen Religionshendelden ein gewunschtes und Gott wolgefelliges Ende geben wollen etc. Solte aber dieses auch nicht verschlagen mögen, ᶜ so wurden sie verursacht werden, ferner an die Kon. May. ihr *Refugium* zu nehmen und diejenigen Personen, so den *Calvinismum* mitt Gewallt fortsetzen, ihrer Kon. May. mitt Namen zu endecken, mitt angehengter Protestation, das sie hietzu nichts anders dan die Rettung Christi Ehre und Lehre, ihrer Seelen Seligkeitt, Verthe[i]digung und Erhaltung der tewr erworbenen Privilegien, ihrer Eydespflicht nach und endlich die ausserste Nothurfft dieser Sachen datzu getzwungen und gedrungen habe etc. Die Copia dieser *Supplication* findett man von Wort zu Wort in meyner Historischen Erklerung[266], allhie were sie zu lang antzutziehen. Dieser *Supplicationen* aber, so den Quartirmeistern zugestellet, sein an den Zahl funfftzehen eines Lautes gewesen und doch eine jedere mitt einer besondern Unterschreybung.

Und sein die 15 unterschriebenen {Supplicationen} diese folgende:
1. Die Burger der dritten Ordnung im Koggenquartier
2. Die Burger derselben Ordnung im Hohenquartier
3. Die Burger derselben Ordnung im Breitenquartier
4. Die Burger derselben Ordnung im Fischerquartier
5. Die Kauffleute ausser der Dritten Ordnung
6. Die Kramer in Gemeyn
7. Das Hauptwerck der Schuhmacher
8. Das Hauptwerck der Becker
9. Das Hauptwerck der Schmide
10. Das Werck der Böttcher
11. Das Werck der Reiffschleger
12. Das Werck der Kurschner
13. Die Zunfft der Kahnenfuhrer
14. Das Werck der Weissen- und Rohtgerber
15. Das Werck der Schneyder.

---

a Gestrichen/skreślony: Rahtschlege
b Gestrichen/skreślony: angefangen
c Gestrichen/skreślony: solte aber die so

<413–415> Historisches Kirchen Register 603

P.q. Diese 15 Supplicationen, nachdem sie von den Supplicanten in die Quartiere gegeben, haben folgende Quartiermeister, als ᵃ Sebald Schnitter und Daniel Höfener der Koggenquartier, Eberhard Böttcher und Jost Förstes des Hohenquartiers, Michel Hillebrand, Hans Hofeman und Hans Wessel des Breitenquartiers, Jochen Ricke, Jacob Fastelabend des Fischerquartieres, sich geeinigett, ihren tragenden Ampte nach diesen der loblichen Burgerschafft Wercke und Zunffte Begeren einen Genugen zu thun, ungeachtett, ᵇ das die ubrigen sieben Quartiermeistere calvinisch und derwegen sich hietzu nicht wolten gebrauchen lassen. Und seind hierauff obgenante Quartiermeister zusamen auffs Rahthauß gangen, sich bey ein E. Raht anmelden lassen und nachdem sie vorkomen angemeldett, das an sie von etlichen Burgern, Wercken und Zunfften etliche *Supplicationen* gelangett, und derselben viel, aber <414> doch eines Lautes. Als thue man derselben aller Copiam ᶜ eine E. Hw. Raht ubergeben mitt freundlicher Bitte, dieselbe zu verlesen. Nach Verlesung derselben haben die Quartiermeistere ferner eingewand, das, nachdem solche *Supplicationen* an sie gelangett, haben sie ihrem Ampte nach nicht Umbgang haben konnen, dieselben einem E. Raht vortzutragen, wie sie dan auch daneben fur ihre Person in Anmerckung der grossen Gefahr, so in bemeldten *Supplicationen* angedeutet, einen E. Raht gleichsfalles umb Gottes, umb Christi Ehr und Lehr und und umb unser aller Heil und Seligkeitt willen hertzlich wollen gebethen haben. Das sie nunmehr und gewiß die Ordnungen dieser Stadt wollen auffordern lassen, und also, wie diese streitige Religionshendel im Namen Gottes in dem breiten Rahtschläge der samptlichen Ordnungen angefangen, das ein E. Raht dieselben in bemeldten Rahtschlegen ferner *continuiren* und ein Gott wollgefelliges gewunschtes Ende geben wolte. Hierauff ein E. Raht nach gehaltener *Deliberation* durch den Presidirenden Burgermeister, Herrn Hans Thorbecken, zur Antwort gegeben, es nehme ein E. Raht die Sache ferner zu erwegen an sich, und sobald ein E. Raht damit fertig, solle ihnen eine Antwort. Geschehen 19. *Novembris Anno* 1604²⁶⁷.

Q.q. Die Antwort aber eines E. Raths ist folgig diese gewesen: Es hette ein E. Raht die jungst hin ubergebene *Supplication* mitt gebuhrendem Fleiß ubersehen, und wurden sich die Quartiermeistere zu erinnern wissen, wie eine geraume Zeit ein E. Raht in den streitigen Religionssachen zwischen den Predicanten sich bemuhett und bearbeitett, sie untereinander zu *concilyren*, zu vertragen und Einigkeitt unter <415> ihnen anzustifften, damitt diese gutte Stadt in guten Ruhe und Friedestande wie auch bey habenden Privilegien und Freyheiten moge erhalten werden. Also, das es an vielen Rahtsschlegen, Ein- und Außwechseln mitt den Predicanten nicht gemangelt, das es aber bißhero nicht viel Frucht geschaffet, musse man solchs Gott und der Zeit befehlen. Es wolle aber ein E. Raht wie vorhin also auch ferner allen muglichen Fleiß an-

---

a Gestrichen/skreślony: die Erbaren
b Gestrichen/skreślony: das
c Gestrichen/skreślony: ubergeben

wenden, das Friede und Einigkeitt unter den Predigern gestifftett und die Stadt derwegen nicht in Gefehrligkeitt gesetzett, sondern Friede und Ruhe und habende Privilegien uber die Religion erhalten werde. Was aber den Inhalt ubergebener Supplication anlangette, musten die Quartirmeistere dieselbe ja nicht genungsam ubersehen haben, dan wan es nach der *Supplicanten* Begeren gehen solte, were zu besorgen, diese Stadt wurde nicht allein umb Gottes Wort und habende Privilegia kommen, sondern auch in den hohesten Unfrieden und Gefahr gesetzt, ja das Unterste oben gekeret werden. Es wollen die Quartiermeystere die *Supplicanten* nur zur Ruhe, Friede und Einigkeit ermahnen, mittlerweil wolle es ein E. Raht, diesen Religionsstreit zu stillen, an muglichen Fleiß nicht mangeln lassen. Es keme auch einem E. Raht frembde vor, das die Quartirmeister solche Supplication einem gantzen sitzenden Raht vorgetragen hetten, da sonst die Gewohnheit ist, das solche Sachen dem Presidirenden Burgermeister, der sie an einen E. Raht nimpt, zugestellet werden. Darumb {ermahnett}, da sie ferner etwas an einen E. Raht zu bringen hetten, das sie sich bey dem Herrn Praesidenten angeben wollen. <416>

Demnach, weil ein E. Raht vernommen, das sie mehr *Supplicationes*[a] bey sich hetten, als wolle ein E. Raht, das solche *Supplicationes* samptlich, ob sie gleich eines Lautes, dennoch eine jgliche in specie dem Herrn Praesidenten sollen abgegeben werden, damitt sie an den Ortt, da sie gemeinlich in Verwahrung gehalten, beygelegett und nicht in Privatheusern verbleiben und kunfftig zu dergleichen Unruhe mochte Anlaß gegeben werden. Diesem Abscheid haben die Quartiermeister den *Supplicanten* zu *referieren* an sich genommen, und einen E. Raht darauff ein Antwort und rechtliche Notturfft einzubringen, wie auch die Supplicationen samptlich dem Herrn Presidenten abtzugeben angelobett, geschehen 8. Decembris Anno 1604[268].

Nachdem nun die Quartiermeistere diesen Abscheid des E. Rahts den *Supplicanten referiret* und sie, die *Supplicanten*, auß dem Abschiede eines E. Raht verstanden, das ihre Antwort wie vom Anfange *ex uno et eodem tono* gangen, ist ihnen ihre Hoffnung eines gutten Endes gar endfallen, derhalben[b] sich geeiniget und endschlossen, an Stelle ihrer *Replication* einen E. Raht eine Protestation zu *insinuiren*[269]. Wie hernach weiter folgen wird.

R.q. In diesem Jahre ist auch ein Contract zwischen den Kirchenvetern zu S. Marien und den Petzwitzen wegen S. Catharinen Capellen in der Pfarkirchen und eines Gestueles hinter der Cantzel auffgerichtet, nach Inhalt desselben Contracts so in der Kirchenveter Bewarung ist. <417>

S.q. Item in diesem Jar hatt Eberhard Bötticher als der jungste Kirchenvater, so damals die Leichsteine und Begrebnusse verwaltet, mitt Consens seiner Eltesten das Beinhauß[270] reinigen[c] und das Gebeine alles auff einen Hauffen wiederumb in die Pfarrkirche begraben lassen, an S. Marien Magdalenen

---

a Gestrichen/skreślony: hetten
b Gestrichen/skreślony: sie
c Gestrichen/skreślony: lassen

	Capelle nehest an der Korckenmacher Thuer. Und ist dieser Ort woll in Acht zu nehmen, dan man daselbs noch viel Todtengebeyn lassen kan.
T.q.	Item obgenandter Kirchenvater hatt auch in diesem Jahre die Leichsteine und Begrebnussen der Geschlechtern und Verwandschafften revidiret und durchsucht und vierundviertzig Leichsteine und Begrebnusse dadurch an die Kirche gebracht, welche alle erbloß wiederumb an die Kirche verfallen waren und dadurch der Kirchen einen grossen Frommen geschaffett hatt[271].
1605 V.q.	Nachdem nun die obgemeldten *Supplicanten* auff die empfangene Antwort eine *Protestation* verfertiget, haben sie dieselbe durch Eberhard Böttichern, des Hohen Quartiers, und Hans Hofeman, des Breiten Quartiers Dritter Ordnung Quartiermeister, wie auch dreyer Hauptwercke Elterleute, Hans Baalkawen, der Schumacher, Albrecht Radecken, der Becker und Jacob Meylan, der Schmiede Eltermann, in Gegenwertigkeitt Notarien [a], Landbotten und Zeugen vom Adel dem Herrn Presidirenden Burgermeister, Herrn Hans Thorbekken, abzugeben und insinuiren zu lassen verordnet. Die denn auff der samptlichen *Supplicanten* Bitten und Begeren in des wollgemeldten Herrn Presidirenden Burgermeisters Behausung gangen, ihn gegrusset <418> und durch Eberhard Böttichern im Namen aller *Supplicanten* beygebracht. Der Herr Burgermeister sich noch zu endsinnen haben wurde, das auff die einem E. Raht jungst uberreichte *Supplication* wegen der Dritten Ordnung als auch der Wercke und Zunffte zum Abscheide sey gegeben worden, nemlich, das die *Supplicationes* samptlicher Wercke und Zunffte, ob sie gleich eines Lautes weren, jedoch eine jedere in *specie* dem Herrn Presidenten sollen abgegeben werden. Demselben zu folge theten sie dieselben alle Sr. Herrlichkeitt zu stellen, dienstliches Fleises bittend, dieselben antzunehmen und einem E. Raht abtzugeben. Solche *Supplicationen* nam der Herr Burgermeister an und gab zur Antwort, das er sich des Abscheides eines E. Rahts woll zu erinnern wuste und sey eines E. Raths Meynung, das samptliche Supplicationes sollen abgegeben und an den Ort, da sie gemeinlich in Verwahrung gehalten, beygelegett werden, damit sie nicht in Privatheusern verbleiben und kunfftig zu dergleichen Unruhe möchte Anlaß gegeben werden. Nach diesem ist ferner von dem Quartiermeister Eberhard Bötticher auß Befehl der *protestirenden* Gemeyne dem Herrn Burgermeister angebracht, Seine Herrl. wurde auch noch in reiffer Gedechtnuß haben, das ein E. Raht verordnet, da die Quartiermeister etwas ferner beybringen wolten, sie solches bey dem praesidirenden Ampt thuen sollten. Weil denn die Quartiermeister nach gehoretem Abscheide auff ubergebener Supplicationen sich {im Namen der Supplicanten} vorbehalten, ihre Antwort und richtige Nottdurfft einzuwenden. Als hetten sie diselbe in einer Protestation fassen lassen, welche <419> gegenwertige zu diesem Actu deputierte fur sich und in Macht samptlicher *Protestanten* Seiner Herrl. theten uberantworten, bittende, dieselbe antzunehmen und einem E. Raht vorzutragen. Hierauff antwortet der Herr Burgermeister: Weil es eine *Protestation* were, die

---

a Gestrichen/skreślony: und

einen E. Raht anginge, so gebuhre ihme dieselbe nicht antzunehmen, sondern man solle sie einem E. Raht uberantworten, als bey dem die Sache je und allewege were getrieben worden. Sie ruhmeten sich zwar einer Macht, die sollten sie aufflegen, es were manchem diesesfalles mehr umb ander Leute Kasten dan umb die Religion zu tun. Es stehe frommem Unterthanen nicht woll, an ihre unschuldige Oberckeitt mitt Protestationibus zu achterfolgen. Hirauff ward geantwortet, ihre Vollmacht auffzulegen were noch keine Zeitt, sie wurde sich aber kunfftig woll finden, das sie aber diese *Protestation* Seiner Herrl. insinuirten, theten sie aus {jungster} Verordnung eines E. Rahts, der da will, das alle Sachen, so eynem E. Raht vortzutragen, dem Herrn Praesidenten sollen ubergeben werden. Was aber eingewand worden, als das es manchem mehr umb anderer Leute Kasten als umb die Religion zu thun were, davon thete man wegen der Injurien fayerlich *protestiren*, dan es sich in der Thatt befinden wurde, das den Protestirenden hieran unguttig geschehe. Darauff antwortet der Herr Burgermeister, er meinete nicht die benanten *Protestirenden*, sondern außer ihnen den gemeinen Pöfel, wan er auch durch diß Mittel Ursache datzu haben möchte. <420>

Hierauff haben die obgenanten Abgefertigten die Protestationschrift in Beysein des Notarien, Landbotten und Zeugen in des Burgermeisters Hause, weil er sie nicht annehmen wollen, auff einen Tisch niedergelegett, hieruber des Notarii und Landbotten Ampt angeruffen und davon gangen. Es hatt aber der Herr Burgermeister einem E. Raht und denen, so davon gelegen, ihr rechtliche Nottdurfft *reprotestando* vorbehalten und dem Notario nicht zu *extradiren* befohlen, biß dieselbe were beykommen. Geschehen prima Martii Anno 1605[272].

Der Inhalt [a] der insinuirten *Protestation* findet man in meiner Historischen Declaration. [b] {[c] Die Personen aber, so von den Protestirenden mitt dem Calvinismo beschuldigett, sein diese:

1. Herr Hans Thorbecke, Praesident,
2. Herr Gerhard Brandes, sein Compan
3. Herr Melcher Schachman
4. Herr Hans Schwartzwald
5. Herr Georg Mehlman
6. Herr Salomon Brandt
7. Herr Barthel Schachman
8. Herr George Lieseman
9. Herr Salomon Heyne
10. Herr Hans Speyman
11. Herr Melcher Voss}[273].

---

a Gestrichen/skreślony: neben
b Gestrichen/skreślony: Die Personen aber im Mittel
c Gestrichen/skreślony: {E. Rahts so in bemeldter Protestation ankundig gemach seind diese:}

Ungefehrlich acht Tage hernach hielt obgedachter *Notarius*, Andreas Knabe, auff Anfordern und Begeren der *Protestanten* an beim Herrn Burgermeister Hans Thorbecken, ob ein E. Raht kegenst die insuinuirte *Protestation* etwas einzuwenden gesonnen, so were er dessen gewertig, mitt Erbitung solches dem Instrumento *Protestationis* zu annectiren und auff der *Protestirenden* Begeren außzugeben. Hirauff antwortett der Burgermeister, wan ein E. Raht hirauff wurde geschlossen haben, so solte man ihn beschicken, unterdes er sich etwas gedulden muste.

W.q. Mittlerweil dieses Abwartens fiel der Palmsontag und die Marterwoche ein, da die calvinischen Priester zu gleich auch mitt dem Herrn Christo durch ihre Schwermerey eine newe Creutzigung anfingen, da sie auch zugleich ihre calvinischen Ceremonien in den Kirchen hin und wider vollends bestettigten, wotzu sich dan ihre Zuhörer fleissig funden, mehr den *Protaestirenden* zum Trotz, <421> als Gottes Wort zu hören. Dan es nunmehr mitt dem calvinischen Hauffen so weit kommen war, das wer es mitt ihnen nicht hielte, ward von ihnen als ein grober, unverstendiger, ja rebellischer und aufruhrischer Mensch geachtet, muste auch keine Ampts Beforderung haben. Der es aber mitt ihnen hielte, muste fur gelahrt, weise und bescheiden gehalten und zu allen nutztragenden Amptern gebraucht werden und dagegen ihr Wiedertheil, ob es gleich mitt mehrern Gaben getzieret, *in loco peccatorum* bleiben, nach dem Sprichwort, welchs damahls auffgekommen: „Er ist Calvinisch, *ergo* gelehrt *et contra*".

X.q. Es haben aber die vornehmsten calvinischen Zuhörer sich sonderlich zum grawen Munchen eingestellet, dan daselbes das *Gymnasium* als ein calvinischer Bienenstock war, darinne der junge calvinische Schwarm{geist} *nutriret* {und ertzogen} ward, daselbest sie auch {die Privatbeicht ᵃ und Absolution abgeschaffett und} die alten Kirchenceremonien in Reichung des Heiligen Nachtmahls verendert {hatten}. Dan nachdem *Doctor Jacobus* Schmidt am Palmsontage fur allen andern in den calvinischen Kirchen den *Locum* von Heiligen Nachtmahl handelte, machete er viel Wesens vom Brodtbrechen, vorgebende, das etliche Jahre nach Christi Himelfart vom Brodbrechen einmuttiglich gelehrett und das Brodtbrechen gehalten sey ᵇ, biß es hernach im Bapstumb zuwider Christi Ordnung und Einsetzung geendert worden, da man heutiges Tages noch alhie daran bleibe und dem *Antichrist quasi Christo* zuwieder folge etc. Nach geendter diese Predigt kam *Christophorus Copius*, Caplan zu S. Peter, fur den Altar, wider unser alte Kirchenordnung ohne Chorrock auch unangezundeter Lichte. Und nach Verlesung des Vaterunsers und der <422> Wort der Einsetzung des Heiligen Nachtmahls {reichete er} den *Communicanten* zerschnitten ᶜ Weißbrodt, derer einer nach den andern fur das Altar kommende, fur ihm stehende und nicht kniende, einem jgli-

---
a Gestrichen/skreślony: absohitio
b Gestrichen/skreślony: worden
c Gestrichen/skreślony: Brodt

chen ein Stucklein desselben Weißbrodts in seine Hand gab mitt diesen Worten: „Das gesegnete Brodt, welches ich breche, ist die Gemeinschafft des Leibes Christi, so fur euch am Stamme des Creutzes gegeben ist." Damitt assen die *Communicanten* einer nach dem andern das gesegnete Stucke Brodts auff. Also reichete er auch den *Communicanten*, einem jglichen insonderheitt, den Kelch in die Hand mitt diesen Worten: „Der gesegnete Kelch, welchen ich segene, ist die Gemeinschafft des Bluttes Christi am Stamme des Creutzes fur euch vergossen", und sie truncken ein Jglicher selbs auß dem Kelche und reicheten ihn dem Priester wider. In wehrender *Communion* werden auch ihrer newen Ordnung nach, die auß dem frantzosischen verdeutschte Lobwaßer Psalmen gesungen. Unter diesen *Communicanten* war mitt Doctor Jacob Schmid, Rector daselbs, der auch predigett hatt, Michael Woler, Quartiermeister des Hohen Quartiers, und zwey Schulgesellen aus der Pfarschulen. Geschehen wie oben gemeldt am 3. Tage Aprilis[274]. {Bald hernach, nemlich den 16. Aprilis, starb eine mittbeschuldigte Rahtsperson, [a] so in der Zahl der Protestation begriffen, nemlich Herr Salomon Heyne}.

Y.q. Nachdem nun auch mittlerweil ein E. Raht Kuhre gehalten und die Ampter versetzett, und also das Presidirende Burgermeister Ampt auff den Herrn Gerhard Brandes kommen, hatt bemeldter *Notarius* auff abermahliges Ansuchen der *Protestanten* bey ihm als dem Praesidenten angehalten. Ob ein E. Raht kegenst die insinierte *Protestation* etwas einzubringen oder zu *reprotestiren* endschlossen were [b], sintemahl der Herr Hans Thorbecke einer E. Raht *et quorum interest* ihre rechtliche Nottdurfft vorbehalten und ihm mittlerweil nichts außzugeben inhibiret hette, so wolte er gerne desselben gewertig sein. Dan nun fast etliche Wochen verlauffen weren, das nichts erfolgett und die *Protestanten* fast starck anhielten umb Extradition desselben Actus. Hierauff antwortett ihm der Herr Gerd Brandes, das ihm von der insunuirten *Protestation* nichts wissend were, dan ihm nichts zugekommen, wuste derhalben auch ihme nichts darauff zu antworten, hette auch dessen keinen Befehl. Wollte er etwas außgeben, das wolte er ihme nicht gebieten noch verbieten. Darauff ging der *Notarius* von Stund an zum Herr Hans Thorbekken und hielt umb Erklerung an, ob ein E. Raht [c] geschlossen auff die Protestation zu antworten, weil eine geraume Zeit verflossen und die *Protestanten* den *Actum extradiret* zu haben begereten. Hierauff antwortett der Herr Hans Thorbecke, das ein E. Raht noch zur Zeit an die Sache nie gedacht noch etwas Schrifftlichs fassen lassen. Hetten doch die *Protestanten* zu Schönecke ihre Protestation verschrieben lassen und unter [d] derselben Stadt Siegel bekommen, da er aber etwas *extradiren* wolte, solle ihm solches nicht verbotten noch gebotten sein. Allein das bey *Extradirung* des *Actus* mochte *annectirett*

---
a Gestrichen/skreślony: [unleserlich/nieczytelny]
b Gestrichen/skreślony: so wolte er gerne desselben gewertig seyn
c Gestrichen/skreślony: auff
d Gestrichen/skreślony: ihrer

Z.q. werden, das ein E. Raht und denen die Sache angehett, ihre rechtliche Nottdurfft solle vorbehalten sein. Ein Raht sey kein Ziel noch Masse vortzuschreiben, wan sie etwas Schrifftlichs beybringen sollen.

Z.q. Weil dan ein E. Raht auch dieser *Protestation* ungeachtett in den Religionssachen nichts wircklichs vorgenomen, haben die Protestanten einfelliglich bey sich beschlossen, obgemeldter *Protestation* zu folge ihr Anligen Kon. May. zu Polen ihr ein A. G. H. <424> zu klagen und sonderliche Personen datzu deputirett, welchen sie diese Sache *committirett* und befolhlen, nehmlich Eberhard Böttichern, Quartiermeistern des Hohen Quartiers, Reinhold Brandten, Matthis Dieckman und Lorentz Oloffen, Burger der Dritten Ordnung, wie auch Andres Hannecken, Elterman der Schuhmacher, im Namen aller *protestirenden* Burgerschafft, Wercken und Zunfften. Diese haben sich bald mitt habenden gewissen Befehl auß Dantzig auffgemacht am Sontage *Cantate*, welches war der Achte Tag Maii, und sein am 20. Tage dieses [Monats] zu Crackaw[275], da Ihre Kon. May. damals residirett, ankommen. Und ob sie woll bald des folgenden Tages und etliche Tage hernach des Herrn Untercantzlers, Herrn Matthiae Pstrokonsky, Behausung besucht, vorhabens ihme zu Anfange der *Protestirenden* gemeine Beschwer vortzutragen und zu bitten[276], das er bey Kon. May. in ihrem Namen gnedige *Audientz* werben wollte, ist er doch wegen Verhinderung allerhand Gescheften diese Sache gentzlich abtzuhoren nicht mussig gewesen, sondern ihnen ferner aufftzuwarten befohlen. Als haben sie teglich auffgewartet, biß [a] ihnen hernach am Pfingstabend, welcher der 28. Maii war, gnedige *Audientz* verliehen, ihre Werbung angehörett, ihre habende Volmachte und Documenta durchsehen und darauff angelobett, die Sache Ihrer Kon. May. antzutragen, verhoffende dieselbe den Abgesanten *privatam audientiam* gnedigst vergunnen wurde. Sie solten nur ferner anhalten. Und nachdem die Gesanten ferner aufgewartet, hatt der Herr Cantzler ihnen den ersten Tag Junii des Morgens zu Lobsow (welches Ihrer <425> May. Lusthaus und deselbs auch war) auffzuwarten {angesetzett, daselbst sie dannach} [b] gehaltener Messe Ihre May. selbest antretten und ihre Beschwer endweder mundlich oder schrifftlich beybringen konten. Hierauff sein die Gesanten desselben Morgens frue hinauß gefahren und auffgewartet. Da dan nach gehaltener Messe, wie Ihre May. auffstund und in ihr Pokoy gehen wollte, der Herr Untercantzler den Abgesandten winckete und damit zu verstehen gab, das sie zutretten und ihr Beschwer vortragen solten, wandte sich auch zu Ihrer May., redett mitt derselben und zeigett auff die Abgesanten. Also bleib Ihre May. bestehen. Darauff tratt Eberhard Botticher hintzu, salutirete in Angehöre vieler Herren {geistlichs und weltliches Standes} Ihre Kon. May. im Namen der E. Gemeine Dritter Ordnung des Breiten Rahts der Stadt Dantzig nebenst der andern samptlichen Burgerschafft als auch der Augspurgischen *Confession* verwandt und zugethan, wunschete in ihrem als

---

a Gestrichen/skreślony: sie
b Gestrichen/skreślony: und nach

auch der Abgesanten Namen Ihrer Kon. May. sampt derselben löblichen jungen Herrschaft von Gott dem Allmechtigen gutte bestendige Leibesgesundheit, Seelen- und Leibes Wollfahrt, gluckliche und geruhige Regierung, Gluck und Sieg wieder Ihre Feinde und alles Liebes und Guttes und was Ihre Kon. May. sonst Guttes selbs von Gott wunschen möchte. Kuntten darauff Ihre Kon. May. in demuttigster Unterthenigkeitt nicht verhalten, wie daselbest in Ihr Kon. May. löblichen Stadt Dantzig die gotteslesterliche Lehr, des sacramentirischen und calvinischen Schwarms in Kirchen und Schulen were eingerissen zuwider gottlichem Wort, ihren habenden Privilegien, welche von hochloblichen <426> Konigen mildiglich gegeben wie auch von Ihrer Kon. May. mitt ihrem heilgen Eide bekrefftigett und confirmirett worden, welche Schwermerey nunmehr mitt Gewalt uberhand gennomen wolte. Nahmen derowegen zu Ihrer Kon. allergnädigsten K. u. H. in aller Unterthenigkeitt negst Gott ihren hohste Zuflucht, auff das demuttigste umb Gottes Willen bittende, Ihre Kon. May. wolle sie davon allergnedigst befreyen und bey ihren Privilegien, welche auff die Augspurgische Confession gerichtett, vermuge ihrem Kon. Heiligen Eide schutzen und handhaben. Hetten auch derwegen gegenwertige *Supplication*, darinne ihre Notturfft weitleufftiger verfasset, verfertigett. Abermahls auffs demuttigste bittende, Ihre Kon. May. wolle dieselbe allergnedigst annehmen, ubersehen, nach Notturfft erwegen und ihnen eine gnedige Antwort werden lassen. Solches waren sie samptlich umb Ihre Kon. May. als getrewe Unterthannen ihrer Gebuer und Pflichtschuld nach gantz willig und bereit. Darauf nam Ihr Kon. May. die *Supplication*[277] in ihre eigene Hand, hub sie auff und ließ durch den Untercantzler antworten: Ihr Kon. May. wolle die *Supplication* ubersehen, man solte hernach von derselben einer gnedige Antwort gewertig sein und ging hiemitt Ihr. May. die *Supplication* also in der Hand haltende in ihr Pokoy.

Die Abgesanden aber warteten ferner in dem Kon. Saal auff, biß der Herr Untercantzler heraußkam, welcher sich erklerete, das er mitt Ihrer Kon. May. nach Notturfft von der Sachen geredet hette und solten die Gesanten des folgenden Tages nach Essen bey ihm auffwarten, daselbs er ferner <427> mitt ihnen Unterredung halten wollte. Und im Fall, Ihre Kon. May. wurde gelegen sein, die Abgesanten *privatim* zu hören, solte es durch ihn denselben angemeldett werden. Geschehen am 1. Junii. Die ubergebene *Supplication* aber findett man Wortt zu Wortt in meyner Historischen Declaration[278].

{Mittlerweil stelleten die lutherischen Prediger zu Dantzig eine Form eines allgemeynen Gebetes [a] und lasen allezeit dasselbe [b] der Christlichen Gemeine vor, nach geschlossener Predigt wieder die Jesuiter, Arrianer, Calvinisten etc. gerichtett. [c] Liessen derselbe auch offentlich in den Druck außgehen und ist auch auch diß Gebett in des Herrn Michaelis Coleti Buch wieder Doctor Ja-

---

a Gestrichen/skreślony: [unleserlich/nieczytelne]
b Gestrichen/skreślony: in allen Predigten
c Gestrichen/skreślony: wie, wie

cobum Schmidt Anno 1605 neben der Dantzcker Notel hinden zugedrukket[279]. Was auch diß Gebett hernach gewirckett, wird auß ᵃ den folgenden Historien zu ersehen sein}.

Nachdem aber die Abgesanten (ohne Zweyffel durch die calvinische *Practicanten* so das Wiedertheil stets beym Kon. Hofe heltt und dieses Ansuchen erfahren) mitt der Antwort und Abfertigung lange auffgehalten wurden, datzu auch kommen, das die Abgesanten durch Schreiben von Dantzig berichtett, das ein E. Raht in ihrem Abwesen wol sieben calvinische Burger in das Mittel der Dritten Ordnung, das ist unter die Hundert Menner, gewehlet etc. Haben sie ᵇabermals eine besondere *Supplication* an Ihre Kon. May. gelangen zu lassen, derselben diß was vorgelauffen zu Gemutte zu fuhren, und umb gnedigste Antwort und schleunige Abfertigung zu bitten sich geeinigett und nachdem sie dieselbe gefassett und ihrer Kon. May. in ihre eigene Hende uberantwortet, auch nebenst Ubergebung derselben mundlich umb allergnedigste Abfertigung gebethen, hatt Ihre Kon. May. darauff geantwortet: „Es soll geschehen", und damit in ihr Pokoy gangen. Geschehen zu Lobsow am 20. Tage Junii.

Die Copia dieser *Supplication* findet man auch von Wortt zu Wortt in meyner Historischen Declaration[280]. <428>

A.r. Auff diese *Supplication* ließ der Herr Untercantzler durch eine geistliche Person den Gesanten ankundigen, das Ihr Kon. May. den Herrn Samuel a Lasky zu Untersuchung der streitigen Religionssachen hette deputirett. Ließ ihnen daneben auch zeigen die *Copiam* konigliche Instruction, so ihm solle mittgegeben werden, den Gesanten zur Nachrichtigung, welche die Gesanten auch bald abschreiben lassen, und der Inhalt derselben von Wort zu Wort in meyner Historischen Declaration zu finden ist[281].

B.r. Hierauff ward offt und instendig bey dem Herrn Untercantzler und Herrn Szczerbitz, Obersten Cantzleyverwalter, durch die Abgesandten angehalten, erstlich, das ihnen hieneben eine konigliche *Citation* an das Gegentheil möchte mittgetheilet werden. Auff den Fall, da die Sache durch obgemeldten Herrn Gesanten vermuge Kon. Instruction nicht konte erörtert werden, das die *Prostestirende* mitt dem Process verfahren möchten. Furs andere, das wenn der Konigliche Befehl und Instruction an den Herrn Lasky verfertigett, ihnen möge besiegelt zugestellet werden, den weil es ihnen fast in einem Wege, wolten sie dieselbe ihm selbs bringen und abgeben. Furs dritte ward gebetten, das diese Sachen ingeheim mochten gehalten werden und weil insonderheit Paulus Kuchansky, welchem des Kon. Siegel vertrawett, ihnen sehr suspcet were, das ein ander untersiegelen möchte. Geschehen den 22. Junii[282]. Des folgenden Tages ᶜ ist den Gesanten durch Stanislaum Lubinsky, {des Herrn Untercantzlers Secretarium}, auff ihre *Petita* dieser Bescheid erfolgett:

---

a Gestrichen/skreślony: hernach
b Gestrichen/skreślony: sich
c Gestrichen/skreślony: liessen sich

Nemlich, das der Konigliche Befehl und Instruction an den Herrn Lascken itzt verfertigett wurde, solte auch ihnen mittgegeben werden. Wegen der begerten *Citation* hette <429> der Herr Untercantzler mitt den Gesanten noch zu reden. So solte man auch an dem nich zweyfelen, das die Sachen ingeheim solten gehalten werden. Desselben Tages liessen sich die Gesanten bey dem Herrn Untercantzler durch den *Secretarium* Lubinsken anmelden. Und da er selbest herauß kam, bathen sie ihn umb gnedige Abfertigung mitt allen Sachen. Und das sie auch eine Kon. Citation, im Falle der Herr Gesante nichts verrichten wurde, zu desto schleuniger Fortstellung ihrer Sachen, weil sie keinen Verschlepung leiden könte haben[a]. Wie auch das sie eine *Copiam Citationis*, ehe dieselbe versiegelt, bekommen mochten, sich darauß zu ersehen, ob ihre Notturfft genugsam darinne verfassett. Hierauff befahl der Herr Untercantzler dem *Secretario* Lubinsken[b], eine Forma der *Citation* zu *concipiren* und ihnen mittzutheilen, welches auch desselben Tages geschehen. Aber die Gesanten dieselben nicht also, wie sie sein solte, gestellett gewesen befunden. Des folgendes Tages, nemlich Johannis des Tauffers, *corrigirten* sie dieselbe, brachten sie dem *Secretario* wieder, mitt Bitte die *Correctur* dem Herrn Untercantzler auff seine Verbesserung zu zeigen, welches er zuthun angelobett.

Am 25. und 26. Tage Junii ward nicht verrichtett, auß Ursachen, das Zeitung gekommen war, die Tattern hetten einen Einfall in die Cron Polen gethan, derowegen der *Secretarius* sich entschuldigett, er muste eylend *Universal* Briefe schreyben, die Gesanten musten sich ein wenig gedulden.

Am 27. Junii funden die Gesanten den Herrn Untercantzler in seinem Garten mitt einem Jesuiten <430> redende, warteten auff, biß er sich mitt ihm gesegnete, und da er heraußkam, tratt er zu den Gesanten an, vermeldende das die Sachen alle gefertigett, sie solten sie nur von seinem *Secretario* Lubinsken abfordern. Begerete daneben, sie solten sich zu ihme alles Guten versehen, ihn lieben und fur den halten, der nicht allein fur diß mahl ihne Beforderung gethan, sondern auch kunfftig gerne forderlich sein wolte. Dafur dancketen ihme die Gesanten, kegenst ihme sich hinwiderumb aller Dienstwilligkeitt erbietende, und gesegneten sich zugleich mitt ihm. Hierauff empfing auch die Gesanten von offtgenanten *Secretario* des Kon. versiegelte Schreyben sampt der *Instruction* an den Herrn Lascken, wie auch die offene *Citation* an ihr Wiedertheil, welcher Copia von Wortt zu Wortt in meyner Historischen Declaration zu finden[283] und nehmen auch von ihm Abscheid. Und diß gieng alles so verschwiegen zu, das die Schreyben in der Cantzeley (bey welchen die calvinischen Practicanten fleißig Kundschafft darauff legeten, was doch der Gesanten Verrichtung sein möchte) nicht im geringsten davon gewahr worden.

C.r. Hernach am ersten Tage Julii begaben sich die Gesanten nach Verrichtung ihrer Gescheften wiederumb von Crackau auff den Weg nach Dantzig,

---

a Gestrichen/skreślony: mochten
b Gestrichen/skreślony: befohlen

<430–432>   Historisches Kirchen Register   613

dahin sie glucklich am 15. dieses [Monats] gelangett. {Bald hernach, am 18. Julii, starb Herr Georg Mehlman, der andern aus dem Mittel des Rahts von den *Protestirenden* mitt dem Calvinismo beschuldigte Person}.

D.r. Am 20. Julii fuhren Eberhard Bötticher und Reinhold Brand auff den Schluß der *Protestirenden* zum Herrn Samuel Lasken, welcher damahls zum Elbing war, und kamen desselben Tages zu Abend daselbst ahn[284].

Des folgenden Tages gingen bemeldte beyde Abgesante zum Herrn Lasky in seiner Herberge und ubergeben ihm nach gethaner *Salution* des kon. <431> Schreiben, darinne auch die konigliche Instruction verschlossen war, und ertzehlete daneben dem Herrn Lasken Eberhard Bötticher nach allen Umbstenden den *Statum Causae* dieser zwistigen Religion und baht ihn, das er sich der Sache vermuge der Kon. Instruction wolle angelegen sein lassen mitt Erbietung hergegen aller Dienstwilligkeitt.

Nach Verlesung königlichen Schreibens antwortet der Herr Lasky, das er zwar mitt Furchten und Beschwer solche Konigliche Schreyben ubersehen hette, befinde darauß, das es nicht allein eine wichtige, sondern auch eine beschwerliche und gefährliche Sache were, erkennete daneben das Unvermögen seiner Person zu dieser wichtigen Sachen, so muste er dennoch königlichen Befehlich nachkommen. Er wolle Gott den Herrn zu Hulffe nehmen, darumb er ihn anruffen wolte, das er das Beste dabey thue. Dieweil aber die Zeit des Dominicks {nach Bericht der Abgesanten} nun bald einfiele, das diese Sachen mitt den Ordnungen nicht konten nach Willen tractiret werden, als wolte er seine Ankunfft gen Dantzig sparen biß auff den 15. Augusti ungefehr. Mittlerweil wolte er an Kon. May. und den Herrn Unterkantzler schreyben, auch die nothwendige Ursache einwenden, warumb es nicht eher geschehen konte. Hierauff bedancketen dem Herrn Lasken die beiden Abgefertigten fur gnedige Erklerung und geneigte Bereitwilligkeitt, mitt Erbietung hiergegen aller Dienstwilligkeitt, *valedicireten* ihn, fuhren desselben Tages von Elbing und kamen des folgenden Tages gen Dantzig, nemlich am 22. Julii.

Es ließ aber der Herr Laski *de dato* 12. Augusti ein Schreiben an diese beyde Abgefertigte von seinem Gutt Schönenwalde gelangen, das er fur den 21. Tage Augusti nicht wurde können zu Dantzig sein, auß Ursachen, das er vorgenging zum Herrn Coyeschen Bischoff verreisen <432> muste und was dem mehr anhengig war. Wie den die Copia hievon in meyner Historischen Declaration von Wort zu Wort zu finden ist[285].

E.r. Am 22. Augusti kam der Kon. Gesandte, Herr Samuel Lasky, gen Dantzig umb 9 Uhr auff den Abend und ward des folgenden Tages durch Herrn Salomon Brand und Herrn Simon Klugen, Rathsverwandten, im Namen eines E. Rahts in seiner Herberge empfangen[286].

F.r. Am 26. Tage Augusti ward der Kon. Gesandte durch obgenante beyde Rathspersonen auffs Rahthauß geholett, daselbs ubergab er seine Credentzbriefe und berichtett durch eine lateinische Oration einen E. Raht mundlich, was in diesen streitigen Religionsache Kon. May. gnedigster Wille sey. We[l]che latainische *Oration* von Wort zu Wort ins Deutsche getrewlich *transferiret* in meyne Historischen Decleration zu finden[287], kann auch woll, da es nöttig, in seiner lateynische Sprach getzeigett werden. Und diese *Proposition* ist allein fur E. Raht und nicht fur samptlichen Ordnung geschehen.

G.r. Am 8. Tage Septembris, nachdem ein E. Raht die Ordnung zu Rahthause verbotten und durch den Secretarium, Hermannum Frederum, der Dritten Ordnung ankundigen lassen, das der Kon. Gesandte im Namen Kon. May. samptlichen Ordnungen etwas zu proponieren hette, derohalben sie abwarten solle, biß er auffgeholet wurde. Als den wurden sie anhören, was seine Werbung sey. Hierauff ward er auch bald auffgeholett und nachdem er sich gesezett, that er eine Oration an semptliche Ordnungen in deutscher Sprache, wie sie von Wort zu Wort in meyner Historischen Declaration zu finden[288]. Wie nun diese *Oration* mitt der Koniglichen Instruction, von welcher den Gesanten der Protestrirenden <433> zu Crackaw Copia zugestellet ist worden, uberein gestimmet, ist leicht abzunehmen, so man dieselbe *Copiam* gegen seine itzt bemelte Oration helt, in dem er dieser folgenden Wort, [a]auff welche die gantze Konigliche Instruction gerichtet, nicht im geringsten gedacht, nemlich: *ut totam civitatem et loca omnia civitatis jurisdictioni subjecta ex privilegiorum praescripto administrent, et in antiquum usum restiturent curent.* Das ist: [b] {Die Oberckeitt} solle [c] mitt Fleiß dahin bedacht [d] {oder} der Sorgfeltigkeitt sein, das {sie} [e] die gantze Stadt und alle derselben Jurisdiction unterworffene Orter nach vorgeschriebenen Privilegien administriren und in den alten Gebrauch wiederumb bringen. {Item, indem er gedenckett unter andern uber habenden Kon. Befehl, diese Sache in einem Ausschuß zu tractiren}. Hiedurch hatt sich der Kon. Gesandte bey der protestirenden Gemeine in grossen Verdacht gebracht, als solte er von dem calvinischen Hauffen durch Gifft und Gaben zu bemeldten *Proposition* informirett und datzu persuadirett sein. Darumb ihm [f]von den Protestirenden wenig ist getrawett, auch seine Verrichtung wenig verschlagen hatt, wie hernach folgett.

Am 12. Septembris[289] kamen die Ordnungen wiederumb zusamen und wiederhohlett der Burgermeister, Herr Gerhard Brandes, was der Kon. Gesanter [g] {im Namen} Kon. May. einem E. Raht vorgetragen und daneben erinnert, was der Herr Gesanter zweiffelhaftig angetzogen, nemlich, ob auch ein E. Raht seine Werbung nebenst Aufflegung seyner von Kon. May. habenden Credentzbriefen den sämbtlichen Ordnungen vorgetragen habe. Darauff sollen die Ordnungen wissen, das ein E. Raht weder bey Ubergebung der Credentzbriefe noch auß des Herrn Gesanten Werbung verstehen konnen, das er

---

a Gestrichen/skreślony: wen
b Gestrichen/skreślony: Wen
c Gestrichen/skreślony: die Sorgfeltigkeitt
d Gestrichen/skreślony: und
e Gestrichen/skreślony: man
f Gestrichen/skreślony: auch
g Gestrichen/skreślony: dem Ordnungen

ohne das noch einen besondern Befehl hette, etwas desfalles sämptlichen Ordnungen vorzubringen. Darumb <434> ein E. Raht schon unter sich auff des Herrn Gesanten Werbung etliche Tage zugebracht, was ihm fur ein Antwort zu geben. Weil er aber mittlerweile sich anmelden lassen, das er auch dieses Falles sämptlichen Ordnungen zu *proponiren* hette. Als habe ein E. Raht die Ordnung hietzu {vor diesem} auffordern lassen, da sie dan angehorett, was er mundlich in deutscher Sprache beygebracht. Wie dan ein E. Raht auch darauff {umb} *Copiam* seiner *Oration*, das sie den Ordnungen schrifftlich möge vorgeleget werden, gebethen. Nachdem nun ein E. Raht beydes was der Herr Gesante an einen E. Raht alleine und hernach an samptliche Ordnungen geworben, schrifftlich empfangen hette, solte solches den Ordnungen vorgelesen werden. Wie auch geschehen.

Nach Vorlesung dieses hatt der Herr Burgermeister die Ordnungen ermahnet, das sie diß, was Kon. May. gnedigster Wille were, in die Rahtschlege nehmen und erwegen wollen, was ferner bey der Sachen zu thun sey. Es hette zwar ein E. Raht es an sich nicht erwinden lassen, die streitigen Kirchensachen zurechte zu bringen, es seyen aber biß dahero allerley Verhinderungen eingefallen. Als das dan und wen ihres Mittels Personen verweiset, gewesen auff die Hansetage, ins Niederland, Franckreich, Engeland, auff den Reichstag, Landtage und sonst, so weren auch etliche mitt Tode abgangen, also das man mitt diesen hochwichtigen Rahtsschlegen, wie gerne man gewolt, nicht fortkommen konnen. Und were nicht nöttig gewesen, das man derowegen an die Kon. May. hette schicken dorffen, weil es aber geschehen, muste man es dabey <435> wanden lassen. Es solten nunmehr die Ordnungen in die Rahtschlege gehen und betrachten, was diesesfalls zu Gottes Ehren, Beforderung seines göttlichen Worts und dieser Stadt Friede und Wollstand dienet, sich stille und friedsam verhalten und allerley Hader und Zanck und Wiederwillen mitt hochsten Fleiß meiden etc.

H.r. Nach gehaltenen Rahtschlegen {des folgenden Tages} brachten die Dritte Ordnung ihr Bedencken ein, nemlich, das alle vier Quartiere bleiben bey ihrer Erklerung, am 27. Aprilis Anno 1604 geschehen. Als da man auch umb Gottes Willen gebethen, das alle falsche Prediger und Schueldiener sampt allen newen eingefuhreten Ceremonien in Kirchen und Schulen dieser Stadt und derselben Jurisdiction sollen abgeschaffet werden, welches einbringen, weil es mitt Kon. May. gnedigsten Willen und Begeren uberein keme, wollen sie abermals, auch umb Gotteswillen demselben ein Genugen zu thun gebetten haben.

Die E. Gerichte brachten am 14. Septembris ein zu ihrem Bedencken, das diese Rahtschlege eynem Ausschuß von beyden Parteyen gleich an Personen solten committirett werden, da man erstlich *de modo* wurde zu rahtschlagen haben, wie diese Sache recht antzugreyffen. Hierauff *resolviret* sich ein E. Raht und gab dem Bedencken der E. Gerichte Beyfall, ermahnet auch die Dritte Ordnung, das sie in der Furchte Gottes diesen Rahtschlag vornehmen und erwegen wolle. Und weil nothwendig nach dem Bedencken der E. Gerichte *de modo* zu reden sey, wie diese Sache zu tractiren, ein E. Raht auch den Ausschuß am bequemesten datzu <436> erachte. Es wolle die Dritte Ordnung sich auch dahin erkleren, und solchs ohne einigen Eyfer und *Affecten*, auch das sie sich in die Quartiere nicht mischen wolten. Geschehen am 19. Tage Septembris Anno 1605.

I.r. Es sein aber desselben Tages, ehe und dan diese *Resolution* eines E. Rahts erfolgett, funff Quartiermeister wieder Verhoffen, Gewohnheit und Gebuer, ohn Vorwissen und Befehl der Quartiere auß den Rahtschlag der Dritten Ordnung heimlich in der Rahtstube fur den sitzenden Raht gangen. Was sie aber daselbs gemacht, ist nicht kundt worden, und ob sie gleich, wie sie herauß gekommen, darumb gefraget worden, haben sie doch nichts offenbaren wollen. Derowegen haben die *Protestirenden* in allen vier Quartiren in die Rahtschlege ferner sich nicht einlassen wollen, vorwandende, das sie darauß woll vermerckten, wie man mitt ihnen umbginge, und liessen es nunmehr bey ihren vorigen zu zweymahlen widerholeten Bedencken wenden, wusten auch ferner hieruber nicht zu rahtschlagen. Und ob sie von einem Raht zu zwey{mahlen} ermahnet worden sein, in die Rahtschlege zu gehen, ᵃ mitt Vorwendung, das sich vileicht die *Vota* endern möchten und Erinnerung des Puncts in den Kon. Statuten Sigismundi primi endhalten, sind die Protestirende, welche die meisten Stimmen hetten, bey ihrem vorigen Bedencken verharrett und wollten ᵇ demnach ferner in die Rahtschlege nicht gehen, vorwendende, das sie ihre *Vota* nicht wusten zu ändern. So ginge man auch mitt ihnen nicht richtig umb, weil sich etliche Quartiermeister unterstanden, vor gemachtem Schluß <437> wider alte Gewohnheitt partheischer Weise und also gantz verdechtig einem E. Raht, was in den ᶜ Quartieren der Dritten Ordnung vorlieffe, zu offenbaren. Ob nun woll der Herr Burgermeister solchs der verdechtigen Quartiermeister kuhnlichs Vornehmen zum besten außlegete, liessen es dennoch die Protestirenden bey ihren zweymahl wiederholeten Bedencken wenden.

Die Namen aber der verdechtigen Quartiermeister, so heimlich vor den Raht gangen, waren diese: auß dem Koggenquartier Joachim Freter, auß dem Hohenquartier Peter Grawrock und Michel Woler, auß dem Breitenquartier Clauß Junckers, auß dem Fischerquartier Antoni Brawart. Geschehen wie oben [den] 19. Septembris.

K.r. In wehrenden diesen wichtigen und gefehrlichen Religionsrahtschlegen, ᵈ derselben ungeachtet {und auß besondern Trotz}, schwermeten die calvinischen Prediger nicht weniger den vorhin, je lenger je mehr. Und die vornehmsten ihrer Zuhörer, so woll in der Oberkeit als in der Burgerschafft, stelletten sich zu ihren Predigten, die Menner zu Fuß und die vornemsten

---
a Gestrichen/skreślony: sein
b Gestrichen/skreślony: ferner in die Rahtschlege
c Gestrichen/skreślony: Dritt
d Gestrichen/skreślony: und

Frawen und Jungfrawen zu Wagen, ᵃ zum Grawen Munchen, S. Peter und S. Elisabeth fleissig ein, damitt an Tag zu geben, das sie nach der *protestirenden* Anklage und veterlichen Ermahnen Kon. May. nicht viel fragten, ᵇ {weil sie nunmehr} den Herrn kon. Gesanten,ᶜ welcher allhie noch zur Stelle war, und denselben durch ihre vorgemeldte *Persvasion* und Verehrungen schon auff ᵈ ihrer Seyten hatten. Bestetigten also durch ihre Gegenwertigkeitt ihre calvinischen Predigten und <438> *Ceremonien* wieder den Gebrauch der Augspurgischen *Confession* Verwandten Kirchen und dieser Stadt ᵉ alte Gewohnheitt, {wie auch wider habende Privilegien} mitt besonderer *Devotion* und Andacht.

Und damitt ich dessen nur ein einiges Exempel antziehe, haben sich etliche Vornehme auß der Oberkeitt und Burgerschafft am 18. Tage Septembris, {welcher war der 15. Sontag nach *Trinitatis*}, auff die newe calvinische Weise, dem Schlage nach wie vor diesem am dritten Tage Aprilis {dieses Jahres} vorerzehlett auch geschehen, unverhöreter Privatbeicht und *Absolution* zum Grawen Munchen das Heilige Nachtmahl emfangen, als {nemlich} der Herr Gerhard Brandes, damals praesidirender Burgermeister mitt seinen Kindern und Eidam Christoff Preuen sampt ihrem ᶠ beiderseits Haußgesinde, Herr Hans Thorbecke, Burgermeister, Doctor Jacobus Schmid, Rector und Prediger daselbs im Closter, mitt seinem Haußgesinde, Hans Keckerbart, der Stadt *Syndicus*, Herr Ernst Kerle, Herr Henrich Heine und Herr Hans Zirenberg, Gerichtsverwandte, Joachimus Oloff, Doctor *Medicinae*, Wencelaus Mitteldorff, *Secretarius*, Casper Zyrenberg, George Heine, Jacob Werderman, vornehme Burger, wie auch Herrn Daniel Ziremberges, weiland Burgermeisters, hinterlassene Wittwe und Herr Hansen Schwartzwaldes, Rahtsverwanten, Haußfraw, sampt ihren Söhnen und Töchtern und nebenst ihnen auch viel andere Burger und Handwercker mehr. Geschehen wie oben am 15. Sonntage *Trinitatis*. {Dieser Actus kan auch *autentice* bewiesen werden}.

L.r. Nachdem auch der Herr Gesante Lasky den Ordnungen eine besondere Werbung im Namen Kon. May., eine Geldsache belangende, welche zu dieser Sachen nicht gehorete, vorzutragen hatte, hatt er zu Ende seiner Werbung die Ordnungen der Religionsachen erinnert, das er desfalles mitt dem ersten möge Bescheid bekomen. Geschehen 20. Septembris Anno 1605²⁹⁰. <439> Am 22. Septembris wiederholett der Herr Gerhard Brandes in Versamlung sämptlicher Ordnungen des Herrn Koniglichen Gesanten vorangetzogene Religionswerbung und was ferner hiebey zu thun, ihnen in ihre Rahtschlege gegeben, auch die Dritte Ordnung abermahls ermahnett, hieruber ihre Stim-

---

a Gestrichen/skreślony: fleissig
b Gestrichen/skreślony: und
c Gestrichen/skreślony: durch vorgemeldte Ihre persvasion {und verehrungen schon auff} ihrer Seyten hatten
d Gestrichen/skreślony: seiner
e Gestrichen/skreślony: Kirchen
f Gestrichen/skreślony: gesinde

men zu samlen, dan, weil ein E. Raht vor diesem schon *proponiret* hette. Als weren sie ja nuhmer schuldig, nach Außweisung der *Statuten* Königes Sigismundi *Primi*, bey welchen die Stadt nicht ubel gefahren, zustimmen. Also wollen sie sich diesesfalles auch einigen, so were auch je eynem jedern frey, bey seiner Stimme zu verharen oder dieselbe zu mutiren ᵃ {und} zu endern.

M.r. Dieser Vermahnung zu gehorsamen, tratt die Dritte Ordnung in die Quartiere, sammelten die Stimmen und erkleretten sich also. Alle vier Quartier lassen es bey ihrem vorigen Einbringen bleiben und wissen in keinen Ausschuß zu willigen. Diß hatt ein E. Raht ferner zu *deliberiren* an sich genommen. Geschehen am 23. Septembris.

Hierauff hatt sich ein E. Raht ihres Bedenckens erklerett, also: Weil die Dritte Ordnung in den Ausschuß nicht willigen wolle, welches Mittel doch zu schleunigster Abhelffung dieser Sachen am zutreglichsten erachtett und aber der Dritten Ordnung Bedencken, nicht ein Mittel sondern das *Extremum* were, wollen die Ordnungen nun ferner rahtschlagen und auff Mittel bedacht sein, wie diese Handel <440> vermuge Kon. Vermahnung freundlich und glimpflich beygelegett, auch Liebe und Einigkeitt gestifftett werde, denn sich das Extremum nicht also wolle thun lassen. Geschehen 30. Septembris 1605.

N.r. Ob nun woll die Dritte Ordnung hirauff abermahl in ihre Rahtschlege gangen, habens doch gleich wie vor etliche mahl die meisten Stimmen gegeben, das sie es bey ihrem vorigen Bedencken wenden liessen und wusten ferner in den Religionssachen nichts zu stummen, auß Ursachen so auffs Papier gebracht, und in das Koggenquartier gegeben, mitt Bitte, das sie ᵇ verlesen werden.

Geschehen am 4. Octobris.

Diß nam ein E. Raht an sich biß auff den folgenden Tag, da ließ ein E. Raht der Dritten Ordnung letztes Bedencken sampt den schrifftlich verfasseten Ursachen in ᶜ {Angehörr} sämptlicher Ordnungen verlesen durch Hermanum Frederum ᵈ. Geschehen 5. Octobris. Diese schriftliche Ursachen, weil sie fast lang, habe ich sie die ᵉ Zeit zu gewinnen, nicht setzen wollen, man findet sie aber in meyner Historischen Ercklerung²⁹¹.

Desselbigen Tages brachten die Gerichte zu ihrem Bedencken ein, das sie zwar den Ausschuß fur das beste Mittel geachtett, welchem Bedencken auch ein E. Raht ein Beyfall gegeben. Weil aber die Dritte Ordnung nicht darein willigen wollen, als musse man nunmehr die Sache infereren Bedencken der sämptlichen Ordnungen lassen achten, hinferner das beste Mittel sein, das man vermöge der {allgemeinen} *Confaederation* {der Cron Polen} niemands

---

a Gestrichen/skreślony: oder
b Gestrichen/skreślony: sie den Ordnungen vorgele
c Gestrichen/skreślony: gegenwertigkeit
d Gestrichen/skreślony: und publiciren
e Gestrichen/skreślony: kurtz

Gewissen regiere und einen Jedern das *liberum exercitium religionis* lasse. Derowegen solle auch <441> ein E. Raht alle Prediger vermahnen, das sie auff den Cantzeln Doctrinalia und nicht *Personalia* tractiren, auch ihnen verbieten, alle ungewohnliche Phrases auff den Cantzeln zu *tentiren*, noch einer den andern zu lesteren und zu schmehen, mitt Bedrewung, wo jemand dawider handeln wurde, das derselbe seines Dienstes solle bestanden sein und in ernste Straffe eines E. Rahts genommen werden. Dieses, weil es hoch am Tage war, nam ein E. Raht ferner zu *deliberiren* an sich. Geschehen wie oben[292].

O.r. Hieneben ist zu mercken, das abermahl die funff obgemelte Quartirmeistere, ehe und dan die Dritte Ordnung benanten Tages zusammen kommen, fruetzeitig auff das {Rahthaus} sich gefunden und heimlich, ohne der Quartiere Vorwissen, fur einen Raht in ihre *Session* getretten und daselbest eine Schrifft, derer Inhalt den *Protestirenden* eine Zeittlang verborgen gewesen, verlesen lassen. Nach Verlesung derselben heraußkommen, eine Weil abgewartett und hernach wider eingeruffen worden, da sie ferner nicht lange verharrett, sondern bald wieder herauß kommen sein. Welches etliche der *protestirenden* Burger der Dritten Ordnung, so sich zeitig zu diesen Rahtschlegen eingestellet, und solches angesehen, ihren *Collegen* in den Quartiren, so hievon nichts wusten, *referiret* haben. Es hatt aber sich hernach befunden, das die bemeldte Schrifft eine *Supplication* von 99 {calvinischen} Burger unterschrieben gewesen, welcher Inhalt mitt den Namen der unterschriebenen Personen, weil sie fast lang, anhero nicht gesetzet, sondern in meiner Historischen *Declaration* zu finden ist[293]. In welcher sie genugsam zu verstehen geben, wie sie mitt den *Protestirenden*, {wen sie die Sache erhielten, vermuge ihren Begeren} auff gut calvinisch <442> und tyrannisch {nach} dem Exempel im Niderlande und etlicher Örter Deutsches Landes umbspringen wolten, wie daselbest nach der Lenge zu lesen.

P.r. Auff das jungste Einbringen aber der oberwehnten beyden Ordnungen hatt ein E. Raht ihre Erklerung in eine Schrifft verfasset, den Ordnungen verlesen lassen, derer summarischer Inhalt ungefehrlich dieser gewesen: Das nemlich ein E. Raht des Bedencken der Dritten Ordnung wie auch die danebenst ubergebene Schrifft etzlicher Personen ihres Mittels woll bey sich erwogen habe und befinde, das dieselben Ihrer Kon. May. gnedigsten Willen und Begeren wie auch des Herrn Kon. Gesanten Ermahnen, als das diese Sachen fein ruhesam und friedlich sollen beygeleget werden und vertragen werden, nicht einen Genugen thun, sondern bey den *Mediis extremis*, welche wan sie fur die Hand solten genommen werden, vielmehr Feindschafft, Haß und Neid verursachen wurde, beruhen theten, welches sich ohne grosse Gefahr nicht wolte thun lassen. Ermahnete derwegen ein E. Raht die Dritte Ordnung, das sie wolten auff bequemere Mittel bedacht sein, damitt Kon. Ermahnung ein Genugen geschehe und diese gutte Stadt in vorigen Ruhe und Fridestande möge erhalten werden. Wie dan ein E. Raht die am 5. Octobris ubergebene Schrifft auch woll beantworten konte, wan es die Zeit und Gelegenheitt geben wolte. Ferner aber auff Frieden zu dencken und diesem eingefuhreten Unwesen abtzuhelffen, liesse sich ein E. Raht beduncken, wen man den Prediger im Hospital S. Barbaren abschaffete, weil man sagett, das durch ihn dasselbe Hospithal in groß Abnehmen kommen solle und dan auch an Stelle der beyden Caplanen in der grossen Pfarrkirchen (welche die *Supplicirenden* <443> Burger in ihrer *Supplication* ziemlich angestochen worden[294], welchen man auch sonst Unterhalt zu geben Gelegenheit finden konte) zween andere Gelehrte, friedsame Menner, mitt welchen die andern beiden *Collegen* und ihre Zuhörer zufrieden sein mochten, bestellete und ordnete. Interim wolte sich ein E. Raht bemuhen, wie sie unter den andern Lehrern und Zuhörer auch Friden und Einigkeitt schaffen konnten.

Es beschwereten [a] sich auch zugleich {die} in der *Protestation* Schrift ernante und beschuldigte Personen des Rahts in bemeldter Schrift höchlich uber die Protestirenden, als das sie durch eine unter die Leute gesprengete schrifftliche *Protestation* sie als Ursachern dieser zwistigen Sachen beschuldigten und mitt Namen nenneten. Darauff sie sich erkleretten, das sie den Protestirenden dessen nicht gestendig und man ihnen unguttig thete. Dan also, wie sie Gott in ihr tragendes Ampt gesetzett, were einem Jiglichen unter ihnen sein *Votum* frey, wie er es fur Gott und der Welt wuste zu verantworten. Darumb sie auch nicht *reprotestirett* hatten, woltens auch an seinem Orte, da es datzu kommen sollte, woll verantworten. Sie bekenneten sich zur Augspurgischen [b]{(NB. verstehe die Anno 1550 verenderte und von den Reichstenden nicht angenommene *Confession*)}, wolten auch ihr Leib und Leben, Gutt und Blutt dabey aufsetzen.

Ferner ermahnet der Herr President die [c] Ordnungen und sonderlich die Dritte, das sie obgedachtes vorgeschlagene Mittel in ihren Rahtschlegen woll erwegen wollen, und solchs in der Furcht des Herrn fein freundlich und mitt gutter Bescheidenheit, ohn einigen Wiederewillen und Vermischung in die Quartiere nehmen. <444>

Auff dieses hatt [d] nach gehaltenem Rahtschläge [des] Koggen-, Breite- und Fischer Quartier sich abermahl erklehrett, das sie es bey vorigen ihren Bedencken und ubergebenen schriftlichen Ursachen wie vor verbleiben liessen und wusten sich auff vorgeschlagene *Condition* nicht einzulassen. Das Hohe Quartier {aber} wollte auff diesen Punct nicht stimmen. Die E. Gerichte brachten dieses Tages nichts ein, weil sie nicht zu voller Anzal waren. Geschehen 4. Novembris Anno 1605. {Bald hernach, nehmlich am 8. Novembris starb Herr Melchior Schachmann, die dritte von den protestirenden [e] Beschuldigten Person auß dem Mittel des Rahts.}

---

a Gestrichen/skreślony: sich
b Gestrichen/skreślony: Confession
c Gestrichen/skreślony: Dritte
d Gestrichen/skreślony: die Dritte Ordnung
e Gestrichen/skreślony: Calvinischen Herrn

<444–446> Historisches Kirchen Register 621

Acht Tage hernach brachten die E. Gerichte ihr Bedencken auff den Religionspunct schrifftlich ein, das sie nemlich eines E. Rahts vorgeschlagenes Mittel sich so weit gefallen liessen, das der Prediger im Hospital S. Barbaren abgeschaffett wurde, im Fall er dessen, was er beschuldigett, uberwiesen were. Und wo er desselben unschuldig, solle man ihn nicht gentzlich abschaffen, sondern ihme so woll als den Beiden zur Pfarre anderswo ihre Unterhaltung verordnen. Und das hiemitt aller Religionsstreitt auffgehoben und vertragen were, das auch und Inhalt der Religions *Confaederation* einem jedern das *liberum exercitium religionis* offen stehe. Diß nam ein E. Raht ferner zu *deliberiren* an sich. Geschehen 11. Novembris Anno 1605²⁹⁵.

Q.r. Weil nun die *Protestirenden* in mittlerweil erfahren, das der Kon. Gesante unabgewarteter Endschafft dieser zwistigen Religionshendel zu verreisen Willens, als haben sie etliche Personen ihres Mittels, so bey den Rahtschlegen in der Dritten Ordnung mitt gewesen, als Eberhard Böttichern, Caspar Wiebers und Nickels Schmidt, <445> auch auß den Hauptwercken der Schuemacher, Becker und Schmiede Elterleute datzu *deputiret*, das die zum Herrn Gesanten gehen und in ihrem Nahmen ihm *referiren* wollen, wobey es zu Rahthause mitt dem Religionshendeln verblieben etc.

Diese *Deputierten* gingen darauff zum Herrn Gesanten in seine Herberge, *referireten* ihm die Sache und wanten darauff ein, das der Verschlep nicht von den *Protestirenden*, wie man etwa vorgeben mochte, hergekommen, sintemal sie ᵃ auff Begeren eines E. Rahts je und allewege gehorsamlich sich eingestellett. Das aber nichts verrichtett worden und die *Protestirenden* mitt den Verdechtigen ihn der Dritten Ordnung ᵇ ferner in die Rahtschlege nicht gehen wolten oder könten, hetten die *Protestirenden* die Ursachen schrifftlich verfassett am 5. Tage Octobris verschienen, in angehore samptlicher Ordnungen verlesen lassen, zweifelten nicht, das er, der Herr Gesante, vor diesen *Copiam* davon bekommen hette. Musten derwegen nunmehr die Sache Gott dem Allmechtigen, Kon. May. und dem Rechten befehlen. Sie wolten ihn, den Herrn Gesanten, aber in aller Dienstwilligkeit gebethen haben, er wolle die Receß, was diesesfalles zu Rahthause ᶜ verlauffen, nebenst dem, was die verdechtigen Quartiermeistere zu zwey unterschiedlichen Mahlen heimlich ohne Vorwissen der Protestirenden und wider Gebuer einem E. Raht beide mundlich und schrifftlich beygebracht, abfordern lassen. Darauß er den Grund der Controversien nehmen und Ihrer Kon. May. vollstendige Relation thuen könne. Und das die *Protestirenden* <446> von diesem allen Copiam haben mögen. Imgleichen theten sie bitten, das er ihre Sache bey Kon. May. fleissig *promovieren* wolle, damitt die erbare *protestirende* Gemeyne sich dessen zu frewen und ihm zu dancken haben möge. Solches wollen sie nebenst

---

a Gestrichen/skreślony: sich
b Gestrichen/skreślony: mitt
c Gestrichen/skreślony: dieses Falles

danckbarlicher Vergeltung sich gegenst ihme hinwiederumb aller Dienstwilligkeitt befleyssigen etc.

Hirauff gab der Herr Gesanter zur Antwort, das er nicht gehoffett hette, das die zwistige Religionsache auff seine im Namen Kon. May. gethane *Proposition* und Ermahnung in so langer Zeit nicht solte durch gewisse Mittel *componirett* und vertragen sein worden. Wuste auch woll, das die *Protestirenden* auß dem schriftlich ubergebenen Ursachen ferner nichts bey der Sachen thuen kunten. Er hette zwar mitt grossem Beschwer und Verseumung anderer wichtigen Gescheften abgewartet, wolte auch lenger abgewartet haben, in Hoffnung, das durch ferner Tractiren die Sachen zu friedlicher Vergleichung kömmen sollten. Weil ihm aber Kon. May. newlich durch ein Schreyben besondere wichtige Sachen zu Königsberg zum schleunigsten zu verrichten aufferlegt, als hette er ein E. Raht ankundigen lassen, das er lenger nicht abwarten könnte[296]. Damit aber dennoch in der Religionsache nichts verseumett werde, wollte er den Parten eine gewisse Zeit von vier Wochen angesetzett haben, in welcher sie ferner versuchen sollten, ob ein Weg zur Einigkeitt zu finden oder sich also schicken, das er, wan er wiederkemme, <447> fertige Sachen vor sich finden möge, darauß er kunfftig Kon. May. grundliche *Relation* thuen könte. Solches wolle er einem E. Raht, also auch dem *protestirenden* Theile, angekundigett und ermahnet haben, das sie auff Mittel bedacht sein wolten, das die Sache freundlich und friedlich möge beygelegett und vertragen werden. Jedoch *salvis privilegiis* wolte nicht rahten, das man es sollte zum *Process* kommen lassen, dan die *Process* langen Verschlep hinter sich zögen und die *Decreta* bißwilen uber Verhoffen wunderlich lieffen, zu dem so gebe es die Erfahrung, wie es bißweylen mitt solchen Privatprivilegien Ihrer Kon. May. ginge, wen sie vor den *Comitiis* auff den Reichstagen *disputirett* wurden, nemlich also: das sie zum Theil sein *annihiliret* worden. Solte aber auß solcher sohnlichen Handlung nicht ein gewunschetes Ende erfolgen, so wolle die *protestirende* Gemeyne ihre *Gravamina* in Zeiten schrifftlich verfertigen und wan er wiederumb glucklich anhero gelangete, ihme dieselben zustellen, dan er wolte sich alsdan ferner nicht lenger auffhalten lassen, wolle alsdan auch zugleich die erwehnte Receß und was ihnen anhenging von einem E. Raht abfordern und der *protestirenden* Gemeine *Copiam* davon zustellen. Er wolle auch Ihrer Kon. May. dermassen auffrichtig, wahrhaftig und umstendig von der Sachen *Relation* thun, das ihme von niemand etwas verweißlichs solle können, mitt Wahrheit auffgerueckett viel weniger dargethan werden. <448>

Hirauff begerten die obgemeldte *Deputierte* vom Herrn Gesanten einen vergunneten Abtritt und, was zu *repliciren*, sich berahtschlagett. Nach gehaltenen Rahtschlage dancketen sie dem Herrn Gesanten fur gehabte Muehe und Sorgfeltigkeitt mitt Erbietung, solchs hinwiederumb mitt aller Dienstwilligkeit danckbarlich zu verschulden. Anlangend seiner trewhertzige Vermahnung zur freundlichen Vergleichung, nahmen sie ebenmessig danckbarlich ahn mitt Erbietung aller Willfertigkeitt, woferne Mittel vorgeschlagen werden, so ohne Verletzung der habenden Privilegien annehmlich sein. Das Gegentheil sey aber so hart in seinem Sinne verstocket, das es nicht alleine nichts nachgebe, sondern auch so vermessendlich und frech, das ungeachtet seiner, des Herrn Gesanten, Gegenwertigkeitt allhier zu Stelle, ungeachtett seiner in Kon. May. Namen an alle drey Ordnungen gethane trewhertzige Vermahnung, ungeachtett der habenden *Privilegien* und Gerechtigkeiten die Vornehmsten ᵃ und Meisten auß dem Mittel eines E. Rahts und der E. Gerichte wie auch viel der Vornehmesten auß der Burgerschaft nicht allein zu den calvinischen Kirchen sich hielten und daselbest auff ihre newlich eingefuhrete Art communicireten, sondern auch die Herrn *Scholarchen* einen calvinischen *Correctoren* mitt Namen *Melchier Laubanus*, so des Calvinismi halben aus Schlesien vertrieben, in das calvinische *Gymnasium* zum Grawen Munchen mitt großer *Solennitet* jungst verschienen Tages, 19. Novembris, *introduciret* und eingewiesen. Ja, <449> sein noch dartzu so kuhne und dreist gewesen, das sie hietzu ihn, den Herrn Gesanten selbest, sich einzustellen *invitiret* und gebethen und diß alles nur zu dem Ende, das dem calvinischen Hauffen hiedurch nur desto mehr der Mutt gestercket und ihnen zu desto mehrer Wiederspenstigkeitt und also zu Unruhe und Auffruhr Ursache und Anleitung gegeben werden möchte. Wie aber dem allen, es wollen die *Protestirenden* des Herrn Kon. Gesanten Raht so viel muglich gerne folgen. Es wurde aber von ihme eine geraume Zeit hirtzu angestellet, welche dem beschuldigten Theile sehr nutzlich und dienstlich, dan es allewege den Verschlep gesucht, wie den auch bald nach Außgange angesetzter Zeit das heilige Weynachtfest einfiele. Bald darauff folgete der Thornische Marckt auff Drey Könige, da man dan ᵇ in funff oder 6 Wochen wegen Abwesenheit der Burgere bey diesen Sachen nichts wurde thuen können, ferner folgete die tolle Fastnachtzeit, in welcher auch nichts konte vorgenommen werden. Also keme auch bald darauff die von Gegentheil gewunschete Kuhr und Wahlzeit, da die *vacirenden* Stellen in den Regierampten besetzett wurden, dadurch sie vermeinen, sich an Amptspersonen also zu stercken, das sie durch die meisten Stimmen ihr gewunschtes Ende nach ihrem Willen erlangen und die Lutherischen sampt den Catholischen zugleich dempfen und unterdrucken, wo nicht gar außrotten mögen. Darumb im Falle die *Protestirenden* vermercken wurden, <450> das die Beschuldigten unter dem Deckel des freundlichen Vertrages angesetzter langer Zeit mißbrauchen und ihren Vortheil spielen wurden, wollen die *Protestirenden* gebethen haben, der Herr Gesante es ihnen nicht fur ubel aufnehmen wolte, das sie dagegen die Mittel, so ihnen von Gott, Kön. May. und den Rechten zulessig, ihren unzulessigen Vortheil zu begegnen gebrauchen musten. Bitten auch noch wie vor, das der Herr Gesandte itzund, ehe er verreisete, bey einem E. Raht umb Abschrifft der Recessen, damit sie gegen die Zeit seiner Wiederkunfft fertig sein mögen, anhalten wolle, auff das sie mitt

---

a Gestrichen/skreślony: eines E. Rahts
b Gestrichen/skreślony: auch

Vorwendung vielen langwirigen Schreibens ihn nicht lange widerumn alhie auffgehalten möchten.

Der Herr Gesandte antwortet wiederumb und bethewret hoch, das er von beruhreter *Introduction* des *Conrectoris* nicht gewust. Er ᵃ were zwar dahin gebeten worden, aber nicht zu solchem Ende, sondern weil daselbest durch die Doctoren und Balbierer ein Menschenkopf solte *anathomiret* werden, dasselbe mitt antzuschawen, er hätte sich aber nicht eingestellet. Jedoch keme ihm solches mitt Verwunderung vor, er wolte es aber in gutter Gedechtnuß und Acht haben und wissen, was er dabey thuen solle. Was nun anlangete die angesetzte Zeitt, wollte er gebethen haben, woferner es muglich, das die *Protestirenden* der angesetzten Zeitt mitt Gedult abwarten wolten, dan er acht Tage vor dem Weynachtfest, welches (wie er selber in seinem Calender darnach gesehen) der 17. Decembris, gewiß wiederumb <451> ᵇ hie sein, sich auch ferner nicht auffgehalten lassen wollte. Im Fall aber die *Protestirenden* vermercketen, das in mittlerweil von den Beschuldigten etwas Untzimlich oder Gefehrliches *practiciret* wurde und die *Protestirenden* nicht Umbgang haben konten, zu andern Mitteln zu schreiten, als muste er solches geschehen lassen und damitt zufrieden sein, wollte auch noch fur seinen Abreisen umb die Recesse anhalten. Hierauff dancketen die ᶜ *Deputirten* dem Herrn Gesanten, gesegneten sich mitt ihm und nahmen ihren Abschied. Dies alles ist geschehen am 20. Tage Novembris 1605²⁹⁷.

Nach Abreisen des Herrn Gesanten seind diese Religionshendel bestecken blieben, biß auff den 19. Tag Decembris, an welchen ein E. Raht durch den Herrn Gerhard Brandes wiederholen ließ, wobey es jungst damitt verblieben, und das sich der Herr Gesanter anmelden lassen, das er anderer wichtiger Sachen halben verreysen muste, man solte mittlerweil die Tractaten continuiren, damitt, wan er zurucke keme, nicht lange dorffte auffgehalten werden. Er hette aber newlicher Tage ein Schreiben an einen E. Raht gelangen lassen, darinne er begerete zu wissen, ob man mitt der Sachen fertig, er wurde in kurtzer Frist zu Elbinge sein, und von danen auff seine Guter, so nicht weitt von Elbing gelegen, sich begeben, gebethen ihme ein Antwort zu schreiben, wie weitt man mitt der Sachen kommen sey. Worauff ihme ein E. Raht ein Antwort werden lassen, das man ᵈ <452> damitt noch nicht fertig were, so balde man aber fertig sein wurde, solte es ihme angekundigett werden. Weil dan die E. Gerichte am 11. Novembris sich ihres Bedenckens erklehrett, welches fast mitt eines E. Raths Bedencken uberein keme, drey Quartirer der Dritten Ordnung auch schon darauff wiederumb in die Rahtschlege gangen, das vierte aber nicht stimmen wollen. Als solte nun ferner die Dritte Ordnung in die Rahtsschläge gehen und in Erwegung gnedigsten Ermahnens

---

a Gestrichen/skreślony: sey
b Gestrichen/skreślony: wolte
c Gestrichen/skreślony: ab
d Gestrichen/skreślony: mitt

<452–454> Historisches Kirchen Register

Kon. May. wie diese Hendel freundlich und friedlich ᵃmogen beygelegett ᵇ und vertagen werden, unter sich erwegen. Geschehen 19. Decembris Anno 1605²⁹⁸.

S.r. Des folgenden Tages gieng hierauff die Dritte Ordnung wiederumb zu Rahthause und wolte zwar die calvinische Seyte in die Rahtschlege gehen, aber die Protestirenden auß allen vier Quartiren und der grosseste Hauffe, weil ein E. Raht ihre obgemeldte schriftlich ubergebenen Ursachen (warumb sie sich ferner in diese Rahtschlege nicht einlassen könten) nicht beantwortett, haben sie in die Quartieren zu gehen und ferner zu rahtschlagen sich nicht einlassen wollen, bey ofter erwehneten Ursachen beharrende. Weil aber ein E. Raht vermercket, das sich die Dritte Ordnung in zween Hauffen getrennett, verlegten sie die Sache biß nach den vorstehenden Weynachtfeyertagen. Geschehen 20. Decembris Anno 1605²⁹⁹.

Nachdem aber die *Protestirenden* vermercketen, das nunmehr keine Hoffnung zu irckeinem Vertrage zu machen, sondern durch den Verschlep viel mehr <453> die Sachen je lenger je erger werden solten, sintemal in so langem Abwesen des Herrn Gesanten von einem E. Raht nichts vorgenommen und nun ferner auch in den langen Kasten geleget worden. Als schlossen sie die vorerwehnete bey Kon. May. erhaltene *Citation* noch vor den Weynachtfeyertagen den beschuldigten Personen im Mittel eines E. Rahts *ordinarie insinuiren* zu lassen, wie auch geschehen am 23. Decembris 1605³⁰⁰.

Mittlerweil ließ der Herr Gesanter auß Königsberg an Eberhard Bötticher gelangen de dato 14. Decembris. Darinne er anmeldet, warumb er in seinem angesetzten *Termino* zu Dantzig nicht habe sein können, bittett umb Bericht, wie die Sachen itzund stehen etc. Darauß er verstehen mochte, ob er nach Dantzig zu eylen habe, wie denn die Copia dieses Schreibens in meyner Historischen Erklerung zu finden³⁰¹.

Diß Schreiben hatt Eberhard Bötticher den Protestirenden vorgetragen, welche darauff ein außfuhrliche Antwort gefasset und dieselbe in seynem (Eberhard Böttichers) Nahmen abgehen zu lassen verordnett. Welche Antwort auff Begehren des Herrn Gesanten am 14. Decembris auff Elbing an Herrn George Braunen, koniglichen Burggraffen, dieselbe ferner an ihn gelangen zu lassen, ist abgegangen. Die *Copia* hievon findet man in meiner Historischen *Declaration*³⁰².

T.r. In diesem 1605 Jahr hatt Herr Michael Coletus, Prediger in der grossen Pfarkirchen S. Marien, ein Buch in quarto wieder Doctors Schmids, Predigers und Rectoris zum Grawen Munchen, Schwermerey <454> in Druck verfertigen lassen, welches Titul also lautet: *Probation* oder Berichtschrifft³⁰³. In welcher durch 33 Beweysungen dargethan wird, das D. Fabricii, Rectoren und Predigers zu Dantzig, drey Predigten von den Heiligen Sacramenten und sonderlich vom H. Abendmahl und der kurtze Bericht zu Hanaw ohn des Au-

---

a Gestrichen/skreślony: und
b Gestrichen/skreślony: werden

tore Namen gedruckt³⁰⁴, eine rechte calvinische Grundsippe und Doctor Fabritius ein pur lauter außbundiger Calvinist sey, auß beiden Tractätlein zusammen getzogen, zum Vortrab einer außfuhrlichen grundlichen Refutationschrift so in kurtzem, wils Gott, folgen wird. Sampt dieser Kirchen *Formula Concordiae* oder Notel von Abendmahl und mitt einer *Praefation* und *Censur* des Ministerii zu Königsberg etc.³⁰⁵ Weil dan man nun diß Buch ᵃ in den Buchladen zu Dantzig offentlich feil gehabt, auch noch vielen bekant ist, will ich allhie ferner keine *Mention* davon machen.

In diesem Jare ist auch die Cantzel in der Pfarrkirchen S. Marien sampt der Decken mitt Farben und Golde auffs newe staffirett worden durch den Meyster Wolff Spoer, den Moler³⁰⁶.

Item in diesem Jar, am 6. Tage Aprilis, seind die Kirchenveter beysamen gewesen, haben auff der ᵇ Jacob Rhodischen [Frau] *Supplication* geschlossen, das sie die Krambude am Kirchhofe gegen der Frawen Thuer grosser machen möge, aber auff ihre eigene Unkosten und solches zu ihren Lebtagen alleine, hievor soll {weder} ihr ᶜ noch ihren Erben ᵈ {oder} Nachkommen von den Kirchenvetern keine Erstattung geschehen, sondern soll nach ihrem Tode der Kirchen S. Marien zum besten gebawett sein und bleiben.

{Am 16. Tage Aprilis ist Herr Salomon Heyne, einer von den Beschuldigten ᵉ in der Protestation Rahtspersonen, gestorben}.

{Item in diesem Jahr im Herbst ist Paul von Dorne in der Dritten Ordnung, der älteste Quartiermeister, seelig von der Welt geschieden. Item die Kirchenveter haben sich in diesem Jahr mitt den Bassisten Michaeli Thutzmanno, so seit der Sterbenszeit an des Capellmeysters Zangii Zeiten auffgewartet, welcher Zangius fur der Pest geflohen und biß dahero nicht wieder kommen war, verglichen, das er fur seine Dienste 150 Mk. haben solle und biß *dato* Ostern von Anno 1602 freye Wohnung, ferner aber aufzuwarten, soll er haben neben den Accidentien jehrlich 100 Mk. und auff vier Discantisten zu unterhalten 200 Mk. Zu Ende dieses Jahres ist Zangius, der Capelemeister, wiederkommen und auff Einrahten des Herrn Inspectoris, Herr Hans von der Linde, in seinen alten Dienst getretten, aber nicht lange verharett, wie hernach folgen wirdt}.

X.r. Anno 1606 die ᶠ {40.} Wahl der Kirchenveter

Nachdem, wie vorgemeldt, Paul von Dorne, der erste in der Ordnung der Kirchenveter, durch den zeitlichen Todt auß diesem Leben abgeschieden, erwehlet ein E. Raht auß ubergebenem der Kirchenväter Wahlzedel an seiner Stelle Gabriel Schumann, den Andern, in folgender Ordnung:

---

a Gestrichen/skreślony: zu Dantzig
b Gestrichen/skreślony: Anno 1606
c Gestrichen/skreślony: kunfftig von den Kirchenvetern
d Gestrichen/skreślony: und
e Gestrichen/skreślony: Rahtspersonen
f Gestrichen/skreślony: 41

	Herr ᵃ {Johan} von der Linde, der Pfarrkirchen ᵇ {*Inspector*}
	1. Sebald Schnitter 2. Daniel Hubner
	3. Eberhard Bötticher 4. Gabriel Schueman, der Ander
Y.r.	Hiebevor ist gemeldett, wie die Protestirenden {den 14. Martii} zum Proces geschritten und ᶜ den beschuldigten {Personen} im Mittel eines E. Raths die Kon. Citation *insinuiren* lassen und weil sich der *terminus citationis* nun mehr hertzunahete, deputirten die Protestirenden etliche Personen ihres Mittels datzu, das sie an Koniglichen Hofe *terminum attentiren* solten, als Matthis Dieckman und Lorentz Oloff auß der Zal der Hundert Menner und Georgen Schröder, des Werckes der Becker Elterman, welche sich auch demzufolge in Gottes Nahmen gen Crakaw auff den Weg gemachett haben am 8. Tage Januarii Anno 1606³⁰⁷.
Z.r.	Weil denn auch nicht lange hernach der Herr Gesante Samuel Laski wiederumb anher gelangett, thatt er abermals eine Ermahnung im Nahmen Kon. May. zu Friede und Einigkeitt in den Religionssachen in deutscher Sprache, welcher Ermahnung *Copia* in meyner Historischen Declaration zu finden ist. Geschehen am letzten Tage Januarii Anno 1606³⁰⁸. <456>
A.s.	Auff diese Ermahnung des Kon. Herren Gesanten gingen die beyden Untern Ordnungen des folgenden Tages auff Befehl eines E. Raths wiederumb in die Rahtschlege ᵈ und brachten die E. Gerichte ein, das sie Kon. May. fur die veterliche Ermahnung dancketen, verblieben aber bey ihrem vorigen Einbringen mitt Erbiethung, wo die Tractaten ferner *continuiret* wurden, das sie sich auch ferner freundlich und friedlich erkleren wollten. Die Protestirenden aber erhielten abermals in der Dritten Ordnung die meisten Stimmen, als das sie ebenmessig Ihrer Kon. May. dancketen, sie erkleretn sich aber, das sie es bey ihrem vorigem Einbringen werden liessen, auß Ursachen so sie hiebevor einem E. Raht schrifftlich abgegeben und wolten nun ferner bey den angefangenen Process verharen. Geschehen 1. Februarii Anno 1606³⁰⁹.
B.s.	Dieweil auch von Kon. May. auff der Protestirenden Bitten und Anhalten ein verschlossen Schreyben an einen E. Raht gelangett, darinne Ihre May. *mandiret*, mitt der vorstehende Kuhre oder Wahl die vacirenden Stellen in den Amptern alten jehrlichen Gebrauch nach wiederumb zu ersetzen, biß auff ferneren Ihrer May. Bescheid einzuhalten. ᵉ Und solche *Inhibition* dem Herrn Praesidirenden Burgermeister am andern Tage Februarii ubergeben worden. So hatt doch nichts desto weniger ein E. Raht dieselbe Wahl fort gestellett ᶠ. Und weil vor diesem ᵍ {in verschienen Jahr} auß dem Mittel eines E. Rahts

---

a Gestrichen/skreślony: Hans
b Gestrichen/skreślony: President
c Gestrichen/skreślony: eine E. Raht die Königliche Cit
d Gestrichen/skreślony: gangen
e Gestrichen/skreślony: Haben die Prete
f Gestrichen/skreślony: Am nechsten folgenden 9. Tag Martii
g Gestrichen/skreślony: Herr M

gestorben waren ᵃ Herr Melchior Schachman, Kemerer, hiebevor ᵇ am 8. Tage Novembris [1605], Herr George Mehlman am 18. Julii [1605] und ᶜ obgenanter Salomon Heyne <457> am 16. April [1605] ᵈ, {alle drey in der Protestation beschuldigte und an Kon. May. citierte Personen}³¹⁰, sind an ihre Stelle ᵉ erwehlett worden Herr Arend von Holten, der gewesene Scheppen Eltermann, Herr Adrian von der Linde und Herr Nickel Hoferaeht, gewesene Scheppen. Und an dieser Stelle sind in die Scheppenbanck ᶠ wiederumb erwehlett worden Herr Friedrich Hittfeld, Herr Eckhard von Kempen und Herr David Fischer. Geschehen am 9. Tage Martii Anno 1606³¹¹.

C.s. *In termino* der Königlichen *Citation* ist an Kon. Hofe zu Crackaw auff Anhalten der Protestirenden Abgesanten, das mitt dem Calvinismo beschuldigte Theil im Mittel eines E. Rahts fur den Kon. *Assessoren* offentlich geruffen worden, weil aber niemands von ihrendwegen *compariret*, ist bemeldtes beschuldigte Theil *in contumatiam* condemniret worden, welches *decretum contumatiae* sie unter Kon. May. Siegel ᵍ außgenommen und anhero gebracht haben. Desselben Inhalt findet man von Wort zu Wort in meyner Historischen Erklerung³¹². Datiret zu Crakaw am nehesten Sonabend vor dem Fest der Bekehrung S. Pauli Anno 1606.

D.s. Ferner hatt obgemeldter Herr President proponiret: Es wurden sich die Ordnungen zu erinnern wissen, mitt was Fleiß Ihr Kon. May. durch den Herrn Gesanten sie zu drey unterschiedlichen Mahlen zu freundlichen Vertrage, Friede, Einigkeitt ʰ {ermahnen} lassen, worauff ein E. Raht wie auff die ein E. Gerichte und etliche auß der Dritten Ordnung sich auff eines E. Raht vorgeschlagene Mittel freundlich erckleret, mitt Erbietung ferner bey den Sachen zu thun, was der Stadt nutzlich und zu Erhaltung des <458> lieben Friedens und Ruhestandes dienstlich sein möge. Als wolle ein E. Raht ferner die E. Ordnungen ermahnett haben, sie wollen betrachten, wie freundlich und nachbarlich vor diesem die lobliche Burgerschafft sich mitteinander begangen und dagegen in welchem Zwiste, Neid, Haß und Wiederwillen sie itzund wegen des eingefallenen Religionszwistes lebeten. Darumb sie nun ferner dahin bedacht sein wollen, wie diese zwistige Hendel auff gnedigsten Willen und ernsten Befehl Kon. May. fein freundlich und friedsam möge beygelegett werden. Nach gehaltenen Rahtschlegen bathen die Protestirenden auß allen vier Quartiren einen E. Raht, man wolle sie ⁱ mitt solchen *propositionibus* wegen

---

a Gestrichen/skreślony: Herr Melchior Schachman, hiebevor am Herrn Constatinus Gyese Burgermeister am 24. Tage Februarii des verschienen 1604 Jahre, welcher mitt dem Calvinismo unbefleckett war
b Gestrichen/skreślony: Anno 1605
c Gestrichen/skreślony: Herr Salomon
d Gestrichen/skreślony: dieses 1606 im verschienen 1605 Jahr
e Gestrichen/skreślony: am 9. Tage Martii dieses 1606 Jars
f Gestrichen/skreślony: erweh
g Gestrichen/skreślony: die abgesanten unter anhero gebrach
h Gestrichen/skreślony: durch den Herrn Gesanten ermahnen
i Gestrichen/skreślony: ferner

der Religion verschonen, dan sie sich ferner nicht wusten einzulassen, wolten auch ihre Gravamina dem Herrn Gesanten zustellen. Actum 16. Februarii Anno 1606[313].

Nachdem nun{mehr} hiemitt die Tractaten wegen der streitigen Religion wiewoll ohne Frucht ihr Ende nahmen, *proponiret* ein E. Raht [a], weil der Kon. Herr Gesanter hinferner auch nicht lenger wolte auffgehalten sein, hette ein E. Raht eine Antwortschrifft verfertigen lassen, welche im Nahmen sämptlicher Ordnungen ihme zum Beschluß, wobey es wegen des zwistigen Religionhendel verbliebe, sollte mittgegeben werden. [b] Welche Antwort, ob sie also wie gefassett, dem Herrn Gesanten abtzugeben, wurden sich die Ordnungen darauff zu erkleren haben. Welcher Antwort Inhalt, nachdem sie verlesen, ungefehrlich und kurtzlich dießer gewesen: Es sagen Ihrer Kon. May. {samptliche Ordnungen dieser Stadt in Unterthenigkeytt} unsterblichen Danck fur die väterliche Ermahnung zum Friede und Einigkeitt. <459> Imgleichen dancken sie dem Herrn Kon. Gesanten fur gehabte Muhe und Fleiß, so er nicht alleine etliche Tage, sondern auch etliche Monat angewand und biß dahero abgewartett, mitt Erbietung etc. Ferner, obwoll ein E. Raht und Gerichte wie auch etliche auß der Dritten Ordnung sich zu friedsamen Mitteln erklehrett, so haben doch die meisten Stimmen in der Dritte Ordnung, so sich *Protestanten* nennen, in dieselbigen Mittel nicht [c] {willigen} wollen, sondern sein bey dem angefangenen Process verharret. Diese Antwort ist verlesen worden am 20. Februarii Anno 1606[314].

Des folgenden Tages nach gehaltenen Rahtschlegen beschwereten sich die Protestirenden, welche in der Dritten Ordnung die meysten Stimmen hatten, das in obgedachter Antwortschrift so *nude* und bloß gesagt gesetzett were worden, als hetten die Protestirenden sich ohne einige eingewandte Ursachen nicht einlassen wollen, da doch solches die Recesse viel anders außweisetten. Begereten derowegen die von ihnen schriftlich ubergebenen Ursachen, so sie einem E. Raht am 5. Tage Octobris verschienen Jares, warumb sie sich ferner in die Religionstractaten nicht einlassen könten, hintzu gesetzett werden mochten. Daneben bathen sie, das dem Herrn Gesanten so woll auch ihnen die Recesse dieser Rahtschläge möchten mittgetheilet werden. Die E. Gerichte waren mitt der gefasseten Antwortschrifft ohn einige angtzogene Ursachen der Protestirenden zufrieden.

Hierauff [d] {schicket} ein E. Raht nach gehaltenenem Rahtschlage den *Secretarium* Wencesslaum Mitteldorff in das Mittel der Dritten Ordnung und ließ anmelden, das die angetzogenen schrifftlichen Ursachen <460> mitt allen Puncten ins *Responsum* zu setzen nicht sein konte, dan es viel zu lang werden wolte. So man aber zufrieden were, das sich ein E. Raht auff dieselben Ursa-

---

a Gestrichen/skreślony: ferner
b Gestrichen/skreślony: Welcher Antwort
c Gestrichen/skreślony: einlassen
d Gestrichen/skreślony: hatt

chen *sub dato* wie oben alleine referirte, so konten sie es woll geschehen lassen. Die Protestirenden geben hierauff zur Antwort, das sie damitt zufrieden weren. Und war bald die bemeldte Andwortschrifft ª also wie bewilligett umbgeschreiben, der Dritten Ordnung vorgelesen und von derselben verwilligett, das es dermassen dem Herrn Gesanten mochte zugestellet werden. Geschehen den 21. Februarii Anno 1606³¹⁵.

E.s. Es achteten aber die *Protestirenden* fur nothwendig, neben diesem *Responso* dem Herrn Gesanten auff sein hievorgemeldtes Begeren ihre *Gravamina* abzugeben, weil sie aber durch die jungst gehaltene Rahtschlege zu Rahthause dieselben zu *concipiren* verhindert worden, ᵇ {fertigten} sie etliche hernach genante ihres Mittels Personen an den Herrn Gesanten ab, welche in seine Herberge gingen und in der Protestirenden Namen bathen, das der Herr Gesandte keinen Unwillen tragen wolte, das ᶜ {die Protestanten} mitt den *Gravaminibus* nicht fertig werden konnen, dan sie des Schlusses sämptlicher Ordnungen zuvor abwarten mussen. Sie wollen aber dieselben *Gravamina*, weil er nich lenger abwarten konnte, mitt dem furderlichsten nachschicken, dancketen ihm daneben fur gehabten Fleiß in Untersuchung des itzigen Zustandes in den Religionssachen, bathen ihn {auch} zugleich (wie man daran keinen Zweifel truge), das er denselben itzigen Zustand Kon. May. trewlich *referiren* und bey derselben gnedige Beforderung thun wolle, das die <461> gutte Stadt bey der Augspurgischen *Confession* und daruber habenden Privliegien und Freyheiten möge geschutzett und erhalten werden.

Hirauff gab der Herr Gesanter zur Antwort, das es ihm leid were, das er die lange Zeit hero nichts verrichtett ᵈ {hette}, da er doch ᵉ {keinen} muglichen Fleyß ᶠ gesparett, auch gerne gesehen, das die Sache fein friedlich were beygelegett worden, weil es aber nicht sein können, wolle er es alles Gott und Zeit befehlen. Er wolle alles, wie er es befunden, Kon. May. als ein ehrlicher Man trewlich *referiren*, obgleich etliche Leute ein Mißtrawen zu ihm hetten. Sie, die *Protestirenden*, hielten so feste uber ihren Privilegien, denselben nach solten sie auch Ihrer Kon. May. die grosse Pfarkirche wiederumb einreumen, die weil sie Ihrer Kon. May. gehörete. Was die *Gravamina* anlangete, solte man dieselben verfertigen und ihme mitt dem ersten nachschicken.

Die *Deputireten* brachten zur *Replica* wieder ein, wie das es der Protestirenden Schuld nicht were, das es suhnlichen Tractaten so gantz ohne Frucht abgegangen. Sintemal sie auff die Vorschlege, so das Gegentheil gethan, welche alle unsern Privilegien sehr verletzlich, nichts einwilligen können, sondern hetten es bey dem einigen Mittel, nemlich das die calvinischen Prediger und Lehrer in Kirchen und Schulen musten abgeschaffett werden, wenden und

---
a Gestrichen/skreślony: wer
b Gestrichen/skreślony: haben
c Gestrichen/skreślony: man
d Gestrichen/skreślony: hette
e Gestrichen/skreślony: an seinen
f Gestrichen/skreślony: nicht hette

bleiben lassen. Wie solches die *Recesse* wie auch die Ursachen, warumb es nicht anders sein könne, welche von den *Protestirenden* einem E. Raht ubergeben, klerlich außweiseten. Darumb man auch seiner Gnaden fleissig wolle gebethen haben, wie auch vor diesem etliche Mahl geschehen, <462> das dieselbe von einem E. Raht die Recess, was in gehaltenen Tractaten zwischen den Ordnungen und der *protestirenden* Gemeine vorgelauffen, abfordern wolle, worauß Seiner Gnaden Ihrer Kon. May. desto volstendigern Bericht geben könte und das die *Protesirenden Copiam* davon haben mochten. Was anlanget die Pfarkirche, davon er, der Herr Gesante, Mention gemacht, umb dieselbe hette es eine viel andere Gelegenheitt, als er sich einbildete. Es were aber itzund keine ᵃ {Zeitt}, darauff zu antworten, weil es den Deputierten mitt ihm *privatim* {davon} zu reden nicht befohlen were.

Hirauff antwortett der Herr Gesanter, was die *Recess* gelangete, wuste er sich woll zu erinnern, das man solche abzufordern vor diesem schon begeret hette, weil es aber mitt den Tractaten so lange gewehrett hette, were es ihm mittlerweil auß den Gedancken kommen, man hette ihm dessen abermahl erinnern sollen. Jedoch weil es nicht geschehen were, wolte er noch darumb anhalten. Nach gehaltener dieser Abrede danckten die Abgefertigten dem Herrn Gesanten, letzten sich mitt ihm und nahmen ihren Abscheid. Diese Abgefertigte waren Eberhard Bötticher und Michel Hillebrand, Quartiermeister, Caspar Wibes, Nickel Schmid, Matthis Dieckman auß den Quartieren der Dritten Ordnung und Hans Balckaw, Eltermann des Hauptwercks. Geschehen 23. Februarii Anno 1606³¹⁶.

Bald darauff liessen die Protestirende ihre *Gravamina* und Beschwer schrifftlich fassen und durch itzt genanten Nickel Schmid dem Herrn Kon. Gesanten am 27. Februarii gen Schönwalde nachschicken und abgeben. <463> Diese *Gravamina* und Beschwerpuncta von Wort zu Wort findett man in meyner Historischen Declaration³¹⁷. Allhie zu weitläuffig zu setzen.

F.s. Es hatt aber nichts destoweniger {der calvinische Hauffe} beyde allhie zu Dantzig und an Koniglichen Hofe *practiciret*, wie sie ihre Sache schmucken, vertheidigen und wo nicht gar erhalten, dennoch in einen langweiligen Verschlep bringen ᵇ und dagegen die Protesirenden bey Kon. May. und derselben anwesenden Rähten als Rebellen und Auffwiegeler außzuruffen etc. sich unterstanden. Die Sache auch so gefehrlich gemacht, das Kon. May. ein universal Friedensgebett de dato 8. Februarii dieses 1606 Jahres anhero gesand, mitt Befehlich, das selbe offendlich antzuschlagen, welchs auch hernach geschehen und sowol ᶜ lateynisch als deutsch an der Pfarkirchen und Konig Artushoff drey Tage lang angeschlagen gestanden, nehmlich den 13., 14. und 15. Martii³¹⁸. Darinne mandiret und befohlen, nachdem in der Stadt etliche Zwiste endstanden wegen Ungleichheit der Religion, die so weit schon kom-

---

a Gestrichen/skreślony: Gelegenheitt
b Gestrichen/skreślony: mochten
c Gestrichen/skreślony: latey

men, das auch derhalben *Citationes* ergangen, welche Zweyung Ihr May. auch gerne hette geschlichtet, auch desfals dem Herrn Samuel Lasky datzu verordent gehabt. Wenn aber er biß dahero desfals nichts hatt können verrichten, so hatt es Ihr May. durch Urtheil und Recht wollen entscheiden, da dieselbe durch andere wuchtige Geschäffte nicht were abgehalten, weil aber solches ferner musse Anstandt haben, ermahne [a] Ihr May. jedermänniglich, [b] {gebieten}, aufferlegen und befehlen <464> ernstlich, das sie mittlerweil, biß Ihre May. von den vorstehenden Reichsgeschefften endlediget, stille, ruhesam und friedlich untereinander leben, und [c] zu Getzencken, viel weniger zu Auffruhren Anlaß zu geben sich endruste. Das aufferlege die Oberkeitt den Predigern mitt Ernst, das sie weder in offentlichen Predigen noch Privatgesprechen die Gemutter der Burger endtzunden etc. Die Oberckeitt pflege ihre Burger mitt veterlicher Liebe und die Burger haben die Oberckeitt in Ehren und Gehorsamen, ihr wie sichs getziemett etc., bey der Peen der Verweisung und Confiscation der Gutter auff die [d] Burger, auff die Frembden noch bey höherer und höchster ihrer May. Straffe etc. Die *Copia* dieses Mandats findet man fast zu Ende [in] meyner Historischen Declaration[319].

G.s. Uber diß alles, was in Religions[e]- und politischen Sachen biß dahero {zu Rahthause} verlauffen, hatt die Dritte Ordnung die Recesse abtzuschreiben und zur Nachrichtigung ihnen in ihr Spind zu bewaren embsig angehalten und gebethen, wie vor diesem auch geschehen. Solchs hatt auch ein E. Raht durch Secretarium zu bestellen und abtzugeben verheissen. Geschehen am 16. Martii Anno 1606.

Es ist aber dieser Zusage nach [f] der Dritten Ordnung biß Anno 1616, da ich diß geschrieben, nichts ubergeben, glaube auch nicht, das diesem Begehren der Dritten Ordnung ein Genugen geschehen wird, [g] {sintemal} das, was sie hievon in ihrer Bewahrung gehabt, {auch} ist abhendig worden, nicht wissende, wohin es kommen. <465>

H.s. Damit wir nun wieder zu der Pfarrkirchen Sachen kommen, findett man einen Außzug in der Kirchenveter Bewahrung folgendes Lauts:
Auffm Schnuffelmarckt *descendendo* 1597, 25. Octobris.

Simon Kersten	½	
Daniel	¼	*liberi* Marten Kerstens } *haereditatem*.[320]
Emanuel	¼	

Vide in platea Frauengasse ascendendo circa haereditatem seu funndum ad Ecclesiam B. Virginis pertinentem, omnino in fine eius lateris ascendendo,

---

a Gestrichen/skreślony: ein E. Raht
b Gestrichen/skreślony: und
c Gestrichen/skreślony: zu Auffruhren
d Gestrichen/skreślony: Gutte
e Gestrichen/skreślony: -sachen verlauffen
f Gestrichen/skreślony: biß dahero
g Gestrichen/skreślony: weil auch

ubi adnotatio quaedam ponitur ad supra scriptam haereditatem pertineus. Actum feria tertia xxvii Junii Anno xv^c xlii.

Aus der Frawengasse auff den Pfarrkirchhoff gehende *Ecclesia B. Mariae Virginis unam haereditatem.*

Notandum: dat de Vorstendere Unser L. Fruwen Kercken mitt Weten und Tholaten eines E. Rades van diesem bawen geschworenen *fundo*, darup nu etlicke Boden staen, einen deel der solwigen, nemlicken int Ende dersulvigen sudewerts gelegen, gantz im Winckel, als xiiii Font breytt unde xiiii Font langk unde xi Fote hoch, tho Marten Kerstens sinem Erfe in der Brodbenkkengasse gelegen, nu hinforder gehörende. Dennoch datt dat Secret, so dat beth her in siner Beglindunge gewest und iß henforder ock bliven sall, unde mitt dem widern Bescheide, datt Vincentz Anholdt oder andere Besittere dessulwen Erves keinen Afftoch offte Watergang dorch dat bawen geschrewene *spacium* hebben noch macken sollen in thokamenden Tyden, ock keinen Mist, Koet noch Unflaet darvör, sonder stracks up den Wagen tho schlaen und wech tho förende. *Actum* fer. 3 xxvii Junii Anno xlii [1542]^{321}.

<466>

Das ist auch bey diesem Erbe eine Notel fur Nachmahnung von Anno 1565 den 22. Maii^{322}. *Ex libro fundorum primariae civitatis Gedanensis* 25. April Anno 1606.

Hermanus Frederus sigelum^a.

Wie reinlich dieses Marten Kerstens Erben, so das Hauß ^{g} bewohnen oder bewohnen lassen, ^{b} vor dem benanten ^{c} Raum auff dem Kirchhofe {iztiger Zeit halten, ist daselbest} woll zu sehen, nemlich, das es ^{d} an denselben Ortt nimmer an Mist und Koot gemangelt, so herauß auff den Kirchhoff geworffen wird, welches den Kirchenvetern nicht zu leiden stehett, ^{e} {dan sie} den Verweiß davon haben, das die Schuld ihr sey, sintemal sie solches wider diesen Auszug leiden und geschehen lassen.

1607 Anno 1607 am 17. Tage Februarii ist mitt Tode abgegangen Herr Hans
I.s.   Schwartzwald, Rahtsverwander, welcher nun an der Zal der vierdte gestorben von denen, so von den Protestirenden mitt den Calvinismo beschuldiget gewesen.

1608 Anno 1608 im Junio haben die Kirchenveter verordnet Andream Hardenber-
K.s. ger [Hackenberger] *Pomeranum*, welcher etlicher Jar hero Kon. May. zu Polen fur einen *Musicum* gedienett, zu einem Capellmeister in der Pfarrkirchen bestellet und angenommen^{323}. Sintemahl Nicolaus Zangius, sein Vorfahr, ohn Vorwissen und Willen der Kirchenveter sampt seynem Weibe sich nach Deutschland ins warme Bett begeben hatte und in zwey Jahren nicht wieder-

---
a Doppelt unterstrichen / podwójnie podkreślone
b Gestrichen/skreślony: ist
c Gestrichen/skreślony: Rau
d Gestrichen/skreślony: daselbest
e Gestrichen/skreślony: welche

kommen³²⁴. Sein Salarium ist neben seinem *Accidentien* jehrlich 300 Mk. fur sein Person und das er auch alletzeitt vier gutte Discantisten halte, noch datzu 300 Mk.³²⁵ <467>

L.s. Anno 1609
Die 41. Wahl der Kirchenveter
Nachdem in diesem Jahr durch die Wahl der Oberckeytt am 17. Tage Martii Herr Gabriel Schumann, in der Zahl der Jungste unter dem Kirchenvetern, ins Mittel der E. Gerichte verordnet, als wehlett ein E. Raht auß ubergebenem Kirchenveter Wahlzedel an seyne Stelle Georgen Rosenberg in folgender Ordnung.

Herr ᵃ {Johan} von der Linde, der Kirchenveter Obmann
1 Sebald Schnitter 2 Daniel Hubener
3 Eberhard Bötticher 4. George Rosenberg

Nach Außweisung Sebald Schnitters Rechnung ist die Pfarrkirche ᵇ sampt den Gewelben abgestaubett und reyn gemacht worden, welches gekostet ohn das Tranckgeld 55 Mk. 16 Gr.

Am ersten Tage Junii haben diese Kirchenveter auff Bitte und Anhalten des Bassisten Michaelis Thutzmanii ihme sein Salarium verbessert, in Anmerckung, das er in Abwesen des Capelmeisters Nicolai Zangii fleyssig auffgewartett und auch seine Besoldung der Hundert Mk. nunmehr auffgehöret, das ᶜ {man ihm} 20 Mk. ᵈ {verehren soll} ᵉ. Dieweil man ihn zu Chore auch nicht entberen können, das soll er jerlich 30 Mk. zur Besoldung haben. Darendwegen soll er 30 Mk. Zins geben fur die Wohnung, darin er itzund wohnet, damitt kein Mißbrauch mitt den Wohnung geschehe.

1610 Anno 1610 adi 10. Augusti ist wehrender Leichbegengnus der Frawen Elisa-
M.s. bet Rossawen, weyland Herrn David Fischers Gerichtsverwanten <468> [Tochter], im Leuten der Knepel in der grossen Glocken auff dem Pfarthurme in zwey Stucke zerbrochen, da doch kein Riss oder Borsten davon zu kemen gewesen. Denselben Knepel wiederumb zusamenzuschweißen hatt man Meister Baltzer Böger, dem Stadtschmiede, gegeben 8 Mk. Und weil der Knepel zu leicht befunden, auch am dicken Ende sehr abgenutzett war, hatt ihm M[eister] Hans Wecker, Anckerschmid, mitt Eysen vorgelegett und gesterkkett, dafur ihm gezahlt 19 Mk. Kostet also derselbe Knepel wider zu machen 27 Mk.

N.s. Bald hernach, nemlich den 28. Augusti, ist in Gott seelig endschlaffen Herr Sebald Schnitter, der erste in der Kirchenväter Zal. Die Ursache seines Todes war die gulden Ader.

---

a Gestrichen/skreślony: Hans
b Gestrichen/skreślony: von
c Gestrichen/skreślony: er ferner jerlich
d Gestrichen/skreślony: geben
e Gestrichen/skreślony: {zur Verehrung}

	Vier Monat nach diesem ist der ander Kirchenvater in der Ordnung, Herr Daniel Hubener, auch eines seeligen Tods verblichen am 27. Tage Decembris, die Ursache seines Todes war die Wassersucht.
O.s.	In diesem Jahr hatt Jacobus Adamus, Prediger zu S. Elisabeth, einen Tractat vom Heiligen Nachtmahl in den Druck gegeben, welchen er tituliret: „Einfeltige, kurtze und in Gottes Wort gegrundet Erklehrung der Einsetzung des Heiligen Hochwirdigen Abendmahls unsers Herrn Jhesu Christi. Geschehen durch Jacobum Adamum Predigern zu S. Elisabeth in Dantzig[326], von wegen grewlicher Lesterung, so wieder dieselbe offentlich <469> außgegossen, in Truck verfertigett, damitt ein jeder dieselbe fur sich lesen und davon urtheilen möge." Stehet aber nicht, wo es gedruckt ist, {helt in sich vier Bogen in *quarto*}. Darnach ließ er etliche Fragstucklein [a] vom Heiligen Abendmahl ausgehen, also getituliret: „Schlechte und rechte Fragenstucklein, welche zum wirdigen Gebrauch des Heiligen Abendmals zu wissen vonnöten sein, verfasset durch Jacobum Adamum, Diener des reinen Göttlichen Worts zu S. Elisabeth in Dantzig."[327] {Stehett auch nicht dabey, wo es gedruckt sey}, von zwey Bogen in *octavo*. Diesem Schwermer kompt zu Hulffe ein ander ohne Nahmen, gibt sich an Tag, als sey er gutt lutherisch mitt einer besondern Frage auß dem Cathechismi Lutheri, {in sedecimo von zween Bogen} unter folgendem Titel: „Einfeltige, deutliche, wolgegrundete und recht lutherische Erklerung der ersten Frage des kleinen Kinder Catechismi vom Heiligen Abendmahl: Was ist das Sacrament des Altars? Der Christlichen Jugend und einfeltigen gemeynen Leyhen zur Lehr und Unterricht in Frag und Antwort gefassett. "[328] Diese Schartecke wird außgegeben als sey sie zu Leich in der Graffschafft zu Solms gedruckt. Es sein aber diese verfuhrische Schartecken alle drey {nirgend anders als [b]} zu Dantzig gedruckt, durch einen arianischen Drucker, Andream Hunefeld, nach gemeiner Aussage [c] {der Leute}, wie er auch deswegen von der Obercheit zur Rede gestellet, aber nicht gestendig sein wollen. {Diese dreyerley Schartecken hatt man auff den Martinus Marckt zu Dantzig in den Buchladen offentlich feil gehabt und auffs Raht- und Gerichtshaus und sonst hin und wieder außgesprenget und ist mitt der letzten, welche ohne Nahmen des Authoris aussgangen, Johannes Martinus, *Rector* zur Pfarre, sehr verdechtig gehalten}.
P.s.	Was haben aber diese beyderley Schwermer hiemitt außgerichtet?, als das sie in den streitigen Religionsachen auffs Newe zu Sturm geblasen und dadurch auff den lutherischen Cantzeln einen newen Lermen angerichtett, also das nicht <470> ihnen von den lutherischen Predigern solche ausgesprengete Schartecken hin und wieder mundlich sind wiederlegt worden, sondern es hatt auch Herr Michael Coletus im Namen samptlich seiner lutherischen Collegen eine Warnungsschrifft dawieder in den Druck aussgehen lassen,

---

a Gestrichen/skreślony: ausgehen
b Gestrichen/skreślony: zu Da
c Gestrichen/skreślony: gedruckt worden

mitt folgenden Titel: „Trewhertzige Warnungs- und Vermahnungsschrift an alle und jede fromme evangelische, der wahren reinen Augsburgischen Confession verwandte Christen zu Dantzig, sich fur den dreyen in der Vorrede vortzeichneten calvinischen Lugen- und Lester schartecken als einem hochschedlichen Seelengifft zu hutten und vortzusehen. Sampt Ertzelung und Entdeckung ettlicher betrieglichen und verfuhrischen darinne versteckten Fallstricken und Kennetzeichen des calvinischen, sacramentirischen unruhigen Geistes. Gestellet im Namen und auff einmuttigen Consens der evangelischen und lutherischen Prediger zu Dantzig durch Michaelem Coletum, eltesten Prediger der christlichen Gemeine in S. Marien Kirchen. Gedruckt zu Rostock durch Joachim Fueß, Anno 1611"[329].

1611 Anno 1611

Q.s. Die [a] {42.} Wahl der Kirchenveter

Nachdem verschienen Jars, wie vorgemeldt, die zween [b] eltesten Kirchenveter mitt Todt abgehen, haben die beiden jungsten, als Eberhard Bötticher und George Rosenberg, einen E. Raht acht Personen schrifftlich aufgestellet und am dritten Tage Januarii dem alten Gebrauch nach durch den eltesten Burgermeister und der Kirchen{veter} Obman, Herrn Johan <471> von der Linden, ubergeben lassen, zween andere Kirchenveter darauß zu erwehlen, worauff ihnen am 5. Januarii an Stelle der Verstorbenen seind zugeordnet worden[330]: Heinrich Kemerer und Michel Wider in folgender Ordnung:

Herr [c] {Johan} von der Linde, der Kirchenveter Obman

1. Eberhard Bötticher 2. George Rosenberg
3. Henrich Kemerer 4. Michel Wider.

R.s. Am 24. Tage Februarii haben diese Kirchenveter nach Gewohnheit ihre jährliche Kirchenrechnung gehalten. Damals hatt Peter Witzcke, der Kirchenknecht, instendiges Fleisses [d] angehalten umb Außhengung der weissen Lakken in den Sterbhäusern, vorgebende das solches Aushengen vortzeiten dem Kirchenknechte und nicht dem Signator, der es itzund verrichtete, geburet hätte. Hierauff haben die Kirchenveter verabschiedett und lassen es auch noch dabey wenden, das solch Außhengen der Lacken, wie sie es [e] befunden, ferner dem Signator bleiben solle und da[f]{neben} dem Kirchenknecht auferlegt, bessere schwartze Tuche zu schaffen, fur die Thuren der Sterbheuser außzuschlagen. Sonst wurde man dasselbe auch einem andern befehlen.

[g]S.s. In diesem Jahre 1611 die {43.} [h] Wahl der Kirchenveter

---

a Gestrichen/skreślony: 41
b Gestrichen/skreślony: Kirchen
c Gestrichen/skreślony: Hans
d Gestrichen/skreślony: bey dem Kirchenvetere
e Gestrichen/skreślony: die itzigen Kirchenveter
f Gestrichen/skreślony: gegen
g Gestrichen/skreślony: R.s.
h Gestrichen/skreślony: die 42

Bald nach abgesetzter Kuhre der Kirchenveter hatt ein E. Raht in ihrem Mittel auch Kuhre gehalten und unter andern Georgen Rosenberg, {den Andern, in der Ordnung der Kirchenvätter} auß dem Kirchenvetter Stuel ins Mittel der Gerichte genommen am 17. Tage Martii. Darumb die andern drey an seine <472> Stelle andere vier Personen schrifftlich ᵃ auffge{zeichnet} und durch den Herrn ᵇ

Inspectoren, Herrn ᶜ Johan von der Linden, einem E. Raht uberreichen lassen, einen newen Kirchenvater darauß zu erwehlen. Und ward datzu ernant Greger von Amster in folgender Ordnung:

Herr ᵈ Johan von der Linde, Oberster *Inspector* der Pfarkirchen
1. Eberhard Bötticher   2. Henrich Kemerer,
3. Michael Wider,   4. Greger von Amster

T.s. Am 15. Martii starb Caius Schmedecke³³¹, ein furtrefflicher Organist in der S. Marienkirchen, seines Alters 56 Jahr, hatt der Kirchen gedienett 26 Jahr, worauff ein E. Raht sich umb einen andern beruhmten Organisten umbgethan. Darumb auch Michael Weyde, des bemeldten Caii gewesener Gehulffe, umb denselben Dienst *supplicando* angehalten, sintemal ihm an des verstorbenen Stelle biß auff weiteren Bescheid die Orgeln zu verwalten befohlen worden.

V.s. {Dernach, am 16. Tage Maii, ist der Herr Burgermeister Hans Thorbecke in Gott endschlaffen, welcher der funffte Beschuldigte wegen Einfuhrung des Calvinismi im Mittel eines E. Rahts war, so mitt Todt abgangen}.

W.s. Mittlerzeitt, nemlich 23. Maii, hatt sich Paul Siewert, der Geburt von Dantzig, eines E. Raths *Stipendiat* und Organist, ankommen und durch eine Supplication umb den Dienst angehalten, welchem gefolgett auch ein beruhmter Organist von Lubeck, He[n]ricus N [Marci], mitt seinem Tochtermann, welcher ein Organist zu N. [Flensburg] im Lande zu Holstein gewesen, mitt Nahmen *Christophorus* Vader ᵉ. {Dieser Christoff} hielt imgleichen umb den Dienst an, fur welchen benanter *Henricus*, der ihm seiner Kunst halben um gut Zeugnuß gab, *intercedirett*.

X.s. Am 7. Junii ward Marten Weyer, welcher in der Moschkaw fur Smolensko erschossen³³², {also todt}, die Stad Dantzig vorbey auff seine Gutter <473> gefuhrett, zu Abend umb acht Uhr ᶠ im furuber fuhren, ward auff seiner Verwanten Begeren, als zu einer adelichen Personen {Leichbegengnuß}, auff dem Pfarthurm mitt den Glocken geleutett.

Y.s. Wie dan auch Ihr Kon. May. den folgenden 13. dieses [Monats] dieselbe Stadt Smolensko mitt sturmender Hand erobert, eingenommen und mitt ihrem Kriegsvolck besetzett. Derwegen am 7. Julii hernach die von Dantzig

---

a Gestrichen/skreślony: stellt
b Gestrichen/skreślony: Burgermeister
c Gestrichen/skreślony: Hans
d Gestrichen/skreślony: Hans
e Gestrichen/skreślony: genant diese beyden
f Gestrichen/skreślony: und

ein Freudenfest gehalten, mitt einer Predict und Danksagung zu Gott {in allen Kirchen} fur verlihenen Sieg, da man dan auch das *Te Deum laudamus* auff der Orgel und Chor vor und nach der Predigt musiciret. ᵃ*Henricus*, der Organist von Lubeck, auff der grossen Orgel sich auch zum ersten Mahl hören lassen. Nachmittag {ward} furm Artushofe eine Fechtschule und auff den Abend ein Feuerwerck gehalten, auch mitt {Schießen aus groben Geschutz}, Herrpauken und Trometen das Freudenfest beschlossen.

Z.s. Auff instendiges Anhalten ᵇ ihrer vier Organisten umb die grosse Orgel hatt ein E. Raht den 12. Julii zum Probiertage verordnet[333] und zum Inspectore auff die Orgel {auß ihrem Mittel} den Herrn Ernst Kerle verordnet, zu dem sich Herr Hans Zierenberg, ᶜ Gerichtsverwanter, gesellet und {Nachmittage} zusammen auff die Orgel gangen, {die Rahtspersonen sich unten in die Kirche versammelt sampt den Kirchvetern und eine grosser Menge Burger, [um] anzuhören. Und waren} die Namen der vier *Supplicanten* ᵈ Michel Weyde, obgenandt, welcher damals die Orgel biß auff ferneren Bescheid vertrawett war, Paul Sievert, der obgenant des Rahts Stipdendiat, der dritte Gregor Linde, Organist von S. Peter, der vierdte Christoff Vader aus Holsten. Diese musten sich ᵉ nacheinander hören lassen, wie dan eines jeden Namen, der da spielet, auff einem Tafflin <474> uber die Orgel außgehenckett ward, damitt die Zuhörer sämptlich ihr Judiciren davon haben mochten. Zum ersten hatt ein jeder des gantze Werck geschlagen, zum andern eine *Fuga*, zum 3. den Psalm „Erbarm dich mein, o Herre Gott"[334], zum 4. eine Mutett durch eine Quart, zum 5. ein Bley auffs Clavier geleget und gespielett.

Diese Probe war bey vielen verdächtig gehalten, als wäre man {damitt} nicht recht umbgegangen, darumb auch E. Raht mitt Erwehlung eines Organisten nicht stracks fortgefahren, sondern von Ettlichen gesagt ward, das das Werck nicht an ihm selbst richtig und einer Reparirung bedurffte. Als ist ein Orgelmacher von Thorn anhero verschrieben worden, mitt Namen Johann N. [Helwig][335], welcher nebenst dem Kirchenvater Heinrich Kemerer und dem Lubischen Organisten Henrico nicht allein die grosse, sondern auch die kleine Orgel uber S. Reinholds Capellen versucht und die Mängel davon auffs Papier gebracht und einen E. Raht davon *Relation* gethan[336].

Darnach hatt ein E. Raht auß ihrem Mittel den Herrn Hans Speyman datzu deputirett, welcher ᶠ {mitt} sämbtlichen Kirchenvetern, denen es mitt anbefohlen, so woll mitt Henrico, dem Lubischen Organisten, Johan [Helwig], dem Orgelbawer vo[n] Thorn, Michaele, Organisten von S. Catharinen, Christofero Vader, Henrico, einem andern Orgelbawer, Tiedemanno Newnaber, einem Instrumentmacher, und Michael Weyda, der die Orgel verwaltett,

---

a Gestrichen/skreślony: Da sich
b Gestrichen/skreślony: nun
c Gestrichen/skreślony: Ge
d Gestrichen/skreślony: waren
e Gestrichen/skreślony: durchs
f Gestrichen/skreślony: sampt

{am 15. Augusti} hinauffgangen, eine Stimme nach der andern abermals versucht, was mangelhafftig gefunden, <475> vertzeichnet und nach gehaltener Beredung mitt den Kirchenvetern die Sache einem E. Raht zu *referiren* an sich genommen. Auch vom Orgelmacher begerett, aufzusetzen, was er das alte und newe Werck zu repaeriren seine Muhe und Arbeitt begehren etc.

Es ist aber auß allen nichts worden, sintemal ein E. Raht wegen eines gewissen Organisten sich nicht einigen konnen, jedoch sich zuletzt so weitt verglichen und am 23. Septembris verordnet, das Christoph Vader nun ferner die Orgel betretten und schlagen [a], Michael Weyda aber, der so lange auffgewartett, diesem weichen solle. Jedoch nur *ad tempus aliquod et ad placitum Senatus,* biß ein besserer kommen mochte.

Es hette zwar ein E. Raht uber dieser Sachen sich nicht so sehr zwisten durffen, sintemahl Laut und Inhalt der alten Kirchenbucher, wie es auch damals von alten Burgern betzeuget worden, je und alle wege hiebevor ein Ampt des eltesten Herrn Burgermeisters und obersten [b] Inspectoren der Pfarrkirchen sampt Einrahten der Kirchenvetern gewesen, und so in Rahtsschlegen desfals etwas bedeutlichs vorgefallen, {daruber sie sich nicht eynigen konnen}, solchs durch den Herrn Inscpectorem [c] und eltesten Burgermeister, als denn erst in eines E. Raths Bedencken gestellet worden ist. Das aber fur dißmahl dem Herrn *Inspectore*, Herrn Hans von der Linden, und den Kirchenvetern ein solcher Eingriff geschehen, mussen sie Gott und der Zeit befehlen. <476>

A.t. Nachdem ein E. Raht laut ihrer Verordnung {durch den Herrn Praesidenten Hans von der Linde} den Kirchenvetern den Rahtsschluß offenbahret und begerett, offtgedachten Christophorum auff bemeldte Condition in beyde Orgeln der Pfarrkirche zu introduciren, als denen es geburete, haben sie solche Introduction am ersten Tage Octobris ins Werck gerichtett [d] {und} beyde, Michel Weyda und Christoph Vader, auff die Orgel bescheiden, daselbest in Kegenwertigkeitt Notarien und Zeugen ihnen beyden eines E. Rathsschluß und Willen angetzeigett, nemlich das das Werck der beyden Orgeln in der Pfarrkirchen nunmehr dem Christophoro Vader solte befohlen sein, biß auff fernere Verordnung eines E. Raht. Es musten zwar die Kirchenveter es bey solcher eines E. Rahts Verordnung beruhen lassen, da sonst vor diesem wan Mangelung an solchen Kirchen Officianten vorgefallen, allewege zu Bestellung der vacirenden Stellen die Kirchenveter mitt getzogen weren worden, köntens aber also geschehen lassen und thetens Gott [e] und der Zeit befehlen. Sie lassen es aber bey eines E. Raths Verordnung [f] fur dißmal wenden, das Christophorus die Orgeln möge verwalten, biß andere Verordnung geschehen mochte etc. Darauff ihm befohlen, das Werck durch alle Stimmen zu

---

a Gestrichen/skreślony: solle
b Gestrichen/skreślony: Bu
c Gestrichen/skreślony: als
d Gestrichen/skreślony: dahin
e Gestrichen/skreślony: befehlen
f Gestrichen/skreślony: wenden

versuchen und den Mangel antzutzeigen. Hierauff antwortett er, er liese es bey Erklerung der vorigen, so das <477> Werck genugsam probirett hetten, wenden, jedoch weil mans von ihm begerete, solle ihm solchs nicht zuwidern sein. Fing an und ᵃ versuchte das Werck durch alle Stimmen und thatt seine Erklerung darauff, was daran mangelhaft, welches alles durch den Notarium Andreas Knaben annotirett ward. Nach Vollendung desselben erklehrett er sich, das alle Stimmen, ob sie gleich aller Ding nicht gantz richtig, dennoch woll zugebrauchen, viel Pfeiffen weren allein von Staub verstopft, das sie nicht angehen konten, zudem so steche sich das Werck durch alle drey Boden im Discant wie zu hören gewesen. Etliche *Claves* hetten woll Mangel, dieselben aber weren von Anfang, wie das Werck gebawett, nicht richtig gewesen. Wie nun endlich *Christophorus* von den Kirchenvetern und sonderlich von Michel Weida gefraget ward, ob dan befunden wurde, das durch Caii oder der andern Nachlessigkeitt oder Verursachen irckein Schade dem Wercke beygefugett were worden, erkleret er sich, das er derselben keynen ᵇ damitt beschuldigen konnte. Dan was nicht gantz richtig ᶜ befunden sey, wie gesagt, endweder von Anfang nicht richtig gewesen, etliche vom Staub verstopft oder durch stetten Gebrauch unrichtig worden. Nach diesem allen haben die Kirchenveter dem *Christophoro* Vader die Orgeln beide durch Uberantwortung der Schlussel geliefert und nach Gluckwunschung ihn ermahnett, die Orgeln beide in gutter Acht zu haben und nutzlich zu gebrauchen, auch keine Newerungen mitt <478> Spielung der Lobwasser Psalme[337], oder anderer in dieser Kirchen unublichen Gesengen eintzufuhren, sondern solle es bey dem, wie ers gefunden, bleyben lassen, welches er auch mitt Hand und Munde angelobett hatt. Uber dieses alles haben die Kirchenveter wie auch Michel Weida des Notarii Ampt angeruffen, was furgelauffen, zu notiren und so offt es nottig, *autentice* außzugeben gebeten[338]. Dabey es auch fur dißmal verblieben.

B.t. Hievorn im 1583 Jar ist Bericht geschehen, was allerhand Rahtschafft auff die grosse Orgel gangen und was sie in Summa gekostet, dabey aber nicht Meldung geschehen, wie sie *qualificirett*, wie viel Register, ᵈ Stimmen und Pfeiffen sie habe. Darumb bey itzt ᵉ gemelter Untersuchung und Probierung dieser Orgel mitt Fleiß ᶠihre Quantitett und Qualitett von den Kirchenvetern in folgender Ordnung ist observiret und beschrieben ist worden.

Die grosse Orgel ist ein gantzes vollkomenes Werck vom ersten ᵍ biß auff 32 Schuh also hoch und tieff, das man mitt der Stimme nicht hoher noch nidriger kommen kan.

---

a Gestrichen/skreślony: versuchte
b Gestrichen/skreślony: beschuldigen
c Gestrichen/skreślony: sey
d Gestrichen/skreślony: und
e Gestrichen/skreślony: vor
f Gestrichen/skreślony: observirett ist worden
g Gestrichen/skreślony: schuh hoch

<478–480> Historisches Kirchen Register 641

Es seind vier Werck in dieser Orgel, drey manualiter, ein jedes von 29 Elffenbeinen und 18 schwartzen Claviren. Das vierdte Werck *pedaliter* zu schlagen von 25 höltzern Clavieren.
Die gantze Orgel in allem hatt 60 Register und 24 Belge, datzu vier Belgentreter, die man *Calcanten* nennett. <479>
Erstlich im grossen Werck manualiter zu schlagen seind diese Register:
Principal von 16 Holfloiten von 16 Quintedenen von 16 Schuh,
Offene Floyten von 8 Quintedenen von 8 Spielpfeiffen von 8 Viol oder Octava von 8 Schuh, Spielpfeyffen von vier Viol oder Octava von 4 Schuh. Daneben Rosquinten, *Sedecima*, Cimbalen und *Mixtur*.
Zum andern im Ruckpositiv:
Principal von 8 Spielpfeyffen von 8 Holflöyten von 8 Schuhen, Viol oder Octava von vier offene Floyten von 4 Blockfloite von 4 Schuhen. Datzu Roßquinten, Mixtur, Waltflöyten, Sedecima, Sifellit, Cimbalen, Naßot, Gembshorner, item ª im Schnarwerck als Krumbhörner, Schalmeyen, halbe Zincken.
Zum dritten im Brustpositiv:
Principal von 4 Quintedenen von 4 Gedackt von 4 Schuhen, Holfloyte von 8 Schuhen und datzu Detzcken und Zimbalen, item im Schnarwerck als Regel und Zincken.
Zum vierdten im Pedal:
Unterbass von 32 Schuh, Spitzquinten, Baß, Quintedenen, Baß von 4 Schuh, Bauerpfeiffenbaß, Octavienbaß von 4 Schuh, Unterbaß von 16 Schuh, Gedackter Baß von 8 Schuh, Nachthornbaß, *Superoctaven* Baß von 4 Schuh, Roßquintenbaß, Cymbalen, Basmixtur.
Item das Schnarwerck, datzu gehören als Posaunenbaß, Krumbhörnerbaß, Trommetenbaß, Schalmeyenbaß, Cornattenbaß und eine Trommel. Item 3 Tremulanten oder biebende Stimmen. <480>
Belangend die Zal der Register und Pfeiffen in dieser Orgel, ist solche zu vernehmen in folgender Ordnung:
Im grossen Werck seind
13 Register.
11 Register haben iglichs zu 47 Pfeiffen, thutt zusammen Pfeiffen   – 517
ᵇ {Register} Zymbalen dreymal 47 Pfeiffen, thutt   – 141
ᶜ {Register} die Mixtur 25 mal 47, thutt   – 1175
Im Ruckpositive.
15 Register zu 47 Pfeyffen, thutt   – 705
1 Register Zymbalen 4 mal 47, thutt   – 188
1 die Mixtur 10 mal 47, thutt   – 470
1 Eine halbe Stimme hatt   – 25

---

a Gestrichen/skreślony: der
b Gestrichen/skreślony: das 42 Die
c Gestrichen/skreślony: Das

Im Brust Positive:
7 Register zu 47 Pfeyffen, thutt	– 329
1 Cymbalen haben 2 mal 47 Pfeyffen, thutt	– 94

Im Pedal:
14 Register zu 25 Pfeyffen, thutt	– 350
1 Register zum Cymbalen 2 mal 25 [Pfeyffen], thutt	– 50
1 zur Mixtur 10 mal 25 [Pfeyffen], thutt	– 250
1 zur Roßquinten 2 mahl 25 [Pfeyffen], thutt	– 50
1 zwo grosse Pfeiffen an den Pfeylern zur Trummel, [thut]	– 2
3 Reg. zu 3 Tremulanten seind Pfeiffen, [thut]	– 3 Pfeiffen
Summa 60 Register haben zusammen	– 4349 Pfeiffen.

Der Orgelbawer, der diß Werck gebawet hatt, hies Julius Anthonius. Er starb aber uber der Arbeytt und sein Geselle, Johann Koppelman, volendett es und sein die Stimmen, da rothe Buchstaben vorstehen, durch denselben Gesellen gemacht, hatt auch das Werck volkommen uberliefert. <481>
Der erste Organist, so zu dieser Orgel bestellett, war Cajus Schmidlein, welcher wie vorgemeldet in diesem Jare mitt Tode abgangen {und} hatt sie also in die 24 Jahr ᵃ bedienett.

C.t.   Zu Ende dieses Jares, nemlich im December, ward der newe Manstuel an der Gleser- und Korckenmacher-Altar ᵇ gebawett auff 12 Personen und ist von vielen der Freyer-Stuel genennett worden, darumb das lauter junge Gesellen denselben fur ihren jehrlichen Zins in Besitz nahmen, *sub Numero* 15.

1612
D.t.   {Am 3. Tage Januarii ist in Gott endschlaffen Herr Gerhard Brandes, der Burgermeister und Vicepraesident, der sechste von Protestirenden mitt dem Calvinismo beschuldigte im Mittel eynes E. Rahts so mitt Todt abgangen}.

E.t.   ᶜ Im Anfange des 1612 Jars haben die Kirchenveter die alte Kirchen-Ordnung ᵈ revidirett, mitt Fleiß ubersehen und nach den itzigen Kirchenᵉgebreuchen in gewisse Artickel verfassett, ᶠ {kunfftig} ins Reine abschreyben lassen, wornach sie sich ferner zu richten haben.
Wie sie dan auch nach alter Gewohnheit ihre Kirchenrechnung geschlossen und die Copias {davon} dem Herrn Burgermeister, {Herrn Hansen von der Linden}, der Kirchen Inspectore, und ihren Herrn Obman am 8. Tage Martii ubergeben und demselben daneben folgende Kirchensachen mundlich vorgetragen haben:
1. Erstlich haben sie ihm die obgemeldte newlich revidierte Kirchen-Ordnung vorgetragen[339], <482> auff seine Verbesserung zu ubersehen, mitt angehengter Bitte, das er nach Ubersehung und Verbesserung dieselbe einem

---

a Gestrichen/skreślony: bedienet
b Gestrichen/skreślony: gesetzt
c Gestrichen/skreślony: Anno 1612
d Gestrichen/skreślony: In vier Buchern eines lauts und mitt einerbendig geschrieben
e Gestrichen/skreślony: gebrae
f Gestrichen/skreślony: und

E. Raht vortragen und umb *Ratification* und *Confirmirung* derselben anhalten wolle.

2. Weil von den Nachbarn, so in dem Kirchhoffe wohnen, allerley Kooth, Mist, Schnee, Eyß etc. hauffenweise auff dem Kirchhoff geschlagen wird, zu grosser Untzier der Kirchen nicht allein, sonder das auch solcher Unflat mitt grossen Unkosten der Kirchen musse außgefuhrett werden, bathen die Kirchenveter, er, der Herr Burgermeister, wolle bey ein E. Raht Ansuchung thun, ein *Edict* zu *publiciren* mitt angehengter Straffe, solche Sachen nicht auff den Kirchhoff zu schlagen.

3. Daneben war ihre Bitte, das ein E. Raht die Versehung thuen wolle, damitt das Brenholtz der Pfarrschulen, so biß dahero mitt grosser Feursgefahr derselben und benachbarten, wie auch der Kirchen, auff der Schulen unter dem Dach gehalten worden, an einen andern und sichern Ort mochte gebracht werden. Datzu ein Gebew kegenst der Schulen ᵃ uber den beyden Kellern gegen ᵇ sehr woll gelegen, das dasselbe Gebew datzu mochte angerichtet werden ᶜ. <483>
Nachdem dan in der alten Kirchen-Ordnung befunden wird, das die Kirche mitt dem Schulgebew nicht zu schaffen hatt, das derwegen ein E. Raht dasselbe auff sich nehmen und auff der Stadt Unkosten bawen lassen wolle.

4. Imgleichen ist der Herr Burgermeyster und Kircheninspector, dem *Secretario* Hermanno Fredero eine volle Woche vergunnen wolle, auß den Erbebuchern einen newen Außtzug zu machen, was und wieviel die Kirche an Erben und Pfennigzinsern itziger Zeit einzunehmen habe, sintemal durch den Todfall der Menschen, ᵈ Vergessenheit und ᵉ {Absterben}, wie auch durch das vielfeltige Umbschreyben in den Buchern grosse Verenderung geschiehett.

5. Es ᶠ {ist} auch dem Herrn Burgermeister ᵍ heimgestellet worden, weil ein calvinischer Collega, Jacobus N., {auß dem Mittel der Schuelgesellen} der Pfarrkirchen mitt Tode abgangen, ob er den *Rectorem* ʰ {daselbs}, Johanem Martini, welcher auch calvinisch, beschicken und ihm befehlen wolle, anstad des Verstorbenen ⁱ einen Gelerten, der reinen priviligirten Religion Collegam zu bestellen. Sintemal die Kirchenveter erfahren haben, das er die andern Collegen in seiner Schulen *successive* promoviren und an Stelle des *infinii* einen newen calvinischen Gesellen auß dem *Gymnasio* annehmen wolle.
<484>

---

a Gestrichen/skreślony: an den K
b Gestrichen/skreślony: der Schulen uber
c Gestrichen/skreślony: Sintemal
d Gestrichen/skreślony: und derselben
e Gestrichen/skreślony: Todt
f Gestrichen/skreślony: sey
g Gestrichen/skreślony: woll bewust
h Gestrichen/skreślony: von der Pfarschulen
i Gestrichen/skreślony: einen Gelerten

6. Es ist der Herr Burgermeister hieneben durch die Kirchenveter schrifftlich erinnert worden des kleglichen Zustandes alhie in Religionsachen und der nuhmer vorstehenden eines E. Rats Chure, die vacirenden Stellen in der Stadtoberckeitt zu besetzen und wie biß dahero durch die meysten Stimmen der calvinischen Herrn im Mittel eines E. Rahts die Wahl alletzeit auff der calvinischen Seiten gelauffen, dahero verursacht worden, das die allgemeine Burgerschafft, so der Augspurgischen *Confession* verwandt, Anno 1605 eine beschwerliche und gefehrliche *Protestation* kegenst bemeldte calvinische Herren eingeleget worden. Und was ferner darauff erfolgett ist. Weil aber nach Gottes wunderbaren Raht zwey der vornemsten Häupter und Ruckehalter der calvinischen Rotte innerhalb Jahresfrist aus dem Mittel eines E. Raths durch den zeitlichen Todt von dieser Welt abgefodert, als den Herrn Gerhard Brandes und Herr Hans Thorbecken, beyde Burgermeistere, und also nunmehr die Herrn im Mittel eines E. Raths bemeldter Confession verwand in der Wahl die meisten Stimen hetten, wurde ihnen ein gut Mittel zur Hand gegeben, ohne einige Gefehrligkeitt und Schwerigkeitt den calvinischen Schwarm ᵃ fein gemächlich zu dempfen. Nemlich wan sie hinfort {sich} nicht mehr uberstimmen ließen und keynen mitt dem Calvinismo verdechtigen Personen ihre Vota geben. Ob nun woll er, der Herr Burgermeister, sampt seines Mittels Glaubensgenossen ᵇ zu der Wahl schreiten und auff Personen bedacht sein werden, die da dienlich sein mochten zu Beforderung gottlicher Ehren und Wahrheit, zu Handhabung Gericht und Gerechtigkeit und zu Erhaltung des langegewunschten Friedes, davon die Kirchenveter gar keinen Zweifel tragen und ist ihnen auch woll bewust, das ein E. Raht von Gott, dem Allerhöhesten, und darnach von Kon. May. die Authoritett und Macht hatt, die vacirenden Stellen im Mittel eines E. Raths, Gerichte und sonsten ohn jemands Einrede mitt datzu tuchtigen Personen zu besetzen. Dennoch machen die Kirchenveter itzund auff der Bestand und Vollkommenheit ihrer Trewe, welche sie Kon. May. zu Polen etc. und einem E. Raht dieser Stadt Dantzig mitt Eydespflicht verheißen, wie auch die Liebe und Begierde eines stetten glucklichen Friedens und Ruhestandes in Betrachtung oberwehnter vorstehender Religionsgefahr, welche diese ihnen anbefohlene Pfarkirche auch angehe, den Herrn Burgermeister und seynes Mittels Herrn Glaubensgenossen, als endlichen ihren und ihrer gerechten Sachen gunstigen und ungezweifelten Patronen Zuflucht zu haben. Dan sich die Kirchenveter nunmehr sehr besorgen, das die Wiedersacher ihrer alten Gewohnheit nach sich heuffig bemuhen werden, damitt ihr nun mehr bluendes calvinische Unkraut nicht allein erhalten, sondern auch reiff werden und mehr bösen Samen bringen moge. Gelange demnach an den Herrn Burgermeister und der Pfarkirchen Inspectorem allein diß ihr demuttiges und fleissiges Bitten, er wolle sampt offt erwehneten seines Mittels Herrn Glaubensverwand-

---

a Gestrichen/skreślony: zu dem Pfar
b Gestrichen/skreślony: in der Furcht und anruffung Gottes

ten ihre Vota dahin dirigiren, damitt das nunmehr in der Aschen verschorene Feur durch die newerwehleten und wiederwertigen Glaubenspersonen nicht wiederumb auffgeblasen und also das letzte erger gemacht werden mochte, dan das erste gewesen. Welchs Gott, der Allmechtige, ja gnediglich abwenden und als ein Gott des Friedes Gnade verleihen wolle, das diese vorstehende Wahl zu einem christlichen und ihm wollgefälligen Ende kommen möge. Amen.

7. Weil auch durch die frembden Einwohner, welche mehreretheils Calvinisten, Arianer, Wiederteuffer etc. seind, bey ihren Leichbegengnussen, das sie zu vielen Mahlen die gantze Schule datzu gebrauchen und mitt den Glocken nicht leuten lassen, wodurch allein die Jugend mercklich verseumet und weder die Kirche, Schul*collegen* noch andere Kirchenofficianten dessen gebessert sein, sondern nur <487> allein der Rector fur die Verseumnuß der Knaben zu derselben mercklichen Nachtheil und Schaden mitt vielen Umbherschleppen in gutten und bosen Wetter seinen Taler einnimpt. Als bitten die Kirchenveter die Verordnung zu thuen, das es bey dieser Pfarre als bey andern diser Stadt Kirchen gehalten werde, nemlich das solche Leute, so zu ihren Leichen die gantze Schule gebrauchen und nicht leuten lassen wollen, dennoch der Kirchen und ihren Officianten, wie auch dem Schul*collegen* ihr Gebuer abgeben, ebenso woll, als ob der Leichen geleutett were worden,[a] weil es ihnen samptlich zum mercklichen Nutz und Frommen gereichett. Wie dan auch die Schuel*collegen* fleissig hirumb bitten und anhalten.

8. Im gleichen bittett der Glockner, weil ihm die Nach[b]arn in diesen Kirchspiel sein Quatemberg, so er alter Gewohnheitt nach von Hause zu Hause einsamlet, nemlich auß iglichem Hause 8 Pfennige und aus den Kellern 4 den., nicht abgeben wollen, sondern ihn schimpflich abweisen, das die Verordnung geschehen möge, damitt dem Diener, so wegen des Officials des Quatember Geld einsamlett befohlen werde, zugleich auch des Glöckners Quatembergeld einzufordern. <488>

9. Es bitten auch die Kirchenveter, das der Kirchen Zimmerman, Steffen Schumacher, eine besondere Werckstadt zu der Kirchen Nottdurfft stets haben möge, weil man so zu der Kirchen Notturfft allewege eine Werckstadt haben muß. Welche Bitte zwar vor diesem ein E. Raht in gebuhrender Acht gehabt, das Werck der Zimmerleuten auch dahin vermocht, das sie darein verwilligett, jedoch mitt dem Bedinge, das nicht M[eister] Steffen, der ohne das reich genug, sondern ein armer Meister datzu befordert werde. Hierauff sagen die Kirchenveter, das M[eister] Steffen nun viel Jare hero der Kirchenarbeitt verrichtett und ihme nun mehr, sampt seinen Gesellen der Kirchen und Thurme Genge erfahren und gewohnett, sich auch daneben erbotten, in Fewersnoth, die Gott gnediglich abwende, sampt allen Gesellen umbsonst getrewlich zuspringen und retten helffen will. So ist der Kirchen auch nicht gedienett mitt einem Meister, der dahero nicht kan reich werden, das er nicht

---

a Gestrichen/skreślony: es zu wercklichen Nutz

genungsam ge[ba]wbett, nachlessig oder sonst unversuchte faule Gesellen hatt. Als bitten sie weiter, der Kirchen hierinne zu willfahren.
10. Weil auch der Korckenmacher auff dem Kirchhofe, des Kirchenknechts Schwager, auß seynem Gibel eine Bleyröhre in den <489> Rectors Hoff [a] geleget, dadurch er das Bruntzwasser auff seynen Gang im selben Hofe leytett, zu mercklichen Nachtheil des Hauses und grossen Gestanck und ob ihm solchs die Kirchenveter gleich untersagt [b] und befohlen, {dieselbe} wiederumb eintzunehmen, er aber nicht folgen wollen, als bitten die Kirchenveter den Herrn Burgermeister, das er ihm aufferlegen wolle, dieselbe eintzunehmen.
Antwort des Herrn Burgermeisters und Obmans der Kirchenveter:
1. Belangend die revidirte Kirchenordnung, ruhmet er der Kirchenveter Sorgfeltigkeit und Fleiß, wolte bald nach gehaltener eines E. Raths Chure dieselbe ubersehen und sich darauff erkleren.
2. Was den Mist auff dem Kirchhofe belangete, wuste er sich gar woll zu erinnern, das vor diesem mancherley Mittel weren versucht worden, die Nachbaren von Ausschlagung des Mists auff den Kirchhoff abtzuhalten, hette aber [c] biß dahero noch wenig verschlagen, wolte sich kunfftig auch darauff *resolviren*.
3. Wegen des Brenholtzes auff der Schulen wolle er die Sache an einen E. Raht nemen und was verordnet werden möchte, den Kirchenvetern kunfftig *referiren*. <490>
4. Wegen Untersuchung der Kirchengutter im Erbebuche habe er es dem *Secretario* Fredero schon vor diesem nachgegeben, wolle auch ferner selbst dabey sein.
5. So wolle er auch den *Rectoren* der Schulen beschicken und wegen Bestellung eines newen *Collegen* mitt ihm reden.
6. Den kleglichen Zustand in Religionssachen belangend, das es so wunderlich mitt den *Votis* zuginge, dessen wuste er sich gar woll zu erinnern, habe auch biß dahero das Seinige datzu gethan, wolle es auch ferner thun. Es were woll an ihm selbest also, das er nunmehr sampt seynen Glaubensgenossen die meisten Stimmen haben solten, aber wen es zum Stimmen keme, wurde mancher in des E. Raths Mittel, dem mans nicht getrawen solte, wanckelmuttig und andere Gedancken, welches sehr zu beklagen, mitt einander vor der Chure davon zu reden, were Gewissenswerck, dan es were wider ihren Eyd, den sie vorher schweren musten. Das es aber das Wiedertheil offtmahls [d] gethan und Vorkuhre gehalten hetten, ihnen auch solchs offtmals were auffgerufen worden, habe es doch nicht verschlagen, sondern weil sie mitt ihren Stimmen auff gewisse Personen einig gewesen, sein sie damitt durchgangen,

---

a Gestrichen/skreślony: geleitet
b Gestrichen/skreślony: er aber nicht folgen wollen
c Gestrichen/skreślony: noch zur
d Gestrichen/skreślony: weg

mussens derwegen Gott befehlen, in Hoffnung, es werde einmahl anders lauffen. <491>

7. Das auch Leichen durch die gantze Schule zu Grabe geleitett werden, denen nicht geleutett wird, die Kirchen- und Schuldiener ᵃdafur auch nicht ihr Gebuer bekommen, sey dergleichen Exempel schon vor diesem an einen E. Raht gelangett und erkant worden, das man neben des Rectors Gelden auch das Kirchengebuer und was datzu gehorig, abfordern ᵇ{und einem iglichen das seyne zustellen solle}, sowoll als wenn gelautett were. Wolte es derwegen dabey wenden lassen, das man sich ferner darnach richte.

8. Des Glockners Beschwer belangende wegen seines Quatember Geldes, solle er seiner Bitte nach zu rechter Zeit darumb anhalten, alsdan solle ihm Bescheid gegeben werden.

9. Meister Steffens Werckstadt belangende, wolle er es abermals an einen Raht nehmen.

10. Die Gelegenheitt mitt der außgelegten Bleyröhre des Korckenmachers wolle er untersuchen, den Korckenmacher beschicken und darinne verordnen, was recht sein wurde.

F.t. Anno 1612

Die ᶜ {44.} Wahl der Kirchenveter

Am 27. Tage Martii hielt ein E. Raht Kuhre im Mittel der Oberckeitt und ward ᵈ Herr Heinrich Kemerer unter andern durch ordentliche Wahl auß dem Mittel der Kirchenveter, darin er der ander in der Ordnung war, ins Mittel der <492> E. Gerichte erwehlett. Darumb die andere Kirchenveter bald darnach vier Personen an seine Stelle schriftlich auffstelleten und den Zedel ihrem Herrn Obmanne, Herrn Hans von der Linden, am 9. Tage Aprilis ubergeben, mitt Bitte, das er denselben einem E. Raht ubergeben und in ihrem Namen anhalten wolle umb einen andern Kirchenvater an die nun mehr vacirende Stelle, welches auch desselben Tages geschehen, und von ein E. Raht Nicolaus Schmidt ernant ist worden. In folgender Ordnung

Herr ᵉ {Johan} von der Linde, Oberster *Inspector*

1 Eberhardt Bötticher 2. Michael Wieder

3. Gregor van Amster 4. Nickel Schmid.

G.t. Umb diese Zeit ist das Mannesgestule gebawett, so da stehett an S. Johannes oder der Bundmacher Altar hinter der Cantzel sub Numero 21 auff 9 Personen.

H.t. Bald hernach ist der Stuel gesetzt sub Numero 13 auff 4 Personen an der Tuchscherer Altar.

---

a Gestrichen/skreślony: an
b Gestrichen/skreślony: solle
c Gestrichen/skreślony: 45, 46
d Gestrichen/skreślony: unter andern
e Gestrichen/skreślony: Hans

I.t. Nicht lange nach gehaltener eines E. Rahts Chure starb Herr George Leseman, welcher der siebende ᵃ {der Abgestorbenen} so von der protestirenden Gemeine im Mittel des {Rahts} mitt dem Calvinismo beschuldigett war ᵇ.

K.t. Weil in diesem Jahre auch etliche Burger und Burgerkinder dieser Stad, so sich zu Schiffe nach Candia begeben, von <493> den Turcken gefangen und in Barbariam gefuhrett worden, ᶜ {welche} ohn schwere Rantzon ihrer Gefengnuß nicht endlediget werden konten, und derowegen eine schrifftliche *Supplication* an einen E. Raht anhero gelangen lassen, umb Zuschub bittende, damitt sie ihrer schweren Bande möchten entlediget werden. Als ist ein E. Raht zu christlichen Mittleiden bewogen worden und verordnet, in allen Kirchen dieser Stadt und derselben Kirchthuren Kästlein zu setzen und durch die Prediger von den Cantzeln die Gemeinen ermahnen zu lassen, das ein iglicher nach seinem Vermögen den armen Gefangenen zu Hulffe kommen und in die ausgesetzte Kästlin einlegen [wolle] etc. Als haben die Kirchenveter zu S. Marien auff solche eines E. Rahts Verordnung an die sechs Thuren derselben Kirchen sechs Kästlin setzen lassen, in welche auff gedachte Ermahnung der Predicanten die Gemeine ihr Allmosen eingelegt. Und sein diese Kästlein zum ersten Mahl außgesetzt am andern Sontage des Advents, dernach am dritten und vierten Sontage des Advent. Item an S. Thomas Tage und folgend die drey Christfeyertage. Dernach ließ der Praesidirende Herr Burgermeister die Kirchenveter bitten, das sie dieselben Kästlin offenen, das Geld ubertzehlen und dasselbe auff die Kemmerey bringen wollten. Hirauff sein auß dem Mittel der Kirchenveter Eberhard Bötticher und Greger von Amster am 29. Tage Decembris in die Dresekammer gangen, die Kästlein geeffnet, das Geld ubertzehlett und desselben befunden wie in *Specie* hernach folgett: <494>

Im Kastlein an der Frawenthuer	– Mk. 58 Gr. 11 Den.15
an der HohenThuer	– Mk. 121 / 16 / 0
In der Halle	– Mk. 58 / 14 / 15
an der Beutlerthuer	– Mk. 90 / 15 / 12
an der Korckenmacher Thuer	– Mk. 47 / 9 / 0
an der Thamthuer	– Mk. 31 / 6 / 9
Summa in den 6 Kastlin	Mk. 408 Gr. 13 Den. 15

Diß Geld haben obgenante Kirchenveter stracks nach der Abtzehlung auff die Kemmerey getragen und dem Herren Kemmerherrn Hans Proyten uberantwortet, nebenst etlichen wenigen zum Theil ungangbaren, zum Theil falschen Gelde, welches in obgesetzte Summa nicht gehöret.

1613 Weil aber diese Summa sampt den gesammelten Gelden in den andern Kirchen, derer Summa nicht offenbahr, das geforderte Rantziongeld weit nicht

---

a Gestrichen/skreślony: war
b Gestrichen/skreślony: und nun mehr gestorben
c Gestrichen/skreślony: und

erreichete, als sein die Kästlin ferner außgesetzt, noch vier auffeinander folgende Sontage, {so woll hie in S. Marien als in andern Kirchen} vom ersten Sontag nach dem newen Jar des 1613 Jares biß auff den Sontag ᵃ {*Septuagesima*}, welcher der ᵇ {3. Februarii} war. Und ᶜ {haben} abermahl auff Begeren des vorgenanten Herrn Burgermeysters die auch ernanten ᵈ beyden Kirchenveter {zu S. Marien} die Kästlin geoffnet, das Geld zusammen geschuttett und in einer Summen ubertzehlett, <u>befunden Mk. 307 Gr. 12 ½</u>, ohne das unganbare böse Geld, so mitt untergelauffen, welches alles wie das vorige ebenmessig dem auch vorgenanten Herrn Kämerherrn Hans Proyten am 4. Februarii auff der Kemmerey uberanwortett worden. <495>

L.t. Am 4. Tage Februarii ließ der Herr Burgermeister Barthol Schachman im Namen eines E. Raths dem eltesten Kirchenvater {Eberhard Bötticher} durch den Schwerddiener ansagen, das ein E. Raht den Michel Weida zu einem Organisten in S. Marienkirchen verordnet und bestellett habe. Also, das der Christoph Vader, der die Orgel biß darhero bedienett, biß zu negstfolgende Pfingsten noch auffwarten und die Orgel spielen solle, damitt er sich mittlerweil umb andere *Condition* umbthun möge, oder, weil die Organisten Stelle in S. Johanniskirchen vacirett, konne ihm der Dienst daselbest woll gegunt werden.

M.t. Belangend ferner das Rantzaungeld fur die Gefangene in Barbareyen, weil es noch weitt nicht zu langen wollen, sein die obgemeldten Kastlein ᵉ auff Befehl eines E. Raths zum dritten Mahl außgesetzt in allen Kirchen am Sontage Septuagesima und gestanden 10 Sontage nacheinander, dazwischen auch eingefallen das Fest Marie Verkundigung und die drey Ostertage. Und ist in den Kastlin ᶠ der Pfarkirchen allein in *Specie* befunden worden wie folgett: <496>

Erstlich an der Frawenthuer – Mk. 52 Gr. 5 Den. 12
An der Hohen Thuer – Mk. 221/9/12
In der Halle – Mk. 63/15
An der Beutler Thuer – Mk 40/12/9
An der Korckenmacher Thuer – Mk. 40/12/31
An der Thamthuer – Mk. 41/11/12
Summa in dieser Kichen S. Marien fur dißmahl Einlage thutt
– Mk. 495 Gr. 7 Den. 12

Hietzu gesetzt die erstgesammelten Gelder dieser Kirchen
– Mk. 408 Gr. 13 Den. 15
Item die andere Gelde – Mk. 307 Gr. 12 Den. 9

Summa Summarum in 27 unterschiedlichen Tagen gesamlett allein in S. Marien Kirchen thutt – Mk. 1211 Gr. 14 Den. 0.

---

a Gestrichen/skreślony: sexagessima
b Gestrichen/skreślony: 26. Januarii
c Gestrichen/skreślony: sein
d Gestrichen/skreślony: die obgenanter
e Gestrichen/skreślony: am 15. Tag Aprilis
f Gestrichen/skreślony: am 15. Tag Aprilis

Diese unterschiedliche Gelder sein in die Kemerey durch die Kirchenveter trewlich uberandwortett. Was nun die Vorsteher der andern Kirchen dieser Stadt in dreyen Mahlen zusammengebracht, hatt man sich bey ihnen zu erkundigen.

Weil dan auch diese obgesetzte Summa zu dreyen unterschiedlichen Mahlen nicht hatt zulangen wollen, die Rantzaunen in Barbarien fur die Gefangenen zu betzahlen, hatt ein E. Raht auß gemeynem Schluß sambtlicher Ordnungen der Stadt die Verschaffung gethan, das man in allen dreyen Stedten[340], wie sonst jerlich auff die drey grosse Festtage geschehen pfleget, mitt Schalen [a] allen Gassen umbgangen und fur vielgedachte Gefangene fernere Gelde gesammelt. Und ist dieser Umbgang geschehen am Sontage Jubilate, den 28. Aprilis und hatt eingebracht Mk. 2300. <497>

N.t. Bald hernach, am 4. Tage Maii, am Sonabend vor Cantate, umb 8 Uhr nach Mittage erhub sich ein groß Ungewitter von Donner und Blitz, wiewoll ohne Wind, schlug ins Rahthauß der Rechten Stadt ein, den Thurm durch und durch, verletzet die Dächer uber den Gemechern heftig, sehr zerschmettertt das beschlagene Gemach des Uhrwerck [b] und thatt doch dem Uhrwerck keinen Schaden, zundett auch nichts ahn. Im gleichen schlug es in der spitzen Thurmlein eines auff S. Marienkirchen, welchs mitt Kupfer gedeckt war, uber S. Jacobs Bruderschafft Capelle [c] {neben} der Winde auff der Kirchen, zundet dasselbe erstlich inwendig an und weil das Feur fur dem Kupfer inwendig keine Lufft hatte, schlug es erst lange hernach oben zur Spitzen herauß, und brante also wie ein Licht herunter biß auffs Gemawre {gebrant}, nicht ohne grosse Gefahr des gantzen Kirchengebewes, sintemal dem Brande alda mitt Wassergiessen der Ungelegenheitt halben wenig konte gewehrtt werden, ob man schon allen Fleiß angewand. Es gieng aber diese Fewersgefahr (Gott lob) ohne Verletzung einiges Menschen ab. So ward nicht der Kupfer, damitt [d] {das Thurmlein} bedeckt war, meystentheils gerettett behalten und in die Bleykammer uber der Librerey in Bewarung genommen. Der Wind war Sudost, aber stille, sonst were es dabey nicht blieben, Gott beware ferner. <498>

O.t. Nicht lange nach diesem Brande ubergaben die Kirchenveter dem Herrn Burgermeister, Herr Hans von der Linden, welchem es als dem Eltesten der Kirchen *Inspection* gebuhrett, nebenst ihre Jahrrechnung eine schrifftliche *Supplication*, der Kirchenveter Beschwer belangende, lautende wie folgett: „Edler, Ehrenvester, Nahmhaffter, Hochweiser, Großgunstiger Herr Burgemeister. Ewer Herrl. wird sich gunstiglich zu einnern wissen, was sich newlicher Tage in Mittel eines E. Hochweisen Rahts nicht allein Wehlung und Bestellung eines gewissen Organisten in S. Marienkirche, sondern auch hie-

---

a Gestrichen/skreślony: umbgangen
b Gestrichen/skreślony: thatt
c Gestrichen/skreślony: gegen
d Gestrichen/skreślony: er

bevor, hiebevor in Bestellung und Annehmung des itzigen *Rectoris* und Capellmeister daselbest begeben und zugetragen. Nemlich, das E. Hw. Raht dieselben bloß und allein ohn eynigen Vorbewust, zum Theil der damals Deputirten, zum Theil ᵃ auch unser hie unterschriebenen Kirchenveter, wieder bemeldter Kirchenordnung und alten Gebrauch bestellett und angenomen. Ja, das mehr ist jungst in Bestellung des Organisten andern zu diesen Rahtschlegen nicht gehörig vorgetzogen, zu mercklichen unsern *praejudicio* und Verkleinerung. Uber das und furs ander, das man auch wieder den Buchstaben unserer Beweisen (derer unsere Vorfahren uber 156 Jar genossen) und den alten Gebrauch mitt andern gemeynen Beschweren als Scharwerck, Eltermannschafft zu Hoffe, beim Wallgebaw oder auch bey der Zulage auffzuwarten etc. uns zu belastigen willen, gleich als ob nicht mehr andere Burger furhanden, <499> welche auch etwa eine Last der Stadt tragen konten. Belangende nun erstlich die Bestellung bemeldter Kirchen *Officianten*, beweysett sich itziger Zeit in der Thatt, wes sich viel Burger hiebevor hochlich befurchtett haben, nemlich, das der *Rector* in der Pfarschulen, welcher den Kirchenvetern fast wieder ihren Willen auffgedrungen worden, nunmehr wider dasjenige, so er dem *Secretario* Hermanno Fredero (welcher ihn im Namen eines E. Rahts introduciret), wie auch den Kirchenvetern damals gegenwertig, *stante pede*, mitt endblossetem Haupt, Hand und Munde und also wider sein Gewissen angelobett und zugesagett, allerhand Newrungen in der Lehre und Schulordnung zu mercklichem Abnehmen, Verderb und Untergang der Schulen und Verletzung der zarten Jugend Gewissen, je lenger je mehr eintzufuhren sich understanden. Also das itziger Zeit die allgemeyne Burgerschafft hochlich bekumert ist, wo sie mitt ihren lieben Kindern hin sollen und dadurch verursacht wird, dieselben unter die Jesuiter oder an andere verdechtige Örtter zu ihrem aussersten Verterb zu verstecken. Da doch diese Schule bey seeligen M[agister] Schrekii Zeiten fur allen andern in *flore* gewesen. Itzund aber <500> alle andere Pfarschulen dieser fast vorgetzogen werden. Ebenmessiger Weise mitt unserm itzigen Capellmeister, welcher sich schon eines Mahl understanden, unser christlichen Religion zu wider bäpstliche, abgottische und bey uns zuvor langst abgeschaffte Gesenge zu Chor auffzulegen und zu singen. Auch mitt Fleiß dahin practicirett, wie er mehr und mehr bapstliche *Astanten* zu Chore bekommen möge etc.

Was fur Wiederwertigkeitt wegen Bestellung eines gewissen Organisten im Mittel eines E. Raths und unter der Burgerschafft enstanden, ist auch offenbar und darff nicht viel Wort. Es lest sich aber ansehen, wan uns ein E. Hw. Rah, also wie geschehen in unser Ampt ferner eingreiffen solte, das wir endlich nicht Macht solten behalten, den geringsten Kirchenofficianten zu bestellen oder antzunehmen. Zwar, was wir nebenst Verseumung des unsrigen fur Nutz davon haben, weisett der Augenschein und unsern Rechnung, so wir jerlich richtig ubergeben, genugsam aus. Weil es aber einem E. Hochw.

---

a Gestrichen/skreślony: der damals Deputirten, z

Raht und den löblichen Ordnungen dieser Stadt anfenglich also gefallen, das nicht allein dieser, sondern auch aller andern Kirchen Guter durch gewisse Burgere sollen *administriret* werden, datzu dan auch nothwendig die Bestallung der Kirchenofficianten (außgenommen die Prediger) gehoret. Als haben wir auch zu <501> dem Ende, nachdem wir von einem E. Hochw. Raht hietzu deputiret, uns dieser *Administration* gehorsamlich unterwunden, in Massen auch ein E. Hochw. Raht nach Außweisung unserer Kirchenbucher (derer vier mitt einer Hand geschrieben) furhanden, *Anno 1457* nach dem Newjars Tag diese Administration *absolute,* nemlich: *("In aller Massen und Ordination, wie sie zuvor bey einem E. Hw. Raht gewesen, und auch in solcher Macht, als sie zuvor bey einem E. Hw. Raht gehalten ist"*[a]) auffgetragen, vertrawett und ubergeben hatt, wie der Buchstab an ihm selbst lautet. Zu welchem Ende und nicht anders auch wie itzigen Kirchenveter nicht weniger als unsere Vorfahren (derer Namen wir von dem allerersten hero biß dato in einem *Cathalogo* beschrieben vor uns haben) bestelett und verordnet seind worden. Will sich derwegen ja nicht gebuhren, nun allererst von Bestellung der Kirchenofficianten uns außzuschliessen, sintemahl von einem E. Hochw. Raht uber das uns noch itziger Zeit altem Gebrauch nach die Authoritet vergunstigett wird, in Mangelung eines Kirchenvaters einem E. Hochw. Raht eine gewisse Anzahl Personen (darauß einen andern in unser Mittel zu wehlen) auffzustellen und vortzuschlagen, wie sollten wir dan von Wehlung geringerer *Officianten* (welcher wir zu gewißer Zeit jehrlich besolden mussen) außgeschlossen sein? So finden wir ja auch in unsern Kirchenbuchern keine Nachrichtung, <502> das unsere Vorfahren in Bestellung solcher *Officiant*en im dermassen *peccirett* hetten, das man sie mitt Billigkeitt solcher Authoritet solte endsetzet haben, wie den auch auff allen Fall von Anfang biß dahero von einem E. Hw. Raht wollbedechtig ein besonderer *Inspector* aus desselben Mittel den Kirchenveter zugeordnet ist, welchem sie von ihrer Kirchen Administration nicht allein richtige Rechnung thun, sondern auch in Bestellung vielgemeldter *Officianten* oder in andern bedencklichen {Kirchen}sachen denselben zuvorderst fur Augen haben und zu Rahte nehmen, welcher auch, wen etwas Bedencklichs vorfellet, dasselbe an einen E. Hochw. Raht nimpt und desselben Bescheid uns referiret. Solte es nun uber Verhoffen bey offtgemeldter Ordnung und Gebrauch nicht bleyben, was wurden wir woll fur *Respect* und Gehorsam bey den Kirchen Officianten behalten? Wurden sie auch etwas auff uns geben? Wehrlich wenig oder nichts. Was wurde den auch woll endlich darauß werden, wan wir unser Ampt nur halb und nicht volkommen verrichten sollten? Wurde nicht Untreu, Ungehorsahm, Auffsatz, Frewel, Hader, Feindschafft, Neid und allerhand Wiederwille daraus erwachsen? Wie lange nun ein solch Regiment bestehen konne, ist leicht abtzunehmen. Wie uns auch solchs zu verantworten sey, geben uns unsere eigene Ge-

---

a Das Zitat ist durch einen größeren Schrifttyp herausgehoben. / Cytat wyróżniony większym pismem

wissen Zeugnuß. Sintemal uns durch diß Mittel die ganzte *Inspection* auff die Kirche und Schule, so uns geburett, verschnitten und benommen sein <503> wurde und hetten uns bloß und allein umb der Kirchen Einkunffte und Außgaben zu bekummern, unangesehen, ob es woll oder ubel angelegett wurde. Item, solten auch furs ander wir Kirchenveter uber das und uber Verhoffen noch mitt mehr und andern Beschweren, wie oben angetzogen, beschwerett sein, ist zu besorgen, das dadurch der Kirchen Bestes auff viel Wege nicht wurde konnen befordert und in nothwendiger Acht genommen werden. Wohin dan auch die lieben Alten gesehen, indem sie je und allewege mitt solchen Nebenamptern die Kirchenveter verschonet haben, damit sie mitt desto mehrerem Fleiß ihrern obligenden Ampt ein Genugen thun kunten. Sintemal sie auch mitt demselben Ampt zu ihren Lebetagen belastigett sein und bleiben. Dieses alles hertzlich und trewlich erwegende, haben Ew. Herrl. wir zu Gemutt zu fuhren nicht Umbgang haben konnen, mitt demutiger Bitt[e], E. Herrl. wolle es ebenmessig behertzigen und in unserm Namen fleissige Ansuchung thun. Erstlich, das wir bey der alten Bestellung und Verordnung der ersten Kirchenveter und alten gewöhnlichen Gebrauchen der Kirchen erhalten und [a] durch eingefuhrte Newrungen in unserm Ampte nicht turbirett, sondern in gutter *Correspondentz* mitt unsern Kirchen *Officianten* erhalten und durch verursachte Uneinigkeitt diese gutte [b] Kirche und Gemeyne nicht verunruhigett noch turbiret werde. Damitt auch (welches Gott <504> lange verhutten wolle) Koniglicher May., unserm a. g. Herrn, oder dem Herrn Bischoff hiedurch nicht Ursache gegeben werde, gegenst die gutte Stad und Kirche (wie *Anno* 1570 geschehen) etwas Gefehrlichs zu tentiren. Wie es dan ohne das auch einem E. Hochw. Raht nicht ruhmlich sein wurde, uns wieder unser Verschulden unverhoffendtlich, so wie beschwerlich angetzogen, von dem, was unsers Ampts ist, zu *detrudiren*. Und furs ander, das wir auch dem alten Gebrauch nach mitt andern Amptern und Beschweren, die uns etwa angemutet werden, verschonett, dieses unsers tragenden Ampts mitt Trawen und Fleiß abwarten mogen und uns der bösen *Sequelen*, so vor unser Zeit durch etliche wenige Kirchenveter in wenig Jahren auff uns verursachet, nicht endhalten lassen. In Massen noch bey unsern Zeiten unser geliebter *Collega*, Eberhard Bötticher, anfenglich, wie er zu diesem Ampt deputirett, des Brunnen Bawamptes, welchs ihm hiebevor aufferlegett, und hernach auch der *Inspection* des Wallgebawes endledigett. Desgleichen auch unser in Gott ruhender Collega Daniel Höfner, nachdem er von dem auch in Gott ruhenden Praesidirenden Burgermeister Herrn Johan Thorbecken zum Eltermann zu Hoffe gekoren *per viam suplicationis*, von einem E. Hw. Raht davon gefreyett ist worden etc. <505>
Wir uns auch schuldig befinden umb unserer Nachkommen willen, uber der Kirchenveter alte Freyheytt, wie sie an uns gelangett, fest zu halten, ungeach-

---

a Gestrichen/skreślony: in unsern durch Einfuhrung
b Gestrichen/skreślony: Stadt

tett das etliche wenig vor uns einen bösen Einriß gemacht haben. Umb diß alles demuttig zu bitten, haben wir auß angetzogenen Ursachen nicht Umbgang haben konnen, nicht zweifelende, ein E. Hw. Raht werde dieser unserer Bitte nach uns bey den alten Kirchenordnungen und Freyheiten wieder eingefuhrete Newrungen ohn einigen Eingriff gunstiglich erhalten. Derendgegen umb E. Herrl. sowol als einen E. Hw. Raht wiederumb solches zu verschulden, wir uns nebenst schuldigem Gehorsam aller Dienstwilligkeitt befleissigen wollen.

Ew. Herrl.   N.N.
Gehorsame und   Kirchenveter
Dienstwillige   zu S. Marien

P.t.   Ferner haben die Kirchenveter dem Herrn Burgermeister und Inspectore folgende Beschwer [a] mundlich vorgetragen, als furs ander, weil er vor diesem auff den Punct wegen Confirmirung der newlich *revidirten* Kirchenordnung auß gewissen Ursachen nicht rahtsam achtete, noch zur Zeit umb *Confirmierung* derselben bey ein E. Raht antzuhalten, als batten sie ihn als den obersten *Inspectorem* dieser Kirchen, das er dieselbe *revidirte* und zu dieser Zeit hochnottige Kirchenordnung fur seine eigene Person *ex officio ac propria authoritate* confirmiren und bestettigen wolle. <506>

Zum dritten, weil ein E. Raht schon vorlängst {*consentiret*}, das die Kirchenveter wegen des im Kriegeswesen endlehenten Kirchensilbers, vermuge habende Patent, *contentiret* werden sollen, derwegen auch die Sache an die Herrn Kemerherrn verwiesen und aber auß gewissen Ursachen darauff nichts erfolgett, nunmehr aber bey den Herrn Kemerherren ferner antzuhalten willens, als haben sie solchs dennoch ohne sein Vorbewust nicht thun wollen.

Zum vierden, weil die alte Kirchenordnung meldett, das diese Kirche mitt Bawen und Besseren der Schulen solle unbeschwerett bleyben in allen zukommenden Zeiten, als theten sie einen E. Hw. Raht bitten umb Erbawung einer Gelegenheitt zu derselben Schulen Brennholtz, welchs woll geschehen konne auffm Kirchhofe uber den beiden Kellern gegen der Schulen.

Zum funfften, nachdem nun mehr von einen E. Raht Michel Weida fur einen gewissen Organisten dieser Kirchen verordnet ist, das altem Gebra[u]ch nach die Kirchenveter gemechtiget mögen sein, mitt seynem als Kirchen*inspectoren* Einrahten, Wissen und Willen ihm die schriftliche Bestellung zu machen, sintemal sie ihm alle Quartal seine Besoldung geben.

Zum sechsten, das er bey ein E. Hochweisen Raht anlegen wolle umb ein Edict, das niemand seinen Koot auff den Kirchhoff schlage bey einer gewissen Peen.

Zum siebenden, weil die Brawerzunfft den Diennerstuhl fur den ihrigen vertritt, sowoll als den Trawerstuel und Predigerstuel sich <507> auch zueignet und auch fur ihrem Alter einen besondern Stuel zu bawen willens, bitten die

---

a Gestrichen/skreślony: vorgetr

Kirchenveter, es wolle er, der Herr *Inspector*, mitt zum Rechten sehen und der Kirchen bestes Wissen.
Antwort des Herrn *Inspectoris*
Erstlich, die *Supplication* belangende, wollte er mitt gebuhrendem Fleiß ubersehen und derselben nach der Kirchenveter und der Kirchen bestes Wissen.
Zum andern, das man bittett, weil auß gewissen Ursachen die Confirmation uber die revidirte Kirchenordnung beym E. Raht noch zur Zeit nicht zu suchen, das er *ex officio confirmiren* wolle. Solches konte woll geschehen und daruber, so lange er lebete, gehalten werden. ᵃ Er wolte auch ᵇrahten, man solte vier Exemplar bemeldter revidirter Kirchenordnung mitt einer Hand abschreiben lassen, ᶜ ein iglicher Kirchenvater ein Exemplar zu sich nehmen und samptlich fest daruber halten, biß zu besserer und gelegener Zeit.
Zum dritten, das man umb des Zalung des bewusten Kirchensilbers anhalten wolle, solches were ihm nicht zuwider. Er wuste sich aber nicht zu erinnern, wobey es jungst verblieben were, weil wir es aber wusten, als solten, wie damitt verfahren.
Zum vierten, der Schulen eine Gelegenheit zu ihrem Brennholtz auß des Rahts Beutel zu bawen, sintemal die Kirche von solchem Beschwer solle befreyet sein. Solchs wolle er einem E. Raht vortragen. Wir sollen kunfftig eines Bescheides gewertig sein. <508>
Zum funfften, die schrifftliche Bestellung das itzigen Organisten belangend, wolle er ferner zu *deliberiren* an sich nehmen.
Zum sechsten, ein *Edict* wegen des Koots auff dem Kirchhhofe zu *publiciren* etc., wolle er an eynen E. Raht nehmen.
Zum siebenden, was der Brawer Ansuchen belangett, welcheshalben man sich mitt ihnen nicht einigen konne etc., so[l]ches solle man an ihn (als *Inspectorem* der Kirchen) gelangen lassen, alsdan wurde es sich woll schicken, wie es sein solte. Diese *Petita* sein zum Theil beym Herr Inspectore, dem Herrn von der Linden, stecken bleiben, zum Theil durch den E. Raht allererst Anno 1614 im September beantwortet worden, wie hernach folgen wird.

Q.t. Ferner haben die Kirchenveter dem Herrn Burgermeister und Inspectore folgende Beschwer ᵈ mundlich vorgetragen, als furs ander, weil er vor diesem auff den Punct wegen Confirmirung der newlich *revidirten* Kirchenordnung auß gewissen Ursachen nicht rahtsam achtete, noch zur Zeit umb *Confirmierung* derselben bey ein E. Raht antzuhalten, als batten sie ihn als den obersten *Inspectorem* dieser Kirchen, das er dieselbe *revidirte* und zu dieser Zeit hochnottige Kirchenordnung fur seine eigene Person *ex officio ac propria authoritate* confirmiren und bestettigen wolle. <506>

---

a Gestrichen/skreślony: 4 Zeilen unleserlich gemacht / 4 wiersze – nieczytelne, zamazane
b Gestrichen/skreślony: aber
c Gestrichen/skreślony: und
d Gestrichen/skreślony: vorgetr

Zum dritten, weil ein E. Raht schon vorlängst {*consentiret*}, das die Kirchenveter wegen des im Kriegeswesen endlehenten Kirchensilbers, vermuge habende Patent, *contentiret* werden sollen, derwegen auch die Sache an die Herrn Kemerherrn verwiesen und aber auß gewissen Ursachen darauff nichts erfolgett, nunmehr aber bey den Herrn Kemerherren ferner antzuhalten willens, als haben sie solchs dennoch ohne sein Vorbewust nicht thun wollen.

Zum vierden, weil die alte Kirchenordnung meldett, das diese Kirche mitt Bawen und Besseren der Schulen solle unbeschweret bleyben in allen zukommenden Zeiten, als theten sie einen E. Hw. Raht bitten umb Erbawung einer Gelegenheitt zu derselben Schulen Brennholtz, welchs woll geschehen konne auffm Kirchhofe uber den beiden Kellern gegen der Schulen.

Zum funfften, nachdem nun mehr von einen E. Raht Michel Weida fur einen gewissen Organisten dieser Kirchen verordnet ist, das altem Gebra[u]ch nach die Kirchenveter gemechtiget mögen sein, mitt seynem als Kirchen*inspectoren* Einrahten, Wissen und Willen ihm die schriftliche Bestellung zu machen, sintemal sie ihm alle Quartal seine Besoldung geben.

Zum sechsten, das er bey ein E. Hochweisen Raht anlegen wolle umb ein Edict, das niemand seinen Koot auff den Kirchhoff schlage bey einer gewissen Peen.

Zum siebenden, weil die Brawerzunfft den Diennerstuhl fur den ihrigen vertritt, sowoll als den Trawerstuel und Predigerstuel sich <507> auch zueignet und auch fur ihrem Alter einen besondern Stuel zu bawen willens, bitten die Kirchenveter, es wolle er, der Herr *Inspector*, mitt zum Rechten sehen und der Kirchen bestes Wissen.

Antwort des Herrn *Inspectoris*

Erstlich, die *Supplication* belangende, wollte er mitt gebuhrendem Fleiß ubersehen und derselben nach der Kirchenveter und der Kirchen bestes Wissen.

Zum andern, das man bittett, weil auß gewissen Ursachen die Confirmation uber die revidirte Kirchenordnung beym E. Raht noch zur Zeit nicht zu suchen, das er *ex officio confirmiren* wolle. Solches konte woll geschehen und daruber, so lange er lebete, gehalten werden. ᵃ Er wolte auch ᵇrahten, man solte vier Exemplar bemeldter revidirter Kirchenordnung mitt einer Hand abschreiben lassen, ᶜ ein iglicher Kirchenvater ein Exemplar zu sich nehmen und samptlich fest daruber halten, biß zu besserer und gelegener Zeitt.

Zum dritten, das man umb des Zalung des bewusten Kirchensilbers anhalten wolle, solches were ihm nicht zuwider. Er wuste sich aber nicht zu erinnern, wobey es jungst verblieben were, weil wir es aber wusten, als solten, wie damitt verfahren.

---

a Gestrichen/skreślony: 4 Zeilen unleserlich gemacht / 4 wiersze – nieczytelne, zamazane
b Gestrichen/skreślony: aber
c Gestrichen/skreślony: und

Zum vierten, der Schulen eine Gelegenheit zu ihrem Brennholtz auß des Rahts Beutel zu bawen, sintemal die Kirche von solchem Beschwer solle befreyet sein. Solchs wolle er einem E. Raht vortragen. Wir sollen kunfftig eines Bescheides gewertig sein. <508>

Zum funfften, die schrifftliche Bestellung das itzigen Organisten belangend, wolle er ferner zu *deliberiren* an sich nehmen.

Zum sechsten, ein *Edict* wegen des Koots auff dem Kirchhhofe zu *publiciren* etc., wolle er an eynen E. Raht nehmen.

Zum siebenden, was der Brawer Ansuchen belanget, welcheshalben man sich mitt ihnen nicht einigen konne etc., so[l]ches solle man an ihn (als *Inspectorem* der Kirchen) gelangen lassen, alsdan wurde es sich woll schicken, wie es sein solte. Diese *Petita* sein zum Theil beym Herr Inspectore, dem Herrn von der Linden, stecken bleiben, zum Theil durch den E. Raht allererst Anno 1614 im September beantwortet worden, wie hernach folgen wird.

V.t. Nachdem von der Stadt Magdeburg ein Schreiben anhero an einen E. Raht gelangett, darinne kleglich angetzogen, die schreckliche Fewersbrunst, so sich daselbst begeben, und dadurch viel armer Leute worden etc., bittende, ein E. Raht alhie an die Gemeine ein christliche Ermahnung thuen lassen wollen, den armen abgebranten Leuten mitt ihrem Allmosen zu Hulffe zu kommen etc. Worauff ein E. Raht allhie abermals die vorgemeldten Kastlin in allen Kirchen aussetzen und durch die Praedicanten der Gemeine zu diesen trawrigen Zustandt ankundigen und zu milder Gebung ihrer Allmosen ermahnen lassen. Und hatt sich hernach befunden, das in zweyen auffeinander folgenden Sonntagen, nemlich, am 9. Sontage nach Trinitatis, den 4. Augusti, und hernach am 10. Sontage nach Trinitatis, den 11. Augustii, eingesammelt und auff die Kemmerey getragen worden allein auß dieser Kirchen Mk. 268 Gr. 3, ohn, was in den andern Kirchen ist eingeleget worden, dabey es auch fur diß Mahl verblieben.

W.t. Bald hernach ist zu Marienburg am 22. Septembris ein groß Feur auffgangen und in die 22 Heuser abgebrant, welchs durch ein Backhauß soll außgekommen sein, und ist allhie abermahl bittlich angehalten worden, den armen abgebranten Leuten zu Stewre zu kommen, und sein die vielgedachten Kastlin wiederumb außgesetzet am 21. Sontage nach Trinitatis, dem 27. Octobris, <510> und folgenden Tages, Simonis et Judae, wie auch den negstfolgenden Sontag hernach, und ist in diesen dreyen Tagen eingekommen und auff die Kemerey gebracht Mk. 135 Gr. 6, ohn, was in den andern Kirchen eingesamlett ist worden, da bemeldte Kastlin ebenmessig die benante 3 Tage uber gestanden.

X.t. Am 18. Tage Septembris haben die Kirchenveter zu S. Marie mitt Vorwissen, *Consens* und Willen der Vorsteher zu beyden Capellen S. Olai unter dem Glockenthurm, als mitt Namen Salomon Ottinghusen .... etc., dieselben beyden Capellen, weil sie niderfellig und daselbest der Kirchen zur Untzier stunden, wegnehmen, das Holtzwerck auff den Thurm bringen und die eisene Stangen, davon unter die verschlossene Treppe, da man auß der Kirchen auff die Bleykammer gehett, bewaren, der eisenen Stangen zum Gegitter seind gewesen 36 in einer Lange, wovon der itzige Kirchenknecht Peter Witzcke, der sie in seiner Bewarung halt, kunfftig Bescheid zu geben wird schuldig sein. Die Altare aber in beyden Capellen hatt man stehen lassen, wie sie gewesen, ja dieselben der Kirchen zur Zier geputzett und rein gemacht. [a]

1614 Y.t. Janus Radziwil, Hertzog in Litthawischen Brisch etc.,[341] kahm mitt seinen Gemahl, Fraw Elisabeth Sophia, gebornen Marggraffine zu Brandenburg, nach gehaltenem Beylager am 24. Tage Martii des 1614 Jars mitt wenigen Hoffgesinde gen Dantzig. Am grunnen Donnerstage hernach, den 27. dieses [Monats], communicirett <511> in dem calvinischen Closter zu Grawen Munchen nach ihrer calvinischen Gewohnheitt, hatte zum Beystande Herr Bartel Schachmann, Burgermeister, Herr Ernst Kerle, Rahtsverwanten, Johannem Keckerbard, *Syndicum*, Herrn Hans Zierenberg, Gerichtswerwanten, Reinhold Kleinfeld, *Secretarium*, und andere mehr. Sein Gemahl aber *absentirete* sich, weil sie nicht calvinischer Meinung war, sondern stellete sich am Ostertage hernach in S. Marienkirche zur Predigt ein, hatte ihren Sitz in der Kirchenveter Stuel. Die Kirchenveter namen ihren Sitz im S. Marien Capelle am Gegitter und liessen sich das Gestuele daselbst schloßfest machen, in Meynung, das sie offt solte wiederkommen, weil sie aber mitt schweren Leibe gieng und ihr auch der Stuel [b] fur ihre gebögelten abschewlichen Kleider zu enge war, stellete sie sich ferner nicht ein, sondern bestellet sich einen besondern lutherischen Prediger, der ihr in ihrem Losament predigte.

Z.t. *Thomas Fabricius*, der calvinische *Capellan* zu S. Marien, nachdem er mitt seinen bildsturmerischen Predigten wieder die Bilder, Altar, Caseln und Chorrocke etc. biß dahero noch weniger verrichtett [c] und <512> doch gleichwol wider sein Predigen und Schreyen und also auch wieder sein Gewissen die Casel und Chorrock bey Verrichtung seines Ampts gebrauchett, unterstund er sich endlich zu unterschiedlichen Mahlen, wieder dieser Kirchen Ordnung und Gebrauch ohn Antziehung der Caseln das hochwirdige Abendmahl zu administriren. Item er ließ zu unterschiedlichen Zeiten nach vermuge altem Gebrauch die Metten und Vesper zu inthoniren, zerstummelte das Tauffbuchlein Lutheri und taufte die Kindlein nach eines iglichen Geistes Meynung etc., zerruttet also die alte wolbestellete Kirchenordnung auff viel Wege. Ob nun woll solche Dinge nur *Adiaphora* und Mitteldinge sein, zu halten und nachtzulassen, wolte sich doch nicht geburen, eine wollbestellete Kirchenordnung durch eine *Privat*person des Predigtampts ohn vorbewust Wissen und Willen der Oberckeitt und gantzen Ministerii sich solcher Sachen zu unterwunden. Darumb {haben} die Kirchenveter, als welchen die Inspection dieses Falles mitt befohlen ist, am 6. Tage Aprilis [d], nemlich am

---

a Gestrichen/skreślony: Man hatt auch
b Gestrichen/skreślony: umb ihrer Kleider
c Gestrichen/skreślony: aber
d Gestrichen/skreślony: ihm solche

Sontage *Quasimodo geniti*, durch ihren Kirchenknecht Peter Witzcken ihn von solchen Newrungen abmahnen lassen mitt dem Bescheid, im Fall er solchen seinem Vornehmen nicht ablassen wurde, das sie dasselbe ferner ei[n]furen musten ihrem Gebuere nach etc. Hierauff hatt er zur Antwort gegeben: Er were von Gott ordentlicher Weise zum Predigtampt verordnet und von der Obrigkeitt beruffen worden, <513> eben den Kirchenvetern sowoll als andern seinen Zuhörern zu lehren, zu predigen und den Weg zur Seeligkeitt zu weisen und hetten ihn die Kirchenveter in seinem Ampt nicht zu *reformiren*. Er hette seine hohe Oberckeitt einen E. Hochw. Raht, der ihn anhero beruffen und bestellett hette, wurde derselbe etwas Mangels an ihm haben, so wurde er sich wissen zu verantworten etc.

Am folgenden Sontage *Jubilate* hernach kam dieser Thomas Fabricius, sein Ampt zu verrichten, nach gehaltener Fruepredigt fur den Altar abermal, ungeachtett der Kirchenveter Ermahnung ohne Casel. Diß bewegte die Kirchenveter, weil er auff ihr Ermahnen nichts gegeben, zu berahtschlagen, was ihnen ferner dabey zu thun were. In wehrender solcher *Deliberation* im Kirchenveter Stuel nach geschlossener und volendeter Predigt kompt Herr Michael Coletus, der elteste Prediger in der Pfarrkirchen, in ihr Mittel und beschweret sich ebenmessig uber solchen eingefuhrte Newrungen mitt Ermahnung und Bitte, das die Kirchenveter ihr Ampt wollen in Acht haben und auff Mittel gedencken, wie solchen Newrungen möge gewehrett werden. Sonst, wo es nicht geschege, wurde es seines Ampts Gebuer sein, solchen Newrungen an offentlicher Cantzel zu wiedersprechen. Worauff ihm geantwortet ist worden, es hetten die Kirchenveter eben itzund in ihrem Rahtschlagen und wolten gerne so viel muglich das irige dabey thun etc., wie es dan auch hernach erfolgett, das die Kirchenveter nicht allein ihrem Herrn *Inspectore* solchs geklagt, sondern auch eine besondere *Supplication* deßwegen an einen E. Raht gestellett haben, wie hernach folgen wird. <514>

A.u. Die am Newjarstage geschlossene Kirchenrechnungen von Anno 1613 haben die Kirchenveter am 24. Tage Aprilis dem Herrn Burgermeister, Herrn Hans von der Linden, ihrem Herrn *Inscpectore*, ubergeben [a] mitt angehengeten mundlichen Bitten, etliche Beschwer der Kirchen zu wandeln, und weil derselben etliche Puncta waren, begerett er dieselben von ihnen schrifftlich zu fassen und ihm zu zustellen. Wie auch geschehen und {hernach} folgett.

B.u. Es starb aber [b] die andern Nacht bevor eines schnellen unverhofften Todes der Herr Burgermeister, Herr Bartel Schachmann, nachdem er des Abends zuvor frisch und gesund war zu Bette gangen. Und dieser ist nun der [c] Achte aus dem Mittel des Rahts von der protestirenden Gemeyne mitt dem Calvinismo Beschuldigte gewesen, welcher, wie man saget, auch des jungsten Tages vor seinem Todt wunderliche Practicken mitt etlichen seines Glaubens Ge-

---
a Gestrichen/skreślony: eben zu
b Gestrichen/skreślony: die Nacht hie befo
c Gestrichen/skreślony: siebende

nossen in Religionssachen soll unterhanden gehabt haben. Davon allhie nicht zu schreiben ist. Befehle es denen, so es besser wissen.

C.u. Folgett nun ferner die *Capitulation* der Beschwer der Kirchenveter zu S. Marien, dem Herrn Burgermeister Hans von der Linden durch die Kirchenveter vorgetragen und schrifftlich ubergeben am 1. Tage Maii Anno 1614 und wie folgett.

„1. Weil wir E. Herrl. furm Jar eine *Supplication*, uns selbs und auch die andern Kirchen*officianten* belangende, ubergeben und darauff noch zur Zeit kein Antwort darauff bekommen haben, bitten wir, das ein gunstiger Bescheid darauff erfolgen möge.

2. Wir bitten, wie wir auch schon furm Jahr gebethen haben, das eine Gelegenheitt zum Brennholtz, <515> so itzund auff der Schulen mitt grosser Gefahr derselben und der benachbarten gehalten wird, auff dem Kirchhhofe, weil daselbs gutte Gelegenheitt ist, möge gebawett werden.

3. Weil auch allhie in diesem Kirchspiel viel Leychen zur Erden bestattett werden, welchen nicht geleutett wird mitt den Glocken dieser Kirchen und dennoch die gantze Schule datzu gefordert wird, mitt grosser Verseumung der lieben Jugend und weder die Kirche, noch ihre Offcianten, noch Schulgesellen dessen nicht gebessert sein, sondern der Rector alleine seinen Taler davon hatt, und solchs eine Newrung bey dieser Kirchen ist, welche auch allein von den Frembden, furnemlich aber von den Wiederteuffern, Arianern, Mennisten etc. allhie eingefuhrett wird, als bitten wir, das es desfals alhie möge gehalten werden wie bey andern dieser Stadt Kirchen. Nemlich solche Leute, so die gantze Schule gebrauchen und nicht leuten lassen wollen, dennoch der Kirchen, ihren Officianten und Schuel*collegen* ihr Gebuer abtzulegen sollen schuldig sein, so volkommen ob geleutet were, warumb auch die *Scholares*, welche ohne das geringe Besoldung haben, furnemlich sehr fleissig bitten und anhalten thun.

4. Wir bitten auch, ein *Edict* zu *publiciren*, das sich niemand unterstehe, seinen Kooth, Schnee, Eiß etc. auff den Kirchhhoff zu tragen, vielweniger dahin seine Nottdurfft zu thun, bey einer gewissen *specificirten* Straffe, sintemal die Benachbarten auch von fernes sich angewehnet, alle ihren Mist etc. dahin zu schlagen, auch derer Gesinde, und so in Kellern wohnen, ihre Notturfft dahin zu thun <516> nicht unterlassen, zu grossen Unehren und Spott der Kirchen und ihren Vorstehern, dahero auch der Kirchen Unkosten des Außfuhrens halben darauff ergehen.

5. Weil man auch an der Kirchen und derselben Wohnungen teglich zu bawen und zu bessern hatt, bitten wir, das dem Kirchenzimmermann Stephan Schuhmacher eine besondere Werckstadt zu der Kirchen Notturfft zugelassen sey, damitt die Kirche, wen es noth thutt, nicht möge verseumett werden.

6. Weyl wir auch bey dem Herrn Kemmerherrn, Herrn Arendt von Holten, Ansuchung gethan, die Kirche wegen des endlehenden Kirchensilbers zu contentiren, hatt er uns den Bescheid gegeben, das er die Sachen auffgesucht

habe, sey auch zur *Liquidation* bereyt. Es musse aber zuvor von einem E. Hw. Raht ein schrifliche Befehl auff die Kemmerey kommen, als bitten wir, das solchs mitt dem ersten geschehen möge, in Anmerckung, das wegen der von Gott verhengten Feuersbrunst an der Kirchen und auch auff derselben Wohnungen itzund schwere Unkosten mussen gewendett werden.

7. Die eingefuhrten Newrungen des Capellanem Thomae Fabricii in der Kirchen alhie sein in einer besondern *Supplication* verfassett, welche man hieneben thutt uberreichen, mitt Bitte, das ihm dieselbe mitt Ernst untersagett werden."

D.u. Und lautett die *Supplication* wie folgett:

„Edler, Ehrenvester, Nahmhaffter, Hochweiser, Großgunstiger Herr Burgermeister, <517> E. Herrlichen werden sich gunstiglich zu erinnern wissen, was wir jungst bey Ubergebung unser Rechnung unserm tragenden Ampte nach unter anderen *petitis* wegen des Herrn Thomae Fabricii, Capellanen, eingefuhreten Newerungen fur gehorsamliche, dienstliche und freundliche Ansuchung gethan, nemlich nachdem er nebenst andern eingefuhreten Absurdis auff der Cantzel auch diese Zeit hero viel Newrungen [a] in Verrichtung der Kirchenceremonien ohn Vorwißen eines E. Hw. Rahts und des *Ministerii* fur seinen eigenen Kopf furstiglichen in dieser Kirchen eingefuhret, welcher Newrung wie damahls ettliche *in specie* kurtzlich angetzogen und umb Wandlung gebethen. Weil aber E. Herrl. dieselben schriftlich zu ubergeben begerett, als haben wir derselben zu Gehorsamen solchs nicht unterlassen können.

Und ist nicht new, das dieser Herr Thomas zu viel Mahlen, wenn altem Gebrauch nach zu gewisser Zeit die Vesper soll gesungen werden, sich *absentirett* und zu Anfangen auß den 70. Psalm durch das *Deus in adiutorium* etc. nicht inthonirett, sondern die Chorgesellen, weil sie an ihre gewisse Stunde gehalten sein, mitt grossen Schimpf und Spott dieser Kirchen den Psalm unangefangen, ferner fort singen mussen. Uber der Heiligen Tauffe unterstehett er sich, die gewohnlichen Fragstucke gantz außzulassen und an Stelle derselben den christlichen Glauben zu *recitiren*, ja gantz leichtfurtig und abschewlich nach eines iglichen Geists Meinung und Begeren die Kindlein zu tauffen sich unterstehett, zu grossen <518> Ergernuß viel frommer Christen. Handelt demnach mitt der Heyligen Tauff nicht nach altem Gebrauch dieser Kirchen, sondern sein Tauffampt einem Schneider gleich, welcher ein Kleid machett nicht nach gewohnlicher Tracht, sondern, wie es derjenige haben will, der es bestellett hatt zu machen, dafur er auch sein Geld nimpt. Ob nun solchs in wollbestelleten Kirchen sich getzieme, lassen wie E. Herrl. und alle fromme Christen richten. Wir wissen zwar desgleichen Exempel nicht, weder in den lutherischen, calvinischen noch bapstlichen Kirchen nicht durch gantz Deutschland. Wer das hatt er auch vielmahl die Collecten, so zum Beschluß des Gottesdienstes in der Kirchen zu lesen verordnet, nicht wie gebreuchlich

---

a Gestrichen/skreślony: auff der Cer

vor dem Hohen Altar, sondern sich dan hie, den dort in die Gestuele verkrochen und abgelesen mitt Verwunderung des Volcks, welches seine Stimme höret und er doch nicht gesehen wird, den Kindern gleich, welche sich fur andern Kindern verbergen und dennoch durch ihre Stimme sich vernehmen lassen, das sie nicht ferne furhanden sein. Ja, er hatt auch in der Tauffe uber dem Werck des Teuffens die *Collecta* {offtmals} abgelesen.

Letzlich hatt er sich auch unterstanden auf die Sontage und Feyertage, [a] da man die Epistole und Evangelia furm Hohen Altar abliesett, auch bey Reichung des Heiligen Nachtmals die Casel nicht antzulegen. Hieneben zu geschwigen, vieler calvinischer *Opinionen*, so er mitt seynem *Collega*, Herrn Martino Rehmo, offtmals in dieser Kirchen zur Bahn gebracht hatt, durch welche die christliche Gemeine alhie sehr irre gemacht ist, wie leider offenbar. Ob nun woll solche Ceremonien nur *Adiaphora* sein christlicher Freyheitt unterworffen, so <519> will sich doch nicht geburen, zu mercklichen Ergernuß der christlichen Gemeine [b] wie auch zu grossem Despect und Verkleinerung dieser löblichen Kirchenordnung ihme ohn Vorwissen und Willen seiner Oberckeitt und des gantzen Ministerii solches sich zu unterstehen und solte ihme umb solches Frefels und Durstigkeit halben woll etwas anders wiederfahren, welches wir diesesfalles unsers Oberckeitt befehlen. Diese E. Herrl. Klagende vorzutragen, haben uns viel Christlicher Burger datzu ermahnett, wie auch der Herr Coletus selbs uns unseres Ampts desfalles erinnert und mitt Fleiß Umbwandlung anzuhalten gebethen. Dan im Fall nicht Wandlung geschehen [c] sollte, so wurde sein Gebuer sein, solche Newrungen an offentlicher Cantzel zu straffen, und was dahinder verborgen, zu enddecken.

Weil aber hiebevor schon etliche unsers Mittels mitt Newling geredet und ihn von einer oder der andern Newrung abgemahnett, auch endlich wir sampt-lich von allen solchen *novationibus* durch unsern ordentlichen Kirchenknecht ermahnen lassen, mitt Verwarnung, im Fall er solche *Ceremonien* nicht halten wurde, wie er sie gefunden, das wir solches ferner eyfern [d] musten, so hatt er doch nichts darauff gegeben, sondern uns zur Antwort werden lassen: Er were von Gott und der Oberckeitt datzu verordnet, uns den Weg zur Seligkeitt zu lehren, wie hetten ihm nichts vortzuschreiben. Hette seine hohe Oberckeitt etwas wider ihn, so wurde er sich und sein Ampt woll zu verantworten wissen. Demnach haben E. Herrl. wie solches zu klagen nicht Umbgang haben konnen, aber <520> und abermals bittende, E. Herrl. woll ihrem tragenden hohen Ampte [e] und Geben nach [f]die Sache dahin promoviren helffen, damitt diesem Freveler und seinem Vornehmen in Zeiten gewehrett und vielen Unheil, so darauß zu befahren, vorgekommen werden möge. Dan was

---

a Gestrichen/skreślony: Son
b Gestrichen/skreślony: Gemeine
c Gestrichen/skreślony: wurde
d Gestrichen/skreślony: wurden
e Gestrichen/skreślony: nach
f Gestrichen/skreślony: die

<520–521>

auff solche absurde und frivole *praeparatoria* zu erfolgen pflegett, seind wir die Zeit hero woll inneworden. So werden auch hiedurch unsern Wiedersachern, den Papisten (welche ohne das ein gefehrlichs Auge auff diese Kirche haben) zu ihrem Vornehmen Fenster und Thuren auffgemacht. Konte auch woll hiedurch in den noch zur Zeit streitigen Religionsachen und das letzte erger werden als das erste gewesen ist. Solchem und andern Unheyl wolle {zuvor zukommen} E. Herrl. durch Gottes Hulffe und eines E. Hw. Raths Beystand keine Fleiß sparen, vorendgegen umb E. Herrl. wie auch einen E. Hw. Raht, wie solchs wiederumb zu verschulden, uns aller Dienstwilligkeitt und Gehorsams befleissigen wollen.

Ew. Herl. Dienstwillige   Eberhard Bötticher
und gehorsame   Michel Wider
verordnete Kirchenveter   Greger von Amster
der Pfarrkirchen S. Marien   Nickel Schmidt."

Dieses alles hatt der Herr Burgermeister ferner zu uberlegen, was dabey zu thun an sich genomen, mitt Verheissung fur seine Person der Kirchen Bestes und Wissen, und was ihm zu schwere, einem E. Raht vorzutragen.

E.u. Nachdem auch die Brewer Zunfft umb dieser Zeit bey den Kirchenvetern drenglich anhielt umb einen Stuel fur ihre Eltesten in der Pfarkirchen an S. Nicolas Altar, welches ihr eignen zu bawen und aber ᵃ mitt <521> den Kirchenvetern umb das Raum datzu gehörig nicht vergleichen kunten, ward die Sache an den Herrn Kirchen *Inspectorem*, Herrn Hans von der Linden, genommen, welcher eben des jungstgemeldten Tages, 1. Maii, ᵇ {nemlich} der Apostel Philippi und Jacobi ᶜ {Tag}, die Sache verhörett. In *termino* wandten die Brewer ein, sie weren Willens, in der Pfarkirchen an S. Nicolaus Altar, den Brewern zugehörig, das alte Gestuhl wegzubrechen und ein newes an die Stelle zu bawen, und weil solchs in ihrer Macht nicht stunde, ohn Vorwissen und Willen der Kirchenveter zu thun, als hetten sie solchs bey ihnen gesucht und umb Vergunstigung gebethen. Die Kirchenveter aber hetten es ihnen allerdinge nicht nachgeben wollen, sintemal die Brewerzunfft nicht beweisen konte, das die Gestuele zu ihrem Altar gehöreten, ungeachtett das sie mitt dem Götzen S. ᵈ {Nicolaii}, welcher an das lange Gestuel geschnitzett und auch zugleich in ihrem Altar stunde, beweisen könten, das dieselbe {lange} Banck datzugehorete. Des, so stunde auch noch ein Schaff an demselben Altar uber dem Prediger Stuel, datzu sie den Schlussel hetten, derwegen muste ja derselbe auch datzu gehören etc. Hierauff fragte der [Herr] Burgermeister, welche Gestuele sie vermeyneten die ihrigen zu sein. Darauff antworteten sie: „Der Dienerstuel, der Schulerstuel, welchen man auch den Trawerstuel nennete, und der Predigerstuel", wiewoll sie den Predigerstuel fur die

---

a Gestrichen/skreślony: sich
b Gestrichen/skreślony: welcher
c Gestrichen/skreślony: gewesen
d Gestrichen/skreślony: Martini

Prediger lassen wolten, weil sie von alters alda gesessen hetten. Fragende, <522> wie sie es dan bawen wollten, antworteten sie, sie wolten den Dinerstuel wegbrechen und einen newen an dieselbe Stelle wieder bawen, der solle sich erstecken durch den Gang, dem Alter vorbey biß an den Predigerstuel, jedoch den Altar nicht ruhrende, sondern alleine die Lade, fur dem ᵃ demselben, welche zum Aufftritt des Messpfaffen vortzeiten verordnet gewesen, hinweg nehmen. Weren auch woll zufrieden, das die Schlagbencken, so die Kirchenveter an den Dienerstuel hetten machen lassen, wiederumb an den newen Stuel mochten ᵇ angeschlagen werden und der Nutz davon der Kirchen bleyben. Den Schulerstuel wolten sie auch wegbrechen und einen newen, der bequemlicher were, an die Stelle bawen. Wolten sich desselben auch gerne endhalten, wan etwa eine Leichpredigt were, jedoch das beyde Gestuele schloßfest gemacht wurde, auff das nicht ein iglicher ohn Unterschied hinein lieffe.

Ob nun woll die Kirchenveter opponirett, das ihnen deßfalles wenig konte gefugett werden, sintemal in der Kirchenordnung folgende Wort außdrucklich endhalten sein: „Item welche Bruderschafft oder Gilde eigene Altare in der alten oder newen Kirchen haben, mitt ihren Beweiß mögen des gebrauchen, nach Inhalt ihrer Briefe und Beweiß und sich keinerley Stuele oder Bancken, beide Frawen und Mannes, sich nicht sollen etwas unterwinden zu bawen, bey dem Altare oder umb das <523> Altar ohne Wissen und ohne Urlaub der Kirchenveter. Dan das von dem Ersamen Rahte hartlich und ernstlich befolhen ist. Darauff zu sehende, darumb nun auch die itzigen Kirchenveter gross Bedenckens hetten, ihnen zu willfahren. Weil ᶜ sie es aber freundlich bey ihnen sucheten, und auff das dennoch ihre Bitte nicht vergeblich were, wolten sie ihnen den Diennerstuel guttwillig einreumen, woferne nur der *Consens* eines E. Raths datzu keme. Vor dem Altar aber biß an den Predigtstuel zu bawen, were ein newes, wie auch den Schulerstuel ihnen zu erwenen, nicht allein darumb, das die Schuler schon woll in die 50 Jar und lenger denselben in *Posses* gehabt, sondern wurden auch böse *Sequelen* darauß erfolgen. Dan die ander Wercke, so ihre Altare ebenmessig in dieser Kirchen haben, {wurden} demnach auch solche lange Bencken, so je und allewege offen gehalten, wollen fur sich verschlossen haben und mitt der Weise wurde kein altes Gestuel fur den gemeynen Mann offen und frey bleiben etc. Nachdem sie aber ferner mitt Fleiß bittlich darumb anhielten, befahl ihnen der Herr Burgermeister abtzutretten, das er sich mitt den Kirchenvetern ferner darauff bereden mochte.

Nach gehaltener Beredung gab er den Brewer auss gemeynem Schlusse diesen Bescheid: Der Dinerstuel solte ihnen eingerewmtt <524> werden, wie auch ein E. Raht darin *consentirett* hette. Der lange Stuel muste wegen der *Proscrip-*

---

a Gestrichen/skreślony: Altar
b Gestrichen/skreślony: an denselben newen Stuel
c Gestrichen/skreślony: aber

tion den Schullern bleiben, welches auch ein E. Raht also haben wolte. Fur dem Altar aber zu bawen musten die Kirchenveter mitt den Brewern noch einmahl besichtigen, jedoch im Falle, alda etwas solte gebawett werden, das der Kirchen dafur ein billicher Abtrag geschehe. Hierauff dancketen die Brewer fur Ubergebung des Dienerstuls und namen den ubrigen Bescheid an ihre Eltesten. [a]

F.u. Auff die vorhergehende der Kirchenveter *Supplication* und Beschwer [b] uber den Thomam Fabricium, Capellan der Kirchen S. Marien, erfolgete von einem E. Raht dieser Bescheid:. Es hette E. Raht dem praesidirenden Herr Burgermeister, Herrn Hans Speyman, aufferlegett, den Fabricium zu beschikken und zu befehlen, das er die Kirchenceremonien auff keinerley Weise oder Wege verendern solle, weder in Worten noch Kleydung, sondern alten Gebrauch nach es damitt halten, wie er es allhie gefunden hette, bey Verlust seines Dienstes. Hierauff muste dieser Herr Thomas wider sein Gewissen und Predigen am heyligen Pfingstage, welcher war der 18. Maii, uber gehaltenem seinen Ampte die Casel wieder antziehen und also auch ferner in derselben sein Ampt verrichten, ihm selbest zu grossem Schimpf und Decpect, wie ers auch nun mitt andern Ceremonien, welche er mißbrauchet und geklagett worden, halten wird, gibett die Zeit. Wie er aber in diesem Stuck [c]des Apostels Petri und der andern Aposteln Exempel gefolgett hatt, [d] <525> da sie *Act.* 5 von ihrem Lehren und Ceremonien durch den Hohenpriester und Juden abgemahnet wurden und antworteten: „Wir mussen Gott mehr gehorchen als den Menschen." Das mag er als ein Heuchler verwantworten.

G.u. Auff Beschicken und Begeren des praesidirenden Burgermeisters Herrn Hans Speymans sein fur demselben und seinen deputirten *Assesoren* Herr Ernst {Bartel Brand, Arend von Holsten, Herr Eghard von [e] Kempen und Herr Ernst Kerle, Rahtsverwanten, erschienen}, auß dem Mittel der Kirchenveter Eberhard Bötticher und Greger von Amster, [f] und dan auch die beyden Capellanen derselben Kirchen S. Marien, als Martinus Rehmus und Thomas Fabricius und nebenst ihnen der *Rector Scholae* Johannes Martini, in sein, des benanten Herrn Praesidenten Behausung erschienen und hatt der Herr Praesident angefangen und vermeldett, es were nun eine geraume Zeit hero viel Klagens von den Herrn [g] Praedicanten {und Schulgesellen} an einen E. Raht gelangett uber das geringe Salarium, so sie hetten, also das sie mitt Kummer und Seufftzen ihr Ampt verrichten musten. Wollte derhalben erstlich von den Capellanen berichtett sein, wieviel ein iglicher jehrlich zum Salario hette und was sonst daneben ihr Beschwer were. Darauff Martinus Rehmus fur

---

a Gestrichen/skreślony: Es erfolgte aber bald hernach
b Gestrichen/skreślony: der
c Gestrichen/skreślony: Pet
d Gestrichen/skreślony: weil er
e Gestrichen/skreślony: von Hol
f Gestrichen/skreślony: Arend, Eghard von Kempen und Ernst Kerle
g Gestrichen/skreślony: Kirchenveter

sich und seinen *Collegen* antwortett, sie hetten jehrlich auß der Kemmerey eine iglicher auß der Kemerey 300 Mk. zu gewarten[342], des weren sie zugleich auch auff die *Accidentien* gewiesen, welche itziger Zeit wenig trugen. Dan was das Tauffen angelangett, wurden die <526> meisten Kinder in den Heusern getaufft durch andere Prediger als den Herrn Conradum, Herrn Coletus, auch woll durch ᵃ Prediger auß andern Kirchen, zu diesen Kirchspiel nicht gehörig, welches nicht allein ihne sehr vorfenglich, sondern auch grosse Unrichtigkeitt machete in der jehrlichen Beschreibung der getaufften Kinder, das also ein E. Raht nun nicht mehr genugsame Nachrichtung haben kunte, wieviel Kinder das Jar uber geboren[343]. Also hielte sichs auch nicht mitt dem Trewen, das die Leute in den Heusern sichs trewen liessen nicht durch ihre Personen, denen es geburete, sondern durch welche ein iglicher Breutegam selbs wolte, also, das sind dem new Jahr nicht uber 24 Breute in der Pfarrkirchen durch sie getrewett weren worden. Imgleichen an dem Beichte hören ginge ihnen viel ab etc. Hierauff antwortet der Herr Praesident: Durch zweyerley kunte des Kirchen- und Schuelregimentt woll bestellett und versehen werden, also wen der Religions Zwist, welchen Gott umb unser Sunden willen verhengett, mochte zur Einigkeitt gebracht, und darnach auch, das einem iglichen Kirchen- und Schuldiener sein Salarium mochte verbessert werden. Das eine muste man fur diese Zeit Gott <527> befehlen, auff das andere aber wolle ein E. Raht bedacht sein, das ein iglicher unter ihnen seine nottdurftliche Auffendhaltung haben möge, damitt sie nicht mitt Seufftzen ihr Ampt verrichten durfften. Dernach redett er den *Rectoren* der Schulen an und vermeldet, das zwar fur einen E. Raht von ihme kein Beschwer kommen were, darauß abtzunehmen, das er fur seine Person sein Außkommen hette. Weil aber ein E. Raht berichtett worden, das seine *Collegen* sich uber ihre geringe Besoldung sehr beschwereten, als solte er anmelden, was seine und seiner *Collegen* Besoldung were. Hierauff antwortet der *Rector*, sein *Salarium* were jerlich 100 Mk. und von den Herrn Kirchenvetern 300 Mk., hievon muste er (wie ers damals in *Specie* ertzehlete) dem einen viel, dem andern weniger geben, hietzu hette er noch von einem E. Raht fur die Schule eine Rutte Holtz, seine 6 *Collegen* aber hetten noch zu dem, was er ihnen gebe von den Herrn Kirchenveter, dafur das sie das Jar uber zu Chore musten auffwarten, alle Sechse zusammen 32 Mk.

Hierauff fragett der Herr *Praesident* die Kirchenveter, ob sie nicht Raht wusten, das ihnen von den Kirchen Einkunfften mochte Zuschub geschehen. Die andworteten, es <528> were auß ihren Rechnung, so sie jerlich ihrem Herrn *Inspectore*, Herrn Hans von der Linden, ubergeben, genugsam zu ersehen, das die Kirche nicht so viel Einkommens ᵇ zu itziger Zeit hette, das die ordentlichen Quartalgelde nebenst den Unkosten zum Gebaw ᶜ konten

---

a Gestrichen/skreślony: andere
b Gestrichen/skreślony: habe
c Gestrichen/skreślony: Gebew

betzalett werden, sondern muste jerlich von den Kirchenvetern auß ihrem {eigenen} Beutel ein Ehrlichs verschossen werden, wie solches die obgedachten jerlichen Rechnungen genungsam außweiseten. Kunte derhalben solche Verbesserung bey den Kircheneinkunfften nicht gesucht werden. Und da solches nicht zu glauben stunde, weren unseren Rechnungen furhanden, und were den Kirchenvetern nicht zuwieder, dieselben fur den Herren *Deputierten* auffzulegen. Diße Antwort nam der Herr Speyman an und begerete *Copias* zu sehen und bath doch gleichwoll daneben, das die Kirchenveter nichts desto weniger ferner darauff wolten bedacht sein, wie den Kirchendienern desfalles mochte Verbesserung geschehen und ob nicht besser were, die alten Kirchenheuser, darinne jehrlich so viel verbawett wurde, zu verkauffen, damitt des Bawens so viel nicht were, und das ubrige hieher könte gewendett[a] und auch den Schulgesellen, so sich verehelichett, von der Kirchenwohnungen zu ihrer Notturfft fur[b] billigen Zins möchten geschaffet werden. Hirauff antworteten die Kirchenveter, die Kirchenrechnung <529> auffzulegen weren sie erbietig, den Schuelgesellen aber Wohnungen zu schaffen, were keine Gelegenheitt bey der Kirchen furhanden etc. Namen aber auff sein Begeren des ubrige ferner zu *deliberiren* an ihre *Collegen*, dabey es auch fur diß Mal verblieben, {und diese Kirchenveter ihren Abscheid genommen}. Geschehen am 5. Junii Anno 1614.

Imgleichen sein desselben Tages die Kirchenveter der andern samptlichen[c] Kirchen[d] dieser Stadt nebenst den Kirchen und Schuldieneren *examiniret* und *absolviret* worden.

Die *Copias* der Kirchenveter Rechnungen von Einam und Außgabe S. Marienkirchen haben sie nicht lange hernach durch ihren Herrn Inspectoren von der Linden dem Herrn Speyman zustellen lassen, den obgemeldten Herrn Deputirten zu ubersehen. Was aber ferner darauff erfolget, wird die Zeit hernach geben.

H.u. Der Brewer Gestuele in der Pfarrkirche belangend, davon hiebevor Meldung geschehen, sein die Kirchenveter auff den Bescheid des Herrn *Inspectoris*, am ersten Tage Maii gegeben, mitt den Brewern in der Kirchen zusammen kommen und das Gestuele umb S. Nicolaus Altar besichtigett. Damals wandten die Brewer ein, das sie zwar woll befuget weren zu allen den Gestuelen umb den Altar, dieselben zu besitzen, aber umb Widerwillen <530> {und Proceß} zu vermeyden, wolten sie dem jungsten Abscheide nach von dem Prediger- und Trawerstuel abstehen und nicht mehr begeren, dan das sie ihnen vergunnen wollten, an Stelle des Dienerstuels einen newen Stuel, welcher sich die Altarlade vorbey erstreckete biß an den Predigerstuel erstrecken, mochte zu bawen. Weil aber solchs ohn besondern Abtrag der Kirchen vermuge jung-

---

a Gestrichen/skreślony: werden
b Gestrichen/skreślony: ihren
c Gestrichen/skreślony: Pfarkirche die
d Gestrichen/skreślony: Veter

sten Abschieds nicht geschehen konte, als wolten sie gerne wissen, was man von ihnen zum Abtrage begerete. Hirauff antworteten die Kirchenveter, der Grund, darauff die Altarlade stunde, gehorete der Kirchen, also das die Kirchenveter nicht gestatten durfften, etwas darauff zu bawen. Weil aber die Eltesten der Brewer freundlich und bittlich darumb anhielten, wolten sie es ihnen, Rechtsgenge zu vermeyden, auch woll vergunnen. Es solte allein eine igliche Person, so daselbs sitzen konnte, jerlich von dem Sitze 3 Mk. geben, da doch andere so daselbst auff der Nehe sassen, ein iglicher 3 fl. gebe. Diß war den Brewern nicht annemlich, sondern blieben bey dem, das die Stelle, da die Lade stunde, zum Altar gehörete, weren deswegen nicht schuldig, etwas davon zu geben, viel weniger des Platzes halben ewig zinßbar zu sein. Wurden auch dahero verursacht, ferner umb alle die benanten Gestuele sich rechtens zu holen, jedoch [a] umb ferner Freundschafft zu erhalten, wolten sie den Kirchenvetern zu einen Mahl des Platzes halben einen Abtrag <531> thun und der Kirchen 10 fl. polnisch verehren. Ob nun woll die Kirchenveter viel Bedenckens gehabt, umb solch ein geringes Geld solch ein Stuck Grundes zu verkauffen, haben sie es doch, umb ferner Weitleuftigkeit zu vermeyden, den Brewern auff 50 fl. polnisch bahr zu erlegen, verlassen, welches sie nicht annehmen wollen, sondern die gantze Sache wegen alle ihrer Zuspruchen an eynen E. Raht genommen, darinne zu verabscheiden. Geschehen den 10. Junii 1614.

Nicht lange hernach ward dennoch die Sache in der Kirchen vertragen. Also das die Brewer den Kirchenvetern zum Abtrage geben sollen bahr 50 Mk.[344]. Des soll ihnen vergunt sein, den Dienerstuel abzubrechen und einen andern an die Stelle zu bawen, das Altar vorbey biß an den Predigerstuel, und daneben hinfortt [b] des Trawer- und Predigerstuels sich vertzeichen zu ewig Zeiten.

I.u. Es hatt auch umb diese Zeit der dieses Jars praesidirender Herr Burgermeister, Herr Hans Speyman, bey den Kirchenvetern angehalten, weil er gesonnen were, dem Herrn Simon Bahren (welche seiner Hausfrawen Vater und Kon. Maytt. zu Polen Factor gewesen) zum Ehren-Gedechtnuß ein *Epitaphium* in der Pfarkirchen auffzurichten. Solches aber ohne Vergunstigung und Zulaß der Kirchenveter <532> nicht geschehen konte, als wolte er bey ihnen darumb angehalten haben etc. Zeiget ihnen auch den Ort und Stelle, nemlich an S. Dorotheen Capellen, welche man die Beicht-Capelle nennet. Zeigete ihnen daneben den Abriß, das es nemlich von der Erden 6 Ellen hoch, 6 Ellen breit und zwo Ellen dick solle auffgefuhrett werden. Das *Epitaphium* solle mitt dem Rucken an den Rucken des Altars der Capellen auffgerichtet werden, von gehawenen Werckstucken, Putz und Marmorstein, einem Altar gleich, an welches Rucken ein Crucifix und vor demselben Herrn Simon Bahren und seines Gemahls Bildnuß knieder in Marmor gehawenen

---

a Gestrichen/skreślony: umb
b Gestrichen/skreślony: sich

solte ᵃ auffgerichtett werden, einem Altar gleich. Nachdem aber die Kirchenveter befunden, das desgleichen *Epitaphium* weder in dieser noch anderen der Stadt Kirchen nicht ᵇ auffgerichtett, hetten³⁴⁵ sie sein Begeren, mitt ihrem Herrn *Inspectore*, Herrn Hans von der Linden, hieruber {zu} *deliberiren*, an sich genommen. Dem Herrn *Inspectore* vortragende, hatt er fur seine Person nicht darein willigen wollen, sondern die Sache an einen E. Raht genommen, alda es eine lange Weile stecken blieben, biß endlich ein E. Raht auß ihren Mittel Personen datzu *deputirett*, den Ort zu besichtigen, nemlich Herrn Hans von der Linden, Burgermeistern, Herrn Barthel Brand, Herrn Johann Proyten, Herrn Tideman Gysen, Herrn Valentin von Bodeck, Herrn George Rosenberg, mitt welchen <533> auch gegenwertig war Herr Eckhard von Kempen, welcher ebenmessig des Herrn Simon Baren Tochter zur Ehe hatte. Welcher auch in des Herrn Speymans Namen und fur sich den benanten deputierten Herren in Anwesen des Steinhawers Abraham von dem Block und des Mawrers Hans Strakowski den Ort gezeigett und daneben uberschlagen die Lenge, Breite und Dicke des *Epitaphii*, wie auch daneben der Abriß dasselben ist auffgeleget worden. Es haben aber die deputierten Herrn dieses alles, was sie besichtigett, einem E. Raht zu referieren. Dabey es fur diß dißmal auch verblieben ist³⁴⁶.

K.u. Es kam auch zu dieser Zeit viel Klagens uber Geo[r]gen Moltzan, einen von den Glockenlewtern unter den Blinden, das er mitt den andern Blinden, seinen *Collegen*, sich nicht vertragen konnen und unter ihnen allerley Unlust anrichtete. Wodurch die Kirchenveter zu unterschiedlichen Mahlen verursacht worden, ihn mitt Abnehmung des Schlussels zum Thurme [zu bestrafen] und das er sich desselben eine gewisse Zeittlang endhalten mussen. Weil aber solche Straffe bey ihm nichts verschlagen, sondern daneben ins Geschrey kommen ist, das er sich eine lange Zeit mitt frembden untzuchtigen Weybern geschleppet, haben die Kirchenveter dasselbe mitt Fleiß untersuchet <534> und das dem also sey, wahr befunden, neben anderer Unfuhr mehr, so er getrieben. Weil dan nicht zu dulden war, das solche Unfletterey von den Glockenleutern solle gehöret werden, haben ihn die Kirchenveter seines Dienstes endsetzt, den Schlussel genommen und ihm gebotten, das er sich des Thurmens ferner endhalten, und da er an der Kirchen betteln wolle, so solle er sich keines Weges neben den andern Blindern zum Thurme gehorig setzen, sondern anderswo alleine betteln. Geschehen den 19. Julii dieses 1614. Jars.

L.u. Nachdem an einem E. Raht umb diese Zeit ein kleglich Schreyben von Osnabrugge gelangett, das dase[l]best in der Stadt eine grosse Fewerbrunst gewesen, durch welche woll in die 200 Heuser sein abgebrant und viel Leute, menlichs und weiblichs Geschlechts, zu Asche und Pulver worden, also, das man in Abreumung der Brandstädte viel Todtengebein gefunden etc., freund-

---

a Gestrichen/skreślony: gehawen wer
b Gestrichen/skreślony: zu finden

lich bittende, ein E. Raht wolle ein christlich Mittleyden mitt den armen abgebranten Leuten tragen und ihnen mitt einem Allmosen zu Auffrichtung ihrer abgebranten Gebewden zu Hulffe kommen und die Belohnung von dem Allerhohesten erwarten etc. Hatt ein E. Raht hirauff die Verordnung gethan, das in allen Kirchen allhie die gewohnlichen Kastelein seind außgesetzett worden, auch eine Ermahnung <535> durch die Prediger von den Canzteln thuen lassen, das die Gemeyne fleissig einlegen wolle, und sein darauff die Kastlein zum ersten Mahl an die gewohnlichen Stellen in der Pfarrkirchen gesetzt am Tage *Bartholomei*, und den folgenden Sontag dernach, welcher der 13. Sontag nach *Trinitatis* war, wie auch am 14. und 15. Sontage nach *Trinitatis*. Des folgenden Freytages hernach, welcher der 19. September war, uberzeleten ᵃ Eberhard Bötticher das Geld auff Befehl des ᵇ prasidirenden Herrn Burgermeisters, wieviel in den Kastlein die benante Zeit {uber} gesamlett war und befunden darinne 317 Mk. 4 Gr., welches Geld sie versiegelt und durch den Glöckner Thomas Lebyn auff die Kemerey uberanworten lassen.

M.u. Hans, der Pasteiten Becker {in der Beutlergassen}, schlug umb diese Zeit viel Koots von calicutischen Huner, Gensen, Tauben etc., zum Pasteten gehörig, auff den Kirchhof, also das die Kirchenveter solch dem Herrn Praesidirenden Burgermeister Hans Speyman (in Abwesenheitt des Herrn *Inspectoris*) durch ihren Kirchenknecht Peter Witzcken musten klagen lassen, sintemal er ihrem Abmahnen nicht folgen wolte. Worauff der Herr Burgermeister ihm aufferlegen ließ durch seinen Diener, das er seinen gemachten Mist auff dem Kirchhofe wiederumb solte wegfuhren ᶜ und ferner dahin nichts schlagen lassen, noch ᵈ an jemandes der Kirchen Officianten weder mit Worten oder Wercken, wie er sich vernehmen lassen, sich vergreiffen solle, bey Peen 5 fl. ungarisch[347]. Geschehen 13. Septembris Anno 1614. <536>

N.u. Vortzeiten hatt die Pfarrkirche einen Holtzhoff fur dem Vorstettischen Thore an der Mottlaw gehabt, der Kirchen Bawholtz, Ziegel und andere Kirchenrethschaft darinne zu bewaren. Weil aber ein E. Raht denselben Hoff woll betzeunett zum Wallgebaw benottigett war, hatt er sich mit den Kirchenvetern umb einen andern Platz an dieses Holtzhofes Stelle ᵉ mitt ᶠ vergliechen, und ihn daran gegeben einen andern Platz hinter dem alten Schloß, am Eimermacher Graben gelegen, unbetzeunett, welcher zwar kaum halb so groß als immer vorm Vorstettischen Thor gewesen. Als liessen die Kirchenveter denselben Platz umbtzeumen, in Willens, der Kirchen Bauholtz, Dachsteinziegel etc. zu bewaren, auch das die Zimmerleute ihre Werckstätte darinne

---

a Gestrichen/skreślony: Bo
b Gestrichen/skreślony: Burg
c Gestrichen/skreślony: lassen
d Gestrichen/skreślony: sich
e Gestrichen/skreślony: daran umb einen andern Platz der unbetzeunet
f Gestrichen/skreślony: den Kirchenvetern

haben mochten. Weil aber daselbest grosse Dieberey vermerckett, ᵃ also das auch des Zaunes nicht verschonet ward, als haben sich die Kirchenveter in diesem Jare endschlossen, denselben jemand anders zu vermieten. Hierauff gab sich Claus Petersen, ein Burger, an, denselben Holtzhoff zu mieten, wie sie desfalles sich mitt ihm einigten, das er jerlich 45 Mk. Zins geben solle auf 15 Jahr, denselben zu seinem besten zu <537> gebrauchen. Darauff stellett er stracks etzliche Schweine hinein, und fing an einen Grund zu einem Haus zu legen, 45 Schuh lang und 26 Schuh breitt. Dieser Baw ward ihm auff Angeben des Baumschlisser und des Belehneten auff der Bragebanck von ein E. Raht arrestiret, nicht ᵇ zu bawen biß auff fernern Bescheid. Ward auch hernach am 27. Tage Augusti derselbe Baw durch etliche Rathspersonen, als Herr Bartel Brand, Hans Proyten, Arnd von Holten, Nickel Haverath und Eggert von Kempen, besichtigett. Ob nun woll die beyden Kirchenveter Eberhard Bötticher und Greger vom Amster einwendeten, was die Ursache were, das sie denselben Hoff vermietett hetten, nemlich der grossen Dieberey halben, so daselbs begangen wurde, der Mieter Claus Petersen auch vorgab zu, was Ende er ihn gebrauchen wolte, nemlich daselbest Brantewein zu brennen, damitt die Petersilien Gasse, da er wohnete und brennete, solches Brennens halben solche grosse Fewresgefahr nicht aussstehen durffte, auch etliche Schweine daselbest zu halten. Item Ziegel, Dachstein und allerhand Holtz darinne zu bewahren, welches daselbst nicht bewarett, wan nicht stetts Leute bey der Hand weren etc. Nach Verhörung dieses allen nahmen die benante deputierte Herrn die Sache an sich, dieselbe einem E. Raht zu *referiren*, mitterweil solte er mitt dem <538> Bauwen ᶜ einhalten. Nach eines E. Raths *Deliberation* gab der praesidirende Burgermeyster Herr Hans Speyman am 19. Tage Septembris dem Mieter Claus Petersen zum Abschiede, ein E. Raht könte ihm den Baw nicht nachgeben, auch daselbest Schweine zu halten, nicht zulassen. Sonst konte er des Hofes geniessen, aber zu nichts anders dan Holtz darinne zu halten.

Vorher ist zweyer unterschiedlichen *Supplicationen* gedacht, welche dem Herrn *Inspectore*, Herr Hans von der Linden, schrifftlich zugestellet haben, als die erste Anno 1613 nach gelittenem Brandschaden an der Pfarkirchen, die Bestellung der Kirchen Officianten etc. belangende. Die ander imgleichen wolgemeldten Herrn [Inspectori] dieses 1614 Jares am 1 Maii punctuatim uberantwortet, welche beide *Supplicationen* an sich genommen einem E. Raht vorzulegen. Es ist aber von ein E. Raht kein Bescheid auf diese *Supplicationes* erfolgett, biß allererst den 19. Septembris dieses lauffenden Jares. Welcher Bescheid den Kirchenvetern durch den Herrn von der Linden schriftlich ist zugestellet worden, lautende wie folgett:

---

a Gestrichen/skreślony: ward
b Gestrichen/skreślony: ferner
c Gestrichen/skreślony: [unleserlich/nieczytelne]

O.u. "Auff der Kirchenveter zu S. Marien ᵃ dem Herrn Burgermeister Hansen von der Linden ubergebene *Supplicationes* hatt ein E. Raht in dato {19. Septembris} geschlossen {laut ihrem schrifftlichen Auszuge}: Erstlich, so viel ihr *Petium* anlangett wegen Annehmung des *Rectoris*, Organisten, Capellmeisters, wie auch das sie vermeynen ihnen Anno 1457 <539> *absoluta administratio* der Kirchen solte gegeben sein, erklehrett sich ein E. Raht, das sie ihnen dergleichen Administration und Annehmung *Rectoris*, Organisten, Capellmeisters nicht gestehen konnen, sondern behelt wie vor also auch noch dieselben Sachen fur sich.

So viel den Punct anlangett, da sie bitten [umb Freyheit] vom Scharwerck, Ältermanschafft auffm Hofe, Zulagen und Wallgebew, erinnert sich ein E. Raht, das sie vor deme wegen des Scharwercks den Bescheid gegeben, weil ein E. Raht aber selber davon nicht befreyett were, sondern ihr Scharwerck mitt gebe, das sie auch nicht konten davon frey sein, wurde auch wegen der andern Kirchen ein seltzam Ansehen haben und böse *Sequelen* hinter sich zihen, wan die Kirchenvetern von angedeuteten Amptern solten befreyett sein. Es erbeutt sich aber ein E. Raht, sie in billige Acht zu nehmen, und so viel sich thun will lassen, zu ubersehen.

So viel die Klage uber den *Rectoren* betrifft, das er *inconsultis provisoribus* Schuelgesellen annehme, berichtett ein E. Raht, das der Gebrauch von alters gewesen, das die *Collegae* in den Schulen vom *Rectore* furgeschlagen und von den Herrn *Scholarchen* angenommen werden und *committirett* ein E. Raht den Herrn Praesidenten, mitt dem *Rectore* zu reden und zu erforschen, ob er wieder diese Anordnung gehandelt habe und ihn von aller Newrung abtzumahnen. Wie auch geschehen ist und der *Rector* sich {schon} endschuldigett, das er dawider nicht gethan habe. <540>

Imgleichen ist der Capelmeister ernstlich ermahnet, das er sich der päpstlichen Lieder endhalten und vier Discantisten vermuge seines Ampts halten solle, damitt das Chor desto besser bestellet sey. Er hatt sich auch erklerett, das er nie das geringste von bapstlichen Stucken gebrauchett und nicht gebrauchen wolle, sondern seine Gebuer thun.

Anlegend wegen eines Hofes zur Bewarung der Schuelen Brennholtz, hatt ein E. Raht den Bawhern aufferlegett, ein Schawr uber angedeuteten Ort machen zu lassen, das solch Holtz im Truckenen konne verwahrett werden, wie auch andere secrets Bequemickeitt alda angerichtet.

Dem Herrn Burgermeyster von der Linde committirett E. Raht die Anordnung zu thun, wer die gantze Schule zum Begrebnuß, das in der Pfarkirchen verrichtet wird, brauchen will, derselbe der Kirche Gebuer wegen der Glokken und den *Collegen* ihre *Sporculas* wegen des Singens geben solle.

Des begereten Edicts wegen Verunreynigung des Kirchhofes achtett ein E. Raht unnöttig zu sein und helt es dafur, wan die Halseisen auff dem Kirchhofe fleissig gebrauchett werden, das dadurch der Verunreinigung woll

---

a Gestrichen/skreślony: unterschidliche

werde konnen vorgekommen werden. Es erachtett aber ein <541> E. Raht, das viel Stanck vom Kirchhofe konte abgewand werden, wan die Brandlettern vom Kirchhoffe wegkgebracht und auff die andere Seite der Mawren nach der Gassen werts auffgehenckt wurden. Und gestehett ein E. Raht dem Schuflicker daselbest keine Gerechtigkeitt.

Den Kirchenzimmerman Steffen Schuhmacher belangend, sihett E. Raht, das der Kirchenveter *Petitum* mehr dem Zimmerman als der Kirchen zum Vortheil gereichen wurde. Derwegen ein E. Raht die Kirchenveter davon abmahnett.

Was endlich das Kirchensilber betrifft, ist ein E. Rath erböttig, solchs zu zelen, doch das die Gelder auff Erben außgethan und die Zinser davon zu Unterhaltung der Kirchen und Schulen mögen angewand werden. Actum 19. Septembris Anno 1614."

P.u. Auff diese Antwort und Bescheid hatt auch zugleich ein E. Raht den Bawherrn ihres Mittels, nemlich Herrn Nickel Haferat und Eggert von Kempen, befohlen, den Ort auff dem Kirchhofe zu besichtigen, dahin man das Brenholtz der Schulen setzen mochte, welche sich am 23. Tage Septembris daselbst eingestellett in Beysein Eberhard Bötticher und Greger von Amster, Kirchenveter, welche den benanten Bawherrn im Kalckhofe gegen der Schulen uber eine Gelegenheit angegeben, <543>ᵃ wo solch Brennholtz zu bewaren were. Nemlich uber den ᵇ Kellern daselbs, wan das Gebew erhöhett wurde, wie auch ein Secret an demselben Ort zu machen fur die Knaben in der Schulen im demselben Hofe. Diß haben die wollgenanten Herrn Bawherrn einem E. Raht zu *referiren* an sich genomen. ᶜ

---

a Bötticher irrte hier bei der Seitennummerierung, er schrieb 542 anstatt 543. / Pomyłka w numeracji: Bötticher zamiast strony 542 wpisał 543
b Gestrichen/skreślony: Faßbier
c Ende des Berichts, die späteren Einträge sind in einem anderen, schwer lesbaren Duktus geschrieben. / Końcowa zapiska na stronie wykonana jest innym słabo czytelnym duktem.
<543> Den 24. Septembris hat ein E. Rhat zu diesem Gebeude der Kirchen verehret fl. 200 undt als nachmals die Herren Kirchenveter die Gebeyde uf sich genomen zuverichten, kostet Anno 1617 den Jahresgebur zusammen Mk. 370 Gr. 15 Den. 9.
Anno 1616 den 5. Juny ist mit dem Orgelbauer Egidius Schubben verdungen worden ein Positiff ufs Chor zu bauen, umb welches der Kapelmeister Andreas Hekenberger lengst undt zustendig bey den Herrn Kirchenvetern angehalten, das es derselbe mit nachfolgenden Stimmen:
1 Principal von 8 Schuen, von gutem Zinn,
1 Floyte von 8 Schuen,
1 Octave von 4 Schuen,
1 Sedecima von 2 Schuen,
Darfur soll im gegeben werden fl. 200 undt 5 Stück wogen Schoß, 2 Centner Bley.
Dem Schnitzker und Mohler, wie auch Schmidt sollen die Herrn Kirchenveter sonderlich gehben und kostet solches Positieff mit allen zusammen 789 Mk. 9 Gr. 15 Den.

[Ereignisse bis zum Tod Bötticher 1617, ergänzt nach einer späteren Kopie des HKR. / Wydarzenia do śmierci Böttichera w 1617 r. uzupełnienie za późniejszą kopią HKR] [a]

<*511> Anno 1614 den 24. Septembris sind auf Befehl der Kirchenväter die sechs blecherne Büchsen gemacht, darinne auf Nachgebung des Herrn Bürgermeisters die Allmosen vor Hause armer Lute und sonsten zu samlen verordnet. Anno 1614 den 8. Nov. in der Sontags nacht umb 12 Uhr hat Hans <*512> Federschen so damahls ein Schaalherr gewesen, nebenst ettlichen Wächtern bey mir angeklopfet, vermeldende, wie sie gehöret hätten, daß in der Kirchen gebrochen und geschlagen, vermuhtende daß Diebe wachende seyn müsten: Als bin ich nebenst ihnen und meinem Gesinde mit zwey brennenden Kertzen, 3 großen und vier Handleuchten in die Kirche gegangen und beym Hohen Altar in drey Haufen getheilet, daß eine Theil den Gang beym Rathstuhl daß ander den Mittelgang, das dritte Theil den Gang hinter der Kantzel und ettliche in den Quergängen und Kapellen und also allenthalben aufwerts nachm Tham wieder nach dem Altar, etzliche mahl durchgegenagen biß gegen Glocke eins, aber nichts angetroffen, auch an den Kasten und Schlößern auch Thüren keine Beschädigung emfunden, als seynd wie in Gottes Nahmen wieder nach Hause gegangen. Da wir herein gegangen habe ich von inwendig die Thüre geschloßen, daß keiner ein noch aus hat kommen können.

1615 Anno 1615 im Monath Majo ist der Thurm geweißet und gemahlet. Item die neue Bäncke auch daselbst gemacht und roth angestrichen worden. Item im Majo ist der neue Stuhl unter den 10 Gebothen auf 14 Persohnen gemacht und am Pfingstag die erste Predigt darinne gehöret.

Anno 1615 den 8. Aug. ist der Schülerstuhl unter der Kantzel gemahlet[348].

Anno 1615 im Julio haben die Herren Kirchenväter das Gewölbe am Chor über der Dreßkammer reinigen laßen von Herman Hahnen, welches auch 1604 von dem Mahler Wölff Spörer ist quegiret worden; kostet 100 fl.[349].

Dito beym Herrn Coleto der Hoff und für der Thür mit braunen Steinfließen beleget worden.

Anno 1615 den 8. Nov. eine Steinbrücke von den Flieschbäncken biß an die Kirchenväter sind 8 Ruthen a 25 Gr.

<*513> Anno 1615 im Majo ist das Gewölbe in St. Catharinen Kapelle gemacht worden, darinne Herr George Krackauen Hausfrau geseztet, und die erste Leiche gewesen. Am 8. Octobris die 2 Schottfenster in der Kapelle.

Anno 1616 in genandter Capelle die neuen Fenster von den Herrn Kirchenvätern. Ist auch in diesem Jahre von Meister George Schultzen gemahlet worden. Anno 1616 den 11. July ist gewesen der dritte Sontag nach Trinitatis hat E. E. Raht von allen Kantzeln ablesen laßen, daß auch des Sontags in den Kirchen soll getrauet werden. Ursache: weil viele bey den Papisten und in den Klöstern sich vor diesem haben trauen laßen. Dito für 4 1/2 Ell. Leinwandt a

---

a BGPAN, Ms 947, S. 511–516

7 Gr. zum Bilde unter dem Thürme welches Herman Hahne gemahlet, wie Jesu am Ölberge bethet, und der Kirchen verehret[350].
Anno 1616. In diesem Sommer ist das *Positiv* aufs Chor gemacht worden und kostet bey 1500 Mk.
Item Anno 1616 hat Eberhard Bötticher den halben Mittelgang oben auf der Kirchen eben machen laßen.
Laus Deo Anno 1616 in Dantzig
Den 5 Junii ist mit dem Ehrbahren und Kunstreichen Egidio Schulten von Stralsund und Orgelbauer dieser Contract wegen eines *Positivs* aufm Chor getroffen. Erstlich ein *Principal* von 8 Schuhen die untersten *Octava*, also nehmlich von dem untersten C bis zum andern C soll Floyten weise gemacht seyn. Die andern Pfeiffen von 4 Schuhen sollen von guten Zinn biß in das Dreygestrichene C ausgeführet werden.
Eine Flöte von 8 Schuhen
Eine *Octava* von 4 Schuhen
Eine *Sedecima* von 2 Schuhen.
Diese drey Stimmen sollen von versetzter *Materie* gemachet werden, <*514> dafür sollen ihm die Herren Kirchenväter geben 200 fl. a 30 Gr. auch fünf Stück Wagen und 2 Centner Bley. Was belanget den Dißler und Kleinschmidt, werden die Herren Kirchenväter ihnen künftig wißen zu *contentiren*. Anbelangend so viel *claves* von *Elephanten* bein sollen sollen gemacht werden wie folget:
C. D. E. F. Fl. G. Gl. A. B. H. C. Cc. D. D. De. E. F. Fl. G. Gl. a. b. c. cc. d. d. e. f. fl. g. gl. a. b. h. c. cl. d. dl. e. f. fl. g. gl. a. b. h. s.
Item zwey Belge und ein *tremulant*.
Den 26. Novembris weil dieses *Positiv* aufs Chor gesezet und vor auf die Spitze der Balckem stande, hat man befreget, weil noch ein *Pedal* und *Regel* (wie es auch anno [16]18 und [16]19 geschehen)[a], also seyn die Herren verursachet worden, vier Ancker durch die Mauren zulegen, auf daß man mit Sicherheit alles gebrauchen könnte und gehet das eine durch den *Pilar* der Goldschmiede Capelle die andern durch die Mauer nach dem Pfarhofe.
Den 13. Novembris ist in Gott seelig antschlaffen Herr Andreas Borckmann Bürgermeister, nachdem er anno 1593 ins Mittel der Herren Schöppen und anno 1598 in den Raht und denn 1602 zur bürgermeisterlichen Würde erköhren. Seines Alters 56 Jahr.
Den 20. Novembris H. Hans Höseler gestorben seines Alters 67 Jahr.
Den 28. Decembris Simon Kluge seines Alters 78 Jahr gestorben.
Auch seyn die Gardinen umb den Hohen Altar von M. George Schultzen gemahlet worden, a 15 Gr. pro Elle an Leinwandt, 20 Ell a 4 Gr. Nagel, in alles 200 Krammzwicken a 4 Gr. thut in alles 19 Mk. 8 Gr.

---

a Anmerkung in der Klammer von einem späteren Kopisten des HKR hinzugefügt. / Dopisek w nawiasie dodany przez późniejszych kopistów HKR

Meister Joachim Blum der Maurer hat im Junio den Thurm nach der Beutler Thür, weil er sich sehr bewegte mit noch neuen untermauret und seyn dazu gekommen 6500 große Ziegel vom Wallgebau a 15 Mk. und dem Maurer und Handleger <*515> 77 Mk 4 Gr. 6 Den. Thut in alles 174 Mk. 14 Gr. 6 Den.

Es seyn auch in diesem Monath Junio verschlagen an Bleylegen 11 Stück darzu genommen über drey Rollen Bley in die Rinnen oben auf der Kirchen. Den 20. August ein Meßings F. oder Röhrlein zum großen Bombert aufs Chor kostet 43 gr.

Den 2. Septembris sind die neue Pföste vor der Schulen gemacht Meister Steffen Schuhmacher davor 10 fl. und olie 3 Pf. a 5 Gr. Nagel, Biergeld 11 1/2 Gr. thut 16 Mk 5 1/ 2 Gr.

Den 10. dito die Mauer am Kalckhofe so sehr ubergehangen, abgebrochen und wieder gemauret. Dazu sind kommen von der Altstädtschen Ziegelscheuer 1250 a 13 Mk 5 ½ Gr. ist 39 Mk. 13 Gr.

Den 1. Novembris weil die Herrn Kirchenväter von St. Bartholmees eine neue Schule bauen wollten, denn die alte sehr schadhaft und klein. Also hat E.E. Hochw. Raht beschloßen, daß sie allhie zur Pfarre 5 Wochen in den Kästlein samlen möchten, da denn daraus auf die Kähmerey genbracht worden 238 Mk preusch. die Mk zu 26 Gr.

Anno 1617 den 4. Martii nachdem Meister Jochim Blum oben auf der Kirchen die Rennen beräumet, ausgefeget, Waßer in die Keßel bracht und den Greuß abgelaßen. Also haben die Herren beschloßen, weil Anno 1609 die Kirche ausgestaubet und damahlen gekostet 53 Mk 13 Gr., daß weil sie wieder geßlich bestaubet, man sie wieder reinigen solle. Und ist den 29. Martii mit zwey Körben aufzufahren, dazu den 6 Mann gebrachet worden der Anfang gemachet worden und kostet 51 Mk. 1 1/3 Gr.

Die Geschlechte und Zünffte haben ihre Capellen selbst absteuben laßen als:
S. Martini E.E. Raht – von der Kämerey
St. Marien Brüderschaft – Nickel von Bodeck
St. Elisabeth – H. Tiedemann Giese
St. Catharinen – die Herren Kirchenväter
<*516> St. Marien Magdalenen – Kremer David Brauer
Heyl. Dreyfeltigkeit – der Schuster
St. Anna – Jeremias Erich
St. Georg Brüderschaft – H. Nickel Schmieden
St. Dorothea – Hans Höwel, Heinrich Möller
Heil. Kreutz, der Goldschmiede – Joachim Scharping
Decollationis Johannis – H. Israel Jäschke
S. Cosmo Damianae – Balbier Simon Willemberg
S. Gertrudis – Herrn Kirchväter
S. Hedvigis – Hans Grünewald
S. Jacob – Hans Henrichsen

11000 Jungfrauen – Herr Tideman Giese
S. Caspari oder Blinde – Kapell Herr Constatin Ferber 1 fl.
S. Antoni – der Dreyer
S. Erasmi – der Schützen, Christoph Hermann
S. Jerusalem – die Herrn Kirchenväter
S. Barbara – Benjamino Engelcke, nichts
Die haben ein jeglicher einen Gulden Ungarisch gegeben dem Maurer wie gebräuchlich zalt 77 Gr.
<544>
Von Ordinirung der Predicanten in S. Marien Kirchen der Rechten Stadt Dantzig

ad fol. 167
Nachdem durch Gottes Gnad die Kirchen alle in Dantzig dermassen bestellett waren, das nunmehr unter den Predicanten ᵃzween Doctores zum Predigtampt beruffen waren, als Doctor Johannes Kittelius und Doctor *Petrus Praetorius*, beyde Prediger in S. Marien Kirchen und ᵇ nebenst ihren Capellanen *Ioachimus Gudovius* und *Johannes Stegerus*, ward bey diesem Ministerio von etlichen, so sich zum Predigampt begeben wollen, die Ordination gesucht, welche sie auch durch Vergunstigung der Oberckeittt erhalten und seind ᶜ durch den Herrn Doctor Johannem Kittelium in Gegenwertigkeitt des gantzen Ministerii nachfolgende Personen in S. Marien Kirchen zum Predigampt verordnet, als:

1. *Michael Coletus* war ordiniret Anno 1576 am Tage *Corporis Christi*, den 21. Junii und war eine Zeit lang ein Capellan in S. Marien Kirchen, dernach ward er in das *Gymnasium* an Stelle M. *Augusti* Hartzbergensis, welcher Pfarher zur S. Catrinen ward, zu predigen verordnet, daselbst in der Heiligen Dreyfaltigkeitt Kirchen. <545>
Darnach ward er widerumb fur einen Prediger in S. Marien Kirchen beruffen, da er auch zu dieser Zeit noch predigett und nach M. Conrado Brackermanno der Elteste ist.

2. Anno 1577, den 22. Maii, ward Johannes Brosaeus zum Predigampt ordiniret, welcher zum Prediger in S. Jacobs Hospital zu Dantzig beruffen ward.
ad. fol. 216

3. Anno 1578, den 17. Julii, ward Johannes Gromannius zum Predigampt ordiniret, welcher hernach zu einem Pfarherrn fur dem Hause Weißelmunde bestellet ward.
ad fol. 267

4. Hernach, den 21. Octobris ward Simon Neander zum Predigampt ordinirett und ward zum Pfarherrn im Dorffe zur Ohre bestellett.
ad fol. 267

5. Anno 1579, den 5. Maii, ward Martinus Korkstett in der Pfarrkirchen S. Marien zum Predigampt ordinirett und fur einen *Diaconum* oder Capellan zu S. Bartelmes bestellett und angenommen.
ad fol. 267

---
a Gestrichen/skreślony: drey
b Gestrichen/skreślony: waren
c Gestrichen/skreślony: nachfolgende Personen

6. ad fol. 267	Anno *quo supra* [uberschrieben 1579] am 8. Julii, ward Martin Brede ordiniret und zum Pfarherrn des Dorffs Kesemarck bestellett.
7.	Item in demselben Jar, den 15. Decembris, ward Johannes Dischler ordinirett und ein Pfarherr zum Stumsdorffe bestellett.
8. ad fol. 269	Anno 1580, den 1. Martii, ward M. *Adrianus* Pauli, der Geburt von Dantzig, ordiniret und Pfarrherr worden zu S. Peter und Paul auff der Vorstadt an Petri Holsten Stelle. <546>
9. ad fol. 269	Anno 1580, den andern Augusti, seind ihrer zween zugleich zum Predig[t]ampt ordiniret. Der eine, Urbanus Salnitz, war ein *Diaconus* in der Kirchen zum Elbing,
10. ad fol. 269	Der ander, ᵃ {Nicolaus Meyer}, im Elbingschen Gebiete Pfarherr.
11. ad fol. 269	Item dem folgenden 6. Septembris ward *Philippus* Kirberg auß auß Meißen zum Predigampt ordinirett und Pfarherr zum Schonen See in *Ernest* Weyers Gebiet
12. ad fol. 269	Anno 1581, ᵇ den 31. Januarii, ward *Petrus Parachius* ordinirett und zu Meysterswalde Pfarher worden.
13. ad fol. 269	Item den folgenden 9. Maii, ward Burchardus Schultz ordiniret und Pfarherr im Kleynen Werder.
14. ad fol. 269	Item, am 5. Tage Septembris, ist *Gabriel Huldericus Neophorensis* ordinirett worden und erlangete die Pfarre zu Stublaw im Kleinen Werder.
15. ad fol. 270ᶜ	Anno 1582, den 14. Augustii, ward *Laurentius Henceus* von New Stettin auß Pommern ordinirett und ein Pfarherr zu Pomirendorff, im Elbingschen Gebiete gelegen.
16.	ad fol. 270ᵈ ᵉItem den 21. {Septembris} ward *Christopherus Döring* von Bischoffswerder zum Predigtampt ordinirett und nach Putzig beruffen.
17. ad fol. 270ᶠ	Item 13. Decembris ward *Winemarus Keisbachius* von Bulich ordinirett und Pfarherr zur Jungfer im Elbingschen Gebiete.
18. ad fol. 270	Anno 1583, den 27. Septembris, ward Salomon Wanovius Prediger zum Elbing ordinirett und bestellet. <547>

a Gestrichen/skreślony: Philippus Kieberg auß Meisen
b Gestrichen/skreślony: ward
c Verbessert von / poprawione z: 269
d Verbessert von / poprawione z: 269
e Gestrichen/skreślony: Anno 1582
f Verbessert von / poprawione z: 269

19. ad fol. 270	tem den 6. Decembris ward Joachimus Teuerkauff ordiniret und zum Prediger im Hospital zu S. Jacob in Dantzig bestellet.
20. ad fol. 272	Anno 1584, den 4. Octobris, ward David Michael von Trebin ordiniret und Pfarrherr im Dorffe Truntzen bestellett.
21. ad fol. 272	Item 6. Novembris ward Mathias Vanovius ordinirett und Pfarherr im Dorffe Pintzen bestellet.
22. ad fol. 272	Item den 13. Novembris ward Petrus Morman ordinirett und Pfarher der Kirchen Thanse.
23. ad fol. 272	Anno 1585, den 17. Januarii, ist *Theodoricus Micronius* ordiniret Pfarherr zum Newenteich.
24.	Item den 16. Maii ward *Franciscus Gericus* ordinirett, welcher vom Herrn Reinhold Krakaw, Hauptman auff Marienwerder, vocirett und zum Pfarherrn der Kirchen des Dorffs Furstenwerder bestellet.
25. ad fol. 274, supra Literas Fm	Anno 1586, den 11. Ferbuarii, ward durch *Petrum Praetorium* und seinen calvinischen Anhang Samuel Lindeman ordiniret und ein Diaconus zu S. Catharinen in Dantzig bestellett, welcher auch hernach Pfarherr daselbst war, wie das aber zugangen, folgett hernach, liß fol. 274 Lit. Fm.[a]

<I 1>

INDEX oder Zeiger in diß Historische Kirchen Register

A.	Von den alten Kirchen unser Lieben Frawen S. Marien zu Dantzig und derselben Fundament und wie dieselbe in die Newe ist verbawett worden, A. fol 1
B.	Regent uber Dantzig der 17. Hohemeister {Ludolff Konig}, B. [fol.] 2.
C.	Von der Zulage zum Gebew dieser Kirchen, C. fol. 2.
D.	Der 18. Hohmeister Heinrich Deßmer, D. fol. 4.
E.	Der 19. Hohmeister Weinrich von Kniprode, E. fol. 4
F.	Von Laken Außhencken, F. fol. 5.
G.	Vom Guldenen Creutz auß Franckreich, G. fol. 5.
H.	Der 20. Hohmeyster Conrad Zolner, H. fol. 6.
I.	Die Glocke, *Apostolica* genannt, gegossen, I. fol. 6
K.	Der 21. Hohmeyster Conrad von Wallenroht, K. fol. 6
L.	Die Jungstadt gebawett, L. fol. 7
M.	Der 22. Hohmeyster Conrad von Jungingen, M. fol. 6

---

a Die Seiten 547 und 548 sind leer und ohne Numerierung. / Pomiędzy k. 547 i 548 - karta niezapisana, bez foliacji.

N. Der 23. Hohmeyster Ulrich von Jungingen, N. fol. 8
O. Tannenbergische Schlacht, O. fol. 9.
P. Der 24. Hohmeister Heinrich Reuß von Plawen, P. fol. 9.
Q. Der 25. Hohmeister Michel von Sterneburg {alias Kuchmeister}, Q. fol. 10.
{Q. 2 Auffruhr zu Dantzig wegen der Religion, Q. 2. fol. 10.}
R. Gunter Tydeman Pfarherr zu U. L. Frawen, R. fol. 10.
S. Der 26. Hohmeyster Paul Pellitzer von Rußdorff, S. fol. 11.
T. Eine Glocke, Dominicalis genant, gegossen, T. fol. 12.
V. Ein Patent des Rahts wegen Claws Swarten dem Kirchengebaw zum Besten etc., V. fol. 12.
W. Der 27. Hohmeyster Conrad von Ehrlichshausen, W. fol. 14.
X. Der Nordgibel an der Pfarkirchen gebawett, X. fol. 14.
Y. Taffelgeld gesamlett, Y. fol. 15.
Z. Der Suder Gibel an der Kirchen gebawett, Z. fol. 15.
Z. 2. Der 28. Hohmeister Ludwig von Ehrlichshausen, Z. 2. fol. 16.
Z. 3. Vier Kirchenbucher der Kirchenvorsteher mitt einer Hand und eines Lauts geschrieben, Z. 3. fol. 16

<I 2> INDEX

A.[a] Bund der Preussen wider die Creutzherrrn, A fol.
B.[b] Schloß auff dem Bischoffsberge verstörett, B. fol. 18.
C. Der Hochmeister wehret den Kirchthurm zu U. L. Frawen höher zu bawen, C. [18]
D. Die grosse Glocke in Pfarthurm gegossen, D. fol. 19.
E. Des *Officialis Deputat* von den Begrebnussen, E. fol. 19.
F. Preussen und Dantzig an die Cron Polen getretten, F. fol. 20.
G. Abtheylung der Kirchspiel in Dantzig, B. fol. 20.
H. Von der Wahl der vier Kirchenveter zu U. L. Frawen in Dantzig, H. fol. 23.
I. Die erste Wahl der Kirchenveter zu U.L. Frawen, I. fol. 24, Herr Reinhold Niderhoff Obman [fol. 24]
K. Konig Casimiro wird sein Sohn Johannes Albertus gebohren, K. fol. 24
L. Die ander Wahl der Kirchenveter, L. fol. 25
M. Herr Herman Stargard im Gefengnuß gestorben, M. fol. [25]
N. Ein Pilgramsbrieff Georgii Koppenbarts, fol.
O. Die Langeglocke gegossen, fol. 27
P. Die alte Glockenordnung, fol. 27
Q. Pestilentz zu Dantzig, fol. 28.
R. Verdungen mitt Hans Duringer, den Seiger in der Pfarkirchen zu machen, fol. 28
S. Eine Quitantz Conrad Bitsyn wegen einer Leibrente, fol. 29
T. Bekentniß der Kirchenveter, etliche Pfennigzinsser belangend [fol.] 30.
V. Groß Ungewitter, fol. 31

---

a Buchstabe in gotischen Majuskeln. / Odniesienia zapisane majuskułą gotycką
b Gestrichen/skreślony: Schloß auff dem Bischoffsberge eingerissen, B. fol. 17

<I2–I4>

W. Der ewige Friede auffgericht, fol. 32
X. Konig Sigismundus der Erste gebohren, fol. 33
Y. Die dritte Wahl der Kirchenveter, fol. 33
Z. Ein Bekentnuß der Kirchenveter auff 48 Mk, fol. 33

<3> INDEX

a.[a] Ein Bekentniß der Kirchenveter wegen 3 Mk. geringes Geldes den Priester Simon Rathman belangend, fol. 34
b. Beweiß eins E. Rahts Zepelcke und Stangenwalde belangende, fol. 35
c. Die vierden Wal der Kirchenveter, fol. 36
d. Ablasbrieff des Bischoffs Sbignej, fol. 36
e. Bekentniß eines E. Rahts auff 2 alte Mk., fol. 36
f. Die funffte Wahl der Kirchenveter, fol. 38
g. Auffruhr in Dantzig, fol. 38
h. König Artushoff abgebrand, fol. 39
i. Die sechste Wahl der Kirchenveter, fol. 40
k. Betheglocke gestifftett, [fol. 40]
l. Abscheid eines E. Rahts wegen S. Olaus Capell, fol. 41
m. Die Kirchenveter lassen ein Ledechen offnen, fol. 42
n. Herr Reinhold Niederhoff gestorben, fol. 44
o. Außzug von denn Hufen zum Schönenfelde, f. 44
p. Die siebenden Wahl der Kirchenveter, Herr Philip Bischoff *Obman*, fol. 44
q. Das Sacrament Heuslein gebawett, fol. 45
r. Thurm auff der Kirchen gebawett, da das Epistelglocken hengett, fol. 45
s.[b] Herr Philip Bischoff gestorben, fol. 45
s. Die achter Wahl der Kirchenveter, fol. 46
t. Inventarium des Kirchengerets zum Hohen und S. Annen Altar gehörig, fol. 46
u. Der Thurm an der Korckenmachergassen verdungen zu bawen, fol. 46
v. Ein Instrument, belangend eine Haußmiete eines Kirchen Hauses, fol. 47
w. Albrecht Gise legeget ab wegen Marten Bucks Testament etc., fol. 48
x. Contract wegen des Kirchengebewes, fol. 48
y. Contract wegen einer Leibrente, fol. 50
z. {Etliche} Abschrifft, S. Catharinen Kirche belangend

<I 4> INDEX

a. Ein Instrument, belangend ein Begrebnuß in der Pfarkirchen, fol. 52
b. Copia einer Beschwerschrifft der Kirchenveter, fol. 53
c. Zimmerholtz gekaufft zum Kirchenbaw, fol. 55
d. Ein Bekent[nis] der Kirchenveter uber 250 Mk., fol. 55
e. Ablassbrieff Johannis *Episcopi Sambiensis*, fol. 56
f. Ein Testament Gregorii Kopperbarts, fol. 56

---
a Minuskel / minuskuła humanistyczna
b Langes s / długie s

g. Konig Casimirus gestorben, fol. 59
h. Die neunde Wahl der Kirchenveter, fol. 59, Herr Johan Ferber Obman, fol. 59
i. Schoppenbuchs der Altenstadt zeigens vom Gutte zum Schonenfelde, fol. 60
k. Die Dantzcker huldigen König Johann Alberto, fol. 60
l. Ein Contract auffgericht mitt der Wascherinne des Kirchengerehts, fol. 61
m. Angefangen, die alte Kirchen abtzubrechen und einen newen Grund zu legen, fol. 63
n. Verdungen, die Mawren auffzufuhren, fol. 63
o. Contract uber 3 Schock Rahmenholtz, fol. 63
p. Die zehende Wahl der Kirchenveter, fol. 63
q. D. Nicolai, Marienwerders Canonici, Testament, fol. 64
v. Grosser Sturmwind, fol. 66
s. Der Kirchenveter Bekentniß wegen 800 Mk., da fur alle Sonabend die Osanna zu lauten, fol. 68
s. Die eillfte Wahl der Kirchenveter, fol. 69
f. Verdinget, die Kirche zu gewelben, [fol.] 69
v. Die zwelffte Wahl der Kirchenveter, fol. 70
w. Jacob Lubben Gewelbe, fol. 71
x. Verdungen das Gewelbe uber dem Chor, fol. 71
y. Item 6 Gewelbe zu beiden Seiten verdungen zu machen, fol. 71
z. Herr Johan Ferber gestorben, Herr George Buck Obman

<I 5> *INDEX*
A.a. Konig Johannes Albertus gestorben und sein Bruder Alexander an seiner Stelle kommen, fol. 72
B.a. Der letzte Gewelbesstein in der Pfarkirche geschlossen, fol. 73
C.a. Der Kittelbruder Orden in Preussen, fol. 73
D.a. Fridericus, Crakawscher Bischoff und Ertzbischoff zu Gnesen, Koniges Alexandri in Polen Bruder, gestorben, fol. 74
E.a. König Alexander kumpt gen Dantzig, fol. 74
F.a. Die 13. Wahl der Kirchenveter, Herr Henrich Falcke Obman oder Auffseher, fol. 74.
G.a. Herr Heinrich Falcke gestorben, fol. 75
H.a. Konigine Elisabeth, Koniges Alexandri Mutter, gestorben, fol. 75
I.a. Das Wetter einen Man in der Pfarkirchen erschlagen, fol. 76
K.a. Konig Alexander in Polen gestorben, Sigismund I. Konig, fol. 76
L.a. Die viertzehende Wahl der Kirchenveter, Herr Georg Mand Obman, fol. 76
M.a. Die alte grosse Orgel geliefert, fol. 77
N.a. Dies Orgel zu molen verdungen, fol. 77
O.a. Das Thurmelein gegen der Beutlergasse gebawt, fol. 78
P.a. Ein ewige Messe auff Hans Schultzen Beger, fol. 78
Q.a. Herr Georg Mund gestorben, fol. 81 Herr Eberhard Ferber Obman, {Hans Ferber Obman}
R.a. Von dem grossen Leuchter mitt 5 Lichten, fol. 82

S.a. Der Kirchenhoff verhöhett, fol. 83
T.a. Die 15. Wahl der Kirchenveter, Herr Eb[erhard] Ferber Obman, fol. 84
V.a. Koniginne in Polen, Konig Sigismundi I. Gemahl, im Kindbett gestorben, fol. 84
W.a. Das alte Hohe Altar abgebrochen und das newe auffgerichtett, fol. 84
X.a. Das weisse guldene Meßgewand, was es kost, fol. 8[5]ᵃ
Y.a. Dirck Falcken ewige Messe, fol. 85
Z.a. Die Messings Flugell am Hohen Altar, fol. 85

<16> *INDEX*
A.b. Von dem grossen Holtzman Creutz, fol. 86
B.b. Mauritius Ferber Pfarherr zu U. L. Frawen, fol. 86
C.b. Das newe Hohe Altar fertig geliefert, fol. 86
D.b. Vom Holtzhofe hinter dem Theerhofe, fol. 86
E.b. Von 5 Silbern Aposteln im Hohen Altar, fol. 86
F.b. Konigine Bona Sfortia, Königes Sigismundi I.Gemahl, gebahr einen Sohn, Sigismundus Agustus genant, fol. 87
G.b. Ein Beweiß uber S. Reinholds Capelle, fol. 87
H.b. Von der ᵇ {Stad}diener Leuchter, fol. 87
I.b. Dantzig belagert von Marggraff Albrecht, [fol.] 88
K.b Die 16. Wahl der Kirchenveter, fol. 89
L.b. Das Turmelein uber S. Barbaren Capellen, fol. 90
M.b. Herr Marggraff Albrecht seines Ampts endsetzt, fol. 90, Herr Greger Brandt der Kirchenveter Obman, fol. 90
N.b. Die 17. Wahl der Kirchenveter, Herr Greger Brand Obman oder Auffseher, fol. 90
O.b. Priester und Kirchen Schatzung, fol. 91
P.b. Von den Cantor Buchern, fol. 91
Q.b. Von der Bude zwischen der Schulen und Glockerey, fol. 92
R.b. ᶜ {Verdingung}, drey Orgeln in der Kirchen antzufertigen, fol. 92
S.b. Von der Cronen fur dem Hohen Altar, fol. 93
T.b. Was die Orgel uber S. Reinholds Capelle kostett, fol. 93
U.b. Auffruhr wegen der Stad Einkunffte sampt einer newen Kirchen *Reformation*, fol. 93
W.b. Der Burgermeister Greger Brand ist auß seinem Ampt gescheiden oder endsetzt, fol. 94
X.b. Von den beyden Bierkellern unter der Kirchen {geschlossen zu bawen} ᵈ, fol. 94
Y.b. Auffruhr wird grösser Raht und Scheppen, werden abgesetztt, fol. 95

---

a Paperabriss / ubytek papieru
b Gestrichen/skreślony: Schwerd
c Gestrichen/skreślony: Contract
d Gestrichen/skreślony: Wen sie gewelbett sein

Z.b. Konig Sigismundus der Erste kump[t] gen Dantzig und stillett den Auffruhr, fol. 96

<I 7> INDEX

A.c.ᵃ {Ein} Kirchenvater auß dem Kirchenveterstuel vom Konige in den Rahtstuel geseztett, fol. 98
B.c. Die 18. Wahl der Kirchenveter, Herr Philip Bischoff Obman, fol. 98
C.c. Die 19. Wahl der Kirchenveter, fol. 98
D.c. Kirchen Unkosten auff die newen Prediger und Schueldienner etc., fol. 99
E.c. Unkosten auff Holtz, Theer, Organistenlohn, Trahn, Kalck etc. 99
F.c. Die Kirchenveter zalen Sebald Bechern 400 Mk. von Tideman Gysen herkommende, fol. 100
G.c. Kirchengeld in den Gottskasten gefunden, fol. 100
H.c. Unkosten die Thonen vom Thurm außzufuhren etc., fol. 100
I.c. Steigerung der Schillingen, fol. 100
K.c. Zimmerholtz und Kalck gekaufft, fol. 101
L.c. Schweißsucht zu Dantzig, fol. 101
M.c. Eine newe Cantzel gebawett, fol. 102
N.c. Die Stuele im Chore zu machen, fol. 102
O.c. Sigismundus Augustus zum Könige gekronet, fol. 102
P.c. Die 20. Wahl der Kirchenveter, fol. 103
Q.c. Gold zu der Decke uber der Cantzel etc., fol. 103
R.c. Die Dreßkammer mitt Bley zu bedecken, fol. 103
S.c. Sieg wieder die Wallachen, fol. 104
T.c. Die 21. Wahl der Kirchenveter, fol. 104
V.c. Der kleyne Kirchenspeicher gebawet, fol.
W.c. Kirchenveter gehen mitt Taffeln in der Kirchen umbbitten, fol. 104
X.c. Unter die Buden hinter der Schulen newe Schwellen gebracht, fol. 105
Y.c. Die 22. Wahl der Kirchenveter, fol. 105
Z.c. S. Anne Bildnus gestohlen, fol. 106

<I 8> INDEX

A.d. Von dem Teiche im Kirchhofe zwischen den Speichern, fol. 106
B.d. Daselbst eine Tasche gebawet, fol. 106
C.d. Die beyden Faßbierkeller auff dem Kirchhofe gewelbett, fol. 107, item fur Grundsteiner
D.d. Den Sonnen Seger an der Kirche gemolett, fol. 107.
E.d. Die 23. Wahl der Kirchenveter, Herr Johan von Werden Obman und Auffseher, fol. 108
F.d. Beschlagen Kupfer gekaufft, fol. 108, item 12 Schock, 12 Rahnen etc.
G.d. Fur Trahn in die Lampe fur den Sacramentenheuselein, fol. 109
H.d. Abrechnung in dem Schlesser, fol. 109

---

a   Gestrichen/skreślony: Zween

I.d. Das Gebew auff der Kirchen zu verbessern, fol. 109
K.d. Wasser Balgen auff der Kirchen, fol. 110
L.d. Der Kirchenveter Stuel gemachett, fol. 110
M.d. Inventarium uber S. Christophers Altar gerethe, [fol.] 111
N.d. Verenderung in der Religion und von Pancratio, dem erstbestelleten lutherischen Prediger, fol. 115
O.d. Das Hohe Altar reingemacht, dem Kirchenboden gleich gemacht. Der Blindenlohn im Sterben etc., fol. 112
P.d. Die 24. Wahl der Kirchenveter, fol. [1]12
Q.d.[a] Ein silbernen Salvator im Hohen Altar, fol. 113
R.d. Aber wird vom Schlesser gedacht, fol. 114
S.d. Die 25. Wahl der Kirchenveter, fol. 115
T.d. {Die 26. Wahl der Kirchenveter, fol. 116}, Contract mitt dem Organisten Marten Rudiger, fol. 116
U.d. Item Marten Rabe, ein Organist, Paul Ballen etliche Außgabe, item der Glockturm zu S. Johans abgebrand, fol. 116.
W.d. Funff Kupfernkessel auff der Kirchen, fol. 117
X.d. Konigliche *Commissarien* zu Dantzig in geistlichen und weltlichen Sachen, fol. 117
Y.d. Ein newer Tebicht von der Kirchenvetern gekaufft, fol. 121
Z.d. George Mauß *Organista* zur Pfarre, fol. 121

<I 9> *INDEX*

A.e. Königin Elisabeth, *Sigismundi Augusti* Gemahl, zu Wilda gestorben, fol. 121.
B.e. Etlicher bapstlischer Pfaffen Unterhalt in der Pfarkirchen, item 1 Faß Trahn zur Lampen etc., fol. 122
C.e. Der luterische Prediger Pancratius Klem gestorben, fol. 123
D.e. Zwo Orgeln in der Pfarkirchen gebessert, fol. 124
E.e. Konig *Sigismundus* der Erste gestorben, fol. 124
F.e. Großsterben zu Dantzig und die Pfarkirche geweisett etc., fol. 124
G.e. Proces der Kirchenveter wider ihr *Collegam* Herman Schmid, fol. 125
H.e. Christi Himmelfart in der Pfarkirche, fol. 126
I.e. Die Dantzker huldigen Konig *Sigismundus Augustus*, tragen ihm ihre Beschwer vor, worauff die koniglichen *Responsen* erfolgett, fol. 126
K.e. Religion zu Dantzig wird angefochten, fol. 127
L.e. Der Pfarkirchen Gutter und Einkunffte werden beschrieben, fol. 128
M.e. Von der newen Messing Tauff, fol. 131
N.e. Unkosten auff die newen Tauffe, fol. 132
O.e. Koniges *Sigismundi Augusti* anderer Hochzeit, fol. 133
P.e. Johannes Halbbrod Prediger zur Pfarre, fol. 133
Q.e. Paul Balle, von der Verdingung mitt dem Steinhawer wegen der newen Tauffe, fol. 133
R.e. Herr Johann von Werden gestorben und Herr Tideman Gyse der Kirchenveter Obman an seiner Stelle, fol. 134

---

a Gestrichen/skreślony: Abermal vom Schlesser

S.e. *Franciscus Burhardus* Prediger zur Pfarre, fol. 135
T.e. Streit {zu Peterkaw} uber der Augspurgischen *Confesssion*, fol. 136
V.e. Herr Tidemann Gise gestorben und Herr Johan Brandes der Kirchenveter Obman an seine Stadt, fol. 137
W.e. Der Hochw. Abendmal in beyder Gestalt administriret zu Dantzig in S. Barbare und S. Jacobs Hospital, fol. 137
X.e. Handlung zu Warschaw wegen der Auspurgischen *Confession*, fol. 137
Y.e. Die Messings Tauffe fertig geliefert, fol. 138.
Z.e. Der Coyesche Bischoff besuchet die Kirchen zu Dantzig, fol. 139

<I 10> *INDEX*
A.f. Franciscus Burghardus ward geurlaubett, fol. 140
B.f. Das Beinhauß zur Pfarre gereyniget, fol. 140
C.f. Der ander Zanck unter den Predigern, fol. 141
D.f. *Formula Concordiae* oder Notel der Dantzcker Prediger, fol. 142
D.f. Die 27. Wahl der Kirchenveter, Herr Johan Brandes Obman, fol. 143
F.f. Die Notel wird von etlichen Predigern unterschrieben, fol. 144
G.f. Hertzog Erich kompt mitt 10[000] Man fur Dantzig, fol. 145
H.f. Pestilentz zu Dantzig, fol. 145
I.f. Die Kirchenveter halten Rechnung in Beysein ihres Herrn Obmans Johan Brandes, fol. 146
K.f. Die obgedachte Notel in den Druck verfertiget, fol. 146
L.f. Die 28. Wahl der Kirchenveter, fol. 147
M.f. Der kleiner Kirchenspeicher zinset 35 Mk., der Keller auff dem Kirchhofe 24 Mk. Der Kirchenvorrath Anno 1568, fol. 149
N.f. Das Sacrament wird gernicht vor S. Nicolai Altar etc., fol. 149
O.f. Die 29. Wahl der Kirchenveter, fol. 150
P.f. Inventarium der Kirchengutter, fol. 150
Q.f. Anshelmus ein Organist zur Pfarre, fol. 151
R.f. Die 30. Wahl der Kirchenveter, fol. 152
S.f. Wasserkunst hinter der Kirchen Hause hinter der Schule am Kirchhofe, fol. 153
T.f. Von Claus Tidemans Leichste[i]n, fol. 153
V.f. Die 31. Wahl der Kirchenveter, fol. 153
W.f. Von dem Trewregister, so die Prediger halten, so woll auch Tauffregister, fol. 154
X.f. Die Kirchen Rechnung jerlich auff Newjarstag zu schliessen haben sich die Kirchenveter geeinigett, fol. 155
Y.f. Chordnung gefassett, fol. 156
Z.f. Philippi Schonenburgers, Capellmeyster zur Pfarre, Quitantz, fol. 156
Das Hohe Altar zur Sacrament Rechnung von E. Raht eingenommen[a]
Konig Sigismundus *Augustus* gestorben, fol. 156[b]

---

a Mondzeichen/znak księżyca
b Sonnenzeichen/znak słońca

<I 11> INDEX
A.g. Wie die Kirchenzinser einzumahnen sein laut einem Abschiede eines E. Rahts, fol. 157
B.g. Die ander Staffel zum Calvinismo, fol. 157
C.g. Urban Ulrichs Testament, welches unter andern auch Paulus Habicht, Cantor zu S. Peter, genossen, fol. 159
D.g. *Henricus*, Königes {*Caroli*} in Franckreich Bruder, ward zum Könige in Polen erwehlet, fol. 160
E.g. König Sigismundi *Augusti* Sarck, fol. 161
F.g. Konig Henricus wird gekrönet und hernach wider umb in Frankreich gekehret, fol. 161
G.g. Die 32. Wahl der Kirchenveter, fol. 163
H.g. Ein Buch von der Kirchenpfennig Zinsern, fol. 163
I.g. Ferner von Urban Ulrichs Testament, fol. 164, 166
K.g. *Stephanus*, Furst in Siebenburgen, wird König in Polen, fol. 166
L.g. Die 33. Wahl der Kirchenveter, fol. 167
Mg. König Stephanus gekrönet, fol. 168[a]
N.g. {Reichstag zu Thorn}. Anfang des Kriegswesens zu Dantzig, fol. 169
O.g. {Nicolaus Kossobitzky, kon. Gesanter, kompt gen Dantzig}, ein keiserlicher Gesanter verwundett, fol. 169
P.g. Landtag zur Lobaw, fol. 170
Q.g. Andreas Zborowsky, Königlicher Gesanter, schreibett gen Dantzig, fol. 170
R.g. Landtag zur Mewe, fol. 171
S.g. Königes *Stephani* Ankunfft zu Thorn, fol. 172 und von danen gen Marienburg
T.g. Kon. Gesandten fordern von den Dantzckern den Eid, fol. 171
V.g. Dantzcker werden gen Marienburg citiret, fol. 172
W.g. Praust geplundert, fol. 172
X.g. Danzcker in der Acht erkleret, fol. 173
Y.g. Von newen Trometer an der Stad und etliche Schreiben an die Pawren im Namen des Koniges
Z.g. Blinder Lermen in Dantzig, fol. 174

<I 12> INDEX
A.h. Das Schottland, Petershagen, Rosenthal, Bischoffsberg, Stoltzenberg, Garten etc. in Brand gesteckt, fol. 175
B.h. Dantzcker Gesanten zum Konige auff Grebyn, fol. 179
C.h. Keiser Maximilianus, dieses Krieges Ursacher, gestorben, fol. 176
D.h. Der ander Reichstag zu Thorn, fol. 177
E.h. Wie starck die Danzcker an Kriegsvolck gewesen, fol. 179
F.h. Bedingung des Religionsfriedens, fol. 182
G.h. Die andere begerete Bedingung des Religionpuncts, fol. 183
H.h. Die dritte Bedingung wegen der Religion fol. 184

---
a Zeigefinger / rys. palca wskazującego

I.h. Die Achterklerung *repetiret*, fol. 185
K.h. Ernst Weyer raeubett zu Land und Wasser, fol. 185
L.h. Hauptschatzung zu Dantzig, fol. 185
M.h. Der hunderste Pfennig von allen der Stadt Kirchengutter, item der Pfarkirchen hunderste Pfennig, was er getragen etc., fol. 186
N.h. Die Niederlage von Dantzig verlegett, fol. 187
O.h. Der Closter Oliva zerstörett, fol. 188
P.h. Der Olivische Wald des Holtzes beraubet, fol. 191
Q.h. Reichstag zu Leßlaw, fol. 191
R.h. Der Tattern Einfall in Podolien, fol. 192
S.h. Der Dantzcker Außfall durch Gott verhindert, fol. 193
T.h. Der Dantzker ander Außfall nicht geraten, fol. 195
V.h. Danzcker Niderlage beim Lubeschawischen See, fol. 197
W.h. Herr Johan Brandes Burgermeister, gestorben, fol. 200
X.h. Herr Constantin Ferber der Kirchenveter Obman, fol. 202
Z.h. Das Hauß Weisselmunde befestiget etc., [fol.] 203
Y.h. Der hunderste Pfennig zum andern Mahl bewilliget, fol. 206

<I 13> *INDEX*
A.i. Die Rodawne von der Stadt durch die Nachbarn abgeleitett, die Schleuse vertorben, fol. 207
B.i. Dantzcker Hofeleute bekomen gutte Beute, fol. 207
C.i. Brucke uber die alte Weissel gemacht, fol. 207
D.i Nicolaus Unger, Oberster Leutenant, helt zu Dantzig Musterung
E.i.[a] Der König besichtigett die Wahlstadt bey Lubeschaw, helt daselbs Mahlzeit, fol. 208
F.i. Gesprech zum Guttlande mitt Johan Zborowscken, fol. 208
G.i. Soldaten neben zween Hauptleuten zu Dantzig angelangett, fol. 208
H.i. Silber auß den Kirchen vermuntzet, fol. 209
L.i. Sechs Schiffe auff die Elbingsche Fart bestellett, fol. 209
K.i. Diese Schiffe bringen stattliche Beute, fol. 210
L.i. Stillestandt auff zeen Tage, fol. 210
M.i. Die ubrigen Garten vor der Stadt angesteckt, fol. 211
N.i. Der erste Scharmutzel vor der Stadt, fol. 211
O.i. Des Feindes Lager auff ½ Meile umb die Stadt, fol. 212
P.i. Hefftiges Schiessen auff die Stadt, fol. 213
Q.i. Ernst Weyer belagert Weisselmunde, fol. 214
R.i. Drey Fähnlin Schotten zu Dantzig angelangt, fol. 215
S.i. Der ander Stillstandt nicht gehalten, fol. 215
T.i. Die Burgerschafft und Kriegsleute schweren sich untereinander, viel Gefangenen kommen louß, fol. 216
V.i. Beredung bey der Vogelstangen, fol. 216

---

a Gestrichen/skreślony: Kirch

W.i. Koniglicher Gesanten Werbung an die Stadt, f[ol.] 217
X.i. Argwohn einer Verretherey, fol. [2]19
Y.i. Schiffe von der Feinde Strömen eingebracht, f. [219]
Z.i. Dantzcker Gesanten an die Kon. May., fol. 219

<I 14> *INDEX*
A.k. Gewaltsames Schiessen fur der Munde, fol. 220
B.k. Reuterwache bey Nachte in der Stadt bestellet, f.
C.k. Scharmutzel im Petershagen, fol. 222
D.k. Stende der Wachen in der Stadt verordnet, fol. 224
E.k. Heuptleute uber die Burgerfahnen, fol. 225
F.k. Einfall in die Nerung durch die Polen, fol. 225
G.k. Anschlag auff den Feind der Munde woll gerathen
H.k. Der Schottische Captein Robert Buerler ertruncken, fol. 227
J.k. Trefflich Schiessen auff die Stadt, auch Steinkugeln geworffen, wovon eine auff die Pfarkiche gefallen, fol. 222
K.k. Dantzcker zu Königsberg in die Acht erkleret, fol. 228
L.k. *Stratagema* der Dantzcker Reuterbuben, fol. 228
M.k Gesanten der Stadt an den König von Dennemarck, fol. 229
N.k. Denische Schiffe und Galeen den Dantzcker zu Hulffe, fol. 229
O.k. Schreiben der Dantzcker ins Feldlager an den König, fol. 229
P.k. Nicolaus von Ungern bringett durch die Nerung gutte Beute, fol. 230
Q.k. Polen verlassen vor der Stadt ihre Schantzen, fol. [230]
R.k. Die Weißel beim Kesemarckt versencket, fol. [233]
S.k. Der König bekompt Hulffe aus Siebenburgen, fol. 234
T.k. Der Konig rustet sich wieder das Hauß Weisselmunde, die Dantzcker befestigen das Hauß, fol. 234
U.k. Der König zeucht mitt seine Kriegsvolck nach der Munde, fol. 235
W.k. Die Dantzcker Schottische {Knechte} scharmutzeln mit den [Polen], [fol.223]
X.k. Der Konig verehret die Scharpaw Hern Johan Firley, fol. 236
Y.k. Scharmutzel bey Allen Engeln, fol. 237
Z.k. Freyfahne zu Dantzig richtett viel Gutts auß, {fol. 250]

<I 15> *INDEX*
A.l. Viel Schiffe in den Dantzcker Port ankommen, sampt den dehnischen Orleyschiffen und Gallee, fol. 240
B.l. Der Feldoberste Koniglichen Kriegsvolcks Schreiben an den dehnischen Admiral, fol. 240
C.l. Niclaus von Ungern gestorben, fol. 240
D.l. Das Hauß Weisselmunde in der geschossen und mit gluenden Kugeln angesteckt, fol. 240
E.l. Drey Fähnlein Burger zihen nach der Munde, fol. 244
F.l. Hans von Collen erschossen, fol. 248
G.l. Kugeln in Auffreumung des Hauser gefunden, fol. 249

H.l.   Der Konig bawet eine Brucke uber die Weißel, fol. 24[9]
I.l.   Etliche von Adel legen sich auff Friedenshandlung, fol. 250
K.l.   Anschlag, das Bolwerck mitt Feur antzuzunden, fol. 251
L.i.   Zween Vornehme Herrn auff der Jagt erschossen, fol. 251
M.l.   Mangel an Brodt in Dantzig, fol. 252
N.l.   Menge von Fischen und Wasservogel, fol. 253
O.l.   Die Brucke fur der Munde mitt einem Schiff entzwey gerandt, fol. 253
P.l.   Der König bricht auff und zundet das Lager an, [fol.] 253
Q.l.   Hans von Cöllen, Obersten zu Dantzig, begraben, fol. 255
R.l.   Reisige Knechte der Dantzcker erlangen Beute, fol. 255
S.l.   Die dehnischen Schiffe und Galeen wie auch die Dantziger Schiffe bekomen von den Elbingern an Schiff und Gutt grosse Beute, fol. 256
T.l.   Braunsberg, Frawenburg, Tolckemitt etc. von den Dantzckern gebrandschatzet und fur Elbing viele Schiffe weggenommen und ihre Heuser angesteckt, fol. 257
V.l.   Gelegenheit zur Friedenshandlung, fol. 260
W.l.   Dirschaw unversehens außgebrandt, fol. 263
X.l.   Der Friede getroffen, fol. 266
Y.l.   Die Eidesleistung der Danzcker, fol. 266
Z.l.   Religions *Caution*, fol. 267

<I 16> INDEX
A.m.   Zween Doctoren *Theologiae* bestellete Prediger zur Pfarre, ungleicher Lehre, fol. 267
B.m.   Praetorius mitt seinem Anhange machen viel Leute irre, fol. 269
C.m.   Die grosse Orgel zur Pfarre gebawet, fol. 270
D.m.   Praetorii Predigt, die Niederlender zu behausen, fol. 272
E.m.   Geschlechter und Zunffte sein schuldig, uber ihre Capellen Dach und Rinnen deicht zu halten, fol. 273
F.m.   Zwist uber einer Ordinirung eines Predigers, f[ol.] 274
G.m.   Praetorius bricht auß mitt seinem Schwarm, f[ol.] 276
H.m.   Ein E. Raht vermeinet, durch ein Decret den Sacramentstreit zu stillen, fol. 277
I.m.   Konig Stephanus zu Grodno gestorben, fol. 285
K.m.   Die 34. Wahl der Kirchenveter, Herr Constantin Ferber ihr Obman, fol. 285
L.m.   Gefehrligkeitt in Religions Rathschlegen, fol. 28[6]
M.m.   Des Rahts Decret in Religionsachen wird von *Clemente Fricio empium et diabolicum* [beschuldiget], fol. 286
N.m.   Gefahr Joachimi Keckermanii seines Verklaffens halben, fol. 287
O.m.   Der calvinischen Quartirmeister *Supplication*, [fol. 288]
P.m.   Ein Raht will die Notel auffs newen unterschriben haben, fol. 288
Q.m.   Calvinische Prediger endschuldigen sich in eyner langen Schrifft, fol. 289
R.m.   Rahts Antwort, fol. 293
S.m.   Fernere Erklerung der Calvinisten, fol. 294
T.m.   Eines Rahts fernere Antwort, fol. 295
V.m.   Calvinische Burger *suppliciren* fol. 297

<I16–I18> Historisches Kirchen Register 691

W.m. Calvinische Prediger kommen abermahl mitt einer langen Schrifft getzogen, fol. 297
X.m. Der Lutherischen Burger Supplication, fol. 300
Y.m. *Petri Holsten* Sacrament Schwarm, fol. 301
Z.m. Declaration des Raths uber das Decret und endlicher Abscheid, fol. 302

<I 17> *INDEX*
A.n. Unterschreybung der Notel, fol. 303
B.n. Sigismundus tertius König von Polen erwehlt, fol. 30[4]ᵃ
C.n. [Sigismundus tertius] Kumpt von Calmar auß Schweden gen Dantzig, fol. 304
D.n. Herr Constantin Ferber gestorben, fol. 305
E.n. Herr Georg Rosenberg der Kirchen Obman, fol. 305
F.n. Bey der Revision der Wilckuhr der Religionsstreit der erste Punct, fol. 306
G.n. Doctor *Praetorius* stirbt, Doctor Kittel kumpt wieder auff die Cantzel, fol. 307
H.n. Pasquillen und Schmehekarten, fol. 308
I.n. Calvinische Prediger fuhren viel Newrungen ein, fol. 308
K.n. Zu S. Peter ein calvinisch Altar, fol. 309
L.n. Doctor Kittel gestorben, fol. 310
M.n. Die 35. Wahl der Kirchenveter, Herr George Rosenberg Obman, fol. 310
N.n. Schulen mitt dem *Calvinismo* vergifftet, fol. 311
O.n. Die 36. Wahl der Kirchenveter, fol. 311
P.n. Herr George Rosenberg gestorben, Herr Hans von der Linde Obman, fol. 312
Q.n. Die 37. Wahl der Kirchenveter, Herr Hans von der Linde Obman, fol. 312
R.n. Martinus Remus Caplan zur Pfarre, fol. 313
S.n. Konig *Sigismundus* 3. helt Hochzeitt, fol. 313
T.n. Dritte Ordnung bittet umb den 4. Prediger zur Pfarre zu bestellen, fol. 313
U.n. Die 38. Wahl der Kirchenveter, fol. 313
W.n. Abermal angehalten umd den vierden Prediger zur Pfarre, fol. 314
Y.n. Der Konig kompt auß Polen gen Dantzig, begeret die Pfarkirche zu reinigen, fol. 314
Z.n. Die ander *Citation* wegen der Pfarkirchen, fol. 317

<I 18> *INDEX*
A.o. Die dritte Citation des Bischoffs wegen der Pfarkirchen, fol. 317
B.o. Tumult zu Dantzig, fol. 318
C.o. Der Konig ᵇ {fehret} nach ᶜ der Munde, fol. 319
D.o. Alda gibt er einem schadloß Brieff wegen etlicher der Heiligen Gebeyne, so auß dem Hohen Altar der Pfarkirchen genommen und ihre May. uberantwortett, fol. 319
E.o. Sigelt in Schweden, wird zu Upsal gekronett, fol. 328

---
a Papierabriss/ubytek papieru
b Gestrichen/skreślony: segelt
c Gestrichen/skreślony: Schweden

F.o. Die Ordnungen halten abermahl an, umb den vierden Prediger in der Pfarkirchen zu bestellen, fol. 320
G.o. Der Konig kumpt auß Schweden zuruck, fol. 320
H.o. Die Pfarkirchen Sachen wird zu Crakaw vom König gehoret, und in derselben verabscheidet, fol. 320
I.o. Koniglich Decret wegen der Pfarkirchen ubergeben, fol. 323
K.o. Die Ordnungen bitten abermahl, die Cantzel in der Pfarkirchen mitt einem newen Lehrer zu bestellen, fol. 326
L.o. Der erste Beschwerpunckt, alle Kirchen mitt eynem Lehrern Augspurgischer *Confession* zu bestellen, fol. 328
M.o. Noch zwo *Citationens* im Namen des Bischoffs ubergeben, belangend S. Birgitten Closter, fol. 328
N.o. Der Raht lasset den Bischoff an den Konig, in offentlichen Reichstage sitzende, citiren, fol. 328
O.o. Des Bischoffs *Citation* an den Raht zur Execution, fol. 331
P.o. Synodus der Evangelischen Stende zu Thorn, fol. 332
Q.o. Koniglich Decret im Namen des Bischoffs ubergeben, f. 333
R.o. Suhnliche Handlung mitt dem Bischoff, fol. 356
S.o. Doctor Schmids sacramentirische Predigt, fol. 356
T.o. Weitere Tractaten mitt dem Bischoff, fol. 356
V.o. Abermahl zwo *Citationen* des Bischoffs an den Raht, [fol.] 362
W.o. Calvinische Prediger verursachen des Kirchenstreits mitt dem Bischoff, fol. 363
X.o. Der Bischoff citiret Doctor Schmid fur sein Ampt, [fol.] 363
Y.o. Fernere Citation im Namen des Bischoffs, fol. 364
Z.o. Herr Michaelis Coleti Haußfraw eine Wohnung zugesagett zu iren Tagen, fol. 365

<I 19>
A.p. Die dritte Ordnung bittet abermahl, die [vierden Prediger]ᵃ Stellen in der Kirchen zu versorgen, fol. 365
B.p. Des Pomerellischen Woywoden Schreiben wegen der Pfarkichen, fol. 366
C.p. *Thomas Fabricius* Caplan zur Pfarre, fol. 36[7.]ᵇ
D.p. Die 39. Wahl der Kirchenveter, fol. 368
E.p. Weiter Bescheid in der Kirchen und S. Birgitten Closters Sachen, fol. 368
F.p. Der Konig reyset wider in Schweden ᶜ, fol. 371
G.p. Weiter Bescheid in der Kirchen und Clostersachen, fol. 37[2]ᵈ
H.p. Der Konig wird von Calmarn abgetrieben, kumpt wider gen Dantzig, fol. 374
I.p. Konigliche Warnung an den Raht zu Dantzig, [fol.] 374

---
a Papierabriss/ubytek papieru
b Papierabriss/ubytek papieru
c Gestrichen/skreślony: Des pomerllischen Woywoden Citation wegen den verfallenen Sodii in der Kirchensachen, fol.
d Papierabriss/ubytek papieru

K.p. Der Calvinische Schwarm reisse immer weiter ein zu Dantzig, fol. 377
L.p. Der Coyesche Bischoff stirbt zu Rom, Johannes Tarnowsky kompt an seine Stelle, fol. 38[0]ᵃ
M.p. *Petri Spinosen* Stuel an die Kirchen verfallen, [fol.] 38[0]
N.p. Jochim Blome, der Kirchenmawrer, angenommen, fol. 38[0]ᵇ
O.p. Die ᶜ {40.} Wahl der Kirchenveter, fol. 381
P.p. Handlung mitt dem newen Bischoff Joh[annes] Tarnowsky wegen der Kirchen, fol. 381
Q.p. Ein newer Stuel Numero 9 in der Pfarkirchen, fol. 382
R.p. Die Dritte Ordnung helt abermahl an umb gute Bestellung der Kirchen und Schuldiener, fol. 38[3]ᵈ
S.p. Der Doctor Stuel Numero 1 vernewett, fol. 383
T.p. Ferner Kirchenhandlung mitt dem newen Bischoff, fol. 383
V.p. Gestuele hinter der Cantzel Schloßfeste, fol. 388
W.p. Ein Stuel Numero 14 gebawet fol. 388, der newe Scheppenstuel genant, fol. 388
X.p. Die 41. Wahl der Kirchenveter, fol. 388
Y.p. M. Valent[inus] Schrekius, *Rector* zur Pfarre, gestorben, fol. 3[89]ᵉ
Z.p. Iohannes Martini *Rector* an *Schreckii* Stelle, fol. [389]ᶠ

<I 20> *INDEX*
A.q. Der Boden in der Pfarkirchen vergleicht, fol. 392
Beweissett und Fenster verbessert, fol. 392
B.q. Der calvinische Schwarm gehet fort, fol. 392
C.q. Die lutherischen Prediger *suppliciren*, fol. 396
D.q. Des Raht antworttet wegen Bestellung der Cantzelen, fol. 399
E.q. Wohnung fur M. *Brakermanii* Haußfraw, fol. 401
F.q. Die dritte Ordnung ist mitt des Raths Anwort nicht vergnugett, fol. 402
G.q. Privilegien uber die Kirchen und Religion, fol. 403
H.q. Jacobus Adamus macht sich viele Anhanges, fol. 404
I.q. *Supplication* 100 lutherischer Burger, fol. 405
K.q. Langegertische und der Reiffschleger Supplicatio, [fol.] 406
L.q. Jacobi Adami Schwermerey, fol. 407
M.q. Item, seine Predigt von der Tauffe, fol. 409
N.q. Item von der Gnadenwahl, fol. 409
O.q.ᵍ *Supplication* der allgemeynen Burgerschafft an die lutherischen Quartiermeistere, fol. 411
P.q. Diese Quartiermeistere tragen diese Supplicationen dem Rahte vor, fol. 413

---
a Papierabriss/ubytek papieru
b Papierabriss/ubytek papieru
c Gestrichen/skreślony: 39
d Papierabriss/ubytek papieru
e Papierabriss/ubytek papieru
f Papierabriss/ubytek papieru
g Gestrichen/skreślony: Item von der

Q.q. Des Rahts Antwort auff diese Supplication, fol. 414
R.q. Contract zwischen den Kirchenvetern und den Petzwitzen, S. Catharinen Capelle belangende, fol. 416
S.q. Beinhauß zur Pfarkirchen gereiniget, Leichsteine in der Pfarkirchen revidiret, fol. 417
V.q. Protestation der Supplicanten von Burgern, Wercken und Zunfften eingelegett, fol. 417
W.q. Der calvinische Geist kerett sich an solch Protestiren nicht, schwermett immer fort, fol. 420
X.q. Doctor Schmids Predigt am Palmsontage, fol. 421, Herr Salomons Heine gestorben, fol. 422
Y.q. Der Notarius helt beim Herrn Presidenten an, ob der Raht etwas gegen gethanen *Protestation* einzuwenden hatt, fol. 422
Z.q. Protestirenden schicken an den König, fol. 423

<I 21> INDEX
A.r. *Samuel Lasky* vom Könige zum Untersuchen der Religionshendel verordnet, fol. 428
B.r. *Citation* ª {auff Instendigkeitt} protestirenden Abgesanten, an die calvinischen Herrn im Raht zu Dantzig, fol. 428, Herr Georg Mehlman gestorben, fol. 430
C.r. Der protestirenden [G]esanten reisen von kon. Hofe nach Dantzig, fol. 430
D.r. Zween der *protestirenden* Gesanten ubergeben *Samueli Lasken* das Kon. Schreyben, fol. 430
E.r. *Samuel Lasky* kumpt gen Dantzig, [fol. 432]
F.r. Dieser Lasky legett seine Werbung ab, fol. 4[32]ᵇ
G.r. Dieses Lascken Werbung, fol. 432
H.r. Der ᶜ {dreyer} Ordnungen bedencken auff des Gesanten Werbung, fol. 432
I.r. Practicken der calvinischen Quartirmeister, fol. 432
K.r. Trotz wieder Kon. Befehl des calvinischen Hauffens, fol. 437
L.r. Lasky helt an umb Bescheid wegen der Religion Sachen, fol. 438
M.r. Der Ordnung Bedencken wegen eines Ausschuß, fol. 4[42]ᵈ
N.r. Ursachen der Protestirenden, warumb sie sich ferner nicht einlassen können, fol. 440
O.r. Die andere Practica der calvinischen Quartiermeister, fol. [441]ᵉ
P.r. Rahtsvorschlag, drey calvinische Prediger abzuschaffen, damit den gantzen Hader zu stillen, [fol.] 4ᶠ[44]
Herr Melcher Schachman gestorben, [fol.444]

---

a Gestrichen/skreślony: der in Namen
b Papierabriss/ubytek papieru
c Gestrichen/skreślony: Dritten
d Papierabriss/ubytek papieru
e Papierabriss/ubytek papieru
f Papierabriss/ubytek papieru

Q.r. An dem Kon. Gesanten Bericht von den Protestirenden, wobey es in Religionsachen verblieben, fol. 4[44][a]
R.r. Der kon. Gesante verreyset, fol. 451
S.r. Die Protestirenden gehen ferner nicht in die Rahtschl[ege][b] ubergeben ihre Station, [fol. 452]
T.r. Buch Herr Coleti wider Doctor Schmidt, fol. 453
V.r. Cantzel zur Pfarre renovirett, fol. 454
W.r. Krambude auff dem Kirchhoff, fol. 454
X.r. Die 42. Wahl der Kirchenveter, fol. 455
V.r. Die Protestirenden attentiren Terminum bey Hoffe, fol. 455
Z.r. Der kon. Gesanter ermahnet zum Friede, fol. 4[55][c]

<I 22> INDEX

A.s. Die Protestirenden wollen sich ferner in keine Disputation einlassen, fol. 456
B.s. Der Konig verbeutt Kuhr in den Emptern zu halten, (ibidem), [fol. 456]
C.s. Calvinische Herrn des Rahtes contumaciert, fol. 457
D.s. Tractaten in Religionsachen nemen ein Ende, fol. 457
E.s. Gravamina der Protestirenden dem Gesanten schrifftlich ubergeben, fol. 460
F.s. Kon. May. Friedensgebott in Religionsachen angeschlagen, fol. 463
G.s. Die dritte Ordnung begerett *Copias* der Recessen in ihre Bewarung, anhaben von den Religionshendel zu Rathhause, fol. 464
H.s. Simon Kerstens Erbe am Kirchhofe newes Verschreiben, fol. 465
I.s. Herr Hans Schwartzwald gestorben, fol. 466
K.s. Andreas Hardenberger, Capelmeister, angenommen, [fol.] 466
L.s. Die 43. Wahl der Kirchenveter, fol. 467
M.s. Der Knepel in der Grossen Glocken zebrochen, [fol.] 467
N.s. Sebald Schnitter, der Kirchenvater, gestorben, fol. 468
O.s. Jacobi Adami Erklerung vom H. Nachtmal, fol. 468
P.s. *Michaelis Coleti* Warnungsschrifft dagegen, fol. 469
O.s. Die 44. Wahl der Kirchenveter, fol. 470
R.s.[d] An Peter Witzcken ein Abscheid wegen Außhengen der Lacken, fol. 471
S.s. Die 45. Wahl der Kirchenveter, fol. 471
T.s. Caius Schmedecke, der Organist, gestorben, fol. 472
V.s. Herr Hans Thorbecke, Burgermeister, gestorben, [fol.] 472
W.s. Paul Sivert, Organist, kompt gen Dantzig, fol. 472
X.s. Marten Weyer erschossen, fol. 472
Y.s. Szmolensko von Kon. May. erobert, fol. 473
Z.s. Die new angekommenen Organisten machen ihre Probe auff der grossen Orgel, fol. 473

---

a Papierabriss/ubytek papieru
b Papierabriss/ubytek papieru
c Papierabriss/ubytek papieru
d Gestrichen/skreślony: Die 45. Wahl

<I 23>
A.t. *Christoph* Vader wird Organist zu S. M[arien], [fol. 476][a]
B.t. Wie die Grosse Orgel zu S. Marien *qualificiret* ist, fol. 478
C.t. Ein newer Mannes Stuel auff 12 Persohnen gebawett, der Freyerstuel genant, fol. 481
D.t. Herr Gerhard Brandes, Burgermeister, gestorben, fol. 481
E.t. Die Kirchenordnung durch die Kirchenveter revidirett, dem Herrn Hans von der Linden sampt andern Beschweren der Kirchen vorgetragen und was seine Antwort darauff gewesen, fol. 491
F.t. Die 46. Wahl der Kirchenveter, fol. 491
G.t.[b] Ein new Gestuel auff 9 Personen, fol. 492
H.t.[c] Ein new Gestuel auff 4 Person, fol. 492
I.t. Herr George Liseman gestorben, fol. 492
K.t. Almosen gesamlet fur die Gefangenen Leu[te] in Barberey, [fol.] 492
L.t. *Michael Weyda* zum Organisten erwehlet und *Christoff* Vader muste abstehen, fol. 492
M.t. Ferner Rantzengeld fur die Gefangenen in Barbarer, fol. 495
N.t. Eine Spitze auff der Pfarkirchen abgebrand, [fol.] 49[7][d]
O.t. Der Kirchenveter *Supplication* wegen eingefuhrter Newrung in ihr Kirchenampt, fol. 49[8][e]
P.t. Fernere *Petitia* an den Herrn *Inspectoren* in 7 Puncklen verfasset [f]sampt der Antwort, fol. 50[5][g]
Q.t. Michel Weyda, der Organist, introduciret, [fol. 508][h]
T.t. Tideman Newamber zum Revisore der Orgeln in der Pfarkirchen bestellett [fol. 508][i]
V.t. Eingesamlete Gelde in der Pfarkirchen fur den abgebrandten Leute in der Stadt Magdeburg, fol. 509
W.t. Fur die abgebranten Leute zu Marienburg, [fol.] 50[9][j]
X.t. S. Olaus zwo Capellen abgebrochen, fol. 51[0][k]
Y.t. Janus Radziwil kumpt gen Dantzig mitt sein Gemahl, er communnicirt zum Grawen Munchen [fol. 510][l]
Z.t. Thomas Fabricius, Capellan zur Pfarre, leget die Casel ab, fol. 511

---

a Papierabriss/ubytek papieru
b Gestrichen/skreślony: Herrn George Liseman Rathsverwandert, fo[l.]
c Gestrichen/skreślony: H.t.
d Papierabriss/ubytek papieru
e Papierabriss/ubytek papieru
f Gestrichen/skreślony: fol. 505
g Papierabriss/ubytek papieru
h Papierabriss/ubytek papieru
i Papierabriss/ubytek papieru
j Papierabriss/ubytek papieru
k Papierabriss/ubytek papieru
l Papierabriss/ubytek papieru

<I 24>
A.u. Die Kirchenrechnung des 1613 Jares ubergeben, fol. 514
B.u. Herr Bartel Schachman gestorben, fol. 514
C.u. Beschwerpuncta der Kirchen dem Herrn Inspector ubergeben[a], fol. 514
D.u. *Supplication* der Kirchenveter wegen eingefurter Newrung des Capellans Thomae Fabritii in der P[f]arkirchen, fol. 516
E.u. Die Brewerzunfft helt umb das Gestuele, so umb S. Nicclaus Altar gebawet, an, fol. 520
F.u. Bescheid auff die eingefuhrten Newrungen des Capellans *Thomae Fabricii*, fol. 524
G.u. Der Herr Praesident und datzu deputierte Herrn halten an bey den Kirchenvetern umb Verbesserung des *Salarii* der Kirchen- und Schueldiener, fol. 525
H.u. Den Brewern wird vergunt, ein Gestuele an ihren Altar zu bawen, fol. 529
I.u. Der S. Burgemeister Hans Speyman helt bey den Kirchenvetern an umb ein *Epitaphium* auffzurechten, fol. 531
K.u. Der blinde Moltzan wird seines Dienstes endsetzt, fol. 533
L.u. Geldsamlung in der Pfarkirchen fur die abgebranten Leut zu Osnabrugge, fol. 534
M.u. Klage uber den Pastetenbecker in der Beutlergasse, fol. 535
N.u. Der Kirchenveter Holtzhoff am Eimermacher Graben vermietett, fol. 336
O.u. Bescheid {eines E. Rahts}, die jungsten dem Herrn *Inspectore* ubergebener *Supplicationes* der Kirchenveter [betreffend], fol. 538
P.u. Die Bawherrn besichtigen den Platze zu Bewarung des Brenholtzes der Schulen, fol. 541.

FINIS

---

[1] Die Beratungsprotokolle der Danziger Ordnungen befinden sich heute im Danziger Staatsarchiv (Sign. APGd., 300, 10) und sind ab 1545 erhalten. / Zbiór protokołów obrad ordynków miasta Gdańska przechowywany obecnie w Archiwum Państwowym w Gdańsku (sygn. APGd., 300, 10) zachowany jest od 1545 r. Siehe/zob. Czesław Biernat: Recesy gdańskich ordynków 1545–1814, Gdańsk 1958.

[2] Schütz: Historia.

[3] Dieser Abschnitt wurde erstmals publiziert von Heinrich Bresler: Das Jubelfest der Oberpfarrkirche in Danzig, in: Sonntags-Blatt für alle Stände, 1843, Sp. 62. Bresler zitierte jedoch nicht aus dem Originalmanuskript Böttichers, sondern aus zwei Abschriften des HKR, die in seinem Besitz waren. In diesen Abschriften hatte man offenbar Textteile hinzugefügt, die nicht von Bötticher stammten. So gibt Bresler in Spalte 70 ein angebliches Zitat Böttichers über den vermeintlichen Baumeister der Marienkirche (Ulrich Ritter von Straßburg) wider, das im Manuskript Böttichers nicht vorkommt. Auch andere von Bresler publizierte Zitate aus dem HKR unterscheiden sich häufig sehr stark vom Originaltext. / Niniejsza część po raz pierwszy została opublikowana przez Heinricha Breslera: Das Jubelfest der Oberpfarrkirche in Danzig, Sonntags-Blatt für alle Stände, 1843, szp. 62. Bresler cytuje jednak nie autograf Böttichera, lecz dwa posiadane odpisy HKR. W odpisach znajdują się fragmenty nie pochodzące od Böttichera. Na przykład Bresler podaje na szp. 70, że rzekomym budowniczym kościoła mariackiego jest Ulrich Ritter ze Strassburga; informa-

---

a Gestrichen/skreślony: fol.

cja ta nie pojawia się w manuskrypcie Böttichera. Również inne cytowane przez Breslera fragmenty często znacznie różnią się od tekstu oryginału.

[4] Diese Inschriftentafel aus der Mitte des 16. Jahrhunderts war bis 1945 erhalten und hing über dem Sakristeiportal (vgl. Frisch: Sankt Marien Pfarrkirche, S. 10, Drost: Marienkirche, S. 45 und Tafel 200). / Niniejsza tablica inskrypcyjna z połowy XVI w. do 1945 r. wisiała nad portalem zakrystii (por. Frisch: Sankt Marien Pfarrkirche, s. 10; Drost: Marienkirche, s. 45 i tablica 200).

[5] Der folgende Abschnitt wurde erstmals publiziert von Bresler (wie Anm. 1), Sp. 69. / Niniejszy fragment po raz pierwszy opublikowany przez Breslera (jak przyp. 1), szp. 69.

[6] Die Nummerierung der Hochmeister übernahm Bötticher von Schütz. / Numerację wielkich mistrzów Bötticher przejął za Schützem.

[7] Zum Ablass von 1347 vgl. Gruber, Keyser: Marienkirche, S. 38. Erstmals erwähnt bei Bresler (wie Anm. 1), Sp. 95, Druck bei Simson: Geschichte Danzigs 4, Nr. 83. Dieser und auch alle später genannten Ablassbriefe befanden sich bis 1945 im Archiv der Marienkirche, das 1921 als Depositum in das Staatsarchiv des Freien Stadt Danzig gelangte und 1922 von Erich Keyser verzeichnet wurde (Gruber, Keyser: Marienkirche, S. 68). Die mittelalterlichen Bestände des Marienkirchenarchivs und dessen Verzeichnis sind seit 1945 verschollen. / Na temat odpustu z 1347 r. zob. Gruber, Keyser: Marienkirche, s. 38. Po raz pierwszy wzmiankowany przez Breslera (jak przyp. 1), szp. 95; publ. Simson: Geschichte Danzigs 4, nr 83. Ten oraz później wzmiankowane listy odpustowe znajdowały się w zbiorach kościoła Mariackiego, które jako depozyt znalazły się w Archiwum Państwowym Wolnego Miasta Gdańska i zostały spisane przez Ericha Keysera (Gruber, Keyser: Marienkirche, s. 68). Średniowieczne zasoby archiwum kościoła Mariackiego wraz z ich spisami są zaginione od 1945 r.

[8] Nach/według Schütz: Historia, fol. 73v.

[9] Eine Abschrift befindet sich im Verzeichnis der Danziger Komturei. / Odpis znajduje się w księdze komturstwa gdańskiego. Siehe/ zob.: Księga komturstwa gdańskiego, wyd. Karola Ciesielska, Irena Janosz-Biskupowa, Warszawa-Poznań-Toruń 1985 (Towarzystwo Naukowe w Toruniu. Fontes, t. 70), Nr. 68. Bötticher gibt eine falsche Datierung an. Das Privileg wurde tatsächlich am Tag St. Johannes Ev. 1356 ausgestellt. / Bötticher podaje błędną datę dokumentu. Przywilej ten został faktycznie wydany w dniu św. Jana Ewangelisty 1356 r. („Datum Marienburg in festo Johannis Ewangeliste anno Domini M°CCC°LVII°").

[10] Vgl./por. Gruber, Keyser: Marienkirche, S. 39.

[11] Die Identität der genannten Chronik konnte nicht ermittelt werden. / Nie udało się ustalić, o jakiej kronice jest mowa.

[12] Das tatsächliche Todesjahr war 1390. / Właściwą datą śmierci jest 1390 r.

[13] Der folgende Abschnitt über Konrad von Wallenrode wurde etwas gekürzt und weitgehend wörtlich übernommen aus Schütz: Historia, fol. 87v–89v. / Niniejszy fragment dotyczący Konrada Wallenroda stanowi lekko skrócony dosłowny odpis z Schütz: Historia, k. 87v–89v.

[14] Die aktuellste Darstellung zur Jungstadt siehe / Ostatnio na temat zob.: Zofia Maciakowska: Młode Miasto w Gdańsku - jego położenie i wielkość, in: Z dziejów średniowiecza. Pamięci Prof. Jana Powierskiego (1940–1999), red. Wiesław Długokęcki, Gdańsk 2010, S. 227–241.

[15] Konrad von Wallenrode starb tatsächlich am 25.7.1393. / Konrad von Wallenrode zmarł faktycznie w dniu 25 VII 1393 r.

[16] Übernommen aus/odpisany z Schütz: Historia, fol. 90v.

[17] Der Text wurde publiziert bei / Tekst przywileju opublikował: Simson: Geschichte Danzigs 4, Nr. 118. Vgl. auch / por. też: Gruber, Keyser: Marienkirche, S. 42.

[18] Übernommen aus/odpisany z Schütz: Historia, fol. 100v.

[19] Übernommen aus/odpisany z Schütz: Historia, fol. 102v.

[20] Schütz: Historia, fol. 104r.

[21] Zum Konflikt zwischen dem Deutschen Orden und der Stadt Danzig in der Angelegenheit der englischen Handelsaktivitäten nach 1410 siehe: / W sprawie różnic między zako-

nem krzyżackim a Gdańskiem wobec aktywności handlowej Anglików po 1410 r. zob.: Theodor Hirsch: Danzigs Handels- und Gewerbsgeschichte unter der Herrschaft des Deutschen Ordens, Leipzig 1858, S. 103–104; Hans Fiedler: Danzig und England. Die Handelsbestrebungen der Engländer vom Ende des 14. bis zum Anfang des 17. Jahrhunderts, in: Zeitschrift des Westpreußischen Geschichtsvereins, H. 68, 1928, S. 81.

22 Die Drehergasse in der Danziger Rechtstadt verläuft parallel zur Mottlau zwischen der Breitgasse und der Johannisgasse. Die dortigen Gebäude branten 1424 zusammen mit dem Krantor ab. / Ul. Tokarska (Drehergasse), ulica na terenie Głównego Miasta Gdańska równoległa do Motławy pomiędzy ul. Szeroką a ul. Świętojańską. Znajdujące się przy niej zabudowania spłonęły wraz z Żurawiem w 1424 r. Vgl./zob.: Fortsetzung der Danziger Chroniken, hg. von Theodor Hirsch, in: Scriptores Rerum Prussicarum. Die Geschichtsquellen der preussischen Vorzeit bis zum Untergange der Ordensherrschaft, Bd. 5, hg. von Theodor Hirsch, Max Töppen, Emil Strehlke, Leipzig 1874, S. 495.

23 Übernommen aus/odpisany z Schütz: Historia, fol. 106rv. In Wirklichkeit spielten sich die Ereignisse 1424 sowie 1442 und 1444 ab (Verhandlungen des rechtstädtischen Rats mit dem Hochmeister in der Angelegenheit des Wiederaufbaus des Krantors), vgl. Anm. 22. / W rzeczywistości wydarzenia te odnoszą się do 1424 oraz do 1442 i 1444 r. (rokowania rady Głównego Miasta Gdańska z wielkim mistrzem w sprawie odbudowy Żurawia); por. przyp. 22. Acten der Ständetage Preussens unter der Herrschaft des Deutschen Ordens, Bd. 2, hg. von Max Toeppen, Leipzig 1880, Nr. 342 (S. 525), Nr. 376; Gustav Köhler: Geschichte der Festungen Danzig und Weichselmünde bis zum Jahre 1814 in Verbindung mit der Kriegsgeschichte der freien Stadt Danzig, T. 1, Breslau 1893, S. 60; Detlef Krannhals: Das Krantor zu Danzig, Danzig 1941 (Danzig in Geschichte und Gegenwart, H. 3), S. 13ff.

24 Die folgenden Schilderungen basieren auf / opisy oparte na: Schütz: Historia, fol. 106v–108r.

25 Nach der Danziger Ordenschronik wurden die Leichname der Ratsleute der Rechtstadt durch den Komtur am achten Tag nach deren Ermordung ausgehändigt, d.h. am 13.4.1411. / Według gdańskiej kroniki Zakonu Krzyżackiego wydanie ciał zabitych członków rady Głównego Miasta Gdańska przez komtura nastąpiło ósmego dnia od dokonania zabójstwa, tj.dnia 13 IV 1411 r. Vgl./ por.: Die Danziger Chroniken, hg. von Theodor Hirsch, in: SRP, Bd. 4, S. 377.

26 Der Grabstein ist noch heute vorhanden und befindet sich an der ursprünglichen Stelle vor der St. Hedwigskapelle im südlichen Chorseitenschiff. / Płyta nagrobna do dzisiaj zachowała się w miejscu pierwotnym przed kaplicą św. Jadwigi w południowej części nawy przy chórze. Vgl./por. KZS Gdańsk, S. 118.

27 Michael Küchmeister wurde am 9.1.1414 in das Hochmeisteramt gewählt. / Michał Küchmeister został wybrany na urząd wielkiego mistrza w dniu 9 I 1414 r.

28 Übernommen aus / odpisany z Schütz: Historia, fol. 108v.

29 Die nachfolgende Darstellung orientiert sich an: / Niniejszy fragment oparty na relacji: Schütz: Historia, fol. 110r–111r. Die geschilderten Ereignisse fanden tatsächlich 1416 statt. / Opisywane wydarzenia miały miejsce w rzeczywistości w 1416 r.

30 Die Ereignisse fanden am 18.6.1416 statt. / Wspomniane wydarzenia miały miejsce 18 VI 1416 r. Vgl./ zob. SRP, Bd. 3, S. 361; Bd. 4, S. 379; Bd. 5, S. 629.

31 Die Zusammenkunft der Vertreter Danzigs mit den preußischen Ständen und dem Hochmeister fand am 25./26.7.1416 statt. / Zjazd przedstawicieli Gdańska ze stanami pruskimi i wielkim mistrzem krzyżackim miał miejsce w dniach 25–26 VII 1416 r. Siehe/zob.: Acten der Ständetage Preussens unter der Herrschaft des Deutschen Ordens, Bd. 1, Nr. 229 (Bericht der Danziger Gesandten von der Zusammenkunft in Mewe. / Relacja wysłanników gdańskich ze zjazdu w Gniewie).

32 Zu den Konsequenzen der Rebellion von 1416 für die Danziger siehe: / Konsekwencjach tumultu 1416 r. dla Gdańska zob.: Edmund Cieślak: Walki ustrojowe w Gdańsku i Toruniu oraz w niektórych miastach hanzeatyckich w XV w., Gdańsk 1960, S. 254–260.

33 Der Streit zwischen der Rechtstadt Danzig und dem Dominikanerkloster fand in den Jahren 1421/22 statt und endete mit einer Entscheidung der römischen Kurie über das Bet-

telverbot in den Häusern (1430 bestätigt). / Spór pomiędzy władzami Głównego Miasta Gdańska a klasztorem dominikanów miał miejsce w latach 1421–1422 i zakończył się decyzją kurii rzymskiej o zakazie zbierania jałmużny w domach potwierdzoną w 1430 r. Siehe/zob. APGd., 300, D/46, 12 i 13; Werner Roth: Die Dominikaner und Franziskaner im Deutsch-Ordensland Preußen bis zum Jahre 1466, Königsberg 1918, S. 54–57.

[34] Übernommen aus / odpisane za: Schütz: Historia, fol. 113r.

[35] Der originale Ablassbrief mit der Signatur „78, 25, 1069" befand sich bis 1945 im Staatsarchiv Danzig. Der Inhalt ist wiedergegeben bei Gruber, Keyser: Marienkirche, S. 75. / Oryginalny dokument odpustowy o sygnaturze „78, 25, 1069" znajdował się do 1945 r. w Archiwum Państwowym w Gdańsku. Jego treść podają Gruber, Keyser: Die Marienkirche, S. 75.

[36] Diese Quelle wurde von Hirsch: Ober-Pfarrkirche, S. 54 nach Bötticher zitiert. Gruber, Keyser: Marienkirche, S. 76, Anm. 111, geben als Signatur 78, 25, 433, S. 14 an, aber auch mit Hinweis auf Bötticher. Der gesamte Bestand der mittelalterlichen Kirchenrechnungsbücher ist seit 1945 verschollen (Auflistung der bis dahin erhaltenen Jahrgänge bei Gruber, Keyser: Marienkirche, S. 34). / Źródło cytowane za Bötticherem przez Hirsch: Ober-Pfarrkirche, s. 54; Gruber, Keyser: Marienkirche, s. 76, przyp. 111. Autorzy podają sygnaturę 78, 25, 433, s. 14, oraz odniesienie do Böttichera. Cały zespół średniowiecznych i większość wczesnonowożytnych ksiąg rachunkowych zaginęła w 1945 r. (zestawienie zachowanych do tego czasu roczników podają Gruber, Keyser: Marienkirche, s. 34.)

[37] Dieses Zitat aus dem Rechnungsbuch ist nur von Bötticher überliefert. / Fragment księgi rachunkowej znany jedynie dzięki Bötticherowi.

[38] Vgl./por. Gruber, Keyser: Marienkirche, S. 44 und Anm. 115 (Signatur 78, 25, 433, S.18).

[39] Übernommen aus/odpisany z Schütz: Historia, fol. 161v.

[40] Hirsch: Ober-Pfarrkirche, S. 52f, erwähnt ein Exemplar als „Buch der Stiftungen" im Bestand der Stadtbibliothek unter der Signatur Gedan. Fol. 19. Das Original aus dem Archiv der Marienkirche ist seit 1945 verschwunden, eine weitgehend vollständige Abschrift von Georg Schroeder ist noch vorhanden: BGPAN Ms. 487 (vgl. Günther: Katalog 1, Nr. 487). / Hirsch: Ober-Pfarrkirche, s. 52n, podaje, że egzemplarz *Księgi Fundacji* znajdował się w Archiwum Miejskim pod sygn. Gedan. Fol. 19. Oryginał z archiwum kościoła Mariackiego zaginął w 1945 r.; zachował się stosunkowo pełny odpis Georga Schroedera, BG PAN Ms. 487 (zob. Günther: Katalog 1, nr. 487).

[41] Das Original war in niederdeutscher Sprache verfasst, Bötticher übersetzte das Zitat ins Hochdeutsche (BGPAN, Ms. 487, Bl. 2r.). / Oryginał był spisany w języku dolnoniemieckim. Bötticher dokonał przekładu na wysokoniemiecki (BGPAN, Ms. 487, Bl. 2r.).

[42] Eberhard Bötticher verwendete zur Prüfung der Informationen aus dem Rechnungsbuch der Kirchenväter (1451 angelegt) ein Verzeichnis, das im 18. Jh. als „Kühr-Büchlein" bezeichnet wurde (APGd., 300, R/G, 1). Dieses wurde zuletzt im 16. Jh. von Caspar Schütz redigiert und um die Jahre 1342–1417, 1453, 1521–1527 und 1542–1547 ergänzt. / Eberhard Bötticher – dla sprawdzenia informacji księgi rachunkowej prowizorów kościoła NMP (założonej w 1451 r.) – wykorzystał tu księgę kiery zatytułowaną w XVIII w. jako „Kühr-Büchlein", zob. APGd., 300, R/G, 1. Ostatecznie zredagował ją w XVI w. Caspar Schütz, uzupełniając o lata 1342–1417, 1453, 1521–1527 i 1542–1547. Siehe/zob.: Janusz Tandecki: Średniowieczne księgi wielkich miast pruskich jako źródła historyczne i zabytki kultury mieszczańskiej (organizacja władz, zachowane archiwalia, działalność kancelarii), Warszawa-Toruń 1990, S. 139.

[43] Die Funktionen, die Bötticher den beiden Personen zuschreibt, beziehen sich tatsächlich auf die Zeit nach 1451. Dies zeugt von einem ungenauen Lesen des „Kühr-Büchleins" durch Bötticher. / Funkcje, które w odniesieniu do tych dwóch postaci podaje Bötticher, dotyczą w rzeczywistości okresu po 1451 r. Świadczy to o niezbyt dokładnym odczytaniu przez niego księgi kiery („Kühr-Büchlein"). Vgl./por. APGd., 300, R/G, 1, Bl./k. 98v.

[44] Die Unterlagen der Danziger Altstadt, die 1457 der Rechtstadt überantwortet wurden, haben sich teilweise im APGd. unter der Signatur 300,82 erhalten. Es handelt sich

größtenteils um Akten des 17. und 18. Jh. / Dokumentacja Starego Miasta, które w 1457 r. zostało podporządkowane władzom Głównego Miasta zachowała się częściowo w APGd, w zespole o sygnaturze 300,82. W większości są to dokumenty z XVII–XVIII w. Siehe/ zob.: Archiwum Państwowe w Gdańsku. Przewodnik po zasobie do 1945 roku, oprac. Czesław Biernat, Warszawa-Łódź 1992, S. 255–256.

45 Es ist hier die Rede vom Danziger Komtur Heinrich von Plauen, der 1411 drei Vertreter des Danziger Stadtrats ermorden ließ. / Mowa tu o komturze gdańskim Henryku von Plauen, który w 1411 r. zlecił mord trzech przedstawicieli zbuntowanego Gdańska.
46 Siehe/zob.: Gruber, Keyser: Marienkirche, S. 44, 76, Anm./przyp. 127, 130.
47 Die noch erhaltene Urkunde (APGd., 300, D/43, 66) wurde von Bötticher ins Deutsche übersetzt. Druck der Quelle bei Simson: Geschichte Danzig 4, Nr. 140.Vgl. auch Bresler (wie Anm. 1), Sp. 109f, und Hirsch: Ober-Pfarrkirche, S. 128. / Dokument został przetłumaczony przez Böttichera na język niemiecki. Przechowywany jest w APGd., 300, D/43, 66. Źródło opublikowane przez Simson: Geschichte Danzig 4, nr. 140. Zob. również Bresler (jak przyp. 1), szp. 109–110, oraz Hirsch: Ober-Pfarrkirche, s. 128.
48 Vgl./por. Hirsch: Ober-Pfarrkirche, S. 92–94, Hirsch zitiert nach Bötticher. / Hirsch cytuje za Bötticherem.
49 BGPAN, Ms. 487, Bl./k. 2r. Der Originaleintrag ist in niederdeutscher Sprache geschrieben. / Wpis oryginalny był dokonany w języku dolnoniemieckim.
50 Zdrenka gibt als Todesdatum von Herman Stargard den 4.10.1461 an. / Zdrenka jako datę śmierci Hermana Stargarda podaje dzień 4 X 1461 r. Siehe/zob. Zdrenka: Urzędnicy, S. 329.
51 Übernommen aus/odpisany z Schütz: Historia, fol. 313r.
52 Vgl./por. Gruber, Keyser: Marienkirche, S. 47 (alte Signatur im Staatsarchiv Danzig: 78, 25, 454, S. 220). Der Vertrag erstmals publiziert bei Bresler (wie Anm. 1), Sp. 99f. / Por. Gruber, Keyser: Marienkirche, s. 47 (stara sygnatura Archiwum Miejskiego w Gdańsku: 78, 25, 454, s. 220); po raz pierwszy umowę opublikował Bresler (jak przyp. 1), szp. 99 i n.
53 Der Text des zweiten Thorner Friedens ist publiziert in: / Tekst drugiego pokoju toruńskiego opublikowano w: Związek Pruski i poddanie się Prus Polsce, red. Karol Górski, Poznań 1949, S. 83–114 (polnische Übersetzung / tłumaczenie polskie S. 204–232); Die Staatsverträge des Deutschen Ordens in Preußen im 15. Jahrhundert, hg. von Erich Weise, Bd. 2, Marburg 1955, Nr. 403.
54 Ludwig von Erlichshausen starb am 4.4.1467. / Ludwik von Erlichshausen zmarł 4 IV 1467 r.
55 Nach/według Schütz: Historia, fol. 335r.
56 Ebd./tamże, fol. 338r. Das richtige Jahr ist 1470. / Poprawna data to rok 1470.
57 Erstmals publiziert bei Bresler (wie Anm. 1), Sp. 100. / Po raz pierwszy opublikowany przez Breslera (jak przyp. 1), szp. 100.
58 Nach/według Schütz: Historia, fol. 360v.
59 Zum Todesdatum von Philipp Bischoff siehe: / W sprawie daty śmierci Filipa Bischoffa zob.: Joachim Zdrenka: Bischof Filip, in: SBPN, Bd./t. 1, S. 114 sowie / tenże: Zdrenka: Urzędnicy, S. 35.
60 Vgl. Gruber, Keyser: Marienkirche, S. 49 (alte Signatur im Staatsarchiv Danzig: 78, 25, n. 1051). / Por. Gruber, Keyser: Marienkirche, s. 49 (stare sygnatury Archiwum Państwowego w Gdańsku: 78, 25, n. 1051).
61 Dieser Eintrag lässt sich in den erhaltenen Grundbüchern der Altstadt (APGd, 300, 32/23–24) nicht finden. Die Vikarie wird ohne Quellenangabe (vermutlich nach Bötticher) erwähnt bei: Keyser: Baugeschichte, S. 245. / Wpisu w zachowanych księgach gruntowych Starego Miasta APGd, 300, 32/23–24 nie udało się odnaleźć. Wikarię odnotowuje bez podania źródła (zapewne za Bötticherem) Keyser: Baugeschichte, s. 245.
62 In der Pfaffengasse befand sich im 15. Jh. ein den Beginen gehörendes Haus, was durch einen Grundbucheintrag bestätigt ist (APGd., 300, 32/5, S. 28v). / Informacje te

potwierdzają istnienie w XV w. na ul. Kleszej domu należącego do wspólnoty beginek, o czym świadczy też zachowany wpis w księdze gruntowej Głównego Miasta Gdańska; APGd., 300, 32/5, s. 28v.

63 Vgl./por. 300, R/G, 1, S. 133.

64 Übernommen aus/odpisany z Schütz: Historia, fol. 380v, 381r. Bötticher irrt sich hier im Datum, denn der Tod des Hochmeisters war im Jahr 1489, wie bei Schütz auch richtig angegeben ist. / Bötticher myli datę, albowiem śmierć Wielkiego Mistrza nastąpiła w 1489; Schütz podał ją prawidłowo.

65 Nach/według Schütz: Historia, fol. 398r.

66 Vgl./por. Gruber, Keyser: Marienkirche, S. 48, Anm. 211 (alte Signatur im Danziger Staatsarchiv 78, 25, 18). / Por. Gruber, Keyser: Marienkirche, s. 48, przyp. 211 (stara sygnatura Archiwum Państwowego w Gdańsku: 78, 25, 18).

67 Ebd./tamże, S. 50, Anm. 263. Keyser zitiert nach Bötticher, möglicherweise war dieser Vertrag damals schon nicht mehr erhalten. / Keyser cytuje za Bötticherem. Niewykluczone, że już wtedy pierwotny tekst umowy nie był zachowany.

68 Ebd./tamże, S. 50 (alte Signatur im Danziger Staatsarchiv 300, 43, 2b, S. 228). Zitat erstmals publiziert bei Bresler (wie Anm. 1), Sp. 99. / Tamże, s. 50 (stara sygnatura Archiwum Państwowego w Gdańsku: 300, 43, 2b, s. 228); fragment po raz pierwszy cytowany przez Breslera (jak przyp. 1), szp. 99.

69 Nach/według Schütz: Historia, fol. 399v.

70 Diese Grabstelle Nr. 17 wurde von Eberhard Bötticher erworben, der dort auch mit seiner Familie beigesetzt ist. / Parcela grobowa nr 17 została nabyta przez Eberharda Böttichera, który spoczął w niej obok członków swojej rodziny.

71 Nach/według Schütz: Historia, fol. 399v.

72 Eine Abschrift des Vertrags findet sich in: BGPAN, Ms. 487, Bl. 26v–27v. Der Originaltext ist in niederdeutscher Sprache verfasst. / Odpis umowy znajduje się w: BGPAN, Ms. 487, k. 26v–27v. Tekst oryginału został spisany w języku dolnoniemieckim.

73 Nach/według Schütz: Historia, fol. 400r.

74 Zu den nachfolgend aufgeführten Verträgen bezüglich der Gewölbe mit Meister Hetzel vgl. Gruber, Keyser: Marienkirche, S. 50, Anm. 471 (alte Signatur des Danziger Staatsarchivs 78, 25, 467 und 696). / Na temat kolejnych umów zawartych w związku z wykonaniem sklepienia przez Mistrza Hetzela zob. Gruber, Keyser: Marienkirche, s. 50, przyp. 471 (stara sygnatura Archiwum Państwowego w Gdańsku: 78, 25, 467 i 696).

75 Nach/według Schütz: Historia, fol. 400v.

76 Die alte Kirchenordnung ist nicht direkt überliefert, sie bildete jedoch die Grundlage für die unter Federführung von Eberhard Bötticher 1612 revidierte Kirchenordnung, in der sich auch der hier zitierte Absatz wiederfindet (vgl. Sehling: Kirchenordnung, S. 201). / Stara ordynacja kościelna, która nie zachowała się w przekazie pierwotnym, stanowiła podstawę dla noweli ordynacji zredagowanej przez Eberharda Böttichera w 1612. Znajduje się tam również cytowany tutaj akapit (por. vgl. Sehling: Kirchenordnung, s. 201).

77 Nach/według Schütz: Historia, fol. 403r.

78 Ebd./tamże.

79 Ebd./tamże, fol. 403rv.

80 Ebd./tamże, fol. 414r.

81 Ebd./tamże, fol. 415r.

82 Vgl./por. Gruber, Keyser: Marienkirche, S. 47.

83 Hirsch: Ober-Pfarrkirche, S. 442f, zitiert diesen Vertrag nach Bötticher. Keyser gibt keinen Quellenhinweis aus dem Archivbestand (Gruber, Keyser: Marienkirche, S. 50), so dass dieser Vertrag offenbar nur durch Bötticher überliefert ist. / Hirsch: Ober-Pfarrkirche, s. 442 i n., cytuje tekst umowy za Bötticherem. Keyser nie podaje żadnego odnośnika do zasobów archiwalnych (Gruber, Keyser: Marienkirche, s. 50), dlatego zapewne jedynym źródłem przekazu pozostaje praca Böttichera.

Historisches Kirchen Register   703

84 Eine Abschrift dieses Vertrages ist erhalten: BGPAN, Ms. 487, Bl. 32a–33b (vgl. Günther: Katalog 1, Nr. 487, 3). / Zachował się jeden z odpisów źródła: BGPAN, Ms. 487, 32r–33v (zob. Günther: Katalog 1, Nr. 487.
85 Eine Abschrift der Quelle hat sich erhalten: BGPAN, Ms. 487, Bl. 29r–30v (vgl. Günther: Katalog 1, Nr. 487, 2). Der originale Text ist in niederdeutscher Sprache geschrieben. / Zachował się jeden z odpisów źródła: BGPAN, Ms. 487, k. 29r–30v (zob. Günther: Katalog 1, Nr. 487. Tekst pierwotnie został spisany w języku dolnoniemieckim.
86 Dieser Leuchter hat sich nicht erhalten und ist auch nicht von Frisch: Sankt Marien Pfarrkirche erwähnt. Vermutlich wurde er noch vor dem Ende des 17. Jahrhunderts eingeschmolzen. / Świecznik nie zachował się; nie został odnotowany przez Frisch: Sankt Marien Pfarrkirche. Zapewne został przetopiony jeszcze przed końcem XVII w.
87 Die Leuchter sind heute noch am Hochaltar vorhanden und besitzen die von Bötticher zitierten Inschriften / Lichtarze obecnie znajdują się przy ołtarzu głównym i posiadają cytowana przez Böttichera inskrypcję.
88 Dieser Eintrag ist erstmals zitiert von Bresler (wie Anm. 1), Sp. 101. / Wpis po raz pierwszy zacytowany przez Breslera (jak przyp. 1), szp. 101.
89 Zitiert mit Bezug auf das HKR bei: / Cytowane odwołaniem do HKR przez: Frisch: Sankt Marien Pfarrkirche, S. 28–29
90 Ebd./tamże.
91 Vgl./por. Gruber, Keyser: Marienkirche, S. 50, Anm. 280 (alte Signatur im Staatsarchiv Danzig / stara sygnatura APGd.: 78, 25, 462, S. 28).
92 Nach/według Schütz: Historia, fol. 472rv.
93 Erstmals zitiert bei Bresler (wie Anm. 1), Sp. 101. / Po raz pierwszy cytowany przez Breslera (jak przyp. 1), szp. 101.
94 Nach/według Schütz: Historia, fol. 505r.
95 Ebd./tamże, fol. 505r–505v.
96 Chronik Wartzmann, redigiert von Caspar Bötticher, 1559 / Kronika Wartzmanna, redakcja Caspra Böttichera, 1559: APGd. 300, R/Ll, 10, Bl. 172r. Bötticher vermerkte diesen Umstand im *Memorial oder Gedenckbuch* (1577–1583), Bd. 1, Bl. 64r–64v. / Bötticher odnotował fakt w *Memorial oder Gedenckbuch* (1577–1583), k. 64r–64v.
97 Chronik Wartzmann/Kronika Wartzmanna, 1559: Bl./k. 173v: „Am tage Lamperti ward der Pfeiler bereit am den Predigtstuel in der Pfarrkirche zu Dantzig".
98 Ebd./tamże, Bl./k. 174v: „Am Tage allerheiligen, ward ein Silbern Bild gestohlen".
99 Das Original dieses Rechnungsauszug in niederdeutscher Sprache hat sich erhalten: BGPAN, XV.f.16, Bl. 250a (vgl. Günther: Katalog 2, Nr. 486, 9. / Oryginał wyciągu rachunkowego w języku dolnoniemieckim zachował się w BGPAN, XV.f.16, k. 250r (zob. Günther: Katalog 2, nr. 486, 9).
100 Eine Abschrift der in niederdeutschen Sprache verfassten Abrechnung wurde 1875 durch August Bertling angefertigt und hat sich im Danziger Staatsarchiv erhalten (APGd. 300, R/Pp, 94, S. 31–34). Die Autoren der Edition werden diese Quelle in einer gesonderten Publikation bearbeiten. / Wykonana w 1875 r. przez Augusta Bertlinga w kopia spisanego w dolnoniemieckim zestawienia rachunkowego zachowała się w Archiwum Państwowym w Gdańsku (sygn. APGd. 300, R/Pp, 94, s. 31–34). Autorzy edycji opracują to ważne źródło w osobnej publikacji.
101 Bei der auf den nächsten etwa einhundert Seiten im HKR folgenden ausführlichen Darstellung des Krieges zwischen der Stadt Danzig und König Báthory sowie dessen Vorgeschichte (1576/77) orientiert sich Bötticher im Wesentlichen, wenn auch zum Teil stark gekürzt, an Buch 12 (fol. 518r–549r) von Schütz: Historia. Verfasser dieser Darstellung war Georg Knoff d.Ä. (*Item eigentliche und außführliche Beschreibung des Krieges / so der großmechtige Fürst Stephanus der Erste / König in Polen / Anno 1577. wider die Stadt Dantzig geführet*). / Następne około 100 stron HKR zawierające wyczerpujące przedstawienie wojny pomiędzy Gdańskiem i królem Stefanem Batorym wraz z wyjaśnieniem podłoża konfliktu (1576–1577), została przez Böttichera opracowana w dużym stopniu, choć ze

skrótami, w oparciu o relację z 12 księgi (k. 518r–549r) dołączonej do drugiego wydania dzieła Schütz: Historia. Autorem tej relacji był Georg Knoff starszy (*Item eigentliche und außführliche Beschreibung des Krieges / so der großmechtige Fürst Stephanus der Erste / König in Polen / Anno 1577. wider die Stadt Dantzig geführet.*

[102] Ebd./tamże, fol. 518r.
[103] Ebd./tamże, fol. 518v.
[104] Ebd./tamże, fol. 519v.
[105] Gründliche Erklerung, Bl./k. B1r.
[106] Ebd./tamże, Bl./k. D3v-E3r.
[107] Ebd./tamże, Bl./k. E2r-E4v.
[108] Ebd./tamże, Bl./k. E4v-F3r.
[109] Ebd./tamże, Bl./k. F4r-G2r. Die Instruktion ist datiert auf den 14.8.1576. / Instrukcja datowana na 14.8.1576 r.
[110] Ebd./tamże, Bl./k. H1r-H1v. Schreiben vom 25.8.1576. / Pismo z 25.8.1576 r.
[111] Ebd./tamże, Bl./k. H4v-K4v. Das königliche Schreiben datiert auf den 4.9.1576, die Antwort der Stadt auf den 12.9.1576. / Królewskie pismo datowane na 4.9.1576 r., odpowiedź miasta na 12.9. 1576 r.
[112] Ebd./tamże, Bl./k. M2r-N2v.
[113] Ebd./tamże, Bl./k. O1r-O3r.
[114] Ebd./tamże, Bl./k. O4v. „Des Trommeters Zeddel", datiert vor dem 27.9.1576. / Pismo sprzed 27.9.1576 r.
[115] Ebd./tamże, Bl./k. P2r-P2v.
[116] Die folgende Schilderung nach Schütz / Następujący fragment wg: Historia, fol. 520r.
[117] Gründliche Erklerung, Bl./k. P3r-Q1v. Das Schreiben datiert auf den 29.9.1576, Bötticher gibt irrtümlich den 19.9.1576 an.
[118] Ebd./tamże, Bl./k. Q1v-Q2r.
[119] Ebd./tamże, Bl./k. Q2r-R1r.
[120] Ebd./tamże, Bl./k. R2v-V1v.
[121] Ebd./tamże, Bl./k. X1r-Y2r.
[122] Ebd./tamże, Bl./k. Aa4v-C[c]4v.
[123] Der folgende Abschnitt nach: / Następujący fragment wg: Schütz: Historia, fol. 521r.
[124] Gründliche Erklerung, Bl./k. Dd1r-Ee3r.
[125] Ebd./tamże, Bl./k. Ee3v-Ff2r.
[126] Ebd./tamże, Bl./k. Ff2r-Ff2v. Dazu noch ein königlicher Brief vom 8.1.1576 / Do tego również królewski list z 8.1.1577 r. (ebd./tamże, Ff2v-Ff3r).
[127] Ebd./tamże, Bl./k. Hh3r-Nn1r.
[128] Ebd./tamże, Bl./k. Nn1r-Nn4r.
[129] Ebd./tamże, Bl./k. Oo2v. Das ganze königliche Schreiben vom 25.1.1577: / Całość królewskiego pisma z 25.1.1577 r.: Bl./k. Oo2r-Pp1r.
[130] Ebd./tamże, Bl./k. Pp2v-Rr2r.
[131] Der folgende Abschnitt nach Schütz: / Następujący fragment wg: Schütz: Historia, fol. 522r–522v.
[132] Gründliche Erklerung, Bl./k. Tt3v-Tt4v. Königliches Schreiben vom 11.2.1577 / Królewski list z 11.2.1577.
[133] Der folgende Abschnitt nach: / Następujący fragment wg: Schütz: Historia, fol. 522v–523r.
[134] Ebd./tamże, fol. 523v.
[135] Ebd./tamże, fol. 524r.
[136] Ebd./tamże, fol. 524v.
[137] Ebd./tamże, fol. 525r.
[138] Ebd./tamże, fol. 525v–527r.
[139] Bötticher geht es vermutlich um ein dem königlichen Großkanzler Piotr Dunin Wolski gewidmetes Schreiben. Der Autor war Leonard Gorecki: / Bötticher chodzi zapewne o pismo zadedykowane Piotrowi Duninowi Wolskiemu, kanclerzowi wielkiemu koronnemu.

Jego autorem był Leonard Gorecki: *Oratio Leonhardi Gorecki, equitis Poloni, qua Gedanenses admonentur, ut ab hoc bello nefario abstineant seseq: Stephano Regi ultro dedant... in Mario Anno Domini 1577*, Posnaniae 1577. Siehe Antidanziger Schreiben / zob. pisma antygdańskie: Historia Gdańska, 5, Nr. 2161, 2162, 2218, 2286.

[140] Ebd./tamże, fol. 527r–528v.
[141] Gründliche Erklerung: Anhang der Declaration, Bl./k. G3v-G4v.
[142] Ebd./tamże, Bl./k. G4v-H2r.
[143] Der folgende Abschnitt nach: / Następujący fragment wg: Schütz: Historia, fol. 528v–530r.
[144] Ebd./tamże, fol. 530r–532r
[145] Gründliche Erklerung, Bl./k. I2v-K3v.
[146] Ebd./tamże, Bl./k. L2v-N3r.
[147] Ebd./tamże, Bl./k. N3r-N3v.
[148] Ebd./tamże, Bl./k. N3v-O2v.
[149] Ebd./tamże, Bl./k. O3r-O4r. Schreiben des Rats vom 27.6.1577, Antwort des Königs vom 28.6.1577. / Pismo rady z 27. 6. 1577, odpowiedź króla z 28.6. 1577 r.
[150] Ebd./tamże, Bl./k. O4v-P3r: Instruktion an die städtischen Gesandten vom 28.6.1577. / Instrukcja dla posła miejskiego z 28. 6. 1577 r.
[151] Der gesamte folgende Abschnitt des HKR bis S. <266> ist weitgehend vollständig übernommen nach Schütz: Historia, fol. 532r–543r. / Cały niniejszy fragment HKR do s. <266>, został w większości przejęty za Schütz: Historia, k. 532r–543r.
[152] Gründliche Erklerung, Bl./k. P3v.
[153] Ebd./tamże, Bl./k. P4r-Q3r.
[154] Ebd./tamże, Bl./k. Q3r-Q4v.
[155] Vgl./por. Schütz: Historia, fol. 547v.
[156] Müller: *Zweite Reformation*, S. 85, Anm./przyp. 200–222.
[157] Der Kalender wurde nach seiner Verkündigung (15. Oktober) außerhalb Italiens unmittelbar zunächst nur in Spanien, Portugal und Polen eingeführt. / Kalendarz poza Włochami został wprowadzony natychmiast po ogłoszeniu (15 października) jedynie w Hiszpanii, Portugalii, i w Polsce.
[158] Die Aufstellung der Baukosten für die Orgel in der Marienkirche in den Jahren 1583–1586 (Abschrift der Originalrechnung) / Zestawienie kosztów budowy organów w kościele NMP w latach 1583–1586 r. (odpis oryginalnego rachunku): *Laus Deo. Anno 1583 denn ersten Januarij in Dantzig. Ist das grosse werk in unszer lieben Frawenn-Kirche angefangen worden zu brechen und widerumb New tzu bawen. Darauf unnkostenn ergangenn nach laut unnd Innhalt dieses Buches wie volgett*, BGPAN, Ms 489 Bl./k. 2r–237r. Auschnitte die Malerarbeiten betreffend (Bl. 5v–7r, 33r, 51r, 96r, 130v, 146v, 154v, 176r-v, 177r-v, 178r-v, 179r-v, 181r-v, 184v, 186r-v) wurden publiziert von: / Fragmenty dotyczące prac malarskich (k. 5v–7r, 33r, 51r, 96r, 130v, 146v, 154v, 176r-v, 177r-v, 178r-v, 179r-v, 181r-v, 184v, 186r-v) publ.: Janusz Pałubicki: Malarze gdańscy. Malarze, szklarze, rysownicy i rytownicy w okresie nowożytnym w gdańskich materiałach archiwalnych, T. 1: Środowisko artystyczne w gdańskich materiałach archiwalnych, Gdańsk 2009, S. 141–149; allgemein/ogólnie Drost: Marienkirche, S.154–155.
[159] Eine größere Gruppe von Immigranten aus den Niederlanden, vor allem Mennoniten, siedelte sich bei Danzig im Werder und im unteren Weichselgebiet an. Eine genauere Verzeichnung der Holländer und anderer Fremder auf dem Danziger Territorium erfolgte erst in der ersten Hälfte des 17. Jh. / Większe grupy imigrantów z Niderlandów, przede wszystkim mennonitów osiadła pod Gdańskiem, na Żuławach oraz dolinie Dolnej Wisły. Dokładniejsze spisy Holendrów i innych obcych posiadających domy na terenie Gdańska pochodzą dopiero z pierwszej dekady XVII w. Siehe/zob. Maria Bogucka: Obcy kupcy osiedli w Gdańsku w pierwszej połowie XVII w., Zapiski Historyczne 37 (1972) 2, S. 60–81; Hirsch: Ober-Pfarrkirche 2, S. 188–198.
[160] Bötticher beschreibt die Predigt in seinem Tagebuch / Bötticher opisuje kazanie w swoim pamiętniku: Bötchers: Chronica (1584–1595), Bl./k. 181v–182v.

[161] APGd. 300, R/Pp, 18, S. 139–140. Als Quellengrundlage wurden vor allem die Autographen Bötticher verwendet. Nützlich waren außerdem die geordneten späteren Kopien der *Historischen Declaration* und *Historische Kirchen Declaration (Relaciones) oder Erklärung*, entstanden an der Wende des 17. und am Beginn des 18. Jh.: / wskazując podstawę źródłową korzystam przede wszystkim z autografów Böttichera. Pożyteczne są również uporządkowane późniejsze kopie: *Historische Declaration i Historische Kirchen Declaration (Relaciones) oder Erklärung* powstałe u schyłku XVII i pocz. XVIII w.: APGd. 300, R/Pp, 30; siehe Verzeichnis der Arbeiten Böttichers/zob. spis prac Böttichera III. A. und III. D. 5.

[162] Siehe Quellenanhang zum Beitrag von Christofer Herrmann: Die Kirchenväter der Danziger Marienkirche (Anlage 2). / Zob. odpis źródła Christofer Herrmann: *Witrycy kościoła Mariackiego w Gdańsku* (załącznik 2).

[163] Siehe Darstellung in / Zob. opis w: Bötticher: Chronica (1584–1595), Bl./k. 183v–187r.

[164] Hirsch: Ober-Pfarrkirche 2, S. 204–205; Müller: Zweite Reformation, S. 86.

[165] APGd. 300, R/Pp, 18, S. 141–143; Hartknoch: Kirchen-Historia, S. 732.

[166] Hartknoch: Kirchen-Historia, S. 732–733.

[167] APGd. 300, R/Pp, 18, S. 27–28, 142–144.

[168] Siehe/Zob. Bötticher: Chronica (1584–1595), Bl./k. 185v–191r.

[169] Der Druck ist nicht in DV16 verzeichnet, er wurde erst einige Jahre später publiziert als: / Druku nie odnotowuje DV16; opublikowane dopiero kilkanaście lat później jako: *Formula Concordiae oder Notel der Kirchen zu Dantzigk*, [Danzig] 1652; Exemplar/egzemplarz BGPAN, Ms 3828/29, Nr. 16.

[170] Abschrift Böttichers: / Odpis Böttichera: APGd. 300, R/Pp, 18, S. 146.

[171] Besprechung des Dekrets bei / Omówienie dekretu: Bötticher: Chronica (1584–1595), Bl./k. 187v–191r; Abschrift Böttichers / odpis Böttichera: APGd. 300, R/Pp, 18, S. 146; Hartknoch: Kirchen-Historia, S. 737; siehe/zob. Müller: Zweite Reformation, S. 88.

[172] Nach / wg Bötticher: Chronica (1584–1595), Bl./k. 191v.

[173] Bötticher bezieht sich auf das polnische Sprichwort: „Bogu służ, a diabła nie gniewaj"; dies ist dessen frühester überlieferter Nachweis. / Bötticher przytoczył tłumaczenie przysłowia „Bogu służ, a diabła nie gniewaj"; jest to najwcześniejsze z zanotowanych form jego użycia. Siehe / zob.: Nowa księga przysłów i wyrażeń przysłowiowych polskich, T. 1, Warszawa 1969, Nr. 32, S. 146 (Der erste dort belegte Nachweis stammt von 1618. / Pierwszy przykład podaje dopiero z 1618 r.).

[174] Jes. 65,25.

[175] Apg 23,3.

[176] 2 Ko 6,14.

[177] Der König starb am 12. Dezember. / Król zmarł 12 grudnia.

[178] Nach einer früheren eigenen Notiz. / Wg wcześniejszej notatki własnej: Bötticher: Chronica (1584–1595), Bl./k. 193r–193v.

[179] Der unerwartete Tod Báthorys beförderte Gerüchte um eine Vergiftung. / Niespodziewana śmierć Batorego skutkowała plotkami o otruciu.

[180] Nach/wg Bötticher: Chronica (1584–1595), Bl./k. 208v–210v. Bötticher verwendet hier erstmals eine Zwischenüberschrift („Wie es nun weiter zu Dantzig mit den Religions sachen verlauffen") und trennte somit die Notizen zum Konfessionskonflikt von den übrigen Darstellungen im Tagebuch. / Intersujące, że po raz pierwszy specjalnym nagłówkiem („Wie es nun weiter zu Dantzig mit den Religions sachen verlauffen") wydzielił on notatki na temat konfliktu wyznaniowego od reszty zagadnień pamiętnika.

[181] Alle Vertreter der Dritten Ordnung / Wszycy przedstawiciele Trzeciego Ordynku, zob. stanowisko pospólstwa: APGd. 300, 10/ 17, Bl./k. 49r–49v.

[182] APGd. 300, R/Pp, 18, S. 35–42; Hartknoch: Kirchen-Historia, S. 739; Hirsch: Ober-Pfarrkirche 2, S. 215.

[183] Müller: Zweite Reformation, S. 88; APGd. 300, R/Pp, 18, S. 163.

[184] Hartknoch: Kirchen-Historia , S. 740; Müller: Zweite Reformation, S. 89.

185 Der in Klammern gesetzte Eintrag findet sich als Randbemerkung bei: / Zapis (tu: w nawiasach) stanowił dopisek na marginesie: Bötticher: Chronica (1584–1595), Bl./k. 209v.
186 Auf die Rezesse aus dem APGd. bezieht sich / Do recesów ordynków z APGd. odwołuje się Müller: Zweite Reformation, S. 89, Anm./przyp. 241.
187 APGd. 300, R/Pp, 18, S. 200–213.
188 APGd. 300, R/Pp, 18, S. 197.
189 Abschrift nicht aufindbar. / Odpisu nie udało się odnaleźć.
190 Abschrift/odpis: *Folget nun die Lange Schrift so die Calvinistischen Prediger einem E. Raht ubergeben haben. Anno 1587, den 9 Marty* (Titel gestrichen / tytuł przekreślony), APGd., 300, R/Pp, 18, S. 217–255.
191 APGd. 300, R/Pp, 18, S. 255–256.
192 Hartknoch: Kirchen-Historia, S. 742.
193 Abschriften Böttichers / Odpisy Böttichera: APGd. 300, R/Pp, 17, S. 191–195; 300, R/Pp, 18, S. 256–262; weitere angegeben bei / inne podaje Müller: Zweite Reformation, S. 90, Anm./przyp. 243.
194 Joh. 16,10.
195 Nach/wg. Bötticher: Chronica (1584–1595), Bl./k. 212v–213r.
196 Siehe/zob. Bötticher: Chronica (1584–1595), Bl./k. 216r–220r.
197 Hirsch: Ober-Pfarrkirche 2, S. 222–223, sowie Quellenanm. 1 / oraz źródłowy przyp. 1.
198 Hartknoch: Kirchen-Historia, S. 746–747.
199 Zu diesem Reichstag siehe: / Na temat sejmu zob.: Dyjaryjusze sejmowe r. 1587. Sejmy. Konwokacyjny i elekcyjny, wyd. August Sokołowski, Scriptores Rerum Polonicarum, t. 11, Kraków 1887. Eine umfangreiche Beschreibung der Königswahl sowie der damit verbundenen politischen Wirren bei / Obszerny opis wyboru króla oraz związanych z tym zawirowań politycznych: Bötticher: Chronica (1584–1595), Bl./k. 220r–223r.
200 Nach/wg Bötticher: Chronica (1584–1595), Bl./k. 223r–223v.
201 Der Bericht in Bötticher: Chronica (1584–1595) wurde verwendet bei: / Z relacji zamieszczonej w: Bötticher: Chronica (1584–1595), skorzystała: Irena Fabiani-Madeyska, „Palatium regium" w Gdańsku, in: Rocznik Gdański 15/16 (1956/1957), S. 155, Anm./przyp. 86–87.
202 Mt. 13, 24.
203 Siehe/zob. Bötticher: Chronica (1584–1595), Bl./k. 226r–227r. (*Folget weiter Bericht vom zwistigen ReligionsHandell zue Dantzig*).
204 Paul Simson: Geschichte der Danziger Willkür, Danzig 1904, (Quellen und Darstellungen zur GeschichteWestpreußens Nr. 3), S. 110–115.
205 Abschrift nicht auffindbar. / Odpisu nie udało sie odnaleźć.
206 Die ist eine nur leicht veränderte Variante eines Eintrags in: Bötticher: Chronica (1584–1595), Bl. 227v. / Jest to nieco tylko zmieniona forma wcześniejszej zapiski z Bötticher: Chronica (1584–1595), k. 227v. Hartknoch: Kirchen-Historia, S. 750–751: „Es funden sich auch leichtsinnige Leute, so in der Stadt ausgesprenget, der Teuffel hätte den D. Praetorium leibhaftig geholet, und man würde nichts von ihm, sondern ein Stück Holtz begraben. Umb derselben ursachen wegen ward der Sarg bey dem Grabe geöffnet, und hat eine geraume Zeit offen gestanden"; Hirsch: Ober-Pfarrkirche 2, S. 225–226, Anm./przyp. 2.
207 Vgl./por. Bötticher: Chronica (1584–1595), Bl./k. 228v–229r.
208 Mehr zum Thema der Pasquillen bei: / Szerzej na ten temat paszkwili: Bötticher: Chronica (1584–1595), Bl./k. 240r–231v. Beispiele solcher Schriften bei / Przykłady takich pism zob.: Hirsch: Ober-Pfarrkirche 2, S. 216–217, Anm./przyp. 1.
209 2 Mose, 20, 1–18.
210 Die Haltung Böttichers gegenüber den calvinistischen Praktiken wird besprochen bei: / Stanowisko Böttichera wobec praktyk kalwińskich zostało omówione przez: Hirsch: Ober-Pfarrkirche 2, S. 247–248, Anm./przyp. 1.
211 Eine ausführliche Beschreibung der Vorfälle bei: / Zob. obszerniejszy opis wypadków: Bötticher: Chronica (1584–1595), Bl./k. 255v–256r, 208r–209v. Dies war die erste bewusste

Initiative der Danziger Calvinisten mit dem Ziel einer radikalen Veränderung der kirchlichen Verhältnisse. Katarzyna Cieślak behandelte die Nachrichten zum Thema der Veränderungen in der St. Peter-Kirche als unbestätigte Informationen und sieht erst in der neuen Ausstattung der Hl. Leichnams-Kirche die als erste durch Quellen bestätigte Veränderung einer Danziger Kirche im Sinne einer calvinistischen Ästhetik. / To była pierwsza świadoma inicjatywa gdańskich kalwinów mająca na celu radykalną zmianę wystroju kościelnego. Katarzyna Cieślak potraktowała informacje na temat zmian w kościele św. Piotra jako niepotwierdzone i przyjęła, że dopiero nowy wystrój w kościele Bożego Ciała stanowi pierwszy źródłowo potwierdzony przejaw kalwińskiej myśli estetycznej w Gdańsku. Siehe/zob.: Katarzyna Cieślak: Między Rzymem, Wittenberga a Genewą. Sztuka Gdańska jako miasta podzielonego wyznaniowo, Wrocław 2000, S. 149–150, 153.

[212] Nach/wg Bötticher: Chronica (1584–1595), Bl./k. 260r.

[213] Verlorener Druck. / Druk zaginiony.

[214] Erstmals beschrieben in: / Pierwotnie opisane w: Bötticher: Chronica (1584–1595), Bl./k. 276v–277r.

[215] APGd. 300, R/Pp, 18, S. 342–343.

[216] APGd. 300, R/Pp, 18, S. 343.

[217] APGd. 300, R/Pp, 18, S. 343–344.

[218] APGd. 300, R/Pp, 18, S. 353–354.

[219] APGd. 300, R/Pp, 18, S. 344, 353–356.

[220] Simson: Geschichte Danzig 2, S. 408–410. Während der Unruhen starben 7 Personen und viele wurden verletzt. / W awanturze zginęło 7 osób i wiele odniosło rany: *Pieśń o tumulcie gdańskim 2 Septembris Anno Domini 1593*, in/w: *Wiersze polityczne i przepowiednie, satyry i paszkwile z XVI w.*, Hg./wyd. Teodor Wierzbowski, Warszawa 1907, S. 83–84. Um ihre Reputation zu verbessern, zahlte die Stadt 70.000 Gulden Entschädigung und übergab dem König außerdem Reliquien aus der Marienkirche. / Celem zatarcia złego wrażenia miasto wpłaciło 70.000 zł. odszkodowania. Wydano również królowi relikwie z kościoła NMP. Siehe/zob.: Sławomir Kościelak: Katolicy w protestanckim Gdańsku od drugiej połowy XVI do końca XVIII wieku, Gdańsk 2012, S. 110.

[221] Die königliche Quittung befand sich nach Simson im ehemaligen Archiv der Marienkirche. / Pokwitowanie królewskie wg Simsona znajdowało się w dawnym archiwum kościoła NMP: Simson: Geschichte Danzig 2, S. 411, Anm./przyp. 1.

[222] Abschrift der Instruktion für den Syndikus Bergmann. / Odpis instrukcji dla syndyka Bergmanna: *Instructio Senatus Gedanensis Syndico Georgio Bergmann in causa Episcopi Cujaviensis contra civitatem Gedanensum ratione deoccupationis Templi Mariani 1594, 21. Oct. data*, BGPAN, Ms. 487, adl. 30, Bl./k. 392v. Die Beschreibung beschäftigt sich mit den Verhandlungen der Jahre 1594–1596 und enthält Abschriften der Dokumente aus der Sammlung des Bürgermeisters Joachim Hoppe (gest. 1712). / Omówienie toczących się rokowań z lata 1594–1596 wraz z odpisami dokumentów zostało przedstawione w zbiorze autorstwa burmistrza Joachima Hoppe (zm. 1712): *Bericht wegen der Pfarr-Kirche zu St. Marien in Dantzig cum Documentis*, APGd. 300, R/Pp, 54; Kościelak: Katolicy w protestanckim Gdańsku (wie Anm./zob. przyp. 220), S. 110–112.

[223] In der königslosen Zeit nach dem Tod von Sigismund August (1572) und vor der Wahl Heinrichs von Valois schloss der polnische Adel am 28.1.1573 einen interkonfessionellen Vertrag (sog. Warschauer Konföderation), die die Konfessionsfreiheit sichern und auch für die Bürgerschaft der königlichen Städte Geltung haben sollte. Danzig gehörte nicht zu den Unterzeichnern des Vertrags. / W czasie bezkrólewia po śmierci Zygmunta Augusta (1572) a przed wyborem na tron Henryka Walezego, szlachta polska zawarła 28 1. 1573 r. umowę międzywyznaniową (tzw. Konfederację Warszawską) zabezpieczającą swobodę wyznaniową; prawo rozciągnięto również na mieszczaństwo z miast królewskich. Gdańsk nie był sygnatariuszem umowy. Der Text ist publiziert in: / Tekst publ.: *Konstytucyje, statuta i przywileje na walnych sejmach koronnych od 1550 aż do roku 1578 uchwalone*, Kraków 1579, Bl./k. 119v–120v; *Confoederations Articul Der Gesambten polnischen Reichs-Staende /*

Welche Anno 1573; Bey wehrendem Interregno Auff allgemeinem Landtage zu Warsaw geschlossen / Und zu unverbruechlicher Festhaltung offentlich und gantz Eyferig / beschworen worden, [o.O. um 1620]. Exemplar / egzemplarz Biblioteka Jagiellońska, sygn. Cim. 5293. Siehe / zob. Mirosław Korolko: Klejnot swobodnego sumienia. Polemika wokół konfederacji warszawskiej w latach 1573–1658, Warszawa 1974.

[224] Siehe Besprechung der Diskussion sowie Abschrift / Zob. omówienie dyskusji oraz odpis: *Decretum pro deoccupando Templo Mariano...* (17.12.1594), APGd. 300, R/Pp, 54, S. 163–168.

[225] Siehe zur Haltung der Ordnungen / Zob. stanowisko ordynków: *Recess was wegen der Pfarrkirchen zwischen dem Hr Bischoffe und denen Ordnungen der Stadt Anno 1595 und 96 vorgegangen,* BGPAN, Ms. 487, Bl./k. 395r–401r.

[226] APGd. 300, R/Pp, 18, S. 357–358.

[227] Grundlegende Untersuchung zum Thema der Synode / Na temat synodu podstawowe studium zob.: Wojciech Sławiński: Toruński synod generalny 1595 roku. Z dziejów polskiego protestantyzmu w drugiej połowie XVI wieku, Toruń 2002.

[228] Erwähnung der Korrespondenz / Zob. wymianę korespondencji publ.: *Korespondencja Hieronima Rozrażewskiego,* T. 2, Nr. 1163–1165.

[229] Abschrift der Instruktion für die Delegation der Städte bei den Gesprächen mit dem Bischof am 3. Februar 1596 / Odpis instrukcji delegatów miasta na rozmowy z biskupem, 3 lutego 1596 r., APGd. 300,R/Pp, 54, S. 461–475.

[230] Abschrift des Briefs von Hans Keckerbart: / Odpis listu Hansa Keckerbarta: APGd. 300, R/Pp, 54, S. 476–480.

[231] Abschrift/odpis: APGd. 300, R/Pp, 54, S. 480–484.

[232] APGd. 300, R/Pp, 54, S. 486–489.

[233] Siehe Bericht / zob. relacja: APGd. 300, R/Pp, 54, S. 489–516.

[234] Siehe/zob.: *Korespondencja Hieronima Rozrażewskiego,* T. 2, Nr. 1170, vgl. Briefe Nr. / por. listy nr 1173–1174.

[235] Zum Thema der notariellen Abschriften der beglaubigten Protokolle von Predigten des Fabricius siehe: / Na temat odpisów notarialnie uwierzytelnionych protokołów kazania Fabritiusa (Fabriciusa) zob.: Müller: Zweite Reformation, S. 118, Anm./przyp. 376.

[236] Müller: Zweite Reformation, S. 118.

[237] Zu den am 3. Juli vorgestellten Bedingungen der Danziger Abgesandten siehe: / Warunki posłów gdańskich przedstawione 3 lipca zob.: *Korespondencja Hieronima Rozrażewskiego,* T. 2, S. 518, Anm./przyp. 1; Simson: Geschichte Danzig 2, S. 415.

[238] Vgl. Zum Treffen in Oliva / Por. na temat spotkania w Oliwie: *Korespondencja Hieronima Rozrażewskiego,* T. 2, S. 518.

[239] Vgl. Zum Treffen in Smolno / Por. na temat spotkania w Smolnie: *Korespondencja Hieronima Rozrażewskiego,* T. 2, S. 51–519.

[240] Coletus starb am 14.9.1616. / Coletus zmarł 14.09.1616 r.

[241] Siehe/zob. APGd. 300, 10/17, Bl./k. 273, Bl./k. 277 (26.3.1599).

[242] Abschrift Böttichers: / odpis Böttichera: APGd. 300, R/Pp, 18, S. 366–368.

[243] 6.2.1600.

[244] APGd. 300, R/Pp, 18, S. 378.

[245] Ein Fragment der Äußerung Tarnowskis aus einer Abschrift des HKR (APGd. 300, R/Pp 25) zitiert: / Fragment wypowiedzi Tarnowskiego za innym odpisem HKR (APGd. 300, R/Pp 25) cytuje: Müller: Zweite Reformation, S. 118.

[246] Diese Angaben sind übertrieben oder beinhalten auch die Zahl der Verstorbenen aus dem Herbst 1601. In der Literatur wird die Zahl der Beigesetzten für 1602 mit 16.919 Personen angegeben. / Dane przesadzone lub podane łącznie ze zgonami z jesieni 1601 r. W literaturze przyjmuje się liczbę pogrzebanych w 1602 r. na 16.919 osób: Jan Baszanowski: Sezonowość zgonów podczas wielkich epidemii dżumy w Gdańsku w XVII i początkach XVIII wieku, Przeszłość Demograficzna Polski 17 (1986), S. 68–69, Tab. 3.

[247] Die Bücher sind verloren. / Księgi zaginione.

[248] Gruber, Keyser: Marienkirche, S. 62.

[249] Der Autor denkt an Psalmen in der deutschen Übersetzung von Ambrosius Lobwasser (1515–1585), Professor an der Königsberger Universität, der das Werk des französischen Komponisten Claude Goudimel (um 1500–1572) bearbeitete. Goudimel komponierte Musik für den calvinistischen Genfer Psalter. / Autor ma na myśli Psalmy w tłumaczeniu na niemiecki Ambrosiusa Lobwassera (1515–1585), profesora Uniwersytetu w Królewcu, który opracował w języku niemieckim dzieło francuskiego kompozytora Claude Goudimela (ok. 1500–1572). Goudimel skomponował muzykę do kalwińskiego psałterza genewskiego (*Psautier de Genève*).

[250] Zum Thema der Einführung calvinistischer Elemente in Katechismus und Liturgie siehe: / Na temat wprowadzania elementów kalwińskich w katechezie i liturgii zob.: Müller: Zweite Reformation, S. 92.

[251] Jacobus Fabritius: *Drey Predigten von den h.* Sacramenten *unnd* sonderlich *von dem* hochwürdigen *Abendmahl deß Herren darinn nicht allein die vornemsten Fragen... vermög Gotteswort... richtig erkläret... auch die Sacramentarische Irthüme... widerlegt werden*, Steinfurt 1599. Der Druck aus dem Bestand / druk ze zbiorów: Bibl. Gd. PAN, Sign./sygn. Od 14285 ist verschollen, erwähnt in / zaginął, odnotowany w: VD16 F 411, Exemplar aus der / egzemplarz w zbiorach Staatsbibliothek zu Berlin, Sign. Cy 19695.

[252] [Jacobus Fabritius]: *Kurtzer Bericht, was in etlichen benachbarten der Reformirten Religion verwandten Kirchen der Lande Preussen von den fürnembsten Puncten Christlicher Religion bishero gelehret worden unnd worin man in denselben Streit gerathen...*, Hanau 1603; Der Druck wird bei VD17 nicht erwähnt. / Druku nie odnotowuje VD17; erwähnt bei / odnotowany: Hartknoch, S. 774; Hirsch: Ober-Pfarrkirche 2, S. 252–253.

[253] Michael Coletus: *Probation oder Beweißschrift, in welcher durch drey und dreissgerley Beweissungen gargethan wird, daß Fabricii drey Predigten von den H. Sacramenten und sonderlich vom H. Abendmal und der Kurtze Bericht.. eine rechte Calvinische Grundsuppe... sey*, Königsberg 1605, Bibl. Gd. PAN; Uph q 2342, Das Exemplar / egzemplarz Sign./sygn. Od 14288 8° ist verschollen / zaginął. Ein weiteres Exemplar in der / egzemplarz również w: Universitätsbibliothek Greifswald, Sign. 540-BW 494 adn1. Der Druck nicht erwähnt in VD17. / Druk nie odnotowany w VD17. Im Zusammenhang mit der Schrift erschien eine Replik von Fabricius: / W związku pismem ukazała się replika Fabriciusa: Jacob Fabricius: *Refutation-Schrifft: Das ist Christliche und abgedrungene Widerlegung der vielfaltigen und nichtigen Bezüchtigungen, damit Herr Michael Coletus Prediger zu Dantzig in der Pfarrkirchen zu S. Marien Jacobum Fabricius S. Theol. D. deß Gymnasii Rectorem und Prediger daselbst zubeschmutzen... in seiner Probations-Schrift, so zu Königsberg in Preussen Anno 1605 gedruckt... sich unterstanden*, Oppenheim 1613, VD 17: 112186Z. Siehe auch die umfangreiche Handschrift von Fabricius/Schmidt, in der der Standpunkt der Calvinisten historischen Erläuterungen verknüpft ist. / Zob. również obszerny rękopis Fabriciusa/Schmidta ukazujące stanowisko kalwinów wraz z wywodem historycznym - Jacob Fabritius: *Historia Notulae daß ist Warhafftige und eigendtliche Beschreibung, wan und durch waß Occasion und Gelegenheit auch zu waß Ende, die Notel, daß ist die Bekäntniß der Lehre vom Hochw. Abendmahl der Prediger zu Dantzigk erstlich gefasset und dazumahl, wie auch hernach zu unterschiedlichen Zeiten von den Predigern daselbst sey unterschrieben worden...*,[1603], Abschrift aus der 2. Hälfte des 17. Jh. / odpis z 2 poł. XVII w. (?): APGd. 300, R/Pp, 2; eine andere Kopie in / inna kopia w: BGPAN, Ms 928.

[254] Abschriften Bötticher / odpisy Böttichera: APGd. 300, R/Pp, 17, S. 267–275; 300, R/Pp, 18, S. 370–378. Über den Verlauf des Konflikts sowie der Diskussionen in den Ordnungen siehe / O przebiegu konfliktu wraz z relacją dyskusji w ordynkach zob.: Müller: Zweite Reformation, S. 125–129; Hirsch: Ober-Pfarrkirche 2, S. 261–262.

[255] APGd. 300, R/Pp, 18, S. 369, 379, 381–386.

[256] Der Text des großen Privilegs vom 15.5.1457 ist publiziert bei / Tekst wielkiego przywileju z 15 maja 1457 r. publikowany: Curicke: Stadt Danzig, S. 153–156, Acten der Ständetage Preussens, Bd. 4, hg. von Max Toeppen, Nr. 367, Simson: Geschichte Danzig 4, Nr. 141.

Analyse bei / analiza: E. Cieślak: Przywileje Gdańska z okresu wojny 13-letniej na tle przywilejów niektórych miast bałtyckich, Czasopismo Prawno-Historyczne 6 (1954) 1, S. 61–122.

257 Bötticher bezieht sich auf die *Cautio wegen Religion* König Stefan Báthorys vom 16.12.1577. / Bötticher nawiązuje do *Cautio wegen Religion* króla Stefana Batorego z 16.12.1577. Siehe/zob.: Schütz: Historia, fol. 547 v; siehe/zob. HKR, <S. 267>.
258 APGd, 300, R/Pp, 18, S. 615–636.
259 APGd. 300, R/Pp, 18, S. 386–387.
260 Abschrift Böttichers / odpis Böttichera: APGd. 300, R/Pp, 18, S. 387–388.
261 Abschrift Böttichers / odpis Böttichera, APGd. 300, R/Pp, 18, S. 390–396. Die Signaturen anderer Abschriften bei / Sygnatury innych kopii podaje: Müller: Zweite Reformation, S. 125, Anm./przyp. 413.
262 Zur Angelegenheit Bernhard Gesenius siehe / Sprawa Bernharda Geseniusa zob.: Müller: Zweite Reformation, S. 124 (dort auch Quellennachweise / tam wskazowki źródłowe).
263 Die Protokolle im Zusammenhang mit den Predigten Adams bei / Protokoły w związku z kazaniami Adama zob.: Müller: Zweite Reformation, S. 126 und Anm. / i przyp. 417.
264 Abschrift Böttichers / odpis Böttichera: APGd. 300, R/Pp, 18, S. 398–400.
265 Abschrift Böttichers / odpis Böttichera: APGd. 300, R/Pp, 18, S. 400–403.
266 *Supplicatio an der Quartier Meister*, Abschrift Böttichers / odpis Böttichera: APGd. 300, R/Pp, 18, S. 404–412; die Signaturen der anderen Abschriften bei / sygnatury innych odpisów podaje: Müller: Zweite Reformation, S. 125, 414.
267 APGd. 300, R/Pp, 18, S. 412–413.
268 APGd. 300, R/Pp, 18, S. 415.
269 Müller: Zweite Reformation, S. 125.
270 Gruber, Keyser: Marienkirche, S. 63, Anm./przyp. 23.
271 Das von Bötticher auf Pergament geschriebene Register hat sich erhalten / Księga sporządzona na pergaminie przez Böttichera zachowała się: *Register der Leichsteinen und Begrebnüssen in S. Marien Kirchen der Rechten Stadt Dantzig nach Nummern unnd Namen auffs newe mit fleis reviriret und untersucht durch Eberhartt Böttichern Kirchen Vatern und Verwaltern der Leichensteinen daselbst, Anno 1604*, APGd. 354/348; Kopie mit späteren Ergänzungen (Mitte 17.–18. Jh.) in / kopia z późniejszymi uzupełnieniami (poł. XVII – XVIII w.) w: BGPAN, Ms. 487, adl. 7, Bl./k. 49r–138v.
272 Schnaase: Geschichte, S. 564–565, Simson: Geschichte Danzig 2, S. 431. Dem calvinistischen Lager gehörten zu dieser Zeit 12 Räte, 14 Schöffen sowie 35 (von 100) Mitglieder der Dritten Ordnung an. / Do obozu kalwińskiego należało w tym czasie 12 rajców, 14 ławników oraz 35 (na 100) członków Trzeciego Ordynkóu.
273 Ein Verzeichnis der Anhänger des Calvinismus und des Luthertums in der Stadtregierung und bei den Geistlichen in: /Spisy zwolenników kalwinizmu i luteranizmu wśród władz miejskich i duchownych: APGd. 300, R/Pp, 17, S. 495–504.
274 Abschrift Böttichers / odpis Böttichera: APGd. 300, R/Pp, 18, S. 434–435.
275 Zob. Relation der Abgesandten, so von der Protestirenden Gemeine der Stadt Danzig, Anno 1605, APGd. 300, R/Pp, 17, s, 545–578; Hirsch: Ober-Pfarrkirche 2, s. 271–272; Schnaase: Geschichte, s. 565; działalność delegacji gdańskiej, której przewodniczył Bötticher opisał Müller: *Zweite Reformation*, s. 126–136; przyp. 422–473 (dort Quellenverweise / tam wskazówki źródłowe).
276 Siehe/zob. *Puncta petitoriorum dem H. Untercantzler ubergeben*, APGd. 300, R/Pp, 17, S. 579–584 (dort eine Liste der Personen, die die Calvinisten unterstützt haben / tam lista osób sprzyjających kalwinistom).
277 Abschrift / odpis APGd. 300, R/Pp, 17, S. 605–606.
278 APGd. 300, R/Pp, 17, S. 605–606; 300, R/Pp, 18, S. 456–460.
279 Michael Coletus: *Probation oder Beweißschrift*, wie Anm. 253/jak przyp. 253.
280 APGd. 300, R/Pp, 17, S. 605–606; 300, R/Pp, 18, S. 456–460.
281 APGd. 300, R/Pp, 18, S. 459–460.

[282] APGd. 300, R/Pp, 18, S. 461.
[283] APGd. 300, R/Pp, 18, S. 464–466.
[284] Simson: Geschichte Danzig 2, S. 432.
[285] APGd. 300, R/Pp, 18, S. 468–469. Zu der von Bötticchers Hand verfassten Darstellung der Ereignisse vom 5.8.1605 bis zum Jahresende siehe: / Spisaną ręką Böttichera wydarzenia od 5.8.1605 do końca roku zob.: APGd. 300, R/Pp, 6, S. 973–1040.
[286] APGd. 300, R/Pp, 18, S. 470; Simson: Geschichte Danzig 2, S. 432.
[287] APGd. 300, R/Pp, 18, S. 470–476.
[288] APGd. 300, R/Pp, 18, S. 476 (Aufzeichnungen zu den Ereignissen am 8. September / zapiska na temat wydarzeń 8 września).
[289] Zu den laufenden Berichten der Septemberereignisse siehe: / Bieżąca relacja z wydarzeń wrześniowych zob.: APGd. 300, R/Pp, 18, S. 477–491; kritisch zum Bericht Bötticchers äußert sich / krytycznie na temat relacji Böttichera, zob.: Hirsch: Ober-Pfarrkirche 2, S. 274, Anm./przyp. 1.
[290] APGd. 300, R/Pp, 18, S. 489–490.
[291] APGd. 300, R/Pp, 18, S. 492–506.
[292] APGd. 300, R/Pp, 18, S. 506–507.
[293] APGd. 300, R/Pp, 18, S. 508–522.
[294] Nach/wg APGd. 300, R/Pp, 18, S. 523–524.
[295] APGd. 300, R/Pp, 18, S. 525.
[296] Die Diskussion mit Laski schildert: / Dyskusje z Łaskim referuje: Hirsch: Ober-Pfarrkirche 2, S. 274.
[297] APGd. 300, R/Pp, 18, S. 526–536.
[298] APGd. 300, R/Pp, 18, S. 536–537.
[299] APGd. 300, R/Pp, 18, S. 537–538.
[300] APGd. 300, R/Pp, 18, S. 539.
[301] APGd.300, R/Pp, 18, S. 539–540.
[302] APGd. 300, R/Pp, 18, S. 540–547.
[303] Michael Coletus: *Probation oder Beweißschrift*, wie Anm. 253/jak przyp. 253.
[304] Jacobus Fabritius: *Drey predigten*. wie Anm. 251/jak przyp. 251.
[305] Jacob Fabricius: *Refutation-Schrifft: Das ist Christliche und abgedrungene Widerlegung*, wie Anm. 253/jak przyp. 253.
[306] Gruber, Keyser: Marienkirche, S. 63.
[307] APGd. 300, R/Pp, 18, S. 547–548. Eine Abschrift der Instruktion für die Abgesandten / Odpis instrukcji udzielonej wysłannikom: APGd. 300, R/Pp, 17, S. 139–148; Hirsch: Ober-Pfarrkirche 2, S. 278.
[308] APGd. 300, R/Pp, 18, S. 548–551.
[309] APGd. 300, R/Pp, 18, S. 551.
[310] Simson: Geschichte Danzig 2, S. 433, kommentiert wie folgend / skomentował to następująco: „Die lutherische Menge sah im Tode jedes reformierten Ratsmitglides ein göttliches Strafgericht, wie es denn Bötticher nie unterläßt, bei jedem Todesfall eine derartige Bemerkung zu machen, und begrüßte die allmähliche Umgestaltung des Rates mit Freuden".
[311] APGd. 300, R/Pp, 18, S. 551–552.
[312] Abschrift/odpis: APGd. 300, R/Pp, 18, S. 553.
[313] APGd. 300, R/Pp, 18, S. 554–555.
[314] APGd. 300, R/Pp, 18, S. 555–556.
[315] APGd. 300, R/Pp, 18, S. 557–558.
[316] APGd. 300, R/Pp, 18, S. 558–562.
[317] Lateinische Abschrift / Odpis łacińskich *Gravamina*: APGd. 300, R/Pp, 18, S. 562–572.
[318] APGd. 300, R/Pp, 18, S. 572–574.
[319] Abschrift / odpis *Mandatum pacis*: APGd. 300, R/Pp, 18, S. 575–580.
[320] Der Eintrag ist im erhaltenen Grundbuch nicht mehr vorhanden / Wpis w zachowanej księdze gruntowej nie zachował się. Siehe: APGd. 300,32/ 4, Bl./k. 99r.

³²¹ Der Eintrag ist im Grundbuch erhaltenen: / Wpis zachował się w księdze gruntowej: 300, 32/5, Bl./k. 4v.
³²² Siehe Notiz in / zob. nota w: APGd. 300, 32/5, Bl./k. 4v.
³²³ Hermann Rauschning: Geschichte der Musik und Musikpflege in Danzig, Danzig 1931, S. 74–79; Danuta Popinigis: Muzyka Andrzeja Hakenbergera, Gdańsk 1997.
³²⁴ Rauschning: Geschichte der Musik, S. 61. Die Ehefrau von Zangius starb 1601. / Żona Zangiusa zmarła w 1601 r.
³²⁵ Siehe Rechnung zitiert bei: / zob. rachunki cytowane przez: Rauschning: Geschichte der Musik, S. 60.
³²⁶ Jacob Adam: *Einfeltige, kurtze und in Gottes Wort gegrundet Erklehrung der Einsetzung des Heiligen Hochwirdigen Abendmahls unsers Herrn Jhesu Christi. Geschehen durch...* [1610]. Der Druck ist nicht in VD17 verzeichnet. / Druku nie notuje VD17.
³²⁷ Jacob Adam: *Schlechte und rechte Fragenstucklein, welche zum wirdigen Gebrauch des Heiligen Abendmals zu wissen vonnöten sein, verfasset durch...* [Danzig 1610?], Der Druck ist nicht in VD17 verzeichnet. / Druku nie notuje VD17.
³²⁸ *Einfeltige, deutliche, wolgegrundete und recht lutherische Erklerung der ersten Frage des kleinen Kinder Catechismi vom Heiligen Abendmahl*, [Danzig 1610?]. Der Druck ist nicht in VD17 verzeichnet. / Druku nie notuje VD17.
³²⁹ Michael Coletus: *Trewhertzige Warnung und Vermahnungs Schrift an alle... Evangelische der wahren.... Augsburgischen Confession verwandte Christen zu Dantzig, sich für den dreyen in der Vorrede verzeichneten Calvinischen Laster Schartecken... fürzusehen... gestellet im Nahmen ... der Evang. Luther. Prediger zu Dantzig*, Rostock 1611, BGPAN, Sign. / sygn.Uph. q 2345. Dem Druck antwortete Adam mit einer Polemik: / Druk spotkał się z polemiką Adama: Jacob Adam: *Christliche, wolgegründete, abgezwungene*, doch *Nottürfftige Antwort auff das* unchristliche *und unnötige groß Lästerbuch Michaelis Coleti, welches er wider eine kurtze Predigt vom H. Abendmahl und wenig Fragstücklein, so beyde zu End dieser Schrifft zu finden, geschrieben, und also intituliret: Trewhertzige Warnungs und Vermahnungs-Schrifft, an alle und jede Fromme Evangelische*, Offenbach 1612, VD17 1: 082440Q.
³³⁰ Simson: Geschichte Danzig 2, S. 433–434.
³³¹ In der Literatur auch als Caius Schmiedtlein bekannt: / W literaturze znany również jako Caius Schmiedtlein: Rauschning: Geschichte der Musik, S. 50–55, 116–120. Zum Thema der Wahl des neuen Organisten siehe: / Na temat wyboru nowego organisty zob.: Rauschning: Geschichte der Musik, S. 119–122.
³³² Martin Weiher (Marcin Weyher) Höfling von König Sigismund III. Wasa fiel am 24.4.1610. / Martin Weiher (Marcin Weyher) dworzanin króla Zygmunta III Wazy zginął 24 VI. 1610.
³³³ Siehe/zob.: Rauschning: Geschichte der Musik, S. 120–121.
³³⁴ Ps. 51.
³³⁵ Rauschnig: Geschichte der Musik, S. 123.
³³⁶ *Instrumentum publicum wegen lieferung der Orgel*, Rauschning: Geschichte der Musik, S. 122, Anm./przyp. 20. Die Urkunde (alte Signatur im Stadtarchiv Danzig, 300, 78, 25, 108) ist verschollen. / Dokument (stara sygnatura Stadtarchiv Danzig, 300, 78, 25, 108) zaginął.
³³⁷ Es handelt sich die von Ambrosius Lobwasser verfasste populäre und mehrfach aufgelegte musikalische Bearbeitung der Psalmen. / Chodzi o popularne i drukowane wielokrotnie muzyczne opracowanie psalmów autorstwa Ambrosiusa Lobwassera. Siehe kommentierte Ausgabe / zob. komentowane wydanie: Ambrosius Lobwasser: Der Psalter deß Königlichen Propheten Davids, hg. von Eckhard Grunwals, Henning P. Jürgens, Bd. 1–2, Hildesheim 2004. In Danzig erschien die erste Auflage in der Druckerei von Andreas Hünefeld wahrscheinlich erst nach 1610. / W Gdańsku po raz pierwszy ukazało się nakładem oficyny Andreasa Hünefelda zapewne dopiero po 1610 r.: *Psalmen Davids nach Französischer Melodey, In teutsche Reimen gebracht*, [ohne Ort und Datum / bez miejsca i daty], Exemplar / egz. BGPAN, De 460, 8° Dantzigk [1627]. Die erste datierte Ausgabe stammt von 1627.

/ Pierwsze datowane wydanie pochodzi z 1627 r., siehe /zob.: Franz Kessler: Danziger Gesangbücher 1586–1793, Lüneburg 1998, S. 14–16.

[338] Urkunde zitiert bei: / Dokument cytowany przez: Rauschning: Geschichte der Musik, S. 122–123.

[339] Eberhard Bötticher: *Alte Kirchen Ordnungk der kirchen Sanct Marien in der Stadt Dantzigk nach ietzigen Zustande... Item Schül Ordnungk der Schullen daselbst*, 1612 [1614], BGPAN, Ms. Mar. F. 415. Die Ordnung wurde 1614 durch den Stadtrat bestätigt. / Tekst w 1614 r. został potwierdzony przez radę miejską. Simson: Geschichte Danzig 2, S. 544. In APGd. 300, R/Rp, 46 hat sich eine Abschrift vom Ende des 17. Jh. erhalten: / W APGd. 300, R/Pp, 46 zachował się odpis z końca XVII w.: *Alte ordnung der kirchen St. Marien in Danzig gegen der zu unser zeit üblichen ordnung collationiret und aufs neue revidiret, im jahr Christi 1612*. Auf Grundlage dieser Abschrift wurde die Ordnung publiziert bei: / Na tej podstawie został opublikowany przez: Sehling: Kirchenordnungen, S. 198–218. Die nächste Überarbeitung der Ordnung wurde 1656 veröffentlicht: / Kolejna rewizja ordynacja została ogłoszona w 1655 r.: BGPAN, Ms 487, Bl./k. 527r–534v; APGd. 300, R/Pp, 46.

[340] Altstadt (Stare Miasto), Rechtstadt (Główne Miasto) und Vorstadt (Przedmieście).

[341] Janusz Radziwiłł war ein Gegner König Sigismunds III. und einer der Anführer der Rebellion von Mikołaj Zebrzydowski 1606–1609. Nach der Niederlage ließ er sich in Danzig nieder./ Janusz Radziwiłł był przeciwnikiem króla Zygmunta III i jednym z przywódców rokoszu Mikołaja Zebrzydowskiego, 1606–1609. Po klęsce osiadł w Gdańsku; siehe/zob.: Bogusław Radziwiłł: Autobiografia, oprac. Tadeusz Wasilewski, Warszawa 1979, S. 7–14.

[342] Die Angabe über die Höhe der Vergütung wird durch die Einträge im erhaltenen Kämmereibücher der Rechtstadt bestätigt. Die Pastoren erhielten am Beginn des 17. Jh. 50 fl. (75 Mk pro Quartal). / Podana wysokość wynagrodzenia znajduje potwierdzenie w zachowanych księgach kamlarii Głównego Miasta. Pastorzy na początku XVII w. otrzymywali 50 fl. (75 grzywien kwartalnego): APGd. 300, 12/29, S. 554–555 (1604).

[343] Aus den erhaltenen Kirchenbüchern geht hervor, dass seit 1590 eine zahlenmäßige Erfassung der getauften Kinder in der Kirche erfolgte, seit 1598 wurde die Gesamtzahl der Taufen und Beisetzungen für die ganze Stadt erfasst. / Z zachowanych metryk kościoła Mariackiego wynika, że od 1590 roku dokonywano liczbowych zestawień ochrzczonych w tym kościele dzieci, od roku 1598 zaś pojawiły się zbiorcze dane o liczbie chrztów i pogrzebów dla całego miasta: APGd, 354/311, Bl./k. 57r (1598 r.), 65r (1599 r.), 74v (1600 r.). Zu den Angaben über die Bevölkerungsentwicklung siehe: / Dane o ruchu naturalnym od 1601 r. zob.: Jan Baszanowski: Tabele ruchu naturalnego ludności Gdańska z lat 1601–1846, in: Przeszłość Demograficzna Polski 13 (1981), S. 57–87.

[344] 50 Mark / grzywien (Mk.) = 30 Gulden / guldenów (fl.) /złotych.

[345] Das frei stehende Grabmal der Familie Bahr war ein Präzedenzfall für die Danziger Kirchen. Das einzige vergleichbare Werk war das Wilhelm von den Block zugeschriebene Denkmal der Familie Koss in der Klosterkirche Oliva von 1599/1600. / Wolno stojący nagrobek Bahrów stał się precedensem w kościołach gdańskich. Jedyne podobne dzieło w okolicach miasta to przypisany Wilhelmowi von den Block pomnik rodziny Koss w kościele klasztornym w Oliwie z 1599–1600.

[346] Ein Ausschnitt aus dem HKR, das Grabmal der Familie Bahr betreffend, wird zitiert bei: / Fragment HKR dotyczący nagrobka Bahrów cyt.: Lech Krzyżanowski: Gdańskie nagrobki Kosów i Bahrów, in: Biuletyn Historii Sztuki 30 (1968) 4, S. 458–459.

[347] Das heißt 17 ½ Mk. 1 ungarischer Gulden (fl. ung.), ein Dukat hatte demnach 1614 den Wert von 70 Groschen / Czyli 17 ½ grzywny (Mk.); 1 gulden węgierski (fl. ung.), czyli dukat (złoty czerwony) w 1614 r. miał wartość 70 gr.

[348] Die Arbeit wurde von Herman Han ausgeführt, siehe: / Praca wykonana przez Hermana Hana: Janusz St. Pasierb: Malarz gdański Herman Han, Warszawa 1974, S. 21.

[349] Pasierb: Malarz gdański, S. 21 (mit Bezug auf das HKR / z odwołaniem do HKR).

[350] Pasierb: Malarz gdański, S. 21 (mit Bezug auf das HKR / z odwołaniem do HKR), 105, 277. Verschollen / dzieło zaginęło.

Anhang

Währungen und Maße in Danzig im Zeitalter Eberhard Böttichers (2. Hälfte 16. Jahrhundert bis um 1620)

Danzig genoss das Recht zum Schlagen eigener Münzen und richtete sich dabei nach den allgemeinen Regeln der königlichen Münzordnung für Polen[1]. In der Epoche der Tätigkeit Böttichers hatten (außer im Jahr der Belagerung Danzigs durch die polnische Armee 1577) die folgenden durch den Sejm verabschiedeten Münzordnungen Gültigkeit: die Ordnungen Stephan Báthorys (1578 und 1580) sowie Sigismunds III. (1604 und 1627). Die Ordnungen von 1578 und 1580 basierten nach dem Vorbild des Münzstocks von Sigismund I. auf der Krakauer Mark (*marca ponderis cracoviensis*) mit einem Gewicht von 197,684 g. Nach der Ordnung von 1580, die bis 1601 gültig war, wurden (neben dem Dukaten) aus einer Mark Silber folgende Münzen geschlagen: 7 Taler, 14 Halbtaler, 42 Sechslinge, 82 Dreilinge, 106 Groschen, 212 Halbgroschen, 178 Schillinge und 540 Pfennige.

Tab. 1.: Münzzahl und -gewicht, geschlagen aus einer Krakauer Mark (197, 684 g) nach der Ordnung von 1580.

Metall	Münze	Münzenzahl	Münzgewicht (Gramm)	Reiner Metallwert (Gramm)
Silbermünze	Taler	7	28,85	24,317
Silbermünze	Halbtaler	104	14,41	12,158
Silbermünze	Sechsling	042	4,75	4,03
Silbermünze	Dreiling	82	2,37	2,01
Silbermünze	Groschen	106	1,86	0,67
Silbermünze	Halbgroschen	212	0,95	0,33
Silbermünze	Schilling	178	1,12	0,20
Silbermünze	Pfennig	540	0,36	0,03

Quelle: Józef Andrzej Szwagrzyk: Pieniądz na ziemiach polskich X–XX w., Wrocław 1990, S. 134.

---

[1] Marian Gumowski: Mennica gdańska, Gdańsk 1990, S. 52–123.

Zur Erleichterung der städtischen und kaufmännischen Rechnungsführung bediente man sich Rechnungseinheiten, d.h. Gulden (Zloty oder Floren) sowie Mark. Diese Einheiten behielten über die gesamte Epoche der Neuzeit hinweg bis zu den polnischen Teilungen ein stabiles Verhältnis:

1 Gulde = 1 ½ Mark = 6 Vierding = 30 Groschen = 90 Schillinge = 540 Pfennige
1 Mark = 4 Vierding = 20 Groschen = 60 Schillinge = 360 Pfennige
1 Vierding = 5 Groschen = 15 Schillinge = 90 Pfennige
1 Groschen = 3 Schillinge = 18 Pfennige
1 Schilling = 6 Pfennige

Der Metallwert des Groschen fiel in den kommenden Jahren beständig. 1528 wurde das Verhältnis 30 Groschen = 1 Taler festgelegt, im 3. Viertel des 16. Jahrhunderts lag der Tauschkurs schon bei 33 Groschen und 1618 bei fast 45 Groschen[2].

Geld, Rechnungseinheiten

Ordenszeit (14./15. Jahrhundert)
1375–1414: Rechnungsgeld
1 (Kulmer) Mark = 4 Vierdung = 24 Skot = 60 Schilling = in Münzen 720 Pfennige

1415–1493: Rechnungsgeld
1 (schwere) Mark = 2 (leichte) Mark = 4 Vierdung = 25 Skot = **in Münzen** 60 (schwere) Schilling = 120 (leichte) Schilling = 720 Pfennige

Polnische Epoche 16.–18. Jahrhundert
Rechnungsgeld
1 polnischer Floren (Gulden, Złoty) = 1½ preußische Mark = 30 Groschen = 540 Pfennige
1 Mark = 20 Groschen = 60 Schilling = 360 Pfennige
1 polnische Mark (grzywna polska) = 48 Groschen (groszy)

Tab. 2.: Preis und Wert des Geldes in Danzig im 16. und am Beginn des 17. Jahrhunderts (ausgewählte Jahre)

Jahr	Goldmünze Dukaten (Wert in Groschen)	Silbermünze Taler (Wert in Groschen)	Wert der Groschen in Silber (Gramm)	Wert der Groschen in Gold (Gramm)
1557–1565	52	33	0,815	0,0673
1568	53	33	0,787	0,0661

[2] Nach Julian Pelc: Ceny w Gdańsku w XVI i XVII wieku, Lwów 1937, Tab. 1, S. 2–6.

Jahr	Goldmünze Dukaten (Wert in Groschen)	Silbermünze Taler (Wert in Groschen)	Wert der Groschen in Silber (Gramm)	Wert der Groschen in Gold (Gramm)
1572	54	33,4	0,778	0,0648
1577	60	33,5	0,738	0,0583
1582–1595	56	35	0,666	0,0593
1600	59	36,50	0,662	0,0583
1605	60	37	0,657	0,0583
1610	70	41	0,593	0,0500
1615	70	42	0,579	0,0500
1620	102,2	58,75	0,414	0,0342

Quelle: Julian Pelc: Ceny w Gdańsku w XVI i XVII wieku, Lwów 1937, Tab. 1, S. 3f.

Die Danziger Maßeinheiten für Länge, Fläche und Volumen nach Erich Keyser: Danzigs Geschichte, Danzig ²1928, S. 284–286.

Längemaße
1 Danziger Meile = 180 Seile (poln. sznur) = 1800 Ruten (poln. pręty) = ca. 7560 m
1 Seil (Kette) = 10 Ruten = 75 Ellen (poln. łokcie) = 150 Schuh oder Fuß (poln. stopy)= 42 m
1 Danziger Rute = 7,5 Ellen = 15 Schuh = 180 Zoll (poln. cale) = 4,26 m.
1 Kulmische Rute = 183 Zoll
1 Elle = 2 Schuh = 24 Zoll = 0,57 m
1 Schuh = 12 Zoll = 0,286 m.

Flächenmaße
1 Hufe (Hube, poln. łan, włóka) = 30 Morgen (poln. morga) = 9000 Quadratruten
1 Morgen = 300 Quadratruten
1 Quadratrute = 225 Quadratschuh = 32400 Quadratzoll = 14,18 m²
1 Quadratschuh = 144 Quadratzoll
1 Kulmische Hufe = 31 Morgen = 2 Quadratruten = 122 ½ Quadratschuhe (Danziger Maß)
1 Kulmische Quadratrute = 225 Kulmische Quadratschuhe = 232 9/16 Danziger Quadratschuhe

Getreidemaße
1 Getreidelast (poln. łaszt)= 60 Scheffel (poln. korzec)= ca. 2500 kg
1 Tonne (Fass, poln. beczka) = 2 ½ Scheffel
1 Scheffel = 4 Viertel (poln. ćwiertnia) = 16 Metze (poln. maca)
1 Viertel = 4 Metze

Monety i miary w Gdańsku w okresie Eberharda Böttichera 2 poł. XVI – ok. 1620 r.

Gdańsk korzystał z prawa do bicia własnej monety stosując się do ogólnych zasad królewskich ordynacji menniczych obowiązujących w Polsce[1]. W okresie działalności Böttichera, poza okresem oblężenia miasta przez wojska polskie w 1577 r., obowiązywały mennicę Gdańską ordynacje uchwalane przez sejmy za panowania królów polskich: Stefana Batorego w latach 1578 i 1580 oraz Zygmunta III w latach 1604 i 1627. Ordynacje z lat 1578 i 1580 za podstawową menniczą jednostkę wagową przyjęły wzorem króla Zygmunta I grzywnę krakowska (*marca ponderis cracoviensis*) o wadze 197,684 g. Według ordynacji z 1580 roku, która obowiązywała do 1601 r. poza dukatami z jednej grzywny srebra wybijano 7 talarów, 14 półtalarów, 42 szóstaki, 82 trojaki, 106 groszy, 212 półgroszy, 178 szelągów i 540 denarów.

Tab.. 1.: Liczba i waga monet wybijana z grzywny („marki") krakowskiej 197, 684 g. wg ordynacji z 1580 r.

kruszec	moneta	liczba monet	waga monety (gramy)	zawartość czystego kruszczu (gramy)
moneta srebrna	talar	7	28,85	24,317
moneta srebrna	półtalar	14	14,41	12,158
moneta srebrna	szóstak	42	4,75	4,03
moneta srebrna	trojak	82	2,37	2,01
moneta srebrna	grosz	106	1,86	0,67
moneta srebrna	półgrosz	212	0,95	0,33
moneta srebrna	szeląg	178	1,12	0,20
moneta srebrna	denar	540	0,36	0,03

Wg.: Józef Andrzej Szwagrzyk, *Pieniądz na ziemiach polskich X–XX w.*, Wrocław 1990, s. 134.

Dla ułatwienia w rachunkowości miejskiej oraz kupieckiej powszechnie posługiwano się jednostkami obrachunkowymi, czyli złotym (guldenem albo florenem), oraz grzywną. Jednostki te zachowały przez cały okres nowożytny aż do rozbiorów stały stosunek:

---

[1] Marian Gumowski, Mennica gdańska, Gdańsk 1990, s. 52–123.

1 floren = 1 ½ grzywny = 6 wiardunków = 30 groszy = 90 szelągów = 540 denarów
　　　　1 grzywna =　　4 wiardunki = 20 groszy = 60 szelągów = 360 denarów
　　　　　　　　　　1 wiardunek =　5 groszy = 15 szelągów =　90 denarów
　　　　　　　　　　　　　　　　　1 grosz =　　3 szelągi =　18 denarów
　　　　　　　　　　　　　　　　　　　　　　　1 szeląg =　　6 denarów

Wartość kruszcowa grosza w następnych latach cały czas spadała. W 1528 r. ustalono relację 30 groszy = 1 talar, w trzeciej ćwierci XVI w. talara wymieniano już za 33 grosze, w 1618 r. za niespełna 45 groszy[2].

Pieniądz, (monety i jednostki obrachunkowe)

Okres krzyżacki XIV–XV w.
lata 1375–1414: pieniądz obrachunkowy:
1 grzywna (niem. Mark) = 4 wiardunki (niem. Vierdung) = 24 skojców = 60 szelągów = w monetach 720 denarów

lata 1415–1493: pieniądz obrachunkowy
1 grzywna ciężka = 2 grzywny lekkie = 4 wiardunki = 25 skojce = w monetach 60 szelągów (ciężkich) = 120 szelągów (lekkich) = 720 denarów

Okres polski XVI.–XVIII. w.: pieniądz obrachunkowy
1 polski złoty (polnischer Floren, Gulden) = 1 ½ grzywny pruskiej (niem. preußische Mark) = 30 groszy (niem. Groschen) = 540 fenigów (niem. Pfennige)
1 grzywna = 20 groszy = 60 szelągów (niem. Schilling) = 360 fenigi
1 grzywna polska = 48 groszy

Tab. 2.: Cena i wartość pieniądza w Gdańsku XVI i pocz. XVII w. (wybrane lata)

rok	moneta złota dukat (cena w groszach)	moneta srebrna talar (cena w groszach)	wartość grosza w srebrze (gramy)	wartość grosza w złocie (gramy)
1557–1565	52	33	0,815	0,0673
1568	53	33	0,787	0,0661
1572	54	33,4	0,778	0,0648
1577	60	33,5	0,738	0,0583
1582–1595	56	35	0,666	0,0593
1600	59	36,50	0,662	0,0583

---

[2] Za Julian Pelc, Ceny w Gdańsku w XVI i XVII wieku, Lwów 1937, tab. 1, s. 2–6.

rok	moneta złota dukat (cena w groszach)	moneta srebrna talar (cena w groszach)	wartość grosza w srebrze (gramy)	wartość grosza w złocie (gramy)
1605	60	37	0,657	0,0583
1610	70	41	0,593	0,0500
1615	70	42	0,579	0,0500
1620	102,2	58,75	0,414	0,0342

źródło: Julian Pelc, *Ceny w Gdańsku w XVI i XVII wieku*, Lwów 1937, tab. 1, s. 3–4.

Gdańskie jednostki miar długości, powierzchni, objętości (wg Erich Keyser: Danzigs Geschichte, Danzig 1928 (2 wyd.), s. 284–286)

miary długości
1 mila gdańska (niem. Danziger Meile) = 180 sznurów (niem. Seile) = 1800 pręty (niem. Ruten) = ok. 7560 m
1 sznur (niem. Seil, Kette) = 10 prętów = 75 łokcie (niem. Ellen) = 150 stóp (niem. Schuh) = 42 m
1 gdański pręt (niem. Danziger Rute) = 7,5 łokcia = 15 stóp = 180 cali (niem. Zoll) = 4,26 m.
1 chełmiński pręt (niem. Kulmische Rute) = 183 cali
1 łokieć = 2 stopy = 24 cale (niem. Zoll) = 0, 57 m
1 stopa = 12 cali = 0, 286 m

miary powierzchni
1 łan, włóka (niem. Hufe, Hube, łac. mansus) = 30 morgów (niem. Morgen) = 9000 prętów kwadratowych (niem. Quadratruten)
1 morga = 300 prętów kwadratowych
1 pręt kwadratowy = 225 stóp kwadratowych (niem. Quadratschuh) = 32400 cali kwadratowych (niem. Quadratzoll) = 14, 18 m^2
1 stopa kwadratowa = 144 cali kwadratowych
1 włóka chełmińska (niem. Kulmische Hufe, Hube) = 31 mórg = 2 pręty kwadratowe = 122 ½ stopy kwadratowe (gdańskiej miary)
1 chełmiński pręt kwadratowy (niem. Kulmische Quadratrute) = 225 prętów kwadratowych = 232 9/16 stóp kwadratowych

miary zbożowe
1 łaszt zboża (niem. Getreidelast) = 60 korców (niem. Scheffel, łac. coretus) = ok. 2500 kg
1 beczka (Tonne, Fass) = 2 ½ korca
1 korzec = 4 ćwiertni (niem. Viertel) = 16 mac (niem. Metze)
1 ćwiertnia = 4 mace

Bibliographie (Abkürzungsverzeichnis)
Bibliografia (wykaz skrótów)

APGd. – Archiwum Państwowe w Gdańsku (Staatsarchiv Danzig)

BGPAN – Biblioteka Gdańska Polskiej Akademii Nauk (Danziger Bibliotek der Polnischen Akademie der Wissenschaften)

ADB – Allgemeine Deutsche Biographie, Bd. 1 München/Leipzig 1875 – Bd. 56 München/Leipzig 1912

Anhang der Declaration – Anhang der Declaration der Ordnungen der Statt Dantzigk so unlangst im Aprill an den tag gegeben unnd in den Druck gefertiget, Dantzigk 1577 (verwendetes Exemplar: BGPAN, Od 9, 8°, adl. 6)

Bertling: Katalog 1 – August Bertling (Bearb.): Katalog der Handschriften der Danziger Stadtbibliothek, Bd. 1, Theil I. Die Danzig betreffenden Handschriften, Danzig 1892

Bötticher: Memorial (1577–1583) – Eberhard Bötticher: Memorial oder Gedenckbuch (1577–1583), Manuskript, APGd. Sign./sygn. 300, R/Ll, q

Bötticher: Chronica (1584–1595) – Eberhard Bötticher: Der andere Theil des Bötchers Chronica anno 1584 biß anno 1595, BGPAN, Sign./sygn. Ms. 1282

Bues: Grunewer – Almut Bues (Hg.): Die Aufzeichnungen des Dominikaners Martin Grunewer (1562–ca. 1618) über seine Familie in Danzig, seine Handelsreisen in Osteuropa und sein Klosterleben in Polen, 4 Bd.e, Wiesbaden 2008 (Deutsches Historisches Institut Warschau, Quellen und Studien 19)

Cieślak: Historia Gdańska 2 – Edmund Cieślak (Hg.): Historia Gdańska, Bd. 2, Gdańsk 1982

Cieślak: Historia Gdańska 3 – Edmund Cieślak (Hg.): Historia Gdańska, Bd. 3, Teil 1, Gdańsk 1993

Cieślak: Epitafia – Katarzyna Cieślak: Epitafia obrazowe w Gdańsku (XV–XVII w.), Gdańsk 1993

Cieślak: Tod und Gedenken – Katarzyna Cieślak: Tod und Gedenken. Danziger Epitaphien vom 15. bis zum 20. Jahrhundert, Lüneburg 1998

Curicke: Stadt Danzig – Reinhold Curicke: Der Stadt Danzig Historische Beschreibung, Amsterdam-Danzigk 1687, Faksimile: Hamburg 1979

Drost: Marienkirche – Willi Drost: Die Marienkirche in Danzig und ihre Kunstschätze, Stuttgart 1963

Frisch: Sankt Marien Pfarrkirche – Gregorius Frisch: Der Sankt Marien Pfarrkirche in Dantzig inwendige Abriss, hg. von Katarzyna Cieślak, Gdańsk 1999

Gruber, Keyser: Marienkirche – Karl Gruber, Erich Keyser: Die Marienkirche in Danzig, Berlin 1929 (Die Baudenkmäler der Freien Stadt Danzig, Erster Teil: Die Kirchlichen Bauwerke 1)

Gründliche Erklerung – Gründliche Erklerung Aus was ursachen die Ordnungen der Stadt Dantzigk mit dem Durchlauchtigsten Großmechtigsten Fürsten und Herren Herrn *Stephano* König zu Polen etc. Durch antrieb irer Widdersacher in den itzo noch obstehenden mißverstand und weiterung geraten und eingefüret, [Danzig 1577] (verwendetes Exemplar: BGPAN, Od 9, 8°, adl. 5)

Günther: Katalog 2 – Otto Günther (Bearb.): Katalog der Handschriften der Danziger Stadtbibliothek, Bd. 2, Danzig 1903

Günther: Katalog 5 – Otto Günther (Bearb.): Katalog der Handschriften der Danziger Stadtbibliothek, Bd. 5: Die Handschriften der Kirchenbibliothek von St. Marien in Danzig, Danzig 1921

Hartknoch: Kirchen-Historia – Christoph Hartknoch: Preussische Kirchen-Historia, Frankfurt am Mayn 1686

Hirsch: Ober-Pfarrkirche – Theodor Hirsch: Die Ober-Pfarrkirche von St. Marien in Danzig, Teil 1–2, Danzig 1843, 1847

Ius publicum – Gottfried Lengnich: Ius publicum civitatis Gedanensis oder der Stadt Danzig Verfassung und Rechte, hg. von Otto Günther, Danzig 1900

KZS Gdańsk – Katalog zabytków sztuki. Miasto Gdańsk, cz. 1: Główne Miasto, Red. Barbara Roll, Iwona Strzelecka, Warszawa 2006

Keyser: Baugeschichte – Erich Keyser: Die Baugeschichte der Stadt Danzig, Köln/Wien 1972

Kizik: Pamiętnik – Edmund Kizik: Pamiętnik gdańszczanina Eberharda Böttichera z drugiej połowy XVI wieku, Roczniki Historyczne 76 (2010), S. 141–164

Krzyżanowski: Nagrobki – Lech Krzyżanowski: Gdańskie nagrobki Kosów i Bahrów, Biuletyn Historii Sztuki 30 (1968), S. 270–298

Leman: Provinzialrecht – Christian Karl Leman: Provinzialrecht der Provinz Westpreußen, hg. von Friedrich Heinrich v. Strombeck, Bd. 3: Die Statutarrechte der Stadt Danzig, Leipzig 1832

Mokrzecki: W kręgu prac – Lech Mokrzecki, W kręgu prac historyków gdańskich XVII wieku, Gdańsk 1974

Müller: Zweite Reformation – Michael Georg Müller: Zweite Reformation und städtische Autonomie in Königlichen Preußen: Danzig, Elbing und Thorn in der Epoche der Konfessionalisierung (1557–1660), Berlin 1997

NDB – Neue Deutsche Biographie, Bd. 1 Berlin 1953–Bd. 24, Berlin 2010

Neumeyer: Kirchengeschichte – Heinz Neumeyer: Kirchengeschichte von Danzig und Westpreußen in evangelischer Sicht, Bd. 1, Leer (Ostfriesland) 1971

PSB – Polski Słownik Biograficzny, Bd. 1 Kraków 1935–Bd. 46/3 (191) Kraków 2010, (Hefte 1–191 bis Sz)

Rauschning: Musik in Danzig – Hermann Rauschning: Geschichte der Musik und Musikpflege in Danzig, Danzig 1931

Rhesa: Nachrichten – Rhesa: Kurzgefaßte Nachrichten von allen seit der Reformation an den evangelischen Kirchen in Westpreußen angestellten Predigern, Königsberg 1834

Schnaase: Geschichte – Eduard Schnaase: Geschichte der evangelischen Kirche Danzigs, Danzig 1863

Schütz: Historia – Caspar Schütz: Historia Rerum Prussicarum. Wahrhaffte und eigentliche Beschreibung der Lande Preussen in X Büchern vom Anfange bis auf das Jahr 1525, 2. Auflage Leipzig 1599

Sławoszewska: Inwentarz „Bibliotheca Archivi" – Archiwum Państwowe w Gdańsku: zespół nr 300, R. Akta miasta Gdańska, zbiór rękopisów „Bibliotheca Archivi" XV–XX w., oprac. M[aria] S[ławoszewska], maschinenschriftliches Inventar im APGd. / maszynopis inwentarza archiwalnego w APGd.

Sehling: Kirchenordnungen – Emil Sehling (Hg.): Die evangelischen Kirchenordnungen des XVI. Jahrhunderts, fortgeführt vom Kirchenrechtlichen Institut der Evangelischen Kirche in Deutschland, Bd. 4: Das Herzogtum Preussen. Polen. Die ehemals polnischen Landesteile des Königsreichs Preussen. Das Herzogtum Pommern, Leipzig 1911 (Neudruck: Aalen 1970)

Simson: Geschichte Danzig 2 – Paul Simson: Geschichte der Stadt Danzig, Bd. 1, Danzig 1913

Simson: Geschichte Danzig 3 – Paul Simson: Geschichte der Stadt Danzig, Bd. 2, Danzig 1917

Simson: Geschichte Danzig 4 – Paul Simson: Geschichte der Stadt Danzig, Bd. 4 (Urkunden), Danzig 1918

SBPN – Słownik Biograficzny Pomorza Nadwiślańskiego, Bd. 1, Gdańsk 1992, Stanisław Gierszewski (Bearb.), Gdańsk 1992; Bd. 2, Zbigniew Nowak (Bearb.), Gdańsk 1994; Bd. 3–4, Zbigniew Nowak (Bearb.), Gdańsk 1997; Suplement 1, Zbigniew Nowak (Bearb.), Gdańsk 1998; Supplement 2, Zbigniew Nowak (Bearb.), Gdańsk 2002

VD17 – Das Verzeichnis der im deutschen Sprachraum erschienenen Drucke des 17. Jahrhunderts (http://www.vd17.de)

Schwarz: Verzeichnis der handschriftlichen Chroniken – Verzeichnis der handschriftlichen Chroniken bis zum Ausgang des 17. Jahrhunderts, bearb. von Friedrich Schwarz, Danzig 1926

Weichbrodt: Patrizier – Patrizier, Bürger, Einwohner der Freien und Hansestadt Danzig in Stamm- und Namentafeln vom 14.–18. Jahrhundert, [Bd. 1–5], bearb. von D. Weichbrodt geb. v. Tiedemann, Darmstadt [o.J. 1986]

Zdrenka: Biogramy – Joachim Zdrenka: Urzędnicy miejscy Gdańska w latach 1342–1792 i 1807–1814, Biogramy, Gdańsk 2008

Zdrenka: Spisy – Joachim Zdrenka: Urzędnicy miejscy Gdańska w latach 1342–1792 i 1807–1814, Spisy, Gdańsk 2008

Ortsverzeichnis / spis miejscowości

Die Ziffer oder Ziffern am Ende einer topographischen Bezeichnung beziehen sich auf die zwischen spitzen Klammern gesetzten Seitenangaben im Editionstext. / Liczba lub liczby umieszczone w nawiasach kątowych na końcu hasła osobowego odnoszą się do stron edycji źrodłowej.

- Altschottland / Stare Szkoty: <88, 157, 175, 211, 213, 220, 221, 232, 356>
- Amsterdam: <133, 136>
- Bankau / Bąkowo: <187>
- Bischofswerder / Biskupiec: <546>
- Brandenburg: <510>
- Bremen / Brema: <406>
- Breslau / Wrocław: <133>
- Brest / Brześć: <510>
- Bromberg / Bydgoszcz: <182, 183>
- Christburg / Kiszpork, Dzierzgoń: <11>
- Dänemark / Dania: <25, 122, 202, 240, 244>
- Danzig / Gdańsk, Artushof/Dwór Artusa: <39, 42, 158, 168, 308, 463, 473, 504>
- Danzig, Altstadt / Gdańsk, Stare Miasto: <35, 51, 52, 60, 147, 155>
- Danzig, Artushof / Dwór Artusa: <39, 42, 158, 168, 308, 463, 473, I3>
- Danzig, Aschhof / Gdańsk, Dwór Popielny: <104, 224>
- Danzig, Burg (Altes Schloss) / Gdańsk, Zamczysko: <10b-d, 86, 180, 225, 536–538>
- Danzig, Bischofsberg / Biskupia Górka: <18, 19, 88, 136, 175, 212, 213, 231, 356>
- Danzig, Brigittenkloster (graue Nonnen) / klasztor Brygidek, szare mniszki: <84, 324, 328, 337, –344, 349, 351–359, 366, 367, 369–373, 386–387>
- Danzig, Dominikanerkloster (weiße Mönche) / klasztor Dominikanów, biali mnisi: <95, 174>
- Danzig, Dominikanerplatz / Plac Dominikański: <63>
- Danzig, Eimermacher Graben / Wiadrownia: <86>
- Danzig, Fischmarkt / Targ Rybny: <21, 148>
- Danzig, Franziskanerkloster (graue Mönche, siehe auch St. Trinitatiskirche, Gymnasium) / klasztor Franciszkanów, szarzy mnisi, zob. kościół Św. Trojcy, Gimnazjum: <74, 84, 95, 109, 113, 352, 421, 437–448, 453, 512>
- Danzig, Gymnasium / Gimnazjum: <269, 275, 311, 384, 421, 448, 483, 544>
- Danzig, Hakelwerk / Gdańsk, Osiek: <22>
- Danzig, Heilig-Leichnams-Kirche / kościół Bożego Ciała: <22>

Danzig, Hospitäler / Szpitale:
- Hospital zu allen Engeln / Szpital Wszystkich Aniołów: <88>
- Hl. Geist / Św. Ducha: <148, 276>
- Hl. Leichnam / Bożego Ciała: <88, 140>

- St. Elisabeth / Św. Elżbiety: <100, 405, 437, 468, 469>
- St. Getrud / Św. Getrudy: <22, 88, 93, 145, 203>
- Danzig, Jungstadt / Młode Miasto: <7, 10a, 148, 219>
- Danzig, Karmeliterkloster (schwarze Mönche) / klasztor Karmelitów, czarni mnisi: <10/3, 27, 95>
- Danzig, Koggenbrücke / Most Kogi: <81, 82, 145, 147>
- Danzig, Langegarten / Długie Ogrody: <31, 122, 125, 155, 253>
- Danzig, Lustgarten / Błędnik: <88>

Danzig, Marienkirche/ Gdańsk, kościół NMP:
- Ablasskasten / skrzynki odpustowe: <73>
- Astronomische Uhr / zegar astronomiczny: <28>
- Bauhof / dwór budowlany: <104>
- Beinhaus / kostnica: <417>
- Bibliothek (Librarey) / biblioteka: <31, 71, 92, 122, 123>
- (Bier)keller / piwnice piwne: <94, 107, 109, 497, 505>
- Bleikammer / izba ołowiowa: <497, 511>
- Bücher / księgi: <92>
- Chorordnung / ordynacja chóralna: <156>
- Epitaph von Simon Bahr / epitafium Simona Bahra: <531–533>
- Frauenbänke / ławy kobiece: <1>
- Friedhof siehe / patrz Kirchhof
- Fundamente / fundamenty: <1>
- Gewölbe / sklepienia: <3, 69–73, *512, *513>
- Glocken / dzwony: <72, 75, 84, 87, 102, 108, 121, 122, 124, 145, 304, 468, 473, 486, 540>
    - Apostolica: <6, 27, 28, 57>
    - Ave Maria: <19, 40, 41>
    - Betglocke: <4, 19, 40>
    - Dominicalis: <12, 27, 68, 468>
    - Epistelglocke: <45>
    - Ferial [Ferialis]: <27, 28>
    - Gratia Dei: <19, 27, 28>
    - Langglocke [Landglocke]: <27>
    - Osanna: <57>
    - Scabella [Sibylla]: <27, 28>
    - Susanna: <67, 68>
- Glockenei / Urząd dzwonny: <92>
- Glockenordnung / ordynacja dzwonnicza: <27, 28, 99>
- Glockenturm / wieża dzwonnicza: <1, 6, 62, 72, 78, 83, 100, 108, 468, 510, 511, 533, 534> als/jako Grosser Pfarrturm <19>, als/jako Kirchturm <19>
- Goldenes Kreuz / złoty krzyż: <5>

Kapellen und Altäre / kaplice i ołtarze:
- Allerheiligenaltar / ołtarz Wszystkich Świętych: <31>
- Cosmas-Daminakapelle / kaplica Kosmy i Damiana: <*516>

- Elftausen Jungfrauen-Kapelle / kaplica Jedenastu Tysięcy Dziewic: <*516>
- St. Erasmus-Kapelle / kaplica św. Erazma: <*516>
- Goldschmide-Kapelle / kaplica Złotników: <*514, *516>
- Hochaltar / Ołtarz Główny : <77, 83–86, 92, 106, 113, 156, 159, *512, *515>
- Jerusalems-Kapelle (Kapelle der Priesterbruderschaft) / jerozolimska, kaplica bractwa kapłańskiego: <76>
- Johannis Enthauptung-Kapelle / kaplica Ścięcia św. Jana: <*516>
- Korkenmacheraltar / ołtarz cechu producentów pantofli: <481>
- St. Annen-Altar / oltarz Św. Anny: <85, 150>
- St. Annen-Kapelle / kaplica św Anny: <*516>
- St. Anton-Kapelle / kaplica św. Antoniego: <*516>
- St. Barbara-Kapelle / kaplica Św. Barbary: <69, 89, 122, *516>
- St. Christophs-Altar (Altar der Kirchenväter) / ołtarz Św. Krzysztofa, witryków: >34, 56, 79, 110>
- St. Dorothea- Kapelle / kaplica św. Doroty: <531–533>
- St. Elisabeth-Kapelle / kaplica Św. Elżbiety: <383, *513>
- St. Erasmus-Kapelle / kaplica Św. Erazma: <69>
- St. Georg-Kapelle / kaplica Św. Jerzego: <1, *516>
- St. Gertrudis-Kapelle / kaplica św. Gertudy: <543>
- St. Hedwig-Kapelle / kaplica Św. Jadwigi: <10d, 69, *516>
- St. Jacob-Kapelle / kaplica św. Jakuba: <*516>
- St. Kaspar-Kapelle / kaplica św. Kacpra: <*516>
- St. Katharinnen-Kapelle / kaplica Św. Katarzyny: <416, *513, *515>
- St. Maria Magdalennen-Kapelle / kaplica Św. Marii-Magdaleny: <417, *516>
- St. Martini-Kapelle / kaplica Św. Marcina: <*515>
- St. Nikolaus-Altar / ołtarz Św. Mikołaja: <138, 139, 149, 153, 156, 520>
- St. Olai / Św. Olafa: <41, 42, 510, 511>
- St. Peter und Paul Altar / ołtarz Św. Piotra i Pawła: <72>
- St. Reinholds-Kapelle / kaplica Św. Rajnolda: <87, 92, 93>
- Schöffenaltar / ołtarz Ławników: <71>
- Jerusalem-Kapelle / kaplica Jerozolimska: <*516>
- Trinitatis-Kapelle / kaplica Św. Trójcy: <*516>
- Kalckhof / Dwór Wapienny: <541, 542, *515>
- Kirchhof / cmentarz (podwórze kościelne): <4, 51, 83, 86, 94, 104, 107, 140, 145, 454, 465–467, 482, 488–489, 505–507, 515, 535, 540–542>
- Krahm / kram: <454>
- Messingleuchter / świecznik mosiężny: <83>
- Organistenhaus / dom organisty: <83>
- Orgel / organy: <77, 92. 93, 124, 270, 472–481, 495, 506–507>
- Kleine Orgel / organy małe: <474, *513–514>
Portale /portale, bramy
    - Beutlerportal/ kaletniczy: <1, 62>
    - Frauengasse / mariacki: <21>
    - Heilig Geist Gasse / Św. Ducha: <21>

- Korkenmacherportal (Korkenmacherthür) / wytwórców pantofli: <1, 417, 494>
- Frauenportal / mariacki: <69, 494, 495>
- Thammportal / groblowy: <228, 494, 495>
- Stühle / Ławy: <388, 389, 416, 481, 492, 506, 507, 529–533>
  - Kirchenveterstuhl / ława witryków: <513>
  - Predicantenstuhl / ława kaznodziejska: <383, 506, 507, 521–524>
  - Ratsgestühl / ława rady: <1, *512>
  - Schöffenstuhl / ława ławników: <388>
  - Trauerstuhl / ława żałobna: <506, 507>
- Sakramentshaus / sakramentarium: <45>
- Sakristei (Dresskammer) / zakrystia: <1, 42, 52, 87, 103, 121, 154>
- Schule (Marienschule) / szkoła (mariacka): <92, 94, 105, 107, 112, 125, 149, 166, 365, 389, 390, 392, 482, 489, 499, 505, *515>
- Speicher / spichlerze: <104, 107, 113, 149, 165>
- Taufe / chrzścielnica: <131–133, 138>
- Triumphkreuz / krzyż belki tęczowej: <86>
- Turm / wieża: <497, 511, *512>
- Weihrauchfass / pojemnik na kadzidło: <93>
- Danzig, Petershagen / Zaroślak/Peterszawa: <109, 220>
- Danzig, Pfarrspielgrenzen / granice parafii: <20–23>
- Danzig, Radaune / Radunia: <22, 71, 76, 88, 93, 109, 137, 147, 188, 189, 203, 207, 257>
- Danzig, Rathaus (rechtstädtisches) / Ratusz Głównego Miasta: <137, 282, 286, 288, 312, 318, 334, 441, 460, 465>
  - Wettstube / izba wety: <286>
  - Kammerei / izba kamlarii: <494, 511, 534>
- Danzig, Rossmarkt / Targ Konny: <21>
- Danzig, Sandgrube / Piaskownia: <22, 157, 211–213, 232>
- Danzig, Schäfferei / Szafarnia: <23>
- Danzig, Schloß / zamek krzyżacki: <10b, 10c, 10d, 20, 21, 23>
- Danzig, Silberhütte / Hucisko: <71>
- Danzig, St. Bartholomäus / kościół Św. Bartlomieja: <22, 275, 407, 442>
- Danzig, St. Barbara / kościół Św. Barbary: <21, 31, 122, 125, 137, 275, 407, 442>
- Danzig, St. Jakob / kościół Św. Jakuba: <37, 137, 276, 545, 546>
- Danzig, St. Johann / kościół Św. Jana: <21, 116, 276, 286, 495>
- Danzig, St. Katharinen / kościół Św. Katarzyny: <21, 50–52, 84, 274, 276, 474, 544, 547>
- Danzig, St. Peter und Paul / kościół Św.Św. Piotra i Pawła: <21, 84, 270, 275, 301, 309, 385, 437, 545>
- Danzig, Stadtbrand / pożar miasta: <27, 110, 124, 125>
- Danzig, Stadttore / Gdańsk, bramy miejskie:
  - Bischofsturm / Wieża Biskupia: <203>
  - Glockentor [Gießerei] / Wieża Dzwonów [Ludwisarnia] : <213>
  - Hl. Leichnams Tor / Bożego Ciała: <218, 219, 225>

Ortsverzeichnis / spis miejscowości 731

- Hohes Tor / Wyżynna: <93, 145, 148, 213, 214, 225, 230>
- Holztor / Drzewna: <225>
- Johannestor / Świętojańska: <75>
- Krahntor / Bramia Żurawia (Szerokouliczna): <10a>
- Karrentor /Karowa: <27, 42, 109, 224>
- Milchkanne / Stągiewna: <125, 180, 224>
- Neues Tor / Nowa: <31, 109, 224>
- Werdertor / Żuławska: <31, 114>
- Danzig, Stolzenberg / Chełm: <176, 212, 232>

Danzig, Straßen / Gdańsk, ulice:
- Baumgartsche Gasse / Heweliusza: <22>
- Breitgasse/ Szeroka: <21>
- Brotbankengasse / Chlebnicka : <21>
- Drehergasse / Tokarska: <10a, 75>
- Elisabethgasse / Elżbietańska: <21>
- Frauengasse / Mariacka: <466>
- Fischergasse / Straganiarska: <21, 27>
- Fischmarkt / Targ Rybny: <286, 287>
- Haus von Keckermann / dom Keckermanna: <286–288>
- Holtergasse (Holzgasse?) / Kładki: <21>
- Heilig-Geist-Gasse / Św. Ducha: <21, 29, 31, 105>
- Hoppenbruch / Ubocze: <22>
- Hundegasse / Ogarna: <21>
- Johannisgasse / Św. Jana: <21>
- Kalkgasse / Wapienna (Rajska): <22>
- Korkenmacher Gasse 7 / Szewska: <112>
- Langgasse / Długa: <20, 39>
- Langenmarkt / Długi Targ
- Eisenwaage / Waga żelazna: <318>
- Lastadie / Lastadia, Łasztownia: <21>
- Mattenbuden / Szopy: <21>
- Netlergasse (Altstadt) / Igielnicka (Stare Miasto): <155>
- Petershagengasse / Peterszawa, Zaroślak: <22>
- Petersiliengasse / Warzywna: <75>
- Pfaffengasse/ Klesza: <53, 58, 85>
- Pfeffergasse / Korzenna: <21>
- Poggenpful / Żabi Kruk: <21>
- Schnuffelmarkt / Targ Wąchany (?): <466>
- St. Bartholomäus Gasse / Św. Bartłomieja: <22>
- Tobiasgasse / Tobiasza: <21, 27, 148>
- Trippenmachergasse / Szewska: <46, 83>
- Wolfshagen / Rzeźnicka: <21>
- Wollwebergasse / Tkacka: <30>
- Danzig, Teerhof / Dwór Smolny: <86, 91, 101, 104, 181, 224>

- Danzig, Vorstadt / Przedmieście: <7, 19, 21, 27, 31, 42, 77, 109, 224>
- Danzig, Zimmerhof / Dwór Ciesielski: <180>
- Deutschland / Niemcy: <189, 299, 300, 396, 399, 442, 466, 518>
- Dirschau / Tczew: <90, 179, 195, 199, 210, 211, 259, 263>
- Dresden / Drezno: <406>
- Elbing / Elbląg: <61, 135, 187, 190, 191, 210, 258, 259, 378, 431, 451, 546>
- Embderland: <406>
- England / Anglia: <134>
- Erfurt: <142>
- Finnland / Finlandia: <372, 375>
- Fischhausen / Primorsk: <56>
- Flensburg: <472>
- Frankreich / Francja: <161, 163, 434>
- Frauenburg / Frombork: <257>
- Frisches Haff / Zalew Wiślany: <76>
- Fürstenwerder / Żuławki: <547>
- Gilgenburg / Dąbrówno: <9>
- Gnesen / Gniezno: <72, I5>
- Gotland / Gotlandia: <193>
- Graudenz / Grudziądz: <143>
- Grodno: <285>
- Grunwald: <9>
- Guteherberge / Lipce: <255>
- Güttland / Koźliny: <210>
- Hanau: <395, 454>
- Heiligenbrunn / Studzienka: <255>
- Hela / Hel: <24, 32, 63, 187, 190>
- Holstein / Holsztyn: <472>
- Jankendorf / Jankowo Żuławskie: <207, 237>
- Jędrzejów [Jendrzeiova]: <168>
- Jungfer / Marzęcino: <546>
- Käsemark / Kiezmark: <114, 233>
- Klein Marienburger Werder/ Małe Żuławy Malborskie: <546>
- Kowall / Kowale: <206, 255>
- Koyau [Coya] / Kujawy: <18, 324, 326>
- Königsberg / Królewiec: <33, 66, 68, 135, 142, 228, 234, 446, 453, 454, I14>
- Königsberger Tief / Głębia Królewiecka: <66, 256, 260>
- Krakau [Krakaw] / Kraków: <70, 72, 84, 95, 102, 161, 162, 168, 183, 184, 267, 305, 320, 424, 431, 434, 457, 458>
- Schloß / zamek: <9>
- Krampitz / Krępiec: <5>
- Kriefkohl [Krifekoel] / Krzywe Koło: <210>
- Langenau / Łęgowo: <189, 196>
- Leslau / Włocławek: <5, 20, 51, 191, 192, 204, I12>

Ortsverzeichnis / spis miejscowości 733

- Liebschau [Lubeschaw] / Lubiszewo Tczewskie: <196–197, 200, 208, 263>
- Litauen / Litwa: <7, 9, 72, 121, 167, 169, 299, 304, 332>
- Livland / Łotwa: <25>
- Löbau / Lubawa: <170>
- Löblau / Lublewo: <206>
- Lobsob / Lobzów: <424, 425>
- Lochstädt / Baltijsk-Pavlovo: <10>
- London / Londyn: <134>
- Lübeck / Lubeka: <122, 202, 472, 474>
- Luckau / Łuków: <30>
- Magdeburg: <261, 509>
- Marienburg / Malbork: <6, 9, 10, 10d, 11, 16, 38, 61, 74, 96, 134, 170–172, 205, 259–261, 265–267, 314, 331, 372, 378, 509, I11, I23>
- Marienwerder / Kwidzyn: <547>
- Masowien / Mazowsze: <63>
- Mecklenburg / Meklemburgia: <202>
- Meissen / Miśnia: <546>
- Mewe / Gniew: <10, 10f, 11, 25, 26, 171, I11>
- St. Georg-Kapelle / kaplica zamkowa św. Jerzego: <26>
- Mirchau / Mierachowo: <374>
- Mohrungen / Morąg: <33>
- Mönchengrebin [Grebyn] / Grabiny Duchowne: <176, 179>
- Moskau / Moskwa: <472>
- Mottlau / Motława: <23, 31, 63, 82, 110, 114, 181, 207, 220, 221, 225, 536>
- Müggau / Migowo: <255>
- Mühlbanz [Millebantz] / Miłobądz: <251>
- Nehrung, Frische Nehrung / Mierzeja Wiślana: <32, 66, 207, 233–235, 237, 245, 255, I14>
- Neuendorf / Nowa Wieś : <32>
- Neugarten / Nowe Ogrody: <22, 88, 157, 211, 212>
- Neustettin / Szczecinek: <546>
- Neuteich / Nowy Staw: <547>
- Niederlande (Holland) / Niderlandy (Holandia): <134, 157, 268, 406, 434, 442>
- Nenkauer See / jezioro Jasień: <42>
- Nogat: <135>
- Österreich / Austria: <304>
- Ohra / Orunia: <188, 255, 545>
- Oliva / Oliwa: <145, 149, 188, 265, 305, 323, 324, 333, 357, 359, 374, I12>
- Osnabrück: <534>
- Osterode / Ostróda: <9>
- Pelplin: <323, 357>
- Petrikau / Piotrków Trybunalski: <33, 59, 95, 135, 151, 348, I9>
- Petershagen / Peterszawa, (Zaroślak): <88, 220, 222f, 229, 231>
- Pietzkendorf / Piecki: <255>

– Pintzen (?) / nieustalone: <547>
– Płock: <63, 169, 336>
– Polen (Krone) / Polska (Korona): <6, 8, 9, 11, 18, 32, 33, 59, 72, 299, 304, 321, 322, 323, 328, 343–344, 347, 360, 378, 379, 381, 408, 430, 440, 484>
– Pommern / Pomorze: <202, 378>
– Pomehrendorf (Pommirendorf) / Pomorska Wieś: <343, 546>
– Praust / Pruszcz Gdański: <173, 189, 203, 207, 211, 255>
– Preußen / Prusy: <III, 2, 4, 5, 16, 20, 32, 33, 68, 72–74, 112, 133, 135, 145, 148, 149, 151, 167–169, 171, 172, 186, 189, 190, 199, 216, 228, 237, 260, 261, 325, 332, 344, 347, 350, 351, 395>
– Putzig / Puck: <361, 374, 546>
– Radzonc / Radziądz: <334>
– Rehden [Reden] / Radzyń Chełmiński: <169>
– Regensburg: <169, 176>
– Resehöffde (Rixhöft – Rozewie?): <190>
– Reval (Tallinn) / Rewel: <25>
– Rom / Rzym: <10e, 380, 381, I19>
– Rosenberg / Susz: <29, 189, 196>
– Rosental: <175>
– Rostock / Rostok: <25>
– Rügenwalde / Darłowo: <404>
– Scheute (Frische Nehrung, nicht mehr existent) / na Mierzei, obecnie nie istnieje: <32>
– Schidlitz / Siedlce: <22, 88, 114, 157, 211, 235, 241, 358, 359, 369>
– Schlesien / Śląsk: <76, 343, 448>
– Schöneck / Skarszewy: <58, 423>
– Schönenwalde (Schönwalde) / Szemud: <431, 462>
– Schönfeld / Łostowice: <5, 30, 40, 60, 176, 212>
– Schönsee (?) / Jeziernik (?): <546>
– Schüddelkau / Szadółki: <206, 255>
– Schweden / Szwecja: <25, 304, 314, 316, 318, 320, 371, 372, 374, 375>
– Schwetz / Świecie: <29>
– Siebenbürgen / Siedmiogród: <168, 183, 184, 234, 267>
– Smolensk / Smoleńsk: <472, 473>
– Schmolin / Smolno: <361>
– Sobowitz / Sobowidz: <207>
– Solms (Grafschaft) / hrabstwo Solms: <469>
– Sopotzyn (Zoppot?) / Sopot?: <36>
– Spanien / Hiszpania: <157, 160>
– Stangenwalde (Polschendorf) / Polska Wieś: <17, 35>
– Stockholm: <375>
– Stolzenberg / Chełm: <356>
– Stralsund: <25, *513>
– Stuhmsdorf / Sztumska Wieś: <545>
– Stublau / Steblewo: <546>

- Stutthof / Sztutowo: <207, 255–257>
- Tannenberg / Stębark: <9>
- Tempelburg / Krzyżowniki: <255>
- Thansee (Tansee) / Świerki: <547>
- Thorn / Toruń: <10e, 10f, 32, 33, 61, 72, 91, 92, 135, 172, 177, 181, 182, 187, 194, 323, 332, 334, 336, 337, 340, 448, 474, I11, I12, I18>
- Tolkemit / Tolkmicko: <257>
- Trebin (?) / nieustalone: <547>
- Trient / Trydent: <299>
- Truntzen (?) / nieustalone: <547>
- Utrecht: <134>
- Warschau / Warszawa: <137, 158, 160, 161, 186, 304, 348, 366, 370, 372, 377, 381>
- Weichsel / Wisła: <31, 76, 114, 135, 155, 194, 199, 201, 207, 214, 219, 233, 236, 237, 243, 247, 249, 257, 305, 337>
- Weichselmünde / Wisłoujście: <66, 148, 179, 195, 201, 203, 207, 214, 225, 233–235, 241–252, 262, 320, 375, 545>
- Wien / Wiedeń: <168>
- Wilna / Wilno: <121, 133>
- Wismar: <25>
- Wittenberg / Wittenberga: <116, 142, 168>
- Woynaw / Wojnowo: <40>
- Wolborß / Wolbrz: <348>
- Wonneberg / Winnica: <206, 212, 255>
- Wotzlaff / Wocławy: <394>
- Zepelcke [Zepeelcke] (?): <17, 35>
- Zopkau / Subkowy: <352, 356–388>
- Zuckau [Suckaw] / Żukowo: <333, 366>

Personenverzeichnis / spis osobowy

Die Ziffer oder Ziffern am Ende einer Personenbezeichnung beziehen sich auf die zwischen spitzen Klammern gesetzten Seitenangaben im Editionstext. / Liczba lub liczby umieszczone w nawiasach kątowych na końcu hasła osobowego odnoszą się do stron edycji źródłowej.

- Achtelen, Johan von, mietete 1601 einen Platz im Gestühl der Marienkirche / w 1601 wynajął miejsce w ławie w kościele NMP: <383>
- Adamus (Adami), Jacob (†1618), ab 1603 Prediger in der Elisabeth-Kirche / od 1603 kaznodzieja w kościele św. Elżbiety, Lit.: Rhesa, s. 81: <404, 405, 407, 468, 469>, Index: <I20, I22>
- Albertus, Gnesener Kleriker / gnieźnieński kleryk (erwähnt/wymieniony w 1497): <66>
- Albertus, Johannes: Index: <I2, I5>
- Albrecht von Brandenburg (1490–1568), Hochmeister des Deutschen Ordens / wielki mistrz zakonu krzyżackiego (1511–1525) und Herzog von Preußen / książę pruski (1525–1568), Lit.: NDB 1, S. 171–173, PSB 1, S. 48–52: <78, 88, 91, 133, 145, 148>, Index: <I6>
- Albrecht Friedrich, Herzog von Preußen/książę pruski (1553–1618), Lit.: ADB 1, S. 310–314, PSB 1, S. 52–54: <151>
- Alexander, ehem. Franziskanermönch und lutherischer Prediger der Marienkirche / były mnich franciszkański, kaznodzieja luterański w kościele NMP (1524/25), Lit.: Rhesa, S. 30: <95>
- Alexander der Jagiellone / Aleksander Jegiellończyk, polnischer König/król Polski (1501–1506): <72, 74–76>, Index: <I5>
- Alexander, Jonas: <388>
- Amster, Gregor von, ab 1611 Kirchenvater der Marienkirche / od 1611 witryk w kościele NMP: <II/3, 492, 493, 520, 525, 537, 541>
- Anefeld, Gottschalck von (erwähnt/wymieniony w 1577): <248>
- Angermünde, Johann, Danziger Bürgermeister / burmistrz Gdańska (um/ok. 1425–1482), Lit.: Zdrenka: Biogramy, Nr. 11: <41>
- Anna Maria, Herzogin von Preußen / księżna pruska (1532–1568): <148>
- Anna Jagiellonica / Anna Jagiellonka (1523–1596), Königin von Polen / królowa Polski: <167, 169>
- Anna von Österreich-Steiermark / Anna Habsburżanka (1573–1598), Erzherzogin, Tochter von Erzherzog Karl, Bruder von Kaiser Maximilian II., Königin von Polen und Schweden, erste Gemahlin von Sigismund III. Wasa, Mutter von Wladislaw IV. / córka arcyksięcia Karola brata cesarza Maximilian II, królowa Polski i Szwecji, pierwsza żona króla Zygmunta III Wazy, matka króla Władysława IV: <313, 314, 320>
- Anshelm [Dulcet Anselmus], Organist in der Marienkirche / organista w kościele NMP (erwähnt/wymieniony w 1569): Lit.: Rauschning, S. 32–33, 47 : <151>

- Anthonius (Friese), Julius, Orgelbauer, tätig 1575 in Hamburg, um/ok. 1579 in Lübeck und 1585 in der Marienkirche / budowniczy organów w kościele NMP w 1585 r. Lit.: Rauschning, s. 10–11,49–50: <270–271, 480>
- Arend, Tischlermeister / mistrz stolarski (erwähnt/wymieniony w 1530): <102, 103, 107, 108>
- August von Sachsen (1526–1586), Kurfürst von Sachsen / książe elektor saski, Lit.: NDB 1, S. 448–450: <261>
- Augustin, Peter, Kirchenvater der Danziger Marienkirche / witryk w kościele NMP (1471–1493): <34, 36, 38, 40, 43, 45, 46–48, 50, 52, 57–59>
- Aweram, Gert (erwähnt/wymieniony w 1484): <47>
- Backer, Henrich, Kirchenvater der Danziger Marienkirche / witryk w kościele NMP (erwähnt/wymieniony w 1446): <15>
- Bahr, Simon (1543–1606), Danziger Kaufmann und königlicher Faktor, von Sigismund III. 1601 in den Adelsstand erhoben / gdański kupiec i faktor królewski, nobilitowany w 1601 r. przez Zygmunda III, Lit.: SBPN, 1, S. 54 : <528, 532>
- Baisen, Georg von, / Jerzy Bażyński, Wojewode von Marienburg / wojewoda malborski (erwähnt/wymieniony w 1526): <96, 97>
- Baisen, Nikolaus von/Mikołaj Bażyński, Wojewode von Marienburg / wojewoda malborski (erwähnt/wymieniony w 1495): <61>
- Balckaw, Hans, Ältermann des Hauptwercks / starszy cechowy: <417, 462>
- Ball, Paul, Kirchenvater der Marienkirche / witryk w kościele NMP (1538–1568): <113, 116, 121, 122, 125, 129–133, 136, 143, 147, 149, 152>, Index: <I8, I9>
- Barbara, Begine in der Pfaffengasse / beginka z ulicy Kleszej (erwähnt/wymieniona w 1487): <58>
- Barbara Zápolya (1495–1515), polnische Königin / królowa Polski: <84>
- Barent, Prediger / kaznodzieja (erwähnt / wymieniony w 1561): <141>
- Báthory von Somlyo, Christof (1530–1581), Woiewode von Siebenbürgen / wojewoda siedmiogrodzki: <234>
- Barteld, Peter (erwähnt/wymieniony w 1484): <47>
- Bartsch, Peter (1507–1590), Sohn des Schöffen und Ratsherrn Michael Bartsch, Kirchenvater der Danziger Marienkirche (1563–1590) / syn ławnika i rajcy Michaela Bartscha (?), witryk kościoła NMP (1563–1590), Lit.: Weichbrodt 1, S. 33, Zdrenka: Biogramy, Nr 30: <143, 147, 149–155, 163, 167, 285, 310>
- Bautzen, Anthonius von, Orgelbaumeister / budowniczy organów (erwähnt/ wymieniony w 1546): <124>
- Bazener, Johann, (um/ok. 1380–1430), Danziger Ratsherr und Bürgermeister / gdański rajca i burmistrz, Lit.: Zdrenka: Biogramy, Nr. 20: <13>
- Becher, Sebald (erwähnt/wymieniony w 1527): <100>, Index: <I7>
- Behme, Peter, (1523–1601), Danziger Ratsherr, Bürgermeister und Burggraf / gdański burmistrz i burgrabia, Lit.: Zdrenka: Biogramy, Nr. 49: <175, 176, 205, 208, 217>
- Behme, Thomas: <388>
- Beke, Gerhard von der, (um/ok. 1380–1430), Danziger Ratsherr und Bürgermeister / gdański rajca i burmistrz, Lit.: Zdrenka: Biogramy, Nr. 52: <10e-f>

- Békés, László de Kornyáth (Władysław Bekiesz) († nach 1600), Starost von Fraustadt/ Wschowa, Hofmann König Sigismunds III. / starosta wschowski, brasławski, dworzanin króla Zygmunta III, Lit.: PSB, 1, S. 402: <375>
- Bekus, Caspar (erwähnt/wymieniony w 1577): <213>
- Benning, Gerd, Glockengießer (seit 1539) / ludwisarz (mistrz od 1539): <19>
- Berend, George (um/ok. 1542–1600), Brauer, Vertreter der Dritten Ordnung / piwowar, przedstawiciel T.O., Lit.: Weichbrodt 1, S. 59: <359>
- Berge, Henrich von dem, Kirchenvater der Marienkirche / witryk kościoła NMP (erwähnt/wymieniony w 1446): <15>
- Bergmann, Georg (um/ok. 1545–1604), Danziger Schöffe und Kämmerer / gdański ławnik i kamlarz, Lit.: Zdrenka: Biogramy, Nr. 75: <166, 320, 321, 323, 332, 351, 356, 360, 362>
- Bibel, Casper (erwähnt/wymieniony w 1575): <165>
- Bischoff, Philip (1400–1483), Danziger Ratsherr, Bürgermeister und Inspektor der Marienkirche / gdański rajca, burmistrz i nadzorca zarządu kościoła Mariackiego (1479–1483), Lit.: Zdrenka: Biogramy, Nr. 87: <41, 44, 45>
- Bischoff, Philip II, (um/ok./ok. 1468–1535) Danziger Ratsherr, Bürgermeister und Inspektor der Marienkirche / gdański rajca, burmistrz i nadzorca kościoła Mariackiego (1524–1535), Lit.: Zdrenka: Biogramy, Nr. 88: 87, 94–98, 105, 108, Index: <3, 7>
- Bitsyn, Conrad, Pfarrer zu Rosenberg und Schwetz, Vikar zu Kulm / proboszcz w Świeciu, wikary w Chełmnie (erwähnt/wymieniony w 1464): <29, 30>, Index: <I2>
- Blasius, Orgelbaumeister / budowniczy organów (erwähnt/wymieniony w 1510): <77>
- Blixe, Brosius, Bötticher /bednarz (erwähnt/wymieniony w 1536): <110>
- Blocke, Abraham von dem, (um/ok. 1572–1628), Danziger Bilderhauer / rzeźbiarz gdański, Lit.: APrB 1, S. 61f, SBPN, 1, 115–117: <533>
- Blome (Blum), Jochim, ab 1600 Maurer der Marienkirche / murarz kościoła NMP od 1600 r.: <380, *514–515>, Index <I19>
- Blömecke, Hans, Kirchenvater der Marienkirche / witryk kościoła NMP (1526–1541): <98, 100, 101, 103, 104, 106, 108, 112–114>
- Bobart, Conrad (Cord) von, (1535–1597), Kirchenvater der Marienkirche / witryk w kościele NMP, Lit.: Weichbrodt, 1, S. 65: <310, 312, 314>
- Bobart, Henrich von (1551–1602), Kaufmann / kupiec, Lit.: Weichbrodt 1, S. 65: <381>
- Böbbertsen, Johan, Danziger Hauptmann / dowódca wojsk gdańskich (erwähnt/wymieniony w 1577): <244>
- Böbel, Caspar, Danziger Hauptmann / dowódca wojsk gdańskich (erwähnt/wymieniony w 1577): <244>
- Bock, Abraham von (1531–1603), Gesandter des sächsischen Kurfürsten / poseł saskiego księcia elektora, Lit.: ADB 2, S. 762: <261, 264>
- Bodeck, Nickel von (erwähnt/wymieniony w 1617): <*515>
- Bodeck, Valentin von (1578–1635), Danziger Schöffe, Ratsherr und Bürgermeister / ławnik, rajca i burmistrz gdański, Lit.: Zdrenka: Biogramy, Nr. 110: <532>

- Böger, Baltzer, städtischer Schmied / kowal miejski (erwähnt/wymieniony w 1610): <468>
- Bolner, Daniel, mietet 1601 einen Platz im Gestühl der Marienkirche / w 1601 wynajął ławę w kościele NMP: <383>
- Bona Sforza (1494–1557), polnische Königin / królowa Polski: <87, 139>, Index: <I6>
- Bornamissa, Janus, ungarischer Rittmeister / węgierski rotmistrz (erwähnt/wymieniony w 1577): <197, 216, 217, 221>
- Bötticher, Eberhard (1554–1617), Danziger Kaufmann, Chronist, Vertreter der Dritten Ordnung, Kirchenvater der Marienkirche / kupiec gdański, kronikarz, przedstawiciel T.O., witryk kościoła NMP, Lit.: APrB 1, S. 67, SBPN, Supl.2, S. 45: <I, IV, 1, 164, 388, 389, 413, 417, 424, 425, 430, 444, 453, 455, 460, 467, 470–472, 492, 493, 495, 504, 520, 525, 535, 537, 541, *513>
- Borckmann, Andreas (1560–1616), Danziger Patrizier, Schöffe und Bürgermeister / gdański patrycjusz, ławnik i burmistrz, Lit.: Zdrenka: Nr. 128: <*514>
- Bovantonte, Christinus von, Leslauer Domherr / kanonik włocławski (erwähnt/wymieniony w 1497): <64>
- Brackermann, Conrad (um/ok. 1552–1624), Pfarrer der Marienkirche / pastor w kościele NMP, Lit.: Rhesa, S. 34, Weichbrodt 1, S. 86: <398, 401>
- Brakermanii Haußfraw / żona Brakermana, Index: <I20>
- Brambecke, Albrecht, Kirchenvater der Marienkirche / witryk kościoła NMP (1474–1481): <36, 38, 40, 44>
- Brand, Hans, Maurermeister / mistrz murarski (erwähnt/wymieniony w 1485): <48, 49>
- Brand, Reinhold (1567–1623), Vertreter der Calvinisten in der Dritten Ordnung / przedstawiciel kalwinów w T. O., Lit.: Weichbrodt 1, S. 91: <424, 430>
- Brandes, Brigitte, ab 1571 Ehefrau des Ratsherrn Johann Schwartzwald / żona (od 1571) rajcy Johanna Schwartzwalda: <438>
- Brandes, Diethard (1551–1603), Münzmeister / mincerz, Lit.: Weichbrodt 1, S. 88: <358>
- Brandes, Gerhard (1555–1612), Danziger Bürgermeister / burmistrz gdański, Lit.: Zdrenka: Biogramy, Nr. 139: <383, 387, 419, 420, 422, 423, 433, 434, 437–439, 451, 481, 483>, Index: <I23>
- Brandes, Hans, Kirchenvater der Marienkirche / witryk kościoła NMP (1576–1598): <163, 167>
- Brandes, Johann, (1503–1577), Danziger Ratsherr, Bürgermeister und Inspektor der Marienkirche / gdański rajca, burmistrz i nadzorca zarządu NMP (1554–1577), Lit.: APrB 1, S. 77, Zdrenka: Biogramy, Nr. 140: <116, 137, 143, 146, 147, 149, 150, 152, 154, 163, 167, 202>, Index: <I9, I10, I12>
- Brandes, Johann (Hans), Kichenvater der Marienkirche / witryk kościoła NMP (1587–1598), Lit.: Weichbrodt 1, S. 88: <285, 305, 310, 312, 314, 368>
- Brandner, Caspar, Jurist, Gesandter von Georg Friedrich I. / prawnik, poseł księcia Jerzego Fryderyka I (erwähnt/wymieniony w 1577), Lit.: APrB 1, S. 77: <261>
- Brandt, Barthel (1522–1593), Kaufmann / kupiec, Lit.: Weichbrodt 1, S. 91: <532, 537>

- Brandt, Georg, [Greger], (um/ok. 1455–1525), Danziger Ratsherr, Bürgermeister und Inspektor der Marienkirche / gdański rajca, burmistrz, nadzorca NMP (1522–1524), Lit.: Zdrenka: Biogramy, Nr. 147: <87, 90, 91, 94>, Index: <I6>
- Brandt, Gert, Kirchenvater der Marienkirche / witryk kościoła NMP (1460–1471): <25, 30, 34>
- Brandt, Hans, Glöckner der Marienkirche / dzwonik w kościele NMP (erwähnt/wymieniony w 1571): <152, 153>
- Brandt, Salomon (1548–1618), Danziger Schöffe, Ratsherr und Bürgermeister / ławnik, rajca, burmistrz gdański, Lit.: Zdrenka: Biogramy, Nr.151: <420, 432>
- Brantzyn, Jacob, Danziger Bürger / mieszczanin gdański (erwähnt/wymieniony w 1465): <30>
- Braun, George, Bürgermeister und königlicher Burggraf in Elbing / burmistrz, burgrabia królewski w Elblągu: <453>
- Brauer, David, mieszczanin gdański, (erwähnt/wymieniony w 1617): <*516>
- Brawart, Antoni, 1605 Vertreter der Dritten Ordnung / przedstawiciel T.O. w 1605 r.: <437>
- Brede, Martin, 1579 als Pfarrer in Käsemark angestellt / ordynowany w 1579 na pastora w Kiezmarku: <545>
- Breden, Hans (erwähnt/wymieniony w 1535): <108>
- Brettschneyder, Johann (erwähnt/wymieniony w 1569): <150, 151>
- Bröcker, Johann und Catharina, Danziger Bürger / mieszczanie gdańscy (erwähnt/wymienieni w 1484): <47>
- Brosaeus (Brosovius), Johannes († 1596), Prediger in St. Jakob und ab 1584 in St. Bartholomäus / kaznodzieja w św. Jakubie, od 1584 w św. Bartłomieju, Lit.: Rhesa, S. 53: <66, 275, 545>
- Bruen, Klaus (erwähnt/wymieniony w 1442), Danzig, Kirchenvater / witryk (?): <14>
- Buck, Georg (Marten) (um/ok. 1430–1503), Danziger Schöffe / ławnik (ab 1461), Ratsherr / rajca (ab 1464) und Bürgermeister / burmistrz (ab 1484) und Inspektor der Marienkirche / nadzorca kościoła NMP (1501–1503), Lit.: Zdrenka: Biogramy, Nr. 104: <48, 53, 55, 72, 74, 75>, Index: <I3>
- Buckvitz, Baltzer, mietet 1601 einen Sitz im Gestühl der Marienkirche / 1601 wynajął miejsce w ławie w kościele NMP: <388>
- Budding, Herman, Kirchenvater der Marienkirche / witryk w kościele NMP (erwähnt/wymieniony w 1442–1446): <14, 15>
- Buerler, Robert: Index: <I14>
- Burghard, Franciscus, lutheranischer Prediger in der Marienkirche / luterański kaznodzieja w kościele NMP (1555–1560), Lit.: Rhesa. S. 31: <135, 139, 140>, Index: <I9, I10>
- Byler, Johann, Danziger Ratsherr / gdański rajca (um/ok. 1385–1434), Lit.: Zdrenka: Biogramy, Nr. 86: <13>
- Calvin, Jean (1509–1564), Reformator / działacz reformacji: <279, 281, 283, 282, 288>
- Catharina, Witwe zu Schonecke (erwähnt/wymieniona w 1487): <58>
- Cema, Achacy [Achatus Cehme/Czema] (um/ok. 1485–1565), pommerellischer Unterkämmerer / podkomorzy pomorski, Lit.: SBPN 1, S. 194f: <97>

- Cikowski [Czykowski], Stanisław, Diplomat im Dienst König Sigismunds III. / dyplomata w służbie króla Zygmunta III, Lit.: PSB 4, S.73: <313>
- Clauß, Junckers: 437
- Coletus, Christoff, mietet 1601 einen Sitz im Gestühl der Marienkirche / 1601 wynajął ławę w kościele NMP: <388>
- Coletus, Michael (1545–1616), ab 1578 Theologie-Professor am Gymnasium und Prediger in der Dreifaltigkeitskirche, ab 1585 an der Marienkirche, erster ordinierter lutherischer Prediger in Danzig / od 1578 profesor teologii w Gimnazjum i kaznodzieja w kościele Św. Trójcy, od 1585 r. w kościele NMP. Pierwszy ordynowany w Gdańsku kaznodzieja luterański, Lit.: Rhesa, S. 33: <154, *512>
- Coletus, Michaelis Haußfraw / żona Michaela Coletusa: Index: <I18>
- Conrad, Johann (um/ok. 1492–1560), Danziger Ratsherr / rajca gdański, Lit.: Zdrenka: Biogramy, Nr. 583: <131>
- Conrad, Prediger / kaznodzieja (erwähnt/wymieniony w 1614): <526>
- Copius, Christoff († 1628), ab 1611 Prediger in der Peter und Paul Kirche / od 1611 kaznodzieja w kościele św. Piotra i Pawła, Lit.: Rhesa, S. 78: <275, 304>
- Cornelius, Bildhauermeister / rzeźbiarz (erwähnt/wymieniony w 1552): <131, 133>
- Coss, Nikolaus/Mikołaj Koss, Offizial / oficjał pomorski (erwähnt/wymieniony w 1565–71): <145–147, 151, 152, 155>
- Cromer [Kromer], Martin/Marcin Kromer (1512–1589), Theologe, Historiker und Bischof von Ermland / teolog, historyk, biskup warmiński. Lit.: NDB 3, S 422, PSB 15, S. 319–325: <130–132>
- Crosinski, Johannis, Leslauer Kleriker / kleryk włocławski (erwähnt/wymieniony w 1497): <66>
- Curäus, Achacius [Achatius Scheres] (1531- 1594), Professor am Gymnasium, ab 1576 Pfarrer von St. Bartholomäus, ab 1590 Pfarrei in Osterwick / profesor w Gimnazjum, od 1576 pastor kościoła św. Bartłomieja, od 1590 r. w parafii w Ostrowite, Lit.: Rhesa, S. 53, 106: <275>
- Kyrill von Alexandria [Cyrilli] / Cyryl Aleksandryjski (378–444), Patriarch von Alexandria / patriarcha Aleksandrii, św.: <276>
- Czarnkowski, Adam Sędziwój (1555–1627), Wojewode von Łęczyca / wojewoda łęczycki, Lit.: PSB 4, S. 214f: <318>
- Dalewyn, Simon, Kirchenvater der Marienkirche / witryk kościoła NMP (1493–1500): <59, 61, 64, 65, 67, 69, 70>
- Dalmer, Hans (um/ok. 1570–1621), mietet 1601 einen Platz im Gestühl der Marienkirche / w 1601 wynajął ławę w kościele NMP, Lit.: Weichbrodt 1, S. 122: <383>
- Damitz, Wolf, Kirchenknecht / pachołek kościelny (erwähnt/wymieniony w 1528): <100>
- Damme, Michel vom (1535–1604), Danziger Hauptmann / dowódca oddziałów gdańskich, Lit.: Weichbrodt 1, S. 124: <225, 249, 381, 381>
- Damyn, Tessen Kleist auf, Gesandter der Herzöge von Pommern / poseł księcia pomorskiego (erwähnt/wymieniony w 1577): <262>
- Dieckman, Matthias (um/ok.1559–1632), Kaufmann, Vertreter der Dritten Ordnung / kupiec, przedstawiciel T.O., Lit.: Weichbrodt 2, S. 176: <424, 455, 462>

- Dilgerus (Dilger), Daniel (1572–1645), ab 1597 Diakon und Pfarrer in St. Katharinen und ab 1626 in St. Marien / od 1597 diakon i pastor w kościele św. Katarzyny, od 1626 r. w NMP, Lit.: Rhesa, S. 34–35: <398>
- Dilliger (Dilger), Paul, Bruder von / brat Gertrud Dilliger, der Ehefrau von Eberhard Bötticher / żony Eberharda Böttichera (erwähnt/wymieniony w 1575): <165>
- Dischler, Johannes, 1579 ordinierter Pfarrer in Stuhmsdorf / w 1579 r. ordynowany na pastora w Sztumskiej Wsi: <545>
- Dombrowsky, Matthias, ab 1575 Prediger in der polnischen Kapelle St. Anna, später in Wilna / do 1575 kaznodzieja w polskim kościele św. Anny, później w Wilnie, Lit.: Rhesa, S. 61: <293>
- Döring, Christophorus: <546>
- Dorn, Paul von (1538–1605), vermutlich identisch mit der bei Weichbrodt erwähnten Person / zapewne tożsamy z wymienionym przez Lit.: Weichbrodt 1, S. 138: <314, 368, 381, 389, 454, 455>
- Dorn, Wilhelm von (1568 - nach/po 1623), Lit.: Weichbrodt 1, S. 138: <383>
- Dorothea, Konventsschwester / siostra konwentualna (erwähnt/wymieniona w 1487): <58>
- Dresselburg, Wilhelm von (erwähnt/wymieniony w 1577): <240>
- Dreyer, Albrecht, Kirchenvater der Marienkirche / witryk w kościele NMP (1478–1497): <40, 41, 43, 45, 46, 48, 50, 52, 57–59, 61, 63>
- Drost, Jacob, Danziger Fähnrich / gdański chorąży (erwähnt/wymieniony w 1577): <199>
- Durander, (Hartmann) Nicolaus († 1604), ab 1603 Pfarrer in St. Katharina / od 1603 r. pastor w kościele św. Katarzyny: Lit.: Rhesa, S. 48: <398>
- Duringer, Hans, Uhrmachermeister aus Thorn / zegarmistrz toruński (erwähnt/ wymieniony w 1464): <28, 29>, Index: <I2>
- Dusemer, Heinrich, Hochmeister des Deutschen Ordens/wielki mistrz zakonu krzyżackiego (1345–1351), Lit.: NDB 8, S. 378: <4>, Index: <I1>
- Działyński, Jan, [Johann Dzialinski] (1510–1583), Woiewode von Kulm / wojewoda chełmiński, Lit.: SBPN 1, S. 365f: <213, 216>
- Dzierzgowski, Mikołaj, [Nicolaus Dzwerkowsky] (1490–1559), Bischof von Kulm, Leslau und Erzbischof von Gnesen / biskup chełmiński, włocławski, arcybiskup gnieźnieński, Lit.: SBPN 1, S. 376f: <117, 119>
- Eger, Jochim, Jurist, Gesandter der Herzöge von Pommern / poseł księcia pomorskiego (erwähnt/wymieniony w 1577): <262>
- Egert, Hans, (um/ok. 1440–1491), Danziger Ratsherr, Vorsteher der St. Olai Kapelle / gdański rajca, zarządca kaplicy św. Olaia w kościele NMP, Lit.: Zdrenka: Biogramy, Nr. 202: <41>
- Ehler, Joachim, (1527–1595), Danziger Ratsherr und Kirchenvater der Marienkirche / witryk w kościele NMP (1568–1571), Lit.: Zdrenka: Biogramy, Nr. 211: <147, 150–152, 217>
- Elden, Greger von, Kirchenvater der Marienkirche / witryk w kościele NMP (1499–1500): <69, 70>
- Elisabeth von Habsburg / Elżbieta Rakuszanka (1437–1505), polnische Königin: <75>, Index: <I5>

- Elisabeth von Habsburg (1526–1545), polnische Königin / królowa Polski: <121>, Index: <I9>
- Engelcke, Benjamin (erwähnt/wymieniony w 1617): <*516>
- Erfurt, Baltzer von, Danziger Leutnant / gdański porucznik: <206>
- Erich II. (1528–1584), Herzog zu Braunschweig-Lüneburg / książę brunszwicko-luneburski, Lit.: NDB 4, S. 584f: <145, 148>, Index: <I10>
- Erich, Jeremias, Danziger Bürger / mieszczanin gdański (erwähnt/wymieniony w 1617): <*516>
- Erlichshausen, Konrad, [Conrad von Ehrlichshausen], Hochmeister des Deutschen Ordens / wielki mistrz zakonu krzyżackiego (1441–1449), Lit.: NDB 12, S. 1518f: <14, 16>, Index: <I1>
- Erlichshausen, Ludwig, [Ehrlichshausen], Hochmeister des Deutschen Ordens / wielki mistrz zakonu krzyżackiego (1450–1467), Lit.: NDB 15, S. 407f: <16, 33>, Index: <I1>
- Ernst, Erzherzog von Österreich / arcyksiążę Austrii (1553–1595), Lit.: NDB 4, S: 617: <160>
- Ernst Ludwig, Herzog von Pommern-Wolgast/książę Pomorza-Wolgast (1545–1592), Lit.: NDB 4, S. 619f: <262>
- Euteman, Gert: mietete 1601 einen Platz im Gestühl der Marienkirche / 1601 wynajął miejsce w ławie w kościele NMP: <388>
- Fabricius, Thomas: <324, 367, 511, 513, 516, 517, 525, >, Index: <I19, I23>
- Fabritius (Schmidt), Jacob (1551–1629), erster Rektor des akademischen Gymnasiums, den Calvinisten verbunden / pierwszy rektor Gimnazjum Akademickiego związany z kalwinami, Lit.: SBPN 1, S. 396–397, APrB 1, S. 173: <269, 311, 352, 355, 363, 364, 394, 395, 421, 270, 271, 275, 274, 422, 438, 453, 454>
- Falcke, Dirick, Kirchenvater der Marienkirche / witryk kościoła NMP (1515–1527): <84, 85, 87, 89, 91, 98>, Index: <I5>
- Falcke, Henrich (1447–1505), Danziger Ratsherr, Bürgermeister und Inspektor der Kirchenfabrik / gdański rajca, burmistrz i nadzorca NMP (1503–1505), Lit.: Zdrenka: Biogramy, Nr. 243: <75>, Index: <I5>
- Farenheidt, Christophorus († 1611), Prediger in Ohra, ab 1602 in Wotzlaff / kaznodzieja w Oruni, od 1602 r. w Wocławach, Lit.: Rhesa, S. 86, 114: <394>
- Farensbach, Georg (1552–1602), Offizier und Danziger Oberbefehlshaber / oficer, głównodowodzący gdańskich oddziałów 1577, Lit.: APrB 1, S. 177: <208, 226, 229, 240, 244, 245, 248, 255>
- Fastelabend, Jacob (1588–1617), Vertreter der Calvinisten in der Dritten Ordnung / przedstawiciel kalwinów w T.O., Lit.: Weichbrodt 2, S. 232: <138, 413>
- Fechtelde, Cyriacus von, Danziger Quartiermeister / gdański kwatermistrz (erwähnt/wymieniony w 1576/77): <175, 205, 219>
- Federschen, Hans, Schalherr der Marienkirche / w kościele NMP (erwähnt/ wymieniony w 1614): <*511, *512>
- Feldman, Daniel (um/ok. 1571–1636), mietete 1601 einen Platz im Gestühl der Marienkirche / 1601 wynajął miejsce w ławie w kościele NMP, Lit.: Weichbrodt 2, S. 238: <388>

- Feldstedt, Roloff (um/ok. 1468–1529), Danziger Ratsherr und Bürgermeister / gdański rajca i burmistrz, Lit.: Zdrenka: Biogramy, Nr. 252: <100>
- Ferber, Eberhard (1463–1529), Danziger Ratsherr, Bürgermeister und Inspektor der Marienkirche / gdański rajca, burmistrz i nadzorca kościoła NMP, Lit.: APrB 1, S. 179; SBPN 1, S. 410f; Zdrenka: Biogramy, Nr. 254: <81, 87, 89, 90>, Index: <I5>
- Ferber, Hillebrand, Danziger Bürger / mieszczanin gdański (erwähnt/wymieniony w 1521): <90>
- Ferber, Johann (1430–1501), Danziger Bürgermeister und Inspektor der Marienkirche (1483–1501) / gdański burmistrz, nadzorca kościoła NMP, Lit.: APrB 1, S. 180, PSB 4, S. 417, SBPN 2, S. 412f: <45, 64, 67, 72, 74>, Index: <I4>
- Ferber, Konstantin (1520–1588), Ratsherr, Bürgermeister, Burggraf und Inspektor der Marienkirche / rajca, burmistrz, nadzorca kościoła NMP, Lit.: SBPN 1, S. 413f; Zdrenka: Biogramy, Nr. 263: <131, 177, 181, 185, 202, 262, 265>, Index: <I12, I16, I17>
- Ferber, Konstantin (1550–1623), Schöffe, königlicher Sekretär / ławnik, sekretarz królewski, Lit.: Zdrenka: Biogramy, Nr. 264; SPBN 1, S. 413–414: <285, 305, 383, *516>
- Ferber, Konstantin (1580–1664), Danziger Schöffe, Bürgermeister und Burggraf / ławnik, burmistrz i burgrabia, Lit.: Zdrenka Biogramy, Nr. 265: <383>
- Ferber, Mauritius (1471–1537), Bischof von Ermland und Pfarrer der Marienkirche / biskup warmiński i proboszcz NMP (1514–1523), Erbauer des Pfarrhauses von St. Marien / budowniczy probostwa NMP, Lit.: APrB 1, S. 181, SBPN 1, S. <414–416>: 86, Index: <I6>
- Ferdinand I. (1503–1564), Kaiser des HRR / cesarz Rzeszy: <121, 133>
- Ferentz, N. (erwähnt/wymieniony w 1577): <213>
- Ficke, Hieronimus (1540–1610), Danziger Schöffe / ławnik gdański: <219>
- Firley, Andrzej (um/ok. 1537–1585), Kastelan von Lublin / kasztelan lubelski, Lit.: PSB 6, S. 474f: <197, 236, 266>
- Firley, Jan (1521–1574), Wojewode von Krakau und polnischer Großmarschall / wojewoda krakowski, marszałek wielki, Lit.: PSB 7, S. 1–6: <148>, Index: <I14>
- Firley, Mikołaj [Fyrley der Junger, Niclas] (1531–1588), polnischer Adliger / szlachcic polski: <213>
- Fischer, Casper (um/ok. 1430–1488), Ratsherr der Danziger Altstadt / rajca Starego Miasta Gdańska, Lit.: Zdrenka: Biogramy, Nr. 286: <51>
- Fischer, David: <457, 467>
- Flasbinder, Andres, (erwähnt/wymieniony w 1520): <88>
- Flugge, Jacob, Kirchenvater der Marienkirche / witryk kościoła NMP (1457–1478): <23–25, 30, 34, 36, 38, 40>
- Förste, Hans, Danziger Ratsherr und Kirchenvater der Danziger Marienkirche / rajca gdański i witryk kościoła NMP (1523–1526): <91, 98>
- Forster, Jost, Vertreter der Dritten Ordnung, mietete 1601 einen Platz im Gestühl der Marienkirche / przedstawiciel T.O. z Kwartału Wysokiego, 1601 wynajął miejsce w ławie w kościele NMP: <388, 413>

- Freter, Georg (erwähnt/wymieniony w 1552): <132>
- Freder, Hermann, Danziger Ratssekretär / sekretarz rady miejskiej w Gdańsku: <164, 391, 432, 440, 466, 482, 498>
- Freter, Joachim: <437>
- Friedewald, Michel (erwähnt/wymieniony w 1568): <148>
- Fiedland, Michel (erwähnt/wymieniony w 1568): <149>
- Friedrich III. (1415–1493), Kaiser des HRR / cesarz Rzeszy: <17>
- Friedrich Jagiello / Fryderyk Jagiellończyk (1468–1503), Kardinal und Erzbischof von Gnesen / kardynał i arcybiskup gnieźnieński, Lit.: PSB 7, S. 167–169: <72, 74>, Index: <I5>
- Friedrich II. (1460–1536), Markgraf von Brandenburg / margrabia brandenburski, Lit.: ADB 7, S. 480: <78>
- Friedrich von Sachsen (Fryderyk saski), Hochmeister des Deutschen Ordens / wielki mistrz zakonu krzyżackiego (1498–1511), Lit.: APrB 1, S. 196f: <68, 72, 78>
- Friccius, Clemens († 1589), Dichter und ab 1566 Professor am Danziger Gymnasium, 1587 entlassen und wieder eingesetzt / poeta, profesor Gimnazjum w Gdańsku od 1566, zwolniony w 1587 r., przywrócony na stanowisko, Lit.: Rhesa, S. 41: <276, 286–288>, Index: <I16>
- Fueß, Joachim, Drucker in Rostock / drukarz w Rostoku: <470>
- Gadde, Greger (erwähnt/wymieniony w 1575): <165>
- Garon, Johan, [Joas], französischer Kapitän von Hakenschützen in Danziger Diensten / francuski dowódca strzelców w służbie gdańskiej (erwähnt/wymieniony w 1577): <239, 245>
- Gast, Hans, Organist / organista (erwähnt/wymieniony w 1527/28): Lit.: Rauschning, S. 10: <100>
- Georg I. von Hessen-Darmstadt (1547–1596) / książę Hesji-Darmstadt, Lit.: NDB 6, S. 215–217: <261>
- Georg der Bärtige (1471–1539), Herzog von Sachsen, Lit.: NDB 6, S.224–227: <68>
- Georg Friedrich I./Jerzy Fryderyk I (1539–1603), Markgraf von Brandenburg-Ansbach-Kulmbach, Administrator des Herzogtums Preußen / margrabia brandenburski, administrator księstwa pruskiego, Lit.: NDB 6, S. 205f: <260, 261>
- Gericus, Franciscus († 1612), ab 1589 Prediger in Fürstenwerder, danach in Stublau / od 1589 r. kaznodzieja w Żuławkach, potem w Steblewie, Lit.: Rhesa, S. 183: <547>
- Gerson, Hans, Kirchenvater der Marienkirche / witryk kościoła NMP (?) (erwähnt/wymieniony w 1442): <14>
- Geschkau, Kasper, [Jeschkau, Caspar] (um/ok. 1520–1584), Abt von Oliva / opat oliwski, Lit.: SBPN 2, S. 41f: <149, 150>
- Gessing, Hans (erwähnt/wymieniony w 1476): <39>
- Geziborski, Andreas (erwähnt/wymieniony w 1576): <168>
- Giese, Albrecht (1524–1580), Danziger Schöffe, Ratsherr und Bürgermeister / ławnik, rajca i burmistrz Gdańska (1578 r.), Lit.: Zdrenka: Biogramy, S. 337: <48>, Index: <I3>

- Giese, Georg, (erwähnt/wymieniony w 1571): <155>
- Giese, Konstantin (1542–1605), Danziger Bürgermeister / burmistrz Gdańska, Lit.: Zdrenka: Biogramy, Nr. 339: <328, 374, 375>
- Giese, Michael (1545/46–1606), herzoglich preußischer Gesandter / poseł księcia pruskiego, Lit.: APrB 1, S. 213: <155>
- Giese, Tiedeman (1480–1550), Bischof von Kulm und Ermland / biskup chełmiński i warmiński, Lit.: APrB 1, S. 213, SBPN 2, S. 53f: <117, 120>, Index: <I7, I9>
- Giese, Tiedeman (1491–1556), Danziger Ratsherr, Bürgermeister und Inspektor der Marienkirche / gdański rajca, burmistrz i nadzorca kościoła NMP (1554–1556), Lit.: Zdrenka: Biogramy, Nr. 343: <100, 134, 137, 143>, Index: <I9>
- Giese, Tideman, Doktor der Rechte / doktor prawa, (erwähnt/wymieniony w 1576): <175>
- Giese Tiedeman, mietete 1601 einen Platz im Gestühl der Marienkirche / 1601 wynajął miejsce w ławie w kościele NMP: <383, 532, *515, *516>
- Glaser, Alexander (1534–1594), Pastor zu St. Barbara / pastor w kościele św. Barbary, Lit.: Rhesa, S. 62: <275>
- Göbel, Caspar (um/ok. 1520/30–1605), Danziger Münzmeister und Hauptmann / gdański mincerz i dowódca wojskowy, Lit.: APrB 1, 218, SBPN 2, S. 73f. <225, 289>
- Goldberg, Cosmas (um/ok. 1490–1531), Danziger Ratsherr und Kirchenvater der Marienkirche / gdański rajca i witryk NMP (1527–1531), Lit.: Zdrenka: Biogramy, Nr. 355: <98, 103>
- Gonetzky, Leonardus (erwähnt/wymieniony w 1577): <192>
- Górka, Andrzej [Gurka, Anders] (um/ok. 1534–1593), Starost in Posen / starosta poznański: <207>
- Górka, Andrzej [Gurcka, Andres von] (um/ok. 1543–1583), Kastelan von Meseritz / kasztelan międzyrzecki, Lit.: PSB 8, S. 405–407: <213>
- Górka, Łukasz, [Gorka, Lucas von] (1482–1542), Kastelan und Woiewode von Posen, Bischof von Kujawien / kasztelan i wojewoda poznański, biskup włocławski, Lit.: PSB 8, S. 409–412: <96>
- Gorzkowice, Jacobus von, Gnesener Kleriker / kleryk gnieźnieński (erwähnt/ wymieniony w 1497): <66>
- Goślicki Wawrzyniec [Goslitzki, Laurentz] (um/ok. 1530–1607), Sekretär des polnischen Königs, Bischof von Kulm und Posen / sekretarz polskiego króla, biskup chełmiński i poznański Lit.: PSB 8, S: 379–382: <216>
- Gostomski, Hieronim († 1609), ab 1592 Wojewode von Posen, anfangs Calvinist, nach Übertrit zum Katholizismus 1589 eifriger Verfechter der katholischen Seite und Anhänger von Sigismund III. / od 1592 r. wojewoda poznański początkowo kalwin; po konwersji na katolicyzm w 1589 r. gorliwy protektor katolicyzmu, zwolennik Zygmunta III, Lit.: PSB 8, S. 364–367: <318>
- Grantzyn, Jacob, Kirchenvater der Danziger Marienkirche / witryk kościoła NMP (1457–1471): <24–25, 30, 34>
- Gratiani, Gonsales, Italiener, Danziger Münzmeister 1577–1587 / Włoch, gdański mincerz działał w latach 1577 - 1587: <358>

- Grawrock, Peter: <437>
- Gregor/Grzegorz XIII., Past / papież (1572–1585): <270–271>
- Greve, Gregor (um/ok. 1450–1496), Pfarrer zu St. Katharinen und Dantziger Offizial / proboszcz w kościele św. Katarzyny, oficjał gdański, Lit.: APrB 1, S. 230, SBPN 2, S. 109: <52, 58>
- Grille, Tewes (erwähnt/wymieniony w 1520): <88>
- Grimm, Abraham von, Danziger Oberstleutnant / gdańsk i dowódca (erwähnt/wymieniony w 1577): <251>
- Gromann, Johann, ab 1575 oder 1578 Prediger in der Kirche von Weichselmünde / kaznodzieja w kościele w Wisłoujściu, ordynowany w 1575 lub w 1578, Lit.: Rhesa, S. 75: >545>
- Gronau, Meister Wentzel, Buchschreiber aus Thorn / pisarz z Torunia (erwähnt/wymieniony w 1523): <91>
- Gross, Bartholomäus [Bartelmes] (um/ok. 1370–1411), Danziger Ratsherr/rajca gdański, Lit.: SBPN 2, S. 121, Zdrenka: Biogramy, Nr. 383: 10b–10d
- Grube, Stephan, Erzbischof von Riga / arcybiskup ryski (1479–1484): 46
- Gruel, Rodolff, Kirchenvater der Danziger Marienkirche / witryk w kościele NMP (1542–1568): <116, 130, 131, 143, 147, 159, 167>
- Grünewald, Hans (erwähnt/wymieniony w 1617): <*516>
- Grunenberg, Abraham von, Gesandter des Kurfürsten von Brandenburg / poseł księcia elektora brandenburskiego (erwähnt/wymieniony w 1577): <261>
- Gruszczyński, Jan [Johannes] (1405–1473), Erzbischof von Gnesen und Bischof von Leslau / arcybiskup gnieźnieński, biskup włocławski, Lit.: PSB 9, S. 55–57: <20>
- Gualterus [Walterus], Johan: <398>
- Gudovius, Joachim, Kaplan an der Marienkirche / kapłan w kościele NMP (erwähnt/wymieniony w 1571), Lit.: Rhesa, S. 32: <154, 156, 544>
- Gurlett/Gurley, Robert, schottischer Kapitän von Hakenschützen in Danziger Diensten / kapitan szkocki, dowódca strzelców w służbie gdańskiej (erwähnt/wymieniony w 1577): <215, 223, 227, 239>
- Gyse, Albrecht (erwähnt/wymieniony w 1485): <48>
- Habicht, Paul, Kantor von St. Peter / kantor kościoła św. Piotra (erwähnt/wymieniony w 1574–1576): <159, 168>, Index: <I11>
- Halbbrodt, Johannes, lutherischer Prediger an der Marienkirche / luterański kaznodzieja w kościle NMP (erwähnt/wymieniony w 1554–1559), Lit.: Rhesa. S. 31: <133, 139>, Index: <I9>
- Hackenberger, Andreas (um/ok. 1574–1627), Komponist, ab 1608 Kapellmeister der Marienkirche / kompozytor, od 1608 kapelmistrz w kościele NMP, Lit.: SBPN 2, S. 152–153: <466>, Index: <I22>
- Hahn, Hermann (1574–1627/1628), Danziger Maler / malarz gdański, Lit.: SBPN, 2, S. 157–159: <*513>
- Hake, Herman, Kirchenvater der Marienkirche / witryk kościoła NMP (1571–1592): <152, 154, 155, 163, 167, 310, 312>
- Halle, Thomas von, Danziger Fähnrich / chorąży gdański (erwähnt/wymieniony w 1577): <199>

Personenverzeichnis / spis osobowy 749

- Hamme, Ulrich von, mietete 1601 einen Platz im Gestühl der Marienkirche / w 1601 r. wynajął miejsce w ławie w kościele NMP: <388>
- Hannecke, Andreas, Ältermann der Schuhmacher / starszy cechu szewców: <424>
- Hans, Bleideckermeister / mistrz dekarski (erwähnt/wymieniony w 1531): <103>
- Hans von Lübeck, Zimmermannsmeister / mistrz ciesielski (erwähnt/wymieniony w 1571): <153>
- Hans, Pastetenbäcker / pasztetnik (erwähnt/wymieniony w 1614): <535>
- Hardeck, Ferdinand Graf zu (1549–1595), kaiserlicher Feldoberst / pułkownik wojsk cesarskich, Lit.: ADB 10, S. 555: <235>
- Harder, Peter (um/ok. 1430–1486), Danziger Ratsherr / rajca gdański, Lit.: Zdrenka: Biogramy, Nr. 411: <48>
- Hartz, Galle von, Danziger Hauptmann / dowódca oddziałów gdańskich (erwähnt/wymieniony w 1577): <208, 225>
- Hartzberger, August († 1577), aus Meißen, 1565–1576 Professor am Gymnasium, Prediger an der Dreifaltigkeitskirche, ordiniert als Pfarrer von St. Katharina / pochodzący z Miśni profesor Gimnazjum 1565- 1576, kaznodzieja w kościele św. Trójcy, ordynowany na pastora w kościele Św. Katarzyny, Lit.: Rhesa, S. 56: <544>
- Haselberg, Hans, mietete 1601 einen Platz im Gestühl der Marienkirche / 1601 wynajął miejsce w ławie w kościele NMP: <388>
- Hatekanne, Henrich (um/ok. 1420–1470), Danziger Ratsherr / rajca gdański, Lit.: Zdrenka: Biogramy, Nr. 416: <28>
- Haverath, Nickel (1541/1542–1618), Danziger Schöffe (ab 1596), Ratsherr (ab 1606) und Richter (ab 1610) / gdański ławnik 1596, rajca 1606, sędzia 1610, Lit.: Zdrenka: Biogramy, Nr. 417: <537>
- Hecket, Arnold [Hecht, Arend] (um/ok. 1360–1411), Danziger Ratsherr und Bürgermeister / gdański rajca i burmistrz, Lit.: APrB 1, S. 256, SBPN 2, 174f, Zdrenka: Biogramy, Nr. 418: <10b–10>
- Heideck, Wilhelm von, Gesandter von Georg Friedrich I. / poseł księcia Jerzego Fryderyka I (erwähnt/wymieniony w 1577): <261>
- Heidenstein, Reinhold (1553–1620), Anwalt, Historiker, Chronist, Diplomat, Kanzleisekretär der Könige Stephan Báthory und Sigismund III. / prawnik, historyk, kronikarz, dyplomata, sekretarz kancelarii Stefana Batorego i Zygmunta III, Lit.: PSB 9, S. 342–344: <357>
- Heine, Daniel (1540–1597), Danziger Ratsherr / rajca gdański: 217, Lit.: Zdrenka: Biogramy, Nr. 429: <217>
- Heine, Henrich (1571–1612), Danziger Schöffe (ab 1603) und Ratsherr (ab 1612) / ławnik od 1603, rajca 1612, Lit.: Zdrenka: Biogramy, Nr. 431: <438>
- Heine, Johann [Hans], Danziger Bürger / mieszczanin gdański, Lit.: Zdrenka: Biogramy, Nr. 433: <217>
- Heine, Salomons († 1605), Danziger Ratsherr / rajca gdański: <422>, Lit.: Zdrenka: Biogramy, Nr. 435, Index: <I20>
- Heinen, Claus, (erwähnt/wymieniony w 1574): <159>

Anhang

- Heinrich von Valois/Henryk Walezy (1551–1589), König von Polen / król Polski (1573–1574) und Frankreich / i Francji (1574–1589): <160–163, 166>, Index: <I11>
- Helwig Johann, Orgelbauer aus Thorn / budowniczy organów z Torunia, (erwähnt/wymieniony w 1611): <474>
- Henrichsen, Hans (erwähnt/wymieniony w 1617): <*516>
- Helena von Moskau/Helena Moskiewska, Titularkönigin von Polen / tytularna królowa Polski (1476–1513): <74>
- Henniges, Hans (erwähnt/wymieniony w 1568): <149>
- He[n]ricus, N [Marci]: <472>
- Henricus, [Michel Henrich] der Organist von Lübeck / organista lubecki, Lit.: Rauschning, S. 60, 82, 90–91: <473, 474>
- Henricus, Laurentius, aus Neustettin, 1582 als Pfarrer in Pomehrendorf ordiniert / ze Szczecinka, 1582 ordynowany na pastora w Pomorskiej Wsi: <546>
- Hermann, Christoph (erwähnt/wymieniony w 1617): <*516>
- Hesichius, Abraham: <398, 407>
- Hesse, Hans, Danziger Fourier (erwähnt/wymieniony w 1577): <238>
- Hetzel, Heinrich, Maurermeister / mistrz murarski (erwähnt/wymieniony w 1496–1502): <62, 63, 69–72>
- Heyne, Salomon: <420, 422, 454, 456>
- Hillebrand, Michel, Quartiermeister / kwatermistrz: <413, 462>
- Hitfeld, Ambrosius (um/ok. 1492–1572), lutheranischer Prediger / kaznodzieja luterański, Lit.: APrB 1, S. 278: <93>
- Hittfeld, Friedrich, Kirchenvater der Marienkirche / witryk kościoła NMP (1568–1576): <147, 150–152, 154, 155, 163–165>
- Hittfeld, Friedrich: <457>
- Hittfeld, Sebastian, Danziger Hauptmann / dowódca oddziałów gdańskich (erwähnt/wymieniony w 1577): <225, 249>
- Höder, Baltzer, mietete 1601 einen Platz im Gestühl der Marienkirche / 1601 wynajął miejsce w ławie w kościele NMP: <388>
- Höseler, Hans (–1616) (erwähnt/wymieniony w 1616): <*514>
- Höwel, Hans (erwähnt/wymieniony w 1617): <*516>
- Hofeman, Hans, Quartiermeister / kwatermistrz: <413, 417>
- Höfener, Daniel, Vertreter der Dritten Ordnung, Koggenquartier / przedstawiciel T.O., z Kwartału Kogi: <413>
- Hoferaeht, Nickel, gewesener Schöffe / były ławnik: <457>
- Hoffman, Christopher († 1590), Pfarrer der Marienkirche, ab 1569 in St. Katharinen / pastor w NMP, od 1569 r. w kościele Św. Katarzynie, Lit.: Rhesa, S. 52: <275>
- Höfner, Daniel, Collega / nauczyciel: <504>
- Holstius, Petrus († 1591), ab 1565 Diakon in St. Peter und Paul, ab 1570 Pfarrer / od 1565 diakon w kościele św. Piotra i Pawła, od 1570 pastor, Lit.: Rhesa, S. 78: <545>
- Holten, Arend von, Schöffe und Ältermann / ławnik: <457, 516, 525, 537>
- Holten, Walter von: <358>

- Holthusen, Hillebrandt, Kirchenvater der Marienkirche / witryk kościoła NMP (1509–1515): <77, 78, 82–84>
- Hophoff, Matz (erwähnt/wymieniony w 1520): <88>
- Hosius, Stanislaus (1504–1579), Bischof von Ermland / biskup warmiński, Lit.: NDB 9, S. 650f; SBPN 2, S. 229–231: <126>
- Hubener, Daniel: <381, 389, 467, 455, 468>
- Hünefeld, Andreas (1581–1666), Drucker in Danzig / drukarz w Gdańsku, Lit.: SBPN 2, S. 242–243: <469>
- Huldericus [Ulrich] Neophorensis, Gabriel, ordiniert 1581 zum Pfarrer in Stüblau (bis 1586) / ordynowany w 1581 na pastora w Steblewie (do 1586), Lit.: Rhesa, S. 110: <546>
- Hutzing, Enoch (um/ok.1561 –1623), Pfarrer in St. Johann / pastor w kościele św. Jana, Lit.: Rhesa, S. 42 <398>
- Huzing [Huizing], Johannes (um/ok.1516–1607), ab 1559 Pfarrer von St. Johann, Vater von Enoch Hutzing / od 1559 pastor w Św. Janie, ojciec Enocha Hutzinga, Lit.: Rhesa, S. 40f: <141, 168, 276, 398>
- Huxer, Tidemann (um/ok. 1355–1418), Danziger Ratsherr und Bürgermeister / rajca gdański i burmistrz, Lit.: Zdrenka: Biogramy, Nr. 484: <10b>
- Huxer, Ulrich (um/ok. 1470–1530), Danziger Ratsherr / gdański rajca, Lit.: Zdrenka: Biogramy, Nr. 485: <83>
- Jacob, Zimmermannsmeister / mistrz ciesielski (erwähnt/wymieniony w 1531, 1536): <106, 109, 113>
- Jacob: <303>
- Jacusch, Elisabeth, Danziger Witwe / wdowa gdańska (erwähnt/wymieniona w 1465): <30>
- Jannowitz, Josua, Adliger aus dem Putziger Gebiet/szlachcic z ziemi puckiej (erwähnt/wymieniony w 1577): <250>
- Jeschke, Greger, Danziger Hauptmann / dowódca oddziałów gdańskich (erwähnt/ wymieniony w 1577): <225, 249>
- Jäschke, Israel (erwähnt/wymieniony w 1617): <*516>
- Joachim Friedrich von Brandenburg (1546–1608), Administrator des Erzstifts Magdeburg, Kurfürst von Brandenburg / zarządca biskupstwa magdeburskiego, książe elektor brandenburski, Lit.: NDB 10, S. 438f: <261>
- Johann I. Albrecht / Jan I Olbracht, polnischer König / król polski (1492–1501): <24, 59–61, 72>, Index: <I4>
- Johann Albrecht I. (1525–1576), Herzog von Mecklenburg / książe meklemburski, Lit.: NDB 10, S. 499: <133>
- Johann Friedrich / Jan Fryderyk (1542–1600), Herzog von Pommern-Stettin / książe Pomorza Szczecińskiego, Lit.: ADB 14, S. 317–321: <261>
- Johann Georg/Jan Jerzy (1525–1598), Kurfürst von Brandenburg / książe elektor brandenburski, Lit.: NDB 10, S. 474f: <261>
- Johann III. von Rehewinkel, samländischer Bischof / biskup sambijski (1474–1497): <56>, Index: <I4>
- Johann III. Wasa / Jan III Waza (1537–1592), König von Schweden, Vater von Sigismund III. / król Szwecji, ojciec Zygmunta III: <315>

- Johannes: <469>
- Jons, Barbecke, Goldschmied / złotnik (erwähnt/wymieniony w 1527): <99>
- Jungingen, Konrad von, Hochmeister des Deutschen Ordens / wielki mistrz zakonu krzyżackiego (1393–1407), Lit.: NDB 12, S. 517f. <8>, Index: <I1>
- Jungingen, Ulrich von, Hochmeister des Deutschen Ordens / wielki mistrz zakonu krzyżackiego (1407–1410), Lit.: APrB 1, S. 313f. <8, 9>, Index: <I1>
- Junker Stephan (erwähnt/wymieniony w 1451): <17>
- Kalckbrecher (Calcifragus), Georgius († 1599), ab 1570 Prediger in St. Katharinen / od 1570 r. kanodzieja w kościele św. Katarzyny: Lit.: Rhesa, S. 47: <276>
- Kalenberg, Burhard von, Gesandter der Landgrafen von Hessen / posłaniec landgrafa heskiego: <261>
- Kamerman, Catrincke (erwähnt/wymieniona w 1485): <48>
- Kampe, Jacob, Kirchenvater der Danziger Marienkirche / witryk kościoła NMP (1531–1542): <103, 104, 106, 108, 113, 116>
- Karl V / Karol V. (1500–1558), Kaiser des HRR / cesarz Rzeszy: <139, 406>
- Karl IX / Karol IX. (1550–1574), König von Frankreich / król Francji: <161>, Index: <I11>
- Karl IX. Wasa / Waza, (Hertig Karl) (1550–1611), Herzog von Södermanland, Regent (1599–1604), König von Schweden / książe Södermanland, regent, król Szwecji (1604–1611): <371, 374>
- Karnkowski, Stanisław (1520–1603), ab 1567 Erzbischof von Gnesen und Primas von Polen und ab 1581 königlicher Sekretär / od 1567 arcybiskup gnieźnieński i prymas Polski od 1581, interrex, sekretarz wielki koronny, Lit.: PSB, 12, S. 77–82, SBPN 2, S. 358f. <148, 168, 333, 343>
- Kasimir II. der Jagiellone, [Casimir] / Kazimierz II Jagiellończyk (1447–1492), König von Polen / król Polski: <20, 24, 32, 33, 38, 59, 60, 75, 76, 336, 403>, Index: <I2, I4>
- Katharina von Österreich (1533–1572), polnische Königin / królowa Polski: <133>
- Katharina (1594–1594), Tochter von Sigismund III. und Anna von Österreich / córka Zygmunta III i Anny Austriaczki: <319>
- Keckerbart Johannes: <335, 438, 511>
- Keckermann Joachim, Collega / nauczyciel: <286, 288>, Index: <I16>
- Keding, Lucas (um/ok. 1455–1419), Danziger Ratsherr / rajca gdański, Lit.: Zdrenka: Biogramy, Nr.526: <86>
- Keisbachius Winemarus von Bulich, 1582 als Prediger in Jungfer ordiniert / w 1582 ordynowany na kaznodzieję w Marzęcinie: <546>
- Kemerer, Gerlach, Kirchenvater der Marienkirche / witryk kościoła NMP (1509–1535): <77, 78, 82–87, 89, 91, 98, 99, 101, 103, 104, 106, 108>
- Kemerer, Heinrich: <471, 472, 474, 491>
- Kempen, Eckhard von (1571–1636), Danziger Schöffe und Bürgermeister / gdański ławnik i burmistrz, Lit.: Zdrenka: Biogramy, Nr. 518:: <457, 525, 533, 537>
- Kempen, Hans von (1530–1580), Danziger Ratsherr / rajca gdański, Lit.: Zdrenka: Biogramy, Nr. 520: <179, 204>

- Kerle, Ernst: <438, 473, 525, 511>
- Kerle, Michel (1542–1586), Danziger Ratsherr / rajca gdański, Lit.: Zdrenka: Biogramy, Nr.523: <216>
- Kersten, Daniel: <465>
- Kersten, Emanuel: <465>
- Kersten, Simon: <465>, Index: <I22>
- Kerstens, Marten: <466, 465>
- Kihnaw, Georgen: <388>
- Kirberg, Philippus, 1580 als Pfarrer in dem Ernst Weiher gehörenden Dorf Jezioro ordiniert / ordynowany w 1580 na pastora w Jeziorze, wsi należącej do Ernsta Weihera: <546>
- Kirckaw, George (erwähnt/wymieniony w 1577): <199>
- Kitte, Alexander (erwähnt/wymieniony w 1584): <159>
- Kittel, Johannes (1519–1590), ab 1567 lutherischer Prediger der Marienkirche / od 1567 w Gdańsku, kaznodzieja w NMP, Lit.: Rhesa, S. 32, APrB 1, S. 335f. <156, 166, 267, 270, 271, 277, 285, 286, 289, 274, 275, 276, 308, 312, 307, 544, 310, 544>; Index: <I17>
- Kitteschen, Jochim (erwähnt/wymieniony w 1571): <153>
- Kleefeld, Georg (1522–1576), Danziger Ratsherr und Bürgermeister / gdański rajca i burmistrz, Lit.: APrB 1, S. 337f; Zdrenka: Biogramy, Nr. 534: <139>
- Klein, Pancratius, ehem. Dominikanermönch und lutherischer Prediger in der Marienkirche (1536–1546) / były mnich dominikański, kaznodzieja w NMP, Lit.: Rhesa, S. 31; APrB, S. 339f; SBPN 2, 401f: <109, 111, 112, 119–123, 139>, Index: <I8, I9>
- Kleinfeld, Arend (erwähnt/wymieniony w 1575): <165>
- Kleinefeld, Henrich (1498–1559), Danziger Ratsherr und Kirchenvater der Marienkirche (1532–1533) / gdański rajca i witryk kościoła NMP (1532–1533), Lit.: Zdrenka: Biogramy, Nr. 535: <104, 105>
- Kleinefeld, Heinrich, Danziger Bürger / mieszczanin gdański (erwähnt/wymieniony w 1577): <217>
- Kleinfeld, Reinhold (1529–1594), Danziger Ratsherr / rajca gdański, Lit.: APRB 1, S. 339; Zdrenka: Biogramy, Nr. 536: <265, 511>
- Kleinschmit, Hans, Kirchenvater der Marienkirche / witryk kościoła NMP (1476–1493): <38, 40, 43, 45, 46, 48, 50, 59>
- Klopper, Henrich (erwähnt/wymieniony w 1483): <45>
- Klüge, Simon (um/ok. 1538–1616), Danziger Ratsherr und Burggraf / rajca, burgrabia gdański, Lit.: Zdrenka: Biogramy, S. 164–165: <432, *514>
- Kluner, Hans, Danziger Oberstleutnant / podpułkownik gdański (erwähnt/ wymieniony w 1577): <199>
- Knabe, Andreas, Notar / notariusz: <420, 477>
- Kniprode, Winrich von, Hochmeister des Deutschen Ordens / wielki mistrz zakonu krzyżackiego (1352–1382), Lit.: ADB 16, S. 295–297: <4, 5, 6>, Index: <I1>
- Knor, Bonaventura: <293>
- Koch, Hans, (erwähnt/wymieniony w 1520): <88>

– Konarski, Dawid (1564–1616), Abt des Zisterzienserklosters Oliva / opat klasztoru cystersów w Oliwie, Lit.: PSB 13, S. 455–457: <323, 333>
– König, Franz (erwähnt/wymieniony w 1550): <125>
– König, Ludolf, Hochmeister des Deutschen Ordens / wielki mistrz zakonu krzyżackiego (1342–1345), Lit.: NDB 15, S. 299: <2>, Index: <I1>
– Koppelman, Johann, Geselle von Julius, Orgelbauer in der Marienkirche / czeladnik Juliusa, budowniczy organów w kościele NMP: <480>
– Kopperbart, Gregor, Vikar der Marienkirche / wikariusz kościoła NMP (erwähnt/wymieniony w 1461–1488): 26, 34, 51f, 56f, Index: <2, 4>
– Korckenmaker, Lorentz und Margareta (erwähnt/wymienieni w 1487): <58>
– Korkstett, Martinus, 1579 in St. Bartholomäus als Prediger ordiniert (?) / w 1579 ordynowany na stanowisko kaznodziei w kościele św. Bartłomieja (?): <545>
– Köseler, Adrian, Danziger Bürgermeister / burmistrz gdański (erwähnt/wymieniony w 1554): <134>
– Köseler, Peter (erwähnt/wymieniony w 1485–1517): <48, 59, 86>
– Kossobitzky, Nikolaus, Landschreiber zu Płock / pisarz ziemski w Płocku (erwähnt/wymieniony w 1576): <169, 170>, Index: <I11>
– Kostka, Jan (1529–1581), Sekretär des polnischen Königs, Starost zu Marienburg / sekretarz króla polskiego, starosta malborski, Lit.: SBPN 2, S. 464f. <134, 148, 205, 212>
– Kostka, Nikolaus / Mikołaj (um/ok. 1564–1610), Abt von Pelplin, nominierter Bischof von Kulm / opat pelpliński, biskup nominat chełmiński, Lit.: PSB, 14, S. 352–353: <323>
– Kostka, Peter (um/ok. 1532–1595), Bischof von Kulm / biskup chełmiński (1574–1593), Lit.: SBPN 4, S. 467f. <172>
– Kostka, Stanisław (um/ok. 1550–1602), preußischer Unterkämmerer, Marienburger Kämmerer / podskarbi pruski, ekonom malborski, Lit.: PSB 14, S. 357–358: <372, 373>
– Krackau Georg (†1615), Danziger Hausfrau / żona mieszczanina gdańskiego: <*513>
– Kramer, Anthonius: <365>
– Krapfen, Sigmund: <389>
– Krokow [Krokowski, Krackaw], Reinhold (1536–1599), Oberst in polnischen Diensten, Hofmann des polnischen Königs / pułkownik w służbie polskiej, dworzanin królów polskich, Lit.: PSB, 15,4, S. 316–317: <250, 259, 547>
– Kremer, Henrich, Kirchenvater der Marienkirche / witryk kościoła NMP (1523–1532): <91, 98, 100, 103, 104>
– Kropidło, Jan [Johannes Kropidlo], Bischof von Leslau / biskup włocławski (1402–1421): <18>
– Kruger, Georg (erwähnt/wymieniony w 1575): <165>
– Krumbhausen, Herman: <381>
– Kuchansky, Paulus, 1605 Beamter in der königlichen Kanzlei / urzędnik w kancelarii królewskiej wymieniony w 1605 r.: <428>
– Küchmeister, Michael [Michel von Sternberg, gen. Küchenmeister], Hochmeister des Deutschen Ordens / wielki mistrz zakonu krzyżackiego (1414–1422), Lit.: NDB 17, S. 416f. <10, 10f, 11, 18, 19>, Index: <I1>

Personenverzeichnis / spis osobowy 755

- Kurtzbach, Henrich, Freiherr von kaiserlicher Gesandter / poseł cesarski (erwähnt/ wymieniony w 1576): <169, 182>
- Lange, Andreas, Rotgießer / ludwisarz gdański (erwähnt/wymieniony w 1520): <88>
- Lange, Casper, Kirchenvater der Marienkirche / witryk kościoła NMP (1471– 1474): <34, 36>
- Lange, Dirk, Kirchenvater der Marienkirche / witryk kościoła NMP (1446–1460): <15, 23–25>
- Lange, Georg, Danziger Hauptmann / dowódca wojsk gdańskich (erwähnt/ wymieniony w 1575–1577): <165, 225, 249>
- Lang(e), Matthis (um/ok. 1475–1529), Danziger Ratsherr und Bürgermeister / gdański rajca i burmistrz, Lit.: Zdrenka: Biogramy, Nr. 633: <90, 94, 100>
- Łaski, Samuel Gotard (nach/po 1553 – 1611), Sohn von (Joannes a Lasco), Sekretär von König Sigismund III., königlicher Abgeordneter / syn Jana Łaskiego (Joannes a Lasco), sekretarz króla Zygmunta III, poseł królewski, Lit.: PSB 18, S. 250–253: <428, 430, 430, 431, 433, 455, 438, 432, 445, 448, 446, 449, 451, 453, 456, 457, 458, 459, 460, 463>, Index: <I21>
- Laubanus, Melchier (1567–1633), Calvinist, ab 1605 Professor am Danziger Gymnasium / od 1605 r. profesor gdańskiego Gimnazjum, zwolennik kalwinów: <448>
- Leb[b]yn, Thomas, Glöckner / dzwonnik (erwähnt/wymieniony w 1614): <121, 535>
- Lehman, Blasius, Orgelmachermeister / budowniczy organów (erwähnt/wymieniony w 1523): <92>
- Lehman, Georg (erwähnt/wymieniony w 1575): <165>
- Lembcke, Bartholomeus, Danziger Syndicus und Hauptmann / gdański syndyk i kapitan (erwähnt/wymieniony w 1576/77): <177, 179, 195, 217>
- Lembcke, Conrad, Danziger Schöffe / gdański ławnik (erwähnt/wymieniony w 1576/77): <175, 176, 205, 208>
- Lembcke, Henrich, Doktor der Rechte, Danziger Syndicus/doktor praw, gdański syndyk (erwähnt/wymieniony w 1576/77): <177, 219>
- Lemberger, Nickel: <389>
- Leo X. (1475–1521), Papst / papież: <86>
- Leoff, Thesdericus van de, Danziger Notar/notariusz gdański (erwähnt/wymieniony w 1495): <62>
- Leszczyński, Andrzej [Brescher Woyewode] (um/ok. 1559–1606) / Wojewode von Brest (wojewoda brzeskokujawski: <333>
- Leonardus, römischer Kardinal / kardynał rzymski (erwähnt/wymieniony w 1517): <86>
- Letzkaw, Conrad, (um/ok. 1350–1411), Danziger Ratsherr und Bürgermeister / gdański rajca i burmistrz, Lit.: Zdrenka: Biogramy, Nr. 653, APrB 1, S. 394, SBPN 3, S. 54f. <10b-d>
- Levite, Edvardt: mietete 1601 einen Platz im Gestühl der Marienkirche / 1601 wynajął miejsce w ławie w kościele NMP: <388>
- Lieseman, George: <358, 420, 492>

- Lindau, Hans, Danziger Stadtschreiber / gdański pisarz miejski (erwähnt/wymieniony w 1451): <25>
- Linde, Adrian von der (1544–1611), Danziger Schöffe (ab 1591), Ratsherr (ab1601) und Bürgermeister (ab 1606), Kirchenvater der Marienkirche (1586–1606) / ławnik od 1591, rajca od 1601 oraz burmistrz od 1606 r. witryk kościoła NMP 1586–1606, Lit.: Zdrenka: Biogramy, Nr. 665, Weichbrodt, 1, S. 118–119 (Stammbaum/drzewo genealogiczne): <167, 285, 310–312>
- Linde, Gregor, Organist von S. Peter ab 1586 / organista w kościele św. Piotra od 1586, Lit.: Rauschning, S. 422: <473>
- Linde, Hans von der (1542–1619), Danziger Schöffe (ab 1573), Ratsherr und Burggraf (ab 1581) / ławnik 1573, rajca i od 1581 wielokrotny burgrabia, Lit.: Zdrenka: Biogramy, Nr. 669: <164, 285, 310, 314, 328, 332, 335, 356, 360, 368, 370, 374, 375, 381, 387, 389, 390, 406, 420, 423, 438, 454, 455, 457, 467, 470–472, 475, 476, 481, 483, 492, 498, 504, 508, 514, 516, 521, 528, 532, 538, 540, 541> Index: <I17, I23>
- Linde, Niclaus von der, Danziger Hauptmann / dowódca oddziałów gdańskich (erwähnt/wymieniony w 1577): <225, 234, 244>
- Lindeman, Samuel († 1602), ab 1586 in Danzig, Pfarrer in St. Katharine / od 1586 r. w Gdańsku, pastor w kościele Św. Katarzyny; Lit.: Rhesa, S. 48: <274, 547>
- Lircken, Jacob von, Danziger Bürger / mieszczanin gdański (erwähnt/wymieniony w 1465): <31>
- Liseman, George (um/ok. 1545–1612): Danziger Ratsherr, Anhänger der Calvinisten / rajca, zwolennik zwolennik kalwinów; Lit.: Zdrenka: Biogramy, Nr. 672: <358, 492>, Index: <I23>
- Litzwitz, Matthis, Danziger Kriegsrat / członek gdańskiej rady wojennej (erwähnt/wymieniony w 1577): <202>
- Lobwaßer, Ambrosius (1515–1585), Autor einer bekannten Psalmenübersetzung, Professor der Universität Königsberg / pisarz, autor sławnego tłumaczenia psalmów, profesor Uniwersytetu w Królewcu: <394, 422, 478>
- Looffsen, Cornelius (erwähnt/wymieniony w 1553): <133>
- Lorentz, Malermeister / mistrz malarski (erwähnt/wymieniony w 1531): <103>
- Lossius, Peter st. († 1602): Professor der Philosophie und Prorektor am Gymnasium / profesor filozofii i prorektor w Gimnazjum: <269>
- Löwenstein, Albrecht Graf zu, Gesandter von Ludwig Herzog von Württemberg / poseł Ludwiga księcia württemberskiego (erwähnt/wymieniony w 1577): <261>
- Lubbe, Jacob (1430–um/ok. 1500), Danziger Krämer und Chronist, stiftet 1500 ein Gewölbe in der Marienkirche / gdański kramarz i kronikarz, ufundował w 1500 sklepienie w NMP, Lit.: APrB 1, S. 409, SBPN 3, S. 84: <71>, Index: <I4>
- Lubiński Maciej (1752–1652), Sekretär von Jan Tarnowski, später Erzbischof von Gnesen und Primas Polens / sekretarz Jan Tarnowskiego, późniejszy arcybiskup gnieźnieński i prymas Polski, Lit.: PSB 18, S. 491–493: <336, 362, 428–430>
- Ludwig, Herzog von Württemberg / Ludwik, książę württemberski (1554–1593): <261>

- Ludwig IV. (1537–1604) von Hessen-Marburg / Ludwik, książę Hesji-Marburga, Lit.: NDB 15 (1987), S. 389–391: <261>
- Luther, Martin (1483–1546), Reformator / reformator, Lit.: NDB 15 (1987), S. 549–561: <123, 267, 277, 309, 397, 377, 391, 394>
- Machwitz, Otto (um/ok. 1420–1477), pommerellischer Wojewode / wojewoda pomorski (1467–1477), Lit.: SBPN 3, S. 132f: <36>
- Maciejowski, Samuel [Samson Maczieyewsky], Bischof von Kulm, Płock und Krakau / biskup chełmiński, płocki i krakowski (1499–1550): <117>
- Mand(t), Georg (1446–1513), Danziger Ratsherr, Bürgermeister und Inspektor der Marienkirche / gdański rajca, burmistrz i nadzorca NMP, Lit.: Zdrenka: Biogramy, Nr. 690: <75, 77, 81>
- Maria Christina (1574–1621), Tochter von König Sigismund III. Wasa, polnische Prinzessin, Gemahlin des Fürsten Sigismund Bathory von Siebenbürgen / córka króla Zygmunta III Wazy, królewna polska, żona księcia Siedmiogrodu Zygmunta Batorego: <305, 320, 374>
- Marienwerder, Nikolaus († 1497), Domherr in Marienwerder / kanonik kwidzyński: <64, 65>, Index: <I4>
- Marten, Daniel, mietet 1601 eine Bank in der Marienkirche / wynajął ławę w kościele NMP w 1601 r.: <381>
- Martin, Johannes, ab 1603 Schulrektor der Marienkirche / od 1603 r. rektor szkoły NMP: <389, 391, 390, 482>, Index: <I19>
- Marx, Reinhold (erwähnt/wymieniony w 1575): <165>
- Matthias / Maciej z Gołańczy (um/ok. 1285–1368), Bischof von Leslau / biskup włocławski, Lit.: SBPN 3, S. 133–136: <5>
- Matthias, Pfarrer / proboszcz (erwähnt/wymieniony w 1497): <66>
- Mauß, George, Organist / organista (1545–1569) Lit.: Rauschning, S. 420: <121, 132>, Index: <I8>
- Maximilian II. (1527–1576), Kaiser des HRR / cesarz Rzeszy: <160, 166, 168, 176>, Index: <I12>
- Maximilian III. von Habsburg (1588–1618), Sohn von Kaiser Maximilian II., Erzherzog, Hochmeister des Deutschen Ordens, polnischer Thronkandidats, geschlagen in der Schlacht von Pitschen 1588 / syn cesarza Maksymiliana II, arcyksiążę, wielki mistrz zakonu krzyżackiego, kandydat do korony polskiej, pokonany w bitwie pod Byczyną w 1588: <304>
- Mayer, Nicolaus, ordiniert 1580 zum Pfarrer auf dem Territorium Elbings / ordynowany w 1580 na pastora na terytorium Elbląga: <546>
- Meckelfeld, Lukas (um/ok. 1385–1446), Danziger Ratsherr und Bürgermeister / gdański rajca i burmistrz, Lit.: Zdrenka: Biogramy, Nr. 716: <13>
- Mehlman, Georg (1521–1557), Danziger Schöffe und Chronist / ławnik, kronikarz gdański: Lit.: Zdrenka: Biogramy, S. 212–213: <420, 430, 456>, Index: <I21>
- Mehlmann, Hans (erwähnt/wymieniony w 1514): <83>
- Meister Michel, Maurer / murarz (erwähnt/wymieniony w 1484): <46, 47>
- Meister Steffen, Maurer an der Marienkirche / murarz w kościele NMP (erwähnt/wymieniony w 1442, 1446): <15>

- Melanchthon, Philipp (1497–1560), Reformator / działacz reformacyjny, Lit.: NDB 16, S. 741–745: <397>
- Meltzer, Johann (um/ok. 1440–1505), Ratsherr der Danziger Altstadt/rajca Starego Miasta w Gdańsku, Lit.: Zdrenka: Biogramy, Nr. 725: 51
- Meylan, Jacob, der Schmiede Ältermann / starszy cechu kowali: <417>
- Michael [Colrepus], Organist von Catharinen bis 1578 / organista w kościele św. Katarzyny do 1578 r.: <474>
- Michel, Malermeister / mistrz malarski (erwähnt/wymieniony w 1511/12): <77, 78, 86>
- Micronius, Theodoricus, 1585 ordiniert zum Pfarrer in Neuteich / ordynowany w 1585 na pastora w Nowym Stawie: <547>
- Milius, Hans, Danziger Leutnant / gdański porucznik (erwähnt/wymieniony w 1577): <199>
- Milonius, Nicolaus (1582 – 1611), Danziger Offizial / oficjał gdański: <323, 333, 335–337, 339, 341, 361, 362, 387>
- Mitteldorff, Wenceslaus (Wentzel), Secretarius / sekretarz rady: <333, 438, 459>
- Moer, Ebert, Danziger Schiffer und Brauer / gdański szyper i browarnik (erwähnt/wymieniony w 1507): <76>
- Mole(n)becke, Dirck, Kirchenvater der Marienkirche / witryk NMP (1497–1509): <64, 65, 67, 69, 70, 75, 76>
- Moller, Frantz, Danziger Hauptmann / dowódca oddziałów gdańskich (erwähnt/wymieniony w 1577): <225, 249>
- Moller, Jonas, mietete 1601 eine Bank in der Marienkirche / wynajął w 1601 r. ławę w kościele NMP: <388>
- Möller, Heinrich, (erwähnt/wymieniony w 1617): <*516>
- Möller, Johann (um/ok. 1495–1556), Danziger Ratsherr / rajca gdański, Lit.: Zdrenka: Biogramy, Nr. 736: <104>
- Möller, Reinhold (1530–1585), Danziger Ratsherr und Bürgermeister / gdański rajca, Lit.: Zdrenka: Biogramy, Nr. 738: <205, 208, 216>
- Molner, Anders und Ursula (erwähnt/wymienieni w 1487): <58>
- Molner, Georg, Kirchenvater der Marienkirche / witryk kościoła NMP (1575–1576): <154, 163, 167>
- Moltzan, Georg, einer der blinden Glöckner der Marienkirche / jeden ze ślepych dzwonników kościoła NMP, (erwähnt/wymieniony w 1614): <533>
- Monkriff, Johan, schottischer Kapitän von Hakenschützen in Danziger Diensten / szkocki kapitan i dowódca strzelców w służbie gdańskiej (erwähnt/wymieniony w 1577): <239>
- Morman, Petrus, 1584 ordinierter Prediger in Tansee (?) / kaznodzieja ordynowany w 1584 do kościoła w Świerkach (?): <547>
- Mortęski (von Mortengen), Ludwig († 1615), 1591–1611 Wojewode von Pommerellen / wice- i wojewoda pomorski w latach 1591–1611, Lit.: Urzędnicy, Nr. 1593, 917, 281, PSB, 22, S. 11–12: <318, 363, 365–368, 373>
- Muller, Jacob, lutheranischer Prediger / kaznodzieja luterański (erwähnt/wymieniony w 1524): <93>

- Müller, Marten, Vogt von Oliva / wójt oliwski, (erwähnt/wymieniony w 1595): <323>
- Muntzel, Lucas, Danziger Rittmeister / gdański rotmistrz (erwähnt/wymieniony w 1576): <179>
- Munk, Erik [Munck, Erich], dänischer Admiral / admirał floty duńskiej (erwähnt/wymieniony w 1577): <240>
- Nagel, Johann, Kirchenvater der Marienkirche / witryk NMP (1471–1474): <34, 36>
- N. Jacobus, calvinistischer Lehrer an der Schule der Marienkirche 1612 / nauczyciel kalwiński w szkole NMP w 1612 r.: <482>
- Neander, Simon, 1578 ordinierter Prediger in Ohra / kanodzieja ordynowany w 1578 r. do kościoła w Oruni, Lit.: Rhesa, S. 86: <545>
- Negendanck, Matthis, Kirchenvater der Marienkirche / witryk NMP (1457–1471): <23–25, 30, 34>
- Neukirchen, Peter: <389>
- Neuman, Greger, Kannengießer / konwisarz (erwähnt/wymieniony w 1553): <133>
- Neumann, Johann (um/ok. 1375–1427), Danziger Ratsherr / rajca gdański, Lit.: Zdrenka: Biogramy, Nr. 761: <13>
- Newnaber, Tiedemann: <474>, Index: <I23>
- Nicolai, Andreas, Geistlicher / duchowny (erwähnt/wymieniony w 1495): <61>
- Niderhoff, Reinholt (1401–1480), Danziger Ratsherr, Bürgermeister und Inspektor der Marienkirche (1457–1480) / rajca gdański i nadzorca kościoła NMP (1457–1480), Lit.: APrB II, S. 468, PSB 12, S. 733/735, SBPN 3, S. 313f, Zdrenka: Biogramy, Nr. 766: <24, 34, 36, 38, 40, 42, 44>, Index: <I2, I3>
- Nötcke, Hans, Danziger Bürger / mieszczanin gdański (erwähnt/wymieniony w 1577): <265>
- Nuberus, Vitus, Prediger / kaznodzieja (erwähnt/wymieniony w 1561): <141>
- Nyrnborch, Henrich, Bildhauermeister / rzeźbiarz (erwähnt/wymieniony w 1552): <131>
- Oberfeld, Valentin, Adliger aus dem Putziger Gebiet / szlachcic z puckiego (erwähnt/wymieniony w 1577): <250, 251>
- Oelhaf, Joachimus (1570–1630), Doktor der Medizin, führte eine der ersten öffentlichen Leichensektionen durch / doktor medycyny, przeprowadził jedną z pierwszych publicznych sekcji zwłok, Lit.: SBPN 3, S. 347–348: <438>
- Oldach, Walter, (um/ok. 1385–1438), Danziger Ratsherr / gdański rajca, Lit.: Zdrenka: Biogramy, Nr. 773: <13>
- Oleśnicki, Zbigniew [Sbigneus] (um/ok. 1430–1493), Bischof von Kujawien / biskup włocławski (1473–1480), Erzbischof von Gnesen / arcybiskup gnieźnieński (1481–1493), Lit.: PSB 23, S. 784–786: <36, 41>, Index: <I3>
- Olfertsoon, Heinrich und Barbara (erwähnt/wymienieni w 1576): <167>
- Oloff, Lorentz, Vertreter der Dritten Ordnung / przedstawiciel T. O.: <424, 455>
- Omiecki, Johannes, Vertreter des Danziger Offizials / zastępca oficjała gdańskiego (erwähnt/wymieniony w 1561): <140>
- Opaliński, Andrzej [Opolinski, Andreas] (1540–1593), polnischer Kronmarschall / marszałek koronny, Lit.: PSB 24, S. 72–78: <213>

- Orlen, katholischer Priester / duchowny katolicki (erwähnt/wymieniony w 1546): 122
- Osiander, Andreas (1496/98–1552), evangelischer Theologe und Reformator / ewangelicki teolog i reformator, Lit.: NDB 19, S. 608f. <135>
- Osterland, Steffen, Fähnrich / chorąży (erwähnt/wymieniony w 1577): <199>
- Osterreich, Hans, Danziger Hauptmann / dowódca oddziałów gdańskich (erwähnt/ wymieniony w 1576/77): <179, 195, 239, 245>
- Ottinghusen, Salomon, Kirchenvater der St. Olai Kapelle in der Marienkirche / zarządca kaplicy św. Olaia w kościele NMP (erwähnt/wymieniony w 1613): <509>
- Oweram, Gerd [Gerhard Oferam] (1485–1531), Danziger Ratsherr und Kirchenvater der Marienkirche / gdański rajca i witryk NMP (1521–1523), Lit.: Zdrenka: Biogramy, Nr. 790: <89, 90>
- Oweram, Gert (um/ok. 1452-nach 1499), Danziger Schöffe und Vorsteher der St. Olai Kapelle / gdański ławnik, zarządca kaplicy św. Olaia, Lit.: Zdrenka: Biogramy, Nr. 789: <41>
- Pampowski Ambroży [Pompowsken] (um.1444 –1510), Starost in Marienburg / starosta malborski, Lit.: PSB 25, S.105–107: <61>
- Parachius, Petrus, 1581 ordiniert zum Pfarrer in Meisterwalde / 1581 ordynowany na pastora w Mierzeszynie: <546>
- Pasteyde, Barteld, Bildhauermeister / rzeźbiarz (erwähnt/wymieniony w 1552): <131>
- Paul, Kleinschmiedemeister / ślusarz (erwähnt/wymieniony w 1553): <133>
- Pauli, Andreas, Doktor der Rechte, Gesandter des Kurfürsten von Sachsen / doktor praw, poseł księcia elektora saskiego (erwähnt/wymieniony w 1577): <261>
- Pauli, Adrian (1548–1611), ab 1578 Rektor der Schule bei St. Peter und Paul, 1580 Diakon, 1592 Pfarrer / od 1578 rektor szkoły św. Piotra, diakon 1580, pastor 1592, Lit.: Rhesa, S. 78: <270, 271, 275, 303, 545>
- Pein/Payn, Jost von, Danziger Hauptmann / dowódca oddziałów gdańskich (erwähnt/wymieniony w 1577): <208, 222>
- Pella, Jan [Johann], Bischof von Leslau / biskup włocławski (1421–1427): <12>
- Peter, Priester der Marienkirche / ksiądz w NMP (erwähnt/wymieniony w 1515): <85>
- Peter, Werkmeister von Zimmermannsmeister Jacob / czeladnik mistrza ciesielskiego Jacoba (erwähnt/wymieniony w 1536): <109, 110>
- Petersen, Claus: <536–538>
- Pfaffendorf, Andreas (†1437), Pfarrer von St. Johann in Thorn (1425–1433) sowie der Danziger Marienkirche (1437) / proboszcz kościoła św. Jana w Toruniu (1425–1433) oraz NMP w Gdańsku (1437), Lit.: Andrzej Radzimiński: Pfarreien und Pfarrgeistlichkeit im Deutschordenstaat Preußen. in: Pfarreien im Mittelalter. Deutschland, Polen, Tschechien und Ungarn im Vergleich, hg. von Nathalie Kruppa, Göttingen, 2008, S. 250–251: <10e-f>
- Pfennig, Benedikt, Danziger Ratsherr / gdański rajca (erwähnt/wymieniony w 1410): <10a>
- Philipp II. von Hessen-Rheinfels (1541–1583) / książę Hesji-Rheinfels: <261>

- Plauen, Heinrich von, Hochmeister des Deutschen Ordens / wielki mistrz zakonu krzyżackiego (1410–1413), Lit.: NDB 8, S. 378f: <9>, Index: <I1>
- Polann, Marten (erwähnt/wymieniony w 1494): <60>
- Potkomorn, Jacob, Danziger Rittmeister / rotmistrz gdański (erwähnt/wymieniony w 1576): <179>
- Praetorius, Petrus (1513 – 1588), Prediger der Marienkirche, den Calvinisten nahestehend / pastor w NMP, zwolennik kalwinów, Lit.: Rhesa, S. 33: <267, 268, 272, 274, 277, 280, 286, 289, 307, 308, 544, 547>, Index: <I16, I17>
- Prechel, Cleis (erwähnt/wymieniony w 1484): <47>
- Prediger im Hospital St. Barbara / kaznodzieja w szpitalu św. Barbary: <442, 444>
- Preuen (Proite?), Christoff (erwähnt/wymieniony w 1605): <438>
- Preuße, Hans, Danziger Rott- und Wachtmeister / gdański rotmistrz i dowódca straży (erwähnt/wymieniony w 1577): <199>
- Probst von Suckaw / proboszcz w Żukowie (vielleicht/może Benedykt Goryński): <333, 366>
- Proyt (Proite) George (1544–1602), Schöffe (ab 1593), Ratsherr (ab 1596), Syndikus (ab 1600) / ławnik 1593, rajca 1596, syndyk 1600, Lit.: Zdrenka: Biografie, S. 242–243, Weichbrodt 1, S. 374 (Stammbaum/drzewo genealogiczne): <312, 313>
- Proyte, Johann (1511–1578), Danziger Ratsherr und Bürgermeister / gdański rajca i burmistrz, Lit.: Zdrenka: Biogramy, Nr. 829: <139, 219, 368, 381, 388, 532, 494, 537>
- Pstrokoński, Maciej (um/ok. 1553–1609), ab 1601 Bischof von Przemyśl, Bischof von Leslau, Kronkanzler / biskup przemyski od 1601, biskup włocławski, kanclerz wielki koronny, Lit.: PSB 28, S. 264–265: <377, 424>
- Raben, Organist / organista w NMP do 1545 r. (erwähnt/wymieniony w 1542) Lit.: Rauschning, S. 420: <116>, Index: <I8>
- Rachmann, Simon, Priester der Marienkirche / ksiądz w kościele NMP (erwähnt/wymieniony w 1472): <34, 35>
- Racht, Matthias, Rektor (erwähnt/wymieniony w 1461): <26>
- Radecke, Albrecht, der Becker / piekarz: <417>
- Radecke, Mattheus, Danziger Stadtsekretär / sekretarz gdańskiej rady miejskiej (erwähnt/wymieniony w 1576): <176, 179>
- Radziejowski, Stanisław (um/ok. 1575–1637), Kastellan von Rawa Mazowiecka, Wojewode von Łęczyca, Höfling von Sigismund III. / kasztelan rawski, wojewoda łęczycki, dworzanin Zygmunta III, Lit.: PSB 30, S. 79–81: <316, 318>
- Radziwiłł, Janusz (1579–1620), Fürst der calvinistischen Linie, Kastellan von Wilna, ließ sich 1613 in Danzig nieder / książe z kalwińskiej linii rodu, kasztelan wileński w 1613 r. osiadł w Gdańsku, PSB, 30, S. 202–208: <509>, Index: <I23>
- Radzius, Michal, ungarischer Oberst / pułkownik oddziałów węgierskich (erwähnt/wymieniony w 1577): <197>
- Ramin, Otto von, Gesandter von Joachim Friedrich von Brandenburg / poseł księcia pruskiego Joachima Fryderyka Hohenzollerna (erwähnt/wymieniony w 1577): <261>

- Rantzaw, Christoff, Danziger Hauptmann / dowódca wojsk gdańskich (erwähnt/ wymieniony w 1576/77): <179, 195, 226, 245>
- Rathman, Simon: <34>, Index: <I3>
- Rauchstädt, Martinus († 1602), Schulrektor von St. Bartholomäus, ab 1579 Diakon, ab 1584 in St. Elisabeth / rektor szkoły w Św. Bartłomieju, 1579 diakon, od 1584 w św. Elżbiecie, Lit.: Rhesa, S. 53, 81: <276>
- Rausch, Alexander (erwähnt/wymieniony w 1577): <189>
- Rehebein, Henrich (erwähnt/wymieniony w 1475): <37>
- Reinecke, Urban (erwähnt/wymieniony w 1520): <88>
- Remus, Martin (1547–1623), ab 1592 Prediger der Marienkirche / od 1592 kaznodzieja w kościele NMP, Lit.: Rhesa, S. 78: <275, 303, 313, 518, 525>, Index: <I17>
- Reuß von Plauen, Heinrich [Henrich Reuß von Plawen], Hochmeister des Deutschen Ordens / wielki mistrz zakonu krzyżackiego (1469–1470), Lit.: NDB 8, S. 379f.: <33>
- Rex, Jacob, Danziger Bürger / mieszczanin gdański (erwähnt/wymieniony w 1521): <90>
- Richtenberg, Heinrich Reffle von [Henrich von Reychenberge], Hochmeister des Deutschen Ordens / wielki mistrz zakonu krzyżackiego (1470–1477), Lit.: NDB 8, S. 380: <40>
- Ricke, Jochen, Mitglied der Dritten Ordnung aus dem Fischerquartier / członek T.O. z Kwartału Rybackiego (erwähnt/wspomniany w 1604): <413>
- Ringius, David († 1607), ab 1586 Prediger zum Heiligen Geist / od 1586 kaznodzieja w kościele Św. Ducha, Lit.: Rhesa, S. 65: <276>
- Ringius, Henricus, ab 1562 Prediger in der Katharinenkirche / od 1562 r. kaznodzieja w kościele św. Katarzyny: <141, 398>
- Rittaus, Urban: <270, 271>
- Robbertsen, Johan, Danziger Hauptmann / dowódca wojska gdańskich (erwähnt/ wymieniony w 1577): <225>
- Rogge, Claus (um/ok. 1372–1450), Danziger Ratsherr und Bürgermeister / gdański rajca i burmistrz, Lit.: Zdrenka: Biogramy, Nr. 881: <13>
- Rogge, Georg (1521–1575), Danziger Schöffe und Kirchenvater der Marienkirche / gdański ławnik i witryk kościoła NMP (1568–1570), Lit.: Zdrenka: Biogramy, Nr. 877: <147, 150–152, 155>
- Rogge, Michael (1527–1602), Danzige Ratsherr und Kirchenvater der Marienkirche / gdański rajca i witryk NMP (1570–1575), Lit.: Zdrenka: Biogramy, Nr. 880: <150, 152, 153, 155, 163>
- Rohde, Georg: <359>
- Rosenberg, Albrecht: <388>
- Rosenberg, Georg (gest. 1568), Kirchenvater der Danziger Marienkirche (vor 1542–1568) / witryk kościoła NMP (przed 1542–1568): <116, 130, 131, 143, 147, 149, 262, 265>
- Rosenberg, Georg (1531–1592), Danziger Schöffe ab 1564, Ratsherr, Bürgermeister ab 1578 und Burggraf 1581, 1588, 1591 / gdański ławnik od 1564, rajca, burmistrz

od 1578 i burgrabia 1581,1588,1591, Lit.: Zdrenka: Biogramy, Nr. 887, Zdrenka: Biografie, S. 260, Weichbrodt, 1, S. 70: <177, 183–185, 305, 312>, Index: <I17>
- Roß, Alexander, schottischer Kapitän von Hakenschützen in Danziger Diensten / szkocki kapitan i dowódca strzelców w służbie gdańskiej (erwähnt/wymieniony w 1577): <239, 248>
- Rossawen, Elisabeth: <467>
- Roßteuscher, Johan: <398>
- Roßteuscher, Peter (erwähnt/wymieniony w 1529): <101>
- Rozrażewski (Rozdrażewski), Hieronim, [Radziadz, Hieronimus von] (um/ok. 1546–1600), Bischof von Leslau, Förderer der Jesuiten / biskup włocławski, popierał jezuitów; Lit.: PSB 32, S. 355–365: <266, 320, 321, 323, 324, 330, 331, 333, 340, 362, 375, 310, 380, 381>, Index: <I18, I19>
- Rozdrażewski, Krzysztof [Rosdrodzow/Roßdrozeyow, Christoff Graf von] (um/ok. 1547–1580), polnischer Rottmeister / polski rotmistrz, Lit.: PSB 32, S. 377–379: <213, 216>
- Rüdiger, Martin, Organist in der Marienkirche (1542–1445) / organista w kościele NMP, Lit.: Rauschning, S. 10f: <116>, Index. <I8>
- Rusdorf, Paul von [Paul Pellicer von Rußdorff], Hochmeister des Deutschen Ordens / wielki mistrz zakonu krzyżackiego (1422–1441), Lit.: NDB 20, S. 108f: <11, 12, 14>, Index: <I1>
- Salnitz, Urban, 1580 zum Pfarrer in Elbing ordiniert / w 1580 ordynowany na pastora w Elblągu: <546>
- Saltzlein, Andreas († 1606), ab 1585 Prediger in der Marienkirche / od 1585 r. kaznodzieja w kościele NMP, Lit.: Rhesa, S. 34: <305, 313>
- Scharping, Joachim (erwähnt/wymieniony w 1617): <*516>
- Schachman, Melcher [Melchior] (1547–1605), Danziger Schöffe, Ratsherr und Syndikus / ławnik, rajca i syndyk Gdański, Lit.: Zdrenka: Biogramy, Nr. 96: <356, 420, 444, 456>, Index: <I21>
- Schachmann, Anna, Witwe des Bürgermeisters Daniel Zierenberg / wdowa po burmistrzu Danielu Zierenberg: <438>
- Schachmann, Bartel (1559–1614), Danziger Schöffe, Ratsherr und Bürgermeister / ławnik. rajca i burmistz gdański, Lit.: Zrendka: Biogramy, Nr. 911: <420, 495, 511, 514>, Index: <I23>
- Schauenburg, Hans Paul von, Gesandter von Georg Friedrich I. / wysłannik księcia Jerzego Fryderyka I (erwähnt/wymieniony w 1577): <261>
- Schauenburg, Wolf von, Feldoberster des Deutschen Ordens / dowódca oddziałów krzyżackich (erwähnt/wymieniony w 1520): <88>
- Scheele, Cord (um/ok. 1430–1493), Danziger Ratsherr / gdański rajca, Lit.: Zdrenka: Biogramy, Nr. 922: <47>
- Scheele, Joachim (1531–1606), schwedischer Admiral / admirał szwedzki: <375>
- Schellinge, Arend von der (erwähnt/wymieniony w 1529): <101>
- Schermbecke, Johann (um/ok. 1380–1429), Danziger Schöffe (ab 1412) und Ratsherr (ab 1419) / gdański ławnik (od 1412), rajca (od 1412), Lit.: Zdrenka: Biogramy, Nr. 929: <13>

- Schewecke, Johann, Danziger Schöffe (ab 1462), Ratsherr (ab 1464) und Bürgermeister (ab 1484) / gdański ławnik (od 1462), rajca (od 1464), burmistrz (od 1484), Lit.: Zdrenka: Biogramy, Nr. 932: <48>
- Schewecke, Kersten, Danziger Bürger / mieszczanim gdański (erwähnt/wymieniony w 1498): <67>
- Schmal, Hans (erwähnt/wymieniony w 1553, 1555): <133, 136>
- Schmedecke [Schmidtlein], Caius (1555–1611), Organist der Marienkirche / organista w kościele NMP, Lit.: Rauschning, S. 50–55, 116–120: <472, 481>, Index: <I22>
- Schmid, Bartelmes, Kirchenvater der Marienkirche / witryk kościoła NMP (1493–1505): <59, 61, 64, 67, 69, 70, 74>
- Schmid, Herman, Kirchenvater der Marienkirche / witryk kościoła NMP (1538–1563): <113, 116, 125, 130, 132, 143>, Index: <I9>
- Schmide, Nikolaus (Nickel), ab 1612 Kirchenvater der Marienkirche / witryk kościoła NMP od 1612 r.: <II, 383, 444, 462, 492, 520, *516>
- Schmidt, Arend (1519–1593), ab 1575 Danziger Ratsherr, 1575/76 Syndikus des rechtstädtischen Rats / od 1575 rajca, 1575–1576 syndyk Rady Głównego Miasta, Lit.: Zdrenka: <269, 282>
- Schmidt, Jacobus, calvinistischer Prediger / kaznodzieja kalwiński: <421>, Index: <I20>
- Schnedermann, Hans: mietete 1601 einen Platz im Gestühl der Marienkirche / wynajął ławę w kościele NMP: <388>
- Schnitter, Sebald: <368, 381, 389, 413, 455, 468, 467, 368, 467>, Index: <I22>
- Schonenburger, Philipp: <1, 10>
- Schreck, Valentin (1527–1602), Magister, *poeta laureatus*, Rektor der Pfarrschule / magister, *poeta laureatus*, rektor szkoły NMP, Lit.: APrB 2, S. 634, SBPN 4, S. 173: <166, 389, 391, 499>, Index: <I19>
- Schröder, Georg, Ältermann der Bäckerzunft / starszy cechu piekarzy: <455>
- Schröder, Peter und Barbara, Danziger Bürger / mieszczanie gdańscy (erwähnt/wymieniony w 1485): <50>
- Schröter, Thomas (um/ok. 1445–1508), Ratsherr der Danziger Altstadt / rajca Starego Miasta w Gdańsku, Lit.: Zdrenka: Biogramy, Nr. 1020: <51>
- Schulte, Aegidius, Orgelbauer aus Stralsund / budowniczy organów ze Stralsundu (erwähnt/wymieniony w 1616): <*513, *514>
- Schultze, Anna (erwähnt/wymieniona w 1513): <79, 80>
- Schultze, Hans (erwähnt/wymieniony w 1513): <78, 79>, Index: <I5>
- Schultze, Markus, Kirchenvater der Marienkirche / witryk kościoła NMP (1505–1521): <75, 77, 78, 82–85, 87, 89>
- Schultze, Michel (erwähnt/wymieniony w 1513): <79, 80>
- Schultze, Nikolaus (um/ok. 1435–1492), Ratsherr der Danziger Altstadt / rajca Starego Miasta w Gdańsku, Lit.: Zdrenka: Biogramy, Nr. 1029: <51>
- Schultze, Peter (erwähnt/wymieniony w 1513): <79, 80>
- Schuhmacher, Steffen, Kirchenzimmermann / cieśla kościelny: <488, *515>
- Schultz, Albrecht, mietete 1601 einen Platz im Gestühl der Marienkirche / w 1601 wynajął miejsce w ławie w kościele NMP: <388>

- Schultz, Burchardus, 1581 ordiniert als Pfarrer von Kleinwerder / w 1581 ordynowany na pastora na Małych Żuławach: <546>
- Schultze, Georg, Malermeister / mistrz malarski (erwähnt/wzmiankowany w 1616 r.): <*513>
- Schumann, Gabriel (1559–1631), Mitglied der Dritten Ordnung (ab 1605), Schöffe (ab 1609), Syndikus (ab 1618) / członek T.O. 1605, ławnik 1609, syndyk 1618, Lit.: Zdrenka: Biogramy, Nr. 1048, Weichbrodt 4, S. 91 (Stammbaum/ drzewo genealogiczne): <312, 314, 368, 388, 455, 467>
- Schütz, Caspar (um/ok. 1540–1594), Danziger Ratssekretär und Chronist / sekretarz rady miejskiej, kronikarz, Lit.: APrB 1, S. 642: <4, 10, 216>
- Schütz, Greger: <293>
- Schwartze, Michel, Danziger Hauptmann / dowódca oddziałów gdańskich (erwähnt/wymieniony w 1577): <225, 249>
- Schwartzwald, Johann (1544–1608), Danziger Schöffe, Ratsherr und Syndikus / ławnik, rajca i syndyk gdański, Lit.: Zdrenka: Biogramy, Nr. 1074: <420, 466>, Index: <I22>
- Schweynitz, Georg von der, Danziger Oberst / dowódca wojsk gdańskich (erwähnt/ wymieniony w 1577): <248>
- Sebing, Johann (erwähnt/wymieniony w 1484): <47>
- Seltzlin, Andreas († 1606), ab 1582 Prediger in St. Peter und Paul, ab 1585 in der Marienkirche, trat 1595 vom Amt zurück / od 1582 r. kaznodzieja w Św. Piotrze i Pawle, od 1585 r. w kościele NMP; ustąpił z urzędu w 1595 r., Lit.: Rhesa, S. 34, 78: <276>
- Sibrik, Georg, ungarischer Rittmeister / węgierski rotmistrz (erwähnt/wymieniony w 1577): <197>
- Sidinghusen, Arend (erwähnt/wymieniony w 1485): <48>
- Siedeler, Hans, Kirchenvater der Marienkirche / witryk kościoła NMP (1500–1509): <70, 75, 76>
- Sierakowski [Strakorosky], Jan (um/ok. 1498–1589), Wojewode von Łęczyca / wojewoda łęczycki, Lit.: PSB, Bd. 37, S. 259–266: <185>
- Sievert, Paul (1586–1666), Organist / organista: Lit.: Rauschning, S. 83 ff: <472, 473>, Index: <I22>
- Sifert, Michel (um/ok. 1525–1588), Danziger Ratsherr / gdański rajca, Lit.: Zdrenka: Biogramy, Nr. 1090: <229, 240, 241>
- Sigisch Sifert, Wäscherin (erwähnt/wymieniona w 1495): <61>
- Sigismund I. (1467–1548), polnischer König / król Polski: <76, 78, 84, 87, 124, 139, 183, 439>, Index: <I2, I5, I9>
- Sigismund II. August (1520–1572), polnischer König / król Polski: <87, 88, 91, 102, 104, 121, 126, 133–135, 156, 160, 166, 183>, Index: <I9>
- Sigismund III. Wasa / Zygmunt III Waza (1566–1632), ab 1587 gewählter polnischer König sowie schwedischer Erbfolger (1591–1599), abgesetzt durch den schwedischen Reichstag / elekcyjny król Polski od 1587 r. oraz dziedziczny Szwecji (1592- 1599); zdetronizowany przez szwedzki riksdag: <304, 313, 314, 316–318, 320, 324, 330, 331, 342, 351, 372, 374–377, 384, 425–428>, Index: <I17–I19>

- Slantcke, Peter, Danziger Notar /notariusz gdański (erwähnt/wymieniony w 1487): <52>
- Służewski, Jan, [Schleuße, Johannes von der], Woiewode von Brest / wojewoda brzeski (1563–1580): <172, 185, 212>
- Smangersyn, Paschke, Vormund von / opiekun Elisabeth Jacusch, (erwähnt/ wymieniony w 1465): <30>
- Sokołowski, Jan, [Sokolowski, Johannis], Leslauer Domherr / kanonik włocławski (erwähnt/wymieniony w 1497): <64>
- Sopotzyn, Margareta (erwähnt/wymieniona w 1473): <36>
- Sperber, Eberhard (1529–1608), lutheranischer Theologe und Prediger / luterański teolog i kaznodzieja, Lit.: Rhesa, S. 32: <141>
- Speyman, Johannes [Hans] (1563–1625), Danziger Schöffe (ab 1601), Ratsherr (ab 1603) und Bürgermeister (ab 1612) / gdański ławnik 1601, rajca 1603, burmistrz 1612, Lit.: Zdrenka: Biogramy, Nr. 1106: <324, 420, 474, 528, 533, 535, 538>, Index: <I23>
- Spinosa, Petri de, Danziger Bürger, 1575 geadelt durch Heinrich von Valois / mieszczanin gdański, nobilitowany przez Henryka Walezego w 1575 r.: <380>, Index: <I19>
- Spoer (Spörer), Wolf (1566–1614): Danziger Maler, ab 1605 Danziger Bürger / malarz gdański, obywatel od 1605: <454, *512>
- Spytek, Jordan, polnischer Rottmeister / rotmistrz wojsk polskich (erwähnt/ wymieniony w 1577): <197>
- Stargard, Herman (um/ok. 1405–1461), Danziger Schöffe, Ratsherr, Bürgermeister und Vorsteher der Marienkirche / ławnik, rajca i burmistrz gdański, nadzorca kościoła NMP, Lit.: Zdrenka: Biogramy, Nr. 1111: <14, 16, 25>, Index: <I2>
- Steffen, Zimmermannsmeister / mistrz ciesielski: <488, 491>
- Steffen, Henrich (erwähnt/wymieniony w 1476): <39>
- Steger, Johannes, Kaplan an der Marienkirche / kapłan w kościele NMP (1571–1585), Lit.: Rhesa, S. 33: <154, 544>
- Stein, Hans, Kirchenvater der Marienkirche / witryk NMP (1484–1499): <46, 48, 50, 59, 60, 61, 64, 67, 69>
- Steinbach/Steinbeck, Claus, Danziger Rittmeister / rotmistrz wojsk gdańskich (erwähnt/wymieniony w 1577): <191, 195, 199>
- Steine, Meinert vom (um/ok. 1425–1485), Danziger Ratsherr / rajca gdański, Lit.: Zdrenka: Biogramy, Nr. 1126: <47>
- Steinweg, Henrich, Danziger Bürger / mieszczanin gdański (erwähnt/wymieniony w 1516): <85>
- Stephan Báthory / Stefan Batory (1533–1586), König von Polen / król Polski: <167–269, 285, 304, 305, 316, 402>. Index: <I11, I14, I15>
- Stollen, Matthis, Danziger Bürger / mieszczanin gdański (erwähnt/wymieniony w 1465): <30>
- Strakowski, Hans (um/ok. 1567–1642), Danziger Architekt und Baumeister / architekt i budowniczy gdański, SBPN 4, S. 277f: <533>
- Strauß, Iwan, polnischer Rottmeister / rotmistrz wojsk polskich (erwähnt/wymieniony w 1577): <197>

- Stuartd, Wilhelm (William), schottischer Oberst in Danziger Diensten / szkocki pułkownik w służbie gdańskiej (erwähnt/wymieniony w 1577): <240>
- Sturtz, Clement, Danziger Hauptmann / dowódca oddziałów gdańskich (erwähnt/ wymieniony w 1576/77): <179, 195>
- Suchten, Matthis von (1508–1574), Danziger Ratsherr / rajca gdański, Lit.: Zdrenka: Biogramy, Nr. 1156: <131>
- Swarten, Claus und Agnete und Katharina, Danziger Bürgersfamilie / rodzina gdańska (erwähnt/wymienieni w 1427): <12, 13>, Index: <I1>
- Szczerbitz, Vorsteher der königlichen Kanzlei / zarządca kancelarii królewskiej: <428>
- Szydłowiecki, Krzysztof, [Schidliwitz, Christof von] (1467–1532), polnischer Großkanzler und Woiewode von Krakau / wielki kanclerz i wojewoda krakowski: <96>
- Talgett [Talget], N., schottischer Kapitän von Hakenschützen in Danziger Diensten / kapitan strzelców szkockich w służbie gdańskiej (erwähnt/wymieniony w 1577): <229, 239>
- Tarnowski, Jan (1550–1605), ab 1598 Bischof von Posen, ab 1600 Bischof von Leslau, ab 1603 Erzbischof von Gnesen, ab 1591 Unterkanzler des Reiches / biskup poznański 1598, włocławski 1600, arcybiskup gnieźnieński 1603, od 1591 podkanclerzy koronny: <314, 317, 318, 323, 330, 333, 335–338, 341, 342, 346, 347, 350, 352, 356, 358–361, 363–370, 373, 376, 377, 380, 382–385, 387, 421, 431, 428, 429>, Index: <I19>
- Tęczyński, Andrzej [Tentschin, Andreas] (um/ok. 1480–1536), Wojewode von Sandomir / wojewoda sandomierski: <96>
- Telchten, Arent von (um/ok. 1400–1457), Danziger Ratsherr und Kirchenvater der Marienkirche / rajca, witryk kościoła NMP Lit.: Zdrenka: Biogramy, Nr. 1165: <16, 25>
- Terax, Johann (um/ok. 1385–1449), Danziger Ratsherr (erwähnt/wymieniony w 1427), Lit.: Zdrenka: Biogramy, Nr 1167: <13>
- Teuten, Heinrick, mietete 1601 einen Platz im Gestühl der Marienkirche / 1601 wynajął miejsce w ławie w kościele NMP: <388>
- Theophilus, Nicolaus, Jurist, Gesandter der Landgrafen von Hessen / prawnik, poseł landgrafa heskiego: <261>
- Theuerkauff, Joachim, bis 1590 Prediger im Hospital St. Jakob, danach in St. Bartholomäus / do 1590 kaznodzieja w szpitalu św. Jakuba, potem w kościele św. Bartłomieju: Lit.: Rhesa, S. 53, 66: <276, 303, 547>
- Thomsen, B., schottischer Kapitän von Hakenschützen in Danziger Diensten / kapitan szkockich strzelców w służbie gdańskiej (erwähnt/wymieniony w 1577): <215, 239>
- Thorbecke, Hans, Danziger Stadtsekretär (erwähnt/wymieniony w 1577): <185, 262, 263, 387, 351, 356, 370, 414, 417, 422, 472>, Index: <I22>
- Thutzmann [Totzmann], Michaeli, nach 1595 bis 1611 Bassist und Vizekantor in der Marienkirche / po 1595 do 1611 basista i vicekantor w kościele NMP, Lit.: Rauschning, S. 60, 89, 193: <389, 454, 467>

- Tiburtio (erwähnt/wymieniony w 1533): <106>
- Tidemann [Christian] Newnabers: <508>
- Tidemann, Gunter, Pfarrer in Danzig / proboszcz gdański (erwähnt/wymieniony w 1415): <10, 11<, Index: <I1>
- Tideman, Claus (erwähnt/wymieniony w 1571): <153>, Index: <I10>
- Tiefen, Johann von (um/ok. 1440–1497), Hochmeister des Deutschen Ordens / wielki mistrz zakonu krzyżackiego (1489–1497), Lit.: NDB 7, S. 623f: <59, 68>
- Toppel, Joseph (um/ok. 1435–1499), Ratsherr der Danziger Altstadt / rajca Starego Miasta w Gdańsku, Lit.: Zdrenka: Biogramy, Nr. 1166: <51>
- Tornaw, Gregor, mietete 1601 einen Platz im Gestühl der Marienkirche / w 1601 wynajął ławę w kościele NMP: <383>
- Trebin, David Michael, 1584 zum Pfarrer in Truntzen ordiniert / ordynowany w 1584 na pastora w „Truntzen" (?): <547>
- Tretsack, Blasius (erwähnt/wymieniony w 1568): <149>
- Trotter, N., schottischer Kapitän von Hakenschützen in Danziger Diensten / kapitan szkockich strzelców w służbie gdańskiej (erwähnt/wymieniony w 1577): <215, 239>
- Truchsess von Wetzhausen, Martin (1435–1489), Hochmeister des Deutschen Ordens / wielki mistrz zakonu krzyżackiego (1477–1489), Lit.: NDB 16, S. 276f: <40, 59>
- Truntzmann, Hans (erwähnt/wymieniony w 1484): <47>
- Tudtung, Hans, Danziger Bürger / mieszczanin gdański (erwähnt/wymieniony w 1520): <87>
- Ubech, Rüdcher von (erwähnt/wymieniony w 1358): <5>
- Uberfeld, Lorentz (erwähnt/wymieniony w 1565): <145>
- Ungern, Nikolaus von, Livländer, Danziger Oberstleutnant in dänischen Diensten / Inflantczyk w służbie duńskiej, dowódca oddziałów gdańskich w służbie duńskiej (erwähnt/wymieniony w 1577): <207, 221, 226, 230, 241, 250>, Index: <I13–I15>
- Urban, Ulrich (erwähnt/wymieniony w 1571–1574): <155, 159, 164–166>, Index: <I11>
- Vader [Vaker], Christopher († 1624), ab 1611 Organist der Marienkirche, danach Gerichtsschreiber / od 1611 organista w kościele NMP, potem pisarz sądowy, Lit.: Rauschning, S. 120–126: <474, 473, 475, 495, 477, 476>, Index: <I23>
- Vanovius, Mathias, 1584 ordiniert zum Pfarrer im „Dorffe Pintzern", vielleicht identisch mit dem Pfarrer in Tiegenort / ordynowany w 1584 na pastora „Dorffe Pintzern", może tożsamy z pastorem w Tujsku, Lit.: Rhesa, S. 217: <547>
- Vanovius, Salomon (†1607), 1583 zum Prediger in Elbing ordiniert / ordynowany w 1583 na kaznodzieję w Elblągu, Lit.: Rhesa, S. 149: <546>
- Verona, Wäscherin (erwähnt/wymieniona w 1495): <61>
- Viencky, Lukas, Bassist (erwähnt/wymieniony w 1566–1571): <146, 147, 151, 152, 154>
- Volowscki [Walewski], Adam Mikołaj, Kastellan von Elbing (1569) / kasztelan elbląski (od 1569) (erwähnt/wymieniony w 1577), Lit.: Urzędnicy Prus Królewskich Nr. 386: <266>

- Vorrath, Heinrich (um/ok. 1385–1443), Danziger Ratsherr und Bürgermeister / gdański rajca i burmistrz, Lit.: Zdrenka: Biogramy, Nr. 1204: <13>
- Voss, Melchior, Danziger Bürger, 1605 des Calvinismus angeklagt / mieszczanin gdański oskarżany o kalwinizm w1605: <420>
- Wallenrodt, Konrad von, [Conrad von Wallenroth], Hochmeister des Deutschen Ordens / wielki mistrz zakonu krzyżackiego (1391–1393), Lit.: NDB 12, S. 516f: <6–8>, Index: <I1>
- Wambach auf Alfeld, Georg von, Gesandter von Georg Friedrich I. / posłaniec księcia Jerzego Fryderyka I (erwähnt/wymieniony w 1577): <261>
- Warnecke, Andres, Kirchenvater der Marienkirche / witryk kościoła NMP (1533–1538): <105, 106, 108, 110, 112, 113>
- Wegener, Hans und Margaretha (erwähnt/wymienieni w 1487): <58>
- Weger, Cleis, Kirchenvater der Danziger Marienkirche / witryk kościoła NMP (1474–1476): <36, 38>
- Weida [Weyda] (?–1623), Michel, ab 1613 Organist der Marienkirche / od 1613 organista w NMP, Lit.: Rauschning, S. 120–126: <472–478, 495, 506>, Index: <I23>
- Weidner, Johannes, Prediger der Marienkirche / kaznodzieja w kościele NMP (1561–1575), Lit.: Rhesa, S. 32: <141, 153, 156, 166>
- Weiher [Weyher, Weyer], Ernst (um/ok. 1517–1598), polnischer Oberst und Starost von Putzig, Anführer der Kaperflotte, Lutheraner, konvertierte 1585 zum Katholizismus / pułkownik wojsk polskich, starosta pucki, dowódca floty kapers-kiej, luteranin w 1585 r. przeszedł na katolicyzm, Lit.: APrB 2, S. 784, SBPN 4, S. 423–546: <169, 182, 185, 187, 189, 214, 219, 226, 230, 250>, Index: <I12, I13>
- Weiher [Wejher], Jan (1580–1626), Sohn von Ernst Weiher, Hofmann von Sigismund III., Wojewode von Kulm / syn Ernsta Weihera, dworzanin króla Zygmunta III, wojewoda chełmiński, SBPN 4, S. 427–428: <318>
- Weiher [Weyher], Marcin Władysław (1586–1610), Sohn von Ernst Weiher, Hofmann von Sigismund III., gefallen im polnisch-russischen Krieg / syn Ernsta Weihera, dworzanin króla Zygmunta III, poległ w czasie wyprawy moskiewskiej: <472>, Index: <I22>
- Weinranck, Johann (um/ok. 1380–1443), Danziger Schöffe (ab 1414) und Ratsherr (ab 1419), Lit.: Zdrenka: Biogramy, Nr. 1269: <13>
- Welcke, Thomas (erwähnt/wymieniony w 1575): <165>
- Welsius, Andreas, 1591 Professor des Danziger Gymnasium / profesor Gimnazjum Gdańskiego: <311>
- Wendland, Johann gen. Salicetus (um/ok. 1480–1526), Danziger Bürgermeister / burmistrz gdański, Lit.: Zdrenka: Biogramy, Nr. 1243: <96, 97>
- Werden, Jacob von, Kirchenvater der Marienkirche / witryk kościoła NMP (1500–1523): <70, 75, 77, 78, 82–85, 87, 89, 90>
- Werden, Johann von (1495–1554), Danziger Bürgermeister und Inspektor der Marienkirche / burmistrz gdański, inspektor NMP (1535–1554), Lit.: Zdrenka: Biogramy, Nr. 1246: <108, 113, 116, 121, 129, 134>, Index: <I8, I9>
- Werderman, Jacob: <438>
- Wessel, Hans, Vertreter der Dritten Ordnung / przedstawiciel T.O.: <359, 413>

- Westval, Mattheus, Pfarrer der Danziger Marienkirche / proboszcz kościoła NMP (erwähnt/wymieniony w 1480, 1487): <43, 53>
- Wetstete, Claus († 1577), Danziger Hauptmann und Kommandant der Festung Weichselmünde / oficer oddziałów gdańskich, dowódca Twierdzy Wisłoujscie: <195, 199>
- Weymer, Wolff, Danziger Hauptmann / dowódca wojsk gdańskich (erwähnt/ wymieniony w 1577): <225>
- Wiber, Caspar, 1604 Eigentümer einer Bank in der Marienkirche / właściciel ławy w kościele NMP w 1604 r.: <383, 444, 462>
- Wider, Michael, Kirchenvater in Marienkirche ab 1611 / witryk kościoła NMP od 1611 r.: <471, 472, 492, 520>
- Widestock, Johannes, Danziger Notar / notariusz gdański(erwähnt/wymieniony w 1484, 1487): <47, 52, 58>
- Wieder, Michael (1579–1645), Danziger Schöffe und Kirchenvater der Marienkirche / gdanski awnik i witryk kościoła NMP, Lit.: Zdrenka: Biogramy, Nr. 1262: <II/2>
- Wiese, Hans, Kirchenvater der Danziger Marienkirche / witryk kościoła NMP (1481–1484): <44–46>
- Wiese, Heinrich (1486–1525), Danziger Ratsherr und Bürgermeister / gdański rajca i burmistrz, Lit.: Zdrenka: Biogramy, Nr. 1272: <87, 94>
- Wigand, Johann (1523–1587), Reformator, Professor der Universität Königsberg, Bischof von Pomesanien und Samland / działacz reformacji, profesor Uniwersytetu w Królewcu, biskup Pomesanii, Sambii, Lit.: ADB 42, S. 452–454: <396>
- Willemberg, Simon (erwähnt/wymieniony w 1617): <*516>
- Wilhelm IV. (1532–1592), Landgraf von Hessen-Kassel / landgraf Hesji-Kassel, Lit.: ADB 43, S. 32–39: <261>
- Willemszon [Wilmes], Hans, Bildhauer aus Utrecht / rzeźbiarz z Utrechtu (erwähnt/wymieniony w 1553): <133>
- Windstein, Peter (erwähnt/wymieniony w 1477): <40>
- Winkelborch/Winkelbloch [Winkelburg] von Collen / Köllen, Hans ((† 1577), Danziger Oberst / dowódca wojsk gdańskich: <179, 195, 199, 245, 248, 255>, Index: <I15>
- Winkelblock, Jacob, lutheranischer Prediger / kaznodzieja luterański (erwähnt/ wymieniony w 1524): <93>
- Witzcke, Peter, Kirchenknecht /pachołek kościelny, erwähnt ab 1611/wymieniono od 1611 r.: <471, 509, 512, 535>, Index: <I22>
- Władysław Jagiełło, [Wadislai Jagellonis] (1348–1434), polnischer König / król Polski: <8, 9>
- Woler, Michael, Vertreter der Dritten Ordnung / Quartiermeister des Hohen Quartier, kwatermistrz Wysokiego Kwartału, przedstawiciel T.O: <422, 437>
- Wołłowicz, Eustachy [V/Wolowitz, Eustachius], Großkanzler von Litauen / wielki kanclerz litweski (1579–1587): <213, 266>
- Wolski [Volsky], Piotr, Dunin (1531–1590), Großkanzler der Krone / kanclerz wielki koronny: <350>

- Wyszczelski, Piotr [Visczilski, Petro], Danziger Offizial / oficjał gdański (1552–1561): <19, 133, 140, 141>
- Zamoyski, Jan [Zamoiski, Johan] (1542–1605), polnischer Großkanzler / wielki kancletrz koronny jeden z głównych tworców polityki polskiej, Lit: Stanisław Grzybowski: Jan Zamoyski, Warszawa 1994: <213>
- Zange (Zangius), Nicolaus, Kapellmeister der Pfarrkirche / kapelmistrz NMP (1599–1602), Lit.: Rauschning, S. 60ff.: <389, 454, 467, 466>
- Zborowski, Andrzej (um/ok. 1525–1598), Kronmarschall / marszałek wielki koronny: <170, 178, 179, 197, 213, 215>, Index: <I11>
- Zborowski, Jan († 1603), polnischer Hauptmann und Kastelan von Gnesen / kasztelan gnieźnieński, dowódca wojskowy: <203, 204, 208, 218, 240>, Index: <I13>
- Zborowski, Piotr († 1580), Woiewode von Krakau / wojewoda krakowski (erwähnt/wymieniony w 1577): <207, 212>
- Zeller [Frank], Christopher, bis 1567 Diakon in der Marienkirche / do 1567 diakon w kościele NMP, Lit.: Rhesa, S. 32: <293>
- Zenowicz, Krzysztof (1588–1614), Wojewode von Brest, Calvinist / wojewoda brzeskolitewski, kalwin: <333, 350>
- Zepeelcke, Steffen (erwähnt/wymieniony w 1471): <35>
- Zernekaw, Claus (erwähnt/wymieniony w 1484): <47>
- Zierenberg, Daniel (1547–1602), Schöffe (ab 1575), Bürgermeister (ab 1586), Burggraf 1600 / ławnik od 1575 r. burmistrz od 1586, burgrabia 1600, Lit.: Zdrenka: Biogramy, S. 1303; Weichbrodt 1, S. 417 (Stammbaum/drzewo genealogiczne): <300, 350>
- Zierenberg, Johann (1574–1642), Lit.: Zdrenka Biogramy, Nr. 1306: <438, 473, 511>
- Zimmermann, Gerhardt (1541–1602), Schöffe (ab 1587), Ratsherr (ab 1592), Burggraf (ab 1597) / ławnik 1587, rajca 1592, burgrabia 1597, Lit.: Zdrenka: Biografie, Nr. 1307, Weichbrodt 1, S. 375 (Stammbaum/drzewo genealogiczne): <311, 335>
- Zimermann, Matthis (1522–1572), Danziger Ratsherr, Bürgermeister und Kirchenvater der Marienkirche / burmistrz i witryk NMP (1535–1538), Lit.: Zdrenka: Biogramy, Nr. 1315: <108, 110, 112>
- Zirenberg, Daniel (1547–1602), Danziger Ratsherr und Bürgermeister / rajca i burmistrz gdański, Lit.: Zdrenka: Biogramy, Nr. 1303: <216>
- Zmicegroch, Andreas, polnischer Adliger aus Masowien / polski szlachcic z Mazowsza (erwähnt/wymieniony w 1496): <63>
- Zöllner von Rotenstein, Konrad, [Conrad Zolner von Rottenstein], Hochmeister des Deutschen Ordens / wielki mistrz zakonu krzyżackiego (1382–1390), Lit.: NDB 12, S. 516: <6>, Index: <I1>
- Zwingli, Ulrich (1484–1531) Schweizer Reformator / szwajcarski działacz reformacji, Lit.: ADB 45, S. 547–575: <279, 281, 288>
- Zyrenberg [Zirenberg?], Casper, Danziger Bürger und Calvinist / mieszczanin gdański, kalwin (erwähnt/wymieniony w 1605): <438>

Abbildungsverzeichnis / spis ilustracji

Abbildungen von Archivalien
Reprodukcje dokumentów archiwalnych

Abb./il. 1: Eberhard Bötticher, *Historisch Kirchen Register der grossen Pfarkirchen in der Rechten Stad Dantzig S. Marien* [1616] (BGPAN, Sign./sygn. Ms. Uph. fol. 18): Titelseite / karta tytułowa

Abb./il. 2: Historisches Kirchen Register, S. <23>: Beispiel einer Manuskriptseite ohne Korrekturen / przykład strony rękopisu bez poprawek

Abb./il. 3: Historisches Kirchen Register, S. <150/151>: Beispiel einer Manuskriptseite mit zahlreichen Korrekturen / Przykład strony rękopisu z licznymi poprawkami

Abb./il. 4: Historisches Kirchen Register: Erste Indexseite / pierwsza strona indeksu

Abb./il. 5: Historisches Kirchen Register, Bl./k. 2: Wasserzeichen / filigran

Abb./il. 6: Historisches Kirchen Register, Kopie von 1669 / kopia z 1669 r. (APGd. Sign./sygn. 300, R/Pp, 25): Titelseite/strona tytułowa

Abb./il. 7: *Memorial oder Gedenckbuch durch mich Eberhard Bodcher für mich und die meynen zu langwerender gedechniß beschrieben Soli Deo Gloria...*, [1516] 1577–1582 (APGd. Sign./sygn. 300, R/Ll, q. 31, S. 5): Fragment der Titelseite / fragment karty tytułowej

Abb./il. 8: *Der ander Theil des Eberhard Bötchers Chronica a[nn]o 1584 biß 1595*, (BGPAN, Sign./sygn. Ms. 1282, S. 142r.): Fragment der Titelseite / fragment karty tytułowej

Abb./il. 9: *Grundliche Erklerung*, Entwurf/brudnopis, (APGd. Sign./sygn. 300, R/Pp, 18, S. 7): Fragment einer der Titelseiten / fragment jednej ze stron tytułowych

Abb./il. 10: *Grundliche Declaration und Erklerung*, Entwurf / brudnopis, (APGd. Sign./sygn. 300, R/Pp, 18, S. 119): Fragment einer der Titelseiten / fragment jednej ze stron tytułowych

Abb./il. 11: *Register der Leichsteinen und Begrebnüssenn in S. Marien Kirchen der Rechten Stadt Dantzig nach ihren Nummern und Namen*, [1604], (APGd. Sign./sygn. 354/348): Titelseite / strona tytułowa

Abb./il. 12: *Alte Kirchen Ordnungk der kirchen Sanct Marien in der Stadt Dantzigk nach ietzigem Zustande*, [1612], (BGPAN, Sign./sygn. Ms. Mar. F. 415): Fragment der Titelseite / fragment strony tytułowej,

Abb./il. 13: *Alte Kirchen Ordnungk der kirchen Sanct Marien in der Stadt Dantzigk nach ietzigem Zustande*, [1612], (BGPAN, Sign./sygn. Ms. Mar. F. 415): Namen der Kirchenväter/nazwiska witryków

Abb./il. 14: Auszug aus dem Danziger Grundbuch / Fragment wpisu w księdze gruntowej, (APGd. Sign./sygn. 300, 32/5, Bl./k. 4v): Zitiert von Bötticher / zacytowany przez Böttichera, siehe/zob. HKR S. <455>

Abb./il. 15: *Der Kirchen zu Sanct Maria Glockenbuch*, (1575–1663), (APGd. Sign./ sygn. 354/1513, S. 461): Unterschrift Böttichers / podpis Böttichera
Abb./il. 16: *Der Kirchen zu Sanct Maria Glockenbuch*, (1575–1663), (APGd. Sign./ sygn. 354/1513, S. 407): Notiz von 1606 / zapiska z 1606 r.
Abb./il. 17: *Der Kirchen zu Sanct Maria Glockenbuch*, (1575–1663), (APGd. Sign./ sygn. 354/1513, S. 465): Eintrag über die Beisetzung Böttichers (30. [April 1617]) / zapiska o pogrzebaniu Böttichera (30. [kwietnice 1617 r.])
Abb./il. 18: Plan der Grabstätten in der Marienkirche / Plan grobów NMP (1730), (APGd. 300, MP/1235): Das Grab Böttichers (Nr. 17) ist gekennzeichnet / ze wskazaniem miejsca pochowania Böttichera (nr 17)

Abbildungen aus Danzig zur Zeit Böttichers (Orte und Personen)
Ilustracje z Gdańska czasów Böttichera (miejsca i osoby)

Abb./il. 19: Stadtansicht Danzigs von Aegidius Dickmann / Aegidius Dickmann, Panorama Gdańska (1617)
Abb./il. 20: Stadtplan Danzig / plan Gdańska (Reinhold Curicke: Beschreibung 1687)
Abb./il. 21: Das Wohnhaus Eberhard Böttichers in der Langgasse 5. Rückseitige Ansicht aus einer Stadtansicht um 1600. / Dom Eberharda Böttichera przy ul. Długiej 5, odwrocie widoku miasta z ok. 1600 r.
Abb./il. 22: Anonym, Belagerung Danzigs durch Stephan Báthory, August 1577 / oblężenie Gdańska przez Stefana Batorego, sierpień 1577 r. (BGPAN, Sign / sygn.5664)
Abb./il. 23: Portrait König Stephan Báthorys (1533–1586) / portret króla Stefana Batorego (1533–1586)
Abb./il. 24: Samuel Ammon, Münzportrait König Sigismunds III. Wasa (1616) / Samuel Ammon, medal z portretem króla Zygmunta III Wazy (1616 r.)
Abb./il. 25: Epitaph von Johann Brandes (1503–1577), Danziger Bürgermeister und langjähriger Inspektor der Marienkirche / epitafium Johannesa Brandesa (1503–1577), burmistrza gdańskiego i długoletniego nadzorcy NMP

Abbildungen der Marienkirche (Architektur und Ausstattung)
Ilustracje kościoła NMP (architektura i wyposażenie)

Abb./il. 26: Marienkirche von Süden / kościoł NMP od strony strony południowej [Kupferstich/Miedzioryt: Reinhold Curicke: Beschreibung 1687]
Abb./il. 27: Marienkirche von Süden / kościół NMP od strony południowej [Foto/ zdjęcie vor/przed 1945]
Abb./il. 28: Marienkirche von Nordosten / kościół NMP od strony północno-wschodniej [Foto/zdjęcie 2008]
Abb./il. 29: Grundriss der Marienkirche mit Baualtersplan / plan NMP z zaznaczeniem chronologii budowy [bearb. / oprac. C. Herrmann]

Abb./il. 30: Innenansicht nach Osten / kościół NMP, widok wnętrza w kierunku wschodnim [Foto/zdjęcie 2008]
Abb./il. 31: Astronomische Uhr / zegar astronomiczny (1464/70) [Foto/zdjęcie 2010]
Abb./il. 32: Sakramentshäuschen / sakramentarium (1482) [Foto/zdjęcie 2012]
Abb./il. 33: Hochaltar / ołtarz główny (1511/17) [Foto/zdjęcie 2008]
Abb./il. 34: Schwenkleuchter aus Messing am Hochaltar, gestiftet 1517 von den Kirchenvätern / ruchome świeczniki mosiężne przy ołtarzu głównym, fundacja witryków z 1517 r., (siehe/zob. HKR, S. <85>) [Foto/zdjęcie 2012]
Abb./il. 35: Triumphkreuz von 1517 / grupa ukrzyżowania na belce tęczowej z 1517 r. [Foto/zdjęcie 2008]
Abb./il. 36: Mittelschiff, Blick nach Westen mit Orgel und Taufe (Anfang 20. Jahrhundert) / nawa główna, widok w kierunku zachodnim z organami i chrzcielnicą (pocz. XX w.)
Abb./il. 37: Taufe / chrzcielnica (1552/56), Zustand vor/stan przed 1945
Abb./il. 38: Grabmal für Simon und Judith Bahr (1614/20) / nagrobek małżonków Simona i Judith Bahr (1614–1620) [Foto/zdjęcie 2012]
Abb./il. 39: Marke der Kirchenfabrik / gmerk kościelny [Foto/zdjęcie 2013]

[Alle Farbfotos von C. Herrmann]

Zeichnungen im HKR / rysunki w HKR

Textabb./il. 1: Meisterzeichen / gmerk mistrzowski, S. 394
Textabb./il. 2: Würfel / kości do gry, S. 397
Textabb./il. 3: Zeichnung eines Vollmondes? / piktogram pełni księżyca?, S. 442
Textabb./il. 4: Hausmarke von Alexander Leittes Vater / gmerk domu ojca Aleksandra Leittesa, S. 445

VERÖFFENTLICHUNGEN AUS DEN ARCHIVEN PREUSSISCHER KULTURBESITZ

HERAUSGEGEBEN VON JÜRGEN KLOOSTERHUIS UND DIETER HECKMANN

böhlau

EINE AUSWAHL

BD. 62, 1–4 | **SCHULDBÜCHER UND RECHNUNGEN DER GROSSSCHÄFFER UND LIEGER DES DEUTSCHEN ORDENS IN PREUSSEN**

BD. 1 | GROSSSCHÄFFEREI KÖNIGSBERG I (ORDENSFOLIANT 141)
HG. VON CORDELIA HESS, CHRISTINA LINK, JÜRGEN SARNOWSKY. 2008. VIII, 460 S. GB. | ISBN 978-3-412-20134-0

BD. 3 | GROSSSCHÄFFEREI MARIENBURG
HG. VON CHRISTINA LINK UND JÜRGEN SARNOWSKY. 2009. X, 440 S. GB.
ISBN 978-3-412-20135-7
BÄNDE 2 UND 4 SIND IN VORBEREITUNG.

BD. 63 | **HERZOG ALBRECHT VON PREUSSEN UND LIVLAND (1565–1570)**
REGESTEN AUS DEM HERZOGLICHEN BRIEFARCHIV
BEARB. V. STEFAN HARTMANN.
2008. L, 312 S. GB.
ISBN 978-3-412-20176-0

BD. 64 | ANDRZEJ GROTH
WARENUMSCHLAG AM FRISCHEN HAFF
EINE HANDELSSTATISTIK DER KLEINEN SEEHÄFEN (1581–1712)
2009. VII, 382 S. GB.
ISBN 978-3-412-20317-7

BD. 65 | **AUF KRITISCHER WALLFAHRT ZWISCHEN RHEIN UND WESER**
JUSTUS GRUNERS SCHRIFTEN IN DEN UMBRUCHSJAHREN 1801–1803
BEARB. V.ON GERD DETHLEFS UND JÜRGEN KLOOSTERHUIS
2009. XLVI, 664 S. MIT 1 VIERFARB. FALTKARTE. GB.
ISBN 978-3-412-20354-2

BD. 66 | **HERMANN VON BOYEN UND DIE POLNISCHE FRAGE**
DENKSCHRIFTEN VON 1794 BIS 1846
BEARB. VON HANS ROTHE
2010. X, 584. GB.
ISBN 978-3-412-20553-9

BD. 67 | **CHRONIK DER MARIENKIRCHE IN DANZIG**
DAS „HISTORISCHE KIRCHEN REGISTER" VON EBERHARD BÖTTICHER (1616)
TRANSKRIPTION UND AUSWERTUNG
BEARB. VON CHRISTOFER HERRMANN UND EDMUND KIZIK
2013. 775 S. 23 S/W- UND 20 FARBABB.
GB. | ISBN 978-3-412-20868-4

BD. 68 | **DAS ELBINGER KRIEGSBUCH (1383–1409)**
RECHNUNGEN FÜR STÄDTISCHE AUFGEBOTE
BEARB. VON DIETER HECKMANN
2013. 436 S. 21 S/W-ABB. GB.
ISBN 978-3-412-21011-3

BÖHLAU VERLAG, URSULAPLATZ 1, D-50668 KÖLN, T:+49 221 913 90-0
INFO@BOEHLAU-VERLAG.COM, WWW.BOEHLAU-VERLAG.COM | WIEN KÖLN WEIMAR